연약한 선 Fragility of Goodness

그리스 비극과 철학에서의 운과 윤리

마사 누스바움 지음 | 이병익 강명신 이주은 옮김

서커스

차례

제3부 아리스토텔레스: 좋은 삶의 연약성

연약한 선

일러두기

1. 원서에 표기된 두 종류의 각주, 십자가 표시(†)와 별 표시(*)와 미주를 모두 구분 없이 각주로 실었다. 각주는 번호 없이 별 표시(*)로 대체했다. 역주는 각주로 싣되 [역주] 표시를 삽입해 원주와 구분했다.

2. '( )'는 저자의 괄호, '[ ]'는 역자의 괄호이다.

3. 희랍어 입실론(υ)은 'y'가 아니라 'u'로 표기했다. 저자의 표기를 따른 것이다. 한국어 표기는 대체로 'ㅟ'로 표기했다. 즉 '디오니소스'가 아니라 '디오뉘소스'로 표기했다.

4. 원서의 볼드체는 작은따옴표('')로 바꾸어 표기했다. 원서의 작은따옴표도 별다른 구별 없이 작은따옴표로 함께 표기했다.

5. 공역자가 맡은 각 번역 부분은 다음과 같다.
   - 이병익: 개정판 서문, (초판) 서문, 감사의 글, 1장-6장, 막간1장
   - 강명신: 8-11장, 13장
   - 이주은: 7장, 12장, 부록, 막간2장

레이첼에게

누군가는 황금을 소원하고, 누군가는 경계 없는 세상을 소원하네.
나는 내 동료 시민들의 환희를 소원하네
나의 팔이 묶여 땅으로 들어갈 때까지 ― 한 사람,
그는 칭송할 것을 칭송하고
그릇된 행동에는 비난을 퍼부었네.
그러나 인간의 탁월성은
마치 덩굴나무처럼 자라네.
녹색 이슬을 받아먹으면서
현자들과 올바름의 틈바구니에서 자라나
티끌 한 점 없이 맑은 하늘로 뻗누나.
우리는 우리가 사랑하는 이들이 필요로 하는 모든 것을 지니고 ―
온갖 종류의 고난, 그러나 즐거움도,
신뢰할 수 있는 눈으로 안간힘을 쓰며 쫓아가네.

핀다로스, 『네메아 송가』 VIII. 37-44.

그는 그것을 그것 자체가 그것 자체로 그것 자체만으로 늘 영원하고 단일
한 형태로 있는 것으로 볼 것이고, 다른 모든 아름다운 것들이 다음과 같은
어떤 방식으로 그에 관여하는 것을 볼 텐데, 다른 것들이 생성되거나 소멸
할 때, 그것은 조금도 많아지거나 적어지지도, 일체의 변화에 고통받지도
않는 방식이 그것입니다…… 당신은 어떤 인간이 저쪽을 쳐다보면서 적절
한 방식으로 그것을 관조하면서 그것과 함께한다면 그 삶이 비참할 것이라
고 생각합니까? 아니면 당신은 그가 볼 수 있는 능력으로 아름다운 것을 보
는 곳, 그곳에서만, 그에게는 탁월성의 모상들이 아니라 참된 탁월성을 산
출하는 일이, 그가 알고 있는 것은 모상이 아니기 때문에, 가능하다는 것을
이해하고 있습니까? 참된 탁월성을 산출하고 그것을 잘 키워냈을 때 그는,
신이 사랑하는 자 그리고 인간임에도 불멸인 존재가 될 것입니다.

플라톤, 『향연』 211B-212A

소크라테스: 자, 그러면 인간이란 무엇인가?
알키비아데스: 뭐라 말해야 할지 모르겠습니다.

플라톤, 『알키비아데스 I』, 129E

개정판 서문[*]

I

『연약한 선』이 나온 지도 올해로 15년이 흘렀다.[**] 그사이 내 생각뿐 아니라 철학계의 흐름도 많이 변했다. 내 생각의 변화를 먼저 말하자면, 스토아 윤리학에 점점 더 관심을 두게 되고 정치철학적 이슈에 점점 민감하게 반응하게 되었다. 그리고 이런 변화로 이 책에서 다룬 윤리적 주제들에 대한 새로운 관점을 얻게 되었다. 한편 철학계에 대해 말하자면, 이전에는 몇몇 소수 전문가들의 영역으로 한정되던 고대 희랍 윤리 사상 연구가 영미, 유럽 대륙 모두에서 도덕철학 분야의 주연 자리를 꿰차게 되었다.[***] 이런 식의 연구는 이질적인 여러 요소가 모여 이루어지는데, 희랍적 모델을 도입해서 여러 다양한 입장의 근거로 삼는다는 점에서 그렇다. 물론 그 입장들 중 몇몇은 내가 결코 동의할 수 없는 것이기도 하다. 사실 이 개정판에서 따로 수정된 사항은 없다.[****] 하지만 나는 이 새로 쓴 서문을 『연약한 선』의 보론補論으로 삼아 이처럼 변화 발전된 상황을 내가 어떻게 반성적으로 고찰하는지, 그리고 이 책을 보는 현재의 내 시각 형성에 그 고찰 내용이 어떤 영향을 미치

---

[*] 이 책에는 애초에 헌정의 대상이 명기되어 있었다. 그러나 이 재판 서문에는 없다. 나는 이 서문을 나의 스승이자 친구이며 이 시대 최고의 철학자중 한 명인 버나드 윌리엄스에게 바친다. 도덕 운을 다룬 그의 멋진 작업은 내가 이 책을 쓸 수 있는 영감을 주었고 지금도 계속 주고 있다.

[**] 이 책은 이보다 훨씬 전에 기획되었다. 나는 1971년경 초고 집필을 시작했다.

[***] 여기서 내가 다른 철학 전통을 배제하려는 것은 아니다. 단지 나는 희랍 사상의 부활이 다른 곳에서도 일어났는지 여부를 잘 알지 못한다. 한 가지 내가 알고 있는 것은 페루의 도덕 철학에서 내 설명 방식의 덕 윤리학에 대한 관심이 공유되었다는 것이다. 페루의 일류 학술지『아레테Arete』는 이를 중심 주제로 다룬 바 있다.

[****] 여러 오탈자를 수정하고 초판 이후에 출간된 참고문헌을 추가하기는 했다.

는지를 살펴볼 기회로 삼으려 한다.

『연약한 선』에서 나는 인간이 운에 노출되었다는 것이 비극시, 플라톤, 그리고 아리스토텔레스의 윤리적 사유 속에서 어떻게 나타나는지 면밀히 검토했다. 이 책에서 내가 덕, 즉 좋은 품성 함양에 운이 어떤 역할을 하는지에 주의를 기울인 것도 사실이지만, 주로 초점을 맞추었던 것은 좋은 사람이 되는 것과 번영의 삶을 잘 관리하면서 사는 것 사이의 간극이었다. (따라서 제목 중 '좋음[선]'이라는 단어는 품성의 좋음'보다는 '인간적 좋음' 즉 에우다이모니아eudaimonia로 읽어야 한다.) 소크라테스의 유명한 말이 있다. 좋은 사람은 해를 입을 수 없다. 이 말의 뜻은 번영의 삶을 사는 것과 관련된 모든 것은 덕이 안전하듯 안전하다는 것이다. 나는 그의 말로 운의 윤리에서의 역할을 둘러싼 열정적이면서도 풍부한 논쟁, 기원전 5세기와 4세기 아테네의 시인, 철학자가 모두 참여한 논쟁의 무대가 더욱 돋보이게 되었다고 주장한다. 운의 역할에 대한 비극시의 사유를 공격하면서 소크라테스는, 이후 플라톤이 더 체계적으로 다듬은 공격 이론의 초석을 놓았을 뿐 아니라, 소크라테스의 입장을 충분히 고려하면서도 비극적 구도의 요소들을 보존하려 한 아리스토텔레스의 섬세한 시도에도 기초를 제공했다.

소크라테스의 이런 주장에 지지자들이 생긴 것은 사실이다. 그러나 그처럼 주장하려면 번영, 즉 에우다이모니아를 성취하기 위한 삶의 요소에 대해 근본적으로 다시 생각하는 일이 반드시 수반되어야 한다. 그러면 에우다이모니아에 필수적으로 수반되는 것으로 통상 생각하는 삶의 요소 중 대다수를 아마도 제거해야 할 것이다. 왜냐하면 시민으로서의 역할 능력, 갖가지 형태의 사랑과 우정이 개입된 활동들, 나아가 주요 윤리적 미덕들(용기, 정의감 등등)과 연결된 활동들을 행위자의 선함 그 자체로는 보호할 수 없고 따라서 외적 조건들이 필요하다는 것을 부정하기란 매우 어렵기 때문이다. 이런 조건들을 제거해 버리면, 우리 통제를 벗어난 일들로 우리는 해를 입을 수 있는데 여기에는 윤리적인 해악도 포함된다. 즉 우리의 통제를 벗어난 일들은 좋은 방식으로든 나쁜 방식으로든, 우리의 행복이나 성공 혹은 만족만이 아니라 우리 삶에서 핵심적인 윤리 요소에도 영향을 미친다. 우리가 공적 삶에서 공정하게 행위를 잘 하든 아니든, 우리가 다른 사람을 사랑할 수 있고 신경 쓸 수 있든 아니든, 우리가 용감하게 행위 할 기회를 얻든 아니든, 영향을 미친다. 따라서 우리가 현명하고, 혹은 용감하고, 혹은 애초부터 공정할 수 있다면, 운의 역할 관련 문제를 군이 제기하지 않고도* 우리가 덕스럽게 행위 할 수 있을 때 혹은 행위 할 수 없을 때 운이 중요한 윤리적 역할을 한다는 것 그리고 윤리적으로 완전한 삶을 살도록 한다는 것을 알 수 있다. 시인에게는, 적어도 몇몇 철학자에게도 그렇듯이, 오랜 질병으로 일을 못하게 된 사람, 감옥에 갇혀 고문을 당한 사람, 혹은 적에게 능욕 당한 후 노예가 된 여인 등은 적어도 인간적 번영을 말할 때 윤리적으로 중요한 요소일 수 없다는 생각은 부정하기 어렵다. 그런 이들은 그저 불행한 사람들이 아니라, 완전하게 좋은 삶에 필요한 것들을 더 적게 누리고 더 적은 것을 얻은 것이라 할 수 있다.

품성의 덕스러운 상태와 번영의 삶을 동일시하거나 혹은 특정 활동들, 특히 지성적 관조처럼 외적 조건에 최소한으로 의존하는 방식의 활동과 동일시하는 것만으로 좋은 사람은 계속 번영할 수 있다고 주장—심지어 말이 되게—은 가능하다.** 그러나 인간의 번영을 그렇게 좁게 보는 방식은 당시에 큰 논란거리가 되었을 뿐 아니라 지금도 그렇다. 예를 들어 번영을 말하면서 친구를 배제한다면, 대체로 안정성을 강조한 아리스토텔레스가 보기에도 살 가치가 있을까 할 정도로 그 삶은 빈곤해진다.

운에의 노출이 아리스토텔레스 이후 희랍 철학의 주요 주제였음은 의심할 여지가 없다. 헬레니즘 윤리학에서 그런 면이 더 체계적이고 면밀하게 천착되었음에도 여전히 그렇다.*** 그러나 비극시인들이 몰두한 주제, 즉 인간이

---

* 본문에서 그렇듯 여기서도 내가 '운'이라는 단어를 쓸 때는 희랍어 'tuchē'가 지시하는 것을 의미한다, 즉 인간 행위자의 통제를 벗어난 사건이라는 의미이다. 임의적이라는 뜻도, 인과성에 관련한 일체의 구체적인 시각도 담고 있지 않다.
** 이 이미지는 아리스토텔레스의 것이다. 『니코마코스 윤리학』 1101a9 참조.
*** 나는 『연약한 선』의 자매편으로 1994년에 출간된 *The Therapy of Desire*에서 그런 탐구의 일단을 수행했다.

영위하는 삶을 형성할 때 운의 역할이라는 주제를 플라톤과 아리스토텔레스가 어느 정도까지 숙고했는지는 그다지 알려지지 않았는데, 실제로 시인과 철학자 사이의 연속성을 보여주는 여러 연결고리가 있음에도 그러했다. 이 연결고리들과 그 고리의 중심에 있는 주제들을 회복하려는 것, 그것이 이 책을 쓰게 된 가장 큰 동기다. 현대를 산다는 것은 전문적 분화 속에 산다는 것이고, 그 때문에 기원전 5, 4세기 아테네에서 비극시인들이 윤리적 통찰을 할 때 주된 원천이 되었던 명백한 진실을 우리가 제대로 보지 못하는 것이 아닌가 싶다. 철학자들은 관련 분야를 다루는 단순한 동료로서가 아니라 경쟁자로 자신을 설정했다. 그리고 내용뿐 아니라 형식면에서도 경쟁하면서, 제자들에게 자신들이 진실로 간주한 세계와 관련된 갖가지 사실들을 가장 잘 보여줄 만한 전략을 선택했다. 이 책의 2차 주제는 그들이 주목한 이런 전략들과 역량을 둘러싼 논쟁이다. 비극시는 연민과 공포 같은 강력한 감정들이 좋은 삶을 통찰하는 원천이라는 믿음을 견지하면서 그것을 자신의 문학 형식을 통해 표출한다. 플라톤은 이를 부정하면서 감각과 감정이 끼치는 영향의 번거로움으로부터 이성을 최대한 분리하는 방식으로 윤리를 이해하는 견해를 전개했다.* 나의 주장에 따르면 아리스토텔레스는 비극시의 통찰 중 적어도 몇 개의 것으로는 돌아가는데, 그것들은 재앙에 취약한 번영의 성격과 그런 좌절의 중요성을 알려주는 감정의 윤리적 의미와 관련된다.

『연약한 선』이 출간되었을 때만 해도 현대 도덕 철학에서의 연약성과 운에 대한 논의는 놀라울 정도로 빈약했는데, 이런 문제가 인간에게는 여전히 중요함에도 그러했다. 그래서 나는 희랍에서의 논쟁을 되살리면 현대 윤리학에 기여하는 바가 있을 것이라 생각했다. 지금 우리가 선 전체를 목적으로 신이 질서를 부여한 세상에 살고 있다고 믿는 사람은 거의 없다. 나아가 인간의 사회적 삶이 완전함이라는 꼭지점을 향해 간다고 보는 목적론을 믿는

---

* 그러나 나는 그가 이런 입장을 커리어 내내 견지한 것은 아니라고 본다. 특히 『파이드로스』에서는 비록 미묘하고 명료하게 규정하기는 쉽지 않지만 분명한 입장 변화가 보인다.

사람도 거의 없다. 그러나 한편으로는, 우리의 노력과는 대체로 상관 없이 돌아가는 세계 속에 우리가 살고 있음을 그대로 받아들이는 현대 윤리학의 결과물을 우리는 전면적으로 검토하지 않았다. 내게는 지금도 그런 것 같다. 그래서 나는 그런 탐구의 예비 단계가 되었으면 하는 바람으로 『연약한 선』을 엮어냈다.

나는 『연약한 선』에서 개진한 주장 대부분을 해석적 측면에서나 내용적 측면에서나 여전히 견지하고 있다. 예를 들어 나는 여전히 아리스토텔레스가 인간과 실천적 숙고를 이해하는 방식이 현대 윤리 및 정치사상에서 중요한 위치를 점한다고 생각한다. 그리고 나는 시인들과 아리스토텔레스가 선의 다원성과 선들 사이에서 벌어지는 갈등의 다원성을 설명하는 방식은 현대 사회학에는 없는 통찰을 보여준다고 믿는다. 그런데 나는 한편으로 스토아학파 윤리학에 점점 더 관심을 갖게 되면서 초판에 등장한 많은 주제를 새로운 시각으로 보기 시작했는데, 특히 감정의 본질과 인간의 개념에 대해서가 그렇다. 또 그사이에 정치 철학에 많은 관심을 기울이게 되면서, 좋음의 다원성과 운에 약한 인간의 삶, 그리고 친애의 본질 등 윤리학적 중요성을 띠는 『연약한 선』의 여러 주제들을 재고하게 되었다. 이 개정판 서문의 II, III절에서는 이런 재해석과 재고찰에 대해 살펴볼 것이다.

희랍 윤리 사상이 현대 도덕 철학에 끼친 폭넓은 영향을 보면서, 이제 나는 『연약한 선』에서는 당연시했던 몇 가지 항목에 대해 좀 더 분명하게 언급할 필요성을 느낀다. 구체적으로 보면, 나는 희랍인들이 윤리학에서의 체계적 이론화를, 그리고 이성에 기반한 사회적 삶의 계몽주의적 목적을 거부했다는 주장과 거리를 두고자 한다.* 그런 주장들은 15년 전에는 등장하지 않았던 것으로, 희랍 철학을 계몽주의적 사유를 거부하지 않은 일종의 확장된 형태의 계몽주의적 자유주의로 보는 나와 같은 입장에 '반이론antitheory'이라는 이름표를 붙이면, 간단히 말해서 오류를 범하는 것이다. 이 문제는 이 서문의 IV, V절에서 다루어질 텐데, IV절에서는 최근 윤리 사유에서의 '반이론'과 반이성의 부상에, V절에서는 비극적 재앙에 대한 적절한 반응을 둘러싼 더 미묘한 의견 차이에 초점을 맞추어 살펴볼 것이다.

II

앞서 밝혔듯이 『연약한 선』의 핵심 주제는 윤리적으로 중요한 일들을 우리에게 전달하는 감정의 역할이었다. 비극시, 플라톤의 『파이드로스』 그리고 아리스토텔레스의 윤리 사유를 연결시키면서 나는 종종 감정의 인지적 역할을 언급했지만 감정이란 무엇인가라는 문제에 대해서는 그다지 언급하지 않았다. 그러나 감정이 올바르게 분석되기 시작하면서 내가 꺼낸 문제도 커다란 변화를 맞게 되었는데, 몇 가지 분석은 다른 분석보다 감정의 인지적 역할을 훨씬 더 잘 설명했기 때문이다. 감정에 대해 생각하는 것은 그 후 이어진 나의 작업에 핵심 주제가 되었다. 그리고 헬레니즘 시대 세 개의 주요 학파인 에피쿠로스학파, 회의주의, 그리고 스토아학파의 윤리적, 정치적 사유를 연구하면서 보낸 수년은 나의 견해에 커다란 영향을 미쳤다.** 그중에서도 스토아학파는 감정과 관련된 내 생각을 발전시키는 데 가장 중요한 위치를 차지한다. 감정이 윤리적 실재를 드러난다는 생각이 말이 되는 것이라면, 나는 스토아 철학이 우리가 필요로 하는 근거의 핵심을 제공해줄 수 있다고

---

* 내가 그렇게 생각하는 여러 견해들 중 가장 영향력 있는 것을 여기서 꼽자면 다음과 같다. 버나드 윌리엄스의 *Ethics and the Limit of Philosophy*(Cambridge, MA, Harvard University Press, 1985) 그리고 *Shame and Necessity*(Berkeley and Los Angeles, University of California Press, 1993), 알래스테어 매킨타이어의 *After Virtue*(Notre Dame, University of Notre Dame Press, 1981), *Whose Justice? Which Rationality?*(Notre Dame, University of Notre Dame Press, 1987). 윌리엄스에 관한 중요한 논의를 보려면, "Human Nature", "Practice/Theory", 그리고 "Virtue Ethics" 등을 참조. 이 중 두 번째와 세 번째 논문은 아네트 베어와 코라 다이아몬드의 연관 저작도 함께 논의한다. 매킨타이어의 *Whose Justice? Which Rationality*에 대한 나의 리뷰는 *The New York Review of Books*, December 7, 1989에서 볼 수 있다. 본 장 IV절에서 나는 윌리엄스와 매킨타이어의 견해 차이가 매우 중요함을 논증할 것이다. 매킨타이어의 입장은 (어떤 면에서) 반反이론적이면서 동시에 반이성적이다. 반면 윌리엄스는 윤리 이론은 부정하지만 비판적 공공 문화의 계몽주의적(한편 소크라테스적) 관념을 옹호한다.

** 스토아학파는 무엇보다도 *The Therapy*에서 핵심적으로 다루어지지만 "Lawyer", "Erōs", "Kant-Stoics", *For Love of Country*, "Political Animals", "Cicero", "Four Paradigms", "Practice/Theory", 그리고 *Upheavals*에서도 핵심 주제이다.

믿는다.

감정이 가치 판단의 형식이라고 주장하면서, 그리고 그 형식에 의해 행위자의 통제를 벗어난 사물과 사람이 행위자 자신의 번영에 매우 중요한 것이 된다고 주장하면서, 스토아 철학은 그럼에도 이 모든 판단들이 오류라고, 그리고 우리는 우리 자신을 가능한 한 그런 판단들로부터 떼어내어야 한다고 지속적으로 주장한다. 이런 주장을 통해 금전, 명예, 지위 등과 같은 어리석은 집착에서 벗어나는 데 도움을 얻기는 하지만, 궁극적으로 나는 그처럼 단순한 형식을 통한 규범적 시각은 거부한다.

그러나 감정을 가치 판단으로 보는 스토아 철학을 분석할 때는 논쟁의 여지가 있는 그들의 규범적 테제들과 따로 떼서 보아야 한다. 내 생각에 이 분석은 적절히 다듬어지기만 하면 감정에 관한 현대 철학적 설명에 기초를 제공할 수 있다.* 스토아 철학 이론이 제대로 활용되려면, 크게 세 부분에서 조정을 거쳐야 한다. 첫째 성인의 감정과 아이들이나 인간이 아닌 동물들의 감정 사이의 관계에 대해 적절히 설명해야 한다. (스토아학파는 그릇되게 아이와 동물들은 감정이 없다고 생각한다.) 그 설명을 발전시키면 우리는 스토아식 인지 분석의 범위를 지각이나 비언어적 믿음 같은 더 광범위한 인식에까지 넓힐 수 있게 된다. 둘째로 그 이론은 감정의 문화적 다양성에 대해 잘 설명할 필요가 있다. 스토아학파는 우리 감정이 쌓아 올린 구조물에 사회 규범이 스며들 수 있는 한계치를 설득력 있게 보여준다. 그러나 그들은 적절한 규범을 기본적으로 모든 사회에서 비슷하게 통용되는 것으로 보아 사회 간의 미묘한 차이에 대해서 거의 신경을 쓰지 않았다. 마지막으로 스토아 이론은 영아와 유아의 초기 감정이 어떻게 성인의 감정으로 발전되는지를 다룬 발생학적 이야기를 필요로 한다. 이런 발생학적 이야기는 여러 측면에서 스토아 이론을 복잡하게 만들 텐데, 이런 이야기에 따르면 대체로 성인이 되었을 때 감정은, 강력한 초기 경험의 흔적, 즉 사랑의 대상을 향한 골치 아픈

---

* *Upheavals*의 과제는 그런 설명을 구성하는 것이다.

양가성兩價性이 개입된 경험의 흔적을 담고 있기 때문이다.

누군가 스토아 감정 이론의 한 형태—혹 많이 변형된 형태라도—를 적용한다면, 감정에 의해 이끌려질 때 때로는 윤리적으로 좋고 때로는 나쁜 결과를 얻게 된다는 것을 알 필요가 있다. 감정은 감정을 일으키는 문화적 자료만큼만 믿을 만한 것이다. 문화적 규범에 대한 좋은 철학적 비판은 문화적으로 학습된 감정에 대한 비판을 반드시 동반할 것이다.* 이 중요한 논점은 아리스토텔레스의 감정 이론에도 적용된다. 물론 그가 스토아 철학 이론처럼 믿음과 감정이 동일한 역할을 한다고 보지는 않았지만, 그럼에도 그렇다.** 사실 그래서『연약한 선』에서 이 문제를 좀 더 충분히 다루었어야 했는데 그렇지 못했다. 아마도 나의 관심이 감정이 담당하는 인지에서의 역할이 보편적으로 가능하다는 것을 정당화하는 데 온통 쏠리는 바람에, 그 영향력이 잘 발현된 (예를 들면『파이드로스』에서의 사랑하는 자와 같은) 사례들에 지나치게 초점을 맞춘 것이 아닌가 싶다. 오히려 나는 감정이 문화적으로 고착된 오류에 정신을 결박시킬 수 있다고 본 플라톤의 판단에 입각한 진리를 더 온전하게 인정했어야 했다.

스토아 철학은 자신을 감정이 이끄는 대로 맡기는 사람에게 문제를 제기하는 한편, 감정을 인간 본성에서 상대적으로 비지성적인 요소로 본 칸트 철학이 그러했듯, 적어도 몇몇 계몽주의 이론에 의해서 무시당해온 사회 관습에 의한 계몽에 기대를 건다. 스토아 철학의 주장은, 인격을 변화시키기는 쉽지 않지만, 현명치 못한 분노, 미움을 구성하는 가치 판단 등과 싸우면서 인격이 대체로 계몽될 수는 있다는 것이다.*** 아리스토텔레스의 감정에 대한 입장도 비슷한 희망을 품는다. 사실 제대로 된 감정이 덕의 구성 부분이라고

---

* 에로스에 대한 스토아 철학의 비판을 설명한 내 논문 "*Erōs*"가 좋은 예가 될 수 있다. 이 논문에서 나는『연약한 선』7장에서 개진된 플라톤의『파이드로스』에 대한 내 견해를 약간 수정했는데, 주로 사회적 그리고 역사적 맥락의 논증을 더 단단하게 다듬었다.

** 이 차이에 대한 나의 견해를 보려면 *The Therapy of Desire*, 3장과 10장을 참조하라.

*** "Kant-Stoics"를, 현대의 법률적 함축에 대해서는 "Two Conceptions"를 참조하라.

생각하려면, 행위자가 분노를 느끼는 법을 배우면서 ―엉뚱한 사람이 아니라 적절한 사람에게 분노하고, 때를 잘 맞추어 분노하는 등― 덕스러운 감정을 함양할 수 있다는 전제가 깔려야 한다.

아리스토텔레스는 확실히, 초기에 학습된 감정은 실제로 변화할 수 있다는 낙관을 갖고 있었다. 스토아학파는 깊이 고착된 모든 습관은 바꾸기 어렵고 그 습관들이 인격의 동기적 구조에 깊이 뿌리박고 있는 것이라면 더더욱 그렇다고 보았다. 『욕구의 치료법*The Therapy of Desire*』에서 나는 세네카가 분노와 싸우려면 평생 경계를 늦추지 말아야 한다고 주장했을 때 그가 아리스토텔레스보다 더 깊은 곳을 보았다고 주장했다. 열정적인 성적性的 사랑에 대한 그의 견해는 여전히 복잡하다. 철학 저술은 아니지만 비극을 통해 그는, 도덕성에 대한 엄밀한 검토를 비껴가는 사랑의 능력을 강조하고 그 비도덕적* 에너지에서 위험뿐 아니라 아름다움의 잠재적 원천도 발견하기 때문이다. 영유아 시절 감정의 뿌리를 찾아가는 최근의 연구에서 나는 덕스러운 품성을 형성하는 데 초기의 감정이 방해가 된다는 주장을 여전히 뒷받침하는 더 많은 근거가 있다고 제안한다. 그럼에도 불구하고 우리가 감정을 충분한 사려나 인지적 내용 없이 그저 몰아대거나 압박만하는 것으로 간주하면서 인지주의적 유형의 감정 이론을 적용하면, 이는 그다지 분명하지 않은 사회적 개선 방향임에도 그것을 여전히 주장하는 셈이 된다. 우리는 공정한 사회를 위한 적절한 목표로 이를 테면 인종 혐오에 대한 순전한 억압 같은 것을 설정해서는 안 된다고 생각해야만 한다. 그런 목표라면 그런 혐오의 감정이 전혀 없는 공적 담론의 형식, 그리고 (특히) 전체 시민들 사이의 상호 존중을 가르치는 공공 교육의 형식을 통해 성취되어야 한다.

이런 식으로 감정이 무엇인지를 잘 생각하면, 감정의 인지적 역할에 대한

---

* [역주] '비도덕적amoral'은 '부도덕적(immoral, 혹은 반反도덕적)'과는 다르다. '부도덕적'이 '도덕적'의 반대 개념이라면 '비도덕적'은 '도덕적'의 모순 개념이다. 예를 들어, 살인은 부도덕적이지만, 야구를 좋아하는 것은 비도덕적이다. 살인은 도덕적 행위의 반대가 되는 행위이지만, 야구를 좋아하는 것은 도덕과는 상관없는 행위이다.

『연약한 선』의 주제 일반을 더 잘 옹호하는 데 도움을 얻게 된다. 감정의 지도를 따르면서 마주치는 위험 요소들과 이전에는 잘 알려지지 않은 개인적, 사회적인 진보에 대한 전망 등은 그 과정에서 모두 모습을 드러낸다.

III

　『연약한 선』에서는 정치적 문제들에 그다지 초점을 맞추지는 않았지만, 시민으로 활동하는 우리 능력과 관련된 운의 역할은 『연약한 선』의 주제 중 하나이다. 그리고 이 책의 윤리적 주제는 정치적 사유에 관한 중요한 함축을 담고 있다. 특히 인간을 능력이 있으면서도 연약한 존재로 보는 아리스토텔레스의 입장은 (여러 면에서 비극시를 계승한 이해 방식인) 삶의 활동이 지닌 풍부한 다원성을 요하는 것으로, 복지와 발전에 대한 현대의 사유와 놀라울 정도로 잘 어울린다. 나는 이런 함축들을 추구하면서 많은 시간을 보냈기에, 그리고 지금 여기서도 스토아 윤리학에 대한 나의 관심의 결과로 본질적으로 새로운 시각에서 문제를 제기하고 있기에, 지금의 결론적인 이야기가 『연약한 선』에서의 주장과 그다지 직접적으로 연관되지 않더라도 이런 발전 양상을 명료히 하는 것은 의미가 있을 것 같다. 분명한 것은 1986년의 초판과 지금 나를 사로잡고 있는 정치적 문제들 사이의 연속성이 처음보다는 확실히 뚜렷해졌다는 것이다.
　아리스토텔레스의 사유는 여러 다양한 측면에서 현대 정치 이론과 맞아떨어진다. 인간의 능력과 기능에 대한 그의 사유에만 한정시킨다 해도 그것은 현대의 몇몇 프로젝트에 핵심적인 개념이 될 만하다. 자크 마리탱의 가톨릭-사회 민주주의적 입장, 존 피니스와 제르맹 그리세즈의 가톨릭-보수주의 입장, 알래스데어 매킨타이어의 가톨릭-공동체주의, 초기 마르크스와 그 경향을 따른 후대 마르크스주의자의 인본주의적 마르크스주의, T. H. 그린과 어니스트 바커의 저작으로 대표되는 영국의 자유주의적 사회 민주주의 전통 등이 그것이다.* 이들 사상가 모두가 스스로 아리스토텔레스에서 자신들 주장의 근거를 찾고 있다고 해도 틀린 말이 아니다. 이는 부분적으로는 때로는 내적 일관성이 없어 보일 만큼 아리스토텔레스가 유난히 광범위한 주제를 다룬 정치 사상가였기 때문이다.**

지난 12년 동안 나는 아리스토텔레스를 활용해서, 정치적 이론을 발전시켰고 마리탱, 그린, 그리고 바커와 밀접히 관련 있는 사회 민주주의적 자유주의의 형태로의 국제 발전에 윤리적 기초를 제공하는 이론을 발전시켰다. 물론 가끔은 아리스토텔레스의 견해를 문헌적으로 면밀하게 해석하는 데도 관심이 있었고 어떤 면에서 나는 아리스토텔레스의 정신을 계승하고 있다고 생각하지만, 내 작업의 주된 목표는 많은 면에서 아리스토텔레스를 떠나 나 스스로의 견해를 자유주의적 방향과 페미니즘적 방향에서 개진하는 것이었다.*** 경제학자 아마르티아 센****과 협업했지만, 능력을 측량의 기준으로 비교 활용하는 센과는 별개로 나는, 규범적인 정치적 제안을 발전시키면서 특정한 주요 인간 능력에 대한 한 입장이 정치적 입안에

---

* 마리탱의 여러 저작 중 특히 *The Right of Man and Natural Law*(New York, Charles Scribner's Sons, 1943)와 *Man and the State*(Chicago, University of Chicago Press, 1951) 참조. 피니스의 저작으로는 *Natural Law and Natural Right*(Oxford, Clarendon Press, 1980) 참조. 그리세즈의 저작을 인용 발전시킨 작업으로 크게 알려진 것은 없다. 매킨타이어에 관해서는 16쪽 각주를, 마르크스의 *Economic and Philosophical Manuscripts of 1844*가 끼친 인본주의적 마르크스주의의 영향을 훌륭하게 다룬 것으로는 David A. Crocker의 *Praxis and Democratic Socialism* (New Jersey, Humanities Press, 1983) 참조. 그린에 관해서는 *Prolegomena to Ethics*(Oxford, Clarendon Press, 1890)와 *Lectures on Political Obligation* (London, Longmans, reprinted 1941) 참조. 엄청난 양을 자랑하는 바커의 성과물 중 가장 이 주제와 적절한 부분은 그의 *The Political Thought of Plato and Aristotle* (London, Methuen, 1906)을 꼼꼼히 읽으면 찾을 수 있는데, 이 책은 희랍의 철학적 입장을 자신의(그리고 그린의) 입장과 연결시키는 내용으로 가득 차 있다.

** 이 다양성과 그 문헌 자료들에 관한 더 심화된 논의를 보려면, "Aristotle/Capabilities"를 참조하라.

*** 이런 견해는 가장 최근에 내 손을 떠난 책인 *WHD*에서 볼 수 있는데, 여기에 현재에 이르기까지의 이전 논문들의 전체 목록이 있다. 그래서 나는 본서의 참고문헌에 이들을 모두 싣지 않았다.

**** 센 관련 저작도 참고문헌에 싣지 않았는데, *WHD*에 실려 있기 때문이다.

논의의 초점을 제공한다고 주장했다. 시민에게는 이런 역량들의 임계점이, 그 역량 밖의 어떤 것을 지니든 상관없이 사회 정의를 위한 최소한의 필요 조건으로 보장되어야 한다. 그 역량들은 또한 다양한 국가들의 삶의 질을 나타내는 색인으로서 비교 활용될 수도 있는 것이다.

나는 해를 거듭하면서 점점 더 강하게 다원주의적 존중의 중요성을 주장했고 삶의 궁극적인 가치와 의미와 관련된 합리적인 불일치를 강조했다. 좋은 삶을 단일하고 포괄적으로 이해하고 이에 발맞춰 기능을 조성해야 하는 것이 정치의 역할이라고 믿었음이 분명한 아리스토텔레스와 신중하게 결별하면서 나는, 정치는 스스로 역량 증진을 —실제 기능들이 아니다— 제한해야만 한다고, 그리고 이는 주어진 기능을 추구할 것인지 아닌지를 선택할 여지를 주기 위해서라고 주장했다.* 나아가 이 일은 심지어 종교의 다원적 선택에, 그리고 그 밖의 삶을 이해하는 형식에 여지를 남겨두는 방식으로 이루어져야 한다. 다른 말로 하면, 나의 아리스토텔레스주의적 견해—마리탱과는 비슷하지만 전통을 다룬 다른 견해와는 상이한—는 일종의 '정치적 자유주의'인데, 여기서 이 용어가 의미하는 바는, 합리적인 비非자유주의적 형태**를 포함하는 삶의 다양한 방식에의 존중이 얼마나 중요한 것인지를 알고 있는 자유주의이다. 그 과정에서 나의 아리스토텔레스주의는 존 롤즈와 칸트의 사상에 점점 큰 영향을 받게 되었다. 내가 아리스토텔레스를 떠나게 된 다른 이유로 개발도상국에서의 여성의 조건과 평등을 위한 그들의 투쟁에 이론적 그리고 실천적 초점을 맞추게 된 것을 들 수 있다. 아리스토텔레스의 여성관은 자세히 들여다볼 가치도 없을 뿐 아니라 오류투성이다.

---

* 이 논점에 관련된 심화 논의를 위해서는 *WHD*와 "Aristotle/Capabilities"를 참조.

** 이 용어는 찰스 라모어가 도입한 것으로 그에 대해서는 *The Morals of Modernity* (New York, Cambridge University Press, 1996)에서의 "Political Liberalism"과 그의 책 *Patterns of Moral Complexity* (Cambridge, Cambridge University Press, 1987)를 참조하라. 이 개념은 존 롤즈의 *Political Liberalism*(New York, Columbia University Press, 확장판 1996)에서 심화 발전되었다..

이런 관념들과 씨름하면서 나는 『연약한 선』에서 중심 주제로 삼은 아리스토텔레스의 면면을 이용하고 더 발전시켰다. 인간은 연약하면서도 능동적이라는 그의 주장, 그리고 기능들의 다원성은 풍부하고 환원 불가능한 것으로 반드시 필요한 것이라는 그의 강조, 또 훌륭한 삶에서 사랑과 친애의 역할을 부각시킨 그의 이론 등이 그 면면들이다. 그러나 한 번 더 말하지만 스토아 철학에의 심취는 내게 매우 중요한 경험이었다. 스토아 철학을 연구하면서 나는 아리스토텔레스의 사유에 커다란 맹점이 있음을 절절히 깨닫게 되었다. 그런 맹점들이 아리스토텔레스와 생존 연대가 겹치는(퀴니코스학파 사람들은 심지어 그보다 더 이른 시기에 활동했다) 스토아 철학자에게서는 보이지 않는다면, 근대 이전이라는 이유로 그를 감쌀 수는 없게 된다.* 나는 이런 맹점들이 『연약한 선』의 목적과는 상관없이 몇 개는 이 책에서 두드러지게 드러난다고 생각한다.

가장 우선적이면서도 놀라운 맹점은 아리스토텔레스에게서는 보편적 인간 존엄성에 대한 어떤 형태의 시각도 보이지 않고, 나아가 인간의 가치와 존엄성이 동등하다는 생각도 보이지 않는다는 것이다. 아마도 아리스토텔레스 이론 내부에서의 갈등은 실제로 존재했을 수도 있는데, 가끔은 그가 (내가 강조하듯) 모든 자연적 존재는 경외할 가치가 있다고 강조하기 때문이다. 그러나 우리가 받아들여야 할 것은 그의 윤리적, 정치적 저작에는 분명히 인간의 순위를 인정한 대목이 등장한다는 것이다. 여성은 남성에게 종속되어 있고, 노예는 주인에게 종속되어 있다. 이와 대조적으로 스토아 철학에서 우리는 도덕적 선택을 할 수 있는 역량만 있으면 어떤 경계도 없이 모두 동등한 존엄성을 지닌다. 남성과 여성, 노예와 자유민, 희랍인과 외국인, 부자와 빈자, 상위 계급과 하위 계급이 모두 동등한 가치를 지니고 있고, 이 가치는 우리 모두 서로서로 존중해야 한다는 엄중한 의무를 우리 자신에게 부

---

* 성적 차이에 관한 정치적 부당성과 관련된 곳 그리고 성에 관한 사회적 규범을 비판할 필요가 있는 곳에서 당연하지만 플라톤은 성차별의 선두에 선다.

과한다.* 퀴니코스 학파를 비조鼻祖로 삼고 추종하면서 스토아 철학자들은, 계급, 순위, 명예, 심지어 성sex과 성별gender에까지 이르는, 세상을 나누는 도덕적으로 부적절한 상하 관계를 급진적으로 공격할 때 이 사상을 사용했다.** 이런 생각들은 그로티우스, 루소, 칸트 등의 사상가들에게 영향을 미치면서 근대성 형성에 중요한 역할을 한다. 현대의 아리스토텔레스주의라면 자신의 견해를 도덕적으로 적절한 것으로 만들기 위해 이러한 생각들과 함께할 필요가 있다.

아리스토텔레스는 폴리스polis*** 밖에 사는 사람들과의 도덕적 관계는 인정하지 않았다. 그는 그들을 우리와 거리를 두고 살아가는 하나의 인류로서 인정하지만, 그 인정이 우리에게 도덕적 책무를 부과한다고 주장하지는 않았는데, 심지어 그들과 폭력적인 전쟁을 벌여서는 안 된다는 책무도 그의 관념에는 없었다. 다시 스토아 철학자에 대해 말하면, 그들은 우리 모두가 무엇보다 코스모폴리타이kosmopolitai, 즉 전체 인류 세계의 시민이고, 이런 공통의 도덕적 시민 의식이 우리의 윤리적 책무와 관련해서 적어도 몇몇 의미 있는 결과를 가져온다고 주장하면서 아리스토텔레스에게 결여된 요소를 제공한다. 그 결과가 무엇인지는 그 전통 안에서 논란이 있다. 남아 있는 것 중 가장 영향력 있는 입장은 키케로의 『의무론 *De Offici-*

---

* 물론 그들은 덕과 덕의 결여 사이에는 엄청난 차이가 있다고 생각했다. 그리고 덕을 갖추기 위한 기본적인 장치가 되는 것이 존중의 가치라고 생각했던 것 같다. 그리고 그들이 어느 누구의 삶도 (적어도 이 학파의 창시자의 시대부터는) 실제로 덕스러운 것은 없다고 생각했기 때문에 그 차이를 인식한다고 가치의 두 종류를 아는 것이 따라오지는 않고 이는 (불명료하지만) 다른 방식이라도 해도 마찬가지이다.

** 그들이 항상 정치적 조건은 급진적 변혁을 필요로 한다는 그들의 주장에서 결론을 끌어오지는 않는데 왜냐하면 그들은 '외적인 좋음'은 인간 번영과 상관없는 것이라는 잘못된 생각을 하고 있었기 때문이었다. 다음 논의를 참조하라.

*** [역주] 여기서 '폴리스city'는 'polis'의 번역어이다. 한국어로는 '국가'라고 번역하기도 하고, '폴리스국가'라고 아예 붙여 번역하기도 한다. 본서에서는 원문의 뜻을 살리기 위해 '폴리스'로 번역했다. 폴리스라는 번역어는 문맥에 따라 어색할 수도 있는데 폴리스국가로 뜻을 새기면 그다지 무리는 없을 듯하다.

is』[*]에 등장하는 것으로, 이 책에서는 공통의 인간성에 입각해 폭력적인 전쟁을 일으켜서는 안 된다는 엄중한 의무, 전쟁 중 적군에 대한 의무, 우리 땅에 들어온 외국인을 환대할 의무, 그 외 다양한 형태의 의무가 부과되어야 함을 분명히 한다. 이러한 의무들에 대한 키케로의 입장은 현대의 정치적, 법적 사유에 엄청난 영향을 끼쳤다.

그러나 불행하게도 키케로의 사유에는 심각한 간극과 모순이 존재한다. 구체적으로 그는 우리의 공화국 외부에 있는 사람들에게 물질적인 원조를 해줄 의무는 없다고 믿은 것 같다. 이 불행한 간극은 금전과 재산과 같은 '외적인 것'에는 내재적 가치가 없다는, 그리고 덕은 그 자체로 완결적이라는 스토아 철학의 사유에 대한 그의 확신[**]이 관련되어 있다. 그러면 스토아 사유는 몇 가지 커다란 문제점을 남기는데 그 문제는 우리도 아직 풀지 못한 것이다. 그리고 또 스토아 사유는 폴리스의 세계를 넘어서 활동하는 정치에 필수적인 기초를 제공하기도 한다. 다시 말하지만 이와 같이 우리의 사유를 확장시켜야 할 필요가 있다는 사실을 『연약한 선』에서, 특히 훌륭한 삶에서의 사랑과 친애의 역할을 다룰 때 언급했다면 좋았을 것이다.

마지막으로 아리스토텔레스 철학에는 훌륭한 현대 정치적 접근이라면 반드시 함유되어야 하는 요소가 결여되어 있는데, 그것은 자유가 보호되는 영역에 대한 이해와 국가에 나쁜 결과를 초래하는 자유 방해 활동에 대한 확고한 이해다.[***] 현대 사유에서 자유란 무엇인지, 그리고 어떤 자유의 형식이 정부가 잘 기능하는 국가에 가장 핵심적인 것이 되는지의 질문들에 단일한 답변을 내놓기는 불가능하다. 그럼에도 불구하고 아리스토텔레스의 『정치학』을 읽는 현대의 독자가 있다면 세계 어느 곳에서 온 사람이든 상관없이

---

[*] 키케로는 스토아학파에 비판적인 입장을 취한 적이 많았으나, 『의무론』에서는 파나이티오스의 '중기 스토아 철학'에 영향을 받기는 했지만 기본적으로 정통 스토아학파의 입장을 발전시켰다.

[**] 나는 "Cicero"에서 이런 견해를 주장했다.

[***] "Aristotle/Capabilities"를 초기 논의를 다룬 참고 문헌들과 함께 참조하라. 여기서 나는 그린, 그리고 특히 바커가 아리스토텔레스를 비판한 부분에 동의한다.

누구나, 시민들이 매일 얼마나 운동을 하는지와 같은 개인적인 일들에 관해 명령을 받는 데도 국가의 이런 역할이 도덕적으로 논쟁의 여지가 있다는 인식조차 없다는 것을 보면서, 분명 무언가 잘못되어 있다고 판단하게 될 것이다. 이런 한계는 『연약한 선』에서 덕에는 선택과 행위자의 행위가 중요하다고 강조하는 부분에서 언급이 되었어야 했다. 아리스토텔레스는 선택할 때의 세속적 조건을 주장하기는 하지만, 선택의 적절한 유형과 그 유형에 실제로 반드시 수반되어야 하는 조건에 대해서는 충분히 깊게 생각하지 않았다. 물론 스토아 철학자들이 자유에 대한 현대적 이해에까지 우리를 데려가지 않는다는 것은 분명하다. 그러나 그들은 다시 말하지만, 그 발전 과정에서 우리가 기초로 삼을 만한 가치 있는 무언가를 제공한다. 로마 스토아학파는 특히 좋은 정부의 주요 목표를 설정하면서 오로지 자유에 초점을 맞추고 부분적으로 그런 입장에 입각해서 '혼합 체제'를 왕정보다 더 우월한 것으로 정의한다. 스토아 철학자들은 그들의 생각을 실천에 옮겼는데 그래서 자유를 위해 목숨을 걸고 지속적으로 반反왕정 음모에 가담하곤 했다.* 로마 스토아 철학의 자유 개념이 현대의 자유주의에서 떠받드는 자유 개념과 얼마나 연관되어 있는지에 대해서는 수세기 동안의 논쟁이 있는 것이 사실이지만** 적어도 스토아 철학자들이 이런 중요한 문제들의 고찰에 시작점을 제시한 것은 분명하다.

　스토아 철학자들이 아리스토텔레스 정치사상에 몇몇 핵심적인 수정 사항을 제공해주기는 하지만 그럼에도 우리는 스토아 사상 자체를 가지고 현대 정치에 접근해서는 안 된다. 내 생각에 우리는 차라리 아리스토텔레스 철학

---

* 키케로는 자신의 공화정 옹호와 스토아학파의 이상을 연결시켰다. 그러나 세네카와 루카누스는 모두 네로 황제에 항거한 피소의 음모에 가담해 목숨을 잃었다. 또 하나의 1세기 스토아 철학자 트라세아 파이투스 역시 스토아학파의 반反왕정 음모에 가담하여 목숨을 잃었다. 철학자이자 황제였던 마르쿠스 아우렐리우스가 사실 최근 영화 〈글라디에이터 Gladiator〉(2000)에서처럼 방탕하고 비열한 아들 코모두스에게 왕위를 물려주기보다는 공화정을 재건하는 것을 선호한 것은 아니지만 영화에서 보여준 그의 역할을 그가 했었다면 그의 스토아 철학 원리와 더 일관성이 있었을 것이다.

** 뱅자맹 콩스탕의 이 문제에 관한 유명한 논의를 예로 들 수 있다.

의 진짜 맹점을 고쳐 수정을 하는 한이 있어도 몇몇 중요한 국면에서는 아리스토텔레스주의적 접근을 견지하는 것이 낫다. 왜냐하면 (일정한 형식을 통해 스토아 철학의 자유주의 계승자에게 전해내려 온) 스토아 사상에는 아리스토텔레스적 사유에 호소하면 바로잡을 수 있는 간극이 존재하기 때문이다. 그리고 『연약한 선』의 인간의 연약성에 대한 강조는 여기서 우리를 올바른 방향으로 이끈다. 스토아 철학자들은 삶의 "외적인 좋음"―부, 존중, 금전, 음식, 거주, 건강, 육체적 온전함, 친구들, 자녀들, 사랑하는 사람들, 시민권, 정치 활동 등등―은 진정한 가치가 아니라고 주장한다. 소크라테스와 함께 그들은 좋은 사람은 해를 입을 수 없다고 주장한다. 인간의 번영은 내적 미덕으로 충분하다. 이런 견해 때문에 좋음의 결여가 문제가 되는 곳에서 그들의 정치학은 뒤틀려 강조된다. 이와 관련된 왜곡은 칸트에서도 보이는데, 그가 인간을 두 개의 두드러진 국면, 즉 자연의 국면과 목적이라는 도덕적 국면 양쪽에 속하는 것으로 묘사하는 부분이 그 지점으로, 후자는 상대적으로 전자에서의 변화가 침투할 수 없는 것으로 그려진다.

따라서 스토아 철학자와 칸트 모두, 물질적인 것을 포함한 다른 사람들의 복리를 증진시킬 의무가 있다고 주장했다고 할 수는 있겠지만 그런 의무가 얼마나 절실하게 핵심적 위치를 차지하는가를 기준으로 보면 아리스토텔레스의 이론이 한참 우위에 있다고 할 수 있다. 왜냐하면 그는 우리가 한 국면 즉 자연의 국면에만 자리 잡고 있고, 우리의 도덕적 힘을 포함한 일체의 힘은 세속적인 것으로 그 번영을 위한 세속적인 좋음을 필요로 한다고 말하기 때문이다. 잘 먹는 것과 자유를 누리는 것, 육체적인 온전함과 도덕적 기능 사이의 연결은 모두 그런 이론에서 더 직접적이고 명료하게 나타나는데, 왜 그런지는 『연약한 선』의 논증 전반에서 다음과 같이 확인할 수 있다. 인간은 참으로 덩굴나무와 같아서, "현자들과 올바름의 틈바구니에서 자라나 티끌 한 점 없이 맑은 하늘로 뻗는" 것이다. 이들의 연약한 모습, 그리고 그 모습과 가치 있는 기능과의 연결고리를 알아채면, 물질적 재화의 적절한 분배와 재분배를 온전히 이뤄내어 모든 시민이 충분한 재화를 얻게 해주는 이로움을 우리는 얻게 되고, 이는 스토아 철학자들은 결코 우리에게 줄 수 없는 것이다. 그들에게 성패는 물질에 달려 있는 것이 아니라 (다른 것 중에서도) 인간의 정신적 그리고 도덕적 기능 그 자체에 달려 있다.

우리는 여기서 한 걸음 더 나갈 수 있다. 스토아적인 접근은 존엄성에서 필요 관련 요소를 잘라낸다. 그 요소 자체에는 존엄성이 없다. 그것은 그저 존엄성을 지닌 것과 우연적으로 연결되었을 뿐이다.* 이는 우리가 육체의 굶주림과 거처의 필요를 그리고 병들었을 때의 보살핌과 사랑을, 존엄을 구성하는 성분들로 생각하지 않는다는 의미이다. 그런 것들은 역시 존엄한 존재로서는 다소 당혹스러운 사실들이다. 육체적인 필요에 안도감을 주는 일에 접근하는 방식을 이런 견해는 미묘하게 채색한다. 우리는 그것을 거기에서 고귀한 부분을 얻기 위해 상대적으로 인간 삶의 고귀하지 않은 면에서 그저 버티는 것으로 생각한다. 내 생각에 이는 아이들, 병에 시달리는 사람들, 나이 든 사람들에게 주는 사랑과 관심에 대해 생각할 때 왜곡된 기초를 제공한다. 그뿐 아니라 삶의 폭이 확장되고 많은 성인들이 인생의 3분의 1을 정신적, 도덕적으로 온전하게 기능할 것이라 기대하기 어려운 상태로 보내야 하는 지금, 사회가 지속적으로 그리고 점점 더 심각하게 직면하는 문제들을 생각할 때도 왜곡된 기초를 제공한다. 몇몇 인간들은 물론 철저하게 타인들에게 정신적으로 의존하는 상태에서 온전한 삶을 살아간다. 훌륭한 정치적 사유는 그들에게도 제공되어야 하고 존경심을 보여야 한다.

이 논점에 대해 스토아 철학은 대부분의 다른 고대 사상 유파流派와는 달리 인간과 짐승의 경계를 예리하게 나누었다고 말할 수도 있다. 인간성의 존엄과 가치에 대한 스토아식 인식은 인간과 '짐승들'**을 구별하는 인간성의 요소에 기반하고 있다. 이 사실이 인간의 존엄성을 묘사하는 스토아식 수사

---

* 이것은 복잡한데, 스토아 철학자들이 물리주의자physicalists이기 때문이다. 그러나 그들이 이성적 존재(제우스)가 결핍 없는 존엄성을 지니는 것이 가능하다고 할 때처럼, 사람도 그렇게 생각했음이 분명해 보인다.

** Richard Sorabji의 *Animal Minds and Human Morals* (Ithaca, Cornell University Press, 1993) 참조. 소랍지는 스토아 철학자들을 인간을 다른 동물들과 예리하게 구별하는 현대의 경향에 비추어 비난한다. 그러나 유대-기독교 전통은 그런 비난을 들을 만하다.

법에 끊임없이 나타난다는 것은 분명하다. 심지어 그들은 인간적인 것을 만들어낼 때 그것을 소중하고 경계 없는 가치로 만들고, 이를 통해 동물을 야만적이고 비활성적인 것, 존엄과 경탄이 결핍되어 있는 것으로 만들어 폄하한다. 이런 이해로 그들은 사실적으로 오류인 주장을 하게 되는데, 예를 들면 동물에게는 감정이 없다든가, 동물에게는 지성이 없다든가 하는 주장이 그것이다. 한편 이런 주장은 사실상 미묘하게 겹치고 연속성이 있는 곳에서도 예리한 구분을 받아들이게 한다. 반면 아리스토텔레스는 모든 자연 존재들 중 아무리 하등하거나 혹은 혐오스럽더라도 모든 자연 존재들은 무언가 놀라운 경외할 만한 점이 있다고 주장했다(『동물의 부분에 관하여』 I. 5).

현대 세계에서 우리는 다른 동물과 우리의 관계, 그리고 우리의 동물성, 우리의 침투 가능한 육체, 우리의 성장과 쇠퇴 등과 우리와의 관계를 잘 설명해줄 수 있는 정치적 접근을 필요로 한다.* 그렇다고 동물성에만 부여된 관심과 의무가 존재한다는 것, 그리고 동물성 그 자체는 갖가지 형식을 통해 존중받을 자격이 있다는 것을 인정하기 위해, 인간의 이성적이면서도 도덕적인 힘과 특별한 도덕적 관심과 의무와의 관련성을 부정할 필요는 없다. 우리는 우리 인간의 지성과 감정의 형식이 실은 동물성의 결단이지 동물성과 떨어져 있거나 그것과 대조가 되는 것이 아님을 알아야 한다. 스토아식으로 정신을 냉혹하게 이분법적으로 나눈 세계 접근 방식으로는, 우리 자신의 유아성과 노쇠성에 대해, 그리고 다른 동물들과의 도덕적 관계에 대해, 혹은 다양한 정신적 장애를 겪고 있는 사람들과의 관계에 대해 올바르게 생각할 수 없다. 스토아 전통에 선 자유주의의 현대적 형식—나는 칸트식의 자유주의도 여기에 포함시킨다—도 절실한 도덕적, 정치적 문제들을 광범위하게 다루기에는 마찬가지로 부족하다. 물론 우리는 희랍의 사유로 돌아가지 않고 스스로 올바른 방향을 정할 수도 있다. 그러나 아리스토텔레스가 자연을 매우 광범위한 멋진 존재들로 가득 차 있는 것으로 보았던 점, 그리고

---

* 이 모든 것에 관해서는 "Pres. Add."를 참조.

그 존재들 각각이 기능의 개성 있는 형태를 갖추고 있는 것으로 보고, 이러한 것이 인간과 동물의 동작은 비슷한 종류여서 '공통적인 설명'을 받아들일 수 있는 것이라는 그의 견해와 서로 어울린다는 사실은, 우리가 우리 자신과 세계에 대해 더 잘 생각하는 데 도움을 준다.* 아리스토텔레스의 말마따나, 우리가 동물의 육체를 혐오한다면 그것은 우리가 우리 자신의 육체도 혐오함을 의미한다. 그것 역시 우리를 형성하는 부분들이다. 우리는 혐오를 가져서는 안 된다. "모든 자연적인 것에는 놀라운 무엇인가가 있다." 우리는 이 사상의 윤리적 함축을 따르고 다듬는 것보다 더 나빠질 수도 있다.**

IV

내 생각은 많이 변화했고 발전했다. 이와 함께 도덕 철학 세계도 엄청나게 변화하면서 과거에는 불필요한 것처럼 보였던 많은 구분과 해명이 이제는 필수적인 것이 되었다. 『연약한 선』이 세상에 첫 선을 보인 이래, 희랍 사상에서 영감을 얻은 여러 다양한 윤리 사상가들의 영향으로 고대 희랍 윤리 사상에 대한 관심이 크게 부흥했다. 이런 부흥에는 버나드 윌리엄스, 알래스데어 매킨타이어, 아이리스 머독, 존 맥도웰, 데이비드 위긴스 같은 학계를 선도하는 도덕 철학자들이 한몫을 담당했다. 이들 모두는 자신의 독자적인 도덕 철학 작업과 희랍 철학에 대한 진지하고 지속적인 관심을 결합시킨 사람들이다. 또 거론해야 할 사상가로, 필리파 풋, 아네트 바이어, 코라 다이아몬드 등을 들 수 있는데, 그들의 작업은 고대 희랍 문헌에 그렇게 세세하게 관심을 쏟은 것은 아니지만, 연관된 주제를 발전시킨 것이었다. 마지막으로

---

* '공통적인 설명'은 내 첫 책, *Aristotle's De Motu Animalium* (Princeton, princeton University Press, 1978)의 주제였다.

** 내가 말하는 윤리적이면서도 정치적인 문제가 아리스토텔레스만으로 모두 잘 해결되는 것은 아니다. 그는 자신의 동물적인 삶에의 커다란 존경을 정치적 국면과 연결시키지 않았고 동물이 인간의 쓰임을 위해 존재하는 것으로 보는 쪽으로 방향을 틀어 버린다.

언급해야 할 일단의 철학자는 주로 고대 희랍 윤리학의 전문가 입장에서 글을 쓴 사람들이다. 칸트주의와 공리주의가 두 개의 지배적인 윤리적 접근이라는 주장은 이제 더 이상 진실이 아니다. 이 주제에 관한 대부분의 입문서들은 이제 세 번째 주요 패러다임으로 '덕 윤리적 접근'을 언급하고 있다.

그러나 나는 이런 분류법에 혼란스러운 면이 있다고 생각한다.* 칸트와 주요 공리주의 사상가들에게도 덕 이론은 있다. 따라서 정확하게 말하면 '덕 윤리'가 위 두 사상과는 완전히 구별되는 접근이라는 주장에는 범주적 오류가 있다. 심지어 고대 희랍 윤리 사상에 영감을 받은 접근법을 선택하고 덕에 대해 글을 쓰면서, 칸트주의와 공리주의적 접근을 거부하는 사상가들이라 해도 모두 한 목소리를 내는 것은 아니다. 그럼에도 이 이질적인 그룹을 하나로 묶어주는 몇몇 요소들이 있다. 첫째, 좋은 선택에 있어서 동기와 정념의 역할에 대한 관심, 둘째, 동기와 활동의 진행 패턴에 대한 관심, 마지막으로 위 요소와의 관련 속에서 행위자의 삶의 전체 과정에 대한 관심이 그것이다.

그러나 위와 같은 공통 요소만큼이나 심각한 불일치도 존재하는데, 윤리적 삶에서 이성의 역할과 윤리 이론의 가치에 대해서 특히 그렇다. 매우 도식적이긴 하지만 이 불일치의 전체 그림을 한번 그려 보자. 한 그룹의 현대 덕 이론가들은 주로 공리주의에 대한 불만으로 말미암아 아리스토텔레스와 기타 희랍 사상가들로 눈을 돌린다.** 그들은 공리주의자들이 가치의 다원성과 비균질성, 수단뿐 아니라 목적에 관해서도 지성적 숙고를 할 수 있는 가능성, 그리고 정념이 사회성 함양에 반응하는 민감도(다르게 표현하면 선호

---

* 이 절에 등장하는 여러 사상가의 입장과 그들의 주요 저작에 대한 참고문헌을 포함하여 이 절의 모든 자료에 관한 더 상세한 설명을 보려면 "Virtue Ethics"를 참조하라. 이 논점은 일찍이 버나드 윌리엄스가 제출한 *A Guide through the Subject*, A. C. Grayling(Oxford, Oxford University Press, 1994), 551의 글에서 찾아 볼 수 있다.

** 데이비드 위긴스의 "Deliberation and Practical Reason" in *Essays on Aristotle's Ethics*, ed. A. Rorty(Berkeley and Los Angeles, University of California Press, 1980), 221-40과 헨리 리차드슨의 *Practical Reasoning about Final Ends*(Cambridge, Cambridge University Press, 1994)가 이에 해당하는 예가 될 수 있다.

의 내인성(內因性) 등을 간과한다고 본다.* 그런 사상가들은 전형적으로 윤리학에서의 이론 정립을 좋아하는 사람들이다. 그들의 목적은 오직 비非공리주의 유형의 윤리 이론을 세우는 것으로, 아리스토텔레스로부터는 자신의 프로젝트에 필요한 도움을 빌릴 뿐이다. 그리고 전형적으로 그들은 우리의 윤리적 삶에서 이성의 역할을 축소하는 것이 아니라 확장하기를 원하는데, 예를 들면 궁극 목적들을 전체론적으로 숙고할 수 있음을 보여주거나 정념 그 자체가 숙고에 반응하는 것을 보여준다. 그들은 사회적 보수주의의 경향을 보이지는 않지만, (탐욕이나 질투 같은) 다양한 나쁜 동기들이 사회적으로 어떻게 형성되는지, 따라서 어떻게 우리가 그 동기들에 본질적 비판을 가할 수 있는지를 보여준다는 점 때문에 그들은 고대의 사유에 흔히 매력을 느낀다. 이 그룹 중 일부는, 칸트의 견해가 감정에 부당할 정도로 적대적이고, 좋은 것들 사이의 잠재적 갈등 가능성을 인정하는 다원성에 무관심하다는 점에서 그를 못마땅해 하는 것은 사실이나, 그들의 견해에 칸트와 함께해서는 안 된다는 내적 논리가 존재하지는 않는다. 사실 그중에는 아리스토텔레스와 칸트의 가장 좋은 점만을 모아 종합하고자 하는 사람들도 있다.**

언제나 나는 내 자리는 이 그룹에 있다고 스스로 여겨왔다. 데이비드 위긴스와 헨리 리차드슨의 저작은 이 그룹의 반공리주의 결사에 범형이라 할 만한 것으로, 내가 주장하려고 하는 것을 함께하는 언제나 내게는 훌륭한 동

---

* 물론 여기서 공리주의자는 누구를 의미하고 이 비판이 공정한 것인가에 대해서 많은 이야기를 할 수 있다. 데이비드 위긴스와 헨리 리차드슨은 모두 현대 경제학에서 발견할 수 있는 단순한 형식의 공리주의를 주로 겨냥하고 있다. 이런 공리주의에의 비판은 대체로 옳다. 시즈윅과 광범위하게 결합하면서 리차드슨은, 시즈윅에게는 둔감함에 기인한 주장이라고 자신이 비판하는 그런 면이 없다고 말한다. 그에게는 여러 면에서 존중할 만한 이론적 목적이 있었고 따라서 그의 이론을 비판하는 이론은 반드시 다른 경로를 통해 그 목적에 도달할 수 있음을 보여주어야만 한다. 밀에 관해 말하자면, 많은 반공리주의적 아리스토텔레스주의자들은 그를 양쪽이 섞여 있는 인물로 간주해서 명목상 공리주의자이지만 본질적으로는 아리스토텔레스적 행복주의자eudaimonist라고 본다.

** 낸시 셔먼의 매우 흥미로운 작업을 예로 들 수 있다. *Making a Necessity of Virtue: Aristotle and Kant on Virtue*(Cambridge, Cambridge University Press, 1997) 참조.

지적 작품이다.*

또 다른 그룹의 덕 이론가들은 주로 반칸트주의자들이다. 그들은 윤리학을 철학적으로 설명하는 작업 대부분에서 이성이 지나치게 지배적인 역할을 해왔고, 감성과 정념—그들의 해석으로는 이성과의 거리가 앞의 그룹보다 더 먼—에 더 많은 역할이 주어져야 한다고 생각한다. 이 그룹은 안에도 다양한 형태의 이론이 있지만 적어도 하나의 공통점은 그들이 신新흄주의자들이라는 사실이다. 우리는 흄식의 감성을 기본으로 한 윤리학적 관심을 아네트 바이어와 (내 생각에는 그리 틀리지 않을 것이라 보는데) 버나드 윌리엄스의 저작에서 찾아볼 수 있다.** 이런 흐름이 신흄주의적 입장에서 불가피한 결과라고 보기는 어렵지만, 위 두 사상가와 그들에게 동조하는 사람들은 윤리적 이론화 기획 자체를 반대하는 경향이 있어서, 그들은 이런 기획을 윤리적 삶에서 이성의 역할을 과도하게 설정한 것이라고 본다. 바이어는 공감 개념으로 아리스토텔레스의 개별자주의를 주장하지만, 그것을 일종의 반反이론 아니면 이론화 기획을 대체할 수 있는 것으로 설명한다. 이와 대조적으로 윌리엄스는 아리스토텔레스 이론을 실패한 윤리 이론으로 취급한다.***

이제 우리는 이 문제를 대하는 사람들을 다음과 같이 세 부류로 나눌 수 있다. (a) 윤리적 이론화, 그리고 인간사에서 이성이 충분한 역할을 해야 한다는 주장 모두를 지지하는 사람들, (b) 윤리적 삶에서 이성이 충분한 역할을 해야 한다는 주장을 지지하나 윤리 이론화 기획은 거부하는 사람들,

---

* "Virtue Ethics"에서 나는 이 그룹과 존 맥도웰 그리고 버나드 윌리엄스와의 관련을 논의했는데, 그들의 사상은 여기서 간단히 범주화하기에는 너무나 복잡한 것이 사실이다. 위긴스가 그의 작업과 그것을 통해 발견한 것을 '윤리 이론'으로 지칭하는 것을 얼마나 받아들일지 나는 잘 모르겠다. 리차드슨이라면 그런 표현을 반길 것이 분명하다.

** 그럼에도, 다시 말하지만 윌리엄스의 견해는 너무나 복잡해서 지금 논의 수준에서는 적절하게 포착될 수 없는 것이다. "Virtue Ethics"를 참조하라. 가장 저명한 신흄주의자, 사이먼 블랙번은 자신의 견해와 덕 윤리적 접근을 구분하기는 하지만, 그가 옹호하는 것이 다른 사람들이 덕 윤리에 호소하면서 옹호하는 것과 여러모로 흡사한 면이 있다. 이에 관해서는 나의 논문 "Virtue Ethics" 참조.

*** 이들의 비판에 대한 나의 대응을 보려면, "Human Nature"를 참조하고 더불어 같은 책에 실려 있는 윌리엄스의 답변도 함께 참조하라.

(c) 윤리적 삶에서 이성의 영역을 크게 줄이려는 사람들이 그것이다. 나는 덕 이론가 중 첫 번째 부류에 속한다. 그리고 내 생각으로는 위긴스와 리차드슨과 함께 반공리주의적 태도를 취한다. 우리는 모두 이론의 역할을 옹호하는데, 단순하게 말하면, 궁극 목적들에 대한 숙고, 그리고 좋은 것들의 환원되지 않는 다원성에 몰두하면서 아리스토텔레스 유형의 이론을 추구하는 것이다.

윤리 이론을 반대하는 사람들도 사회적으로 학습된 정념과 감정은 타락하기 쉽고 이성의 비판적 기능이 따라서 인간사에 핵심적이고 가치 있는 역할을 담당한다는 믿음을 가질 수 있다. 이런 예가 버나드 윌리엄스인데, 그는 많은 면에서 소크라테스의 반성하는 삶이라는 이상을 지지한다.* 그러나 한 사상가가 윤리 이론을 공격하기 위해 사용하는 이성이, 인간사에서 이성이 우세한 위치를 점하는 것을 더 전반적으로 반대할 때 역할을 하는 경우도 가능하다. 여러 면에서 볼 때 이는 아네트 바이어와 알래스데어 매킨타이어의 경우인데, 그런 접근이 반드시 윤리적 혹은 사회적으로 보수적인 것이 되라는 법은 없지만, 이들은 하나의 지도 방침으로서의 이성을 격하시키면서 우리를 지도하는 더 가치 있는 다른 것이 있다고 주장한다. 바이어에게 그것은 다름 아닌 우리의 감정들이다. 반면 매킨타이어에게 그것은 정치적/교회적 권위로 제1원리가 성립되는 층위에서는 적어도 이성을 대체한다.

나는 윤리적, 정치적 삶에서 이론이 담당하는 역할이 중요하다고 생각하고, 이런 점에서 위에서 언급한 두 그룹의 반이론적 사상가들**과 다른 것이 사실이지만, 나와 윌리엄스와의 차이는 반이론적이자 반이성적인, 그리고 고대 희랍 윤리학에 호소하면서 그 주제를 다루는 다른 사상가들과의 차이

---

* 내 생각에 이와 밀접히 관련이 있는 견해는 코라 다이아몬드의 것으로, 그는 상상력의 중요한 역할에 초점을 맞추지만, 윌리엄스처럼 비판적인 윤리적 추론에 커다란 관심과 이론에 대한 회의주의를 연결시킨다. 다이아몬드의 입장과 나의 입장과의 관련을 폭넓게 다룬 것을 보려면, "Literature/Ethics" 참조.

** "Virtue Ethics"에서 나는 여기서 제대로 다루지 못한 필리파 풋, 사이먼 블랙번 같은 사상가들에 대해서도 논의했다.

보다 훨씬 더 미묘하다.* 단도직입적으로 말해서, 나는 후자의 사상가 그룹에 속하는 것이 불편하고 『연약한 선』에서 그런 반이성적이고 반이론적인 견해를 찾으려는 시도를 접할 때마다 깜짝깜짝 놀란다. 나는 "분별은 지각에 달려 있다"는 아리스토텔레스의 격언을 옹호하면서 그 판단의 근거를 에우다이모니아에 대한 보편적 설명을 동반한 윤리 이론임이 매우 분명한 것의 내부 요소로 간주한다. 보편적 설명은 언제나 개별자들에 반응해야 하고 그런 한에서 일시적이다. 그러나 그럼에도 불구하고 그것은 이론이다.** 게다가 나는 소설을 그러한 아리스토텔레스적 지각을 함양하는 것으로 삼아 칭송하면서, 소설을 윤리 이론의 체계적 연구와 결합해서 읽으면 윤리적 통찰을 얻을 수 있다고 주장했다. 이 주장에 따르면, 코라 다이아몬드는 애초부터 (대단히 반이론적인) 그녀의 기획과 나의 기획 사이에 놓인 깊은 골을 제대로 보는 데 초점을 맞춘 것이다.***

나의 이론 옹호가 명료했다면, 이성을 지도 방침으로 지지한 나의 견해도 역시 명료했을 것이다. 이성의 역할을 제한한 것처럼 보이는 것으로 나는 두 가지 말을 했는데, 지적 관조만으로는 인간 삶의 번영을 이끌기 부족하다고 한 것이 하나고, 감정도 윤리적 추론에 한 역할을 담당한다고 한 것이 둘이다. 첫 번째 주장은 플라톤이 했을 법한 것보다 더 제한적인 역할을 '단일 형식의 이성작용'에 할당한 것으로, 삶을 계획하고 정돈할 때 실천적 이성에 핵심 역할을 맡기는 것뿐 아니라 심지어 모든 우리 활동을 온전히 인간적인 것으로 만드는 것이 실천적 이성이라는 주장(나도 이렇게 주장한다)과도 완벽하게 일치하는 입장이다. 두 번째 주장은 인간의 삶에서 이성의 역할

---

* 윌리엄스와 나와의 차이는 그가 이제 정치적인 삶과 법에서 이론은 가치 있다는 입장을 취하게 됨에 따라 훨씬 줄어들었다. 이제 그의 공격 대상은 오로지 윤리 이론뿐이다.

** 이 지점에서 어려운 부분은 반이론주의자 중 일부는 진부하고 과도하게 단순한 타겟을 설정한다는 것이다. 어떤 탁월한 윤리 이론가가 이를테면 이론이 단지 규칙의 체계라고 생각하겠는가?

*** 지각을 함양할 때 문학의 역할에 대한 견해를 보려면 *Love's Knowledge*(이하 *LK*) 참조. 다이아몬드에 관해서는 "Literature/Theory" 참조.

을 전혀 제한하지 않는 것으로, 나는 감정이 지성적이자 가치 판단을 매개로 한 해석의 형식이고, 따라서 이성/감정 이분법은 부정되어야 한다고 주장한다.(물론 모든 감정이 좋은 지도 방침이 된다는 이야기는 아니고 이성 작용의 다른 형식들보다 더 좋은 지도 방침을 준다는 이야기도 아니다) 따라서 내 입장은 부정의를 비판할 필요가 있을 때 이성에게 가능한 모든 공간을 내어준다는 것이다.

최근 윤리학에서 다양한 형태의 반이론이 끼치는 광범위한 영향을 보면서, 그리고 부정의한 관습에의 다양한 근본적 비판 가능성을 일탈로 빠뜨리는 것처럼 내게 보인다는 점에서, 이런 경향의 거슬리는 면을 발견하면서 나는 윤리 이론을 평가절하하는 사람들에 대항해 옹호하는 글을 써왔다. 내 바람은 글을 쓰는 과정에서 아리스토텔레스나 스토아 철학자 같은 고대 사상가들이 무엇에 힘입어 철학적 이론화가 인간사에 가치 있는 역할을 한다고 믿은 것인지를 분명하게 밝히는 것이다.* 현대 철학자들이 이론을 비판하는 작업을 하면서 자신의 동맹군으로 희랍 철학자들을 끌어들이는 것은 내게 극도로 이상하다. 왜냐하면 바로 희랍 철학자들이야말로, 의식적으로 수사학, 천문학, 시학 그리고 반성되지 않은 자기 이익 등에 의해 고취되는 사회적 상호 작용의 여러 대안들 중 하나로서 철학을 그들의 문화에 권하고 그들의 문화를 철학에 권하던 사람들이었기 때문이다.** 확실히 희랍 철학자들은 감정과 습관에 따라 사는 삶이라는 관념을 좋아하지 않았고, 심지어 세련된 문학 작품이라는 관념도 좋아하지 않았다. 그들은 비판적 논증을, 그리고 인간 삶의 번영을 이끌 수 있는 체계적 설명을 구축하기를 원했다. 나는 그들에게 동참한다. 소크라테스가 그랬듯 나도 현대 민주주의가 자신의 잠재력을 실현하려면 철학을 필요로 한다고 생각한다.*** 그리고 민주주의는 소크

---

* "Practice/Theory"

** 이 문제를 다른 방식으로 다룬 것을 보려면, "Lawyer"와 "Four Paradigms" 참조.

*** *Cultivating*, 1장에서 내가 모든 학부생들에게 철학이 필수과목이 되어야 한다고 주장한 부분을 참조.

라테스식 탐구와 자기-검토를 필요로 할 뿐 아니라 사회 정의에 관한 이론을 포함한 복합적인 윤리 이론과의 결합을 필요로 한다.

　이론들은 경험과 함양된 지각에 기초한 판단들을 제대로 존중하면서 개진될 수 있고 되어야 한다. 아리스토텔레스는 그렇게 한 사람 중 하나다. 그러나 그의 전체 이론은 변형된 지각을 비판하기 위해 언제라도 시험 무대에 올라갈 준비가 되어 있다. 물론 그 비판의 과정은 전체론적일 것이어서, 판단은 이론을 시험할 것이고 이론 역시 판단을 시험할 것이다.* 그렇다고 이론이 쓸모없다고 말하는 것은 아니다. 사실 단적으로 그렇지 않다. 왜냐하면 이론은 우리가 지닌 최상의 통찰을 유지하도록 강제하고, 자기 이익을 위한 합리화에 속는 사람이 되지 않기 위해 우리의 판단을 보호하며, 우리가 탐구하거나 경험하지 못한 분야에까지 우리의 사유를 확장시켜주기 때문이다.**

V

　그러나 『연약한 선』은 무엇보다 재앙에 관한, 그리고 윤리적 사유가 재앙을 받아들이는 방식에 관한 것이다. 그리고 고대 희랍 윤리 사유의 이런 면도 현대 도덕 철학에서 새롭게 주목받아 온 것이다. 계몽주의적 윤리 이론에 불만을 품은 이론가들은 플라톤과 아리스토텔레스의 철학 이론에서 때로 그들이 원하는 것을 찾기도 한다. 그리고 현대 윤리 이론에 대한 불만으로 인해 사상가들은 자신의 시선을 철학자가 아니라 운과 [선의] 연약성을 다룬 플라톤 이전의 희랍 문학이 보여준 통찰을 향하게도 한다. 이런 통찰의 가치를 분명히 밝히는 것이 내가 가장 관심을 기울인 것이지만 이런 작업은

---

* *LK*와 *WHD* 모두에서 나는 이 과정과 반성적 평형을 목표로 하는 이성 작용에 대한 존 롤즈의 견해를 비교했다.

** 이 논점이 전개된 것을 보려면 "Practice/Theory" 참조.

나만의 것은 아니다. 무엇보다 비극시를 가장 섬세하게 다룬 현대의 권위자 버나드 윌리엄스의 오랜 관심이 있었다. 이처럼 관심을 공유하면서도 윌리엄스와 나는 운과 연약성에 대한 시들이 어떤 통찰을 품고 있는가에 대해서 때로는 상이한 이해에 도달하기도 하는데, 윌리엄스의 견해를 살펴보기 전에 먼저 이 문제와 관련된 『연약한 선』의 결론을 요약해 볼 필요가 있다.

희랍 비극 그리고 비극의 통찰과 동맹을 맺은 철학 저작(나는 아리스토텔레스의 윤리 관련 저작이 어느 정도는 이에 해당한다고 생각한다)에 눈을 돌리면서 현대 도덕 철학은 운, 필연성과 우리가 맺는 관계를 어떻게 이해하는가?『연약한 선』에서 나는, 도덕 철학이 쉽게 망각하는 인간이 자신의 삶에서 추구하는 가치에 관한 세 가지 항목을 비극 작품들이 보여준다고 주장했다. 그 세 가지는 다음과 같다. 첫째, 인간의 가치 중에는 이를 얻기 위해 인간이 쉽게 위험을 감수하는 것이 있다. 자식을, 친구들을, 사랑하는 이를 돌보는 것, 정치적 시민권과 정치적 활동을 돌보는 것, 일반적으로 말하면 그냥 있기보다는 행위할 수 있는 것을 돌보는 것―이런 관심과 애착의 대상은 적어도 몇몇 방식으로는 그것들을 소중히 여기는 사람을 운의 격랑에 밀어 넣는다.

내 주장은 모든 철학자들이 삶의 안정을 목적으로 삼아 이런 위험성을 줄이려 노력했다는 것이다. 그들 중에는 좋은 것들을 쭈그러들고 좁은 것으로 해석한, 너무 많이 나간 사람들도 있다. 그러나 안정을 강조하는 몇몇 견해들은 합리적이고 본질적이다. 사실 비극시인들은 자신들만의 방식으로 안정성에 초점을 맞추었는데 그들의 방식은 금전이나 외부의 평판이라는 더 일시적인 좋음을 넘어서는 고귀한 품성이나 덕스러운 행동의 좋음을 높이는 것이었다. 나의 주장은, 아리스토텔레스는 여기서 조금 더 나아가 적어도 부분적으로는 그들의 안정성에 대한 견해에 입각해서 좋음들을 칭송한다는 것이다. 그래서 그는 다른 사람을 초월하는 품성에 기초한 덜 안정적인 형태의 친애를 칭송하는데 그 칭송의 부분적 이유는 그것이 더 안정적이어서이다. 그럼에도 그는 비극시인처럼 안정성, 즉 운에서 벗어나는 것을 지나치게 칭송하여 다른 가치의 영역을 지배하는 목적으로 삼거나 하지는 않는다. 그래서 인간의 가장 중요한 좋음들 중에서도 친애를 계속해서 높이는 것인데, 이는 심지어 진정한 친구라면 언제나 상실과 회한의 위험을 감수해야 한다는 것을 알고 있을 때조차 그렇다. 혼자 있기를 좋아하는 삶은 그에게 별다른 매력이 없다. 그것은 그저 가치를 너무나 빈곤하게 만들어버리는 것일 뿐이다.*

『연약한 선』에서 내가 강조한 비극의 두 번째 통찰은 가치 있는 것들 간의 관계와 관련되어 있다. 가치 있는 것이 여러 개라면, 그리고 모든 가치를 그저 자신의 기능에 불과한 것으로 만들어 버리는 어떤 하나의 가치 있는 것으로 환원될 수 없다면, 도덕적 행위자들은 두 번째 방식으로 운에 취약하게 되는데, 왜냐하면 그들이 자신을 던져왔던 모든 일들을 추구하는 것을 어렵게 만들거나 심지어는 불가능하게 만드는 우연적인 갈등들이 있을 수 있기 때문이다. 비극은 그러한 갈등에 대한 풍부한 탐구거리를 제공한다. 그러나 내가 주장한 것은 아리스토텔레스의 사상 ―다시 말하지만 비극시인들보다는 훨씬 더 조화로움에 신경을 쓰기는 했지만― 역시 이런 갈등을 위한 자리를 마련한다는 것이다.**

세 번째로, 만약 감정 자체가 좋은 삶의 구성 요소로서의 가치를 지니면, 이 사실은 또 자아의 통제 밖 사건들과 우연히 조우하는 것을 행위자와 연결시킨다. (감정에 대한 내가 선호하는 분석에 따르면, 이는 첫 번째 논점을 설명하는 또 다른 방식일 뿐인데, 왜냐하면 감정은 우리가 완전하게 통제하지 못하는 우리 외부의 것을 가장 중요하게 취급하는 가치 판단에 관여하고, 또 외부에의 애착으로 감정이 우리를 연약하게 만들기 때문이다.)

그래서 비극과 비극에서 가르침을 얻은 철학 저작들은 다음 항목에 대한 우리의 감각을 풍부하게 할 수 있는데, 그것은 인간 가치가 어떻게 우연에 취약하게 되는지, 그리고 인간 삶에서 우연의 영향을 완전히 제거하려는 우

---

* 이 주제에 관해서는 *LK*에 실린 "Transcending Humanity"도 참조하라.
** 마이클 스토커는 *Plural and Conflicting Values*에서 이 주제를 훌륭하게 발전시켰다. "Costs of Tragedy"를 참조하라.

리의 목적과 목표의 구도를 재기획하는 과제에 대해 어떻게 문제를 제기할 수 있는지 등이다.* 이들 과제는 진정한 인간의 좋음이 제거될 위험을 감수하면서 수행되는 것이다. 그러나 완전하게 강건한 삶은 빈곤한 것이 되기 쉽다는 이런 지각 있는 일깨움이 우리가 안정적인 삶보다는 위험한 삶을 선호한다거나, 혹은 마치 그 자체에 좋음이 있는 양 우리의 연약성을 최대화하려 한다거나 하는 뜻을 품고 있는 것은 결코 아니다. 물론 연약성은 어느 정도까지 진정한 인간의 좋음 일부에 바탕이 되는 필수 요건이기는 하다. 그래서 자식 사랑은 그녀를 연약하게 만드는 것인 동시에 진정한 좋음이 되기도 하는 것이다. 그러나 나는 상처받기 쉬움vulnerability과 부서지기 쉬움fragility이 그 자체로 칭송되어야 한다는 낭만적인 입장 편에 설 수는 없다. 사실 나는 아리스토텔레스의 합리적인 주장, (정치적 활동, 사랑과 친애와 같은) 연약한 좋음에서 최상의 형식은 그 자체가 상대적으로 변화하기 쉬운 형식들이 아니라 상대적으로 안정적인 것이라는 주장을 지지한다. 비슷하게 우리는, 정치적 활동에 연루된 사람이라면 누구나 그것 때문에 (예를 들면 전시戰時와 같은) 상실의 위험을 감수해야 한다는 것을 인정할 수 있는데, 그렇다고 해서 지속적인 정치적 격변의 상태를 칭송해야 한다는 결론이 도출되지는 않는다. 이는 분명한 일이다.

　나는 여러 해에 걸쳐 이 논점을 계속, 그리고 점점 더 강하게 강조해왔다. 나는 이 변화를 관점의 변화라기보다는 강조하는 정도의 변화로 간주한다. 연약성을 그 자체 하나의 목적으로 칭송하지 않는다는 점이 중요한 이유는 정치적 사상에 초점을 맞출 때 특히 명료하게 나타난다. 누군가 인간 삶의 연약한 요소들을 잘 생각하고 있다면 인간의 연약성 중 많은 부분이 인간 삶의 구조 자체의 결과이거나 자연의 신비로운 필연성의 결과가 아니라는 것을 알 것이다. 연약성은 무지, 탐욕, 적의敵意, 그 밖의 여러 나쁨에서 기인한다. 우리 모두 언젠가는 죽기 마련이지만, 우리 중 많은 사람이 아주 젊은

---

* 비극의 이런 면에 대해서는 "*Bacchae*"도 참조하라.

나이에 (전쟁에서 혹은 죽음까지는 이르지 않을 수도 있었던 질병이나 기아에 의해) 죽기도 한다는 사실은, 『트로이아의 여인들 *The Trojan Women*』에서 아직 어린애였던 아스튀아낙스의 죽음처럼 전혀 필연적이지 않다. 이는 그저 결함이 있는 정치적 기획의 결과일 뿐이다. 다시 말하지만 육체를 지니고 있다는 바로 그 사실 때문에 우리는 부상의 위험에 노출된다. 그러나 여인들이 전쟁 중 당하는 강간은, 소포클레스와 에우리피데스도 잘 알고 있었듯, 인간 사악함의 결과이지 자연적 필연성의 결과가 아니다. 극도로 연약한 인간이 일상적으로 경험하는(음식과 거처居處, 육체적 안전의 결여와 같은) 극단적인 연약성은 어떤 중요한 가치와도 연결되지 않는다. 아마도 인간이 육체를 지녔다는 사실을, 진정한 인간의 좋음 중 일부의 필요조건으로 보아야 할 것이다. 그리고 인간이 육체를 지니면서 공격에, 강간에, 굶주림에 그리고 질병에 노출된다는 것도 역시 진실일 것이다. 그러나 이런 일들이 벌어진다고 해도 우리가 공격, 강간, 굶주림, 그리고 질병을 가리켜 진정한 좋음의 조건들이라고 할 수는 없다. 그런 것이 좋음의 조건이 아님은 분명하다. 또 우리가 그런 것을 제거한다고 가치의 상실이 일어날 일도 당연히 없을 것이다. 비극 작품들은 설혹 가장 현명하고 가장 훌륭한 인간이라 할지라도 재앙에 희생될 수 있음을 단순하게 우리에게 보여준다. 그런데 그 작품들이 또 우리에게 보여주는 것은 역시 단순하게, 많은 재앙들은 나쁜 행위의 결과로, 그 행위는 인간의 것일 수도 있고, 인간의 모습을 한 신들의 것일 수도 있다.*

한 유형의 재앙과 다른 유형과의 분리는 언제나 어려운데, 왜냐하면 인간이라는 종이 존재하는 한 우리가 가동할 수 있는 최대한의 수단을 모두 쏟아 부어 시도하고 또 시도해보기 전까지는 우리가 재앙을 막을 수 있는 능력이 얼마나 있는지를 도대체 알 도리가 없기 때문이다. 그러나 키케로는 자발적으로 그릇된 행위를 하지는 않았지만, 만약 공격을 받거나 해를 입은 사람들을 도울 수 있었는데도 게으름 때문에 그냥 가만히 있었다면, 정의에 공

---

* "Polical Animals" 참조.

이 있다 할 수는 없다고 생각했고, 나는 그가 이 점에서는 의심할 나위 없이 옳다고 본다.* 따라서 대부분의 인간들이 게으르거나 자기 몰두적(혹은 인종차별적이거나 민족주의적이거나 그 밖의 혐오로 가득 차거나, 타인에 대한 온전한 인간성을 도외시하는 방식들을 우리는 여기에 덧붙일 수 있다)이어서 비롯되는 인간의 연약성을 필연적 고통으로 간주해서는 안 된다. 그런 것은 비난받아 마땅한 범법 행위로 간주되어야 하고, 우리는 어떤 방식으로도 그 결과물을 칭송하거나 나아가 진정한 인간의 좋음에 배경 조건이 된다고 생각해서는 안 된다.

게으름, 오류, 그리고 윤리적 맹목성이 많은 비극을 야기할 수 있다는 것을 알게 되면 가치 충돌이라는 주제의 결과, 즉 내가 『연약한 선』에서 충분히 끌어내지 못했던 결과를 얻게 된다. 본서 2장에서 나는 헤겔의 견해, 즉 두 진정한 좋음 사이의 우연적인 충돌로 우리는 이 두 좋음 모두를 보존하는 동시에 행위자가 지속적으로 이 둘 사이의 비극적 충돌에 직면할 필요가 없어지는 세계를 창조하기 위한 종합을 추구하게 된다는 견해를 설명했다. 이 지점까지는 위 견해에 동감하지만, 나는 진정한 좋음의 복수성을 인식하면 언제나 갈등의 가능성을 열어두게 된다는 사실에 오히려 방점을 찍는다. 우리는 그 충돌의 극복 가능성을 헤겔보다는 더 비관적으로 볼 필요가 있다. 그리고 나는 이것이 기본적으로 옳다는 믿음을 지속적으로 유지한다. 가치의 어떤 부분은 갈등 모두를 영원히 잠재우는 방식으로는 균형을 잡을 수가 없다. 가족과 국가는 이런 부분에 속한다. 그럼에도 불구하고 나는 헤겔의 입장에서 옳다고 보는 것을 이제 더 강조하려 한다.** 우리는 비극적 갈등이 정치적 질서의 핵심에 남아 있어야 한다는 결론을 종종 성급하게 이끌어내는데, 그 전에 먼저 좋은 정치적 기획으로 달성 가능한 것이 무엇이 있을지를 잘 생각해야 한다. 폴리스적 질서라는 좋음을 추구하는 한편으로 독실한 종교적 책무를 높이 받드는 국가를 세우는 것이 가능한 것처럼 ─나는 기

---

* *De Officiis*, I.28-30.
** 이런 강조는 "Costs of Tragedy"에서 볼 수 있다.

원전 5세기 아테네는 그런 국가 중 하나라고 생각하고, 방식은 다르지만 현대의 미국도 그중 하나라고 생각한다— 얼핏 보아 개선의 여지가 없어 보이는 많은 갈등도 지성적 기획으로 극복할 수 있다. 여성에게는 경력과 가족 간의 비극적 갈등이 존재할 수밖에 없다는 생각은 오래된 것이다. 이제 우리는 이런 생각을 문제를 지나치게 안이하게 다룬 결론이라고 부르면서, 왜 여성 경력의 구조를 가족의 삶과 관련된 사실들 속에 넣어서 성찰해야 하는 대상으로 조정하지 못하는지를 묻고, 남성들은 왜 자녀 양육에 참여하지 않느냐고 묻는다. 과거 가난한 부모는 자식을 두고 교육과 노동력 활용 사이에서 선택해야 하는 비극적 상황에 직면한다고 생각한 적도 있었다. 이 선택은 아동 노동이 부모의 생존에 필수적인 것이라고 생각했기 때문에 비극적인 것으로 간주된 것이다. 여전히 세계에는 그런 비극적 선택에 직면하는 곳이 여럿 있기는 하지만, 그래도 우리는 이제는 대체로 이런 선택이 불필요하다는 것을 안다. 좋은 정치적 기획으로 모든 시민들이 굶주림 없이 교육 받을 수 있는 상황은 가능하다.

결론적으로, 얼핏 암울한 필연성의 소산인 것처럼 보이지만 알고 보면, 탐욕, 게으름 그리고 상상력 빈곤의 소산인 경우가 흔히 있다. 나는 희랍 비극 작가들 모두는 다양한 방식으로 비극을 정의의 출현에 대한 성찰과 연결시켰고, 그것을 통해 위에서 언급한 것과 같은 그릇된 행위 요소를 강조했다고 생각한다. 아이스퀼로스는 보복의 순환 고리에 의한 피해는 전혀 필연적이지 않다고 분명하게 말했다. 불필요한 고통 중 많은 것이 공정한 정치 질서로 극복될 수 있다. 에우리피데스는 전시戰時에 보이는 인간의 악과 어리석음을 반복적으로 보여준다. 『트로이아의 여인들』에서 묘사된 고통 중 어떤 것도 필연성의 결과이거나 인간 가치의 본질인 것은 없다. 그 고통들은 모두 어리석음과 탐욕으로 빚어진 것이다. 심지어 신들도 때로는 어리석음과 탐욕을 더 심화시키도록 허락하는 죄에 연루되기도 한다. 전쟁에 적극적으로 참여하는 제국주의자이면서, 그들 행위의 대상이 되는 연약한 사람들을 스스로 어떻게 다룰지 선택해야 대중들에 관해 서술하면서 에우리피데스는 분명 그런 행위를 그만두라고 조언하지는 않는다. 다만 그는 『트로이아의

『여인들』의 희랍인들처럼 행동하는 사람에 분노하라고 조언하고 그런 일이 결코 일어나지 않도록 검속檢束하라고 조언한다. 심지어 지혜와 선함을 갖추어도 피할 수 없는(필록테테스의 부상, 오이디푸스의 존속 살해와 같은) 재앙에 초점을 맞춘 연극을 많이 올린 소포클레스조차도 피할 수 있는 사악함에 대해서는 여전히 많은 주의를 기울인다. 네오프톨레모스는 필록테테스를 도울지 아니면 그를 공격할지를 선택해야 했다. 그 이전에 희랍인들은 필록테테스를 도울지 아니면 그를 버릴지를 선택했어야 했다. 안티고네와 크레온은 어떻게 국가와 가족의 관계를 인식해야 하는지라는 (페리클레스 시대의 아테네인이라면 다른 선택을 했을 법한) 선택의 기로에 놓인다.

유대-기독교 종교에서 신의 행위가 기본적으로 도덕 질서에 입각한 불가사의한 행위로서 받아들여졌음은 보편적 사실이고 그런 점에서 우리는 희랍의 종교와 유대-기독교 종교를 혼동해서는 안 된다. 욥이 신의 악행에 대한 비난을 멈추고 신의 행동이 헤아릴 수 없이 신비롭다는 것을 받아들인 것은 옳은 결정이었다. 이와 대조적으로 희랍 세계에서는 신의 행동의 도덕성에 자주 의문을 제기하고, 신들은 도덕규범을 필요로 하는 결핍과 불완전함의 처지에 있지 않기 때문에 그런 규범을 온전하게 깨닫지도 민감하게 지각하지도 못한다고 주장한다. 아리스토텔레스는 이런 관점을 극단으로 밀고 가, 신들에게 도덕적 가치가 있다는 주장을 전면 부정한다. 사실 신들이 계약을 하고 보증금을 돌려주고 한다는 상상은 우스꽝스럽고, 따라서 그들이 공정함에 대한 감각을 지녔다고 말할 수는 없다. 비극시인들은 이 정도까지 가지는 않는데, 호메로스로부터 이어지는 신을 묘사하는 방식은, 냉혹하고 이기적으로 필멸자必滅者들을 대하는 존재로 그리는 것이다. 그 의미는, 신들의 계획으로 말미암아 발생하는 비극적 상황도 결국에는 둔감함, 게으름, 도덕 불이행에 의한 것이지 신비로운 필연성에 의한 게 아니라는 점이다.

이제 우리는 버나드 윌리엄스로 눈을 돌린다. 그는 현대 도덕 철학이 비극으로부터 무엇을 배울 수 있는지에 대한 풍부한 설명을 제시한 사람이다. 윌리엄스의 『부끄러움과 필연성Shame and Necessity』은 괄목할 만한 저작이다. 이 책에는 희랍 사유를 다룬 다양한 유형의 진보주의 해석에 맞서는, 놀랍도록 명징한 논증이 여럿 실려 있다. 예를 들어 윌리엄스는 희랍인들이 숙고와 선택에 대한 자각을 결여하고 있었고 행위자에 대해 미개한 개념을 갖고 있었다는 흔해 빠진 혐의는 문헌을 면밀히 살펴보면 필칠 수 없는 주장임을 설득력 있게 논증한다. 또 그가 희랍인들에게는 "부끄러움의 문화"가 없었다는 비판이 흔히 제기된다고 주장할 때, 그리고 그 이유는 외적 평가와 대가에 초점을 맞추고 있는 문화여서라고 말할 때, 나는 그가 훌륭한 논증을 펼치고 있다고 생각한다. 그의 주장에 따르면, 부끄러움의 희랍적 이해는 특히 윤리적 특질의 많은 면을 포함하고 또한 현대적 개념의 죄의식의 내면성을 포함한다. 마지막으로 그는 시인들의 사유에서 우리는 곰곰이 생각해 볼 필요가 있는 세계의 장면을 본다고 설득력 있게 강조한다. 우리의 전망이 전적으로 이성의 통제 아래에 있지 않은 세계, 그리고 우리가 크게 운에 노출되어 있는 세계가 그것이다. 이 모든 주장들에 나는 대체로 동의한다.

위 책에는 이런 문제들에 관해 나와 다른 입장을 보이는 주장도 있다. 예를 들어 윌리엄스는 아리스토텔레스를 거부하면서, 내 생각보다는 비극시인과 더 거리가 먼 인물로 생각한다. 그리고 이는 아리스토텔레스에 대한 해석이 달라서이기도 하지만 시인들에 대한 해석이 다르기 때문이기도 할 것이다. 한편 위 책 이후에 나온 한 논문에서 이들 문제는 훨씬 더 선명하게 나타나는데, 해당 논문에서 그는 하나의 비극*을 계속 읽을 것을 제안하면서, 현대 윤리 사유에 끼친 비극의 중요한 영향에 대한 일반적인 논증과 연결시킨다. 그러므로 나는 이 논문에 초점을 맞추면서, 운에 관한 윌리엄스와 나의 견해 차이를 이 논문이 어떻게 드러내는가를 밝힐 것이다.** 여기서 내가 불가피하게 차이점에 초점을 맞추고는 있지만, 그 사실이 희랍인에 대한 윌리엄스의 깊은 관심과 그의 전체 철학 작업을 향한 나의 엄청난 존경의 마음

---

* [역주] 소포클레스의 『트라키스의 여인들』을 의미한다.

** *"The Women of Trachis*: Fictions, Pessimism, Ethics," in *The Greeks and Us*, ed. R. B. Louden and P. Schollmeier (Chicago, University of Chicago Press, 1996), 43-53.

을 가릴 수는 없다.

도덕 철학은 전형적으로 우리의 조건에 대한 '좋은 소식'을 전해주는 과제와 결부되어 있다고 주장하면서 윌리엄스는 그의 논증을 시작한다. 헤겔식의 거대한 과정에 대한 서사의 형식이든 라이프니츠식의 변신론辯神論, theodicy의 형식이든 상관이 없다. 심지어 선의지good will라는 노골적인 칸트식의 사실도 그 자체가 일종의 좋은 소식이다. '냉혹한 허구 작품들'은 희랍 비극 작품들에서 두드러진 것으로, 우리는 이를 통해 인간의 삶에 자리 잡은 '공포'를 직면한다. 이런 식으로 그 작품들은 '호의적인 사람들을 위해 세계를 안전하게 만들어 주는 도덕 철학의 지칠 줄 모르는 목표에 필연적인 보충과 적절한 제한을 제공한다.' 인간 행위자가 통제하기는 어렵지만 윤리적으로 의미 있는 공간을 우리에게 보여주면서, 결과적으로 그 작품들은 우리에게 이 공간을 자연, 운명, 그리고 변덕스러운 신들에게 내어주기를 요구한다.

물론 지금의 나는 몇몇 비극 작품들이 때로 이런 작용을 한다는 것을 부정하지 않는다. 그러나 '좋은 소식'과 '나쁜 소식'으로 나누어 보는 견해에 입각한 윌리엄스의 이야기는 지나치게 단순하다. 이 논점을 보여주는 윌리엄스의 사례인 소포클레스의 『트라키스의 여인들Trachiniai』의 마지막 장면을 보라. 데이아네이라는 잘 짜진 계획에 따라 자신의 남편에게 사랑의 묘약을 주지만 이 일은 켄타우로스의 적개심에 의해 엉망진창이 된다. 헤라클레스에게는 사랑이 아닌 엄청난 고통이 엄습한다. 그의 고통을 지켜보면서 그의 아들 휠로스는 인간 구경꾼들(그리고 청중)에게 동료 의식suggnōmosunē을 요청하면서 이런 동정심과 신들의 냉담함을 대조한다. 윌리엄스가 그의 책에 제사題辭로 인용하는 잘 알려진 결말 부분은 다음과 같다.

> 너희들도 보다시피, 지금 일어난 일들에
> 신들께서는 참으로 무정하셨다agnōmosunē
> 우리를 낳아 아버지라 불리면서도
> 이런 고통을 방관하셨다.

다가올 일에 대해서는 누구도 알 수 없으나

지금 여기의 일은 우리에게 가련하기 짝이 없고

신들에게는 부끄럽기 짝이 없으니

모든 인간들 중 이 재앙에 맞닥뜨린 그가

가장 큰 고통을 겪는구나.

소녀들이여, 이 집에 머무르지 마시오.

그대들은 죽음과 온갖 고통을,

이상스러운 이런 일들을 방금 보았어요.

여기에 제우스가 아닌 것은 하나도 없어요.

월리엄스는 이 대사에서 휠로스가 인간 과업의 불가피한 한계를 인정하고 있음을 발견한다. 그는 세계는 근본적으로 부정의하고 제멋대로임을 그리고, 이에 대해 할 수 있는 것이 아무것도 없음을 인정한다. 그런 의미에서 이 희곡, 즉 '냉혹한 허구 작품'은 우리로 하여금 '공포'에 직면하게 하고 철학자들이 '좋은 소식'을 받아들이는 것에 반하여 우리에게 경고를 내린다. 그러나 이런 독해에는 두 가지의 문제가 있다. 하나는 이런 독해는 인간의 도덕 판단을 어디까지 칭송하고 주장해야 하는지를 간과하는데 심지어 재앙에 직면했을 때조차도 그렇다. 연민 그리고 인간 공동체의 동료 감정은 아리스토텔레스의 표현에 따르면, '빛을 발하는'* 고귀함을 지니는데 공포가 엄습할 때도 신의 무정함과 호의적으로 대조될 때도 그렇다. 이는 '계모와 같은 자연의 우연적 사건들'에게 괴롭힘을 당하는 선의지의 도덕적 완전성에 대한 칸트의 좋은 소식과 완전히 같은 것은 아니지만, 분명 월리엄스가

---

* 『니코마코스 윤리학』 1100b30-33. 엄청난 불운이 고통을 야기하고 활동을 방해하면서 인간의 번영을 억누르고 '오염시킬' 수 있음을 발견하면서 그는 다음과 같이 말한다. "그럼에도 불구하고 인간이 온갖 커다란 불운을 느끼지 못해서가 아니라 그가 고귀하고 위대한 영혼을 지니고 있기 때문에 그 불운을 존엄성을 가지고 참아낸다면, 심지어 그런 상황에서도 고귀함은 빛을 발한다dialampei to kalon."

생각한 것보다는 칸트에 더 가까이 간 것이다.*

두 번째로 윌리엄스의 독해는 내 생각에 휠로스의 연설에 담긴 분노를 너무 과소평가했다. 윌리엄스는 비극적 필연성은 감내해야 할 것이라고 콕 짚어 권하지는 않는다. 그렇다고 그의 관점이 어떤 다른 도덕적 태도를 요구하는지는 쉽게 알기 어렵다. 비극적 필연성에 대한 감내는 그럼에도 '신들의 참으로 무정한 무심함megalēn theōn agnōmosunēn'이라는 말로 전달될 수 있는 것도 아니고, 끔찍한 일들이 발생하는 동안 그냥 옆에 앉아서 보고만 있는 부모 같은 존재라고 신들을 특징짓는다고 전달되는 것도 아니다. 희랍의 가족들이, 그런 일들이 자신의 자식들에게 일어나는데도 특히 자신이 막을 수도 있는 일이 일어나는데도 보고만 있는 아버지의 행동을 심각하게 비난하리라는 것은 매우 분명하다. 그런 행동은 사실 '수치스러운' 것이고, 윌리엄스의 주장대로라면, 희랍 세계에서 수치스러움은 분개와 비난이라는 도덕적 반응과 짝이 된다.** 우리는 신들이 신인동형神人同形의 존재, 즉 인간과 비슷하지만 훨씬 더 강한 존재라는 사실에 크게 주의를 기울여야 한다. 이런 재앙을 허락한 존재는 심하게 비난받아야 하고, 특히 그들이 자식을 돌보는 부모임을 자처했다면 더더욱 그렇다. 그런 세계는 존재할 필요가 없는데도 그들은 그런 세계의 존재를 용인했기 때문이다.

암리차르에서 다이어 장군이 수천 명의 무고한 시민을 학살한 사건 이후, 대학살에 관해 조사하고 있는 인도인 방관자가 있다고 생각해보자. 그는 다음과 같은 말로 자신의 연설을 끝맺는 것이 나을지도 모른다. "……그리고

---

* 윌리엄스가 현존하는 모든 희랍 비극 작품들이 그의 용어로 '냉혹한 허구'라고 주장한 바도 없고, 그가 그렇게 주장하고자 원한 바도 없다. 그가 주장한 것은 고귀함, 동료의 느낌, 그리고 친애 역시 비극 작품에서 칭송된다는 것으로, 그가 '칸트가 그의 이론이 허락하지 않는 다양한 반응을 받아들인다는 점을 제외하고' 이런 자료들과 칸트 저작을 동일한 것으로 취급하기를 거부한다고 해도 그렇다.(나는 윌리엄스와 서신 왕래를 주고받으며 그의 천착에 도움을 얻었다)

** Williams, *Shame and Necessity*, 90 참조.

여기에 라지Raj*가 아닌 것은 아무것도 없다." 다르게 말하면 이렇다. 이런 힘 있는 사람들이 여기에 와서 우리의 윗사람이자 부모라고 주장하면서 이렇게 수치스럽고 사악한 방식으로 행동한 것은 얼마나 뻔뻔스러운 짓인가?** 희랍인들은 신들을 신인동형의 행위자로 보았지 도덕적으로 완벽한 행위자로 보지 않았기 때문에, 그들의 행위는 정의로운가라는 물음은 살아 있는 것이었고 그런 물음의 강조는 부적절한 것이 아니었다. 혹은 누군가가 그렇다고 생각했다손 치더라도(플라톤은 확실히 그렇게 생각했다) 그런 질문은 어쨌든 흔한 것이었다. (예수의 행동을 '수치스럽고' 냉담하게 둔감한 것으로 묘사하는 극이 얼마나 충격적일지를 상상해 보라. 그러면 당신은 희랍과 기독교적 관점의 차이를 볼 수 있을 것이다.) 이 극은 그런 일이 반드시 일어날 것이라고 말하지는 않는다. 그것은(유대-기독교적 문헌에는 아마도 쓰여 있을 만한) 벌어진 모든 것은 정의롭고 좋다는 말을 확 줄이는 것으로, 이는 우리가 신성한 정의와 좋음을 이해하지 못한다 해도 그렇다. 희랍의 극은 반대를 말하고 그것을 통해 신들의 선택을 비난한다.

그리고 여기서 좋은 소식과 나쁜 소식의 주제가 되는 것이 무엇인지에 주목해 보자. 우리가 목격한 고통이 멀리 떨어진, 도달할 수 없는, 인정사정없

---

* [역주] 영국의 인도 통치.
** 『자서전』에서 네루는 1919년 기차 안에서 다이어 장군을 마주친 일을 기술하고 있다. 그는 눈에 띄지 않는 복잡한 객실의 비어 있는 위 칸 침상에서 한 무리의 영국 장교들의 요란한 대화를 우연히 듣게 되었다. "그들 중 한 명은 공격적이고 승리감에 도취된 말투로 장광설을 늘어놓고 있었어요. 나는 곧바로 그가 잘리안왈라 바그의 영웅 다이어라는 걸 알아 차렸죠. 그리고 그는 자신의 암리차르에서의 경험을 이야기하고 있었습니다. 그는 어떻게 그가 마을 전체를 좌지우지했는지, 그리고 반란을 일으킨 도시가 잿더미가 되는 것을 보면서 어떤 느낌을 받았는지를 이야기했고, 그 도시의 파괴를 애처로워하면서 말을 멈추었습니다…… 나는 그의 대화를 듣고 그의 냉혹함을 보면서 엄청난 충격을 받았습니다. 그는 밝은 분홍색 줄무늬가 그려진 잠옷에 목욕 가운을 두른 차림으로 델리 역에 내렸습니다." 마지막 묘사는 아리스토파네스(『새』의 말미에 등장하는 포세이돈이라면 얼추 맞을 것이다)에 해당될 것이고, 나머지는 에우리피데스의 네 개의 희곡 모두에 해당되는 것일 것이다. 사실 다이어의 말은 『트로이아의 여인들』의 막을 여는 신들의 대화에서 나왔음직한 것이다. (다시 말하지만 예수가 분홍 줄무늬 잠옷을 입고 나오는 연극을 생각해 보면, 희랍의 신성과 기독교적 신성의 엄청난 차이를 볼 수 있을 것이다)

는, 어리석은 필연성에서 비롯된 고통이라는 소식은 어느 정도는 나쁜 소식일 것이다. 이 말은 그런 일은 벌어져야만 하고 비슷한 일들이 계속 벌어질 것임을 의미한다. 우리는 우리 자신을 그런 필연성으로부터 해방시킬 수 없다. 이것이 윌리엄스가 그런 소식으로 '좋은 소식'을 지나치게 낙관적으로 제시하는 것을 바로잡는다고 말할 때의 의미이다. 그러나 내 생각에는 다른 의미에서 그런 종류의 소식을 좋은 것으로 볼 수도 있다. 비난할 사람도 없고 더 이상 어떻게 할 수 있는 것도 없다는 뜻에서 그렇다. 우리는 뒤로 물러나 앉아 순순히 있는 그대로의 세계에 우리 자신을 맡길 수도 있는데, 그때 우리는 세계를 변화시킬 수 없다는 것을 알고 있다.

그럼에도 적개심과 무지, 그리고 냉담함이 우리가 목격하는 고통의 배경에 깔려 있다고 생각한다면 어떨까? 글쎄 그것은 어떤 의미에서 또 다른 좋은 소식일 것이다. 왜냐하면 그것은 변화의 희망이 있다는 뜻이기 때문이다. 그러나 다른 의미에서 이는 나쁜 소식일 수도 있는데 그 고통이 아마도 필연적인 것이 아니어서, 우리가 열심히 노력하거나 더 잘 생각했다면 막을 수도 있었던 것이라는 뜻에서는 그렇다. 정말 최소한으로, 미래에 그런 일들이 일어나지 않도록 하기 위해 우리가 할 수 있는 것이라면 무엇이든 함께 했어야 했다는 것을 의미할 수도 있다. 간디와 네루, 그리고 그 밖의 수백만 사람들이 인도의 고통이 필연적인 것이 아니었다는 것을 제대로 알고 있었다면, 괴물과 같은 모습을 띤 그 '부모들'의 폭정을 떨쳐버리기 위해 수년간의 고통과 위험을 감수하는 정치적 투신이 잇달았을 것이다.* 피해자와 가해자 사이의 힘의 불균형이, 필멸자와 신들의 사이처럼 심지어 더 크게 보이는 경우에 무엇을 할 수 있는지는 정말 불분명한데, 숭배 중단이 적어도 보통은 (『트로이아의 여인들』의 결말처럼) 비극과 (『새들』처럼) 희극 모두에서 시도되는 것 중 하나이기는 하지만 그렇다. 그에 미치지는 못하지만, 분노는 인

---

* 조사위원회에서 다이어에게 무죄 판결을 내린 후, 간디는 '이런 사탄과 같은 정부에 어떤 형태 혹은 어떤 식으로든 협력했다면 그것은 유죄'라고 말했다. Percival Spear, *A History of India*, Vol. 2 (Delhi, Penguin, 1998), 191 참조.

정을 요구해야 하고 배상은 계속 이루어지고 또 이루어져야 한다. 신들이 비교적 둔감하다 해도 그들 모두가 인간의 비난에 귀를 막고 있지는 않다. 그들의 둔감함이 심각한 적개심의 결과가 아니라 필멸자가 경험하는 것을 제대로 이해하지 못한 결과인 것처럼 종종 보이기 때문에, 그들의 행위에 대가를 치르는 것이 그들에게 명백하다는 점은 적어도 희망적인 방책이다.

그러나 분명 이런 경우는 비극에서 매우 흔한 것이고, 가해자가 다이어 장군처럼 인간인 경우, 범법 행위를 인정한 결과가 비극의 원천이 되었음은 분명하다. 목격자는 어떤 대가를 치르더라도 그런 악에 반기를 들어야 하고 다른 사람들에게 규탄의 메시지를 전달해야 한다. 그 방법 중 하나는 민주주의의 주체인 전체 시민들에게 그 악을 까발리는 극drama을 쓰는 것이다. 그리고 비극은 종종 버림받은 사람들의 고통을 인식하는 우리의 역량에 관해 넌지시 이야기를 하는데, 그 과정에서 윤리적 시야를 더 적절하게 발전시킨다. 필록테테스의 피가 흐르는 상처 때문에 사령관들은 그를 피하는데, 이는 그들의 행위로 자신에게 지속될 고통을 단순하게 거부한 것이다. 이와 대조적으로 극은 지속적으로 그의 고통을 보고, 그 고통에 나름대로의 조치를 취하려는 결단을 보여주면서, 이 상상력 넘치는 활동과 도덕적으로 적절한 행위가 목적으로 삼는 것을 연결시킨다.* 이런 행위가 눈앞의 공포를 관조하는 것보다 훨씬 더 어렵기 때문에, 필연성이 아니라 악이 고통의 배후에 놓여 있다는 소식은 나쁜 소식이다. 자신이 정의로운 행위를 선택할 수도 있었음을 깨달은 네오프톨레모스의 자각은 필록테테스가 [뱀으로부터] 받은 공격만큼 고통스러운 것이다. 그는 행위자의 고통을 인식하면서 그것을 표시하기 위해 같은 표현인 '고통의 비명papai'이라는 표현을 사용한다.**

내 생각에 희랍인들의 '냉담한 허구 작품들'은 청중들에게 재앙의 원인 성찰이라는 그토록 어려운 일을 요청한다. 변치 않는 필연성이 그 원인인가

---

* 『필록테테스Philoctetes』에서의 전략과 랄프 엘리슨의 *Invisible Man*에서의 전략을 비교하려면, "Invisibility"를 참조하라.
** 이 장면의 구조에 대해서는 "invisibility"를 참조하라.

아니면 적개심과 어리석음이 그 원인인가? 우리가 둘 사이에 선을 그어야 한다면 어떻게 그어야 하는가? 우리는 비극이 문제 제기하는 미묘하면서도 흔히 결말이 나지 않는 방식을 통해 무언가를 이해하고, 심지어 숨 쉬는 것처럼 자연스러워 보이는 행동만으로도 비난의 대상이 되는 행위자의 역할에 우리가 직면하도록 비극 작품이 도전적으로 요구할 때도 무언가를 이해한다.* 우리는 비극 작품들이 신을 모시는 시민 —제국을 '폭정 국가'로 유지하면서 수많은 무고한 사람들을 죽였던 폴리스의— 축제에서 정치적 숙고와 성찰의 매개체였다는 사실을 잊어서는 안 된다. 비극은 그 청중을 위해 체념주의라는 좋은 소식을 가져오지는 않는다. 오히려 자기 진단과 변화라는 나쁜 소식을 가져올 뿐이다. (에우리피데스가 『트로이아의 여인들』을 발표한 기원전 415년에 아테네인들은 식민지였던 멜로스에서 봉기한 남성 시민 전원을 죽였고, 여성과 아이들은 노예로 삼았다.)

결론적으로 비극이 바꿀 수 없는 필연성, 혹은 운명을 만들어내는 윤리적 공간의 영역을 허락하는 것이 아니라, 내 생각에 비극 작품들은 청중이 그 공간에 능동적으로 거주할 것을, 즉 도덕적 충돌이 있는 다툼의 장소로, 비도덕적인amoral 힘의 변덕을 넘어 경우에 따라서는 덕이 지배할 수도 있는 장소로, 그리고 설령 지배하지 않더라도 덕이 여전히 그 자체의 목적을 위해 빛날 수 있는 장소로 삼아 거주할 것을 요청한다.**

우리의 현대 세계, 우리가 목격하는 대부분의 기아機餓와 기타 불행 중 많

---

* 아리스토텔레스를 따라 『연약한 선』의 막간 2장에서 개진된 비극의 목적으로서의 이해에 관한 심화된 논의를 보려면, "Fear and Pity"를 참조하라.

** 문학이론가 마이클 베루베는 그의 괄목할 만한 저서 *Life As We Know It* (New York, Vintage, 1996)에서 다운증후군을 안고 태어난 그의 아들 제이미의 삶을 묘사한다. 그와 그의 아내 재닛 라이언은 그들이 얼마나 성공을 거둘 수 있을지 사전에 전혀 알지 못한 채 대결하지 않을 수 없었던 생물학적 필수 요소들과 제도적 무감각에 대해 한참을 설명한 후, 제이미의 삶이 끝나는 것을 보고 싶다는 유혹을 느꼈다고 말한다. "'우리는 그것들이 어쩔 수 없는 것이라는 걸 알았다. 그러니 뭘 신경쓰겠는가?' 그 아이의 삶의 전망에 대해 이보다 더 무책임한 태도를 상상하기는 어려웠다." 이 책의 이 구절은 내게 『필록테테스』 그리고 일반적으로 희랍 비극과 많은 부분에서 연결되는 것으로 보인다.

은 부분이, 힘 있는 사람들에 의한 무관심, 비난받아 마땅한 무관심의 결과라는 가정이 실제로 맞아떨어지는 현대 세계에서, 형이상학적 체념*은 다시 말하지만 상대적으로 좋은 소식이고, 힘 있는 사람들의 족쇄를 풀어주는 것이다. 그러나 진실을 말하면, 희랍 비극은 아테네인에게 그러했듯 우리에게도 이보다는 훨씬 나쁜 소식이다. 왜냐하면 나쁜 소식은 우리가 『트라키스의 여인들』에서의 제우스만큼, 『트로이아의 여인들』에서의 희랍 장군들만큼, 『필록테테스』에서의 오뒷세우스만큼, 그리고 여러 시기의 여러 장소에 있었던 다른 신들과 필멸자만큼이나 비난받아 마땅한 것이기 때문이다. 우리가 우리 자신의 게으름과 이기적인 야망 그리고 둔감함을 던져 버리고 우리가 목격하는 해악을 스스로 얼마나 막을 수 있었는지를 묻지 않으면 우리는 비난받아 마땅하고 그 비난은 그렇게 물을 때까지 계속되어야 한다. 필록테테스가 알고 있었듯, 연민은 행위를 의미한다. 설사 어렵고 혐오스러워도 고통의 편을 들어 개입한다는 의미인 것이다.** 당신이 행동하지 않으면 당신은 비열한 겁쟁이, 어쩌면 위선자이자 거짓말쟁이가 되는 것이다. 반면 당신이 돕는다면 당신은 훌륭한 일을 해내는 것이다.

---

* 한 번 더 말하지만, 나는 윌리엄스가 체념주의를 권했다고 주장하지는 않는다. 그러나 나는 적어도 그가 문제가 되는 논문에서 윤리적 노력에 의한 개선의 가능성을 강조하지 않았다는 말은 틀리지 않았다고 생각한다.

** 『필록테테스』, 477-9, 500-6 참조. 이 구절의 동사 '엘리오(eleeō)'와 '오이크티로(oik-tirō)'는 단순히 'X에게 연민을 느끼다'라는 뜻이 아니라 'X를 연민하다', 즉 'X의 상황을 낫게 하기 위해 무언가를 하다'라는 뜻이다.

참고문헌

아래는(연대순으로) 본 서론과 특히 연관이 있는 문헌들 중 약어를 써서 표기한 것들이다.

LK: *Love's Knowledge*: *Essays on Philosophy and Literature* (New York, Oxford University Press, 1990).

"Bacchae": "Euripides' *Bacchae*: Introduction," published with a new translation of the play by C. K. Williams (New York, Farrar, Straus, and Giroux, 1990), vii-xliv.

"Fear and Pity": "Tragedy and Self-Sufficiency: Plato and Aristotle on Fear and Pity," *Oxford Studies in Ancient Philosophy* 10 (1992), 107-160. 축약본은 *Essays on Aristotle's Poetics*, ed. A. Rorty (Princeton 1992), 261-90에 실림.

Therapy: *The Therapy of Desire*: *Theory and Practice in Hellenistic Ethics* (Princeton, Princeton University Press, 1994).

"Lawyer": "Lawyer for Humanity: Theory and Practice in Ancient Political Thought," *Nomos* 37 (1995), 181-215.

"Human Nature": "Aristotle on Human Nature and the Foundations of Ethics," in *World, Mind, and Ethics*: *Essays on the Philosophy of Bernard Williams*, ed. J. E. J. Altham and Ross Harrison (Cambridge, Cambridge University Press, 1995), 86-131.

"Erôs": "Erôs and the Wise: The Stoic Response to a Cultural Dilemma," *Oxford Studies in Ancient Philosophy* 13 (1995), 231-67. *The Emotions in Hellenistic Philosophy*, ed. J. Sihvola and T. Engberg-Pedersen (Dordrecht: Kluwer, 1998, New Synthese Historical Library Vol. 46), 271-304에 재수록. 수정된 형태로 *The Sleep of Reason*: *Erotic Experience and Sexual Ethics in Ancient Greece and Rome* (ed. M. Nussbaum and J. Sihvola)에 실려 University of Chicago Press에서 출간 예정.

"Kant-Stoics": "Kant and Stoic Cosmopolitanism," *Journal of Political Philosophy* 5 (1997), 1-25, 독일어로, "Kant und stoisches Weltbürgertum," in *Frieden durch Recht*: *Kants Friedensidee und das Problem einer neuen Weltordnung*, ed. Matthias Lutz-Bachmann and James Bohman (Frankfurt: Suhrkamp, 1996), 45-75, 그리고 영어로, *Perpetual Peace* (Cambridge, MA, MIT Press, 1997), 25-58.

"Two Conceptions": (with Dan Kahan) "Two Conceptions of Emotion in Criminal Law," *Columbia Law Review* 96 (1996), 269-374.

For Love of Country: *A Debate on Patriotism and Cosmopolitanism* (내 논문을 중심으로 논문에 대한 응답과 재응답이 실림) (Boston, Beacon Press, 1996).

Cultivating: *Cultivating Humanity*: *A Classical Defense of Reform in Liberal Education* (Cambridge, MA, Harvard University Press, 1997).

"Political Animals": "Political Animals: Luck, Love, and Dignity," *Metaphilosophy* 29 (1998), 273-87.

"Virtue Ethics": "Virtue Ethics: A Misleading Category?" *The journal of Ethics* 3 (1999), 163-201.

"Cicero": "Duties of Justice, Duties of Material Aid: Cicero's Problematic Legacy," *Journal of Political Philosophy* 7 (1999), 1-31.

"Invisibility": "Invisibility and Recognition: Sophocles' *Philoctetes* and Ellison's *Invisible Man*," *Philosophy and Literature* 23 (1999), 257-83.

WHD: *Women and Human Development*: *The Capabilities Approach* (Cambridge, Cambridge University Press, 2000).

"Practice/Theory": "Why Practice Needs Ethical Theory: Particularism, Principle, and Bad Behavior," in *"The Path of the Law" and Its Influence*: *The Legacy of Oliver Wendell Holmes, Jr.*, ed. Steven J. Burton (Cambridge, Cambridge University Press, 2000), 50-86.

"Aristotle/Capabilities": "Aristotle, Politics, and Human Capabilities: A Response to Antony, Arneson, Charlesworth, and Mulgan," *Ethics* 111 (2000), 102-40.

"Costs of Tragedy": "The Costs of Tragedy: Some Moral Limits of Cost-Benefit Analysis," *The Journal of Legal Studies* j29 (2000), 1005-36.

"Four Paradigms": "Four Paradigms of Philosophical Politics," *The Monist* 83 (2000), 465-90.

"Literature/Theory": "Literature and Ethical Theory: Allies or Antagonists?", *Yale Journal of Ethics*, Fall 2000.

"Pres. Add.": "The Future of Feminist Liberalism," a Presidential Address delivered to the Central Division of the American Philosophical Association, *Proceedings and Addresses of the American Philosophical Association* 74 (2000).

Upheavals: *Upheavals of Thought*: *The Intelligence of Emotions* (Cambridge: Cambridge University Press, 근간).

시카고, 2001년 1월

M. C. N.

서문

이 책은 두 가지 방식으로 읽을 수 있다. 아리스토텔레스를 다룬 장을 제외하고 나는 각 장을 단일 작업을 수행한 한 편의 논문으로 구성했는데, 이는 각 장의 복합적인 철학/문학 구조를 두드러지게 하기 위함이다. 이는 내가 각 장에서 기원전 5세기 도덕 사유에 대한 체계적 설명이 아닌 비극 한 편씩(2장에서는 예외적으로 연관된 두 편의 비극 작품의 의미 있는 부분들을 제시했다)을 읽기 자료로 선사했음을 의미한다. 이는 또한 플라톤의 경우에서는 (5장처럼) 매우 조심스럽게 대단히 중요한 체계적 주장을 펼쳤고, 각 대화편의 철학적/문학적 해석에 꼭 필요한 요소가 있을 경우에만 장과 장 사이의 전체적 연관을 다루었다는 뜻이기도 하다. 이런 진행 방식은 자료가 복합적일 때는 각 주제에 따라 체계적으로 접근하는 방식보다 더 적절하다는 게 내 생각이다. 그러면 각 장이 상대적으로 자기 충족적이 된다. 각 장은 내가 1장에서 명확히 짚은 문제들에 대해 각각의 관점에서 빛을 비춘다. 그러면 독자들 각자는 스스로의 관심에 가장 잘 맞는 장, 혹은 장들로 자유롭게 시선을 옮길 수 있게 된다. 그러나 여기에는 우리의 문제를 다룬 희랍 사유의 전개 과정과 관련된 전체적인 역사적 논증도 존재한다. 이 사실은 자기 충족적 삶을 위한 다양한 제안들의 장점에 관한 전체적인 철학적 논증과 밀접하게 연결되어 있다. 내가 선택한 작품별로 이루어진 구조로 주제 간의 연결은 직선형의 줄자 형태라기보다는 헤라클레이토스의 거미줄집과 같은 형태가 되기 때문에, 나는 장들을 관통하는 몇 가지 단일 주제에 대한 논의를 쫓는 데 관심이 있는 독자들을 위해 다음과 같이 다양한 유형의 안내 지침을 제공하기도 했다. (1) 1장에서의 전체 논증의 개요, (2) 상세하게 소제목을 단 목차, (3) 장들 사이의 빈번한 상호 참조 그리고 (4) 상세한 주제별 색인 등이 그것이다.

그 밖의 자료들의 해석을 둘러싼 면밀한 전문적 논의의 대부분, 2차 문헌의 모든 참조, 그리고 많은 더 주변적인 철학적 논점들은 본서의 미주로 달았다. 별모양 각주는 독자에게 핵심적 중요성이 있는 자료를 독자에게 제공하고자 덧붙인 것이다.*

---

* [역주] 번역본에서는 미주와 별모양 각주, 그리고 서론에는 언급되지 않았지만 십자가 모양 각주도 모두 각주로 처리했다.

감사의 말

이 책을 기획할 때의 초기 작업은 하버드 대학의 안식 허가와 1977-8년의 프린스턴 대학의 인문학 연구 지원의 도움을 받아 수행되었다. 인문학을 위한 국가 여름 지원으로 1979년에 나의 아리스토텔레스 관련 첫 번째 작업이 수행되었다. 1981년 구겐하임 연구 지원은 내가 본서 전체의 초고를 끝내게 해주었다. 그리고 래드클리프 대학 번팅 인스티튜트는 작업에 생산적인 자극을 주는 환경을 제공했다.

나는 다양한 곳에서 이 책의 여러 부분을 발표한 바 있다. 나는 여러 절들을 독립적으로 출간한 바 있고 다른 부분들도 원고를 여러 곳에 뿌렸다. 그래서 도움이 되는 제안과 비판을 보내준 감사를 표해야 할 분들이 이례적으로 많다. 내가 은혜를 입은 구체적인 사안에 대해서는 각 장의 주석에서 감사를 표했으므로 여기서는 정말 커다란 도움을 입은 다음과 같은 분들께 감사의 말씀을 전한다. 줄리아 애너스, 마일스 버니엇, 시슬라 복, 제프리 로이드, 휴 로이드-존스, 낸시 셔먼, 그레고리 블라스토스, 그리고 버나드 윌리엄스가 그들이다. 이들 모두는 거의 최종 단계까지 전체 원고를 읽어주었고 너무나 감사하게도 상세한 논평을 해주었다. 또 뭐라 말할 수 없는 큰 빛을 진 몇몇 분들이 있는데, 그들이 내게 보내준 격려와 함께 나눈 대화는 수년 동안 내 작업에 자양분이 되었다. 그들 중 특히 스탠리 카벨, 아놀드 데이비드슨, 로버트 노직, 힐러리 퍼트넘, 데이비드 위긴스, 수전 울프, 그리고 리처드 월하임에게 감사한다. 이 책의 전체적인 기획은 내 사유 속에서는 오래전에 시작된 것이지만, 처음 구체적인 형태로 가능해진 것은 1972-3년에 걸쳐 하버드에서 개설된 버나드 윌리엄스의 도덕적 운Moral Luck 세미나에서였다. 윌리엄스의 비평과 그 자신의 철학 작업은, 수년간 이 주제와 씨름하는 작업을 해온 내게 무엇보다도 소중한 것이었는데, 특히 우리가 서로 다른 의견을 갖고 있을 때 그러했다. 나는 그에게 감사하고 싶다.

나는 웰즐리 대학에서 방문교수로 지낸 1년 동안 이 책을 마무리했다. 내게 그 기회를 가능하게 해준 모든 이들과 대학 측에 감사드린다. 덕분에 나는 작업에 집중을 요하는 이 시기를 평화롭고 기운을 북돋아주는 분위기 속에서 보낼 수 있었다. 덧붙여 이 학교의 멜론 기금은 이 책의 참고문헌을 알파벳순으로 편집하는 데 지원해주었다.

브라운 대학에서는 이 책을 집필하지 않아서 여기 동료들에게 통상 하는 종류의 감사를 표할 수는 없겠다. 그럼에도 내가 원고를 인쇄소에 보낸 것이 여기에 부임한 지 두 번째가 되는 학기 중간이므로 철학과와 고전학과 양쪽의 내 동료들에게 존경과 애정의 표현을 하지 않을 도리가 없다. 내가 여기서 접한 동료 간의 따뜻한 교류, 고대 철학의 주제에 대한 두 학과의 열정과 열정의 공유, 그리고 그 주제들에 대한 탐구 계획이 두 학과 사이에서 토의되고 수행되는 조화로우면서 상호 존중하는 분위기, 이 모두는 고대 철학 연구라는 나의 작업이 발전할 수 있는 환상적인 장소임을 확신시켜준 계기들이다. 특히 나는 위 두 학과의 학장, 댄 브룩과 커트 라플라우브에게 감사의 말씀을 전한다. 이 두 분은 변치 않는 따뜻하고 친절한 환대와 격려 넘치는 대화를 베풀어주셨다.

11, 12, 13장과 막간 2장은 1983년 2월, 미네소타 노스필드에 위치한 세인트 올라프 대학에서 개최된 유니스 벨컴 메모리얼 강좌에서 발표한 내용이다. 유니스 벨컴은 세인트 올라프 대학에서 학부를 다녔고, 1970년대 초반 하버드에서 나와 함께 대학원 생활을 했다. 그녀는 이 책의 주제 중 다음과 같은 것에 철학적 관심이 있었다. 정념과 행위에 관한 희랍적 생각, 믿음과 자율성 사이의 관계, 철학 이론과 문학적 사례 사이의 관계 같은 것이 그것이었다. 그녀는 1977년 자살했다. 윌리엄 앤드 메리 대학에서 교편을 잡고 있을 때였다. 그녀와의 추억을 말하고, 그녀의 부모님과 강좌의 주제와 그 죽음을 이해하려는 그들의 노력 사이의 관계에 대해 이야기하면서 나는 나와 나의 주제와의 관계가 내가 알고 있었던 것보다 훨씬 더 복잡하다는 것을 느끼기 시작했다. 강좌의 저자이자 발표자로서 나는 스스로 운에 취약한 완전히 수동적인 존재라고 느끼지는 않았고 영민하게 자기 총족적인 활

동을 할 수 있을 거라고 생각했다. 이 사건으로 나는, 인간의 연약성이 지닌 아름다움에 대해 글을 쓴다는 행위가 역설적으로 글 쓰는 이를 덜 연약한 그래서 삶의 통제 불가능한 요소를 더 잘 통제하는 사람으로 만드는 것은 아닌가 스스로 되묻게 되었다. 유니스의 부모님, 조와 에스더 벨컴에게 그 장들을 바치고 싶다. 독자들(그리고 나 자신)에게 나는 질문을 남긴다. 이런 책을 쓴다는 것은 어떤 종류의 윤리적 행위인가?

이렇게 오랜 시간 동안 많은 단계를 거쳐 오면서 이 책은 유난히 많은 타자수들의 기술과 헌신에 혜택을 입었다. 나는 따뜻한 감사의 마음을 이분들에게 전하고 싶다. 캐시 차레스트, 고故 페그 그리핀, 리사 랭, 수전 린더, 레슬리 밀른, 잰 쉬어러, 제인 트라한, 마사 예거 등이 그들이다. 파울라 모건은 알파벳순 참고문헌을 준비해주었고 다루기 힘든 참고문헌의 중복을 전문가답게 정리해주었다. 러스 랜다우가 두 개의 색인 작업을 해준 데 대해 커다란 감사와 찬사의 마음을 전한다. 이 책을 편집해 준 제레미 마이놋과 폴린 하이어는 보기 드문 지성과 이해력을 갖춘 분들로, 이들에게도 마음 모아 감사의 말씀을 전한다.

M. C. N.
프로비던스, 로드 아일랜드에서
1985년 2월

과거에 출판된 적이 있었던 이 책의 꼭지들은 다음과 같다.

2장은 *Ethics* 95 (1985) 233-67에 실렸다. 짧은 버전이 빅터 골드슈미트 추모집 (a memorial volume for Victore Goldschmidt, ed. J. Brunschwig and C. Imbert, Paris 1984)에 실렸다. 4장의 자료들은 내 논문 "Plato on commensurability and desire', *Proceedings of the Aristotelian Society Supplementary Volume* 58 (1984) 55-88에 실린 바 있다. 6장의 초기 버전이 'The speech of Alcibiades: a reading of Plato's *Symposium*'이라는 제목으로 *Philosophy and Literature* 3 (1979) 131-72 에 실린 바 있다. 7장의 초기 버전이 '"This story isn't true": poetry, goodness, and understanding in Plato's *Phaedrus*'라는 제목으로 *Plato on Beauty, Wisdom, and the Arts*, ed. J. Moravcsik and P. Temko (Totowa, N.J. 1982) 79-124에 실린 바 있다. 8장의 짧은 버전이 *Language and Logos: Studies in Ancient Greek Philosophy in Honour of G. E. L. Owen*, ed. M. Schofield and M. Nussbaum (Cambridge 1982) 267-93에 실린 바 있다. 9장의 초기 버전이 'The "common explanation" of animal motion'이라는 제목으로 *Zweifelhaftes im Corpus Aristotelicum*, ed. P. Moraux and J. Wiesner (Berlin 1983) 116-56에 실린 바 있다.

AGP	*Archiv für Geschichte der Philosophie*
AJP	*American Journal of Philosophy*
CJ	*Classical Journal*
CP	*Classical Philology*
CQ	*Classical Quarterly*
CR	*Classical Review*
GR	*Greece and Rome*
GRBS	*Greek, Roman, and Byzantine Studies*
HSCP	*Harvard Studies in Classical Philology*
HP	*Journal of the History of Philosophy*
JHS	*Journal of Hellenic Studies*
JP	*Journal of Philosophy*
LSJ	*A Greek-English Lexicon,* compiled by H. C. Liddell and R. Scott, revised by H. S. Jones, with Supplement. Oxford, 1968
Mus Helv	*Museum Helveticum*
NLH	*New Literary History*
NYRB	*New York Review of Books*
OSAP	*Oxford Studies in Ancient Philosophy*
PAPA	*Proceedings of the American Philosophical Association*
PAS	*Proceedings of the Aristotelian Society*
PASS	*Proceedings of the Aristotelian Society, Supplementary Volume*
PBA	*Proceedings of the British Academy*
PCPS	*Proceedings of the Cambridge Philological Society*
Phil Lit	*Philosophy and Literature*
PPA	*Philosophy and Public Affairs*
PR	*Philosophical Review*
REA	*Revue des études anciennes*
RM	*Review oJ Metaphysics*
TAPA	*Transactions of the American Philological Association*
YCS	*Yale Classical Studies*

1장 운과 윤리학

'그러나 인간의 탁월성은 마치 덩굴나무처럼 자라네. 녹색 이슬을 받아먹으면서 현자들과 올바름의 틈바구니에서 자라나 티끌 한 점 없이 맑은 하늘로 뻗누나.'* 이 구절을 통해 핀다로스는 인간에게 훌륭한 삶이란 어떤 것인가라는 희랍 사상의 핵심 문제를 내놓는다. 그는 인간의 탁월성을 노래한 서정시에 온 생애를 바친 인물이다. 전 작품에 걸쳐 시인이든 그 시를 듣는 사람이든, 훌륭한 사람의 탁월성은 그 사람 자신의 것으로서 소유와 실행 모두를 스스로 충분히 책임질 수 있음을 전제로 삼았다. 그는 오로지, 그가 살아온 대로 죽기를, '칭송 받을 만한 것에는 칭송을 노래하고, 나쁜 짓을 하는 사람에게는 비난을 퍼붓는' 사람이 되기를 기도했다. 위 첫 문장의 구절의 '그러나'는 '그리고'로 옮겨도 상관없는 것으로, 모두 그 기도의 지속과 검증의 역할을 하는 것이다. 그는 훌륭한 인간의 탁월성은 어린 식물과 같다고 노래한다. 그리고 세상 속에서 자라는, 가냘프고 연약하여 외부의 자양분을 끊임없이 필요로 하는 존재라고 말한다. 덩굴나무는 잘 자라면 멋진 그루터기가 될 것이다. 좋은 천성을 물려받았어도 그 나무는 (온화한 이슬과 비가 있는, 그러나 갑작스런 냉해와 거센 바람은 없는) 자신을 자라게 할 날씨를 필요로 할 것이다. 그리고 다른 한편으로는, 건강함을 유지하고 완전하게 성장하기 위해 사려 깊고 지성적인 보호자의 돌봄을 필요로 할 것이다. 시인은 우리도 나무와 같다고 말한다. 잘 자랄 수 있는 자연적, 사회적 환경에서 살기 위해, 또 갑작스럽게 엄습하는 재앙을 피하며 살기 위해, 그리고 다른 인간들과 단단히 결속을 맺고 살기 위해, 우리는 그에 걸맞은 능력치를 갖고 태어나야 한다. 이 시의 다음 구절은, '우리는 사랑하는 이를 통해 온갖 것을

---

* 핀다로스, 『네메아 송가頌歌』, Ⅷ.40-2, 39과 42~44에서 연결.

얻으려 하네. 주로 곤경에 처했을 때, 그렇지만 즐거울 때도, 신뢰할 만한 안목을 얻기 위해 안간힘을 쓰네'이다. 운에 노출되어 있는 한편 가치도 자각하고 있는 우리는 다시 우리 자신의 외부 존재에 의존하게 된다. 우리가 운에 노출되어 있다는 점, 그리고 곤경과 마주칠 때 오직 타자他者에게서만 얻을 수 있는 것을 필요로 한다는 점에서 그렇다. 한편, 우리가 친구나 사랑하는 사람들의 '도움'을 필요로 하지 않을 때에도, 여전히 사랑과 우정은 그 자체로 우리에게 큰 의미를 지니고, 그렇게 우리는 가치를 자각한다. 의지할 만한 헤아림과 호의 그리고 진실성을 동반한 안목을 통해 기쁨을 얻는 엷은 행운이 없이는 아무리 시인이어도 온전한 기쁨을 누릴 수는 없다. 그의 기쁨은 마치 언뜻언뜻 보이는 사냥감을 쫓는 데 몰두해 있는 사냥꾼과 같다. 시의 대부분은 질투에 관한 것으로, 질투가 피어오르면 세상은 엉망진창이 되어 버리곤 한다. 시인이 신뢰하는 단 한 명의 친구는 결국 목숨을 잃는데, 이 장면은 그의 시어詩語로도 온전히 묘사할 수 없을 만큼 비참한 것이다. 인간의 차원에서는 통제 불가능한 이 모든 것을 갈구하는 우리 마음이 비단 만족감이나 행복감으로만 채워지는 것이 아님은 분명하다. 외부에서 자양분을 주면서 나아가 그 형성에도 관여하는 것이 바로 탁월성, 즉 인간의 가치 자체이다.

덩굴나무 심상은 선善*의 찬양자가 되고픈 간절한 소망과 죽은 친구를 소환하는 일 사이에 위치한 시인의 목적 곁에서, 시인의 처지에 놓인 심오한 딜레마와 함께 우리 앞에 우뚝 서는데, 여기서 시인의 처지는 다름 아닌 우리의 처지다. 이 심상은 우리라는 존재와 세계의 부분, 야심과 연약성, 만든 것과 만들어지는 것 등등이 온통 뒤섞인 모습을 보여주는데, 이 모습은 이 시에서만이 아니라 인간 삶 어디에서도 나타날 만한 것이다. 이런 과정을 통해 시인은 인간의 윤리적 실행에 바탕이 되는 여러 믿음에 의문을 던진다. 인간의 선이 외부의 사건에 의해 자양분을 얻고 나아가 구성되기까지 한다

---

* [역주] 본서에는 'good' 혹은 'goodness'를 문맥에 따라 '선한', '선' 혹은 '좋은', '좋음'을 혼용해 번역했다. 때로는 '훌륭한', '훌륭함'으로 번역한 구절도 있다.

면, 핀다로스를 어떻게 찬양 시인이라 일컬을 수 있다는 말인가? 우리의 가치가 그저 수분을 갈구하는 식물 같은 것에 불과하다면 우리가 어떻게 칭송을 주고받는 존재가 될 수 있다는 말인가? 각 청중들은 이 장場에 초대되어 자기이해 방식을 스스로 점검한다. 인간의 삶을 평가하면서, 우리는 어느 선까지 세계가 결정하는 것과 우리가 결정하는 것을 구분'할 수' 있는가? 우리가 칭송해야 할 때 칭송의 소리를 낼 수 있으면 우리는 위의 구분점을 발견한 것이라고 어느 선까지 주장'해야만' 하는가? 그리고 중요한 것, 즉 우리가 스스로 제어할 수 있는 개인적 성취나 정치 혹은 사랑과 같이 아주 중요한 것들이 제자리를 찾는 과정을 통해 위 상황을 바람직하게 이끌어가야 할 텐데 어떤 방식으로 그것을 해낼 수 있는가?

시의 심상이 품은 한층 심오한 함축 때문에 이 문제는 더 복잡해진다. 이 시는 '인간의' 탁월성이 표출하는 특유한 아름다움 한 자락이 '다름 아닌' 연약성임을 함축하고 있다. 식물의 부드러움은 보석의 반짝이는 견고함과는 다르다. 여기에는 두 종류의 어쩌면 서로 양립할 수 없는 가치가 존재하는 것 같다. 진정한 인간적 사랑이 내뿜는 아름다움, 그리고 불멸하는 두 명의 신의 사랑이 표출하는 아름다움 모두는, 다른 한쪽을 통합하는 단일한 가치가 되기에는 부족하다. 이 사람들을 덮고 있는, 그리고 그들이 품은 가능성의 한계를 획정하는 맑은 하늘은 또한 아마도 천상의 분위기와는 다른, 찰나에 반짝이는 광채를 인간의 주변에 뿌려줄 것이다.(후기 시에서는 촉촉함에 대해 노래하는데, 어린 가뉘메데스가 목욕 후 몸을 말릴 때 나타나는 '이슬 같은' 싱그러움이 그러한 것이다. 그의 아름다움과 성적 매력으로 인해 그와 사랑에 빠진 신은 불멸성을 그에게 선사하지만 그 열정이 시들면서 그를 '떠나간다'.)* 핀다로스의 시뿐 아니라 희랍 시 전통 전반에서 인간의 탁월성은, 본성적으로 결핍을 요하는 것으로 표현되고, 자신 특유의 순수성을 강건히 유지하는 존재는 아닐지 몰라도, 세계 속에서 성장하는 존재로 드러난다.(영웅

---

* 에우리피데스, 『트로이아의 여인들』, 820ff. 여기 가뉘메데스 이야기는 특히 인간적이면서도 연약한 탁월성의 예로 플라톤의 『파이드로스』에도 등장한다.

오디세우스는 칼립소가 내뿜는 불변의 광채를 뒤로하고 언젠가는 시들어버릴 나이를 먹어가는 여성의 사랑을 택한다.)* 이런 우연의 요소들은 이 인물들이 과연 칭송할 만한 대상인지를 아리송하게 만드는 한편, 자못 불분명한 방식으로 칭송의 대상을 구성한다.

행위 주체로서의 인간이 스스로 품은 일종의 열망과는 너무 동떨어져 있는 이런 수동적 덩굴나무 심상이 우리에게 충격적으로 다가온다면(이 사실은 이 시를 듣는 청중에게도 마찬가지로 충격적일 수 있다), 판다로스가 명백하게 무언가를 놓쳤다는 사실이 그나마 위안이 될 법도 하다. 적어도 우리는 아무리 인간이 하급 생명체와 닮았다고 해도 인간과 그들 사이에는 결정적인 차이가 있다고 주장할 수 있다. 우리는 이성을 가지고 있다는 점에서 그들과 결정적으로 다르다. 우리는 숙고deliberation**를 통해 선택할 수 있고, 목적의 순서를 정하면서 계획을 짤 수 있으며 가치 있는 것이 무엇인지를 그리고 그것이 얼마나 가치가 있는지를 능동적으로 결정한다. 이 모든 것은 반드시 비중 있게 다루어져야 한다. 우리를 둘러싼 많은 것이 어지럽고 부족하며 통제 불가능하여 진정 먼지에 뿌리박고 비를 맞으며 속절없이 서 있는 것 같은 처지인 만큼, 우리는 순수하고 전적으로 능동적인, 우리가 '신적인, 불멸의, 지각 가능한, 통합된, 영원히 깨지지 않는, 그리고 전적으로 자기 구성적이면서 불변하는'*** 것으로 여겨지는 다른 어떤 것을 지닌다. 우리 안에 존재하는 이런 이성적 요소가 이성 이외의 요소를 규제하고 통솔하여 운에 좌지우지되는 삶으로부터 한 인간을 온전하게 보존하는 일은 있을 법한 일이다.

인간 선에 관해 고대 희랍 사상은 이 멋진, 그러나 뚜렷이 보이지는 않는

---

* 『오뒷세이아』, V. 214-220.

** [역주] 숙고deliberation란 의도를 바탕으로, 즉 즉흥적이거나 상황에 따라서가 아니라 나름의 계획과 목적을 바탕으로 이루어지는 생각과 궁리를 의미한다. 사실 이런 활동을 숙고라고 번역하면 어색하지만 아직은 별다른 대안이 없는 데다 윤리학계에서 보편적으로 통용되는 번역어여서 본서에서도 그대로 사용했다. 희랍어로는 bouleusis.

*** 『파이돈』, 80b.

희망에 깊이 사로잡혀 있었다. 자연 세계 속에서 인간이 처할 수밖에 없는, 그리고 인간의 본질일 수밖에 없는 수동 상태, 또 이러한 수동 상태에 처했을 때의 반응인 공포와 분노는 이성 활동이 이들을 안전하게 해줄 수 있다는 믿음, 그를 통해 우리 인간의 삶을 구원할 수 있다는 믿음과 함께하고 나아가 이러한 믿음에 자양분이 된다. 사실 인간이 자신의 유한성에도 불구하고 살아갈 만한 가치가 있는 존재라면 분명 이성 활동은 인간의 삶을 구제할 것이다. 이 살 만한 삶에 대한 희구는 희랍 사상가 대부분─여기서 사상가는 전통적으로 철학자라 불리는 사람만이 아니라 (시인, 극작가, 역사가 등) 통상 다른 이름으로 일컬어지는 사람도 포함한다─을 사로잡은 주제이다. 기실, 인간적이고 윤리적인 철학에 기초를 놓은 사람이 통상적인 앎이나 실천을 넘어 한 걸음 더 나아간 새로운 기술을 탐색하도록 자신을 몰아붙이게 만든 것은, 다름 아닌 삶에의 희구가 아닌가 싶다. 그리고 희랍 철학 전통에서 인간이 실현하는 훌륭한 삶은 언제나 핵심적인 주제였는데, 그것은 형이상학이나 과학적인 탐구를 목적으로 할 때조차도 예외는 아니었다.

그러나 이러한 자기 충족성 추구의 이면에는, 인간 삶에서 우연성을 제거하려는 이러한 노력을 복잡하게 만들고 제한하는, 우연과 변화가 내뿜는 독특한 아름다움이 생생하게 살아 있다. 위태로움과 노출이라는 경험적 인간 속성을 향한 사랑은 신들이 필멸必滅의 존재와 사랑에 빠지는 이야기, 그 끊임없이 되풀이되는 이야기 속에서 잘 표현된다. 이런 삶 구제 문제는 깊이 있는 사상가라면 누구에게나 미묘하고 복잡하게 여길 만한 것이다. 그리고 결국 이는 인간 선에 관한 문제─어떻게 선은 확실하게 좋은 것이 될 수 있고 인간적인 것으로서 아름답게 남아 있을 수 있는가?─가 된다. 우리의 고려 대상이 되는 사상가라면 누구나, 인간이 훌륭한 삶을 영위하려면 어떤 방식으로든 또 어느 정도든 반드시 자기 충족적이어야 한다는, 즉 운의 엄습에 대비되어 있어야 한다는 생각을 의심하지 않았다. 한 생명은 자기 충족성을 얼마나 갖출 수 있고, 또 얼마나 갖춰야만 하는가? 자기 충족성을 탐색하는 과정에서 이성은 어떤 역할을 하는가? 이성적인 인간 삶에 적합한 자기 충족성이란 어떠한 것인가? 이런 질문은 다시 하나의 포괄적인 질문을 이끌어내고 스스로 이 질문의 한 부분이 된다—우리 생각에 우리는 어떤 존재이고 우리는 어디(어느 하늘 아래)에서 살기를 원하는가?

이 책의 목적은 희랍 윤리 사상에서 이성적 자기 충족성에 대한 열망이 어떻게 표출되는가를 살펴보는 것이다. 그 열망은 이성의 힘을 제어하면서 훌륭한 인간 삶 속의 선善을 운으로부터 구제하려는 열망이다. '운'이라는 단어를 나는 엄격한 정의에 따라 사용하지 않고 희랍인들이 튀케tuchē(운명의 여신)라고 불렀던 방식에 가까운, 완벽하게 인식 가능한 것으로 취급하여 사용하고자 한다, 나는 불확실한 사건이라고 해서 제멋대로 아무 이유 없이 발생한다고 여기지는 않는다. 어떤 사람에게 운과 관련된 사건이 발생했다는 것은 단지 그 사건이 그 혹은 그녀 스스로가 만들어 낸 사건이 아니라는 뜻이다. 즉, 그가 행위하거나 만들어낸 것과는 상반되는, 그에게 그저 일어난 것이다.* 일반적으로 인간 삶에서 운을 제거하면 그 삶은, 적어도 그 삶 속에서 가장 중요한 요소들은, 행위 주체(혹은 그가 자기 자신과 동일시할 만한 자신의 요소들)의 통제 안에 들어오게 되는데, 이 과정에서 식물 심상을 통해 보이는 외적이고 불안한 환경에 의존하는 요소는 제거된다. 여기서 나는 다음과 같은 일반적인 질문을 던진다. 이들 희랍 사상가는 우리가 인간의 한계 속에서 살아가면서 운의 작용을 얼마만큼 받는다고 생각한 것일까? 인간으로서 최상의 삶, 가장 가치 있는 삶을 살려면 운의 작용을 얼마만큼 '허용해야' 하는 것일까?

앞서 말한 대로 희랍인에게는 이는 매우 중요한 질문이다. 그뿐 아니라 앞서 밝힌 바와 같이 현재를 사는 우리에게도 이 질문은 중요하다. 그러나 역사상 특정 시기에는 이 질문이 아무런 의미가 없다는 생각이 지배적이기도 했다. 우리의 지적 전통에서 엄청난 영향력을 행사한 칸트 윤리학은 희랍 윤리학에서는 오랜 세월에 걸쳐 중시되어 온 이 문제를 무시했다. 이 문제에 대해 칸트 윤리학은 희랍인들이 행위 주체와 우연성 문제를 다룬 방식은 원시적이고 오류투성이라고 주장하곤 했다. 칸트주의자들은 오직 하나의 가치 영역, 즉 도덕 가치의 영역만이 존재할 뿐이고 이 영역에서 운의 공격은 철저히 배제되어 있다고 생각한다. 세상에서 어떤 일이 발생하든지 선의 도덕적 가치는 흔들리지 않는다. 나아가 칸트주의자는 도덕적 가치와 그 밖의 모든 가치 사이에는 예리한 구분선이 그어져 있을'뿐더러' 도덕 가치는 다른 모든 가치를 압도하는 중요성을 지닌다고 주장한다. 이 모든 주장이 옳다면 우리가 행하는 탐구 따위는 그저 중요한 것을 잘못 알고 있었다는 것을 드러내는 데 의미가 있거나, 참이기는 하지만 사소할 뿐인 앎을 지니고 있다는 것을 드러내는 데 의미가 있을 뿐이다. 칸트 윤리학에 따르면, 희랍 사상가들은 도덕적 가치가 운에 약하다는, 그릇되면서도 원시적인 생각을 가졌

---

* 이 원고 전반에 걸쳐 남성, 여성 대명사의 문제는 나를 괴롭혔다. 특정되지 않은 대명사로 '그 혹은 그녀'라는 어구를 쓰는 것은 매순간 견디기 힘들 정도로 번거로운 일이었다. 그렇다고 모든 곳에서 '그'를 쓰는 것은 나의 정치적 감각에 비추어 유쾌하지 못한 일이고 또한 가급적 '그녀'를 동일한 빈도수로 사용하려고 하는 요즘의 언어 환경에 비추어도 옳지 못한 일이다. 한편(앞서 '철학자', '시인', '선한 행위자'를 지시할 때 드러난 듯이) 이 책에서 매우 자주 등장하는 '그'라는 대명사는 맥락상 진정으로 특정되지 않은 지시체와는 분명 거리가 멀어 보인다. '그'라는 대명사는 해당 등장인물을 남성으로 그리도록 상상력을 고무한다. 이런 자료에 대한 글을 쓸 때 이러한 방식은 부적절한 것도 아니다. 비극작가 모두는 여성의 특권과 도덕적 위상을 사상가만큼이나 진지하게 취급하는 주장을 엿보였다. 우리가 다룰 희곡 각각에서 여성은 도덕적, 정치적 평등에 대한 자신의 주장을 변호한다. 플라톤은 최초의 페미니즘 철학자라고 일컬을 만한 훌륭한 주장을 펼쳤다. 현대에 비추어 봐도 매우 여전히 매우 급진적인 그의 주장은 육체적인 것—성별을 포함해서—은 어떠한 윤리적 의미도 갖지 못한다는 것이다(5장 참조). 그는 또한 내가 아는 한 페미니즘이 언어적으로 특정되지 않은 성에 변화를 일으켜야 한다고 지적한 최초의 사상가이기도 하다. 『국가』 540c에서 소크라테스는 군주들을 지칭할 때, 남성 분사와 여성 분사를 제대로 사용하지 못하는 클라우콘을 걱정하면서 군주들이 오직 남성들에게만 이야기하는 것처럼 잘못 보일 수 있다고 말한다. 아리스토텔레스는 반페미니즘적 입장을 뚜렷이 보이는데 이 문제는 뒤에서 논의할 것이다. 이 문제와 관련해서 내게 가장 먼저 떠오른 생각은 완전히 임의적인 '해결책'으로 '그'를 짝수 장의 그리고 '그녀'를 홀수 장의 불특정 대상에 사용하는 것이었다. 그러나 이 방식은 여러 다양한 정치적 신념을 지닌 독자들에게는 산만하고 못된 방식이라는 것을 깨달았다. 또 이 방식이 자연언어가 결코 적용될 수 없는 해결책이라는 점도 명백했다. 고민 끝에 결국 나는 위에서 보이는 것과 같은 플라톤의 방식을 따라 상당 부분에서 '그 혹은 그녀'를 대명사로 사용하기로 결정했는데 독자로 하여금 오직 남자로만 생각지는 말라고 주의 환기를 시키기 위해서 그렇게 했다. 그러나 사정이 애매한 경우에는 (플라톤이 그러했듯) 그냥 남성 대명사를 사용했는데 이는 문장의 리듬이 번거로워지는 것을 피하기 위해서였다. 또한 나는 해당 문맥을 신중하게 고려했는데, 아리스토텔레스가 상상한 대로 아리스토텔레스적 군주에 대해 지칭하면서 '그 혹은 그녀'가 적절한 사용이라고 말하는 우를 범할 수는 없기 때문이었다. 반면 이러한 형식은 플라톤의 경우에는 잘 들어맞는다.

을 뿐이다. 그리고 도덕적 가치 외의 가치들은 운에 약하다는, 옳기는 하지만 상대적으로 그다지 중요하지 않은 생각을 가졌을 뿐이다. 이 과정에서 윤리 사상의 원시적 형태에서는 도덕 가치와 다른 종류의 가치 사이의 명확한 구분 따위는 시도조차 되지 않았다는 점이 분명하게 드러난다. 만약 이러한 칸트주의적 판단이 참이라면 그리고 도덕적 가치와 비도덕적 가치의 칸트주의적 구분*이 그토록 중요한 것이라면, 나아가 그 구분으로 여기서 논의하는 문제를 다룬 희랍 사상을 탐구하면, 희랍인들은 결국 올바르게 살지 못한 셈이 된다. 그리고 우연을 고뇌한 희랍인은 그저 유난을 떤 것에 지나지 않는 것이 된다. 해소될 수 없는 실천적 갈등과 그에 뒤잇는 회한을 슬퍼하면서 사랑과 우정에 담긴 위험성을 숙고하는, 그리고 과할 때는 파괴적이 되는 정념passion이 지닌 가치에 무게를 두는 희랍인들의 고뇌 모두는 고만고만한 것이 되어 버린다. 이렇게 되면 마치 희랍인들이 칸트가 발견한 것을 발견하지 못했기 때문에 이런 고난을 겪은 것처럼, 즉 마치 칸트주의자라면 모두 알고 있는 것을 그들은 알지 못했던 것처럼 보인다.

그러나 희랍 문헌에 접근하면서 희랍인의 질문 따위는 아예 무시한 관점으로 자신을 무장하지만 않으면, 이러한 고뇌에 찬 물음이 내뿜는 힘을 느끼지 않을 도리는 없다. 내 생각에는 어디서든 볼 수 있는 한 입장에서 본서

* 사실상 나는 칸트주의적 구분뿐 아니라 도덕적 가치와 비도덕적 가치를 나누는 구분 일체, 나아가 도덕 추론과 비도덕적 실천 추론 사이의 구분, 도덕적 갈등과 비도덕적인 실천상의 갈등 사이의 구분 등 연관된 구분까지, 그 모든 것을 외면하려 할 것이다. 희랍의 문헌에는 그런 구분이 존재하지 않는다. 그 문헌들은 '우리는 어떻게 살아야 하나?'라는 일반적인 질문으로 시작하고, 갖가지 인간적 가치를 설파한 주장은 좋은 삶을 구성하는 부분이 된다고 생각한다. 따라서 그 문헌에서 조건부prima facie로라도 모든 것을 압도하는 주장을 가진 단일한 그룹은 존재할 수 없다. 내 생각에 이런 접근법으로 희랍의 문헌은 우리의 직관적인 실천 추론이 사실상 개진되는 방식 그리고 어떤 식으로든 위 구분에서 출발하는 틀에서는 모호한 것이 될 수밖에 없는 우리의 실천적 삶의 면면을 되찾는 방식을 충실하게 지켜낸다. 나는 2장에서 이 구분의 다양한 유형을 일별하고 왜 이 구분이 우리 탐구의 출발점이 되기에 부적절한지를 논증할 것이다. 그럼에도 나는 정의, 시민으로서의 의무, 종교적 필수 지침 등을 논의하면서 이 구분에 강한 확신을 갖고 있는 사람들도 연약성과 관련된 우리의 논지가 구분과 관련된 대부분의 유형에서 통상 주요 도덕 가치로 취급되는 가치들에까지도 적용될 수 있다는 점을 받아들일 수 있도록 노력할 것이다.

는 출발할 것이다. 그것은 판다로스 송가의 문제가 그저 유난면 것은 아니라는 걸 볼 수 있는 사람이 취할 입장이고, 그런 것을 어떻게 문제 삼지 않을 수 있는지 도저히 이해할 수 없는 사람이 취하는 입장이다. 나는 행위 주체이면서 동시에 식물이다. 내가 스스로 뭔가 한 게 없는데도 칭송받거나 비난받는 방향으로 일이 진행되는 경우는 비일비재하다. 나는 서로 우열을 가리기 힘든 동시에 이질적임이 명백한 좋은 것들 중 무언가를 끊임없이 선택해야 하고, 또 주변 환경은 내가 무언가를 잘못 알거나 혹은 그릇되게 행동하도록 나를 조장한다. 우연히 내게 그냥 일어나는 사건은 내 의사와는 별개로 내 삶을 온통 뒤바꿔버린다. 좋은 것을 친구나 연인 혹은 국가가 일반적으로 결정해도, 반대로 그런 것 없이 좋은 삶을 꿈꿔도, 모두 문제다. 이 모든 것을 나는, 비단 비극 문헌 자료뿐만 아니라 현실적 이성이 삶의 매 순간 포착하는 일상적 사실을 통해서도 발견한다.

한편, 플라톤이 자기 충족성을 이해하는 방식 그리고 순수하게 이성적인 존재를 이해하는 방식이 지닌 힘을 느끼지 못하는 것 역시 마찬가지로, 있을 수 없거나 혹은 인간적이지 못한 것이다. 순수한 존재는 '따개비'와 '해초' 즉 영혼을 온통 뒤덮고 있는 거친 흙과 돌과 같은 정념을 모두 씻어낸 것*이고 그 힘은 우연적 한계를 초월한 것이다. 플라톤은 평범한 인물인 글라우콘이 소크라테스와의 대화를 통해 수학적 추론이라는 순수하고 정돈된 활동에 대한 깊은 사랑, 그가 이전에 가치 있는 것으로 삼았던 많은 것을 내치도록 만든 사랑을 어떻게 자신 속에서 발견하는지를 보여준다. 이런 작품들을 읽고 그에 매료되면서 그렇게 우리는 순수성에 대한 열망, 운으로부터의 자유로움에 대한 열망, 그리고 인간성의 심층에 존재하면서 동시에 기타 경험적 지각과 복잡한 긴장 관계를 맺고 있는 열망을 다시금 상기하게 된다. 이런 긴장의 느낌이 기이하거나 드문 경험이 아니고 인간의 자연사를 통해 볼 때 진실로 존재하는 것이라면, 좋은 삶을 성취하기 위해 자기 충족성을 얻고

---

* 『국가』, 612A.

자 하는 인간의 훌륭한 실천적 합리성은 반드시 순수하게 이성적인 면과 경험적인 면 양쪽의 힘을 모두 느끼면서 각각을 동시에 탐구하는 것을 필요로 할 것이다.

앞으로 우리는 인간의 탁월성*과 그 관련 활동에 운이 어떤 역할을 하는지 검토할 텐데, 여러 방식으로 만족이나 좋은 기분에만 단순하게 영향을 주는 운의 작용은 논의에서 배제할 것이다.** 이 탐구의 핵심 주제는 다음 세 가지 질문에 모아져 있다. 첫째, 좋은 것에서 나쁜 것으로 그 본질상 유난히 쉽게 바뀌어버리곤 하는 활동 혹은 관계는 훌륭한 삶에 어떤 역할을 하는가? 예를 들어 우정이나, 사랑, 정치 활동, 재산 및 소유에 대한 집착은 합리적인 인생 목표에 어디까지 허용하는 것이 적절한가? 이 모든 것은 그 자체로 연약한 것이어서 그것에 가치를 두는 사람까지도 운에 노출되도록 만든다. '외적으로 좋은 것'은 좋은 삶을 위한 필수적 수단일 뿐만 아니라, 그 가치를 높게 생각하는 사람에게는 그 자체로 목적이 되기도 한다. 그러니까, 이런 것을 소유할 운이 따라주지 않은 사람은 그저 삶의 재료만 박탈당한 것이 아니라 내재적intrinsic 가치 자체와 좋은 삶 자체를 박탈당한 셈이다. 만약 그렇다면, 외적 가치는 중시할 필요도, 합리적인 인생 계획의 구성 요소로 포함시킬 필요도 없는 것이 아닐까?

훌륭한 삶을 구성하는 각 요소들에 관한 위의 첫 번째 물음은 다음의 두 번째 물음과 연결된다. 좋은 삶을 구성하는 각 요소 사이에는 어떤 관계가 있는가? 그것들은 조화롭게 공존하는가? 아니면 서로 상충하며 행위자가 자초하지도 않았음에도 그를 어려운 상황으로 내몰아 '좋은 삶'을 해치기도 하는가? 단일하지 않은 복수의 활동에 각각 내재적 가치를 두고 관심을 쏟

---

* 여기서 탁월성arete은 폭넓게 이해해야 할 개념으로, 특정한 종류의 도덕적 탁월성을 따로 전제하지 않는다. 지금까지 우리는 당사자가 잘 살고 잘 처신하고 그래서 칭찬받을 만한 사람이 되도록 하는 모든 특성을 탁월성에 포함시켰다. 아리스토텔레스가 '인격의 탁월성'(아리스토텔레스 말하는 '도덕적 덕'과 동일한 것이 아니다. 물론 영어 번역에서는 흔히 이렇게 옮기곤 한다. 11장 참조)이라고 일컬은 것과 아리스토텔레스가 이와는 별개로 규정한 지성의 탁월성, 최소한 이 두 가지는 여기에 포함된다.

으면, 양립 불가능한 두 행위를 동시에 필요로 하는 상황이 발생할 위험이 따르기 마련이다. 그러면 결핍은 자연적 필연성에 속하게 된다. 또, 가치*** 관련 도식이 많아질수록 그럴 가능성은 더 높아질 것이다. 그리고 이런 가능

** 우리가 논의하게 될 일부 텍스트에서는 통상 그렇듯이 희랍어 '에우다이모니아eu-daimonia를 영어 'happiness'로 옮기는 바람에 그 의미가 모호해져 버렸다. 도덕 철학의 흐름에서 칸트와 공리주의가 남긴 유산은 happiness를 만족감이나 쾌락의 이름으로 정의하고, happiness를 최고선으로 보는 입장을 위 정의에 의해 활동보다는 심리적 상태에 최고 가치를 부여하는 견해로 간주한 것이다. 그러나 에우다이모니아의 이와 같은 번역은 크게 잘못된 것이다. 희랍인들은 에우다이모니아가 '좋은 삶을 사는 것'과 같은 것, 최근 존 쿠퍼가 제안한 대로라면 '인간적인 번영human flourishing' 같은 것이라고 생각했다. 아리스토텔레스는 그것을 일상적인 대화에서 이야기하는 '잘 살고 처신 잘 하는 것living well and doing well'과 같은 것이라고 했다. 대다수 희랍인들은 에우다이모니아를 본질적으로 활동적인 것으로 이해했는데, 이 중에서 칭찬할 만한 활동은 그저 효율적인 수단에 그치는 것이 아니라, 실제로 에우다이모니아를 구성하는 한 부분이 된다. 물론 희랍 사상가 중 에우다이모니아를 쾌락의 상태와 같은 것이라고 주장한 사람이 있었을 수 있다. 그러나 여기서 우리가 유념해야 할 것은 많은 희랍 사상가들은 에우다이모니아를 정적인 것이 아니라 동적인 것으로 여겼고(5장 참조), 또한 에우다이모니아를 쾌락과 같은 것으로 본다고 필연적으로 공리주의자가 되는 것은 아니라는 사실이다. 에우다이모니아를 쾌락의 상태와 같다고 보는 견해는 희랍 전통에서는 통상적인 것이 아니며 그 자체가 직관에 반하는 것이다(4장 참조). 가장 흔하게 볼 수 있는 것이 아리스토텔레스 입장 같은 것으로 그는 에우다이모니아는 탁월함에 걸맞은 활동으로 이루어진다고 주장했다. 이러한 관점을 토대로, 우리는 운이 에우다이모니아에 그리고 에우다이모니아의 기초를 이루는 탁월성에 어떠한 방식으로 영향을 미치는지를 탐구해야 한다. 이러한 번역의 어려움 때문에 논증의 명료함이 크게 요구되는 대목에서는 희랍어를 그대로 살려두었다.
또 나는 탁월성과 관련된 물음 중 출생이나 체질과 같은 타고난 운에 대해서는 다루지 않겠다. 인간으로서 잘 살기 위해서는 탄생 때부터 다양한 능력이 필요하지만 이는 당사자가 통제할 수 있는 것이 아니다. 여기서 나는 그 통제할 수 없는 요인이 어떤 역할을 하는가 따위의 물음은 던지지 않겠다. 나는 그저 우리가 여기서 다루는 문헌들에서 그렇듯이 이 물음에 대한 답이 다른 모든 물음에 대한 만병통치약 같은 해답이 될 수는 없다고 가정할 것이다.
*** 희랍의 윤리 관련 문헌을 다룰 때 영어 단어 'value'를 사용하는 것을 못마땅하게 생각하는 이도 있을 것이다. 그러나 특정 희랍 윤리 용어들의 번역어로 왜 'value'가 적절한지는 논의 진행 과정에서 자연히 드러날 것이라고 나는 희망적으로 예상한다. 항상 value라는 번역어가 꼭 들어맞는 희랍어 단어는 없다. 그러나 용법상 value가 '좋은 것agathon', '좋은good', 특히 '아름다운 것kalon', '내재적으로 좋은intrinsically good' 등의 최선의 번역어인 경우가 많다. 그 외에도 '가치 있는 것axion', '선택할 만한 것baireton', 그리고 그 외에 추정, 평가, 선택 등의 뜻이 내포된, 다양한 단어의 번역어가 되기도 한다.

성을 아예 차단하는 삶을 설계한다고 해도 결국에는 결핍에 내몰릴 것이다. 이 문제는 여러 가지로 첫 번째 문제와 연결된다. 만일 행위자가 상황에 휩쓸리지 않고 자신의 실행 능력 범위 안의 활동을 중심으로 살아간다면, 여기에 상충 가능성은 거의 없을 것이다. 그리고 이성으로 상충을 최소화하려는 전략을 채택하면, (앞으로 보게 되겠지만) 중요한 가치들의 약함도 대폭 줄일 수 있다. 물론 여기서 이들 가치는 각각 독립적인 것으로 간주해야 한다.

지금까지 논의한 것은 '외적 우연성'이다. 이는 곧, 행위자의 외부 세계에서 엄습하는 운, 그리고 당사자 자신의 가치 체계가 그와 외부 세계를 연결시킬 때 바로 그 가치 체계로부터 비롯되는 운이다. 바로 이 외적 우연성으로서의 운이 다름 아닌 우리의 주요 논제가 될 것이다. 여기서 우리는 세 번째 물음도 제기해야 한다. 자기 충족성은 자신보다 통제하기 어려운 다른 인간 내의 기질과 어떤 관계를 맺는가? 여기서 앞의 두 질문은 욕망, 느낌, 감정 등 '영혼의 불합리한 면'으로 간주하는 요소의 윤리적 가치에 대한 질문으로 이어진다. 육체적이고 관능적인 우리 본성, 정념, 성욕, 이 모두는 위험과 변덕으로 가득한 세계와 우리를 잇는 강력한 연결 고리이다. 육체적 욕망과 관련되는 활동은 그 내적 구조가 담고 있는 변화무쌍함과 불안정성을 여실히 드러낼 뿐 아니라, 소멸하는 대상 세계 속에, 더 나아가 상실과 갈등의 위험 속에 우리를 가둔다. 욕구, 감정과 연관된 활동에 가치를 두는 사람은 좋은 활동을 지속하기 위해 자연히 외부 즉 외적 자원 및 타인들에게 의존하려 할 것이다. 이런 '비합리적인' 애착은 무엇보다도, 실천적 갈등에의 위험과 우연에 의해 덕을 갖추는 데 실패할 위험을 불러일으킨다. 그리고 정념은 우리가 그 정념의 활동 자체에 가치를 두지 않을 때조차도 파멸의 원천으로 대두될 수 있을 뿐 아니라, 합리적인 계획을 혼란에 빠뜨리면서 판단의 왜곡과 행위의 비일관성 혹은 약함을 느닷없이 유발할 수도 있다. 따라서 그런 불합리한 애착에 불을 당기는 순간, 우리는 무질서 또는 '광기'의 위험에 노출된다. 이제 이런 물음을 던질 만하다. 우리 인간을 재구성하면 즉 우리에게 익숙한 부분을 변화시키거나 억압하면, 합리적 통제와 자기 충족성의 수준을 더 높일 수 있는가? 그리고 그 자기 충족성은 합리적인 삶에 잘 들어

맞는 형식이 될 수 있는가?

위 세 가지 물음은 물론 인간 이성을 이해하는 방식에 관한 물음이다. 만일 이성과 이성을 다루는 기술인 철학이 우리 삶을 구원하거나 변화시킬 만한 것이라면, 좋은 삶을 추구하는 존재인 우리는 이런 물음을 던질 수밖에 없다. 우리 자신 속 한 부분인 이 이성이란 도대체 무엇인가? 이성은 삶을 질서 지울 때 어떤 역할을 하는가? 느낌, 감정, 지각과는 어떤 관계가 있는가? 희랍인들은 그 특유의 기질을 바탕으로 너무나 적절하게 위 윤리적 물음을 이성의 절차, 능력, 그리고 한계에 대한 물음과 긴밀하게 연결시켰다. 그들은 본능적으로 자기 충족적 삶의 프로젝트 중에 의심스러운 것이 있다는 것을 알아차렸는데, 그 프로젝트가 우리에게 인간 인식 능력의 한계를 뛰어넘을 것을 요하는 것이었기 때문이다. 다른 한편으로 형이상학적 혹은 과학적 추론 과정 중 인간의 한계를 뛰어 넘는 모험을 감수해야 하는 많은 순간에, 폐쇄성과 안전 그리고 권력 같은 것과 관련된 의심스러운 윤리적 동기가 그 모험을 부추긴다는 사실 역시 그들은 본능적으로 간파했다. 인식적 한계 때문에 인간은 윤리적 지식과 담론을 억제한다. 그 한계에 대해 취하는 적절한 태도, 그것은 틀림없이 윤리적 담론 '속' 중요한 주제 중 하나이다. 이런 두 가지 이유로, 윤리적 탐구를 수행하면서 우리는 제1원리, 진리, 그리고 담론을 구성하는 필요 요소를 언급하지 않을 수 없다.

이 책에서는 위대한 3인의 비극시인, 플라톤, 그리고 아리스토텔레스의 저술에서 보이는 위 세 가지 물음을 둘러싸고 서로 얽혀 있는 일련의 사유를, 대체로 역사적 순서에 따라 서술할 것이다. 나는 이 질문에 대한 희랍의 주요 사상가들 각각의 대답을 체계적으로 설명하는 방식이 아니라, 내게 두드러지는 그래서 대표작으로 보이는 텍스트를 상세히 파고드는 방식을 택했다. 짧게 요약하면 다음과 같다. 먼저 기원전 5세기 비극을 통해 우리의 문제를 검토한 후, 인간의 삶과 그 가치를 형성하는 데 운은 필수불가결한 요소라는 주장을 살펴본다. 그러고 나서 플라톤의 영웅적인 시도를 검토한다. 중기 대화편에서 플라톤은, 운에 견딜 수 있는 힘을 갖춤으로써 인간의 삶을 구하고자 했다. 마지막으로, 아리스토텔레스는 비극 속 다양한 통찰과 가치로 돌아와 인간적인 방식을 충분히 살리면서 인간을 자기 충족적으로 만드는 실천적 합리성 개념을 구성한다. 이 단순한 구조는 다음 사실로 인해 복잡해진다. 이들 저서 중 한 가지 문제에 대해 한 가지 입장을 담고 있는 것은 단 하나도 없다. 비극의 특징은 인간 한계를 초월하려는 야망 그리고 그 야망에 필연적으로 뒤따르는 상실감 사이의 갈등을 보여주는 것이다. 플라톤의 대화편에는 그저 단순히 윤리적 관점을 수정해야 한다는 주장만 들어 있는 게 아니다. 오히려 대화 형식을 통해 여러 입장이 대립하는 장면이 등장하면서, 어떤 '해결책'도 손실이나 위험에 노출될 수밖에 없음이 선명하게 드러난다. 여기에 더해, 후기 대화편 『파이드로스』에서는 초기 대화편에서는 상대편 입장이 취했던 방식을 짚어내어 비판하고 있는데, 이에 관해서는 차후 세밀한 논증과 함께 살펴보겠다. 아리스토텔레스의 방식은 상충하는 입장을 검토하면서 각 장점을 평가하고 그에 반응하는 것으로, 자신의 해결책 역시 내적 긴장과 분열을 담고 있다. 이는 모두 그 설명이 전체적으로는 특정한 방향을 지시하고 있으나 거의 모든 부분에서 야망과 귀환, 초월과 수용 사이를 계속 오가고 있음을 의미하는 것이다.

2, 3장에서는 세 편의 비극을 다루면서 인간이 운에 노출되는 모습을 보여주는데, 특히 우연적 상황에 따른 가치의 충돌 문제를 주제로 삼는다. (이 문제 고찰은 또 개별 가치의 약함 문제로 이어지는데, 자주 상충하는 가치가 가장 약한 경우가 많기 때문이다.) 특히 2장에서는 운 문제와 관련된 칸트의 접근이 희랍 문헌을 이해하는 데 장애가 된다는 점을 입증하려 했다. 나는 운을 대하는 아이스퀼로스의 입장이 칸트 그리고 그와 연관된 입장을 넘어설 수 있는 강력한 대안이 될 수 있음을 보여줄 것이다. 또 3장에서는 실천적 갈등의 개별 사례에 대한 고찰을 확장하고 인간이 그런 갈등 위험을 최소화하는 인생 과정을 기획할 때 얼마나 큰 열망을 보이는지 살펴보겠다. 특히 소포클레스의 『안티고네』는 그런 갈망의 다양한 형태를 드러내는데, 내가 여기서 찾고자 하는 것은, 이 비극이 이런저런 가치 사이에 공통 지반이 없

음을 묘사하면서, 다양한 가치 결정 구조를 단순화시켜 운을 극복하고자 하는 우리의 야망을 비판하고 있다는 것이다. 나는 그 문제에 접근하는 아이스퀼로스와 소포클레스의 방식에는 모종의 연속성이 있음을 입증할 것이다.

4장부터는 플라톤을 다루는데,『프로타고라스』에서 개진된 실천적 추론에 대한 과학적 설명이 비극작가들을 사로잡은 문제에 대한 해답이고 비극에 들어 있는 운의 정복에 관한 전략들이 발전한 형태임을 나는 주장하고 논증할 것이다. 4장이 특히 중요한 이유는 아래와 같다. 4장은 첫째, 플라톤의 대화편 집필 동기와 그 이전부터의 문학 전통 사이에 연속성이 있음을 입증하고 있고, 둘째, 가치들 사이의 통약 불가능성incommensurability*과 갈등 모두를 제거하려는 전략이 각 가치들을 어떻게 안정시키는지를 보여줌으로써, 우리가 탐구하고 있는 세 가지 문제 사이의 상호관계를 명확히 한다. 그런 전략은 나아가 우리 애착의 본성을 재구성하면서 내면의 무질서를 야기하는 정념들을 변모시키기도 한다. 5장과 6장에서는『파이돈』,『국가』,『향연』등 플라톤의 중기 대화편에서 그런 사유가 어떻게 전개되는지를 검토한다. (막간 1장에서는, 대화체가 비극 형식의 대안이 될 수 있는지를 문제 제기하고, 플라톤이 선택한 문학 형식이 내용상의 윤리적 견해와 밀접하게 관계 있음을 입증한다.) 5장은『파이돈』과『국가』에서 보이는 자기 충족적 관조의 삶에 대한 옹호를 분석한 것인데, 관조의 삶 속에는 불안정한 활동과 그런 활동의 대상이 아무런 내재적 가치를 지닐 수 없음이 여기서 드러난다. 6장에서는 개인적 사랑과 관련된 이런저런 쟁점에 관한『향연』의 설명을 검토한다. 위의 여러 장에서는 개별적인 여러 가치가 굳게 유지되기 어렵다는 점에 방점을 찍고 논의를 전개했다. 그러나 각 가치의 충돌 문제는 결코 위 논의와 떨어질 수 없는 것으로 5장 마지막 부분에서 이와 문제와 관련된『국

---

* [역주] 가치의 통약 가능성과 통약 불가능성은 본서가 고전을 다루는 여러 장치 중 매우 중요한 것에 속한다. 가치의 통약 가능성은 마치 수학에서 12가 2와 3으로 통약(통분) 가능하듯(12 = 2×2×3), 가치도 이성적 추론에 의해 더 근본적인 가치로 통약 가능하다면, 가치의 단순화에 의한 가치의 측량이 가능해지고 따라서 가치의 정량화 역시 가능해짐을 함축한다.

가』에서의 논증을 살펴본다.

6장은 더 안정적인 아름다움을 견지하기 위해 사랑을 포기하라고 종용하는 플라톤이, 역으로 인간의 연약성이 가진 아름다움에 얼마나 깊이 빠져 있는지를 보여준다. 이런 6장의 내용은, 플라톤이 가치에 대한 자신의 초기 관점에 문제를 제기하고 수정을 꾀하고 있음을 논증한 『파이드로스』를 다룬 7장의 전주곡 격이다. 나는 『파이드로스』에서 플라톤은 열정적 관계 즉 자신의 본성 상 연약할 수밖에 없는 인간관계를, 좋은 삶을 위한 도구적 수단뿐 아니라 내재적 가치를 지닌 구성 요소로서도 매우 중요하게 간주했다고 주장할 것이다. 또한 나는 플라톤의 자기 비판적인 논증과 인간 선에 대한 이 새로운 설명 방식을 평가할 것이다.

아리스토텔레스에 관한 장은 그의 철학적 방법에 대한 논의와 함께 시작하는데, 왜냐하면 윤리 문제를 다룰 때 그의 이론과 평범한 인간의 믿음 사이의 관계를 다룬 그의 일반 이론이 중요한 역할을 담당하기 때문이다. 9장에서는 '자발적인' 동작, 행위에 대한 아리스토텔레스의 설명을 쫓으면서 우리 행동이 윤리적 태도와 실천의 적절한 규제하에 있으려면 세계 속에서 발생하는 여러 사건들과 어떤 식으로 관계 맺어야 하는가를 묻는다. 10장에서는 인간의 자기 충족성에 관한 아리스토텔레스의 반反플라톤적인 그림을 제시하면서, 그가 중시한 실천적 합리성 개념이 무엇인지를 검토한다. 그리고 아리스토텔레스식 윤리학에서는 좋은 윤리적 판단을 위해 어떤 관점과 절차가 필요한지를 묻는다. 이렇게 되면 10장의 내용은, 5장 속 플라톤의 가치 인식론과 서로 대치한다. 여기서 우리는 아리스토텔레스의 다른 인식론과 인간적 가치에 대한 다른 설명이 어떻게 연결되는지 보게 될 것이다. 또한 4장에서 처음 분석했던 플라톤의 이상, 윤리의 과학적 접근을 추구한 그의 이상에 대해 다시 언급하면서, 인간의 실천적 추론은 과학적이지 않으며 과학적이어서도 안 된다고 반복적으로 주장하는 아리스토텔레스의 진의가 무엇인지를 물을 것이다. 11, 12장에서는 최상의 인간 삶을 구성하는 요소 각각의 연약성을 다루면서, 아리스토텔레스에게 최상의 삶이 무엇 때문에 외부의 우연적 사건에 쉽게 흔들리게 되는지, 그럼에도 어떻게 그는 그 연약한 삶이 최상의 삶이라는 주장을 펼칠 수 있는지를 따질 것이다. 11장에서는 인간의 선한 활동이 일반적으로 띠게 되는 연약성에 대해 논하고 12장에서는 연약한 선한 활동에 속하는 것 중 특별한 종류인 정치적 활동과 개인적 사랑에 대해 살펴본다. 11, 12장 둘 다 개별 가치 사이의 갈등을 바라보는 아리스토텔레스의 견해와 관련된 논의를 담고 있다. 이어서 막간 2장에서는 아리스토텔레스가 생각한 인간의 학습 과정 중 비극과 비극적 감정의 역할에 비추어 지금까지 논의한 모든 것이 어떤 함의를 갖는지를 살펴볼 것이다. 13장에서는 다시 기원전 5세기 비극으로 돌아가 에우리피데스의 『헤카베』를 읽으면서, 좋은 인격 자체가 운의 역전으로 인한 부패에 약함이 드러날 수 있음을 주장한다. 이런 주장의 근거 자료가 2, 3장처럼 기원전 5세기의 것임에도 책의 끝 부분에 배치된 이유는 아리스토텔레스의 기획과 그자신이 그토록 크게 중시한 비극 전통 사이에 연속성이 있음을 보여주기 위해서이다.

역사적 문헌의 주해를 기초로 철학적 탐구를 수행하면서 내가 의존하는 윤리 이론의 이해 방식은 대체로 아리스토텔레스의 것인데 나는 8장에서 그의 윤리 이론을 살펴보고 옹호할 것이다. 그 방식에 따르면 윤리 이론은 대화 상대자 혹은 글을 읽는 이의 직관이나 믿음, 복잡하게 얽혀 있는 일련의 상이한 윤리적 입장들 사이의 반성적 대화에 의해 형성되는데, 8장에서 이러한 면면이 드러날 것이다. (아리스토텔레스의 말처럼 이 일련의 이론은 '다중多衆'의 견해와 '현자'의 견해 모두를 포함한다.) 이런 탐구는 대화 상대자나 글을 읽는 이가 이미 어떤 특정 부류에 속하지 않으면 시작될 수 없다. 이 대화의 목표는 이미 선명한 애착과 직관을 소유한 사람들이 어떤 가치를 중시여기고 어떤 판단을 행하는지를 설명하는 단계이다.* 이처럼 다양한 가치와 판단은 궁극적으로는 탐구를 위한 자료가 된다. 그 탐구는 결과적

---

* 『니코마코스 윤리학Ethica Nicomachea』, 1095a,1095b.

으로, 읽는 이가 출발점으로 삼았던 견해를 그저 되풀이하는 설명밖에 안 된다는 얘기를 지금 하고 있는 것이 아니다. 아리스토텔레스가 강조한 바와 같이(또 앞서 소크라테스도 말했듯), 대다수 사람들은 보편적 사유를 요청받으면 자신의 실제 믿음을 구성하는 복잡다단한 내용을 제대로 파악하지 못한 채 엉터리 주장을 내놓는다. 그들은 자신의 생각을 구성하는 진짜 내용이 무엇인지를 배울 필요가 있다. 대안 검토와 상호 대화를 거쳐, 독립적 믿음이든 공동체 속 다른 이들과 공동으로 형성한 믿음이든, 아리스토텔레스 진리관에 따르면 조화로운 조정 단계에 도달한 순간 윤리적 진리를 얻는다. 이 윤리적 진리는 인간 중심적이지만 상대주의적이지는 않다.* (현실적으로 완결적이거나, 완전하게 충족적인 탐구는 흔치 않다. 위와 같은 결론이 해당 상황에서는 진리의 후보로 최선이다.) 믿음과 이론 사이의 간격을 좁히려 할 때는 문헌 작업이 큰 도움이 되는 경우가 많은데, 이 과정에서 대화 상대자가 누군가의 복잡한 입장을 명료히 이해하고 평가하는 것을 볼 수 있기 때문이다. 이때 그 입장이 비단 한 사람의 것이 아니라 여러 사람의 것이면 더욱 바람직할 것이다. 이런 작업을 통해 우리는 우리 자신의 이론적인 편견으로부터 다소 초연해질 수 있고, 나아가 치밀하게 문헌을 선정한다는 전제 아래, 여러 입장 중에서 취할 만한 것을 선별할 가능성도 열린다.

　다양하기는 해도 희랍의 자료는 나름의 몇 가지 윤리적 대안만을 제시할 뿐이고 이에 필적하는 윤리학―대표적으로 칸트 윤리학―을 여기서는 자세히 다루지 않을 것이기 때문에, 이 프로젝트는 거대한 아리스토텔레스 연

---

* 아리스토텔레스와 소크라테스 모두, 각 사람의 내적 믿음 체계를 완벽하게 분석하면 진리 탐구를 진지하게 추구하는 개인들이 모두 그 분석을 공유하게 될 것이라 믿었다. 왜냐하면 그들은 판단과 반성의 결여가 공동체의 합의 도출을 방해하는 가장 큰 장애물이라 생각했기 때문이다. 우리 각자가 실천적 선택을 위해 흔들리지 않고 최선의 절차를 밟으면, 윤리학과 과학의 가장 중요한 문제에 대한 합의를 도출할 수 있다. 나는 이런 입장이 실질적으로 옳다고 본다. 여기서 직접적으로 논증하지는 않겠지만, 그 강력함은 아리스토텔레스가 주장한 바와 같이 작업상의 방법과 그 방법에 대한 심화 논의의 예를 통해서 볼 수 있다. '실천적 선택을 위한 최선의 절차'를 둘러싼 의견불일치로부터 생기는 어려움이나 빠지기 쉬운 순환론에 대해서는 5장과 10장에서 더 상세히 논의하겠다.

구 프로젝트 중 그저 작은 일부분에 지나지 않게 될 것이다. 분명 이 탐구의 결론은 크게 매력적인 것이 될 것이고, 지금까지 다룬 주제들에 대한 내 생각을 바탕으로 하면, 이런 주제들은 아리스토텔레스적인 의미에서 윤리적 진리를 강하게 표출한다. 물론 나는 이 주제들이 이 거대한 프로젝트의 완결을 상징한다고 주장하고 싶지는 않다.

내 방식이 아리스토텔레스적이라는 사실이, 내 전체 탐구가 아리스토텔레스식 결론을 향하고 있다는 편견을 불러일으키는 것은 아닐까? 만일 아리스토텔레스식 절차와 그 절차에 따른 결과 사이에 필연적인 연관이 존재한다면, ─물론 그럴 공산이 크다─ 이는 단지 내가 그러한 결과를 향하고 있음을 고백하는 꼴밖에 안 되는 것 아닐까? 여기에는 만만치 않은 문제가 숨어 있다. 아리스토텔레스의 방법은 그와 경쟁하는 생각과 구상을 모두 공정하게 대해야 한다고 주장한다. 이런 식이라면 플라톤주의도 마땅히 공정히 다루어져야 한다. 그러나 플라톤은 이와 같은 공평무사함에 다음과 같은 이유로 그다지 큰 가치를 부여하지 않는다. 첫째, 그는 오직 극소수의 사람만이 진지한 윤리적 반성과 선택이 필요한 위치를 점한다고 주장한다. 다른 사람들은 그저 무엇을 하라는 지시를 받을 뿐이다. 옳은 판단을 내리기 위한 입각점이란 평범한 인간의 상황에서 한참 멀리 떨어져 있는 것이다. 둘째, 플라톤은 몇몇 윤리적 입장─예를 들어 비극에서 개진된 생각 같은─은 영혼에 매우 큰 해악을 끼치는 것으로, 질서 잡힌 폴리스에서는 생각조차 품을 수 없는 것이라고 주장한다. 다른 면에서 보면, 그렇기 때문에 많은 사안과 많은 사람들에게 적용될 만큼 '존중받는' 그리고 '공평무사한' 어떤 절차도, 그의 생각이 '다중'에까지 미칠 수 있는 어떤 절차도, 또 비극시의 관점에 상응하는 어떤 절차도, 그의 공정성 이해 방식대로라면 아마도 그 견해를 공정하게 다룰 수는 없을 것이다.

아리스토텔레스식으로 이 연구를 진행하겠다는 나의 다짐은 그 어떤 것보다도 굳세다. 나는 다른 방식으로는 쓰거나 가르칠 수가 없다. 더욱이 8장에서 나는 내 방법론을 옹호하는데, 그것은 적어도 부분적으로 비순환적이다. 그리고 순환적으로 남아 있는 것도 풍부하고 흥미로운 것이다(10장). 또한 5장에서 나는 이 요약문이 가리키는 정도보다는 더 많이, 플라톤이 아리스토텔레스와 방법론적으로 공통의 관심사를 갖고 있었음을 논증할 것이다. 지금 여기서는 그저 나의 방법이 각 단계에서 뒤따라오는 결과에 어떤 식으로 영향을 미치는지를 독자들이 민감하게 인지하게 하는 정도에 그칠 수밖에 없다. 이를 통해 우리는 이 방법 자체에 대한 플라톤주의적 비판을 더 큰 공감과 함께 평가할 수 있고 플라톤주의 안에서 비판과 결론이 어떻게 연결되는지도 더 잘 이해할 수 있다.

아리스토텔레스식 윤리 탐구를 추구함에 시즈윅이나 롤즈 같은 현대 철학자의 방식과 나의 방식 사이에는 하나의 명백한 차이가 존재한다. 나는 특정한 문헌, 즉 네 개의 비극을 문헌 자료로 선택했는데, 이들 문헌은 전통적으로 '철학' 작품이라기보다는 '문학' 작품으로 취급되어 온 것이다. 사람들은 통상 이들 문헌을, 철학과는 사뭇 다른 방식으로 인간 윤리와 관련된 물음을 던지는, 철학 문헌과는 완전히 이질적인 것으로 취급해 왔다. 그러나 이런 경향은 분명 희랍인들의 생각과는 동떨어진 것이다. 그들은 산문과 운문 모두에서 자신의 문제를 돌아보았고 이들 문학이 다양한 장르를 통해 인간 삶과 문제들을 다루고 있음을 알았다. 사실상 서사와 비극을 쓴 시인들을 희랍에서는 중요한 윤리사상가이자 윤리교사로 널리 받아들였다. 어느 누구도 그들의 작품이 사변적인 문구로 이루어진 역사나 철학자의 저술보다 진지함이나 진실 추구에서 뒤떨어진다고 생각하지 않았다. 플라톤이 시인을 보는 시선은, 자신과 다른 목적을 가진 다른 분야 종사자로서가 아니라 위험한 적수敵手로서였다. 그는 우리가 지금 '철학적'인 것으로 여기고 있는 글쓰기 방식을 창안했고 이 방식은 좋은 삶과 인간 영혼을 보는 특정 관점과 연관되어 있다. 우리는 비극에 적대적인 그의 논지가 매우 불공평하다고 느끼는데, 철학과 문학의 구별을 당연한 것으로 받아들인다는 점 그리고 별다른 논증 없이 문학 작품을 윤리적 진리를 목적으로 하는 탐구에는 불필요한 것으로 간주한다는 점에서 그렇다. 우리는 막간 1장에서 비극작가를 향한 플라톤의 공격에 대해 논의할 것이다. 이 문제는 여기저기에서 심도 있게 논의

될 텐데 특히 2장, 3장, 그리고 막간 2장이 그 것이다. 그런데 여기서도 잠깐 우리 탐구에 문학 작품이 어떤 중요성을 지니는지에 관해서 몇몇 예비적 언급을 해야 한다.(여기 언급을 철학과 문학 간의 본래적 구별을 당연한 것으로 받아들인 것으로 읽어서는 안 된다. 그 구별을 못 박고자 하는 것이 아니라 그저 통상적인 문헌 분류를 하고자 함이다.) 고전학자나 문학 작품의 탐독자라면 아마도 이들 문헌이 인간에 대한 진실과 통찰을 담은 진지한 주장을 하고 있다는 말에 이미 동의하고 있을 것이다. 그러나 철학 전통(특히 우리 영미 전통)의 관점을 통해 이 책에 다가가는 독자들은 대답을 기대하기 어려운 질문을 던질 것이다. 윤리적 문제에 관한 저명한 주요 견해를 훑으려 하면서 왜 공인된 철학자들의 저작으로 범위를 한정짓지 않고 극시劇詩에 눈을 돌리는가? 시즈윅과 롤즈의 작업처럼 아리스토텔레스주의와 결합된 저작을 쓰면서, 정작 그들은 윤리적 전통과 관련해서 자신들의 연구에 포함시키지 않은 유형의 문헌을 왜 당신은 사용하려 하는가? 이들 문헌은 사실 불필요한 것 아닌가?

우선 설령 이 책의 목적이 해당 문제에 관한 플라톤과 아리스토텔레스의 사상을 밝히는 것에 그친다 해도, 그들 작품의 뿌리가 되는 동시에 그들 스스로 자신들과 대별되는 것으로 간주했던 시를 통해 윤리적 반성 전통을 탐색하는 작업은 매우 중요하다. 이 책을 쓰면서 내게 가장 분명하게 떠오른 생각은 플라톤 사상에의 조망이 필요하다는 것이었다. 특히 플라톤 사상의 문제점과 편견이 촉발한 이 복합적인 문화 전통에 대한 반응을 조망하는 것이 그러했다. 더욱이 플라톤의 저작은 이미지와 서사 구조 그리고 어구 전환 등의 선택에서 끊임없이 시적 문맥을 암시하기 때문에, 문맥에 주의하면서 다가가지 않으면 뚜렷이 드러나는 수많은 세목들의 의미를 놓치게 된다.

그렇다고 내가 비극 작품들을 그저 플라톤을 좀 더 잘 이해하기 위한 수단 정도로 생각하는 것은 아니다. 또 철학자들이 진리 탐구를 통해 극복하려 했던 통속적 사상의 배경이나 기록하려는 단순한 이유에서 비극 작품들을 다루려는 것도 아니다. 나의 아리스토텔레스적 방법은 희랍 통속 도덕을 연구하는 숱한 역사가들이 생각하는 것보다 통속 사상 연구와 진리 탐색 사이의 연관성을 어떤 경우라도 더 긴밀한 형태로 드러낼 수 있다. 그러나 대부분은 그러한 체계적이면서도 포괄적 방식으로, 아직 살아남은 도덕성을 오로지 문학적으로 탁월한 문헌을 통해서만 확인할 수 있는 그런 문화를 대상으로 삼아 수행하는 역사적 연구는, 수많은 증거 상의 문제를 노정할 뿐 아니라 이 책의 범위를 훌쩍 뛰어 넘는다. 그래서 나는 플라톤의 방식에 따라 비극시 작품을 연구하려 한다. 플라톤은 이 작품들이 그 내용과 문체 모두에서 인간 탁월성에 대한 하나의 관점을 구현하면서 나름의 윤리적 반성을 수행했다고 보았다. 달리 말하면, 나는 분명 이 작품들과 '다중'의 생각과의 관계, 어떻게든 틀림없이 규명할 수는 있는 관계에 대해 분명히 말할 수 있음에도 불구하고, 나는 이를 '현인들'을 창조한 것으로, 한 문화가 영감을 얻기 위해 주시하는 탁월한 작품으로 취급하려 한다. 이 과정에서 나는 두 종류의 조건부prima facie 논증을 제시할 텐데, 하나는 내가 여기서 다루고 있는 특정 윤리 문제 연구에 비추어 이들 문헌의 가치를 밝혀내는 논증이고, 다른 하나는 이와 비슷한 방식으로 어떠한 윤리적 문제에 비추어도 이들 문헌이 가치가 있음을 주장하는 논증이다.

　주제와 사회적 기능의 측면에서 보면, 비극시 작품들은 철학 저술이 제거하거나 회피할 만한 인간과 운에 대한 문제를 정면으로 다루는 경향이 있다. 그런 정면 돌파 과정에서 비극 작품 속 이야기들은 한 문화 전체로 하여금 인간 존재의 상황을 반성하게 만들고, 다른 한편으로는 그 속에 등장하는 인물들의 복잡다단한 경험을 다루는 과정에서 운에 좌지우지되기 쉬운 인간의 삶, 우리 상황과 정념의 변덕스러움, 또 우리의 신조들commitments 사이에서 벌어지는 갈등의 표출 등이 숨김없이 드러난다. 우리 전통에서 가장 익숙한 유형의 철학 저작, 즉 구체적인 등장인물의 이야기에 초점을 맞추려는 의도가 없는 그러한 방식의 저작에서 이런 면은, 체계적 사유를 추구하거나 더 높은 순도의 순수성을 목적으로 삼으면서 자취를 감춘다. 이는 희랍 전통뿐 아니라 우리 전통에서도 흔히 일어나는 일이다. 관련 예시로 나는 다음 장에서, 여러 현대 철학 저서가 내놓은 이 문제의 해결책과 실질적으로 상충하는 두 희랍 비극을 병렬시키면서 논의를 전개할 텐데, 이들 현대 저서는 많은 사상가들로 하여금 비극에서의 관점을 도외시하게 한 플라톤의 영향권 아래에 있는 것이다. 위의 병렬은 비극 작품들을 더 명료하게 바라보기 위해서만이 아니라 비극으로 향하는 우리의 동기를 회복하는 데도 도움이 될 것이다. 만약 우리가 선택지가 될 만한 이해방식을 탐색하고 비극이 자연스럽게 이러한 문제에 탁월한 관점을 제시한다면, 이에 힘입어 통상적인 학문 영역에 대한 반성이 일어나고, 비극시 자체를 윤리 탐구의 한 부분으로 고려할 수 있게 될 것이다.

이것으로는 충분하지 못하다. 왜냐하면 이처럼 운에 대한 성찰을 목적으로 삼으면, 전통적인 철학 담론을 유지하면서 비극시나 신화에서 빌린 '사례들'을 사용하는 것만으로도 그 목적은 달성되므로, 복잡하고 구체적인 내용을 끌어들일 필요가 없기 때문이다. 따라서 우리는 왜 우리가 비극을 전체적으로 읽고자 하는지 그리고 그 시적 복잡함을 감수하고도 비극들을 논의하고자 하는지를 나타내는 데 더 많은 노력을 쏟아야 한다. 그러면 이 작품들이 복잡한 비극시라는 바로 그 사실 자체로 우리 탐구에 큰 공헌을 할 수 있는 가능성을 엿볼 수 있지 않을까? 기실 그런 가능성은 장을 넘길 때마다 수준을 유지하면서 끊임없이 드러나야 한다. 한편, 비슷한 이야기를 사용한 도식적 철학 사례와는 달리 비극의 전체 내용은 삶의 방식을 통해 그 뿌리를 드러낸다. 그리고 우리는 잠정적으로 그 삶의 결과를 기대하면서 실천적 숙고 과정에서 드러나는 복잡한 패턴의 이력을 추적할 수 있다고 말할 수 있다. 이 모든 작업을 해나가는 과정에서 실제 인간의 숙고를 둘러싼 복잡성, 비결정성, 그리고 크나큰 난제를 바라볼 수 있는 길이 열린다. 만약 철학자가 안티고네 이야기를 철학적 사례로 전용轉用하려 하면, 그는 그것을 도식적으로 배치하고 독자가 인지해야 하는 모든 것을 손가락으로 짚어 독자들의 주의를 끌 것이다. 이렇게 그는 그저 무엇이 정확하게 합당한가만을 짚으려 할 것이다. 비극에서 등장인물이 처한 딜레마는 그저 불명료하기만 한 것이 아니라 등장인물이 현저하게 드러난 도덕적 요소를 찾아가는 하나의 과정으로 비쳐진다. 그리고 비극은 해석자인 우리로 하여금 이와 유사하게 행동하도록 밀어붙인다. 비극 해석은 철학적 사례의 접근보다 더 지저분하고 덜 결정적이며 더 신비롭다. 한편, 일단 해석되었다하더라도 미처 해결되지 못한 것이 남아 다시 평가를 하게 되기 마련이라는 점에서 철학적 사례와는 다른 것이다. 이런 자료를 실천적 이성 문제를 다루는 윤리 탐구의 중심으로 끌어들이면, 다른 형식으로는 바로 옮길 수 없는 합리성의 절차와 문제를 그린 그림을 그 내용에 갖다 붙이는 셈이 된다.

여기서 재차 언급하지만, 위 논의만 가지고 비극시를 채용해야 하는 충분한 근거가 마련되었다고 할 수는 없다. 플라톤과 아리스토텔레스의 사유를 검토하면서(누군가는 이렇게 말할 수도 있다) 도식화된 사례를 거부하고 각 독자들의 경험에 대한 자료마저도 내친다면, 우리는 분명 그들에 대한 평가를 유보할 수밖에 없다. 의심할 바 없이 그 경험 속에는, 우리가 운과 윤리적 관계를 맺을 때 실로 얼마나 많은 어려움이 존재하는가를 묻는 물음에 상응하는, 모든 불확정성과 어려움이 담겨 있다.(우리는 실천적 지혜를 동반한 경험의 중요성을 주장한 아리스토텔레스가 왜 시민 도덕 교육의 부분으로서 비극시의 중요성도 주장했는지 물으면서 역사적 맥락 속에서 이 문제를 살필 수도 있다. 이는 막간 2장에서 다룰 것이다) 분명 자신의 윤리적 경험과 직관에 반하는 문헌을 각 독자가 검토하는 작업은 진리 탐구에 중요한 부분이다. 그러나 각 개인의 개별 경험과는 달리, 좋은 삶을 원한다면 모든 독자들이 다 차용할 만한 것이 비극시의 내용이다. 더구나 비극시는 섬세하게 빚어낸 인간 이야기로, 특정한 주제와 그에 대한 질문으로 독자들 각각의 주의를 끌기 위해 만들어진 것이다. 따라서 비극시는 아리스토텔레스적 프로젝트 완결에 반드시 필요한, 독자들 사이의 원활한 소통을 끌어낼 수 있다. 이 프로젝트의 목적은 궁극적으로 '우리'라는 용어로 정의될 수 있는데, 여기서 우리란 함께 살기를 소망하고 가치에 대한 이해를 공유하려는 사람들을 뜻한다. 비극시는 선입견 그리고 분열을 초래하는 자기 이익으로 향하게 하지 않기 위해 각 독자의 경험과 일정 거리를 유지할 것이다. 그러나 (만약 우리가 희랍인들이 느낀 당혹감을 공유하는 범위와 공유하지 않는 범위를 산출하는 데 필요한 역사 작업을 엄격하게 수행한다면*) 그것은 모든 독자들의 경험을 공유하는 영역으로 간주될 수 있을 것이고, 그러면 협력적인 논의가 촉진되면서 자기 탐구가 증진될 수 있다. 간단히 말해서 우리가 문헌들에 눈을 돌리면 우선 '현자들'이 이로움을 얻고, 추가로 그 시 속 등장인물로부터 덕을 본 특정 사람들도 이로움을 얻는다.

여기서 비극시는, 운과 인간 선을 탐구하면서 통상 철학 문헌으로 취급하는 저작의 테두리에 우리 자신을 가둘 때 놓칠 만한 탁월한 내용을 제공한다. 그리고 그 내용의 역할은 시적 복잡성을 하나하나 충분히 연구할 때 극대화된다. 여기서 내용은 시 속의 문체와 동떨어진 것이 아니다. 시인은 희랍인들에게 윤리적 중립을 견지한 존재가 아니었고, 지금의 우리도 그렇게 보지는 않는다. 문체상의 선택—특정한 음보音步와 이미지, 어휘의 특정한 패턴을 선택하는 것—은 선 이해와 밀접히 연결되어 있는 것으로 취급된다. 마찬가지로 우리도 이 연관성에 주의를 기울여야 한다. 어떤 윤리적인 생각이 가장 설득력 있는가를 묻는 것만큼이나 우리는, 인간이라는 이성적 존재가 되려는 우리 열망을 가장 적절하게 표현할 수 있는 서술 방식이 어떤 것인지도 물어야 한다.

그리고 이는 논증의 두 번째 단계로 우리를 이끈다. 우리는 이제, 시詩가 우리가 다루는 특정 윤리 문제들과 동떨어진 것임에도 왜 아리스토텔레스

---

* 이 질문에 대한 대답은 한 번에 모두 주어질 수는 없고 오로지 개별 경우에 대한 연구를 통해 드러날 수밖에 없다. 나는 여기서 간단히 내 생각을 주장하고자 하는데 그것은, 유대-기독교 전통의 종교적 신념의 광범위한 상실과 씨름하는 문화는 희랍인에게 눈을 돌림으로써 가치에 대해 스스로 견지해 온 직관을 꿰뚫어 버리는 통찰을 얻을 수 있다고 생각한 니체가 옳다는 것이다. 우리가 기독교적 믿음이라는 렌즈를 통해 희랍인을 보는 방식을 버리면 우리는 그들의 모습을 더 진실되게 볼 수 있을 뿐 아니라 우리에게 얼마나 진실되게 다가오는지까지 볼 수 있다. 즉 기독교(그리고 칸트)의 지고성에 의해 대체되지도, 돌이킬 수 없이 전변轉變되지도 않은 인간의 윤리적 경험을 지속적으로 다뤄 온 역사적 전통이 얼마나 생생하게 다가오는지를 볼 수 있는 것이다. 이 책이 다루고 있는 인간 삶의 문제들은 오랜 시간이 흐른 동안에도 그다지 심하게 변하지 않은 것이다. 그리고 우리가 이들 문제에 대한 희랍인들의 반응을 다른 사유와는 다른 원시적인 것으로 반드시 치부할 필요는 없다고 느낀다면 우리는 희랍인이 이런 문제에 대해 인간이 항상 가질 수밖에 없었던 직관과 반응을 얼마나 잘 분석했는지를 알게 될 것이다. 한편, 우리가 역사를 거치면서 이 문제의 외피가 변화한 면면을 세심하게 짚어낼 때 역으로 우리는 시간이 흘러도 지속되어온 삶의 문제 속 요소를 가장 잘 볼 수 있다.

적인 윤리 프로젝트에는 필수불가결한 요소인지를 알 수 있다. 영미 철학 전통에서는 윤리 저서는 오로지 지성과 대화하는 탐구 과정 속에서만 엮어져야 한다고 믿는 경향이 있어서, 감정, 육감적 상태, 감각적 반응들에 호소하는 방식은 배제하려 한다. 그 명시적인 예로, 플라톤은 윤리 학습이 우리의 순전히 인간적인 부분에서 지성을 분리시키면서 일어난다고 주장했다. 그리고 많은 작가들이 플라톤의 주지주의적主知主義的 윤리 구상에 동의하든 안 하든 그런 경향을 따랐다. 그러나 우리가 비극시 작품과 나누는 대화는 이와 다르다. 문헌 속의 윤리적 견해를 탐구하면서 우리의 인지 활동은 주로 감정적인 반응과 함께한다. 부분적으로 우리가 어떻게 느끼는지에 주목하는 한편 벌어지는 사태들에 대해 어떤 생각을 하는지를 발견한다. 우리의 감정 지형도에 대한 탐구는 자기 인식 탐색에 주요한 부분이 된다.(사실 이조차도 문제를 지나치게 주지주의적으로 다루는 것일 수 있다. 우리는 감정적 반응이 그저 실천적 지식의 '수단'에 불과한 것이 아니라 때로는 우리의 실천적 상황에 대한 가장 훌륭한 인지나 지식의 구성 요소가 될 수도 있다고 주장할 것이다.)

특정하게는 비극시, 포괄적으로는 문학서와 관련된 이 사실 때문에, 진지한 윤리 탐구 내부에서는 이런 문헌 원용을 적절치 않은 것으로 간주한다. 심지어 현대 영미권에서는 매우 드문 경우로 철학자인 동시에 저명한 문학 작가이기도 한 아이리스 머독조차 철학적 문체, 단순한 향유를 넘어선 진리와 이해를 추구하는 문체에는 어떠한 비지성적인 호소도 섞여서는 안 된다고 주장했다.

물론 다양한 철학자들이 존재하고 몇몇은 다른 사람들보다 더 '문학적literary'이지만, 나는 모호하지 않은 독특한 평이함과 단단함을 지닌 이상적인 철학적 문체, 꾸밈없고 비이기적이며 솔직한 문체가 존재한다고 말하고 싶습니다. 철학자는 그가 의미하는 바를 정확하게 설명하고 미사여구와 쓸모없는 장식을 피하려 노력해야 합니다. 물론 재치와 가끔의 막간 여유를 배제할 필요는 없습니다. 그러나 철학자라면 그의 문제와 관련된 최전방에 서 있을 때 그는 알아들을 수 있는 냉정하고 명료한 음성으로 말해야 한다는 것이 내 생각입니다.*

머독은 모든 비중 있는 견해를 공정하게 탐구하는 데 적합한 내용에 중립적인 철학 문체가 있다고 믿는 듯하다. 그녀는 그것이 평이하고 견고한 이성의 문체, 감정과 감각에 호소하지 않는 문체라고 주장한다. 이런 생각은 사실 우리의 철학 전통을 지배해온 것으로 적어도 멀리 로크에까지 거슬러 올라가는데, 로크는 문체의 수사적이고 감정적인 요소는 여성적인 것이라고 썼다. 적재적소에 썼을 때는 보기 좋고 심지어는 큰 희열을 주기도 하지만 작품을 지배하도록 놔두면 위험한, 오염되기 쉬운 것이라고 주장했다. 그러나 이러한 주장은 지혜 탐구의 본성에 대한 질문을 너무 쉽게 본 것이다. 지혜는 사람들의 어떤 부분들에 개입하고 개입해야만 하는가, 그리고 그 부분들은 내적으로 어떻게 서로 연관되어 있는가? 머독이 염두에 둔 문제의 주된 창조자인 플라톤은 이런 문제를 비껴가지 않았다. 그는 '평이한', 그리고 '엄격한' 문제는 명확한 윤리 이해를 표현하고, 다른 이해 역시 공평하게 그에 걸맞은 다른 문제를 필요로 한다고 믿었다. 이것이 사실이라면 아리스토텔레스적 탐구는 적어도 문체와 관련해서는, 모든 비중 있는 견해에 공정하다고 할 수 없고, 문헌 전체를 통틀어 이성적 탐구를 위한 이해를 표현한 문제를 선택하고, 감정과 상상력에는 기껏해야 장식적이고 부차적인 역할을 부여했다고 보아야 한다. 우리 개성이 드러나는 이런 요소들이 대화에서 모종의 역할을 할 수 있는 여지를 우리가 허용한다면 ―이 요소들을 필요로 하는 문헌들을 검토하면 아주 쉽게 할 수 있는 일이다― 우리는 윤리적 대안에 대한 전반적이고 균형 잡힌 평가에 좀 더 가까이 다가갈 수 있을 것이다.

여기서 우리는 앞서 방법을 논했을 때처럼 심각한 난점에 마주친다. 본서

---

* I. Murdoch, 'Philosophy and literature' 265, Locke, *An Essay Concerning Human Understanding*, ed. P. H. Nidditch(Oxford 1975) Bk 3 Ch. 10. 두 구절 모두 Nussbaum, 'Fictions' 참조.

도 그 자체로 하나의 글로 된 작품이고, 따라서 독자의 관심을 끄는 동시에 소통의 창구를 개설해야 한다. 다양한 문체의 작품을 읽으면 그 작품을 주제로 글을 쓸 때의 서술 방식 역시 선별해야 한다. 작품의 선택만큼이나 서술 방식의 선택 역시 소통의 향방을 결정하는 데 큰 영향을 미치기 때문이다. 회의주의의 익숙한 주장에 우리 자신을 맡기라는 속삭임은 분명 유혹적이다. 우리가 배움과 글쓰기라는 서로 경쟁하는 개념들 사이에서 결판을 지어야 한다면, 시와 철학 문헌 속에 구현된 것처럼 우리는 우리 자신의 글쓰기가 편견 없는 판단을 내릴 만한 규준을 가져야 한다. 그러나 어떤 종류의 탐구가 그리고 어떤 종류의 글쓰기가 판정의 규준을 제공할 것인지를 알기 위해 우리는 반드시 어느 입장에서 던지는 물음인지를 미리 정해놓아야 한다. 우리 탐구는 엄격한 '철학적' 문체로도, 시와 더 가까운 그래서 개인의 한 '부분' 이상의 것에 호소하는 서술 방식으로도 가능하다. 혹은 탐구의 다양한 부분에 걸맞은 다양한 문체를 사용할 수도 있다. 그러나 어떠한 방식도 중립적일 수는 없으며 마치 어떤 선택도 그 자신의 입장에서는 편견 섞인 탐구가 될 수밖에 없는 듯 보인다.

이러한 아르키메데스적 준거점에 대한 요구 그리고 순수하고 비해석적이며 투명한 작문 기술에 대한 요구를 받아들인다면 이는 확실히 끔찍한 일이 될 것이다. 그러한 준거점도, 그 점에 도달할 수 있는 기술도, 우리에게는 주어져 있지 않다. 이는 여기서도 혹은 다른 관련 질문의 국면에서도 마찬가지이다. 그러나 방법의 경우처럼, 우리가 지금 하고 있는 만큼의 자기 의식을 비평가가 요구한다면 그 혹은 그녀는 정당한 요구를 하고 있는 것이다. 그리고 여기서 객관성이 획득된다면 그것은 틀림없이 탐구 과정에서 편견의 원천을 참을성 있게 명시화했기 때문일 것이다. 문학 작품 속에 담긴 철학적 가치에 대해 지나치게 따져 물으면, 묻는 이가 이미 합리성이란 무엇이고 그것을 저술에서 어떻게 표현해야 하는지를 알고 있음이 뚜렷하게 드러나는, 통상 철학적이라 할 만한 문체에 바로 문학 작품을 맞추면서, 면밀한 검토 없이 작업을 시작할 것이고 이는 결국 방향을 잃게 될 것이다. 지금 작가로서의 내 역량 안에서 이 문제에 접근하는 가장 좋은 방법은 나의 글쓰기 방식을 다양화하여 각 경우에 대응하는 윤리적 이해에 맞춤이 되도록 하는 것이 아닐까 싶다. 즉 내 저술을 통해 문헌들에 대한 내 반응을 통째로 보여주고 독자들에게 비슷한 반응을 불러일으키도록 자극하는 것이다. 물론 여기에는 한계가 있다. 내 바람은 내 글쓰기가 전체적으로 내가 옹호하고자 하는 특정 덕德들을 예시하는 것이다. 그리고 저술 방법을 고려하면서 나는 인색함이나 좀스러움 같은 악덕에는 덕에 할애하는 시간만큼을 들이려 하지 않았다. 방법과 관련해서 몇몇 신조commitment들은 너무 굳건해서 중립적인 시각이라고 보기 어려운 것도 있다. 문체의 유연성도 이 책에서는 충분히 발휘되지 못하는데, 내가 시 그 자체보다는 시에 관한 반성적 비평을 쓰고 있음이 분명하기 때문이다(막간 2장 참조). 결국 내 글쓰기는 언제나 비평적 역량, 즉 명료함과 면밀한 논증에 전념하는 것으로 남을 것이고, 시 작품에서 함축적인 채 남겨진 많은 연결고리들을 명료화할 것이다. 그러나 나는 또한 비극적(그리고 플라톤적) 이미지와 극적 상황도 다룰 것인데, 독자들이 비단 그것들이 지닌 힘에 대해 그저 생각만 하는 것이 아니라 느낄 수도 있도록 노력할 것이다. 때때로 내가 글을 '시적으로' 쓴다면 그것은 해당 시점에 문헌과 탐구된 사유에 대한 주장을 공정하게 다룰 다른 방법이 없다고 판단했기 때문이다.

　문체 관련 문제는 본서를 관통하고 있는 것으로 이를 쫓고자 하는 독자들은 여러 장에서 이에 관한 논의가 이루어지고 있음을 알게 될 것이다. 2장과 3장은 전체적으로 비극적 형식과 문체가 우리의 문제 탐구에 어떤 공헌을 하고 있는지를 언급한 것이다. 막간 1장은 긍정적 의미에서 비극으로부터 플라톤이 빚지고 있는 면과 이런 문체를 극복하려는 그만의 이유에 대해 살펴본다. 이런 천착은 6장에서 이어지는데 『향연』에서 그 참석자들의 에로스에 대한 견해가 문체에 대한 관점 그리고 문체 선택과 어떻게 연결되는지를 보여줄 것이다. 7장은 『파이드로스』에서 플라톤의 윤리적 입장 변화에 발맞춰 글쓰기의 이론과 실천도 함께 변화함을 주장한다. 이 장에서는 막간 1장에서 시작된 플라톤의 시에 대한 명시적 비판을 계속 논의할 텐데 어떻게 『파이드로스』에서 플라톤이 이러한 비판에 답하는지를 보여줄 것이다. 마지막으로 아리스토텔레스 부분 막간 2장에서 이들 문제를 다시 거론하면서, 플라톤의 윤리적 관점에 대한 아리스토텔레스의 비판과, 비극적 문체와 비극적 행위를 윤리적 교훈의 원천으로 중시하는 그의 태도가 서로 긴밀히 연결되어 있음이 드러날 것이다.

우리는 이제 예변법*적 방법으로 철학적 문헌과 그 선배격인 문헌들을 나란히 놓고 볼 때 어떤 구체적 결과가 나오는지를 스케치할 수 있다. 최근 연구 중 특히 다음 두 논의와의 연관 속에서 그 결과는 가장 생생하게 드러난다. 희랍 철학사를 다룬 최근 연구**에서 버나드 윌리엄스는, 플라톤과 아리스토텔레스의 윤리 사상에 대한 논의 말미에서 운과 이성적 자기 충족성을 언급하고 있다.

운에의 노출에 대한 깊은 생각이 희랍 문학 특히 비극 곳곳에서 표현되어 있다. 위협받는 행복에 대해 반복적으로 언급하는 구절은 다음과 같은 사실에 의해 힘을 얻는데, 상황에 맞는 가늠자에 비추어 설정된 크기의 재앙에 노출된 등장인물이 책임감이나 자존심 아니면 집착 혹은 욕구를 가진 존재로 표현된다는 것 그리고 그들은 완전히 깨어 있는 의식을 가지고 그러한 재앙과 마주한다는 사실이다. 위대한 것은 부서지기 쉽고, 반드시 존재해야 하는 것은 파괴될 수 있다는 의미심장한 사실과 그에 대한 감각은 기원전 5세기와 그 이전의 문학작품들에서 보이는 것으로 철학자들의 윤리학에서는 이미 사라진 것이고 아마 그들의 생각에서조차 사라졌을 것이다…… 희랍 철학은 이성적 자기 충족성을 지속적으로 추구하면서, 희랍 문학이 그 자체로 가장 풍성하게는 아닐지라도 가장 순수하게 표현할 수 있는 인간적 경험과 인간적 갈구 따위와는 등을 돌리게 되었다.

---

* [역주] 반대론을 예상하여 반박해 두는 법.
** Bernard Williams, ‘Philosophy’, in *The Legacy of Greece: a New Appraisal*, ed. M. I. Finley (Oxford 1981) 202-55.

설령 지금 우리도 받아들일 수 있고 오늘날 우리가 흔히 접하는 것보다 오히려 더 받아들이기 쉬운 희랍 세계의 윤리적 경험이 존재한다 해도, 당시 희랍 철학은 이런 것을 받아들이지 못했다. 서양 철학을 볼 때, 희랍이 제공한 토대의 범위, 힘, 상상력 그리고 고안 능력 등을 당연한 것으로 받아들이더라도 여전히 우리가 다음과 같은 니체의 언급을 진지하게 받아들일 여지가 있다는 사실, 아니 그래야만 한다는 사실은 놀랍다. '최상의 것을 반성으로 돌려버리는 희랍인들의 무능력은 그들의 가장 위대한 특질 중 하나이다.'*

윌리엄스의 주장은 이 연구에 비극을 포함시켜야 한다는 내 주장과 잘 부합하는 것이다. 그러나 그가 옳다면 이 연구는 1, 2, 3, 세 개의 장으로 끝났어야 한다. 윌리엄스에 따르면, 철학자들은 윌리엄스 자신이 다른 곳에서 '괴상하다'고까지 칭한 방식으로 자기 충족성 추구를 목적으로 삼는데, 그 경우 비극의 문제 제기가 지닌 힘과 비극의 가치가 지닌 견인력을 결코 느낄 수 없다. 즉 이런 문제와 가치는 모두 그들의 저작에서는 사라지게 되는 것이다.

그럼에도 불구하고 위 질문들과 관련된 희랍 비극과 희랍 철학의 연속성은 윌리엄스의 생각보다 훨씬 더 뚜렷하다. 한편으로 우리는 이성적 자기 충족성을 향한 인간의 열망을 그린 멋진 묘사를 비극 그 자체 안에서 발견한다. 그리고 외부의 시달림에 노출될 수밖에 없는 인간의 문제가 이런 열망을 불러일으킬 수밖에 없음을 이해하게 된다. 다른 한편으로 플라톤은 동일한 문제를 비슷하게 받아들이면서 자기 충족적인 좋은 삶을 쫓는 철학적 탐색에 나선다. 그는 비극이 그린 내용을 잊지 않았다. 그는 노출의 문제를 매우 분명하게 인식하고 있었고, 문제의 깊이를 감안하면 오직 급진적인 해결책만이 가능하다고 생각한 듯하다. 그렇다고 그가 이런 해결책을 내놓으면

---

* Williams, 'Philosophy', 253.

서 치러야 할 대가를 과소평가한 것도 아니다. 나는『프로타고라스』,『향연』 등의 대화편을 통해 플라톤이, 자기 충족성을 획득하기 위해서는 인간 삶과 그 아름다움 속 많은 부분을 포기할 수밖에 없다는 것을 인지하고 있었다고 주장할 것인데, 이는 경험적으로도 우리가 알고 있는 진실이다. 또 나는 플라톤이 후기 작품에서 자기 충족성 그 자체에의 야망을 심도 있게 비판했고 이를 발전시켰다고 주장할 것인데, 이 비판은 비극에서 발견되는 야망을 향한 비판과 서로 연결된다. 그리고 3부에서 나는 아리스토텔레스가 비극적 손실 특히 인간 가치의 손실 없이 그런 야망을 강조한 여러 주장 중 몇몇을 어떻게 옹호하는지를 보여줄 것이다. 자기 충족성 이해를 분석하면서 그는, 자기 충족성이 유한한 인간의 삶에 적절한 것으로, 비극 작품이 그린 묘사의 구성 요소들과 밀접히 관련된다고 본다. 니체 선생에게는 죄송하지만, 결론적으로 희랍인들은 그 범위와 복잡성의 최대치까지 성찰하려 온 힘을 쏟았던 것이다.

최근 실천적 합리성과 관련된 희랍 사상을 다룬 연구 하나는 지금까지의 논의와는 완전히 반대되는 관점에서 접근하는 것 같다.『지성의 속임수: 희랍의 메티스Les Ruses de l' intelligence: la métis des Grecs』에서 장-피에르 베르낭과 마르셀 데티엔은 희랍 철학이 운과 관련된 인간적 가치와 인간 이성의 노출에 대해 적절한 설명을 제공하지 못했다는 윌리엄스의 견해에 동의한다. 그들은 철학자들의 정신에는 인간 삶에서 매우 중요한 영역 중 하나가 전혀 존재하지 않는다는 점, 그리고 그 영역은 비철학적 문헌에서 더 잘 나타난다는 점에 윌리엄스와 같은 견해를 표명한다. 그러나 유사점은 거기까지다. 윌리엄스는 철학적 전통이 실천적 자기 충족성의 추구에 사로잡혀 있다고 생각하는 반면 데티엔과 베르낭은 이것이 초超철학적 전통이 집착하는 목적이라고 생각한다. 그들은 희랍 사상에는 두 개의 두드러지는, 서로 대척점에 서 있는 인간 이성 이해가 존재한다고 주장한다. 우선 철학자의 사변적인 이성, 즉 이성 자체와 고정된 사물 그리고 추상적 관조가 관련 맺는 그러한 이성이 존재한다. 이러한 이성은 노출과 제어에 대해 걱정할 필요가 없는데, 왜냐하면 그 대상은 애초부터 침해받지 않을 만큼 안정적이기 때문이다. 사실 여기에는 실천적인 고려가 전혀 없다.(그들은 철학자를 탄생 시키는 데 실천상의 우려는 아무런 근원적 동기를 제공하지 못한다고 생각한다.) 반면, 초철학적 문헌의 세대에는 실천적 합리성이 존재했는데 이는 다재다능하고 꾀가 많은 유형의 지성, 가변하는 대상과 구체적인 개별자의 세계를 자기 자신과 연결시킨 그러한 지성을 말한다. 이러한 유형의 합리성, 데티엔과 베르 낭이 '메티스mētis(속임수)'라는 단어와 연결시킨(마찬가지로 '돌로스dolos-(기만)'나 '테크네technē(기술)' 같은 단어와도 관련되는) 합리성이 목표로 삼는 것은, 영민한 꾀를 이용해서 외적 세계의 모호한 대상을 제압하고 장악하는 것이다. 이런 목표를 그린 두드러진 이미지는 사냥과 덫 놓기, 낚시와 올가미 놓기, 멍에 씌우기, 동여매기 등과 같은 것이다. 초철학적 합리성의 목표를 이처럼 묘사하면 윌리엄스가 철학자의 목표로 설명한 것과 비슷해진다. 여기서 추구되는 것은 자기 충족성이고, 통제 밖의 운이 휘두르는 힘의 제거이다. 데티엔과 베르낭은 숙달의 어려움을 주장하면서. 그런 이미지는 설혹 성공하더라도 불안정할 뿐 아니라 잠깐에 그치는 경우가 다반사인 그러한 것이라고 주장한다. 그러나 다른 한편으로 그들은 희랍 전통에서 이런 이미지는 합리성의 유일하면서도 가장 가치 있는 목표이고 따라서 의심할 바 없이 훌륭한 것이라고 주장한다.

그러나 내 설명은 두 측면에서 그들과 다르다. 첫째, 나는 변함이 없으면서 극도로 추상적인 대상을 강조한, 이성적 삶에 대한 플라톤의 생각이 그 자체로, 플라톤 이전 문헌에서 반복적으로 극화되었던 자기 충족성에 대한 열망, 신뢰할 수 없는 세상의 모습에 '덫을 놓고', 그것을 '동여매'면서 불타오른 그 열망과 직접적으로 연결되어 있다고 주장할 것이다. 플라톤이 스스로 그려낸 자신의 철학적 노력 이미지는, 그가 이런 연속성을 보고 있음을 말해준다. 그러나 동시에 나는 지금 하고 있는 이성 묘사가 희랍 전통에서 운과 관계 맺는 이성의 두드러진 모델 중 유일무이한 것은 아니라고 주장할 것이다. 메티스와 플라톤적 자기 충족성 모두가 제거한 것은 탁월성 그림, 식물로서의 덕이라는 전통적 이미지로 우리에게 나타난 탁월성에 대한 그림이다. 연약함과 분리될 수 없는 일종의 인간적 가치, 그 본성상 타자-연관적이면서 사회적인 탁월성, 그 본성상 움켜쥐거나, 잡거나, 덫을 놓거나 제어하려는 시도를 하지 '않는', 개방성, 민감성, 그리고 경탄이 중요한 역할을 하는 그러한 가치를 지닌 합리성에 대한 그림이다. 내 생각에 우리는 시대 발전 각각의 단계에서 사냥꾼으로서의 이성 그림이 이와 같이 다른 그림의 변주에 의해 반박되고, 비판받고, 구속된다는 것을 알게 될 텐데, 이런 변주는 메티스가 제거하기를 원했던 바로 그 노출의 가치를 우리에게 촉구한다. (내 생각에 이것이 바로 윌리엄스가 발견한 비극의 요체, 노출은 단순한 '사실'이 아니라 하나의 '가치'로 인식된다는 그것이다.) 이러한 구도에서 사냥과 덫 놓기는 그저 '어려운' 것이 아니다. 인간 삶의 목표로는 잘못 설정된 것이다.

목록이 논증을 대체할 수는 없다. 아래 목록에서 서로 짝지어진 내용 모두를 본론에서는 남김없이 논증할 것이다. 그럼에도 이미지의 지속적 발전을 우리가 쫓아갈 때, 인간의 실천적 합리성에 대한 두 종류의 규범적 이해를 담은 아래 목록은 도움이 될 것이다.

A	B
사냥꾼, 덫 놓는 사람, 남성으로서의 행위자	식물, 아이, 여성(혹은 남성과 여성 모두의 요소를 가진)로서의 행위자
순수하게 능동적인 행위자	능동적인 동시에 수동적 / 감수성이 예민한 행위자
목적: 방해받지 않는 활동, 외부로부터 오는 힘의 제거	목적: 능동성과 감수성, 한정된 위험에 의해 균형을 이룬 한정된 제어, 외부가 가진 힘이 존재하는 세계 안에서 잘 살기
강한, 침투 불가능한 영혼	부드러운, 구멍이 숭숭 뚫린, 그럼에도 정해진 구조를 가진
오직 불가변의 전적인 안정성에서만 걸 수 있는 신뢰	가변적이고 불안정한 속에서도 걸 수 있는 신뢰
순수한 태양빛으로서의 지성	흘러넘치는 물과 같은, 주어진 그리고 받아들인 지성
고독한 좋은 삶	친구, 사랑하는 이, 그리고 공동체와 함께 하는 좋은 삶

독자가 이들 대립항 중 몇몇을 마음*에 둔다면, 그 대립항들은 플라톤의 이미지가 다른 이미지들을 제치고 어떻게 그 문화 전통 속에 완전히 뿌리내릴 수 있었는지를 보여주고, 다양한 부분들 속의 자료를 통합하는 데 도움을 줄 것이다. 내 주장은 아주 거칠게 말해서, 비극은 두 개의 규범, 즉 A와 B로 분절된다는 것으로, 오직 B에만 특별하게 담겨진 인간 가치를 언급하는 동시에 A를 비판하면서 이루어진다. 플라톤은 B에 개재된 위험을 받아들일 수 없는 것으로 간주하면서 A를 괄목할 만한 버전으로 끌어올린 후, 자신의 버전을 중요한 인간적 가치가 결핍되어 있는 것이라고 스스로 비판했다. 한편, 아리스토텔레스는 B를 분석하고 옹호하면서, B가 짐승과 신 사이에 위치한, 그래서 양자 모두에게 불가능한 특정한 가치들을 알아볼 수 있는 존재와 운이 맺는 적절한 관계가 무엇인지를 꿰뚫어 보는 우리의 깊은 실천적 통찰에 부합한다고 주장한다.

---

* B가 A의 극단적 반대항이 아니라는 것을 인식하는 것은 중요하다. 그것은 A 안에서 강조되고 함양된 요소와 A가 피하고 멀리하려 한 요소를 균형 있게 결합한 것이다.

제1부
비극: 연약성과 야망

그것이 어떻게 자신과 모순되면서도 그 자신과 일치하는지를 사람들은 이해하지 못한다. 그것은 마치 활 또는 뤼라가 그렇듯, 반대로 당기는 조화이다…… 사람들은 반드시 깨달아야 한다. 갈등은 모두에게 공통이라는 것을, 정의는 투쟁이라는 것을, 그리고 만물은 투쟁과 필연성에 따라 지나가게 된다는 것을.

헤라클레이토스, DK, B51, 80

여기서 우리는 철학적 탐구에서의 괄목할 만한 특징적인 한 현상을 대면하게 된다. 난점은—나는 이렇게 말할 수 있을 것이다—해결책을 발견할 때가 아니라 기껏해야 해결의 예비단계인 것처럼 보이는 어떤 것을 해결책이라 인정할 때 발생한다. '우리는 이미 모든 것에 대해 말했다.—이것 뒤에 따라 나오는 어떤 것이 아니라, '이것' 자체가 바로 해결이다!'

내 생각에 이것은 그릇되게 우리가 설명을 기대하는 것과 관련이 있다. 반면에 난점의 해결책은 기술記述이다. 우리가 고찰하는 것에 걸맞은 자리를 이것을 위해 마련한다면. 우리가 그것에 머물러 그것을 넘어서는 어떤 것도 시도하지 않는다면.

여기서 난점은, 멈추는 것이다.

비트겐슈타인, 『쪽지Zettel』 314

2장   아이스퀼로스와 실천적 갈등

희랍 비극에서는 어쩌지 못하는 액운으로 착한 사람들이 파멸하는 장면이 펼쳐진다. 분명 슬픈 일이다. 그러나 엄연히 인간 삶에서 드물지 않게 일어나는 일이라는 것을 어느 누구도 부정할 수 없다. 한편 이런 일로 선을 향한 우리 정신 깊은 곳의 굳은 믿음이 흔들리지도 않는다. 운의 변덕은 인간의 영역 밖의 일이다. 그리고 그 변덕 속에서도 선은 자신의 맑음을 담담히 유지한다. 그런데 이 지점에서 비극은 우리를 좀 더 몰아붙인다. 비극 속 착한 이는 나쁜 짓, 즉 자신의 윤리적 품성이나 신조에 반하는 행동을 한다. 이런 행동은 근원적으로 그 행위자 때문이 아니라 주변 환경 때문에 빚어지는 것인데 이 중에서 직접적으로 물리적 강제를 당하거나 몰라서 그랬다는 양해를 얻는 경우는 좀 덜 심각한 것이다. 이 경우 우리는 행위자가 실제로 그르게 '행위'하지는 않은 것으로 간주하며 안도하기도 한다—전혀 '행위'하지 않았거나 (오이디푸스의 경우처럼) 고의적인 '행위'와 우연히 저지르게 된 나쁜 행위를 구별해서 봐야 할 경우가 있기 때문이다. 그러나 비극에서는 더 공교로운 일들, 결론적으로 '비극적 충돌'이라 할 만한 일들이 끊임없이 등장하고, 직접적, 물리적으로 강제되지도 않고 자신이 처한 상황을 잘 알고 있음에도 그릇된 행동을 하는 인물들, 그리고 해당 경우가 아니라면 결코 그런 행동을 할 리 없는 윤리적 품성과 신념을 갖춘 인물들이 등장한다. 이런 사람들은 똑같이 정당한 두 개의 윤리적 요청에 모두 부응할 수 없는 상황이 닥치면서 이런 처지에 몰린다. 비극은 이런 상황을 대체로 심각하게 취급하는 경향이 있고, 행위자의 윤리적 삶을 평가하는 적절한 기준이 되는 그릇된 행동의 실제 사례로 삼는다. 또 비극에서는 위와 같은 상황이 반복적으로 나타나면 이에 높은 가치를 부여하는 것 같다. 그리고 그 과정에서 급박하게 곤경에 내몰리는 한 개인이 도대체 어떤 선함을 견지할 수 있는가를 끊임없이 물으면서 다양한 각도에서 위 상황을 파고든다.

이런 태도로 인해 줄곧 희랍 비극 특히 아이스퀼로스의 비극 작품은 도덕적으로 미발달되었다는 공격을 받았는데 사실 이런 공격은 이미 도덕 철학의 태동에서부터 시작된 아주 오래된 것이다. 소크라테스는 (그 자신이 위 딜레마에 발목 잡혀 있다고 할 수 있는) 에우튀프론을 향해, 옳음에 관한 이런 저런 주장의 대립을 담은 이야기는 결국 모순을 주장하는 것이고 따라서 이성에 위배된다고 말한다. 그 내용은 다음과 같다. '이런 주장에 따르면, 친애하는 에우튀프론, 경건한 것과 불경한 것은 하나요, 같은 것이 되어 버리네.' (『에우튀프론』, 8A) 비논리적인 이야기는 경건함을 탐구할 때 참고할 만한 좋은 본보기가 되지 못한다. 이런 갈등 발생을 허락하는 걸 넘어서 보편적으로 발생하는 것으로 부각시키기까지 하는 희랍 신학의 특징에 대해 ─예를 들어 아르테미스와 아프로디테처럼 완전히 상반되는 신들을 동시에 경배해야 할 때 한 인간은 매우 곤혹스러워 한다. 그럼에도 각 인간은 모든 신을 경배해야 할 의무가 있다─ 소크라테스는(4장 참조) 자신에 대한 비판에 응수하는 바로 그 순간에도 결과적으로는 이성이라는 이름으로 기존 신들을 공격하고 있는 것이다.

소크라테스의 비극 공격은 지금까지도 너무나 큰 영향을 미치고 있어서 그에게 영감 받은 수많은 현대 저명 희랍 비극 연구자들은 비극의 실천적 갈등 묘사에서 드러나는 것은 이성 이전의 미발달된 사유라고 주장한다. 최근 한 미국 작가는 아이스퀼로스 작품을 다음과 같이 비판했다.

하나의 디케dikē(정의 혹은 권리의 상징)는 상반되는 디케의 도전을 받을 수 있고 실제로 종종 그런 도전에 직면하는데 이 경우 그들 중 오직 하나의 디케만이 반드시 참이라는(혹은 '합당하다'는) 법은 없다…… 디케가 실현되는 전체 과정 속에서 (우리의 사고방식에 비추면) 오히려 비논리적이라고 할 만한, 정당성과 반대편 디케들의 공존을, 정의라는 우리의 도덕적 개념과 동일시해서는 안 된다…… 디케와 도덕적 정의를 동일시하면, 우리는 틀림없이 디케에 실제 이상의 체계성을 부여하는 우를 범하게 될 것이다.*

위 견해를 저명한 독일 비평가 알빈 레스키가 좀 더 발전시킨다. 그는 아이스퀼로스가 갈등 상황을 묘사하면서 두 가지 논리적 모순을 드러낸다고 지적하고 다음과 같이 말한다.

> 명료한 논리적 구별에 따르면 물론 다음과 같이 될 것이다. '어쩔 수 없는 상황에서의 행위는 자발적인 것이 아니다.' 그런데 여기서 논리적 일관성을 강조하면 우리는 아이스퀼로스 비극의 상당 부분을 받아들일 수 없게 된다…… 사실 논리적 분석을 시도하는 과정에서 마주치는 걸림돌은 훨씬 더 깊은 곳에 뿌리박혀 있다…… 트로이 원정은 결국 환대에 대한 배신을 단죄하려는 최고신 제우스의 입장에서 내려진 형벌에 불과한 것 아닌가? 말하자면 아가멤논은 이 형벌을 원했던 신을 따라서 행동할 수밖에 없었던 것이다. 그러고는 지독한 죄책감이 이 형벌의 대가로 돌아왔고 결국 그는 죽음으로 그 죄를 씻을 수밖에 없었다. 이 장면에 논리적 일관성 따위는 없다.[**]

아이스퀼로스 비극은 죄책감을 완전히 떨칠 수 있는 길을 열어두지 않았다는 점에서 논리적 오류를 저지르고 있다고 볼 수 있다. 이는 강제와 선택의 관계를 묘사할 때도, 상충하는 요구가 행위자에게 부과되는 방식을 묘사할 때도 마찬가지이다. 거개린과 레스키는 공히 (사실 그들은 따로 떨어질 수 없다) 아이스퀼로스의 사상에는 심각한 혼동이 있다고 주장한다. 그리고 이러한 혼동은 현대 사유에서는 극복된 것이라고 본다. 이런 주장에 따르면 아이스퀼로스 사상은 현대적인 믿음, 즉 좋은 선택 혹은 윤리적 필요조건을 (이른바 체계적으로) 이해하고 관련된 믿음을 궁구하는 데 결국 아무런 도움이 되지 않는다.

이런 주장들을 일별하는 이유는 몇몇 영향력 있는 현대 윤리 사상이 어떤

---

[*] M. Gagarin, *Aeschylean Drama* (Berkeley 1976) 13.

[**] A. Lesky, 'Decision and Responsibility in the Tragedy of Aeschylus', *JHS* 86 (1966) 78-85.

근거를 바탕으로 어떠한 방식으로 비극적 갈등의 존재를 부정하는지를 그리고 현대 비평가들이 비극에서 이루어진 성찰을 과소평가할 때 어떤 이론적 배경을 취하는지를 묻기 위함이다. 동시에 나는 거개린이 자신 있게 지칭하는 '우리'가 누구인지도 묻고자 한다. 우리가 일상생활에서 비극적 갈등을 '모면'하고 있다는 뜻인가 아니면 우리가 이 문제의 심도深度는 느끼지만 현대의 이론적 해석에 비해 비극 속 성찰은 이 문제와 별 연관성이 없다는 뜻인가? 이 문제에 천착하면서 우리는 비로소, 비극적 행위와 그 이면에 자리잡은 전통적인 종교 사유를 통해 인간 선과 우연적 세계 사이의 관계가 어떻게 드러나는지를 알 수 있게 된다. 이 책의 목적이 비극이 보여주는 것과 우리가 직관적으로 받아들일 수 있는 것 사이의 관계를 묻는 것이므로, 나는 우리가 이런 경우를 평가할 때 통상적으로 참고하는 요소들을 간략하고 도식적으로 해석하면서 이 문제에 접근하려 한다. 다음 절에서 나는 이 문제에 관한 여러 저명한 철학적 해결책을 열거할 텐데, 그 해결책들은 비극에서 해결되지 못한 문제는 결국 비극이 도덕적으로 미발달되었음을 말해주는 것이라는 비평가들의 생각을 뒷받침해주는 것이다. 그리고 말미에서는 아이스퀼로스의 두 갈등 상황 묘사를 자세히 살펴보면서 이론적 해결책보다 사실은 그의 묘사가 우리의 실천적 직관을 더 잘 표현하고 있다고 주장할 것이다.

I

이제 우리는 이것 아니면 저것을 하도록(가지도록) 선택할 수밖에 없는 상황에 놓인 한 개인을 고찰할 것이다. 무릇 세상의 이치는 이것과 저것 둘 다 하게(가지게) 놔두지를 않는다. (그가 더 좋은 계획을 세워 이런 딜레마에서 완전히 벗어날 수도 있지 않느냐고 되물을 수도 있지만 그에 대한 답은 여기서는 일단 유보하도록 하자. 그 질문은 다음 장에서 다룰 것이다.) 그럼에도 그는 둘 다 하기(가지기)를 원할 수도 있고, 그가 실제로 원하는 것과는 상관없이 둘 다 할(가질) 이유가 생기기도 한다. 실천의 영역에서 그는 두 경우 모두에 크게 마음 쓰기 마련이다. 그는 어느 쪽을 선택하든 다른 쪽을 버린 아쉬움이 남아 있음을 느낀다. 때로 선택은 그 자체로 어려운 것인데 선택지 둘 다에 똑같이 신경이 쓰일 수도 있기 때문에 그렇다. 때로는 어떤 것이 '더 좋은' 선택인지 분명하게 알고 있어도, 선택하지 않은 쪽 역시 중요한 면이 있다는 사실에 좌절하고 고통받기도 한다. 그래서 그저 결정의 어려움만 문제가 되는 것이 아니라 그 자체로 완전무결하게 결정이 내려진다 해도 이런 갈등은 여전히 존재할 수 있다는 점이 문제가 된다는 사실을 애초부터 분명히 짚고 가는 것은 매우 중요하다. 아리스토텔레스는 폭풍이 몰아치는 배에서 자신과 타인의 생명을 구하기 위해 뱃짐을 바다에 던져버린 선장을 언급한다.* 문제 상황을 이해하고 곧바로 그는 자신이 할 일이 '무엇'인지를 완벽하게 알아챈다. 이때 바로 행동으로 옮기지 않고 주저하며 시간을 지체했다면 그는 불같이 화를 냈을 것이다. 그가 뱃짐에 애착이 없어서가 아니다. 그도 뱃짐을 바다에 던져 버린 것이 아쉬울 것이고 이 사실은 그의 행위가 보통 사람이라면 통상적으로 선택하지 않았을, 즉 보통 사람이라면 통상적으로 아까워할 만한 것을 주저 없이 버린 것임을 말해준다.

이제 (서로 충돌하는 선택지 중 하나를 행위자 자신이 특별히 원하지는 않는 상황도 우리의 관심을 끌 수 있다고 주장하기는 했지만) 욕구와 욕구 사이의 갈등 같은 것이 개입하면 위 경우는 더 복잡해진다. 한 행위자가 x를 원하고 (추구할 이유가 있고) 동시에 그 혹은 그녀가 y를 원한다(추구할 이유가 있다)고 가정하자. 그러나 우연히 닥친 주변 상황은 둘 다를 추구하도록 허락하지

---

* 『니코마코스 윤리학』 3권 1장, 1110a. 이 구절에서 아리스토텔레스는 이 상황을 직접적으로 비자발적인akousion 행위가 이루어지는 상황, 즉 물리적 강제나 양해 가능한 무지 상황이 개입된 상황과 구별하려 한다. 그는 강조하기를 전자의 상황에서는 행위의 원천이 행위자 자신에게 있어서 자신이 무엇을 하고 있는지 충분히 자각한다. 그러나 후자의 상황은 마치 전제자가 행위자가 복종하지 않으면 그의 가족을 몰살한다고 협박해서 행위자로 하여금 부끄러운 행동을 하도록 만드는 것과 같다. 11장에서 이 예와 관련된 더 자세한 논의가 이루어진다.

않는다. 여기서 우리가 궁극적으로 묻고 싶은 것은, 이런 상황들로 그저 만족감 정도만 영향을 받는지 아니면 윤리적 선 자체도 영향을 받는지, 또 욕구한 것을 잃는 데에 그치는지 아니면 때로는 그릇된 행동이라는 실제적인 비난도 가해져야 하는 것인지, 그래서 비단 유감스러움 정도가 아니라 양심에 가책을 느낄 정도의 감정이 일어나야 하는 것인지 등이다.

대충 보아도 위 질문에는 여러 개의 두드러진 특징들이 있다(이런 특징은 비극 작품에서 찾아볼 수 있는 것이다). 때로는 어쩔 수 없는 상황에 밀려 소유나 보상, 혹은 기타 행위자가 얻을 수 있는 무언가를 포기하게 될 수도 있다. 그러나 때로는 행위자 자신이 하고자 하는(할 이유가 있는) 행위를 포기할 수도 있다. 때로는 바라는 계획 중 하나를 추구할 때 그 추구 자체가 제거되거나 혹은 실패로 끝날 수도 있다. 그러나 때로는 선택한 과정이 그 자체로 그 밖의 계획이나 신조에 반하는 행위가 될 수도 있다. 때로는 제거된 것이 행위자의 가치 이해에 비추어 보면 '여분의 것' 즉 사치스러운 군더더기나 주변적인 것일 수도 있다. 그러나 때로는 그보다 좀 더 중요한—행위자의 훌륭한 삶을 이해할 때 그 구성 부분이 되거나, 그 부분을 얻기 위해 꼭 필요한 수단이 될 수도 있다. 제거된 것은 훌륭한 삶에 대한 '우리의' 이해(대체로 비극을 통해서도 얻을 수 있는 이해)에 때로는 주변적 역할을, 때로는 좀 더 중요한 역할을 하는데, 이는 자신의 행위를 평가하는 행위자의 이해와 일치할 수도 그렇지 않을 수도 있다. 때로는 선택을 안 하고 포기한 것이 역으로 나쁜 영향을 미치는데 그 영향이 오로지 행위자 자신만을 향할 수도 있다. 그러나 때로는 다른 사람에게도 손실이나 피해가 미칠 수도 있다. 때로는 포기한 것이 함축적으로든 명시적으로든 행위자의 신조나 의무와는 아무런 상관이 없을 수도 있다. 그러나 때로는 상관있을 수도 있다. 때로는 해당 경우가 독립적이어서 밖으로는 거의 영향을 미치지 않을 수도 있다. 그러나 때로는 y를 포기한 선택이 후일 행위자의 여생이나 그의 영향권 안에 있는 타인의 삶에 지대한 영향을 끼치는 결과를 불러올 수도 있다. 마지막으로 내가 하고 싶은 말은 이런 경우 중 몇몇은 다시 돌이킬 수도 있다는 것이다. 때로는 행위자가 후일 자신의 과거 행위를 지우거나, 제거되었던 과정을 다시 추구할 수 있는 기회를 얻기도 한다. 그러나 때로는 그런 기회가 찾아오지 않을 수도 있다는 사실 역시 너무나 분명하다.

어떠한 예외도 허락하지 않는, 모든 상황을 남김없이 담은 완전체를 제시하려고 위 목록을 열거한 것은 아니다. 여기서는 그저 우리가 쉽게 마주칠 수 있는 특징에 주의를 모으려 할 뿐이다. 내 생각에 우리는 위처럼 짝지어진 상황에서 빚어진 두 번째 선택지가 문제를 더 심각하게 만들 수 있음을 직감적으로 아는 것 같다. 그리고 다른 사정이 동일하다면 두 번째 선택지가, 갈등 발생이 우리가 내리는 행위자에 대한 윤리적 평가에 더 쉽게 영향을 끼치게 만든다는 점 또한 직감한다. 이런 면면이 서로 결합되는 방식은 다양하다. 그런데 어떻게 결합해야 주변 상황의 제약 속에서 이루어진 행위자의 행위를 비난할 수 있는지를 논하면서, 구체적인 상황에 대한 고려 없이 법을 만들어 버리면, 이는 어렵거나 아니면 잘못된 것이 되기 쉽다. 합리적인 사람이라면 위 아리스토텔레스 사례의 선장을 비난하지 않을 것이다. 왜냐하면 그는 대체 가능한 얼마간의 물건들을 포기함으로써 그 자신뿐 아니라 다른 이들의 생명까지 구했기 때문이다. 설령 그가 애초에 그 뱃짐들을 잘 보호하기로 계약을 맺었다 해도 그를 비난하기는 어렵다. 물론 그의 배를 구하는 유일한 방법으로 그의 아내나 자식을 바다로 던져야 했다면 문제는 달라진다. 이때 발생한 손실은 다른 이에게 해로운 일일 뿐만 아니라 어쩌면 선장의 여생에 치유 불가능한 심대한 악영향을 미치는 것일 수도 있다. 나아가 훌륭한 삶을 이해하는 그의 방식에 핵심적인 혹은 핵심적이어야만 하는 요소에 직접적인 악영향을 미칠 수도 있다. 그러나 불가능이라고까지 말할 수는 없겠지만 예리하게 나누어진 두 종류의 경우, 즉 비난을 내리는 경우와 그 비난이 적절치 않은 경우를 미리 정확하게 결정하는 데 도움이 되는, 확실하게 규정된 일련의 규칙이나 조건을 여기에 갖다 대는 것은 사실 어려워 보인다.

지금까지는 '도덕적' 갈등에 대해 아직 본격적으로 언급하지 않았다. 나는 위에서 넓은 의미에서 그리고 덜 체계적으로 분류할 때 '도덕적'이라는 꼬리표를 붙일 법한 사례를 다루었는데 이는 내가 1장에서 언급한 도덕적 가치/비도덕적 가치 구분에 대한 일반론적인 불신과 관련이 있다. 그리고 이 불신의 배경은 '도덕적 갈등' 논의를 통해 우리의 흥미를 끄는 사례들을 어떻게 바로잡을 수 있는지를 생각할 때 특히 명료하게 드러난다. 무엇보다, 하나의 갈등을 무슨 의도로 '도덕적인' 것이라고 부르는지(1장 참조) 정확하게 파악할 수 있는 경우는 거의 없다고 해도 과언이 아니다. 도덕적/비도덕적 구분을 둘러싸고는 너무나 많은 해석이 존재하는데 이는 이 단어가 그 자체로는 자기-설명적self-explanatory이지 못함을 말해준다. 만약 여기의 사례를 타인 관련 가치를 다룬 것으로 보거나 혹은 행위자(즉 우리)의 가장 심각한 중대사와 신조가 개재된 것으로 본다면 이를 직접적으로 언급하면서 초점을 더 분명히 부각시킬 수는 있다. 이들 구분은 우리의 직관적 스케치 속에는 드러나지만, 그 어떤 구분도 그 자체로는 윤리적 적합성을 구성하는 요소들을 완전하게 설명할 수 없다. 그럼에도 불구하고 여기서는 자연적 우연과는 상관 없는 신조를 다루고 있고 그것이 '무정한 자연의 우연성'에 영향받지 않는 것을 가리킨다면, 위 구분은 우리에게는 좋지 않은 시작점이 되어버릴 것이다. 왜냐하면 우리의 목적은 다름 아닌 그렇게 영향받을 수 없는 중대한 신념과 관심이라는 것이 과연 있는지를 알아보는 것이기 때문이다. 이런 이해에 따르면 그 구분 자체가 선결 문제 요구의 오류가 된다.

그러나 구분의 의미 문제를 해결한다 해도 또 다른 난점이 우리 앞에 등장한다. '도덕적' 그리고 '비도덕적', 두 범주를 사용하면, 이 문제를 탐구하는 많은 작가들에게 위 사례들은 예쁘게 확정된 경계에 의해 갈라진 상반된 두 범주 안에 포섭되어야 한다고 말하는 셈이 된다. 그리고 그런 예리한 구분을 바탕으로 토의를 구성하게 된다. 그러나 우리가 직관적으로 그린 스케치는 이와 대조적인데, 이에 따르면 해당 사례들은 우리가 일상생활에서 발견함 직한 얽히고설킨 복잡한 스펙트럼을 지닌 것으로, 어떤 이분법으로도 포착할 수 없는 것이다. 이를 테면 갈등을 묘사하고 평가하는 데 관련될 수 있는 모든 요소를 다 합치면 여덟 개라고 가정해보자. 그러면 우리는 한 사례가 드러내는 나의 첫 번째, 세 번째, 다섯 번째, 여섯 번째 대립항(의 두 번째 요소)을 어렵지 않게 발견할 수 있다. 그리고 다른 사례는 두 번째, 일곱 번째, 그리고 여덟 번째 대립항(의 두 번째 요소)을 보여준다. 이런 식으로 스펙트럼은 계속 이어진다.* 우리는 이런 가능성을 규칙화하는 것도 덮어 가리는 것도 원하지 않는다. 우리는 그저 살피고 바라보길 원할 뿐이다.

버나드 윌리엄스는 희랍 비극을 향한 그의 관심을 모은 탁월한 논문 한 편을 발표했다. 그곳에서 그는 위와 다른 종류의 논증을 통해 실천적 갈등을 분류하고 설명하면서 도덕적/비도덕적 구분의 중요성을 갈파한다.** 그의 주

---

* [역주] 여기서 저자가 의도하는 바는 이런 것 같다. 아래 표를 보자.

	1	2
대립항1	A	A'
대립항2	B	B'
대립항3	C	C'
대립항4	D	D'
대립항5	E	E'
대립항6	F	F'
대립항7	G	G'
대립항8	H	H'

갈등 상황이라면 양자兩者 사이의 갈등일 것이고, 따라서 위와 같이 1, 2의 대립항을 이룬다. 특정 갈등 상황을 설명할 때 만약 그 갈등의 내용이 여덟 개밖에 없다면 대립항도 여덟 개가 된다. 그 갈등하는 대립항 중 설명하려는 상황에 해당되는 요소는 첫 번째의 경우 대립항 1의 2인 A', 대립항 3의 2인 C', 대립항 5의 2인 E', 대립항 6의 2인 F'의 결합이고, 두 번째의 경우는 대립항 2의 2인 B', 대립항 7의 2인 G', 그리고 대립항 8의 2인 H'의 결합이 된다.

** Bernard Williams, 'Ethical Consistency'.

장에 따르면, '도덕적' 갈등은 욕구* 사이의 갈등 같은 다른 갈등과는 다르다. 도덕적 요청은 우리가 욕구를 제거한다고 피할 수 있는 성질의 것이 아니다. 우리가 실천적으로 마음을 쓰게 되는 특정 요청들은 우리가 어떻게 느끼든, 우리가 실제로 무엇을 욕구하든 서로 결합한다. 그의 주장에 따르면, 도덕/비도덕 구분의 강조는 중요한 것으로 그 강조에 의해 우리가 사례들에 대해 하고자 하는 말이 영향을 받기 때문이다.

이 논점은 중요하다. 나는 줄곧 이 논점을 고려하면서 사례들의 그룹을 설명했고 그렇기 때문에 그 그룹은 행위자가 서로 충돌하는 양쪽을 실제로 욕구하는 경우와 실제로 품는 욕구와는 상관없이 그가 양자 모두를 추구할 이유를 갖는 경우 둘 다를 포함한다. 나아가 나의 대립항 중 상당수—다른 사람에게 피해를 주는 그리고 이전에 확신한 바 있는 좋은 삶에 대한 이해와 관련된 대립항—는 매번 윌리엄스의 관심사와 겹친다. 그러면 이런 논점을 탐구하기 위해 우리가 과연 이분법적 구분을 '필요로' 하는지가 애매해진다. 사실 이는 윌리엄스 자신이 관심을 둔 사례 때문에 생긴 오해일 수도

---

* [역주] 여기서 욕구는 욕망과 대별된다. 욕구는 'desire'의 번역어이고, 'desire'는 희랍어 'orexis'의 영어 번역이다. 욕망은 'appetite'의 번역어로, 희랍어로는 'epithumia'이다. 그런데 문제는 이 번역어 쌍이 과연 한국어의 용법에 부합하는가이다. 희랍어 orexis는 epithumia보다 더 외연이 큰 단어이다. 다양한 orexis 중 식욕, 색욕 같은 더 육체적 혹은 말초적인 욕구를 표현할 때 epithumia를 사용한다. 그런 점에서 영어의 desire-appetite 쌍은 문제가 없다. 그러나 한국어에서 욕구欲求와 욕망慾望은 이 구도에 정확히 맞아 떨어지지 않는 것 같다. 욕구와 욕망은 의미상 큰 차이는 없어 보이나, 우리가 무엇인가를 원하고 있는 시간의 길이로 이 둘을 분석하면 확실히 욕구보다는 욕망이 그 길이가 길어 보인다. 이는 망望이라는 한자어 때문이다. 야망野望, 조망眺望 등의 단어에서 보이듯, 망望자가 들어가면 거리를 두고 바라보는 느낌이 생긴다. 그런 점에서 보면 욕구보다는 욕망이 desire에 대한 더 적합한 번역어로 보인다. 그리고 오히려 욕구를 appetite의 번역어로 택해야 할 것 같다. 왜냐하면 욕구가 욕망보다 더 즉각적인 결핍에서 비롯되는 즉 말초적 심적 상태인 것으로 보이기 때문이다. 이에 반해 욕망은 즉각적 결핍을 채우는 것도 포함하지만 좀 더 시간적 거리가 있는 결핍도 포함할 수 있는 단어가 될 수 있다. 그럼에도 불구하고 본서에서는 욕구-욕망, desire-appetite, orexis-epithumia 쌍을 그대로 적용했는데, 그 이유는 이 구도가 희랍 철학을 다룰 때의 통상적 방식이어서다. 이들 번역어와 관련해서는 더 많은 논의가 필요할 것으로 보인다.(orexis와 epithumia의 구별과 욕구-욕망 번역쌍에 대해서는 이창우 외 역, 『니코마코스 윤리학』, 이제이북스, 2006, 458쪽 참조)

있다. 왜냐하면 그가 규정한 도덕적 요청을 고려하면 '도덕적'인 것으로는 통상 분류하지 않는 실천적 배려의 힘까지도 정확하게 설명할 수 있기 때문이다(그리고 윌리엄스는 최근의 저작들에서 스스로를 이렇게 묘사하고 있다).[*] 또 예를 들어 지적 추구나 감정적으로 엮인 개인적 관계와 관련된 요청은 욕구의 발생과는 상관없이 구속력이 있는 것 같은 느낌을 준다. '도덕적'이라는 단어를 내뱉는 순간, 이런 사례들을 주요한 것으로 취급하고자 하는 우리는 맥이 빠지긴 하지만 말이다. 나아가 우리가 실천 상에서 보는 것은, 절대적 요청과 회피 가능한 요청 사이의 극명한 대조가 아니라, 정도의 차이가 심하기는 하지만 강제성와 불가피성을 받아들여야 한다고 판단하는 요청들이 서로 더 어지럽게 얽혀 있는 연속체인 듯싶다. 이런 이유로 나는 (최근 작업에서 더 분명하게 엿보이는) 윌리엄스 프로젝트의 정신을 따라, 이분법이 아닌 좀 더 구체적이고 비형식적인 구분의 네트워크를 통해 이 문제를 탐구하는 것이 더 명쾌하고 더 참된 것이 아닌가 생각한다. 만약 이분법적 구분에 중요한 무언가가 빠졌다면 사례들의 정확한 설명을 통해 우리는 한 줄기 빛을 얻으리라 희망할 수 있다. 그럼에도 이 결론이 통상적인 이분법으로 사례를 분류하는 사람들에게 영향을 미치기 위해 나는, 이런 사람들도 '도덕적' 갈등의 핵심 사례로 인정하지 않을 수 없을 만한 갈등 사례를 비극 속에서 선별할 것이다. 그리고 이런 사례를 통해, 주요 가치를 담아 진지하게 형성한 이전의 신조를 저버리는 동시에 타인에게 돌이킬 수 없는 해악을 끼치는 행위가 어떤 것인지를 보여줄 것이다. 이렇게 여러 사례에서 드러나는 비극적 관점의 힘을 보여줄 수 있다면, 우리는 연약성이 (통상적인 관점에서) 참된 '도덕적' 선에 그저 주변적인 역할을 하는 탁월성의 한 부분이 아니라 활동과 선택을 통해 그 자신을 드러낼 때, (통상적으로 간주되는) 도덕적 선 그 자체의 부분이 된다는 것을 보여줄 수 있을 것이다.

---

[*] Bernard Williams, *Moral Luck*, 20-39.

II

이제 직관적 스케치에서 철학적 해법으로 눈을 돌릴 때가 되었다. 『에우튀프론』 시대 이후, 전통적으로 도덕 철학을 지배해 온 사유에서는 하나의 중요 논점과 관련해서 모두의 의견이 일치하는데, 그것은 위 언급에 해당하는 갈등 사례는 불일치 즉 모순으로, 실천 논리를 위배하고 있고 따라서 실천 논리에 의해 제거해야 한다는 것이다. 소크라테스는 일찍이 이에 관해 중대한 행보를 보였다. 에우튀프론의 (아버지를 존경해야 하는 의무와 인간의 생명을 지켜야 하는 의무 사이의) 딜레마에서 요청 사이의 충돌은 윤리적 '불일치'의 사례로 간주되었다. 이를 무엇이 적절하고 또 무엇이 적절하지 못한가에 대한 윤리적 '믿음' 사이의 갈등으로 본 것이다. 그러나 두 믿음이 갈등을 겪을 때 유일하게 합리적인 것은 어느 쪽이 옳은가를 알아내는 것이다. 오직 하나만이 참이 될 수 있다. 나머지는 오류로 버려져야 하는 의미 없는 것이다. 이런 입장을 밀고 나가며 소크라테스는 대화 후반부, 급기야는 전통 희랍 신학에 문제를 제기하게 되는 데까지 나아간다. 그는 신들이 필멸의 존재에게 다양한 그리고 심지어 서로 충돌하는 요구 사항을 부과한다고 생각한다(7E-8E). 의무적으로 '모든' 신을 경배해야 한다는 믿음을 담은 이런 생각과 함께 전형적인 희랍의 행위자는 갈등 상황에조차도 적용되는 충돌하는 요구 사항이 갖는 구속력과 불가피성을 감지하게(혹은 이해하게) 되었다. 그러나 소크라테스의 관점에서 보면 위 그림은 결과적으로 받아들일 수 없는데, 신들 중 적어도 일부는 그릇된 것을 믿고 부정의不正義한 요청으로 압박하기 때문이다. 그래서 그는 에우튀프론을 고무하여, 신들의 만장일치에 의해 부과된 요구 사항만 구속력이 있다는 식으로 전통적 입장을 수정하게 한다. 나아가 소크라테스는 신들의 요구가 진정 불일치했는지 의심하는 모습을 보이기도 한다(8E).

소크라테스를 따랐던 철학자 중 일부는 그의 주장을 욕구나 가치를 둘러싼 갈등 모두와 관련된 것으로 간주했다. 모든 경우에 옳은 선택지는 하나 이상 존재하지 않고 한번 선택이 이루어지면 경쟁하던 후보 선택지는 더 이상 어떤 요청도 할 수 없는 것이 되어버린다. 이때 만약 욕구가 안 없어지고 남으면 행위자는 이 상황을 적어도 철저하게 비이성적인 것으로 여겨야 한다. 물론 일부 철학자들은 모든 갈등에 해당되지는 않더라도 통상적으로 '도덕적 갈등' 혹은 '의무상의 갈등'이라고 불리는 특별한 그룹의 사례가 존재하는데 이는 결국 불일치로 수렴되는 것이라고 주장한다. 이런 철학자들은 그 수도 자못 많을 뿐 아니라 전통적으로 넓게 포진해왔고 희랍 비극 비판에 직접적인 영향을 끼쳤다. 또 특정 시점에서, 그들과 문화를 공유하며 사는 보통 사람이 깊숙이 이끌려갈 만한 견해를 또렷이 표출할 때 간접적으로도 영향을 미친다. 이제 이 주제와 관련해서 아이스퀼로스를 현대적으로 평가할 때 맞닥뜨리는 걸림돌에 대해 더 잘 이해하기 위해 아래의 세 가지 대표적인 그리고 잘 알려진 사례를 살펴보자.

장 폴 사르트르는 『실존주의는 휴머니즘이다』에서 실천적 갈등에 해당하는 충격적인 예를 우리에게 제시한다. 한 젊은이가 선택의 기로―프랑스 레지스탕스에의 애국적 신념과 나이 든 모친을 돌봐야 하는 의무 사이에서―에 서 있다. 여기서 사르트르는 우리가 이 사례 속의 '모순성'을 통해, 체계적인 윤리적 원칙들은 일반적으로 행동 지도에 부적절하다는 것을 배우게 된다고 말한다. 그리고 가장 좋은 방법은 원칙 따위는 모두 버리고 의식을 맑게 한 상태에서 완전히 자의적으로 유감없는 선택을 하는 것이라고 말한다.[*]

R. M. 헤어는 『도덕 언어』[**]에서 서로 모순 관계인 원칙들에 문제가 있다는 것에 동의하는데, 그 모순 관계는 다시 말하자면 논리적으로 용인될 수 없는 방식으로 서로 충돌하는 것이다. 그러면 행위자는 반드시 갈등을 무화하고 이 사례를 다룰 수 있는 새롭고 일관된 원칙의 집합을 산출하기 위해 상황이 아닌 원칙을 조정할 수밖에 없다. 예를 들어 '거짓말을 하지 마라'라는 도덕 규정은 전시戰時라는 상황이 주어지면 '거짓말을 하지 마라, 전쟁 중 적

---

[*] J. P. Sartre, *L'Existentialisme est un humanisme* (Paris 1946).

[**] Hare, *The Language of Morals*, 50 이하.

에게 하는 것만은 제외하고'와 같이 더 적합한 원칙으로 재정식화再定式化된다. 이렇게 갈등 상황은 예외의 요소로 규칙 속에 포함되고 그 적용의 범위는 한정된다.

칸트라면 우리의 원칙에 오류가 있고 수정을 필요로 한다고 말하는 것 자체가 그릇된 것이라고 말할 것이다. 그의 주장에 따르면, 다른 도덕 규칙과 갈등을 겪지 않는다는 것이 다름 아닌 도덕 규칙 혹은 원칙의 의미이다.

> 왜냐하면…… 의무와 책무 일반은 일정한 행위들의 객관적인 실천적 필연성을 표현하는 개념들이고 서로 대립되는 두 규칙들이 동시에 필연적일 수는 없으며, 오히려 그중 하나의 규칙에 따라 행위하는 것이 의무라면, 그에 대립되는 규칙에 따라 행위하는 것은 의무가 아닐 뿐만 아니라 심지어는 의무에 어긋나는 것이다. 그러므로, 의무들과 책무들의 충돌은 전혀 생각할 수 없다(책무들은 충돌되지 않는다obligationes non colliduntur). 그러나 그것들의 하나가 또는 다른 하나가 의무 지움(책무 근거rations obligandi)을 위해 충분하지 않은(책무 짓는 근거들은 책무 지어지지 않는다rations obligandi non obligantes) 두 개의 책무 근거들은 하나의 주체 안에 그리고 그 주체가 지시 규정받는 규칙 안에 결합되어 있을 수 있다. 그때 그 가운데 하나는 의무가 아니다. 만약 그러한 두 개의 근거들이 서로 상충한다면, 실천철학은 더 강한 책무가 우세를 점한다(더 강한 책무가 이긴다fortior obligatio vincit)고 말하지 않고, 더 강한 의무 지움의 근거가 우위를 점한다(더 강한 책무 짓는 근거가 이긴다fortior obligandi ration vincit)라고 말한다.*

객관적 실천 규칙이 모든 상황에 일관성을 유지해야 한다는 요구는 칸트 철학에서 참된 신념 체계와 같은 조화로운 체계를 형성하면서, 의무들 사이에는 어쩔 수 없는 충돌이 존재하는 경우도 있다는 (그도 인정한) 우리의 직

---

* I. Kant, *Introduction to Metaphysics of Morals* (1797), Akad. p. 223.([역주] 이 책에서는 백종현 역 『윤리형이상학』, AB23-24를 인용했다)

관적 느낌을 압도한다. 우리의 의무는 일견 서로 충돌할 수 있는 것처럼 보인다. 하지만 실제로는 그럴 수 없는데 왜냐하면 의무와 실천적 법이라는 개념 자체가 바로 모순성 제거를 의미하기 때문이다. 따라서 우리는 충돌처럼 보이는 이 상황을 설명할 수 있는 더 적절한 방법을 찾아야 한다. 충돌하는 요청 중 오로지 하나만 진정한 의무가 될 수 있기 때문에 우리는 그 밖의 것을 그저 의무의 '기초Verpfichtungsgrund'라고만 부를 수 있다. 우리는 그중 더 강력한 '기초'가 우세를 점하면 오직 그것만이 줄곧 이 문제에 해당하는 의무로 규정됨을 본다. 그리고 우리는 충돌했던 '기초'를 구속력이 없는 것으로 탈락시킨다. 싸움의 장을 떠나는 것이다. 그러고는 더 이상 어떤 요청도 할 수 없게 된다. 칸트는 이것 외의 다른 것을 언급하면 의무와 실천적 필연성 사이의, 그리고 그 둘과 논리적 일관성 사이의 강한 개념적 결합이 약화된다고 보았다. 이보다 더 중요한 것은 아마도 행위자에게 우연히 일어나는 일(그는 이런 상황에 우연히 던져졌을 뿐이다)로 그가 의무를 위반하게 될 수도 있음을 받아들이는 것이다. 칸트에게 이는 용납할 수 없는 생각이다.

이런 철학적 해법들을 보면서 자연스럽게 드는 생각은 그 어떤 것도 해당 상황에서 행위자에게 어떤 '마음'이 드는지는 논하지 않는다는 것이다. 오로지 옳은 해답을 찾는 것만이 필요한 상황에서는 문제를 풀고 싶다는 마음이 들지 않는다. 만약 문제를 푼다거나 끝내고 싶은 생각이 든다면 해답을 발견할 수 있다는 희망 때문이 아니라 일부 급작스러운 단절에 대한 생각 때문에 그런 것이다. 거부, 고의적인 냉담함, 심지어 광기나 죽음과 같은 것을 떠올리는 생각이 그것이다. 이런 직관적 반박을 위 철학자들이 무시하지는 않았다. 모두 나름대로 그러한 반박이 있을 수 있음을 인정했고 그리고 제거했다(사르트르와 헤어는 일상적인 숙고를 더 고차원적이고 더 많은 경험을 매개로 한 유형의 사고와 구별했다. 칸트는 보통 사람을 향해, 그의 일관성에 대한 애착이 그 사람으로 하여금 충돌하는 원칙들 중 하나를 거부하게 만들어야만 한다고 말한다.) 그래서 직관적인 입장을 옹호하는 사람은 이런 것은 그저 자신이 평상시에 세상을 보는 방식이라고 말하는 데 그쳐서는 안 된다. 그는 여기서 한 걸음 나아가 적어도 다음 두 가지 일은 반드시 수행해야 한다. 첫째 그는 이 '직관적 입장'을 반드시 탐구해야 하는데, 그 방식은 지금까지 개진된 많은 철학적 논의에서 이루어졌던 것보다는 훨씬 더 섬세해야 하는 것으로, 사례들을 가능한 한 정확하게 묘사하여 그것들이 가진 강제력을 우리가 어떻게 직관적으로 감지하는지 보여주는 것이다.* (이들을 묘사할 때는 우리가 그 힘에 대해 지성적으로 인식하는 것뿐 아니라 어떻게 느끼는지도 함께 기술해야 한다.) 둘째가 오히려 더 중요하다. 그는 사례를 그린 직관적 그림이 인간의 윤리적 삶을 구성하는 기타 가치 요소와 연결되어 있음을, 그리고 그 연결이 어떠한 방식으로 이루어지는지를 반드시 보여주어야 한다. 우리가 위 철학적 해법 중 하나에 따라 우리의 직관을 조정한다면, 우리는 진정 중요한 것을 포기하게 될 위험이 있다. 이제 나는 '오히려 비논리적인' 아이스퀼로스의 작품이 위 두 가지 일을 어떻게 수행하는지를 보여줄 것이다.

Ⅲ

아이스퀼로스의 『아가멤논』은 이상스럽고 불길한 전조와 함께 시작한다. 함대의 왕들 앞에 새들의 왕이 나타난다. 까만 꼬리와 하얀 꼬리를 각각 가진 두 마리의 독수리는 군대가 훤히 보이는 곳에서 새끼를 밴 어미 토끼를 뜯어 먹는다.(『아가멤논』, 111-120**) 이 전조가 이제 다가올 학살, 이 배에 탄 군대가 트로이의 무고한 시민에 행한 학살과 연결되지 않는다고 보기는 어렵다. 또한 이 이야기를 잘 알고 있는 관객이 불쌍한 이피게네이아의 급박

---

* 이 장이 처음 기획되었던 1973년에 비하면 지금(1984년)은 이 비판이 비교할 수 없을 만큼 널리 받아들여지고 있다는 사실은 짚어 볼 만하다. 구체적이고 복잡한 사례들을 동반하여 이른바 '응용 윤리학'이 엄청나게 발전하고 주류(영미) 윤리학자들의 관심사가 광범위해진 현상은 환영할 만한 것이다. 그러나 나는 이런 예들이 문학작품으로 돌리는 시선을 거두게 될 것이라고 생각하지는 않는다(1장의 논증 참조). 사례들이 너무나 복잡해졌지만 그 덕분에 사례와 문학 작품 사이에 놓여 진 선명한 대조보다는 오히려 양자의 연속성을 찾을 수 있다는 기대를 품을 수 있게 되었다.

하게 이루어진 희생, 서둘러 출병할 수밖에 없었음을 증거가 되는 희생과 연결시키지 않기도 어렵다. 그러나 이 전조에 대해 예언가 칼카스는 이상하리만큼 별 볼 일 없는 해석을 내린다. 그는 '사납게 어미 토끼를 뜯어먹은 포식자가 함대의 지휘관을 의미한다는 것을 알았다.'(『아가멤논』, 123-124) 그의 예언은 그저 군대가 트로이를 포위 공격하면서 성벽 앞의 많은 가축 떼를 살육할 것이라는 데 그친다. 여기서 그는 냉혹하면서도 무신경하게 어미 토끼를 해치는 독수리를 짐승을 도륙하는 인간과 등치시키고, 인간이 다른 인간을 살육하는 것을 등치시키지 않는다. 어떤 점에서 그는 올바르고 적절하게 예언하고 있는 것이다. 독수리가 토끼를 죽이는 것처럼, 인간은 가축들을 도륙한다. 여기에 양심의 가책은 없고 즉각적인 욕구 충족만이 있을 뿐이다. 그 희생자가 인간이라면 우리는 이보다는 더 복잡한 숙고와 감정이 개입될 것이라 예상한다. 그러면 위의 등치는 생각할 거리를 갖게 된다. 동시에 이 전조의 해석이 충분치 않아 보인다는 점도 분명해진다. 가축을 죽여서 쇠고기 정찬을 먹을 것이라는 예언이 그리 중요한 것일 리는 없다. 아마도 칼카스는 에둘러 말했을 것이다. 그럼에도 불구하고 우리가 인간-짐승 등치와 이 전조에 대한 더 불길한 해석을 연결시킨다면, 더 적절한 성찰을 얻게 될 것이다. 만약 이 전조를 희랍인들이 전시戰時에 저지른 범죄를 의미하는 것으로 보면 우리는 전쟁 상황의 모습, 인간 행위의 평범한 관습이 변질되고 좀먹어 살육에 무심해지면서 짐승과 같이 혹은 짐승을 도륙한 이 같은 존재로 인간을 만들어 버리는 모습을 떠올리게 된다. 또한 이 전조가 이피게네이아를 죽음으로 내몬 것을 의미한다면(아이도 낳기 전에 삶이 끝장난 존재가 바로 그녀였고, '함대의 지휘관'에 의한 특별한 희생자도 바로 그녀였다), 이미

** [역주] 이 숫자는 행을 의미한다. 대체로 행 번호만 명기한 원서와 달리 본 역서에는 작품명과 행 번호를 병기했다. 본 역서의 희랍 비극의 원문은 천병희의 번역을 기준으로 삼아 번역하고 저자의 의도를 반영할 필요가 있는 경우에만 부분적 수정을 가했다. 한국어와 영어의 문장상 특성으로 원문의 행과 천병희 역본의 행이 완전히 일치하지는 않지만 대조에 큰 어려움은 없다. 아울러 본 장과 관련해서는 천병희 역, 『아이스퀼로스 비극 전집』(도서출판 숲, 2008)을 참조했다.

우리는 아가멤논을 향한 코로스의 비난을 통해 이 비극의 중심 주제에 다가서게 된 것이다. 그가 마주한 갈등에 대한 태도, 설혹 그녀가 다른 종의 짐승이었더라도 느낄, 꼭 그만큼의 고통과 섬뜩한 감정을 갖고 인간의 자식을 죽이는 부적절한 태도를 그는 보였다.

> 탐스러운 털을 가진 수많은 양 떼 중 한 마리가 죽는 양
> 그는 제 자식의 죽음을 대수롭지 않게 여겼소. (1415-1417)

여기서 화자는 클뤼타이메스트라이다. 그러나 이제 보겠지만 여기서 그녀는 비극적 사건에 대한 코로스의 반응에 대꾸하면서 말한다.

코로스는 이피게네이아의 희생을 어쩔 수 없는 것, 필연적인 것으로 취급한다. 그러면서도 아가멤논을 비난한다. 여기서 비평가들은 필연성과 비난이 양립할 수 없다고 느껴 통상적으로는 둘 중 하나를 통해 이 상황을 설명하려 한다. 반면, 일부 비평가들은 '과잉 결정' 혹은 '이중' 동기라는 가정을 끌어들이기도 하는데, 이는 명시적으로 아이스퀼로스 작품을 이성적이고 논리적인 사유를 경시한 전형적인 예라고 지목하는 입장이다. 그럼에도 이런 필연성의 본성과 기원을, 그리고 코로스가 그들을 지휘했던 대장의 행위 중 어떤 점을 비난했는지를 정확하게 볼 때만 우리는 해당 상황의 이 두 측면을 모두 일관적으로 이해할 수 있다. 우선 죽음으로 내몰린 상황이 신의 요청 두 개가 우연히 겹쳐지면서 만들어졌다는 점, 그리고 개인적 차원에서 아가멤논은 죄가 없다는 사실이 그를 이와 같은 비극적 곤경에 처하게 했다는 점은 분명하다. 이 원정은 환대를 거스른 죄에 복수하기 위해 제우스의 영도 아래 이루어진 것이다(『아가멤논』, 55-62). 코로스는 다른 사건들에도 그렇듯 자신 있게 이 점을 주장한다. 첫 번째 정립가stasimon에서 코로스는 트로이인에 대해 다음과 같이 말한다. '그들이 말할 수 있는 것은 그것이 제우스의 일격이라는 것. 적어도 이것은 누구나 알 수 있는 일.' 그러면 아가멤논은 오직 하나의 원인, 즉 엄청난 불경不敬의 마음을 먹지 않은 다음에야 도저히 피해갈 수 없는 원인에 의해서 싸우게 된 것이다. 그리고 이피게네이아의 죽

음도, 화가 나서 항해를 멈추게 한 아르테미스에 의해 빚어진 일이다. 칼카스의 예언에 따르면, 이런 상황을 진정시킬 수 있는 유일한 방도는 이피게네이아의 희생밖에 없었다. 아르테미스가 왜 분노했는지에 대해서는 이 사건을 다룬 여러 다른 작품에서 이전에 그녀에게 아가멤논이 범한 불경 때문이라고 말하지만, 여기서는 설명이 이루어지지 않은 채로 남겨져 있다. 그녀의 분노의 원인을 기본적으로 트로이 편을 동정해서라고 해석하든, 아니면 어린아이를 보호하는 신으로서 목전에 다다른 무고한 트로이 시민 학살이 두려워서라고 해석하든, 아이스퀼로스는 아가멤논이 처한 끔찍한 딜레마의 우연적이고 외적인 근원을 강조하기 위해 개인적인 불경 문제는 생략했어야 했을 것이다. 그리고 그에게는 제우스의 명령은 어쨌거나 경건하게 수행해야 한다는 선택지가 단순하게 떠올랐을 것이다. (나중에 코로스들은 아가멤논의 죽음에 대한 흐릿한 조짐을 노래하면서 순풍에 돛을 달고 직선 코스로 배를 몰아갔던 그리고 숨겨진 암초에 부딪치게 된 인간의 모습을 들먹인다.(『아가멤논』, 1005-1007)) 이 상황에는 배후의 죄가 존재하는데, 아트레우스의 죄로 제우스가 그의 자식이 죗값을 치르도록 한 것이 그것이다. 그러나 사실이 이렇다고 해서 이 집안 내력으로 전해져 온 죄를 '어떻게' 바로 아가멤논에게 물을 수 있는 것이냐고 따지지 말라는 법은 없다. 그리고 그렇게 따질 때 우리가 얻을 수 있는 대답은, 죄가 없었던 한 인간이 얼마든지 죄 없는 인생을 살 수 있는 상황에도 제우스는, 그로 하여금 죗값을 치르도록 했다는 것밖에 없다. 이런 상황은 실천 논리상 혐오스러운 것일 수 있다. 그러나 한편 우리가 살면서 흔히 겪는 일이기도 하다.

예언자는 아가멤논에게 만약 그의 딸을 희생물로 바치지 않으면 그 여정 자체를 멈출 수밖에 없을 것이라고 말한다. 군사들은 이미 굶주리고 있고(『아가멤논』, 188-189), 스트뤼몬으로부터 불어온 강풍은 '아르고스의 꽃을 지쳐 시들게 하고 있다.'(『아가멤논』, 189-90) 아가멤논이 아르테미스의 조건을 충족시키지 못한다면 이피게네이아뿐 아니라 모든 사람이 죽게 될 것이다. 그러면 그는 이 항해를 포기해야 할 수밖에 없을 텐데 이는 제우스의 명령을 어기는 것이다. 그리고 그는 '이탈자liponaus(『아가멤논』, 212)'가 되어 버릴 것이다. 나아가 아르테미스의 요청을 다른 방식으로 이해하면, 그녀에게 불복종하는 불경을 저지르는 꼴이 될 수도 있다. 그럼에도 불구하고, 이렇게 희생물을 바치는 것이 끔찍한 죄를 짓는 것임은 틀림없다. 여기서 우리는 하나의 선택지, 즉 이피게네이아를 희생시키기로 한 선택지를 결과의 측면에서도 그리고 다른 선택은 불경함을 야기할 수 있다는 측면에서도 택할 수밖에 없음은 분명한 듯하다. 기실 아가멤논이 할 수 있는 다른 합리적 선택을 상상하기란 쉽지 않다. 이러나저러나 그는 죄를 지을 수밖에 없다.

아가멤논에게도 선택의 여지는 있었다. 말하자면, 그는 무엇을 해야 할지 알고 있었다. 그는 상황에 대해 무지하지도 않았고, 물리적인 강요를 받은 것도 아니었다. 누구도 두 선택지 중 하나를 선택하라고 그에게 강요하지 않았다. 그러나 필연성의 측면에서는 충분히 택해봄 직한 다른 선택지를 그는 가질 수 없었다. 여기 선택과 필연성 사이에는 어떠한 불일치도 보이지 않는다―선택을 행위자가 자유롭게 무엇이든 할 수 있음을 함축하는 것으로 의미 규정 하지 않는다면 말이다. 반면 그 상황은, 외적 강제와 일상적인 선택 상황과 거리가 그리 멀지 않은 개인적 선택 사이에서 벌어지는 일종의 상호작용을 꽤나 정확하게 설명하는 듯하다. 왜냐하면 선택이라는 것은 언제나 가능한 선택지들 사이의 선택이기 때문이다. 사실 행위자가 모든 것이 가능한 선택지를 쥐는 경우는 극히 드물다. 이 상황이 특히 고통스러운 까닭은 가능한 선택지 모두가 해로움을 벗어날 수는 없는 것이어서이다.

아가멤논이 보인 첫 반응은 분노와 비통함이었다. '아트레우스의 아들 형제, 그들의 홀芴로 땅을 치며 흐르는 눈물을 억제치 못했도다(『아가멤논』, 203-204).' 그러고서 그는 자신이 처한 곤경을 묘사하는데, 이때 그가 위의 충돌하는 두 요청에 대해 충분히 알고 있음이 분명히 드러난다. 그는 어떤 것을 선택하든 자신이 그릇된 행위를 하는 것임을 잘 알고 있었다.

복종치 않는다는 것은 진정 괴로운 일이오.
하나 내 집안의 낙인 자식을 죽임으로써
제단 옆에서 이 아비의 손을

딸의 피로 더럽힌다면

이 또한 괴로운 일이오.

그 어느 것인들 불행이 아니겠소?

하나 어찌 동맹의 서약을 저버리고 함대를 이탈할 수 있단 말이오?(『아가
멤논』, 206-213)

선택지들에 대한 아가멤논의 언명을 통해, 당면 상황에서 희생물을 바치
는 것이 '더 나은' 선택지라는 것을 그가 느끼고 있음을 우리는 알 수 있다.
미래직설법인 '내가 내 자식을 죽인다면ei teknon daïxō'라는 표현과 약한 의
도를 갖고 있는 가정법인 '어떻게 내가 이탈자가 될 수 있다는 말이오?pōs
liponaus genōmai'라는 표현은 같지 않다. 그러나 한편 그는 이 두 선택지가
모두 악의 요소가 있음을 지적하기도 한다.

여기까지로 보면, 아가멤논의 상황은 산에 오르는 아브라함*의 곤경과 닮
은 듯싶다. 선하고 (지금까지는) 아무런 죄도 없는 사람은, 신의 명령에 복종
하기 위해 죄 없는 자식을 죽이든가 아니면 불복종과 불경이라는 더 무거운
죄를 짓든가 양단간에 결정하지 않으면 안 된다. 그러면 아브라함이 이삭에
게 건네는 애매모호한 말에서 느낄 법한 사랑과 신앙적 의무 사이의 미묘한
갈등이 그다음에 이어질 것임을, 그리고 나서 두려움과 주저함을 동반한 희
생 제의가 뒤따를 것임을 우리는 예측할 수 있다. 그러나 뭔가 이상스러운
것이 여기 끼어든다. 코로스는 이미 그들의 이야기를 소개하면서 우리를 준
비시켰다. '예언자를 꾸짖지 않고, 그는 자신에게 떨어진 운명의 돌풍을 순

---

* [역주] 아브라함은 그의 신앙심을 시험하려는 야훼에 의하여 첫 아들을 제물로 바치라는
명령을 받는다. 가혹한 명령이었으나 신심 깊은 아브라함은 아들 이삭에게 나무를 한 짐
해오게 한 뒤, 산으로 함께 오르게 했다. 산정에 이르러 단을 쌓고 이삭을 칼로 베어 제물
로 바치려 하니, 야훼의 천사가 나타나 "그 아이에게 손대지 마라. 그에게 아무 해도 입히
지 마라. 네가 너의 아들, 너의 외아들까지 나를 위하여 아끼지 않았으니, 네가 하느님을
경외하는 줄을 이제 내가 알았다"(창세기 22장 12절) 하며 막았고, 아브라함은 근처 수풀
에 뿔이 걸린 숫양을 대신 바쳤다.

순히 받아들였도다.'(『아가멤논』, 186-188) 돌풍이라는 은유는 코로스에 의해 만들어진 표현으로(여기에 sumpneō라는 단어가 쓰였는데 이는 분명 처음으로 희랍 문헌에 등장하는 것이다) 외적인 힘과 내적인 힘이 부자연스럽게 공조共助하는 것을 의미한다. 예언자를 꾸짖지도 그의 끔찍한 메시지를 탓하지 않으면서 아가멤논은 이제, 그에게 닥친 운명에 맞춰 자신의 감정을 다스리면서 이 필연을 내면에 받아들이기 시작한다. 결정의 시점, 그로서는 그 자체로 최선을 다한 시점 이후로 그는 이상스럽게도 자신을 협력자, 즉 자발적 희생자로 삼는다.

아가멤논이 쥔 선택지를 말하고 그의 결정을 반포하는 순간, 우리는 자연스럽게 이런 말을 기대한다. '이 끔찍한 길은 신적인 필연성이 명령한 것이니 나는 따를 수밖에 없다. 고통스럽고 섬뜩하다 할지라도.' 그러나 실제로 그는 매우 다른 어조로 이렇게 말한다. '처녀의 피를 제물로 바치기를 그토록 열렬히 바라는 것orgai periorgōs epithumein도 바람을 잠재우기 위함이니 옳고 신성한themis 일일 것이오. 나는 그저 만사가 잘되기를 바라는 마음뿐이오.'(『아가멤논』, 214-217) 이 낯설고 섬뜩한 발언에서 두 개의 논점이 드러난다. 첫째, 결정을 내리는 순간 이 결정 자체에 대한 그의 태도가 변한 듯 보인다. 어느 쪽을 택하든 그에게는 엄청난 괴로움이 기다리고 있고 양쪽 모두 그릇된 행위일 수밖에 없다는 것을 깨달은 후, 그는 다음과 같은 기괴한 낙관주의로 나아간다. 자신이 '더 나은' 길을 선택한 것이라면 만사가 '잘될' 것이다. 두 개의 끔찍하게 잘못되고 불경한 행위에서 그나마 덜 심한 것으로 우리가 이해했던 행위는 이제 그에게는 경건하고 옳은 행위가 되었고, 이후 그는 마치 어떤 결정의 솜씨 같은 것을 부려 갈등을 해결하고 다른 편의 '엄청난 괴로움'을 해치워버린 양 행동한다. 동시에 우리는 여기서 그가 결정의 올바름을 통해 비단 자신의 행위만이 아니라 감정마저도 정당화함을 본다. 신에의 복종이 옳은 일이라면 그에 복종해 범죄에 이끌리고ep-ithumein 심지어 그토록 열렬히 바라면서 범죄를 갈망하기 '원하는' 것도 옳은 일이라는 것이다. 아가멤논은 첫째, 그가 옳게 결정했다면 그 이후의 행위는 반드시 옳은 것이 되리라고 가정하는 듯하다. 둘째, 행위가 옳다면 심지어 그 행위를 원하는 것, 심지어 열렬히 원하는 것까지도 적절하다고 가정하는 듯하다. '그 어느 것인들 불행이 아니겠소?'에서 그는 '만사가 다 잘될 것이오'로 옮겨 간다. 코로스는 다음과 같이 후렴을 반복한다. '슬퍼하고 또 슬퍼하라. 하나 결국에는 선이 이기기를!'(『아가멤논』, 139, 159) 아가멤논의 결론은 어떤 관점에서 보면 논리적이고 심지어 이성적이라고까지 할 만한 것으로, 슬픔과 갈등을 지워버리고 오직 선善만을 남겨두는 것이다. 실천상의 갈등과 불일치 그리고 실천적 요청과 믿음을 동일한 것으로 간주하면 우리 자신도 그와 같은 길을 가야만 할 것이다. 합법적이거나 정당한 요청 사항은 오직 하나밖에 없을 것이므로, 우리가 그것이 무엇인지 알게 되었을 때 그것이 진정한 책무가 될 것이고 다른 하나는 우리의 주목해야 할 요청으로서의 역할을 자연히 멈출 것이다. 진리와 의무를 사랑하는 게 도대체 무슨 잘못이란 말인가?

코로스는 계속 노래한다. '이리하여 그가 한번 운명의 멍에를 목에 매니 그의 마음도 바람도 방향이 바뀌어 불경하고 불손하고 부정하게 되었도다. 이때부터 그는 마음이 변하여 무슨 일이든 꺼리지 않게 되었도다. 치욕을 꾀하는 미망迷妄은 사람의 마음을 대담하게 하는 법이니.'(『아가멤논』, 219-224) 아가멤논은 행위의 옳음뿐 아니라 그에 수반되는 감정의 옳음까지도 행위의 필연성에서 끌어내며, 이를 '한번 운명의 멍에를 목에 매니 그의 마음도 바람도 방향이 바뀌어'라는 표현과 등치시킨다. 코로스는 그 행위 자체를 크게 비난하지는 않는다. 그들이 느끼기에 이는 기본적으로 신들의 책임이기 때문이다. 그럼에도 불구하고 이는 중대한 범죄이다. 코로스는 여기서 제우스를 끌어들여 마치 그의 인간 삶에 가하는 폭력적인 간섭을 이해하는 것처럼 노래한다(『아가멤논』, 160 이하). 그들이 아가멤논의 탓으로 돌리는 지점은 희생물을 죽이면서 생각과 감정이 변하는 순간으로, 여기서 그들이 아가멤논에게 책임을 묻고 있음은 분명하다. '그는 자신의 딸을 제물로 감히etla 바치는 자가 되고'(『아가멤논』, 225) — 단순히 '되었고'가 아니라 되는 것을 참아낸 것이다. 그는 이 상황을 견뎌냈다. 그리고 대항하여 싸우지 않았다. 제물을 바칠 때 그의 행위 묘사에서 이 주장은 입증된다. 그녀의 기도에도, 그녀의 순결한 청춘에도, '아버지'라고 부르짖는 그녀의 절규에도, 그 아버지는 '아랑곳하지 않았고'(『아가멤논』, 230) 이 순간 이후 그는 자신의 딸을 마치 짐승 희생물처럼 취급하며 살해하려 했다. 이렇게 독수리의 전조는 예언가의 말대로 현실화되었다. 예언가는 왕에게 경의를 표하면서 그가 알아들을 만한 방식으로 말했다. 의례적인 기도에 이어, 아가멤논은 이피게네이아를 제단 위에 '새끼 양처럼'(『아가멤논』, 232) 매달라고 시종들에게 명령한다. 그녀를 인간으로 취급한 유일한 행위는 가문에 대해 저주의 소리를 지르지 못하도록 그녀의 입을 틀어막으라는 명령뿐이다.(『아가멤논』, 235-237) 그러나 이조차 짐승에게나 사용함 직한 언어로 행해진다. '폭력과 소리 없는 노끈의 힘으로'(『아가멤논』, 238-239) 그들은 그녀의 목소리를 억누르려 한다. 코로스가 보는 것을 분명 그는 보지 못하고 있다.

> 그리하여 그녀가 샛노란 샤프란색의 옷을
> 땅에 떨어뜨리며 자기를 제물로 바치려는 자들에게
> 일일이 눈에서 애원의 화살을 쏘아 보내니
> 그림에서처럼 돋보이던 그녀,
> 그들의 이름을 부르며 말을 건네고 싶었음이네.
> 그럴 것이 남자들을 위해 푸짐한 잔치를 베풀곤 하던
> 아버지의 연회실에서 그녀가 노래 부른 것이 몇 번이며,
> 세 번째 헌주에 이어 아버지의 축복 받은 찬신가를
> 처녀의 청순한 목소리로 축하해드린 것이 몇 번이었던가! (『아가멤논』,
> 239-245)

아가멤논의 명령 보고에서 코로스 자신의 기억으로 전환이 이루어지면서 여기 이 끔찍한 장면에서는 유일하게, 동정심을 동반한 인간미에 대해 언급한다. 코로스의 서사敍事 혹은 그다음 이어지는 부분 어디에도, 왕이 입 밖으로, 회한에 찬 혹은 고통스러운 기억을 떠올리는 말을 내어놓는 구절은 없다. 틀림없이 그는 『자비로운 여신들Eumenides』의 재판 장면에서 아폴론에

게 부여받은 자신의 경력을 그럴듯하게 요약, 갈파했듯 말하려 했을 것이다. '그는 대부분 좋은 조건으로 계약을 맺었다.'(『자비로운 여신들』, 631-632)

저명한 희랍 종교 역사가 발터 부르케르트는 희랍 비극의 기원을 논하면서, 이 장면을 읽는 우리의 독해에 가급적 더 역사적이고 종교적인 차원을 덧붙여야 한다고 주장해왔다.* 사실 나는 부르케르트의 주장이 설득력 있다고 생각하지만 이 장면을 나 스스로 해석할 때 빈틈없는 그의 논증을 사용하지는 않았다. 물론 은연중 그의 논증과 나의 해석이 겹치는 곳이 있을 수는 있다.

부르케르트에 따르면 희랍 비극이라는 명칭 자체가 짐승 희생 제의에서 나온 것으로, 이 제의는 이 인간 공동체가 자신의 피살 가능성에서 느끼는 경외심과 공포심의 표현이다. 인간이 아닌 짐승의 살해를 의식儀式에 따라 연출하면서, 그뿐 아니라 심지어 살해자의 순수성과 삶에 대한 경배를 직설적으로 표현하는 의식으로 이 살해를 둘러싸면서, 이 '순수의 희극Un-schuldskomödie' 속 제물 봉헌자奉獻者 그리고 배우들은 인간 본성에 자리 잡은 인간 학살 가능성으로부터 자신들을 떨어뜨려 놓는 동시에 한편으로는 그 가능성을 자인自認한다. 이와 같은 이중적 상태, 그리고 동물 살해에서도 느끼는 양심의 가책을 표현하면서, 그리고 동물을 인간처럼 취급해 동물의 '의지'를 가벼이 여기지 않음을 드러내면서 제물 봉헌자는 최악의 가능성을 비껴간다. 그들이 인간을 죽이려 할 뿐 아니라 나아가 연민 따위도 없이 죽이면 그들은 짐승이 되어 버리는 것이다. 그들의 제의적 행위는 그들의 인간성을 갈파하는 것이고 동시에 인간성 포기에 대한 공포를 나타낸다. '인간 희생은…… 끔찍한 위협을 동반하는 모든 희생의 배후에 가능성으로 존재한다.'** 비극 작품에서 새끼 양 희생의 노래는 반복적으로 등장하는데, 인간이 사회를 이루고 살면서 감춰지고 거리를 두게 된 수성獸性의 가능성이 다시 열릴 수도 있다는 저 깊은 곳에 자리한 우려와 함께 이 제의의 기능은 지

---

* Burkert, 'Greek Tragedy' (그의 *Homo Necans*(Berlin, 1972)도 참조)
** Burkert, 'Greek Tragedy', 111.

속되고 심화되었다.

　(부르케르트의 주장처럼) 이피게네이아의 희생은 이 패턴에 정확히 들어맞는다고 할 수 있다. 아가멤논은 다른 동물에 의한 한 동물의 무자비한 죽음이 있은 후 아울리스 항에 머물게 되는데 이 죽음은 인간이 비제의적非祭儀的으로 (그래서 양심의 가책이 없이) 소들을 도륙한 것으로 해석된다. 이제 그는 동물 희생 제의를 사용(혹은 남용)하면서 짐승이 될 가능성을 연출하는데, 한편으로 이 제의는 그 가능성을 저지하기도 한다. (이 단락에는 관객들은 잘 알고 있는 희생 제의와 관련된 전문 용어들이 다음과 같이 등장한다. 샤프란으로 물들인 옷(『아가멤논』, 238)은 브라우로니아*의 어린 소녀가 입었던 것이고 그곳에서 새끼양이 아르테미스에게 바쳐졌다. '청순한ataurōtos(『아가멤논』, 245)'이라는 표현은 처녀성을 지칭하는 제사 전문 용어이다. 프로텔레이아proteleia(『아가멤논』, 227)는 아르테미스에게 바치는 아테네 처녀 제물이다.) '꺼릴 것 없는' 새끼 양을 제물로 삼아 죽이는 대신에 우리는 도저히 내키지 않는 소녀, 더구나 그의 딸을 살해하는 광경을 볼 텐데, 그는 그녀를 마치 '꺼릴 것 없는' 새끼 양처럼 다루면서 바라본다. 우리는 여기서 새끼 양과 자신의 딸 사이의 경계가 무너지면서 기괴스러울 만큼 편의적으로 이 둘이 대체되는** 장면을 목격하게 된다. 나아가 그들이 제물 봉헌으로 자신의 안전을 획득할 때 그 봉헌은 합리적이고 일관적인 규범들이 압축된 형태로 개입하면서 더 명민한 것이 된다. 여기서 우리는, 필연성이 선택을 강제하는 세상 속에서 벗어날 수 없는 압박을 받을 때, 그 삶 속에는 엄청나게 교묘하고 기술적인 속임수로 너무나 쉽게 인간이 인간으로 동물을 대체하고, 동물로 인간을 대체하며, 사랑하는 사람으로 생면부지의 사람을 대체하는 일이 일어남을 알게 된다.

---

* [역주] 아르테미스 브라우로니아 신전
** 이 대체됨을 비롯한 기타 관련 사례에 관해서는 Burkert, 'Greek Tragedy', pp.112-113을 볼 것.

테바이의 왕이자 오이디푸스의 아들인 에테오클레스는 자신의 쌍둥이 형제 폴뤼네이케스가 이끄는 침략군과 마주한다. 그는 여섯 명의 테바이 장군들을 일찌감치 발탁, 성문에서 일곱 명의 적장 중 여섯 명과 맞서게 하고서야 일곱 번째 적장이 다름 아닌 자신의 쌍둥이 형제라는 사실을 알게 된다. 처음에 그는 자신 가족에게 내려진 저주에 통탄하며 울부짖는다.(『테바이를 공격한 일곱 장수』, 653-655) 그리고는 바로 자신을 추스르며 '지금은 울거나 슬퍼할 때가 아니다'라고 외친다(『테바이를 공격한 일곱 장수』, 656). 그리고 피붙이의 이런 부당한 폭력에 맞서 대적할 장수로 다름 아닌 자기 자신을 기꺼이 지명한다.

> 나 말고 누구를 보내는 것이 더 정당할endikōteros 수 있겠는가?
> 왕으로서 왕에게, 형으로서 아우에게, 적으로서
> 적에게 나는 그와 맞설 것이다. 창과 돌멩이를
> 막아주는 정강이받이를 어서 가져오도록 하라!(『테바이를 공격한 일곱 장수』, 673-676)

위의 논리는 이상해 보인다. 에테오클레스가 자신의 결정을 정당화하는 과정에서 형제라는 범주는 나머지 두 범주와는 다른 방식으로 기능하는 것 같다. 국민으로서의 그리고 군인으로서의 책무와 형제로서의 의무 사이에서 그가 한편으로 끌리는 듯한 압박을 받지도 않고, 어떤 긴장감을 느끼지도 않는다면 그는 뭔가 빠진 사람처럼 보일 것이다. 폴리스에도 분명히 필요로 하는 것이 있고, 그 필요의 정도도 똑같이 심대하다. 여기서는 눈물—눈물의 거부가 아니라—이 좀 더 적절한 반응이라고 할 수 있다. 실제로 오로지 군주만이 군주를 만날 수 있다고 가정해보자. 폴리스의 안전이 이 결정에 달려 있고, 결과적으로 에테오클레스의 결정은 높이 살 만한 것이었다고 가정해보자. (연극 속에 분명히 드러나지는 않지만) 가능한 선택지 사이에서 그가 실제로 그릇된 선택을 했다고 비난할 사람은 아무도 없다고 일단 간주하자. 그래도 여전히 우리는 가족 간의 끈끈한 정을 완전히 저버린 행위는 잘못이라고 말하고 싶다. 테바이 여인으로 이루어진 코로스—그들 자체가 가족의 엄마들—는 여기서 이상스러움을 느끼면서 그 선택을 비난하는 것이 아니라 —혹은 적어도 그의 선택에 대해서만은 아니라— 그들의 왕을 비난하고, 한편 선택 행위에 접근할 때 그 자신이 반응하고 느끼는 방식을 훨씬 더 심하게 비난한다. '가장 사랑하는 전사여, 오이디푸스의 아드님이시여', 그들은 그에게 간청한다. '가장 고약한 말을 하는 그대 아우의 기질orgēn을 닮지 마세요.'(『테바이를 공격한 일곱 장수』, 677-678) 그는 여기서 범죄자나 가질 법한 감정을 드러내고 있는데 비록 이성적으로 잘 생각했어도 그렇다. 그들은 다시 그에게 간청한다. '내 아들이여, 그대가 그토록 열망하는 게 뭔가요? 창을 열망하는 분기탱천한thymoplēthēs 미망ata이 그대를 휩쓸지 말기를! 사악한 욕망kakou erōtos의 근원을 제거하세요.'(『테바이를 공격한 일곱 장수』, 686-688) 에테오클레스는 아가멤논처럼, 이미 분노에서 자신감으로 심경 변화를 일으켜 이제는 아가멤논과 똑같은 추론을 동반하여 응답한다. '신께서 이 일의 종말을 향하여 급히 앞으로 내몰고 있으니.'(『테바이를 공격한 일곱 장수』, 689-690) 강제가 열망을 허락한다. 여인들은 다시 그의 열정을 비난하며 응답한다. '기갈 든 욕망himeros이 그대를 심하게 몰아대는군요, 사람을 죽이라고. 하나 그 결실은 쓰고, 그 유혈은 불법적이지요.'(『테바이를 공격한 일곱 장수』, 692-694) 에테오클레스는 그가 형제 살해에의 열렬한 욕망('에의gar'의 용법에 주목하라)을 느끼고 있음을 자인하며 응답한다. 그는 이를 부정하지도 슬퍼하지도 않고 그저 욕망의 근원에 대해 설명하려고만 든다.

아가멤논처럼 에테오클레스도 흠결 없는 선택지를 얻을 수는 없는 상황에 맞닥뜨렸다고 보아야 한다. 그러나 아가멤논과는 달리 에테오클레스는 어느 정도는 강제 상황이 발생하게 된 근본적인 원인에 비난을 돌릴 수 있을 듯하다. 물론 주된 원인은 그의 통제를 벗어난 힘과 우연성이다. 아가멤논과 다른 점은 또 있다. 그는 가능한 선택지보다 더 나은 방도를 취했을 수도 그렇지 않았을 수도 있지만, 여성 코로스를 통해 우리가 무엇보다 분명하게 느끼는 것은 아가멤논의 경우에서처럼 이 심각한 실천적 딜레마를 대하는 왕의 상상력 넘치는 그리고 감성적인 반응에서 나타나는 비뚤어진 사악함이다. 에테오클레스는 어떤 정반대의 요청도, 어떤 이끌림도, 그리고 어떤 주저함도 느끼지 못하는 것처럼 보인다. 그는 열심히, 어쩌면 열정적으로 앞으로 나간다. 코로스의 비난은 이러한 시각 그리고 반응의 부족함에 초점이 맞춰진다. 그의 열정, 그의 좋지 못한 사랑erōs, 그의 짐승처럼 탐욕스러운 욕망 등이 비난의 주 대상이다. 이런 것들 때문에 그가 다른 선택을 하든 그렇지 않든, 그들에게는 분명 그가 일을 너무 단순하게 처리한 것이다. 그는 갈등을 있는 그대로 보지도 못했고 올바르게 반응하지도 못했다. 이 범죄는 그의 행위에 이미 너무나 크게 안겨진 부담을 악화시킨다.

에테오클레스는 상상력과 느낌 차원 모두에서 그를 낳은 가족으로부터 자신을 분리시키고, 국민으로서 그리고 국민의 키잡이로서의 삶을 평생의 실천 목표로 삼았다.(『테바이를 공격한 일곱 장수』, 1 이하) 심지어 그는 모든 테바이인이 대지에 심은 싹에서 자라났다는 허구의 이야기를 믿고 널리 퍼뜨리려 하면서, 몇몇 초기 정착민에나 해당되는 전설 속 이야기를 전 국민에게 확대했다. 그는 자신의 동포를 식물의 생명과 성장에나 어울릴 법한 언어로 지칭하면서, 그들의 육체와 어린 싹을 비교하고 대지를 그들의 '어머니'이자 '유모'라고 부른다.(『테바이를 공격한 일곱 장수』, 12, 16 이하, 557) 심지어 코로스의 여인, 그들 가족의 안전을 염려하는 마음을 여러 차례 강조하는 여인들은 에테오클레스에 의해 '참을 수 없는 싹인 당신들'(『테바이를 공격한 일곱 장수』, 191)이라고 일컬어진다. 살아남은 몇 안 되는 국민들만이 진정한 '싹튼 사람들'의 자손이라는 것은 장군들의 후기 전기들biographies에서 나타난다. 그리고 적어도 이들 중 하나는 생물학적 아버지로부터 떠나 태어난 세대이다.(『테바이를 공격한 일곱 장수』, 412-414, 473-474 참조) 역설적으로, 에테오클레스가 '혈족 관계의 의무를 관장하는 정의正義의 여신 dikē homaimōn(『테바이를 공격한 일곱 장수』, 415)'에게 보내는 간청은 오로지 생물학적 부모 없이 사실상 대지로부터 직접 자라났을 법한 '싹튼 사람들' 종족 중 하나와의 관련 속에서 이루어진다. 그의 주장에 따르면, 정의가 폴리스 방어를 위해 장군들을 전장으로 보낸 것으로 그들은 '적군의 창에

맞서서 그를 낳아 준 어머니를 지킨다.'(『테바이를 공격한 일곱 장수』, 416)
사실 그중에서 멜라니포스만이 혈족 관계의 의무를 관장하는 정의의 여신
으로부터 이 전쟁에 참가할 수 있는 허락을 얻는 데 문제가 없었다. 그리고
에테오클레스는 여전히 마치 모든 사례가 매한가지인 것처럼 행동하면서
모든 젊은 남성들을 어머니 대지의 아들이라고, 그리고 모든 젊은 여성들을
움튼 싹이라고 일컫는다. 그가 형제 살인 딜레마를 고통 없이 해결할 수 있
었다면, 이는 그가 가족의 존재를 부정하고 인간 삶에서 그 존재가 얼마나
중요한지를 부정했기 때문이다. 그는 갈등의 와중에서 일관성을 견지하기
위해 결국 자기 기만이라는 대가를 치르게 된다.

　우리는 이런 반응 패턴을 기이한 것이거나 단순히 병적인 것으로 취급해
서는 안 된다. 어찌 보면 이는 훌륭한 집정자나 애국자가 보일 만한 반응이
다. 또 아테네인 관객 속에 섞여 있는 훌륭한 남성 시민들이 보일 만한 반응
이기도 하다. 왜냐하면 아테네 남성은 끊임없이 그리고 동시에 역설적으로,
폴리스의 지속을 위해 기능하는 여성의 생물학적 역할을 억누르고 그에 따
른 가족의 역할을 억눌러 온 토착 신화를 배경으로 자라기 때문이다. 이를
테면 공적이면서 정치적인 수사修辭에 의해 종종 국민은 폴리스 자체 혹은
폴리스 속 대지의 자식이라고 일컬어진다. 아테네의 첫 번째 부모인 에리크
토니오스는 대지에서 바로 태어나 아테나 여신에 의해 길러졌다고 하는데
아테나 자신도 생물학적 어머니 없이 태어난 존재이다. 이 신화는 가족성의
억압을 성찰하고 강화해온 폴리스의 정치-종교적 담론 중에서도 특히 두드
러진 것으로, 이 신화를 문자 그대로 믿은 것은 아니라 해도 그렇고, 그와는
다른 문맥에서 가족이 이보다는 더 중요하게 취급되었다고 해도 그렇다. 이
제 우리는 이 전략을 가지고 폴리스적 효용성을 찾을 수 있는데, 이 전략으
로 국민들은 서로 죽고 죽이는 싸움 끝에 진지한 충성의 대상으로 유일하게
남는 것은 정작 폴리스밖에 없다고 생각하게 된다. 그러나 갈등을 느낄 때
그들 자신의 근원은 뒤틀린다. 그래서 아이스퀼로스는 생각의 스타일 혹은
생각에서 벗어날 수 있는 스타일을 고민하는 듯한데, 그 스타일은 기이한 것
이 아니라 아이스퀼로스가 생각하는 삶의 방식에는 오히려 아주 근본적인

것이다. 그는 이런 토착 신화의 거부로 두 요청이 충돌하면서 흘리는 눈물을 국민들이 모면할 수 있음을 보여주고 있다. 그리고 이런 신화가 노정하는 단순성의 대가가 아마도 대단히 비쌀 것이라고 주장한다. 폴리스에 대한 그릇된 인식, 그리고 깊이 존중되어야 할 비非폴리스적 유대가 심각하게 결여된 상태가 이에 뒤따를 것이기 때문이다. 이런 결여가 오이디푸스의 아들인 에테오클레스의 악몽—저주받은 형제살육—과 결합하면서(『테바이를 공격한 일곱 장수』, 709-711), 나아가 적절한 비폴리스적 반응을 촉진하지 못하면 가족 성원 대부분의 가슴에 잠재된 나쁜 정념이 부추겨질 수 있다고까지 그가 주장하는 것일 수도 있다. 그는 다음과 같이 폴리스가 우리에게 적절한 승인을 촉구할 수도 있음을 보여준다. 에테오클레스의 사망 소식을 들고 정찰병은 코로스를 꼭 짚어 이렇게 지칭한다. '어머니께서 애지중지 기르신 딸들이여!'(『테바이를 공격한 일곱 장수』, 792) 이제 왕의 허구가 소멸되면서 깊은 가족 유대가 인정되고 가족-폴리스 사이의 갈등이 본모습 그대로 드러난다.

이 비극의 마지막 부분이 정본正本의 일부라면, 여기서는 에테오클레스가 거부한 것을 코로스는 어떻게 받아들이는지를 보여준다. 폴뤼네이케스를 묻어주는 문제로 안티고네와 크레온이 충돌할 때, 코로스는 반으로 나뉜다. 현존하는 비극과는 다른 피날레에서 그들은 나뉘어 한편은 크레온과 에테오클레스의 시체를, 다른 한편은 안티고네와 폴뤼네이케스의 시체를 따른다. 다른 편에서는 말한다. '우리는 가서 그분을 묻어드릴 거예요…… 이 고통은 우리 부족 공동의 것이니까요. 하거늘 폴리스는 때로는 이것이, 때로는 저것이 옳다고 추켜세우는구나.'(『테바이를 공격한 일곱 장수』, 1068-1071) 각 편으로 나뉜 코로스는 서로의 주장을 인식한다. 우리가 코로스를 여러 개인들이 모여 이루어진 것으로 생각한다면 이 인식은 딱 떨어지지 않는 면이 있는데, 이 상충이 또다시 불일치의 형식으로 이해되고 각 개인들은 두 주장들 중 오직 하나만을 받아들이고 있기 때문이다. 그러나 여기서 각 개인을 우리 각각을 대신하는, 단일한 상상력과 감정의 집합을 가진 존재로 간주한다면 —어쩌면 우리는 기실 그렇게 간주해야 할지도 모른다— 이때 우리는 딜레마를 대하는 복잡한 심경, 즉 에테오클레스는 전해주지 못한 그 심경을 연기하는 반응력이 우수한 '개인'을 본다. 이런 독해는 후반부 코로스의 마지막 가사에 의해 근거를 얻는데, 그곳에서 코로스는 설령 폴리스의 정의라 해도 정의는 단순한 것이 아니라고 말한다.

IV

지금까지 우리는 두 개의 실천적 갈등을 살펴보았다. 이 갈등을 표출하는 두 비극에서 각각의 코로스는 인간의 탁월성에 대한 이해를 보여주는데, 그런 점에서 이 두 갈등은 모두 중요한 가치를 다루고 있다고 할 수 있다. 앞서 제시한 여덟 개의 포인트를 다시 살펴보면, 우리는 다른 방식으로도 이 갈등들이 심각한 윤리적 비난의 대상이 될 수 있음을 알 수 있다. 각 경우에 갈등은 코로스들이 진지하게 견지하는 가치와 상충하는 행위를 하도록 행위자를 몰아붙이는데, 그 가치가 행위자 자신이 견지하는 것일 때도 있다. 코로스가 견지하는 경우든 행위자가 견지하는 경우든, 행위자는 자신의 행위에 의해 명시적으로든 암묵적으로든 종전에 졌던 책무를 저버리게 된다. 또 두 경우 모두 돌이킬 수 없는 해악을 다른 이에게 끼치게 되는데, 이 과정에서 행위자는 자신의 남은 생에 걸쳐 어김없이 이 인과응보의 대가를 치르게 된다. 그런데 여기서 우리는 코로스들이 왕의 형편없는 반응력을 들춰내면서 특별히 다음 두 가지 면을 꼬집어 말한다는 것에 주목해야 한다. 첫째, 양쪽의 코로스들은 돌이킬 수 있는 범죄와 돌이킬 수 없는 범죄의 구분이 매우 중요하다고 주장하면서, 어떤 범행은 그 결과가 걷잡을 수 없이 잔혹해서 설령 강제 상황하에서 벌어진 것이라 해도 반드시 강한 처벌이 뒤따라야 한다고 말한다. 『테바이를 공격한 일곱 장수』 속 코로스는 정화의식淨化儀式을 통해 죄를 씻을 수 있는 전쟁 통의 통상적 살인과 가족이라는 대체할 수 없는 구성원 살해라는 훨씬 더 심각한 범죄를 구분하고 강조한다. '아무리 세월이 지나도 "그" 흠결은 지워지지 않는 법이에요.'(『테바이를 공격한 일곱 장수』,

680-682)『아가멤논』속 코로스는 단순한 경제적 손실과 생명의 박탈과의 차이를 말한다. 뱃짐을 바다에 던질 수밖에 없었던 상인은 익사의 위기를 벗어났다. '그의 집이 통째로 침몰한 것은 아니다.' 그리고 그는 잃어버린 재산을 복구할 기회를 얻을 것이다.(『아가멤논』, 1007-1017) '하나 인간의 검은 피 한번 죽어 대지를 적시면 어느 누가 마술로 이를 되돌릴 수 있으랴?'(『아가멤논』, 1028-1021) 그래서 코로스는 왕은 반드시 벌을 받게 되어 있고, 또 벌을 받아야만 한다고 생각하는 것이다. 설령 어쩔 수 없는 필연적 상황에 밀려 저지른 범죄라 해도, 그 범죄의 중대함이 이 정도라면 강력한 처벌을 요한다. 의지할 곳 없는 오레스테스는 신의 명령에 따라 죄를 지은 자신의 어미를 살해하는데, 이 끔찍한 행위 직전에 주저함을 보였더라도 ―이는 매우 적절한 것이다― 역시 처벌을 받아야 했다. 그리고 그 처벌은 광기 어린 양심의 가책과 그 어미 편 복수의 여신Furies에게 쫓기는 것이었다. 아가멤논의 몰락과 오레스테스의 쫓김은, 강요된 살인이라 해도 살인이고 따라서 그가 저지른 짓에 상응하는 고통을 각 개인이 받아야 한다는 직관적인 요구에 대한 답이다. 이와 같이 인간 삶에 신이 개입할 때의 양상은 임의적이지도 변덕스럽지도 않다. 신의 부재에서 드러날 만한 깊은 윤리적 반응이 여기서는 신의 개입을 통해 드러난다. 설령 오레스테스가 상황이 허락하는 한 최선의 행동을 했다 하더라도, 그가 저지른 행위, 두 눈을 뜨고 의도적으로 저지른 행위는 너무나 사악한 것이어서 그가 일을 저지르기 전과 동일한 삶을 살 수는 없다. 복수의 여신이 자신을 쫓고 있다는 것을 안 순간, 오레스테스는 미친 상태가 아니라 오히려 가장 정신이 또렷한 상태였을 수도 있다. 『오레스테이아Oresteia』의 말미(13장 참조)에서는 건강한 폴리스가 영원히 지속되려면 그런 상황에서 비롯된 죄를 허용해서는 안 된다고 말한다. 아테나 영도하의 폴리스는 그처럼 고통을 야기하는 범죄자를 완전히 석방해주기 위한 (아마도 제멋대로 그렇게 하는 것 같지는 않게 보이려는 의도에서 만들어진) 절차를 고안하고 그 죄가 무제한적으로 후세까지 이어지게 하지는 않게 하겠다고 말한다. 그러나 동시에 아테나는 복수의 여신이 불러일으킨 도덕적 두려움은 그녀의 건강한 폴리스 개념에 중요한 위치를 차지한다고 강

조한다. 그들은 개선되었고, 한편 영예로운 자리를 차지한다. 아테나는 두려움이 좋은 그리고 적절한 것일 때도 있다고 말한다.* 실천적 갈등이 벌어지는 이러한 상황이 그러한 때일 것이다.

코로스들은 두 번째 논점을 제시한다. 행위자가 강제 상황에서 선택하고 행위했다 해도 그래서 그 악행에 대해 죄를 덜 물을 수 있다 해도, 여기서 칭찬과 비난을 가르는 판단이 끝나지는 않는다. 많은 부분이 그가 어쩔 수 없는 일이었다 해도 그가 할 수 있는 일도 있었음은 분명하다. 딜레마에 대한 그의 감정적 반응, 해당 요청들에 대한 그의 생각 등이 그것이다. 그들은, 좋은 사람이라면 그러한 상황에 있을 때 무엇보다도 그 상황을 있는 그대로 받아들여야 한다고 생각한 듯하다. 그가 좋은 성품의 소유자라면, 생생한 상상력 그리고 복잡함이 묻어나는 반응을 상황에 스며들게 했을 것이고, 그 상상력과 반응을 통해 갈등 상황을 그의 성품에 반하는 행동을 하도록 하는 상황으로 스스로 간주했을 것이다. 물론 막상 일이 닥쳤을 때, 그가 이런 생각을 하고 있지는 않았을 것이다. 에테오클레스는 애써 마음을 쓰지 않으려 하면서 상황에 대처했고, 이는 그로 하여금 제대로 사리분별을 하지 못하게 막은 이유가 되었다. 아가멤논은 처음의 정확한 판단을 받아들이려 하지 않거나 억누른 것처럼 보인다. 일단 결정이 이루어지면, 상황은 해결 가능한 것이 되고, 버려진 선택지는 '아무것도 아닌 것'이 되어 버린다. 반면 그 반응이 적절한 것이었다면 이것을 그저 진실을 찾기 어려운 사례로 치부할 수는 없다는 것을 인정하면서 시작해야 할 것이다. 이 사례는 행위자가 그릇된 행위를 하지 않을 수 없는 상황을 다루고 있는 것이다.

딜레마 양편을 생생하게 이미지로 그리면서 이런 반응은 계속될 것이고, 해당 사례의 여러 관련 요소를 가능한 한 진실하고 분명하게 보기 위한 양심적 시도가 함께 행해질 것이다. 설령 행위자가 딜레마를 다룰 때 유용한 일반 원칙을 따른다 해도, 그 상황이 해당 요소들이 선명하게 드러나는 확

---

*『자비로운 여신들*Eumenides*』, 517-525.

실하게 명기된 꼬리표를 통해 드러나지는 않을 것이다. 따라서 이런 요소들을 짚어내기 위해서는 그 스스로 해석을 가하지 않으면 안 된다. 그리고 관련 요소는 한층 복잡한 종류의 기억과 심상을 통해서만 분명해지는 경우가 많기 때문에 그는 지각뿐 아니라 상상력도 함께 사용해야 할 것이다. 아가멤논은 (그가 행위를 시작하면서) 신에의 불복종으로 말미암은 심각한 결과 그리고 더 중요하게는 그 엄청난 불경不敬에 대해 알았어야만 했다. 그는 경건함에 대해, 자신의 신관神觀에 대해, 신에의 복종이 자신에게 진정 어떤 의미를 지니는지에 대해, 그리고 요청의 충돌을 야기하는 다양한 신들의 존재를 자신의 신학이 인식하고 있었음이 어떤 의미를 지니는지에 대해 생각했어야 했다. 이것이 바로 코로스가 그들의 서사에 끼어든 제우스를 향한 송가에서 부르고 있는 것이다.(『아가멤논』, 160-184) 신화적 상상력을 통해 그들은 이 신이 어떤 존재가 될 수 있는지 그리고 폭력을 통해 우리에게 무엇을 제시하려 하는지를 묻는다. 다른 편에서 보면 아가멤논은 딸을 진정으로 '(돌)보도록' 스스로 방향을 잡았어야 했다. 그는 딸을 그저 희생양으로 보는 것이 아니라, 코로스가 보듯 자신의 딸을 보도록 방향을 잡았어야 했다. 샛노란 샤프란 옷을 떨어뜨림, 기도들, '아버지'라고 부르짖는 절규, 조용한 눈에서 보이는 비난의 기색 등을 그는 보았어야 했다. 코로스가 기억하듯, 그는 스스로 그녀의 온화한 음성과 잔칫상에서 빛나던 그녀의 충직하고 사랑스러운 모습을 기억했어야만 했다. 에테오클레스는 평소의 그처럼 외적外敵에게 예속될 운명에 처한 폴리스의 운명을 상상했어야 만했다. 그리고 전쟁에 시달리는 '가족들'의 비극, 너무나 생생하게 코로스가 남김없이 그려내어서 그를 짜증나게 하고 불쾌하게 만든 그 비극을 상상의 한 조각으로 스스로 보았어야 했다. 또한 그는 자신의 형제, 폴뤼네이케스와 함께 자랐다는 것이 어떤 의미를 갖는지 생각했어야만 했다. 그저 탄생, 부, 권력의 나눔만이 아니라, 아버지이자 형의 범죄에 대한 무거운 자각, '어머니라는 성스러운 밭에 뿌려진 씨'(『테바이를 공격한 일곱 장수』, 152-153), 그리고 그것이 밝혀졌을 때 아버지이자 형을 향한 저주의 무게를 함께 나누었다는 것이 어떤 의미인지를 생각했어야만 했다. 이처럼 진실되게 그리고 상상력을 동반해서 이들 사태를 직시했다면, 아마 그들은 괴로워하며 갈팡질팡 주저했을 수도 있고, 혹은 결정 자체가 바로 선명하게 떠올랐을 수도 있다. 갈등을 정확하게 인지한다고 해서 그것이 꼭 주저함으로 이어지는 것은 아니다. 상충하는 요청들 사이의 무게추가 한쪽으로 기우는 경우에도 그런 갈등이 발생할 수 있기 때문이다. 주저함 그 자체는 미덕으로도 결단력 부족으로도 보이지 않는다.

결국 훌륭한 행위자라면 그러한 상황에 처했을 때 좋은 성품의 사람이 느낄 만한 감정을 느낄 것이고 표출할 것이다. 그는 결정했다는 사실을, 인가받은 자축의 감정으로 대하지 않을 것이고, 하물며 선택된 행위에 대해 무제한적인 열정을 드러내는 감정을 용납하는 일 따위는 결코 없을 것이다. 그는 이것이 자신과 자신의 품성에 비추면 너무나 혐오스러운 행위임을 감정을 실은 행위를 통해 보여줄 것이고 진심으로 그렇게 느낄 것이다. 일정 정도 그는 '최악의 이름을 가진' 사람처럼 '행위'해야 하지만, 동시에 자신이 '감정'에 있어서, 즉 품성의 부분을 형성하는 감정 성향에 있어서 그런 사람과 전적으로 다르다는 것을 보여줄 것이다. 그리고 선택 행위 이후에는 기억하고, 후회하고, 그리고 스스로의 선택에 따라 그 대가를 기꺼이 치르려 할 것이다. 게다가 그의 감정은 단순한 유감, 즉 당면 상황에 개입하지 않은 관찰자 정도가 느끼고 표현할 만한 유감, 그 자신과 악행이 아무런 상관이 없는 상태에서 느낄 만한 유감일 리가 없다. 그것은 양심의 가책에 가까운, 비록 흔쾌히는 아니더라도 자신이 행위자로서 저지른 악행을 인정하는 마음과 밀접히 연결되어 있는 그러한 감정이다. (내게 익숙한 법적 사례를 통해 보면, 피고인 측 변호사는 그의 의뢰인이 자신의 과실로 지체부자유자가 되어버린 행인에게 보내는 편지에서 오직 '유감' 정도의 표현만을 해야지, 어떤 형태로든 사과를 하거나 그릇된 행위를 인정하는 듯한 감정 표현을 해서는 안 된다고 지시한다. 코로스가 짚는 요점은 이런 경우에 처한 행위자는 반드시 솜씨 좋은 변호사가 허락하는 정도 훨씬 이상으로 가야 한다는 것이다.)

코로스의 비난에서 감정적 요소가 얼마나 중요한 위치를 차지하는지를 깨닫는 순간, 우리는 해석자들을 괴롭힌 『아가멤논』의 한 구절을 완전히 새로운 시각으로 바라보게 된다. 코로스는 귀환한 왕을 대담하게 비판하고서는 명시적으로 바로 정념들을 향해 비난의 화살을 날리는데, 그것은 그들이 '의지'로 즉 칭찬과 비난을 합리적으로 판단할 때 부합하는 조건으로 간주한 정념들이다. '헬레네를 위해 군대를 내보내실 때 솔직히 말씀드려 나는 그대에게 아주 나쁜 인상을 갖고 있었어요. 그리고 그대가 제물로 자발적으로 담대한 기운tharsos hekousion을 불러일으켜 전사들을 죽음의 길로 인도하실 때는 마음의 키를 잘못 조종하는 것으로 여겼지요.'(799-804) 나는 알아볼 수 없어서 흔히 수정을 가하곤 하는 필사본의 희랍어를 그대로 번역해야 한다고 주장해왔다. tharsos hekousion이라는 구절 즉 ' 의지에 찬 담대한 기운' 구절은 많은 주석가들이 해석이 불가능하다고 느껴왔다. 그들의 주장에 따르면, 의심의 여지없이 hekousion(자발적인) 이나 akousion(마지못한) 같은 표현*은 오로지 '행위'에만 적용되어야 하지 '정념'에는 적용될 수 없고, 따라서 행위만 칭찬이나 비난의 대상이 될 수 있다. 따라서 이 '의지에 차서 고의로 한' 구절은 수정에 의해 제거되거나 아니면 헬레네를 향한 비난을 완곡하게 표현한 것으로 이해되었다. (이 경우 komizō라는 동사는 반드시 '다시 불러일으키다bringing back'로 읽어야 하는데, 그 해석에는 여러 심각한 난점이 있다.) 비난과 죽음의 길로 인도되는 전사들에 관한 언급은 분명 그럼에도 불구하고 아울리스 항에서의 일을 회상하는 것이다. 이 사건과 관련된 앞선 묘사에서 아가멤논이 '마음의 키를 잘못 조종하고' 있는 모습은 tharsos hekousion를 직역하면 매우 잘 포착된다. 그는 죽어가는 전사의 희생을 취하면서 끔찍한 대담함과 무모함을 불어넣고 고무했던 것이다. 그런데 단 하나의 편견이 이런 방식의 독해, 후반부 언급이 아울리스 항에 대한 코로스의 초반 해설을 적절하게 요약한 것으로 자리매김하며 수미쌍관首尾雙關을 이루는 방식의 독해를 보잘것없는 것으로 만들어 버리는데, 그것은

---

* hekousion과 akousion에 관한 더 깊은 논의는 9장에서 이루어진다. 그리고 관련된 용법이 아이스퀼로스의 『결박된 프로메테우스』, 19, 266, 671, 771, 854에서 나타나고, 소포클레스의 『콜로노스의 오이디푸스』, 827, 935, 965, 985-7도 참조할 수 있다.

정념의 자발적 본성과 관련된 편견으로, 후기 칸트주의 시절에 깊이 뿌리내렸고 그 이전 플라톤이 강력한 배경을 제공한, 그러나 아이스퀼로스는 알지 못했던 그리고 아리스토텔레스는 비판했던(9, 10장 참조) 편견이다. 물론 이런 해석이 논란거리라는 점은 분명하다. 다른 장면을 다룬 나의 주장 중에는 이 해석에 근거하지 않는 것도 있다. 하지만 이 해석은 이 불분명한 원전 구절의 뜻이 통할 길을 연다는 점에서 매력적인 면이 있다.

위 코로스의 성찰에는 언급할 만한 두 개의 부가적인 논점이 있다. 첫째, 왕의 반응에 대한 비난의 구성 요소들은 그 묘사가 외적으로 드러나는 방식으로 묘사된다. 이것은 극적 상호 작용을 위해 불가피한 것이다. 코로스는 그들이 본 것에 대해 말한다. 한편 감쪽같이 감정을 느낀 척하는 것과 진정성 있는 내적 반응은 완전히 다른 것임을 우리는 느낄 수 있다. 아가멤논은 기꺼이 대담함을 표출하고 생각의 흐름을 바꿨기 때문에 비난받는 것이다. 또 에테오클레스가 나쁜 사람으로 평가받는 이유는 그가 품은 정념 때문이지 비단 그의 행위 때문만은 아니다. 그들은 그의 '분기탱천한 미망'과 '기갈 든 욕망'에 죄를 묻는 것이다―물론 이런 죄는 어쩔 수 없이 외적 행위를 통해 추론할 수밖에 없지만. 이들에게 상상력과 감정이 어우러진 책임감을 요구할 때 거짓치레나 그저 큰 오점 없이 행동하는 것 정도로는 그 요구를 충족할 수 없음은 분명하다. 비난 섞인 인사로 아가멤논을 맞이하기 직전 코로스의 말은, '마음속으로 비탄 어린 찌르는 듯한 아픔을 느끼는 것은 결코 아니지요'라고 말하는 부분에서 감정을 숨기거나 동정하는 척할 수도 있음을 의식하고 있음을 보여준다. 그러나 그들은 외관을 더 의식하는 '많은 사람들'과 자신들을 분리하면서 그 사람들이 정의의 경계를 뛰어넘었다고 말한다. 그들은 특정 감정 혹은 생각의 유무를, 그들이 다루고 있는 품성과 관련된 중요한 무언가가 드러나는 계기로 간주한다. 만약 그 사람이 반응을 하지 않고 그저 반응하는 척만 하고 있다면, 그것이 위선에서 비롯된 것인지 아니면 상황 속에서 정의롭게 행위하려는 성실한 의도에서 비롯된 것인지에 따라 각각 다른 판단을 내릴 것이고 찬사와 비난도 그에 따라 다양한 방식으로 이루어질 것이다. 그들은 실제로는 그런 명확한 구분이 있을 수 없다는 것을 잘 알고 있다. 그럼에도 그들은 이런 점을 강조할 것이다.

결국 우리는 지금까지 갈등 상황을 품성 판단의 검증 과정으로 간주하면서 논의해 온 것이다. 사실 이런 사례들은 해당 행위자의 품성이 결론적으로 어떠했는지에 대한 새로운 정보를 우리에게 제공한다. (그래서 신학적 배경으로 되돌아오면, 가족에 대한 죄책감은 여기에서는 행위자 자신의 본성 면면을 통해 작동한다.) 그러나 『아가멤논』의 코로스가 보여주듯, 우리가 부가해야 할 것은 갈등 경험이 학습과 발전의 계기가 될 수도 있다는 점이다. 금언金言이라 할 만한 '고난을 통한 배움pathei mathos'이라는 말은 이피게네이아의 살해를 해설하기 직전과 직후에 반복되는데(『아가멤논』, 177, 250) 그 숨은 뜻은 만약 누군가 해결책을 바로 제시하기 어려운 사례를 제대로 보고 경험한다면 그 사례는 그들을 슬픔 어린 과정으로 끌고 갈 것이고, 그 과정은 자기 인식과 세계 인식의 향상과 함께 진행된다는 것이다. 어려운 사례를 구성하는 모든 면에서 정의롭게 행동하려고 정직하게 노력하면, 그래서 갈등의 여러 측면을 모두 보고 느끼고 나면 심사숙고 능력은 부쩍 커질 수 있다. 에테오클레스는 이전에는 자신의 염려와 정의로움을 연결시키지 못하다가, 선택 상황을 경험하면서 그 연결고리를 발견했을지도 모른다. 그리고 이 과정에서 아가멤논은 그가 자신 가족에게 빚지고 있는 경건함과 사랑에 대한 새로운 이해를 얻었을지도 모른다. 물론 비극적 갈등이나 비극적 고통이 없는 일상생활에서도 우리에게 부과되는 복잡한 요청들을 마찬가지로 분명하게 이해할 수 있다. 그럼에도 세상을 보는 눈이 뜨이려면 이런 고통을 동반한 충격이 필요함을 비극작가들은 알고 있었다. 소포클레스의 『필록테테스』에 나오는 네오프톨레무스는 스스로 고통으로 울부짖기 전까지는 다른 사람의 고통에 대해 알지 못했다. 그는 야망에 찬 자신의 계획과 진실을 말하고 정의롭게 행동하고자 하는 자신 의지가 충돌하는 순간을 고통스럽게 겪으면서 더 이상 '아이'가 아니라 결정에 책임을 지는 존재로 인정받는다.* 에

---

* Nussbaum, 'Consequences' 참조.

우리피데스의 작품에 등장하는 아드메토스는 알케스티스를 잃고 나서야 아내를 갖는다는 것, 자신과 분리된 다른 인간을 사랑한다는 것이 어떤 것인지를 알게 된다. 그는 회한과 자기 질책에 몸부림치며 '이제야 나는 알았다'고 외친다. 그리고 운명을 되돌릴 수 있음이 밝혀지는 순간, '이제 나는 내 인생을 전보다 너 나은 것으로 바꿀 수 있다'고 말한다.(에우리피데스, 『알케스티스』, 1158)

여기서 더 나아갈 수도 있다. 지금까지 우리는 마치 슬픔을 경험하는 것이 그저 지성에 의한 그리고 지성 안에서의 자기 인식을 위한 수단인 양 이야기했다. 다시 말해서 우리가 '고난을 통한 배움'의 의미를 '고통(스러운 경험)이라는 수단을 통해 (지적인) 이해에 도달하는 것'으로 새긴 것이다. 즉, 원칙적으로 우리 인간의 실천적 상황을 완전하고 정확하게 이해해야 다른 도움 없이 지성이 홀로 설 수 있다는 것이다. 그러면 비극의 등장인물들은 오로지 그들의 결함과 맹점들 때문에 정념을 동반해서 반응하도록 요구받는 것이다. 이런 독해는 결과적으로 (비극과 삶 모두에서) 비극의 순전히 도구적 가치 측면만을 전적으로 경험한다고 보는 것인데, 이런 방식이 내게는 (시인을 부정하는) 철학자에 대항하여 내놓는 시인의 주장을 사소한 것으로 만들어 버리고 또 철학자에게 유리한 방식으로 양자의 싸움을 왜곡하는 것처럼 보인다. 한편 다른 식으로 살펴보면 아이스킬로스의 주장을 좀 더 온당하게 다룰 수도 있다. 여기서 우리는 정념적 반응과 고통을 그 자체로 실천적 인식 혹은 지각으로 보거나, 적어도 등장인물이 당면 상황 속에서 인간으로서 정확하게 이해한 내용의 일부를 구성한다고 본다. 네오프톨레무스의 부르짖음과 코로스의 밤잠 설친 괴로움 등은 지성만 가지고는 파악할 수 없다. 그것은 인간이 처한 힘든 현실에 대한 인정 혹은 받아들임의 조각들이다. 인간은 고통을 통해 일종의 삶을 얻게 되는데, 왜냐하면 고통은 이런 경우에 인생을 살아가는 방식에 대한 적절한 받아들임을 의미하기 때문이다. 그리고 일반적으로 보아도, 지성만 가지고 사랑이나 비극을 이해하면 인간에 대한 진정한 앎을 얻기는 힘들다. 이피게네이아가 그의 자식이 아닌 적은 한 번도 없었다는 사실을 아가멤논이 정확히 알고 있었다면, 그녀의 진짜 모습을 둘러싼 많은 의문을 바로 그 '사실'이 제대로 대답해줄 수 있음을 '알았을' 것이다. 그러나 그의 감정, 상상력, 그리고 행위를 보면 그는 딸과의 연결고리를 인정하지 않았기 때문에, 우리는 그가 미망迷妄보다도 못한 앎의 상태에 있다고 말하는 코로스의 입장을 만나게 된다. 그는 그녀가 자신의 딸이라는 사실을 '제대로 알지' 못한다. 진정한 이해를 위한 조각 하나가 빠져 있는 것이다.(10장, 막간 2장도 참조) 물론 운 좋게 극단적인 비극 상황에 처하지 않고 이런 이해와 정확한 반응, 그리고 인식을 얻는 사람도 있다. 그러나 여기 두 주인공처럼 미망과 부정으로 얼룩진 비극적 상황을 겪는 사람도 있다. 혹은 나아가 고통스러운 경험으로 거칠어지고 오히려 인격이 망가지는 사람도 있다.(13장 참조) 그러나 행운을 불운으로 만들고 비극을 희극으로 만드는 사람 역시 있을 수 있는데, 인간에 대한 정확한 인간적 인식을 얻기 위해서는 비극적 상황에 노출되고 또 그 상황에 의해 경악하는 경험이 있어야 한다는 점에서 그렇다. 그리고 이런 인식을 바탕으로 우리는 타인의 영역에 대한 인식도 확장할 수 있다. 제우스를 위한 송가 말미에서 코로스가 '이는 분명 저 두려운 키잡이의 자리에 앉아 힘을 행사하시는 신들께서 내려주신 은총이라네'(『아가멤논』, 182-183)라고 말할 때 의미하는 바가 아마도 그런 것이다.

또한 관객으로서의 우리 자신이 품은 정념pathē의 측면, 즉 공포와 연민에 우리 자신이 반응하는 측면에서 보면 이런 종류의 배움을 얻고 바로 우리 자신의 것으로 만들 수 있다는 것 역시 분명하다. 시인은 그저 사변적인 앎으로 향하는 플라톤식의 길을 열어 보여주지 않는다. 플라톤과 결을 달리하는, 그들의 입장은 한층 더 심오하다. 그들은 원칙적으로 지성만으로는 얻을 수 없는 앎의 활동이 이루어지는 상황을 제시하려 한다. 그들의 주장을 받아들일 만하다면 그들의 작품(혹은 비슷한 작품)은 이런 문제를 제대로 탐구할 때, 없어도 그만인 그런 것이 아니라 결코 없어서는 안 되는 것이 된다.(우리는 막간 2장에서 그들의 주장을 좀 더 심도 있게 살펴볼 것이다.)

지금까지 우리는 아이스퀼로스가 펼친 비논리적인 세계 속에 관철되는 또 하나의 논리를 찾는 작업을 했다. 꼭 집어 말하면, 두 개의 윤리적 요청 사이에서 벌어진 우연적 갈등을 반드시 논리적 모순으로 볼 필요는 없다는 점을 살펴보았다. 그리고 이와 마찬가지로 자유와 필연성의 '불일치'가 다름 아니라 자연적 여건이 선택 가능성을 제한하는 상황의 정확한 묘사일 수 있음도 살펴보았다. 이렇게 보면 아이스퀼로스가 묘사한 것은 딜레마에 마주칠 때 겪는 우리의 직관적 경험과 매우 유사한 것으로 보인다. 그럼에도 그 묘사의 한 측면은 여전히 낯설고 이상하게 느껴질 수 있다. 또 이성이나 합리적 의지의 통제 아래에서는 드러나지 않는 반응력, 욕구, 정념, 상상력 같은 것으로 어떻게 합리적으로 행위자를 상찬하거나 비난할 수 있는지 여전히 우리에게는 이해하기 어려운 것이다. 이미 우리는 코로스의 인사를 해석할 때 받는 느낌만으로도 이 어려움의 깊이를 감지했다. 사실 이는 품성과 행위를 다룬 아리스토텔레스의 견해에 핵심적인 요소가 되기 때문에 우리는 이후 더 본격적으로 이를 살펴볼 것이다.* 그러나 이 어려움을 해결하는 데 비극이 제시하는 사례들은 도움이 된다. 여기서 그런 어려움을 느낀 사람은, 감정적인 반응이란 아무런 통제도 받지 않는 것이고 따라서 행위자가 사려 깊게 일궈낸 품성의 일부분이 될 수 없다고 생각하는 사람일 가능성이 많다. 그러나 비극의 사례들은 아가멤논이 그의 이상한 느낌과 반응을 '조장하고', '날려 없애고', '방향을 틀고' 하는 것을, 또 에테오클레스가 그의 좁은 시야로 일의 중요성을 재단해버리고 이를 따라 그의 감정을 모양 짓고 형성하는 것을 보여준다. 다른 걸 다 떠나서, 비극은 코로스 속 남녀가 스스로 보고, 알아채고, 반응하고 기억하는 것을 그리고 이런 사건들에 대한 기억 속에서 반응력을 키우는 것을 보여주는데, 이런 과정은 '마음이 언제나 잠 못 이루고 고뇌의 기억으로 괴로워할'(『아가멤논』, 179-180) 때까지 지속된다. 이 행위 이전에 이미 코로스가 존재했다는 점 그리고 심지어 수년 뒤까지 그 행위와 관련된 이야기를 참을성 있게 계속해왔다는 점은, 이런 복잡함에

---

* 본서 9, 10장 참조.

맞서 반응력을 갖추고 주의를 기울이는 것이 실천적 합리성이 수행할 수 있는 그리고 해야만 하는 일임을 우리에게 일깨워준다. 그리고 합리성이 수행하는 이런 종류의 일은 좁게 이해된 이성이나 지성의 실행보다 행위자에게 더 많은 것을 요구하기 마련이다. 우리는 또 여기서 감정과 사유 사이를 양방향으로 가로지르는 이해와 수양을 볼 수 있다. 우리는 기억과 숙고를 바탕으로 한 감정을 바라보면서 정념pathos을 통해 배움을 얻는다.(동시에, 우리가 좋은 관객이라면 스스로 반응하면서 이 복잡한 교차를 경험할 수도 있다.) 이런 교차가 어떻게 윤리적 결실을 맺는지 알아차릴 수 있을 때, 그리고 정념이 사유를 이끌어 인간적 이해에 도달하게 하고, 또 그 이해의 한 부분이 되도록 돕는다는 점에서 정념의 '합리성'을 알아볼 수 있을 때, 우리는 그제야 오직 지성과 의지만이 윤리적 평가에 적절히 부합하는 대상이라는 견해를 옹호하는 사람들에게 논증의 부담을 지도록 했다는 느낌을 얻을 수 있다. 다시 말해서 그런 견해가 허약해질 여지가 생기는 것이다. 비극 작품은 자연적 사건들이 횡행하는 세상에서 우연히 탄생하는 필멸의 존재가 지닐 수 있는 실천적 지혜와 윤리적 책임이 어떤 것인지를 우리에게 보여준다. 그런 것은 순수한 지성도 순수한 의지도 아니다. 이런 세상에서는 아무리 숙고를 거듭한들 얻을 수 있는 것이 그리 많지 않다.

V

이제 우리는 이러한 갈등을 불일치와 동일시하는 철학자들에게로 다시 눈을 돌리면서 어떤 면에서 비극이 제시하는 사례가 그들의 논증에 빛을 줄 수 있는지를 타진해야 한다. 사르트르라면 이런 난제들의 도덕성은 행위자가 윤리적 원리의 질서 잡힌 체계를 형성할 때는 하등의 쓸모가 없다고 말할 것이다. 아가멤논이 본 것은 신에의 복종 원리와 가족 의무 원리가 화해 불가능한 형태로 충돌할 수 있다는 것, 그래서 어느 한쪽의 원리를 등질 수밖에 없다는 사실이다. 이런 경험을 통해 그는 원칙에 입각한 신조만으로는 결코 좋은 삶을 살 수 없음을 알게 된다. 극단적인 상황에서는 당신의 행위가 기대지 못하는 그런 것에 평상시에는 얽매어 있다면, 그것은 어리석게도 그릇된 믿음을 품고 있는 셈이다. 아가멤논이 사르트르적 영웅이었다면, 자신을 전적으로 자유롭고 얽매이지 않으며 실체가 따로 없는 존재로 간주하면서, 또 유감없는 선택 상황 속에서 급진적 자유를 부르짖으며, 갈등의 순간에 서로 다투는 두 원리 모두로부터 자신을 분리시키려 할 것이다.

아가멤논의 딜레마에 이런 식으로 접근하면 이를 윤리적 삶의 중대한 위기로 간주할 수 있는 장점이 있다. 그러나 이런 방식은 임의적이고 기괴한 방식으로 이 위기를 해체해버린다. 이 사례는 우리에게 삶을 이끄는 두 개의 구속이 구체적 상황에서 우연히 충돌할 수 있음을 보여준다. 물론 이 사례가 그 두 구속 사이의 어떤 논리적 모순 관계를 보여주지도 않고, 나아가 비교할 수 없이 훨씬 더 흔한 숙고가 필요한 상황을 그릇된 방향으로 이끌지도 않음은 분명하다.* 우리는 일련의 신조들 안에서 벌어지는 갈등이, 얼마나 많은 위험을 품어야 그 구속이 비합리적이라고 할 만한지는 아직 묻지 않았다. 그러나 아주 드물고 기이한 상황에서, 우리는 서로 충돌할 수 있는 일련의 신조들에 어떤 비이성적인 구석도 없다고 분명 느낀다. 나아가 이 기이한 상황 속에서 아가멤논이 내린 결단이 그를 잘못 이끈 것인지조차도 분명하지는 않다. 그를 이끈 것은 우연히 불일치하게 된 두 개의 행위 각각에 구속되었다는 그의 느낌이다. 그리고 그 두 행위가 우연히 불일치하게 된 것이라면, 구속되었다고 스스로 느낀 것을 어쩔 수 없이 등지게 된 사람처럼 반응하고 생각해야만 한다. 그리고 그런 생각과 감정이 모두 덕성스럽고 심지굳은 성품을 드러내고 나아가 강화하는 것이라면 이렇게 이끌려지는 것은 바람직하다고 본다. 사르트르식 행위자는 여기서 성품과 원칙을 빼버린 존

---

* 이 생각은 '육체로 보기sight of the body'와 '영혼으로 보기sight of the soul'가 상호배제적이라고 주장하는 디오티마를 다룬 6장에서 좀 더 발전된 형태로 논의될 것이다. 또 13장에서는 안목과 우정philia의 관계를 논의할 것이고, 10장에서는 '지각에 따른 결정'을 주장하는 아리스토텔레스의 입장을 살펴볼 것이다.

재, 자유를 임의적으로 휘둘러 우리로서는 도무지 파악하기 어려운 존재다. 위 두 사례에 등장하는 감정과 상상력을 동반한 행위의 적절성 여부를 판단하기 위해서는 (행위자 자신의, 아니면 행위자가 그러한 것을 갖추지 못했음을 증명하는 국면에서 코로스의) 진행 중인 품성과 가치-신조의 배경을 반드시 전제해야 하는데, 이 품성과 가치-신조를 통해 행위와 반응의 평가가 이루어지기 때문이다. 그리고 여기서 진행 중인 품성이라는 개념은 도덕적 평가의 가능성을 연다. 우리는 순간순간 임의대로 행동하는, 어떠한 일반적인 신조도 자신과 일치시킬 의지가 전혀 없는 행위자에 관해 어떻게 말해야 하는지 알지 못한다. 코로스는 나름의 원칙을 가지고 자신의 자유를 대담하게 부르짖으며 자랑스럽게 살해를 자유에 입각한 행위라고 주장하는 아가멤논을 보았다면 분명 움찔했을 것이다. 이는 아가멤논이 행한 것과는 거리가 멀다. 그들은 그를 미친 사람이라고 일컫는다.

좀 더 온건한 입장에 선 사람은 헤어이다. 우리가 갈등을 일으키는 원칙들을 모조리 내버릴 필요는 없다. 단지 원칙들을 조정해서 최종적으로 해당 경우에 갈등을 발생시키지 않도록 하면 된다. 규칙의 천명을 위해 예외의 등급을 적절하게 나누고 받아들이면서 우리는 이 원칙들을 더 정확하게 만들고 이를 통해 다가오는 미래 상황에 더 잘 대처한다. 아가멤논의 사례라면 헤어는 '죽이지 말라' 혹은 '네 가족 성원을 죽이지 말라' 등의 원칙을, '네 가족 성원을 죽이지 말라, 신이 명령할 때를 제외하고'와 같이 재구성하려 할 것이다. 줄곧 그의 원칙이 되어 온 것은 '이런 것'이어야 했다. 그러나 우리는 위 두 사례가 헤어의 전시 상태의 사례와는 동일하지 않음을 느낀다. 전쟁의 경우 예외가 규칙 속에 이미 암묵적으로 들어 있고 조정 작업으로 큰 변화가 생기지는 않는다고 보아야 한다. 그러나 아가멤논의 사례를 보면서 우리는 규칙이 단순하게 '죽이지 말라'였음을 느끼고, 우리가 이해한 바로는 그 규칙은 그런 예외를 용납하지 않음을 느낀다. 그렇다고 살해 과정에서 가장 바람직한 상황이란 어떤 경우에도 있을 수 없다고 말하는 것은 아니다. 여기서 의미하는 바는 그렇게 이성적으로 정당화할 수 있는 살해라 할지라도 도덕적 요청을 위반한 것이고 따라서 위반 상황에 적합한 감정과 생각을 필요로 한다는 것이다. 헤어처럼 규칙을 조정하면, 아가멤논이 스스로 숙고하면서 우리에게 표출하는 바로 그 변화가 일어난다. 즉 공포에서 안심으로, 뭔가 잘못되었다는 느낌에서 정당한 것을 알아냈다는 느낌으로의 변화가 일어나는 것이다. 이 전환은 비극의 통찰과 부합되지 않는다.

마지막으로 우리는 칸트로 다시 돌아가야 하는데, 그는 실천 이성 원칙들 사이에는 일관성이 있어야 한다고 주장하면서, 자신의 견해로도 당연히 실천적 책무 사이의 심한 갈등으로 볼 수밖에 없는 것을 완화시키려 한다. 일관성 요구는 분명 그릇된 요구는 아니다. 그러나 우리는 우연적 충돌과 논리적 비일관성을 구별할 필요가 있다. 그러나 (사르트르처럼) 칸트도 의무의 충돌을 다룬 이 구절에서 이 둘을 구별하지 않는다. 이성적이라 평가받기 위해서 행위자의 신조가 얼마만큼 갈등의 위험을 피해야 하는가는 미결未決로 남는다. 그러나 가장 복잡하게 얽혀 있는 신조들의 집합은 어떤 가설적 상황에 마주칠 때 어느 선까지는 내적으로 비정합적이거나 비이성적인 것으로 간주되지 않으면서 갈등을 감수한다. 그러한 갈등 감수는 인정과 면밀한 검토를 필요로 하는 실천적인 삶의 내용이다. 그럼에도 칸트는 이에 동의하지 못한다. 의지 내부 측면에서는 아무런 갈등도 없는데, '계모와 같은 자연 속에서 일어나는 우연적 사건'이 이성적 행위자의 숙고를 방해해서는 안 된다. 내적 조화와 자기 존중을 바탕으로 한 도덕적으로 훌륭한 사람, 자신의 법칙을 자율적으로 입법하는 사람에게 세계 속에서 그저 우연적으로 일어나는 사태 따위가 영향을 미칠 수는 없다. 그러나 에테오클레스와 아가멤논을 칸트식 입법자로 간주했을 때, 그들이 겪은 세계가 어떻게 다가오는지 진지하게 생각해보자. 그들에게 입법이 필요할 때 우연의 세계는 그들 뜻대로 따라주지 않았고 이는 내적 조화에 나쁜 영향을 미쳐 '왔다.' 특히 그들 자신의 법칙을 위반하면서 우연의 세계는 그들에게 부끄러운 일을 행하는데, 그 일은 자신들 입법 규칙에 의거한 바로 그 기준에 의해 처벌 대상이 되는 것이다. 여기서 우리가 칸트에게 할 수 있는 말은 그의 원칙을 충분히 진지하게 고려한 행위자라 해도 그 원칙을 위반할 수밖에 없는 필연성에 시달리게 된다는 것이다. 법칙이 진정한 법칙이라면, 그 법칙의 위반은 진정한 위반이다. 적어도 행위자가 숙고를 거쳐 행위하고 자신이 무엇을 하고 있는지 온전히 알고 있다면 상황을 스스로 만들었든 그렇지 않든 마찬가지다. 죽이지 말아야 할 의무는 어떤 상황에서나 관철되어야 하는 의무다. 이런 갈등 상황이 왜 의무 지는 것을 멈추게 해야 하는가? 법을 위반하면 비난이나 처벌이 반드시 있어야 한다. 그것이 법을 진지하게 취급하는 의의이고 누군가의 자율성을 진지하게 취급하는 의의이다. 칸트의 견해는, 정확하게 자신이 피하기를 원하는 바로 그것을 역설적으로 주장하는데 왜냐하면 도덕법의 권위에 구속되는 것으로부터 행위자를 해방시키는 힘을 가질 기회를 주는 꼴이 되기 때문이다. 세계의 우연적 간섭으로 의무가 사라질 수는 없다고 우리가 주장할 때 칸트의 의무 관련 견해의 심연에 존재하는 동기의 부분이 뒤이어 떠오른다고 우리는 주장할 수 있다. 희랍의 다신론은 놀랍게도 어떤 유일신교의보다도 칸트식 도덕성의 특정 요소를 잘 분석해낸다. 다신론은 어떤 상황이든 상관없이 각 윤리적 책무에 관한 최상의 그리고 구속적인 권위, 말하자면 신성을 주장한다. 이 권위는 신들 자신의 충돌마저 포함한다.

사정이 이렇다면, 아이스퀼로스가 그 자체로 풍부함과 깊이를 갖춘 '실천적 갈등의 문제'에 대한 '해결책'을 보여준다고 하기는 어렵다.(그가 성취한 것은 자신의 시적 원천과 밀접히 관련되어 있는데 그 원천을 통해서 그는 해당 장면을 우리 앞에 생생하게 현시하고 그 장면을 둘러싼 논쟁을 우리에게 보여주며 그 평가에 꼭 필요한 반응을 우리 안에서 불러일으킨다.) 그러면 그는 이 문제를 풀 이론적 해법을 위해 가장 중요한 일을 한 셈이다. 그러나 우리에게 그가 무엇을 제시했는지를 알아차린다면, 우리는 그 '해법'으로 정작 문제를 풀 수는 없다는 것도 알아차려야 한다. 그 해법이라는 것은 그저 문제를 대충 묘사했거나 잘못 묘사한 것에 불과하다. 그 해법은 여기서 나타나는 것들—요청을 잃게 만드는 힘, 회한과 인정을 위한 좋은 품성의 요구 등—을 관찰하지 못한다. 따라서 우리는 더 결정적인 '해법'을 얻기 위해 이 문제를 묘사한 이런 면면들을 제거하거나 수정해야 한다고 생각한다. 아이스퀼로스는 여기 해법처럼 따로 떼서 규정할 만한 것은 오로지, 갈등을 명료하게 묘사하고 또 직시하고, 출구가 없다는 사실을 인정하는 것 정도라고 우리에게 시사한다. 행위자로서 최선은, 고통을 느끼고 자신의 좋은 품성을 자연스럽게 표출하며 오도된 낙관주의에서 비롯된 반응들과 다투지 않는 것이다. 우리(그리고 코로스)가 그를 위해 해줄 수 있는 최선은 그의 곤경의 무게를 존중하고 그의 선함이 표출하는 반응을 존중하며, 그의 경우가 인간의 삶 속에서 얼마든지 가능한 일반적인 것임을 보여주면서 해당 경우에 대해 생각하는 것뿐이다.

아이스퀼로스식 해석이 이룬 두 번째의 의미 있는 성취는 첫 번째 성취 가운데 놓여 있다. 이들 사례를 묘사하면서 아이스퀼로스는 사실 직관적 그림의 일부분인 고통과 회한이 또 다른 삶의 영역인 윤리적 선과 어떻게 그리 철저하게 엮이는지를 보여주었다. 가치에 대한 진지함, 신조의 일관성, 그리고 다른 사람뿐 아니라 우리 자신도 유지하고 발전시키기를 소망하는 동정적인 반응을 통해 이 두 요소는 결합된다. 그의 주장은 인간의 선에 이 직관적 그림이 걸쳐 있는 상황이 내뿜는 비극적 힘을 인정하지 않고서는, 우리는 사실상 선의 다른 가치 요소, 즉 내적 정직성, 현행법에 대한 충실한 준수, 눈앞의 것에 대한 반응 등을 유지할 수 없다는 것이다. 위기 상황에서 우리가 다른 신조와의 충돌로 하나의 신조로부터 자신을 떼어놓을 수 있는 그런 상태라면 우리는 훌륭하다고 하기는 어려운 상태에 있다고 보아야 한다. 그러면 선 그 자체로는 더 이상 나아갈 수 있는 해결책이 있을 수 없다.(처음 성취와 마찬가지로 두 번째 성취도 품성 혹은 선택의 확장된 패턴을 우리에게 보여줄 수 있는 비극의 원천에 의존하는 것 같다.)

이런 식으로 비극시는 살아 있는 실천적 선택의 복잡한 '현상들'을 돌려주고 한편 보존해준다. 그리고 이런 방식으로 문학이 윤리학에 기여하는 결과를 낳는 것 같다. 그러나 이렇게 말하면 한편으로는 비극시의 복잡성을 평가절하하는 셈이다. 비극시는 직관적 입장의 힘을 보여줄 뿐 아니라 동시에 죄와 회한이라는 중대한 위험을 피하려 이런 곤경에서 탈출하려는 동기의 위력을 보여준다. 갈등 문제의 해결책을 얻고자 하는 충동은 비극에서는 낯선 것도, 별스러운 전문가들끼리의 탁상공론도 아니다. 그것은 인간의 가능 양태로 비극 속에, 즉 아가멤논의 숙고 속에 그리고 에테오클레스의 전략 속에 현존한다. 인간적 '현상들'을 진정으로 탐구하는 다른 작품들처럼 이들 비극은 '비극적 관점'을 따라 가면서 이 관점이 어떤 근원을 통해 부정되는지를 보여준다. 이렇게 비극적 관점과 그 부정의 관점은 서로를 명확하게 밝혀준다. 어떤 야망에 찬 이성적 존재에게는 이 '비극적 관점'이 참을 수 없이 고통스럽다는 것을 이해하지 못하면 우리는 비극적 관점 역시 온전하게 이해할 수가 없다. 비극을 이런 문제에의 이론적 '해결책'을 거부하는 작품으로 간주하는 것은 지나치게 단순하게 비극을 바라보는 것이다. 비극은 그런 작품이 아니다. 비극은 해결책을 발견하고자 하는 인간의 욕구를 충족하는 역할을 하는 희랍 윤리 이론의 탄생과 구조를 남김없이 탐구할 것을 요청한다. 본 연구의 이런 양면성은, 몇몇 저명한 철학자들로 하여금 갈등과 우연성 문제에 대한 그들 자신의 해결책을 어렴풋이 볼 수 있다고 유혹하는 비극 작품인 소포클레스의 『안티고네』에 한층 더 심도 있게 새겨져 있다.

3장 『안티고네』: 갈등, 시야 그리고 단순화

아가멤논과 에테오클레스는 잘못한 것이 전혀 없는데도, 좋은 품성의 사람이라면 혐오감과 양심의 가책 그리고 고통스러운 기억이 될 만한, 아니 그렇게 되는 것이 적절하다고 할 만한 상황에 처한다. 그런데 누군가는, 그럴 수 있음을 인정하면서도 실천적 지혜를 십분 활용하여 계획적으로 삶을 꾸리면서 최대한 그런 상황을 모면할 수도 있다고 주장한다. 아가멤논이 처한 상황은 극단적이면서도 예측을 불허하는 재앙이라 할 만한 것이었다. 그런 보기 드문 불운을 만나면 온전히 자신을 보호하기는 어려울 것이다. 그러나 적어도 평범한 삶의 과정 속에서는 심각한 갈등을 모면할 만한 인생과 신조를 구축할 수는 있다. 그중 확실한 방법 하나는 가치-신조의 구조를 단순화해서, 자주 발생하는 갈등이든 드물게 발생하는 갈등이든 그 발생의 조건을 야기하는 근심걱정들에 스스로 매몰되지 않도록 하는 것이다. 사실 흔히들 이 정도 선에서, 즉 실천적 갈등을 모면하는 선에서 사람들이 지닌 합리성의 규준을 설정하곤 하는데, 또 이는 흔히 생각할 때 정치 체계가 세계에 질서를 부여하면서 충실한 사람들의 노력이 안정적 성공으로 이어지게 할 때 기능하는 합리성의 조건과 같은 것이다. 이런 견해는 기원전 5세기 아테네에서는 일반적인 것이었고 다음과 같은 이유로 비극의 주요 주제가 되었다. 본서 2장에 등장하듯, 고통스러운 경험을 겪고 나면 인간은 자연스럽게 그런 경험을 제거할 방도를 모색하기 마련이다. 한편으로 이런 견해는 개별적 사례에 대한 '비극적 관점'을 옹호하는 사람들에게까지 공격받는 와중에도 현대 사유에서는 단단히 자리 잡는데, 이는 심오하게 채색된 고대 비극에 대한 현대의 비판으로 이어진다. 그 비판에 따르면, 세계 속에서 인간이 가치와 관련 맺는 양상은 심각하게 비극적이지도 않고 또 그래서도 안 된다는 것이다. 즉 전형적인 비극적 사태를 발생시키는 위험 요소를 잘라낼 때 그것을 무시했다고 비난받는 데까지는 이르지 않는 선에서 그리고 그 과정에서 치러야 하는 손실이 그다지 심각하지는 않은 선에서 가능하거나 가능해야 한다는 것이다. 만약 이렇다면 비극은 윤리적 삶과 사유에 있어서 원시적인 혹은 미개한 단계를 표현한 것에 불과한 것이 된다.

비극이 이러한 견해를 어떻게 다루는지를 살피려면 반드시 그 희곡 전체를 해석해야 한다. '삶의 경로' 전체와 가치 판단의 역사를 검토하는 방식을 취해야 하는 것이다. 그런 점에서 소포클레스의 『안티고네』는 이 과업을 위한 적절한 선택이 될 것이다. 이 작품은 행위자의 신조 그리고 사랑의 구조를 단순화함으로써 갈등과 긴장을 미리 막으려는 각기 다른 두 종류의 시도를 행하고 있기 때문이다. 그리고 『안티고네』는 그러한 시도를 가능케 하는 것이 무엇인지를, 비극적 위기에서 그런 시도가 되는 것은 무엇인지를, 그리고 마지막으로 이런 전략이 실천적 지혜를 포함하는지 아니면 세계에 대한 전적으로 다른 접근에 들어 있는지를 묻는다.

『안티고네』는 실천적 이성을 다룬 비극이고, 실천적 이성이 세계를 어떻게 질서 짓고 바라보는가에 관한 비극으로 숙고와 추론, 인식과 시각에 대한 단어들로 빼곡 채워져 있다는 특징이 있다. 『안티고네』는 '넌 알고 있니?' (2)라는 실천적 위기에 대해 물음, 그리고 그 물음이 동반하는 요구 사항을 올바르게 살펴보라는 요청과 함께 시작된다. 한편 실천적 지혜to phronein가 인간이 잘 살기eudaimonia 위해 가장 중요한 요소라고 주장하면서 극을 끝맺는다.(1348-1349) 또한 『안티고네』는 가르침과 배움, 세계를 보는 시각의 변화, 그리고 진실에 대한 지배력의 상실과 매우 까다로운 종류의 지혜의 습득에 관한 작품이다. 여기서는 이 복잡한 사례에 대해 잘 알고 있다고 자신 있게 펼치는 주장에서 '어디로 시선을 돌리고, 어디로 향해야 할지 모르겠구나'로, 그리고 종국에는 실은 덜 자신 있는 지혜를 배운 것이라는 주장(1353)으로 옮겨 간다.

극중 인물들은 각자 심각한 실천적 갈등을 미연에 방지할 수 있는 선택 세계에 대한 나름의 시각을 지니고 있다. 심사숙고를 거친 단일한 기준을 각각 갖고 있고 그 기준에 의해 잘 질서 잡힌 일군의 관심사를 갖고 있다. 그렇기 때문에 그들 각자는 범상치 않은 자신감과 안정감을 갖고 선택 문제에 접근한다. 또 그들은 운의 침해로부터도 유난히 안전한 듯하다. 그럼에도 우리는 그들의 안목에 다소 문제가 있다고 생각하지 않을 수 없는데, 그들 각각은 인식을 제거해버렸고 주장들을 부정했으며 그들이 지닌 가장 적절하거나 진실된 이름이 아닌 이름으로 당면 상황들을 지칭했다. 안티고네 쪽은 그나마 그 결정의 실제 내용에 있어서 훨씬 더 정확했으나 편협한 시야를 가졌다는 점에서는 매한가지였다. 우리는 이러한 편협함에 관해 그리고 어떻게 이를 비판할지에 관해 따져 물어야 한다.

두 등장인물의 야망과 결핍에 관해서 묻는 것만으로는 부족한 감이 있으나 그 물음에서 출발해야 함은 분명하다. 헤겔의 잘 알려진 해석에 따르면 『안티고네』라는 작품은 그 자체로 결핍을 지양하는 동시에 상반되는 가치의 갈등을 해소하고 종합하는 데 기초를 제시한다. 이 작품에서 상반된 가치의 긴장은 그릇된 방식으로 해소되지만, 어떻게 해소되는 것이 바람직한 방식인지는 우리에게 보여준다. 따라서 우리는 또한 작품 전체를 조망하면서 헤겔의 주장을 평가해야만 하는데, 코로스의 대사와 관련해서는 더욱 그러하다. 이런 점 때문에 우리는 소포클레스가 능동성과 수동성, 만듦과 만들어짐, 명령 내림과 응답하기 등의 문제를 다루는 방식에 대해 묻지 않을 수 없는 것이다. 한마디로, 세계와 정면으로 맞서는 실천적 지혜의 이상한 모험을 다룬 복잡한 이야기를 밝혀내지 않을 수 없다.

희랍 단어 '데이논deinon'은 이 모험에 실마리가 될 수 있다. 영어에는 이 단어에 딱 들어맞는 번역어가 없다. 대체로 두려움 혹은 놀라움을 불러일으키는 어떤 것이라고 번역되고는 한다. 한편, 다른 문맥에서는 인간 지성의 눈부신 광휘나 사탄의 무시무시함 혹은 운명의 끔찍한 힘 등으로 번역되기도 한다. 어쨌든 데이논적이라 일컬어지는 것은 다소 이상하고 어색한 것을 의미한다. 그리고 이상스러움, 그리고 두려움을 불러일으키는 힘, 이 둘은 서로 긴밀히 연결되어 있다.(데이논은 어원적으로 데오스deos 즉 '두려움'과 관련된다. 또한 프랑스어 'formidable'과 통한다.) 데이논은 종종 불협화음이라는 뜻도 갖는다. 어떤 것이 그 주변이나 기대 혹은 바람과 어울리지 않음을 의미하기도 하는 것이다. 그래서 사람은 좋은 쪽으로든 싫은 쪽으로든 그런 것으로 인해 놀라게 된다. 이 단어의 함축이 너무나 다양하기 때문에 칭찬할 만한 인물에 대해 명시적으로 사용할 수도 있고 한편 끔찍한 무언가를 반어적으로 비꼬면서 표현할 때 사용할 수도 있다. '세상에 무서운deinon 것이 많다 하여도 사람보다 더 무서운deinon 것은 없다네.' 이처럼 사람에 대한 코로스 송가의 시작은 우리가 보듯 대단히 모호하다. 한편 명백히 절망적인 결론, 즉 '운명의 힘은 무서운deinon 것이오'(952)라는 구절 역시 마찬가지로 모호하다. 여기서 인간은 무섭고 놀라운 존재로 드러나는 동시에 세계를 단순화하고 제어하려는 야망을 품은 괴물 같은 존재로 드러나기도 한다. 우연성 즉 두려움과 혐오의 대상은 동시에 훌륭한 것, 인간 삶을 아름답고 신나는 것으로 만드는 구성 요소로 드러날 수도 있다. 따라서 이 단어는 아름다움과 불협화음 사이의, 가치와 (부도덕함의) 폭로 사이의, 그리고 탁월성과 놀라움 사이의 관계를 탐구하려 하는 연극에서 핵심 위치와 잘 어울리는 것이다. 우리는 『안티고네』를 규정하기 어려운 각양각색의 측면에서 데이논을 탐구한 작품으로 볼 수 있다.

|

우리가 문제 삼아야 할 것은 『안티고네』 속에 드러나는 숙고의 의미이다. 따라서 우리는 숙고하고 있는, 어찌해야 할지 모르고 있는 한 등장인물에 대한 이야기에서 시작할 것이다. 그는 발을 질질 끌면서 무대로 등장한다. 그의 순박한 얼굴과 몸짓에는 주저함과 혼란스러움이 선연하다.

> 왕이시여, 저는 숨이 차도록 급히 달려왔다거나
> 발걸음도 가벼이 열심히 걸었다고 말씀드리지는
> 않겠어요. 걱정이 앞서 도중에 저는 여러 번
> 멈춰 섰고, 되돌아갈까 하고 돌아서곤 했으니까요.
> 제 마음이 제게 여러 가지 경고를 했기 때문이지요.

'어리석긴, 벌 받을 게 뻔한데 뭐하러 그리 급히 가지?'

'불쌍한 녀석, 또 꾸물대는 거야? 크레온 님께서 이 소식을
다른 사람에게서 들으시면 뒷감당은 어떻게 하려고?'

이런 일들을 생각하며 저는 느릿느릿 걸어왔고,

그러다 보니 짧은 길이 먼 길이 되어버렸네요.

하지만 결국 여기 당신 앞에 나서기로 결심했어요.

……타고난 운명 이상은

당할 수 없다는 희망에 꼭 매달려 이리로 왔으니까요. (223-236)*

이상은 평범한 실천적 숙고의 생생한 모습이다. 관객들 대부분은 여기서 자신들 삶을 투영한다. 여기 이 사람은 양쪽이 다 마뜩잖은 갈래 길에서 고민한다. 위 대사를 말하는 파수꾼은 양쪽 선택지에 모두 이유가 있다는 것도, 이 선택 상황을 피할 방도가 없다는 것도 알고 있다. 그가 품은 양면의 생각은 그대로 그의 몸짓으로 표현되는데, 그래서 그는 앞으로 다시 뒤로, 주저주저 발길을 옮기고 있다. 그에게는 결정을 위한 이론도 없고 결정 과정과 관련된 분명한 입장도 없다. 오직 그가 알고 있는 것은 결국 어느 한쪽이 '이기게' 되리라는 것이다. 떨쳐낼 수 없는 불안감 속에서 오로지 그에게 위안이 되는 것은 일어날 일은 어차피 일어나게 되어 있다는 생각뿐이다.

물론 여러 면에서 위 인물이 인간 자체를 대표한다고 보기는 어렵다. 기본적으로 그는 겁이 많고 극도로 이기적이다. 그러나 담백하면서도 비근한 그의 말에 우리는 영웅적 인물이라면 침묵했을 일상적인 물질적 실제들—열기, 먼지, 악취 등—로 회귀한다. 그리고 비슷하게 숙고적 질문에는 양면이 존재하고 무슨 일이 벌어지는지가 중요하다는 그의 믿음에 의해 발생하는 그의 혼란을 보면서 우리는 일상적으로 숙고할 때 느끼는, 폐부를 찌

---

* [역주] 원문의 (223-226)은 (223-236)을 오기誤記한 것이 확실하므로 역자의 재량으로 바로잡았다. 『안티고네』의 원문 번역은 천병희 역, 『소포클레스 비극 전집』(도서출판 숲, 2008)을 저본으로 하고 경우에 따라 저자의 뜻에 맞춰 수정했다.

르는 것 같은 불안감으로 회귀한다. 안티고네와 크레온의 대화를 들은 직후에 그의 말을 들으면, 여름 먼지나 부패의 악취처럼 현실 속 매일매일의 생각을 일상적으로 구성하는 요소들이, 안티고네와 크레온 사이에서 이루어지는 위대한 숙고에는 존재하지 않음을 깨닫는 관객이 있을 수도 있다. 양쪽 주장자들은 실천적 지식에 걸맞은 주장을 펼쳐왔다.* 양쪽 모두 파수꾼의 고통스러운 오락가락을 피할 수 있는 '진실'을 동반한 지식을 지속적으로 추구한다. 여기서 우리는 다음과 같은 것이 궁금할 수 있다. 그들은 어떻게 일상성으로부터, 즉 기층의 희극적 인물, 다시 말해서 왕이 아닌 평민에게나 속할 것 같은 매일매일의 인간적 걱정거리로부터 그리 멀리 떨어져 살아갈 수 있었다는 말인가?

||

크레온은 서두에서 커다란 위험을 겪은 후 폴리스 안전의 중요성을 설파하면서 공동체의 일원인 코로스가 수년에 걸쳐 권력에 대해 충성을 바쳤음(166)과 '충성심과 건강한 정신'(169)을 함께 갖추고 있음을 스스로 알고 있다고 말한다. 코로스처럼(1347-1348) 그리고 예언자 테이레시아스처럼, 크레온 역시 인간에게 가장 중요한 것으로 실천적 지혜 즉 숙고의 탁월성을 꼽으면서(1050-1051), 지혜의 결핍이야말로 가장 해로운 것이라고 주장한다(1051). 이처럼 노인들의 시민으로서의 충성심을 정신적 건강함과 연결시켜 추켜세우는 것은 우연이 아니다. 크레온 입장에서 건강한 정신이란 다름 아닌 폴리스의 안전과 복지에 정신이 완전히 헌신하는 '바로 그것'이기 때문이다. 시민적 가치에 대항한 안티고네의 도전은 그래서 정신적 불구의 징조로 간주된다(732). 그리고 그녀에 대한 이스메네의 공감 역시 유사한

---

* 크레온 쪽은 다음 각주를, 안티고네 쪽은 2, 18, 448행 참조.

'어리석음'으로 취급된다(492, 561-562, 281). 그녀의 '병적인' 믿음과 함께 하는 하이몬은 '정신 차리라'(648-649)는 꾸지람을 듣는다. 테이레시아스는 크레온의 정신 건강 관련 언어를 자체적 모순으로 돌리려 할 것이다. 그는 실천적 지혜의 결여에 대해 언급하면서 '그러나 당신 자신이 바로 그런 식으로 완전히 병든 채 지내왔지요'(1052, 그리고 1015 참조)라고 말한다. 나아가 크레온이 스스로 '세상을 안다'고 주장하는 맥락을 살펴보면, 그가 건강한 정신—폴리스의 이로움을 최우선을 삼는—을 바탕으로 한 간단한 앎이상의 어떠한 실천적 지식이나 지혜도 지니고 있지 않음을 알 수 있다.*

크레온의 시각에서 보면 사실 그 자신은 건강한 정신의 소유자이다. 그는 다음과 같이 다양한 가치어를 사용하는데 이는 예부터 물려받은 것으로, '선'과 '악', '명예로움'과 '수치스러움', '정의'와 '부정의', '친구'와 '적', 그리고 '경건한'과 '불경건한' 등이다. 이는 기원전 5세기 아테네 문화에서 행위자가 실천 세계를 획정하기 위해 사용했음 직한 가장 흔한 꼬리표들이다. 그리고 이 작품을 보는 평범한 관객들은, 이들 꼬리표가 '명백한' 그리고 '독립적인' 윤리 세계 속 구성 요소를 보여준다고 생각했을 것이다. 동일한 행위나 사람이라면 흔히 이런 꼬리표가 담고 있는 속성을 하나 이상 갖추고 있을 텐데, 대부분 그들이 조화롭게 살아갈 때 그런 속성은 드러난다. 한편 이 꼬리표들이 따로따로 나타날 수도 있다. 그리고 함께 나타난다 해도 그 본성과 그들이 기대하는 반응은 서로 구분된다. 친구 중 많은 이들이 정의롭고 경건한 사람들일 수 있으나, 친구가 된다는 것은 정의롭게 된다는 것 혹은 경건하게 된다는 것과는 다르다. 그래서 일반적으로는 이처럼 꼬리표가 붙

---

* 176-177행에 걸쳐, 크레온은 말한다. '영혼, 이성, 그리고 누군가의 판단은 행정이나 법을 경험하는 속에서만 이해ekmathein할 수 있소.' 이 말로 미루어 보면, 그는 타인의 지식은 오직 폴리스의 안전과의 관련 속에서만 형성되는 것이라고 주장하고 있다(293-4 참조). 그리고 또 폴리스의 이로움을 최우선으로 삼는 생각과 밀접히 관련되어 있는 오직 세 개의 보편적 진리만이 알 필요가 있는 것이라 주장하는데, 그것은 다음과 같다. 완고한 적을 노예로 만들 수 있는 여유로움(477-8), 폴리스를 우선시하는 정신을 갖추고 있지 않은 여성과 함께 살 때의 불쾌함(649-51), 그리고 인간의 삶과 재산을 지켜주는 폴리스 자체의 근원적 역할(188 이하)이 그것이다.

은 가치들의 요구가 서로 충돌하는 상황을 예상할 수 있다. 우정이나 사랑이 부정의를 낳을 수도 있고, 행위의 정의로운 과정이 불경으로 이어질 수도 있으며, 명예를 추구하다보면 우정을 해치게 될 수도 있다. 어떤 가치도 이러한 충돌로부터 자유로울 수는 없을 것이다. 코로스도 결국 인정하지만, 폴리스의 정의는 다른 세계의 정의와 충돌할 수 있고 하나의 신에 대한 경건이 다른 신에 대한 불경을 낳을 수도 있다. 그러면 일반적으로 이런 가치 속 여러 속성들의 본성을 명료하게 '본다'는 것은 그 각각이 구분되는 지점을, 서로 결합하고 충돌하는 방식을, 그리고 또한 자체적으로 상반되는 것을 이해하는 것이라 할 수 있다.

어렴풋하게라도 이런 가치에 대한 생각을 갖고 있는 관객에게, 이 작품에서 크레온이 처한 상황은 주요 가치 사이의 갈등에 대한 질문을 선명하게 떠오르게 한다. 폴뤼네이케스는 크레온 일가의 매우 가까운 친척이다. 그러면 크레온에게는 장례를 치러주는 것이 중대한 종교적 의무일 수 있다. 그런데 폴뤼네이케스는 폴리스의 적이다. 단순히 적일 뿐 아니라 반역자이다. 적의 시체는 명예로운 장례를 위해 그들의 가족들에게 돌려보내질 수도 있다. 그러나 반역자에게는 그만큼의 배려가 주어지지 않는다. 앗티카* 영역 밖이라면 법률상 반역자의 친척이 시체를 매장할 수 있지만, 앗티카 영역 안이라면 이는 엄격히 금지되어 있다. 그리고 폴리스 그 자체가 이 제한 밖의 시체는 매장되지 않은 채 방치되도록 명령했다. 이를 어기면 반역 행위를 기리는 것이 되고 나아가 폴리스의 가치들을 뒤엎을 수도 있다. 따라서 크레온은 폴리스의 대표자로서 반드시 폴뤼네이케스의 시체가 명예롭게 처리되지 않도록 하는 데 주의를 기울여야만 했다. 물론 폴리스에서 충분히 떨어진 곳에서의 매장마저 금지하는 극단적인 조처는 취하지 않았을 테지만 말이다. 그러나 가족의 일원으로서 크레온은 피할 수 없는 책무를 느끼며 매장을 진척시키거나 준비할 수도 있었다.

---

* [역주] 아테네를 중심으로 에레우시스, 마라톤 등의 땅을 포함하는 희랍 중부의 반도 지역.

여기서 관객은 이러한 상반되는 역할과 요청 사항 속에서 크레온이 극도로 고통스러운 긴장 상태에 놓여 있을 것이라 예상할 것이다. 그러나 그들이 목도하는 것은 놀랍게도 가치 판단이 '건강하게' 재정리되면서 긴장이나 갈등이 완전하게 제거된 모습이다. 여기서 크레온이 주요 윤리적 용어들을 통상적인 용법에서는 비껴난 방식으로 변형시켜 사용하고 있음을 알 수 있는데, 그 목적은 오직 자신이 스스로 세운 유일한 본질적 선인 폴리스의 안녕을 위해 제반 일들과 사람이 봉사하도록 하는 것이다. 그는 전통적인 윤리 어휘를 십분 활용하지만 그 활용 방식이 전통적인 것은 아니다. 이들 어휘는 폴리스의 일반적인 선과 분리된 그리고 잠재적으로 갈등의 소지가 있는 세계의 속성을 더 이상 가리키지 않는다. 여기서 크레온은 폴리스를 벗어난 선을 전혀 인정하지 않는다. 공격적이면서도 새로운 이러한 전략을 통해 그는 단일성을 보존하고 긴장 상태를 무화시킨다. 그리고 걸맞은 이름으로 사물을 일컬을 수 있고, 한편 '볼 수 있는' 세계의 면면은 오로지 그가 규정한 '단일한 윤리 체계ēthos'와 관련될 때만 존재하는 양 그는 자신의 주장을 전개한다.

이렇게 되면, 크레온이 생각하는 좋은 것agathon과 나쁜 것kakon은 모두 (전통을 벗어나 개인적 경험과 강하게 연결되면서) 오로지 폴리스의 안녕을 '위해' 좋은, 그리고 폴리스의 안녕'에' 나쁜 사람과 사물들이 되어버린다. 가장 '나쁜kakistos' 사람은 자신의 이익을 취하느라 자신의 능력을 폴리스를 위해 쓰지 않는 사람이다(181). '나쁜 것들hoi kakoi'은 '폴리스를 위해 봉사할 마음 자세가 되어 있는 사람들'과 대조되는데, 이는 마치 양극의 대립물처럼 보인다(108-9, 참조 212, 284, 288). 그가 제시하는 나쁜kakē 여자의 예 중 하나가 바로 안티고네로, 그녀가 나쁜 이유는 폴리스에 나빠서다. 죽은 이들 중에서도 좋은 이와 나쁜 이가 있고(209-10 참조), '가장 좋은 사람'은 '그의 창으로 끝까지 최선을 다한' 그 사람—에테오클레스—이 기꺼이 반길 만한 그런 사람이다. 크레온의 주장은, 폴리스의 적에게 매장이라는 관용을 베풀면 좋은 것chrēstoi과 나쁜 것kakoi에 동등한 배분을 하는 것과 같은 꼴이 된다는 것이다(520). 그는 또 다른 곳에서 신들은 분명 나쁜 것들

kakous(288), 즉 폴리스의 적에게 경의를 표하지 않을 것이라고 주장한다.*

크레온에 따르면, 경의와 존중도 역시 오로지 폴리스에 봉사한 사람에게만 돌려야 하고, 치욕은 오로지 공적 의무를 저버린 사람의 몫이어야 한다. 그는 지속적인 존경sebein을 표하는 코로스를 칭송하며 말을 시작한다. 그리고 다음과 같이 존경의 문제에 관한 자신의 생각을 명시적으로 밝힌다.

> 이것이 내 뜻이오. 내가 올바른 사람들endikōn보다
> 사악한 자kakoi를 더 존중timē하는 일은 절대로 없을 것이오.
> 하지만 누구든지 이 폴리스에 호의를 가진 자는
> 죽었든 살아 있든 똑같이 존경받게 될 것timēsetai이오.(207-10)

크레온은 자신의 우려 섞인 입장을 표명하는데, 여기서 그가 무언가 새로운 것 즉 모든 이가 기꺼이 용인하기는 어려울 듯한 것을 말하고 있음을 스스로 알고 있음이 드러난다. 나중에 우리는 시민 대부분은 폴리스가 경멸하는 사람이라 해도 다른 종류의 존중받을 만한 목적을 추구했다면 경의를 표할 수 있다고 생각했음을 알게 될 것이다(730-3). 그들이 보기에 폴리스에 좋음과 그것을 위한 수단을 존중하는 크레온의 입장은, 마찬가지로 존중해야 할 필요가 있는 그 밖의 의무와 상충하는 것이다. 크레온은 그의 아들에게 '내 자신의 통치권을 존중하는 것도 잘못된 것이냐?'라고 묻는다(744). 그에 대해 아들은 '그래요, 아버지는 존경심을 바치고ou sebeis 있지 않아요. 신들의 명예timas를 짓밟고 계시잖아요'라고 대답한다. 그럼에도 크레온은 이처럼 갈등을 일으키는 견해를 다음과 같이 공격한다. '반역자를 존중하는 sebein 것이 내 일이 될 수 있느냐?'(730) 그리고 그는 안티고네의 불복종은 존중받을 만한 것도 아니고 존중받을 가치가 있는 것도 아닌 그저 '부끄럽고'(510), '불경스러운 호의'(514)라고 주장한다.

---

* 299, 313, 731도 함께 참조할 것.

여기서 크레온의 정의正義에 관한 규정 역시 위와 비슷하다는 놀라운 사실이 드러난다. 폴리스의 입장에 선 주장이 아니라면 정의에 관한 어떤 주장도 용인될 수 없고, 폴리스에 봉사하지 않으면 어떤 사람도 시민이라 일컬어질 수 없다. 존중에 관한 그의 발언을 살펴보면, '정의롭다endikos'는 말은 '자신의 폴리스를 향해 제대로 방향을 잡음'과 동의어로 쓰인다. 크레온이 자신의 통치의 걸림돌에 경고를 날릴 때, 예언자 테이레시아스는 그의 경고가 부정의함을 주장한다. 하이몬이 자신의 아버지의 부정의함을 주장할 때, 통치자와 그 권력의 존중이 지닌 가치가 부각되면서 그 주장은 거부된다 (744).* 크레온은 사실상 그의 아들에게 폴리스에서 정의로운 사람은 전체적인 복지를 살피는 사람으로, 어떻게 통치하고 통치를 당하는지를 모두 이해하고 있는 사람이라고 말하는 것이다(662-9). 이런 자기 정당화 발언은 결국 다음과 같은 주장으로 귀결된다.

> 그런 사람이야말로, 내 장담하지만,
> 제대로 통치하고, 제대로 통치받으려 할 것이며,
> 창의 폭풍 속에 서 있어도 물러서지 않고
> 정의롭고 훌륭한 전우로서dikaion kagathon parastatēn 꿋꿋하게 옆에 서 있을 것이다.(668-71)

여기서 '정의로운' 그리고 '훌륭한'이라는 단어는 단지 사람의 속성이 아니라 '폴리스의 조력자'인 사람의 속성이 된다. 즉 이 단어들은 독립적으로 사용되는 것이 아니라 그 인물이 폴리스에 헌신하는 양상을 칭찬하는 기능을 하면서 모호하게 사용될 뿐이다. 그러나 우리가 보아왔듯 크레온은 항상 이런 방식으로 위 단어들을 사용한다. '좋은'은 '폴리스에 봉사하는 걸 잘하

---

* 다음과 같이 '정의롭게'라는 말이 심지어 폴리스 권력에 대한 시민들의 완전한 복종을 의미한 구절까지 있다는 점은 매우 놀랍다. '그자들이 나를 존중하는 뜻에서 정의롭게(순순히) 목에 멍에를 지려 하지 않는 것이오.'

는'이고, '정의로운'은 그저 '폴리스가 부여한 의무를 위해 정의를 실행하는' 일 뿐이다. 이렇게 보면 덕들을 나눈 일상적인 구분을 그의 발언이 다음과 같이 완전히 무너뜨린 것도 놀랄 일은 아니다(카코스kakos는 아가토스agath-os의 반대어라기보다는 엔디코스endikos의 반대어이고 이어서 엔디코스는 '폴리스에 좋은 마음을 먹은'이라는 뜻으로 대체되었다). 인간의 탁월성 중 유일하게 칭송할 만한 것은 폴리스의 복지를 위한 생산성이다. 모든 덕과 관련된 어휘는 그 현존을 지시하는 것으로 기능한다. (다음 장에서 보겠지만, 『프로타고라스』에 등장하는 덕의 통일성에 관한 교의는 비슷한 전략으로 이루어진 것이다.)

그러나 크레온이 가장 담대하게 실천 세계를 수정한 부분은 이미 오래전부터 폴리스적 가치와 밀접히 관련되어 온 정의와 선을 재정의하는 것이 아니다. 그가 수정한 부분은 다름 아니라 그의 정책을 반대하는 데 핵심적 위치를 차지하는 가치, 즉 사랑*과 경건의 개념을 폭력적으로 바꿔버린 것이다. 크레온은 가족의 일원이다. 따라서 수많은 관계 즉 친애 관계philoi**상의 의무에 구속되어 있다. 이들 가족적 친애 관계 중 하나는 우리가 크레온이 사랑의 대상으로 삼을 것이라 쉽게 예상할 수 있는 아들이다. 그는 안티고네가 사랑하는 오빠를 위해 폴리스의 법령을 위반하는 것을 목격한다. 그리고 방치된 시체와 관련해서 스스로 가족 관계상의 종교적 의무를 진다. 그러나 적어도 가족적 그리고 애정상의 유대가 폴리스의 이익과 충돌할 때만은 그 유대에 대한 주장을 일단 숨기기로 한다. 이 작품에서는 형제와 형제에 대한 의무 그리고 형제 사이의 대립 등을 다루면서, 이오카스테***의 형제, 즉 그

---

* 여기서 내가 의미하는 사랑은 에로스erōs 즉 (대체로 성적인) 정념과 친애philia를 모두 포괄하는 것으로 (실제로 애정이 있든 없든) 가족적 유대와 친구 사이의 사랑도 이에 들어간다(12장 참조). 이 작품을 통해 (역사적 맥락에서) 친애 개념이 실제로 애정이 오고가지 않은 사이에서도 지켜야 할 의무로 규정된다는 점에 주목할 필요가 있다.

** 필로스philos와 필리아philia에 관해서는 11장 ???(328)쪽과 12장 ???(354)쪽 이하를 참조.

*** [역주] 아들인 줄 모르고 오이디푸스와 결혼한 테바이의 왕비.

의 조카의 처남에게 처음으로 '형제'라는 단어를 사용하는데, 그 방식이 매우 특이하다. 그는 사실 그 단어를 다음과 같이 한 폴리스의 법령과 다른 법령 사이의 긴밀한 관계를 표현할 때 사용한다. '그리고 나는 이미 알린 법령과 형제인[합치되는] 법령을 포고할 것이오.'(192) 에테오클레스처럼 크레온도 ―훨씬 더 설득력 있고 섬세한 방식이기는 하지만― 혈연을 폴리스적 우애의 연대로 대체하려 하고 있다. 폴리스가 '가족'이라면 그리고 우리의 가족이 오로지 '폴리스'밖에 없다면 폴리스-가족 갈등은 발생할 수 없을 것이다. (플라톤이 이런 정치 이론적 이상의 중요성을 간파한 첫 번째 사람은 아니다.) 그러나 위와 같은 관점에서 보면 폴뤼네이케스는 크레온의 가족과 적의에 찬 관계 말고는 별다른 관계를 맺지 않고 있다. 그리고 '적echthros은 결코 사랑하는 사람philos이 될 수 없고, 이는 그가 죽은 후에도 마찬가지다.'(522) 우리의 개인적 유대가 피로 맺어진 것이든 애정으로 맺어진 것이든 혹은 둘 다든 그 유대는 최고선에 얼마간이라도 공헌할 때에만 숙고적 목적에 의해서 이루어진 것으로 인정받을 것이다. '나는 조국의 적을 나의 사랑하는 이philon라고 결코 일컫지 않을 것이다…… 그리고 사랑하는 이philos를 자신의 조국보다 더 중시하는 사람이라면, 나는 조금도 존중하지 않는다.'(187, 182) 크레온은 친애philoi가 폴리스에 봉사함으로써 '만들어지는poioumetha(190)' 것으로 생각한다. 그는 그 스스로 선택하지 않은 유대는 존재하지 않는다고 믿는다.

이러한 크레온의 주장은 스스로의 도덕적 상상력을 성공적으로 형성하고, 나아가 성적 욕망에 대한 그의 견해로까지 이어진다. 크레온은 그의 아들에게 안티고네를 향한 정념 때문에 미망에 빠져 '나쁜' 여인에 대한 애착을 가져서는 안 된다고 권고할 뿐, 쾌락을 폴리스의 좋음을 위해 반드시 희생해야 한다고 말하지는 않는다. 그는 건강한 사람이라면 성적 쾌락도 반드시 폴리스의 좋음과의 관련 속에서만 얻어야 한다고 말한다. '자신의 지혜를 내버리지' 않은 사람이라면, 애국심이 없는 상대와 잠자리를 함께할 때 '품 안에서 금세 식는다'(650-1)고 말한다. 크레온이 특별히 안티고네를 성적 매력이 없는 여인으로 여겼다고 할 만한 이유는 없는 듯하다. 그 주장의 핵심은 세계를 제대로 인식하는 남자라면 단지 성적인 면만을 '보지도', 성적인 면만으로 끌리지도 않을 것이라는 점이다. 건강한 남자라면 폴리스의 의무와 충돌할 소지가 있는 어떤 것도 ―심지어 성적 반응이라 해도― 자신을 사로잡지 못하게 할 것이다. 크레온은 이것이야말로 실천적 앎이라고 천명한다.(649) 생각이 있는 남자는 약해빠진 남자들이 평범하게 인식하는 것을 인정하려 하지 않는다. 앞서 그는 훌륭한 시민이라면 아내를 단순히 시민을 만들어내는 비옥한 토양으로 간주해야 한다는 주장을 은연중에 내비쳤다. 하이몬이 안티고네와 결혼하지 못한다 해도, '그 애가 씨 뿌릴 밭은 그것 말고도 얼마든지 있으니까.'(569) 관객은 이 장면에서 다음과 같이 아테네식의 결혼 계약서에 등장하는 언어를 떠올릴 수 있다. '나는 합법적으로 아이들의 씨앗을 뿌릴 수 있도록 나의 딸을 자네에게 주네.' 크레온의 입장은 친숙하면서도 합법적인 주장에 뿌리박고 다른 주장은 모두 무시하는 것이다.

우리가 기대하는 바대로, 결국 크레온의 상상력은 신들 자체에게로 향하고 신들을 자신의 요구에 맞춰 명령을 내리는 존재로 재再이미지화한다. 그들은 크레온을 위해 양심적인 정치인이 가질 만한 건강한 정신을 소유하고 있고 '소유해야만' 한다.

> 그대가 신들께서 그 시신을 염려해주신다고
> 말하는 것이라면, 그건 도저히 '참을 수 없는' 말이니까요.
> 그래, 신들께서 기둥으로 둘러싸인 자신들의 신전들과
> 신성한 보물들을 불사르고, 자신들의 나라를 유린하고,
> 법규들을 말살하러 온 자를 선행을 베푼 자로
> 존중하실 거란 말인가요? 아니면 신들께서 사악한 자들을
> 존중하시는 것을 그대는 본 적이 있소? (280-90)

크레온이 느끼기에, 신들이 폴뤼네이케스를 존중했다는 생각은 반드시 거부되어야 할 것으로, 왜냐하면 이것이 단지 오류여서만이 아니라 '참을 수

없는' 것이기 때문이다. 그 생각은 숙고적 이성에 너무나 커다란 압박을 가한다. 정신은 질서 잡힌 삶과 조화로움을 요청하고 이 요청에 따라 종교가 할 수 있는 것과 할 수 없는 것이 결정되는데, 이 과정에서 파수꾼의 명료한 이야기는 거부될 수밖에 없다. 제우스에 대한 경배는 곧바로, 범죄자를 잡겠다고 서약하는 제우스를 향한 호소로 이어진다(304 이하). 시체 매장은 '불경한 호의'(514)다. 우리는 여기서 크레온의 야망 섞인 이성이 신을 스스로 만들어 내는 데까지 이르고 있는 것은 아닌지 생각해 볼 수 있다.

그러면 크레온은 스스로 비극이 진입할 수 없는 숙고의 세계를 스스로 만들어 낸 것이라 할 수 있다. 해결 불가능한 갈등은 일어날 수 없는데, 왜냐하면 오직 단일한 최고선만이 존재하고 기타 가치들은 모두 그 선의 기능에 불과한 것이기 때문이다. 만일 내가 크레온에게, '여기 갈등 하나가 있소. 한쪽에서는 경건과 사랑을 요구하고 다른 한쪽에서는 폴리스적 정의를 요청하오'라고 말하면 그는 내가 상황을 잘못 설명하고 있다고 대답할 것이다. 참된 시선으로 건강한 영혼을 본다면 폴리스의 적을 사랑하는 이로 '보지도' 않을 것이고, 시체의 방치를 불경함으로 '보지도' 않을 것이다. 우연적 갈등이 눈앞에 보이는 까닭은 바로 우리가 올바른 안목을 키우기 위한 응분의 노력을 기울이지 않아서다.* 크레온이 자신이 보는 세계를 묘사하는 단어 중에서 매우 선호하는 것은 '곧은orthos'이라는 단어와 '곧게 만들다orthoō'라는 두 단어다(163, 167, 190, 403, 494, 또한 636, 685, 706, 994도 참조). 그는 곧게 보이는 것을 좋아하지만 (그리고 결국은 그도 보게 되지만) 굽거나 (1345), 뒤집혀져(1111) 보이는 것은 좋아하지 않는다(1345). 견고한 것은 좋아하지만 유동적인 것은 좋아하지 않는다(169). 단일한 것은 좋아하지만 복수는 좋아하지 않는다(705 참조). 그리고 통약할 수 있는 것은 좋아하지만 통약 불가능한 것은 좋아하지 않는다(387). 모든 가치들을 단일한 통화通貨, coin로 약분할 수 있는 것으로 만들어 버리면서 —크레온은 윤리적 문제를

---

* 시선과 봄에 관해서는 본장 IV절, 그리고 7장과 13장을 참조하라.

다룰 때 통화와 이윤 이미지에 사로잡혀 있다— 그는 단일성, 곧음, 그리고 명백한 안정성을 성취한다.

그러면 크레온으로 하여금 이처럼 이상하고 두려움을 불러일으키는 과업을 수행하도록 만든 세계, 단일하여 재구성될 수 없는 견고한 세계는 과연 어떤 것인가? 그는 자신의 입장을 옹호하는 논증을 전개하면서 실천적 앎을 그 근거로 삼는다.

> ……또 조국의 적을 내 친구로
> 여기지 않을 것이기 때문이오. 내가 알기로gignōskōn, 우리를
> 지켜주는 것은 조국 땅이며, 조국이 똑바로 항해해야만
> 우리가 진정한 친구를 사귈 수 있기 때문이오.
> 이런 원칙에 따라 나는 이 폴리스를 키워 나갈 것이오.(188-91)

여기서 크레온은 정치적 수사 속에 일찌감치 형성된 이미지 하나를 넌지시 내비치는데, 그것은 아테네인의 애국심을 나타내는 상투어로 빠르게 자리 잡은 것이다. 다름 아니라 그것은 폴리스를 배로 묘사한 것으로, 폴리스 없이 시민들은 아무것도 할 수 없다는 의미를 담고 있다. 우정을 발전시키기 위해서는 반드시 폴리스가 제대로 기능해야 한다. 대부분 새로울 것이 없는 말들이다. 위 대사들은, 만약 (분명 크레온과 같은 역할이었을) 아이스키네스*가 훌륭한 시민이었다면 역시 무대 뒤에서 자신에게 말했음 직한 발언이라고 데모스테네스**가 그를 공격하면서 인용한 바 있는 것이다.

---

* [역주] 아이스키네스(Aischines, BC 390?~314?). 고대 희랍의 정치가 겸 웅변가. 마케도니아의 침략에서 아테네 및 희랍의 자유 독립을 지키려고 한 데모스테네스와 격렬하게 대립했다. BC 337년 데모스테네스파에 대한 소송에서 패해 추방되어 로도스섬으로 망명했으며 그곳에서 웅변술 교사로 생애를 마쳤다.
** [역주] 데모스테네스(Demosthenes, BC 384~322). 고대 희랍의 웅변가·정치가. 반反마케도니아운동의 선두에 서서 조국의 분기奮起를 촉구했다. 전해지는 61편의 연설 중 〈필리포스 탄핵 제1~제3〉 3편을 비롯한 정치 연설이 유명하다.

폴리스의 편에 서 있는 이런 주장이 설혹 그럴듯하다 할지라도 크레온이 제시하는 전면적인 윤리적 혁신을 정당화하기에 충분한 근거가 되지는 못한다. 배는 그저 도구일 뿐이다. 물론 몇 가지 선을 얻으려면 배가 반드시 필요하다. 배의 '건강'은 배 위에 올라탄 선원의 삶과 건강을 위해 반드시 확보되어야 할 것이다. 그러나 선원들이 '그저' 배를 똑바로 운항하기 위해 배를 타지는 않았음은 분명하다. 그들이 쫓는 목적은, 배에 의해 설정되고 이행되기는 하지만 배 자체가 아닌 다른 것이다. 어느 누구도 오로지 배의 건강을 통해 이러한 목적이 달성되리라고 생각하지는 않을 것이다. 테오그니스*는 일찍이 이런 이미지를 사용한 사람으로, 선원의 개인적 목적과 배의 전체적 좋음 사이의 긴장에 대해 언급한다(670-85). 알카이오스**는 폴리스-배 이미지의 유용성을 죽은 혈족을 향한 존경 표시에 대한 요청과 연결시키는데(6권 13-14행), 이때 폴리스는 잠재적으로 배의 건강과 긴장 관계 속에 있으면서도 이와 쉽게 떼어 볼 수 있는 별개의 목적이 된다. 이 이미지를 통해 배의 선원은 사실상 이 분리된 모습의 좋은 예가 되는데, 그의 목적과 활동이 그가 유용하게, 나아가 필요불가결하게 올라타고 있는 바로 그것 자체의 목적과 활동과는 별개라는 점에서 그렇다. 그렇기 때문에 가치를 단일한 목적을 가진 것이라고 주장하면서 이 이미지를 근거로 사용하고 있는 크레온의 방식은 상당히 이상한 것이 되지 않을 수 없다. 그런 식이라면 내가 심장 없이는 살 수 없다는 사실이 오로지 내 친구들이 이 한 기관의 건강에 전문가

---

* [역주] Theognis. BC 6세기경에 활약한 고대 희랍의 엘레게이아 시인. 전통적인 귀족의 교양과 근본 원칙을 중심으로 민중에 대한 증오와 귀족의 긍지를 노래했다. 여러 시인들의 작품 속에 등장하는 그의 시 구절을 취합한 약 1400행의 시집인 『테오그니데이아』가 전해지고, 여기의 행 숫자는 테오그니데이아의 숫자이다.

** [역주] 기원전 620년경에 출생하여 580년경에 사망했다. 미틸레네의 귀족 지배 계급 출신으로 형제들과 정치투쟁에서 패해 다른 폴리스로 도망쳤다가 돌아왔다. 헬레니즘 시기 알렉산드리아 학자들에 의해 9대 고전 시인으로 선정될 만큼 고대에 높은 평가를 받았다. 알카이오스 스탠자Alcaic stanza라고 하는 특유의 시형과 운율의 창시했다. 서기 1세기 로마 서정시인 호라티우스도 알카이오스를 본보기 삼아 알카이오스 스탠자를 활용해 시를 지었다.

들이어야 하고, 그것을 좋게 만들기 위해 전적으로 헌신해야 한다고 말해야 할지도 모른다. 그가 다른 목적을 위한 조건으로서 폴리스가 반드시 필요하다고 주장했을 때 그는 여전히 비폴리스적(나아가 반폴리스적)인 것이 본래적 선이 될 수 있다는 주장을 부정할 만한 어떤 근거도 제시하지 않은 것이다. 그는 배 이미지를 통해 삶의 영위와 건강 그리고 모든 가치를 위해, 불경하고 그릇된 행위를 저지른 안티고네를 처벌하고 시체를 묻어서는 안 된다는 그의 주장을 정당화하려 시도할 수 있었다. 그러나 이런 바탕 때문에 그는, 폴리스가 요청하는 것 외에는 어떤 경건함이나 정의도 존재하지 않는다는 자신의 주장을 정당화할 수 없었다. 그의 논증에 보이는 이상스러운 간극에 우리는 그의 윤리적 재정의再定義에 더 심오한 동기가 숨어 있는 것은 아닌지 자세히 살펴보고 싶어진다. 그리고 사실상 배 이미지 자체 역시 그러한 더 심오한 동기를 제안하고 있다.

이 이미지를 보면, 배가 그렇듯 폴리스도 우연과 자연에 대항하려 인간이 만들어 낸 도구라는 것을 알 수 있다. 이 전통적 이미지 속에서 폴리스-배 구도는 안전하게 방수 처리된 어떤 것, 이를테면 엄습하는 외부 위험을 막아내는 방벽 같은 것을 연상시킨다. 파도는 배 옆면을 때리고 물결은 선체를 뒤흔든다. 어떤 틈새도 없이 꼼꼼하게 배를 만들어야 통제되지 않는 거친 자연의 침입을 막아낼 수 있음은 분명하다. 이런 방식으로 폴리스-배 이미지를 떠올리면, 생명을 구하는 도구로서 통제되지 않는 우연의 힘을 인간의 삶에서 제거하는 것이 폴리스가 수행해야 할 과업이라고 쉽게 결론지을 수 있다. 배와 폴리스는 인간을 향한 송가와 함께, 자신의 목적에 맞추어 세계를 정복한, '모든 것을 만들어 내는' 데이논적 존재인 인간이 산출해 낸 두 개의 발명품으로 되살아날 것이다. 크레온, 그리고 낙관주의에 젖어 있는 전반부의 코로스는, 죽음 자체가 덮치지 않는 한 인간의 기술적인 풍요로움으로 어떤 우연성도 극복할 수 있을 것이라 믿는다. 만약 우연이 계속 압박한다면 물리적 자연을 대상으로 하는 기술 이상의 것이 필요하게 되는데, 그것은 다름 아닌 실천적 이성을 다루는 기술이다. 오랫동안 인간 삶을 고통과 두려움에 떨게 한 우연은 특히 계획을 면밀하게 잘 세웠음에도 갈등이 생겨날 때 인간을 가장 괴롭혔다. 크레온은 인간이 이런 상황을 견디지 못할 것이라 생각했고 아울러 그가 배 이미지를 취했다는 사실은 그가 문제의 급박성을 인지했음을 보여준다. 그러나 다행히도 크레온은 이 상황을 견딜 필요까지는 없었다. 실천적인 윤리적 합리성은 그 자체로 세계의 이러한 완고한 면을 잘 다룰 수 있는데, 그 과정에서 실천적 믿음과 윤리적 언어의 건설적 재배치가 중요한 역할을 수행한다. 크레온은 영리하게도 그 자체로 선의 표준이라 할 만한 폴리스를 이용해서 이런 재배치를 통한 조정 작업을 실행한다.

이런 전략의 효과적 수행을 위해 필요한 것은 무엇일까? 첫째, 궁극적인 선이 되려면 그 자체로 단일하거나 단순해야지, 그 속에 갈등이나 반목을 담고 있어서는 안 된다. 충돌하는 주장들 사이의 반목이 있어도 폴리스가 적절하게 부흥하고 있다면, 크레온의 전략은 아무것도 해결한 것이 없는 셈이다. 둘째, 목적은 모든 행위자의 실제적인 이익과 가치를 제대로 환원할 수 있는 널리 알려진 어떤 것common coin을 제시할 수 있어야 한다. 그가 보거나 사랑하면서 자신의 목적에 의해 (크레온의 주화 이미지를 사용하면) '현금화'될 때 잘 기능하지 않는 것은 존재할 필요가 없다. 그 목적은 가치의 모든 면을 뒤집을 수 있을 만큼 변화무쌍함을 갖춰야만 하는데, 목적 스스로 그 가치의 유일한 원천이 될 수 있기에 그러하다. 한편 그 목적은 어떠한 경우에도 내적 갈등을 일으키지 않는 단일한 것이어야 한다. (『프로타고라스』에서 소크라테스는 덕의 부분은 금의 부분과 같다고 주장한다. 즉 덕은 질적으로 나누어질 수 없는 것이자 가치 면에서 볼 때 단일한 통화와 같은 것이다.)

이 희곡은 크레온의 실패에 관한 것이다. 결국 그는 스스로의 전략을 포기하고 한층 더 복잡한 숙고의 대상으로 세계를 인식하게 된다. 그리고 코로스에 의해 그는 큰 타격을 통해 벌을 받은 오만한 짐승과 비교되는데(1350-2), 이들 존재는 길들이기, 부러뜨리기, 벌하기 등의 이미지에 언어적으로 집착하는 남자들이다.(473이하, 348-52도 함께 참조) 그의 구상은 다음 두 개의 영역에서 사실상 무산되었는데, 첫째, 적절히 설정된 최고선은 그의 생각처럼 단순하지 않았다는 점에서 그리고 둘째, 그가 관심을 가진 모든 항목에 대해 올바르게 평가하지 못했다는 점에서 그렇다. 우리는 그의 최초 입장이 묘사될 때부터 이미 이런 문제들을 파악하게 된다.

크레온은 등장하면서 먼저 폴리스의 일을 말한다. 그러고는 코로스 단원들에게 말을 건다. 그의 두 가지 주장은 'men'과 'de' 두 상관불변화사cor-relative particles에 의해 연결되는데 이 문형은 반목하는 두 대상을 지시하는, 즉 아주 약한 의미로라도 폴리스와 시민 사이의 구분을 명시한 것이다. 그러면 우리는 올바르게 규정된 폴리스가 크레온의 생각대로 애초부터 선善을 단순한 형태로 갖고 있었는지를 묻게 된다. 나중에 하이몬은 '백성homoptolis leōs(733)'과 같은 의미로 이해된 폴리스가 안티고네를 지지한다고 명시적으로 주장하는데, 안티고네의 행동이 공적 안전에 위협이 된다는 크레온의 판단이 여전히 그럴듯함에도 그렇게 말한다. 폴리스는 복잡한 전체이자 개인과 가족들의 집합체로서, 그들이 가진 온갖 다양하고 지저분한, 종종 서로 충돌하는 관심사 등이 뒤범벅된 것인데, 그들의 종교적 실천과 친족의 매장을 중시하는 전통 등도 이에 포함된다. 그래서 폴리스를 최고선으로 삼는 구상을 했다고 해서, 그것을 만들어 낸 사람들에 의해 가치 지워진 종교적 자산의 본래적 가치를 쉽사리 부정할 수는 없다. 크레온이 원하는 단순성은 폴리스를 빈약하게 이해할 때에나 얻을 수 있을 만한 것이다.

사랑과 우정의 영역에서도 이런 양상은 분명하다. 다시 언급하지만, 크레온의 단순한 생각으로는 폴리스 전반에 걸쳐 있는 여러 요소들의 복잡성을 제대로 이해할 수 없다. 크레온의 삶에서 모든 인간관계는 폴리스와 관련되어 있다. 사람들의 가치는 오로지 폴리스적 선을 얼마나 많이 생산했느냐에 따라 매겨진다. 남편과 아내 사이의 유대도 그저 새로운 시민을 생산하는 수단에 불과하고 아버지와 아들의 관계도 폴리스를 매개로 한 친애 관계에 의해 맺어진 것이다. 그렇다고 이런 내용이 폴리스 자체에 의해 맺어진 인간관계를 바라보는 하나의 관점만을 의미하는 것은 아니다. 한 개인의 다른 이에 대한 열정적인 사랑처럼, 혈연의 친밀성은 폴리스적 삶에 있어서 하나의 근원적 사실이다. '그 애가 씨 뿌릴 밭은 그것 말고도 얼마든지 있으니까'라는 크레온의 발언을, 이스메네는 '하지만 그분과 언니처럼 서로 잘 맞는 경우는 일찍이 없었어요'라는 말로 받는다(570). 크레온은 당연하게도 이스메네의 말을 사납게 부정하면서, '나는 아들에게 악처를 원치 않아'라고 말한다. 코로스는 그녀의 말을 반박하지 않는다. 그리고 에로스erōs의 힘을 칭송하는 세 번째 송가를 부른다.

게다가 크레온은 폴리스의 적을, 오로지 제거해야 하는 장애물로만 인식한다. 그는 아내를 그저 밭으로만 인식하면서 폴리스의 남성성이 힘을 행사하여 복종시키는 대상(484-5 참조)으로 삼는데, 이와 같은 관계 속에서 상대편은 이미 인간이 아닌 존재가 되어 버린다. 이런 점은 반목과 관련해서 오히려 더 분명하게 드러난다. 크레온의 구상에 따르면 그는 인간으로서 적을 존중할 수 없다. 적은 인간으로서의 가치에 미달된 존재이기 때문이다. 인간이라면 오로지 단일한 가치, 즉 폴리스적 선의 생산성만을 끌어안기 마련이다. 생산성이 없다면 그녀는 '어디에도' 존재할 수 없다. 통상 서로 분명하게 구분되는 관계들을 하나로 뭉뚱그리면서 크레온은 안티고네에게 자신의 태도를 표현한다.

> 잘 알아두어라. 지나치게 완고한 생각이
> 가장 쉬이 꺾인다는 것을. 불에 지나치게 달군
> 가장 단단한 쇠가 가장 쉬이 부러지거나
> 부서지는 것을 너는 보지 못했느냐!
> 고집 센 말들도 짧은 고삐 하나로 길들인다는 것을
> 나는 잘 알고 있다. 누구든 이웃사람의 노예라면
> 제가 잘났다고 생각하는 것은 어울리지 않는 일이다.(473-9)

불에 달군 쇠, 말 길들이기, 노예 소유, 이런 것들이 크레온에게는 모두 비슷한 것으로 취급되고 있다. 이 모든 것은 지배의 주체인 남성 그리고 고집 센 상대편의 '생각reason' 사이의 관계를 표현하기에 적절한 이미지들이다. 그가 보여주려 한 이미지는 진정 이러한 것이었을까? 안티고네에게 말하고 있는 그 순간, 그는 이 언어를 이해하는, 심지어 은유까지 해석하는 그녀의 능력을 믿고 있다. 그러나 은연중에 보이는 안티고네와 말馬의 차이, 크레온이 허겁지겁 그녀의 특별함을 애써 거부하려 하는 배경에는 이 차이가 자리 잡고 있다. 자그마한 고삐로도 길들일 수 있는 말에 비하면 인간은 훨씬 더 까다로운 방해물이다. 다른 방해물을 길들이듯 인간을 길들이기 위해, 크레온은 거부로 인해 야기되는 특별한 어려움을 지워버릴 필요가 있다. 그가 열망하는 삶에는 오직 쓸모 있는 사물만이 존재할 뿐 자신에게 말로 대거리하는 사람은 존재하지 않을 것이다(757 참조). 그것은 폴리스가 아니다. 앞서 하이몬은 앞서 이렇게 올바른 결론을 이끌어냈다. '사막에서라면 멋지게 독재하실 수 있겠지요.'(739)

여기서 다시 크레온은 자신의 단일 목적적 이해에 매몰되어, 폴리스를 제대로 이해할 수 없었음이 드러난다. 그 복잡한 관계를 전체적으로 조망하면 폴리스를 단일한 선을 향한 것으로 이해할 수는 없다. 크레온은 자신의 단순한 견해를 견지할 능력도 없었고 그 밖의 다른 관심사 모두에 대해서도 제대로 가치를 매기지 못했다. 결국 그는 스스로도 소유한 완고한 인간성에 맞서 이겨내지 못했던 것이다. 코로스가 알려주는 그의 교육 방식은 길들이기이다. 크레온이 스스로 든 예에 따르면, 고집 센 자존심에 재갈을 물리려면 반드시 '한 방' 먹일 필요가 있다. 그러나 말 길들이기와는 달리 인간의 경우에 결국 길들이기는 묵종默從이 아니라 이해에 의해 이루어진다(1353). 특히 크레온은 자신의 아들을 향한 애정을 인정하면서 가치의 분절을 보지 않을 수 없는 상황에 내몰린다. 그에게 건네는 하이몬의 첫 마디는 이렇다. '아버지, 저는 아버지 자식이에요.'(634) 그리고 그의 이름은 (그의 죽음으로 비롯된 동음이의어 해석으로서의) '피'를 의미한다.* 그러나 '군주'라는 뜻의 이름을 가진 그 아버지는 이 저항할 수 없는 힘을 나중에야, 바로 예언가 테이레시아스가 그에게 경고할 때에 와서야 느끼게 된다. '그렇다면 잘 알아두시오. 지금으로부터 태양의 날랜 수레가 채 몇 바퀴 돌기도 전에 그대는 살인한 죗값으로 그대의 혈육 중 한 사람을 시신으로 바치게 될 것이오.'(1064-

---

* 1175절에서 사자는 다음과 같이 말한다. '하이몬 도련님이 죽었어요 그 자신의 손으로 피를 묻혔어요haimassetai.'

5) 이 순간 크레온은 더 이상 '데이논' 즉 두려움을 불러일으키는 힘을 가진 존재(243, 408, 690)로도, 지모가 넘쳐 만사를 좌지우지할 수 있는 존재로도 보이지 않는다. 이제는 그저 그가 통제할 수 없는, 오히려 그로 하여금 외경심을 가지게 만드는 존재에 직면한 자신을 발견할 뿐이다.

> 알고egnōka 있소. 그래서 나는 생각phrenas이 흔들리오.
> 굴복한다는 것은 끔찍한deinon 일이오. 하지만 저항하면 내 의지는
> 파멸이 쳐 놓은 그물 속으로 돌진할 것이오.(1095-7)

크레온에게 하이몬이 그의 것, 자신이 낳은 아들이라는 사실은 중요하다. 지금 필요한 것은 차분히 숙고euboulia하는 것이라고 대답하는 코로스를 향해, 그는 건강한 정신이 깃든 남성적 이론을 다시 주장하지 않고, 다음과 같은 물음을 던진다. '그러면 어쩌면 좋겠소?'(1099) 그리고 그가 무시해온 가족 법칙의 신성함이 여전히 힘을 가지고 있음을 받아들이기 시작한다. '나는 신들께서 정하신 법들nomous을 죽을 때까지 준수하는 것이 과연 최선인지 의구심이 드는구나.'(1113-4)

크레온은 자신의 이런 변화로는 아들의 죽음을 막기에 역부족임을 깨달으면서 비탄에 빠진다. 그리고 실천적 이성과 관련되어 자신이 이전에 가졌던 생각을 매우 과격하게 거두어들인다.

> 아아!
> 분별없는 생각의 가혹하고도
> 치명적인 실수여!
> 그대들은 보시구려,
> 한 핏줄에서 나온 살해자와 피살자를!
> 아아, 슬프도다. 불행한 내 결정이여!
> 아아, 내 아들아, 이런 젊은 나이에,
> 아아, 슬프고 슬프도다!

죽어서 세상을 떠나다니!

네 어리석음이 아니라 내 어리석음 때문에.(1261-9)

죽은 아들에 대한 크레온의 애정은 폴리스를 중심으로 선 관념을 풀어내려는 방식으로는 부정될 수도 받아들여질 수도 없는 애정으로 결국 그가 이런 이론을 거부하지 않을 수 없게 만든다. 그는 자신의 숙고를 꼭 집어 후회하고 있는데 그중에서도 특히 편협한 혹은 빈곤한 숙고에 대해 그렇다. 통화는 통화의 역할을 하지 못했다. 그저 빈곤한 기준에 불과한 것으로 진정한 가치를 품은 것들을 내쳤기 때문이다. 실패의 책임은 이제 그에게로 돌아갔다. 그의 아내 ('광범위한-정의'라는 뜻을 가졌다는 점에서 주목할 필요가 있는 이름인) 에우뤼디케의 자살로, 쓰라린 교훈은 확정되고 증폭된다. '이 죄는 내 곁을 떠나서 다른 어떤 사람에게도 전가되지 않을 것이다. 다름 아닌 내가 당신을 죽였으니까. 아아, 괴롭구나! 내가 저지른 짓이야. 정말이야.' (1317-20) 실천적 앎과 관련된 이전의 생각은 이런 상황에서 어떤 역할도 하지 못한다. 진실을 부르짖는 그의 절절한 말은 후회가 단순히 실패에 대한 후회가 아니라 더 근본적인 재정향再定向을 의미함을 보여준다. 코로스는 이렇게 단언한다. '그대는 정의가 무엇인지 너무 늦게 깨달은 것 같소이다.' (1270) 크레온이 본 것은 정확하게, 어쩌다 '내가 손대는 일마다 잘못되었 (1344-5)'는지이고, 한때(혹은 오직 그 자신의 생각으로만) 폴리스라는 배를 '제대로 운항'했던 키잡이다.

III

지금까지는 크레온에 대해서만 이야기했다. 사실 『안티고네』를 해석하는 사람 대부분은 이 작품이 크레온의 도덕적 결함을 표현한 것이라는 점에 동의한다. 단지 그 결함이 꼭 집어 어떤 것이냐를 둘러싼 이견이 있을 뿐이다. 안티고네가 처한 상황에 대해서는 더 많은 이견이 존재한다. 헤겔은 그녀의 결함을 크레온의 결함에 동화同化시킨다. 반면, 현대의 해석자들은 무비판적으로 그녀를 흠결 없는 영웅적 주인공으로 떠받드는 경향이 있다. 나는 이 작품 속 그녀의 역할에 대한 중구난방의 논의에 휩쓸리지 않으면서, 헤겔식의 동화에 적어도 어느 정도는 취할 바가 있다(최근 점점 많은 비평가가 이런 입장에 서 있다)는 주장을 하고 싶다. 물론 간략한 수준에 그친 헤겔의 언급 이상으로 더 분명하고 구체적으로 작품의 내용에 초점을 맞춰야 제대로 비평을 할 수 있겠지만 말이다. 내가 주장하고자 하는 것은 크레온처럼 안티고네도 책무와 책무 사이의 충돌을 효과적으로 제거하기 위해 가치의 세계를 극도로 단순화하려 했다는 점이다. 크레온이 그렇듯 그녀도 가치의 세계를 넓게 조망하려 하지 않았다는 비난으로부터 자유로울 수 없다. 그러나 그녀의 과업과 크레온의 과업 사이에는 중요한 차이점이 있다. 이 차이점이 드러날 때, 안티고네를 향한 비판과는 별개로 그녀가 크레온보다 도덕적으로 우월하다는 판단이 그릇되지 않았다는 점이 함께 드러날 것이다.

> 오오, 내 친아우인 사랑하는 이스메네,
> 오이디푸스에게서 비롯된 수많은 재앙 가운데
> 제우스께서 우리 생전에 이루시지 않은 것을
> 너는 한 가지라도 알고 있니?
> ……
> 알고 있니? 무언가 들은 적이 있니? 아니면 너는 적들이 받아야 할 재앙이
> 우리 친구들을 위협하고 있는 것도 모르고 있니?(1-3, 9-10)

한편으로는 친밀하면서도 다른 한편으로는 개인적 감정을 섞지 않은 우언법*을 사용하면서 한 사람에게 말을 건다. 매우 강한 어조를 담은 단어 사용을 통해 그녀는 화자의 가까운 친척임이 드러난다. 그러나 반면 그 사람에

---

* [역주] 우언법迂言法(periphrasis). 문법적 관계를 동사의 어미 변화 등을 통해서가 아니라 별개의 단어들을 써서 표현하는 것.

대한 화자의 태도는 이상할 정도로 거리감이 있다. 안티고네는 이스메네를 그저 가까운 혈연관계라는 형식적 틀 안에서 바라본다. 위태로워 보일만큼 고집스럽게 그녀는 가족을 인식하라고 이스메네를 다그친다. '사랑받는 이들philoi'이 마치 적echthroi이라도 된 양 처벌받고 있다. 애정을 가진 친척들은 '너와 나의 것이 되어 버린 재앙'에 처한 상황 속에서 반드시 부끄러움과 불명예스러움을 '봐야'만 한다(5-6).

전쟁 상황이었다. 한편은 안티고네와 이스메네의 오빠인 에테오클레스가 이끄는 군대, 다른 편은 일부 외국인들이 섞여 있었으나 본인은 엄연히 테바이 사람인 또 다른 오빠, 폴뤼네이케스가 이끄는 침략군이었다. 크레온과 안티고네는 서로 방식은 달랐지만 둘 다 이 이질성을 거부했다. 크레온의 전략은 머릿속에서 침략군과 방어군 사이에 선을 긋는 것이었다. 이 선을 가운데에 두고 한쪽은 적으로서 사악하고 부정의한 반면, 다른 쪽은 (폴리스라는 대의명분에 충실하다면) 너나 할 것 없이 친구이고 사랑받아야 할 사람들이다. 반면 안티고네는 이런 구분은 결코 적절할 수 없다고 생각한다. 그녀는 자신의 가족 성원을 가두리 짓는 작은 원 하나를 머릿속에 그린다. (이후 언급될 더 좁은 제한 조건과 함께) 그 속에는 그녀의 가족이 포함되고, 이들이 바로 사랑받아야 할 존재이고 친구다. 그 원 밖에는 친구가 아닌 무리, 따라서 가족과 갈등할 수밖에 없는 무리, 즉 적이 존재한다. 안티고네의 말만 들은 사람은 전쟁이 벌어졌다는 사실 혹은 '폴리스'라고 일컬어지는 실체가 위험에 빠졌다는 사실을 모를 수도 있다. 폴뤼네이케스가 친구로 취급되어서는 안 된다는 주장은 그녀에게 그저 부정의한 것일 뿐이다.

이처럼 그녀에게 '친구philos'와 '적'은 오로지 가족 관계에 비추어서만 결정된다.* 안티고네가 '사랑함sumphilein과 결합하고 미워함과 결합하지 않는 것은 나의 본성이에요'라고 말하는 순간 그녀는 일반적인 애정을 표현한 것이 아니라 가족적 친애philia에 대한 헌신을 표현한 것이다. 이와 같은 친애

---

* 10, 11, 73, 99, 847, 882, 898-9행 참조.

적 유대는 본질적으로 일시적 욕구와는 상관없는 것으로, 신조와 행위를 필요로 하는 것이다. 이런 종류의 사랑은 누군가의 결정에 의해 이루어지는 사항이 아니다. 이런 관계는 취향이나 기호와는 거의 관계가 없다. (칸트에게서 빌려온 용어법을 사용한다면) 안티고네가 말하는 사랑은 '실천적' 사랑이지, (기호나 경향에서 비롯된 사랑인) '병리학적' 사랑이 아니라고 할 수 있다. '그분은 내 오라버니야'라고 말하며 안티고네는 폴리스가 내린 칙령을 위반하는 자신을 이스메네에게 설명하려 한다. '그리고 네가 원치 않더라도 네 오라버니이기도 해. 내가 그분을 배신했다는 말은 아무도 할 수 없게 할 거야.' (45-6) 어떤 감정을 갖든 관계는 그 자체로 책무를 낳는다. 안티고네는 폴뤼네이케스를 '내 사랑하는philtatöi 오라버니(80-1)'라고 부르는 데 그치지 않고 심지어 '그분의 사랑을 받으며 나는 사랑하는 그분 곁에 눕겠지philē ……philou meta'(73)라고까지 말하는데, 그렇다고 둘 사이의 친밀감이나 개인적 추억이 담긴 내용, 즉 그녀가 이처럼 말하도록 만드는 어떤 구체적 내용이 등장하는 것도 아니다. 그런데 안티고네는 개인사적으로 자신과 친밀한 관계일 수밖에 없는 인물인 이스메네한테는 처음부터 거리를 두고 차갑게 대한다. 심지어 안티고네는 이스메네가 신성한 책무에 대해 그릇된 입장을 취한다고 판단할 때 그녀를 가리켜 적이라고까지 부른다(93). 우리의 눈에 띄는 비탄 어린 '언니를 사랑하는 눈물'은 사실 이스메네의 것으로, 그녀는 사랑하는 이에 대해 확신을 갖고 행동한다. '언니가 없으면 내가 무슨 낙으로 살지요?'(548)라고 물으며 언니의 경건함에 어떤 영향도 주지 못하는 강한 감정을 드러낸다. 안티고네는 자신을 열렬히 사랑하고 원하는 하이몬에게는 정작 작품 전체를 통틀어 말 한마디 건네지 않는다. 코로스가 사랑erōs에 사로잡힌 사람으로 간주한 이는 안티고네가 아니고 하이몬이었다(781 이하). 안티고네는 크레온이 그렇듯 사랑과는 거리가 멀다. 죽은 이는 안티고네에게 '내가 가장 기쁘게 해드려야 할 분들'(89)이다. 이처럼 비개인적이고 일방적인 정념에 사로잡혀 있는 언니의 모습을 이스메네는 이해하지 못한다. '그토록 으스스한 일에 그토록 뜨겁게 마음이 달아오르다니!(88)'

가족의 죽음 앞에서 느끼는 의무감은 최상의 법이고 최상의 정념이다. 그리고 안티고네는 자신의 일생과 세계관을 이 단순한 자족적 의무감에 따라 구성한다. 그러나 이런 시스템 안에서도 갈등은 벌어지기 마련이기 때문에 그녀는 곧바로 자신의 선택을 분명히 반영할 수 있는 정해진 우선순위를 매긴다. 이런 점에서 죽은 가족 성원에 대한 의무의 순위를 각각 매기고 남편과 자식에 대한 의무보다 오빠에 대한 의무를 더 중요하게 취급하는 그녀의 기괴한 발언(891 이하)은 (만약 그것이 진심이라면) 매우 흥미로운 사실을 드러낸다. 그녀가 자신의 실천적 상상력이 야기한 급박한 상황에 관해, 기존의 어떤 종교법에도 해당되지 않는 이상하리만큼 인정사정없는 단순화를 시도하는 사람일 수도 있겠다는 의심이 일어나는 것이다.

다른 가치들도 이처럼 자리를 잡으면서 이런 의심은 확증으로 변한다. 죽은 이들(그중에서도 일부)에의 의무를 외곬으로 인식하면서 그녀는 명예나 정의뿐 아니라 경건함도 기괴하게 재정립한다. 자신의 표현을 빌리면, 그녀는 진정 호시아 파누르게사사hosia panourgēsasa, 즉 경건함을 위해 무엇이든 할 수 있는 사람이다. 그리고 그녀의 경건함은 그저 통상적인 종교의 한 부분을 받아들인 결과일 뿐이다. 그녀는 제우스를 향한 자신의 충성심에 대해 말하지만(950), 폴리스의 수호자이자 에테오클레스의 후원자로서 제우스가 행하는 역할은 인정하려 하지 않는다. 그녀의 헌신을 표현하는 방식은 바로 의심이다. '내게 그런 포고령을 내린 것은 제우스가 아니었으며……ou gar ti moi Zeus……(450)' 그녀는 마치 제우스가 포고령을 내릴 때 그 결정권을 그녀 자신이 갖고 있는 것처럼 구는데, 이는 크레온이 신들이 인간을 보호할 때 그 결정권을 그 자신이 갖고 있는 것처럼 구는 것과 꼭 같다. 다른 어떤 등장인물도 그녀처럼 제우스가 죽은 이의 권리를 일방적으로 후원한다는 생각을 견지하지 않는다. 그녀는 정의의 여신 디케Dikē에 대해서도 언급하지만, 그녀에게 디케는 그저 '하계의 신들과 함께 사는 정의의 여신'(457) 정도에 불과하다. 코로스가 디케를 인식하는 방식은 이와 다르다. 나중에 그들은 안티고네에게, '그대는 지나치게 담대하여 앞뒤 가리지 않다가, 정의의 여신의 우뚝한 왕좌에 세차게 부딪친 것이오, 내 딸이여'(852-5)라고 말한다. 여기서 디케는 땅 밑에서 그러하듯 폴리스에도 등장한다. 안티고네의 말과 달리 사정은 그리 단순치 않다. 이런 점에서 그녀는 코로스가 보기에, 일반적 관점에서 경건한 사람이 아니라 자신의 경건함을 즉흥적으로 사용하는 사람으로, 경배 대상을 스스로 결정하고 있다. 그녀는 '스스로 입법하는 사람autonomos(821)'이고 그녀의 반항은 다름 아닌 '스스로 만들어낸 정념 autognōs orga(875)'이다. 최종적으로 그들은 한목소리로 말하기를 그녀에게는 경건한 숭배가 부족하다고 지적한다. '이 숭배의 행위sebein는 경건함의 일부susebeia tis이거늘.'(872) 안티고네는 단일하고 편협한 의무관에 완고하게 집착하면서 경건함 자체의 본성을 잘못 해석하는데, 제대로 해석한 경건함이란 본질적으로 인간이 한층 더 포괄적인 이해를 할 수 있도록 길을 열어주어 갈등의 가능성도 감지할 수 있게 하는 것이다.

크레온의 단순화 전략에 의거하면, 타인은 크레온 자신이 공격적으로 이용하는 대상에 불과한 것이 된다. 안티고네처럼 죽은 이에 대한 의무감을 바탕으로 한 굴종에 의거하면, 크레온과 다르긴 하지만 (그리고 확실히 덜 끔찍하기는 하지만) 마찬가지로 기괴한 결과를 낳게 된다. 그녀가 이승의 세계에서 타인과 맺는 관계에는 이상스러운 냉정함이 스며들어 있다. 그녀는 자신의 동생에게 말한다. '너는 살아 있어. 하지만 내 목숨psuchē은 죽은 지 이미 오래야.' 이 말은 안전하게 의무를 다할 수 있는 삶이 필수적으로 존재해야 하고, 그렇지 않으면 삶은 무화無化된다는 것이다. 타인을 향한 크레온의 태도는 시간屍姦과 같다. 그는 생동감도 저항도 없는 존재를 소유하는 데 열을 올린다. 의무에 대한 안티고네의 굴종은 결국 시체들에게 사랑받는 시체 nekros가 되고 싶은 열망일 뿐이다.(그녀는 얼핏 우리 전통에서의 순교자, 즉 죽은 후에 영생을 얻는 이와 비슷해 보이지만, 그 목적의 기괴함을 숨기지 못한다는 점에서 다를 수밖에 없다.) 저승의 세계에는 실패 혹은 그릇된 행위의 위험성이 존재하지 않는다.

그러면 크레온도 안티고네도 일반적 의미에서 어떤 것에 사랑이나 열정을 쏟았다고는 할 수 없다. 불멸의 신들도 하루살이 인간도 사랑erōs의 힘에서 벗어나지 못한다고 코로스는 말한다(787-90). 그러나 이상하리만큼 인간답지 못한 이 두 사람은 사랑으로부터 벗어난 듯 보인다. 크레온은 사랑받는 사람들을 시민이라면 누구나 대체할 수 있는 생산물, 즉 폴리스의 좋음을 나타내는 함수처럼 취급한다. 안티고네는 그들을 죽은 이와 함께하는 죽은 시종이나 완전한 무관심의 대상처럼 취급한다. 어떤 살아 있는 존재도 그 개인적 특질만으로 사랑받지는 못하는데, 여기서 개인적 특질이란 하이몬이 느끼고 이스메네가 칭송하는 종류의 사랑에 의해 사랑받는 것을 의미한다. 사람의 본성과 가치에 대한 신념을 비틀면서 그들은, 인간의 정념 자체를 변화시키거나 재건축한다. 그들은 이런 식으로 조화를 성취하지만 이에는 비용이 든다. 고대의 법규thesmoi, 즉 어리석고 명백하게 비난받을 만한 반역에 맞서는 힘이 그렇듯, 코로스는 사랑erōs도 중요한, 그리고 의무를 지우는 힘인 양 말한다(781-801).

크레온이 그렇듯 안티고네도 자신의 편협한 마음 때문에 발생한 문제를 인식할 수밖에 없는 상황에 처하면서 배움을 얻는다. 크레온은 폴리스 그 자체를 경건과 사랑의 대상으로 파악했다. 그리고 한편으로는 온갖 복잡한 조건들을 염두에 두고 폴리스의 가치를 평가하지 않고서는 폴리스의 옹호자가 될 수 없다는 것을 알게 되었다. 안티고네는 죽은 이에게 헌신하기 위해서는 반드시 폴리스가 있어야 한다는 점과, 폴리스적 제도나 관습 없이는 그녀 자신의 종교적 목적을 성취할 수 없다는 점을 알게 되었다. 스스로 만들어 낸 법규에 갇혀 그녀는 그저 경건함의 일부를 무시했을 뿐 아니라, 그녀가 너무나 애착을 가졌던 경건한 의무들마저도 만족시키기 어렵게 만들어 버렸다. 친구들로부터도, 아이를 가질 수 있는 가능성으로부터도 배제되었고, 죽은 이에게 더 헌신하기 위해 자신이 살아남는 데도 실패했다. 동시에 그녀 자신의 시신이 경건하게 취급되리라는 보장마저 사라져 버렸다. 최후 발언에서 그녀는 대가 끊기는 것과 친구들로부터 그리고 자신의 죽음을 슬퍼하는 이로부터 고립되는 것에는 반복적으로 슬퍼하면서도, 임박한 죽음이라는 사실 앞에 비통해하지는 않는다. 안티고네는 자신이 결코 결혼하지 않을 것이라는 사실을 강조한다. 따라서 그녀는 자식이 없을 것이다. 아케론*

---

* [역주] 죽음의 강

이 그녀의 지아비가 될 것이고, 무덤이 그녀의 신방新房이 될 것이다.* 안티고네가 시민에게 호소력을 갖지 못한다면 ―실제로 그녀는 시민이 되기 위해 갖추어야 할 바를 중요한 것으로 취급하기 거부했다― 그녀는 자신의 죽음을 슬퍼하는 사람 하나 없이** 혹은 그녀 대신 자신이 믿은 가족 신앙을 수호할 사람도 찾지 못하고 죽음을 맞이하게 되는 것이다. 따라서 이 최종 장면에서 그녀는 점점 시민과 폴리스를 수호하는 신들을 향하게 되고(839, 843이하), 결국 그녀의 마지막 발언은 앞서 크레온이 언급한 바(199 이하)와 메아리처럼 겹치면서 그의 생각과 그녀의 생각은 뒤섞인다.

> 내 선조들께서 사시던 테바이의 도성이여,
> 그대들 우리 집안의 오래된 신들이시여,
> 저들이 나를 끌고 가니, 더는 지체할 수 없어요.
> 보세요, 테바이의 지배자들이여!
> 왕가의 마지막 남은 하나밖에 없는
> 딸인 내가 신성한 것을 신성시했다 하여
> 어떤 자들에게 어떤 봉변을 당하고 있는지!(937-43)

여기서 우리는 두 개의 매우 제한된 실천 세계를 그리고 회피와 단순화를 위한 두 개의 전략을 본다. 하나는 단일한 인간의 가치가 '바로' 최종 목적이 되도록 하는 것, 다른 하나는 한 의무 집합이 그 외의 의무들을 가리도록 하는 것이다. 그럼에도 우리는 아무래도 크레온의 손을 들어줄 수는 없고 결국 안티고네의 손을 들어주어야 할 듯싶다. 그런 점에서 양자의 차이가 무엇에 기반하고 있는지를 찾아보는 작업은 중요해 보인다.

첫째, 이 작품 속 세계에서 안티고네의 실제 선택이 크레온의 것보다 더 취할 만하다는 것은 분명하다. 적의 시체를 예를 갖춰 매장하는 것과 관련해

---

* 810-16, 867, 876-80, 891, 916-18 참조.
** 842-9, 876-7, 881-2 참조.

서 폴리스적 가치를 존중하지 않은 것은 크레온의 행위가 보여준 신앙의 위반보다는 훨씬 덜 급진적이다. 안티고네가 죽은 이를 매장하는 의무는 불문율로서 특정 군주의 포고령에 의해 내쳐질 수 없는 것이라고 주장할 때, 그녀는 크레온보다 오히려 공동체와 공동체의 가치에 더 깊은 이해를 가지고 있음을 보여주는 것이다. 모든 가치가 효용성으로 환원되지는 않는다는 그리고 자칫 간과하면 공동체의 조율 및 개인적 성격에 심대한 파괴를 불러올 수도 있는 필수요건이 있기 마련이라는 신념은, 그녀의 편협한 마음에 대한 은근한 비판 속에서도 이 작품이 크게 건드리지 않고 남겨둔 안티고네 입장이다.

나아가 안티고네의 덕 추구 방식은 그녀 자신만의 것이다. 어느 누구도이에 관여하지 않고 그녀로 하여금 다른 누군가를 괴롭히라고 부추기지도 않는다. 통치는 반드시 무엇에 '대한' 통치여야 한다. 안티고네의 경건한 행위는 홀로 이루어진 것이고, 홀로 세운 신조에서 비롯된 것이다. 그녀는 이상하리만큼 세계와 분리되어 있는 듯하다. 그러나 세계에 폭력을 행사하지는 않는다.

최종적이면서도 아마 가장 중요한 점은 가치에 대한 편협하고 일방적인 이해 때문에 크레온은 하지 못한 방식으로, 안티고네는 자신의 삶의 목적이 위험에 빠지고 희생되는 상황을 기꺼이 받아들인다는 것이다. 경건함을 방어하는 '선에서' 진정한 희생을 감수하는 안티고네의 덕에는 복잡성이 존재한다. 그녀는 신념을 전혀 꺾지 않으면서 죽음을 맞이했다. 그럼에도 그녀의 파멸은 여전히 갈등에 기인한 것이었다. 그러면 적어도 적절하게 실행하려면 그 실행의 조건 자체가 무화無化되어야만 하는 극단적인 상황에 처할 때에는 그녀의 덕은 우연적 갈등을 받아들일 준비가 되어 있어야 한다. 죽은 이에 대한 일방적이고 편협한 마음에서 비롯된 헌신과 함께, 그녀는 이 우연한 상황이 야기하는 힘을 인식하고 이에 굴복하는데, 이때 그녀는 자연의 눈과 비에 의해 쇠약해져간 니오베와 자신을 비교한다(823 이하). (앞서 그녀는 슬픔에 빠져 있는 자신을 빈 둥지를 보며 오열하는 어미 새와 비교했다. 이렇게 그녀는 영웅적 행위를 하면서도 여성적 개방성과 연약성을 보인다.) 여기서 코로스는 미래에 얻을 명성을 생각하면 그녀의 악운은 사실 중요하지 않다고 말하며 짧게 그녀를 위로하려 한다. 그런데 그녀는 이런 코로스의 합리화를 자신의 불행에 대한 조롱으로 여긴다. 덕과 관련된 이 연약성, 즉 덕에 부과된 강제성을 슬퍼하면서 자연적 본성의 세계를 인정하는 능력은 분명 그녀로 하여금 두 주인공 중에서 더욱 인간적으로 합리적인 그리고 더욱 풍족한 사람이 되도록 한다. 그녀는 능동적이면서 동시에 수용적이지만, 이용하는 이도 그렇다고 단순히 피해자도 아니다.

IV

크레온과 안티고네는 둘 다 자신들이 중요하게 여기는 사항에 대해 일방적이고 편협한 생각을 지니고 있다. 두 사람 각각의 관심사로 서로 인정하지 않은 중요한 가치가 무엇인지를 우리는 알 수 있다. 이 문제에 관해서는, 헤겔의 해석―잘 알려져 있으나 종종 지나치게 비판받는―이 옳다. 굳이 헤겔의 오류를 꼽자면 안티고네의 실제 선택이 ―이 작품의 용어를 빌리면― 분명히 크레온의 선택보다 나았다는 사실을 그다지 강조하지 않았다는 것 정도이겠지만 이 역시 폴리스를 무시한 안티고네를 비판하는 헤겔의 일반적인 해석과 우리가 보았다시피 상충하는 면이 없다. 그럼에도 헤겔은 두 주인공의 결함으로 오직 편협성 혹은 일방성만을 지적할 뿐, 갈등을 회피하려는 시도를 지적하지는 않는다. 헤겔은 갈등 제거를 인간의 윤리관으로 받아들일 만한 온당한 것으로 본다. 우리가 비극을 통해 배우는 것은, 하나의 가치만을 고집하면서 다른 가치를 배제하는 그릇된 방식으로 갈등을 제거해서는 안 된다는 것이다. 물론 은연중에 올바르게 갈등을 피하는 방법을 배우기도 하는데, 서로 충돌하는 주장 모두를 제대로 다룰 수 있는 종합 명제를 이끌어낼 때 그렇다. 헤겔은 다음과 같이 결론짓는다. '요약하면, 가족과 폴리스라는 영역의 조화 그리고 그것이 실현된 내용을 담은 경계 안에서의 조화로운 행동이 도덕적 삶의 완벽한 실재를 구성한다…… 참된 극적 발전 과정은, 양자의 갈등 속에서 상대편을 서로 부정하며 투쟁하는 인간 행위의 힘이 화해하고 이런저런 '모순'이 무화無化되면서 구성된다.'＊ 이런 접근은 최근 여러 현대 해석자들 사이에서 공명을 얻고 있는데, 이들은 아테네의 관객이 이 작품을 자신들의 다양한 신조를 아우르는 갈등 없는 조화로움을 얻으려는 도전으로 이해한다고 주장한다.

이런 견해는 어느 선까지는 성공적인 해석인 것 같다. 분명 이는 종교적 책무에서 비롯된 '불문율'의 요청을 존중하고 이에 협력하라는 폴리스적 명령을 발전시켜 온 페리클레스 시대 아테네에 대한 자부심 찬 주장 중 하나가 될 것이다(투키디데스 2권 37장 참조). 그럼에도 한 가지 짚고 넘어가야 할 것은 일반적으로 국가는 이런 주장을 존중할 것이며, 헤겔식으로 말한다면 가치의 다양한 영역 사이에서 갈등이나 긴장이 발생할 가능성 자체가 모두 제거될 것이다. 이렇게 그 가능성 자체를 무화시키려면 아마도 페리클레스가 예상했던 것보다 훨씬 더 과격한 개혁이 뒤따라야 하지 않을까 싶다. 게다가 이런 개혁을 위험한 것으로 생각할 만한 이미 충분한 이유도 있는데 다양하면서도 풍부한 가치 세계의 본성과 그 속의 각 주장의 개별성에 입각한 가치를 우리가 외면하도록 만든다는 것이 그것이다. 두 주인공을 연구할 때 명시적으로 구별되는 두 개의 가치가 지닌 본성 혹은 정체성을 모두 잘 다루려면, 우리는 반드시 그들의 차이를 잘 다루어야 한다. 그리고 그들의 차이—질적 구별과 양적 구분 모두—를 잘 다루려면 최소한 잠재적으로라도 이 두 가치가 어떤 상황에서 충돌하는지를 알아야 한다. 그리고 이를 명석하게 분별하려면 그 발화發話의 '원천'과 서로 튕겨져 나오는 '지점'을 알아야 한다. 이는 양편에 확신을 가지고 있는 행위자라면, 갈등 상황에서 반대편의 존재 가능성을 차례로 매개하게 된다. 그러나 여기까지는 그저 의심 수준에 머물러 있다. 더 심도 있게 이 문제를 파고들려면 이제 코로스의 생각과 반응으로 돌아가야 한다. 그리고 결국에는 이 작품의 다른 등장인물인

＊ G. W. F. Hegel, *The Philosophy of Fine Art*, tr. P. B. Osmaston (London 1920) Vol. IV, reprinted in *Hegel on Tragedy*, pp. 68, 71.

테이레시아스와 하이몬의 생각과 반응으로 돌아가야 한다.

『안티고네』에 등장하는 합창 노랫말은 이례적으로 밀도가 높고 압축적이다. 각 행은 내적 구조와 자체적인 반향을 지니고, 선행先行 행위를 그리고 선행 노랫말을 반추한다. 그러고 나면 자연스레 우리는 다음과 같은 사실을 깨닫게 된다. 각 항목이 이어지면서 선행한 이미지와 대화가 조정되기도 하고 역으로 이들에 의해 각 항목이 조정되기도 해서, 한 이미지나 구절이라도 완전하게 해석하려면 반드시 각 연결의 전체적인 그물망을 조망하지 않으면 안 된다는 것, 그러나 우리가 이처럼 연속적인 사항이 선행 내용을 조정하고 우리의 독해에 깊이를 더한다고 말하고 나면 우리는 반드시 이렇게 만들어진 각 연결의 그물망이 훨씬 더 복잡한 것이 될 수밖에 없음을 인정하게 된다는 것이 그것이다. 왜냐하면 한 사항이 반향을 울리면 이는 예상의 대상이 되는 동시에 회상의 대상도 되기 때문이다. 한 노랫말 속의 이미지를 읽어낼 때는 선행한 대화의 배경과 노랫말의 배경 모두에 반하지 않아야 할 뿐 아니라 궁극적으로는 다가올 사건과 노랫말의 관점까지도 반드시 고려해야 한다. 원래부터 낙관적인 발언(혹은 우리가 이들 근거 자료는 외부에서 끼어든 것일 뿐이라는 주장에 동의하지 않으려 하기 때문에 이를 따로 떼어내면서 낙관적인 듯 보이게 된 발언)은 이후에 등장하는 동일한 이미지나 말에 의해 약화되거나 걸러내어질 것이다. 한편 겉으로 보기에 음울한 이미지의 이면에 오히려 더 큰 희망이 있음이 드러날 것이다. 송가를 완전하게 이해한다는 것은 코로스 단원의 말을 통한 눈에 보이는 의도보다 더 완전하고 심오한 것으로, 이는 마치 송가가 그들의 꿈이고, 꿈이 그들의 세계 면면에 대한 많은 미묘하고 압축된 암시를 담고 있는 것처럼 그렇다. 어쩌면 그곳에 의도를 가지고 자리 잡은 몽상가보다 더, 그리고 그가 쉽게 혹은 거침없이 해독할 수 있는 것보다 더 완전하고 심오한 것이리라.* 이렇게 가장 충만하고 가장 완전하게 독해하려면 무엇보다, 연결고리와 연결고리가 어디에서 출발했

---

* 이해를 도움을 주는 이런 비교는 니체의 『비극의 탄생』(1872)에서 제일 먼저 등장했다.(고대적 몽상이, 예상되는 것인 동시에 회상되는 것이라는 점을 기억해야 한다.)

는지에 가장 세심하게 주의를 기울여 쫓아가야 하는데 이때 각 이미지와 각 노랫말은 다른 단락을 가로지르면서 그 반향을 통해 밀도를 더하고, 또 각 노랫말의 내적 밀도는 이런 반향을 발견하면서 반향의 전체 그림을 그리는 데 도움을 준다. 이런 구조는 여타 서정시와 비교될 만한 것으로, 극 내부와 외부 모두를 관통한다. 또 이 구조는 이 작품 이전에 등장했던 기원전 5세기 주요 윤리 사상가의 문체, 압축적이고 밀도 높은 수수께끼 같은 문체와 놀라울 정도로 유사한데, 대표적으로 헤라클레이토스의 문체가 그렇다.

이 문체의 특징에 대해서는 잠깐 언급할 필요가 있다. 이를 살펴보면, 해석에 지침을 얻을 수 있을 뿐 아니라 이 작품이 인간의 학습과 반성의 본질을 보는 관점을 인식하는 데 도움이 된다. 우리는 인간의 선택 문제를 담은 문체는 중립적이기 어렵다고 생각해왔다. 문체에는 이해한다는 것은 어떤 것이고 영혼이 어떻게 이해를 얻는지에 대한 관점이 이미 담겨 있다. 그러면 우리는 이 노랫말들의 독해라는 마치 암호 해독 같은 일을 시작하면서 그들의 밀도 있고 아리송한 문체에 의해 어떤 관점이 표현되는지를 묻게 된다. 왜냐하면 후일 플라톤 철학이 표현하고 승인하게 될 배움과 심리학적 성장이라는 모델과는 달리 여기서는 이런 점들이 중요하다. 노랫말은 구체적인 말, 이미지, 사건에 끊임없이 주의를 기울이고 (재)-해석하면서 이루어지는 반성과 (자기)-발견의 과정을 우리에게 보여주는 한편 우리가 스스로 그과정을 밟도록 만든다. 한 사건을 반성할 때 우리는 일반적인 규칙을 적용하지도, 그 사건의 면면들을 우아한 학적 방법을 담은 용어들로 환원하지도 않는다. 단지 그 사건의 진실을 더욱 제대로 볼 수 있게 그리고 그 사건을 더욱 풍부하게 묘사할 수 있게 하는 이미지들과 연결들을 발견하면서 각 개별자들의 심연으로 깊이 파고들어갈 뿐이다. 그리고 이런 천착과 연결을 수평적으로 그린 선을 연결시킴으로써 그렇게 맺어진 수평적 매듭 각각이 개별자를 바라보는 우리의 시선에 깊이를 더하게 하고 각각의 새로운 심연은 또 새로운 수평적 매듭들을 만들어 내도록 할 뿐이다. 플라톤적 영혼이라면, 그 단일성과 순수성을 통해 단일-본질적이고 비혼성적非混成的인, 윤리적 대상이 스스로 자신을 규정하는 식으로 방향을 잡을 것이다. 그러나 소포클레스식 영혼은 이보다는 헤라클레이토스의 영혼psuchē 이미지와 닮아 있다. 자기 자신의 거미줄 한가운데에 앉아서 복잡한 구조의 어느 한 부분이 잡아당겨지더라도 그것을 느끼고 반응하는 거미 이미지와 같은 것*이 그것이다. 이이미지에서 거미는 삶과 자기 자신에 대한 이해를 증진 방식으로 개별자에서 보편자로 올라가는, 그리고 지각 대상으로서의 세계에서 더 간단하고 현명한 세계로 올라가는 플라톤식 운동을 취하지 않는다. 사고와 상상력 속에서 지각 대상인 개별자의 수수께끼와 같은 복잡함 주변을 맴돌면서(이런 문체를 잘 읽어내는 독자 역시 텍스트의 세세한 항목 주변을 맴돌 것이다) 이해를 증진하는데, 이때 연결의 그물망 한가운데에 앉아 각각의 분리된 그물코를 잡아당기는 데 반응하면서 이 과정은 진행된다.(이 사실은 안티고네가 죄수가 되어 입장하는 것을 보면서 코로스가 '내가 보고 있는 것, 이것은 해괴한 전조인가, 내 생각에 양쪽 편에서 모두 그러한 것 같구나es daimonion teras amphi-noō tode'(376)라고 말할 때 암시적으로 드러난다.) 이런 문체가 표현하는 학습의 이미지는 그 문체를 독해하기 위한 그림이 그렇듯이 복합성에 대한 수용력과 주의력을 강조하는 것이다. 그리고 그 이미지는 단순성 획득, 특히 환원을 어렵게 만든다. 이 사실로 우리는 이 텍스트가 그렇듯이, 실천적 선택 세계를 따지고 언어화할 수는 있지만 다 읽어냈다고 해서 남김없이 이해되는 것은 아님을 알게 된다. 독해를 할 때 이 사실은 반드시 반성되어야지 가려져서는 안 되는데, 이때 개별자(여기서는 텍스트)는 바닥을 드러내지 않은 채 우리 시각을 교정하는 최종 결정권자로 남아 있다는 점, 그리고 올바른 선택(혹은 올바른 해석)은 단순화 기제인 일련의 원칙들에 순응하면서 이루어지는 것이 아니라 분명 지각의 예리함과 유연성에 의해 이루어진다는 점이 드러난다. (이 모든 것은 향후 아리스토텔레스가 선택에 관한 전통적 견해를 다루면서 명료하게 논증한다.)

마지막으로 코로스는 우리 앞에 놓인 실천적 상황(혹은 텍스트)에 잘 반응

---

* 헤라클레이토스 단편, DK B67a

하려면 지적 이해만이 아니라 상황에 따른 감정적 반응도 필요하다는 것을 일깨워 준다. 상황의 '독해' 자체는 냉철하게 지성적인 것은 아니다. 『아가멤논』의 코로스에게 고통에 대한 고통 어린 기억은 배움의 길이었다. 마찬가지로 『안티고네』의 코로스도 '양편에서 생각'하는 데 그치지 않고 깊이 느끼는 데까지 나아간다. 또 그들은 저 깊숙한 곳의 공포와 사랑 그리고 슬픔이 놓여 있는 기초인 그들의 세계와 유대를 형성한다. 그들은 '위대한 법규들과 나란히 지배하는' 사랑erōs이 힘에 대해 이야기하자마자(781-801) 바로, '나도 이제 이 광경을 보니, 왕의 법규thesmoi를 어기고 눈물을 흘리지 않을 수 없구나. 나는 지금 모든 것을 잠재우는 신방으로 안티고네가 가는 것을 보고 있소(802-6)'라고 말하며 사랑이 결핍된 주인공들에 맞서 하이몬과 한편에 선다. 보는 것과 쉽게 우는 것은 그들에게는 긴밀히 연결된 것으로, 서로를 자연스럽게 격동시킨다. '견뎌냄'도 눈물도 없이 이런 사건을 순수하게 지성적 지각을 통해서만 보는 것은 분명 자연스럽지도 충분하지도 그리고 좋지도 않은 것이다. 개별자들을 충분히 지각하려면 사랑이 반드시 수반되어야 한다. 이 사실은 우리에게 독해와 해석을 할 때에도 눈에 보이지 않는 규범이 있음을 말해준다. 눈물을 멈추려 한다면, 그리고 정신을 놓지 않으려 지나치게 애를 쓴다면, 우리는 텍스트가 보여주는 전부를 이해하기 어려울 것이다.

여기까지는 마치 노랫말이 독해 대상인 텍스트인 것처럼 이야기해왔다. 그렇다고 노랫말이 극의 상연 속에 들어 있는 합창 요소라는 분명한 사실을 잊어서는 안 된다. 노랫말은 한 무리가 대사, 음악, 춤을 한데 섞어 펼치는 것이다. 동시에 이 노랫말은 반대편에 위치한 다른 한 무리, 즉 관객이 감상하는 것이다. 관객은 종교 축제라면 한공동체로 묶일 만한 무리로, 극의 상연에서 그 물리적인 위치는 배우가 연기하는 장소를 빙 둘러싸고 있는데, 이는 동료 시민들이 무대에 있다는 사실을 인식하고 감사하는 마음을 극적 사건의 주요하면서도 불가피한 부분으로 만든다. 그리고 이 사실은 플라톤과의 대조를 나타내는 우리의 예변법적 그림에 깊이를 더한다. 이런 사람들은 특정한 종류의 공동체에 속하면서 그리고 그 공동체에 의해 비극의 복합성을 경험하는 것이지, 동료로부터 고립되어 각자의 영혼 속으로 들어가서 경험하지는 않는다. 즉 공통적으로 서로 나눈 것이 무엇인지에 주목하면서 공통적으로 반응하는 집단 속으로 그들 자신을 밀어 넣어 만들어지는 것을 통해 경험하는 것이지, 외로이 높은 곳에 자리 잡은 관조, 그곳에서 방향을 비틀어 밑으로 내려와 정치적 삶으로 돌아오는 그런 관조에 도달하면서 경험하는 것이 아니다. 이런 윤리적 경험 전체를 통해 공동체와 친애가 머금은 근본적인 가치는 부각되지만, 그런 가치와 유리된 채 선을 추구하는 방식은 드러나지 않을 뿐 아니라 아예 배제된다.[*]

이 작품 속의 송가를 구성하는 문체가 위와 같은 주장 모두를 담아내고 있다는 해석에는 중요한 면이 있다. 이런 해석은 노랫말의 몇몇 특정 부분만을 부각시킬 것이다. 그리고 그 부분 중에서도 특정한 어떤 연결, 특정한 어떤 반응을 특히 강조할 텐데, 그것들은 종합과 단순화에 관한 우리의 탐구를 진전시킬 수 있을 것이다. 그리고 다른 한편으로 그런 해석은 이 작품 속 자료에 걸맞은 방식으로 이와 같은 과업을 수행할 것이다.

> 햇살이여, 일찍이 일곱 성문의
> 테바이에 떠오른
> 가장 아름다운 빛이여.
> 드디어 그대 모습을 드러내어,
> 황금 같은 날의 눈이여.
> 디르케[**]의 흐름들 위를 거니는구나.
> 완전무장을 하고 아르고스에서 온
> 흰 방패의 전사를 그대가 쫓아버리니,
> 그는 전속력으로 말을 달려
> 허둥지둥 도망쳤다네.

---

[*] 12장과 막간 2장 참조.
[**] [역주] 테바이의 서쪽에 있는 샘 및 시내 이름.

말썽 많은 다툼 때문에 폴뤼네이케스가

그를 우리나라로 인도했으니,

그는 날카로운 소리를 지르는 독수리처럼

이 나라로 날아들었다네.

눈처럼 흰 날개들에 덮인 채

수많은 무구武具들과

말총 장식의 투구들과 함께.(100-16)

　　여명과 함께 코로스는 입장하면서 떠오르는 태양빛을 부른다. 여기서 '황금 같은 날의 눈'은 전처럼 강물 위에서 등장한다, 혹은 드러난다ephanthēs. 그 빛을 보면서 코로스는 안전한 성문 바깥에서 테바이 승리의 현장을 목격했음을 떠올리고, 이제 그 빛은 승리 이후 피맺힌 전쟁의 상처를 본다. 코로스가 되새기는 것은, 아르고스의 전사들에 섞여 테바이의 독수리 폴뤼네이케스가 자리 잡고 있었던 곳, '엄청난 싸움'이 벌어졌던, 그리고 말총 장식의 투구가 등장했던 바로 그곳에서 태양빛은 적군 부대의 매우 이상스러운 특성을 목도했다는 것이다. 이 독수리는 말총 장식의 투구를 쓰고 있고, 이 이례적인 이중적 특성,* 코로스가 그에게 겨눈 도덕적 잣대가 반영되었다고 할 만한 복잡성을 지시하는 이 특성은 여전히 태양의 눈 아래 존재하지만 태양은 이 특성을 신경 쓰지 않는다. 코로스는 폴뤼네이케스가 양면을 갖고 있다는 점, 그의 이름이 투영된 이 싸움**에서 양쪽 모두 주장하는 바가 있다는 점을 인정하고 있는데, 이 코로스의 태도는 은연중에 간단한 포고령으로 적이자 배신자인 이 인물을 일가친척이자 친구philos에서 배제한 그들(그리고 우리)의 앎과 자신의 태도를 대비시키고 있다. 한편 하루 전날 모습을 드러낸 세계를 둘러싼 복잡한 긴장은 오늘의 외곬수적인 전략과 대조된다.

　　이전에 한번 자신을 열어젖혔던 눈이 다시금 열리면서 그리고 그 눈이 혼

---

* [역주] 테바이의 인물이 아르고스의 전사들 사이에 끼어 있다는 사실에 의한 이중성.

** [역주] 폴뤼네이케스라는 이름에는 '많이 싸우는 자'라는 의미가 있다.

란된 면면들이 겹쳐 나타나는 장면을 목도하면서 노랫말은 시작된다. 노랫말은 단순한 방식과 복잡한 방식으로 나누어 분석될 수 있다. 자연의 눈은 복잡하고 갈등을 자아내는 장면을 본다. 크레온은 더 단순한 눈으로 세상을 본다. 열린 눈이라는 이 충격적인 이미지, 마치 우리 자신(극장에서는 동이 틀 때)이 앞에 빛이 펼쳐지는 상황에 우리의 눈을 여는 것 같은 장치로 사용한 이 이미지는 이 작품에 등장하는 숱한 눈과 바라봄의 이미지 중 가장 먼저 등장하는 것이다. 우리는 이 이미지들을 추적하면서 실천적 지각과 조화라는 과제를 향해 펼쳐지는 코로스의 태도를 이해하는 데 도움을 얻을 수 있다.

크레온은 바라봄을 말하면서 실재를 구성할 때 불협화음을 일으키는 요소를 제거하려는 의도를 은연중에 내비친다.* 그에게 드러나거나 분명해진 것 중에서 스스로 허락하는 것은 오직 가치와 관련된 그의 단순한 구도와 일치하는 것밖에 없다. 그리고 그 구도 속에는 당면한 폴리스의 위험(185, 그리고 177은 참조), 배신자의 덮지 못한 시체(206), 명령 불복종자가 명백하게 저지른 죄(307, 655), 그런 행위의 어리석음(562), 처벌의 끔찍한 효과(581)밖에 없다. 그는 '영원 속에서 모든 것을 보는 제우스'를 소환하여 자신의 단순한 안목을 변호하려 한다(184). 이와 다르게 보는 그의 상대편은, 안목이라고는 전혀 없는 그의 상상력 속에서는 '어둠 속에서 결코 옳을 수 없는 일을 꾀하는(494)' 무리에 불과하다. 혹은 안티고네처럼 그들이 여전히 무서운 줄을 모르고 빛 속으로 뛰어드는 모험을 감행한다면 그들은 바로 볼 수 없는 곳에 갇힐 것이다(774). 하이몬은 크레온에게 옴마 데이논omma deinon, 즉 기괴하고 끔찍한 눈을 가졌다고 말하는데, 왜냐하면 크레온은 오직 자신이 보고자 하는 것만 보고 듣고자 하는 것만 듣기 때문이다(비슷하게

---

* 이런 생각은 6장에서 더 발전되는데, 그곳에서 '육체의 시각'과 '영혼의 시각'이 서로 배타적이라는 디오티마의 주장을 살펴볼 것이다. 13장에서는 안목과 친애philia의 관련에 대해 논의하고, 10장에서는 '결정은 지각에 달려 있다'는 아리스토텔레스의 주장에 대해 논할 것이다.

안티고네도 조금 덜 강조하기는 하지만, 오직 가족에게 내려진 재앙(6)과 죽은 이들의 법에 의해 드러난 힘(457)만이 그녀의 시야에 들어오고 있을 뿐이라고 주장한다). 결국 크레온은 자신의 좁은 시야를 비판했던 아들을 더 이상 '볼 수' 없는 형벌을 받게 될 것이다(763-4). 태양의 둘레는 그가 잃게 될 것을 가늠하게 될 것(1065)이고 그는 자신의 가족의 죽음을 고통스럽게 '바라보게' 될 것(1264)이다. 그리고 마침내 '너무 늦어버리기는 했지만 정의가 무엇인지를 보게 될 것'이다(1270).

위의 기괴하고 끔찍한 눈deinon omma은 암묵적으로 태양의 눈의 반대편에 서 있는데, 태양의 눈은 두 상반되는 요청의 힘, 즉 제우스가 테바이 편에서 있기 때문에 조금도 손상되어서는 안 되는 것처럼 보이는 힘을 보는 동시에 독수리가 다름 아닌 제우스의 새라는 사실도 본다. 기괴하고 끔찍한 눈은 또한 코로스의 시선과도 반대편에 서 있다. 코로스가 태양이 무엇을 보는지를 물으면서 자신들이 잘 보기 위해 태양의 도움을 간청했다는 점에서 그렇다. 코로스는 외적인 그리고 비인간적으로 통제된 눈을 보여주기를 기다린다. 그들은 자신들이 보려 하는 것과 보려 하지 않는 것을 스스로 결정하기보다는 세계로부터 그들의 시야 속에 들어온 것 중 특히 두드러지는 주장을 받아들이려는 것에 가까운 태도를 보인다. 크레온의 시각은 능동적이고 개혁적이다. 마찬가지로 이 작품을 관통하는 크레온의 이미지도 다음과 같이 능동적이지 수동적이지 않다. 배의 선장, 자신의 길을 스스로 개척함, 동물을 길들이는 사람, 쇠를 다루는 노역자, 남성. 코로스를 구성한 남성들은 애초부터 이와는 다른 자기 자신에 대한 이미지를 갖고 있었다. 그들은 무엇인가를 만들고 형태를 구성한다기보다는 기다림에 가까운 성격을 지녔다. 그런 성격은 그들로 하여금 태양이 자신에게 어울리는 것이어야 한다고 주장하지 않고 그들에게 가능한 것이 무엇인지를 먼저 묻도록 했다. 태양은 여명에 은은히 자신을 비치다가 강물에 어린 안개를 뚫고 모습을 드러낸다. 보는 것에 대한 이처럼 동일한 반응은 향후에 코로스의 눈이 보고 있으면서 동시에 울게 되고, 이해하는 동시에 성을 내는 시점에 다시 등장한다. 이는 분명 헤겔의 방식은 아니다.

비극이 상연될 때 관객의 입장이 바로 이와 같이 가능성을 열고 기다리는 식이다. 능동적으로 탐색하는 지성은 타자들과 함께 개방성, 즉 기꺼이 놀람과 감동을 얻으려는 마음과 결합한다.

이처럼 보는 것을 규범화하면 비판의 화살은 비단 크레온만이 아니라 나아가 조화와 종합을 추구하는 통상적인 과업 자체를 향하게 되는데, 그 종합이 제우스에 의해 보호되고 자연의 눈에 목도되는 기존의 신조들을 능동적으로 조정하려는 것이라면 그렇다. 코로스의 시각이 헤겔과는 다르다는 우리의 짐작은 다음 송가에 의해 더욱 증폭된다.

세상에 무서운 것deinon이 많다 하여도
사람보다 더 무서운 것은 없다네.
사람은 사나운 겨울 남풍 속에서도
잿빛 바다를 건너며 내리 덮치는
파도 아래로 길을 연다네.
그리고 신들 가운데 가장 신성하고
무진장하며 지칠 줄 모르는 대지를
사람은 말馬의 후손으로
갈아엎으며 해마다, 앞으로 갔다가
뒤로 돌아서는 쟁기로 못살게 군다네.

그리고 마음이 가벼운 새의
부족들과 야수의 종족들과
심해 속의 바다 족속들을
촘촘한 그물코 안으로 유인하여
잡아간다네, 총명한 사람은.
사람은 또 산속을 헤매는 들짐승들을
책략으로 제압하고,

갈기가 텁수룩한 말을 길들여
그 목에 멍에를 얹는가 하면,
지칠 줄 모르는 산山소를 길들인다네.

또한 언어와 바람처럼 날랜 생각phronēma과,
폴리스에 질서를 부여하는 심성orgas을 사람은 독학으로
배웠다네. 그리고 맑은 하늘 아래서 노숙하기가
싫어지자 서리와 폭우의 화살을 피하는 법도,
사람이 대비할 수 없는 것은 아무것도 없으며,
아무 대비 없이 사람이 미래사를 맞이하는 일은
결코 없다네. 다만 죽음 앞에서 도망치는
수단을 손에 넣지 못했을 뿐이라네.
하지만 사람은 고통스러운 질병에서
도망치는 방법은 이미 궁리해냈다네.

발명의 재능에서
기대 이상으로 영리한 사람은
때로는 악의 길을 가고,
때로는 선의 길을 간다네.
그가 국법과, 신들께 맹세한 정의를
존중한다면 그의 폴리스는 융성할 것이나,
무모하게도 불미스러운 것과 함께하는 자는
폴리스를 갖지 못하는 법이라네. 그런 짓을
하는 자는 결코 내 화롯가에 앉지 말기를!
나는 그런 자와는 생각을 같이하고 싶지 않노라.(332-75)

이 시점까지 코로스의 일원들은 폴리스의 최고 권위를 옹호하는 크레온
의 낙관론에 귀를 기울여왔다. 또한 그들은 수상한 시신 매장 상태에 대해

고하는 파수꾼의 이야기에도 귀 기울였다. 데이논이라는 단어는 이 노랫말을 등장시킨 앞서 벌어진 일들이 진행되는 과정에서 두 번 등장한다. 둘 다 파수꾼의 입에서 나오는데 그는 시신 매장이 데이논(243), 즉 무섭고 이해 불가한 것임을 알았고, 또한 크레온이 그의 불경한 생각을 매우 자랑스러워한다는 사실이 또 데이논, 즉 끔찍한 것이라고 생각했다(323). 이처럼 데이논이라는 단어가 사용될 때, 우리는 검증되지 않은 낙관주의를 벗어난 어떤 것을 기대하게 된다. 이런 사건들과 이런 야망을 목도하면서 코로스 속 남성들은 사실상 인간이 데이논적 존재라는 점을 되새기는데, 자연 세계 속에서 즉 자연 세계와 조화를 이루는 데 편안해하지 않는 존재라는 점에서 대단하면서도 기괴한, 즉 데이논적 존재로 본다. 인간은 스스로 편안해지기 위해 자연을 찢어발기는 자연적 존재, 그러고는 스스로 폴리스가 되기 위해 자신의 본성을 수정하는 존재이다. 이 작품은 은연중에, 어떤 것도 ─심지어 신들조차도─ 인간보다 더 데이논적일 수는 없다고 주장한다.(어쩌면 신들의 삶은 완벽하고 조화로우며 통제되어 있기 때문인지도 모른다. 그들은 인간과 같은 방식으로는 존중받을 수 없다. 왜냐하면 무언가를 성취하는 데 장애물도 없고, 인간과 같은 방식으로 두려움에 떨거나 비판받을 수도 없으며, 그들의 본성에서 떠날 필요도, 자기 충족을 위해 불경해질 필요도 없기 때문이다.)

그들은 중성 대명사를 써서, '이것'이라고 말하며 인간이라는 존재가 지닌 기괴함과 거리를 두려하는데 여기에는 그 '잿빛 바다를 건너는' 본성과 행위에 대해, 감정을 섞지 않고 이야기하려는 의도가 숨어 있다. 얼핏 읽으면 이는 위대한 성취의 과정을 역사적으로 서술하는 것처럼 보인다. 우리는 이 존재가 우연성을 스스로 통제하기 위해 발명한 멋진 장치 꾸러미를 열거하는 소리를 듣는다.* 배와 쟁기는 송가의 전후에 정치적 은유로 등장한 것인데, 이제는 직설적으로 인간의 발명품의 사례로 등장한다. 그리고 인간은 자신을 사회적 존재, 즉 사상, 감정, 제도를 만들어 내고, 종전에는 통제될 수

---

* 기예, 즉 테크나이technai를 통한 진보와 기예의 발견에 대한 다른 관련 이야기들에 관해서는 4장 참조.

없었던 자신의 삶의 내적 부분이었던 것을 통제하는 존재로 스스로 거듭났다. 실인즉 인간은 모든 것을 할 수 있는 자원을 소유한 것만 같다. 해결 못하는 궁극적 우연성은 오직 하나, 죽음뿐이다. 코로스는 이전에는 어쩔 수 없다고 생각한 많은 질병들이 인간이 고안한 장치들에 의해 치료되었다는 점을 지적한다. 죽음은 계속 늦춰져왔다. 이렇게 자원이 풍부한 존재인데도 정말로 그는 죽음을 벗어날 길을 찾지 못할 것인가?

노랫말의 표면적인 내용은 위와 같다. 그러나 우리는 지금까지 이런 이미지들이 이 작품 전체에 걸쳐 전면적으로 추적되어야 한다고, 또 그 추적은 우리가 연결과 주장들의 전체 그물망을 완전히 파악할 때까지 계속되어야 한다고 말해왔다. 우리가 그렇게 한다면 우리는 이 행복한 이야기에 찬물을 끼얹는 형국이 된다. 언급되고 그래서 독해된 각각의 항목들은 인간 삶의 과정에서 생기는 몇몇 문제를 지목한다. 좀 더 구체적으로 말하면, 그 각각은 인간 가치의 다양성과 복수성에 대한 문제를 노정하고 종합을 통한 조화로움을 만들어 내려는 시도에 의문을 던진다. 이렇게 되면 송가를 통해 우리는 비단 주인공에 대한 우리의 구체적인 비판만이 아니라 더 보편적인 층위에서 갈등을 제거하려는 야망 자체에 대한 비판을 접하게 되는 것이다.

인간은 배를 만든다. 바다를 건너기로 결정한 뒤, 안전하게 이 일을 해내기 위해 배를 고안한다. 이제 우리는 폴리스라는 크레온의 배 역시 인간의 고안물로 간주하게 된다. 실제 배처럼, 폴리스라는 배 역시 폭풍우에 내동댕이쳐질 수 있다. 신들은 '거대한 바다 폭풍(163)'으로 테바이를 뒤흔들었다. 이후 코로스는 다음과 같이 그 사건을 떠올리게 된다. '신에 의해 한번 집안이 흔들리게 되면…… 마치 파도가 트라케에서 불어오는 바람의 거센 입김에 쫓겨 검은 심연 위를 굴러 가며 바닥에서 검은 모래를 파헤쳐 올리고, 바람에 시달리는 해안들이 폭풍의 매질에 울부짖을 때와 같이.'(584-93) 이런 연결고리들을 보면서 우리는 이제 외적 사건들을 마주칠 때 드러나는 인간 사업이 지닌 연약성만이 아니라 (여기서 배가 크레온식의 폴리스를 의미한다면) 인간이 너무나 자주 내몰리는 다음과 같은 선택 상황에서 어찌 해야 하는지도 생각하지 않을 수 없다. 그것은 삶의 과정 속 가치와 경건함이라는 가치 사이에서의 선택, 그리고 잘 사는 것 혹은 안전에 대한 추구와 당연히 주목해야 할 종교적인 책무 사이의 선택 같은 것이다. 그러면 우리는 이 작품에서 보이는 주요한 도덕적 갈등에 대해 생각하게 되고, 그 갈등은 최고 입법자의 기술로도 쉽게 물리칠 수 없다는 것을 알게 된다. 최고의 입법자는 언제나 그리고 합법적으로 인민의 안전을 위해 헌신한다. 그리고 이런 저버릴 수 없는 헌신 때문에 그는 불경한 길을 걸어야만 하는 상황에 처하기도 한다. 페리클레스식 해법이 통할 때도 있지만, 그렇지 않을 때도 있다.

이러한 되새김은 다음 이미지로 강화, 확장된다. 우리에게 대지는 먹거리의 원천이다. 그러나 대지를 갈겠다고 결정하는 순간 인간은 '여신 중 가장 어른인 이[데메테르]'에게 대항하는 꼴이 된다. 다시 진보는 경건함과 충돌한다. 우리의 생존은 그 자체로 위반을 수반해야 하는 것인지도 모른다. 우리는 일반적으로, 기술의 진보를 선택하면 진실성과 아름다움뿐 아니라 우리 미래의 건강과 번영의 조건까지 포함하는 본성적 가치를 거스를 수도 있다는 식의 생각을 하게 된다. 이런 진보와 가치 사이의 갈등은 국가를 조화롭게 통치하려는 어떠한 견해로도 쉽게 해결할 수 없다. 설령 크레온보다 더 헤겔적인 통치자라 할지라도 여기서는 심한 갈등을 느낄 것이다. 그리고 이런 국면은 우리가 이 작품 속에 등장하는 기타 기술 관련 이미지를 고찰할 때 오히려 더 분명해질 것이다. 크레온은 채굴에 대해 말하면서 진실성과 특별한 아름다움을 희생해서 대상을 제어하겠다는 결정을 뒤집는다. 광부의 태도란 진귀한 보석을 수집하고 사랑하는 이의 태도와는 화해할 수 없는 긴장 관계에 있을 수밖에 없다. 이제 우리는 또 밭을 가는 이미지를 적절하게 비非에로틱한, 섹슈얼리티의 이미지로 크레온이 사용했던 것을 떠올리게 된다. 우리는 여기서 (더 보편적으로는 아테네식 혼인의 상례常禮로서) 에로스의 신성함을 의도적으로 경시하는 방식, 오로지 그 방식으로 위험한 갈등의 근원을 조화라는 미명 아래 제거해 버리는 것을 본다. 코로스에 따르면, 질서 잡힌 혼인에 필요한 태도를 견지하려면 윤리적 규범과 공존하면서 결합되어 이를 위험에 빠뜨리는 어떤 힘을 도외시해야 한다. 폴리스의 입장에서 좋은 남편은 '젊은 여자의 부드러운 뺨 위에서 잠들고 싶은' 정념이나 '남자로서의 의무를 저버리는' 광기에 반응해서는 안 된다. 그래서 하나의 신성은 다른 신성과 대립할 수밖에 없어 데메테르는 아프로디테의 친구가 될 수 없고, 한 합법적 요구는 다른 요구와 긴장 속에서 공존하는 것이다. 헤겔식의 폴리스는 결혼과 에로스 중 하나를 선택해야만 할 것이다. 그리고 필연적으로 전자를 선택할 수밖에 없다. 헤겔주의자가 되기를 포기하면 반드시 하나의 신을 도외시하게 된다. 혹은 (아테네처럼) 모든 신을 섬기려 진지하게 노력한다면, 그 폴리스는 각자 다른 신을 섬기면서 갈등 속의 불쌍한 인간이라는 존재에 마주쳐 기뻐하지 못하는 사람들과 불편하게 공존할 수밖에 없을 것이다. 다시 말하지만, 이런 경우라면 모두 헤겔주의자임을 포기하는 것이다.

앞서 등장한 조망鳥網으로 새 잡기 이미지 그리고 동물 길들이기 이미지를 따라 유사한 방식으로 유사한 결과를 초래하는 후속 주자가 작품 전체에 걸쳐 등장할 수 있다. 말하기는 그다음의 위대한 발명으로 추켜세워진다. 그러나 윤리적 담화가 재형성된 결과인 말하기는, 크레온이(그리고 안티고네가) 행한 단순화의 주요 도구가 되었다. 이 작품의 말미에서 감수성을 가진 사랑할 줄 아는 이, 하이몬은 동물의 눈으로 '무섭게 노려보더니' '아무 대답도 없이'(1232) 죽어가면서 어떤 말도 남기지 않는다. 여기서 우리는 묻지 않을 수 없다. '어떤 담론이라면 그가 거부하지 않았을까? 헤겔식의 종합을 추구하는, 모순을 부정하고 그 위로 초월하는 담론? 아니면 차라리 내적 긴장 속에서 그 긴장을 인정하는 담론? 아마도 그가 받아들였음 직한 것은 이 비극이 전체적으로 담고 있는 복합적인 담론일 것이다.

다음으로 칭송되는 것은 실천적 지혜phronēma인데, 크레온은 이 단어를 정신을 가리킬 때 사용한다. 여기서 크레온은 정신적 건강성을 자신이 거부한 항목들을 단순화할 때 필요한 것으로 취급하는데 이런 용법은 통상적인 것이 아니다(176, 207, 473, 그리고 459는 참조). 그리고 '폴리스를 건설한 기질astunomous orgas은 사실 성격orgē을 말하는 것으로, 통제되지 않는 분노, 폭력적인 성냄(280, 957, 766, 그리고 875는 참조) 같은 것*이다. 따라서 송가의 생뚱맞은 어휘 사용을 통해 우리는 크레온의 폴리스를 건설한 것이 바로 분노임을 떠올리게 된다. 세계 앞에 놓여 있는 우리의 연약성을 향한 폭력을 동반한 분노는, 안전을 위한 이러한 전략을 세우는 데 큰 동기가 된다. 진보의 시작은 마치 복수처럼 보이는 것에서 시작한다. 조화로운 폴리스를 건설하고자 하는 세련된 헤겔식의 시도조차도 그저 복수의 교묘하고 최고로 영악한 술수에 불과하다. 여기서 우리는 왜 흽시폴리스hupsipolis와 아폴리스apolis, 즉 폴리스가 우뚝 서 있는 것과 폴리스가 존재하지 않는 것이 송가의 생각 그리고 단어 사용 방식에서 서로 나란히 놓이는지를 알 수 있게 된다. 폴리스 통제를 위한 분노에 의해, 폴리스를 채우고 폴리스에 실체성을 부여하는 다양한 별개의 중요 사항들이 지닌 특별한 힘은 무시되거나 조화에 의해 제거된다.[**]

이런 식으로, 이성을 통한 인간의 승리에 대해 쓰면 그것은 한편으로 이성의 한계와 죄, 그리고 갈등에 대해 압축적으로 쓴 글이 된다. 이 사실은 우리의 가치에 대한 도식이 풍부해질수록 그 속의 조화를 이끌어낼 수 있다는 주장을 증명하기는 점점 더 어려워짐을 말해준다. 또 우리가 가치와 신성神性이 세계 속에 현존한다고 생각하면 할수록, 갈등이 우리에게 가까이 다가온다는 사실은 더 명확해짐을 말해준다. 조화를 위해서는 빈곤을, 풍부함을 위해서는 부조화를 대가로 치러야 하는 것 같다. 진실로 '인간의 성공에는 재앙이 따르기 마련'(613-14)이라는 것은 '불문율'(613)로 보인다. 코로스 속 남성이 적절하게도 '내가 보고 있는 것, 이것은 해괴한 전조인가, 내 생각에 양쪽 편에서 모두 그러한 것 같구나'라고 말할 때 의미하는 지점이 바로 여기이다.

인간 찬가에 가해지는 반反헤겔주의의 위협은 이 작품의 가장 음울하고 비관적인 송가에서 발전되고 분명해진다. 안티고네가 그녀가 묻힐 돌무덤을

---

[*] 크레온이 매장을 시행할 때 1260에서 신이 보이는 호의적인 기질orgas eumenuis과 대조되는 대목.

[**] 화와 복수에 대해서는 13장에서 더 심층적으로 논의한다.

향해 떠날 때, 코로스는 낙관적인 희망이 삶에 의해 제한되고 꺾이는 양상에
대해 고찰한다.

> 아리따운 다나에*도 꾹 참고
> 하늘의 햇빛을 청동 벽으로 둘러싸인
> 거처와 바꾸어, 무덤과도 같은 그 방에
> 아무도 모르게 갇혀 있었소.
> 하지만 그녀는, 내 딸이여, 고귀한 혈통으로
> 황금 비 속에서 떨어진 제우스의 씨를
> 간직하고 있었소. 인간 운명의 힘은
> 무서운deina 것이오. 부惠도, 아레스도,
> 성탑도, 격랑 속의 검은 배들도
> 그로부터 벗어나지 못한다오.
>
> 드뤼아스의 성미 급한 아들로
> 에도노이족의 왕인 뤼쿠르고스도
> 미쳐서 디오뉘소스 신의 화orgais를 흉내 내며 모독하다가
> 사슬에 묶여 바위에 갇혔소.
> 그곳에서 광기의 놀라운deinon 파멸의 힘이
> 서서히 사라지자, 자신이 미쳐서
> 신을 모독했음을 알게 되었소.
> 그자는 신에 쒼 여인들과 디오뉘소스의
> 횃불을 제지하고, 피리를 좋아하시는
> 무사 여신들을 모독했던 것이오.

---

* [역주] 괴물 메두사의 목을 베어 온 영웅 페르세우스의 어머니.

검푸른 암벽들 옆, 두 바다 사이에는
보스포로스의 해안들과 트라케인들의
해안 도시 살뮈뎃소스가 있어,
그곳에서 이 도시의 이웃인 아레스 신께서
보았소, 피네우스의 두 아들에게 그의 잔혹한
아내가 안겨준 눈멀게 하는 저주받은 상처를!
그녀는 칼 대신 피투성이가 된 두 손과
베틀 북으로 찔러 복수심에 불타던
눈에서 눈알을 빼버렸던 것이오.

그리하여 불행한 결혼을 한 어머니의
이 아들들은 자신들의 불행 속에 갇혀
자신들의 잔혹한 운명을 슬퍼했소.
그녀의 어머니는 에레크테우스* 가라는
유서 깊은 가문의 후손이었으나,
보레아스의 딸로 말처럼 날랜 그녀는 멀리
떨어진 동굴들에서, 아버지의 폭풍들 사이에서,
가파른 언덕에서 자랐소. 그녀에게도,
내 딸이여, 시간을 초월하는 운명이 덮쳤소.(944-87)

여기서 우리는 파도를 넘으며 항해하는 승리하는 인간의 모습에서 바위 감옥 속에서 꼼짝하지 못하는 인간의 모습으로 옮겨간다. 테바이에 떠오른 태양의 빛에서 무덤과 같은 숨 쉴 수 없는 상자 속으로, 배 위의 활력 넘치는 빛에서 운명의 여신Moira의 옴짝달싹할 수 없는 압박으로, 동물들에게 멍에를 씌워 길들이고 뻐기는 인간에서 운이라는 멍에를 쓴 순수한 소녀, 죄지은

---

* [역주] 아테네의 왕.

남자, 두 절망적인 소년들, 바람의 신의 딸로 옮겨온 것이다. 앞부분 노랫말에 보이는 넓은 개방성은 빡빡하고 숨 막히는 공기로 바뀌었다. 다나에가 그렇듯 우리도 천국의 빛과 어두운 감옥을 서로 바꾼 것 같다. 코로스는 열린 눈으로 갈등과 강제의 힘을 본다. 이런 광경은 이제 더 이상 참을 수 없는 것이 되어 버리고 결국 맹인처럼 눈을 가린다.

세 명의 죄수는 두 개의 짝이 되는 연에 묘사되어 있다. 첫 번째 연에서 코로스는 전적으로 무구無垢한 다나에, 그녀의 자식이 그녀의 아비를 살해할 것이라는 예언자의 말 때문에 아비에 의해 갇히는 그녀의 이야기를 꺼낸다. 축복 받은 그녀의 탄생과 제우스의 마음을 빼앗은 미모, 그녀의 순수함 등은 어둠과 마비 앞에서는 무용지물이 되어 버린다. 그녀는 멍에를 졌다. 그리고 인간의 기예는 그녀에게 어떤 탈출을 위한 수단도 제공하지 못했다. 안전과 통제를 추구한 그 아비들이 딸들을 가두고 자신의 손주들의 탄생을 막으려 시도한 세상에서 구원은 초인간적인 원천에서나 나올 수 있는 것이다. 여기서 코로스는 제우스가 황금비의 형상이 되어 아크리시오스가 만든 안전장치를 뚫고 결국 그녀를 임신시키는 이야기를 넌지시 들려준다. 아크리시오스가 어미인 다나에와 그녀의 아들을 청동벽으로 이루어진 상자에 가두고, 즉 멍에를 다시 씌우고 바다에 떠내려가게 내버려두었을 때, 우리는 제우스가 그녀를 다시 구조할 것임을 안다. 우리는 그녀의 아들이 페르세우스라는 사실을 알고, 또 페르세우스가 고르곤의 머리로 아크리시오스를 돌로 만들어 버리고 따라서 자신의 어미의 고통을, 바위는 바위로, 걷잡을 수 없는 분노는 똑같이 걷잡을 수 없는 분노로 되갚음을 안다. 코로스가 우리에게 요청하는 것은, 구원을 얻으려면 황금비, 날개 달린 샌들, 정면으로 보지 않고서 괴물을 처치할 수 있도록 영웅에게 주어진 거울 같은 것이 반드시 필요하다는 점에 대해 생각해 보라는 것이다. 안티고네처럼 인간적인 것 말고는 의지할 만한 것이 없는 사람이라면 누구나 그렇듯이, 행운과는 멀어질 것이다. 그리고 해피엔딩으로 끝나는 신화라 할지라도, 분노와 복수의 힘을 통하지 않고서는 즉 한 인간의 아비를 돌로 만드는 것과 같은 과정을 거치지 않고서는 구원받지 못한다.

둘째로 코로스는 '급작스러운 분노' 속의 인물로 한층 더 위압적인 뤼크르고스 왕을 떠올리는데, 그는 디오뉘소스의 신성을 인정하지 않으려 했고, 역시 바위에 갇혀 시들어갔다. 그의 분노는 흉내 낸 분노였고, 이 분노로 신[뒤오니소스]을 조롱하다가 결국 멍에를 썼다. (송가를 읊는 동안 무대에 나타난) 크레온처럼 아니 어쩌면 헤겔처럼, 이 남자도 인간의 진보에 지나친 신념을 갖고 있다는 점에서 그리고 이성과 질서의 통제력을 지나치게 자랑스러워한다는 점에서 명백하게 죄가 있다. 그는 그가 조롱했던 신을 알거나 인정하게 되었다. 옴짝달싹 못하는 처지는 이 깨달음을 얻기 위한 대가 혹은 깨달음을 얻기까지의 동인動因이 된다.

마지막으로 코로스는 그 어떤 것보다 암담한 이야기를 한다. 마치 더 이상을 말하면 군더더기가 되어 버리는 양, 혹은 너무 고통스러운 양, 이 이야기의 주요 면면들을 연결시키지도 않고 그저 넌지시 암시하기만 한다. 이 이야기는 이리저리 빠르게 휘날리는 바람 속에 자라난 소녀, 즉 바람의 신의 딸에 관한 것이다. 분명하게 언급된 동굴들은 오로지 소녀로서 그녀가 놀던 동굴들밖에 없다. 우리는 이 동굴들을, 다른 여자와 결혼하기 위해 남편이 그녀를 가둔 이야기 속에 등장하는 감옥과 비교하게 된다. 이 이야기는 단 하나의 메시지를 전달하는데, 이는 간단하다. '그러나 그녀에게도, 내 딸이여, 시간을 초월하는 운명이 덮쳤소.' 여기서 그녀의 곤경과 안티고네의 곤경이 같은 선상에서 비교된다. 단지 그들은 아이들, (엄마의 편에서 보면) 자신들의 눈으로 계모에게 앙갚음할 방도를 찾으려 했기 때문에 계모가 눈을 멀게 만들어 버린 아이들에 관심의 초점을 맞춘다. 베틀 북의 끝이 지성적인 기관을 찌르는 것을 본 이는 오로지 전쟁의 신 아레스뿐이다. 이 아이들이 자신의 눈을 통해 도달하고, 간청하고, 요구한 것은 반응과 보상이었다. 그들이 요구한 것은 그들의 요청이 '보여야' 한다는 것이었다. 이 요구는 죄지은 이에게는 견딜 수 없는 것이었다.

(크레온처럼) 이 여인도 그녀의 상대를 무기력하고 아무런 표현을 하지 못하게 만들 필요가 있었는데, 왜냐하면 그들의 인간됨이 너무 날카로워서 그녀에게 가해진 하나의 요청으로 느끼게 했기 때문이다. 그녀가 그런 시선에

반응할 것을 용납했다면 그녀는 자신과 남편의 요청과 다른 이가 요구한 요청 사이에서 괴로워했을 것이다. 이것은 그녀로서는 참을 수 없는 것이다. 다른 요청은 강제로 사라져야만 하고, 그러면 저항은 위협이 되지 않는 사안으로 바뀐다. 그들이 억지로 이 긴장을 그녀에게 얹었을 때, 그녀의 분노는 그녀를 베틀 북, 즉 주부와 가정 살림의 상징을 집어 들게 했고, 피로 그 요청을 찢어버렸다. 아이들은 이제 어둠 속에 붙잡혀 보지도 못하니, 우는 것밖에 할 수 있는 것이 없다. 그들의 누그러짐 그리고 얌전함은 능동적인 질서 지움이나 추구와는 짝이 되지 않는다.

이 노랫말은 우리가 추구해온 여러 주제를 하나로, 그러나 음울하게 짜맞춘다. 우리는 외적, 우연적 사태가 보이는 힘, 그리고 그 힘에 대항하면서 드러나는 인간 분노의 폭력성에 대해 듣는다. 또 사태를 헤쳐 나가는 전략과 그런 전략 자체의 부정에 대해, 위협적인 대상을 꼼짝 못하게 해서 안전을 확보하려는 시도에 대해, 수용력과 개방적인 시야에 대해 듣는다. 인간이 행할 수 있는 선택의 수는 실인즉 얼마 안 된다. 그리고 그 선택 사이에서 헤겔식의 진보는 그리 확실한 대안이 아니다. 위반을 할 수도 있고 희생자로 남을 수도 있다. 단순화를 바탕으로 분노를 표출할 수도 있고 결국 파멸을 불러일으키는 개방성을 가질 수도 있다. 옴마 데이논으로 보는 시각일 수도 있고 한때는 수용 능력이 있었던 아이의 잡아 뜯겨져 피 흘리는 눈일 수도 있다. 코로스는 갈등의 현존을 향해 자신의 눈을 열어젖힌다. 그래서 사랑의 힘에 흔들리고 울음을 터뜨리게 될 수 있다. 이제 그 눈은, 공정한 시각 때문에 목숨을 잃는 처벌을 받게 된 피눈물을 흘리는 아이들의 이미지로 이 개방성의 종국을 묘사한다. 그렇다고 그들이 복수에 대한 희망을 품는 것도 아니다. 뤼쿠르고스 역시 멍에를 지고 결국에는 벌을 받는다. 모든 인간들은 비슷하게 동물처럼 멍에를 진 채 종말을 맞는데, 그 원인은 자신의 분노가 되기도 하고, 순수함이 되기도 한다. 헤겔이 조화에 대한 희망을 본 그 지점에서 그들은 고삐 풀린 우연성이 지닌 끔찍한 힘, 오직 그것만을 보고 있는 것이다. 네가 멍에를 씌우려 한다면 너는 위반하게 될 것이고 너 자신도 멍에를 쓰게 될 것이다. 네가 그것을 인정한다면 너는 누그러지게 될 것이다.

이런 선택지들이 기분 좋을 리는 없다. 헤겔을 떠올려보면, 갈등 그 자체를 놓고 보았을 때 이 선택지들로 인해 더 심한 갈등, 더 상위 층위의 갈등에 직면하게 된다는 것을 알게 된다. 우리는 조화 혹은 질서를 능동적으로 추구하는 것과 개방적인 감수성 사이, 지속적으로 갈등이 존재하지 않는 가치 세계를 구축하는 사람이 되는 것과 자연과 역사라는 세계 속에 존재하는 풍부하고 다양한 가치를 대하는 감수성을 갖추는 사람이 되는 것에서 선택을 해야만 한다. 인간이 만들어 낸 가치 도식이라면 무엇이라도 이 양쪽 가치의 균형을 생각하지 않을 수 없는데, 이 양쪽의 가치야말로 이 작품 전체에 걸쳐 탐색된 것이다. 노랫말은 우리에게 '이 양쪽의 가치'가 담은 요청을 조화롭게 종합할 수 있다는 어떤 확신, 양쪽을 모두 온전하게 잘 다룰 수 있다는 어떤 확신도 안겨주지 못한다. 노랫말이 우리에게 보여주는 것은 능동적으로 조화와 질서를 꾀하려면 무언가를 부정해야 한다는 것이다. 그리고 또 보여주는 것은 여기서 우리가 보는 개방적인 감수성은 질서 잡힌 삶을 구축하려는 인간의 목표를 포기하도록, 그래서 수동적이 되도록 만든다는 것이다.

이 작품의 노랫말은 연상의 그물망the web of associations을 가지고 우리를 여기까지 끌고 왔지만, 헤겔의 낙관주의는 연상의 그물망을 통해서는 정당화되지 못했다. 사실 이 지점에서 헤겔의 열정적이고 자신만만한 추정에, 우리가 그러했듯 반기를 들며 비극을 논한 작가 한 명에 주목해볼 만하다. 그 사람은 바로 쇼펜하우어인데, 그는 우리가 지금 도달한 것과 같은 끔찍한 통찰의 순간이, 비극이 우리에게 전해주어야 하는 '바로 그' 앎이라고 주장한다. 그리고 이 작품만 아니라 어떤 비극 작품을 대하든, 넋이 나가는 듯한 감각과 벗하는 것이야말로 적절하게 반응하는 것이라고 주장한다.

이 최고의 시적인 작업의 목적은 인생의 끔찍한 면을 묘사하는 데 있다. 형언할 수 없는 인류의 고통과 비애, 악의의 승리, 우연의 횡포, 정당한 자나 죄 없는 자의 절망적인 파멸 등이 우리 눈앞에 전개된다. 그리고 여기에는 세계와 실존의 본성에 대한 의미심장한 암시가 있다. ……이때까지 그렇게 강렬했던 동기들은 그 힘을 잃고, 그 대신 세계의 본질에 대한 완전한 인식이 의지의 진정제로서 작용하는 체념을 초래하는데, 그것은 단지 생에 대한 무관심뿐만 아니라 인생에 대한 모든 의지를 내버리는 것이다.*

이제는 헤겔의 견해보다는 이런 입장이 우리 경험을 더 올바르게 묘사하는 듯 보인다.

V

사실 안티고네는 그렇게 넋을 잃게 하는 광경 속에서 종국을 맞이하지는 않는다. 여기 이 극 중 가장 암울한 순간, 앞을 봐주는 아이의 손에 이끌려 한 늙은 맹인이 입장한다. 눈은 멀었어도 이 사람은 걷고 있다. 움직일 수 없는 사람이 아니다. 이 아이는 의지할 곳은 있어야 하지만 능동적이지 수동적으로 축 늘어져 있는 존재가 아니다. 두 사람은 모두 이 험악한 세상에 홀로 설 수는 없는 존재들이다. 각자 자신이 기댈 수 있는 이를 벗으로 삼아 의지한다. 이런 동반자 관계에서, 감수성을 매개로 뭉친 공동체에서, 능동의 길이 열린다. 소년은 늙은이의 육체를 보조해준다. 늙은이는 소년의 미성숙한 지성적 결핍을 보충해준다. 이런 식으로, '한 사람의 눈으로 보는 두 사람'(989)이 되고, '같은 길'(988)을 걷는다.

늙은이는 아폴론의 사제이고, 아폴론은 질서와 속박의 신이다. 늙은이는 기예techne를 갖춘 사람으로, 멀쩡한 눈을 소유한 운 좋은 사람은 결코 얻을 수 없는 통찰력을 눈이 멀면서 갖추게 되었다. 이제 그는 가르치게(992)되고, '점치기'(998)라는 자신의 기예를 통해 앎을 전해주게 되었다.

테이레시아스는 우리에게, 그가 가장 중시하는 것은 올바른 숙고로서, '가장 값진 재산'(1050)이라는 것을 말한다. 그는 크레온에게 '인간이라면 누구

---

* 쇼펜하우어, 『의지와 표상으로서의 세계』. 51절.

에게나 공통적인'(1023-5, 1052) 이성이라는 병에 걸린 자신을 치유하라고 주장한다. 이 병은 짐작건대 통제에 대한 광적 집착을 말하는 것으로 불경함이 함께하는 것이다. 우리는 지금까지 모두에게 공통적인 것이라는 말이 얼마나 공정한 발언인지를 살펴보았다. 그러나 테이레시아스는 어떻게 옴짝달싹 못함이라는 반대쪽 덫을 피하면서 이 병을 '치유'할 수 있다고 주장하는 것일까? 선택과 행위 모두를 포기하는 것 말고 사실상 어떤 치유가 가능할까?

테이레시아스는 올바른 숙고는 '양보_eike'(1029), 즉 자기 의지를 바탕으로 한 완고함을 거두고(1028) 유연해지는 것(1027)과 관련 있다고 말한다. 그의 충고는 이 작품 초반 하이몬이 크레온에게 한 말을 연상시킨다. 크레온이 옴마 데이논을 통해 단일한 에토스(관심 사항 혹은 신조)를 견지하는 것(690, 705) 즉 '옳은 것'을 향하는 길은 오로지 자신의 것 하나밖에 없다고 주장(706, 685는 참조)하는 것을 비판하면서 하이몬은 강력하게 다른 견해를 피력한다. 크레온은 자신이 처한 상황의 완전한 '공동空洞 상태'(709)를 피하기 위해 너무 지나치게 '옥죄지'(711) 않는 법을 배웠어야 했다. 테이레시아스가 그러했듯 하이몬도 이 옥죄지 않음과 배우는 능력(710, 723), 그리고 양보라는 관념(718)을 연결시킨다. 그는 자연에서 두 사례를 찾아 설명한다. 급류가 흐르는 둑의 가장자리에 있는 나무 중에서 굽힐 줄 알거나 버릴 줄 아는 나무는 가지를 보존한다. 그러나 완고하게 버티는 나무는 뿌리가 뽑혀 파멸한다(712-14). 배를 운항하는 키잡이가 돛의 아딧줄을 당기기만 하면서 바람에 맞서면 배를 전복시킬 것이다. 그러나 바람과 파도에 자신을 맞추는 키잡이는 안전하게 항해한다(715-17). 하이몬과 테이레시아스 둘 다 배움과 양보 사이의 연관, 그리고 실천적 지혜와 유연한 융통성 사이의 연관을 강조한다. 실천적 지혜에 대한 이런 식의 이해는 어떤 것이고, 이런 이해에 따르면, 크레온이 그렇듯 '운명의 칼날'(996) 위에 서 있는 사람의 문제는 어떻게 다루어질까?

무엇보다 우리가 알아야 할 것은, 하이몬과 테이레시아스가 크레온의 능동적 통제를 기반으로 한 완고함에 맞서 단순히 반대쪽에 서겠다고 하는 것이 아니라는 사실이다. 그들이 크레온에게 말하는 것이, 자연 만물이 그에게 영향을 미치는 것을 내버려두고 이런저런 방식으로 그를 밀어붙이도록 놔두면서 또 그의 삶을 통제하거나 만들어가는 과정을 시작조차 하지 않으면서, 완전하게 수동적인 무력한 존재가 되어야 한다는 것은 아니다. 그들은 다나에를 읊은 송가에 나오는 우리가 보기에 조심스러운 제안, 즉 남은 단 두 개의 선택지는 크레온처럼 외적 압력에 폭력적으로 응대하거나, 외적 압력 앞에서 완전히 무력한 수동성을 보이는 것뿐이라는 제안을 받아들이지 않는다. 식물은 명확한 본성을 지니고 있다. 이것 아니면 저것이다. 식물은 '돌봄'을 필요로 하고 반응한다. 이것이고 저것은 아니다. 식물은 연약하고 곤궁하다. 그러나 또한 자신만의 적절한 목적을 지니고 있는데, 약간 은유적으로 말하면 가치에 대한 자신만의 감각을 지니고 있다. 배도 마찬가지로 명확한 본성을 지니고 있다. 어떤 구체적인 지향과 목적을 추구하기 위해 어떤 곳으로 사람들을 실어 나른다. 배는 자신에게 밀려오는 모든 물의 흐름, 모든 바람과 단순히 함께 가지도 않고 갈 수도 없다. 배는 자신만의 질서와 자신만의 진로를 갖고 있다. 하이몬은 크레온에게 좋은 것을 선택하고 좋은 것을 실현하기 위해 노력하는 인간의 능동성을 포기하라고 한 것은 아니다. 심지어 그는 사고할 줄 아는 인간 삶의 상징으로 배의 이미지가 적절하다는 크레온의 입장도 받아들인다. 다시 말해서 좋음을 추구하려면 반드시 자연재해로부터 우리를 보호할 수 있는 장치가 고안되어야 한다는 생각을 받아들이는 것이다. 여기서 중요한 점은 인간이 목적으로 삼는 것을 추구할 때는 외부의 요청과 끌어당김에 개방적이어야 한다는 것, 그리고 고집스러운 견고함보다는 유연한 감수성을 개발해야 한다는 것이다. 그가 크레온에게 주장하는 것(아리스토텔레스가 플라톤주의에 입각한 논적에게 주장하게 되는 것)은 자연 세계의 형태에 반응하면서 자신을 굽히는 실천적 지혜, 자연적 세계의 복잡성을 십분 인정하면서 자신을 그에 맞추는 실천적 지혜다. (아리스토텔레스는 유연한 철사로 직조된 복잡한 기둥을 가늠하는 건축가의 이미지를 사용하는데, 이때 이런 유연함은 똑바른 면을 갖고 있는 기둥을 거친 방식으로 대하는 사람과 대조된다.*) 이런 섬세한 기예는 능동성을 수동성과 결합시키고 자기 본성에 대한 충실성을 세계에 대한 감수성과 결합시킨다.

이제 우리는 테이레시아스 자신의 삶이 그렇듯, 위 특징들로 다나에 송가의 음울한 선택지는 지나치게 단순한 것이었음을 알게 된다. (타인과 자연 세계에 대한) 감수성의 결과는 옴짝달싹 못함이 아니라 더 다듬어지고 더 유연한 종류의 움직임일 수 있다. 그리고 이런 식으로 일이 진행되면 그저 더 안전하고 더 신중한 것에 머물지 않는다. 물론 하이몬과 테이레시아스가 말한 것은 여기까지이다. 그러나 그들은 (특히 자연 이미지를 사용한 하이몬이) 또한 이런 방식이 더 풍부하고 더 아름답다는 것도 지적한다. 세계에 대해 완고하기보다는 유연하게 반응하면 세계가 품은 가치의 풍부함을 인식하는 길을 여는 한편, 충분한 만큼의 안전과 안정으로 향하는 길도 함께 열 수 있다. 크레온이 주장한 에토스의 단일성은 어리석은 데 그치지 않고 우리가 보았듯 추악하고 빈곤하다. 그 단일성은 문명의 장치로 시작했지만 너무나 미개한 모습으로 끝을 맺는다. 하이몬의 충고는, 진정으로 인간적인 문명화된 방식을 취하려면 외부의 오묘함과 특별함을 보존하고, 이런 오묘함으로 자신을 인도引導하려는 열망을 스스로 보존해야 한다는 것이다. 그런 삶 속에는 사랑이 비집고 들어갈 공간이 있다. 그리고 테이레시아스의 삶에서 보듯, 진정한 공동체와 협력이 비집고 들어갈 공간이 있다. 이런 방식으로 자기 보호와 양보의 균형을 맞출 수 있는 사람만이 연인이 될 수 있고 친구가 될 수 있는 것이다. 완전히 수동적인 희생자는 다른 사람을 돕는 행위를 할 수 없고 크레온과 같은 행위자는 타자를 보지 못한다. '운명의 칼날'에 서려면 반드시 이런 식으로 질서와 무질서, 통제와 연약성 사이에서 극도로 섬세하게 균형을 잡아야 한다.

위와 같은 방식으로 갈등이라는 우리의 문제, 또 일관성이라는 가치(갈등으로부터의 자유)와 풍부함이라는 가치 사이에서 벌어지는 이보다 상위에 위치한 갈등을 우리가 느낀다는 사실은 어떻게 설명할 수 있을까? 갈등 없

---

* 10장 참조.

는 삶에는 갈등이 일어날 수 있는 삶과 나란히 존재하는 가치와 아름다움이 결여되어 있음을 우리는 보게 된다. 또 갈등의 양편이 지닌 가치는 부분적으로 조화라는 이름으로 침식되곤 하는 특별한 개별성과 구별성으로부터 나온 것이라는 사실을 보게 된다. 헤라클레이토스의 말대로, 정의는 진정 투쟁 속에 '존재'한다. 즉 이런 종류의 투쟁의 발생을 허락하는 긴장 관계라면 이러한 투쟁이 일어남과 동시에 부분적이기는 하지만 이는 스스로 가치를 구성하는 요소가 된다. 투쟁의 가능성이 없다면, 정의는 산산조각이 나 자신의 모습을 견지하지 못할 것이다. 다나에를 노래한 합창에서는 어떻게 강제와 선택이 서로를 길들이고 뒤엉키는지에 대한 이해가 드러나지 않았다. 그들은 어떤 것이 추구할 만한 가치가 있다고 할 때, 그것이 부분적으로 다른 것을 튕겨내 버리는 방식으로 존재함으로써 그들과 다투거나 긴장 관계에 있을 가능성이 있음에도 어떻게 가치 있는 것이 될 수 있는지를 이해하지 못했던 것이다. 누군가는 긴장이나 갈등을 최대치로 올리는 것을 하이몬으로부터는 배우지 않으려 할 수도 있다. 왜냐하면 그의 배 이미지가 보여주듯, 행위 그 자체가 이루어지려면 어떤 고안이나 구축이 필요하고, 때문에 높은 가능성으로 거부나 부정의 계기도 필요할 것이기 때문이다. 예를 들어 우리가 세상의 각 독자적인 사람들이 품은 가치를 분명하게 볼 수 있고, 또 그것에 의해 마음이 움직일 수 있다면 우리는 참을 수 없는 고통이나 죄의식 없이는 다른 이보다 그들 중 한 명에게 혜택을 주기 위해 행위할 수는 없을 것이다. 사랑 혹은 정의 같은 것이 때로는 필요하게 될 수도 있다. (만약 내가 다른 사람의 자식을 내 자식 보듯 보고 그만큼 가치 있게 여긴다면 내 자식은 나로부터 그가 받아'야 할' 만큼의 사랑과 시간 그리고 돌봄을 얻을 수 없을 것이다. 이런 것을 그가 나로부터 받는 것은 공정하고 옳다.) 그러나 우리는 적절한 방식으로 질서에 맞서는 열린 감수성과 균형을 맞추면서 필수적인, 나아가 공정하기까지 한 이런 맹목성의 어느 지점에서 멈춰야 한다.

테이레시아스의 추종자는 이런 균형의 기준에 대해 알고 있을까? 단순화의 정도가 얼마나 되어야 크레온이 행한 것 같은 모욕적인 것이 될까? 얼마만큼의 감수성이어야 분별성과 공정성을 얻을 수 있을까? 사실상 테이레시아스는 자신의 '기술'을 사용하면서, 크레온이 관습을 따르도록 가르치고 있다. '죽을 때까지 기존의 관습nomous*을 따르는 것이 최선이로구나'라고 크레온은 결론짓는다(1113-4). 그러고는 역사를 거치며 성립되고 구축된 공동체의 전통 중에서 세상에서 인정되는 것은 무엇인지 또 양보되어야 하는 것이 무엇인지, 중요해서 주의를 끌 만한 것이 무엇인지를 가르쳐주는 좋은 길잡이가 된다고 말한다. 관습은 가치가 품은 풍부한 복수성複數性을 지켜내고, 이런 복수성이 보호되도록 거드는 신들을 숭배하도록 우리를 가르친다. 관습은 각각이 특별함을 품은 개별성을, 그리고 각 신들과 그들이 보호하는 인간 삶의 영역의 중요성을 지켜낸다. 관습이 당혹스러운 비극적인 상황을 해결할 수 있는 비책을 알려주지는 않는다. 그러나 긴장과 부조화를 받아들이면서 그 속에서 가치를 감각하는 능력에 충실한 동시에 이와 조화를 이루는 해결책을 제시하기는 한다. 관습은 다음과 같은 헤라클레이토스의 말이 어떤 의미를 가지는지 보여준다. '그것은 자신과 상충하면서 자신과 일치한다. 그것은 반대로 당기는 조화이다. 마치 활과 뤼라처럼.'

코로스는 디오뉘소스에 대한 열정적인 기원과 더불어 관습 예찬에 응답하는데, 디오뉘소스는 그 신비로운 힘이 뤼쿠르고스의 이성에 의해 경멸당하고 조롱받은 신이고, 크레온과 안티고네 모두에 의해 (에로스와 더불어) 도외시된 신이다. 코로스는 어둠 속에서 빛을 내는 횃불의 그을음이 드러내거나 보는 신을 상상한다(1126-7). 또 그들은 이 폴리스에 그리고 세멜레Semele**즉 신성한 사랑erōs의 창조적 힘에게 떨어진 벼락을 회상한다. 물론 이 벼락은 위험과 죽음을 동반했다(1139). 가치와 위험, 빛과 어둠이 애매모호하게 결합된 산물인 디오뉘소스는 관찰자 혹은 감독자로서 자신을 드러내면서 등장한다(1136, 1148-9). 심지어 침침한 빛 속에서 보일 때도 그

---

* 13장의 법nomos에 관한 설명 참조.
** [역주] 테바이의 왕 카드모스의 딸로서 제우스의 사랑을 받아 디오뉘소스를 낳는다. 벼락의 신 제우스의 본모습을 보고 싶다는 소망 때문에 벼락을 맞아 죽는다.

는 밤의 춤 속에서 폴리스를 이끌어 병을 치료해주면서(1140-2) 어둠 속의 빛이 될 것이고 폴리스의 관찰자가 될 것이다. 디오뉘소스를 목격하면 어둠과 신비로움이라는 그의 특질이 담긴 유연하고 유창한 구조를 갖게 된다. 그 구조 중 하나가 바로 말speech로서, 이는 인간적인 기술이면서 동시에 이상함phthegmatōn(1148 그리고 353 참조)과 질서 잡힌 숭배의 광기mainomenai(1151)에 반응하는 것이다.

위와 같은 춤으로 무엇이 치유되는 것일까? 이는 분명 크레온의 완고한 건강관과는 다르다. 이런 치유는 완치일 수 없다. 그저 율동과 음악 속에서 이상성異常性과 돌발성이 품은 힘―환각과 위험이 불가분의 관계로 뒤섞인 세상, 빛과 그림자―을 집단적으로 받아들일 뿐이다.

'불을 숨 쉬는 별들의 합창가무단의 지휘자(1147)'인 디오뉘소스에게 기원을 올리면서 코로스가 일깨워 주는 것은, 우리도 디오뉘소스 축제의 집단무集團舞 같은 것을 보고 있고 또 그에 반응하고 있다는 사실이다. 또 그들이 보여주는 것은 이 비극에서 장관을 이루는 요소가 다름 아니라 질서 잡힌 신비로움, 야심에 찬 양보 그리고 치료 없는 치유라는 것, (우리가 공통적으로 반응하듯) 이런 것들 사이에 조화로움이 존재한다면, 단순성을 통해서가 아니라 선명히 구별되고 분리된 미덕들 사이의 긴장을 통해서만 가능하다는 사실이다.

1부의 결론

지금까지 진행된 비극에 대한 토의는 가치의 복수성과 그 사이의 갈등 가능성에 관한 우리의 두 번째 질문에서 비롯되었다. 그러고 나면 개별적으로 나열된 특정한 가치의 연약성을 다룬 첫 번째 질문과 정념이라는 파괴적인 힘을 다룬 세 번째 질문에 대한 토의로 나아가게 된다. 왜냐하면 몇몇 매우 연약한 단일 가치들은 한편으로는 갈등의 위험한 바탕이자 정념이 발동하는 조건이 되기 때문이다. 그리고 갈등을 제거하려는 전략은 이들 각각을 스스로 더 안정적으로 만든다. (이 문제들 사이의 연결은 이후 장들, 특히 4장 Ⅳ절, 5장 Ⅴ절, 6장 Ⅲ, Ⅴ절, 그리고 7장 Ⅱ절에서 더 자세히 설명될 것이다.) 만약 여기서 사랑과 우정 그리고 정치적 신조와 같은 개별적 가치들의 연약성을 비극이 어떻게 다루는지에 관해 우리가 한 장을 다 할애하면 아마도 더 잘 균형이 잡힌 체계적 구성이 될 것이다. 그럼에도 그렇게 하지는 않았는데 여기에는 두 가지 이유가 있다. 우선 13장에서 그러한 비극(에우리피데스의 비극)을 다루고 있어서이다. 그곳에서는 사랑과 사회적 가치를 담은 신조에 의해 형성된 좋은 인간 삶이 얼마나 연약할 수 있는지를 묻는다. 시간적 순서를 따라 문제를 탐구하는 걸 좋아하는 독자라면 굳이 뒤로 미룰 필요 없이 지금 13장을 읽어도 좋다. 13장은 1부 이후의 내용과는 아무런 연관이 없는 독립적인 것이지만, 3장의 이런저런 주제들을 더 발전시킨 것이다. 이런 주제들로는 안전과 사랑 사이의 관계와 불가침성에의 열망과 복수 사이의 관계, 인간의 연약성을 탐구할 때 눈, 봄, 그리고 맹목이라는 이미지의 중요성, 훌륭한 인간을 식물과 같은 존재로 보는 방식과 다른 존재로 보는 방식 등이 있다. 그럼에도 13장이 말미에 위치하게 된 까닭은, 비극에 현현된 훌륭한 인간 삶의 이해로 '회귀'하는 아리스토텔레스에까지 확장되는 영역을 13장이 분명하게 보여주기 때문이다.

두 번째 이유로 여러 비극에서 발전시키는 연약한 애착에 대한 이해는 플라톤의 대화편 자체 안에서도 드러난다는 점을 들 수 있다. 나는 특히 『향연』이 그러하다고 주장할 것이다. 플라톤은 비극에서 보이는 가치를 비판하면서 그 가치들이 웅변적이라는 점에서 스스로를 옹호할 수 있는 여지를 열어두었다. 6장에서 이런 사랑 개념을 자세하게 다루고 또 7장에서 플라톤 스스로 종전에 행한 비판을 '철회'하는 장면을 보여주고 이 개념을 더 심도 있게 발전시키기 때문에, 여기서 비극 속의 사랑 개념에 관한 장을 하나 더 추가하는 것은 지나치게 반복적이라 할 수 있을 것이다.

이런 이유로 여기서는 인간의 가치와 선택에 관련해서 특별한 철학적 사색의 탄생을 추동한 운tuchē 문제로 바로 들어가야 할 것 같다. 우리는 테이레시아스가 테크네technē, 즉 '기예' 혹은 '과학'에 대해 말하는 것을 들었다. 또 우리는 인간의 진보에 관한 노래 이야기에 등장한 기예의 사례에 대해 들었다. 그러나 테이레시아스의 테크네가 우리에게 명령하는 것은 그저 기존의 관습을 가까이 하라는 것뿐이다. 우리 자신을 위한 진보를 위해 새롭게 발전된 과학적 테크닉을 사용하지도 않는다. 플라톤은 이런 보수적 태도로는 성에 차지 않았을 것이다. 그리고 테크네 개념에서 인간의 삶을 구제하려는 목적에 걸맞은 적절히 발전된, 가장 전망 있는 도구를 발견했을 것이다. 테크네 개념을 제대로 이해하면, 관습을 뛰어넘어 인간 삶을 정확하게 구제할 수 있다.

플라톤과 플라톤식 소크라테스로 향하면서 우리는 다음의 이야기를 떠올릴 수 있을 것이다. 디오게네스 라에르티오스에 따르면 소크라테스는 에우리피데스의 연극에서 등장인물 중 하나로 나온 적이 있다고 하는데, 그 연극 속 소크라테스는 실천적 탁월성에 대해서 다음과 같이 말했다고 한다. '어찌해보려 하지 말고 이들을 흘러가는 대로 그대로 놔두는 것이 최선이다.' 그런데 이 대사를 들은 소크라테스는 '벌떡 일어나 극장을 박차고 떠나면서, 탁월성을 이런 식으로 망가뜨리는 것은 바보 같은 짓이다'라고 말했다고 한다(디오게네스 라에르티오스, 『철인전哲人傳』 2권 33장).

제2부
플라톤: 연약성 없는 선?

나는 몸을 숨기네,

광장의 우물 속으로,

그곳에서 나는 마치 월영月影이 된 듯 누워

푸른 잎 아래 일렁이는 물결 속에서 보네, 그러고는 곧

이 추악한 인간의 형상들, 얼굴들을

나는 말하네, 이들이 나를 괴롭힌다고

공기 중에 퍼져 있는 그리고 흩뜨리는

바람 속으로 사라지는 이들을 지나쳐 그리고

그들이 지나치는 것들은 마치 부드럽고 사랑스러운 형상인 듯 보이네.

역겨운 가면이 떨어지고 나면 그리고 얼마간

모두 변하고 나면, 또 짧은 경탄과

환희에 찬 놀라움을 반기고 나면, 모든 것은

다시 깊은 잠에 빠지네.

셸리, 『결박에서 풀린 프로메테우스』 3부 4장

서론

우리는 이제 플라톤의 주장을 살펴본다. 그는 급진적이고 엄격하면서도 아름다운 방식으로 인간 삶이 지닌 자기 충족성을 펼쳐 보였다. 이제 내가 주장하고 하는 것은 플라톤의 윤리 사상과 우리가 비극에서 찾아낸 운tuchē에 대한 고찰이 같은 맥락 속에 있다는 것이다. 그의 윤리 사상이 긴박한 것으로 간주하고 반응하는 사항은 비극 속 고찰에서의 사항과 동일한 것이고, 그의 윤리 사상이 그려내는 인간의 야망도 비극이 그려내는 것과 동일한 것이다. 그의 사상은 더 대담한 방식으로 더 고집스럽게 인간의 진보를 주장하지만 그렇다고 그 진보가 치러야 할 대가를 도외시하지는 않는다.

이제 우리가 지금까지 던져 온 질문을 가지고 플라톤의 작품을 향하면서 우리는 두 개의 중요한 문제에 직면하는데, 그것은 바로 발전과 대화다. 플라톤은 자기비판을 할 줄 아는 용감한 철학자다. 그는 종전의 입장을 수정할 뿐 아니라 그 자신의 대화편을 통해 스스로가 취했던 과거 입장을 서슴지 않고 비판의 도마 위에 올려놓기도 한다. 따라서 그의 여러 작품을 통해 드러나는 다양한 입장을 섣불리 하나로 종합하려는 시도는 위험한 것일 수 있다. 한편, 이런 시도는 분명히 때로는 유익할 수도, 나아가 반드시 필요할 수도 있다. 실제로 5장에서 나는, 참된 가치를 논한 플라톤 견해를 살피면서 '중기' 대화편 중 몇 개를 인용하면서 나의 작업을 옹호할 것이다. 또 4장 말미에서 우리가 지금까지 탐구해온 문제에 접근하는 플라톤의 방식이 초기 작품 『프로타고라스』에서 중기 작품을 거치면서 어떤 괄목할 만한 변화를 보이는지를 내 방식대로 스케치할 것이다. 그리고 이 과정 속에서 양쪽 접근 사이에 근본적인 연속성이 있음이 강조될 것이다. 7장에서는 『파이드로스』를 살펴볼 텐데, 좋은 삶 속에서 연약성이라는 가치가 긍정적 역할을 하면서 드러난다는 점을 충분히 반영하지 못했다고 말하면서 플라톤 스스로 자신의 중기 견해에 체계적 비판을 행하고 있다고 주장할 것이다.(이런 비판

은 비판의 대상이 되는 삶에 공감하면서 그리는 『향연』 속 초상에 예견되어 있다―6장)

두 번째 문제는 다름 아닌 대화라는 형식이다. 플라톤이 대화를 이용하는 방식은 어떤 견해를 가지게 된 원인을 제공하거나, 혹은 우리로 하여금 어떤 문제가 지닌 힘을 느끼도록 하거나, 그도 아니면 어떤 해결책의 실천적 뿌리와 함축을 설명하는 것이다(막간 1장 참조). 이런 목적에 입각한 전략의 특징은 동일한 문제에 반응하는 다른 방식의 대안을 제시하고 그 반응들이 대화가 진행됨에 따라 서로를 '검증하도록' 하는 것이다. 그의 작업이 잘 진행되면, 마지막에 가서 우리는 문제의 본질뿐 아니라 우리 앞에 놓인 선택의 본질까지도 명료하게 볼 수 있게 될 것이다. '플라톤'이 우리가 어떤 선택을 내리기를 원하는지는 불분명할 때가 많다. 그런 경우에, 우리에게 열려 있는 선택지가 무엇이고, 그중 한쪽을 선택할 때 포기해야 하는 것은 무엇인지 따위의 단순한 층위에서 플라톤의 견해가 어떻다고 말하는 것 말고 ―물론 이런 것 자체가 사소한 견해는 아니지만― '플라톤의 견해'가 어떤 것이라고 함부로 규정짓는 것은 위험하다. 그럼에도 우리는 종종 이보다는 좀 더 나아가기를, 즉 한쪽을 버리고 다른 쪽을 선택하면서 그 선택에 근거를 대는 플라톤에 대해 말하기를 원한다. 아리스토텔레스를 비롯한 그의 제자들은 플라톤이 『국가』와 『파이돈』과 같은 작품을 통해, 특정한 선택을 옹호하는 견해를 피력했다는 점을 믿어 의심치 않았다. 그들은 이들 대화편을 근거로 삼아 주저하지 않고 플라톤이 영혼에 관한 그리고 최상의 개인적, 정치적 삶에 관한 특정한 견해를 주장했음을 말한다. 위 작품들 속 대화에서 소크라테스의 이런저런 입장에 심각하게 반하는 의견이 보이지 않는다는 사실은 우연이 아니다. 따라서 나는 그런 경우에 좀 더 자유롭게, 플라톤이 특정한 입장에 서 있다는 사실과 함께 병존할 수 있는 것으로 대화라는 형식을 받아들이고 싶다. 『파이드로스』만 보아도, 내 생각에 우리는 자기 비판적 작업 속에도 엿볼 수 있는 플라톤의 견해가 존재한다고 자신 있게 말할 수 있다. 여기에서도, 그 견해를 분석하는 새로운 방식의 논증을 통해 신화와 이야기가 합체된다고 나는 강하게 주장한다. 지금 내게 가장 다루기 어려운 대화편은 『프로타고라스』와 『향연』인데, 둘 다 비슷한 이유에서 그렇다. 내가 이 작품들을 독해하는 방식은 이렇다. 한 입장은 반대 입장의 한계를 보여준다. 특히 통념에 더 가까운 입장의 부족한 점을 통해 소크라테스가 취하는 좀 더 급진적인 입장의 '필요성'이 드러난다. 그러나 두 경우 모두 소크라테스의 승리는 모호한, 이론의 여지가 있는 승리로 남는데, 이는 그의 입장이 그만큼 많이 변하고, 또 많은 것을 포기하고 있기 때문이 아닌가 싶다. 이 두 찜찜한 승리가 플라톤의 사유 안에서 중요한 전환이 일어나기 전에 나타났음이 명백하다는 사실은 우연이 아닐 것이다. 위 두 편에서의 소크라테스 입장이 얻은 손실을 너무나 분명하게 표현하면서 플라톤은, 이들 복잡한 문제를 더 잘 풀 수 있는 새로운 입장을 갈고 닦는 동기를 얻는다.

플라톤의 대화 형식을 진지하게 취급하는 독자라면 내가 도달한 해결책에 반감을 가질 만한데, 그에는 여러 이유가 있다. (나는 막간 1장에서 좀 더 명시적으로 이러한 우려에 맞설 것이다.) 내가 그런 독자들에게 요청하는 바는, 철학적 논쟁들에 적절하게 참여하면서도 진지하게 대화편을 대하려는 그럴듯한 시도로 나의 해석을 보아주었으면 하는 것이다.

4장   『프로타고라스』: 실천적 추론의 과학

그리고 보라. 나는 그들에게 숫자를 주었으니, 이는 모든 발명품 중 으뜸이라.
프로메테우스, 아이스퀼로스의(?)『결박된 프로메테우스』

개인의 조건에 영향을 주는 모든 환경, 주목할 만한 그래서 잘 챙겨두어야
할 환경 중 우연이나 변덕에, 혹은 지도指導 없는 신중함에 그친 채 남겨진
것은 아무것도 없다. 모든 것은 차원, 숫자, 무게, 그리고 측량에 의한 점검
을 거쳐 규정된다.
제레미 벤섬,『개선된 극빈자 관리법Pauper Management Improved』

그들은 운tuchē의 민낯을 보려 하지 않았다. 그래서 과학technē에 눈을 돌
렸다. 그 결과 그들은 운에의 종속으로부터 놓여날 수 있었다. 그러나 과학
의 종속으로부터는 놓여나지 못했다.
히포크라테스 논고,『기술에 관하여Peri Technēs』, 기원전 5세기 후반

『안티고네』는 '운명의 칼날 위에 서서' 살아가는 삶에 대해 말한다. 이 작
품은 인간 삶을 운의 영향으로부터 자유롭게 하겠다는 과도한 야망에 경고
를 날리는데, 그 과정에서 야망 자체의 실패뿐 아니라 통념에 의해 포착되
는 다양한 가치가 이 야망과 어떻게 연관되는지 그리고 그 그 연관은 어떤
문제가 있는지도 함께 보여준다. 그리고 보수적 결론 즉 인간은 설사 위험
을 동반한다 해도 '기존의 관례'를 따르는 게 낫다는 결론을 얻게 된다. 아이
스퀼로스와 소포클레스의 비극에서 운에의 노출이라는 우리가 처한 상황을
예리하게 감지하는 것과 몇몇 진정한 인간 가치는 이런 조건과 뗄 수 없는
관계라는 깨달음이 결합되는 방식이 이런 것이다. 이런 인식으로는 우리가

직면한 문제 해결에 결정적 진보를 이루기 쉽지 않을 것 같다.

기원전 5세기 후반, 즉 플라톤이 유년 시절을 보낸 시기의 아테네는 인간의 힘에 대한 맹렬한 갈망과 활기찬 자신감으로 가득 찬 곳이었다. 이때 아테네인들은 인간 삶이 갖가지 형태로 운에 가장 크게 노출됨과 동시에, 통제 불가능했던 우연성을 인간의 진보를 통해 사회적 삶에서 제거할 수 있을 것이라는 생각에 어느 때보다도 강하게 사로잡혀 있었다. 이런 희망의 표현은 안티테제와 이야기를 통해 드러난다. 튀케 즉 운* 그리고, 테크네 즉 인간의 기술 혹은 과학은 서로 대립되고 비교된다. 그 다음 그런 기술들을 받아들이거나 발견하면서 우연에 대항하는 이야기들이 흔히 그 뒤를 잇는다. 플라톤의 『프로타고라스』는 이 시대를 배경으로 한 것으로, 그에 대한 아테네인들의 보수적인 해석에 비판을 가하면서 이야기가 진행된다. 소크라테스는 인간 사회의 삶에 진정으로 결정적인 진보는, 오로지 우리가 새로운 테크네 즉 셈하고, 무게를 재고, 측량을 하는 실천적 숙고를 체화한 것을 개발했을 때에만 가능할 것이라고 주장한다.

우리가 여기서 다룰 대화편 전반에서 플라톤의 급진적인 윤리적 제안은 정교화되는데, 이는 인간 삶에서 통제 불가능한 운에 의해 발생하는 문제에 대한 날카로운 인식에서 비롯된 것이다. 그는 인간이 철학을 필요로 하는 까닭과 운에 노출됨은 서로 깊숙이 관련되어 있다고 생각한다. 그리고 이 노출의 제거가 그가 생각하는 철학적 기술技術의 주 임무다. 그 기술에 대한 이해는 『프로타고라스』와 그의 '중기' 대화편을 비교해보면 여러모로 다르지만** 철학 이면에 존재하는 이들 문제의 본성과 급박성을 그가 인지하고 있었다는 사실은 그대로 변함없이 존재한다. 오직 새로운 종류의 전문가에 의해서만 이 문제가 풀릴 수 있다는 믿음 역시 그렇다. 이런 전문가는 이미 일상적

---

* 튀케에 관해서는 1장 68쪽 참조. 튀케는 임의성이나 인과관계 부재를 함축하지 않는다. 그 기본적 의미는 '그냥 일어난 일'이다. 인간 실존의 요소 중 인간이 제어하지 못하는 영역을 말하는 것이다.

** 연속성과 비연속성을 가르는 가장 중요한 요소에 대해서는 막간 2장에서 설명한다.

인 믿음 사이에 담겨 있는 과학적 정확성과 통제력에 대한 열망을 충족하면서 일상적인 실천에서 마주치는 혼동을 극복하고 실천적 숙고를 취하는, 지식을 소유한 사람이다. 플라톤이 『프로타고라스』라는 작품으로 과학을 향한 인간의 희망, 그리고 과학과 통념 사이의 관계를 대놓고 자신의 주제로 택한 이유가 바로 이것이다. 그리고 이것이 바로 통념을 통해 튀케 문제를 그려낼 때 플라톤과 이렇게 그려낸 튀케 개념이 어떤 관계를 맺는가를 다루고 있는 우리의 탐구에 좋은 출발점이 되는 이유다.

이 대화편에서는 두 인물 사이의 경쟁이 펼쳐진다. 이들 각자의 주장은 사회적 혹은 정치적 테크네의 선두가 될 만한 것인데, 그런 테크네들로 인간 진보에 관한 이야기에는 새로운 국면이 펼쳐질 것이다. 이제 우리는 우리 자신에게 이 이야기를 들려주면서, 이 대화편의 독자라면 누구나 알 만한 방식으로, 그들의 주장에 담긴 뜻을 이해할 준비를 해야 한다.

오래전 인간은, 지구의 표면을 떠돌며 스스로를 지킬 어떤 방도도 갖지 못한 존재였다. 그들에게 닥치는 모든 일은 위협이었다. 비는 훤히 드러난 그들의 피부를 흠뻑 적셨고 눈보라는 그들을 쏘아붙였으며 쏟아지는 우박은 그들의 살을 베었다. 작열하는 태양의 열기는 타는 듯한 목마름을 안겼고 무방비 상태의 이마를 뜨겁게 했다. 비참하게 그들은 해가 비치지 않는 지하의 동굴로 숨어들었다. 사냥 기술도 농사 기술도 없는 그들은 먹을거리를 안정적으로 공급받지 못했다. 밭을 갈거나 운송 수단으로 쓸 동물을 길들이지도 못했다. 다음 날을 위해 일기를 예측할 수 있는 기술도 없었다. 자신의 연약한 육체를 치료할 만한 의료 기술도 없었다. 협동해서 과업을 수행하거나 공유 언어로 소통하면서 동료 인간을 도울 수 있는 능력도 없었다. 언어의 부재와 야생성으로 그들은 서로 멀어졌다. 고립되고 말 못하고 벌거벗은 그들은, 과거를 기록할 수도 미래를 계획할 수도 없었다. 그렇다고 현재의 비참한 상황 속에서 서로를 편하게 해주지도 못했다. '삶이 진행되면서 그들은 꿈속 형상처럼 모든 것을 임의대로 뒤섞어 버렸다.' 이처럼 형태가 없으면 즉 안정성이나 구조가 없으면 삶이라고 할 만한 것도 찾아보기 힘들게 된다.

이와 같은 (그들의 존재 형식이 인간보다는 짐승에 가깝다는 의미에서) 원생인류는 금방 멸종되었어야 마땅했다. 기근과 과다 노출, 더 강한 짐승들의 공격을 떠올려보면 그렇다. 그때 (그 이름 자체가 예지와 계획이라는 뜻을 가진 신, 그의 선물로 인간이 예지와 계획이라는 능력을 가지게 된 신인) 프로메테우스가 이토록 튀케에 노출되어 있는 생명체에게 친절하게도 테크네라는 선물을 허락한다. 집짓기, 농경, 멍에질과 가축 길들이기, 금속 다루기, 배짓기, 사냥 등의 기술뿐 아니라 예언, 꿈으로 점치기, 일기 예측, 셈과 계산, 나아가 정확한 말과 글쓰기, 의학 기술, 거주지 건설 기술 등, 이런 기술들로 그들은 자신의 삶을 보호하고 발전시키게 되었다. 인간 존재 형태는 더 안전해지고 더 예측 가능해졌다. 이제 우연성을 제어할 수 있는 가늠자가 생겨난 것이다.

그럼에도 (이제 우리가 이렇게 그들을 칭할 만한 자격을 갖춘) 인간들의 폴리스 속에 튀케는 물러섬 없이 굳게 존재했다. 가장 소중한 것을 쫓는 추구 (특히 사회적 추구)의 대상들 중 많은 것이 제어 불가능한 우연적 일들에 취약했다. 보통의 인간 삶을 특징짓는 다양한 신조들과 가치들이 어우러진 안정된 조화란 존재할 수 없었다. 나아가 인간은 흡사 외계의 힘에 의해, 그들 자신의 정념의 힘에 의해 그런 것처럼 위 문제를 '극복'하는 자신을 자주 발견하곤 했다. 그런데 이런 힘은 좋음을 바라보는 그들의 관점을 왜곡시키는 동시에 그 효과적인 추구를 방해했다. 이 모든 면면에서 그들의 경험은 스스로를 혼란 속에 밀어 넣었고, 그들이 행위하고 선택할 때 그들은 대단한 것이든 사소한 것이든 자신들이 지속적인 위험에 노출되어 있다고 느꼈다. 인간처럼 기술을 갖춘 생명체는 이런 삶을 살 만하다고 생각하지 않았을 것이다. 그들은 삶을 구제할 수 있는 다른 기술을 탐색하기 시작했다.

이것은 우연성을 극복하기 위해 인간의 제어 능력을 점진적으로 늘려가는 이야기다. 그 대략적인 틀은 우리에게는 친숙한, 『안티고네』에서 이미 본 것이다. 소크라테스와 프로타고라스는 그 마지막 장을 서로 채우려고 경쟁한다. 이들의 대화를 통해 우리는 그러한 과학이 반드시 풀어야 하는 문제들과 관련된 견해와, 그런 과학이 할 수 있고 해야만 하는 것과 관련된 두 개의 근원적으로 다른 견해를 볼 수 있다. 내 주장에 따르면, 셈과 측량에 중점을 둔 소크라테스의 제안은 두 사상가 모두의 관심사인 긴요한 문제들을 풀 때 프로타고라스적 '기술'이 무력하다는 점에서 설득력을 얻는다. 전체적으로 이 대화는 과학과 문제들의 관계 즉 테크네와 튀케의 관계에 대한 것으로, 여기에는 과학이 어떻게 우리를 구제하는지에 대한 반성과 더불어 어떻게 우리를 변화시키고 우리가 목적을 성취하는 데 도움을 주는지, 나아가 어떻게 목적들 자체를 재구성하는지에 대한 복합적인 반성이 담겨 있다. 이제 우리는 작품 속 등장인물들과 극적 장치가 새로운 과학이 풀어내야만 하는 문제에 어떠한 방식으로 초점을 맞추는지에 대해 논의를 시작할 수 있다. 그러고 나서 (테크네 개념에 대한 배경 이해에 관한 사항을 몇 가지 살펴본 후) 우리는 그 맞수가 될 만한 주장에 접근할 것이다.

I

플라톤이 선택한 방식은 이 대화편을 바로 '칼날'에 세우는 것이다. 때는 바야흐로 긍지와 번영의 시기였다. 펠로폰네소스 전쟁이 발발하기 2년 전이었고, 아테네를 육체적 황폐만이 아니라 도덕적 황폐로 몰아넣었던 전염병이 대유행하기 3년 전이었다. 육체의 질병, 인격의 질병, 전쟁의 질병, 이 모든 것이 어떠한 예고도 없이 자신들의 기교와 예지로 자긍심에 찬 이 지성의 폴리스를 직격했음을 우리는 알고 있다. 약하게 유지되던 도덕적 합의가 외적 압박에 의해, 의무들의 충돌에 의해, 그리고 육체적 욕망의 힘에 의해 곧 흔들리게 될 것임을 독자들은 나중에 알게 되므로, 또 이 대화편의 등장인물들 중 일부는 곧 죽고 또 다른 사람은 곧 죽일 것이라는 걸 알고 있으므로, 이제까지 그랬듯 아테네는 아무 이상 없다고 말하는, 한치 앞도 헤아리지 못하는 모습을 참아내기는 어려울 것이다. 그리고 낙관주의의 기저에 깔려 있는 질병의 조짐을 찾을 것이다. 그리고 독자들은 비관적이면서도 급진적인 치료사를 찾을 것이다.

이 대화편 속의 소크라테스는 젊다. 그는 433년에 36세가 된, 상대적으로 덜 알려진 인물이었다. 프로타고라스에 대한 승리는 아마도 공적으로는 그의 첫 번째 '성공'이었을 것이다. 플라톤의 극적인 초상은 다른 면에서도 그가 (416년이라는 극적 시기의)『향연』에서나, 심지어 『국가』(422)의 소크라테스와는 다른 소크라테스임을 보여준다.* 한 친구가 길에서 그를 멈춰 세우고는 어디서 오는 길이냐고 묻는다. 대답도 필요 없이 친구는 이미 알고 있다. '하긴 뭐, 알키비아데스의 젊음을 쫓아다니(이 단어는 한 떼의 개를 데리고 추적한다는 뜻을 갖고 있다) 온 것이 분명한 게지.'(어떻게 이것이 분명할 수 있는지 의문이 생긴다. 그의 대책 없는 집착 때문인가? 그는 이렇게 쫓아다니며 정작 추구해야 할 것을 모조리 등한히 했나? 마치『향연』속 디오티마가 경멸을 섞어 묘사한 인물들처럼?) 소크라테스가 나중에 사귄 친구들과는 자못 다른 모습이지만, 어쨌든 여기서는 친구로 취급되는 이 인물은 이제 소크라테스에게 그 소년은 전성기가 지나고 있다고 말하며 놀리기 시작한다. 소년은 이미 수염이 나고 있다. '그래서 뭐?' 소크라테스는 성애性愛 관련 가십거리를 수작하는 분위기 속에 들어가면서 대꾸한다. 어쨌든 (소크라테스로서는 미쁘게 인용할 만큼 권위 있는) 호메로스는 이 시기를 가리켜 가장 맛좋은 때라고 했다. 소크라테스는 이 친구에게 자신의 성적 자신감을 종종 표현했던 것으로 보이는데, 이번에는 이 친구가 그를 부추긴다. '그러면 꾀고 있는 건 어떻게 되어가나?' (여기서 소크라테스는 애정에 굶주려 사랑을 갈구하는 에라

---

* 제2부에 실려 있는 4개의 대화편이 극적인 시기로도 만들어진 시기로도 연대순으로 형성되었다는 점은 주목할 필요가 있다. 이는 일반적으로 사실로 받아들여지는 것은 아니다. 그러나 (모두 어떤 방식으로든 철학이라는 전문 기술과 튀케라는 우리 문제와의 관계를 다루고 있고, 모두 '광기' 즉 정념의 지배 문제를 중점적으로 다루고 있으며, 또 모두 다양한 가치들의 통약 가능성, 즉 조화를 다루고 있다는 점에서) 내가 일관된 주제를 지닌 것으로 꼽는 대화편들이라면 소크라테스의 개성 그리고 위 문제들과 소크라테스의 관계가 보여주는 극적 발전 양상을 반드시 설명해야 한다는 점은 중요하다. 극 속 소크라테스의 초상이 변화하는 양상이 지닌 중요성은 2부 네 개의 장에서 각각 논의되었는데, 특히 6-7장에서 광범위하게 다루어졌다. 또한 이 네 개의 대화편 중 세 개에서 알키비아데스가 중요한 역할을 담당하고 있다는 점은 특기할 만한데(파이드로스와 알키비아데스의 관계에 대해서는 7장 Ⅰ절 참조),『국가』에서는 참주의 영혼이 그와 비슷한 역할을 수행한다는 점도 주목할 필요가 있다.

스테스erastēs, 戀人로, 알키비아데스는 에로메노스erōmenos, 戀童*로 등장한다. 그러나 앞으로 6장에서 보겠지만, 후일 이들의 역할은 뒤바뀐다.) 소크라테스는 낙천적이다. '알키비아데스는 친절하면서도 나를 잘 도와준다네.' 우리는 육체를 가진 한 개인의 개별적 성질에 소크라테스가 이토록 큰 성적 반응을 보이는 것에 충격을 받는다. 『향연』의 연설에서 그는, 그런 일상적 에로티시즘을 용납해서는 안 되는 삶의 방식으로 표현하면서 그런 상황을 모면하기 위해 철학이 필요하다고 말하기 때문이다. 그리고 소크라테스는 자신이 상승을 수행하기 위해 디오티마에게 '설득당했다'고 말하는데, 여기서 상승이란 개인들의 노예가 된 것 같은 예측 불가능한 굴종적 사랑으로부터 벗어남을 기약하는 것이다. 그는 이 설득 이전에는 다른 사람이었음을 인정한다. 여기서 우리는 그 차이의 편린을 엿볼 수 있다.

그러나 뒤잇는 그의 말에서 우리는 또 그 상승이 진행 중임이 드러나는 증거를 엿볼 수 있다. 그는 실제로 알키비아데스가 바로 옆에 있었음에도, 프로타고라스의 지혜(라고들 말하는 것)를 향한 열망 때문에 그의 존재를 까맣게 잊었다고 말한다. 그리고 지혜의 아름다움은 알키비아데스라는 인간의 매력보다 '더 아름답다'고 생각한다. 여기서 중요한 것은 그가 이미 이런 개인적 아름다움을 단일한 정량적 기준에 따라 분명히 철학이나 지성의 아름다움과 비교할 만한 것으로 취급하려 했다는 사실이다. 이는 『프로타고라스』에서의 측량 과학과 『향연』에서의 상승 모두에서 핵심적인 면이고 이 둘 사이의 연속성을 보여주는 두드러진 요소이다. 소크라테스의 말은 반어적인 면이 있는데, 프로타고라스와의 대화는 이전에 있었던 것이고 이때는 이미 그가 프로타고라스로부터 아무것도 배울 것이 없었음을 알고 있었기 때문에 그렇다. 그렇다고 지혜의 아름다움에 관한 그의 주장과 그것을 추구하겠다는 신조의 진실성을 의심할 필요는 없다. 그저 젊은 시절의 소크라테스

---

* [역주] 에라스테스erastē와 에로메노스erōmenos는 고대 희랍에서 유행하던 남성 동성애 관계의 양편이다. 에라스테스는 에로메노스를 후원하는 능동적 성애자, 에로메노스는 10대 후반에서 20대 초반의 앳된 미소년으로 수동적 성애자이다.

는 디오티마에게 설득당하기도 하고 그렇지 않기도 했던 것이다. 그는 초점 안에 들어왔다 나갔다 한다. 그러나 그가 육체적 세계의 부분들이 지닌 개별 적 성질을 사랑했던 흔적은 점차 과학에 기반을 둔 판단들에 자리를 양보하 게 된다.

이와 비슷한 일이 (극적으로) 거의 동시대에 나온 대화편인 『카르미데스 *Charmides*』*에서도 일어난다. 소크라테스는 이 작품의 한 꼭지에서 벌어진 망토 사이에 비친 카르미데스의 알몸을 보고는 정념에 사로잡혀 자신과 자 신의 실천 판단을 제어하지 못하고 먹이를 쫓는 사자처럼 군다(155D-E, 154B 참조). 그러나 이 순간 전후에 그는 영혼의 아름다움과 육체의 아름다 움은 비슷하고 공통점도 있으나 영혼이 훨씬 더 중요하다는 자신의 견해를 반복한다. 나중에 보겠지만, 이런 견해는 제어 능력을 잃었을 때라면 써 볼 만한 좋은 치료제다.

지혜를 찬양하면서 『프로타고라스』 속 소크라테스는 (알키비아데스를 향 한 노예와 같은 굴종적 정념이 철학을 향한 사랑에 자리를 내어주고 있음에도) 노예처럼 소년에게 사로잡혔던 조금 전의 마음을 억누르고 자리를 잡는다. 그러고는 나머지 이야기를 풀어놓는다(310A). 이는 영혼을 놓고 경쟁하는 이야기다. 히포크라테스는 좋은 집안에서 태어나 자랐지만 아직 유치함을 벗어나지는 못한 젊은이인데 동이 트기도 전에 소크라테스의 집을 방문한 다. 그는 이 동네를 방문한 소피스트 프로타고라스에게 찾아가 제자 되기를 청할 생각에 한껏 부풀어 있다. 놀랍게도 그의 이름은 의사들을 비롯해 새로 운 의료 과학 이론가들을 이끌고 있던 위대한 의사의 이름과 같다. 위대한 의사 히포크라테스는 그의 작업을 통해 테크네에 기반한 인간의 진보를 극 찬했다. 소크라테스는 이런 동명이인 관계를 대놓고 강조하면서, 세련된 방 식으로 히포크라테스의 과학과 소피스트들의 허구의 과학을 비교하기도 한 다(331B 이하, 313C 이하). 간단한 질문이 오간 후, 히포크라테스가 자신과

---

* 『카르미데스』는 작품 집필 시기도 비슷할 것으로 추정되는 작품으로, 초기 '아포리아' 중 심의 대화편들에 이어 등장한 것이다

프로타고라스와의 관계를 환자와 의사의 관계와 비슷하게 생각하고 있음이 드러난다. 이윽고 의사가 육체를 치료하는 것과 마찬가지로 영혼에 대한 치료가 존재한다는 사실에 이 둘은 의견 일치를 본다. 육체를 치료하려면 의사를 찾아간다. 이와 비슷하게 철학(소피스트적 사고)의 본래적 목적은 영혼을 치료하는 것이다. 한편 소크라테스는 히포크라테스에게 경고하기를, 돌팔이 전문가에게 치료를 의뢰하여 영혼이 뒤집어질 수도 있으므로 미리 심사숙고할 필요가 있다고 말한다. 좋은 쪽으로든 나쁜 쪽으로든 치료법에 따라 영혼이 변할 수도 있으므로 의사의 지식과 그 지식이 보장하는 치유에 대해 묻는 일은 중요하다.

치료를 거치면 어떤 영혼의 질병이 발견되는가? 이 대화편이 묘사하는 인간 문제를 우리가 분명하게 볼 수 있다면, 이 질병을 치료할 방도 중 어떤 것이 택할 만한 것인지도 우리는 더 잘 알 수 있을 것이다. (우리는 여기서 이후에는 분명하게 알게 될 난제의 사례를 찾으면서 나중에서야 알게 될 사안들을 어느 정도는 미리 사용하지 않을 수 없다.) 여기서 우리는 가치에 대해, 즉 우리가 추구해야 하는 것과 하지 말아야 할 것에 대해 심각한 혼동을 겪게 된다. 소크라테스와 그의 친구는 아름다움이란 무엇인지 그리고 어떤 아름다움이 중요한지에 관해 의견의 일치를 보지 못한다. 소크라테스 자신은 그의 성애적 동기와 철학적 동기 사이에서 혼란을 겪고 있다. 히포크라테스는 지혜, 즉 그가 아무것도 아는 것이 없다는 사실을 쫓아 황급히 떠났는데, 단지 그 말이 매력적으로 들려서 그리 했던 것뿐이다. 그는 도망친 노예에 대해 알려주기 위해 소크라테스에게 더 일찍 왔어야 했는데 왜 그렇게 오지 않았는지(319E)도 스스로 알지 못하고 있다, 자신이 다른 일 때문에 깜빡했다는 것은 알고 있었지만 어떤 분명한 규준에 따라 사려 깊은 선택을 했다고 볼 만한 어떠한 요소도 여기에는 없어 보인다. 그러면 우리는 뒷부분에서 소크라테스가 필요한 것이라 강조하는 것이(365C-E) 무엇인지 알게 된다. 그 필요한 것은 바로 순간순간 일어나는 '현상들'에 의한 혼동으로부터 우리를 구제하는, 선택의 질서 잡힌 절차이다. 통상적인 심사숙고는 혼란스럽고, 비체계적이며 결국은 현재와 미래 모두를 제어하기에는 부족한 것이다.

이런 일반적인 문제는 더 구체적인 몇몇 요소들에서 생겨나고 이들과 연관된다. 우리는 여기서 사실상 튀케가 지닌 세 가지 문제 모두를 반영한 유형을 보게 된다. 첫째 우리는 연약한 대상과 활동에 대한 이 사람들의 집착을 통해 이들이 운명에 취약하다는 것을 알게 된다. 알키비아데스와의 연애는 잘되어 갈 수도 그렇지 못할 수도 있다. 이는 소크라테스 자신이 어찌할 수 있는 일이 아니다. 그가 장악하지 못하고 나아가 지속적으로 조작할 수 없는 추구 대상에 중점을 두면, 그는 자신의 삶을 운명의 격랑 속에 밀어 넣는 꼴이 된다. 그는 자신의 미래를 알지도 제어하지도 못한다. (뒷부분(361D)에서는 아니지만, 여기서의 그는 새로운 프로메테우스가 될 수 없다.)

우리는 또한 이 사람들이 추구하는 가치가 여러 개라는 것도 알게 된다. 그들이 보는 것은 그 가치들을 공통적으로 묶거나 혹은 그 사이의 심각한 갈등을 피할 수 있는 명료한 방법이 아니다. 알키비아데스를 쫓는 구애는 철학적 담론의 추구와 서로 팽팽히 맞서고, 히포크라테스는 다른 일 때문에 도망친 노예 문제를 깜빡한다. 이런 혹독한 갈등을 해결하는 대가로 지불할 수 있는 가치의 통화通貨는 존재하지 않는다.

마침내 우리는 정념이 지닌 힘을 인식하면서 실천적 계획에서 벗어나야 할 필요성을 느낀다. 알키비아데스를 쫓는 소크라테스의 정념은 종종 일체의 다른 추구 대상의 존재를 무색하게 만든다. 소크라테스의 친구는 다른 어떤 것보다 연애에 관심이 많다. 여기서 이 장면을 지배하는 것은 알키비아데스의 에로틱하고 무질서한 인간성이다. 히포크라테스는 육체적 욕구에 '꼼짝 못하고', 그의 계획은 헝클어진다. 물론 그의 경우는 에로스 때문은 아니고 잠이 필요했기 때문이었다.(310C8-D2) 성애적 욕구와 잠에 대한 욕구는 『향연』 속 '치유된' 소크라테스에게는 명백하게 결여된 평범한 인간의 삶이 지닌 두 면이다.

이런 것들은 질병이다. 올바른 실천적 선택을 가능하게 하는 테크네는 이런 것을 치유하는 수단 중 하나가 될 것이다.

프로타고라스와 소크라테스는 실천상의 선택을 주관하는 테크네가 반드시 필요하다는 데 의견 일치를 본다.* 처음에 그들은 과학이라면 반드시 지녀야 하는 본성과 관련해서 의견 차이를 보였다. 그리고 둘의 논쟁은 소크라테스 유형의 실천적 테크네만이 인간의 '삶을 구제할' 수 있다는 주장에 동의하는 것으로 종결된다. 우리는 그 각각의 주장을 평가하기 전에 그 주장의 내용에 대해 먼저 이해할 필요가 있다. 이 두 사람을 라이벌이 되게 하는 둘 사이의 공통분모는 무엇일까? 이에 답하려면 역사적 고찰로 잠깐 주의를 돌려야 하는데, 그중에서도 특히 이 논쟁의 주된 맥락을 제대로 쫓기 위해 반드시 필요한 것이 하나 있다.

'테크네'는 여러 가지로 번역 가능한 단어이다. 그중에서도 '기술craft', '예술art', '과학science' 등이 가장 흔히 쓰이는 번역어다. 알려진 테크네들 technai의 사례를 보면, 위 세 번역어 중 하나로 불릴 만한 요소들을 포함하는데, 이를 테면 집짓기, 제화술製靴術, 방직술紡織術 등을 비롯해서 기마술, 피리 연주, 춤, 연기 그리고 시작詩作, 나아가 의학, 수학, 천문학 등 다양한 분야를 아우른다. 테크네라는 희랍 단어는 위 번역어 중 어떤 것보다도 포괄적이다. 이 단어는 또 통상 '지식knowledge', '이해understanding', 혹은 '학문 science', '지식체body of knowledge(이 단어가 알려진 것이라는 뜻으로 쓰였는지 아니면 지식을 얻은 이의 인지적 조건을 가리키는 것으로 쓰였는지에 따라)' 라고 번역하는 '에피스테메epistēmē'라는 단어와도 깊이 연관되어 있다. 사실 본서에서도 그렇고 문헌학자들 사이에서도 보통은, 적어도 플라톤 시기까지는 에피스테메와 테크네 사이에 체계적 혹은 보편적인 구분이 뚜렷하지 않았다고 본다. 심지어 아리스토텔레스조차도 이 주제를 다룬 주요 저작 곳곳에서 위 두 단어를 혼용하고 있다.** 이런 사정은 『프로타고라스』에서

도 마찬가지다.***

테크네를 이해하는 통상적 방식을 살펴볼 때 가장 좋은 시작점은, 테크네와 튀케를 대립항으로 놓는 것이다. 이렇게 했을 때 이 두 개념은 그 통상적 이해를 드러내주는 한편, 그 이해를 풍부하게 형성하기도 한다. 이 두 개념의 대립 흔적은 호메로스에게도 뚜렷이 보이는 것인데, 튀케에 휘둘려 살아가는 삶과 (특정한) 테크네를 통해 더 안전하게 통제하면서 살아가는 삶이 대조되면서 이 두 개념은 대립항이 된다. 테크네는 실천적 판단이나 지혜sophia, gnōmē 등의 개념과 밀접히 관련되는데, 이때 테크네는 원려forethought, 계획, 예지와 같은 의미를 띤다. 테크네를 발휘할 수 있는 상황에서 운에 휘둘리는 것은 어리석은 것이다(예를 들면 데모크리토스 B197). 사실 데모크리토스는 여기서 더 나아가 알고 보면 튀케의 힘이란 그저 사람들이 하나의 변명거리로 삼는 것으로 자신의 실천적 지혜가 부족할 때 그걸 감추기 위해 스스로 만들어 낸 것이라 말한다(B119).

** 뒤에서 다룰 『형이상학』 1권의 구절이 가장 두드러진 사례다. 물론 다른 구절(『니코마코스 윤리학』, 1140b2 이하)에서 아리스토텔레스는 에피스테메와 테크네를 선명하게 구분하고, 테크네는 전적으로 생산 기술과 관련된다고 말한다(1112b7도 참조). 동일한 구분이 위작으로 알려진 『대윤리학Magna Moralia』에도 등장하는데, 여기서는 예를 들어 뤼라 연주처럼 플라톤이 테크네의 종류라고 일컬은 몇몇 기술에는 그 활동 자체가 목적이라는 분명한 언급이 있다. 이처럼 아리스토텔레스는 언어적 구분을 할 때 독단적이지도 심지어 한 의미를 고집하지도 않는다. 프락시스(praxis, 실천)와 포이에시스(poiēsis, 제작술)의 구분은 이에 관한 분명한 예이다. 또 하나의 단어를 광의와 협의로 나누어 사용하는 것 역시 그에게는 드문 일이 아니다. 하나는 유類로 하나는 그 하위 종種 중의 하나로 의미를 사용한다. 이런 방식을 그는 명시적으로 '프로네시스phronēsis'와 '디카이오쉬네(dikaiosunē, 정의正義)'에 적용하는데, 나는 그가 은연중에 프로네시스와 '아이스테시스(aisthēsis, 지각)'에 적용하기도 한다고 본다(Nussbaum, De Motu Essay 5 참조). 『니코마코스 윤리학』에 등장하는 협의의 테크네 개념이 아리스토텔레스가 사용하는 그 밖의 경우, 특히 『형이상학』 1권과 같은 경우에 맞아떨어질 수 없음은 분명하다. 『형이상학』 1권에서 선배 철학자들의 견해를 집중적으로 다루고 있다는 사실은 이 책에 나타난 그의 용법이 전통적인 용법과 근접해 있는 이유를 설명할 때 도움이 된다.

*** 특히 356D 이하를 참조할 필요가 있는데, 그곳에서 이 두 개념의 언어적 전환이 계속 반복해서 일어나기 때문이다. 그래서 형용사 '측량의metrētikē'가 어떤 명사를 받는지 쉽게 파악하기 어려운 경우가 많다. 초반부에서 프로타고라스는 분명히 테크네와 마테마(mathēma, 지식)를 교차해서 받는 것으로 말한다(316D, 318E, 319A).

그러면 테크네는 숙고를 통해 인간 지성을 세계의 일부에 적용한 것, 즉 튀케를 제어하는 기능을 하는 것이라 할 수 있다. 다시 말해서 욕구의 관리 및 미래의 우연적 요소를 예측하고 제어하는 데 관여하는 것이다. 테크네에 의존해서 살아가는 사람은 언제나 예지나 기지를 바탕으로 낯선 경험의 순간을 대한다. 그는 체계적이라 할 만한 방식으로 문제를 파악할 줄 안다. 즉 문제에 질서를 부여하는 방법을 안다. 그리고 이 능력을 통해 그는 새로운 상황에 단단히 준비하면서 무지몽매한 상태에서 우연성에 자신을 내맡기는 상황을 만들지 않는다.

기원전 5세기와 4세기 초에 테크네에 대한 규정의 정립 방식을 자세히 살펴보려면 히포크라테스의 작품, 특히 『옛 의학에 관하여Peri Archaiēs Iētrikēs』와 『과학에 관하여Peri Technēs』 등의 논고를 주목해야 하는데, 이 두 작품은 모두 기원전 5세기 후반에 등장한 것으로 추정되는 것이다. 여기서 우리는 현대의 문학 작품이나 철학 문헌에서는 찾아볼 수 없는, 말 그대로 체계적 '논증'이라고 할 만한 인간의 성취—이 경우 의학—를 보게 되는데, 이는 테크네라는 이름표에 진정 걸맞은 것이다. 여기서 다른 곳에서는 모호하게 남아 있던 규준이 분명하게 드러나는데, 오랜 시간이 지난 후 아리스토텔레스는 이와 비슷한 목록을 지닌 규준을 『형이상학』1권 1장에 등장시키면서, 테크네(특히 의학적 테크네) 개념을 탐구하게 된다. 나는 뒤에서 다시 이 논의를 다룰 것이다. 그리고 아리스토텔레스는 시대적으로는 『프로타고라스』보다 훨씬 뒤이지만 테크네의 개념적 이해에는 맥락을 함께하면서 이를 분석하려는 목적으로 자신에게 익숙한 감수성을 가지고 접근하려 했음을 보여줄 것이다. 결국 그의 결과는 위의 의학 서적의 내용과 놀라울 정도로 일치하는데, 이는 한편 아리스토텔레스 자신의 의학적 배경 지식을 보여주는 것이기도 하다. 이런 자료들을 통해 우리는 위에서 부각시킨 테크네의 네 가지 주요한 특성을 발견하게 되는데 그것은 (1) 보편성, (2) 전수傳授 가능성, (3) 정확성, (4) 설명에 대한 관심이다.

(1) 보편성

아리스토텔레스에 따르면, '경험을 통해 획득한 여러 생각들로부터 한 무리의 비슷한 것들에 대한 하나의 보편적 판단이 생겨날 때 비로소 테크네가 성립된다.'(981a5-7) 그는 충분히 유사한 것으로 묶였다고 판단할 만한 일련의 사례들에 대한 일반 이론과, 무엇이 질병의 특정한 사례에 도움이 되었는가에 대한 가설을 대조한다. 그리고 오직 전자만이 테크네가 될 수 있다고 말한다. 그리고 이러한 보편성에 힘입어 다가올 사례에 대한 진정한 예측이 가능해진다고 말한다. 기원전 5세기의 전거는 이와 동일한 주장에 방점을 찍는다. 특히 히포크라테스의 초기 저작 중 『전염병Epidemics』은, 여러 유사한 사례 경험을 모아 의사에게 새로운 사례의 예후豫後를 미리 알려주는 해당 질병의 일반적이면서도 단일한 이론을 도출한다는 바로 그 점 때문에 매우 흥미롭다. 『옛 의학에 관하여』와 『과학에 관하여』의 저자들은, 환자들이 치료되는 것은 운에 의한 것이지 테크네에 의한 것은 아니라는 비판에, 특정 종류의 치료와 특정한 결과 사이의 신뢰할 만하면서도 일반적인 연결을 보여주면서 대응한다. 그리고 말하기를 그들이 행하는 시술은 그저 임시변통을 바탕으로 한 일련의 묘책이 아니라 '하나의 원칙이면서 일목요연하게 정리된 과정'(『옛 의학에 관하여』 1권 2장, 『과학에 관하여』 4장)이라고 한다. 한편 크세노폰은 이와 유사하게 서로 이질적인 요소들을 체계적으로 통합시키는 테크네를 지닌 사람의 능력을 칭송한다.

(2) 전수 가능성

테크네의 보편성은 가르침을 전해줄 가능성의 문을 연다(아리스토텔레스, 『형이상학』, 981b7-8). 질서를 매개하지 않은 경험은 '수동적'일 수밖에 없는데, 그런 경험은 우연성이 불러일으키는 것이기 때문이다. 그러나 테크네는 경험의 과정 속에서 서로 주고받을 수 있는 것이다. 여러 경험들을 종류별로 묶고 또 그에 대한 해석을 내릴 수 있는 것이 테크네이기 때문이다. 이에 관해서는 히포크라테스를 따르는 의사들도 비슷한 논지를 펴는데, 그들에 따르면 훌륭한 의사와 돌팔이 의사가 구분되는 소이는 다름이 아니라, 훌룡한 의사는 무언가를 연구하는 반면 돌팔이 의사는 그렇지 않아서다(『옛 의학에 관하여』1권). 의사라면 의학이 테크네의 일종이라 주장하기 위해 위와 같이 말해야만 한다.

(3) 정확성

테크네는 흐릿하고 모호한 상황에 정확성akribeia을 부여한다. 아크리베이아라는 단어는 기원전 5세기 테크네 개념을 둘러싼 논쟁에서 그 짝을 찾기 어려울 만큼 중요한 위치를 점한다. 아크리베이아는 본래 그리고 표면적으로는, 한 가공된 물체가 참되고 정확하게 만들어졌다는 뜻을 지닌 단어로, 의학 논쟁에서는 법 비슷한 규칙 혹은 불변성 그리고 데이터에 대한 충실도 등의 의미를 띤다. 어떤 의학적 규칙이 모든 사례에서 예외 없이 참이라면 그 사례가 얼마나 많고 얼마나 다양한가와는 상관없이 그 의학은 정확한akribēs 것이 된다. 아크리베이아를 얻을 때는 흔히 '측량' 혹은 '표준'과 같은 관념과 연결되고는 하는데, 목수는 올바르게 측정해야 정확하게 맞출 수 있다. 측량이 그의 기술을 더 정교하게 하는 데 도움을 주는 것이다.[*] (충분히 예상함 직하게 이럴 때는 방어적으로) 의사는 그의 기술에 아크리베이아가 부족했음을 사과하고는 하는데, 그때 그가 사용한 측량으로는 숫자나 무게를 분명히 알 수 없다고, 즉 모든 환자의 육체에 대해 알기는 어렵다고 말한다(『옛 의학에 관하여』9권, 후기 저작 『불임 여성에 관하여』도 참조. 이 책에는 치료가 중량을 재는 일이 될 수는 없다고 주장한다.). 이는 그가 생각해낼 수 있는 최선은 다름이 아니라 실수를 줄이는 것이라는 뜻이다.

(4) 설명에 대한 관심

마지막으로 테크네는 설명에 대한 관심을 동반한다. 테크네는 스스로가

---

[*] Eur. El. 367 이하를 참조. 이에 따르면, 인간 판단에 아크라베이아가 결여되면 판단의 분명한 기준이 없어진다. 그리고 결국에는 인간이 본성적으로 갖고 있는 요소들에 의한 내적 변동을 쫓게 된다.

발휘되는 과정에 대해 '왜'라는 질문을 던지고 이에 대답한다(『옛 의학에 관하여』 20권, 아리스토텔레스, 『형이상학』 981a28-30 참조). 의학적 테크네를 배운 의사라면 특정 치료법이 적용되었을 때, 비단 어떤 일이 발생할지를 예측할 수 있어야 할 뿐 아니라, 왜 그리고 어떻게 그 치료법이 작용하는가도 정확하게 설명할 수 있어야 한다. 그리고 이것이 임시변통을 위주로 한 반대 유형의 의사와 변별되는 점이다. 그저 경험만 갖고 있는 사람도 환자가 치즈를 너무 많이 먹으면 복통을 일으키기 일쑤라는 사실을 당신에게 알려줄 수 있다. 한 걸음 더 나아가면, 우리는 '치즈는 나쁜 음식이에요. 너무 많이 먹으면 복통을 일으킬 수 있기 때문이지요.'(『옛 의학에 관하여』 20권)라고 말하는 의사를 보게 된다. 그러나 『옛 의학에 관하여』의 저자와 아리스토텔레스는 이 정도의 의학 지식으로는 테크네가 되기에 부족하다고 주장한다. '그는 그 고통이 어떤 종류의 것인지, 발생하는 이유는 무엇인지, 그리고 인간의 신체 중 어느 부위에 나쁜 영향을 미치는지에 관해서도 밝힐 수 있어야만 한다.' 수많은 예를 들어 위 책의 저자는 의사라면 반드시 음식이나 치료법 '안에' 어떤 요소가 들어 있기 때문에 좋은 작용 혹은 나쁜 작용을 일으키는지를 짚어낼 수 있어야 하고 (신체와 어떤 종류의 인과적 상호 작용에 의해) 그런 결과가 발생하는지 설명할 수 있어야 한다는 점을 강조한다. 그는 또 이런 능력은 예측과 제어라는 목적과 밀접한 관련이 있다고 지적하면서, 이런 정보가 없이는 '그는 (주어진 치료법으로부터) 어떤 결과가 도출되는지 혹은 그 치료법이 올바르게 적용된 것인지를 알 수 없을 것이기 때문'이라고 말한다.

이러한 네 가지 특성은 모두 우연성 장악이라는 목적과 관련되어 있다. 그리고 이런 목적에 봉사한다는 점에서 네 가지 특성 모두 테크네의 필수적 요소가 되는데 보편성과 설명력으로 질서를 잡아 과거를 장악하고 또 이를 바탕으로 미래를 제어할 수 있는 힘을 얻는다. 이렇게 테크네가 전수되면 과거의 작업은 미래의 진보와 연결되는 한편, 정확성을 통해 지속적인 정밀함을 얻어 실패를 최소화한다. 그러면 (기원전 5세기의 많은 사람들이 그러했듯) 실천적 추론이 테크네가 되어야 한다고 말하는 사람들은 결국 정립된 견해와 일종의 질서 잡힌 장악을 산출할 수 있는 체계화와 통일화에까지 나아가지 않으면 안 될 것이다. 그들은 전수 가능한 원리와 이상적 결과를 얻을 수 있는 방법을 알 수 있는 설명을 원할 것이다. 그리고 인간의 사회적 삶에서 얼마간이라도 우연성을 제거할 수 있기를 바랄 것이다.

위와 같은 배경에 대해 먼저 살펴보는 이유 중 하나는, 실천적 테크네를 훨씬 좁은 의미로 해석하려는 최근의 경향을 논하기 위해서다. 이제부터는 이와 같은 경향이 야기한 논점에 정면으로 맞서야 하는데, 『프로타고라스』의 해석은 이 논점이 결정적으로 영향을 미친다. 테렌스 어윈은 『플라톤의 도덕 이론Plato's Moral Theory』에서 다음과 같이 주장한다. '테크네'는 영어의 craft[기술]와 같은 어휘로, 그 의미에는 기술과 그 활동과는 독립적으로 식별할 수 있고 구체화할 수 있는 외적 목적이나 산물이라는 관념이 포함되어 있다.* 기술의 역할은 이 독립적이면서도 구체화가 가능한 목적을 실현할 도구적 수단을 제공하는 것이다. 실천적 숙고가 테크네라고 혹은 테크네일 수 있다고 주장하면, 다시 말해서 숙고나 미덕 그리고 어떤 종류든 인지할 수 있는 테크네들technai―제조든, 피리 연주든, 의술이든 혹은 제화술製靴術이든― 사이의 유비를 긍정한다면, 이는 어윈의 독해에 따랐을 때 숙고나 미덕들과 상관없이 인식되고 욕구될 수 있는 인간적 좋음human good이라는 것이 존재한다는, 구체적이지만 미심쩍은 주장이 된다. 그리고 그런 실천적 합리성은 그저 이런 외적 좋음을 달성하기 위한 도구적 수단을 찾아내

---

* Irwin, *Plato's Moral Theory*의 여러 곳, 특히 Ⅲ.9-11 참조. Ⅲ.9에서는 기술과 지식 그리고 이 둘을 설명할 수 있는 능력 등에 대한 훌륭한 논의가 개진된다. 테크네와 관련된 핵심적 주장은 73-74쪽에 등장하는데, 그는 테크네를 지닌 모든 사람은 '그의 특정한 동작 방식을 가리키지 않고도 식별할 수 있는 생산물을 산출한다'고 말한다. 이 대목에서 그가 다양한 소크라테스식 용법이 아니라 일상적 이해를 바탕으로 한 용법을 말하고 있음은 분명하다. 왜냐하면 그는 이 해석을 대화편에서의 테크네들technai과의 유비의 힘을 해석하는 기초로 사용하기 때문이다. 그는 심지어 소크라테스가 '테크네'라는 단어를 사용하지 않을 때조차도 그렇게 한다. 그의 논점은 기술적인 유비라면 독자의 마음속에 모종의 심상을 불러일으키기 마련이라는 것이다.

는 역할 정도만 하게 된다.

『프로타고라스』를 독해할 때 이 문제가 얼마나 중요한지를 알아채기는 어렵지 않다. 두 등장인물은 모두 실천적 테크네를 가르칠 수 있다고 주장하고 그러기를 원한다. 이제 보겠지만 소크라테스의 주장은 어원의 제한적 정의와 일치한다. 그러나 프로타고라스의 주장은 그렇지 않다. 그러면 어원의 그림이 함축하고 있는 것은 프로타고라스가 일단은 테크네로 간주하자고 주장할 만한 것조차도 제시하지 못하고 있다는 것이다. 이런 사정하에서는 어원뿐 아니라 그의 주장을 진지하게 받아들이는 사람이라면 누구라도 이 단어의 의미를 잘못 이해하게 될 것이다. 그러나 한편 진지한 대화자가 어리석은 말실수로 시작하는 것을 우리가 바라지는 않는다는 것 역시 사실이다. 또 위 두 인물 외의 매우 지성적인 등장인물들, 말로 이루어진 정교한 논점을 극도로 사랑하는 등장인물들 중 어느 누구도 ─심지어 프로디코스마저도─ 프로타고라스가 잘못을 범했다고 지적하지는 않는다. 어원의 견해에 따른다면 히포크라테스의 영혼에 대한 논쟁은 진정한 논쟁이 될 수 없다. 왜냐하면 이들이 원하는 것이 실천적 이성이라는 테크네라면, 그저 소크라테스가 손쉽게 승리를 가져가는 형국이 되어 버리기 때문이다. 다시 말해서 이는 마치 히포크라테스가 최고의 진공청소기를 사러 전자제품 매장에 가서는 두 명의 판매원에게 각각 진공청소기와 선풍기를 추천받는 것과 같은 상황과 같다. 만약 소크라테스와 프로타고라스가 나름의 설득력을 갖추고 테크네 개념에 관하여 각각 서로에게 밀리지 않을 그래서 진지하게 라이벌이 될 만한 주장을 밀어붙인다면, 이 논쟁은 철학적으로 훨씬 더 흥미로울 것이고 플라톤의 가치도 한층 더 높아질 것이다.

이제 테크네의 통상적 이해에 따르면 사실상 어원의 주장이 설득력을 얻기 힘들다는 것이 밝혀졌다. 이 주제를 다룬 저명한 학자 중 그와 같은 이론을 취한 인물은 여지껏 없었다. E. R. 도즈, 루트비히 에델슈타인, W. K. C. 거스리 정도의 위상을 지닌 지성사가들은 서로 다른 주장을 하면서도 내가 위에서 구체화하려 노력한 항목과 관련해서는 모두 같은 견해를 표명한다. 고대 유명 작가들 중 '테크네'를 오로지 독립적으로 구체화된 기술적 제작과의 관련 속에서만 언급하는 사람은 단 한 명도 없다. 심지어 크세노폰조차 숙고를 도구주의적으로 파악하는 견해에 공감하는 모습을 종종 보이면서도, 집 관리의 테크네가 목적으로 삼는 것이 무엇이냐는 질문에 집을 잘 관리하는 활동은 그 자체로 목적이 된다고 답한다.* 아리스토텔레스는 작업, 즉 에르곤ergon은 기술자[예술가]의 활동 바깥의 산물인 '몇몇' 기술[예술]에도 존재한다고 ―예를 들면 집짓기 같은― 말하면서 논점을 잡는다. 그리고 그 외의 것은 그 활동 자체가 목적이 된다고 ―예를 들면, 수학, 피리 연주, 뤼라 연주 같은― 말한다.** 헬레니즘 시대에도 테크네들에 관련해서는 동일한 이야기를 한다.

이제 테크네 자체에 대한 언급에서, 테크네와 관련해서 쉽게 볼 수 있는 통상적인 인식을 토대로 앞서 언급한 구체적인 예들로 시선을 옮겨보자. 그러면 대표적인 몇몇 유형이 드러나는데, 우선은 제화술이나 집짓기 같은 확실하게 생산적이라 할 만한 테크네들을 꼽을 수 있다. 여기서 생산물은 기술자의 실제 활동을 보지 않아도 명시될(또 욕구될) 수 있다. 그러나 이럴 경우에도 그저 괜찮은 정도가 아니라 '절묘하고' '훌륭하게' 그 제화술을 만드는 그 무엇인가는 외적이지도 않고 작업 시작 이전부터 미리 알 수 있는 것도 아니다. 오히려 해당 기술자가 존재한다는 것 자체로 그의 활동들―이를테면 멋진 박음질 기술, 우아한 장식 등―은 그 자체로 목적이라 할 만한 것이다. 호메로스 시절부터 희랍인들은 이 사실을 알고 있었다. 아킬레우스는 그의 방패에 별다른 가치를 두지 않았는데, 그 이유는 단순히 그가 이전에 생각했을 만한 필수 요소들을 그 방패가 잘 갖추고 있어서였다. 이는 극도로 높은 수준의 테크네를 보여주는 사례로, 그 기술자는 아킬레우스가 소박한 상상력을 통해 머리에 떠올렸거나 요청했을 법한 수준보다 훨씬 더 훌륭한 방패를 만들어 냈던 것이다.

---

* 크세노폰, 『경영론Oeconomicus』 1권. R. 셰러의 『에피스트메와 테크네』 중 크세노폰의 '테크네'와 '에피스테메'의 용법에 관한 부분 참조.

** 『에우데모스 윤리학』, 1219a12 이하, 『대윤리학』 1211b28, 1197a9-11.

다음으로 의술 혹은 그와 유사한 기술이 있다. 여기에는 건강이라는 애매모호한 목적이 있는데 평범한 사람도 이것이 가치 있는 것인 줄 알고, 전문가는 하나의 결과물로서 자신의 활동을 통해 목적으로 삼고 있는 것이다. 여기서 전문가의 작업 중 중요한 부분이 드러나는데, 그것은 전문가가 작업 과정에서 그 목적 자체에 대해 더 정확하게 명시할 수 있게 된다는 점이다. 그가 건강이 무엇인지를 논한 이론을 알지 못한다면 그가 행하는 건강을 위한 도구적 수단을 얻기 위한 작업은 불가능할 것이다. 의사가 자신의 테크네를 뿌듯해하는 이유는, 자신이 생산적인 수단을 궁구해서만은 아니고 그의 작업이 목적을 향하고 있어서이다.

마지막으로 순전히 내적 목적을 가진 기술들이 있다. 피리 연주, 무용, 운동 경기에서의 성취 같은 것이 그것이다. 여기에 생산물은 전혀 존재하지 않는다. 가치 있는 것은 절묘한 활동 그 자체뿐이다. 그러나 훈련되고 정확하고 전수가 가능하다는 특질 때문에 이런 기술들은 테크네라 명명되기에 충분하고도 남음이 있다.* 이런 것은 이전에는 질서가 없고 따라서 파악되지

---

* 어원은 플라톤에게서 두드러지게 등장하는 이런 예들을 다룰 때 어려움을 겪는다. 그는 이런 기술들이 플라톤에게서 테크네의 중심적인 사례가 된다는 것을 전혀 부정하지 않는다. 그러나 엉뚱한 해결책을 제시하는데, 피리 연주자는 '여전히 그의 특정한 동작에 대한 지시 없이 식별될 수 있는 생산물을 산출한다는 것이다. 우리가 음악에서 조율된 소리를 알아들을 수 있을 때 ……우리는 어떤 동작을 취해야 좋은 피리 연주를 할 수 있을지를 결정할 수 있다. ……그리고 조율된 소리는 훌륭한 생산 활동의 결과이기 '때문에' 조율된 소리가 훌륭한 생산물이 되는 것이 아니라 훌륭한 생산물 때문에 생산 활동이 훌륭하게 되는 것이다.'(73-4) 이런 해결책은 완전히 길을 잘못 들어선 것이다. 이런 입장이 경우에 따라 미학에는 적용된 적도 있는 것 같으나 이는 그저 틀린 주장인 것 같다.(호로비츠가 훌륭한 연주자인 이유가, 우리가 이상적이라 생각하고 가치를 두는 '조율된 소리' 이를테면 기계가 만든 것처럼 정확한 그런 소리를 만들어 내는 데 이를 만큼 피아노라는 도구의 조건을 매우 효과적으로 충족시켜서인가? 우리는 손, 손가락, 발, 상상력 그리고 피아노에 대해 언급하지 않고 피아노 연주의 목적을 제대로 분별할 수 있는가?) 더 나아가 위와 같은 입장은 역사적으로도 전혀 이 시기의 상황과 걸맞지 않다. 아리스토텔레스는 음악 예술[기술]에서 연주자의 활동은 그 자체로 목적이라는 견해를, 전적으로 논쟁을 허락하지 않는 자명한 것으로 간주했다. 어윈은 그의 이해 방식이 이 시기의 희랍 사상가가 견지할 법한 것 중 하나임을 논증하려는 어떤 노력도 하지 않는다. 동시에 우리에게 그럴듯하게 여겨지도록 자신의 이해 방식을 옹호하지도 않는다.

않았던 소리와 동작에 부여된 질서의 형식들이다.*

이렇게 되면 결국 다양한 구조를 가진 다양한 유형의 테크네가 존재한다는 애기가 된다. 이런 다양성에 대한 이해는,『프로타고라스』를 다양한 형태의 정치적 테크네를 논한 진지한 논쟁으로 독해할 때 마주치는 방해물을 걷어내기 위해 반드시 필요한 것으로, 이를 통해 우리는 프로타고라스가 주장하는 내적 목적이 지닌 힘을 이해할 수 있는 바탕을 마련하게 된다. 또 한편 여기서 우리는 기원전 5세기의 여러 기술을, 그 바탕에 깔려 있는 튀케의 제거라는 공통 목적의 측면에서 검토하면서 몇몇 논점을 만들고, 또 그 논점을 통해 소크라테스가 프로타고라스의 주장을 거부하는 이유를 이해할 수 있게 된다. 이제 어떤 기술이 가장 탁월한지, 즉 어떤 기술이 제어와 예측 그리고 정확한 파악이라는 선善을 가장 잘 실현하는지에 대해 논해보자. 우리는 알려진 기술들에서 전혀 드러나지 않는 그러나 목적을 위해 절실히 요구되는 것desiderata이 있을 수 있음을 알게 된다. 그리고 여기서 어원의 견해가 억지스럽다는 것이 명백하게 드러난다. 그것은 테크네의 일반적 이해 방식에 대한 해석으로는 적절치 못한, 그저 특정 기술들이 튀케를 굴복시키면서 괄목할 만한 진보를 이룰 때 도움이 되는 한 가지 중요한 면만을 특정해서 부각시킨 것에 불과하다. 어떤 기술의 최종 결과로 간주되는 '외적이고', 분명하며 미리 특정할 수 있는 어떤 것이 존재한다면 그 과정을 찾아가는 방식은 내가 보기에, 목적이 일정한 방식의 활동 안에 존재하는 기술의 방식보다 더 명확하고 정확한 것 같다. (그 미학적인 면에서 추상해보면) 제화술로 경쟁을 한다고 할 때는 정확도를 기준으로 승부를 가름할 수 있는데, 이는 목적의 외재성이 활동상의 성공을 측정하는 분명한 잣대가 되는 경우다. 피리 연주로 경쟁할 때는 이보다 훨씬 애매모호한데, 왜냐하면 우리가 목적으로 간주할 수 있는 것이 부분적으로만 승패에 영향을 미치기 때문이다. 그런 경우 우리는 마치 튀케에 대한 완전한 승리란 존재하지 않는 것처럼, 분명한

---

*『필레보스Philebus』에서 음악 및 다른 기술들의 이러한 요소들이 다루어진다.

진보도 존재하지 않는 것처럼 느끼기 쉽다. 여기서 재차 되새기자면, 목적의 '단일성singleness'을 쫓는 것은 복수성을 쫓는 것보다 쉬워 보인다. 여러 목적이 존재할 때 우리는 그 우열을 판가름할 규준이나 가늠자를 필요로 하게 될 것이다. 마지막으로 '양적 측정'을 허용하는 목적은 그렇지 않은 목적보다 더 높은 정확성을 보일 것이다.(우리는 나중에 이 중요한 논점으로 돌아올 것이다.)

위에서 언급한 것을 종합해서 우리는 진정한 테크네bona fide technē 개념을 얻을 수 있는데, 그것은 그 목적들이 서로 질적으로 다른 복수 형태로 존재하고 기술의 활동 자체가 목적을 구성하는 그러한 것이다. 그러나 그런 테크네는 단일하고, 양적으로 측정 가능한 외적인 목적을 가진 기술보다 정확성과 제어력이 약할 것이다. 튀케의 문제에 깊이 천착한 사람이라면 자연히 양적 측정이 가능한 종류의 테크네를 선호하게 될 텐데, 이런 테크네가 비체계적인 인간의 판단들을 넘어서는 더 확실한 진보를 보장하기 때문이다. 그럼에도 불구하고 어디서 그리고 어느 선까지 이런 종류의 테크네가 가능한지 그리고 적절하게 작동할 수 있는지는 논쟁의 여지가 있다. 이제 내가 주장하려는 바는, 그런 논쟁이야말로 『프로타고라스』에서 이루어지는 논쟁과 같은 유형이라는 것이다. 보수적이면서도 인본주의적인 프로타고라스는 테크네가 일상적으로 행하는 숙고에 가까운 것이기를 바라고 그저 필요한 만

	제화술	피리 연주	의술	대지 측량	프로타고라스적 숙고	과학적 숙고
단일 목적	예	아니오	?	예	아니오	예
(기술 활동을 떠나 명시가능한) 외적 목적	예	아니오	부분적으로 예 (위 단락 참조)	예	아니오	예
정량 측정	부분적으로 예	아니오	아니오	예	아니오	예

큼만 테크네가 체계화되기를 원한다. 인간의 실천 문제가 처한 위급성에 더 깊이 천착하는 소크라테스는 이 정도로는 부족하다고 생각한다. '우리의 삶을 구제'하려면, 또 과학이 구제된 삶을 더 낫게 만들 수 있다면 우리는 더 전적으로 과학적이 되어야만 한다.

앞의 표는 이어지는 다음 두 절을 도입하기 위해 추가 설명 없이 작성된 것이다.

Ⅲ

프로타고라스는 실천적 추론을 위한 테크네는 전수될 수 있는 것이라고 주장한다. 그리고 인간이 어떻게 진보했는지를 이야기하면서 그 기술의 본성을 밝힌다. 그 이야기의 앞부분은 대략적으로 살아 있는 생명체의 삶을 구제하는 테크네들의 힘에 관한 내용이다. 그리고 마지막 부분은 숙고 기술과 사회적 탁월성에 힘입은 인간 진보의 모습을 묘사한 것이다. 얼핏 보면 소피스트인 프로타고라스는 마지막 부분에서만 진보에 대한 통찰을 보여주는 것처럼 보이지만, 실은 앞부분에서도 그 진보의 특징을 규명하면서 기술과 목적, 삶의 구제와 삶을 살아가는 것 사이의 관계를 자신이 어떻게 이해하고 있는지를 보여준다. 이러한 것은 그의 가르침 중 중요한 측면인데, 이를 통해 우리는 그의 사회상이 지닌 보수적 성격을 미리 알게 되고, 그의 입장에 서서 소크라테스의 더욱 급진적인 전략에 대해 따지게 된다.

그의 연설은 신들이 필멸必滅의 존재들 즉 우연에 취약할 수밖에 없는 존재들을 탄생시켰다는 이야기로 시작한다. 땅과 불이 섞여 이루어진 이 존재들은, 빛을 받아 자신을 드러내기로 기약된 시간 이전에는 땅속에서 살았다. 그런데 티탄들과 프로메테우스 그리고 에피메테우스가 이 존재들이 살아남고 번식할 수 있도록 '각 종류의' 존재들에게 힘 혹은 능력을 분배하는 임무를 맡게 되었다. 그 종류들은 기술과 능력의 분배 이전에 이미 각각 존재한 것이다. 신들은 이러한 종류들에 대해서만이 아니라 각각의 종류에 적합한 힘을 할당하는 문제에 대해서도 언급한다. 그러나 그저 물질 덩어리에 불과한 이 종種들은 아직 아무런 뚜렷한 능력도 얻지 못했고, 우리가 현재 알고 있는 바대로의 종적種的 활동도 하지 못하고 있었다. 일체의 특성도 갖추지 못한 이런 주체들에게 신들은 생존을 위한 능력을 배정해주었는데, 이는 '어떤 종이라도 멸종되어서는 안 된다는 생각하에 사려 깊게 고안된'(320E-321A) 것이었다. 이 이야기의 이상스러움, 어쩌면 의도한 것으로 보이는 이 이상스러움에 대해서는 좀 더 면밀히 살펴볼 필요가 있다.

우리는 특성 없는 대상이 무엇을 말하는지를 먼저 생각해보아야 한다. 예를 들어 흙과 불의 덩어리 중 하나가 '말馬'이라고 가정해보자. 이 대상은 지금 우리가 알고 있는, 빠른 발과 발굽이 있으며 귀리를 먹는, 활력이 넘쳐 길들이기 힘든 존재다. 그런데 여기서 만약 신들이 말에 대해 다른 결정을 내렸다면 이 생물은 다른 특성을 가질 수도 있었을 것이라고 생각할 수 있다. 이를테면, 말이 겁이 많고 씨앗을 먹으며 둥지에서 사는, 하늘을 나는 존재였을 수도 있다는 식으로 말이다. 이런 방식이라면 아주 특별한 종, 이를테면 우리가 높이 받드는 부케팔로스Bucephalus* 조차도 마찬가지로 둥지에 살면서 지렁이를 먹는 존재였을 수 있다는 이야기가 된다. 우리는 여기서 이런 방식이 정합적이지 않음을 깨닫는다. 이런 식이라면, 말이 달리는 바로 그 방식으로 달리지 않는 존재, 그래서 말과 같은 특징을 지니고 살아가지 않는 존재는 말이 될 수 없다. 만약 어떤 말이 새의 '기술'**을 얻는다면 그 말은 바로 새가 될 것이다. 부케팔로스 역시 이런 자신의 주요 특징이 변화한다면 마찬가지로 새가 되어 버릴 것이다. 다시 말해서 부케팔로스가 나무에 앉을 수도 있는 것이다. 그러나 이는 아리스토텔레스의 제자[알렉산드로스 대왕]가 올라타고 있는 존재와 그저 이름만 같을 뿐 동일한 것이 될 수는 없다. 우리는 종류-개념kind-concept으로 부케팔로스를 분별해 시공간 속에서 찾을 수 있는 것이지 단순한 덩어리를 가지고 그리 할 수 있는 것은 아니

---

* [역주] 알렉산드로스 대왕의 애마愛馬.

다. 실제로 우리는 은연중에 새들이 갖고 있는 능력을 부케팔로스가 가지거나, 가지게 될 가능성은 없다고 본다. '기술들', 능력들, 그리고 이미 구성된 종들'에게' 명시적으로 분배된 삶의 양식 등은 부케팔로스라는 종류를 이해할 때 중심적 역할을 한다. 이런 분배 이전에는 그저 고깃덩어리가 있었을 뿐이다. 그 분배 이후에야 말이 있고, 마성馬性이 있는 것이다. 우리가 프로타고라스의 이야기를 제대로 쫓아가면, 생명체의 특징적 능력 그리고 세계에서 기능하는 방식이라고 광의廣義로 해석할 수 있는 '기술들'로는 어느 선까지 생명체들이 그 생명체가 되도록 만드는지를 획정할 수 없음을 깨닫게 된다.

물론 위와 같은 비정합성과 그에 따른 교훈이 의도된 것일 리는 없다. 그러나 두 가지 다른 방식으로 자신의 해석이 읽힐 수 있다는 것을 프로타고라스 스스로 잘 알고 있다는 징표와, 그가 용의주도하게 이런 여러 고찰을 불러일으키고 있다는 징표들이 존재한다. 이제 우리는 다음과 같은 문장을 만나게 된다. '에피메테우스는 지혜롭지 못하게도 부지불식간에 각 능력들을 비이성적인 존재들에게 다 써버렸답니다. 인간 종족to anthrōpōn genos 은 아직 아무것도 갖추지 못한 채 남겨졌죠.' 여기서 이상스러움이 노골적으로 드러나는데 한편으로 이는 다음에 어떤 일이 일어날지 알려주는 섬세한 지침 같기도 하다. 의아한 점은, '비이성적' 존재들에게 힘을 다 주어버려서 '인간'에게는 남은 것이 없다는데 이때는 우리가 알기로(그리고 다시 보게 되겠지만) 아직 인간(혹은 그 시점에 그게 어떤 존재든)이 이성적인 존재가 되기 전이라는 사실이다. 그러면 '비이성적인' 존재에게 힘을 다 주어버렸다는 건 도대체 어떤 의미를 지니게 되는가? 이성이라는 능력에 관한 바로 이 이야기에 이성적 존재와 비이성적 존재의 구분은 이미 전제되어 있다. 프로타

** 여기서 내가 따옴표를 사용한 까닭은 이런 역량이 확실히 위에서 명시한 방식의 테크네들technai인지 분명치 않아서다. 프로타고라스가 사용한 테크네들인지도 역시 불분명하다. 그럼에도 이런 역량과 테크네들 사이의 공통점은 이 둘이 모두 생명체가 외부의 위험으로부터 자신을 보호하면서 세상에서 자신의 길을 찾을 수 있도록 하는 자산이 된다는 것이다.

고라스는 우리가 인간에 대해 이야기하는 정합적 방법 그리고 어떤 존재를 그 존재가 되게끔 하는 두드러진 능력과 행동 양식에 대해 언급하지 않고서는, 인간과 기타 존재를 대별할 수 있는 정합적 방법이 존재할 수 없다는 것을 알도록 해준다. 이성은 그저 자연적으로 그리고 자연적 목적을 가지고 미리부터 구성된 존재에게 부여된 도구가 아니다. 이성은 이 존재의 본성에 본질적 요소이고 '이 존재는 무엇인가?'라는 질문에 대한 답을 구성하는 중심 부분이다. 그리고 그저 도구적인 것이 아니라 그것이 무엇이든 간에 그 존재의 탄생 목적에 의해 구성된 것이다.

이 첫 두 단계 각각에서 여러 '기술들'이 여러 생명체들에게 주어졌는데, 이를 통해 그들은 명시적으로 자신의 삶을 '구제'할 수 있었다. 그러고나서 벌어진 일은 그 기술이 삶의 형식을 그리고 그 이전에는 존재하지 않았던 생명체를 '창조한' 것이다. 이제 우리는 이 대화편에서 가장 중요한 '기술' 즉 사회적 혹은 정치적 기술의 위상에 대해 살펴보아야 한다. '제우스의 선물'은 그저 이전에 존재했던 인간의 목적을 위해 기능하는 테크네인가? 다시 말해서 프로타고라스는 제우스의 선물을, 인간이 인간이 되도록 하는 기능으로 묘사하고 있는 것인가? 이에 답하려면 히포크라테스처럼 우리도 계속해서 그의 이야기를 들어야 한다.

이제 우리는 인간을 인간답게 만드는 무엇인가를 얻었고 이를 통해 인간의 삶다운 삶을 영위하게 되었다. 인간은 집과 옷을 얻고, 농경을 하면서 종교 의례도 치른다. 하지만 그들은 여전히 생존에 어려움을 겪는다. 그래서 그들은 무리를 짓고 살아간다. 그리고 그 속에서 그들은 말을 하고 번식하며 또 숭배한다. 나중에 나오는 이야기에서는 이러한 프로메테우스적 테크네들의 '전문가'가 담당하는 역할을 말하고 나아가 사회적 조직의 기초적 형태와 단순한 기술을 기초로 한 노동의 분야까지 언급한다. 그들에게 부족한 것은 법률, 시민 교육, 처벌을 담당하는 기관 정도이다. 그러나 감정이나 대인 관계와 관련된 그들의 삶에 대해서는, 그런 삶이 그릇된 것이라는 것 말고 여기에 별다른 언급은 없다. 그런 삶이 있다 해도 우리 속에 어떤 종류의 감정과 애착이 서로 얽혀 있는지를 알 수는 없다. 이와 비슷한 말을 한 데이비드 흄처럼 우리도 성적 결합이 모종의 애착을 일으킨다고 생각할 수 있다. 또 흄이 생각한 것처럼 어쩌면 부모와 자식 사이에는 모종의 애정에 의한 유대, 나아가 일반적으로 받아들여질 만한 의무감이 있을 수도 있다.

우리는 이제 전부는 아닐지 몰라도 상당한 정도로 인간의 본성과 목적을 특징짓는 요소를 얻은 듯싶다. 이 지점에서 우리가 이제껏 상상 속에 그린 기술의 역사는 두 개의 방향으로 나뉜다. 우리는 이제껏 이 사람들에게 분배된 것만으로도 충분히 이들을 인간이라고 규정할 수 있다고, 즉 그들의 본성과 목적이 인간의 본성과 목적이라고 간주할 수 있다고 본다. 그러면 여기서 좀 더 나아가, 이 생명체가 우연과의 치열한 싸움에 쓰기 위해 만들어 낸 추가적인 기술들 모두를, 미리 설정된 외적 목적을 달성하는 데 도구가 되는 기술들, 즉 인간의 것으로 특징지어진 삶을 유지하고 지속하는 데 쓰이는 기술이라고 이해하면 틀리지 않을 것이다. 예를 들어, 정치 기술은 이미 설정된 목적에 봉사하는 도구이다. 이는 정의의 기원과 기능에 관한 흄의 견해이기도 한 것으로, 정의는 그로부터 분리된 목적들에 봉사하는 '인위적인 덕'이라는 뜻과 통한다. 정의는 오직 자연적인 인간의 목적에 필수적 수단이 되는 한에서만 자연적일 수 있고, 인간은 본성상 이처럼 목적 달성에 필수적인 수단을 마련하는 과정에 머리를 쓴다.[*] 이런 견해를 통해 우리는 정의와 정치적 제도가 부족한 진정 '인간적인' 삶을 우리가 정합적으로 그릴 수 있음을 알 수 있다. 그런 삶은 아마도 위험과 어려움으로 가득 차 있을 것이다. 그러나 그것이 다름 아닌 우리 삶의 모습임은 즉각 알아차릴 수 있을 정도로 명백하다. 그 속에는 우리가 지향하는 모든 자연적 목적들이 들어 있다. 우리는 이에 동참한 사람들을 우리 공동체의 성원으로 받아들인다. 그리고 우리가 공유하는 본성을 그들에게서도 발견한다. 인간이 본성적으로 정치적인 존재인 것은 아니라는 이야기다.[**]

다른 한편, 프로타고라스는 정의를 제화술 같은 것보다는 더 이성적인 것

---

[*] D. Hume, *A Treatise of Human Nature*, Bk Ⅲ, Pt Ⅱ, Sections 1-2.

으로 취급하는 듯한 인상을 준다. 그리고 정치적 제도를 아직 얻지 못한 인간의 시절, 그래서 다른 생물체와 별다른 구별이 되지 않던 시절이 있었다는 데 동의하는 것 같다. 심지어 그런 제도들이 특정한 압박에 대한 반응으로 특정한 역사적 시점에 생겨났다는 데에도 동의하는 것 같다. 그러나 한편으로 그는 다음과 같은 것도 주장하는데, 이러한 제도 그리고 제도와 연관된 감정이 그런 것들을 소유한 존재의 삶을 형성하기 때문에, 우리는 그 제도들 속에서 그리고 그 제도들과의 밀착 속에서 이루어지는 그 존재들의 사회적 결합에 대한 언급 없이는 그 존재들의 '본성'을 논할 수 없음을 그 내용으로 한다. 또한 우리는 자신의 폴리스에 대한 그들의 애정, 정의에 대한 애착, 다른 인간을 숭배하는 마음과 의무감에 대한 언급 없이 이 존재의 최종 목적이라 할 만한 것을 열거할 수 없다. 우리의 본성은 정치적이다.*** 정의에 관한 프로타고라스의 이런 입장은 두 번째 방향에 부합한다고 할 수 있다. 그의 발생론적 이야기는, 다양한 테크네들을 도구적인 것으로 삼고 이들과 인간의 본성이 얼마나 쉽게 분리되는지를 보여주려는 것이 아니다. 그가 실제로 보여주는 것은, 인간이 이성뿐 아니라 정치적인 지향과 애착도 부여받았

** 게다가 흄의 견해로부터 오직 그렇게 존재하는 것이 타인과의 관련 속에서 더 이롭고 더 근원적인 목적이라고 확신할 때에만 우리는 정의롭게 법을 지킬 이유를 가진다는 견해가 따라 나온다. 그런 견해는 왜 내가 다음과 같은 구체적인 경우에 나의 이익을 부정의하게 추구해서는 안 되는지를 설명하지 못하는 것이 아닌가 싶다. (a) 부정의할 때 내가 이익을 보는 경우, (b) 발각되어 벌을 받지 않을 것이라고 내가 확신하는 경우, (c) 나의 부정의한 행동이 일반적으로 유용한 정의 실현을 방해하지 않는다고 충분한 근거를 토대로 내가 믿는 경우가 그러한 구체적 경우들이다.

*** 인간의 목적들과 관련된 이런 견해들에 대한 아리스토텔레스 비판을 보려면 12장을 참조할 것. 프로타고라스와 아리스토텔레스 사이에는 여러 유사점이 있는데, 그 내용은 다음과 같다. 대체로 인간 중심적인 윤리학, 사회적 탁월성은 인간 사이에 공유된 본성적 사회성과 사회적 훈련의 결합에서 나온다는 견해, 친애philia는 폴리스를 하나로 묶는 중요한 시민 가치라는 견해, 폴리스의 모든 성인成人은 제한적이더라도 각각 탁월성을 가르치는 선생이지만 우리의 실천에 대한 반성적 자각을 증진시켜줄 수 있는 선생이 따로 있다는 사실도 배제해서는 안 된다는 견해, 어떤 종류의 존재가 된다는 것은 그에 걸맞은 기능적 역량을 갖췄음을 의미한다는 견해 등이 그것이다. 위와 같은 유사성에 관한 언급은 쉽게 찾을 수 있다. Guthrie, *History* III, 67; Loenen, *Protagoras* 103-26 등을 참조.

다는 점을 도외시하고서 인간이라는 존재를 제대로 설명하는 것이 얼마나 어려운가 하는 점이다.

정의의 '기원'에 관한 흄의 견해에 따르면, 정의는 인간 생존과 번영을 위한 수단이라 할 수 있는 것으로 어떤 사회적 요소에 대한 언급 없이도 이런 규정은 완벽하게 가능하다. 제우스의 선물은 사실 인류 생존을 위한 수단 격으로 도입된 것이다. 제우스는 '우리 종족genos[류類]이 완전히 멸종되지 않을까' 하는 두려움에 마음이 움직였다고 한다(322C). 이 사실은 정의라는 선물을 받기 이전에도 인류가 이미 존재했음을 함축한다. 놀라운 것은 제우스의 선물이 분배되자마자, 심지어 분명 인간 생존을 위해 진즉부터 설정되었을 법한 목적마저도 폴리스에서의 생존과 떼어놓고는 설명될 수 없게 되어 버린다는 점이다. 제우스의 선물은 이제 '폴리스들을 조직하는 원리 그리고 친애를 바탕으로 한 유대'라고 일컬어진다(322C). 만약 그 선물들이 차별적으로 분배된다면 '폴리스는 생겨날 수 없을 것이다.'(322D) 법법자는 '폴리스의 질병'(322D)이고 만약 사회적 탁월성을 모두 함께 나누지 못할 때 '폴리스는 결코 존재할 수 없다.'(323A, 참조는 324E1, 327A1, A4) 우리가 외적인 것으로 생각했던 목적은 이제 내적인 것으로 보이기 시작하고 마치 제우스의 기술들이 인간 존재의 본성을 변형시키고 나서는 다시 그 본성의 구성을 도와주는 것처럼 되어 버린다.

흄의 가르침을 다시 끌어와 보면 이렇다. 정의를 다루면서 자신의 '궁극 목적들'에 대해 솔직한 견해를 밝히려면 반드시, 여하한 쾌락, 성공, 부, 행복이든 폴리스polis를 떠나서야 바람직한 것으로 구체화되므로, 목적을 설명하면서 사회적, 정치적 덕에 관한 언급을 일체 배제해야 한다. 그러나 프로타고라스가 천명하는 목적은 테크네를 사용해 '인간을 좋은 시민으로 만드는' 것으로, 그들의 살림뿐 아니라 폴리스에서 벌어지는 여러 일들에 대해서도 올바른 숙고를 할 수 있도록 가르치면서 도달하는 것이다. 히포크라테스가 입신양명을 원한 것은 사실이지만 프로타고라스는 대신 그가 '더 좋은belitiōn' 사람이 될 것이라고 다짐을 준다. 그리고 이렇게 주장한다. '사람들을 어질고 훌륭하게 만드는 데 어느 누구보다 뛰어난 것이지' (이 시대에 만연한 것처럼) 공동체의 목적과 동떨어진 목적 실현을 돕는 데 뛰어난 것은 아니다. 그는 '인간의 탁월성andros aretēn'을 정의와 절제 그리고 경건함이 조화를 이룬 것이라고 규정하는데 이런 것들은 모두 폴리스적 탁월성이고 제우스의 선물이다.

이후 연설은 사회적 덕에 관한 비非흄적인 구상들로 채워져 있다. 도덕 교육은 우리 본성의 부분을 이룰 때 필요한 것에 응답하는 특징이 있다. 제우스는 본성상 정의로 기울게끔 하는 특성을 우리에게 선사했다. 그러나 이는 반드시 공동체의 훈련을 통해 계발되어야 한다. '모든 인간 삶은 적절한 리듬euruthmias과 조화를 위한 적응을 필요 요소로 삼아 이루어진다.'(326B5) 적응은 자연적이지는 않지만 필수적이다. 따라서 아이들을 교정敎正하는 일은 울퉁불퉁하고 구부러진 나무를 똑바로 다듬는 것에 빗댈 수 있다(325D). 도덕 훈련은 은연중에 건강하고 자연적인 성장을 증진시키는 것으로, 신경도 안 쓰고 방치해서 아이들의 온전한 자연 성장을 망치면 안 된다는 주장을 하고 있는 것이다. 핀다로스의 줄기가 그렇듯 아이들은, 그 자연적인 목적에 도달하기 위해서는 외적 도움을 필요로 한다. 도덕 훈련은 나무를 펴는 것과 같고 도덕적 탁월성은 그 똑바름, 건강하고 정상적인 나무라면 어떤 모습을 띠어야 하는가에 대한 우리의 생각과 완전하게 부합하는 그러한 탁월성이다. (흄의 견해에 따르면 사회적 탁월성은 해와 비에 가깝다. 필수적이지만 외적인 것이고 다른 수단으로 대체 가능하다는 점에서 그렇다.) 이와 유사한 예를 들면, 같은 형벌이라도 더 나이가 많은 범죄자에게 내려질 때 '더 교화beltiōn'되고 (교정 불가능함aniaton에 대비되어(325A)) 더 건강해질 수 있다. 더 건강함은 배움이 있은 후 '다시 부정의를 저지름'을 주저하게 될 때 드러난다. 건강이 우리 육체적 본성과 관련되는 것처럼 사회적 탁월성은 우리의 심리적 본성과 관련해서 (도구적이지 않다는 의미에서) 본질적으로 좋은 것이고, 우리의 모든 다른 추구 대상들에 깊이 관여하는 것이다. 즉 '모든 사람이 이것에 참여해야 하고, 누구든 다른 어떤 것을 배우거나 행하기를 원하면 이것을 가지고 해야 하는'(325A) 것이다.* 프로타고라스가 상정한 시민은 이런 본성적 특징이 결여된 사람에 대해서도 말을 하는데, 그를 멍청하거나 공적으로 위협이 되는 사람으로 묘사하는 것이 아니라 아예 자신과는 완전히 별개의 존재로 묘사한다. 그는 '인간들의 틈에 결코 끼어서는 안 되는 사람이다.'**

프로타고라스의 질문은 다음과 같다. 우리가 소유하거나 찾을 수 있는 테크네는 어떤 것인가? 그리고 어떤 테크네를 소유하거나 찾아내기에 인간은 숙고에 능하게 되고 자신의 삶을 제어할 수 있게 되는가? 이 질문에 답하면서 그는 생명체들 삶의 특징을 결정하는 기술과 역량의 근본 역할과 관련된 이야기를 들려준다. 그리고 그 이야기는 우리에게, 사회적 탁월성과 그것을 제대로 발달시키는 역량이 우리 인간 본성과 삶의 방식에 깊숙이 자리 잡고 있음을 구체적으로 보여준다. 그러나 이 모든 과정에서 과학의 위치는 어디인가? 프로타고라스가 가르칠 수 있다고 주장하는 전문성이란 어떤 것인가? 그는 성인이라면 모두 교사라는 자신의 주장과 자신 스스로가 전문가라는 주장, 이 두 상반된 주장을 화해시켜야 한다는 1차적인 문제가 존재한다는 것을 알고 있다. 그럼에도 그는 언어 습득의 비유를 적절히 끌어들이면서 이 문제를 모순 관계로 굳이 볼 필요가 없다고 주장한다(328A-B). 설령 모든 성인이 나름대로 훌륭한 원어민이고 자신의 자녀들에게 언어를 가르칠 수 있다 해도, 말하는 이로 하여금 이를테면 언어 구사의 구조와 언어의 각기 다른 요소들 사이의 상호 관계에 대해 더 분명하고 반성적으로 깨닫게 함으로써 '좀 더 나아가게' 만들 수 있는 전문가는 여전히 존재할 여지가 있

---

* 여기서 '해야 하는' 것들은 사실 폴리스의 생존에 관한 견해와 부분적으로 연관되는 것이다. 그러나 이 견해와 흄의 논점을 동일시하기는 어렵다. 생존은 흄에게 외적 목적이 아니다. 여기에서조차 '폴리스'는 그 생존을 희망하게 되는 그런 존재이다.

** 동일한 방식으로 프로타고라스는 비정치적인 야만인들 사이에 뚝 떨어진 여행자에 대해서도 말하는데, 그가 느끼는 것은 (만나가는 동료 인간들 사이에서 느낄 수 있는) '두려움'이 아니라 '외로움'과 '향수병'으로 이는 그와 같은 종의 존재를 주변에서 보지 못하는 사람이 느낄 만한 것이다. 이때 그 사람들이 정의에 대한 (내적인) '감각'이 부족해서인지 아니면 그저 그것이 효과적인 발달이 부족해서인지 둘 다 분명하지 않다. 설혹 후자라 해도 그들은 너무나 심각하게 '옹이가 박히고', '뒤틀려서' 알아볼 수 없게 되어 버린 것일 수도 있다.

다. 마찬가지로 전문적인 윤리 교사는 이미 잘 훈련된 젊은이가 스스로 품은 윤리적 신조들의 본질과 각 신조 사이의 상관관계에 대해 더 잘 알게끔 할 수 있다. 그의 연설을 이런 종류의 교육에 대한 공헌으로 본다면 크게 틀리지 않을 것이다. 프로타고라스의 온건한 주장은 아리스토텔레스의 입장에서의 주장과 다른 면이 있지만, 아리스토텔레스 역시 이런 종류의 가르침이 실천의 향상을 불러올 수 있다고 말한다. 그러나 우리는 여기서 '어떻게'라는 질문을 던져야 한다. 역사 묘사를 동반한 프로타고라스의 이 가르침이 이 대화편에서 관심의 초점으로 이미 대두된 문제들을 잘 풀어낼 수 있게 하려면 어떤 과정을 거쳐야 하는가?

이 연설의 입장에서 보면, 이 연설로 말미암아 개별자와 유類들을 확인하는 작업의 몇몇 중요한 면을 성찰하게 된다는 주장을 할 수 있다. 또 이 연설 속에서 프로타고라스는, 우리가 우리 자신을 개념적으로 이해할 때 사회적, 정치적인 요소가 어떤 위치를 점하는지를 이런 과정을 통해 더 깊이 이해할 수 있다고 주장한다. 아울러 폴리스 내부의 갈등에서 비롯된 고통 그리고 감정에 취약한 데서 비롯된 무질서에서 우리를 이미 구제해주고 있는 기술들과 질서 잡힌 관행을 이 연설에서는 분명하게 드러낸다. 프로타고라스는 여기서, 새로운 지평을 자각하기 위한 현재의 실천, 그리고 인간 본성과 그 속에 자리 잡은 사회적 탁월성에 대한 개괄적 견해를 제시하면서, 테크네는 가르칠 수 있는 것이라고 정당하게 주장한다. 이때 테크네는 이런저런 연관관계를 보여주고 설명을 제시하면서, 얼마간의 보편성과 상호 소통성을 지닌 주제를 체계적으로 이해하는 것을 말한다. 그리고 이와 같은 테크네 즉 일상적인 실천에 자리한 숨은 테크네를 뚜렷하게 드러내면서 보편적 형식화를 꾀하면, 우리가 실천적 딜레마에서 기술 쪽으로 방향을 트는 국면에 맞닥뜨렸을 때 어느 정도 도움을 얻는다.

인간이 스스로 자신을 이해하는 방식을 더 명료하게 분석하면, 가치 관련 선택지들이 서로 다투고 혼란을 일으킬 때 올바른 선택의 기준을 얻을 수 있다. 상대적, 주관적 방식과는 거리가 먼 이 연설에서, 인간의 본성과 인간이 필요로 하는 것에 대한 일반 이론 그리고 서로 상충하는 사회를 잘 이해하고 있는지를 평가할 때 참고할 수 있는, 보편적으로 정립된 관점이 드러난다.* 한편 프로타고라스의 연설을 듣는 청자 중 많은 이들이 공유하고 있으리라고 예상되는 인간 이해와, 더 쉽게 논쟁의 대상이 될 수 있는 구체적인 사회적 실천들이 어떤 방식으로 관계 맺는지가 드러나기도 한다. '만약' 청자들이 인간성을 보는 관점에 동의한다면 프로타고라스의 논증에 끌려가게 될 터인데, 예를 들면 이 형벌 제도가 아니라 저 형벌 제도가 더 적합하다고 그가 논증하면 그것을 따르는 식이 될 것이다. 그러나 만약 실천상의 의견 충돌이 극도로 심해 사실상 희랍 세계가 위기에 처했을 때처럼 되어 버린다면, 인간성에 대한 이해와 관련해서도 그 충돌이 일어날 가능성은 높아진다. 다시 말해서 진보가 한계에 부딪히게 되는 것이다. 여기서 우리가 처한 다음과 같은 구체적인 튀케 문제로 눈을 돌리면, 우리는 이 한계를 더 분명하게 보게 된다.

(1) 우리는 프로타고라스를 통해 연약한 활동과 대상을 지속적으로 인식하고 가치 평가할 수 있는데, 친구, 가족, 폴리스 자체 등이 이런 것들이다. 사실 그는 이런 유대 관계의 중요성을 강하게 주장하고 있기도 하다. (동시에 그가 다양한 유대 관계를 공통적으로 묶는 무언가를 발견하지는 못했고 오히려 그 사실이 그 관계들이 연약하다는 점을 밝히는 데 적지 않은 공헌을 했음도 드러날 것이다.) (2) 무엇보다도, 서로 구별되는 가치들이 복수의 형태로 존재한다는 점을 인식하면서 가치 충돌의 가능성을 연다. 프로타고라스의 제자들은 인간의 주요 목적이 얼마나 다양한 근거를 갖는지 그리고 그 다양한 근거들이 일반적으로 어떻게 상호 보완하는지 더 명료하게 알게 될 것이다.

---

* 프로타고라스의 연설을 상대주의나 주관주의로 취급하는 해석은 다음과 같은 세 가지 경우에 의해 가능하다. (1) 이 대화편과 『테아이테토스』에서의 '프로타고라스식' 교설을 근거 없이 동일시하는 경우, (2) 프로타고라스의 법률에 대한 옹호를 법의 구체적인 체계에 대한 옹호로 잘못 이해한 경우(오히려 이 연설은 법체계를 비판하면서 그런 법체계로는 법의 일반적 기능을 수행하지 못한다는 것을 근거로 제시한다.), (3) 테크네에 대한 논쟁을 위해 궁극적 목적 개념을 제시하면서 그때 테크네는 너무나 상대적인 것일 수밖에 없다고 가정하는 경우가 그렇다.

나아가 프로타고라스의 견해에 입각한 입법자라면 폴리스의 가치 체계를 구성하는 주된 요소들 사이의 갈등을 최소화할 수 있을 텐데, 그 방식은 예를 들어 시민적 그리고 종교적 제도들을 제정할 때 가정 예배에서 이루어질 만한 불문율과 시민 정부의 칙령 사이의 충돌을 막을 수 있는 방식으로 한다든지 하는 것이 될 것이다. 그러나 프로타고라스는 소크라테스의 주장에 반하여 가치들의 통일을 부정하기 때문에, 즉 가치들은 그 특질들이 환원될 수 없게 이질적이라고 주장하기 때문에 비극이 설 자리를 계속 남겨두게 된다. (3) 마지막으로 그는 연설에서, 정념이 공적 도덕이 실행될 때의 위험 요소로서 얼마나 위력이 있는지 알고 있음을 보여주고 형벌의 필요성을 갈파한다. 그는 나중에, 만약 정념이 그릇된 행위를 선택하지 않을 만한 사람에게 그런 선택을 하도록 만들어 버린다면 그것은 부끄러운 일이 될 것이라고 주장한다(352C-D).* 그가 옹호하는 공공 교육과 가족 교육의 틀은 정념에의 훈육과 덕스러운 경향의 주입을 향한 머나먼 여행이라 할 수 있다. 그러나 그 틀로 그들이 어떤 해도 입지 않게끔 자신을 보호하지는 못한다. 프로타고라스 역시 그 틀이 그렇게 할 수 있을 것이라고는 생각하지 않았다.

이제 우리는 프로타고라스의 테크네 이해가 테이레시아스의 조언을 따른 것이라고 말할 수 있다. 그 이해는 명료성과 자기 이해 측면에서 크게 진보하지 못했고 그런 점에서 원초적인 문제를 다소 남겨두었지만 그럼에도 당대의 믿음 그리고 실천과 밀접함을 유지하고 있다. 그의 주장이 튀케를 더 잘 통제하려고 테크네를 가르친다는 것일 수도 있다. 그러나 그 목적들이 내적인 복수複數 형태라는 점, 그리고 양적 측정을 고려하지 않았다는 점 때문에 그의 기술이 정확성의 면에서 부족하고 따라서 분명한 진보의 가능성 면에서도 부족하다고 말할 수도 있다.

---

* 여기까지는 프로타고라스가 '다중多衆'을 공격하는 소크라테스에 소극적인 동의를 표한다. 그러나 교육에 관한 그의 초기 견해에서는 정념의 올바른 교정이 중요한 위치를 점한다(356A-B). 그리고 비록 대략적이기는 하지만 남은 오류에 대해 그는 설명하면서 이런 요소들에의 불완전한 훈련에 원인을 돌리는 것 같다. 왜냐하면 교정이라는 일종의 벌이 내려지는 것은 이런 곳이지 지성의 영역이 아니기 때문이다.

이런 보수주의를 옹호할 이유 중 하나는 만족감이다. 프로타고라스의 전성기는 아테네 정치 문화가 최절정에 달했을 때였다. 여전히 그는 우리에게, 이토록 번영했던 그리고 비교적 행복했던 과거의 한 부분처럼 느껴진다. 그는 현재 누군가의 아버지가 되기에는 너무 늙었다는 사실을 스스로 강조한다. 그는 자신보다 젊은 사상가들 이를테면 에우리피데스라든가 투키디데스, 아리스토파네스의 저작에서 특징적으로 드러나는 도덕적 문제에 관한 다급한 심정 따위에 사로잡혀 있지 않다. 젊은 사상가들의 구도는 기근에 대한 암시 그리고 질병에 대한 은유로 짜여 있는데, 그 구도 아래에서 이런 낙천적 보수주의는 무정부주의적이며 이제 곧 당면할 문제의 심각성에는 어울리지 않는 것처럼 보인다. 우리가 이런 얘기를 들으면, 마치 베트남 전쟁 초기에 행해진 위대한 사회the Great Society*를 선양하는 연설을 듣는 것 같은데 왜냐하면 둘 다 뒤늦은 깨달음을 동반하고 있다는 점, 그리고 당시에 실천적 지혜를 발휘하지 못했다는 사실이 연설자가 선양하고 있는 도덕적 합의를 허물 수 있음을 깨닫는다는 점에서 그렇다. 우리는 젊은 히포크라테스가 심지어 뒤늦은 깨달음조차 없이 그가 자신의 멘토로 섬기기를 염원했던 프로타고라스보다 여러 가지로 덜 만족스러웠을 것이라는 것을, 그리고 그는 더 강력한 치료제를 희구했으리라는 것을 예상할 수 있다. 그리고 그는 설령 만족스러워하더라도 독자들은 그럴 수 없다. 이 대화편에서 펼쳐지는 소크라테스와 이들 소피스트 사이의 인터뷰는, 살아 있는 영웅이 저승에 있는 죽은 영웅들의 어두운 그늘을 방문한 것에 견준다 해도 놀랍지 않은 것이다. 이들은 이미 죽은 세대로, 당대의 도덕적 위기를 이해하지 못하고 있다. 소크라테스는 교묘하면서도 약삭빠른 오디세우스, 삶을 구제하는 지략을 창안한 오디세우스와 자신을 비교한다. 그리고 이런 비교 속에서 상대편은 지략 없는 이가 되어 버린다.

---

* [역주] 린든 존슨 대통령이 1964-5년에 걸쳐 시행한 정책으로 교육과 의료 체계, 도시 문제와 농촌 빈곤, 교통 문제 등을 총망라했다. 존슨이 내세운 정책의 주된 목적은 빈곤과 인종 차별의 종식으로 그 성격이 프랭클린 루즈벨트의 뉴딜 정책과 유사한 면이 있었다.

그럼에도 프로타고라스 이야기는 우리에게, 왜 그가 보수주의를 견지하는지를 더 진지하게 보여준다. 한 종種의 정체성과 살아가는 방식이, 그들 각각이 지닌 기술과 역량을 통해 형성되는 과정을 통째로 보여준다. 심각한 결핍의 시대, 우리 생존 자체가 경각에 달렸다는 느낌을 받을 때, 우리는 새로운 기술로 눈을 돌릴 수 있다. 때때로 이런 기술은 단지 우리가 이미 설정한 목적을 달성하기 위한 도구적 수단을 효과적으로 제공하면서 우리가 필요로 하는 것을 충족해주는 것에 지나지 않는다. 그러나 때로는 제우스의 선물이 그렇듯 기술은 삶의 방식을 너무나 근본적으로 변화시켜서, 우리로 하여금 기술 자체가 새로운 유형의 생명체를 창조한 것처럼 느끼도록 하기도 한다. 여기서 새로운 기술을 통해 당대의 윤리적 질병을 고칠 수 있다는 데까지 우리의 생각이 미치면, 우리는 최대한의 주의를 기울여서 이 새로운 기술 그리고 그 기술에 동반하는 목표aims와 목적ends과 더불어 어떻게 살아갈지를 반드시 구상해야만 한다. 물론 너무 급진적인 해결책은 바람직하지 않을 수도 있다. 만약 그 대가가 인간됨을 포기하는 것이라면, 그런 것을 '우리' 삶을 구제하는 것으로 볼 수는 없다.

IV

한 테크네를 통해 인간은 타 존재와는 다른 방식으로 사물을 받아들이는 종적種的 특성을 가지게 되고, 자신이 관심을 두는 물건들을 소유의 관점에서 서로 비교할 수 있게 된다. 그것은 정확성과 질서의 테크네이다. 이에 힘입어 인간은 이 테크네를 가지지 못했을 때보다 훨씬 더 정확하게 사물들을 조작할 수 있게 되었다. 테크네는 인간이 만들어 낸 것으로, 이로움을 추구하는 일상적 활동이 자연스럽게 확장되어 나타난 것이다. 따라서 이 테크네 말고 인간 본성으로 삼을 만한 어떤 것도 없는 것 같다. 한편, 알고 보면 이 테크네는 끝없는 진보와 개량을 이룰 수 있는 것이기도 하다. 이 기술은 무게를 달고, 수를 세며, 길이를 재는 기술 혹은 과학이다.

일찍이 소크라테스는 『에우튀프론』에서 테크네의 매력 요소들을 실천적 숙고의 모델로 삼은 바 있다.

> **소크라테스:** 최고이신 분, 적대심과 분노를 야기하는 것은 무엇에 대한 의견 차이입니까? 이렇게 살펴봅시다. 당신과 내가 두 수 중 어느 쪽이 더 많은지에 대해 의견 차이가 있다면 이러한 의견 차이가 우리를 적대적으로 만들고 서로에 대해 화를 내도록 만듭니까? 아니면 그런 것들에 관해서는 계산에 의존해서 금방 의견 차이를 해소합니까?
>
> **에우튀프론:** 물론 금방 해소해버릴 겁니다.
>
> **소크라테스:** 더 큰 것과 더 작은 것에 대해 의견 차이가 있는 경우에도 측정에 의존해서 금방 의견 차이를 없애겠지요?
>
> **에우튀프론:** 그렇습니다.
>
> **소크라테스:** 또한 무게를 다는 것에 의존해서, 내 생각에는, 더 무거운 것과 더 가벼운 것에 관해 합의를 보겠지요?
>
> **에우튀프론:** 왜 안 그러겠습니까?
>
> **소크라테스:** 그러면 무엇에 대한 의견 차이가 있고 어떤 판정 수단에 의존할 수 없을 경우, 우리가 서로 적대적이 되고 서로에게 화를 냅니까? 아마도 당장 대답하긴 어려운 모양인데, 내가 이야기할 테니 살펴보세요. 그건 정의로운 것과 부정의한 것, 아름다운 것과 추한 것, 좋은 것과 나쁜 것이 아닙니까? 이것들이 바로, 그에 대한 의견 차이가 있고 의존할 만한 충분한 판정 수단이 없을 경우 우리를 적대적으로 만드는 것들 아닙니까? 당신이든 나든 다른 어떤 사람이든, 우리가 대적이 될 때는 말이지요.*(7B-D)

분명 숙고적 측량 과학science of deliberative measurement은 인간의 사회적 삶에 엄청난 이로움을 안겨준다. 한편 이 관념은 테크네 그리고 인간 지

---

* [역주] 강성훈 역 『에우튀프론』(이제이북스) pp.70-71을 번역에 참조했다.

성과 관련된 희랍의 사유 전통이 도달하려 노력했던 것으로 플라톤의 시대에까지 이어진 것이다. 숫자 세기와 앎 사이의 연결고리, 즉 세거나 재는 능력과, 파악하거나 포괄적으로 이해하는 혹은 제어하는 능력의 연결고리는 인간의 인지 능력을 다루는 희랍 사유에 깊이 자리 잡은 관념이다. 호메로스도 일찍이 앎과 계산 능력을 연결시킨 바 있다. 무사 여신들muses은 그에게 숫자와 나눗셈의 목록을 전해주면서 전쟁과 군대에 관련된 앎도 선사한다. '얼마나 많이'라는 질문에 대해 대답할 수 있다는 것은 누군가의 관심 대상을 잘 파악하고 있다는 뜻이다. 우리는 호메로스가 이야기의 주인공인 영웅들 곁의 계산할 줄 아는 사람andrōn arithmos과, 삶이 결코 분명한 방식으로 파악되고 정립될 수 없는 무한정적인 군중dēmos apeirōn을 대조하고 있음을 본다. 계산할 수 있음은 분명함이고 파악 가능함이며 그래서 또한 잠재적으로 발화發話 가능함이고 제어 가능함이다. 셈이 불가능한 것은 모호하고 경계가 없으며 인간의 파악 능력을 침식하는 것에 불과하다.

위와 같은 연결고리는 오래된 것이고 널리 퍼졌던 것이다. 최근에도 수학과 천문학 같은 테크네들이 매우 발달하면서 이 연결고리는 엄청난 추동력을 얻었는데, 일반적으로 이런 기술들이 과학의 범형範型이 되는 것이다. 기원전 5세기 작품『결박된 프로메테우스』에서는 산수를 '모든 지략 중 최고'로 일컫고, 숫자가 테크네 중 가장 훌륭한 것 중 하나, 혹은 유일하게 가장 훌륭한 것 즉 최고로 탁월한 테크네라는 일반적 견해가 나타난다. (알려지기로 플라톤 자신이 진지하게 가르침을 받았다는) 기원전 5세기 피타고라스는, 인식론상 셀 수 있거나 숫자로 표현 가능한 것만이 파악 가능하다고 명시적으로 주장한다. 기원전 5세기에서 4세기 초에 이르는 시기에 측량과 양적 통약 가능성과 연관된 어휘의 사용법을 살펴보면, 인지적이면서도 윤리적인 요소와 깊은 연관을 맺고 있음이 드러난다. 측량할 수 있고 통약할 수 있는 것은 파악 가능하고 알 수 있으며 질서 잡혀 있는 좋은 것이다. 측량할 수 없는 것은 경계가 없고 흐릿하며 혼돈이고 위협적인 나쁜 것이다. 피타고라스의 제자인 메타폰티온 출신의 히파소스가 수학적 통약 불가능성의 비밀을 풀어내어 신에게 벌을 받았다는 이야기에서, 당시 희랍의 지성인들이 그의

작업을 가장 명석한 과학의 심장[수학]이 있는 곳에서 명확한 획정arithmos
을 제거해버린 것으로 파악하면서 느꼈던 두려움이 드러난다.(지금 우리가
쓰고 있는 수학 용어, '유리수rational', '무리수irrational'는 이런 것들이 보이는
방식이 더 잘 드러나는 번역어다.[*])

　이런 상황하에서 누군가가 한 분야에서 합리적 테크네를 개발했다고 자
처한다면 그에게 숫자와 측정 가능성에 대한 질문이 주어졌을 때 스스로 그
에 대한 대답을 해야 할 의무를 느끼는 것이 이상한 일은 아니다. 플라톤 역
시 이런 상황을 고려하는데, 산수와 측량을 완벽하게 명명백백한 기술이라
고 특징지은 소크라테스의 말에 숫자에 별 관심이 없던 에우튀프론이 반응
할 때 그렇다.[**] 앞서 살펴본 바와 같이 『옛 의학에 관하여』의 저자도 자신의
기술이 양적 측량을 수반하지 않으면 정확성이 결여되어 결국에는 오류에
빠질 수밖에 없으리라는 점을 알고 있었다. 물론 그는 여전히 테크네의 역할
을 강조할 수도 있었다. 그러나 몇 년이 지난 후 그는 어떤 테크네든 제대로
되려면 산수와 측량을 다루지 않을 수 없다는 주장을 하게 된다. 테크네 일
반과 에피스테메epistēmē의 공통점은 그것이 테크네인 한에 있어서는 '하나
와 둘 그리고 셋을 구별하는 그런 것일세. 요컨대 내가 말하려는 건 숫자와
계산일세, 이것들의 경우에, 모든 테크네와 에피스테메가 이것들에 관여하
지 않을 수 없기 마련인 게 아닐까?' 이 구절의 저자는 당연하지만 플라톤으
로, 이는 『국가』 7권의 일부다.[***] 위 구절에서 소크라테스는 숫자를 도입해서

---

[*] [역주] 유리수rational는 비율을 나타내는 라틴어 ratio를 어원으로 하고 나누어질 수 있
　다는 점에서 통약 가능성과 통한다. 그리고 동시에 '합리적'이라는 의미를 함축한다. 그런
　점에서 수학과 인지, 윤리 등에 적용되는 합리성 일반과 통약 가능성이 통하게 된다. 반면
　무리수irrational는 나누어질 수 없으므로 즉 통약 불가능함으로 '비합리적'이라는 의미를
　갖게 된다.

[**] 이때의 감정 상태는 고르기아스가 팔라메데스를 옹호하면서 표현한 것과 매우 유사하다
　(고르기아스, 『팔라메데스를 위한 변론』, 30). '몽매하고 무질서한 상태의 인간 삶을 슬기
　롭고 질서 있게 만든 이는 누구인가? ……길이와 무게를 재는 일, 우리 주변의 것을 슬기
　롭게 판단하는 것을 ……발견하면서.'

[***] 522B 이하. 여기서 테크네와 에피스테메는 구별 없이 쓰인다.

전투 지휘 기술을 향상시킨 사람의 대표 격으로 팔라메데스를 꼽은 아이스 퀼로스의 이야기는 말도 안 되는 것이라고 말한다. 만약 산수가 없다면 어느 누구도 아예 전투를 지휘할 수 없다. 『에피노미스*Epinomis*』에서도(977D 이하), 테크네-튀케 대립과 관련된 비슷한 입장을 표명한다. 산수와 측량이 실제적으로 존재할 때 정확한 제어가 가능하다. 수를 세지 못하면 정확하게 파악하기 어려워져 할 수 있는 건 어림짐작밖에 없게 되는데, 이는 다름 아닌 튀케의 속성이다.*

위 플라톤의 논증은 기술과 인간 진보를 다룬 오랜 사유 전통이 자연스럽게 발전된 것이다. 이 전통은 호메로스에서도 대략적 얼개가 드러나는데, 『결박된 프로메테우스』에서 이 전통이 발전된 내용을 확인할 수 있다. 또 이 전통은 히포크라테스 계열 저자에게서 반복적으로 출현한다. 한편 플라톤과 피타고라스학파의 연관성에 초점을 맞추면 플라톤이 왜 이런 입장을 전적으로 승인하는지 더 잘 드러난다. 어쩌면 튀케 문제의 위급성을 그가 심각하게 생각했기 때문에 그토록 피타고라스적 논증에 매료되었던 것일 수도 있다.

숙고 자체가 한 종류의 측량, 혹은 측량을 향해 가는 과정이라는 생각은 통상적인 이해로도 그리 낯선 것은 아니다. 현대인이 그런 것처럼 희랍인들도 흔히 이런 측면보다는 저런 측면에 더 무게를 둔다거나, 가능성을 가늠해

---

* 987C 이하. 설령 이 작품이 (나는 아니라고 생각하지만) 위작僞作이더라도 플라톤의 입장이 분명히 드러나는 작품이라고 본다. 여기서 다시 말하지만, 이 작품의 저자는 '테크네'와 '에피스테메' 개념을 서로 구별 없이 치환해서 쓰고 있고 따라서 '~ikē'에서 이 형용사가 어떤 명사를 수식하는지를 알 수 없다. 『법률』819-20도 참조할 필요가 있는데, 여기서는 통분 가능한 것과 불가능한 것을 알지 못하는 것을 일러, '인간의 조건이라기보다는 개돼지 같은 존재에 더 적합한 것'이라고 말하는데, 이는 이방인이 자신을 '비단 스스로에게만이 아니라 모든 희랍인의 입장에서도 부끄럽다'(819D)고 천명한 것과 관련된다. 그럼에도, 이방인에 따르면 가장 심각한 문제는 사람들이 통분할 수 없는 '사례'에도 그럴 수 있다고 믿는 경우로 이 점을 놓쳐서는 안 된다. 그가 스스로 부끄러움을 알고 있다는 사실과 함께, 이 경우 역시 우리가 7장에서 논의할 플라톤의 사상 전환과 연결되는 것으로 단일한 측정 과학에 대한 후기의 비판을 담고 있는 것이다. Nussbaum, 'Plato on commensurability and desire', *PASS* 58(1984), 55-80과 *Love's Knowledge*, 106-24 참조.

본다거나 하는 말을 하곤 했다. 심지어 호메로스 작품 속 신들도 결정을 내리려 할 때 단일한 특정 기준을 가지고 여러 선택지를 저울질한다. 크레온은 통약 가능성에 대해 말한다(387-n. 54 참조). 아리스토파네스는 그의 작품 『개구리』에서 위와 같은 숙고에 대한 일반적인 그림의 모조품을 내세우면서 시 경연을 마무리한다. 삶을 긍정하고 재건하려는 두 명의 위대한 비극 작가 중 한 명을 선택하려 할 때, 디오뉘소스는 자연스럽게 그들의 대결(혹은 그 대결에서 언급되는 사물들)을 저울에 올려놓고 단일한 가늠자를 통해 극도로 이질적인 양자의 주제와 문체를 저울질하는 것으로 자신의 반응을 대신한다. 아이스퀼로스는 경주용 전차, 시체, 죽음 등을 언급한다. 그리고 에우리피데스는 등선燈船과 연설 그리고 설득을 말한다. 그리고 결국 저울추는 아이스퀼로스로 기울어 그가 승자가 되게 한다. 물론 이는 말도 안 되는 것으로 합리성이라는 관념에 심하게 목을 매면 자연스레 이런 지경에까지 이르게 됨을 보여주는 사례이다. 그런데 보통 사람을 연기하는 희극 주인공은 이런 길을 택한다. 그리고 숙고가 더 잘되고 더 확실해지고 더 과학적이 되면 자연히 이런 방향으로 변화할 것이라고 생각한다. (아리스토파네스는 이런 구상이 지닌 강력한 힘뿐 아니라 그 구상이 지닌 위험성도 함께 보여준다.)

물론 이런 과학이 여러 장점을 제공하기도 한다. 우선 파악이 어려운 질적 차이를 양적 차이로 환원시키면서 서로 다른 종류의 사물을 통약 가능하게 만든다. 과학은 저울과 측량의 단위에 대한 일치를 전제하는데, 이것이 갖춰지면 여타의 많은 사물들도 앞뒤가 꼭 맞게 자리 잡는다. 이와 함께 통약 가능성은 단일하고 외재적인 목적 관념도 동반하게 되는데 이런 관념을 바탕으로 우리는 선택의 절차가 명료하고 단순하게 될 수 있다는 기대를 갖게 된다. 매 상황마다 스스로 단일한 가치의 양을 가늠하고 그것을 극대화할 수 있도록 준비하면서, 올바른 활동을 판단할 때의 불확실성을 제거할 수 있기 때문이다. 그러면 무엇을 할 것인가라는 물음은 곧 가치의 극대화를 위해 무엇이 가장 효과적인 수단인가라는 물음이 되고, 좋음 그 자체를 위해 어떤 행위를 해야 하는가를 묻는 훨씬 더 복잡한 문제와는 전혀 상관없는 것이 되어버린다. 또 그 측정이 정밀할수록 누구나 사용 가능한 명료하고 공적인 절차를 통해 도구적 대안에 대한 더 명확한 판정을 할 수 있게 된다.

측정이 심각한 가치 충돌을 해소할 수 있다는 사실은 바로 알 수 있다. 왜냐하면 사람들은 주변 환경의 압박을 받으며 서로 분리된 나름의 이유를 가진 다른 가치를 놓칠 필요 없이 비슷하지만 훨씬 더 적은 양의 가치만을 포기하면 될 것이기 때문이다. 이렇게 되면 문제는 훨씬 덜 심각해진다. 사실 통약 가능성은 다른 종류의 문제들을 제거하는 데도 도움이 될 수 있다. 우리가 정말 모든 목적들을 그저 양적 차이만 있는 하나로 간주한다면 그 목적들을 다르게 '느끼게' 될 가능성이 많기 때문이다. 이를 통해 연약성에 대한 우리의 애착, 그리고 정념에 휩싸여 행해진 무질서한 행위를 하려는 마음을 바로잡을 수 있다. 우리는 곧 그 교정 가능성에 대해 살펴볼 것이다.

우리는 이제 소크라테스의 기획에 대해 따져보아야 할 텐데, 일단 그가 자신의 주장을 논증했다고 말하는 결론 부분에서 시작할 수 있다.

> '아니, 이 힘은 우리를 헤매게 하고 동일한 것에 대해서 종종 마음이 왔다 갔다 하게 만들고 큰 것들과 작은 것들의 선택과 행동에서 후회를 하게 만드는 것이었죠? 반면에 측정의 기술은 그 보이는 것을 무력하게 만들고, 참된 것을 밝혀 줌으로써 영혼이 참된 것에 머물러 안식을 갖게 해주고, 삶을 구원했을 텐데 말이에요? 이런 것들과 관련해서 우리를 측정의 기술이 구원했을 거라고 사람들이 동의할까요, 아니면 다른 기술이 그랬을 거라고 할까요?'
>
> '측정의 기술입니다.' 그분이 동의하셨지.* (356D-E)

소크라테스는 자신의 논증으로 우리가 측정을 바탕으로 한 과학적 윤리학이 너무나 절박하게 필요한 것임을 깨달을 수 있다고 주장한다. 이런 윤리학이 부족할 때 생기는 손해와, 갖출 때 발생하는 엄청난 이익에 대해 잘 알

---

* 바로 다음 구절에서 이 논점은 명시적으로, 윤리적 가치의 통화通貨 격으로서의 쾌락에 의한 측정의 문제에 적용된다.

게 되면, 우리 모두는 이런 윤리학 획득에 필요한 일을 하는 것이 급선무라는 데 동의하게 되리라는 것이 소크라테스의 생각이다. 프로타고라스는 종전에 가치의 다원성을 옹호했으나 이제는 소크라테스의 말에 수긍하면서 이 논점에 동의한다. 사실상 우리의 가치를 단일한 척도로 통약할 수 있는가의 여부를 둘러싼 논쟁은 이제 '반드시' 통약 가능해야만 한다는 결론으로 귀착되는 논증으로 뒤바뀐 셈이다. 위 구절을 강조하면 우리는 우연에 좌지우지되어 살아갈 수 없고 우리가 간절히 바라는 바는 평화와 안정이라는 주장에 은연중에 동의하는 셈이 된다. 측정만이 우리를 우연에서 평화와 안정으로 이끌 수 있다면, 측정이 개입하는 다른 모든 곳에서 테크네에 '우리 시선을 돌려야 할' 이유는 충분하다. 측정은 실천적 요구에 대한 응답이자 과학 이전 단계에 함께 꿈꾸었던 합리적 이상을 실현하는 것으로 묘사된다.

일단 외견상 이처럼 과학에 대해 동의하려면 쾌락이 목적이라는 데 먼저 동의를 해야 할 것 같다. 그러나 이처럼 단일한 목적을 상정하는 것은 근거를 갖추지 못한 성급한 주장으로 악명이 높다. 지금 내 주장은 오로지, 소크라테스의 최종 결론만이 이 책략 뒤에 깊이 숨어 있는 동기를 드러내 보여주고 있다는 것이다. 『프로타고라스』는 오랜 기간 동안 플라톤의 초기와 중기 작품 중에서도 독특한 것으로 취급되었는데, 소크라테스가 쾌락이 유일한 본질적 목적 혹은 좋음이라는 테제를 명시적으로 승인하는 것처럼 보이기 때문이었다. 다른 작품에서는 소크라테스가 쾌락을 단일 목적으로 내세우는 사례를 찾아볼 수 없다. 그뿐 아니라 거의 동시대 작품인 『고르기아스』에서는 쾌락주의 테제를 열렬히 부정하는 대목이 등장하기도 한다.* 어쨌거나 여태껏 쾌락주의가 별 볼 일 없는 것이라고 논증하려는 어떤 시도 역시

* 어윈은 『프로타고라스』는 초기 대화편 전체에서 정점을 찍은 작품이고 『고르기아스』는 중기로 넘어가는 전환기의 작품이라는 견해를 복잡하게 제시한다. 물론 나는 그가 기술 비유를 사용하는 방식과 다른 대화편에 대한 해석에 이의를 품고 있지만, 한편 이 대화편이 숙고와 지식에 대한 지배적인 관심의 논리적 결과물이라는 것을 보여준다는 점에서 그의 견해에 동의한다. 블라스토스는 너무나 극단적이게도, '쾌락주의는 소크라테스 윤리학의 일반적인 분위기나 방법과 전혀 걸맞지 않다'고까지 주장한다.(*Plato's Protagoras*, xl-xli)

제대로 성공한 적은 없다. (소크라테스의 논증에 반드시 수반되어야 하는) 쾌락주의적 전제를 채택하는 문제와 이 전략을 둘러싼 모호함을 이해하려면 올바른 '종류'의 실천적 테크네, 프로타고라스가 말하는 기술 가지고는 도달할 수 없는 테크네 발견을 목적으로 하는 소크라테스의 관점을 최우선적으로 고려해야 한다고 나는 주장하려 한다. 우리의 삶이 구제되려면, 숙고가 무게 달기와 측량하기로 환원되도록 하는 무엇인가에 의지해야 한다. 바꿔 말하면 우리는 측정 단위, 즉 우리 모두의 동의하에 모든 선택지를 통약해서 볼 수 있는 어떤 외적 목적을 필요로 하는 것이다. 쾌락은 이 역할을 담당할 강력한 후보자로 이 논쟁에 등장한다. 소크라테스는 쾌락 자체를 본질적으로 타당해서 채택하는 것이 아니다. 오히려 쾌락과 관계되는 과학 때문에 채택하는 것이다.

쾌락주의의 역할을 바라보는 이 대화편의 관점과 후일 기원전 4세기 사유의 관점을 대조해 보면 이런 점이 더욱 명료하게 보인다. 에우독소스와 에피쿠로스는 모두, 쾌락은 목적 혹은 좋음으로서 본질적 매력이 있다고 주장하면서 동물과 아이들의 본성적 쾌락 추구 행위를 지목한다. 하지만 『프로타고라스』의 관점은 이런 생각과는 거리가 있다. 기원전 5세기부터 4세기 초까지의 어떤 문헌의 관점도 『프로타고라스』와 마찬가지다. 여기서 두드러진 것은 우리가 이미 『안티고네』에서 본 바와 같이, 가치를 통약할 수 있는 표준 혹은 가늠자를 찾으려는 노력이고, 이를 통한 정확하고 과학적인 제어 가능성의 타진이다. 측정을 필요로 하면 괜찮은 측정 방법을 찾기 마련이다.* 측정 과학을 작동시키기 위해 우리에게 필요한 것은 (그저 양적 차이만 존재하는) 단일한 목적이다. 이 목적은 테크네가 작동하기 전에 특정되어야 하고(외적 목적), 가치를 품은 모든 것에서 그 가치의 원천이라 할 만한 존재로 드러나야 한다. 아리스토파네스가 간파했듯이, 무게는 단일성과 외재성, 편재성을 지닌다. 그러나 이것만으로 그 매력을 바로 윤리적 영역에까지 적용하기는 부족하다. 쾌락은 이와 비교할 수 없을 만큼 더 매력적인 대안이다. 쾌락은 우리가 가치를 매기는 몇 안 되는 것 중 하나로 거의 모든 곳에서 자신을 드러낸다. 나아가 다른 가치들이 모두 하나로 환원될 수 있다면 강력한 후보로 생각해 볼 만한 것이기도 하다. 이런 이유에서 쾌락은 전통적으로 가치의 단일한 가늠자의 역할을 할 수 있는 가장 유력한 후보자로 간주되었고, 누군가가 단일한 목적을 절실하게 찾아내려 할 때마다 강력한 대안으로 대두되어 왔다.

『프로타고라스』에는 쾌락이 대안적 역할을 한다는 주장을 뒷받침할 만한 다음과 같은 문헌적 근거가 존재한다. 첫째, 프로타고라스의 연설을 시작으로 제기되는, 동시에 이 대화편 전체에 걸쳐 있는 주제는 잘 숙고하는 기술[테크네]이다. 그런 테크네의 필요성과 우리 성공의 길목을 막고 있는 여러 걸림돌들은, 쾌락주의 도입을 추동하는 동시에 그 배경이 되기도 한다. 둘째, 가치의 일원성을 다룬 적지 않은 분량의 논의에서, 소크라테스는 단일하고 양적 차이만 존재하는 선택의 기준이 있음을 논증하는 데 큰 관심이 있음이 드러난다. 그는 가치의 다원성과 그 다양한 가치를 통약할 수 없는 듯보이는 지점이 프로타고라스의 테크네 개념의 문제점, 즉 당면 문제 해결에 걸림돌임을 정확하게 포착하고 있다. 그리고 우리로 하여금 측정 과학―여기서 측정 과학은 쾌락주의를 전제로 해서 진행되는 것인데―을 도입해야만 이 모든 문제를 일관성 있게 풀 수 있다는 기대를 품도록 한다. 나아가 소크라테스가 과학을 매개로 한 실천적 지식 개념을 여기에 끌어들이고 있음을 볼 수 있는데, 그는 사실상 갈등과 자제력 없음akrasia 모두를 부정하면서 쾌락주의에 길을 터주고 있다. 소크라테스는 시모니데스 시에 주석을 다

---

* 크레온은 통약 가능성을 말한다(『안티고네』, 387) 물론 여기서 문제시되고 있는 목적에 대해 어떤 방식으로도 정확한 양적 해석을 내어 놓지는 못하지만. 3장을 참조할 것. 덧붙여 참조할 것은 소포클레스의 『필록테테스Philoctetes』인데, 여기서 코로스는 실천적인 테크네가 그들로 하여금 오디세우스의 결과주의적 견해에 궁극적으로 동감한다는 것을 보여주고자 하는 갈망을 표출한다. 결과주의적 견해는 행위가 단일하고 최종적인 좋음에 기여할 때에 그것을 옳은 것으로 판정한다(본서 3장, Nussbaum, 'Consequences' 참조). 이 희곡의 용법에 따르면 이런 견해는 분명 현대의 진보적 견해로, 오디세우스식의 교묘함과 계략과 연결되어 있는 것이다. 그리고 행위 그 자체의 가치와 다원적이면서도 본질적인 목적들을 강조하는 프로타고라스의 것과 비슷한 전통적 견해에 도전한다. 이 작품은 개정된 윤리 과학에 대한 동시대의 관심을 증명한다. 네오프톨레무스의 보수주의는 프로타고라스의 보수주의처럼 퇴보한 것으로 공격 받는다.

는데, 이 시는 우리가 지금까지 비극적 갈등이라고 일컬어 온 문제에 천착한 좋은 사례라 할 만한 것(이 시가 다루고 있는 것이 선한 사람이 그의 의지와는 상관없이 부끄러운 짓을 할 수밖에 없는 상황임은 분명하다)이다. 이 주석에서 소크라테스는 '나쁜 행위는 앎episēmē을 박탈당한 상태와 다름이 없다' 그리고 '부끄럽고 나쁜 짓을 하는 사람 중 기꺼이akontes 나쁜 짓을 하는 사람은 없다'(345D-E)고 주장한다. 그러나 이와 같은 결론을 이끄는 단 하나뿐인 그의 논증은 결국 쾌락주의(혹은 그에 상응하는 유사한 전제)를 필요로 하게 된다.

끝으로 이 주장을 뒷받침하는 근거를, 모든 주석가들을 곤혹스럽게 만든 한 가지 사실로부터 끌어낼 수 있다. 『프로타고라스』에서는 쾌락의 본성과 선택의 기준으로서의 적합성을 탐색하는 어떠한 일관된 시도도 찾아볼 수 없다는 것이 그것이다. 비단 후기 대화편인 『필레보스』만이 아니라 『고르기아스』에서도 플라톤을 곤경에 빠뜨리는 문제들은 있다. 쾌락에는 여러 가지가 있고, 정밀하게 측정하기에는 주관적 감정의 저항이 존재한다는 것 등이 그것인데, 『프로타고라스』에는 적어도 표면적으로는 이런 문제가 드러나지 않는다. 플라톤은 이런 난제들에 주목하면서 선에 관한 이론으로서 쾌락주의는 큰 결함이 있다고 결론짓는다. 따라서 주석가 중 상당수는 이곳의 쾌락주의 도입을 단지 프로타고라스의 주장을 반박하기 위한 인신공격 논증ad hominem이나 '다중多衆'의 믿음 정도로 설명하면서 소크라테스가 진심으로 한 말은 아닌 것으로 취급해왔다. 그러나 그들의 주장으로는 소크라테스의 논증에서 쾌락주의가 차지하는 커다란 비중을 제대로 설명하기 어렵다. 소크라테스가 자신의 것이라고 뚜렷이 주장할 만한 결론에 스스로 도달하려면 쾌락주의적 전제의 도움을 받을 수밖에 없다. 실제로 여기서 인신공격 논증은 찾아보기 어렵다. 목적의 다원성을 옹호하는 프로타고라스는 처음에는 소크라테스의 주장에 반박하는 모양새를 보인다. '다중' 그리고 자제력 없음에 관한 그들의 견해는 프로타고라스와 소크라테스가 쾌락주의에 관해 의견 일치를 본 후 한참 있다가 소개된다. 쾌락주의가 소개되는 '곳에서', '어떤 쾌락은 나쁜 것으로, 어떤 고통은 좋은 것으로 지칭하는' 통상적 견해는 사실 소크라테스의 견해와 '배치되는' 것이다. '어떤 것들이 즐거운 한 그 측면에서는 그것들이 좋은 것이 아닌가요? 이것들로부터 초래되는 결과는 일단 제쳐두면 말이죠.'(351C) 이 논증을 다시 요약하면, 소크라테스가 쾌락주의를 자신의 견해로 삼아 갈파하는 것이 되고, 여기서 쾌락주의는 삶의 구제라는 과업과 연결된다. '우리 삶의 구제가 사실 즐거움과 괴로움의 올바른 선택, 더 많고 더 적고 더 크고 더 작고……'(357A) 여기서 대화를 나누고 있는 사람들 중 이것이 소크라테스 자신의 입장이라는 것을 의심하는 이는 없다. 대화의 막바지에 소크라테스는 매우 강한 어조로 자신과 프로메테우스를 동일시하면서, 그를 하나의 모범으로 자신의 삶 전체에 투영하고자 하는 마음을 품어 왔다고 말한다(361D). 그러나 오직 과학을 통해서만 그것도 쾌락을 기초로 한 과학을 통해서만 그는 자신의 작업을 올바르게 할 수 있다.

그러면 우리는 문헌을 왜곡하지 않고는 소크라테스의 관점에서 쾌락주의를 제거할 수 없다는 편치 않은 입장에 서지 않을 수 없다. 그리고 왜 그처럼 논쟁적인, 얼핏 보아도 비플라톤적인 테제가, 옹호 논증은 물론이고 심지어 연구조차 수행되지 않으면서, 중요하면서도 널리 알려진 이 플라톤적 결론에 이르는 주요 논증 과정에 핵심적인 역할을 할 수는 없다는 입장에 서지 않을 수 없다. 숙고적 측정 과학 설립이라는 소크라테스의 근본 과제를 담은 이 논증을 통해 우리는 하나의 해법을 얻을 수 있다. 소크라테스는 어떤 종류의 목적에 과학이 필요한가에 대한 보편적 지식을 얻는 과정에서 일단pro tempore 쾌락을 그 목적으로 삼아 본다는 것이다. 대화의 말미에서 그는 이런 가치의 내용이 구체화되지 않은 상태로 있다는 점에 동의한다. '이것이 어떤 종류의 기술이고 앎인지는 다음번에 검토하기로 하지요. 하지만 그것이 앎이라는 사실, 그 정도면 충분합니다.'(357B-C) 소크라테스가 일원적이고 보편적인 목적으로 삼을 만한 후보자를 필요조건을 갖추어 정립하지도 않고서 과학이라는 형식에 대해 그토록 자신감에 차 있다는 점이 우리에게 의아해 보인다면, 그는 아마도 목적에 관한 현재의 직관보다 우리 삶의 구제를 위해 부여받은 우리의 능력에 좀 더 초점을 맞추고 있는 것은 아닌지 생각해볼 필요가 있다. 제우스가 정의를 견지하는 것을 인간 구제에 열쇠가 되는 테크네로 삼기로 결심했다고 해서, 정의가 이미 주요한 인간 관심사이어야 한다고 요구한 것은 아니었다.

여기서 잠깐 논의를 멈추고 짚어 보아야 할 것이 있는데, 그것은 바로 19세기 도덕 철학의 흐름을 주도했던 쾌락주의와 공리주의 역시 매우 비슷한 동기에서 비롯되었다는 사실이다. 벤섬과 시즈윅 모두에게서 우리는, 상식적 가치가 지닌 다원성과 통약 불가능성을 견디지 못하면 단 하나의 목적을 선별해야 한다는 강한 압박을 받게 됨을 발견한다. 그렇다고 이런 목적이 상식을 뛰어 넘는 직관을 통해 드러나는 최고선 같은 것은 당연히 아니다. 오직 측정과학을 통해서만 사회적 삶에서 우연성을 제거할 수 있을 것이라는 벤섬의 주장을 통해 우리는, 그가 플라톤에 깊이 공감하고 있음을 볼 수 있다. 그리고 그런 점에서 그의 주장은 이 대화편과 윤리적 테크네에 관련된 희랍 사상을 공부하는 학생에게는 충분히 연구할 만한 가치가 있다. 상식을 뛰어넘는 단일한 기준을 향하는 공리주의의 근거를 논의하는 시즈윅의 작업 역시 우리에게는 상당히 흥미를 불러일으키는 것으로, 숙고해야 할 난삽한 문제 처리를 위해 통약 가능성이 필요했고, 그런 이유로 그의 작업이 쾌락주의를 향했음은 너무나 명백하다. 시즈윅은 상식으로는 행복도 쾌락도 선택의 단일 목적으로 포착되지 않는다고 주장한다.[*] 그러나 한편으로 다음과 같은 주장도 한다.

이러한 견해를 거부할 경우, 우리가 궁극적인 선Ultimate Good에 대한 다른 정합적 설명을 꾸릴 수 있을지를 고려하는 일이 남는다. 보편적 행복을 인간 활동의 공통 목적으로 삼으면서 그 활동을 체계화하지 못한다면 우리

---

[*] *Methods of Ethics*(7th edition, London, 1907), p.401에서 시즈윅은, 상식에서 공리주의에 입각한 궁극적 좋음을 끌어내는 논증은 '분명 완전한 설득력을 가질 수 없는데, 왜냐하면 몇몇 교양 있는 사람들은 습관적으로 —덕은 말할 것도 없고— 지식 및 예술 등은 그것들에서 얻는 쾌락과 무관한 목적이라고 판단하기 때문이다'라고 말한다. 이 구절에 관해서는 J. Rawls, *A Theory of Justice*(Cambridge, MA, 1071), pp. 554-60도 함께 참조.

는 다른 어떤 원리에 근거하여 체계화할 수 있겠는가? 이 원리들은 우리가 그것들 안에서 지금까지 고려한 여러 비쾌락주의적 목적들의 가치를 비교할 수 있도록 해줘야 할 뿐만 아니라, 이 목적들과 행복의 가치를 비교하기 위한 공통 기준을 제공해야 한다는 점을 알아야 한다.[*]

그는 계속해서 '우리가 아름다움보다는 진실을, 저 가치보다는 이 가치를 추구해야 할지 말지를 결정해야 하는 실천적 필요'가 우리를 쾌락주의로 기울게 한다고 말하는데, 이는 쾌락주의와 상식 사이의 문제 많은 관련성에도 불구하고 그렇다. 이만큼이나 우리의 직관에서 멀어지는 것은 적절하지 않다고 반박하면, 과학이 탄생할 때마다 그런 일은 일어났다고 그에 대꾸할 수 있다.

그러나 공리주의는 결과에서 직관주의적 방법과 공리주의적 방법의 절대적 일치를 증명하는 일에 관심이 없다는 점을 염두에 두어야 한다. 공리주의가 이만큼을 증명하는 데 성공할 수 있더라도, 사실 그 성공은 그것의 실천적 주장들에 거의 치명적일 텐데 그러면 공리주의적 원칙의 채택은 완전히 사소한 문제가 될 것이기 때문이다. 공리주의자는 오히려 특수한 실천적 부문에서 훈련된 본능과 경험적 규칙으로부터 과학의 결론을 구체화하고 적용하는 기술적 방법으로의 이행과 다소 유사하게, 상식으로부터 공리주의로의 자연적 이행을 보여줄 필요가 있다. 그리하여 공리주의는 인류 역사의 전 과정에 걸쳐서 실질적으로 항상 같은 방향을 향하는, 과학적으로 완전하고 체계적으로 숙고된 형태의 행위 규제로 제시될 수 있다.[**]

내가 여기서 주장하려는 바는 『프로타고라스』 역시 쾌락주의를 향한 유사한 동기, 그리고 통상적 믿음과 과학과의 관계에 대한 유사한 상像을 표출

---

[*] 앞의 책, p.406. p. 478-9도 참조. ([역자] 강준호 역, 『윤리학의 방법』, 729쪽 참조)
[**] 앞의 책, p.425. (강준호, 726쪽 참조)

하고 있다는 것이다. 윤리 과학이 통상적인 믿음으로 체화된 이상적인 합리성의 이상을 충족할 수 있다는 점에서 이 과학은 통상적 믿음과 연속선상에 있게 된다. 즉 통상적 믿음에서 과학적 실행으로 향하는 '자연적 전이'가 존재하게 되는 것이다. 이런 전이가 이루어지면, 목적을 과학적으로 선택할 때도 목적에 대한 통상적 믿음과 '모종의' 연속성을 지니게 되기 마련이다. 이것이 바로 쾌락주의가 타당하고 아리스토파네스가 그렇지 못한 이유이다. 그러나 이것이 과학으로서 가치 있는 것이 되려면, 그러면서도 '완전히 냉담할 수 있는 문제'가 되지 않으려면, 윤리 과학은 반드시 통상성을 뛰어넘어야 한다. 이에 대해 불만을 가지면 히포크라테스를 따르는 의사가 당신의 부모가 사용한 과거의 동일한 처방을 내리지 않는다고 불만을 가지는 것처럼 시대착오적인 게 될 것이다.

우리는 이제 소크라테스의 자제력 없음 논증, 즉 앞서 설명한 자제력 없음 현상은 일어날 수 없다는 논증과 대면해야만 한다. 좋음 일반에 대한 과학적 지식을 통해 우리는 이제 충분히 올바른 선택을 내릴 수 있다. 이 논증에 대해 이미 많은 내용을 다루었으므로 이 논증의 구조는 잘 이해되었을 것이다. 이 논증은 세 가지 단계로 구성되어 있다. 첫째, 문제에 대한 설명, 둘째 이 문제가 실제로는 문제가 아니라는 논증, 그리고 세 번째로 실천적 오류에 대한 진단과 그 대안이 그것이다. 이 문제는 익숙한 것이다. A는 x 혹은 y 중 하나를 선택해서 행위할 수 있다. A는 x를 선택하는 것이 (대체로) 더 좋다는 것을 알고 있지만 y를 선택했는데 왜냐하면 그가 쾌락에 사로잡혔기 때문이다. (여기서 쾌락을 대체할 수 있는 것으로 고통, 사랑, 공포 등을 들 수 있다. 그러나 소크라테스는 쾌락주의적 논증의 관점에서 꽤나 합리적으로 이에 딸려 나오는 쾌락의 양量만을 이야기한다. 이 점은 중요하다.) 그러면 앎은 '노예처럼 질질 끌려 다니게 된다.'

프로타고라스와 소크라테스가 시작서부터 다음 두 핵심적 전제들에 의견의 일치를 본다는 것은 명백하다.

H: 쾌락은 좋음과 동일하다.

H1: A는 쾌락이 좋음과 동일하다고 믿는다.

이제 본 논증의 두 번째 핵심 단계를 논해 보자. 소크라테스는 세 개의 전제를 사용하는데, 외면적으로 어떤 일이 벌어지는지를 설명할 때 불합리함을 도출하기 위해 '좋음'을 '쾌락'으로 대체한다. A는 x가 y보다 더 좋다는 것을 안다. 그럼에도 A는 y를 선택하는데 왜냐하면 그가 y에 담긴 좋음(에 대한 갈망)에 사로잡혔기 때문이다. 여기서 소크라테스는 '어떤 사람이 그것이 나쁘다는 것(즉 열등하다는 것)을 알면서도 나쁜 일을 행하는 것, 그리고 좋음에 사로잡힌 것이어서 그는 그것을 해서는 안 된다는 것은 얼마나 우스꽝스러운 부조리함인가'라고 말한다.

여기서 말하는 불합리가 무엇을 의미하는지 단번에 알아차리기는 어렵다. 어떤 점에서 이는 단지 어떤 일이 일어난 사태를 말하는 게 아닐까? 여기서 말하는 다른 좋음은 우리를 이 좋음으로 끌어들이는 어떤 특별한 종류의 견인체로, 이것으로 우리는 전체적으로 더 좋은 좋음에 대한 우리의 신념을 바로 저버리게 된다. 그러나 소크라테스 자신이 불합리함을 설명하면서 '사로잡힘'이라는 개념이 어떤 것인지를 보여줄 때, 우리는 더 많은 정보를 얻는다. 그는 y에서의 좋음이, x를 버렸을 때 개재된 나쁨에 상응하는가라고 묻는다. 대답은 아니오이다. 왜냐하면 이것은 y에 담긴 좋음보다 '더' 좋은 x에 담긴 좋음이 존재하고, 또 이 좋음의 존재가 알려져 있다는 점에 의해 이 사례에 대한 설명과 모순을 일으키기 때문이다. 그러나 y가 진정으로 더 적은 '양'의 좋음 즉 x가 지닌 좋음에 '상응하지' 않는 양을 제공하는 것이라면, A의 행위는 더 적은 양의 쾌락 꾸러미를 선택하고 더 큰 꾸러미를 포기하는 셈이 된다. 그러나 모든 지식을 갖추고도 A가 더 작은 꾸러미의 더 작은 양에 압도되어서 더 큰 꾸러미를 포기한다는 것은 불합리하기 짝이 없는 일이다. 이는 마치 '50불과 200불 중 선택할 수 있는 A가 200불이 50불보다 더 많은 돈이라는 것을 알면서도 그가 50불이라는 금액에 사로잡혀서 50불을 선택했다'는 것과 같다. 이는 불합리한 것이라 할 수 있다. 간단히 말해서 '양' 관념과 양적 동질성 관념은 여기서 불합리한 결과를 산출하는 데 모종의 작용을 한다. 이제 이 관념들이 어떻게 주요한 위치를 점하게 되는지 살펴보자.

그런 불합리한 오류가 어떻게 발생할 수 있는 것일까? 소크라테스는 이를 그저 꾸러미의 크기를 잘못 판단한 결과로 설명한다. 마치 불리한 물리적 조건 때문에 때때로 크기를 잘못 보는 것처럼 즉 가까운 사물이 높이나 너비에서 더 커 보이는 것처럼, 가까운 쾌락 역시 단지 그 근접성 때문에 더 크고 더 중요한 것으로 우리에게 다가올 수 있다는 것이다. 당장의 쾌락이라는 그 접근성 때문에 진짜 크기를 알아볼 수 있는 행위자의 배경 지식은 일시적으로 배제되고 그릇된 믿음이 생긴다. 크기가 그렇듯 분명 쾌락도, 측정 과학으로 충분히 우리의 오류를 종식시킬 수 있다.

이제 우리는 소크라테스의 두 번째 전제로 주의를 돌려야 한다. 이 전제는 본 논증 중 불합리성이 산출되는 부분이다. 쾌락주의적인 전제를 명시적으로 취하면 소크라테스는 자신의 결론에 이르는 과정을 분명히 설명하기 어려워진다. 여기서 그가 취하는 전략은 적어도 다음 두 개의 추가적인 전제를 암묵적으로 사용하는 것이다.

> M: A는 x와 y 사이에서 선택을 내릴 때마다, 가치를 재는 단일한 양적 기준을 사용해서 무게와 길이를 잰다.
> C: A는 오직 y보다 x가 더 높은 가치를 가진다고 스스로 믿을 때에만 y가 아닌 x를 선택한다.

M을 통해 우리는 각 구체적 사례에서의 양적 기준을 사용할 수 있게 된다. H를 통해 우리에게 주어진 것은 모든 사례들에 관철되는 기준의 단일성이었다. C가 우리에게 부여하는 것은 믿음들 사이의 단단한 연결, 즉 무게 측정 결과와 행위자의 실제 선택 사이의 연결이다. 이 모든 것이 결합하면 소크라테스가 원하는 결과가 산출되는데, 그것은 A의 선택이 올바른 무게 측정 결과가 아니라면 그리고 (해당 사례에 대한 설명에서 배제한) 특별한 외압이 없었다면 그것은 무게 측정 오류에서 비롯된 결과일 수밖에 없다는 것

이다. 이것 말고는, 더 많이 소유할 수 있는 이가 동일한 대상을 통해 더 적은 양을 소유하는 것을 선택할 이유가 없다.

이들 전제 각각은 우리의 숙고 과정의 측면에서 보면 '특정' 시점에서 분명 합리성을 드러낸다. 그러나 실제 인간사에서 벌어지는 일의 측면에서 해당 사례의 첫 번째 설명을 받아들인 사람이라면 위 전제들을 문제 삼게 될 것이다. 위 전제들의 결합은 직관적으로 볼 때 우리를 지배하면서 곤경에 빠뜨리는 문제 자체가 존재하지 않음을 알려준다는 점에서는 성공적이다. 자제력 없음은 일상적인 숙고적 합리성이 붕괴된 상태의 사례라고 할 수 있다. 숙고적 합리성을 담은 특정한 상像이 자제력 없음과 맺는 관계를 명료하게 밝히기 위해 그런 붕괴는 아예 존재할 수 없다는 것을 증명하는 데 소크라테스가 크게 기여한 바는 없다. 목적 혹은 좋음은 단일한 것으로 그저 양적으로만 다르다고 굳게 믿는다면 그리고 항상 (양적인) 무게 측정과 크기 측정을 매개로 숙고한다면, '덧붙여' 항상 대체로 좋음의 양이 더 큰 것에 대한 우리의 믿음에 따라 행위 선택이 이루어진다면, 자제력 없음은 발생하지 않을 것이다. 그러면 우리는 이처럼 말하고 싶어진다. 합리성이 작동하는 한 그것은 붕괴되지 않는다. '그 사실'을 말하기 위해 우리가 소크라테스 같은 천재를 필요로 하는 것은 아니라는 얘기다.

이 지점에서 상당수의 해석가는 논쟁 전체를 무시해 버린다. 우리가 경험상 모든 사례에서 일어나는 우리 행위에 대한 설명으로 위 전제들을 받아들일 수 없는 걸 보면서(이 전제들은 결국 자제력 없음에 대한 우리의 통상적 믿음을 분석하는 데 실패한 것이다) 이들 해석가는 마치 소크라테스가 사람들이 실제로 살고 생각하는 방식을 제대로 못 본 것처럼 말한다. 그러나 소크라테스의 결론은, 여기서 더 많은 것이 문제가 된다는 의심을 우리는 해야 한다는 것이다. 그가 우리에게 말하고자 하는 것 그리고 프로타고라스도 동의하는 것은, 오직 측정 과학을 바탕으로 한 윤리학만이 우리의 삶을 구제할 수 있다는 것이다. 우리 문제와 그 급박성에 대해 소크라테스가 내린 진단을 우리가 받아들인다면 그리고 우리 삶의 구제를 우리가 원한다는 명제에 동의한다면, 소크라테스의 논증 속에서 위 전제들의 안내문이라 할 만한 것을 만나게 될 수도 있다. 그렇다고 이 논증이 상식적 수준에서 직관적으로 위 전제를 받아들이는 것도 아니다. (소크라테스는 일반 사람들의 혼란스러운 직관을 경멸하고 이를 숨기지 않는다.) 이 논증은 우리에게 이 전제들과 하나 이상의 문제가 제거되는 것 사이에 어떤 연결고리가 있는지를 보여준다. 위 전제들이 보여주는 방식대로 사고하는 행위자에게는 선택과 관련된 어떠한 혼동도, 통약 불가능한 것들 중 우연성에서 비롯된 갈등이 생길 어떠한 가능성도, '그리고' 앞선 주장처럼 자제력 없음과 관련된 어떠한 문제도 발생할 수 없다. 이 모든 것, 즉 전제들과 기타 모든 것은 실천적 추론이라는 소크라테스식 테크네 즉 삶의 구제 기술로 현상한다. 이 논증의 가장 경악스러운 부분은 가치의 양적 단일성과 균질성을 받아들이면 현재 우리에게 특정 종류의 비이성적 행태를 일으키는 것을 제거하면서 실제로 감정까지 수정할 수 있다는 것이다. 자제력 없음이 불합리한 이유는 그것이 위험한 유혹이어서가 아니라 일어날 수 없는 어떤 것이어서이다. 이런 논증이 어떻게 가능한지 알기 위해 우리는 소크라테스의 꾸러미와 양에 관한 이야기로 되돌아갈 필요가 있고 나아가 그가 설정한 행위자의 삶과 견해가 어떤 것인지를 더 깊이 천착할 필요가 있다.

자제력 없음의 일반적인 사례는 다음과 같다. 페드라는 조깅하기 직전 베이글을 먹으면 그녀의 완주 거리를 뛰는 데 방해가 되고 결국 거리를 줄여야 한다는 것을 안다. 그러면 그녀는 나중에 자신에게 화가 날 것이고 그녀의 건강이 더 많이 뛰고 덜 먹었을 때보다 덜 좋아진다는 것도 알게 될 것이다. 말하자면 모든 상황을 고려했을 때 바로 조깅을 시작하지 않고 지금 베이글을 먹는 것은 좋지 않다는 것을 그녀는 알고 있다. 그러나 지금 그녀는 매우 배가 고프고, 베이글은 따끈따끈하고 버터까지 맛깔스럽게 발라진 상태로 그녀를 유혹하고 있다. 이 유혹은 자못 분명하고 특별하다. 그 베이글은 약간의 운동이나 작은 꾸러미의 건강으로 보이지 않는다. 그것은 정확하게 버터가 발라진 베이글로 보인다. 그래서 (발생한 욕구에 흔들려) 그녀는 그것을 먹는다.

이를 아래의 사례와 대조해 보자. 페드라의 이성적 원칙은 나름의 근거를 가지고 베이글 먹기를 극대화하는 것이다. 방 한가운데에 서서 그녀는 탁자 위에 놓인 잘 구워져 버터를 바른 두 개의 신선한 베이글이 담긴 접시를 보고 있다. 방의 다른 편에는 비슷한 탁자 위에 한 개의 잘 구워져 버터를 바른 베이글 접시가 놓여 있다. 이 베이글들은 같은 종류이고 똑같이 신선하며 똑같이 따끈따끈하고 같은 식으로 버터가 발라져 있다. 그녀는 둘 중 한쪽을 선택할 수 있지만 (원칙에 입각한 근거에 따라) 둘 다 먹지는 않는다. 자신의 이성적 원칙에 의해 그녀는 두 개의 베이글이 담긴 접시만을 선택해야 한다는 것을 알고 있다. 그러나 욕구에 지배당한 그녀는 하나의 베이글이 담긴 접시를 선택했고 베이글을 먹었다. 여기서 매우 특이한 점이 드러나는데 이는 첫 번째 사례에서는 보지 못한 것이다. 우리가 반드시 이해해야 하는 것은 하나의 베이글이 놓여 있는 접시는 두 개가 놓여 있는 접시와 베이글의 갯수 말고는 다른 것이 없다는 점이 전혀 고려되고 있지 않다는 것이다. 베이글들은 질적으로는 다른 점이 없다. 딱히 어느 쪽 베이글의 세팅이나 탁자 위의 접시 세팅이 다소간이라도 미학적으로 더 매력 있는 것도 아니다. 그렇다고 한쪽의 베이글 접시가 더 가까이 놓여 있는 것도 아니다. 꼭 같은 거리에 있다. 이때 우리가 보기에 그녀가 견지했다고 할 만한 원칙을 진정 그녀가 지켰다면, 어떻게 해야 그녀의 선택이 불합리하지 않은 것이 될까? 그녀의 행위를 이해하려 노력하면서 나 스스로 상상해 보자면, 결국은 하나의 베이글에 '뭔가' 두드러진 특질이 존재한다고밖에 생각할 수 없다. 구워진 껍데기의 자잘한 탄 자욱이 귀여워 보일 수도 있고, 그것은 뉴욕 베이글이지만 다른 두 개는 아닐 수도 있다. 혹은 그녀는 수학자이고, 그 하나의 베이글은 더 매력적인 기하학적 배치로 접시의 한가운데에 위치했다는 점에서 우월하다고 생각할 수 있다. 그도 아니면 그 베이글은 우아한 레녹스 접시에 담겨 있고(다른 접시는 보통 접시), 베이글과 고급 레녹스 접시의 부조화가 그녀에게 웃음을 주어서일 수도 있다. 우리는 위와 같은 방식으로 계속 해나갈 수 있다. 그러나 이 사례의 설명에서 이런 종류의 질적인 특별함을 나는 모두 배제하려고 한다. 내가 견지하려는 바는 절대적인 질적 균일성이다. 그녀가 가진 선택지는 오로지 양적으로만 구별될 수 있다. 내 생각에 이런 구도

하에서만 우리는 소크라테스가 원하는 결과를 얻을 수 있다. 그러나 이는 불합리하다. 이런 일은 결코 일어나지 않는다. 욕구가 결코 이런 식으로 일어나지 않기 때문이다. 실제로 이런 식의 선택을 본 사람 중 어느 누구도 이런 식으로 선택하지 않는다.

우리가 이 문제에 대해 충분히 천착했다면 소크라테스가 우리에게 보여주고자 하는 바는 우리가 처한 자제력 없음 문제와 우리가 통상적으로 사물을 보는 방식 사이의 연결고리, 즉 이 문제가 개재된 상황에서 우리 가치의 통약 불가능한 다원성에 대한 믿음이 수행하는 역할이 무엇을 가능하게 하는가이다. 우리가 알고 그 속에서 살아가는 자제력 없음은 좋음은 통약 불가능하고 독특하다는 믿음에 기초해 있는 듯하다. 이 베이글, 이 사람, 이 행위 등은 비록 어떤 점에서 그 라이벌이 될 만한 선택지보다 덜 좋다 하더라도 우리를 끌어들이는 특별한 '종류'의 좋음, 즉 우리가 다른 방향으로 가서는 똑같은 것을 얻지 못하는 그런 좋음을 담고 있다. 특별하고 두드러진 한 개인으로 누군가가 바라보는 정인情人에 대한 열정적인 욕구는 외도라 할 만한 것이다. 그러나 그 대상이 현재 애인의 복제인간이라면, 질적으로 어떤 면에서도 다름이 없는 것이라 가정한다면(그리고 심지어 역사적으로 존재한 적조차 없다고, 이상 국가에 존재하는 것으로 꿈꾼 진실한 사랑이라고 가정해보자) 이 모든 것은 흥미를 잃게 된다.

위 전제로 돌아가서 우리가 진정 H1을 가지고 있고 M, C가 자연적 결과로 떨어져 나간다면, C는 욕구가 작동하는 방식에 대한 경험적 설명 측면에서 참이 아니다. 그러나 행위자의 영혼 밑바닥에서부터 자신이 가진 모든 선택지의 질적 동질성을 믿는 행위자가 품은 욕구에 대한 설명이라면 합리적인 것이 될 수도 있다. (따지고 보면 우리의 사례는 그저 아주 피상적이고 초보적인 단계를 다룬 것이긴 하다.) 이 대화편이 우리에게 알려주는 이질성에 대한 인식은 비합리적인 동기를 발전시키는 데 필요조건이다. 그것이 없으면 이 동기들은 발전될 수가 없다. 설령 발전하는 듯해도 곧 흐지부지된다.

내 주장을 요약하면, 소크라테스는 경험적 설명의 탈을 쓰고 우리에게 우리 삶의 변천과 관련된 급진적 제안을 던진다는 것이다. 프로타고라스가 언급하는 다른 능력들처럼 측정 과학도, 그것을 받아들이는 존재의 본성과 그 존재가 애착을 갖는 것 속에 침투하여 본성과 애착 대상을 개조하게 될 것이다. 이제 그가 목적이라고 주장하는 것을 우리가 직관적으로 받아들일 수 있는지에 대해 거의 얘기하지 않는다는 사실은 더 이상 놀랍지 않다. 그 목적은 우리의 일상적 관점에서 적절하게 평가할 만한 것이 되기 어렵기 때문이다. 우리의 일상적인 관점에 따르면, 사물은 복수이고 그들은 통약 불가능하다. 그러나 이 관점은 병든 것이다. 우리는 과학의 관점을 원하고 과학의 관점을 필요로 한다는 걸 알고 있다.

이제 우리는 사랑과 두려움 역시 위의 전제들이 개입되었을 때는 탈각될 수밖에 없음을 이해한다. 우리가 이들 전제를 진정으로 받아들인다면 우리가 아는 사랑과 두려움은 탈각될 수밖에 없다. 이것은 과학이 선사하는 또 하나의 이로움이다. 그것은 우리의 애착들을 재구성함으로써 그것들은 훨씬 덜 약해지고 심지어 단독적으로 취급될 수도 있다. 아름다운 알키비아데스는 대체할 수 없는 것으로, 사랑하기에는 너무나 위험한 존재이다. 그러나 H를 한번 측정하면서 다른 연인을 향해 떠날 수 있다면, 다른 비슷한 측정을 획득하는 일은 어렵지 않다. 철저한 통약 가능성은 기꺼이 갱신 가능한 비슷한 사물을 공급할 수 있다(6장 참조). 그리고 이는 우연적 갈등이 일어날 가능성을 제거하고 자제력 없음도 없애버린 과학이, 각기 단일한 애착이 운에 노출되는 주원인인 특별한 분리성과 질적 독특성을 제거하거나 부정하기 때문에 가능한 것이다. 측정은 우리 생각보다 훨씬 더 다양한 용도로 쓰이는 것이다.*(본서 5장 Ⅴ절, 6장 Ⅲ, Ⅴ절 참조)

---

* 이 연결고리에 대해서는 본서 5, 6, 11장에서 더 자세히 논의한다.

V

이 대화편은 통상적 믿음과 실천에 대해 단도직입적으로 설명하는 '척' 하는 어떤 공리주의 혹은 쾌락주의 도덕 이론보다도 더 심오한 내용을 담고 있다. 이런 이론이 상식에 기초한 반박에 얼마나 취약한지는 바로 알 수 있다. 그러나 (시즈윅도 마찬가지이긴 하지만) 소크라테스는 일상성을 뛰어넘는 방식을 불러일으키는 것이 무엇인지를 보여준다. 상식에 입각한 반박은 이 논증과는 맞지 않다. 적어도 내가 말한 틀 안에서는 그렇다. 그러면 이 논증에 대한 평가는 어떻게 내려야 하는가?

프로타고라스의 신화는 새로운 삶의 구제 기술이 어떤 기여를 하는지를 이해할 수 있는 좋은 방법을 제시하는데, 그것은 기술을 얻은 존재의 삶을 기술 전과 후로 나누어 상상하는 것이다. 이 사고 실험을 통해 우리는 하나의 기술을 필요로 할 때 이들은 어떤 존재였는지 그리고 그 기술로 삶이 구제된 이후에도 이들이 같은 존재인지를 물을 수 있다. 그리고 그 치유법으로 구제하는 것이 누구의 삶인지, 어떤 종류의 삶인지를 우리가 깨닫는 데도 이 실험은 도움이 된다. 소크라테스가 여기서 삶의 구제라는 주제를 찾아냈기 때문에, 그는 이 장의 초입에 스케치한 모호한 엔딩을 생생하게 그려내면서, 프로타고라스 이야기의 소크라테스식 결론으로 우리를 초대한다. 이제 우리는 소크라테스의 초대에 응해야 한다. 물론 이에 적절히 응한다면, 그것은 다음의 간략한 스케치보다 더 풍부하고 더 흥미진진한 것이 될지도 모른다.

여전히 인류는 그들의 폴리스에서 혼돈에 싸여 살고 있었다. 제우스의 선물에도 그들은 선택과 행위를 정확하게 제어할 수 있는 능력을 충분히 갖추지 못했다. 숫자와 길이 혹은 무게에 대한 의견이 다를 때마다 그들은 이 분쟁을 조정할 수 있는 세고, 재고, 무게를 다는 기술을 요청할 수 있었다. 그러나 정의, 고상함 혹은 좋음 등을 둘러싸고 혼란을 겪을 때 그들에게는 그 다툼을 중재할 어떤 기술도 없었다. 그들은 분노에 휩싸였고 폭력적이 되었다. 서로를 욕하고 헐뜯기 바빴다. 서로 동의할 때조차도 그들 가치 체계의 원초적 혼돈은 자주 심각한 갈등을 일으켰다. 경건함이라는 이름으로 일방적인 행위를 강요했고, 이는 용기나 사랑도 마찬가지였다. 그러다 이 불행한 존재는 갈기갈기 찢겼다. '이들 중 어떤 것이 악이 아니란 말인가?'라며 큰 소리로 울부짖었다. 그리고 후통증後痛症에 고통을 겪으며, '고통의 힘든 기억이 잠 대신 심장 앞에 흘러내리네'라고 말했다. 그들은 이 고통을 잠재울 수 있는 기술을 갖지 못했다. 그들이 행위의 올바른 과정에 대해 단단한 믿음을 갖고 있을 때, 또 단일하고 갈등 없는 행위 과정이 가능할 때, 사정은 오히려 더 심각했는데 그들은 여전히 무질서하면서도 기술을 갖추지 못한 상태로 몇몇 정념의 대상이 된 더 근접한 다른 좋음이 던지는 미끼에 이리저리 흔들리고 있었다. 그들은 말했다. 혼란 속에서 자신들이 쾌락, 공포 혹은 사랑에 '지배당하고' 있었음에 틀림없다고. 그래서 공포에 질리고 혼란스러워하며 그리고 회한에 찢기고 불확실성에 어리둥절해하며, 그들은 과거 행위에 대한 이해도 없이 그리고 자신들 미래의 안전을 보장할 능력도 없이 폴리스를 떠돌고 있었다. 그들은 심지어 그들이 비극이라고 일컬은 예술 형식을 발명해서 자신의 고통을 탐색했다. 그 작품을 통해 인간은 그 상태로는 살 가치가 없는 삶을 그들이 발견했다고 우리는 쉽게 결론지을 수 있다. '태어나지 않는 것이 최상'—이는 이런 어려움들을 살피고 난 후 내린 가장 저명한 시인이자 교사였던 소포클레스의 금언이다.

그러나 햇볕과 이성적 질서의 신이자, 산수와 이것과 저것 사이의 분명한 경계의 신, 그리고 피타고라스가 숭배한 신인 아폴론은 그들의 역경을 굽어 살폈다. 그는 인간 종의 멸종을 바라지 않았다. 그래서 그들 삶을 구제해줄 기술을 선사하기로 결심했다. 그의 재기 넘치는 사령使令 소크라테스를 통해 아폴론은 놀라운 선물을 인간들에게 베풀었다. 숙고적 측정 기술 혹은 과학은 단일하고 계량화된 목적 혹은 좋음을 동반한 것으로 여기서 목적은 쾌락이다. 이 기술로 그들은 어떤 선택 상황에서도 각 선택지에 의해 실현될 수 있는 장기적 안목에서의 쾌락의 양을 정확히 계산할 수 있게 되었고, 경쟁하는 선택지를 버리고 얻은 자신의 선택지에 무게를 둘 줄 알게 되었다. 이런 기술을 열렬히 신봉한 인간들은 폴리스 전체가 향유할 수 있는 장기적 쾌락을 극대화하는 것으로 각자의 쾌락을 조정할 수 있었다.

이런 구제 기술을 부여받으면 너무나 비참했던 인간 존재의 삶에 엄청난 변화가 도래하게 된다. 이 기술 덕에 이전에는 다양한 그리고 통약 불가능한 가치들인 것처럼 보였던 것들이 이제는 진정 하나로 보인다. 삶을 구성하는 모든 양식에 이처럼 새로운 질서가 부여되었다는 사실은 엄청난 중요성을 띤다. 이는 마치 아폴론의 명징한 햇볕이 인간사의 모든 난제들을 밝게 풀어낸 것과 같다. 심지어 자연 세계의 모습도 달라 보였다. 더 개방적이고 더 평평하며, 명확히 획정된, 통약 불가능성의 위협을 받지 않는 모습이 되었다. 폴리스 역시 이런 식으로 새로운 질서와 아름다움을 받아들였다. 의견 일치를 보지 못해 싸우기 일쑤였던 그들은 이제, 모든 선량한 시민들이 쉽게 의견 일치를 볼 만한 해답에 도달하려면 공적으로 수립된 쾌락 경쟁 절차에 따라 일을 처리하기만 하면 되었다. 각 개인의 상태에 영향을 줄 수 있는 모든 환경은 미리 밝혀져 목록에 적히니, 우연이나 변덕 혹은 제멋대로의 재량권 따위가 설 자리는 없게 되었다. 모든 것은 측량되어 차원, 숫자, 무게, 그리고 길이 개념으로 안착되었다. 다시 말하지만 종전에는 프로타고라스 같은 구닥다리 사상가들이 정의正義는 그 자체로 목적이 된다는 등의 가르침을 폈다. 설혹 다른 가치를 품은 목적과 상충할 때조차도 그들의 주장을 회피하거나 부정할 방도는 없었다. 이제 인간 존재들은 가치가 모두 하나로 환원됨을 정확하게 볼 수 있다. 정의, 용기, 경건함 등은 모두 단순히 쾌락의 기능이 되고 덕스러운 행위는 각 경우에 쾌락의 총량을 극대화하는 것이 된다. 아이들은 단일한 가늠자를 통해 사물을 볼 수 있는 내적 능력을 발전시키도록 하는 정확하고 과학적인 가르침에 의해 길러진다. 통약 불가능한 것들을 인지하면 처벌을 하면서 폴리스의 교사들은 성숙한 합리성을 목표로 삼아 꿈나무들을 교정矯正한다. 이 아이들은 자라면서 부모나 교사 같은 그들 주위의 '개인들'이 모두 동일하게 서로 완벽하게 비교 가능한, 쾌락이라는 가치의 원천과 중심이라는 것을 깨닫게 된다.* 그들은 독립적으로 자가 발전하는 영혼이 아니라, 단일한 체계의 부분처럼 되어 버린다. 질적 특이성이 없어 서로 구별되지 않는다. 그들로부터 얻은 쾌락들 그리고 그들에게 베풀어진 쾌락들은 모두 양으로 여전히 환원될 수 있는 것이다. 정확히 말해서 이것은 개인들의 가치로, 그들은 쾌락을 누림으로써 국가의 쾌락 총합을 높인다. 만약 이들 시민이 비극이라는 이 종족 초기의 예술 작품을 읽었다면 거기에서 묘사된 삶의 방식을 낯설게 느꼈을 것이다. 예를 들어 하이몬이라는 인물은 스스로 열정적 사랑이라고 부르는 정념에 사로잡혀 있고, 자신이 사랑했던 안티고네라는 한 여인의 죽음을 따라 자신도 목숨을 끊는다. 이는 도저히 이해할 수 없는 일이다. 왜 그는 그녀가 세계의 다른 대상으로 정확하게 대체될 수 없는 존재라고 생각했던 것일까? 왜 그는 다른 정확하게 비교 가능하고 질적으로 구별되지 않는 쾌락의 원천이자 한편으로는 그도 비슷한 쾌락을 제공해서 국가의 쾌락 총합을 증가시키는 쾌락의 원천이 존재한다는 사실을 이해하지 못한 것일까? 이 작품에서 크레온은 이들 시민이 자신의 모습을 투영할 수 있는 유일한 인물로, 이 비이성적인 젊은이의 '사랑'을 '그의 씨를 뿌릴 수 있는 다른 밭은 얼마든지 있는 법'이라고 말하며 하찮게 여긴다. 이처럼 믿음만이 아니라 정념의 변화도 가능하다는 관점에서 보면, 그들은 더 깊고 더 큰 이익을 획득한 것이다. 자제력 없음이라고 불린 심오한 옛날식의 문제는 더 이상 이들에게 문제가 아닌데 왜냐하면 통약 불가능한 가치가 존재하지 않는 곳에서 그리고 인간의 독자성이 드러나지 않는 곳에서, 자제력 없음을 가장 잘 일으키는 사랑, 증오, 분노, 두려움 등의 정념은 더 이상 이전과 같은 본성 혹은 힘을 지니지 못할 것이기 때문이다. 모든 것이 단일한 가치로 드러날 때 동일한 종류의 그러나 더 적은 양의 욕구를 제어하는

---

* 이상 국가의 아이들이 그렇듯, 이 아이들도 부모가 아니라 (교차 가능한) 공무원들에 의해 길러질 때 이런 것들을 가장 일관성 있게 배울 수 있다. 나아가 그들이 완전한 공산주의가 법으로 보장된 사회에서 길러지고 성적 관계가 전적으로 배제된 상태에서 자라면 더욱 잘 배울 수 있을 것이다. 플라톤은 깊은 심리적 변화를 일으키는 것은 가르쳐서 되는 것이 아니라는 점을 잘 알고 있었다. 인간의 경험을 재구성하지 않고는 그런 변화는 일어날 수 없다. 이 논점에 대한 심화된 논의를 위해서는 Nussbaum, 'Plato on commensurability'를 참조할 것. 본 논문에서 나는 그런 곳에서 아이들이 자라날 가능성을 간과했는데, 통약 가능성에 완전한 믿음을 가지면 사람들은 대상을 개별화하는 논리적/형이상학적 기초를 잃게 된다.

일은 더할 나위 없이 쉬운 것이 되어 버린다.

이처럼 과학을 통해 이 종족은 쾌락적 존재로서의 자신을 보존했다. 그리고 어떤 시민이라도 자신이 측량 행위를 제대로 수행하지 못한다는 것을 보이거나 그 혹은 그녀가 독립된 가치의 원천 혹은 독특한 감정의 대상을 만들어 낼 수 있다고 주장한다면, 또는 그 혹은 그녀가 단일한 좋음을 향한 이성적 욕구가 아닌 다른 욕구를 주장한다면, 그 혹은 그녀는 틀림없이 폴리스에서 추방될 것이고 질병과 같은 존재로 취급되어 죽음을 맞을 것이다. 해마다 봄이 되면 그들은 비극이 상연되던 유서 깊은 디오뉘소스 축제와 같은 시간에 또 하나의 축제를 즐겼다. 그 축제는 소크라테스 축제라 일컬어졌다. 그들의 상연한 예술 작품은 명료하고 합리적인 산문체의 대화로, 이 작품이 비극이 상연되던 극장을 차지했다. 그들은 삶의 구제 기술을 얻기 위한 소크라테스의 용감한 시도를 기렸다.

이 대화편은 보다시피 한 젊은이가 경쟁해보려 한 사건 이상의 의미를 지닌 것이다. 그리고 이 대화편은 (역설적이게도 그 주창자가 비극의 죽음을 희망했기 때문이었지만) 인간이 지닌 실천적 이성의 비극성을 표출한다. 가치의 다원성에 대한 우리의 직관적 애착, 그리고 숙고적 테크네를 통해 우리 계획을 제어하려는 야망 사이에 존재하는 해결 불가능해 보이는 긴장을 보여준다는 점에서 그렇다. 여기서 벌어지는 논쟁은 직설적이지 않다. 이러저러한 것이 실천적 이성의 참된 혹은 옳은 관점이라고 단순하게 우리를 설득시키려 하지 않는다. 대신 우리에게(혹은 히포크라테스에게) 급박하게 요청되는 것들과 특정 종류의 기술 혹은 과학 사이의 관계를 보여주고 동시에 변화와 (특정 관점에서) 이 기술이 야기할 수 있는 손실을 보여준다. 우리는 측정 과학을 단순히 외적이면서 모두가 동의할 만한 목적을 위한 도구적 수단을 제공하는 과학이라고 생각했다. 이제 우리가 알게 된 것은 목적을 심오하게 수정하는 것이 그 자체로 기술의 한 부분이라는 것, 제우스의 기술처럼 소크라테스의 테크네는 새로운 가치와 새로운 부산물을 창조한다는 것이다. 한편, 우리가 마주치는 다채로운 가치들을 계속 인식하면서 동시에 정량적 사회 과학이 제공하는 정확성과 제어력을 갖출 수 있는 것이 아닌가 하고 순진하게 생각할 수도 있다. (몇몇 공리주의자들은 여전히 이 문제를 이처럼 순진하게 다루면서 한 인간이라는 존재가 어떤 것인지 또 정말 그런 방식으로 세상을 본 사람이 누군지 등에 대해서는 거의 묻지 않으면서, 그 혹은 그녀가 우리와 꼭 같을 것이라고 전제하는 면이 있다.) 플라톤은 특유의 엄격한 모습으로 우리에게 위 경우는 들어맞지 않는 것 같다고 말한다. 과학은 세상을 바꾼다. 우리의 인간성 중 일부가 특정 종류의 고통에 민감하다면 고통을 치유하는 일은 인간성을 향한 목적과도 결부된다.

어떤 점에서 보면 이 대화편은 우리(혹은 히포크라테스)에게 하나의 선택지를 제시한다고도 할 수 있는데, 그 과정에서 플라톤은 다른 선택지들을 엄격하게 정의하기만 하고 선택의 몫은 우리에게 맡긴다. 마지막까지 우리는 히포크라테스가 소크라테스를 따라서 진보의 길을 택할 것인지 아니면 프로타고라스를 따라서 하던 대로 그냥 살기로 할 것인지, 그도 아니면 이 선택지들 모두가 잘못 설정되었다고 주장하면서 이 선택을 철학적으로 거부할 것인지, 또 그도 아니면 자신에게 익숙한 생각과 삶의 방식으로 회귀하면서 이 선택을 비철학적으로 거부할 것인지 알 수 없다. 이 논증은 그를 강제하지 않는다. 그저 상황의 본성을 명료히 보여줄 뿐이다. 그는 세계가 치유를 질병과 연결하는 방식, 그리고 진보를 비용과 연결하는 방식을 더 분명히 볼 수 있을 따름이다.

그러나 한편으로 이 논증은 그로 하여금 '이처럼 선택하는 그 자신은 누구인가'라는 물음을 던지지 않을 수 없게 만든다. 이 대화에 참여하는 모든 이는 결국, '인간은 만물의 척도다'라는 프로타고라스의 명제를 부정하고, '만물은 앎epistēmē이다'라는 소크라테스의 명제를 받아들이는 데 의견의 일치를 본다(361C). 앞부분에서 프로타고라스는 논의 중의 문제를 소크라테스식 합리성으로 판단하기로 하는 데 동의했다(336A 참조). 그리고 소크라테스식 합리성은 보통 사람의 직관은 믿을 만한 것이 못 된다고 주장한다. 소크라테스가 우리에게 일깨워주는 것은 서로 반목하는 윤리적 입장들이 다툴 때는 적절한 판관의 선별이 결정적이라는 점이다. 만약 판관의 수준이 다투고 있는 철학자들보다 낮다면 좋은 결과를 얻지 못하리라는 것은 자명하다. 한편 판관과 철학자들의 수준이 비슷하다면 왜 그들이 '그의' 말을 듣겠는가? 따라서 두말할 것도 없이 반드시 앎이나 응용 면에서 판관은 양쪽 철학자보다 더 나은 사람이어야 한다. 이는 히포크라테스와 우리 모두에게 적용되는 말로서 평범한 직관과 애착으로는 성공을 보장할 수 없음을 말해준다. 이 대화편이 우리에게 종용하는 바는, 우리 안에 자리 잡은 프로타고라스식 가치 평가 방식을 의심하고, 우리 자신 안에서든 다른 사람에게서든 지적으로 순수하고 정확하게 보는 법을 찾으라는 것이다. 이 대화편을 통해 우리는 보통 사람들의 판단에 반응할 수 있게 되고, 그 판단보다 더 우월한 유형의 판단이 존재한다는 것도 알게 된다. 분명 플라톤식의 이러한 문제 제기에 의해 드러난 골치 아픈 질문들은 우리 시야에서 영원히 사라지지 않을 것이다.

* * *

이제 우리는 '초기' 대화편에서 '중기' 대화편으로 시선을 옮긴다. 그러나 플라톤이 우리가 마주치는 여러 문제에 대해 진단하고 있다는 사실과 그가 과학 발전을 이 문제들을 푸는 열쇠로 삼고 있다는 사실은 사라지지 않고 남아 있다. 재차 말하지만, '만물은 앎'이고 평범한 인간의 통찰은 전문가의 판단에 자리를 내어주어야 한다. 또 다시 말하지만, 과학적 지식은 질적으로 다양한 개별자들을 균일하게 하고 서로 대체 가능하게 한다. 이 균일성은 여러 문제들을 일소한다. 문제 많은 갈등을 변형시키고 정념 과잉을 일으키는 요소들을 잘라내어 이전에는 취약했던 항목들을 즉각 새것으로 대체함으로써 그렇게 한다.

그럼에도 강조하는 지점에는 약간의 변화가 있을 것이다. 『프로타고라스』에서 쾌락은 과학이라는 단일 목적의 대체어처럼 쓰인다. 그래서 쾌락이 무엇인지에 대한 어떠한 직접적 언급도 없다. 그래도 과학의 모습을 띠려면 쾌락은 균일한 상태이거나 느낌이어야 할 것이다. 중기 대화편에서 플라톤은 좋은 삶의 궁극적 목적은 느낌이 아니라 활동이라고 분명히 말한다. 이런저런 활동들은 그 본질적 가치에 의해 순위가 매겨지는 것이지 그 활동이 산출하는 현상에 의해 순위가 매겨지는 것은 아니다. 그의 관점에 따르면 쾌락도, 어느 경우에나 활동들을 비교할 수 있는 기준이 되는 가치의 통화通貨가 될 만한 단일성을 갖지는 못한다. '쾌락들'의 순위가 매겨지면 이는 이제 그 가치에 관련된 활동의 순위가 된다.* 그렇다고 『프로타고라스』에서 명시적으로 옹호된 것을 반박하는 것도 아니다. 하지만 중기 대화편은 윤리적 테크네의 구조를 은연중에 드러내는데, 이 구조는 활동이 만들어 내는 감정과는 상관 없이 활동들을 순위 매기는 방법을 찾는 데 쓰인다. 그리고 그로 인해 가치 평가에 적절한 입각점을 어떻게 세우는가가 초미의 관심사가 된다.

이런 사정은 또 다른 초점으로 우리를 이끈다. 『프로타고라스』에서 플라톤은 갈등과 통약 가능성의 문제에 초점을 맞추었다. 우리의 첫 번째 문제, 개인적인 추구 대상을 쫓을 때 드러나는 연약성은 통약 가능한 것으로 취급되면서 간접적으로만 다루어졌고, 이 통약 가능성은 우리의 애착 대상들이 지닌 연약한 본성을 변화시켰다. 이제 개인적인 인간의 추구 대상들의 본성인 연약성과 불안정성은 플라톤의 주된 초점이자 관심사가 되고, 그의 적절한 판단으로 활동들의 순위가 참된 가치 기준에 따라 매겨지게 될 것이다.

마지막 논점이 있다. 『프로타고라스』에서는 통약 가능성에 대한 믿음으로 우리를 비이성적으로 만드는 모든 동기를 바로잡을 수 있고, 따라서 자제력 없음이 더 이상 발생하지 않을 것이라고 주장했다. 그러면 이 주장은 우리의 모든 비이성적 욕구가 적어도 그 정도 선까지는 가르침에 영향을 받는 대상이라는 얘기가 된다. 『국가』에서는 이 구도에 수정을 가하면서, 영혼의 동물적인 욕망appetites은 믿음이나 가르침과는 상관없이 끊임없이 열렬하게 일어나는 '정제되지 않은 욕구desires'라고 주장한다(5장 Ⅰ, Ⅲ절 참조). 적어도 먹고 마시는 것과 관련된 자연적 욕망은 그렇다. 그리고 『국가』에서라면

---

* 본서 5장, 그리고 『필레보스』 12D-E 참조.

성욕도 아마 그러할 것이다. 그러나 『향연』에서는 성욕을 좀 더 복잡한 것으로 다루는데, 믿음의 변화에 성욕이 반응한다는 점에서 그렇다. 이 모든 것은 어떻게 자제력 없음이 제거될 수 있는가에 대한 『프로타고라스』에서의 견해가 어느 정도 수정되었음을 보여주는 것이다. 물론 그 견해를 모조리 제거하지는 않는다. 단순히 음식을 많이 뱃속에 넣어두기 위해 자제력 없이 음식을 섭취한 사람은 그저 음식 조절을 못한 자제력 없는 사람보다 그 수가 훨씬 적을 것이기 때문이다. 실질적으로 새로움과 호화로움에 대한 욕구가 자제력 없음을 크게 일으키곤 하는데, 이 욕구야말로 교육에 의해 상당 부분 수정될 수 있을 것이다. 어쨌거나 동물적 본성으로서의 욕망, 그 끈질긴 욕망을 다스리려면 이성적 교육보다 그 본성에 더 걸맞은 다른 훈련을 필요로 하는데 그것은 다름 아닌 정치적인 제어와 억제다. 우리는 이 주제를 다음 5장과 6장에 걸쳐 다루고 7장에서도 상세하게 논의할 것이다.

막간 1장   플라톤의 반비극 희곡

　이제 우리는 잠시 휴식을 취하며 한 편의 글을 보면서 그 글이 어떤 목소리 혹은 목소리들로 탐구하는 영혼에게 말을 건네는지를 물을 것이다.* 이제까지 우리는 매우 이질적인 두 유형의 글이 각각 담고 있는 우리 문제에 대한 성찰을 살펴보았다. 그런데 ─여기 막간 1장과 7장에서 자세히 보겠지만─ 이 중 한 유형은 다른 유형이 영혼의 발달에 해로움을 준다며 공격한다. 이는 플라톤의 비극 비판을 말하는 것인데, 이 비판뿐 아니라 자신만의 글쓰기 방식을 통해서도 그는 문체 선택과 철학적으로 이해한 내용 사이의 관계, 그리고 영혼이 무엇이라고 생각하는지와 글로 영혼에게 말을 거는 방법에 대한 생각 사이의 관계를 대상으로 예리한 자기 의식을 표출한다. 이 문제와 관련된 나의 작업은 상당 부분 6장과 7장에 나누어 실려 있는데, 그곳에서 우리는 특히 글쓰기와 진실 전달이 어떤 관계인지를 묻는 질문들로 잘 알려진 두 개의 대화편을 탐구할 것이다. 물론 여기서 플라톤의 중기 대화편 형식을 다룬 흥미로운 질문들에 대해 모조리 물을 수 있다거나, 더 나아가서 비극시에 대한 그의 비판을 샅샅이 훑을 수 있으리라 기대할 수는 없다. 그럼에도 윤리적 가르침이 실린 한 문학 전통에 반기를 듦과 동시에 자신만의 글쓰기로 어떻게 작법作法에 대한 정의를 내리는지를 대략 살펴보는 것은 쓸모가 있다. 구체적으로는, 비극시에 진 빚을 어떻게 인정하는가 하는 것만이 아니라 비극시와 어떻게 거리를 두는지도 함께 살펴볼 필요가 있다.

　일단 나는 대화편이 새로운 종류의 글쓰기라는 사실에서 시작하려 한다.** 아리스토텔레스조차도 대화편에 대해 어떤 입장을 취해야 할지 몰랐

---

* 나는 'Fictions'라는 나의 논문에서 글쓰기에 관한 플라톤의 생각과 프루스트가 서사적 가르침을 옹호하는 것을 대조하면서 이 문제를 심화시켜 논의한 바 있다.

다. 『시학』에서 그는, 대화편을 산문극prose drama으로 분류하면서 소프론, 크세나르코스 등의 사실주의에 입각한 도회적인 무언극과 같은 열에 놓는다.*** 심사숙고를 통해 새로운 문학 장르를 구성하려는 시도가 대화편에 있음을 우리는 볼 수 있기 때문에 ―젊은 시절 야망에 찬 비극시인으로 유명했던 사람의 시도― 당시 가능했던 모든 문체를 저버리고 선택한 그의 문체를 연구하면서, 글쓰기와 윤리적 가르침에 대한 그의 관점을 어느 정도 파악할 수 있을 것이라 기대할 수 있다. 그런데 이에 못지않게 중요한 사실은 그가 소크라테스의 문자 비판에도 반대를 표했다는 것이다. 그러나 그 선택의 내용이 무엇인지 알려면 우리는 당시 플라톤의 시선으로 대화편에

** 엄격히 말하면, 이런 대화식의 글쓰기는 플라톤 이전에도 있었을 수 있다. 디오게네스 라에르티오스는 엘레아의 제논에 관한 기록에 대해 언급한다(『철인전哲人傳』, 3권 48장). 하지만 일단 그 기록의 진위가 의심스럽고, 설령 그 기록이 진본이라 해도 제논의 대화 주제가 윤리적인 것은 아니었다. 디오게네스와 아테나이오스(『현자賢者의 연회宴會』, 505B) 둘 다 테오스 혹은 스튀라 출신의 알렉사메노스에 대해 언급한다. 디오게네스는 아리스토텔레스의 (유실된)『시인들에 관하여』를 빌려 그를 인용하고 있고, (두 명의 역사가를 인용하면서) 아테나이오스는 알렉사메노스를 대화체 장르의 선구자로 일컫고 있다. 그럼에도 당시에는 완전히 무명이면서 언급된 일조차 없는 인물이 플라톤에게 중대한 영향을 끼쳤을 가능성은 거의 없어 보인다. 또 그의 작품에서 비슷한 문제를 다룬 것 같지도 않다. 한편 크세노폰의 소크라테스식 글쓰기에 대해 말하자면 그의 이력은 플라톤과 상당부분 겹쳐서(그리고 그의 작품은 문체나 철학적 내용에 있어서 대체로 플라톤에 뒤떨어진다) 그가 플라톤의 문체 형성에 어떤 영향을 주었으리라 생각하기는 어렵다. 물론 그는 라이벌로서 플라톤에게 영향을 주었을 수는 있다. 그러나 대체로 우리는 디오게네스의 결정적 판단에 동의할 수 있다. '내 생각에는 분명한 방식으로akribōsas to eidos 이런 형식을 발전시킨 사람은 플라톤이기 때문에 이러한 문체 발명을 그의 공으로 돌리는 것은 당연하고 그 역시 그 문체를 발전시키기 위해 노력했다.'

*** 아리스토텔레스, 『시학』 1447b9-11. 『시인들에 관하여』, 단편4(Ross 편집)도 함께 참조(여기서 아리스토텔레스는 플라톤의 글쓰기가 시와 산문 작업의 중간 지대에 있다고 말한 것으로 전해진다). 불행히도 여기 등장하는 무언극에 대해서는 거의 알려진 바가 없다. 아마도 플라톤 대화편 중 가장 짧은 것보다도 더 짧고 더 개략적이었을 것이다. 그리고 논증작업과 관련해서 무언극은 대화편의 진지함과는 전혀 달랐다. 그것은 당시의 삶이 투영된 장면을 보여주었다는 점에서 '사실적'이었지, 실제 대화를 그대로 옮기려는 목적하에 쓰였다는 점에서 사실적인 것은 아니었다―여기에는 하나의 그릇된 논점이 있는데, 그것은 버넷을 비롯한 몇몇이 지지하는 플라톤이 소크라테스가 실제로 행했던 대화를 그대로 옮겼다는 개연성 없는 주장이다.

접근해야 하는데, 그 시선은 시와 산문 모두에 해당하는 당시의 윤리적 사유 패러다임에 가까운 것이지 윤리 문제를 다루는 현재의 철학적 글쓰기 방식—물론 이 방식도 오랜 전통을 갖고 있다—과는 거리가 먼 것이다. '왜 플라톤은 대화체로 글을 썼지?'라는 물음은 통상적으로 왜 밀이나 시즈윅, 심지어 아리스토텔레스의 것처럼 철학적 논저가 아니냐는 물음이지, 왜 소포클레스나 아이스퀼로스가 쓴 것 같은 시극이 아니냐는 물음은 아니다. 우리는 오로지 역사적으로만 접근하여 대화편을 기획하기로 한 그의 결정이 어떤 철학적 추동력을 발휘했는지를 찾으려 하는데, 그러려면 일단 그를 둘러싼 다른 글쓰기 방식들과 그 자신의 작업 사이의 차이점을 통해 그의 작업을 정의해야 한다. 이런 방식으로 독자들이 이런 질문들을 풀어나가는 데 조금이마나 도움을 준다면 이 장은 최소한의 성공은 거두는 셈이다. 그러면 윤리적 반성을 다룬, 이 시대를 대표했던 글쓰기 유형들 사이에서 대화편을 어떻게 자리매김해야 하는지를 먼저 살펴보면서 논의를 시작하겠다. 그러고 나서 소크라테스의 문자 거부와 이에 대해 플라톤이 암묵적으로 어떤 반응을 보이는지를 추적한 후, 마지막으로 『프로타고라스』에 등장하는 윤리적 문제 제기의 몇몇 측면을 다양한 방식으로 『안티고네』와 대조하면서 살펴보겠다.

플라톤 이전에는 인간의 실천 문제를 논의함에 '철학'과 '문학'의 구별이 없었다. 진리 탐구를 목적으로 한 진지한 문헌과 즐거움을 위주로 한 문헌을 유형적으로 구별한다는 생각 자체가 이 문화권에서는 낯선 것이었다. 당시 존재했던 구분법 중 가장 일반적인 것은 산문 작가와 운문 작가의 구별이었다. 이 大구분 안에 더 세세한 소小구분도 존재하기는 했지만, 자신을 진지한 윤리사상가로 간주한(혹은 사람들에 의해 간주된) 작가와 그렇지 않았던 작가로 구분하는 방식이 존재했던 적은 없었다. 실천적 지혜를 가르치는 문헌은 매우 다양한 형태로 자연스럽게 이 문화권의 독자들에게 제공되었다. 말하자면 특정 문학 장르를 선택하면서 자신의 글에 인간사에 관한 진지한 생각 따위는 없다는 메시지를 독자에게 전달하는 일 같은 것은 있을 수 없다고 보아야 한다. 이런 상황을 이해하는 좋은 방법 중 하나는 지금 우리가 '철학자'라는 명함 아래 권위를 부여해 준 인물들이 상대편에 대해 어떤 생각을 갖고 있었는지를 살펴보는 것이다. (시인이기도 했던) 크세노파네스는 자신과 호메로스, 헤시오도스가 경쟁 관계라고 생각했다. 그리고 인간의 악행이 신 탓이라는 부적절한 주장을 했다면서 이들을 비난했다. 헤라클레이토스는 헤시오도스를 '우중愚衆의 스승'이라고 부르면서, 그와 호메로스가 그릇된 우주관과 윤리관을 퍼트렸다며 비난했다. 또 호메로스와 서정시인 아르킬로코스를 싸잡아, 그들은 가치에 대해 부적절한 가르침을 주었고 따라서 공적 비난을 받는 것이 당연하다고 말했다(『단편』,* DK B42). 현대의 일반 독자라면 관심이 전혀 없을 법한 그럼에도 매우 흥미로운 장르들의 합본合本에서 그는, '많은 경우에 사물에 대한 정보는 가르친다고 이해시킬 수 있는 것은 아니다. 그것이 가능했다면 헤시오도스와 피타고라스, 그리고 크세노파네스와 헤카타이오스와 같은 사람들에게도 가르침을 줄 수 있었을 것이다(B40)'라고 말한다. 그리고 그는 이들을 가리켜, 우리 언어로 번역하자면, 설교형 시인, 예언적이면서 구어를 사용한 철학자, 운문으로 글을 쓴 철학자, 지리학과 민족지학적 논고를 산문체로 작성한 작가라고 일컫고 있다. 흥미로운 것은 이들 모두가 (잠언箴言으로 유명한 이 작가로부터) 이해를 탐색한 이들로서 싸잡아 비판받고 있다는 사실이다.

여기서 플라톤 자신이 거부한 문학 전통을 스스로 어떻게 묘사하고 있는지를 보면, 그는 일단 이 전통이 윤리적 가르침을 준다는 것을 인정하고 있음을 알 수 있는데, 적어도 다음 여섯 종류의 문헌들, 즉 서사시, 서정시, 비극시, 희극시, 그리고 산문체의 과학적, 역사적 논고, 마지막으로 웅변 연설문은 윤리적 가르침을 담고 있다고 생각했다. 이 모든 장르는 플라톤 자신의 저작에서 언급되고, 논의되며, 때로는 그 과정에서 모방되기도 한 것으

---

* [역주] 여기서 『단편』은 『소크라테스 이전 철학자들의 단편 선집Die Fragmente de Vorsokratiker』을, DK는 이를 편집한 헤르만 딜스Hermann Diels와 발터 크란츠Walther Kranz의 이름 앞 글자를 딴 것으로 Diels-Kranz numbering의 약어이다. 단편의 순서는 일반적으로 이 번호를 따른다.

로, 적어도 처음에는 그리고 잠정적으로는 실천적 지혜를 표출할 가능성이 있는 장르로 진지하게 취급되고 있다. 두 가지 사실이 여기서는 특히 중요하다. 하나는 어떤 실천적 목적하에서도 플라톤이 범형으로 삼을 만한 철학적 산문 논고 전통 같은 것은 아예 존재하지 않았다는 사실이다. 그가 그나마 생각했음 직한 산문 전통은 과학적이거나 민족지民族誌적인 전통이라 할 수 있는데, 히포크라테스 작품집 속의 논고들과 수학과 천문학과 같은 여타의 과학 분야를 다룬 유실된 논고들, 그리고 가계家系를 다룬 헤로도토스와 투키디데스의 역사학 저술 등이 그 예가 될 수 있는 것이다. 물론 과학 저술에서도 윤리적 문제는 분명히 등장한다. 히포크라테스의 『공기, 물, 장소에 관하여』는 기질과 기후 사이의 관계를 논한 것으로, 본성과 문화의 관계를 둘러싸고 벌어진 기원전 5세기 논쟁에 큰 영향을 끼친 작품이다. 헤로도토스와 투키디데스, 특히 투키디데스는 분명 가치와 탁월성을 논한 주요 사상가의 반열에 올려놓아야 한다. 하지만 그렇다고 그들 저작의 구조와 기획 자체가 윤리적 물음에서 비롯된 것은 아니다. 윤리적 물음은 다른 중요 문제를 다루는 과정, 즉 역사적 탐구 과정에서 함께 논의되는 것일 뿐이다. 그렇다고 플라톤이 아리스토텔레스의 『니코마코스 윤리학』처럼, 가치와 훌륭한 삶에 관한 핵심적 질문을 던지고 그에 대해 답하는 산문체의 작품과 같은 것을 구상했을 가능성은 거의 없다. 물론 지금 우리는 불완전한 정보를 가지고 있고 따라서 그 판단은 조심스러워야 한다. 지금 우리는 데모크리토스가 윤리를 다룬 작품에 대해 아는 것이 거의 없다. 이는 큰 핸디캡이다. 그럼에도 자신 있게 말할 수 있는 것은, 이러한 측면에서 플라톤 시대의 환경은 현재의 우리와는 엄청나게 달랐다는 사실이다.

우리가 반드시 염두에 두어야 할 또 하나의 사항은, 기원전 5세기에서 4세기 초 시인들의 일부는 당대 최고의 윤리 교사로 떠받들어졌다는 사실이다. 예를 들어 우리가 철학자로 칭하면서 철학사에 편입시키는 주요 인물들 중에는 시인을 자처하면서 자신들을 시 전통에 위치시킨 기록을 남긴 이들이 있다. 그중에서도 크세노파네스, 파르메니데스, 엠페도클레스 등은 가장 두드러진 인물들이다. 특히 크세노파네스와 엠페도클레스는 희랍 윤리학을 논할 때 빠뜨릴 수 없는 인물이기도 하다. 하지만 이 사실과 더불어 잊지 말아야 할 것은, 만약 우리가 철학자를 주요 인간사와 관련된 지혜를 추구하는 사람이라 정의한다면, 지금은 시인으로 분류, 연구되는 사람들 중에 당시에는 별 고민 없이 철학자로 취급되던 사람들이 존재한다는 사실이다. 일반적으로 비극과 희극은 다른 구성 요소 못지않게 윤리적 내용으로도 평가를 받았다. 아리스토파네스의 『개구리』속 등장인물들은 국가가 처한 윤리적, 정치적인 위기를 타개할 수 있는 조언을 얻으려 아이스퀼로스와 에우리피데스를 찾아 저승으로 향하면서, 이 위대한 비극시인들의 삶으로 돌아가야만 폴리스를 구할 수 있다고 주장한다. 플라톤의 대화자들도 덕이나 행위 선택에 대해 설명하려 할 때, 자연스럽게 호메로스, 헤시오도스, 시모니데스, 핀다로스 등 비극시인의 말을 인용하지,* 현재 우리가 철학자로 분류하는 사람들의 말을 인용하는 경우는 거의 없다. 대화편만 놓고 보면, 기원전 5세기 말엽의 교양을 갖춘 아테네인은 폴레마르코스, 칼리클레스 같은 이들 그리고 크리티아스, 프로타고라스, 프로디코스 같은 이들의 지혜를 전적으로 믿고 따랐음이 분명하고, 나아가 귀족 계급과 전문적인 소피스트도 비슷하게 그들에게 존경을 표했다. 따라서 무엇보다 플라톤 철학은 탁월성, 칭송과 비난에 관한 사유 전통을 깊이 공유한 이들 문헌과 완전히 구별되는 것으로 스스로를 정의 내려야 한다. 이런 점에서 보면, 새로운 폴리스의 교육 일정에 서사시와 극시가 핵심적 위치를 점해야 한다는 외견상 무리인 듯 보이는 주장에도 동조하는, 『국가』속 대화자들의 반응이 그리 놀랍지는 않다.**

---

* 비극시의 교육적 중요성과 관련해서는, 특히 『개구리』 1063-6을 참조할 필요가 있는데, 그 구절은 다음과 같다. '아이스퀼로스는 말하기를, "나이 어린 소년들에게는 그들에게 무엇을 해야 하는지를 알려줄 스승이 있어야 한다. 그리고 젊은이에게는 시인들이 있어야 한다. 우리는 어떤 방법이든 그들에게 무엇이 옳은지를 알려주어야 한다."' 이런 전통과 소크라테스식의 교육적 실천과의 관계에 대해서는, Nussbaum, 'Aristophanes'를 참조.

** 여기서 내가 이 시기 소피스트들과 수사학자들의 엄청난 영향을 무시하려는 것은 아니다. 현란하고 허울만 그럴듯하게 논증을 사용하면서 듣는 이의 혼을 빼놓는 그들의 영민한 언어 사용에 맞선 플라톤의 문체 선택을 평가하는 것 역시 중요한 일이다.(예를 들면, 고르기아스의 『헬레나』에서는 이성logos을 마약처럼 작용하여 듣는 이의 감정적 반응을 끌어내는 '엄청난 힘'이라고 묘사한다(14).)

사실 다양한 시 장르에 속하는 시인들의 도덕적 목소리나 도덕적 인물에 대해, 그리고 시 작품 각각에 스며 있는 윤리적 성찰에 대해 샅샅이 언급하려 한다는 것은 어리석은 일이다. 다행히 도덕적 문제를 다룬 유용한 작품이 워낙 많기 때문에 그럴 필요가 없기도 하다. 물론 대화편과 비극시를 차근차근 비교하면서 우리는 플라톤이 직접적 혹은 간접적으로 부정하는 다른 장르의 면면에 대해서도 언급하게 될 것이다. 그러나 이런 일들이 가능해지기만 하면, 플라톤의 기획을 더 정확히 평가하기 좋은 분위기가 만들어질 것이다. 그럼에도 한 편의 극본으로 대화편을 보기에 앞서, 우리 앞에는 그 배후가 될 만한 것이 하나 나타난다.

역사 속의 소크라테스는 글을 쓰지 않았다. 그 이유는 (플라톤의 기록이 맞는다면) 철학함의 참된 가치는 교사와 학생이 서로 반응하며 소통하는 사이에 존재한다고 믿어서였는데, 이때 교사는 (학생의 성격과 저항의 정도에 따라 때로는 부드럽고 때로는 준엄한) 질문을 던지면서 학생을 이끌어 자신의 믿음, 그리고 믿음과 믿음 사이의 관계에 대해 스스로 깨닫도록 한다. (소크라테스가 『파이드로스』에서 말한 바대로) 이런 활동은 책을 통해서는 불가능한 것으로, 책은 '살아 숨 쉬는' 것이 아니기 때문에 그렇다(275D). 책이 할 수 있는 최대한은 그 활동이 어떤 것인지 상기시켜 주는 것 정도이고, 최악의 경우에는 독자가 수동적으로 문자에 의존하도록 가르쳐, 진정한 철학함의 내용과 방식을 망각하는 상태 속에 영혼을 빠뜨릴 수도 있다(275A). 또 책은 독자로 하여금 지혜에 대한 그릇된 자만심을 품게도 하는데, 이때 독자는 정보를 많이 취득하는 것이 참된 이해라고 착각하기도 한다(275A-B). 더 나아가 책은 참된 철학적 가르침의 덕목인 집중력과 감수성이 결여되어 있다. 책들은 일종의 융통성 없는 비활성非活性적인 것으로 온 천지를 '배회하면서' 서로 전혀 다른 사람들을 항상 같은 방식으로 찾아 간다.

소크라테스가 보는 철학책들과 철학함의 관계는 비유하자면 테니스 교본과 테니스를 치는 것의 관계와 같다고 할 수 있는 것으로, 우리는 여기서 두 개의 논점을 확인할 수 있다. (다른 예를 사용해서 논점을 만들 수도 있다. 육아 가이드북, 섹스 교본, 항해 지침서 등이 그것이다.) 책으로 철학하는 것은 불가능하다. 책은 활동의 생생함을 대체할 수 없다. 기껏해야 철학적 활동을 이미 경험한 사람이 특정 상황에 사용했을 때, 몇몇 논점에 대한 다소 유용한 기록물로 쓰일 수 있는 정도이다. 그럼에도 누군가 책을 참된 것으로 여겨 스스로의 지각과 감수성을 버리고 책에 의지하게 된다면, 혹은 더 심각하게 스스로 그런 책을 많이 읽고 연구했으므로 자신이 전문가가 되었다고 으스댄다면, 사실 큰 실수가 될 것이다. 그리고 테니스 교본은 테니스의 정말 아름다운 면이 드러나는 구체적 요소들을 결여하고 있어서, 게임의 구체적인 특성 혹은 독자가 게임을 하면서 특정 상대에 따라 만들어 내는 다양한 반응을 전혀 고려하지 않는 동시에 모든 독자들을 동일하게 취급한다. 어떤 점에서 철학책은 테니스 교본보다 더 사정이 좋지 않다. 테니스 교본은 강압적이거나 교만하지 않다. 그래서 당신이 테니스를 치려면 반드시 내가 시키는 대로 쳐야만 한다고 말하지도 않는다. 교본은 대체로 온화한 말투로 조언을 준다. 이에 반해서 엠페도클레스와 파르메니데스는 당신은 이것은 믿어야 하지만 저것은 믿어서는 안 된다, 이렇게 행동해야지 저렇게 하면 안 된다 같은 식으로 말을 하고, 이것은 진리의 길이고 저것은 짐승 떼들이나 가는 혐오스러운 길이라고 말한다. 그들은 자신에게 동조하지 않는 이를 못살게 군다. 그들의 어투는 과장되고 권위적이다. 이보다는 훨씬 덜 공격적인 호메로스와 서정 시인들도 어떤 행동은 칭송하고 다른 행동은 칭송하지 않으며, 어떤 종류의 인간은 칭찬하고 다른 인간은 칭찬하지 않는다. 이에 반해, 소크라테스가 생각하는 참된 철학은 각자가 자신의 신념을 바탕으로 추구하는 지혜 탐색으로, 어떤 결론을 받아들이는 것에 그치지 않고 그 결론에 이르는 길이 무엇인지 끝까지 쫓는 것, 그저 올바른 내용만이 아니라 진정한 이해, 자기 이해의 결과로 얻는 내용을 중시한다.

그럼에도 플라톤은 책을 썼다. 그리고 자신의 책 속에 글쓰기에 대한 비평을 실었다. 대화편을 보면, 플라톤 주변은 철학 활동을 업신여기는 사람들, 즉 철학을 궤변론이나 논쟁술로 평가절하하거나 아예 무시하는 사람들로 넘쳐났다는 것을 반복적으로 확인할 수 있다. 그런 환경에서, 더구나 철학의 참된 도전을 두려워하고 혐오한 이들의 손에 소크라테스가 목숨을 잃는 일까지 겪은 후 플라톤은, 훌륭한 철학적 가르침을 실을 수 있는 문학적 범형의 필요성을 느끼게 되었을 것이다.(섹스 교본이나 육아 교본의 출간도 비우호적인 정치적 환경에서는 이처럼 계몽적이면서 자유를 발양시키는 행위가 될 수 있다.) 참된 철학 탐색을 상기시키는 일은, 설령 그것 외에 아무것도 안 한다 해도 여전히 가치가 있을 수 있다. 플라톤은 글쓰기에 관한 소크라테스식 비판을 자기 저작에 소개하는데, 우리는 그의 책을 읽으면서 그의 문학적 혁신이 어느 정도까지 소크라테스식 비판을 감당할 수 있는지 반문하게 된다. 좀 더 구체적으로, 어떻게 그의 대화편들이 써졌는지를 묻게 된다. 두 개의 분명한 사실이 있다. (1) 대화편들은 일종의 희곡이다. 그리고 (2) 대화편들은 우리가 아는 희랍 희곡 작법과는 완전히 다른 것이다. 알려지기로 플라톤은 대화편을 쓰기 위해 비극시인으로서의 전도유망한 경력을 포기했다. 학자들은 대화편들이 과거에는 그의 전문 분야였던 장르의 흔적을 현저히 보여준다고 말해왔다. 그러면 그는 기존에 윤리적 가르침의 범형을 형성했던 이 문화 형식에 진 빚에 어떤 보답을 표하고 있을까? 그리고 그는 왜 그 형식을 떠났을까?

플라톤의 대화편*에는 다양한 목소리가 등장하는데, 이 점은 비극 희곡 작품과는 비슷하지만 당시 다양한 형태로 존재하던 윤리적 담론의 범형들(이를 테면 헤시오도스, 엠페도클레스, 파르메니데스의 설교적인 시들, 초기 서정시 전통의 많은 송가頌歌들, 이오니아 자연 과학자들과 히포크라테스를 추종한 의사들의 산문 논고, 그리고 칭송 연설)과는 다르다.** 말하자면, 『프로타고라스』에도 변증적 상호 작용의 감수성이 등장하고 비극에도 주제에 걸맞은 도덕적 소통과 논쟁이 실려 있다. 여기서 우리가 발견하는 것은 일목요연한 결론이나 이것이 도출된 진리의 선언 같은 것이 아니라 살아 숨 쉬는 능

---

* 여기서 대화편은 대체로 '초기'와 '중기' 대화편을 말한다. 그런데 『국가』까지는 이에 해당되지만 『향연』과 『파이드로스』부터는 해당되지 않는다.

동적인 토론이다. 나아가 이와 비슷하게 대화편은 쉬이 결론을 내리지 않은 상태에서 독자와도 변증적 관계를 맺는데, 이때 독자는 마치 비극 관객이 눈앞에 벌어지고 있는 상황의 의미를 자신의 가치 체계에 비추어 (주로 코로스를 따라) 곰곰이 생각하게 되는 것처럼, 비판적이면서 능동적으로 의견 교환의 장으로 들어가게 된다. 대화편에서나 비극에서나 우리가 한쪽 입장(등장인물)을 선택해 그에 공감하기도 하고, 혹은 한쪽 입장이 분명 우월한 것으로 드러나기도 하지만, 해당 문헌의 목소리가 빚어낸 권위에 의해 관객/독자가 그러는 것은 아니다. 만약 어느 한쪽이 확실한 승리를 거둔다면 그것은 관객/독자가 굳게 믿고 있는 사실들과 관련 맺으면서 극 속의 활동 자체가 그렇게 만드는 것이다. 이런 점은 화자/저자가 자신을 개창자로(파르메니데스), 신으로부터 지혜를 전수 받은 이로(호메로스, 헤시오도스), 심지어는 지상의 신으로까지(엠페도클레스) 지칭하기도 하는 초기 희랍 철학 주요 저작에서 보이는 태도와는 크게 다른 것으로, 비극을 관람하는 관객처럼 대화편의 독자도 모든 면에서 능동적 역할을 하면서 작품과의 상호 작용을 통해 자신이 진실로 서 있는 곳은 어디고 진정 칭송해야 할 이는 누구이며 그 이유는 무엇인지를 알 수 있게 된다. 그리고 논증이 분명하게 드러나는 곳에서 그는, 자신에게 닥친 일을 가치 평가하면서 의견 교환을 하는데, 이는 비극 관객이 크레온과 안티고네의 언쟁을 비판적으로 평가하는 것과 비슷하다. 물론 소피스트들도 논증을 사용한다. 그러나 그 방식은 무기나 혼몽약惛懵藥을 사용하는 것과 같다. 그들은 논리가 약한 경우를 강하게 만들어주거나 심지어 영혼을 진압하거나 지배할 수 있는 것이 논증이라고 말한다. 플라톤이 논증을 사용하는 방식은, 좋은 희곡의 비판적 개방성과 다면성을 받아들이면서 대화편에서 이루어지고 있는 진정한 소통을 보여주고 한편 독자와도

** 물론 호메로스와 헤시오도스의 시에도 강한 극적 요소는 있다. 그러나 『국가』에서 플라톤은, 자신의 목소리로 시인이 말로써 알려주는 형식과 공인의 목소리가 작품 속 어디에서도 드러나지 않는 형식은 근본적으로 구별된다고 말한다. 비록 그의 대화편 중에는 소크라테스로 하여금 모든 말을 하도록 하는 것도 있지만, 『국가』에서 드러난 면을 감안해서 보면, 그럼에도 하나부터 열까지 극을 재현한 것이라 할 수 있다.

그러한 소통을 형성하는 것이다. 그러면 대화편은 소크라테스의 비판 대상이었던 글로 된 작품, 즉 책과는 달리 영혼을 약에 홀린 듯한 수동적 상태로 몰아넣기보다는 이성적인 능동성을 갖추도록 해서, 영혼을 일깨우고 생기를 찾게 만든다는 주장은 타당하다고 볼 수 있다. 그리고 이와 같이 극작劇作이라는 점에서 대화편들은 희곡과 동류同類라 할 수 있다.[*]

좀 더 나아가 극작은 논증이나 탐구를 '불러일으키면서' 윤리적 문제 이해에 도움이 되기도 한다. 전문적인 철학자가 아닌 등장인물들이 논증에 어떻게 또 왜 끼어드는지를 보게 하면서 그리고 어떤 종류의 문제가 철학함을 필요로 하고 또 철학은 그 문제들을 논의하는 데 어떤 기여를 하는지를 보게 하면서, 극작은 우리 자신이 윤리적 사유에 왜 그리고 어떻게 관심을 두어야 하는지를 단일한 목소리를 통해 하는 것보다 더 잘 보여준다.『프로타고라스』는 작품 속 극적 장치들을 통해, 왜 히포크라테스가 그리고 왜 우리가 영혼의 질병을 걱정해야만 하는지를 보여준다는 점에서 이러한 기능을 잘 수행한 좋은 본보기가 된다.(『국가』,『향연』, 그리고『파이드로스』등도 이 문제들에 대한 집중 면에서 어느 하나 떨어지는 점이 없다.) 여기에 덧붙이자면 때때로 플라톤은 대화편 자체 안에 뚜렷하게 존재하는 이 '왜'라는 이 문제를, 무대 위에 올리기도 한다. 우리는 대화편에서 적어도 한 번 이상, 누군가 논증을 무시 혹은 거부하기를 원하거나 논증을 신뢰하지도 신경 쓰지도 않는다고 말하는 장면을 마주치는데, 그런 대화자를 대하고 그에게 논증의

---

[*] 그럼에도 불구하고 이런 희곡의 요소로 채워진 변증적 논쟁이 벌어진 곳이 기원전 5세기 아테네라는 사실은 우연이 아니다. 비극의 이런 면들은, 공적 논쟁이 장소를 가리지 않고 벌어지고 어떤 시민이든 얼마든 참여할 수 있고 최소한 능동적이고 비판적인 판관 역할을 한, 아테네 정치 담론의 성격과 긴밀한 연관성이 있다.(예를 들어 투키디데스의 작품 속 논쟁을 보면, 그것이 실제 논쟁을 기록한 것은 아닐지 몰라도 흔히 벌어진 유형의 활동을 기록한 것임은 분명하다.) 이런 관행은 오용되거나 조작되기 쉽다. 그러나 기껏해야 그들은 플라톤이 추구한 특성들을 가졌을 뿐이다. 따라서 플라톤이 비극 희곡에 지고 있는 빚은 임의적인 어떤 미학적 발명에 진 빚이 아니다. 그것은 동시에 그의 문화권 속에 있었던 사회적 관습에 진 빚이다. 비슷하게 비극과 아테네 민주주의에 대한 그의 부정적 태도는 서로 긴밀히 관련되어 있다(5, 6장 그리고 이어지는 부분 참조)

동기를 부여하는 방식을 통해 이 대화편을 읽으면서 왜 우리가 이런 지난至難한 일을 하도록 요청받고 또 계속 해나가야만 하는지를 직접적으로 알게 된다.

우리는 또 논제를 둘러싼 다양한 입장들과 이에 따라 구체적으로 형상화된 인물들을 연결시키면서, 비극이 그렇듯 대화편도 믿음과 행위, 지적 입장과 삶의 방식이 맺는 관계에 대한 미묘한 사안에 많은 제안을 던진다고 말할 수도 있다.(『향연』과 『파이드로스』 모두 이에 해당하는 최고의 작품이다.) 대화편의 형식이 지닌 이런 면은 우리로 하여금, 독자로서 대화편의 논제와 논증들과 우리 각각과 개별적으로 맺는 관계를 평가하도록 만든다. 다시 말하지만, 대화편은 이런 식으로 소크라테스가 비판했던 문자로 구성된 책보다 개인적인 차이에 덜 '침묵하고' 더 민감하게 된다. 대화편은 각 독자가 개인적으로 자기-이해self-understanding를 추구하면서 읽게 되는 것으로, 이때 독자는 스스로 등장인물들의 동기와 믿음에 함께 참여하며 탐색한다. 사실상 플라톤의 결론과 관점은 이 지점에 자리 잡는다. 그럼에도 우리는 그것을 단순한 기억 대상이 아니라 우리 자신 안에서 발견할 수 있는 것으로 삼아야 한다.

마지막으로 언급할 것이 있다. 대화편에서 변증적 과정을 묘사하면서 보여주는 것은 그 과정에 담겨 있는 도덕 발달과 변화다. (『안티고네』와 같은) 극시가 그렇듯 대화편도 우리에게 변화의 힘 즉 자기 인식의 향상을 일으키는 힘을 보여주고 그 변화가 실제 삶에 가져오는 결실을 보여준다. 분명 '우리의' 배움은 문자로 된 책을 통해 얻는 경우가 많다. 그러나 그것은 독자로서의 우리를 염두에 두지 않은, 극으로 구성되지 않은 설교조의 도덕책, 활력 없는 단일 목소리 구조로 가르침을 주는 것이다.

위와 같은 방식을 통해 플라톤은 자신의 고유한 전문 분야métier에서 방법을 익혔고, 자신의 초기 전통에서 설교조로 철학하던 방식의 지루함을, 탐구심이 왕성한 등장인물이 복합적인 형식 속에서 탐구 대상을 추구하는 것으로 대체했다. 그리고 우리는 이런 모습을 관찰하면서, 심지어 프로타고라스가 연설할 때조차도 왜 소크라테스라는 등장인물은 『프로타고라스』에서 진정한 주인공이 되는지 그리고 우리가 독자이자 해석자로서 어떻게 활동해야 하는지를 알려주는 하나의 참된 본보기가 되는지를 알게 된다. 프로타고라스는 실제로 허세를 부르는 화자가 그렇듯 긴 일장연설을 했을 뿐이다. 그가 하지 못한 것 혹은 잘할 수 없었던 것은 그 내용에 대한 견해를 상대와 섬세하게 제대로 주고받는 상황으로 들어가는 것이었다. 그는 헌신과 겸손이라는 측면에서 모두 부족했다. 그리고 그런 성격으로 인해 엄격한 자기 검열이 부족한 그의 결점이 노출되었다. 지금까지 그의 입장이 드러난 주요 내용에 대해 언급했는데 이는 모두, 프로타고라스가 소크라테스의 공격으로부터 자신을 방어하면서 스스로 했을 법한 말일 것이다. 그러나 그는 그렇게 하지 않았다. 그는 자신의 높은 콧대를 만족스럽게 세우는 데 실패하면서 무너져 내렸다. 분명 그는 참을성이 필요한, 문제들을 찬찬히 잘 정리하는 일보다는 설득해서 바로 효과를 보는 일에 더 관심이 있었을 것이다. 프로타고라스 자신과 청자와의 관계는, 자신과 자신의 믿음 사이의 관계가 그러했듯, 집중력과 주의력 그리고 변증적 상호성이 결여되어 있었다. 그래서 그의 연설 내용에 큰 관심을 보일 수는 있지만, 그것도 소크라테스 방식의 독해, 즉 이것은 이것과 어떻게 어울리고, 이것이 그렇다면 왜 그것은 반드시 이렇게 되어야 하는가 등을 묻는 식으로 할 수밖에 없다. 막바지에 그가 제시한 사고실험은 사실 그의 것이 아니라 많은 부분 소크라테스가 그의 초반부 연설을 분석한 내용에 빚지고 있다. 전체적으로 대화편을 이해할 때도 프로타고라스식 기술보다는 소크라테스식 기술이 필요하다. 만약 이 작품의 전체적 교훈이 이것은 저것을 배제하고 이것을 진행시키려면 이만큼의 대가를 치러야 하는지 등에 관한 것이라면, 그것을 보기 위해 필요한 것은 소크라테스처럼 명료하고 억세며 유연한 접근 방식이지 소피스트의 보여주기식 자신만만함은 아니다.

  지금까지 나의 주장은, 대화편과 비극 작품에는 논쟁과 서로 치고 받는 소통이라는 점에서 공통점이 있다는 것이다. 이제 우리는 비극과 대화편이 주요 구조적인 면, 그중에서도 논박술elenchos*의 측면에서 공통점이 있다는 점을 들어 양자를 심층 비교해 보려 한다. 대부분의 소크라테스식 대화뿐 아니라 『안티고네』에도 담겨 있는, 자신의 입장이 일반적인 것이라고 등장 인물이 확신에 차서 펼치는 주장, 실천상의 문제를 장악하고 통제하는 자신의 힘에 대해 지나치게 낙관적인 그가 펼치는 주장을 먼저 살펴보자. 이 일반적인 주장은 대화편 속에 등장하는 수많은 정의定義들이 그렇듯이, 크레온이 선택과 가치에 대해 갖는 좀 더 구체적인 믿음을 모두 설명하지는 못한다. 극적 행위는 크레온 자신과, 고통스러운 학습을 거쳐 형성된 그의 그릇되고 자만심에 차 있는 믿음 사이의 '분리'를 만들어 낸다. 마지막에 그는 자신의 가장 깊은 곳에서 믿는 것의 실상에 도달한다. 그리고 적어도 그는 자신의 깊은 혼돈을 인정하게 된다. (관객도 그와 함께 이런 교정 과정 속에 들어가게 된다.) 사실 이 대화자의 혼돈스러운 믿음을 바로 잡아주는 작업, 즉 이 논박적 '분리' 기술은, 소크라테스의 철학적 탐구가 지닌 덕목이자 플라톤이 가장 중요하게 여긴 것으로 이는 그가 재현한 것들뿐 아니라 명시적인 칭송을 통해서도 확인할 수 있다.** 심지어 대화자가 당혹감을 극복하고 참에 이르는 과정을 포기할 때조차도, 『소피스트』에서 보듯*** 논박술은 암처럼 자라는 교만하고 그릇된 믿음으로부터 대화자를 격리시키면서 건강한 성장의 길을 떠날 채비를 하게 한다. 이제 우리는 플라톤이 글쓰기에서 논박술을 모방하고 또 글쓰기로 독자에게 논박술을 불러일으킬 때, 자신의 옛 전문 분야의 구조를 이용하고 있음을 본다.

그렇다고 대화편이 비극은 아니다. (『국가』 2, 3, 10장 그리고 『법률』에서 분명히 주장한 바와 같이) 플라톤은 어떤 비극시도 윤리적 지혜를 가르치는

---

* [역주] 엘렝코스 즉 논박술은 산파술과 더불어 소크라테스 문답법 중 하나이다. 소크라테스와 대화를 하는 이는 자신이 안다고 생각했던 것이 사실은 아는 것이 아니라는 것을 알게 되는데, 이때 문답을 통해 대화자가 무지를 깨닫게 하는 기술을 논박술이라고 한다. 이 과정을 거쳐 참된 앎에 이르게 하는 기술이 산파술maieutikē이다.

** 특히 『소피스트』 229E–230E를 참조. 『메논』 84A–C와 『소크라테스의 변명』 30E도 참조할 수 있다.

*** 230B–D.

훌륭한 교사가 될 수는 없다고 생각했고, 이는 당시에 비극시를 바라보는 일반적인 시각이기도 했다. 대화편이 일종의 희곡이라면 그리고 비극이라는 형식에 빚을 지고 있다면, 그것을 윤리적 가르침의 범형으로서의 비극을 대신하는 것으로 구성된 희곡이라고 부를 수는 있겠다. 플라톤의 명시적 비극 비판 부분에 대해서는 본장 후반부와 7장에서 더 자세히 다루겠지만, 우선은 이 두 종류의 극본이 지닌 근본적 차이점을 알기 위해, 플라톤 시기 아테네인들이 비극에 접근할 때 품었던 기대와 동일한 기대를 품고 『프로타고라스』에 접근해보자. 그리고 이런 기대들이 어떻게 그리고 어디서 실망으로 변하는지 알아보자.

우선 『프로타고라스』라는 제목을 눈여겨볼 필요가 있다.[*] (다른 알려진 대부분의 문학 장르 속 작품과는 달리, 그러나) 다수의 비극처럼 이 작품은 주요 등장인물 중 한 명의 이름을 제목으로 삼았다. 그러나 『아가멤논』, 『오이디푸스 왕』, 그리고 『안티고네』와는 달리 이 작품은 당시 사람이라면 누구나 다 아는 친근한 사람의 이름을 따왔다. 물론 플라톤의 독자 중 그를 개인적으로 아는 사람은 별로 없었을 테지만, 모두들 그가 불과 얼마 전까지 활동했던 문화계의 유명 인사라는 것은 알고 있었을 것이다. 그는 신화 속의 왕이나 영웅과는 분명 거리가 먼 인물이다. 선택에 있어서의 즉각성 그리고 평이성과 평범성이 여기에는 존재한다. 이 작품은 우리가 우리 자신과 별반 차이가 없는 인물을 다룰 것이라고 시작부터 알려준다. (그의 대화편 중에는 심지어 유명하지도 않은 인물의 이름을 딴 제목들도 존재한다. 『에우튀프론』, 『크리톤』, 『뤼시스』 등이 그것이다.)

이제 우리는 (기원전 4세기 초 희랍인들처럼) 이 작품을 읽기 시작한다. 이

---

[*] 물론 고대 저작의 제목이 반드시 저자에 의해 지어진 것은 아니라는 점에서 제목에 전적으로 기대서는 안 되겠지만(아리스토텔레스의 경우, 그의 모든 저작의 제목은 후대에 지어진 것이다), 플라톤식으로 제목을 붙이는 전통은 매우 오래된 것이어서 아마도 제목에 기댈 수 있을 만큼의 근거는 충분하다고 보아야 할 것이다.

작품은 두 명의 등장인물 사이에 오고가는 대화로 그 문을 연다. 이 자체는 비극에서도 낯선 방식이 아니다. 그러나 우리는 한순간도 비극을 읽고 있다는 생각을 하지 못한다. 왜냐하면 산문체로 운율이 없을 뿐 아니라 의도적으로 수사를 배제하는 방식의 단순한 대화를 담고 있는 아테네식의 산문이기 때문이다. 우리는 (종종 궐문闕文은 있어도 맵시 있는 산문 리드는 없는) 당대 수사법의 규준과 분명하게 구별되는 특징을 가진 문체를 발견한다. 다른 한편, 이는 과학적 탐구와 관련 있는 산문체도 아니다. 그렇다고 이런 문학 형태에서 매우 흔한 이오니아 방언을 가장한 형식을 찾을 수도 없다. 우리가 발견하는 것은 용의주도하게 그리고 조심스럽게 구성한, 우리가 일상생활에서도 들을 법한 평이한 있는 그대로의 말, 글로 된 어떤 문헌에서도 쉽게 찾을 수 없는 그런 말이다.

동료: 어디서 나타나는 건가, 소크라테스? 하긴 뭐, 알키비아데스의 젊음을 쫓아다니다 온 것이 분명한 게지? 하긴 엊그제도 보니까 알키비아데스는 여전히 잘생긴 남자더군. 그래도, 우리끼리 이야기지만, 남자가 다 됐어, 소크라테스. 벌써 턱 밑에 수염이 나기 시작했더군.

소크라테스: 그래서 그게 어쩠다는 건가? 자네는 호메로스를 찬미하는 사람이 아니었나? 호메로스는 수염이 처음 난 자의 젊음이 가장 멋지다고 했는데, 알키비아데스가 바로 지금 그런 때인데 말이야.

동료: 그래 요즘은 어떤가? 그와 함께 있다가 나타나는 거 맞나? 그 젊은이가 자네를 어떻게 대하고 있나?

소크라테스: 내가 봤을 땐 잘 대해 주고 있고, 특히나 오늘은 더 그런 것 같네. 내 편을 들어서 많은 이야기를 하면서 나를 도와주었거든. 참, 방금도 그와 함께 있다 오는 길이라네. 근데 좀 이상한 일을 자네에게 얘기해주고 싶군. 그가 옆에 있었는데도 나는 신경을 쓰지도 않았고, 그가 있다는 것을 종종 잊어버리기까지 했다니까.

위 대화는 의도적으로 평이하고 꾸밈없이 구성된 것으로, 기교를 거부하기 위해 기교를 쓰고 있다. 이 장면에 그런 말을 배치했다는 사실은 그 자체로 시인과 수사학자와 플라톤 자신과의 차이를 천명하고 있는 것으로, 시인과 수사학자라면 영혼의 비이성적인 부분에 영향을 주기 위해 용의주도하게 리듬과 형식을 집어넣었을 것이다. 이 말은 무아지경에 빠지게 하거나 감동시키거나 동요시키려는 목적하에 계산된 것이 아니다. 오히려 조용히 우리와 대화하고 싶다는 의지를 강하게 표명하고 있다.

우리가 독해를 해가면서 차츰 깨닫는 것은, 『프로타고라스』에는 우리에게 익숙한 비극에는 있는 특정한 종류의 '행동'*이 없다는 것이다(막간 2장 참조). 아리스토텔레스의 말대로 비극은 '진지하고, 완결적이며, 일정 규모를 갖춘 행동의 재현'이다. 그의 비극 이론을 받아들이지 않더라도 그 말이 섬세한 묘사를 담았다는 점은 분명 받아들일 만하다. 『안티고네』의 예를 들면, 복잡 미묘한 행동에 대한 이야기가 처음부터 끝까지 이어진다. 그 최초의 상황과 그 상황이 담고 있는 여러 문제들은 그 모습이 직접적으로 나타나지 않고 이를 재현하고 있는 행동에서 드러나는데, 이때 등장인물이 운에 맞닥뜨려 좌절하는 순간, 그리고 자신을 둘러싸고 있는 환경과 싸우면서 이에 대응하는 과정에서 빚어지는 실책을 인정하는 순간 등에 등장한다. 『프로타고라스』에서 우리는, 인간 사이의 진지한 상호 작용에 대한 말을 듣는다. 초반부의 극적 장치와 토의가 진행되는 중간 과정 모두, 비극의 내용이 되기에 적절한 것일 수는 있다. 그러나 대화편의 '행동'은 비극에서 보이는 것과는 다르다. 이는 알키비아데스에 관한 이야기도 아니고, 프로메테우스의 행동에 관한 이야기도 아니다. 그렇다고 히포크라테스의 도망간 노예에 관한 것도 아니다. 도입부의 말미에는 지성의 차원으로 이행하는 전환이 일어나는데, 이때 이 작품의 극적 갈등은 테크네 개념을 둘러싼 경쟁으로 전화한다. 구체적 경험과 경험을 둘러싼 개인적 반응은, 보편적인 논쟁, 질문 그

---

* [역주] 여기서 행동은 단순한 행위가 아니라 목적을 가지고 하는 행위로, 비극을 이루는 중요 요소 중 하나이다. 아리스토텔레스, 『시학』에는 '극작가는 행동하는 인간을 모방한다. 행동의 모방은 플롯이다'라는 구절이 나온다.

리고 전체적으로 가장 훌륭한 견해로의 탐색으로 대체된다. 우리는 비극에서 그렇듯 여기서도 '좌절reversal'과 '인정recognition'을 발견하기는 한다. 그러나 다시 말하지만 그것은 지성적인 판단과 믿음의 층위에서 그러한 것이지 개인적인 행보와 반응의 층위에서는 아니다. 소크라테스와 프로타고라스는 '위치를 바꾸는데(혹은 그들이 그렇다 말을 하는데)' 이는 소크라테스가 도덕적 가르침과 관련해서 자신이 이해한 것을 분석 설명하고 프로타고라스가 자신이 설명한 방식으로는 윤리적 배움이 진행될 수 없음을 인정하게 되는 순간 벌어지는 일이다. 『안티고네』에는 있는데, 여기에는 없는 것은 무엇일까? 크레온, 안티고네, 그들의 갈등, 즉 분노, 에로스, 회한, 연민 등이 그것이다. 이를 요약하면 (1) 그들의 전 생애에서 가장 중요한 행동을 하지 않을 수 없는 등장인물과 (2) 인간 영혼의 비지성적 요소들이다. 논쟁은 비극적 사건의 결과물이나 반응이 아니다. 논쟁과 담론은 '사건'이고, 탐구는 '행동'이다. 히포크라테스에게 실천적 판단을 위한 적절한 입장을 탐색하는 개인적인 걱정 따위는 없다. 소크라테스, 오디세우스, 그리고 프로메테우스는 새로운 종류의 이야기 속 주인공인데, 그들의 야망은 과학 영역의 이야기를 뛰어넘는다. 이는 두 방향에서 그러한데, 우선 특정 등장인물에서 보편적인 설명으로 넘어가면서 그렇고, 그다음은 감성과 느낌에서 지성으로 넘어가면서 그렇다. 이는 소크라테스 자신도 알고 있듯이, 인류애 넘치는 프로메테우스만큼의 위대한 과업을 수행할 수 있게 하는 그의 지적 재능에 의해서만 가능한 것이다.

위 사실을 염두에 두고 『프로타고라스』를 읽으면 비극에 반응할 법한 방식과는 매우 다른 방식으로 우리가 반응하고 있음을 알게 된다. 『프로타고라스』와 비극 둘 다 우리의 능동적 개입과 반응을 요구한다. 그러나 이 대화편은 우리의 지혜를 고무시키고 우리가 지적으로 능동적이기를 요구한다. 그 건조하고 추상적인 어투는 감성과 느낌의 돌출을 억제한다. 이 대화편에 우리를 설득시키려는 무언가가 있다면 그것은 순수하게 이성의 힘에 호소하는 방식을 취하는 것이다. 극적 요소가 처음에는 우리의 주의를 끌기는 했지만, 그저 이 작품이 추구하는 지성적 내용을 위한 계기로 작용할 뿐이다.

여기서 울거나 두려움 혹은 연민을 느끼는 것은 적절치 않다고 우리는 느낄 것이고, 대화편을 차분하게 보면 틀림없이 이런 감정에 부끄러움을 느끼게 될 것이다. 물론 인간적으로 감동을 주는 플라톤의 대화편도 있기는 하다. 『크리톤』과 『파이돈』 같은 대화편은 분명 그러한 것이다. 이 대화편들에서 특정 대화자의 첫 반응은 비탄과 연민이다. 그럼에도 이 대화편은 그런 감정은 미성숙하고 쓸모없는 반응에 불과한 것이라고 대놓고 말하며 가르친다. 크산티페는 울면서 부축 받아 방을 떠난다(60A). 소크라테스는 아녀자 같은 눈물을 보인다며 아폴로도로스를 꾸짖는다(117D). 우리 자신에게도 그의 질책은 적용될 수 있을 것이다. 파이돈은 자신이 연민을 느끼지 않는다고 반복적으로 주장한다(58E, 59A). 우리도 연민을 느껴서는 안 된다. 소크라테스는 대화자들을 특정 개인에서 보편적 인간으로, 감정 상태에서 지성 상태로 이끈다. 마찬가지로 대화편도 우리를 그렇게 이끈다. 『파이돈』에서의 소크라테스의 행동은 죽임을 당함이 아니라 영혼을 대상으로 한 진리 추구에의 헌신이다. 소크라테스는 어떻게 비극을 극복하고 탐구로 향할 수 있는지 우리에게 보여준다. 『파이돈』 영문판을 편집한 리차드 리빙스톤 경은 이 논증들을 더 작은 활자로 찍으면서 '그것은 읽혀도 그만 삭제해도 그만이기 때문'*이라고 했다. 이런 견해는 플라톤의 의도에 전적으로 반하는 것이다.

『고르기아스』와 『파이돈』, 그리고 『국가』의 말미에 신화가 실려 있다는 점도 언급되어야 한다. (『국가』 6-7장에는 태양, 선분, 그리고 동굴에 관한 유명한 우화도 실려 있다.) 7장에서 나는 초중기 작품에서 신화와 이미지가 '사용'되는 방식은, 『파이드로스』에서처럼 감정적으로 격동시키는 동시에 철학적으로도 중요한 역할을 하기 위해 사용되는 방식과는 완전히 다르다고 주장할 것이다. 이런 대화편들에서의 신화는 『파이드로스』에서와는 달리, 철

---

* R. W. Livingstone, ed., *Portrait of Socrates*(Oxford 1938) viii. D.D.Raphael의 'Can literature be moral philosophy?', NLH 15(1983) pp.1-12 참조. 비탄함에 대한 소크라테스/플라톤식의 반박을 보려면 본서 7장과 막간 2장을, 비극과 탐구에 적합하게 개별 인간들을 바라보는 방식에 관해서는 본서 6장을 참조.

학적 논증에 필수적 역할을 담당하지 않는다. 그저 논증에 부가되어 그 논증을 강화하는 역할을 할 뿐이다. 따라서 마음을 격동시키는 언어로 표현되지도 않는다. 사실상 이들 신화를, 신화를 배제한 논고論考와의 비교 없이 그저 신화와 이미지의 비극적 사용과 비교하면, 우리는 플라톤이 행동을 재구성한 것과 매우 비슷한 방식으로 신화도 재구성했다는 것을 알게 될 것이다. 그가 신화를 사용한 이유는 신화 자체를 향유하기 위해서가 아니라 자신이 이미 논증한 보편적이고 철학적인 진리를 설명하기 위해서다. 그리고 '미친' 정념을 일으키기 위해서가 아니라 잠재우기 위해서다. 따라서 이 신화들을 통해 사랑이나 연민 혹은 비탄, 심지어 공포를 느낀다면 그것은 괴상한 그리고 자못 부적절한 반응이라고 나는 생각한다. 우리는 에르Er*를 보면서 안티고네에게 느끼는 감정을 느끼지는 않는다. 이 신화에서 핵심적 위치를 차지하는 것은 그의 이야기가 담은 보편적이고 윤리적인 진리이고, 사실 에르라는 존재 자체는 부수적인 것이다. 그의 이야기로 우리가 개별적인 사항들에 매료되거나, 우리 영혼의 비합리적인 면이 격동되지는 않는다.

지금까지 우리는 플라톤이 비극을 어떻게 다루었는지에 대한 일반적 측면을 살펴보았다. 그런데 왜 그가 그렇게 했는지는 아직도 모른다. 왜 실천적 지혜를 가르치려는 목적으로 쓴 대화편에서 감성과 느낌의 개입을 배제했어야 했을까? 왜 대화편은 기름기를 뺀 담백한 어투를, 그리고 지성화된 행위의 측면을 스스로 선택했을까? 다행히 플라톤 스스로 답변을 해주고 있다. 가장 우선시되고 가장 명백한 논점, 시인과 수사학자들도 강조하는 논점은, 감각과 감성에 호소하는 언어는 진리 추구의 길목에서 이성을 산만하게 만들 '수도' 있다는 것이다. 이 논점은 『소크라테스의 변명』 첫머리에서 강하게 표출되는데, 이때 그는 다음과 같이 시 훈련을 받은 상대편의 어투diction를 비판한다.

---

* [역주] 에르는 아르메니오스의 아들로, 전쟁에서 죽었다가 깨어나 저승을 다녀온 이야기를 풀어놓는다.

아테네인 여러분, 나를 고발한 사람들로 인해 여러분이 무슨 일을 겪었는지 난 알지 못합니다. 하지만 어쨌든 나는 그들로 인해 스스로도 거의 나 자신이 누군지 잊어버릴 지경이었습니다. 그 정도로 그들은 설득력 있게 말했던 거죠. 하지만 진실에 관한 한 그들은 사실상 아무것도 말한 게 없다고 할 수 있습니다. ……내겐 정말 놀라운 것으로 여겨졌는데 ……내가 말하는 데 능란하니까 여러분은 나한테 기만당하지 않도록 조심해야 한다는 말이었습니다. 곧바로 실제 행동을 통해 나한테서 논박당하리라는 걸, 그러니까 내가 말하는 데 어떤 식으로도 능란하지 않다는 것이 밝혀지게 되면 단박에 논박당하리라는 걸 수치스러워하지 않는다는 것, 바로 그것이 내겐 그들이 가진 가장 몰염치한 점이라는 생각이 들었거든요. 혹시라도 이 사람들이 진실을 말하는 사람을 가리켜, 말하는 데 능란한 사람이라고 부르지 않는 한은 말입니다. ……하지만 아테네인 여러분, 제우스께 맹세코 말하건대, 여러분은 이 사람들의 말처럼 미사여구로 멋들어지게 꾸미거나 질서 있게 배열한 말이 아니라, 그저 단어가 떠오르는 대로 두서없이 하는 말을 나한테서 듣게 될 겁니다. 내가 말하는 것들이 정의롭다고 믿으니까 그렇게 하는 겁니다. (17A-C)

『프로타고라스』에서 그렇듯, 여기서도 플라톤은 용의주도하게 구성되지 않은 것 같은 인상을 주는 말을 매우 용의주도하게 만들어 낸다. 이는 기교를 부리지 않는 것이 아니다. 오히려 그 기교는 진리를 말하는 영혼의 부분으로 직진하라고 주장하기 위한 기교다. 장식적이라기보다는 단순하고, 감성적이거나 설득적이라기보다는 담담하다.* 소크라테스가 직접 그 이유를 말해주는데, 장식적인 말은 기만할 수 있는 힘을 갖고 있기 때문에 멀리한다고 한다. 그의 말이 강하게 함축하는 것은, 기만하려는 의도가 있어서 그런 말에 탐닉하는 것이고 그것이 유일한 이유라는 것이다. 그래서 그는 대신에

---

* 이런 감정들, 그리고 그것들과 비극과의 관련에 대해서는 막간 2장을 참조.

모든 가장假裝에서 벗어난 투명하고 단순한 말을 추구한다.

이런 문학적 맥락 속에는 독자의 정신을 멍하게 만들고 넋을 빼앗으려는 의도를 분명하게 갖고 있었던 고르기아스를 비롯한 여러 수사학자들이 자리 잡고 있다. 그리고 우리는 여기서 어떤 동기로 소크라테스가 이런 선택을 하게 되었는지 알 수 있게 된다. 그러나 그것을 정당화하려면 플라톤은 시적인 말이 기만일 수 있다는 것을 보여주는 것보다 더 많은 것을 해야만 한다. 그가 시적인 말은 '반드시' 속이기 마련이라는 것을 보여줄 필요는 없지만 적어도 이런 종류의 말, 즉 감정 활동 증가와 관련된 말이 윤리적 진리를 가르칠 때 어떠한 중요한 긍정적 역할도 하지 않는다는 것 정도는 반드시 보여주어야 한다. 그렇지 않으면 시를 위시한 그의 상대편은 왜곡의 위험성에 대해서는 그에게 동의하겠지만 그런 위험성은 좋음에 도달한다는 목적을 위해서라면 감수해야 하는 것이라고 주장할 것이다. 플라톤이 이 점을 간과하지 않았음은 분명하다. 곧 살펴보겠지만 중기 대화편에 등장하는 숱한 윤리적 논증에서 그는 감각적, 감정적 반응이 인간의 도덕적 그리고 지성적 삶에 커다란 부정적 역할을 할 뿐 어떤 긍정적인 역할도 하지 않는다는, 그래서 인간이 바람직하게 발달하려면 이런 반응으로부터 인간 영혼의 지성적 부분을 '격리'시키는 것이 최선이라는 견해를 옹호하는 데 몰두한다. 이런 논증들을 통해 우선적으로, 감성과 느낌에 호소하면서 가르침을 주는 글로 된 저작은 '필요'없다는 결론이 도출되는 것 같다. 그러면 가치 있는 작품은 대부분 지성적인 부분만을 떼어내거나 다른 부분과의 분리를 촉진하는 작품이 될 것이다. 물론 이런 분리 과정에서 무엇보다 가치 있는 구두 설명의 형식도 존재하는데 그중 가장 먼저 꼽을 수 있는 것은 두말할 것도 없이 수학 연구다(5장 참조). 그러나 대화편처럼 문자로 된 작품은 그 나름의 방식으로 지성에 능동적으로 개입하여 영혼 해방에 기여하는데, 영혼으로 하여금 자신 경험의 특수성을 뛰어넘어 보편적 이해를 바라보도록 하고, 비합리적인 반응들에 비판적 태도를 가지도록 한다는 점에서 그렇다.

높은 가치를 지닌 문자로 된 문헌의 이런 특성에 대해 말하는 플라톤에 동의한다 해도, 그렇다면 비극시 역시 비슷한 방식의 무해한 장르가 아니겠느냐고 여전히 반문할 수 있다. 그러나 『국가』 10장에서 플라톤은 비극시에 대한 우리의 감성적 반응은 실제로 영혼의 비지성적인 면을 강화시켜, 지성을 더 산만하게 하고 방해하는 원천이 된다고 말한다. 문헌의 가장 중요한 역할이 감성을 메마르게 하는 것이라면, 비극시는 감성을 '적신다'(606D). 7장에서 우리는 플라톤이 이 문제와 관련된 자신의 견해를 수정할 때, 같은 맥락에서 문자와 관련된 그의 견해와 실행도 함께 바꾸는 것을 보게 될 것이다.

결국 중기 대화편에서 우리가 발견하는 것은 희곡이다. 그러나 그 희곡은 강한 감성에 호소하는 일반적인 희곡의 특성이 제거되고 정화된 것으로, 순수하고 투명한 지성이 어려 있는 희곡이다. 위에서 대화편과 비극시에는 논박 구조elenctic structure라는 공통점이 있다고 언급했다. 이제 우리는 실제로 그런지를 좀 더 세밀하게 살펴야 한다. 비극의 논박술elenchos은 감정과 관능적 상상력을 중심으로 작동한다. 크레온이 얻은 가르침은 사랑하던 아들을 잃은 슬픔과 그의 생전에 제대로 보지도 느끼지도 못했던 사랑을 기억하면서 얻어진 것이지 논쟁에 져서 얻어진 것은 아니다. 크레온이 지성과 논쟁의 층위에서 행동했다면 어떤 것도 자신감에 가득 찬 그를 설득하지는 못했을 것이다. 갑자기 밀어닥친 비탄과 지독한 상실감이야말로 그가 한 번도 제대로 파악하지 못했던 세상의 한 면을 볼 수 있게 만들었던 것이다. 심지어 비극은 근본적 층위에서 보면 그의 감정이 내내 그의 지성보다 더 합리적이었다고 말한다. 야심에 찬 지성은 편협하게 한 방향만을 고집하면서 정말 중요한 것은 외면하는 실책을 저지른 반면, 수면 아래에 있던 감정은 균형 이룬 가치 구도를 보존한다. 크레온에게 가족에 대해 어떤 생각을 갖고 있느냐고 '따져 묻는' 것과 아들의 죽음이라는 사태를 어떻게 대하는가는 별개의 일이다. 그리고 플라톤식의 논박술에 의하면 이는 깊이 의심해 보아야 하는 일이기도 하다. 논박술은 오로지 지성에만 기대어 가르침을 준다. 배움은 대화자가 논리적 모순에 걸려들었을 때 일어난다. 물론 그는 논증 과정에서 그의 기억과 직관의 힘을 빌릴 수 있다. 그러나 기억과 직관에 접근할 때는 지성적 물음을 거쳐야 하고 또 그것을 목적으로 해야 한다. 느낌을 직접적으로 일깨우는 꼬여 있는 사건이나 경험 따위는 대화자가 배움을 얻는 과정에서 어떤 역할도 해서는 안 된다.『파이돈』의 등장인물들이 소크라테스를 향한 자신의 애정에 초점을 맞추어 영혼에 대한 가르침을 얻는 것은 아니다. 그들이 배움을 얻는 순간은 오직 그 애정을 물리치고 사유로 돌아갈 수 있을 때뿐이다. 그런데, 중기 대화편에서는 플라톤도 소크라테스식 문답법이 개입되기 전에는 감정이 부분적으로 초기 훈련을 담당할 수 있다는 점을 분명히 인정했다. 5-7장에서 보겠지만, 영혼 속에는 좋음을 가르쳐도 전혀 반응하지 않는 순전히 비이성적인 욕구도 존재한다는 점을 그는 알고 있었다. 그리고 또 그는 복잡한 '중간 부분' 즉 훈련, 믿음과 상관있는 영혼의 감정적 부분을 이해하려 한다. 그러나 이런 훈련은 욕망을 통제하려는 목적, 열정적인 사랑, 죽음에 대한 공포* 같은 적절치 못한 감정들의 발생을 억제하려는 목적으로, 순수하게 부정적 방식으로 행해지는 것이다. 영혼을 참된 이해의 단계로 상승시키려면, 그리고 그 방법이 글로 된 문헌을 통해 전해지는 것이라면, 비이성적이거나 감정적인 등장인물에 초점을 맞추는 일은 반드시 피해야 할 것이다.

이성과 감정의 상호 견제가 두드러지는 또 하나의 접근 방식이 있다. 플라톤식 탐구는 개별 사례를 보편적 설명을 위한 자료로 이용한다. 보편 형식을 얻지 못한 개별자 그 자체는 직관의 대상이 되지 못한다. 항상 우리는 모든 사례를 통칭하면서 하나로 묶을 수 있는 무언가를 찾아야 한다는 압박을 받고, 각 사례들의 차이점은 도외시(혹은 보기를 거부?)**한다. 우리가 단일한 형식을 장악하면 시작점에서의 개별 판단은 단순히 보편 속의 한 사례에 불과한 것이 된다. 비극의 논박술은 어떤 것을 올바르게 설명할 수 있는 '유일한' 방법을 탐색할 때는 전혀 도움이 되지 않는다. 물론 일정 정도의 보편화 과정이 없으면 우리는 배움을 얻을 수 없고, 그런 점에서 크레온이 배운 것

---

* 이런 감정들과 그것들이 품은 가치에 관해서는 본서 5장과 7장을 참조. 특히 사랑erōs에 관해서는 6장 참조.
** 사랑의 상승에 관한 설명은 6장 참조.

에 약간의 수정만 가하면 지금의 사례에도 적용할 만한 것이 될 수도 있다. 그러나 뭐니 뭐니 해도 일반적으로 비극은, 단일한 형식을 가지고 탐구할 때의 위험성을 우리에게 경고할 때 그 힘을 발휘한다. 비극은 너무나 다채롭게 환원 불가능한 인간의 가치, 그리고 생생한 실천 상황의 복잡성과 불확실성을 끊임없이 우리에게 보여준다. 우리가 책임을 지는 주요 대상은 언제나 개별자들이지 보편자가 아니다. 물론 어느 정도까지는 배움에 있어 보편화가 필요하지만, 설명의 적절성을 검증하려면 우리 앞에 놓인 사례들을 경험적으로 지각한 것과 그 보편성이 서로 맞아 떨어지는지를 살펴야 할 것이다.[*] 『향연』에서 플라톤은 이런 입장을 알키비아데스라는 등장인물과 연결시키면서 이 입장에 대한 그의 애정과 거부를 모두 드러낸다(6장).

플라톤의 반反비극적 희곡을 통해 우리는 다른 장르와 구별되는 철학적 문체, 즉 그저 문학적인 것과 상반되는 동시에 진리의 원천인 지성을 향한 철학자의 헌신을 표현하는 문체가 어떤 기원을 갖고 있는지를 알아보았다. 철학을 극 형식으로 서술하면서 플라톤은, 모든 독자가 진리 탐구에 능동적으로 참여할 것을 요청한다. 반비극적 극본을 서술하면서 그는 독자에게 경고 하나를 날리는데, 그것은 독자 자신에서 찾을 수 있는 유일하게 확실한 요소는 이런 식의 탐구에 적합한 것일 수밖에 없다는 것이다. 이제 우리가 볼 수 있는 것은, 이것이야말로 『프로타고라스』에서 드러나는 변증법과 엘리트주의 사이의 그리고 현상적으로 우리에게 선택으로 주어지는 것과 오직 우월한 존재만이 선택을 해야 한다고 천명하는 것 사이의 긴장 관계가 표출하는 진정한 의미이다. 사실상 우리 각자는 선택권을 가진다. 그러나 적절한 선택은 우리가 소유한 최상의 요소 즉 지성에 의해 이루어졌을 때만 가능하다. 이제 우리는 다른 철학적 문제도 흔히 그렇듯 플라톤의 문체가 내

---

[*] 본서 3장에서 논의한 하이몬의 사례와 10장과 막간 2장에서 논의한 숙고와 사유nous에 관한 아리스토텔레스의 설명을 비교하라. 또 Nussbaum, *De Motu* Essay 4의 'Practical syllogisms and practical science'도 참조하라.

용-중립적content-neutral이지는 않다는 점을 이해할 수 있다. 그의 문체는 인간 합리성의 명확한 이해와 긴밀히 결부되어 있다.

지금까지 나는 거칠게 일반화한 분석을 진행했다. 그 분석은 작가로서의 플라톤이 지닌 일부 측면만을 감안한 것이다. 일례로 이런 분석으로는 『향연』에서의 희극적 그리고 비극적 연설이 품고 있는 복잡성은 전혀 다룰 수 없다. 우리가 가진 요소 중 소크라테스가 극복 대상으로 삼아 우리에게 극복하라고 몰아붙이는 요소가 있는데, 이 연설에서 그 요소가 지닌 힘은 그저 덜 떨어진 단계에서 나오는 힘이라 보기는 어려운 더 높은 수준의 힘으로 느껴진다. 그리고 앞서 보았듯, 여기의 분석에서는 『파이드로스』에 나오는 신화와 이미지 그리고 운문의 역할을 다루지는 않았다. 나는 나중에 『파이드로스』에서 플라톤이 자신의 윤리적 이해 그리고 그 이해와 관련된 글쓰기에 대한 이해를 비판적으로 검토하고 있다고 주장할 것이다(7장). 여기서 내가 바라는 바는 플라톤의 대화편 형식과 플라톤식 윤리의 내용 간의 관계를 탐구할 여지를 남겨두는 것이다. 여기서 플라톤식 윤리의 내용이란 통찰이 아니라 우리의 일상적인 인간성을 혼동의 원천으로 이해하고, 우리의 삶은 지성의 변증적 활동을 통한 초월이 필요하다는 것을 이해하는 것이다.

5장 『국가』: 참된 가치와 완전함에서 바라본 관점

자넨 재미있구면, 내가 말했네. 자네는 쓸데없는 교과목들을 지정하는 것으로 비치지 않을까 하며 다중多衆을 두려워하는 사람처럼 보이니. 하긴 이런 걸 확신하는 일은 쉽지 않다네. 힘든 일이지. 우리 각자 혼 안에는, 수학이라는 교과를 통해 정화되어 다시 타오르는 기관이나 도구가 있다는 것을 받아들인다는 것은 말이야. 이 기관은 우리의 일상적인 일들에 의해 파괴되어 맹인처럼 되어 버리기는 하지만, 그 기관만이 진리를 볼 수 있기에 1만 개의 눈보다 더 보전할 가치가 있는 것이라네. 이런 믿음을 우리와 함께하는 사람들은 자네 주장을 더할 나위 없이 좋은 것이라고 생각하겠지만, 이런 것을 결코 깨닫지 못하는 사람들은 아마도 자네 주장을 말도 안 되는 것이라고 여길걸세. 왜냐하면 그들은 이런 교과목들에서 이렇다 할 그 밖의 다른 이익을 발견하지는 못할 테니 말일세.

『국가』527D-E

평범한 사람의 선을 공격하면서 플라톤은 아테네인의 일상적 삶을 묘사하는 장면의 막을 연다. (여전히 철학이 민주정 체제 속 시민 삶의 한 부분으로 기능할 수 있다고 믿었던) 소크라테스는 아테네를 떠나 피레우스로 향한다. 그와 동행한 이는 클라우콘으로 플라톤의 형이다. 기원전 421년으로 추정되는 그때는 니키아스 평화조약*이 맺어진 해로, 상대적으로 편안하고 안정적이었다. 이 글이 작성된 시기, 즉 대략 5년 후로 옮겨가면 이 대화편 속 주요 등장인물 대부분은 세상을 떴거나 어려운 시절을 보내고 있었다. 그중 세 사람(폴레마르코스, 니케라토스, 소크라테스)은 정치적 탄압에 의해 처형

---

* [역주] 니키아스 평화조약은 아테네와 스파르타 사이에서 벌어진 펠로폰네소스 전쟁의 전반기를 종결지은 화약和約으로 니키아스의 주도 아래 이루어졌다.

당했는데, 앞의 두 사람은 과두 사이의 파벌 싸움 도중 그들의 재산을 노린 이들에 의해 살해당했다. 이 파벌 싸움을 주도한 이들 중에는 플라톤의 친척도 끼어 있었다. 그러면 우리는 이런 평화적 상호 작용을 주시하면서, 폭력—명백하게 영혼의 욕망의 부분appetitive part에서 나온 욕구desire로부터 자양분을 얻은 폭력—에 대한 우려 섞인 마음, 억제하려는 생각을 함께하게 된다.

소크라테스와 글라우콘은 최근 모시기 시작한 트라키아의 여신, 벤디스를 기리는 축제를 구경하러 간다. 이 축제에 대해 소크라테스는 처음에는 미심쩍어했으나 나중에는 감탄한다. 반복적으로 '~것 같은', '~처럼 보이는'과 같은 용어를 사용해서 소크라테스는 가치 판단을 하는데, 현지인들의 행진과 트라키아 방문객들의 행진이 모두 '근사하거나', '훌륭했다kalē'*고 혹은 그에게는 훌륭해 보였다고 말한다. 더구나 같은 날 저녁, 말 위에서 횃불을 건네는 계주 경기가 열리고, 그 이후에는 철야제徹夜祭까지 거행된다. 플라톤의 형 아데이만토스는 이런 행사들이 정말 '볼 만할 것axion theasas-thai(328A)'이라고 말한다.

그리고 이들 아테네 민주주의자들은 행진과 횃불 경주 사이의 막간을 이용해서 잠깐 철학적 대화를 나눌 수 있다고 의견을 모은다. 『국가』 전편은 이 막간에 위치한다. 소크라테스를 제외한 모든 등장인물들은 (어쨌거나 처음에는) 철학을 학문의 한 갈래일 뿐인 것으로, 더도 덜도 아니라 다른 학문만큼만 가치 있는 것이라고 생각한다. 참된 민주주의 정신으로 무장한 그들은 관심과 쾌락을 불러일으키는 모든 대상에 똑같은 가치를 부여하려 하는데, 그 각각은 마치 8권에 묘사된 민주정 체제하의 인간처럼, '언제나 그 쾌락이 충족될 때까지 자신에 대한 지배권을 갖도록 해주었다가 다시 다른 쾌

---

* 이 단어는 미학적-윤리학적으로 매우 중요하다. 그 의미로 보통 '아름다운', '고상한', '훌륭한' 등을 모두 포섭한다. 본서 6장에서 나는 이 단어가 (도덕적, 미학적 의미에서 모두) '가치'를 표현하는 포괄적 개념에 매우 근접해 있는 개념이 될 수 있다고 주장할 것이다. 여기서 논의하고 있는 '가치'와 관련된 희랍 어휘에 대해서는 1장 참조.

락을 만나게 되면 그것에 대해서도 그러는데 어떤 쾌락도 무시하지 않고 똑같이 키우는(561B)*' 것이다. 확실히 가치를 대하는 이런 태도에는 지속성과 자기 충족성이 결여될 수밖에 없다. 이런 방식으로 유지되는 초소guard-house는 제멋대로 하는 통치자에게 휘둘리기 마련이다. 또 그런 방식으로 유지되는 영혼 역시 욕구를 새로이 지배하는 것에 복종하면서 자신의 방식을 쉬이 바꿀 수 있다. 그리고 너무나 자주 그 욕구는 연약한 것들에 몰두하도록 영혼을 몰아붙이기 때문에, 영혼이 가치를 두는 것들을 너무나 빨리 모조리 앗아가 버릴 수 있다. 우리는 한때 친구였던 사람들이 권력과 재물에 눈이 뒤집혀 당장이라도 서로를 죽일 수 있다는 것을 안다. 죽은 이들 중 소크라테스만이 유일무이하게 자신이 사랑하는 것을 잃지 않고 죽을 수 있었던 사람이었다.

이제 장면은 곧바로 케팔로스(그의 이름은 '우두머리'라는 뜻이다)의 저택으로 옮겨진다. 이 나이 든 남자는 자신의 늙고 쇠약해진 몸 때문에 오히려 더 큰 집중력과 안정감이 생겼다고 말한다. 너무 쇠약해져 시내까지 제대로 걸어가지도 못하는 그는 해가 갈수록 육체적 욕구가 사그러들어 젊은이들이 쉽게 빠지는 주의 산만함도 덜해졌다. 반면 논증을 향한 그의 사랑은 오히려 증가했다(328C-D). 케팔로스는 소크라테스에게 말하기를, 그가 아는 대부분의 노인들은 늙음을 서러워한다고 한다. 그들은 나이가 들면서 삶이 쭈그러들었다고 생각한다. 이 노인들은 육체적인 욕망과 그 만족을 위한 활동에 가치를 두고 그에 집착한다. 그리고 이렇게 말한다. '젊은 시절의 쾌락을 아쉬워합니다. 성적인 쾌락, 그리고 술판이나 축제 또는 이런 것에 속하는 다른 여러 가지 것을 그리워하죠. 그러면서 그들은 마치 굉장한 무엇인가를 빼앗기기라도 한 듯, 그래서 한때는 잘 살았으나 이제는 사는 것도 아닌 듯이 화를 내지요.'(329A) 또 다시 보겠지만, 훌륭한 삶이 지닌 연약성은 가치에 대한 사상과 직결되어 있다. 변화와 우연은 그들의 골칫거리인데, 그들

---

* [역주] 원서에는 516B로 표기되어 있으나 오기誤記가 분명하므로 바로 잡았다.

이 변화를 통제하고 사태를 변화시키는 데 마음을 쏟고 있기 때문에 그렇다. 다른 한편, 케팔로스에게 노인이 된다는 것은 단지 문제의 종결을 의미할 뿐이다. 그는 시인 소포클레스를 끌어들여 소크라테스와 이야기를 나눈다. 여전히 여인과 성관계를 맺을 수 있느냐는 질문에 소포클레스는, '쉿, 이 사람아! 그것에서 벗어났다는 게 정말 더할 수 없이 기쁜 일일세. 흡사 광포한 어떤 주인한테서 도망쳐 나온 노예가 된 것 같거든'(329B-C)이라고 대답한다. 케팔로스도 이에 뜻을 같이하며 다음과 같이 말한다. '노년에 이르러서야 그런 면에서도 큰 평화와 자유가 완연히 생기게 되니 말입니다. 온갖 욕망이 더 이상 뻗치지 않고 편안해진 뒤에야 소포클레스께서 말씀하신 상태가 완전히 실현되는 것이니, 그건 하고많은 광적인 주인들한테서 풀려나는 것이죠.'

『국가』의 첫머리는 다음과 같은 가치에 관한 질문과 맞물려 우리에게 다가온다. 인간의 삶에서 진정으로 가치 있는 것, 가치 있는 행위, 그리고 볼 만한 가치가 있는 것은 무엇인가? 이 질문이 우리에게 알려주는 것은 (지금까지는 놀랄 것 없는) 그에 대한 대답과, 위험성 및 자기 충족성에 관한 우리 질문에는 밀접한 관련이 있다는 점이다. 가장 위험한 사람은 보통의 민주정 체제하의 시민으로 훌륭한 삶에 대한 그들의 이해에 따르면 사실 언젠가는 낭패를 볼 수밖에 없는 활동과 주제들에 가치를 부여할 수밖에 없기 때문에 위험하다. 케팔로스와 소포클레스는 그래도 나은 사람들이다. 그러나 케팔로스 역시 여전히 돈과 죽음에 대한 공포에 사로잡혀 고통받고 있다. 그리고 그가 자신이 생각하는 것보다는 더 욕망을 중시하는 것이 아닌지 의심스럽다. 나중에 보겠지만 인생에서 최전성기를 보내고 있을 때조차도 욕망의 대상들에 훨씬 덜 신경을 쓰면서 '미친' 욕망으로부터 케팔로스보다 훨씬 덜 고통을 받으며 살아가는 사람도 있다.* 논증의 마지막까지 소크라테스는 인간에게 최상의 삶은 케팔로스에 비해서도 훨씬 극단적으로 욕망으로부터

---

* 이런 욕망들은 가르침이나 판단에 바로 반응하는 것이 아니라서 '광기'로부터 해방되기 위한 훈련에는 가르침뿐 아니라 습관화도 들어 있어야 한다. 막간 2장, 그리고 7장 참조.

멀어진 삶이라고 주장한다. 그 삶은 철학자의 삶이다. 『파이돈』에서의 묘사처럼 철학자의 영혼은 그 관조의 대상인 형상과 닮아 있다. 순수하고, 견고하며, 단일하고, 일관적이며 영원히 변하지 않는다. 연약성이 배제된 선한 삶이 이것이다. 우리는 이제 이런 삶이 지닌 우월한 가치를 갈파하는 그의 논증을 이해하고자 한다.

가치에 대한 플라톤식의 질문을 던질 때 우리는 반드시 인식론적 질문을 함께 던져야 한다. 어떻게 혹은 어떤 관점에 서야 다가올 미래의 삶을 구성하는 내용에 대한 가치를 적절하게 판단할 수 있는가? 이 대화편의 시작에서부터 쉽게 알 수 있는 것은 평범한 사람들에게 좋아 '보이는' 것이 무엇이냐는 질문을 던지면, 철학자는 결국 무가치한 것으로 판단할 만한 수많은 활동을 꼭 집으며 대답할 것이라는 사실이다. 그러나 소크라테스가 나중에 주장하는 바와 같이, 일반적으로 가치 있는 것이 무엇이냐고 물으면 대부분의 보통 사람들은 그들 각자의 삶을 칭송하며 자신의 것이 가치 있다고 대답할 것이다(581C-D). 그러나 플라톤은 이들의 대답 대부분이 그릇된 것이라는 확신을 갖고 있다. 우리 인간 영혼의 '눈'은 '미개한 곳의 진창 속에 깊이 파묻혀 있는 것과 같아서'(533D) 명료하게 볼 수 없다. 그러면 이 눈으로 잘 볼 수 있는 장소는 어디일까? 또 참된 시야를 가로막는 장애물은 어떤 본성을 가지고 있을까? 소포클레스는 이에 대해 한마디 한다. 그는 고결하게 '오 인간이여'라는 말—어쨌든 플라톤이 신중하게 고른 것이 분명한 말—을 사용하며 문제는 우리 인간의 독특한 본성이라고 넌지시 말한다. 그리고 올바른 지각은 인간 이상의 존재, 인간을 바깥에서 바라볼 수 있는 존재의 관점에서 이루어지는 것이라고 말한다.(『국가』 9권에서 '진정한 초월'의 본모습에 관해 논할 것이다.) 그러면 우리는 가치에 대한 입장뿐 아니라 그에 수반되는 참된 안목에 대한 입장도 함께 논해야 한다.

이제 우리는 이런 문제들을 탐구할 준비가 되었다. 그러나 그 탐구는 복잡한 방식일 수밖에 없다. 왜냐하면 우리의 길에는 어려운 해석상의 문제가 도사리고 있기 때문이다. 따라서 플라톤의 논증을 제대로 이해하기 위해서는 해석상의 문제를 먼저 정리해서 명료하게 만들 필요가 있다.

I

『국가』는 인간에게 최상의 삶은 철학자의 삶으로, 배움과 진리의 관조에 헌신하는 삶이라고 주장한다. 또 『국가』는 최상의 삶은 이성에 '지배받는' 삶으로 이성은 삶의 여러 선택지를 평가하고 순위를 매기며 질서 짓는 기능을 한다고 주장한다. 『국가』의 좋음 이론에 관한 위와 같은 두 주장이 공존한다는 것은 일반적으로 정설로 받아들여지는 것이다. 해석자들 사이에 이견이 있는 부분은 플라톤의 좋음에 관한 이 두 가지 주장이 어떤 식으로 관계를 맺는지, 이 두 주장이 관련이 있기는 한지이다. 이 대화편의 4권에서 자세히 설명되는 이성의 '지배'라는 관념은 이성에 의해 계획되고 질서 지워지는 삶의 내용을 구체화하려는 어떤 시도도 없는 순수하게 형식적인 관념으로 드러난다. 이때 필요한 것은 일정한 질서에 의해 좋음을 이해하고, 행위자는 그 이해에 따라 그 혹은 그녀의 영혼을 조화롭게 하고 그 혹은 그녀의 인생 계획을 짜는 것뿐이다. 영혼의 이성적인 부분logistikon은 가치 있는 것이 무엇이고 '영혼 전체의 좋음을 위해 미리 사려하는 크기'가 어느 정도 인지를 결정한다. 이성의 혹은 지성의 부분과 그 외 동기가 되는 요소들의 차이는 전체적인 가치 평가 그리고 선별하는 능력에 있다. 욕망은 전체적인 이로움에 비추어 대상을 이해하지 않는다. 그저 대상에게로 손을 뻗칠 뿐이다. 그러나 4권에서 이루어지는 이성적 가치 평가에 대한 형식적 이해에 따르면, 다른 것들과 마찬가지로 선별되고 정리되는 본질적으로 가치 있는 구성 요소로서의 욕망적 활동을, 삶의 계획 속 '내용'에 포함시켜서는 안 될 이유가 없다. 사실상 이성 활동의 부분은, 인간이라는 복잡한 존재 속 '영혼 전체'의 좋음을 위해 미리 사려하면서, 자연적이고 지속적인 욕망의 만족에 본질적 가치를 귀속 시킨다고 누군가 주장한다 해도 그리 어색하지 않아 보인다. 그리고 플라톤이 이런 주장에 반하는 언급을 한 바도 없다. 우리는 잘 정돈된 내용이라면 그의 요구 조건을 충족시킬 수 있으리라 생각할 수도 있다.

덧붙이면, 『국가』의 말미에서 플라톤은 내용에 대해서도 대단히 많은 이야기를 한다. 사실 그는 가장 흔한 인간 활동 중 대부분—욕망 활동 일체를 포함해서—을 내재적 가치가 결여되어 있다는 이유로 부정한다. 그리고 철학자의 삶을 최고의 삶으로 꼽는다. 소크라테스는 이런 삶이 최악의 삶인 참주의 삶보다 정확하게 729배 더 좋다고 주장한다.* 4권의 순수하게 형식적인 접근을 벗어난 이런 행보는 6권에 등장하는 소크라테스의 알쏭달쏭한 주장에서 이미 그 조짐을 보이는 것이다. 소크라테스는, 앞에서 한 이야기에는 부족한 면이 있는데, 인간들이 서로 동의하는 바에 불과한 것을 좋음으로 간주하는 수준에 머물러 있으면서 또 그것을 인간을 가치 평가하는 잣대로 사용해서 인간은 불완전한 존재로 만들어 버리기 때문이라고 말한다.** 우리는 이미 『프로타고라스』에서 그런 잣대가 소크라테스에게는 통하지 않는다는 것을 보았다. 이제 그는 그런 '게으름'은 우리 폴리스와 우리 철학자들이 반드시 물리쳐야 하는 정신의 특질이라고 말한다. 비슷하게 『파이돈』에서도 소크라테스는 최상의 삶은 그가 죽음 연습이라고 부르는 삶이라고 주장한다. 그 삶은 철학자가 그 혹은 그녀 자신을 아무런 가치도 없는 인간의 육체적 욕구와 쾌락으로부터 최대한 멀어지게 만드는 철학적 관조의 삶이다.***

최근 해석자들은 중기 대화편에 보이는 가치 있는 삶에 관한 플라톤의 최종 입장을 제대로 설명하려면 『국가』 4권의 형식적 논증에만 의존해서는 안 된다는 데 대체로 의견 일치를 본다. 분명 플라톤은 삶의 '구성 요소'에도 따로 관심을 갖고 있었다. 최상의 가치를 논할 때 질서는 대체로 필요조건은

---

* 『국가』 587E. 내가 여기 숫자 강조의 의미를 이해하고 있다고 주장하는 것은 아니다. 참주에 관한 자세한 논의는 Nussbaum, 'Shame, separateness' 참조.
** 『국가』 504A–D. 이 단락에 대해서는 아리스토텔레스의 비판과 함께 8장에서 자세히 논의할 것이다.
*** 『파이돈』 64A 이하. 이 주제에 관한 『국가』와 『파이돈』의 유사점과 차이점에 대해서는 아래에서 더 논의할 것이다.

될 수 있을지언정 충분조건이 되지는 못한다. 그렇다 보니 이 문제를 다룬 최근 문헌에서는 내용에 관한 이런 주장을 플라톤의 당혹감을 표현한 것으로 보아, 최대한 그의 논증을 재구성해서 형식적 고찰 그 자체에만 의지하고자 하는 경향이 두드러진다. 그런 시도 중 가장 눈여겨보아야 할 것은 개리 왓슨의 것으로 그는 자신의 논문 「자유로운 행위자Free agency」에서, 『국가』 4권에서의 이성적 가치 평가를 매우 설득력 있게 해석하는데, 그에 따르면 플라톤은 이 단락에서 사그라들지 않는 우리의 욕망 갈구를 만족시키는 활동에 내재적 가치가 있음을 명시적으로 보여주고 있다.* 그럼에도 왓슨은 『국가』를 전체적으로 해석하고 있지는 않기 때문에 4권 이후 부분에서 제기되는 추가적 문제로부터는 자유로운 면이 있다. 그러나 테렌스 어윈은 그의 책 『플라톤의 도덕 이론Plato's Moral Theory』에서 왓슨과 유사한 해석을 『국가』 전체에 적용하여 발전시키는 방식으로 독해하고 있다.** 대단한 업적이자 영감을 불러일으키는 위의 책에서 어윈은, 각각 내재적 가치를 지닌 독립된 여러 구성 요소들을 조화롭게 조율하는 것으로 좋음을 이해하고 그 이해 방식을 설명하는 것이 플라톤의 주된 관심사였다고 주장한다. 어윈의 독해에 따르면 이런 내재적 목적은 각 인간 행위자의 개인적 이상이 되는데, 이는 (여기서는 일종의 내성內省 작용으로 해석되는***) 상기想起라는 숙고 과정과 자기 비판을 통해 드러난다. 어윈의 플라톤 해석에 따르면, 삶의 내용이 질서 잡힌 방식으로 행위자 안의 욕구 체계를 만족시키기만 하면 어떤 삶의

---

* Watson, 'Free agency'. 그럼에도 그는 좋음에 관한 특정 이론에 자신을 분명하게 위치시키지는 않는다. 그는 단지 동기와 가치가 대부분 이런 방식으로 겹친다는 것을 강조하는 데 몰두하고 있다.

** Irwin, Plato's Moral Theory(이하 PMT). 이 부분에 관한 그의 견해를 보려면 M. F. 버니엇의 NYRB 26 (1979) 56-60을 참조하라.

*** 이 논점에 관해서는 버니엇의 리뷰와 NYRB에 게재된 버니엇과 토머스 네이글 사이의 서신 교환을 참조. 이 서신 교환에서 버니엇은, 어윈의 'QR'(quasi-recollection)과 플라톤이 이해한 상기 개념은 여러 면에서 완전히 다르고, 형이상학적 영역에서 상기를 배제시키려는 시도는 현재 윤리 이론의 내용에 중대한 변화를 야기했다고 주장하는데, 그의 주장은 분명 옳다.

내용이든 다 용납할 수 있게 된다. 플라톤이 거부하는 몇몇 특정한 삶의 경우, 그 거부는 형식에 근거해서 설명할 수 있는 것이다.[*] 그러나 어윈은 플라톤이 내용에만 근거해서, 질서 잡힌 형식이라는 점에서는 만족스러운 삶도 거부하는 경우가 있다는 점에 동의한다. 또한 어윈은 삶의 내용에까지 도달하는 내성적인 과정은 이런 그의 해석과는 달리 『국가』 어디에도 직접적으로 언급되지 않는다는 점을 인정한다. 그런 과정이 있는 곳에서 우리는 진리 관조에 헌신하는 삶, 아무나 영위할 수 없고 아마 원하지도 않을 그런 삶만이 온전히 가치 있는 삶이라는 주장을 보게 된다. 그러나 어윈의 입장에 따르면 그것은 플라톤 쪽의 실수에 불과한 것이다. 그는 말한다. '플라톤이 여기서 채우지 못한 간극을 남긴 것은 유감스러운 일인데, 이는 실천적 지혜보다 관조에 그가 더 관심이 있었기 때문이다.' 그리고 어윈은 이 '간극'과 그 외의 '간극들'을 플라톤과 우리 현대 철학적 관심과의 거리 탓으로 돌린다. '그는 우리의 바람과는 달리 이 질문을 강조하지 않는다. 그러나 그것은 이 문제에 대한, 그리고 올바르게 답변하는 방식에 대한 그의 견해가 최근 도덕 철학자들의 견해와 같을 수 없기 때문에 그런 것이다.[**]

플라톤은 자신이 활동했던 시대와 현재 우리의 시대 모두에 흔히 존재하

---

[*] 여기서 어윈의 주장은 왓슨의 것보다 더 복잡하다. 그의 견해에 따르면 행위자에게 질서 잡힌 계획이 있는 것만으로는 충분하지 않다. 그리고 그는 이성적 규칙을 그렇게 단순히 해석하면 플라톤의 결함 있는 유형 중 어떤 것도 충분히 배제할 수 없다는 점을 인정한다 (PMT 226 이하). 그의 주장에 따르면 추가적으로 반드시 필요한 것은 특정한 숙고 과정에 따라 선택되는 질서 잡힌 목적이다. '상궤를 벗어난' 사람들은 '최상층위 목적이 어떤 것인지를 이성 부분이 결정함에도 불구하고 그들은 전체적인 좋음을 숙고하면서 최상층위 목적을 획득하는 것이 아니라 감정 혹은 욕망을 통해 획득하기(232)' 때문에 배제되어야 한다. 그럼에도 어윈은 (그의 입맛에 맞게 대폭 수정한 『파이돈』에 등장하는 이론들과 『향연』에 등장하는 디오티마의 연설 부분, 독해에 논쟁의 여지가 있는 병합으로 플라톤의 견해로 취급되는) 이런 부가적 필수 요소를 통해 플라톤을 그가 원하는 결론으로 이끌기에는 확실히 부족함이 있다는 것에 동의한다. '불행히도 그러나 용서할 수 없이 플라톤은 이런 문제들로 향하지도 않고 구체적인 답변을 마련하지도 않는다.'(233) 그러면 우리가 내릴 수 있는 최상의 결론은 '전체적으로 보아 플라톤의 입장을 가치 없는 것으로 볼 수는 없다'(248)는 것이다.

[**] Irwin, PMT 247, 248.

는 일반적인 믿음에 도전했을 뿐 아니라 그 도전에 깊이와 엄밀성을 동반했다는 점에서 큰 의의를 갖는 사상가로 지금까지 평가받았다. 따라서 이러한 '거리'를 그 자체로는 받아들이기는 어렵다. 플라톤 자신의 용어로 표현하자면, 모호한 편견과 이해관계 때문에 이 핵심적인 연결고리에서 철학적 논증을 포기한다면 이는 안타까운 일이 될 것이다.* 나아가 우리는 특별한 관심을 쏟으면서 플라톤의 논증이 이처럼 내용을 판단의 대상으로 삼는지를 알고자 하는데 그때 철학적 논증은 매우 중요한 역할을 한다. 만약 어윈이 옳다면, 우리의 주된 관심사 중 하나, 즉 가치들 사이의 조화로운 상호 관계는 적어도 실제 플라톤의 논증 안에 들어 있는 것이 된다. 개별적인 신조들의 특성인 연약성이나 불안정성은 그에게는 관심사가 아니거나 오직 편견과 관련되는 관심사일 뿐이다. 그러나 플라톤은 철학자의 삶을 선택해야 한다고 주장하면서, 왜 우리의 가장 연약하고 불안정한 애착 사항들이 훌륭한 삶에서 배제되거나 최소화되어야 하고, 왜 우리가 더 자기 충족적인 지성적 추구 활동에 우리 삶을 바쳐야 하는지를 말하는 것 같다. 위 질문을 쫓으면서 내가 이 장에서 주장하려는 바는, 내용과 관련된 자료가 『국가』의 좋음 이론에 그저 주변적인 것이 아니라 상당히 핵심적인 위치를 차지한다는 것이다. 그리고 나는 어윈이 『국가』 속 논증에서 감지했다는 '간극'은 실은 편견 때문에 만들어진 것**이 아니기 때문에, 우리가 매우 진지하게 주목할 만한 충분한 가치가 있는 참된 가치, 그리고 객관적 가치 평가를 다룬 복합적인 이론에 의해 메워질 수 있다고 주장할 것이다. 그런 점을 고려하지 않으면, 이 탐구에서 핵심적 중요성을 지니는 플라톤의 가장 심오하고 가장 독창적인 견해를 실질적으로는 아예 잃어버릴지도 모르는 위험에 마주칠 수 있다. 나는 말미에서 『국가』에 대한 대담한 규정을 내릴 텐데, 그 규정에 따르면 『국

---

* 논증과 이해관계에 관한 다양한 플라톤의 성찰을 보려면, 4장 말미, 막간 1장, 이 장의 말미, 그리고 특히 6장과 7장을 참조하라.

** Irwin, *PMT* 246도 참조하라. 어윈은 이런 견해에 기초가 되는 것을 '그림자 형이상학 shadowy metaphysic(s)'이라고 부른다.

가』는 순수하게 좋은 삶의 기초가 되는 원칙을 심오하게 뒤흔드는 공격이
아니라 (8권에서 언급한) 자유 원칙, 즉 '저마다 자기 생활을 자기 좋을 대로
꾸려나갈 수 있도록 하는'(557B) 그런 원칙을 편하게 표현한 것이다.

　『국가』를 보는 시선을 구조에서 내용으로 옮기는 시도는 엉뚱하고 당혹
스러워 보일 수 있다. 하지만 플라톤이 제공하는 논증을 한번 보면 그런 느
낌은 상당히 사그라질 것이다. 9권 말미에서 여러 대안이 될 만한 삶을 나
열하고 설명한 후 소크라테스는, 철학자의 삶이 최상의(가장 잘사는eu-
daimōn*) 인간 삶임을 글라우콘에게 보여주기 위해 두 개의 '증명'(580C-D)
을 끌어들인다. 그리고 이어지는 복합적인 논증에서는 향유 혹은 즐기기 위
한 활동, 즉 열정이 넘치거나 흥에 겨워 기꺼이 하는 활동의 영역을 설정하
는데, 이 논증은 4권의 욕망적, 감정적 그리고 지성적 요소로 영혼을 삼분하
는 내용과 연결된다. (물론 쾌락을 고려하면 일단은 좋음을 고려하는 것으로부
터 멀어지는 것 같지만, 논증이 진행되면서 '쾌락'을 순위 매길 때 기준이 되는
것은 활동에 대한 주관적 느낌의 강함이나 집중도가 아니라, 그 활동 자체가 참
된 가치를 지닌 것 혹은 객관적으로 바람직한 것인가가 된다는 점은 분명하다.
이렇게 되면 '참된' 쾌락은 진가value나 가치worth에 대한 '참된' 믿음과 조화를
이루면서 선택된 활동이 되고, 행위자가 쾌락을 가치 있는 것으로 잘못 생각했
기 때문에 선택하는 것은 아니게 된다. 후자는, 플라톤이 강조하는 바대로, 여전
히 매우 강한 쾌락의 '느낌'을 일으킬 수 있고 또 일으킨다. 하지만 플라톤의 구
도에 따르면 이런 느낌은 쾌락의 순위에서 그리 높은 위치를 차지하지는 못할
것이다.)** 이제 소크라테스는 영혼의 '이성적 부분' 즉 진리를 배우고 관조
하는 부분과 연결되는 활동이 인간 삶에서 최상의 활동이라고 주장한다. 처
음에 그는 인식론적 주장을 펼친다. 판단의 올바른 규준은 '지혜 그리고 이
성과 결합된 경험'(581C-583A)이다. 오직 철학자만이 올바른 규준 혹은 적

---

* 'eudaimōn'과 'eudaimonia'의 의미에 대해서는 1장 참조.

** 내 독해 방식을 뒷받침해주는 몇몇 문헌적 고찰이 있는데 이에 관해서는 좀 더 자세히 볼 필요가 있다. (1) 이 주장은 최상의(가장 잘 사는eudaimōn) 삶에 대한 결론을 내줄 수 있는 '증명'이다. 588A의 쾌락에 대한 그의 결론에서 소크라테스는 명시적으로 형식에 맞는 것euschēmosunē, 고상함, 혹은 아름다움kallos, 그리고 탁월함aretē에 대한 추가적 결론을 이끌어낸다. 만약 순위 매김이 쾌락적 느낌의 강도에 의해 이루어진다면 위와 같은 결론은 도출될 수 없었을 것이다. 플라톤은 반복적으로 최악의 쾌락이 지닌 느낌의 강도를 강조한다(『국가』 560B, 573A-576C, 586B, 『필레보스』 64D). 『필레보스』에서는 그런 쾌락을 일컬어 '가장 대단하고 강렬함도 가장 큰 것'(63D)이라고 한다. 『국가』 9권에 나오는 참주로서의 삶에 대한 설명에서는 최악의 쾌락이 주는 힘과 비슷하게 묘사한 구절이 등장한다. (2) 희랍어에서 쾌락을 표현하는 단어 용법은 최근에 방대하게 연구되고 있는데, 'hēdesthai'(즐기는 것)과 'hēdonē'(쾌락)은 아주 쉽게 섞어 쓸 수 있는 단어임이 밝혀졌다. 이에 따르면 내가 '쾌락'이라고 말할 때는 대개 느낌에 대해서 말하는 것이 아니라 내가 즐겨 할 수 있는 것, 즉 내가 기꺼이 취할 수 있는 활동을 말하는 것이다. 따라서 나의 '쾌락'을 목록으로 만든다면, 그것은 감각의 목록이 아니라 먹기, 기하학 공부하기, 에우리피데스 연극 보기 등등과 같은 추구 활동의 목록에 가까운 것이 된다. 이에 대해서는 특히 G. E. L. Owen, 'Aristotelian pleasure', PAS 72 (1971-2) 135-52를 참조하라. 『필레보스』 관련 자료로는 B. A. O. Williams, 'Pleasure and belief', PASS 33 (1919)를 참조. 이 단락에서 플라톤은 '즐기기'라고 표현하기도 하지만, 'A하기(A-ing)의 즐거움'이라는 표현을 더 많이 쓴다. 그리고 여기서 'A하기'는 활동의 이름이 된다. 581D의 '돈 벌기의 즐거움'은 간단하게 '돈 벌기'라고 바뀔 수 있고 (모두 희랍어의 가장 자연스러운 해석으로 읽히는) 이런 모든 표현들은 'A하기를 구성하는 쾌락'으로 해석해야 옳지, '(파생되어 나온) A하기를 산출하는 쾌락'으로 해석할 수는 없다. 『필레보스』에서 소크라테스는 명시적으로 위 두 표현을 구별하고, 삶의 구성 요소를 순위 매김 한다는 맥락에서 앞의 표현이 더 적절하다는 것을 보여준다. (3) 이 단락에서 플라톤은 훌륭한 삶의 구성 요소가 될 가능성이 많은 선택지가 될 수 있는 모든 주요 활동에 대해 논하는데, 구성 요소가 될 만한 것은 모두 '누군가'가 기꺼이 하려 하는 것이어야 한다. 각 추구 활동에는 대단히 열정적인 옹호자들이 있고, 열정의 강도만으로 어떤 결정도 도출될 수 없다는 점에는 일찌감치 일치를 본다(581C-D). 우리는 여기서 계속 추가적인 질문, 열정적으로 선택하는 대상은 열정적일 만한 '가치'가 있는 것인가라는 질문을 던져야 하고, 혹은 이와 밀접하게 관련된 누가 옳은 혹은 '권위 있는' 칭송자 혹은 열정가(kurios epainetēs, 683A)인가라는 질문을 던져야 한다(가치에 대해서는 581D 참조). 이 단락은 계속해서 활동을 '참된' 쾌락과 '그릇된' 쾌락으로 나눈다. 쾌락을 '그릇되었다'고 일컬을 때는 쾌락이 올바른 판단의 관점에서 볼 때 진정 즐길 만한 것이 아니라는 의미로 그러는 것이 아니라, 상대적으로 우연이 개입된 결핍을 안고 즐긴 것이라는 의미로 그러는 것이다. 586B는 우리에게 그릇된 쾌락은 진리 인식이 결여된 사람들 사이에서 아주 강한 느낌의 쾌락을 불러일으킬 수 있다는 것을 보여준다(위 (1)번 항목 참조). 『필레보스』 37A-B에서는 논점이 분명해진다. 믿음이 '그릇되었다'고 일컫는다고 해서 정말 '믿어지지' 않는다는 것을 함축하지는 않듯이 쾌락이 그릇되었다고 일컫는다고 정말로 즐기지 못했음을 함축하지는 않는다. 『국가』 9권 전체에 걸쳐 '진정한' 혹은 '자연적 진리'와 '건강'에 대한 고찰들이 두드러진다(예를 들어 584D, E, 561C는 참조). (4) 쾌락들이 느낌의 양적인 정도를 가늠하는 단일한 기준에 의해 비교될 수 있다는 실마리는 어디에도 보이지 않는다. 586C-D와 기타 단락에는 소크라

절한 관점으로 판단을 내린다. 그는 자신의 활동 중에서 최상의 것을 선별한다. 둘째로 소크라테스는 철학자의 활동이 본질적 기반의 측면에서도 우월하다고 주장한다. 철학자의 활동은 언제나 그렇듯 '불변하고 영원한 것 그리고 진리'에 관심을 두고 따라서 다른 두 부분과 연결된 추구 활동보다 더 높은 가치를 얻는다(583A 이하).

이 논증의 두 부분은 형식적으로 분리되어 있지만 밀접히 연결되어 있다. 참된 가치를 지닌 이런 내용이 선택되면 가치 판단의 인식론은 그것을 승인한다. 그리고 그 내용의 내재적 가치는 그것을 인가認可하는 관점이 만족스러운 것임을 우리에게 보여준다(우리는 나중에 이 관계에 대해서도 물을 것이다). 인식론적 고찰은 논증의 두 번째 부분에서도 계속 중요한 위치를 점하는데, 보통 사람이 가치 순위를 매길 때 오류를 저지르는 이유는 그가 적절한 가치 판단을 내릴 수 있는 장소로 자신을 스스로 데려가는 경험을 하지

테스의 경쟁 관념을 이런 식으로 독해해서는 안 된다는 주장을 강하게 뒷받침할 만한 내용이 등장한다. 그리고 이 대화편에 그것의 근거가 될 만한 쾌락에 대한 견해를 알 수 있는 실마리는 보이지 않는다. 내 생각에 여기서『필레보스』37 이하에서 보이듯, 소크라테스는 열정에 의해 선택된 활동의 순위 매김에 많은 신경을 썼다고 결론 내릴 수 있을 듯하다. 열정을 강조하면 고려의 대상이 되는 모든 삶은 '누군가'가 진정으로 '좋아'하고 '찬양'하는 삶이라는 초점에만 기여할 뿐이다.(이것은 중요하지 않다.) 581E의 구별에 관해서는 아마도 우리가 지금 잘 사는eudaimōn 삶의 선택지가 될 수 있는 어떤 것이든지 모두 고려하려 한다고 말하면서 소크라테스를 이해하는 것이 가장 좋은 방법이 될 것 같은데, 이것은 가장 이로운agathon 것인지를 묻는 것도 아니고, 어떤 것이 가장 제대로 훌륭한가kalon를 묻는 것도 아니다. 단지 어떤 것이 가장 일반적으로überhaupt 추구할 만한 가치가 있는가를 묻는 것이다. '이로운 것agathon'은 대화편의 앞부분에서 보상과 관련 맺으며 등장했다. '훌륭한 것kalon'은 몇몇 대화자의 생각에는 존경스러움 혹은 고귀함 같은 관념과 밀접히 연결되어 있다.(『고르기아스』속 폴루스와의 상호 작용에서 가장 분명하게 드러난다) 우리는 오직 우리가 고귀함과 보상과는 상관없이 선택한 삶을 옹호할 수 있을 때만 글라우콘이 애초에 던진 질문에 답을 할 수 있을 것이고, 그때 참주가 그가 스스로 거부한 기준에 의해 패배한 것이 아니라 우리가 그와 공유한 패배자의 기준에 의해서 패배했음을 보여주어야 할 것이다. 이는 가장 답을 찾기 어려운 부담스러운 일이다. 그러나 성공적으로 완결되면 글라우콘의 요청에 답할 수 있는 유일한 길이고『국가』의 주요 논증의 결론에 걸맞은 길이다. 이 난해한 단락을 다룬 연구 중에서 이 주제에 관해 내가 가장 도움을 받은 것은, Crombie, *An Examination* 140-2이다. 그 외에 White, *A Companion* 229-30, 233, 256과 Murphy, *The Interpretation* 212-17도 참조할 만하다.

못해서라는 분석이 등장하는 부분이 그곳이다. 철학자는 본질적으로 '현실 위'를 여행하지만, 보통 사람은 그와 달리 '아래'와 '중간' 사이를 오락가락 할 뿐이다(584D 이하).

이 단락에서 플라톤은 형식적 의미에서 '이성에 지배를 받는' 영혼이 어떤 근거로 —만약 그런 게 있다면— 구체적인 특정 삶의 내용, 어떤 다른 정돈된 삶의 계획보다 철학에 헌신하는 삶의 내용을 선택하는가를 우리에게 보여준다. 그리고 여기서 그는 우리에게 어떤 관점에서 —만약 그런 게 있다면— 참된 순위 매김이 이루어지는지를 우리에게 보여준다. 이 단락은 압축적이고 난해하다. 플라톤이 활동들을 이런 식으로 순위 매기면서 어떻게 그의 형식적 이상형으로부터 구체적인 내용으로 이행하게 되었는지 혹은 어떻게 그 순위 매김 자체가 이루어졌는지가 그다지 분명하지 않다. 그러나 다행히도 여기서는 마치 암호문을 주고받듯 토의되는 활동-가치 이론이, 다른 관련 대화편, 특히 『파이돈』, 『고르기아스』, 그리고 『필레보스』에서는 더 자세하게 논의된다. 우리가 이 문제와 관련된 단락들*을 가지고 오면 플라톤의 견해가 지닌 힘을 더 잘 이해하게 될 것이다.

『고르기아스』에서 소크라테스는 한 논적을 만나는데 그는 이성적 삶의 계획이 중요하다는 것은 인정하지만 철학자에게는 혐오감을 주는 방식으로 그 계획의 내용을 구체화하려 한다. 칼리클레스라는 이름의 그 논적은 최상의 삶은 이성을 사용해서 관능적 쾌락을 극대화시키는 삶이라고 주장한다. 그는 '본성적으로 고상하고 올바른' 사람은 그의 욕망이 엄청나게 자라게, 실은 최대한 자라게 놓아 둘 것이다. 그러나 그의 우월한 '용기와 실천적 지성' 덕분에 그는 또한 '욕망이 최대치가 되도록 돕고, 갈망하는 바 모든 욕망을 충족하기에 충분하게'(492A) 될 것이다. 그러면 여기서 삶은 이성에 의해서 형식적으로 지배당하고 질서 잡힌다. 그러나 그 대부분의 일은 욕망 활동의 일이다. 먹고, 마시고, 성에 탐닉하는 것이다. 이에 대한 답변으로 소크라테스는 철학자의 삶의 내용이 지닌 우월한 가치를 증명하는 논증을 펼치면서 그 논증의 핵심적 통찰을 우리에게 전해준다.

우선 주목해야 할 것은, 칼리클레스는 이성을 통한 선택이 육체의 급박한

사태를 '도와주는hupēretein'*한 그가 설명하는 삶에 자리한 '필요need'**라

---

* 플라톤을 주제로 한 나머지 세 장과는 달리 이 장에서 나는 여러 개의 대화편에서 자료를 가져왔다. 이런 방식이 내가 이해하는 바대로의『국가』에서의 내적 논증을 침해하지 않는다는 결론, 그리고 사실 이 논증을 명료화하는 데 필요한 것이라는 결론을 얻었기 때문이다. 나는 여기에 나와 어윈의 방식 사이에 근본적인 방법론적 차이가 존재한다고 생각한다. 내가 위와 같은 교차 참조를 이용하는 목적은 잘못된 제거 혹은 간극으로 간주하는 것을 채우려 하는 것이 아니라, 오로지『국가』라는 문헌 자체에서 내가 발견한 것을 확장하거나 명료화하는 것이다. 내가 논의할 가치-구분은『국가』에 등장할 뿐 아니라, 알고 보면 소크라테스는 이를 논증의 주요 부분이라고 생각했다. 어떤 것도 이처럼 상기想起 이론과 관련해서 즉 욕구의 향상을 다룬『향연』의 해석에 관해서 말하고 있는 것은 없다. 사실 이 두 개를 같이 끌어들이면 서로 어울리지 않아 보이는데, 그 이유는『향연』의 논증에서는 개별적인 불멸성을 부정하는 것이 핵심인 반면,『파이돈』에서의 상기에 관한 자료는 개인적 영혼의 불멸성을 입증하는 논증의 부분이 되어서이다. 나는 다른 대화편들을 끌어들이는 내 방식이 이런 종류의 문제를 야기하지는 않을 것이라고 생각한다. 시간적 순서에 대한 문제 제기도 있다. 나는『파이돈』과『국가』가 플라톤 작품 중 같은 시기에 위치한다는 사실은 일반적으로 받아들여진다고 생각한다. 많은 면에서는 두 작품은 매우 비슷하고 서로를 명료하게 해주는 부분도 많다.『고르기아스』는 일반적으로 초기 작품으로 간주되는데, 학자들은 대부분 이를 초기 '소크라테스 철학' 대화편과 '중기' 대화편의 사이에 위치한 전환 시기에 작성된 것으로 본다. 어윈의 저작(PMT)은 영혼과 비이성적 욕구의 본성의 구조에 주목하면서『고르기아스』와『국가』의 밀접한 관계를 설득력 있게 규명한 그의 책, Clarendon Plato Series commentary on the *Gorgias*(1979)와 더불어 가장 큰 성취를 이룬 업적 중 하나이다. 이야기가 가장 그럴 듯해지려면,『고르기아스』에서 최초로 던진 질문들과 개략적으로 구성한 논증들이『국가』에서 많은 지면을 사용하여 훨씬 더 상세하게 발전되었다고 보아야 한다.『필레보스』는 후기 대화편으로 간주하는 데 일반적으로 큰 이견이 없는데, 그 문체 면에서도 그렇고『파이드로스』,『정치가』,『소피스트』에서 보이는 변증적 방법인 '분할의 방법'을 사용하고 있기 때문이다. 또 한편 몇몇 측면(예를 들면 많은 지면에 걸쳐서 기대할 때의 쾌락과 감정적 쾌락을 다룬)에서『국가』4권에서 시작된 비판적 프로그램이 완수되는 것처럼 보인다. 최근 R. A. H. 워터필드는 이런 전통적 해석에 도전을 감행하면서,『필레보스』를 중기 시대로 위치시켜야 한다고 주장한다('The place of the *Philebus* in Plato's dialogues', *Phronesis* 25(1980) 270-305). 나는 그의 주장 전부가 옳다고 생각하지는 않지만, 적어도 우리가 통상 알고 있는 것보다는 전통적 해석이 딛고 있는 기초가 약하다는 점을 그가 성공적으로 보여주고 있다고 생각한다. 내가 이 장에서 이 문제를 말끔하게 풀 수 있는 해결책이 있다고 전제하지는 않겠지만, 7장에서는『필레보스』와『파이드로스』사이의 시대적 연관성에 대한 질문과 명백한 연결고리가 존재한다고 주장할 것이다. 여기서 내가 주장하고자 하는 한 가지는『필레보스』의 몇몇 자료는 분명『국가』에서 나타난 구분을 이해하고 살을 붙이는 데 도움을 준다는 것이다. 사실 나는 결국 이런 구분을 만들어 내는 '사용법'이 두 가지 경우에서 두드러지게 다르다는 것을 믿는다. (그리고 나는 G. E. L. 오언이 오랫동안 견지한 견해, 특정 역사적 사례를 위해 너무 급하게 짜맞춰서『필레보스』가 초기와 후기 대화의 조각으로 짜깁기된 작품이라는 견해도 완전히 배제하지는 않는다.)

는 무시 못 할 요소에 대해서는 전혀 신경 쓸 필요가 없다고 본다. 그는 우리가 사실상 이러저러한 것을 필요로 하는 존재이기 때문에, 그런 필요 요소들을 충족시키려는 활동에 명확한 가치가 붙어 있다고 믿는 것 같다. 그의 요구는 단 하나, 이성의 힘으로 필요 요소들은 충족되므로 이를 이 이성의 한계 안에 머무르게 해서, 삶 전체를 되는대로가 아니라 지성이 운영하는 방향에 따라 영위하도록 해야 한다는 것이다. 나아가 칼리클레스는 이런 욕망을 위한 필요 요소들을 얻으려는 바로 그 태도에 명확한 가치를 부여하는 것 같다. 소크라테스는 아무것도 필요로 하지 않는 사람이 잘 살고 있는(에우다이몬eudaimōn하고 있는) 사람이라고 주장하는데, 이에 대해 칼리클레스는 큰 혐오감을 표현한다. 그는 '그런 경우라면 돌과 시체가 최고로 잘 사는 것이 될 거예요'(492E)라고 답변한다. 그러면 그가 충전充填된 상태 자체—심지어 시체도 그 예가 될 수 있는—가 아니라 소유욕과 쾌락에 휩싸여 인간의 욕망이 충전'되고 있는' 그 순간에 명확하고 내재적인 가치를 부여하고, 그때의 가치가 더 크고 더 분명하고 더 훌륭하다고 생각하고 있음은 분명하다. 즉 '최대한 많이 들이붓는 것'(494B)***이 큰 가치를 지닌다는 것이다. 소크라

---

* 이 대화편의 이 구절에서 '충전'이라는 뜻과 연결되는 단어들(apopimplanai, plērōsis, ekporizesthai)이 얼마나 자주 쓰이는지에 주목할 필요가 있다.

** [역주] need는 '필요(성)', '결핍'의 뜻이 있다. 사실 필요와 결핍은 동전의 양면과 같은데, 필요는 결핍을 전제하기 때문이다. 그러나 한국어에서는 '필요'와 '결핍'이 서로 치환되기 어렵다. 따라서 본서에서는 불가피하게 문맥에 따라 '필요(성)', '결핍'을 혼용해서 번역했다.

*** 이런 정량적 관점은 칼리클레스의 논증 전반과 딱 맞아 떨어지지는 않는다. 그는 쾌락이 더 '많으면' 항상 더 '좋다'는 주장 없이 이런 쾌락의 우월한 가치가 좋은 삶의 모습들이라고 옹호한다. 우리는 칼리클레스에게 주어진 질문이 'pōs biōteon' 즉 '사람은 어떻게 살아야 하는가?'라는 것에 주의해야 한다. 에우다이모니아에 대한 이야기는 자연스럽게 '잘 사는 것'에 관한 이야기로 해석되지, '만족을 느끼는 것'에 관한 이야기로 해석되지는 않는다.(1장 참조) 칼리클레스는 훌륭한 인간 삶을 구성하는 내용에 대한 주장을 펼치고 있다. 사실 그는 오직 494에서만 '잘 사는 것'에 대한 대화에서 '즐겁게 하는 것'에 대한 대화로 화제 전환을 하는데, 이는 돌도 잘 사는 존재가 될 수 있다는 생각에 반대하면서 깨달음을 강조하기 위해 그렇게 하는 것이다. 소크라테스가 나중에 표적으로 삼아 논증을 펼치는 쾌락주의를 이 앞부분의 칼리클레스에게 귀속시키는 것은 온당치 못하다. 칼리클레스라는 인물과 그의 윤리적 견해가 주는 긴장감을 잘 이용한 논증 방식의 핵심을 꿰뚫는 논의를 보려면, C. Kahn, 'Drama and dialectic in Plato's *Gorgias*', *OSAP* (1983), 75-121을 참조하라.

테스는 다음 두 주장 모두를 공격 대상으로 삼는데, 첫 번째는 욕망 활동이 우리가 필요로 하는 것에 대한 해답이 되기 때문에 가치를 가진다는 것, '그리고' 두 번째는 계속 생겨나는 욕망의 결핍을 채우려는 바로 그 행위에 인간은 명확한 가치를 부여한다는 것이다.

소크라테스의 논증 전략은, 욕망의 결핍을 충족하는 활동 사례 중에서 칼리클레스 스스로도 그런 활동은 부끄럽거나 어리석고, 그 필요는 어떤 사람도 갖고 싶어 하지 않는 것이라는 데 동의하지 않을 수 없는 사례가 있음을 제시하는 것이다. 그러면 칼리클레스는 이런 사례와 자신이 좋아하는 활동 사이에 커다란 유사성이 있음을 인정하라는 압박을 받게 된다. 그리고 그는 스스로 제시한 사례 속의 활동도 명확한 내재적 가치가 없는 필요 요소를 쫓은 것이라는 사실에, 그리고 그 결핍의 소멸을 바라는 것이 합리적이라는 것에 동의하지 않을 수 없게 된다. 이 책에서 소크라테스는 두 개의 사례를 드는데, 하나는 가려운 데를 긁을 때 얻는 쾌락이고 다른 하나는 수동적인 동성애에서 느끼는 성적 쾌락이다. 칼리클레스는 사실 첫 번째 사례에서는 굴복하지 않는다. 그는 긁는 것이 이상적인 삶에 완벽하게 들어맞는 좋은 구성 요소라고 강변하며 고집을 부린다. 그러나 두 번째 사례는 그의 사회적, 성적 선입견을 너무 심하게 건드려 그의 입장 전체를 다시 생각하지 않으면 안 되게 만들어 버린다. '소크라테스님, 당신은 부끄럽지도 않습니까? 이 논증을 그런 따위의 문제로 이끌어 가다니요?'*

소크라테스가 이 두 사례를 통해 은연중에 주장하는 것은 다음과 같다. 가려움은 결핍의 상태이고 긁는 활동은 그 결핍 상태에 대한 응답이자 그 결핍을 완화시키는 것이다. 그러면 긁음은 우리가 '필요[결핍]-관계적 need-relative' 혹은 '충전replenishment'이라고 부를 만한 가치가 된다. 그러나 여기서 우리가 활동을 충전의 맥락에서 떼어놓고 보면, 긁는 행위에는 어

---

* 여기서 소크라테스는 칼리클레스의 입장으로 간주하는 쾌락주의적 주제를 검토하는 쪽으로 방향을 튼다. 이 주제는 그의 원래 주제와는 같지 않기 때문에 여기서 이 논증을 더 자세히 살펴보지는 않겠다.(Irwin, *Plato: Gorgias ad loc.* 참조)

떤 독립적인 내재적 가치도 없다는 것을 쉽게 알 수 있다. 즉 이성적인 존재의 입장에서 좋은 삶을 계획할 때 그 구성 요소에 포함시킬 만한 것은 아무것도 없는 것이다.* 그것이 가치를 가지는 유일한 이유는 그것이 육체가 느끼는 특정한 종류의 골칫거리를 잠재우는 활동이기 때문이다. 가렵지 않았다면 전혀 긁을 이유가 없다. 어떤 사람이 긁는 것을 훌륭한 종류의 행위라고 생각해서 가렵거나 안 가렵거나 계속 긁고 다닌다면 우리는 그를 웃기는 사람이거나 짜증나는 사람이라고 여길 것이다.

더 나아가 우리가 긁고 싶은 욕구를 불러일으키는 가려움에 일반적으로는 고통받고 싶어 하지 않는다는 것은 쉽게 알 수 있다. 어쩌면 가려움 그 자체가 극심한 고통을 야기하기 때문일 것이고, 어쩌면 더 이성적으로 그 고통을 완화하는 행위가 너무 채신머리없고 당혹스러운 것이기 때문일 것이다. 어떤 경우든, 우리는 이런 필요나 고통을 갖고 있다는 데에 가치를 부여하지는 않는다. 우리는 더 가끔 그리고 더 조금 가려운 삶보다 더 자주 더 크게 가려운 삶을 선호하지도 않는다.** 만약 어떤 사람이 긁을 수 있는 힘을 항상 갖고 있고 그래서 그 혹은 그녀가 가능한 최대의 가려움을 소원한다면, 우리는 그런 사람을 미친 사람이거나 어릿광대로 취급할 것이다.

수동적인 동성애 사례도 이와 비슷하다.*** 이런 식으로 성적 쾌락을 취하면 몇몇 사람들은 결핍[필요 요소]을 충족할 것이다. 그러나 이때 이루어지

---

* 긁는 행위가 마치 삶의 중요한 구성 요소인 듯 고려되는 것이지, 독자적인 삶의 사건으로 고려되는 것은 아니라는 점에 유의하라. 이것은 먹기와 유사하다는 것이 강조된다. 이 단락에 대한 더 자세한 논의는 Irwin, *Gorgias, ad loc.*과 E. R. Dodds, *Plato: Gorgias ad loc.*(Oxford 1959)을 참조하라.

** 다시 말하지만, 여기의 정량적 관점이 맥락에 정확히 들어맞지는 않는다.

*** 우리는 이 사례를 눈여겨봐야 할 필요가 있는데, 이것이 가치가 없는 필요-관계적 쾌락 중 가장 극단적인 사례이고, 이 논증을 끝맺도록 하는 것(496E에서 이것은 kephalaion, 진행되던 것의 '요약' 혹은 '종결점'이라고 불린다)은 플라톤이 열정적 관심을 보이는, 그리고 그가 여러 개의 대화편에서 더 일반적인 수동성이나 연약성을 상징하는 것으로 사용한 예이다.(본서 6장, 7장 참조) 그의 윤리적 견해에서 몇몇 중요한 발전이 이 사례에 대한 그의 태도 변화에서 드러난다.(7장 참조) 나는 여기서 대화자가 이 사례를 다룰 때 드러나는 사회적 편견에 내가 휩싸일 수 있는 일말의 여지도 남겨두고 싶지 않다.

는 활동은 '단지' 필요-관계적 가치의 입장에서만 보면, 내재적으로 좋거나 가치 있는 활동이 아니다. 그 활동은 에우다이모니아를 위한 것이 아닌데 이런 일들을 구성 요소로 삼아 이루어진 삶은 가치 있는 인간 삶일 수 없다 (494E). 사실 (잠깐이라도 칼리클레스와 비슷한 계급과 배경을 가진 희랍인의 관점에 서보면) 이는 우스꽝스럽고 혐오스러운 행태라는 것에 우리 모두 동의할 것이다. 칼리클레스는 그렇게 행동하는 사람을 비웃는데, 그 사람이 결핍을 충족하고 있음을 그가 알고 있다 해도 그러할 것이다. 그리고 그는 이미 그럴 필요가 없다면 어느 누구도 그런 행위를 선택하지 않을 것이라고 생각한다. 나아가 그 결핍은 칼리클레스가 느끼지 않기를 바라고 소원하는 것이다. 그는 자신의 자식이나 친구 중 어느 누구도 그런 것을 느끼지 않기를 소망한다. 이런 경우 그런 결핍이 존재하지 않기를 바라는 마음을, 그 결핍 그 자체가 야기하는 특이한 고통을 가지고 설명할 수는 없다. 이런 성적인 결핍이 그 자체로 칼리클레스가 가치를 부여하고 발전시키는 성적 결핍보다 더 고통스럽거나 한 것은 아니다. 그는 아마도 이 결핍이 사라지기를 바랄 텐데, 왜냐하면 앞서서 그리고 독립적으로 수치스러운 것으로 분류되는 활동을 야기하기 때문이다. 그런 활동들로 구성된 삶은 '끔찍하고 부끄러우며, 형편없는(494E)' 삶이다. 칼리클레스는 부끄럽고 형편없는 짓을 할 필요가 있는 상황이 오기를 바라지 않는다.

이 사례는 칼리클레스로 하여금 어떤 활동도 '단지' 그것이 부족함을 충전하고 결핍에 대응한다는 이유만으로 명확하고 내재적인 가치를 가질 수는 없다는 주장에 동의하지 않을 수 없게 만든다. 그리고 몇몇 결핍들은 그것이 촉발한 활동이 그 자체로 나쁘고, 어리석으며, 인간답지 못한 것으로 판정된다는 이유만으로도 혐오스럽다. 그러면 '단순히' 우리가 이전에 가졌던 다양한 필요 요소를 어떻게 충족하는지를 본다고 해서, 혹은 사람들에게 그런 필요 요소들을 얻기 위해 무엇을 원하는지 그들 생각을 물어본다고 해서 삶의 내용에 관한 문제들이 해결되지는 않는다. 우리는 반드시 활동 그 자체를 독립적으로 보아야 하고, 그 활동이 고상한 것인지 아닌지를 물어야 한다.

그러나 소크라테스는 이 두 사례를 독립적이거나 예외적인 사례로 소개하지는 않는다. 그는 욕망, 좀 더 일반적으로는 필요-충족 활동의 모든 사례에서 공통적으로 드러나는 면들을 예시하는 특별하고 명료한 사례로 이들을 사용하고 있다. 그리고 그는 이 모든 활동이 훌륭한 삶의 구성 부분이라고 주장하려는 측을 공격하려는 의도를 갖고 있다. 이 사례들은 영혼의 욕망 요소를 이루는 구조를 보편적으로 고려하면서 제시된다(493A-B). 배고픔을 달래기 위해 먹는 것, 목마름을 해소하기 위해 마시는 것 등은 이런 유형의 활동에 전형적인 사례가 된다는 점에는 서로 의견 일치를 본다(494B-C). 그리고 동성애의 사례는 이 그룹 전체의 '요약'으로 언급된다(494E). 마지막으로 이 사례를 논의하는 결말 부분에서 소크라테스는 칼리클레스로 하여금 '모든 결핍과 욕망'은 비슷한 고통-관계적 구조를 가진다는 데 명시적으로 동의하도록 만든다(496D, 497C도 참조). 이 주장은 분명 칼리클레스가 가치 평가한 욕망적 추구 활동 모두는 정말로 가려움 그리고 긁는 것과 같다는 것이다. 이는 특정 종류의, 그러나 그 자체로는 아무런 가치도 없는 종류의 고통에 시달리는 사람에게 매력적이다. 소크라테스의 주장은, 결핍을 느끼면서 생겨난 왜곡된 관점이 아니라, 우리가 외부에서 객관적으로 이런 공통적인 추구 활동을 스스로의 관점을 가지고 바라볼 수 있게 되면, 그런 추구 활동은, 지금 우리가 동성애자와 가려운 걸 긁는 사람의 추구 활동처럼, 어리석고, 가치 없으며, 어쩌면 심지어 혐오스럽다는 것을 알게 된다는 것이다. 그러면 우리는 그런 필요 요소를 원치 않을 것이고 따라서 그 필요 요소를 충족하려는 어리석은 시도를 반복하는 데 우리 인생을 낭비할 필요도 없을 것이다. 같은 단락에 나오는 금이 간 항아리와 '계속 싸는 새' 이야기로 소크라테스는 욕망적 추구 활동의 공허함과 천박함을 우리에게 알려주려 한다. 우리 모두는 욕망적 삶을 살면서 구멍이 숭숭 뚫린 그릇에 물을 붓듯, 바로 바로 새어 나가 버리는 만족을 우리 자신에게 헛되어 들이붓고 또 붓는다. 더 심하게는, 먹자마자 바로 싸버리는 그래서 먹고 싸는 것을 동시에 끊임없이 하고 있는 특별히 혐오스러운 종류의 새*와 우리가 비슷한 것일 수도 있다. 대략의 이성적 질서로는 충분하지 못하다. 이성적인 삶의 구성 요소는 선택할 만한 내재적 가치가 있어야 한다.

소크라테스의 논증은 많은 논란거리를 남긴다. 소크라테스가 그의 '본성적으로 고상한' 사람 관념을 그 자신이 경멸하는 유형에 의도적으로 흡수시키는 것에 칼리클레스가 빠르게 감화되었는지는 불확실하다. 심지어 독립적인 내재적 가치는 전혀 없이 필요-관계적 가치만 있는 '몇몇' 활동이 존재할 때라도, 필요-관계적 가치가 있다는 바로 그 점이 바로 내재적 가치가 없다는 증거가 될 수 있을지도 불분명하다. 소크라테스가 이런 것을 함축했음은 분명하다. 그러나 그의 논증이 여기까지 오지 않을 것임도 분명하다. 이 논증을 구성하는 데 도움이 되는 생각들―예를 들면 욕망 추구 활동의 불안정성과 일시성에 대한 생각 같은―은 거의 나타나지도 전개되지도 않는다. 그러나 우리는 나중에 이런 문제들을 다시 다룰 것이고, 지금은 『국가』 안에 보이는 비슷한 가치 이론을 위한 증거에만 주목할 것이다.

『국가』 2권 초반부에서 글라우콘은 활동들에 담긴 진가나 가치의 종류에 따라 활동을 셋으로 구분한다. 이것은 『고르기아스』에 나오는 것과 정확하게 동일한 구분을 사용한 것은 아닌데, 향락에 관한 『국가』 9권의 논증에 다시 등장한다. 그러나 이는 그와 연관된 구분이고 플라톤이 우리가 지금까지 살펴본 것과 함께 가져가고자 하는 것이기도 하다. 그러나 우리는 여기서 『국가』 9권과 『필레보스』의 가치 이론에 핵심적 역할을 하는 똑같이 중요한 여러 사례들을 만나게 될 것이다. 클라우콘은 좋음agatha 즉 우리가 얻기로 선택한 것에는 세 가지 종류가 있다고 말한다. (마치 소유물의 목록을 소개하는 것처럼 보이지만, 실제로 이 목록의 구성 요소는 모두 우리가 좋다고 생각해서 추구하기로 한 활동들이다.** 글라우콘이 말한 '우리가 얻기로 선택할 만

---

* 『고르기아스』 493A. '계속 싸는 새'에 관해서는 Irwin and Dodds, *ad loc.* 참조.

** 건강은 예외인 것 같지만, 내 생각에 이는 건강하게 기능하는 것이나 기관이 잘 작동하는 것을 짧게 지칭한 것, 아리스토텔레스가 '자연적인 경향에 따른, 방해 없는 활동'이라고 부른 것으로 이해할 수 있을 것 같다.

한 것'을 통해 우리는, 문제가 되는 것이 실제 모든 추구 활동의 내용이 아니라 오직 이성적인 선택의 내용 혹은 특정한 조건에서 이루어진 선택뿐임을 알게 된다. 그리고 『국가』 9권에서 제기한 인식론적 문제를 짚으면서, 선택에 좋은 조건과 나쁜 조건에 대해 생각하게 된다.) 첫 번째 그룹에는 결과는 상관없이 그 자체를 목적으로 삼아 선택한 활동이 포함된다. '향락이라든가, 나중에라도 기쁨 이외에는 어떠한 결과도 낳지 않는 무해한 즐거움 말이에요.'(357A) 두 번째 그룹에는 우리가 그 자체를 목적으로 삼는 동시에 별도로 바람직한 결과도 얻기 위해 선택하는 활동이 포함된다. 이성 작용, 보기, 건강하게 육체가 기능하기 등이 이런 것이다. 세 번째에는 오직 별도로 바람직한 결과를 낸다는 점에서만 가치 있는 것들, 그 자체로는 선택할 가치가 없는 것이 포함된다. 운동, 누군가 병이 났을 때 하는 치료 행위, 돈 벌기 같은 것이 이런 것이다.

여기서 우리가 관여하는 특정한 추구 활동에는 어떠한 내재적 가치도 없다는 것을 우리는 다시금 알게 된다. 우리에게는 특정한 필요 요소나 고통 때문에, 혹은 관심이 있고 그 추구 활동들이 바람직한 결과를 얻는 데 효과적인 도구적 수단이 되기 때문에 그들을 이성적으로 선택하는 것이다. 건강한데도 쓴 약을 먹는 사람은 비이성적이라 할 수 있다. 운동은 우리와 비슷한 육체적 본성을 지닌 어떤 생명체가 맞닥뜨리는 필요에 답을 줄 수 있는데, 심지어 그런 운동조차도 당신이 오직 그런 상태가 되기 위해 어렵게 해나가는 일들 중 하나로, 필요가 없으면 그런 상태를 원할 이유가 없다. 운동은 그 활동만으로는 어떤 가치도 없는 것이다. 이런 활동들 모두는 우연적인 맥락과 관계 맺을 때만 가치가 있는 것으로 보인다. 맥락을 제거하면 그것들을 선택할 이유도 사라져 버릴 것이다. 내재적으로 가치 있는 삶의 구성 요소들은 이런 사례들과는 대조적이다. 몸과 마음이 잘 기능하고 있는 상태는 가치 있는 동시에 유용한 것으로 그런 구성 요소들 중 하나이고, 유용하지는 않아도 가치 있는 향유도 그런 것이다.(다른 단락의 예들을 보면, 후자에는 특정한 미학적 그리고 감각적 쾌락 같은 것이 포함된다.)

이런 구분은 『고르기아스』에 나오는 순전한 필요-관계적 가치와 비非-필요-관계적 가치의 구분과 정확하게 일치하지는 않는다. 고통이나 결핍의 느낌 없이 바람직한 목적에 도달하기 위한 도구적 수단으로 기능하는 추구 활동이 있을 수 있다. 고통스러운 나쁜 조건이 느껴진다고 항상 운동을 하는 것은 아니다. 그리고 순전히 혹은 오로지 앞선 고통과의 관계―고통을 경감시키는 관계―에서만 가치를 지니는 추구 활동 모두를, 고통 경감 혹은 충전 상태의 결과가 되는 '도구'로 선택하지는 않는다는 주장이 있을 수 있다.*
그러나 이 두 대조는 서로 매우 밀접하게 관련되어 있다. 둘 다 어떤 환경에서도 가치가 있는 가치와 순전한 맥락-관계적 가치를 대조하는 것이다. 그리고 더 중요하게는 결함-관계적 활동과 가치 있는 활동을 비교하는데 심지어 우리가 전혀 결함이 없을 때도 그렇게 한다. 그들의 '오른손' 쪽, 즉 내재적이고 비관계적 가치 쪽은 두 사례에서 동일하고 플라톤은 이 두 대조를 그가 신경을 쓰는 목적을 위해 서로 교차될 수 있는 것으로 취급하는 것 같다. 내 생각에 이것은 그의 논증에서 특별히 심각한 문제는 아니다. 그럼에도 이 구분에서 여전히 답을 내놓지 못하는 것은 『고르기아스』에 나오는 다음과 같은 질문이다. 오직 이런 이유로 우리는 주로 우리의 필요 요소와 관계 맺으며 가치를 산출하는 모든 활동에는 내재적 가치가 '전적으로' 결여되어 있다고 보는 것일까? 이 주장이 『국가』 2권에서는 분명하게 드러나지 않는다. 사실 몇몇 가치 있는 활동은 유용하기도 하다. 물론 그 가치가 유용성'으로부터 나오는' 것은 아니지만 말이다. 그러나 분명하게 더 강한 주장이 뒤따르는데 『고르기아스』의 앞부분의 논증에서 비슷한 사례들로 예시된 비슷한 도구적/내재적 대조와의 관련 속에서 개진되는 주장이 그것이다. 그곳에서 소크라테스와 폴루스는 누군가 다른 목적으로 무언가를 한다면 그는 그것을 자신이 진정으로 원해서가 아니라 그저 그것을 목적으로 삼았기 때문에 한다는 것에 동의한다. 그리고 이는 '언제든' 누군가가 도구적인 가

---

* 그런 추구 대상의 한 예로 정의에 의한 활동을 꼽을 수 있는데, 이 정의 개념은 내가 4장에서 해석한 바대로의 프로타고라스 연설에 등장하는 정의 개념으로 이해할 수 있다.

치를 가진 어떤 것을 원할 때 참이 된다(467D-468A).* 우리는 왜 이렇게 생각해야 하는가? 그런 주장과 그 주장에 의거해서 욕망 활동의 지위를 매길 때의 결과를 더 깊이 이해하기 위해 우리는 여기서 이 장의 서두에 다루었던 『국가』 9권의 논증으로 되돌아가야 하는데, 이 과정에서 『파이돈』과 『필레보스』의 향락 구분에서 끌어온 자료를 보충자료로 사용할 것이다.

4권에서는 이제 우리도 그 구성 요소와 꽤나 친숙해진, 활동에 대한 가치 이론을 전개하면서 다른 선택지보다 철학자의 삶이 우월하다고 주장하는 옹호 논증을 펼친다. 소크라테스에 따르면 앞선 고통이나 결핍이 완화되었기 때문에 사람들이 가치를 부여하는 활동이 있기는 하다. 그런 활동은 다음 이유 중 하나 때문에 가치가 있는데, (1) 앞선 고통과는 대조적으로 좋거나 즐겁거나, (2) 앞선 고통과는 대조적으로 그 자체로 좋은 고통이 없는 최종 상태를 위한 수단이거나, 아니면 (1)과 (2) 둘 다이기 때문에 그렇다 (583C-584A). 이어서 소크라테스는 그런 활동도, 그 활동으로 말미암은 최종 상태도, 내재적으로 가치가 있는 것은 아님을 우리가 알 수 있다고 말한다. 이런 것들은 결코 '참된 즐거움'이 될 수 없다. 그런 것이 어떤 가치가 있다는 판단은 전적으로 환영幻影에 기반한 것이다. 이성적 존재 중에서 결핍이나 고통 속에 있지 않은데 그런 활동에 개입하기로 한 이는 없을 것이기 때문이다. 이런 활동이 최고조에 이른 상태, 즉 고통이 전혀 없는 상태에 대해 말하자면, 중립 혹은 제로 베이스의 상태보다 더 가치 있는 것이 있을 수는 없다(583C-D). 그런데 그런 것은 그 자체로는 아무런 실제적 가치가 없다. 사실 내재적으로 좋거나 즐거운 몇몇 활동과는 대조적으로 이런 상태는

---

* 플라톤은 여기서 'boulesthai[숙고하다]'라는 단어를 사용하는데 그 이유는 분명 진정 원하는 것과 우연적 욕구를 대조하기 위해서이다. 만약 누군가가 무엇인가를 하고 그것이 실수 혹은 그릇된 믿음의 결과를 낳는다면, 그 혹은 그녀는 그가 bouletai한 것, 즉 추측건대 그가 이런 필요의 상황에 있지 않았다면 욕구했을 만한 것을 하지 않은 것이다. 단순한 바람과 boulesthai 사이의 대조는 간단히 말해서 결핍-관계적 가치와 참된 가치 사이의 대조와 긴밀히 연관되어 있다. 참된 가치 있는 활동은 boulēsis[숙고]의 대상이다.

비활성적이라는 점에서 결핍의 상태처럼 보인다. 내재적으로 좋은 진정한 향유를 한 번도 경험해보지 못한 사람, 소크라테스의 표현대로라면, 한 번도 '상위'에 가 본 적이 없는, 그저 '하위'와 '중간'을 오락가락한 사람은 오로지 이런 것에만 높은 가치를 매긴다. 그런 사람들의 좋음에 대한 관점은 왜곡되어 있는데, 그 시야가 제한되어 있기 때문에 그렇다. '쾌락의 진실 측면에서 보면 이들 중 어떤 관점도 건강하지 않네. 여기에는 일종의 홀림 같은 것이 있기 때문일세.'(584A) (이제 이 견해와 논증의 앞부분에서 개진된 인식론적 주장을 결합하면) 소크라테스의 주장은 이런 것이 된다. 이를테면 철학자처럼 올바른 종류의 경험을 한 사람이나, 적절한 입각점에 서거나 올바른 규준을 써서 판단을 내리는 사람이라면 다중의 오류를 알아채고 올바른 가치 부여를 할 것이다. 아직 우리는 믿을 만한 전망 혹은 입각점, 바로 그 '진정한 상위'에 서 있는 입각점이 무엇인지를 밝혀주는 명료한 견해에는 도달하지 못했다. 그러나 올바른 판단을 내릴 수 있는 철학자의 능력은 단순히 경험의 양에 의해 가늠되기보다는 그의 경험이 그를 어떤 자리에 올려놓느냐에 의해 가늠되는 것 같다. 여기서 그 자리란 이성이 고통과 제한을 넘어 스스로 설 수 있는 장소, 고만고만한 인간 삶이 사유에 부과한 제한을 뛰어 넘은 장소를 말한다. (소크라테스의 '홀림' 언급은 『파이돈』에 나오는 유사한 단락을 떠올리게 하는데 그곳에서 그는, 인지할 수 있는 '홀림'을 일으키는 것 중에서 육체의 필요와 욕망이 가장 강력하다고 말한다(81B).)

그러면 이제 우리에게 친숙해진 두 가지 대조적 활동이 융합되는 것을 본다. 내재적으로 가치 있는 활동은 다음 두 종류의 활동과 구분되는데, 하나는 단순히 필요-관계적 활동이고 다른 하나는 단순히 도구적 가치를 지닌 활동으로, 둘 다 내재적 가치는 결여된 것이다. (소크라테스가 여기에 새로이 부가하는 논점은 문제가 되는 도구적 활동의 결과조차도 기껏해야 단순히 고통-관계적인 것이지 내재적으로 확실한 가치는 아니라는 것이다.) 이제 소크라테스는 먹기, 마시기, 성적 활동 같은 일상적 욕망 추구 활동들은 모두 후자의 혼합된 그룹에 걸맞다고 주장한다. 여기에 논증을 더하지는 않지만 또한 그는 영혼의 감정 부분이 결합한 활동과, 미래의 육체적 쾌락을 기약하는 향락이 결합한 활동도 혼합된 그룹에 걸맞다고 주장한다(386C, 584C). 앞의 것 즉 내재적으로 가치 있는 그룹 안에는 향기의 쾌락(584B) 같은 것도 있는데, 이 쾌락은 매우 강력하지만 앞선 고통 다음에 등장하지도 쾌락이 사라진 뒤에 고통이 남지도 않는다.* 그럼에도 순수한 혹은 진정한 향유의 중추는 역시 철학자의 지적 활동이다. (우리는 플라톤에게 수학적 추론과 관조가 이런 추구 활동의 예 중 핵심이 되는 중요한 것이라는 점을 결코 잊어서는 안 된다.) 소크라테스는 이런 활동에 찬사를 보내면서 내재적 가치를 구성하는 요소들의 특징에 대한 그만의 통찰을 우리에게 보여준다. 여기 『국가』에서도, 『파이돈』의 영혼과 육체의 좋음에 관한 논의**에서도, 그는 다음 세 가지 특징을 강조한다.

(1) 순수성: (a) 활동의 순수성. 이런 활동은 그 활동 자체에 의해 선택되는 것이다. 여기에는 앞선 동기의 원천으로서도 부수적인 경험으로서도 고통이 섞일 이유가 없고 그런 점에서 활동할 때 쾌락이 느낌의 형태로 오는 것과는 대조된다. 그래서 그것은 자신의 가치를 스스로 그리고 자신 안에서 가지고, 여기에 그 밖의 '섞인 것'과의 필연적 연관은 없다(584C, 585A-B, 586B-C, 또한 『고르기아스』 496C-497D, 『파이돈』 66D-E, 60A, 70D도 참조하라). (b) 대상의 순수성. 지적 대상이 그 대표적인 예인데, 그 자체로 특히 명료하고 단순하게, 반대되는 것과의 혼합 없이 스스로 존재한다(『파이돈』 67B).

(2) 안정성: (a) 활동의 안정성. 이런 활동은 중단이나 쇠퇴 혹은 변화 없이 항상 같은 방식으로 지속된다. 그런 점에서 변화의 내적 연결 고리를 보여주

---

* 『필레보스』와는 달리 『국가』에서 플라톤은 지적 쾌락과 관련된 이 논점을 명시적으로 밝히지는 않는다. 그는 무지를 영혼의 공백이라고 말하는데(585B) 여기에 『필라보스』에서 개진된 논점, 고통 없는 공백이라는 논점은 없다. 그럼에도 지적 활동은 먹는 것, 마시는 것과는 대조적으로, 참되고 안정적인 것으로 채우는 '참된' 채움이다(595C). 플라톤의 색깔 유비(584E-585A)가 강조하는 것은 육체적인 보충과는 달리 사람들은 몇몇 앞선 결핍이나 고통과 대조된다고 해서 즐거워지지는 않는다는 것이다.

** 『파이돈』 64C 이하.

면서 우연적인 결핍에 도움을 주지만 상황에 따라 이랬다저랬다 할 수밖에 없는 충전 활동과는 구조적으로 다르다(585C, 『파이돈』 79C-80B 참조). (b) 대상의 안정성: 또한 지적 대상은 그 자체로 극도로 안정적이고 사실상 (플라톤의 견해에서는) 영원하다. 이 대상은 변화하는 것도 어쩌다 생긴 것도 아니다. 언제나 자기 자리에 있고 언제나 같은 상태로 있다. 반면, 비철학자의 대상은 이 세상 속에서 변화하는 것으로, '결코 같을 수 없는 필멸의 존재'다 (585C, 『파이돈』 79C 외).

(3) 진리: 철학자의 활동은 세계에 대한 진리를 파악할 수 있는 길, 완전하게 적실한 견해—그저 절반 정도 맞는 진리나 추측이 아니라—를 제시할 능력을 갖출 수 있는 길을 제시한다(585C, 533B-C는 참조). 이 마지막 논점이 중요한 까닭은, 심지어 형상의 직접적 관조나 수학적, 과학적 사유를 잠시 멈추고, 자신의 정치적 책무를 다하느라 정신없을 때조차도 철학자의 삶이 우월하다는 것을 우리에게 알려주기 때문이다. 나아가 그는 '각각의 상像들이 도대체 무엇이고 또 어떤 것의 상인지를 알게 될 텐데, 왜냐하면 그는 아름답고 올바른 그리고 좋은 것과 관련된 진리를 이미 보았기 때문(520C)'이다.

그렇다면 『국가』에서 전개하는 가치 이론은 어떤 두드러진 단일 요소가 지배하는 이론이 아니라, 순수성, 안정성, 그리고 진리라는 요소가 모두 자기의 역할을 하면서 삶을 구성하는 사물과 활동의 순위를 매기는 이론이라고 할 수 있다. 그 이론에 입각하면, 가능한 선택지들을 올바르게 경험한 그리고 '진정한 상위'의 관점에서 판단을 내리는 사람이라면 이런 가치들이 체현된 삶을 선택하지 그 반대쪽을 선택하지는 않을 것이라 주장할 것이고, 이를 통해 이런 가치의 표지標識를 선별하게 될 것이다. 그리고 나아가 그 이론은 대다수 사람들에게는 삶의 큰 부분을 구성하는 활동들—먹기, 마시기, 성애 등—에는 이런 가치의 표지가 결여되어 있고, 그 활동들로 결핍이나 괴로움을 달랠 수 있거나, 또는 그 활동들로 고통이 경감될 수 있기 때문에, 그것들은 순전히 허울만 그럴듯한 가치를 지니게 된다고 주장한다. 이런 가치 이론의 요소들—이를테면 플라톤이 꼽은 대상의 안정성과 순수성 같은─은 『국가』의 특별한 진리 이론, 인식 대상에 관한 이론과 밀접하게 엮여 있다. 그 밖의 것, 단적인simpliciter 진리, 활동의 안정성과 순수성에 대한 고려 같은 것은 플라톤의 특별한 진리 이해와 분리되어 있는 것처럼 보이고, 심지어 실재론적 이해를 필요로 하는 것 같지도 않다. 이 중 어느 것도 형이상학적 선입견에 단순하게 기대고 있지는 않은 것이다. 소크라테스는 이런 가치의 표지를 알아보기 위해서는 삶의 구성 요소를 자세히 살펴보아야 한다고 주장한다. 삶의 구성 요소들이 이런 표지를 결여하고 있다면 그것을 '참된' 향유, 즉 참으로 가치 있는 추구 활동이라 부를 수 없다. 철학자의 삶은 선입견 때문에 우월한 것이 아니다. 소크라테스가 주장하듯 적절한 경험을 지닌 이성적 존재라면 누구나 추구할 만한 가치를 그 삶이 체현하고 있기 때문에 우월한 것이다.

『필레보스』도 위와 비슷한 가치 관련 입장을 담고 있다는 증거를 찾아보기 전에, 먼저 우리는 두 개의 밀접히 관련된 플라톤의 입장에 대한 질문을 던져야 한다. 지금까지 우리는 삶의 구성 요소로 형상화할 수 있는 활동들이 가치를 담고 있다고 이야기했다. 그러나 한편으로 활동으로서 갖고 있는 내적 구조에 의해, 그리고 그들 앞에 있는 대상의 본성에 의해 가치가 담긴다고도 이야기했다. 플라톤은 우리에게 어떻게 그런 두 개의 규준이 서로 연결되는가에 대해서는 분명하게 말하지 않는다. 즉 '혼합되거나' '불순물이 섞인' 대상들을 향하는 '순수한' 활동을 우리가 할 수 있는지 없는지, 불안정한 대상들로 방향을 잡은 안정적인 활동을 우리가 할 수 있는지 없는지, 그리고 할 수 있다면, 그런 활동들의 가치에 대해서 우리는 어떻게 말을 해야 하는지 등에 대해서는 말하지 않는다. 사실 이 문제는 활동-안정성 규준 자체의 해석 속으로 들어가는 문제이다. 그리고 이는 우리의 두 번째 질문, 즉 그 규준의 정확한 이해에 관한 질문으로 이어지는데 안정성은 매우 상이한 두 가지 방식으로 이해될 수 있을 것 같기 때문에 그렇다.* 첫 번째 이해 방식은

---

* 나는 이 논점을 다루면서 감사하게도 존 애크릴에게 큰 도움을 받았다.

필연적으로 변화의 내적 연결고리가 개입된 경우 활동은 불안정할 수밖에 없다는 것이다. 그 내적 구조는 그 활동을 같은 방식으로는 무한히 지속될 수 없도록 만든다. 두 번째 이해 방식은 어떤 활동의 목표가 실현되지 못할 수도 있는 세계의 우연적 배경 조건 밑에서 그 활동이 임의적으로 발생한다면, 그것은 불안정할 수밖에 없다는 것이다. 이 두 해석은 욕망 활동의 불안정성에 대한 상이한 이해를 낳는다. 첫 번째 이해 방식에 따르면 먹기는 그 내적 구조가 무한한 지속을 저해하기 때문에 불안정한 것이다. 두 번째 방식에 따르면, 먹기는 음식의 유무에 의존하기 때문에, 즉 음식이 없으면 먹기를 수행할 수 없기 때문에 불안정한 것이다. 이 두 이해 방식이, 안정성과 불안정성이 '무엇'인가에 대해 다른 견해를 갖고 있는 것이라면, 이들은 대체로 동등한 것이 될 수는 없을 것이다. 첫 번째 이해 방식에 따르면 장미에서 나는 향기는 장미의 일시성에도 불구하고 안정적이지만 두 번째 이해 방식에서는 그렇지 않다. 두 번째 이해 방식에서 활동은 그 활동의 대상이 영원하거나 극도로 안정적이지 않으면 안정적인 것으로 간주되지 않는다.

플라톤은 분명 불안정성을 일으키는 위의 두 원인 모두에 관심이 있었다.(우리는 6장에서 그가 성적 욕구라는 특수한 사례를 설명하기 위해 어떤 방식으로 그 원인들을 탐구하는지 살펴볼 것이다) 그의 입장을 명확하게 규정하기는 쉽지 않지만 나는 그가 이들을, 불안정성이란 '무엇'인가를 놓고 다투는 양립할 수 없는 두 개의 이해 방식이라기보다는 불안정성의 '원인'을 설명할 때 서로 보완이 되는 양립 가능한 두 개의 이해 방식으로 보았다고 생각한다.(이런 해석의 근거가 될 만한 것이 『파이돈』 79D인데, 그 단락에 의거하면 활동은 불안정한 대상을 '다루는 한에서' 혹은 '다루기 때문에' 불안정한 것이다) 먹는 활동과 성적 활동은 두 가지 이유, 내적 구조와 그 활동 대상의 본성 때문에 불안정하다. 장미의 향기는 내적으로 안정적이지만 그 대상은 불안정성을 불러일으킨다. 그러나 이런 국면에서도 사정은 그리 나쁘지 않은데 장미가 일반적으로 쉽게 대체 가능하고 교환 가능하다는 점을 고려하면 그렇다. 그렇다면 활동의 안정성은 어느 정도까지는 인과적 측면에서 영원성이나 대상의 쉬운 대체 가능성에 의존한다고 할 수 있다. 불안정성의 요소를 전혀 지니고 있지 않은 활동은, 올바른 내적 구조는 갖고 있으나 그릇된 대상을 갖고 있는 활동보다는 더 좋은 활동일 것이다. 그러나 이런 결론을 얻었다고 해서, 플라톤이 지성적 대상에 관한 그의 독특한 견해에만 철저히 의존하여 철학을 옹호하고 있다는 결론이 바로 나올 수는 없다. 우리는 변화하는 인간 삶의 주변 환경을 떠난, 그 본성상 알려질 수밖에 없는 안정적인 진리가 있다는 믿음이 활동-가치에 대한 플라톤의 견해에 어떻게 힘을 실어주는지를 볼 수 있다. 또 우리는 영원에 대한 믿음, 맥락-비非의존적인 범형적paradigmatic 대상에 대한 믿음이, 관조 활동이 최고로 안정적이고 불변하며 맥락-독립적이라는 그의 믿음을 어떻게 뒷받침할 수 있는지를 볼 수 있다. 사실 눈에 보이는 가치에서 진리를 떼어 보여주는 표지는, 덜 적절한 다른 대상에서 지식의 대상인 형상을 떼어 보여주는 표지와 우연이라고 하기에는 놀랄 만큼 많이 닮았다. 『파이돈』에서는 이 연결 고리를 사용한다. 그러나 안정성, 순수성, 그리고 진리는 형상 없이는 얻을 수 없는 것이다. 심지어 아리스토텔레스를 추종하는 생물학자도 본질적으로 같은 방식으로, 그의 연구 대상은 형상을 모사한 안정적인 유類들이라고 주장할 수 있다. 그리고 『향연』이 우리에게 보여주는 것도, 과학자든 수학자든, 그런 사람들이 영원한 대상을 다루든 그렇지 않든, 어쨌든 이런 이들이 독특한 인간 개별자를 사랑하는 사람보다는 더 나은 쪽에 속한다는 것이다.

『필레보스』는 우리의 플라톤 작업 독해에 심화된 증거를 제공하면서, 가치에 대한 이런 견해를 근거 짓고 확장한다. 이 대화편의 전반적인 관심사가, 다가올 삶의 구성 요소를 비판적으로 평가하고, 허용 가능한 구성 요소로 최상의 삶을 구성하는 것임은 쉽게 알 수 있다. 몇몇 측면에서 이런 입장은 중기 대화편의 윤리 이론의 입장과는 다르다. 그럼에도 중요한 논점 중 많은 것이 두 시기를 관통해서 계속 이어지고 있다. 보통의 욕망 추구 활동—먹기, 마시기, 따뜻하게 하기, 그리고 '셀 수 없는 그 외의 대상들'—이 그저 앞선 결핍을 완화시키기 위해 선택된 '충전' 활동에 불과하다는 주장에는 대체로 쉽게 의견 일치를 볼 것이다(32A-B, 46C-D, 그리고 54E 이하는 참조). 위의 추구 활동 모두는 가려움 그리고 긁음(46A, D)과 흥미롭게 비교될 수 있는 것으로, 고통과 뗄 수 없는 관계로 서로 섞이기 때문에 불순한 채로 있다. 그것들이 내재적으로 가치 있는 추구 활동들의 절대적 필요 조건이 되면, 이 후에 최상의 삶에 포함될 수는 있다(62E, 이는 '폭력적 쾌락'이 모두 제거되었음을 의미한다. 63C-E 참조). 이 대화편에서 큰 부분을 차지하는 것은 『국가』에서는 그다지 많이 다루지 않은 몇몇 까다로운 사례 검토이다. 이를테면 감정과 결합된 쾌락이나 미리 예상하는 쾌락the pleasure of anticipation 같은 것이 그것이다. 소크라테스는 심지어 이처럼 명백하게 '순수하게' 심리적인 쾌락까지 충전의 영역에 흡수시키려 하면서, 이런 쾌락 모두는 결핍이 어떻게든 제거되면 그것을 선택할 이유 모두가 함께 제거되는 우연적 결핍과 관계 맺는다고 주장한다. 그런 쾌락들은 모두 진정으로 '고통과 섞인'(50D) 쾌락들이다. 해를 입지 않으면 분노와 복수가 결합된 '쾌락'을 쫓을 이유가 없다. 마찬가지로 부족함이 없으면 애착의 '쾌락'을 쫓을 이유가 없다. 그릇된 믿음을 갖고 있지 않다면 헛된 기대와 결합된 그릇된 쾌락을 쫓을 이유가 없다. (오류 문제는 차치하고서라도, 이 논증으로 희망과 관련된 모든 쾌락이 배제될 수도 있다. 개념적으로 보면, 힘 혹은 지식의 결핍이 없는 곳에서는 희망이 싹틀 여지가 없다.)

마지막으로 소크라테스는 우리에게 '참된' 혹은 '순수한' 쾌락의 특징을 알려주면서, 이런 쾌락은 지금까지 부정적으로 언급해 온 쾌락들과는 전적으로 다른 것이라고 주장한다. 우선 그는 몇몇 순수하게 미학적인 향유에 대해 설명하는데, 이런 것은 재현적 혹은 모방적 내용에는 일체의 관심도 없는 아름다운 형태와 음색을 관조하는 것이다. 이런 관조에는 선재先在하는 고통이 들어 있지 않아서, '무엇과 연관되어서pros ti'가 아니라 '그 자체에 의해kath' hauto' 가치 있거나 좋은 것이 된다고 해야 제대로 말하는 것이 된다. 향기도 '괴로움을 필수 요소로 갖지 않는다면'(51E) 여기에 포함될 수 있다.

이제 지적 활동의 쾌락으로 눈을 돌리면, 소크라테스는 배움과 이해 모두가 내재적 가치를 지닌다고 주장한다. 그는 『국가』의 가치의 표지에 대한 견해를 떠올리게 하는 판단에 근거를 제시한다. (1) 그것들은 '순수하다': 앞선 결핍이 없이 느끼는 쾌락과 함께한다(51B). 그 표지가 필연적으로 고통과 섞일 리는 없는데, 심지어 앎을 잃었을 때조차도 행위자에게 괴로움을 주지는 않는다(52A-B). 그래서 그것은 가장 순수한 것의 표본인 가장 비혼합적인 흰색에 비유된다. (2) 충전을 목표로 한 쾌락 활동이 무질서와 부조화 ametria를 드러내는 반면, 그것들은 '질서'와 '조화emmetria'를 지니고 있다(52C). 이 규준을 통해, 적어도 부분적으로 『국가』에서 안정성이 의미하는 것이 무엇인지를, 즉 내적 오르내림이 없다는 것이 그 의미임을 포착할 수 있다. 59C에서 안정성은, ,순수성(섞이지 않음) 그리고 진리와 더불어 가치의 표지로서 명시적으로 목록에 올라 있고, 활동 대상의 안정성과 인과적으로 결합되어 있음이 언급된다. (3) 그것들은 '진리'와의 관련이 육체적 쾌락보다 훨씬 더 두드러진다(52D). 지적 활동이 정확성akribeia과 진리, 그리고 안정성의 정도에 따라 더 세분화되고 순위가 매겨질 수 있는 전망이 있고 나중에는 실제로 그렇게 되겠지만, 그 모든 것은 높은 수준에서 이들 가치표지를 분명 지니고 있다. 그에 반해, 육체와 연결된 쾌락 중 그 어떤 것에도 그 표지는 결코 나타나지 않는다.

『국가』가 그렇듯, 『필레보스』도 가치 판단을 할 수 있는 입각점의 좋음과 나쁨, 높음과 낮음에 대해 이야기하고 있음에 반드시 유의해야 한다. 이 대화편의 성취는, 삶에서 가치 있는 것이 무엇인지를 결정하는 규준으로 교육을 받지 않은 짐승의 자연적 행태를 제시하는 당시 유행을 젊은 대화자가 거부하도록 설득한 것이다. 그는 우리가 공통적으로 지닌 짐승 같은 성질보다 지성을 통해 '목격함witnessing'에 더 믿음을 가져야 한다. 소크라테스는 이 대화편의 말미에서 잠자코 동의를 표하는 프로타코스에게 육체적 쾌락이 첫 번째 자리를 차지하지는 못할 것이라 말한다.

설사 모든 소와 말과 온갖 짐승들이 쾌락을 추구함으로써 그렇다고 증언하더라도 말일세. 또 대다수의 사람들이 예언자들이 새들을 믿듯이 그런 짐승들을 믿고는 (이런) 쾌락이야말로 훌륭한 삶을 사는 데 가장 중요한 요인이라고 판단하고 짐승들의 성적 행태가 철학의 여신의 영감 아래서 지속적으로 예언된 논증들에 대한 열정보다 더 권위 있는 증거라고 생각해도 말일

세.(67B)[*]

ll

　지금까지 플라톤이 제시한 가치 이론의 대강大綱을 살펴보았다. 이제 우리는 필요-관계적 추구 활동에 몰두하는 삶을 거부하면서 살아가는 철학자의 삶을, 그의 가치 이론이 어떻게 옹호하는지 알 수 있다. 철학적 활동 속에서는 특별히 크게 보이는 반면 욕망 활동 속에서는 전혀 보이지 않는 가치의 표지가 존재한다. 플라톤은 적절하고 이성적인 입각점에서 판단을 내리는 이성적인 존재라면 이런 특성의 활동들을 선택하게 될 것이라고 주장한다. (그는 이 표지들이 모여 내재적 가치의 필요조건을 구성하는 것인지 아니면 표지들 각각이 충분조건이 되는 것인지를 말하지는 않는다. 그러나 그가 매긴 삶의 순위를 보면 내 생각에는 전자로 해석하는 것이 타당하지 않을까 싶다.) 그리고 모든 향유를 똑같이 최상의 삶 속 내재적 가치에 포함시키는 향유의 '민주적' 이해는 이 모든 것에 의해 기초부터 흔들리는 것처럼 보인다 (561B).

　그럼에도 가치 있는 활동과 내재적 가치가 없다고 간주되는 것과의 관계가 어떤 것인지에 대해서는 지금까지 거의 이야기된 바가 없다. 우리는 아무리 철학자라 해도 살기에 충분한 만큼은 먹고 마셔야 한다는 것을 안다. 그러나 우리는 아직 그 혹은 그녀가 '오로지' 살기 위해 먹고 마시는 것인지, 아니면 적절한 정도, 심지어 높은 정도로 관능에 탐닉하는 것이 철학적 성장을 촉진하는 데 도구적으로는 필요한지 아닌지 등에 대해서는 아직 알지 못한다. 확실히 우리는 철학자의 삶이 특별히 금욕적일 것이라고 생각할 만한

---

[*] 이런 종류의 논증 형태는 아마도 에우독소스에서도 그 흔적을 찾을 수 있을 것이다. 4장에서 내가 『프로타고라스』 속 소크라테스의 논증과 대조한 쾌락주의 논증과 비슷한 유형임에 유의할 필요가 있다.

뚜렷한 이유를 갖고 있지는 않다.

그럼에도 『국가』 그리고 더 분명하게는 『파이돈』에서는 철학자의 금욕주의를 옹호하는 대목이 등장한다. 『파이돈』은 육체적인, '이른바 쾌락'을 공격하면서(60B, 64D), 훌륭한 사람은 이런 활동을 능동적으로 경멸할 텐데, '그가 이런 쾌락과 절대적으로 함께하지 않을 수 없는 상황을 제외하면'(64E, 그리고 54A, 67A, 83B는 참조) 그렇다고 한다. 그는 그런 활동을 '존중하지' 않을 뿐 아니라 적극적으로 '깎아 내린다'(64D-E). 그는 '그가 할 수 있는 한 육체와 떨어져 있다'(65E). 그리고 육체성을 부정하는 네 가지 이유가 다음과 같이 등장한다. 첫째, 육체적 필요는 시간을 잡아먹는다. 우리가 그것에 쓰는 시간이 줄어들면 들수록 내재적으로 가치 있는 추구 활동에 쓸 시간이 늘어나게 된다(66C-D). 둘째 육체적인 추구 활동은 지성적 노력의 양만이 아니라 지성적 노력의 질에도 해를 입힌다. 육체적 추구 활동 때문에 지성적 노력을 통해 진리를 획득할 수 있는 힘은 덜 지속적이고 덜 강력하며 덜 규칙적이 되어 버린다.

> (혼이) 이성적 활동을 가장 잘 할 때는 청각이나 시각이나 고통이나 쾌락 등으로 주의가 산만해지지 않을 때일세. 혼이 육체와 분리되어서 가급적 따로 있고, 육체와의 접촉이나 공존을 최소화하며 존재하는 것을 추구할 때라는 말일세.(65C, 그리고 66A, B, C, 『국가』 571E*는 참조. 『국가』 571E에는 육체적 쾌락과 고통이 '더 나은 부분'을 방해하고 그 부분이 잠들어 있는 동안 진리를 획득하지 못하도록 만든다는 구절이 나온다.)

육체적 감각을 깎아내리고 무시하는 또 다른 이유는 그런 감각이 정확하지도 명료하지도 않아서인데, 심지어는 진정한 물질적 결핍의 목록에 무엇이 들어가는지조차도 부정확하고 불명료하다. 육체가 결핍을 느낄 때마다

---

* [역주] 원문에는 517E라고 표기되어 있으나 내용상 571E임이 확실하므로 역자의 재량으로 바로 잡았다.

항상 육체의 목소리에 귀를 기울이면 우리가 삶과 지성을 지속하기 위해 최소한으로 필요한 만큼보다 우리는 먹고 마시는 데 훨씬 더 현혹될 것이다 (65B, D, E, 66D, 67A).* 성적 욕망은 매우 강력한 충동을 동반하는 감각이다. 플라톤이 이를 욕망 중 가장 강력한 것으로 보았음은 분명하다.(『국가』는 성적 욕망을 그에 집중하는 사람의 영혼 속 욕망들의 '대장' 그리고 '참주'라고 부른다.(572E, 573D, E, 574C, 575A)) 그리고 『파이돈』에서의 참된 철학자가 성적 욕망으로부터 완전히 자신을 분리시켜 어떤 위험도 없게 하는 사람이라는 것을 우리는 쉽게 알 수 있다. 마지막으로 소크라테스가 '모든 사악함 중 가장 대단하고 가장 극단적인 것'(83C)이라고 부르는 욕망들은 우리가 그에 집중할 때마다 가치와 값어치를 잘못 판단하도록 하는, 지속적이면서도 아주 강력한 유인책을 제공한다. 그들은 육체적인 활동을 관조보다 더 중요한 것으로 생각하도록 영혼을 '홀린다'(81B). 이런 식으로 욕망은 영혼으로 하여금, 비유하자면 욕망 그 자체가 만들어 낸 감옥의 벽을 통해서 모든 것을 보도록 강제한다(82E). 욕망에 사로잡힌 사람들은 그 결과 '자신이 수감되는 데 스스로 열정적으로 협조하는'(82E-83A) 존재가 되고 말 것이다.

플라톤은 이제 비단 철학적 삶만이 아니라 금욕적 삶의 방식도 옹호한다.**

---

* 이처럼 감각을 건강과 힘의 감지체가 되기에는 부정확하고 불명료한 것으로 간주하여 폐기 처분하는 것과 다음 이어지는 육체의 지각이 사람들로 하여금 해롭고 불필요한 다양한 활동 속으로 들어가지 않으면 안 되도록 만든다는 주장을 나는 결합시킨다.

** 『국가』에서는 금욕에 대한 주장이 덜 분명히 보이는데, 건강과 잘 사는 정도까지는 육체를 키워야 할 필요성을 강조한다는 점에서도 그렇고(558D 이하), 심지어 건강한 정도의 성적 활동을 확실히 용인하고 있다는 점에서도 그렇다(559C). (이에 대해서는 White, A Companion 219를 참조) 이 두 대화편이 이처럼 다른 이유 중 하나는 (『파이드로스』의 첫 두 연설처럼(본서 7장 참조))『국가』는 일을 할 때 공백과 결핍 때문에 생길 수 있는 주의 산만을 『파이돈』보다 더 잘 의식하고 있어서다(571E). 그러나 또 다른 이유는 분명 폴리스에서의 정치적 필요성에서 나온 것이다. 기사 계급의 재생산을 위한 수요는 일정 시간만큼은 성적 활동에의 몰두를 필요로 한다. 이때 철인왕은 성적으로 기능하는 것에 대한 순전한 플라톤식 태도를 갖춘 사람에게는 이 기능이 문제가 될 수 있다는 난점에 직면하게 된다. 그것이 제대로 성공하려면, 이상적인 폴리스는 아우구스티누스가 『신국론』 14권에서 에덴동산의 상황으로 감동적으로 묘사한 것 같은 사태를 필요로 하는데, 에덴동산에서 육체의 모든 부분은 이성의 의지에 바로 복종하며 기능한다.

이 가치 이론은 우리의 선호를 수준 높은 철학 내용을 갖춘 삶으로 향하게 한다. 이제 욕망 추구 활동들에 대해 그리고 그 활동들과 이성 작용과의 관계에 대해 성찰하면 다음과 같은 결론을 얻게 된다. 철학자는 삶을 지속할 수만 있다면 육체와 육체적 필요에서 자신을 떼어 놓아야 한다. '육체와 모든 면에서 사이가 벌어져 있으면서'(67E), '죽음을 수련하는'(즉 영혼의 육체로부터의 분리) 상태에 자신을 위치시키고, 심지어 도구적으로 가치 있는 것으로서 『국가』 8권과 『필레보스』에서 '필수적인' 욕구로 지시하는 것을 충족하는 오로지 그런 활동들만을 받아들이면서 철학자는 육체와 멀어진다. 마지막으로 우리는 소크라테스가 욕망 활동에 대한 그의 경멸을 표현한 『국가』 9권 말미에 이르러, 우리 각각은 우리 자신을 오로지 지성적 영혼과만 동일한 것으로 보여야 한다는 주장을 접하게 된다. 『파이돈』에서도 비슷하게, 소크라테스에게는 '그 자신'이라고 할 수 있는 모든 것이 육체의 죽음(115C-E)과 육체적 욕구로부터 털끝 하나 다치지 않고 살아남을 수 있다는 자신감이 넘치고 있음을 우리는 알 수 있다.

III

이제 우리는 플라톤이 어떤 경로를 통해 가치 표지를 나열한 자신의 목록에 도달하는지 좀 더 주의 깊게 살펴볼 필요가 있다. 어떤 가치 이론 아래에서 이루어진 삶의 기획이 평범한 인간이 평범하게 가치를 두면서 추구하는 삶과 완전히 동떨어진 것이라면, 그 이론은 좀 더 면밀한 검토를 요한다고 보아야 한다. 일상적인 가치들이 어떻게 그리 쉽게 내버려질 수 있는 것일까? 어떤 관점perspective 혹은 입각점standpoint에 서 있기에, 우리가 먹고 마시는 일들 일체를 가려운데 긁는 것 정도의 가치밖에 없는 것으로 보는 것일까?

한 가지는 매우 분명하다. 이 입각점은 평범한 인간의 것과는 전혀 다른 것이다. 평범한 인간의 내적 구조를 감안한 관점에서 보면 주요한 욕망 추구 활동은 중요한 몇몇 지점에서 가려움-긁기와는 '전혀' 같지 않다. 만약 내재적 가치가 없는 어떤 활동이 있고, 그 활동을 대체하는 다른 활동으로도 똑같이 원하는 결과가 나온다면, 우리가 그 대체 활동을 용인하는 것이 합리적일 것이다. 우리는 잔디 깎는 기계, 식기 세척기, 타자기 등을 사용한다. 이는 잔디 깎기, 설거지, 글씨 쓰기 등의 행위가 순전히 도구적 가치만 지닌 것임을 보여주는 증거들이다. 그러나 먹기는 이와 다른 종류이다. 우리 대부분은 음식 캡슐을 먹기보다는 계속 제대로 된 음식을 먹기를 택할 텐데, 음식 먹기에는 맛, 냄새, 질감, 인간관계 등이 포함되어 있고 그런 것이 만들어 내는 쾌락 자체에 가치가 있기 때문에 그런 선택을 내리게 될 것이다. 또 우리 대부분은 단순히 고통스러운 성적 긴장을 해소하기 위해 성적 활동을 추구하지는 않는다. 성적 활동은 우정, 자기 표현, 상호 소통 같은 여러 다른 복합적인 목적들과 결합되어 있다. 우리 대부분이 거세를 선택지로 삼지 않는 이유가 바로 이것이다. 『국가』는 욕망 활동의 미학적 면, 그리고 그런 활동과 다른 가치 있는 목적들과의 복잡한 연관을 무시하면서, 욕망이라는 우리 본성의 복잡성을 지나치게 과소평가한다. 단순히 그 필요-관계성 때문에 긁는다는 것이 하나의 활동으로서 우스꽝스러운 것은 아니다. 우리가 경멸의 대상으로 삼을 만한 것은 세상 도처에 널려 있다. 육체적 질병이나 열악한 위생 상태 등도 그중 한 예다. 그에 동반하는 짜증스러운 고통은 완전히 없어지지 않고 보통은 점점 더 나빠지기 때문에 이런 것은 완전히 무익無益하다. 그뿐 아니라 아무런 명시적인 쾌락도 없이, 일이나 취침 같은 다른 중요한 삶의 활동을 지속적이고 강력하게 방해한다. 나아가 이런 활동은 명확하게 미학적 측면도 결여되어 있다. 우리는 이 활동을 다룬 예술이 존재하거나 이에 관한 전문가가 있다고는 상상조차 할 수 없다. 결론적으로 그것은 사회적으로 용납되지 않는 것이고 언짢은 것이다. 먹기는 이와 다르다. 그리고 섹스도 이와 다르다. 우리는 삶 전체에서 가려움을 아예 몰아내 버리기를 원한다. 그러나 설사 건강에 대한 고려 때문이라고 해도, 먹고자 하는 필요로부터 완전히 자유로워지길 바라는 사람이 얼마나 될까? 사실 우리는 욕망 활동을 순전히 도구적으로 보는 사람 즉 그저 배가 고프니 먹는 사람은 낮추고, 그런 활동들에 내재적 가치를 불어넣으면서 접근해 가는 사람을 높이는 경향이 있다. 이를 테면, 미식가, 와인 감정가, 그리고 동반자와의 섹스를 단순히 성적 욕구 해소 후의 평온한 상태로 돌아가기 위한 수단으로 삼는 것이 아니라 그 혹은 그녀 자체를 하나의 목적으로 다루는 사람 등이 그런 사람들이다.

칼리클레스를 격분시켰던 사례 즉 수동적 동성애의 사례도 마찬가지로 부당해 보인다. 여기서 대화자가 이 사람의 성적 활동을 불행한 것으로 보는 이유는, 대화자의 관점도 마찬가지이지만, 대부분이 사회 문화적 이유이다. 희랍 신사의 내면에서 나온 관점으로 보면, 그의 (이성애적이면서 동시에 동성애적인) 남성으로서의 성적 쾌락과 이 수동적인 사람의 쾌락은 엄격하게 구분되는 것이다. 후자는 매우 부정적인 사회적, 정치적 연상을 불러일으키는 활동이고, 따라서 그런 활동은 일종의 폭력적 강압 없이는 일어나기 어려운 활동임이 전제된다. 가정컨대 대부분의 사람들은 조소와 비판을 피하고자 한다. 우리는 저항할 수 없는 성적 필요 때문에 지속적으로 동료 인간들과 갈등을 빚는 상황에 빠지는 사람을 동정한다. 같은 이유로 아테네인들은 남색의 상대인 연동戀童을 동정했다. 이 말이 성적인 활동만을 따로 떼서 하는 것은 아니라는 이야기다. 칼리클레스처럼 평범한 사람의 내면에서 보는 관점에 서면, 실은 플라톤도 잘 알고 있었던 것처럼 금욕적인 철학자 역시 수동적인 동성애자만큼이나 기괴하고 비웃음을 살 만한 존재일 수 있다.(아리스토파네스의 희극에서는 두 유형이 치러야 하는 비용을 놀리는 농담이 이와 다소 비슷하게 배치된다) 나아가 나도 그렇지만 우리 자신은 이 수동적 동성애 사례에 대한 칼리클레스의 반응이 반박을 살 만한 불합리한 것이라 생각할 수 있다. 그리고 만약 그렇다면 우리는 이 사례에 대한 플라톤의 논점 역시 인정할 수 없게 된다.

그래서 만약 플라톤의 가치 이론을, 평범한 사람이 욕망에 관해 갖는 견해를 분석하려는 시도로 간주하면, 그의 시도는 완전히 실패작이라는 결론이 나올 수밖에 없다. 왜냐하면 그는 우리가 매우 중요하게 생각하는 구분을 모호하게 만들고, 우리가 모두 내재적 가치가 있다고 동의하는 것을 부정하기 때문이다.

그러나 사실, 이것이 플라톤이 추구한 바가 아니라는 것 역시 명백하다.

그는 대부분의 사람이 육체적 쾌락과 그 대상이 되는 상태에 내재적 가치를 '귀속 시킨다'는 점을 즉각 인정한다. 『국가』의 앞머리는 이 사실에 대해 정확하게 기술하고 있는데, 여기에서 플라톤은 이는 환영이고, 그 환영은 그들이 판단 내릴 때 의존하는 관점의 결함 때문에 발생한다고 말한다. 활동들을 진정 제대로 가치 판단하려면, 자연계에서의 '진정한 상위' 관점, 즉 인간의 결핍과 한계를 뛰어 넘을 수 있는 철학자의 관점에 서지 않으면 안 된다. 그가 밝히고자 하는 것은 다름 아닌 바로 이 관점이다.

그럼에도 우리는 『파이돈』 그리고 『국가』의 전반부가, 철학자라면 또 철학자가 되려면 일단 금욕적이 되어 육체적 필요와 자신을 분리시켜야 한다고 말하고 있음을 안다. 그리고 이는 플라톤이 인간의 필요와 관련된 활동을 가치 없는 것으로 여겨 거부하면서 내재적 좋음을 다른 곳에서 찾는 것처럼, 인간의 필요를 자신의 진정한 특성으로 더 이상 생각하지 않는 사람의 관점에서나 가능한 것이다. 이처럼 현실과 유리된, 초超인간적인 관점은 9권 말미, 소크라테스가 욕망의 부류에게 비난을 퍼부으며 제시하는 충격적인 사례에 등장하는데 그곳에서 그는 다른 곳에서는 오직 인간보다 하위인 짐승들의 행태를 가리킬 때만 사용하는 희랍 어휘를 써서 이 부류 활동의 특징을 묘사한다.

그들은 안정적이고 순수한 쾌락을 맛본 적도 없네. 오히려 그들은 가축처럼 언제나 시선을 아래로 향한 채 땅과 식탁 위로 몸을 구부리고는 여물을 실컷 뜯어 먹어 살을 찌우고 교미나 하는 존재들일세. 그리고 이런 것들을 남보다 더 많이 차지하려고 쇠로 된 뿔과 발굽으로 서로 차고 서로 들이받으며, 만족을 모르는 욕망으로 서로 죽이기까지 하네.(586A-B)

위 발언은 부당하기 이를 데 없다. 물론 누군가가 한 종種의 추구 활동은 그 종류의 생명체가 영위하는 삶의 방식 그리고 그 속에서 마주치는 필요에 따라 평가되어야 한다고 주장할 수는 있다. 만약 전형적인 당신 종의 구성원이 당신 눈에는 다른 종의 구성원처럼 보이고 그렇게 보이는 대로 당신이 그 구성원에 대해 생각한다면, 당신은 우리가 원하거나 필요로 하는 종류의 윤리적 판단을 할 수 없다. 가치는 단순히 극단적으로 '인간 중심적'인 것이어서, 어떤 존재에게는 좋은 추구 활동이 자연계에서 그와 상이하거나 상이하게 되어가는 또 다른 존재에게 그 활동을 추구할 분명한 이유가 드러나지 않는다고 해서, 그 추구 활동을 무가치한 것으로 취급할 수는 없다. 그렇게 되면 이 견해는 순환적으로 보이기 시작하고 이는 위험하다. 욕망 활동은 이미 그 자체로 욕망을 정화淨化한 관점에 의해 거부된다.

그러나 플라톤은 이 사례들을 통해 반복적으로, 느낌과 필요가 이성에 입각한 판단을 어디까지 속이거나 산만하게 만들 수 있는지를 보여준다. 예를 들어 도착적인 성적 욕구를 지닌 사람(플라톤이 고른 사례가 아니더라도 우리 대부분은 이런 경우가 있다는 것을 알고 있기 때문에)은 스스로 자신이 아름답거나 가치 있는 활동에 관여하고 있다고 생각할 수 있다. 그러나 평균적인 인간의 관점에서 보면 이런 추구 활동은 문제가 있어 보인다. 욕망이 지닌 능력 중 왜곡, 자기 정당화 등의 항목은 그 역할을 과장해서는 안 된다는 것이 플라톤의 생각이다.『파이돈』은 우리를 '홀릴' 수 있는 그리고 우리를 가둘 감옥 벽을 만들어 낼 수 있는 욕망의 능력을 말하면서 이에 자발적으로 동조하는 우리의 의지에 대해서도 언급한다.『국가』는 욕망을 영혼의 시야를 가리는 더러운 진흙으로 묘사하면서, 영혼이 욕망과 연결되면 항상 그렇게 된다고 말한다(533C-D, 더 자세한 논의는 본서 7장 참조). 욕구가 옳은 판단에 얼마나 크게 그리고 얼마나 지독하게 방해가 되는지를 깨닫고 나면, 플라톤이 본 것처럼 우리는 진정 옳은 판단은 오직 욕망의 영향을 완전히 없애 버려야만 가능하다는 냉혹한 결론에 이르게 된다. 우리가 다루는 쾌락이나 고통 '각각'은 마치 대못을 박듯이, 영혼에 미몽迷夢과 불순不純의 위험 요소를 꽝꽝 붙여 놓는다(『파이돈』 83D). 플라톤은 반성적 인간 중에서 스스로 원해서 자기 욕망에 속거나 욕망의 노예가 되는 사람은 없을 것이라 전제한다.『국가』1권에 등장하는 케팔로스 같은 평범한 사람조차도 성적 욕구가 불러일으키는 강압과 가치 왜곡에서 놓여난 것을 다행이라고 생각한다. 이 대화편에 등장하는 불길한 정치적 언급에서 우리는, 욕망이 다른 방식으로 주요 윤리 가치를 왜곡할 수 있음을 본다. 평범한 사람은 그 평범함이 윤리적 판단을 저해한다고 믿는다. 그러면 유일한 해법은, 인간이 필요로 하는 것에는 전혀 개입하지 않고 고통이나 왜곡 없이 '순수 이성에 의해 그 이성 자체를 이용하여(『파이돈』 66A)' 냉철하고 명료하게 선택지가 될 만한 모든 활동들을 훑어볼 수 있는 곳으로 우리 자신을 끌고 가는 것이 된다. 그래서 결국 먹기와 성애는, 우리 영혼의 시각에서 보면 소가 여물 뜯고 교미하는 것과 다를 바 없는 것처럼 '보이게' 된다. 그래서 만약 욕망과 감정이 이해력이나 좋은 삶에 일말이라도 본질적이면서도 '긍정적인' 기여를 한다는 사실이 밝혀지면, 위의 해법은 분명 틀린 게 될 것이다. 그러면, 『파이드로스』에서 인정하는 바와 같이, 우리는 그 위험을 무릅쓰고 우리 자신과 그런 긍정적인 욕망을 연결시키지 않을 수 없게 된다. 그러나 플라톤은 욕망을 배제시켜야 한다는 견해를 (『국가』 4권에서) 이미 표명했다고 생각한다. 욕망은 '걸러지지 않은 욕구'로서 야만적이고 제멋대로이며 좋음의 판단에 아무런 역할도 하지 않는 것이다. 감정은 그나마 조금은 더 교정할 수 있는 여지가 있지만, 지속적인 관리가 없이는 위험한 폭력으로 변하기 십상이다.

이제 우리는 참된 판단의 방해물을 보는 대화자들과 우리 자신의 방식이 인간의 경험에 깊이 뿌리박고 있는 것임을 발견한다. 이 경험은 그 자체로는 플라톤의 관점을 전제하지 않는 것으로, 경험을 통한 선택을 최상의 관점으로 삼아 지지한다. 플라톤이 모든 이를 설득할 수 있으리라 기대한 것은 아니다. 그래도 설령 철학자나 수학자는 아니더라도 반성적이고 자기 비판적인 성인이라면 자신의 논증에 귀를 기울일 것이라는 기대가 그에게는 있었다. 그리고 어쨌거나 『국가』 7권에서, 평범함 때문에 혼란을 겪는 영혼 정화를 위해 수학을 훈련 형식으로 삼고 엄청난 열정을 쏟은 사람은 군인이자 신사였던 플라톤의 형 글라우콘이었다. 내가 이 장의 제사epigraph를 따온 이 단락에서 소크라테스는, 완전히 비반성적인 사람들이 수학이 쓸모없다고 생각해도 걱정할 필요가 없다고 그에게 말한다. (꼭 단순히 금욕주의자나 전문가가 아니더라도) 더 사려 깊고 지각 있는 사람이라면, 그의 주장에 담긴 이로움을 인지할 것이기 때문이다. 여기에 모종의 순환 논리가 존재한다면,

그 순환 고리는 반대자가 견지하는 것보다 훨씬 더 풍부하고 흥미로운 것이다. 플라톤은 단순히 자신의 의견을 따르라고 설교하고 있는 것이 아니다. 그리고 이런 종류의 순환, 윤리적 내용, 판단의 관점, 그리고 옳은 판단의 장애물을 인지하는 것 등이 모두 서로 엮여서 서로를 지지하고 설명하는 순환 고리는 복잡한 윤리 이론이라면 어디서든 찾아볼 수 있는 것이다.(본서 10장 5절에서 우리는 아리스토텔레스 이론에서의 유사한 면에 대해 논의할 것이다)

이제 우리는 좋음의 내용-중립적 구도를 뛰어 넘을 채비를 갖춘『국가』6권에 등장하는 이해가 쉽지 않은 전환 장면으로 돌아갈 수 있다. 소크라테스는 그곳에서 말하기를(그리고 철학자가 아닌 글라우콘도 동의하기를), 불완전한 존재라면, 하물며 순전한 인간 존재라면, 어떤 존재도 무엇인가의 '좋은 척도'가 될 수는 없다. 인간 중심적인 '나태함'은 윤리 이론에 좋은 기초가 되지 못한다. 소크라테스는 일찍이『프로타고라스』에서 '인간 존재는 만물의 척도'라는 언명을 단호하게도 '지식(혹은 과학)이 만물의 척도'라는 언명으로 대체했다(본서 4장 참조). 이제 우리는 그가 척도가 되기 위한 필수 조건으로 삼은 것이 무엇인지 알 수 있다. 지금부터 오직 '완전한'(완결적인, 결핍 없는) 것만이 이상적인 폴리스의 가치를 잴 수 있는 '좋은 척도'가 될 것이다. 흐트러짐 없는 완전성의 관점에서만 진리는 발견될 수 있다. 그만큼의 동의가 있은 후 대화자들은 이전에 가졌던 좋은 삶의 내용-중립적 구도, 순전히 인간들 사이의 의견 일치에 기반을 둔 구도로부터 벗어나 결핍 없는 순수한 관점을 향해 분투하게 된다. 그리고 4권은 그 분투의 결과이다.

제한적인 존재와 관련 맺은 가치와 (완전한, 제한 없는 이성적 존재가 선택함 직한 것과 여기서 일치를 보이는) 진정으로 내재적인 가치를 가르는 위와 같은 구분은, 우리가 지금까지 탐구하고 있는 여러 대조 중에서 가장 일반적이고 가장 기본적인 형식 속에서 이루어진다고 말할 수 있다. 그 형식은 다른 단락에서의 가치 구분을 설명하기에도 충분한 것으로,『필레보스』에서의 미학적 가치 판단처럼, 도구적 혹은 '고통'-관계적인 것에만 호소해서는 설명할 수 없는 판단들을 설명에 적용할 때도 사용할 수 있는 것이다. 여기서 잠깐 주제에서 벗어나 그 단락을 살펴보자.

『필레보스』에서는 우리가 보다시피 재현적 그림과 조각―동물의 형상 같은―을 거부하고 순수하고 단순한 형태와 색깔의 아름다움을 칭송한다. 여기서 플라톤이 제기하는 논점은 이런 것 같다. 이것이 우리의 주의를 끄는 그림이나 조각의 재현적 속성들인 한, 우리는 인간 중심적인 이해관계와 필요성의 관점에서 반응한다. 완벽한, 육화肉化되지 않은, 결핍 없는 신이 운동선수를 조각한 프락시텔레스*의 작품을 보고 있다고 상상해 보자. 신의 미학적 가치 판단은 우리의 판단과 일치할 공산이 크다. 그러나 우리는 이것을 단순한 일치라고 느끼지 않는다. 그 판단의 맥락이 매우 다를 것이기 때문이다. 우리는 조각가가 우리 인간 사이에 존재하는 유사성을 포착하고, 우리가 우리 자신에게서 발견하는 놀라움, 강함 혹은 감탄스러움 등을 표현하는 방식으로 인간 형식의 힘과 반응력을 매우 섬세하게 묘사한 것을 보면서 기쁨을 느낀다. 완전한 신은 그 특정 '유형'의 육체가 되는 것을 전혀 대단하다고 보지 않을 것이다. 왜냐하면 조각 작품을 순수한 형식이나 모양으로 가치 평가하고, 추상적 층위에서 즐거움이나 기쁨을 구성해서 보여줄 때에만 성공작이라 판정할 것이기 때문이다. 이런 방식은 형식과 색깔 그리고 배치의 순수한 질은 찾지만, 우리라는 종 그리고 우리 환경에의 실질적 관심과 연결된 대상의 특성 같은 것에는 가치 부여를 하지 않는 것이다. 플라톤의 주장은 회화와 조각의 재현적인 면에 인간적 관심을 쏟으면 그 작품들이 우리에게 제공하는 참되고 순수한 가치를 도외시하게 되고 불순한 판단을 하지 않을 수 없게 된다는 것을 우리가 최대한 신의 관점에 서서 깨달아야 한다는 것이다. 이와 마찬가지로 음악에서도 그는, 인간적인 의미, 말, 감정에 쏟는 우리의 관심을 우리 자신에게서 몰아내고, '부드럽고 명료한 소리, 단일하고 순수한 음조를 만들어 내는 소리에 감탄을 보내야 한다'(51D)**고 주장한다. 우연적인, 종種-관계 가치는 내재적 가치가 아니다. 형

---

* [역주] Praxiteles. 생몰연도 미상. 기원전 370-330년 무렵에 활동했던 고대 희랍 조각가.
** [역주] 원문에는 52D로 되어 있으나, 저자의 오기誤記가 분명하므로 역자 재량으로 바로 잡았다.

식주의 비평가 한슬릭도 비슷한 주장을 한다. '아름다운 것은 어떤 주제에 의해 좌지우지되지도, 그런 주제를 필요로 하지도 않는다. 그러나…… 예술적으로 결합된 소리를 전체적으로 구성한다.'*

완전함을 바라보는 플라톤의 관점은 원한다고 아무 존재에게나 바로 허락되는 것은 아니다. 우리 인간의 필요와 관심에서 우리 자신을 분리시키는 법을 배우는 길, 혹은 우리 의지로 그렇게 할 수 있는 지점에 도달하는 길은 멀고 험난하다. 따라서 플라톤이 이런 관점을 활용한 이성적인 가치 평가의 모델을 진심으로 밀고 나갔다면, 우리는 그가 그 모델과 함께 갈 수 있게 하는 교육의 모델도 제공하지 않을까 하는 기대를 품는다.

그리고 이런 기대는 현실화된다. 『파이돈』에서는 영혼을 육체에서 분리하는 '연습'으로 이루어진 전 생애를 묘사한다. 그리고 『국가』 중 한 권은 전체 길이의 절반이 넘는 분량을 교육 관련 내용으로 채우는데, 예를 들면 자연적 인간의 관점을 떠나 올바른 방식을 향하도록 '영혼을 돌리는' 전략에 관한 내용 같은 것이다. 나는 그곳에서 설명하는 영혼 발달의 전체 단계를 여기서 보여주고 싶지는 않다. 그럼에도 간략하게 짚고 넘어가고 싶은 것은, 내가 아는 한 거의 주목을 받은 적이 없는, 초기 도덕 교육과 관련해서 플라톤이 시를 취급하는 방식이다. 이를 해석하면서 우리는 이제 그 견해의 중요성을 부각시킬 수 있다.

시를 없애야 한다는 2-3권의 주장에서 플라톤은 주지하다시피 대부분의 시 예술이 다루는 인간 감정 중 몇 개는 재현하면 안 된다고 말하는데, 그것은 슬픔, 열정적인 사랑, 그리고 공포이다. 완전성 관점을 전제하고서 이 관점에 입각해서 위와 같은 감정들의 가치에 대해 의문을 던진다고 해서 이런 감정이 말끔하게 제거되지는 않는 것 같다. 소크라테스의 주장은 진정한 영

---

* E. Hanslick, *The Beautiful in Music* (7th ed., Leipzig 1885), tr. G. Cohen(Indianapolis 1957) 47쪽과 7쪽 이하. 『필레보스』 구절에 나오는 melos는 그 의미가 분명치 않다. 이는 또한 '조율'이라는 의미일 수도 있다. 물론 플라톤 역시 세속적인 동작을 제거하기를 바랐다고 주장하는 사람이 있을 수 있다.

웅 혹은 신이, 저 필멸의 존재일 뿐인 이의 죽음에 그토록 깊이 슬퍼하는 것은 적절치 못하다는 것이다. 진정 고귀한 존재라면, 감각 세계에서 미미한 자리를 차지하는 존재가 상실되어 있다고 그렇게 심각하게 마음을 써서는 안 된다. 따라서 우리 문학은 약한 인간들에게 도덕적 이상을 제공해야 하므로, 우리는 이런 감정들과 그 밖의 신답지 못한 감정들을 문학에 포함시켜서는 안 된다(388B-E). 신에게 걸맞은 것을 논하는 그 이전 단락의 비슷한 주장에서도, 그 고귀하고 신성한 영웅들을 거짓을 말하는 사람으로 묘사한 문학은 제거해야 한다고 말한다. 소크라테스는 그의 대화자들에게 도대체 무슨 '이유'로 완전하고 결핍 없는 존재가 거짓을 말하겠느냐고 묻는다. 그런 이유는 있을 수 없다는 결론과 함께, 그는 또한 우리의 모델이 될 만한 인물이라면 이런 활동에 개입한 모습으로 묘사되어서는 안 된다고 결론 내린다. '신은 그 말과 행동이 단순하고 참되니 자신을 바꾸지도 다른 사람들을 속이지도 않네.'(382E) 신에게 걸맞은 것을 말하는 이 주장에서 소크라테스는 미적/도덕적 가치를 결정하는 완전성의 관점을 사용함과 동시에, 연설을 통해 젊은 시민들을 위한 도덕적 이상으로서의 관점을 구성한다. 우리는 객관적 합리성을 성취할 수 있는 우리 자신의 잠재력을 개발하기 위해, 순전한 인간 결핍과 관심으로부터 완벽하게 떠나 있는 존재를 모방해야 한다. 그리고 우리의 문학은 그러한 존재와 그 존재의 숙고를 묘사하는 것이어야 한다.

IV

지금까지의 내 주장은, 플라톤이 『국가』 4권을 통해 이루어진 이성적인 삶의 계획의 형태에 관한 형식상의 동의를 뛰어넘는 이성적 삶을 위한 최상의 내용을 구체화한 독자적인 가치 이론을 제시했다는 것이다. 그 이론은 첫째, 내재적 가치 표지에 대한 견해 그리고 내재적 가치와 순전한 종-관련 가치 사이의 차이점에 대한 견해로 구성되어 있고, 둘째, 가치의 인식론 즉 순수하게 객관적인 가치 판단을 내릴 때 기준이 되는 과정에 대한 설명으로 구성되어 있다. 최상의 삶은 관조적, 과학적, 미학적인 추구 활동에 최대한 몰두하는 삶, 일체의 기타 활동들은 기껏해야 위의 추구 활동을 위한 순전히 도구적 가치만 지니는 삶일 것이다.* 그러나 철학자가 선택한 이 활동들이 내재적으로 가치 있는 것으로 간주되는 이유가 단순히 철학자가 선택했기 때문은 아니라는 점은 여기서 아무리 강조해도 지나치지 않다. 그의 추구 활동은 그의 선택이 진짜 가치에 반응했기 때문에 좋은 것이지, 단지 그가 적절한 관점에서 판단을 내렸기 때문에 좋은 것은 아니다. 그의 선택이 그 선택 자체 안에서 그리고 그 선택에 의해서 가치를 구성한다면 그와 그의 선택은 임의적인 것이 되어 버릴 것이다.** 그러나 플라톤은 이런 가치 평가가 가능한 이상적 조건이 성립되면, 필멸의 존재도 저 멀리 있는 진정한 가치에 접근할 수 있고, 현실 속에 존재하든 아니든 이 존재는 가치를 지닌다고 믿었다.

---

* 이제 내 견해와 *PMT*에서의 어윈의 견해가 어떻게 다른지를 요약할 때가 되었다. 여기서 핵심은, 그의 입장에 따르면 삶에는 오직 형식적이고 절차적 근거만 존재하기 때문에 그 밖의 것은 모조리 제거되어야 한다는 것이다. 반면 내 입장은 삶의 구성 요소가 지닌 '내적' 구조와 본성 또한 핵심적인 것으로 고려되어야 한다는 것이다. 그에게 질서와 안정성은 전체적으로 볼 때 계획의 중요한 특성이 되는 것이고, 그 각각이 구성 요소로 중요한 것은 아니다. 나는 각각의 구성 목적이 가치 표지를 담고 있어야 한다고 본다. 이처럼 플라톤 주장을 대하는 두 개의 매우 다른 입장을 볼 때, 플라톤의 실제 결론들 중 많은 부분에 우리들 각자의 방식으로 도달할 것임은 분명하다. 그러나 나는 지금 내 방식에 두 가지 장점이 있다고 다음과 같이 주장하려 한다. (1) 플라톤이 실제로 『국가』와 『파이돈』에서 자신의 결론으로 삼아 제시하는 것이 바로 이 논증이다. 어윈은 진지한 논증이 없다고 스스로 믿는 부분을 채우기 위해 논증을 재구성하는 것으로 스스로 이해한다.(이 차이를 보여주는 하나의 징표는, 어윈은 관조에 대한 철학자의 욕구는 '이론적인 추론을 "향한" 욕구이기 때문에 이성적인 것이 아니라, 실천적 추론 "으로부터" 나온 욕구이기 때문에 이성적인 것이다'라고 결론짓는다(p. 237). 그러나 플라톤의 책에는 분명히 그리고 반복적으로 이론적 추론의 내재적 가치에 대한 언급이 나오고 이론적 추론의 특성과 대상을 지시하면서 추론에 의한 선택을 옹호한다. (2) 어윈의 강조대로 그가 재구성한 논증은, 플라톤의 선택, 다른 가능한 삶을 뛰어 넘는 관조적 삶의 선택에 근거가 되지 못한다. 어윈은 여기서 '실천적 지혜보다는 관조에 대한 관심'을 말하는데, 이 관심이 플라톤으로 하여금 어윈의 생각에 결함이 있고 '용서가 안 되는' 논증을 표출하도록 만든다는 것이다. 내 해석은 플라톤의 실제 결론을 지지한다.

** 이 논점은 소크라테스가 에우튀프론이 내린 신성함의 정의에 맞서 제시한 논점과 유사하다. 만약 신성한 것을 그저 신이 사랑한 것이라고만 정의하고 그 사랑을 설명할 수 있는 신성한 것의 본성에 대해서 아무것도 정의하지 않으면, 신은 임의적인 권위자로 비쳐질 것이다.

이런 생각에 따르면, 철학자의 정치적 삶은 폴리스의 안정성과 조화를 실현하고 관조한다는 점에서 그리고 경험 세계의 흐릿한 실재들을 정확하고 참되게 판단하는 데 역할을 한다는 점에서 내재적 가치를 지닌다고 할 수 있다. 철학자가 그런 삶을 취할 필요가 있다는 것이 놀랄 일은 아닌데 왜냐하면 그런 삶도 관조하는 삶보다는 더 낮은 수준이기는 하지만 내재적 가치 표지를 갖고 있기 때문이다. 참된 가치에 대한 플라톤의 입장은, 철학적 관조에 대한 요청이 통치권에 대한 주장을 밀어내면서 발생하는, 일종의 심각하면서도 우연적인 가치 충돌이 있을 수 있다는 것이다. 이 지점까지는, 단일성과 통일성을 전심전력으로 밀고 나가려 했던 『프로타고라스』에서의 방식과 여기서의 방식이 사뭇 다른 것 같다. 그렇다고 개별 가치의 안정성에 집중적으로 초점을 맞추는 플라톤의 방식이 그 가치들의 내적 관계에서 야기되는 문제를 간과했다고 성급히 결론 내려서도 안 된다. 4권에서 말하는, 이성의 지배를 받으면서 내적으로 조화로운 삶을 구성하는 방식에 대해 우리는 이미 이야기했다. 『국가』 전반 특히 5권은, 폴리스의 교육을 통해 각 개인들이 도달하게 되는 내적 통일성과 갈등 없는 조화로움을 엄청나게 강조하는데, 이 두 항목 사이의 관계에 대해 한 번 더 생각해보면 왜 그럴 수밖에 없는지를 알 수 있다. 사랑이나 성적 활동, 권력 추구, 돈 벌기와 같은, 내적으로 불안정한 추구 활동을 향한 모든 애착에서 자유로워지면 가치 충돌의 가장 흔한 배경이 되는 것 중 많은 것이 저절로 제거된다. 철학자의 삶이 지닌 우월한 조화로움은 부분적으로, 그 혹은 그녀가 견지하는 신조의 숫자의 감소에서 바로 이끌어져 나오는 것이다. 사랑에 대해 신경 쓰지 않는 수학자나 수학에 신경 쓰지 않는 사랑하는 사람에게, 수학과 사랑이라는 두 추구 활동은 서로 갈등이 일어날 소지가 없다. 한편, 철학자 혹은 수학자가 특정 내용을 선택하면 그의 조화로운 여건에 크게 도움이 되기도 한다. 그가 이런 추구 활동을 선택하는 이유는 명백하게, 그 활동이 언제나 가능한 것이고 그 실행에 어떤 특별한 조건이 요구되지도 않아서이다. 그는 어떠한 환경에서도 정리theorem들을 생각할 수 있다. 그 정리들은 그가 처한 정치적 환경과 상관없이 또 다른 인간들의 활동이나 애착들과도 상관없이, 언제라도 그의 활동 대상이 될 수 있다. 이제 그가 고통스러운 선택을 해야만 하는 상황이 얼마나 자주 찾아올까? 개인적 추구 활동의 자기 충족성은 이렇게 갈등의 감소로 이어지게 된다.

이런 삶에 남아 있는 몇 안 되는 잠재적 갈등은 또 도덕 교육과 정치적 기술의 절묘한 조합에 의해 해결될 수 있다. 5권에서 소크라테스는 심각한 가치 충돌을 야기할 수 있는 흔한 배경 중 대표격인, 가족과 사적 재산 두 항목으로 시선을 옮긴다. 그러면서 그의 급진적이면서도 악명 높은 해결책을 천명한다. 폴리스가 소유권이나 가족을 제거하지는 않는다. 그러나 폴리스는 그 성원들에게 소유권과 가족을 골고루 나눠 준다. 모든 젊은 시민에게, 그냥 전체 폴리스가 '가족'이라면 그리고 다른 가족 유대의 형태가 알려진 바없다면, 폴리스-가족 간의 갈등은 불가능하다. 마찬가지로 만약 모든 재산이 공동 소유라면 '나의 것'과 폴리스의 것 사이의 갈등도 있을 수 없다. 크레온과 달리 플라톤은, 다른 방식으로 자란 사람들에게는 그런 급진적인 전략이 결코 통하지 않으리라는 것을 알고 있었다. 현존하는 폴리스는 통일체가 아니라 복합체라는 사실을 그는 알았다. 그래서 갓난아기가 엄마의 품에 안겨 있을 때부터 인간의 경험을 모조리 바꾸어야 한다. 교대로 유모가 되어 서로 아이를 기르고 부모라 할 만한 특정 존재나 후일 섹스 파트너가 될 만한 특정 존재와 특별하고 친밀한 유대 관계를 형성하는 것을 막으면서, 모든 시민을 '비슷한 그리고 서로 사랑하는 친구들'로 대하는 경험을 통해 이들 시민은 서로 교차 가능한 동일 가치의 모범을 배운다.* 『향연』은 한 발 더 나가, 훌륭한 사람이 사람들의 가치가 그 자체로서, 제도 그리고 과학의 가치와 완전히 호환 가능함을 어떻게 배우는지를 보여준다. 이렇게 한 발 더 나가는 것이 꼭 철학자-통치자가 처한 딜레마를 풀 수 있는 해법이 되지는 않지만, 적어도 이 딜레마를 적지 않게 줄이는 역할은 한다. 이러한 관조와 지배 사

---

* 아리스토텔레스는 이런 계책에 매우 비판적이다(본서 12장 참조). 플라톤은 사랑을 일반화하는 그의 전체 방침에 한 가지 눈에 띄는 예외를 설정하는데, 그것은 근친상간을 피하기 위해 시민들은 부모로서 한 세대 전체를 선발하는 것이다.

이의 딜레마에서 그의 선택이 단지 동일한 가치의 다른 원천을 사랑하는 것과 관조하는 것 사이의 선택이라면 그 선택은 훨씬 덜 고통스러울 것이다.

갈등을 최소화하기 위해 택한 이 전략은 동시에 단일 추구 활동의 안정성도 높인다. 예를 들어, 개인적인 자아들 각각을 위해서가 아니라 그들의 시민적 가치를 위한 사랑의 대상이 되는 시민들이 모두 모여 만든 엄청난 장場에 전면적으로 헌신하는, 그리고 안정적이면서도 온갖 환경에 쉽게 적응할 수 있는 가족 유대를 다른 곳에서는 찾을 수 없기 때문이다. 이런 식으로 플라톤은 우리 앞에 놓인 두 문제를 풀 수 있는 하나의 해결책을 한 번 더 제시한다.

이제 한 영역만이 제거 불가능한 비非호환성을 띠는 것으로 남았다. 각 존재가 그 혹은 그녀 자신의 육체적 느낌과 맺는 관계는 앞서 '자신의 것'이었던 다른 것처럼 일반화되거나 널리 퍼질 수 없다. 입법자가 하는 일과는 상관없이, 이 살덩이 조각이 느끼는 감각과 나와의 관계는, 저기 다른 조각의 살덩이와 내가 맺는 관계와는 전적으로 다른 것이다. 플라톤은 이것을 심각한 문제로 받아들였다. 이와 연관된 『법률』의 구절에서 그는 우리에게 젊은 이를 가르치는 교사는 자신만의 것으로 다른 것으로 환원할 수 없는 이것에 대한 이 특별한 사랑을 약화시킬 수 있는 힘을 얻기 위해 무엇이든 해야 한다고 말한다.

> 이른바 사적인idion 것은 가능한 모든 계책에 의해 삶의 모든 면에서 완전히 뿌리 뽑히게 될 겁니다. 이를테면, 눈과 귀 그리고 손이 공동으로 보고 듣고 행하는 것처럼. 본성상 사적인 것들도 가능한 한 공동의 것이 되게끔 강구하게 될 겁니다.(739C-D)

자연은 입법자의 완전한 성공을 가로막는다. 그가 할 수 있는 최선은 이런 특별한 느낌을 버리라고, 이 느끼는 주체는 진정한 우리가 아니고, 이 본성은 진정한 우리의 본성이 아니라고 우리를 가르치고 또 가르치는 것뿐이다. 그리고 우리가 이성이라는 하나의 본성만을 부여받은 영혼이고 단지 우연히 이런 상황에 처하게 되었음을 가르칠 뿐이다. 그리고 이제 우리는 그가 그렇게 가르침을 강조하는 동기 중 좀 더 나아간 것을 볼 수 있다. 육체는 안정적인 삶과 진정한 가치 평가에 가장 큰 장애물일 뿐 아니라 갈등의 가장 위험한 원천이고 따라서 공평무사하고 조화로운 폴리스의 정의에 가장 커다란 장애물이다. (본서 6장 Ⅲ, Ⅴ절, 7장 Ⅱ절, 12장 Ⅰ절 참조)

Ⅴ

이 가치 이론이 평범한 사람들의 실천과 추구 활동에 대한 그들의 직관적인 생각을 충실하게 반영하지 못한다는 반론은 그리 강력한 것이 되지 못한다고 나는 말했는데, 왜냐하면 플라톤은 어떤 평범한 사람도, 특히 그가 자유 민주주의 체제하에 있다면, 그 혹은 그녀가 객관적 합리성을 갖출 잠재력을 충분히 계발시키는 교육을 받을 수 없다고 주장하기 때문이다. 물론 플라톤에게는 이런 합리적 가치 평가의 이상理想과 이런 완전성의 관점이 인간에게 추구할 가치가 있는 목표임을 우리 같은 보통 사람들이 알도록 해야 할 의무가 있다. 그는 자신이 설정한 이상에 우리가 도달하기를 원할 수밖에 없는 이유, 혹은 그것이 이미 우리가 어떤 형태로든 신조로 삼고 있는 추구 활동 중 하나라고 생각해야 하는 이유를 우리에게 제시해야 한다. 특히 우리의 밖에 존재하는 신의 눈으로 보는 관점은 다음의 이유로 반대할 수 있다. 그런 관점은 우리가 가치를 두는 수많은 것을 폄훼한다는 점에서 그다지 매력적이지도 않고, 우리 '인간들'의 삶의 형태에 적절하지도 않다는 점에서 그다지 중요하지도 않다. 어쩌면 그런 관점은 우리에게 아예 불가능한 것일 수도 있다. 왜냐하면 세계와 그 속에 담긴 가치는 우리 인간의 해석 그리고 시각과 동떨어지면 보이지도 않고 알 수도 없는 것이고, 그 해석과 시각은 우리의 이해관계, 관심사, 그리고 삶의 방식에 의해 형성되기 때문이다. 가치를 객관적으로 다루는 담론의 주제가 될 만한 것이라면 인간적 관점 '안에서' 드러나는 것이어야지 그로부터 벗어나려는 헛된 노력에서 비롯된 것이어서는 안 된다.

그렇다고 이런 반론들을 여기서 더 발전시켜 볼 생각은 없다. 이 반론들은 다른 무엇보다도 아리스토텔레스의 윤리적 견해를 자세하게 살펴보아야 할 필요가 있는, 복잡하고 포괄적인 이해를 요하는 것이기 때문이다. 따라서 우리는 8장에서 그 내용을 다룰 것이다. 여기서는 그저 간단히, 플라톤은 사실 이런 종류의 반론을 무시하지는 않았다고 얘기하고 싶다. 특히 동기에 대한 질문은 그가 크게 골몰했던 주제 중 하나이다. 그의 답변은 우리가 부정적 그리고 긍정적 갈래라고 부르는 서로 긴밀히 연결되어 있는 두 가지로 나뉜다. 부정적 측면에서 플라톤은, 진지하게 성찰해보면 세계를 보는 인간의 내적 관점에서 가치를 두는 것 중 많은 것이 이성적인 존재에게는 참을 수 없는 고통의 원천이 된다는 것을 우리에게 보여줄 수 있다고 믿었다. 철학자의 관점에까지 높이 상승하고자 하는 동기는 우리의 경험적 삶이 지닌 혼란과 무질서 속에서도 이미 우리에게 부여되어 있다. 철학자의 핵심 과업 중 하나는, 우리 삶에서 참을 수 없는 면면들을 어쩔 수 없이 명료하게 우리에게 보여주는 동시에, 이런 고통의 처방으로 철학적 상승을 제시하는 것이라 할 수 있다. 내가 믿는 것(그리고 6장에서 주장할 것)은 이것이 플라톤의 『향연』에서 수행되는 과업이라는 것이다. 한편, 『국가』 1권은 욕망이 노정하는 폭력의 불길한 전조로, 그리고 8권은 플라톤의 청중 대부분을 구성하고 있는 사람들의 불안정한 삶을 묘사한 충격적인 초상으로, 『국가』에서도 『향연』과 비슷한 고찰이 이루어지고 있음을 볼 수 있다.

동기에 대한 질문에 플라톤이 답변하는 긍정적인 갈래 혹은 긍정적인 면은 『국가』 6장에 등장한다. 좋음 관련 진리, 모든 인간적 이해관계에 독립적인 원근법을 벗어난 진리의 장악에 대해 이야기하면서 소크라테스는 '사실 이것은 모든 영혼이 추구하는 것으로, 이를 위해서 모든 것을 행하게도 되는 것, 그것이 어떤 것인지를 막연히 점치는 그런 것'(505E)*이다. 또한 『필레보스』에서도 소크라테스는 '우리 영혼 안에 진리를 사랑하고 그것을 위해서 모든 것을 할 수 있는 자연적인 힘이 있는지(58D, '논증에의 열정', 67B는 참조)'를 고려해야 한다고 우리에게 역설한다. 수학적 그리고 철학적 추론은 필멸의 존재들 중에서 우리만 운 좋게 부여받은 특정 자질이 깊이 관여한 가치의 형식들이다.(『에피노미스』 978B, 『파이드로스』 250A 참조) 우리의 심리는 참된 좋음과 자연적으로 친밀하다. 우리는 수학이 아름답고 흥미로운 것임을 아는데, 운 좋게도 우리가 진정한 아름다움과 어울리는 존재이기 때문에 그런 것이다.

우리는 이 긍정적 답변을 부정적 논점에 집어넣는 방식으로 다르게 볼 수 있다. 우리에게는 참되고 안정적인 가치를 추구하려는 동기가 부여되는데 왜냐하면 우리의 경험적 삶이 야기하는 고통과 불안정성은 도저히 함께 살아갈 수 없는 것이기 때문이다. 이것이 바로 플라톤의 가치 이론에 대한 니체의 진단이다. 「형이상학의 심리학」이라는 제목의 단편斷片에서 그는 참된 가치를 옹호하는 플라톤의 주장에 기반이 되는 동기에 관해 말한다.

> 이런 결론으로 향한다는 것은 고통스러운 일이다. 근본적으로 그것은 그런 세계가 존재해야 한다는 욕구다 ……다른 것을 상상해보면, 더 가치 있는 세계는 누군가를 고통스럽게 만드는 세계에 대한 증오를 표현한 것이다. [실제에 반하는]** 형이상학자를 향한 '원한ressentiment'이 여기서는 창조적 역할을 한다.***

---

* 이 문맥으로 순전한 인간의 의견의 국면에는 아무것도 이 욕구를 만족시키고 탐구를 완성할 수 있는 것은 없다는 것이 매우 분명해진다.

** [역주] 니체의 원문에는 있는 구절인데 저자의 인용에는 빠져 있어 역자의 재량에 따라 삽입했다.

*** *The Will to Power*, trans. W. Kaufmann and R. J. Hollingdale (New York 1967) p.519, 그리고 p.576은 참조. 가치에 대한 니체 자신의 입장, 즉 '특정 종의 동물의 보존과 향상' (567)과 연결되는 입장과 대조해보라. 니체의 논점은 내재적 가치는 인간 중심적 관점 안에서, 그리고 그 관점을 통해 발견될 수 있고 발견되어야만 한다는 것만이 아니다. 나아가 부정적 형이상학자가 가장 열렬하게 제거하려고 하는 것, 즉 우연, 위험성, 일시성 같은 것은 그 자체가 부분적으로 가장 상위의 인간 가치를 구성하는 바로 그것이라는 것이다.(p.576과 *Thus Spoke Zarathustra*, trans. W. Kaufmann (New York, 1954) I, prologue 참조)([역주] 저자가 인용하는 *The Will to Power* 영역본의 쪽수가 실제와 모두 다르다. 예를 들어 위 p.519는 실제로 p. 311의 구절이고, p.576은 아예 존재하지 않는 면이다. 아마도 편집상의 오기가 아닐까 의심되지만 크게 문제가 되는 부분은 아니라 판단되어 바로잡지는 않았다.)

플라톤의 논증이 호소하는 지점을 꿰뚫는 이 심오하고 의심할 바 없이 올바른 통찰은, 그럼에도 그 논증의 복잡성을 제대로 다루지는 못한다. 니체에게도 플라톤 자신의 자기-이해를 다룬 견해로서 이는 만족스럽지 않았을 것이다. 플라톤의 주장에 따르면, 참된 가치가 그 밖의 모든 것과 구별되는 까닭은, 정확히 말해서 단지 필요-관계적이 아니어서만이 아니라 한 번도 고통이나 결핍을 경험한 적이 없는 존재라도 여전히 선택할 이유가 있는 어떤 것이어서이다. 우리는 운 좋게도 그런 존재와 이 순수하고 긍정적인 동기, 어느 정도까지는 우리의 부정적 동기로부터 독립적일 수 있는 동기를 충분히 공유할 수 있다. 우리 인간의 삶 안에서 잠깐만 우리의 고통을 제쳐두면, 우리는 그저 인간이기보다는 더 완전한 어떤 존재가 되려는 심원하면서도 긍정적인 자연적 욕구를 갖게 된다.(사실 우리에게 이런 욕구가 있다는 것은 행운이다. 이런 욕구가 없었다면 우리는 뭔가 다른 좋음을 지니지 못했을 것이고 오로지 좋음이 거기 있다는 것에서 멈췄을 것이다.*) 플라톤은 이렇게 말하고 싶을 것이다. 이 모든 것은 실제로 인간 관점의 한 부분이고, 그렇게 되는 이유는 인간은 본성상 그 순전한 인간의 한계를 이성으로 초월하려 하는 존재여서이다. 니체가 놓친 것은 수학적, 과학적, 그리고 철학적 추론이 인간 영혼에게는 너무나 아름답고 흥미로워서 도저히 눈을 뗄 수 없는 그러한 것이라는 사실이다. 그리고 단지 젊은 테아이테토스 같은 수학 천재의 영혼만이 아니라 신사 글라우콘에게도, 소크라테스에게도, 그 문에 (이야기는 계속된다) '기하학을 추구하지 않는 사람은 누구도 들어올 수 없다'고 새겨져 있는 아카데미아에 들어온 학생들 모두에게도, 우리 중 많은 이에게도, '만약' 우리가 진정으로 사랑하는 것에 대해 충분하게 열심히 생각한다면 이 사실은 해당될 수 있음을 플라톤은 믿었다. 과학과 철학을 그저 인간의 고통을 달래는 수단으로 삼았던 에피쿠로스학파에게, 플라톤주의자인 플루타르코스는 적절하게 다음과 같이 답변한다. 에피쿠로스학파 사람들은 플라톤이 본 것, 즉 순수한 추론의 '기쁨'과 '즐거움'을 제거해 버린다.

그들은 수학의 즐거움을 문 밖으로 밀어내 버렸다. 그리고 ……기하학과 천문학 그리고 화성학의 즐거움은 강력하고 다양한 매력을 지니고 있고 사랑의 홀림보다 결코 그 힘이 뒤떨어지지 않는다. 이런 학문들은 정리定理를 마법 문자처럼 사용하면서 우리를 끌어당긴다 ……그러나 사랑하는 여성과 성교하고 있는 어떤 남자도, 나가서 황소를 희생물로 바치는 것만큼 행복할 수는 없다. 또 황실의 고기나 케이크로 배를 채울 수 있다면 당장 죽어도 좋다고 기도할 사람은 아무도 없다. 이에 반해 에우독소스는 태양 옆에 서서 지구의 모양과 크기 그리고 그 구성 성분을 확실히 알 수만 있다면 파에톤처럼 불꽃이 되어도 좋다고 기도했다. 그리고 피타고라스가 그의 정리를 발견했을 때 아폴로도로스의 기록에 따르면 그는 황소를 희생물로 바쳤다. ('에

---

* 이 문장이 나타내는 것은, 내 견해가 결국 어원의 것과 그리 멀지 않다는 것이다. 왜냐하면 그 역시 우리의 가장 심오한 욕구 혹은 필요를 밝히는 말을 하기 때문이다. 그럼에도 나는 그의 견해와 나의 것은 한 가지 중요한 측면에서 구별된다고 생각한다. 어원에게 활동 x가 행위자 A의 심오한 욕구에 해답이 된다는 사실은(이런 것들이 A에게 전체적으로 좋은 것에 대한 이성적 숙고의 과정에 의해 도달되었을 때) x를 A에게 진정 가치 있는 것으로 만들기에 충분한 것이 된다. 그에게 내성적인 과정은 단지 자기 발견적 학습heuristic의 장치가 아니다. 그 과정은 그 자체로 가치의 규준이다. 내 해석에 따르면 이는 그렇지 않다. 필요 혹은 욕구는 오직 동기와 교육 사이의 연결에서 오고, 가치란 '무엇'인가라는 질문에 대한 답에서 오지는 않는다. 인간과 관련해서 다행스러운 사실은 그들 중 많은 이가 참된 가치를 추구하도록 동기 부여될 수 있도록 구성되었다는 것이다. 『파이드로스』 속 신화가 우리에게 전달하다시피, 많은 것이 다른 동물에게는 진실이 아니다. 전적으로 형이상학적인 확신과 함께 해석되는 상기 이론이 우리에게 보여주는 것은 어떻게 이런 것이 우리에게 진실이 될 수 있는가이다. 그러나 그것과 인간의 동기적 장치와의 관계는 지적 활동을 가치 있게 '만드는' 것의 부분일 수가 없다. 만약 인간이 과거에 존재한 적이 없었다 해도, 그것은 여전히 가치가 있을 것이다. 그리고 만약 인간이 플라톤의 동기에 관한 주장이 진실일 수 없는 존재로서 존재했다면, 플라톤은 (어원은 반드시 이렇게 결론 내려야겠지만) 그들이 다른 좋음을 지녔다고 결론 내리지는 않을 것이다. 그는 그들이 오로지 저기 있는 좋음으로부터 그저 배제되었을 뿐이라고 결론을 내릴 것이다. 나아가 우리가 좋음을 추구해야 하는 동기는, 내가 주장한 바대로, 우리의 다른 실천적 동기와는 그 특성이 다르다. 왜냐하면 (『필레보스』에서 주장한 것처럼) 고통이나 고충으로 느껴지지 않는 지성적인 활동을 향한 긍정적인 욕구가 있기 때문이다. 플라톤의 견해에 따르면, 우리가 오직 결핍이나 고충만을 느끼면서 추구하도록 동기 부여되어 있다면 그것은 진실로 가치 있는 것일 수 없다. 그리고 이 구분은 가장 심오한 필요 요소에 관한 어원의 입장에서는 전혀 드러나지 않는 것이다.

피쿠로스에게는 쾌락적인 삶이 불가능하다', * 1093D-1094B) **

축복 받은 삶이라면 복에 겹게 행복해야 한다고 플라톤은 강하게 주장한다. 그런 삶이 최상인 '이유'가 행복이어서는 아니다. 오히려 그런 삶은 행복과 멀어져 있기 때문에 최상인 것이다. 그러나 우리가 그런 최상의 삶을 즐거움과 함께 누릴 수 있다면 얼마나 멋진 일인가.

이 모든 것이 우리에게 진실이라면 플라톤은 이제, 이런 혼동은 자기 자신 때문이 아니고 내적인 인간 관점을 오해한 그의 작품에 대한 비판 때문이라고 주장할 수 있다. 플라톤은 이렇게 말할 수 있는데, 반대자가 하는 일을 상상해 보자면 다른 우리 자신 그리고 다른 우리가 하는 일 중 많은 것과 긴장 관계에 있는 갈망을 제거하면서 인간의 도덕 심리학을 단순하고 무미건조하게 만드는 것이다. 현대의 플라톤 주석가 몇몇도 플라톤의 이론을 재구성하면서 그 비슷한 맥락에서, 우리가『국가』뒷부분의 시대에 뒤떨어진 가치-담론을 배제하기만 하면 현대의 민주주의적 인본주의도 받아들일 만한 것을 건질 수 있지 않을까를 묻는다. 그러나 이런 일을 하면서 그들이 사실, 플라톤의 사상을 그 자신의 청중이었던 사람과 현재 청중인 사람 모두에게 더 구미에 맞는 것으로 만들 수 있다 해도, 플라톤이 논증할 채비는 갖추고 내어 놓기는 하지만 어쨌든 더 우리를 불안하게 만드는 견해, 더 옳은 견해이면서 동시에 우리의 깊은 욕구, 다행히도 참된 좋음과 연결된 욕구에 더 적절한 해답이 되는 견해를 그가 얼마나 힘 있게 방어하는지를 그들은 보여주지 못한다. 만약 플라톤이 우리 본성의 복잡함을 옳게 보았다면, 우리가 그의 주장을 단순하고 무미건조하게 만들어 버릴 때 동시에 우리는 우리 자신이 갖고 있는 심리적 복잡함의 면면을 회피하는 꼴이 된다. 물론 이런

---

* [역주] 이 구절은 플루타르코스의『모랄리아*Moralia*』중 일부이다.
** 여기 플루타르코스의 언어를 보면 그가 단일 정량 단위를 사용해서 쾌락을 그 느껴지는 강도에 따라 비교하고 있는 것이 아닌가 싶다. 이 단락을 인용한다고 해서 플라톤을 이런 식으로 독해하는 것을 지지하는 것은 아니다. 플루타르코스 역시 이 논고의 다른 단락에서 보이듯이 이런 식의 독해를 지지하지 않음은 거의 확실하다.

해석 방식에는 수많은 위험이 도사리고 있다. 역사적인 면에서 위험할 수도 있고, 우리가 플라톤의 어떤 생각은 보지 못하는 것일 수도 있다. 우리는 아리스토텔레스의 플라톤 비판의 힘을 이해하기 위해 여기서 멈출 텐데, 이러다가는 플라톤이 아리스토텔레스와 매우 비슷해져 버릴 수도 있기* 때문이다. 또 우리는 왜 그리고 어떻게 『파이돈』에 칸트가 그리도 깊이 감동하고 영향을 받는지를 보기 위해서라도 여기서 멈출 것이다. 철학적 위험성 역시 마찬가지로 심대하다. 플라톤의 입장을 더 친숙한 것으로 만들어 버리면서 우리는, 강력한 기세로 우리에게 물음을 던지는 탁월한 도덕적 입장을 깊이 파고 들어가 진지하게 살펴볼 기회를 잃는 것이다. 그러나 플라톤을 부드럽고 인간적인 철학자로 보려 하는 비평의 가장 심각하게 위험한 이유는 아마도, 그 비평에 힘입어 플라톤이 보고 힘 있게 기록한 것을 즉 거부와 불만족의 인간성, 우리 자신의 모습보다 나은 어떤 것에 대한 심오한 인간적 열망 등을, 우리가 보고 느끼지 못하게 될 수도 있다는 것이다. 플라톤은 이런 것을 보고 느끼기를 멈추면 어떤 면에서 인간이 되기를 멈추는 것과 같다고 말할 것이다. 그리고 놀라운 사실은 반反플라톤주의라 알려졌음에도 니체 역시 이러한 플라톤의 통찰을 지지한다는 것이다. 『차라투스트라는 이렇게 말했다』의 이른바 '마지막 인간'에 대해 니체가 묘사한 것을 보면, 유럽 부르주아지 민주주의 체제 속의 인간 도덕의 미래, 쉽게 알아볼 수 있는 인간성의 종식, 정확히는 자기 초월에 대한 플라톤식 갈망의 종식에 의한 인간성 파멸 예언과 같다. 차라투스트라는 말한다. '가장 비열한 인간의 시간, 이보다 더 자신을 경멸할 수는 없는 인간의 시간이.' 우리의 예상처럼, 차라투스트라의 청중은 현대 플라톤 비평가와 아주 비슷하게, 그의 연설이 '위대한 갈망'을 칭송하면서 '우리에게 이 마지막 인간을 달라'는 외침이라는 사실

---

* 이 점은 전적으로 어윈에게 더 걸맞은 말인데, 어윈이 해석하는 아리스토텔레스는 대부분의 해석보다 플라톤의 견해라 할 만한 것에 훨씬 가깝기 때문이다. 'Reason and responsibility in Aristotle', in Rorty, *Essays* 117-56. 나는 그의 해석을 9장에서 논의할 것이다.

을 외면한다.*

* * *

『국가』에서 플라톤은 이상적인 폴리스를 그리면서 교육과 동기에 대한
질문에 대답한다. 그리고 그 폴리스에서는 객관적인 합리성을 위한 최상의
교육이 이루어진다. 영혼의 '방향 전환'은 '어릴 때부터 바로'(519A) 시작되
고, 어린 시민 영혼의 시선을 아래로 향하게 밀어붙이는 '납덩이처럼 무거
운' 육체적 쾌락으로부터 자유로워지기 위함(519B)을 목적으로 이루어진다
는 것이 이 폴리스 교육의 핵심이다. 그럼에도 플라톤은 이런 폴리스는 결
코 현실화될 수 없다고 결론짓는다. 그리고 그는 사적 개인들이, 그 사적 맥
락에 대한 고려는 없이 폴리스의 생명을 목적으로 삼아야 한다고 강하게 주
장한다(591E-592B). 덜 이상적인 환경, 즉 이미 영혼에 강하게 족쇄가 채워
진 성인에서 우리가 출발하는 환경에서는, 교육과 동기의 과정이 긍정만큼
부정적 요소로도 채워질 수밖에 없다. 높은 곳을 볼 수 있게 영혼을 고쳐시
켜야 할 뿐 아니라 무거운 납도 제거해야 하기 때문이다. 참된 비非-고통-관
계적 가치에 대한 그의 견해를 찬양하려면 (고대의 것이든 현대의 것이든) 민
주주의 체제의 독자들에게 철학자는 역설적으로, 그 독자들의 고통과 강제
에 대한 생각에 호소할 필요가 있는데, 그들에게 납 무게의 고통을 이용하는
것을 허락하면서 그런 생각을 내던져 버릴 때 선택의 이유로 삼게 할 수 있
기 때문이다. 이렇게 한다고 철학 그 자체가 고통-관계적인 것, 즉 요양하면
서 고통을 줄이는 것보다 그저 약간 더 나은 것 정도가 되어 버리지는 않는
다. 왜냐하면 이것은 세상 어디에서나 또 어떤 이성적인 영혼에게나, 고통과
는 상관없이 가치 있는 것일 터이기 때문이다. 그러나 '우리'는 반드시 우리
가 내버리거나 급진적으로 바로잡는 데 참여하는 삶의 형태, 지금 우리가 가

---

* *Thus Spoke Zarathustra* I, 'Zarathustra's Prologue'(tr. Kaufmann)

368

치를 크게 두는 것을 추구할 준비가 되어 있는 지점으로 도달하기 전, '우리의' 고통을 먼저 의식해야 한다.

우리의 모든 욕망은 납처럼 무겁다. 그러나 그 무게는 플라톤에게 가장 무거웠다는 사실을 우리는 의심해서는 안 된다. 성적 욕구, 욕망의 '대장'이자 영혼의 '폭군'은 반복적으로 선택되고 또 선택된다. 우리를 성적 갈망과 상호적인 개별적 개인들의 연관된 애정의 부담에서 자유롭게 하는 일은 복잡하고 어려운 일이 될 것이다. 치료자로서의 철학자는 우리 이해관계의 강력함과 싸우기 위해 여기서는 무엇보다 긍정적인 요인만큼이나 부정적인 요인도 다룰 필요가 있다.

6장   알키비아데스의 연설: 『향연』* 읽기

> 그는 자신이 주문 제작한 황금방패를 지녔다. 그 황금방패에는 고래古來의
> 장식이 아니라 벼락으로 무장한 신神 에로스의 모습이 새겨져 있었다.
>
> (플루타르코스, 『알키비아데스』, 16)

　'저는 진실을 말할 겁니다. 선생님 생각에 절 내버려두실 수 있을 것 같으
세요?'(214E)

　우선 그는 아름답다. 온 폴리스를 사로잡을 만한 타고난 육체적 매력과
광휘를 지녔다. 물론 나이를 먹으면서 예전과 같은 매력을 뽐내지는 못했지
만, 인생의 단계 단계마다 새로운 권위와 권력을 얻으며 눈부시게 활약했
다. 그는 언제나 자신의 육체의 아름다움을 강하게 의식했고 그 영향력에 지
나친 자부심을 가졌다. 그는 자신의 아름다움을 '놀랍게도 멋진 행운', '신
이 내려준 뜻밖의 선물'로 묘사하고 싶어 했다(217A). 그러나 이것이 타고
난 재능의 전부는 아니었다. 자신의 에너지와 지력으로 그는 아테네 전역에
이름을 날린 최고의 사령관이자 전략가, 아테네인들의 넋을 빼놓은 솜씨 좋
은 웅변가로 두각을 나타냈다. 이 두 분야 모두에 걸쳐 그의 천재성은 해당
상황에 쏟는 그의 절실한 눈빛에서 엿보였는데 ─이것이 그가 구체적인 사
례의 두드러진 면면을 식별하고 적절한 행동을 선택하는 방식이었다. 이 모
든 재능에 대해 그는 하나같이 자부심이 있었다─ 한편 그는 비평과 가십
에 거의 병적으로 집착했다. 그는 사랑받는 것을 사랑했다. 그는 관찰과 혹

---

* [역주] 본 장의 『향연』 인용은 강철웅 역(정함학당 플라톤 전집, 이제이북스, 2010)을 저
　본으로 하고 필요에 따라 수정했다.

평을, 그리고 자신에 대한 정보를 남이 아는 것을 싫어했다. 관대하면서도 변덕스러운 그의 마음은 사랑과 분노 사이를 빠르게 오가는, 변덕과 고집이 동시에 존재하는 그런 것이었다. 결론적으로 그는 감성적으로나 지성적으로나 세상이 너무나 원하는, 그런 대단한 재능을 가진 사람이었다. 그리고 그는 성공을 보장받기 위해 재능과 용기로 할 수 있는 일을 했다.

그 외에 무엇이 있을까? 그는 피리 부는 것을 싫어하고 피리 부는 사튀로스 마르쉬아스를 싫어했다…… 그는 비웃고 농담을 날렸다―자기 자신을 위해 적을 그리고 연인을 희생양으로 삼으면서. 그는 자신에게 구애를 펼친 이를 거주 외국인으로 만들고 지역 세금 수령 경매에서 낙찰을 받도록 사주해서, 그 지역의 경매 참가자들과 세금 징수인들을 곤란한 지경에 빠뜨리기도 했다…… 무언가를 얻고자 할 때 그는 인정사정 보지 않았다. 그는 올림피아에 일곱 대의 마차를 끌고 들어가서, 1등, 2등 그리고 4등상을 품에 안고 나왔다. 그는 자신의 개의 꼬리를 자르면서 말하기를, '전 아테네는 이 사건에 관해 이러쿵저러쿵할 것이 분명하고 나는 이에 매우 만족한다. 이 사건으로 나에 대해 이보다 더 심한 말을 하는 입은 멈추게 될 것이다'라고 했다…… 그는 엄청나게 사치스러운 행사에 돈을 댔다. 사람들은 끊임없이 그에게 매료되었다. 그는 그들의 연인이었고, 그들의 젊은 '사자獅子'였다. 민주정의 무질서를 혐오한 사람들은 민주정의 화신인 그도 혐오했다…… 그는 두 폴리스를 모두 배신했다. 그는 '내가 잘못되었을 때 나는 폴리스에 대한 사랑을 느끼지 못하오. 내 정치 사업이 계속 안전하게 유지될 때가 내가 폴리스에 사랑을 느낄 때요'라고 말한다…… 어느 날 밤 그는 아테네의 거리를 산책하다가 헤르마herma*의 생식기와 얼굴을 뭉개버렸다…… 그가 사랑했던 철학자는 실레노스**를 닮은 들창코의 소유자였는데 곁에 그가 누웠을 때도 냉담했고 전혀 흔들림이 없었다―마치 실레노스들이 그 안의 번쩍이

---

* [역주] 흉상과 남성의 생식기만을 표현한 신상神像으로 몸통으로 기둥을 대신했다.
** [역주] '실레노스Silēnos'는 사튀로스들을 총칭하는 이름이면서 사튀로스들의 아버지 혹은 우두머리만을 가리키는 이름으로 쓰이기도 한다.

는 신상神像들을 보라고 당신에게 양쪽으로 열어젖힌 장난감 중 하나가 된 것처럼 말이다. 이런 것들이 알키비아데스 이야기다.*

결국 그의 이야기는 낭비와 상실로 가득찬, 삶을 제대로 그릴 만한 실천적 이성을 얻지 못한 자의 것이다. 그 특출한 인물됨과 위태롭게 이어온 그의 인생 단계 단계들은 모두 아테네의 전설이 되었다. 그들은 그의 행동을 해석하느라 그리고 그 행동에 다친 마음을 치유하느라 소리를 질렀다. 『향연』은 그 자체가 이러한 생애 한가운데에 위치한 것으로, 사랑과 이성을 뛰어넘는 사유로 우리를 이끄는 질문과 정면 대결한다. 당연하지만, 알키비아데스는 이 대화편의 주요 등장인물 중 한명이다. 그는 자신의 생애의 많은 자잘한 일들을 연설을 통해 대놓고 풀어 놓는다. 그러나 그 속에는 좀 더 미묘한 낌새들도 존재한다. 화살에 맞아 죽은 사람은 영혼에 상처를 주는 화살과 화살촉 등의 단어를 사용하여 사랑을 말할 것이다(219B). 피리를 자유인의 존엄성을 해치는 가치 없는 악기라고 비난하고 또 그 비난으로 주변의 분위기를 바꾼 사람은, 한 사튀로스의 피리 연주에 사로잡힌 노예와 같다고 자신을 묘사하게 될 것이다(215B-D, 213C, 219C). 신상을 훼손하게 될 사람은 일군의 신상과 소크라테스의 영혼을 비교하면서 소크라테스의 덕을 지우고 훼손하는 것은 부정의한 것이라고 말할 것이다(213E, 215B, 216D, 217E, 222A). 신성한 비의秘儀를 모독하게 될 사람은 에로스를 받드는 신비-종교에 입회했다는 죄목으로 재판에 회부되게 될 것이다. 위와 같은 연결고리들로 알 수 있는 것은 이미 전설이 된 알키비아데스의 인생 역정 이야기의 배경에 휘둘리지 않고 이 작품을 독해하면서, 우리 자신이 그에게 매혹된 아테네인들이 되어 볼 필요가 있다는 것이다. 오직 이런 방식으로만 우리는 얼핏 별것 아닌 것처럼 보이는 언급들의 실제 의미를 파악하고 나아가 이런 과정을 통해 전체적인 맥락의 의미를 파악하게 된다.

---

* 이 이야기들은 아마 모두 진실은 아니겠지만, 이 대화편에 등장하는 알키비아데스에 대한 대중적인 배경 설명으로는 대표 격이 될 만한 것이다. 모든 자료들은 대체로 그의 성격과 그의 생애를 구성한 주요한 사실들과 일치한다.

흔히 플라톤을 비난할 때 『향연』에서 그가 유일무이한 독자적인 사람이 역시 다른 독자적인 사람을 향해 품은 사랑의 가치를 무시했다고 한다. 그 사람을 독자적인 사람이 아니라 가치 있는 속성들의 중심으로 취급하고 되새겨볼 만한 속성을 향하는 것으로 사랑을 묘사하면서 플라톤은 우리가 경험하는 사랑에 근본이 되는 무언가를 놓친다. 그레고리 블라스토스 교수는 이런 견해를 가장 강하게 주장하는 사람 중 한 명이다. 그는 다음과 같이 말한다.

그들이 훌륭하고 아름다운 한, 오직 그러한 한에서만 우리는 그 사람들을 사랑한다는 것이다. 그러면 몇 안 되는 인간들만 탁월한 걸작이고 우리가 사랑할 기회를 얻은 이들 중 최고라 해도 추한 구석이 전혀 없다고 할 수는 없기 때문에, 평균적인 사람이나 흔한 사람, 엉터리 같은 사람은, 우리의 사랑이 오직 그들의 덕과 아름다움을 위한 것이라면, 그 혹은 그녀의 개별성에서 비롯된 유일무이한 독자성을 지닌 그 개인은 결코 우리가 사랑할 수 있는 대상이 될 수 없을 것이다. 이런 식의 결론은 내게 플라톤 이론에서 가장 중요한 흠결로 보인다. 이 이론에서 말하는 사랑은 독자적인 사람들의 사랑이 아니라 오로지 그 최고의 자질들이 복합체를 구성하고 있는 추상적 층위에 있는 사람들의 사랑이다. 개인적인 애정이 플라톤이 제시한 사랑의 단계scala amoris에서 왜 그렇게 낮은 순위에 처할 수밖에 없었는지를 이 이론은 말해준다…… 성취에 있어서 절정의 순간—모든 낮은 수준의 사랑들을 '계단으로 삼아' 이뤄내는 절정의 성취—은 구체적인 인간을 향한 애정을 가장 심하게 걷어낸 것 중 하나이다.[*]

이 모든 말은 좀 미심쩍다. 우리는 이런 유일무이함과 개별성이 어디를

---

[*] G. Vlastos, 'The individual as object of love in Plato's dialogues', in Vlastos, *PS* 1-34. 어원은 *PMT*에서 블라스토스 해석의 몇몇 측면을 비판하기는 하지만 이 플라톤 비판에는 동의를 표한다.

향하는지에만 초점을 맞춰 묻고자 한다. 그것들은 순전히 주관적인 인상, 우리가 모든 속성들을 장악하지 못해서 생긴 주관적인 인상에 불과한 것인가? 아니면 유일무이함은 아마도 그 전에는 한 번도 나타나지 않았던 조합에서 각자가 그 자체로 되새길 만한 특정 속성들이 발생한 것일까? 그도 아니면 이것은 이보다 더 흐릿하고 가물가물한 어떤 것일까? 이렇게 따져 묻지만 우리는 블라스토스가 어느 정도 옳은 것 같다는 느낌을 받는다. 그는 확실히 사랑에 빠진 것에 대해 우리가 말하고 느끼는 무엇인가를 지시하고 있다. 물론 우리가 어떤 의미로 그것을 말하는지는 분명치 않지만 말이다.

그러나 이런 견해를 근거로 플라톤의 지각에 대해 비판하면 한 가지 문제가 생긴다. 이것은 소크라테스가 반복하는 디오티마의 연설에서 표현되는 견해를 플라톤이 견지한 유일한 견해로 삼고, 그가 쓴 나머지 내용은 염두에 두지 않아야 가능한 비판이다. 그 연설에 이어지는 것은 진실을 말해야 한다는 주장을 담은 다른 연설―이런 말로 끝맺는 연설이다.

우리가 소크라테스님을 찬양하면서 말할 수 있는 다른 놀라운 것들이 많이 있네. 그런데 이 동일한 덕들은 아마 다른 사람도 그만큼 지니고 있을 수 있겠지. 그분의 정말 놀라운 점은 옛날 사람들이든 요즘 사람들이든 인간들 가운데 어느 누구와도 비슷하지 않다는 것이네…… 여기 이 양반이 얼마나 특이한지 ―그분 자신이든 그분의 이야기들이든― 자네는 보고 또 보아도 그와 비슷한 사람도 찾을 수 없을 것이네.(221C-D)

그러나 이 정도는 블라스토스도 한 말이다. 작자가 사랑에 대한 어떤 이론을 내놓고 나서 그 이론의 반례가 되는 이야기, 유일무이한 개인을 향한 정념을 어떤 작품에도 뒤지지 않게 웅변적으로 말하는 이야기를 뒤에 붙인다면 ―그리고 그 이론이 무언가 빠뜨린 것이 있다고 말하는 이야기는 무엇인가에 맹목적이다― 그때 우리는 그 '작가'를 맹목적이라고 부르기 전에 잠시 주저하게 될 것이다. 우리는 그의 저술 전체를 읽고 작품의 부분 부분들이 전체적으로 어떻게 배치되었는지를 통해 드러나는 의미를 파악하는 것이 올바른 것일 수도 있다. 내 생각에는 『향연』을 심도 있게 이해하면, 에로스를 전前철학적으로 이해하는 입장을 무시하는 작품이 아니라, 에로스의 이해 자체에 대한, 그리고 왜 그것이 제거되고 초월되어야 하는가에 대한, 왜 디오티마는 역병에서 아테네를 구제하기 위해 한 번 더 왔어야만 했는가에 대한 모든 것을 알려주는 작품으로 간주하게 될 것이다.(어쩌면 왜 그녀는 우리를 구제할 수 없었나, 혹은 여하간 '우리'를 구제하지 못했나에 대해서도 알려줄지 모른다)

『향연』은 열정적이고 에로틱한 사랑을 다룬 작품이다―이는 이 작품에 관한 어떤 비평 몇 개로는 추론되기 어려운 사실이다. '진실'을 말한다고 주장하는 유일한 연설은, 성적性的으로나 지성적知性的으로나 특정 개인에 대한 복잡한 정념을 담은 이야기이다. 참된 선을 추구한다는 명목으로 이런 '진실들'에 이의를 제기하거나 이를 부정하는, 가장 중요한 자리에 위치한 한 연설이 있다. 그러나 우리의 실질적인 애착 대상과 그 문제들을 묘사한 플라톤의 그림을 먼저 이해하지 않고서 그런 이의 제기를 하게 된 동기를 이해하거나 그 힘을 가늠하는 것은 거의 불가능하다. 우리는 이 작품으로 성적 애착에 대한 우리 자신의 생각과 느낌을 면밀히 검토하고, 그 과정에서 새로운 대안을 제시하는 디오티마의 연설에 소크라테스처럼 우리도 '설득될' 준비가 되어 있는지 물을 수 있어야 한다. 그것이 플라톤의 청중이 그렇듯 우리도 알키비아데스의 삶과 성격으로 주의를 돌려야만 하는 이유이다.

I

이 대화편은 말의 전달들이 서로 정교하게 엮인 집합으로 구성되어 있다. 이 작품은 마치 중국 상자Chinese box처럼 우리에게 아폴로도로스와 친구가 나눈 대화를 전해주는데, 그 대화는 그 이전의 대화를 전해주고, 또 그 대화는 (여러 다른 것 중에서) 소크라테스의 연설을 전해주는 아리스토데모스의 이야기를 회상하는 것이며, 소크라테스는 또 신비로운 비밀을 알려주는 디오티마의 연설을 전달하고 있다. 희랍의 간접적 담론 구성을 우리에게 연달아 보여주면서 논의 내부에서 한 발 물러서는 이런 방식에 의해 우리는, 사랑에 대한 우리 지식의 연약성을 그리고 이야기를 듣고 말하는 와중에 우리 삶의 주요 요소를 이해하기 위해 그 이야기를 쫓아가야 할 필연이 지닌 연약성을, 항상 의식하게 된다. 또 이 방식으로 우리는, 개인적인 사랑에 영감을 얻은 소크라테스의 제자들이 그의 조언을 따르려 하지 않는다는 사실을 떠올리게 된다. 가치의 모든 면면들을 똑같이 고려하는 상승의 단계에 오르려 하지 않고 그들은 알키비아데스처럼 개인사個人史 속의 특정 인물을 사랑하는 자로 남는다. 이 두 가지 방식에 입각하면 이 대화편은 전체적으로 소크라테스 연설이라기보다는 알키비아데스의 연설이다―여기서 우리는 소크라테스식 가르침의 가치를 배우고 판단해야 하는 사람들은 다름 아닌 교화敎化되지 않은 사람들인 우리라는 사실을 알게 된다.

이 다채로운 대화들은 우리가 이 대화편의 중심 주제를 짚어낼 수 있도록 엄정하게 선별되어 배치된 것이다. 아폴로도로스는 익명의 친구로부터 그 술잔치 이야기를 다시 들려달라는 요청을 받고 그에게 자신은 단지 그것을 옮길 수 있는 처지에 있을 뿐이라고 답한다. 글라우콘이라는 아폴로도로스의 지인은 이틀 전 엄청난 흥분에 휩싸인 채로 그를 불러 세운다. 그는 아가톤의 집에서 벌어진, 소크라테스와 알키비아데스가 손님으로 참석한 그 잔치 이야기를 남김없이 듣기 위해서 아폴로도로스를 찾아 온 동네를 헤매 다니던 중이었다. 글라우콘은 사랑에 관한 그들의 연설이 어땠는지 듣고 싶어 심히 안달이 났으나, 잔치가 있었다는 걸 알려준 친구는 그 이야기를 건너 들었기 때문에 정확한 내용을 전해줄 수가 없었다(172A-B). 아폴로도로스는 놀라면서 그가 잘못 알고 있는 것이 있다고 대답한다―글라우콘이 최근의 일로 알고 있는 것처럼 보이는 그 잔치는 이미 수년 전에 열린 것이었다. 글라우콘은 아가톤이 '수년간' 아테네를 떠나 있었다는 걸 몰랐던 것일까? 그리고 아폴로도로스가 소크라테스를 쫓아다닌 기간이 고작 3년밖에 안 되었다는 것일까? 사실 그 잔치는 '우리가 소년이었을 때'(173A), 아가톤이 비극 축제에서 처음으로 상을 탄 날 열렸던 것―지금 셈법으로는 기원전 416년에 열렸던 것이다.

이 대화는 이제 매우 이상해졌다─너무 이상해서 마치 플라톤이 이를 통해 무언가를 말하고자 하는 것이 아닌가 생각되기도 한다. 바쁘게 활동하는 한 사람, 분명 분별 있어 보이는 한 사람이 사랑을 다룬 연설이 있었다는 잔치에 대해 알아보려고 온 동네를 쏘다닌다. 그리고 그는 심지어 이 잔치가 있은 지 벌써 10년도 더 지났다는 것도 모르고 있다.(아가톤은 기원전 408년 혹은 407년에 아테네를 떠났다) 그가 문학광이거나 철학광이 아님은 분명하고 아가톤과 아폴로도로스와 관련된 사실들도 제대로 알고 있었던 것 같지는 않다. 여기서 그의 캐릭터는 바쁘게 활동하는 사람이다(173A). 그러면 우리는, 그가 왜 그렇게 안달을 냈는지 설명을 위해 당시의 정치적 지형도를 살펴보아야 하지 않을까 싶다.

베리를 비롯한 많은 주석가들은 이 대화의 시기 문제를 더 면밀하게 파고든다.[*] 베리는 이 대화의 시기를 기원전 399년 소크라테스의 죽음 이후로 잡아서는 안 된다고 설득력 있게 주장하는데, 왜냐하면 아폴로도로스가 그가 소크라테스의 제자임을 현재형으로 말하고 있기 때문이다(172E). 또한 이 시기는 아가톤이 떠난 지 '수년이 흐른' 그러나 그가 아직 죽기는 전(아마도 마찬가지로 기원전 399년)으로 보아야 하는데, 왜냐하면 그가 여전히 '아테네를 떠나 있다'고 말하고 있기 때문에 그렇다. 베리는 '수년이 흘렀다'라는 말이 성립하려면 그 범위 안에서 최대한 그 시기를 늦게 잡아 기원전 400년에 이 대화가 있었다고 보아야 한다고 주장한다.

그러나 이는 당시의 정치 상황과 알키비아데스를 간과한 주장이다. 알키비아데스는 기원전 404년에 살해당했다. 기원전 407년 민주정이 재건되고 아테네로 소환된 그는 노티움 해전에서 아테네가 패전하면서 명망을 잃는다─그러나 그것은 그 부하들의 패배였지 그의 패배는 아니었다. 그는 트라키아 반도로 퇴각했다. 기원전 405년 아이고스포타미 해전에서 그는 훌륭

---

[*] R. G. Bury, *The Symposium of Plato* (Cambridge 1932, repr. 1966) lxvi. Guthrie, *History* IV, 366도 함께 참조.

한 조언을 했으나 지휘관들은 이를 받아들이지 않았다. 분노와 씁쓸함을 안고 그는 소아시아로 가서, 페르시아 왕 아르타크세르크세스에게 투항한다. 기원전 404년 프리기아의 작은 마을에서 그는 페르시아 첩자에 의해 살해당하는데, 아마도 스파르타 지휘관 뤼산드로스와 과두^{寡頭}였던 플라톤의 삼촌 크리티아스가 꾸민 음모에 의한 것일 가능성이 높다.

따라서 글라우콘이 엉뚱한 질문을 한 시기가 기원전 400년이 될 수는 없다. 이들 대화에 관련된 사람 중 알키비아데스의 죽음을 그토록 오랫동안 모르고 있었던 사람이 있을 리는 만무하기 때문이다. 기원전 375년쯤[*]의 독자도 그런 상황이 가능하다고 믿는 사람은 없었을 것이다. (우리가 더 관심이 있는 것은 실제 사실보다, 역사적 사실에 대해 플라톤의 청중이 어떤 전제와 믿음을 가지고 있었는지다.) 이는 마치 우리 시대의 청중들이 존 케네디를 살아있는 사람으로 취급한 드라마가 1968년에 만들어졌다고 믿는 것과 같다. 몇몇 사건은 지워지지 않고 사람들의 의식 속에 영원한 흔적을 남긴다. 알키비아데스의 죽음도 그런 사건 중 하나다. 죽기 전 몇 달 동안 그가 머무는 곳이라면 어디에서든, 그는 거의 집착에 가까우리만큼 과도한 주목을 받고 있었다.^{**} 아테네는 스파르타에 조건부항복 문서를 쓰기 일보직전의 상황에 처해 있었고, 안으로는 이제 스파르타에 동조하려는 과두 진영과, 무력한 다수의 마음속에는 여전히 강력하게 남아 있는 전통적인 민주주의적 감성 사이의 갈등이 수년간 지속되면서, 이 폴리스를 갈기갈기 찢어놓았다. 테라메네스가 주도한 온건한 과두정부는 백척간두에 서 있는 형국이었고, 크리티아스를 포함, 플라톤 집안사람들을 필두로 한 이른바 '30 참주'라고 일컬어지는 극단주의자들은 민주주의의 흔적이라면 모조리 지워 버리겠다고 다짐했다. 전통과 자유를 수호하려는 자들의 희망은 난맥에 빠졌다. 기원전 405년

---

* 이 대화편이 작성된 시기를 둘러싸고도 많은 논쟁이 있다. 그러나 현재는 이 대화편이 『파이드로스』보다는 앞서고 대략 『국가』와 『파이돈』과 동시대라는 주장이 널리 받아들여지고 있다.

** 플루타르코스 38, 아리스토파네스 『개구리』 1422이하를 참조하라. 투키디데스는 모호하게 아테네가 처한 곤경의 원인으로 알키비아데스의 부재를 언급한다.(Ⅱ.65.12)

에 발표된 아리스토파네스의 『개구리』는 단지 정치적 자유만이 아니라 시적 발화發話도 소멸될 위기에 처했다는 공포에 대한 반증이다. 코로스는 우스운 일만 아니라 진지한 일도 큰 소리로 말할 수 있는 기회를 얻기를 간청하고, 신이 진리들에 가호를 내리기를 기원한다(384-93).

불안과 비관 속의 아테네에 유일한 희망은 바로 자신을 홀대한 폴리스로 돌아오기로 약속한 알키비아데스로, 그가 재건된 민주정에 승리와 안전을 가져다줄 것이라 기대했다. 플루타르코스는 다음과 같이 말한다.

절망 속에서 그들은 자신들이 과거에 저지른 여러 실수와 어리석은 행동을 떠올렸고, 알키비아데스에게 두 번째로 분노를 터트린 것을 무엇보다 큰 실수로 생각했다…… 그리고 여전히…… 알키비아데스가 살아 있는 한 아테네의 앞날에는 어렴풋한 희망이 남아 있다고 생각했다. 과거에 나라 밖을 떠돌 때나 지금이나 그는 평화롭게 혹은 수동적으로 살아 있는 데 만족하지 않았다…… 그들은 그가 스파르타의 승리도 30 참주의 광기도 그냥 보고만 있지는 않을 것이라 생각했다.*

알키비아데스는 그의 이름이 실제로 등장하기(『개구리』, 1422) 훨씬 전부터 『개구리』의 주요 등장인물이었다. 하데스에서 두 죽은 시인에게 주어진 중요한 시험, 그들의 도덕적 조언이 위기에 빠진 폴리스를 구할 수 있는가를 묻는 시험은 사실 그의 복귀에 관한 시험이다. 폴리스는 '그를 갈망하면서도 그를 증오하고, 또 그가 돌아오기를 바란다.'(『개구리』, 1425) 그럼 어찌 해야 하는 것일까? 에우리피데스는 소피스트식 그리고 소크라테스식 철학하기와 연결된 언어를 구사하면서 어느 과두의 답을 제시한다. 그를 자기중심적이고 쓸모없는 개인으로 생각하고 그를 미워해야 한다는 답이 그것이다. 아이스퀼로스는 모호하고 고상한 시적 언어를 사용하면서 폴리스는 그를

---

* 『플루타르코스 영웅전』, 알키비아데스 편 38절, 그리고 Isocrates XVI. 21도 참조.

다시 데려와야 한다고 주장한다.* 마라톤에서 싸웠던 이 강인하지만 늙은 민주정 수호자는 반反 민주정 지성인처럼 보이는 세련된 동료가 아니다. 그는 희극과 비극시의 신神인 디오뉘소스가 원한 시인이 자신이라는 것을 이런 식으로 증명한다(1468). 아이스퀼로스는 비극과 희극 모두를 죽음에서 건져 올릴 것이고, 알키비아데스는 아테네를 자유의 종말에서 구원할 것이다. 그리고 그들이 보듯 소크라테스로부터도 구원할 것이다.**

이제 우리는 왜 글라우콘이 그리 열정적이었는지 이해할 수 있다. 이때가 기원전 404년, 즉 암살이 일어나기 직전이었고 알키비아데스에 대한 광적 열망이 극에 달했을 때라는 것을 상기할 필요가 있다.(아가톤이 떠난 지 수년이 지났다는 설정을 제거해야 한다는 베리의 요구를 아직은 만족시킬 수 있다) 이제 소문은 돌아, 소크라테스와 알키비아데스가 참석해서 사랑에 대한 연설을 나눈 잔치 하나가 열렸다는 결론에 다다른다. 여기서 (이 이야기의 시기를 추정할 수 있는 문화적 사실들에 무지한) 정치가라면 곧바로, 그 쫓겨난 지도자가 소크라테스를 향한 유명짜한 사랑에 끌려 결국 아테네로 돌아가기로 한 것인지 궁금해질 수밖에 없다. 그러면 양쪽 정치 세력 모두에게 영향을 크게 줄 수 있는 그 소식에, 열일 제쳐두고 이 이야기를 쫓아 온 동네를 쏘다녀도 이상할 것이 없다. 그가 만약 민주정 옹호자라면 희망에 부풀어 기쁨을 숨기기 어려웠을 것이다. 그가 만약 과두정 옹호자라면 알키비아데스의 일거수일투족을 관찰하려 한 일체의 계획이 처참하게 실패한 것에 극도로 신경 쓰면서 긴장되고 두려운 상태에 있을 것이다. 글라우콘은 어느 편이었을까? 그의 간략한 질문으로는 낌새를 눈치채기 어렵다. 아폴로도로스는 실제로 소크라테스의 문하였으니, 소크라테스가 그렇듯 30 참주들의 극도로 초법적인 조치들에 반대했을 가능성이 높고, 그가 깊이 걱정할 때 글라우

---

* 덧붙여 아이스퀼로스는 나머지 정치적 조언에서 민주정을 옹호한다. 그는 적에게 침략을 허용하게 될 때는 해군에 의지해야 한다는 페리클레스식 정책을 주장한다(『개구리』, 1463-5).

** 『개구리』 1491-5 참조.

콘이 침묵하는 것을 보면 그와 과두들 사이에 연결고리가 있음이 드러나는 것 같기도 하다. 여기서 글라우콘의 정체는 분명하게 드러나지 않는다. 그러나 동일한 이름을 가진 다른 두 명의 플라톤 대화편 등장인물은 모두 플라톤의 가까운 친척이고 과두들과 관련되어 있다.* 여기의 글라우콘이 『국가』에 등장하는 플라톤의 형일 가능성도 배제할 수는 없다. 여하튼 적어도 이 이름으로 독자들은 위와 같은 반反민주정 세력과의 연관성을 떠올릴 수는 있다.

그러면 이를 알키비아데스에게 중립적이거나 동조하는 사람과, 그를 살해한 사람들과 관련 있을 법한 사람들이 그의 죽음 직전에 나누었던 대화로 볼 수도 있다. 그러나 이는 대화편의 시작 부분 대화는 아니다. 시작 부분의 대화는 글라우콘과의 대화가 있은 지 이틀이 지난 후에 아폴로도로스와 익명의 '친구' 사이에서 있었던, 글라우콘과의 대화에 대해 이야기한 것이다. 왜 여기에 이틀이라는 시차가 있는지 혹은 왜 이 잔치 이야기를 이틀 후에 반복하는지 우리는 알 수 없다. 그러나 이 부분은 생각할 여지가 있는 것이다. 이러한 바로크적인 복잡함은 그 자체로 아름답거나 즐거운 것은 아니다. 설령 우리가 플라톤이 오로지 즐거움을 주기 위한 목적으로 이런 기법을 개발했다고 믿는다 해도 그렇다. 우리는 더 많은 의미가 채워지기를 원한다. 여

---

* 『국가』에 등장하는 글라우콘은 플라톤의 (배다른) 형이고 다른 글라우콘(『카르미데스』 154 참조)은 카르미데스의 아버지, 즉 플라톤의 어머니의 형제이다. 『향연』에서의 글라우콘은 적어도 상당히 어리므로 그가 카르미데스의 아버지일 수는 없다(베리 선생에게는 죄송스럽지만 그렇다. 베리는 *The Syposium*에서 별다른 논증 없이 이 둘을 같은 인물로 간주했다). 여기서 글라우콘이 『국가』에서의 글라우콘과 동일 인물이라는 주장은 별다른 논증 없이, 여기서의 글라우콘은 알려지지 않은 제3의 인물이라고 주장하는 거스리에 의해서 부정(*History* IV, 366 n. 2)되고, 근거가 다르기는 하지만 베리에 의해서도 부정된다(베리의 책 참고문헌 참조). 그를 아리스톤의 아들이라고 부를 수 없는 것과는 별개로, 어려움은 다시 말하지만 주로 나이와 관련해서 생긴다. 아폴로도로스의 '우리가 소년이었을 때'(173A)의 '우리'에 글라우콘이 포함된다면, 기원전 424년에 훌륭한 전사였던 그 사람일 수는 없다. 그러나 아폴로도로스는 똑같이 '우리 시대의 사람들이 소년이었을 때'라는 뜻으로 이 표현을 썼을 가능성도 배제할 수는 없다. 이처럼 플라톤이 동명의 인물들을 사용한 다른 예로 『프로타고라스』에 등장하는 두 명의 아데이만토스를 들 수 있다.

기서 '친구'는 소문 속의 대화를 최근의 것이라 믿은 글라우콘의 착각에 그다지 신경 안 쓰는 듯 보이지만, 어쨌든 잔치 이야기를 듣기 원한다. 더 명료하기 위한 충분한 설명, 즉 이 이야기를 다시 들으면서 그가 원하는 설명을 얻으려면 아마도 프라기아에서의 알키비아데스 죽음에 대한 이야기를 들어야 할 것이다. 여기서 이는 추측으로 남아 있을 수밖에 없다. 그러나 어떤 경우에도, 우리는 분명 이 대화와 그 죽음을 밀접하게 연결하려 하고, 이미 죽었거나 혹은 죽을 알키비아데스에 대해 심지어 '그'가 말하는 순간조차도 생각하려 하고, 알키비아데스와 아테네를 재결합시키는 사랑에 대한 과두의 공포를 알키비아데스를 죽음으로 몰고 간 공포 중 하나로 보고자 한다.*

그러나 이는 또 하나의 문제를 남긴다. 이 일련의 사건들로 보았을 때, 사랑에 대한 연설이 있었던 그 알려진 잔치가 열린 시점은 언제일까? 플라톤은 여기서 정확하고 분명하게 말한다. 기원전 416년 1월이라고.** 상을 받은 아가톤은 채 서른이 되지 않았다. 알키비아데스는 서른넷이었고 소크라테스는 쉰셋이었다. 일 년이 조금 지나서 헤르마들이 훼손되는 신성모독이 행해졌는데, 이는 알키비아데스의 군인으로서의 그리고 정치가로서의 경력을 파멸시키게 되는 사건이었다. 그가 정말 죄의식을 느꼈든 그렇지 않든(결국에는 엘레우시스 제전***을 신성모독했다는 이유로 공식적으로 고발되기는 하지만, 그는 신상神像 훼손으로 고발당하지는 않는다), 소문과 대중들의 믿음 그리고 기원전 4세기 작가들이 일반적으로 공유한 생각에 따르면 이 사건이 그

---

* 이제 이런 것을 물을 수 있다. 왜 이런 사건들은 이토록 간접적인 형태로 언급되는가? 만약 플라톤이 우리로 하여금 알키비아데스의 죽음에 대해 생각하기를 원했다면, 그는 공개적으로 그렇게 말했을 수도 있다. 그러나 이는 그렇게 분명하지는 않은데, 이 감춰진 언급을 투키디데스의 『펠로폰네소스 전쟁사』 Ⅱ.65.12에 나오는 동일한 사건에 대한 언급과 비교해 보라. K. J. 도버는 『펠로폰네소스 전쟁사』에서의 이 언급이 불명료하다는 비판에 맞서 이를 옹호하면서, 매우 미묘한 암시는 넘치는 한편 명시성이 부족해도 독자들이 이 사건과 그 시기를 정확하게 알고 있다고 투키디데스가 생각했을 수 있다고 지적한다. 이를 동시대의 작품에 유사하게 적용하는 것은 어려운 일이 아니다.

** Athenaeus, *Deipnosophistae* v.217a 참조.

*** [역주] 농업의 여신 데메테르를 기리기 위해 매년 거행된 신비 의식.

의 지도력 부재 탓이었음은 틀림없는 사실이다.* 과두들과 관계된 사람으로서 플라톤 스스로 거의 틀림없이 그것을 믿었을 뿐 아니라 기원전 4세기의 그의 청중들 대부분도 믿었을 것이다. 이 사건은 알키비아데스의 천재성을 지속적으로 깎아먹은, 무모하고 무질서한 최악의 사례로 취급되었다. 이 대화편은 우리에게 이 무모함을 일종의 사랑하는 자의 무모함으로 비춰지게 할 것이다. 신상에 대한 지속적인 언급은 아마도 일시적인 게 아닐 것이다. 알키비아데스의 연설을 휘감고 있는 유사-위협mock-threat과 유사-폭력mock-violence의 분위기는 그저 게임이라고 보기에는 더 깊은 곳을 향하는데, 왜냐하면 우리가 그것을 곧 진짜 폭력 행위를 저지를 사람의 연설임을 알고 있기 때문이다. 알키비아데스는 분노, 고통, 그리고 좌절을 표현한다(예를 들면, 219C-E, 217E-218A). 소크라테스가 알키비아데스의 폭력적인 질투심을 두려워한다고 말하고 심지어는 도움을 요청했을 때, 알키비아데스는 '광기와 사랑을 향한 정념'에 사로잡혀 그에게 '완력을 부리려' 시도할 수도 있었다(213D). 알키비아데스가 '나와 선생님 사이에 화해란 없어요. 하지만 나는 적당한 다른 때에 선생님에게 복수를 하겠어요'(213D)라고 말했을 때, 우리는 다른 때가 언제인지를 생각하지 않을 수 없고, 알고 보면 행운의 신인 헤르마의 돌로 된 생식기와 '훌륭한 머리'(213E2 참조)에 공격을 가한 것이 아니었을까를 생각하지 않을 수 없다.**

---

* (적어도 데모스테네스에서부터 시작되는) 나중의 전통에서는 대부분 알키비아데스를 헤르마의 손상과 제전 모두에 유죄 판결을 내렸다고 본다. 투키디데스는 헤르마에 대해 좀 더 조심스러웠는데(VI.53, VI.61), 그가 그 공격에 연루된 것으로 '생각되었던' 것뿐이라고 말한다(VI.28.2). 공식적으로는 제의 관련 고발에만 기초했던 것 같다.(Gomme, Dover, Andrewes, *Historical Commentary* IV, 264-88에서의 Dover의 언급 참조) 그러나 플라톤은 한 시점에 두 범죄 모두 알키비아데스가 저지른 것이라고 썼다. 그의 청중 대부분은 그 혐의를 믿은 것으로 볼 수 있다.

** Biazesthai, 즉 '완력'은 거친 성폭력을 의미할 때 흔히 사용하는 어휘이다. LSJ s.v., 그리고 특히 아리스토파네스, 『복신福神(*Ploutos*)』 1052 참조. 헤르마와 행운과의 관계는 『크라튈로스』에서의 핵심 주제인데, 거기에서 크라튈로스는 만약 젊은 헤르모게네스가 운이 좋은 것이 아니라면 그는 그 이름을 쓸 자격이 없다고 주장한다.

II

우리는 애초에 잔치에 참여한 여러 사람들 중 소크라테스의 연설에 찬사를 보내지 않은 단 한 명이 있었다는 것(212C)에서 논의를 시작할 수 있다. 이 대화편의 말미에 소크라테스는 아가톤과 아리스토파네스를 설득하려고 하는데, 그 내용은 유명한 속설과는 달리 한 명의 그리고 동일한 사람이 비극과 희극 장르 양쪽의 시인이 될 수 있다는 것이다. 게다가 아리스토파네스의 우스운 연설과 알키비아데스의 비극적인 (혹은 희비극적인) 연설은 소크라테스의 사랑 상승 프로그램에 대항하는, 『향연』에서 제기된 것 중 가장 진지한 반론을 담고 있는 것이다. 이런 사실들은 우리가 두 연설 모두를 연구해야 함을 시사하는데, 그 과정에서 그들이 에로스의 본성과 그 가치에 대해 공통된 입장을 드러냈는지를 물어야 하고, 그 연설들뿐 아니라 소크라테스의 대안이 무엇이었는지도 분명하게 밝혀야 한다. 아리스토파네스는 우리에게 상승 이야기에 대한 자신의 반론을 들려주지 못하는데, 알키비아데스의 등장으로 대화가 끊어지는 바람에 그렇다. 이 알키비아데스의 등장, 그리고 그 뒤에 이어지는 장면이 아마도 우리에게는 이 희극 시인이 할 말을 못한 사례 중 가장 심각한 것으로 알려진 것이다.

이 희극 시인은 애초에 정해진 순서보다 뒤에 연설을 한다. 이 향연에서의 순서상 이루어져야 했을 그의 연설은 우스꽝스러운 육체적 돌발 상황, 급작스러운 딸꾹질로 중단된다. 이 상황 때문에 아리스토파네스(그리고 우리)는 육체의 훌륭한 질서to kosmion tou sōmatos(189A)가 마치 적극적인 의욕을 보이는epithumei(189A) 피해자라도 된 양 가장 바보 같으면서도 인간답지 못한 소음(189A)에 굴복하는 것에 놀란다. 딸꾹질이 멈춘 후 그는 그 자체로 실천적 이성에 대한 열망을 방해하고 억제하는 육체의 돌발적인 힘에 경탄하는 사랑 관련 이야기를 풀어놓는다.

그는 우리에게 말하기를 우리가 완벽하고 자기 충족적인 육체를 가졌던 적이 있었다고 한다. 우리는 원형圓形, 즉 '모든 방향에서 비슷한' 형태를 가지고 있었고, 이는 초기 철학자가 신의 형상으로 상상한 모습이었다.* 그러다 오만하게 스스로 만물의 지배자가 되려 시도하다가 그 벌로 우리는 반으로 쪼개진 존재가 되고 부분 부분이 서로 잘려 나갔으며 머리를 돌리면 언제나 우리의 결핍을 상기시키는 잘려진 삐쭉삐쭉한 앞면만을 보게 되었다(190D-E). 그리고 상상 속에서는 여전히 그 자체로 완전체인 우리가 바라는 그 모습을, 쪼개지는 우연의 엄습으로 빼앗기는 것을 보면서, 우리는 이전의 완전했던 본성으로 회귀하는 일에 온통 마음을 빼앗기게 된다. 행운은 한 조각 한 조각 되살려지기 마련이다. 우리는 우리 각자에서 잘려 떨어져 나간 하나뿐인 반쪽을 찾아야 한다. 우리 인간 본성을 '치유'할 수 있다고 희망한다는 것은, 다른 누군가와 사랑으로 결합되고, 가능하기만 하면 그 누군가와 하나가 된다는 것이다(192B-E). 에로스는 완전체를 향한 욕구와 추구의 또 다른 이름이다(192E-193A).

이야기는 희극적인데, 우리 자신과 우리의 중요한 인생사에 관한 것인 동시에, 이에 동반되는 내적 즐거움과 고통으로부터 거리를 두면서 우리에게 우리와 우리의 결핍과 상관없는 종種을 보듯 우리 자신을 보라고 요구한다는 점에서 그렇다. 인간으로서 우리는 인간의 형태가 아름답다고 생각한다. 그런데 이 이야기로 우리는 전체 혹은 신의 관점에서 원형이 형식상 가장 아름답고 꼭 들어맞는 형태라고 생각하게 된다. 찢긴 형태, 중앙 주변으로 말끔하지 않은 피부가 접혀 장착된 형태(191A), 그 머리는 이런 불완전함을 향해 방향을 잡고서 새로이 그 찾아 헤매는 시선을 통해(191A, 191D) 불완전함을 지각하고 있음을 새로이 표현한다. 이제 기능을 상실한 생식기들은 외적으로 덜렁거리며 노출되어 땅에다가 씨를 뿌리는 대신에(191B-C) '잘려 나간' 반쪽에 삽입되어 번식과 치유 양면에서 욕구를 해소한다—이는 농담 혹은 처벌의 대상이 되는 무언가의 형태처럼 보인다. 다시 말하지만 욕

---

* 크세노파네스는 신의 모습을 '필멸의 인간과 그 모양이 비슷하지 않는 것'(DK B23-6)으로 그렸다. 아리스토텔레스는 자주 원형을 가장 완전한 형태이자 신성神性에 가장 걸맞은 형태로 위치시켰다. 또한 여기서 관련 있는 것은 『필레보스』에서의 논증(51B-C)인데, 이에 관해서는 본서 5장을 참조할 수 있다.

구의 관점에서 자기 자신의 육체의 한 부분이 사랑하는 자의 열려 있는 육체를 뚫고 들어가는 것은 흥분되고 아름다운 일이다. 그러나 바깥에서 보면 이는 그저 이상하고 심지어 기괴한 일로서, 확실히 거기에는 긍정적 의미로 미학적 가치는 없어 보인다. 심지어 기능적인 면으로도 번식 수단으로는 그다지 효율적이지 않다. 땅에 씨를 뿌리면 제어도 편하고 안정적인 성과를 거두기도 용이할 것이다.

먼 신화 얘기를 이처럼 열정적으로 더듬어 거슬러 올라가는 아리스토파네스의 연설을 들으면서 우리는 결국 육체에 그런 구멍들이 있다는 것, 또 그 구멍들에 사정을 한다는 것이 얼마나 이상한지를 그리고 야망과 지성을 갖춘 존재가, 열려 있는 것으로의 성교와 사정을 가장 큰 관심사 중 하나로 간주한다는 것이 얼마나 이상한지를 생각하게 된다. 또한 우리가 이 특이한 사실 즉 우리의 분리된 육체가 실은 다른 육체의 안으로 들어가고 그 육체는 부드럽고 열려 있으며 돌처럼 둥글거나 반짝이지 않는다는 사실을, 자연스러운 심지어 아름다운 것으로 여긴다는 점은 또 얼마나 이상한가(칼리클레스는 돌은 높은 야망이 가장 잘 구현된 상징이라고 말한다). 결국 안에서는 이성이 여전히 완결성과 통제력을 염원하는 반면, 그 육체는 고통스럽게도 너무나 결핍이 심하고 너무나 정신을 산란하게 만드는 본성이 부조화를 보이는 존재 —안에서 보면 이는 엄청난 고통이다. 그러나 바깥에서 보면 우리는 웃지 않을 수 없다. 그들은 신이 되기를 원한다— 그리고 여기서 그들은 자신의 신체의 일부분을 구멍 속에 찔러 넣기 위해 안달복달하며 뛰어다닌다. 혹은 더 희극적으로 자신의 구멍에 무엇인가가 찔러 넣어지기를 희망하며 기다리고 있다.[*]

그럼에도 우리는 우리가 그런 존재라는 사실을 인지하고 있다. 이 이야기가 만약 우리 자신과 우리 욕구가 드러나지 않은 우리와 완전히 다른 종

---

[*] 천사의 성생활을 독특하게 그린 밀턴과 대조해 보라. '어디서도 방해물은 찾을 수 없네 / 세포에서도, 관절에서도, 혹은 팔다리에서도'(『실락원』 VIII. 620 이하). (나는 이 구절에 주목하는 데 존 홀랜더에게 빚지고 있다)

에 관한 이야기였다면, 이는 자연사自然史를 다룬 이야기가 될 것이다. 그리고 만약 이 이야기가 안으로부터의 이야기였다면, 우리가 지금 말하듯, 비극이 될 것이다. 희극은 좀 더 바라보기 유리한 다른 지점에서 우리 자신을 급작스럽게 인지하는 데서 생겨나는 것으로, 그 지점은 인간의 생식기와 얼굴, 원형을 잃은 우리의 형태, 욕구 대상과 연약한 부분을 보기 위해 우리의 얼굴과 눈을 갑자기 돌리는 그곳이다. 이는 아리스토파네스의 실제 희곡들 속의 장면들이 그렇듯, 우리가 어리석거나 혹은 원초적인 행태를 보다가 갑자기 그것이 우리 자신의 것이라는 걸 깨달을 때와 같다.*

블라스토스가 사랑을 해석하면서 얻고자 한 많은 것이 이 이야기에 담겨 있는 것 같다. 이들 존재에게 정념의 대상은 완전체인 사람들이다. '사람들이 바라는 특질들을 모아 놓은 것'이 아니라 완전한 존재, 그들의 성벽, 흠, 심지어 결정적인 결점까지도 모두 완전히 체현된 그러한 존재로서의 온전한 사람들이다. 그들이 사랑에 빠지게 되는 동기는 갑자기 치솟는 동류 의식과 친밀감이라는 감정으로, 낯선 존재임이 분명한 이에게서 당신의 깊은 부분에 존재하는 자신을 발견하는 놀라움이다. '그들은 친애philia와 친근함oi-keiotēs과 사랑erōs이라는 독특한 힘에 사로잡혔다는 데에 놀라면서, 잠깐 동안도 서로로부터 떨어지고 싶어 하지 않게 된다네.'(192B-C) 영혼과 육체 모두에 존재하면서 영혼과 육체 둘 다에 의해 이루어진다고들 말하는 것, 그리고 육체의 움직임과 몸짓으로 표현되는 영혼의 갈망이라고들 말하는 것,

---

* 이 기술이 어떤 것인지를 다음의 예가 보여준다. 아리스토파네스는『구름』에서 수동적인 동성애자들의 대가를 가지고 전형적인 조롱을 날리는데, 그 대목에서 관객들은 우월감에 취해 이들을 비웃는다. 그 직후 놀림을 당하는 등장인물은 그를 조롱하는 사람과 청중 쪽으로 몸을 돌리면서 그에게 어떤 종류의 사람이 저기 앉아 있는 것이냐고 묻는다. 그리고 그 대답은 명백하다. '신에게 맹세코 대부분은 넓은 항문을 지닌 자들이지.' '글쎄, 왜 그렇게 말을 하지?' '내가 졌네, 빌어먹을. 하나님 맙소사! 내 망토를 벗기게. 나는 자네 쪽에게 항복하네.' 그리고 그는 망토 없이 객석으로 퇴장하는 것 같다. 플라톤이 그렇듯(본서 5장 7장 참조) 아리스토파네스도 이 예를 수동성과 반응성, 우연에의 의존, 쾌락주의, 민주정 등에 관한 복합적인 논점들을 만드는 데 사용한다.

그것이 바로 사랑이다.(192C-D 참조)*

이들에게는 추상적인 선이나 아름다움의 자리가 그러하듯 사랑의 대상도 교체 가능한 것이 아니다. 개개인은 그저 전체로서만 사랑받는 것이 아니라 유일무이하고 대체 불가능한 전체로서 사랑받는다. 알고 보면 각자에게는 정확하게 단 하나의 '다른 반쪽'(192b, 191A)만 존재한다. 그 반쪽의 상실에 대해 각각은 대체자를 찾기 시작하겠지만 그런다고 반드시 새로운 대체자를 찾을 수 있으리라는 보장은 없다. 여러 후보자들이 만족할 만한 잘 맞는 혹은 '걸맞은' 연인에 대해 일반적으로 묘사할 수 있는, 즉 잘 맞음을 가늠하기에 충분한 기준 같은 것은 있을 수 없다. 어떻게 타인이 당신의 잃어버린 반쪽이 될 수 있는가? 이는 신비로운 일이다. 이보다 더 신비로운 것은 당신이 그것을 어떻게 알 수 있는가이다. 그러나 육체에서든 영혼에서든 그 반쪽을 발견하게 되면, 그 존재는 세상 어떤 것에도 비견될 수 없는 것이 된다. (『안티고네』에서의 장면을 상기하면 우리의 시각과 비극에서 자주 표현되는 에로스를 보는 시각이 서로 얼마나 가까운지 알 수 있다. 크레온은 조야하게도 농사에서의 비유를 들어 사랑하는 짝들이 교체 가능하다고 주장한다. 헤이몬의 '쟁기'에 걸맞은 '다른 밭들'이 있다. 이스메네의 대답은 이보다 더 보수적이다. 그녀는 '그와 그녀와 어울리는 것 같은 사랑은 일찍이 없었어요'**라고 말한다. 그들이 함께한 특별한 어울림harmonia(목수의 '안성맞춤' 혹은 음악가의 '조화로움')을 강조하면서, 비극과 아리스토파네스는 완전성만큼이나 유일무이성도 포착한 듯한데, 블라스토스가 플라톤이 에로스를 보는 시각에 결여되어 있다고 본 것이 바로 이것이다.)

그러나 이 그림은 여러 문제점을 노출한다. 첫째, 아리스토파네스의 신화는 순전한 사랑의 우연성과 사랑을 매개로 한 우연성에 우리가 얼마나 취약한가를 극화한 것이다. 에로틱한 추구 활동을 야기하는 바로 그 결핍은 비

---

* [역주] 원문에는 '192E-D'라고 되어 있으나 오기가 분명하므로 역자의 재량으로 바로 잡았다.

** 소포클레스, 『안티고네』 568-70. 본서 3장 참조.

자연적이고 우연적인 결핍이다—적어도 인간 이성의 야망이라는 관점에서 보면 그렇게 보일 수 있다. 여기에 절반으로 잘린 이토록 우스꽝스러운 존재가 다른 육체적 본성을 가지고 있던 시절에는 쉽게 했던 것을 지금 그들의 육체를 가지고 해보려고 하고 있다. 그 육체는 제한과 고통의 원천이다. 그들은 이런 육체를 하나로 느끼지 않고 그들과 다른 종류 중 하나를 가지기를 바란다. 그것이 아니면 아마 어떤 것도 원치 않을 것이다.

그러면 에로스는 지속되는 삶에, 그리고 고통의 '치유'에 반드시 필요한 것으로 순전히 우연에 의해 잘려나간 존재에 가능한 한 다가간다. 그 혹은 그녀의 반쪽은 어딘가에 있지만 그 반쪽을 찾을 때 이성과 계획이 무엇을 할 수 있는지 알기는 어렵다. 이 존재들은 '찾고서' '함께 간다'. 그러나 행복한 재결합이 그들 자신의 힘에 의해 보장되지 않음은 쉽게 알 수 있다. 사랑처럼 우리의 좋음에 필수적인 것이 한편으로는 너무나 우연적인 일임을 받아들이기는 그리 쉬운 것이 아니다. 이 존재는 한 낙관적인 현대 철학자의 말마따나 '만약 한 사람이 사랑에 실패하면, 그 이후에는 그가 적어도 그 사랑만큼은 좋아하게 될 다른 사람을 만날 좋은 기회로 이어지는 활기찬 행동 계획을 세우고 활용할 수 있게 될 수도 있다.'* 그러나 희극적 신화는 이런 주장에 의구심을 표할 것이다.

그리고 이 문제는 그저 실천적 이성으로는 제어되지 않는 존재의 좋음 중에는 특정한 부분이 있는 것 같다는 것에 그치지 않는다. 이 구성 요소가 부재하거나 있다 해도, 행복하지 않은 상태라면 이 존재는 인생 계획의 나머지 전 영역을 이성적으로 제어할 수 없게 된다. 성애에서 성교가 발명되기 전, 두 반쪽들은 만족하지 못한 채 서로 끌어안고 있다가 굶주림과 다른 결핍에 의해 죽음을 맞게 된다(191A-B). 성교라는, 이들을 불쌍히 여긴 신이 제공한 새로운 '방책'(191B)이 가능해지면서 아이들을 출산할 수 있게 되었고 그 사이에 육체적 긴장으로부터 잠깐 놓여날 수 있었다. '성교에서 오는 포

---

* R. B. Brandt, 'The morality and rationality of suicide', in J. Rachels ed., *Moral Problems* (N.Y. 1975) 363-87.

만감이 있은 후 그들은 잠깐이나마 긴장을 누그러뜨리면서 그들의 일로 돌아가 생의 나머지를 돌볼 수 있게 되는 걸세.'(191C) 그러나 이런 행복한 가능성이 우리에게 알려주는 것은, 이 존재는 항상 다시 생기는 이들 결핍, 그(혹은 그녀)의 일과 인생에서 주의를 흩뜨리는 결핍에 시달리고 있는데, 단 하나의 예외가 포만감 이후 잠깐 평온함이 찾아올 때뿐이라는 사실이다.

게다가 이런 방식으로 도달하는 만족은 완전한 것이 아니라는 사실, 일시적인 만족의 층위에서도 불완전하다는 사실이 드러난다. 욕구가 향하는 대상은 다루기가 더 어렵다. 이들 연인이 진정 원하는 것은 단순히 육체적 긴장에서 잠깐 놓여나게 하는, 순간의 육체적 쾌락이 아니다. 그들의 에로틱한 행태는 더 깊은 결핍, 즉 영혼에서 오는 결핍―'영혼이 말로 표현할 수는 없는, 그러나 직감적으로 막연하게 추측하는 그런 결핍'(192D)이다.

자, 그들이 같은 곳에 누워 있을 때 헤파이스토스가 자기 연장들을 들고 그들 곁에 서서 묻는다고 해 보세. '필멸의 존재들이여, 그대들이 서로에게서 받아 갖게 되었으면 하고 바라는 게 무엇인가?' 하고 말일세. 또 그들이 어쩔 줄 몰라 하고 있을 때 재차 묻는다고 해 보세. '그대들이 욕구하는 게 바로 이것인가? 밤이고 낮이고 서로에게서 떨어져 있지 않을 정도로 할 수 있는 한 많이 서로와 같은 곳에 있게 되는 것, 그것인가? 그대들이 원하는 것이 이것이라면 나는 기꺼이 그대들을 한데다 녹이고, 용접시켜줄 용의가 있거든…… 이러한 운명이 그대들을 만족시키고, 그대들의 갈망을 충족시킬 수 있는가?' 이런 말을 듣고 거절할 사람은 아무도 없다는 것을 우리는 알고 있네.(192D-E)

이는 불가능한 바람이다. 얼마나 열정적으로 또 얼마나 자주 이 연인들이 서로의 육체 속으로 들어가든 그들은 언제나 둘인 채로 남을 수밖에 없다. 아무리 서로 관통한들 육체의 아주 작은 조각도 다른 육체와 융합되는 일은 있을 수 없다. 그들의 행위는 가차 없이 분리와 비활성 상태로 돌아가지 그 결합이 더 지속되거나 더 완전해질 수는 없다.

그러나 불가능한 용접 이야기는 그들이 진정으로 하나가 될 때 벌어질 일보다도 훨씬 더 단순한 기적이다. 이들 존재들에게는 영혼이라는 것이 있다. 그리고 합체를 향한 욕구는 영혼의 욕구, 즉 욕구들 위의 욕구, 과업들proj-ects과 포부들aspirations에의 욕구이다.(여기서 생겨나는 연인들의 문제 때문에 그들과 우리가 물질-비물질의 이원론자가 될 필요는 없다. 아리스토파네스가 말하는 영혼psuchē은 아마도 비물질적인 실체는 아니고 사람의 '내적' 요소들─욕구, 믿음, 상상 같은─로 이루어진 것일 것이다. 비록 궁극적으로는 그요소들을 분석과 이해의 대상으로 삼기는 하지만 말이다. 여기서 의미 있는 대조는 '내적' 그리고 '외적'으로 나눈 대조이다. 외적 동작, 몸짓 그리고 팔다리, 몸통, 얼굴, 생식기를 통한 말은 언제나, 스스로 그렇게 되어야 한다고 느끼는 사람을 완전하게 그리고 적절하게 표현한다는 것을 의심하는 사람이 있다면, 그런 사람에게는 항상 위와 같은 연인의 문제가 발생하기 마련이다.)* 헤파이스토스의 도구는 이런 욕구 충족에 아무 도움이 되지 않는다─그들의 영혼이 성교할 때 처음으로 그들의 육체와 완전히 융합된 것이 아니라면 말이다. 이는 무엇을 의미하는가? 그 각자는 그 혹은 그녀의 육체적 움직임이, 영혼 즉 '내면'의 결핍과 상상물을 완전하게 표현하면서 그것들과 조화를 이루는 것이라고 보았고, 그래서 성교는 상상을 동반한 상상으로의 삽입이고, 영혼을 동반한 영혼으로의 삽입이 될 수 있었던 것이다. 헤파이스토스는 오로지 사랑을 나누는 육체적 행위와만 상관있는 것 그리고 그것을 자신의 정체성으로 삼는 것만을 용접할 수 있다. 만약 정신이 다른 한쪽에 선다면, 그리고 정신이 잠깐이라도 '이게 나인가?' 혹은 '이 속에 있는 것이 나의 전부인가?' 혹은 '내 몸속에서 움직거리고 있는 저 사람이 진정 "나"에 대한 앎이 있는 사람인가?' 등을 묻는다면, 그 용접은 기껏해야 부분적인 것에 그칠 것이다.

---

* 심지어 207E에서도, 영혼psuchē과 육체sōma의 대조는 물질적인 것과 비물질적인 것 사이의 대조가 아니다─혹은 적어도 이 대조가 다른 중기 대화편에서 플라톤이 통사적으로 끌어들이는 대조와는 다르다. 영혼은 습관, 성격, 의견, 욕망, 쾌락, 고통, 두려움, 이해력 등을 포함한다.

외부에 남아 있는 약간 무심한 존재가 있을 텐데, 그는 그 기술자에 저항하면서, 가두어지지 않고 은둔하고 그 비밀스러움에 자부심을 가진 채로 남아 있을 것이다. 이들 존재에게 이런 일이 일어난다는 것은 거의 확실하다. 그들은 자신의 육체의 어색함, 이런 흠결 있고 불완전한 겉모습이 분하지 않을까? 그들은 자신들의 본성의 온전함과 아름다움에 스스로 자부심을 갖고 있지 않을까? 그러면 어떻게 그들은 그들의 자신만한 영혼을, 잘려져서 삐쭉삐쭉한 얼굴, 일련의 기괴한 모양의 기관들과 서슴없이 동일시하는 것일까? 하나의 기적은 더 큰 기적을 전제한다. 온전해지려면 당신은 우선 기꺼이 반쪽이 되어야 한다.

이제 기적적으로 이 두 융합체가 생겨났다고 가정해 보자. 연인들 각각은 자신을 육체를 지닌 존재로 만들고 그러면 헤파이스토스는 두 영혼-육체를 하나로 만든다. 각자의 팔을 감아 그들의 남은 생 동안 그리고 죽을 때까지 하나로 용접해 움직이지 못하게 만들어 버린다. (그리고 삽입과 융합 사이의 틈이 제대로 메워질 수 있다고 가정해 보자. 그들은 '죽음을 공유할'(192E)* 수 있는데, 이는 단지 경험이 동시에 일어난다는 점에서만 그런 것이 아니라 경험의 통일이라는 점에서도 그러한 것이다.) 여기서 우리는 기대하지 않았던 두 번째 희극을 만나게 된다. 그들의 생각에, 스스로 열정적으로 움직이면서 자신들이 가장 원한 것은 완전체로 돌아가 모든 움직임과 모든 정념을 종결 짓는 것이었다. 하나의 구球가 되면 다른 쪽과 성교를 할 수 없다. 그 구는 먹지도 의심하지도 마시지도 않을 것이다. 크세노파네스가 예리하게 본 것처럼 그것은 심지어 이런저런 방향으로 움직이지도 않을 텐데, 왜냐하면 그것은 이성도 갖고 있지 않기 때문이다. 그리고 그것은 완전할 것이다.(B25, 본서 5장은 참조) 에로스는 여타의 우연적으로 발생하는 욕구를 매개하지 않

---

* 희랍에서 '죽음' 그리고 이와 연관된 어휘들이 성적으로 연결될 수 있는 가능성에 대해서는 헤라클레이토스의 DK B15, 77, 117 (어쩌면 85도) 등을 예로 삼아 살펴볼 수 있다. 또한 아리스토파네스의 『아카르니아 사람들』에서의 정교하게 은유적으로 맺어지는 결말에서도 볼 수 있다.

고 한 존재를 욕구하는 것이다. 그것은 2차-질서 욕구로, 이 층위에서 모든 욕구는 소멸된다. 애처로울 만큼이나 우리를 우연에 취약한 존재로 만드는 이 결핍은 그 이상적인 결과로 철상鐵像 즉 인공물의 존재를 갖게 되는 결핍이다. 신화에서 의사의 도구 대신 용접, 즉 기술자의 도구를 사용하는 것은 우연이 아니다. 우리가 에로스의 자체-모순적self-cancelling 특성을 본다면, 헤파이스토스의 제안에 열정적이었던 첫 번째 '응낙'이 우리의 깊은 곳에 자리 잡은 소망을 표현한 것인지는 전혀 확실치 않게 된다.(헤파이스토스가 아프로디테와 함께 침대에서 뒹굴던 아레스를 포박했을 때, 아레스는 분노했고 신들은 모두 그를 비웃었다. 그런데 오직 헤르메스만이 꼼짝달싹 못 할 수도 있는 위험을 감수하려 했다.*) 그러나 우리의 깊은 소망이 계속 발생하는 결핍에 사로잡혀서도 시들지 않고, 안정된 만족감에 도달할 길이 없이도 살아남을 수 있을까? 소크라테스가 『고르기아스』에서 물었던, 줄줄 새는 주전자와 먹으면서 싸는 새의 삶을 우리는 선택할 수 있을까? 우리는 욕구하고 활동하는 존재라는 우리의 정체성을 유지할 수 있는, 그래서 우리 자신을 자기 충족적 존재로 이끄는 길을 발견하고 싶어 한다. 그러나 그것은 대단한 재간을 필요로 하는 일이다.

이것은 우리와 거리가 있는 존재를 다룬 희극이고 신화일 뿐이다. 이것이 진정으로 우리의 이야기인지—하나하나가 자세하게 그리고 내부로부터 보이는 것인지, 우리의 사랑이 진정 그런 모습인지 우리는 확신하지 못한다. 그러나 우리에게는 문제가 남아 있다. 우리는 '유일무이함과 온전함'의 영토 안에서 갈등이 일어날 수 있다는, 개인적인 애정은 이 세계의 통제 밖에 있을 수도 있다는 느낌을 받는다. 이제 우리는 실천적 이성으로 세계를 안전하게 함으로써 그 세계의 재구성을 시도하는 연설로 눈을 돌릴 것이다.

---

* [역주] 몰래 사랑을 나누던 아레스와 아프로디테는 헤파이스토스가 설치한 투명 그물에 걸려 꼼짝 못하게 된다. 그 모습을 보고 모든 신들은 비웃었는데, 헤르메스는 그렇게 그물에 잡힐 위험에도 불구하고 아프로디테와 사랑에 빠지게 된다.

소크라테스는 최초의 인간 욕구를 상승시키는 문제에 관한 견해를 내놓지만, 그것이 자기 자신의 경험과 성찰을 발전시켜 형성한 이론은 아니다. 대신 그는 자신이 '설득당했고' 또 그 설득당한 내용을 가지고 이제는 자신이 다른 사람을 설득하려 할 만큼 가치 있는 한 견해, 한 여성의 견해를 소개한다(208B). 사실 그가 처음 이 이야기를 들었을 때는, 그의 말로는 그 진실성을 의심했다(208B). 그러나 그녀는 '완벽한 소피스트처럼' 그의 질문에 답변하면서 그를 설득시켰다. 디오티마의 가르침은 기본적으로 소크라테스 자신이 믿고 통찰하는 방식을 따른다. 학생을 시험할 때의 소크라테스 자신처럼, 그녀는 그 자신이 진정 생각하는 것을 그녀가 그에게 보여주고 있는 것이라고 주장한다(201E, 202C). 그러나 그 사실은 다른 믿음은 포기하고 특정 믿음을 고수해야 한다고 그를 설득하는 외적 개입이 있었음을 말해준다. 이 개입이 없었다면 그는 양립할 수 없는 것과 함께 계속 살았을 것이고 그 대립의 충돌을 목도하지는 않았을 것이다.

소크라테스에게 가르침을 준 사람은 디오티마라는 이름의 여사제다. 그녀는 허구의 인물이기 때문에 우리는 그 이름이 무슨 의미인지, 왜 플라톤이 그런 이름을 선택했는지 등을 물을 수밖에 없다. 그 이름은 '제우스의 존경'이라는 의미이다. 알키비아데스에게는 정부情婦가 한 명 있었는데, 유명한 고급 창부로 그 이름은 티만드라였다. 이 이름은 '남자의 존경'이라는 뜻이다. 그렇다면 여기서는 소크라테스 역시 정부를 취한 것이다. 창부가 아닌 여사제, 육체의 쾌락을 위한 성교性交보다 순수한 정신을 위한 성교聖交를 선호하는 여자, 순전히 인간적인 것보다 신성神性에 존경의 마음을 표하는 (혹은 신성에 의해 존경을 받는) 여자인 정부를 취한 것이다.* 플라톤은 말하기를 디오티마의 허구적 명성과 권위는, 역병 대유행 시기 그녀가 대재앙을 10년 후로 미루는 것을 성공시키면서 아테네에 혜택을 안겼을 때 얻어진 것이다. 이 창작도 중요하다. 플라톤은 계속 말한다. 이 사람은 폴리스에 커다란 이익을 가져다줄 수 있는 이로서, 우리가 그녀를 안내자로 삼아 인간 중심의 방식, 즉 인간만을 존중하는 방식을 버려야 한다는 그녀의 말을 따른다면 위험한 질병까지도 비껴갈 수 있다. 플라톤이 이처럼 외부의 안내를 묘사하면서 지시하는 것은 우리의 구원이 외부에서 온다는 것, 즉 인간인 우리가 지금 매달려 있는 믿음과 관계를 버리는 희생이 따라야 한다는 것이다. (『프로타고라스』에서 우리는 이 '질병들'에 대한 생생한 느낌을 볼 수 있었다.) 그리고 소크라테스의 배움과 그가 이전에 지녔던 믿음이 씨름하는 것을 보면서 결핍, 심지어 지금까지도 우리 안에 있는 결핍은 구원받을 채비를 갖춘다. 그러기 위해서 (『프로타고라스』에서 그랬던 것처럼) 우리는 반드시 우리의 상황을 명료하게 볼 수 있어야 한다.

설득의 핵심 요소들은 은근하고 자연스럽게 가르침을 향해 간다―디오티마가 소크라테스에게 행하는 가르침과 소크라테스가 우리에게 행하는 가르침 둘 다 그렇다. 여기서 우리가 가장 먼저 발견하는 것은 우리가 개개인들을 그들이 되새길 가치가 있는 속성을 가지기 때문에 사랑한다고 믿는다 (혹은 부분적으로 믿는다)는 사실이다. 그리고 이 사실을 숨은 전제로 삼아 활용하는 논증에 따르고 (거의) 설득당할 때 이런 일이 일어난다는 것을 우리는 안다. 논리적 형식이 유난히 명료한 이 논증―말하자면 이 논증은 모

---

* '티만드라'의 의미에 가장 가까운 것은 '남자에의 존경'이다. 반면 '디오티마'는 그저 '제우스의 존경'이라는 뜻으로 '제우스에게 존경을 표하는 사람'과 '제우스로부터 존경을 받는 사람' 중 어느 쪽인지가 모호하고 이는 플라톤이 해석의 여지를 완전히 열어둔 것이 아닌가 싶다. 티만드라라는 인물이 (『향연』에 대해 이미 알고 있는) 플루타르코스의 창작물일 가능성은 거의 없고, 오히려 그 반대일 가능성이 많다. 우리가 이 내용을 정확하게 획정하기는 어렵지만, 적어도 이 경우에 플라톤이 창작한 이름이 그 추상성에도 불구하고 여전히 중요하다는 것은 말할 수 있다. 그리고 플루타르코스는 자신이 매우 예리한 해석자라고 주장하게 될 것이다. W. 크란츠는 그의 논문 'Diotima'(*Die Antike* 2, 1926, 313-27)에서 디오티마는 실존했던 역사적 인물이라고 주장한다. 그러나 그의 주장은 그저 이 대화편의 다른 모든 등장인물이 모두 실존인물이라는 근거에만 기대고 있을 뿐이다. 그녀는 이들과 같은 방식으로 등장하는 인물이 아니기 때문에 이 주장은 신빙성이 약하다. 소크라테스를 향한 그녀의 계시를 매우 특수한 종류의 육체적 애정에 영감을 받은 것으로 그는 묘사하는데(그의 말은 여사제들도 결혼을 할 수 있었기 때문에 그녀가 '여성으로서의 운명das Schicksal der Frau!'을 충족하지 못할 이유가 없다는 것이다), 그것은 내가 보기에 지나친 상상이고 감상인 것 같다.(그럼에도 그는 이 논문에서 횔덜린의 『향연』 활용에 대한 매우 흥미로운 논의를 개진한다)

든 플라톤의 작품 중에서 가장 쉽게 형식화될 수 있는 것 중 하나로, 모든 과정 과정이 대체로 명시적이고, 보편적으로 수량화된다—에서, 소크라테스는 아가톤을 설득하면서 에로스는 아름다운 것이 아니라고 주장한다(199E 이하).(이 논증은 디오티마를 제대로 소개하기 이전에 등장하지만, 그녀의 가르침의 결과임이 분명하고, 그 전제들은 그녀의 연설에서 더 자세히 검토된다) 이 논증의 핵심은 난해하다. 그래서 우리는 다음과 같은 단계를 밟을 것이다.

1. 모든 y에게, 만약 y가 사랑한다면, y는 x를 사랑한다고 할 때의 x가 존재할 것이다. (일치, 199E6-7)

2. 모든 y와 모든 x에게, 만약 y가 x를 사랑한다면, y는 x를 욕구할 것이다. (일치, 200A2-4)

3. 모든 y와 모든 x에게, 만약 y가 x를 욕구한다면, y는 x를 결여할 것이다. (일치, 200A5-7)*

4. 모든 y와 모든 x에게, 만약 y가 x를 가진다면, y는 x를 욕구하지 않을 것이다. (200E, 3단계의 대우이므로)**

5. 모든 y와 모든 x에게, 만약 y가 x를 가진다면, y는 x를 사랑하지 않을 것이다. (2, 4단계에 의해)

6. 모든 y와 모든 x에게, 만약 y가 x를 사랑한다면, x는 아름다울 것이다. (일치, 201A)

7. 모든 y와 모든 x에게, 만약 y가 x를 사랑한다면, y는 아름다움을 결여할 것이다. (201B)

---

* 여기에는 번외 과정이 하나 있다. 그들은 이 함축이 필연성을 지닌다고 주장한다(200B2-3).

** 'endees estin', 즉 '결핍하다', '~을 필요로 하다'는 온전하게 'ouch echei', 즉 '가지고 있지 않다'와 교차 가능하게 쓰인다. 여기서 나는 소크라테스의 논점에서 벗어난 그러나 흥미로운 언급을 제외했는데, 그 언급에서 그는 한 행위자가 지금 가지고 있어도 욕구하는 것이 있을 수 있다는 주장에 동의하면서, 그러나 그가 이런 경우에 진정 욕구하는 것은 그가 지금 가지고 있지 않은 것, 즉 이 대상을 미래에도 지속적으로 소유하고자 하는 욕구라고 주장한다.

8. 모든 y에게, 만약 y가 아름다움을 결여한다면, y는 아름답지 않을 것이다. (201b6-7)

9. 모든 y에게, 만약 y가 사랑하면, y는 아름답지 않을 것이다. (1, 7, 8단계에 의해)

(아가톤에게는 아니지만) 우리에게 7단계는 문제가 있다. 부족한 것을 원하고 그것의 소유에 관한 논리를 펴는 소크라테스의 주장을 논란의 여지를 무릅쓰고 받아들인다 해도, 또 모든 사랑의 대상이 아름다워야kalon 한다는 주장(이 주장은 희랍어의 넓은 범위를 생각하면 받아들이기가 조금은 쉬워진다)* 역시 받아들인다 해도, 어떻게 y가 아름다움을 결여한다는 결론에까지 그가 밀어붙일 수 있는지 우리는 도저히 이해할 수 없다. 우리는 그가 사람들에 대해 말하고 있다고 생각했다. 어떤 y─알키비아데스라고 해보자─가 아름다운 아가톤과 사랑에 빠졌다. 그는 이 아름다운 사람을 소유하기를 원하나 아직 소유하지 못하고 있음을 자각하고 있다. 그가 운 좋게 아가톤의 매력을 향유하는 현재의 상황에 만족하고 있다 해도 그는 남은 생애 동안 이 매력들을 전적으로 그리고 안정적으로 소유할 수 있으리라 기대할 수는 없다. 그래서 그에게는 사랑의 대상이면서 동시에 결여의 대상인 한 명의 아름다운 사람이 존재하게 되는 것이다. 그러나 이것이 그 자신이 아름다움을 결여하고 있음을 의미하지는 않는데 심지어 이 논증 앞부분의 전제가

---

* 이 대화편과 『프로타고라스』와의 관계를 검토할 때는, 내가 지속적으로 '아름다운'이라고 번역하는 'kalon'이라는 단어가 여기서는 이렇게 넓은 도덕적/미학적 개념으로, '가치 있는'이라고 새기고 명사형도 '가치'로 보는 것이 더 정확할 수 있는 것임을 반드시 염두에 두어야 한다. 201C2에서는 (모든) 훌륭한 것agatha은 아름답다kala는 언급이 나온다. 그리고 201C4-5의 논증이 정당화되려면 쌍조건문([역자] p↔q)이 되어야 한다. 그러면 실제로는 정의나 지혜처럼 특별한 가치들을 보는 것에 준하여 가치의 하나로 통일하는 개념이 될 수 있다. 여하튼 'kalon'은 제도나 과학에 대한 사랑을 포함한 열정적인 사랑을 경험하는 것과 관련되는 모든 것─세상의 모든 사랑스러운 것─을 포함하게 된다. 따라서 그 질적 단일성을 믿으면 우리는 윤리적으로 의미 있는 질적 차이를 완전히 제거하는 길을 택하게 된다.

주어져도 마찬가지다. 그는 우리 모두가 잘 알듯이 상당히 아름답다. 그가 결여하고 있는 것은 아름다운 아가톤이다. 소크라테스의 결론은 오직 우리가 6단계를 재해석해야만 나올 수 있는 것으로, 그것은 희랍 문헌에서는 문자적으로 '에로스는 아름다운 것이다'라고 주장하는 것이다. 우리의 첫 번째 해석에 따르면 사랑하는 자의 사랑은 아름다운 속성을 갖고 있는 어떤 사람(어떤 것)을 향하고, 이는 사랑하는 사람이 그 특정한 사랑하는 사람(사물)을 결여하고 있어야만 가능하다. 그러나 이제 6단계를 이렇게 재해석한다고 가정해보자.

6'. 모든 y와 모든 x에게, 만약 y가 x를 사랑한다면, x는 아름다움일 것이다.

즉 사랑의 대상을 아름다움의 한 실례로, 다시 말하면 어떤 사람이나 사물이 '지닌' 아름다움으로 바꾸는 것이다. 이로부터 적어도 사랑하는 자는 소유하지 못하고 있는 아름다움의 '한' 실례, 즉 그(그녀)가 사랑하는 실례가 있다는 결론이 나오게 된다.(이것이 모호한 문장을 올바르게 이해할 수 있는 것으로, '추함을 향한 사랑은 있을 수 없네'(201A5)라는 뒤이어 나오는 주장이 제시하는 것이다. 블라스토스의 말대로 독자적 사람이라면 누구나 추함이나 잘못을 가질 수 있다. 추함으로 향하는 것을 피하기 위해 사랑은 반드시 그 사람의 전체가 아니라 그 사람의 속성을 향해야 한다. '사랑은 어떤 것의 절반이나 전체가 아니에요, 그 절반 혹은 전체가, 벗이여, 어쩌다 좋은 것이 되는 경우가 아니라면.'(205E1-3))

그러나 우리는 플라톤의 결론에까지는 도달하지 못한다. 그래도 사랑하는 자가 사랑하는, 모종의 아름다움이 있을 수밖에 없다는 데까지는 동의할 수 있다. 알키비아데스는 아가톤의 아름다움을 사랑한다. 이로부터 알키비아데스가 '그' 아름다움을 결여하고 있다는 것만이 따라 나온다. 그러나 그가 '모든' 아름다움을 결여하고 있다는 것이 아니다. 어쩌면 그는 같은 유형의 다른 토큰을 갖고 있는 것일 수도 있다.* 그러나 두 번째 가능성은 적절하지 않은 것 같다. 분명하게 구분되어 각각을 따로 헤아릴 수 있는 경우[토큰이 다른 경우]라 해도 질적으로 동일한 어떤 것[유형이 같은 것]을 내가 안정적으로 갖고 있으면 내가 그것을 욕구하지 않고 또 이 사실이 앞선 단계에 대한 심리적 주장의 일부가 될 수 있기 때문이다.** 그러나 첫 번째 가능성은 중요한 듯하다. 알키비아데스가 육체적 외양 면에서 아름답다kalon면, 여전히 그는 소크라테스의 아름다운 영혼을 사랑하지 않을 수 있고 따라서 결여도 없게 될 수 있을까? 우리는 여기서, 소크라테스의 논증이 기대고 있는 숨겨진 그러나 강력한 전제가 있음을 확인하게 된다. 그 전제는 다름 아니라 모든 아름다움은 아름다움으로서의 통일체라는 것, 즉 동일한 종류라는 것이다. '아름다운 것들the kalon'은 항상 서로 충분히 비슷하게 드러나야 한다. 그래서 당신이 한 종류를 결여하고 있으면 당신이 모든 종류를 결여하고 있다고 결론 내리는 것이 자연스럽다. 알키비아데스의 아름다움은 소크라테스의 아름다움과 구별되는 것이나, 질적으로가 아니라 우연한 시공간상에서의 위치에 따라 구별되는 것이어야만 한다(어쩌면 '양적'으로도 구별될지 모른다).

그러면 사실상 아름다움과 좋음에 대한 이 주장은 디오티마의 가르침에 명시적으로 그리고 확실히 실려 있는 것이다. 좋음을 온전하게 이해하기 위해 영혼을 계발해야 한다는 그녀의 견해에서 이런 동질성 관념은 핵심적인 역할을 담당한다. (그녀의 연설 중 이 부분은 입문자에게 보여주는 것으로 소개되는데, 실제로 이는 소크라테스가 스스로 이해할 수 있는 것을 훌쩍 뛰어넘게 된다(209E5-210A2).) 상승을 시작하는 젊은 사랑하는 자—항상 '올바른' 지도 방향을 따를 수 있는(210A6-7)—는 단일한 육체 사랑, 더 정확히

---

* [역주] 유형type과 토큰token의 관계는 다음 예를 통해서 분명하게 알 수 있다. '비가 오면 우산이 필요하지'의 '우산'은 유형으로서의 우산이고, '너 그때 잃어버린 (그) 우산 찾았어?'라고 할 때의 '우산'은 토큰으로서의 우산이다. 유형은 집합의 명칭, 토큰은 집합 속 원소의 명칭이다.

** 플라톤이 여기서 아리스토텔레스의 유명한 비非실체 범주 사물의 개별화 문제에 대해 말하는 것으로 보기는 어렵다.

는 단일한 육체의 아름다움에 대한 사랑에서 출발할 수 있다. '그러면 그는 하나의 육체에 속한 아름다움이 다른 육체에 속한 아름다움과 가족관계adelphon임을 깨달아야 합니다. 그리고 만약 그가 형상적[종적種的] 아름다움을 추구해야 한다면, 모든 육체들에 속한 아름다움이 하나이면서 같은 것이라고 생각하지 않는 것이 매우 어리석은 일임을 깨달아야 합니다.'(210A5)

　　우선 그 혹은 그녀는 오직 한 사람이 한 가지 아름다움을 사랑한 것만을 본다. 그다음 그는 그 아름다움과 다른 아름다움 사이의 밀접한 가족 유사성을 인지하게 된다. 그러면 —그리고 이는 블라스토스의 견해에서 멀어질 때 핵심이 되는 중요한 단계이다— 그는 이런 유사한 아름다움들을 '하나이면서 같은 것' 즉 질적으로 동일한 것으로 간주하는 것이 현명하다고 '결정한다'. 그리고 그는 스스로 '모든 아름다운 육체들을 사랑하는 자가 되어 한 육체에 대한 그의 과도한 정념을 무시하고 사소하게 여김으로써 느슨하게 만들어야'(210B) 한다. 그러면 핵심적인 단계가, 이상하게도 결정의 단계, 즉 '무분별함'과 올바른 분별력에 대한 고려를 포함하는 단계가 된다. 우리는 이제 어떤 종류의 필요가 이 사랑하는 자를 끌고 가는지 궁금해지기 시작한다. 예를 들어 이 모든 '~이어야만 하는 것들'은 어디서 오는 것일까? 사랑의 대상에 대한 우리의 통상적 직관으로는 얼핏 보아 잘못된 방식인데도, 그는 왜 그렇게 보지 않는 것이 어리석은 것이라고 생각한 것일까? 이런 인식을 거부할 때 진리가 나타난다고 우리로 하여금 믿게 만드는 것은 무엇일까? '과도한 정념'과 '느슨하게 하기'에 대한 언급에서, 적어도 부분적으로는 이 전략은 정신적 건강을 위해 활용될 수도 있다고 주장하는데, 왜냐하면 특정 종류의 긴장은 참으면 너무 위험하거나 견디기 어려운 것이 될 수 있기 때문이다. 한 종류의 치료법은 세상을 보는 눈을 바꾸는 것으로, 유사한 것을 같은 것으로 만들고 대체 불가능한 것을 대체 가능한 것으로 만드는 것이다. 만약 누군가가 (본성적으로) 육체의 아름다움에 성적으로 끌리는 것에서 출발하여 '형상의 아름다움을 추구해야만' 한다면, 큰 대가 요구에서 비롯된 긴장이 없는 방식으로 하는 것이 가장 분별 있는 것이다. 그리고 이는 누군가의 결심히 충분히 단호하고 그 위에 솜씨 좋은 교사의 도움이 없어진다면 가능한 일이다.

사랑하는 자는 다음 단계에서 한 번 더 결정을 내리는데, 그것은 어떤 것을 동일한 것으로 간주하고 그에 따라 가치들을 조정하는 결정이다. '그는 영혼의 아름다움이 육체의 아름다움보다 더 고귀하다는 것을 생각해야만 합니다.'(210B6-7) 이 판단을 위해서 반드시 선행되어야 할 것은, 가족 유사성을 인지하고 유사한 것들을 서로 비견될 만한 것으로 신중하게 다루기로 하는 결정을 인지하는 것으로, 판단은 이런 과정을 거쳐 가장 마지막에야 내려진다. 한 번 더, 여기서 지시하는 것은 그가 이전에는 보지 못했던 진실을 보게 된다는 것이다. 그러나 앞에서 그랬듯이, 그의 결핍에서 비롯된 부정적 동기는 적어도 진리에서 비롯된 긍정적 동기만큼 두드러진다. 그래서 상승을 열망하는 사랑하는 자는 상승의 각 단계에서 교사의 도움을 받으며 어떤 아름다움과 다른 아름다움의 관계를 보고 그 아름다움들이 비교 가능하고 상호 대체 가능하며 단지 양적으로만 다르다는 것을 인정하게 된다. 그는 자신이 과거에 높이 평가하던 아름다움들에 대해 비례에 따라 감소하지만 완전히 없어지지는 않는 관심을 보인다. 그의 시야는 법, 제도, 과학의 아름다움 혹은 가치도 받아들일 만큼 넓어진다. 우리는 하나의 가치와 다른 가치의 '크기' 상의 비교(210B6, 210C5), 가치의 '방대한 양'(210D1)의 비교에 대해 이야기하는 것을 듣는다.(나중에 소크라테스는 알키비아데스가 '아름다움kalon을 아름다움으로 바꾸려는'(218E) 욕구를 갖고 있다고 말할 것이다─그리고 소크라테스의 아름다움이 '전적으로 우월하기' 때문에 알키비아데스는 플레오넥시아pleonexia, 즉 '더 많은 것'을 가지려는 탐욕스러운 욕구를 가졌다고 책망을 들을 것이다.)* 교사는 그를 이끌어 마침내 그가 광대한 바다

---

* 210B7의 '더 고귀한'과 219A1의 '청동으로 금을 바꾸는'의 두 구절이 양적인 것인지는 분명치 않다. 그러나 둘 다 양적인 것으로 보는 독해(금은 경제적인 잣대의 단일 단위로 '더 가치가' 있다. 그리고 이것이 바로 고귀함의 다름이 질적인 것인지 그저 양적인 것인지의 문제이다)와 어울릴 수 있다. 그래서 두 구절 모두 단일한 양적 단위상 압도적으로 양이 많다는 증거가 되기는 부족하다. 나의 논문 'Plato on commensurability and desire', *PASS* 58 (1984) 55-80 참조.

와 같은 아름다움의 전체를 볼 수 있도록 하는데, 그 아름다움 전체를 이루는 구성 요소는 마치 물방울처럼 질적으로 구분되지 않는다.

> 그리고 많은 양의 아름다운 것을 바라보고 있기에 그는 더 이상 노예처럼, 특정 소년이나 특정 인간 혹은 일군의 관습들이 지닌 아름다움을 사랑하고 이에 종속되면서 경멸스럽고 하찮은 채로 남지는 않을 겁니다. 오히려 아름다움의 광대한 바다로 향하게 되고 그것을 관조함으로써 아낌없이 지혜를 사랑하는 가운데 많은 아름답고 웅장한 연설들과 추론들을 낳게 됩니다.(210C7-D5)

교육은 당신의 시선을 돌리고 당신은 이전에 보던 것을 보지 않게 된다.[*] 또 노예 상태에서 벗어나 자유인이 되게 한다. 디오티마는 개별자들에 향한 사랑을 긴장과 과도함, 그리고 노예 상태와 연결시킨다. 그리고 질적으로 하나인 '바다'에 대한 사랑을 건강과 자유, 그리고 창조력과 연결시킨다. 상승에 개입하는 인식과 믿음을 변화시켜야 한다는 주장은 단지 새로운 믿음이 '진실'이라는 주장을 의미하지는 않는다. 사실 진실에 대한 물음은 봉인된 것 같다. '가족-유사성'과 '하나이면서 동일한 것' 사이의 간극은 상승이 적어도 인간이 그것을 경험하면서는 진리를 대충 취급함을 지시한다.(나의 형제adelphos가 어떤 존재이든 그는 확실히 나와 하나이면서 동일하지는 않다) 진보를 위한 그 전략은 『프로타고라스』의 테크네 개념 못지않게 급진적이고, 이제 놀랍게도 테크네에 가까워졌다.

그것은 놀랍게 선명하면서도 강력한 장면이다. 그저 다음과 같이 진지하게 그것을 생각해 보기만 해도 그렇다. 이 훌륭한 사랑받는 사람이 지닌 이 육체는 그 사람의 정신과 내적 삶과 질적으로 '정확하게' 동일하다. 그리고 둘 다 결국은 아테네 민주정의 가치, 피타고라스 기하학의 가치, 에우독소스

---

[*] 『국가』 521C 이하, 본서 5장 참조.

천문학의 가치와 질적으로 같은 것이다. 육체를 본다는 것 그리고 그 속에서 마치 수학적 증명이 그런 것처럼 정확하게 동일한 좋음과 아름다움의 그늘과 분위기를 본다는 것은 어떤 것일까—'정확하게' 같고 오직 양과 위치만 다른, 그래서 바로 그 사람과 사랑을 나누는 것과 그 자체로 드러나는 증명을 관조하는 것 사이의 선택이 물이 n만큼 있는 것과 n+100만큼 있는 것 사이의 선택과 같다는 것은 어떤 것일까? 또, 소크라테스의 정신과 영혼에서 보이는 것이 다름 아니라 좋은 체계를 갖춘 법에서도 보이는 (그러나 양은 더 적은) 질이라는 것, 그래서 소크라테스와 대화를 주고받는 것과 그러한 법을 집행하는 것 사이의 선택은 질적으로 차이가 없는 동일한 것이라는 것은 어떤 것일까? 마지막으로 각각의 단일 선택만이 아니라 모든 선택(혹은 적어도 사랑과 깊은 애착이 들어 있는 선택 전부)을 비슷하게 하나로 이루어진 것으로 본다는 것은 어떤 것일까? 이런 주장들은 너무나 대담해서 일상적 관점으로는 제대로 이해하기 어렵다. 그래도 우리는 상상을 통해 육체를 질적으로 상호 대체 가능한 것으로 보는 그림에 접근할 수 있을 것 같은데—이는 우리가 이에 해당될 수 있는 것 중 난교亂交의 경험 즉 개별화되지 않은 성적 욕구의 경험을 가진다는 상상을 해보았거나 혹은 할 수 있기 때문이다. 우리는 심지어 영혼의 상호 대체 가능성도 상상할 수 있는데, 우리 모두가 똑같이 중요한 존재로서 신의 자식이라는 종교적 유산의 도움을 받으면 가능하다. 사람들의 완전한 상호 대체 가능성을 실현하기 위해서 우리는 심지어 이 두 가지를 합칠 수도 있다. 그리고 우리는 어떻게 그런 종류의 대체 가능성이 사실은 특정한 골칫거리가 되는지 그리고 무질서를 야기하는 행위를 위한 전복적 동기가 되는지를 볼 수 있게 된다. (에픽테토스의 심오한 통찰, 만약 메넬라오스가 헬레네를 그저 여러 여자 중 한 명으로 생각했다면, '일리아드와 오뒷세이아는 존재하지 않았을 것'이라는 통찰을 떠올려 보자.) 그러나 아름다움의 드넓은 바다는 우리를 넘어서 있다. 만약 누군가가 할 수만 있다면, 이런 방식으로 보는 것을 할 수만 있다면, 연약한 애착 대상과 그들 사이의 극심한 갈등 모두로부터 우리는 떠날 수 있고, 나아가 세계를 변화시킬 수 있음을 우리는 안다. 우리는 그것이 알키비아데스를 쫓아다니는 동기를, 특정한 사랑받는 사람에게 자신을 헌신하는 동기를, 심지어는 다른 모든 것들보다 한 폴리스를 사랑하는 동기를 침식해 무너지게 할 수 있음을 이해한다. 그런 신조들은 고통스럽게 충돌하지도 않을 것이다. 모든 아름다움은 하나이기 때문이다(본서 5장 V절 참조). 사랑하는 자는 가치의 삐죽삐죽한 낭떠러지나 깊은 골짜기 따위는 없는 평평하고 단일한 풍경을 보면서, 그 풍경 속에서 그곳이 아닌 이곳으로 옮겨갈 동기를 찾을 이유가 없다. 관조적인 삶은 자연스러운 선택이다.

그러면 각 단계에서 이 교사는 건강을 위한 내적 필요에 의해 그 혹은 그녀가 소중히 여기는 대체 불가능성에 대한 인간의 믿음을 버리라고 학생을 설득한다. 소크라테스는 설득된 사람 중 한 명이다. 그리고 그는 이제 우리 인간 본성은 이런 종류의 에로스보다 더 좋은 동맹자 혹은 협력자sunergos를 찾을 수는 없을 것이라고 우리를 설득한다(212B). 한 동맹자가 다른 나라에서 와서 나를 도와 나의 전투에서 이기도록 한다. 상승이 인간 본성과 떨어져 있는 것처럼 보인다면 그것은, 『프로타고라스』에 더 명시적으로 과학이 제시되듯이, 이것이 한낱 인간에 불과한 것을 넘어서는 진보를 위한 장치이기 때문이다.

상승의 핵심적인 면은 사랑하는 자가 운의 구속에서 점차 벗어나게 된다는 것이다. 아리스토파네스식의 사랑하는 자는 우연적인 방식으로 사랑했다. 그 혹은 그녀는 처음에 바로 다른 사람을 만나지는 않을 것이다. 만약 그가 그랬다면 상대편이 그를 사랑하지 않은 것이거나 혹은 죽었거나 혹은 그를 떠났을 때 그랬을 것이다. 혹은 그는 사랑하기를 그만두었을 수도 있고 혹은 떠날 수도 있고 혹은 물러가든지 혹은 질투심에 사로잡혀 괴로워할 수도 있다. 그의 정념이 자주 그로 하여금 다른 계획과 좋음에서 정신을 떠나게 하고 산만하게 만들 것이다. 최상의 시기여도 그는 불가능하면서도 자멸적인 어떤 것을 하려고 할 것이다. 철학자는 이 모든 것으로부터 자유롭다. 그 혹은 그녀의 모든 아름다움을 관조하는 사랑은 상실과 거부는 물론이고 심지어 안타까움 정도에 처할 만한 위험도 불러오지 않는다. 말과 생각은 사랑받는 개인들과의 감정적이고 육체적인 성교를 개입시키지 않을 정도로,

언제나 우리 힘의 영역 안에 있다. 그리고 세속적인 아름다움의 한 실례實例가 사라지거나 다루기 힘든 것이 되면, 하나의 경계 없는 바다만 남는다. 그는 물방울의 상실조차 느끼지 못할 것이다.

그러나 첫 번째 사랑하는 자에게 내려지는 마지막 계시는, 속세에의 의존을 최소한으로 하는 것보다 한층 더 위 단계로 그를 데려간다. 여타의 향상처럼 이런 향상도 시야가 새롭게 터지는 것으로부터 온다(210E2-3). 그는 그것을 '갑자기exaiphnēs' 모든 그의 노고들의 정점에 오르는 것으로 본다.

우선 그것은 늘 있는 것이고, 생성되지도 소멸하지도 않고, 자라지도 썩지도 않는 것입니다. 그리고 그것은 어떤 면에서는 아름다운데 다른 면에서는 추한 것이 아니고, 어떤 때는 아름다운데 다른 때는 아닌 것도 아니고, 어떤 것과의 관계에서는 아름다운데 다른 것과의 관계에서는 추한 것이 아니며, 여기서는 아름다운데 저기서는 추한, 마치 그것이 누군가에게는 아름다운데 다른 이에게는 추한 것처럼 그런 것이 아닙니다…… 그는 그것이 그것 자체가 그것 자체로 그것 자체만으로 영원하고 단일한 것임을 보고 다른 모든 아름다운 것들은 다음과 같은 어떤 방식으로 바로 그것에 관여하는 것으로 봅니다. 그 방식은 다른 것들이 생성되거나 소멸할 때 바로 그것은 더 많아지지도 적어지지도 않으며 어떤 것에 의해서도 수동적으로 고통받지 않는 것입니다…… 사실 올바르게 에로스와 관련된 일들을 향해 가는 혹은 다른 이에 의해 이끌리는 것이란 바로 이것이니까요…… 친애하는 소크라테스, 인간에게 삶이 살 만한 가치가 있다는 건 만일 어딘가에서 그렇다고 한다면 바로 이런 곳에서일 겁니다. 아름다운 것 자체를 관조하는 곳 말입니다. 당신이 일단 그것을 보게 되면 황금이나 옷이나 아름다운 소년들이나 젊은이들과는 그 가치를 비교할 수 없을 텐데, 지금 당신은 그리고 다른 많은 사람들은 이들을 보다가 아주 넋이 나가서는 소년 애인들을 보면서 그들과 늘 함께 지낸다면 어떻게든 그렇게 할 수만 있다면 먹지도 마시지도 않고 그저 바라보기만 하면서 함께 지낼 태세가 되어 있지요. 그렇다면 순수하고 정결하고 섞이지 않은 아름다운 것 자체를 보는 일이 누군가에게 일어난다면 즉 인간의 살이나 색깔이나 그 밖의 많은 허접쓰레기로 가득 찬 것을 보는 게 아니라 단일 형상인, 신적인 아름다운 것 자체를 볼 수 있게 된다면 어떠하리라고 우리는 생각합니까? 당신은 어떤 인간이 저쪽을 쳐다보면서 알맞은 수단으로 그것을 관조하면서 그것과 함께 지낸다면 그의 삶이 비참할 것이라고 생각합니까? 아니면 당신은 그가 아름다운 것을 볼 수 있는 능력으로 그것을 보면서 사는 바로 이런 삶에서만 탁월성의 모상들이 아니라 ─그가 잡고 있는 것은 모상이 아니므로─ 참된 탁월성을 산출하는 일이 ─그는 참된 것을 잡고 있으므로─ 그에게 가능할 것이라는 것을 그것 자체로 이해하지 못하고 있나요? 참된 탁월성을 산출하고 자라나게 하면서 그는 신이 사랑하는, 그리고 ─만약 한 인간이 그럴 수 있다면─ 불멸의 존재가 될 것입니다.(210E6-212A7)

이것으로 디오티마의 설득 연설은 막을 내린다. 내가 이처럼 길게 인용한 이유가 소크라테스에게 그랬듯 감동적이고 설득적인 그녀 말의 강력한 수사적 특징을 보여주기 위함만은 아니다. 실은 그녀의 말이 상승 배후에 놓여 있는 실천적 동기가 있다는 추가적 증거를 보여주고 있어서이다. 사랑하는 자의 최종 관조적 활동은『국가』에서의 참된 가치의 기준과 모든 면에서 부합한다. 그 관조의 대상은 '순수하고 정결하고 섞이지 않은 것'(211E)이다. 그것이 그 자체로 고통과 꼭 섞일 이유는 없다. 그것은 안정된 활동, 우리의 진리에 대한 사랑과 창조적인 본성을 지속적으로 표현하는 활동이다. 그리고 변하지 않는 불멸의 대상에게 그 자신을 보내기 때문에 그것은 그렇게 안정적일 수 있는 것이다. 결국 우리는 언제나 가능한 사랑의 대상, 우리의 갈망을 가장 높은 수준에서 충족시키고 항상 그 사랑하는 자와 '함께 지닐 수 있는' 사랑의 대상을 얻게 된다. 성적인 '함께 지냄'(211D6에서 쓰인 이 단어 'suneinai'는 보통 성교를 가리키는 단어로 쓰이기도 한다)은 안정적으로 연장될 수 없는데, 그것은 결핍과 과다의 내적으로 '불순한' 구조 때문이기도 하고 한편 사랑하는 자가 맘대로 할 수 없는 대상이 있어야만 가능한 것이기 때문이기도 하다. 지성적 성교('suneinai'는 이런 형식으로 212A2에서 쓰였다)는 이런 약점으로부터 자유롭다. 나아가 디오티마의 말마따나, 이 활동으로 우리는 순전한 모상이 아닌 참된 것에 도달한다. 그러나 진리와 관련해서 생각해 볼 사항들은, 이 앞의 연설에서처럼, 결핍을 기초로 설득하려는 주장과 밀접하게 엮여 있다. 상승은 참이다. 그러나 그것은 우리가 너무나 잘 알고 있는 '진실들'을 희생할 것을 요구한다. 그래서 그녀는 우리가 있는 곳에서 우리에게 펼쳐진 시야를 변화시켜야 한다고 주장할 수밖에 없는 것이다. 그녀의 주장으로 우리는 우리 본성 깊숙이 자리 잡은 요구—대체로 우리의 경험적인 삶에서 우리에게 친숙하게 된 요구—를 떠올리게 되는데, 그것은 자기 충족적 사랑에 대한 요구이다. 상승이 등장하는 구절에서는, 개인적인 성적 결핍에서 비롯된 비참함과 비이성적인 혼란의 특징을 짚어낸 아리스토파네스를 받아들이고, 우리가 다른 모든 것—건강, 심지어 생명까지도—을 기꺼이 포기할 수도 있는 지점에까지 이르도록 에로스는 우리의 이성적인 계획을 교란시킨다는 데 동의한다. 그러나 그것은 견디기 힘든 것이다. 그런 삶은 '살 만한 것'*이 아니어서 우리는 다른 삶의 방식을 찾아야만 한다. 육체를 비롯한 필멸의 허접쓰레기 대신에 불멸의 대상은 반드시 발견되어야 하고 따라서 발견될 수 있다. 단일한 육체와 영혼을 고통스럽게 갈망하는 것 대신 반드시 발견해야 하고 또 발견할 수 있는 것은 더없이 행복한 관조적 완결성이다. 이것은 우리가 보다시피 오래되고 친숙한 에로스적 갈망을 끝내고자 하는 갈망이고 여기서 우리가 아는 것처럼 성적 활동이 존재하지 않는 세계로 상승하는 데 동기가 되는 것이다.

소크라테스의 결론에 따르면 우리는 이 이야기(이제 회상해 보면, 소크라테스에로의 개종자이자 '사랑하는 자'였던 아리스토데모스를 거쳐 아폴로도로스가 보고한 것처럼, 이전에는 비참했지만 철학으로 행복하게 되는 또 다른 사

---

* biōtos는 '살 만한', '살 만한 가치가 있는'이라는 뜻이다. 이 단어는 죽음 혹은 심지어 자살도 기꺼이 용납하는 것과 종종 연결되어서 부정형으로 가장 흔히 쓰인다. 조이스의 번역, '그리고 만약, 친애하는 소크라테스, 인간의 삶은 살 만한 가치가 있는 것이에요'는 올바른 번역이다. W. 해밀턴의 '인간의 삶이 쓰이는 영역'은 부족함이 느껴지는 번역으로 이 논증의 힘과 본질을 제대로 반영하지 못한다.

람에 대한 이야기)를 통해 돌이켜 생각하게 되고 상승할 때 이로움의 전형적인 사례로서 소크라테스의 삶과 행실을 보게 된다. 무엇보다 깜짝 놀랄 만한 일은 소크라테스와 소크라테스식 서술자의 삶이 두드러지게 질서 잡히고 주의 산만하지 않은 것처럼 보인다는 사실이다. '이전에 나는 뭐라도 하늘에서 떨어질까 싶어 여기저기 쏘다녔네만' 아폴로도로스는 한 걸음 떨어져서 회상한다(172C). 그리고 그의 스승 역시 이 시기에 언제나처럼 훌륭하게 자신의 활동을 통제하고 있었고 일상적인 정념과 주의 산만에서 벗어나 있는 삶을 살고 있었던 것 같다. 그는 확실히 덕스럽고 ─용기 있고, 공정하며 절도 있다─ 약함이나 피로함 등 쇠퇴한 모습 따위는 전혀 보이지 않는다. 그리고 이는 그가 세계에서 일어나는 이런저런 일들에 영향을 받지 않는다는 사실과 밀접히 연결되어 있다. 그는 옷차림에 거의 신경을 쓰지 않았는데, 잘 입는 것뿐 아니라 편안하게 입는 것에도 관심이 없었다. 그가 추위와 곤궁함 등을 얼마나 잘 견뎌냈는지도 나중에 우리는 듣게 될 것이다. 그는 빙판 위를 맨발로 걸었고, 외투나 모자도 없이 서릿발이 치는 추위에 맞섰다. 이를 자기 과시에 빠진 거만한 사람의 행태로 해석할 수도 있다. 함께 있던 군인들이 그렇게 해석했다는 것을 우리는 안다(220B). 그러나 아마도 틀림없는 것은, 소크라테스가 자기 자신을 육체와 너무 떨어뜨려 놓아 정말로 고통을 느끼지 못하고 그 고통을 정말로 그에게 벌어지는 일로 여기지 않았다는 해석일 것이다. 그는 아무리 술을 마셔도 취하지 않았고 숙취 때문에 다른 사람들의 불평을 사는 일 따위는 한 번도 없었던 것으로 유명했다(176A-B, 214A, 220A). 그는 가장 즉각적인 그리고 강력한 성적 유혹에 굴복하지 않았다(219B-D). 그는 수면을 취하지 않고 걸으면서도 피로함의 고통을 몰랐다(220C-D, 223D). 그가 생리학적으로 독특했다고 추정하는 것만으로 이 모든 것을 설명할 수는 없다. 그 대신 우리는 세계와 거리를 두고 있는, 그리고 자신의 육체를 세계 속의 물건으로 간주하고 거리를 두는 그의 심리적인 면을 통해 설명하는 방법을 찾을 수 있다. 그는 진정 자신을 정신과 육체가 구별된 존재로 생각하고, 그의 인격은 육체나 육체적인 돌발 사건과 동일시할 수 없는 것이라고 생각했던 것 같다. 우습고, 뚱뚱하고, 들창코인 껍

데기 속에 자리 잡은 자기 몰두적인 영혼이, 자기 충족적인 관조를 추구하고 있는 것이다. 우리는 잔치를 향해 걷자마자 '도중에 골똘히 자기 생각에 빠진'(174D, 220C-D는 참조) 그를 본다. 그때 그는 실제로 세상을 잊은 것이다. 그는 함께 가던 무리에서 뒤처졌고, 사람들은 훨씬 나중에 한 이웃의 현관에 서서 일체의 간청에도 말 그대로 귀를 닫고 있는 그를 발견하게 된다. 잘 들리는 귀로 들어가는 소리도 정신까지 뚫고 가지는 못한다. 그 사이에는 골짜기가 있다. 아리스토데모스는 '선생님을 그냥 두세'라고 말한다. '선생님의 습관이라네. 때때로 선생님은 있던 곳에 그냥 멈춰 서 계신다네.'

이런 상세한 항목들은 흔히 전기傳記의 흥미로운 꼭지로 쓰이곤 하는 것이다. 어쩌면 이 에피소드들도 그런 것인지 모른다. 그러나 이는 그 이상이다. 이 에피소드들은 디오티마가 추상적으로만 말할 수 있었던 내용을 구체적으로 보여준다. 누군가 상승을 이루었을 때 삶은 그렇게 보이기 시작한다. 소크라테스는 자신을 자기 충족적이게 만드는 과정에 있는 사람의 전형으로 우리 앞에 나타난다—환골탈태의 의지가 여전히 없는 우리의 상태로는 골치 아픈 물음표와 도전으로 우리 앞에 드러나는 것이다. 이것이 우리가 우리 자신을 위해 원하는 삶일까? 이것이 정말 우리가 보고 듣기 원하거나 필요로 하는 방식일까? 우리는 변모한 사람이 우리와 같을 것이라는, 그저 좀 더 행복할 것이라는 안이한 생각을 할 수 없다. 사실 그는 '어떤 인간과도 비슷하지 않다'. 우리가 그를 볼 때 우리는 놀라우면서도 동시에 속이 거북함을 느끼는데, 겁을 먹으며 우리 자신에게 향수를 느끼는 것이다. 그리고 우리는 우리의 현재 모습을, 우리의 사랑을, 우리가 보는 방식을, 이런 것들이 실천 이성에 일으키는 문제들을 되돌아보아야 한다고 느낀다. 우리가 이런 다른 종류의 존재, 탁월하면서도 귀머거리인 존재가 되기 원하는지를 말하기 전에 우리는 좀 더 명료하게 우리 자신을 볼 필요가 있다.

IV

상승의 정점은 디오티마가 우리에게 알려주는 대로, 계시에 의해 모습을 드러낸다. '갑자기exaiphnēs 본성상 놀랍도록 아름다운 것을 보게 될 것입니다. 이 목적을 위해 그는 앞서의 모든 노고를 무릅썼던 것입니다.' 이제 우리 자신에게로 반성적 하강을 시작하면서 즉 잔치 참가자 중 몇몇이 소크라테스를 칭송하던 시점이자 아리스토파네스가 우리 본성에 관한 그의 견해를 막 다시 말하려 하던(212C) 그 시점에 도달하여, 우리는 다른 종류의 계시와 다른 종류의 아름다움을 보게 된다. '그리고 갑자기exaiphnēs 바깥문을 두드리는 큰 소리가 났는데 주흥酒興에 겨운 잔치 소리처럼 들렸네. 그러고는 피리 부는 소녀의 목소리를 들을 수 있었다고 하네…… 그리고 오래 지나지 않아 마당에서 술에 거나하게 취한 채 큰 소리를 질러대는 알키비아데스의 목소리가 들렸는데 아가톤이 어디 있느냐고 물으면서 아가톤에게로 자기를 인도하라고 요청하고 있었다네.' 아름다운 것들의 형상은 정신의 눈에만 나타나는 것으로, '어떤 얼굴이나 손이나 그 밖의 육체에 참여하는 그 어떤 것과도 비슷한 것으로 나타나지 않는다.'(211A) 그것은 '순수하고 정결하며 섞이지 않은 것으로, 인간의 살이나 색깔이나 그 밖의 많은 허접쓰레기로 가득 찬 그런 것이 아니다.'(211E) 아름답고 놀라운 본성을 지닌 알키비아데스는 우리의 관능적인 상상을 통해 자기 자신을 드러내는데, 그것은 필멸의 육체가 지닌 색깔과 온갖 것으로 섞여 있는 불순함으로 가득 차 있는 모습이다. 우리는 그의 음성을 듣고, 그의 동작을 생생하게 보고, 심지어 그의 머리칼에 감겨 눈을 가리고 있는 제비꽃 향기와(2112E1-2) 그 향기가 포도주와 땀의 강한 냄새와 섞인 것까지 맡게 된다. 형상을 이해할 수 있는 기능은 특히 안정되고 확고한 것으로, 세상에서 벌어지는 이런저런 우연한 일들을 도외시할 수 있는 힘이 있다. 알키비아데스를 보고 들으며 그에게 반응할 수 있는 기능은, 연약하면서도 변덕스러운 육체의 느낌과 감각적 지각이 될 것이다. 자기 충족적인 철학자의 정화된 관조적 세계로부터 우리는 갑자기 생뚱맞게 덜컥 우리가 살고 있는 속세로 되돌려지고 ('갑자기'라는 말과 짝을 이루며) 이런 장면 역시 조짐과 계시로 보게 된다. 그러면 우리는 그 자체로 연약한 종류의 이해 그리고 연약한 대상들을 향하는 종류의 이해가 존재하는지 궁금해진다—그리고 만약 그런 것이 있다면 상승이 그것을 이해하는지 초월하는지 아니면 그저 지나치는지도 궁금해진다. (우리의 철학자는 '아가톤agathon' 즉 되새길 만한 가치가 있는 보편적 좋음으로 데려가 달라고 요구한다. 반면 알키비아데스는 아가톤Agathon, 즉 그렇게 좋을 것 없는 특정 소년에게 데리고 가달라고 요구한다.)

알키비아데스는 자신의 연설 첫머리에서부터 이 주제를 거론한다. 소크라테스는 말한다. '이 사람 자네 뭘 할 작정인 건가?(이 질문은 이 사람이 곧 어떻게 될지 우리가 더 잘 알게 되는 것을 고려하면 우리에게는 불길하게 들린다) 날 더 우스워지게 하려고 날 찬양하려는 건가? 아니면 뭘 하려는 겐가?' 그는 간단하게 대답한다. 하지만 이해하기 어렵다. '진실을 말할 겁니다. 선생님 생각에 절 내버려 두실 수 있으세요?'(왜 모두들 특히 소크라테스의 제자는 철학이 진실을 거부할 수도 있다고 생각하는 걸까?) 약간의 시간이 흐르고 그가 자신의 방식대로 진실 말하기를 조금 더 진행해갈 때 우리는 왜 그가 그토록 방어적이었는지를 비로소 이해하기 시작한다. '이보게들, 나는 모상image을 통해 소크라테스 선생님을 찬양해 보려 하네. 아마도 이분은 그게 자신을 더 우스워지도록 하려는 것이라고 생각할지 모르지만 모상은 우스개를 위해서가 아니라 진실을 위한 것이네.' 사랑에 대해 이야기하라는 요청에 알키비아데스는 특정한 사랑에 대해 이야기하기로 한다. 그것은 어떤 것의 본성에 대한 정의나 설명도 없는, 그저 특정하고 우연적인 한 개인에 대한 특정한 정념에 관한 이야기이다. 연설을 하라는 요청에 그는 자신의 이야기를 풀어놓는다. 그가 자신의 경험을 통해 이해한 에로스에 대한 이야기를 풀어놓는 것이다.(그 연설을 결론짓는 말은 비극에 나오는 격언인 'pathon-ta gnōnai' 즉 '경험을 통한 이해' 혹은 '고통'이다—본서 2장 참조) 그리고 더 심한 것은 이 이야기가 모상들, 즉 닮은꼴들을 이용한 것이라는 사실이다. 모사는 『국가』에서 본질들에 대해 참되고 일반적인 해석 혹은 설명을 할 능력을 결여하고 있다는 이유로 소크라테스가 비판해 마지않았던 시의 작법 방식이다(본서 막간 1장, 7장 III절 참조). 그러나 이 연설의 초입이 가리키는 것은 알키비아데스가 이런 철학적 반론들을 그저 무시하고만 있지는 않는 다는 사실이다. 그는 비판을 예상한다. 사실 그는 이 철학자가 그의 진실을 '용납'하지 않으리라는 걸, 혹은 그가 말하는 것이 진실이라는 주장을 용납 하지 않으리란 걸 예상한다. 그리고 이 위험에 맞서 그는, 그럼에도 불구하 고 그가 말하는 것이 진실이라고, 오직 이런 방식으로만 말할 수 있고 말해 지게 될 진실이라고 주장한다.

이 주장의 배후에는 무엇이 있는 것일까? 아마도 이런 것이 아닐까 싶다. 사랑과 관련된 진실 중에는 오직 누군가의 특정 정념을 경험하는 것만을 통 해서만 배울 수 있는 것이 있다. 이런 진실을 가르쳐 달라는 요청을 받으면, 오로지 의지할 수 있는 것은 청자를 위해 경험을 재창조하는 것이다. 즉 이 야기 속의 생생한 서사를 통해 그 혹은 그녀의 상상력과 느낌에 호소하는 길밖에 없는 것이다. 모상들은 관객들이 경험을 공유하게 하고 안으로부터 그것이 어떨 것 '같은지'를 느끼도록 시도할 때 가치가 있다. 예를 들어 소크 라테스와 실레노스 상像을 견주면서, 청중은 잘 알지 못하는 사람을 알게 되 고, 일상 경험의 부분과 그를 비교하면서, 그를 원하고 그를 알고 싶어 하는 것이 어떤 느낌인지 청중은 알게 된다. 우리는 나중에 이 사례를 포함한 비 슷한 사례들을 자세히 살펴볼 것이다. 우리는 또한 만취한, 그리고 머리에 쓴 담쟁이덩굴에 상처 입은 알키비아데스가, 진실을 말하는 모상처럼 우리 가 이해할 수 있도록 자기 자신을 표출하는 것을 보게 될 것이다.

이제 우리는 알키비아데스가 자기 자신을 도덕 학습에서의 시적 혹은 '문 학적' 문헌의 역할을 옹호하는 전통 속에 놓고 있음을 알게 된다. 인간 경험 에 관한 특정 진리들은 구체적인 개별성 속에서 자신을 실현할 때 가장 잘 배울 수 있다. 이 개별성은 그저 '그 자체에 의한 자체'인 사유만으로는 이해 할 수 없는 것이기도 하다. 아이스퀼로스 혹은 소포클레스가 주장했을 법하 게 종종 우리는 상상력, 감정, 나아가 정욕에까지 이르는 가시적 활동을 통 해 이런 것을 이해할 필요가 있는데,* 그것은 자신을 문제 속에 밀어 넣고 느끼는 과정에서 이루어지는 이해이다. 그렇다고 잘 살기 위해 알아야 할 모든 것을 가시적인 활동을 통해 전부 경험하면서 살 수는 없다. 우리 앞의 문학 작품들은 그 이야기와 모상들을 가지고 우리 경험을 확장시키면서, 우리가 우리의 인지적/감정적 반응을 발전시키고 이해하도록 한다.**

이것이 정말로 알키비아데스의 생각이라면 그가 이 무리 속에서 방어적 태세로 나오는 것은 놀랍지 않다. 잔치 참석자들은 공통적으로 에로스가 추상성 속에서 칭송될 수 있고 칭송되어야 한다는 믿음을 품고 있는 것 같다. 특정한 이야기들은 보편 원리의 사례들로 간단히 도입되는 것으로 그중 어느 것도 관능적인 상상력에 호소하는 방식으로는 온전히 그리고 구체적으로 설명될 수 없다. 아리스토파네스의 신화는 인간 본성의 모상을 통한 가르침이라 할 수도 있다. 그리고 그의 시적 재능은 그가 묘사하는 신화적 존재의 움직임과 느낌이 주는 생생함에서 뚜렷하게 드러난다. 그러나 그 존재는 익명의 모형들로 남았다. 그리고 그들이 사랑했던 존재들은 개별자이기는 하지만 추상적으로 특징지어진 것이다. 우리는 그 속에서 우리 자신을 보고 그 이상스럽게 꼭 맞는 틀에서 우리의 개별적인 사랑들을 보는 데 어려움을 겪는다. 그에 반해 소크라테스는 철학적 지혜라는 이름으로, 살아 있는 경험에 제한적으로 호소하는 것까지 공격한다. 누군가 절반 혹은 전체를 사랑하려면 그 절반 혹은 전체가 아름답거나 좋아야 한다. 소크라테스의 주장은 성적인 일들에 대한 앎epistēmē을 가져야 한다는 것이다(177D). 그리고 소크라테스식의 앎은 알키비아데스의 경험을 통한 이해pathonta gnōnai와 달리 연역적이고 과학적인 보편성을 매개로 한 것이다.(아리스토텔레스가 실천적 지혜에서 느낌과 경험을 통해 개별자들을 비연역적으로 직관하는 것의 역할을 주장할 때, 그는 이 직관적 이해와 에피스테메를 '대조'하면서 그렇게 한다(『니코마코스 윤리학』1142a23 이하).) 이 대화편 전체에 걸쳐 소크라테스는 모

---

* 본서 7장 참조.
** 물론 이렇게 되려면 다른 방식으로 개별자에 관한 이야기들이 개별적이라기보다는 보편적이어야 한다. 그 이야기들은 기이하거나 색다른 것이 아니라 [개별자를] 대표하는 것이다(아리스토텔레스의 말마따나 그것은 '일어날 만한 종류의 것'이다). 본서 1장과 13장 참조. 이 문제에 관한 심화된 논의를 보려면, Nussbaum, 'Crystals'를 참조.

든 개별자들을 포섭하고 설명할 수 있는 보편적 설명을 찾으면서 에피스테메의 구체적 정의定義를 도모한다. 'X는 무엇인가'라는 소크라테스식의 질문에 개별적 사례들을 열거하고 이야기를 풀어놓는 식으로 답변하면 그의 요구를 오해하거나 거부하는 것이다. 초기 대화편에서 사례가 제공하는 것은 에피스테메를 위한 자료들, 반드시 정의를 고려해야 하는 자료들이다. 그 자료들만으로 에피스테메를 구현할 수는 없다. 그리고 여기 『향연』에서의 개별 사례에 대한 소크라테스의 태도는 심지어 더 엄격한 것 같다. 예들은 전체를 이루는 구성 요소로서가 아니라 오직 그것들이 되새길 만한 가치를 지닌 속성의 실례가 되는 한에만 적절한 것이 된다. 그리고 모상들과 관련해서는 그것이 아름다운 것을 드러낼 때에만 그에게 참된 것으로 간주될 수 있는데 오로지 그것만이 (감각적) 모상이 '아니기' 때문이고(212A) 모상을 '통해' 그 스스로를 표출하지 않기 때문이다. 모상들은 대상으로서나 이해의 원천으로서나 진리와 대조된다.* 감각과 관능적 상상력 같은 '육체의 시각'이 둔화되면서 지성적인 '정신의 시각'은 자라나기 시작한다(219A).

그렇다면, 소크라테스 철학에서는 알키비아데스의 진실을 철학적 이해에 기여하는 것으로 간주하는 것을 허락하지 않는다. 개별적인 사례가 지닌 되새길 만한 가치가 없고 관능적인 측면은 올바르게 보는 것과 상관이 없는 것, 나아가 방해가 되는 것이라고 소크라테스 철학은 틀림없이 주장할 것이다. 그리고 알키비아데스가 가르침을 주려고 자신의 주장을 방어하면서 맞서야만 하는 것에 소크라테스 철학만 있는 것은 아니다. 소크라테스와 함께 시작된 윤리적 담론 전통의 대부분에도 알키비아데스는 맞서야만 한다. 도덕 철학자들 중, 영미 전통에서는 특히 더, 이야기들과 개별자들 그리고 모상들을 그들의 가치 관련 저작에 받아들이는 사람은 극히 소수이다. 대부분은 담론의 이런 요소들에 의구심을 표한다(본서 1장** 참조). 결국 섞인 것

---

* 『파이돈』에서의 감각에 대한 증언 거부와 비교해 보라.(본서 5장 참조)
** 특히 J. Locke, *An Essay Concerning Human Understanding* (1690), ed. P. H. Nidditch (Oxford 1975) Bk3, Ch. 10.

과 순수한 것, 이야기와 논증, 문학적인 것과 철학적인 것은 현대 철학 전문가 대부분에게도 마치 그들이 플라톤의 저작 속에 있는 것처럼 예리하게 대조되는 것이다—그러나 한편으로 현대 철학에서의 대조는 비난받아 마땅한데 왜냐하면 그들은 무반성적으로 그리고 플라톤처럼 상대편의 이야기를 재창조하는 것을 좋아하지도 않으면서 대조 그 자체만을 문제 삼는 데 열을 올리기 때문이다.

『향연』과 알키비아데스는 이런 의구심의 희생자가 되어왔다. 종종 우리 전통의 철학자들은 이 대화편을 무시하는데(아니면 심혈을 기울여 짜깁기한 발췌본으로 공부하는데) 가장 최근의 편집본에서는 이 대화편 전체를 가리켜 '플라톤 철학을 공부하든 그렇지 않든 고전 전공 학생들 모두가 읽고 싶어 하는 플라톤의 저작 중 가장 문학적인 작품'[*]이라고 설명한다. 말하자면 우리는 알키비아데스가 다른 전공에서 그가 하고 싶은 말을 하도록 할 텐데, 이는 그가 철학이 작동하는 방식을 명료하게 파악하지 못했기 때문에 그런 것이다.(심지어 『향연』을 다룬 비판적 글쓰기의 꼭지라 해도 그것이 알키비아데스만의 스타일이 담긴 문체 관련 주장에만 반응한다면 이 저항에 마주칠 가능성이 높다. 그것은 문학적 변용으로 취급되거나 소크라테스식이라면 그것 역시 진실을 말한다고 할 만큼 충분히 순수한 것임을 증명하라는 요구를 받을 것이다.)

그러나 알키비아데스에 대한 논증의 부담을 이런 식으로 처리하는 것은 —소크라테스의 언어로 소크라테스와 논쟁을 하라고 그를 몰아붙이든, 다른 곳에서 그의 사랑 이야기를 가져오라고 몰아붙이든— 단순히 그의 이야기를 듣는 것을 거부하거나 그의 세계 속으로 들어가기를 거부하는 것이다. 무엇보다도 자료의 낯설음이 문제 제기와 초라한 탐색을 일으키는 지점에서, 이는 탐구를 거부하고 감명 받기를 거부하는 것이다. 이는 소크라테스의 반응이다.

---

[*] Dover판 표지 선전 문구.

알키비아데스의 이야기는 사실 그저 사랑 이야기다. 그러나 사랑 이야기 '일반'은 아니고 소크라테스의 이야기 그리고 알키비아데스의 소크라테스를 향한 사랑 이야기이다. 알키비아데스는 에로스에 대해 연설하라는 요청을 받았으면서도 한 사람에 대해서만 이야기한다.* 그는 일반적인 용어로 정념이나 정념의 대상을 설명하지 못하는데 왜냐하면 그의 사랑 경험이 그에게는 세상의 어느 누구와도 비견될 수 없는 한 개인과의 관계 속에서 오로지 단 한 번만 그에게 발생했기 때문이다. 그의 연설 전체는 그 유일무이함을 전하려는 시도다. 그는 그렇게 사랑스러울 것 같지도 않은 이 인물의 탁월한 특징을 열거하면서 동료들의 요청에 응답하기 시작했을 것이다. 이는 모두 진실이었겠지만 그럼에도 그 사랑의 특정한 분위기와 밀도를 포착하는 데 충분한 만큼은 아니었을 것이다. 심지어 그 응답은 잘못 이해될 수도 있는데, 다른 사람이 이와 동일한 되새길 만한 가치가 있는 속성들을 가지고 나타나서 알키비아데스로 하여금 동일한 사랑을 느끼도록 만들 수도 있음을 의미하는 것으로 그의 말을 이해하면 그렇게 된다. 그러나 그는 그런 것을 알지 못한다. 그래서 알키비아데스는 소크라테스에 관한 몇 가지 이야기를 한다. 그는 경험의 내적 느낌을 전달할 수 있는 모상들과 연상들을 더듬어 찾아간다. 그는 완전체로서의 유일무이한 인성을 설명하는 중에 소크라테스의 덕들을 언급한다. 잘 정리되어 있지도 않은 엄청난 흥분이 느껴지는 이 연설은 이미지를 그리는 데서 설명하는 것으로 넘어가고 반응에서 이야기로 넘어간다. 그리고 이런 패턴은 여러 번 반복해서 나타난다. 이런 패턴이 바로 더듬어 찾아가는 것으로, 사랑에 대한 하나의 입장—그리고 표현(215D, 216A의 '심지어 지금도'라는 구절을 참조)—으로서 이 패턴을 매우 설득적으로 만드는 다소 혼란스러운 특징을 갖고 있다.

---

* 거스리는 '에로스는 소크라테스에게서 모습을 드러내기 때문에'(*History* IV, 395) 알키비아데스가 소크라테스의 요청을 수행'하고' 있는 것이라고 주장한다. 내가 왜 이 주장을 이때 무슨 일이 일어났는지에 대한 적절한 견해로 삼지 않는지 이제는 명료해졌기를 바란다.

이 연설에서는 무엇보다 두 가지가 우리에게는 아주 낯설게 보인다. 이 두 가지를 실마리로 잡으면 아마 우리는 그 연설에서 가르치는 것, 그리고 그 연설과 소크라테스의 가르침과의 관계를 더 풍부하게 이해할 수 있을 것이다. 그 두 가지 중 첫 번째는 성적 역할과 관련된 혼동이다. 알키비아데스는 에로메노스로 시작하지만 종국에는 능동적인 사랑하는 에라스테스가 되는 것 같다. 반면 소크라테스는 분명 에라스테스인데 에로메노스가 된다 (222B). 두 번째는 알키비아데스가 육체를 다루는 이상한 습관이다. 그는 자신의 영혼, 이성, 느낌과 욕구를, 육체에 흔히 일어나는 일, 깨물고 태우고 찢어지는 일을 경험하는 육체의 조각인 양 말한다.

(이를테면 케네스 도버 경의 권위 있는 연구에서 해석한 것처럼)[*] 희랍의 동성애 관습에서 에로메노스는 스스로 별달리 긴요하게 필요한 것 없이 아름다운 존재이다. 그는 자신의 매력을 인지하고 있으나 자신을 원하는 사람들과의 관계에서는 자기 몰두적이다. 그는 자신이 존중하는 연인에게는 부드럽게 미소 지을 것이다. 그리고 다른 사람의 우정, 충고 그리고 도움에 감사의 표시를 할 것이다. 그는 자신의 연인이 열정적으로 그의 생식기와 얼굴을 만지면서 인사하는 것을 허락할 텐데, 그때 그는 수줍게 스스로 땅바닥을 응시하고 있을 것이다. 그리고 도버가 희랍의 성화性畵를 총망라한 연구에서 보여준 바와 같이 그는 심지어 때로 성가시게 조르는 연인이 가랑이 사이로 성교를 하도록 허락해 그의 욕구를 풀어줄 수도 있다. 이때 이 소년은 그를 안아줄 수도 있고 아니면 명시적으로 애정을 표현할 수도 있다. 그러나 우리에게 전해진 미술 작품을 통해 판단할 때 그는 두 가지는 허락하지 않을 것이다. 그는 자신의 육체의 구멍을 관통하는 것을 허락지 않을 것이다. 그것은 털북숭이 사튀로스나 하는 짓이다. 그리고 그는 연인을 관통하고자 하는 자신의 욕구가 자극되는 것을 허락하지 않을 것이다. 모든 현존하는 희

---

* Dover, *GH* 특히 Ⅱ.c.5. 또한 *New York Review of Books* 25 (1979) 5-8에 실린 B. Knox 의 리뷰, H. Lloyd-Jones, *New Statesman* (6 Coctober 1978)과 *Classical Survivals* (1982) 97 이하도 참조.

랍 미술에서 발기한 소년은 없다. 도버는 약간의 의구심을 가지고 '에라스테스의 음경은 때때로 육체적 접촉이 성립되기 전에도 발기하는 경우가 있지만 에로메노스의 음경은 심지어 닿는 대로 반응하는 건강한 청소년의 음경을 기대할 만한 환경에서도 죽 늘어진 채로 있다'고 말한다.[*] 에로메노스의 내적 경험이 어떨지 상상해 보자면 거만한 자기 충족의 느낌이라고 특정될 수 있을 것이다. 성가시게 조르며 안달복달하는 대상 앞에서도 그는 스스로 자신을 넘는 것을 할 필요가 없다. 그는 다른 사람의 안달 내는 호기심에 의해 자신이 탐색되도록 놔두는 것을 꺼리고 자신도 다른 이에 대해 거의 호기심을 갖지 않는다. 그는 신 혹은 신의 조각상 같은 어떤 것이다. (『필레보스』(53D)는 에로메노스/에라스테스 짝을 완전한 혹은 자기 충족적auto kath' hauto인 것과 불완전한 혹은 결핍된 것 사이의 대조를 보여주는 전형적 사례로 ―이 성적 유비로 철학적 관조를 칭송하면서― 인용한다.)

알키비아데스는 이처럼 폐쇄적이고 자기 몰두적인 존재로 젊은 시절의 대부분을 보냈고, 그는 사랑의 경험을 갑작스러운 열려짐이자 동시에 저항할 수 없이 강력하게 열고자 하는 욕구로 느꼈다. 소크라테스라는 인물이 나타나면서 우선 그는 자신이 드러나는 무섭고 고통스러운 자각을 하게 된다. 자신의 부분을 통해 그는 에로메노스로 남는 것이 '지속되기를'(216A) 원했다. 그의 충동, 이런 상태를 종결짓고자 하는 충동 때문에 그는 도망치고, 숨고, 자신의 귀를 막았다―구멍은 관통하는 어휘로 닿는 대로 들어갈 수 있다(216A-B). 한편 이와 동시에, 그 속에서 보이는 것 그리고 말해진 것은, 이 사람이 나타나면서 그의 육체 속으로 급하게 몰려 들어가는 세이렌의 음악 안에서(216A), 그가 마음 깊은 곳에서 피해서는 안 된다고 생각하는 것임을 스스로 알고 있다. '오직 소크라테스에게만 느끼고 다른 사람에게는 느끼지 못하는 것―내 안에 있으리라고는 당신이 생각하지 못한 것―이 있

---

[*] Dover, GH 96. 도버는 이런 구도들이 변치 않는 문화적 '사실들'을 나타낸다고 주장하지만 이것이 정당화되기는 어려울 것이다. 더 중요한 것은 그 사실들이 명료하게 문화적 '규범들'을 그려내고 있다는 것이다.

네. 그것은 수치심을 느끼는 것이네. 그는 나를 부끄럽게 만드는 유일한 사람이네…… 내가 그가 세상을 뜬 것을 보면 기쁘겠다고 생각할 때도 있다네. 그러나 막상 그런 일이 생기면 자네들도 이해하겠지만 나는 최악의 상태에 처하게 될 것이네.'(216A-C) (파이드로스가 179A에서 이미 주장했듯이) 이 사랑하는 자가 열어젖히게 되면 비판에 노출되면서 연약성을 드러내게 된다. 에로메노스의 닫힌 세계에서 약점과 장점은 편안하게 잘 숨어 있어 이를 따질 수가 없다. 반면 사랑하는 자에게 알려지면 수치심의 고통이 찾아올 수 있는데, 사랑하는 자의 눈이 자신의 불완전성을 보게 될 때 그렇다. 다른 면에서 이 고통은 그가 어렴풋이 알듯이 일종의 성장으로 이어지기도 한다.

이처럼 알키비아데스는 자신의 역할에 대한 혼동에 휩싸여 있다. 그는 자신이 욕구를 불러일으키는 대상이라는 것을 알고 있다. '나는 내 미모에 대해 놀라울 만큼 우쭐대고 있었거든.'(217A) 그는 기본적으로 확고하게 소크라테스와의 결합을 호의를 제공하는 결정이라고 생각했다. 그리고 이제 그는 다른 이의 활동에 대한 설명을 원하고 필요로 한다.

여전히 매우 혼란스러운 것은 이와 동시에 그가 소크라테스를 알고자 하는 깊은 욕구를 느낀다는 것으로, 이는 알리고 싶어 하는 그의 욕구만큼이나 통상적으로는 부적절한 욕구이다. 그의 연설에서는 다른 사람에게 '열어젖히는' 이미지가 반복적으로 그리고 중요하게 사용된다. 그 이미지는 본질적으로 성적인 것으로 그가 성적으로 목표하는 대상들 그리고 성적 이미지와 떨어질 수 없는 것이다. 그러나 한편으로는 인식론적인, '그가 알았던 모든 것을 듣고자'(217A) 하고 그에 대한 모든 것을 알고자 하는 그의 욕구를 우리에게 전달하려는 의도가 있는 것이기도 하다. 자만심으로 가득 찼던 그의 초년 시절에는 이런 갈망이 개인적 야망과 서로 섞여 있었던 것 같다(217A). 그러나 그의 사랑이 지속되면서 자만심은 사그라지지만(215D, 216A 등에서의 현재시제와 217A의 과거시제를 비교해 보라), 소크라테스에 관한 진실을 알고 말하고자 하는 욕구는 사그라지지 않는다. 그 연설은 그의 지속되는 호기심만큼이나 그가 쌓아 온 이해도 표현하는 것이다.

그의 말에 따르면, 소크라테스는 기술자가 만든 실레노스 장난감 중 하나인 것처럼 보인다. 외면적으로 그것들은 대단해 보이지 않고 우스워 보이기까지 한다. 그러나 당신이 하게 되는 것, 당신이 가운데 틈이 생긴 것을 보면 하지 않고 못 배기는 것은, 그것들을 열어젖히는 것이다.(이런 틈 혹은 흉터가 있으면서도 완전히 부드럽지는 않기 때문에 그들은 열어젖혀질 수 있다) 그러면 내면에서 당신은 숨겨진 아름다움, 즉 정교하게 조각된 신상神像을 보게 된다. 우리는 뉴욕의 수도원에서 발견되는 놀라운 중세 묵주를 보는 것 같은 효과를 상상할 수 있다. 외면의 잘 장식되어 있는 부분은 전혀 대단할 것이 없다. 그러다 우리가 반으로 쪼개면 쪼개진 두 개의 절반은 '내부의 보석'(216E)을 보여준다—놀랍도록 정교하게 만들어진 동물들, 나무들 그리고 사람들의 모습, 모두 가장 정교한 정확도를 가지고 조각된 모습이 그것이다. 당신의 생각에 하나의 구球가 될 수 있는 것은 자신의 세계를 담고 있어야 한다. 그것이 놀라운 것, 경외심을 갖는 이유가 되는 것이다.

　내부에 있는 무언가가 보이도록 열어젖혀지는 것은 우리가 처음으로 가장 사랑한 장난감들에서 찾을 수 있다. 심지어 말을 배우기도 전에 이미 우리는 무언가를 자꾸 열려고 한다. 우리는 바닥에 앉아 나무나 플라스틱으로 된 공을 둘로 쪼개고 그 속에 숨어 있는 또 다른 공이나 종鐘 혹은 가족들을 찾느라 완전히 몰입해서 몇 시간을 보내곤 했다. 그런 장난감들을 모상으로 활용하면서 알키비아데스는, 사물들을 열어젖혀 외피에 싸여 숨어 있는 내면에 도달하고 이를 탐색하려는 충동은, 우리의 가장 이른 그리고 가장 강력한 욕구 중 하나라는 것, 성적인 그리고 인식론적인 필요가 결합되어 있는, 알고 보면 이들과 불가분의 관계인 욕구라는 것을 우리에게 알려준다. 우리는 무엇이 비밀스럽게 숨어 있는지를 알아내어 드러내기를 갈망한다. 그리고 우리가 틈을 볼 때, 그 틈은 그 대상에서 이 목표가 실현될 수 있다는 것을 알려주는 신호로 작동한다. 우리는 틈이 생긴 대상을 열어젖혀 다른 이의 아름다움을 덜 완전하지만 더 노출된 것으로 만들고, 우리가 그곳에 있을 거라 상상한 세계의 탐색을 갈망하면서 느낌, 감정, 감각, 지성 등을 통해 그것을 알게 된다. 알키비아데스는 그의 성적 목표 즉 육체적 친밀감과 철학적 대화를 모두 요구하는 완전한 실현을 일종의 인식론적 목표, 즉 이처럼 특정한 세계의 복합적인 부분을 더 완전에 가깝게 이해하려는 목표로 삼는다.

성적 욕구와 지혜를 향한 욕구 사이의 구조적 유사점은 쉽게 확인할 수 있다. 둘 다 세계 속 대상들을 향하고 있고 이들 대상을 어느 정도 장악하거나 소유하기를 목표한다. 두 경우 모두 대상의 장악이 실현되면 포만감을 얻게 되고 욕구의 일시적 중단이 일어난다. 즉 그 구체球體는 유혹하지 않고 '어떤 신도 지혜를 탐색하지 않는다.'(204A)(진리에 대한 '관조'는 물론 별개의 문제이다) 둘 다 아름다움과 좋음에 의해 생길 수 있는 경우로 둘 다 좋음의 본성에 대한 이해를 추구한다. 둘 다 대상을 분리된 자기 완결적 실체로서 존중하고 그럼에도 동시에 소유하기를 갈망한다. 그러나 알키비아데스는 이런 유사점보다 더 논쟁적이고 더 반反소크라테스적인 것을 주장하고자 하는 것 같다. 이야기는 진실을 말한다는, 그리고 그의 목적은 열어젖히고 아는 것이라는 주장을 통해 그는 사랑하는 자의 특정한 타인에 대한 앎, 육체적 그리고 지성적 친밀함을 통해 얻는 그런 앎은 그 자체로 유일무이한 그리고 유일무이하게 가치 있는 '종류'의 실천적 이해라는 것, 또 우리가 소크라테스의 사다리에 첫 발을 내딛는 순간 사라져 버릴 수도 있는 위험을 감수하는 것이라는 사실을 주장한다.(『파이드로스』를 다룬 장에서 이 주장은 발전되어 우리의 독해 방식이 옳다는 것을 확인시켜 줄 것이다)

감각과 거리를 두고 작동하는 순수 지성을 통해 획득한 좋음을 소크라테스식으로 인식하면 보편적 진리가 산출된다—그리고 실천적 선택에서는 보편적 규칙이 산출된다. 우리가 형상을 이해하고 있다면 우리는 아름다움에 대한 일반 견해, 즉 단지 아름다움과 관련된 모든 사례를 담고 있는 견해가 아니라 왜 그들이 아름다움의 올바른 사례가 되는지 그리고 아름다움이라는 개념 아래 함께 묶이게 되는지를 설명하는 견해를 소유하게 된다.* 그런 이해는 한번 획득하기만 하면 개별적으로 아름다운 것들에 대한 흐릿하고 섞여 있는 인상들을 우선하게 된다. 그것은 우리에게 보는 법을 알려준

---

*『에우튀프론』 11A-B 참조.

다.

사랑하는 자의 이해는 감각과 감정 그리고 지성(이 중의 하나만이라도 잘 훈련되면 나머지 작용과 관련된 것을 탐색하고 알려주는 데 인지적 기능을 수행하게 된다—본서 7장 참조)이 유연하게 상호 작용하면서 얻어지는 것으로, 개별적인 진리들과 개별적인 판단들을 산출한다. 사랑하는 자의 이해에 따르면, 그런 개별적이고 직관적인 판단들은, 우리를 안내하는 것으로 활용할 수 있는 보편적인 법칙보다 우선한다. 사랑하는 자는 그 혹은 그녀의 연인에게 반응할 때 정의definitions나 일반적 규정prescriptions에 기초하는 것이 아니라 그 사람과 해당 상황에 대한 직관적 감각에 기초해서 어떻게 반응할지를 결정하는데, 비록 일반 이론의 지도를 받기는 하지만 그에 종속되지는 않는다. 그렇다고 그들의 판단과 반응이 이성적이 아니라는 뜻은 아니다. 사실 알키비아데스라면, 규칙에 친화적인 그리고 이처럼 개별적인 것을 보고 느끼는 것을 거부하는 소크라테스의 방식이 비이성적이라고 주장할 것이다. 그것을 보았다는 것, 어느 누구와도 같지 않은 소크라테스에게 그렇게 반응할 수 있고 이어 행동할 수 있는 방법이 다른 개인에게 행위할 때의 이성적 방식이다. 그렇다고 이 사랑이 소크라테스의 관심 대상, 즉 되새길 만한 가치가 있는 보편적인 측면들을 무시했음을 의미하지는 않는다. 왜냐하면 알키비아데스는 소크라테스의 덕들을 보았고 그에 의해 감화되었기 때문이다. 그러나 그의 앎은 그 이상을 보고 다른 방식으로 본다. 그 앎은 유일무이한 전체로서의 인간에 대한 통합적 반응이다.[*]

명제적 앎과 획득된 앎을 대조하면서 이 두 종류의 앎을 대조하고 이해해보려는 시도는 구미가 당기는 일이다. 그러나 이는 오류라는 것이 내 생각이다. 무엇보다도 소크라테스식 앎 그 자체가 단순한 명제적 앎이 아니다. 에피스테메를 지닌 사람은 설명 혹은 근거를 제시할 수 있는 사람이라는 주장

---

[*] 본서 10장과 내 논문 'Practical syllogisms and practical science'(in Nussbaum, *De Motu* Essay 4), 그리고 Wiggins, 'Deliberation' 참조.

을 소크라테스가 지속적으로 강조하기 때문에 '이해understanding'라는 말이 일반적으로 더 적절하다. 둘째로 단지 소크라테스의 것만이 아니라, 두 종류의 이해 모두가 진리와 관련이 있다. 알키비아데스는 단지 소크라테스와의 말로 형용할 수 없는 친밀감만을 주장하고 있는 것이 아니라 소크라테스와 관련된 진실을 말할 수 있음도 함께 주장하고 있다. 그가 주장하고 싶은 것은, 감각과 감정이라는 인지적 자료를 스스로 부정하는, 형상을 사랑하는 자 a form-lover가 만들어 낼 수 있을 법한 견해보다 더 심오하고 정확하게 참인 견해(이야기)—소크라테스를 더 잘 특징짓고 실천적으로 그와 더 많은 관련이 있는 것을 포착하는 견해, 그리고 소크라테스가 무엇을 했고 왜 했는지를 더 잘 설명해줄 수 있는 견해—를, 사랑하는 자의 친밀함을 통해 만들어낼 수 있다는 것이다.

마지막으로 앎의 모델로는 포착할 수 없지만 일종의 '노하우'로는 더 잘 인지할 수 있는 사랑하는 자의 이해에 관한 많은 부분이 있다. 사랑하는 자는 사랑받는 자를 오직 그가 그 혹은 그녀를 어떻게 다루는지를 알 때만 이해할 수 있다고 말할 수 있다. 어떻게 말하고 보고 그리고 다양한 시점과 다양한 환경에서 움직이는지, 어떻게 기쁨을 주고 어떻게 그것을 받는지, 지성적, 감성적, 그리고 육체적 필요 요소들이 복잡하게 얽혀 있는 사랑받는 자의 관계망을 어떻게 대하는지를 아는 것이 그것이다. 그런 이해가 이루어지려면 친분이 있어야 하고 그런 이해는 진실을 말할 수 있는 능력을 산출한다. 하지만 이는 어느 쪽으로도 환원될 수 있는 것은 아니다.

그러면 알키비아데스의 주장은, 일종의 실천적 이해가 있는데 그것은 지성과 상상력 그리고 느낌을 동반한 어떤 상황에 처한 개별자들에 대한 열렬한 반응으로 구성되었다는 것이다. 이런 지혜를 통해 특정한 사랑받는 자를 사랑하는 자가 이해하는 것은 핵심적이고 특별히 심오한 사례인데, 단지 여러 사례들 중 한 사례가 아니라 그 사례가 자기 이해를 가져온다는 사실이 삶의 다른 영역에서 실천적 지혜를 발전시킬 때도 근본 바탕이 되는 그러한 사례이다. 사랑하는 자의 이해에는 명백하게, 그 혹은 그녀의 구체적인 성적 프로젝트의 성공과는 상관없이 존재하는 많은 구성 요소가 있다. 알키비아데스는 소크라테스의 유일무이한 독특함에 대해서 진실을 말할 수 있는데, 그것은 그의 시도가 좌절되었을 때에도 그렇다. 그리고 단지 어떤 성공적인 사랑하는 자만 그처럼 지성적이고 감성적인 파악을 할 수 있는 것도 아니다 (사실 이 경우 성적 자만심이 꺾인 것은 확실히 대단히 중요하다) 아리스토텔레스는 그런 친밀한 개인적 앎은 부모의 자식과의 관계에서 얻어지는 것이라고 주장한다(본서 12장 참조). 그러나 이 연설이 주장하는 것은 한편으로 육체적 친밀함을 얻는 데 실패했기 때문에 실천적 이해의 특정 '부분'을 알키비아데스가 얻지 못했다는 것이다. 소크라테스의 일부는 여전히 그에게 밝혀지지 못한 채 남아 있는데, 그것은 이 특정 인물에 대한 직관적 반응의 차원, 그가 전혀 발전시킬 수 없었던 적절한 말과 행동 그리고 몸짓, 또 채우지 못한 일종의 '변증적 관계dialectic'* 등이다. 성性은 개인적 친밀성의 은유이다. 그러나 한편으로는 은유 이상의 것이기도 한데 이것이 『파이드로스』에서는 '만지기'와 알기 사이의 관계로 드러난다.

이제 그런 앎을 향해 열어젖혀지면 알키비아데스는 더 이상 에로메노스로는 보이지 않는다. 다른 사람을 받아들이려면 그는 자기 충족적이거나 세계에 폐쇄적이어서는 안 된다. 그는 자신의 아름다움에 대한 허영심을 제쳐두고 자신의 눈으로 자신이 세계 속 하나의 대상임을 확인해야 한다. 다른 사람이 활동하는 세계 속에서 그리고 그가 다른 사람을 대할 때 영향을 주는 이런저런 우연한 일들이 벌어지는 더 커다란 세계 속에서 그는 하나의 대상이 되어야 한다. 그런 대상이 스스로 틈을 갖고 있다면 그는 심지어 더 많이 알게 될 것이다.

이것은 우리의 두 번째 퍼즐을 푸는 열쇠가 된다. 왜 알키비아데스는 끈질기게 그의 영혼 즉 내적 삶이, 살과 피로 이루어진 가시적인 육체인 것처럼 말을 하는 것일까? 알키비아데스가 그 사람에 대한 특정한 형이상학적 견해를 가진 것은 아니다. 그는 살과 피로 이루어진 육체 '속에' 무엇이 있

---

* 성적 관계로서의 'dialegesthai'의 용법에 대해서는 J. J. Henderson, *The Maculate Muse*(New Haven 1975) 155의 참조를 보라.

는지에 대해 어떻게 말해야 할지 모르겠다고 분명히 말한다. 그가 아는 것은 자신의 내적 부분이 살처럼 반응하고 있다는 것이다. 그는 뱀에 물려 고통 받는 사람처럼 느낀다고 말한다―더구나 그는 '가장 고통스러운 부분을 가장 고통스러운 방식으로 물렸는데, 나는 심장 혹은 영혼, 그도 아니면 사람들이 뭐라 부르든 그곳을 물려 상처 받았다네. 그리고 나를 문 것은 소크라테스 선생님의 철학 연설이라네.'(217E-218A) 그는 성공하지는 못하지만 '어떻게든' 같은 방식으로 소크라테스를 다루어보려 하는데, 그를 '관통하기를' 희망하면서 번쩍이는 섬광 같은 말을 쏘아댄다(219B). 살로 이루어진 혹은 살과 비슷한 것은 무엇이든 연약하다. 육체의 표지는 그것이 찔리고 물릴 수 있음을, 즉 뱀, 번쩍이는 섬광, 연인들 그리고 알키비아데스의 먹이가 될 수 있음을 보여주는데, 그때 이 표지는 연인들의 영혼에 걸맞은 '물질주의'가 잘 방어되도록 특별히 도와준다.

> 모든 그리고 유일한 육체는 세상에서 벌어지는 일들에 취약하다.
> 나는 내적으로 물렸고, 찔렸다.
> 따라서 이것―이것을 당신이 뭐라 부르든―은 육체적인(혹은 육체와 매우 비슷한) 것이다.

이것은 주관적인 경험, 실로 주관적인 고통에 호소하는 논증으로, 영혼을 하나이자 동시로 인격의 자리이자 불멸/난공불락인 것으로 보는 '플라톤식' 견해를 부정한다. 내 인격의 자리는 그런 연설에 의해 지금 물렸고, 그래서 나는 그것이 '순수하고', '오염되지 않고', '움직이지 않는' 게 아니라는 것을 안다. 이러한 논증의 흐름은 분명히 철학자의 영혼, 알키비아데스가 너무 잘 알 듯 플라톤이라면 옳은 것으로 여겼을 그 영혼에 대해서는 아무것도 보여주지 않는다.(『파이돈』에서는 명시적으로 보이지 않은 것이 여기서 드러나는데, 그것은 영혼에 대한 플라톤의 그림이 과학적인 사실이라기보다는 선택되고 성취되는 성격의 윤리학적 이상이라는 점이다)

우리는, 사랑하는 자가 인식론적으로 겨냥하는 지점과 그가 느낀 연약성 모두를, 알키비아데스 이야기의 핵심 이미지 즉 번쩍이는 섬광의 이미지를 통해 포착한다. 폭로, 드러남, 그리고 광휘 같은 이미지는 이전에도 드러난 바 있는 것이다. 알키비아데스는 우리 앞에 '갑자기(212C)' 나타나는데 마치 그에게는 소크라테스가 '습관적으로 갑자기 나타나는exaiphnēs anaphain-esthai(213C)' 것 같고, 이 시점은 알키비아데스로서는 그가 그곳에 있을 것이라고 거의 생각하지 못할, 그리고 알키비아데스가 소크라테스의 덕의 내적 광휘를 깨닫게 될 바로 그 순간이다. 그러나 지금 알키비아데스는 번쩍이는 섬광 같은 어휘로 다른 이를 욕하면서 사랑의 말과 몸짓을 말한다. 이 이미지는 그가 생각하는 성적 야망, 앎, 그리고 위험성 등과 매우 촘촘하게 엮여 있다. 섬광은 한꺼번에 갑자기 예상치 못한 순간에 때리는 것으로 보통은 방어도 통제도 기약할 수 없다. 이것은 동시에 명료하게 비춰주는 광휘이고 상처를 주고 죽일 수 있는 힘을 갖고 있는 작용이다. 누군가는 형체가 있는 corporeal 빛이라고 할 수도 있을 만한 것이다. 철학자들의 천국에서는, 인식할 수 있는 태양 같은 선의 형상the Form of the Good이 이해의 대상들에게 가지성可知性을 선사하는데, 그때 그 형상 자체는 부동不動하면서도 불변不變인 채로 남아 있다.[*] 이 형상은 순수한 영혼으로 하여금 순수한 이성 추론의 자기 충족적 활동을 수행하도록 고무하는 방식으로 영혼에 영향을 미친다. 알키비아데스의 세계에서 사랑받는 이의 육체와 정신을 밝게 비추는 것은 움직이고 쏘는 육체적인 빛, 즉 밝게 비출 뿐 아니라 접촉하면서 충격도 주는 빛처럼 내리치는 것이다. (그것은 터너의 후기 회화들에서 태양에 일어나는 일 같은 것이다. 이보다 더 순수하고 떨어져 있는 시각 상태는 있을 수 없고, 그것은 세계 속의 사물이 배, 파도, 공정한 이의 눈 같은 대상들에 작용하는 힘이 된다―그들이 밝게 비춰질 때 그런 종류의 사물들에게 일어날 수 있는 모든 일이 일어나는 것이 보이는 그런 것이다. 그리고 그 빛은 자신의 완전함에 대한 믿음을 반복적으로 부정하고 또 부정하면서, 의기양양하게 성적으로 흥분시키는

---

[*] 『국가』 507A 이하.

힘을 동반하여 지켜보는 사람을 내리친다.) 사랑하는 자는 자신 안에 그런 빛을 품고 이를 적당히 배치하거나 누군가에게 선사한다. 그리고 이는 심지어 그것이 디오뉘소스의 어머니를 죽게 했음에도* 그가 받기를 갈망하는 것이다. 만약 소크라테스가 방패를 가지고 갔었다면 그 장치는 『국가』에서의 태양과 같은 것, 이해 가능한 형상의 가시적인 이미지가 되었을 것이다―알키비아데스의 말대로 그가 포테이다이아에서 밤새 잠도 자지 않고 사색한 후 기도하면서 바라본 태양이 그것이다(220C-D). 알키비아데스는 자신의 방패에 번개를 박으면서 자신의 길에 그가 되고 싶었던 종류의 존재, 그가 욕구한 종류의 이해를 표시한 것이다.

이제 우리의 독해는 알키비아데스가 자기 자신을 우리 앞에 드러내면서 스스로 '사용했던' 이미지 해석에서 알키비아데스'라는' 이미지 해석으로 옮아간다. 그는 '담쟁이덩굴과 제비꽃으로 빽빽하게 엮은 화관을 쓰고'(212E1-2) 등장하면서 진실을 말한다는 이미지로 포장한다.** 무엇보다 제비꽃 화관은 아프로디테의 상징이다(『호메로스 찬가』. 5.18, 솔론 Ⅱ.4 참조). 이것은 그리 놀랍지 않은 일인데 (우리가 나중에 논의할) 한 가지 이상한 사실, 이 저돌적인 남성적 인물이 스스로를 여신으로 보았다는 사실만 제외하면 그렇다. 나아가 이는 무사 여신에 의해 헤진 화관이다. 알키비아데스는 모상을 가지고 자신의 진실-말하기truth-telling를 시작하면서 시인으로 그리고 영감을 주는 시신詩神으로(플라톤?) 자신을 표출한다.

그러나 제비꽃 화관은 또한 다른 것을 의미하기도 한다. 폴리스 아테네를 의미하기도 하는 것이다. (이 폴리스의 별칭으로 두루 알려졌음이 분명하지만 정작 유일하게 이를 사용한 시인인) 핀다로스의 단편에서 이 폴리스는 다음과 같이 묘사된다.

---

* [역주] 디오뉘소스의 어머니 세멜레는 제우스의 본 모습이 내뿜는 빛에 타 죽는다.
** 나중에 알키비아데스는 화관에 붙어 있던 꽃장식을 떼어내 아가톤과 소크라테스의 머리에 씌운다. 그러나 희랍어 문헌은 꽃 장식이 떨어져 있는 물건(212E2 참조)이라는 것을 지적하고 제비꽃-담쟁이덩굴 화관은 그가 연설을 하면서 헤지는 것으로 보여준다. 이런 점에서 보면, 조이스의 해석이 맞고, 해밀턴의 해석이 틀린 것이다.

오 반짝거리는 그리고 제비꽃 화관을 쓴, 노래로 유명한,

희랍의 보호막, 영광의 아테네여,

행운의 폴리스여.

제비꽃 화관은 이 낯설고 연약한 민주정의 번영을, 즉 여리지만 자라고 있는 민주정을 상징한다. 하지만 민주정은 지금 즉 알키비아데스의 시대에 큰 위험에 처해 있다. 스스로 화관을 쓰는 것으로 알키비아데스는, 개별자들, 되새길 만한 가치 있는 속성들보다는 유일무이한 사람들, 그리고 규칙들보다는 직관들, 이런 것들에 대해 자신이 주의를 기울이게 된 것은 폴리스 교육 때문임을 지시하는 것 같다. 이 교육은 고유한 것과 대담한 것에 가치를 두고 '필요한 것을 즉석에서 만들어 내는(투키디데스 1.138, 본서 10장 Ⅲ절 참조)' 재능 있는 지도자의 능력에 의존하고, 초라하게 법에 복종하라고 자유민에게 명령하는 대신에 덕과 봉사의 삶을 '그들의 고상한 품성으로 선택하라'(투키디데스, Ⅱ.41)고 요구한다. 그렇게 규칙에서 벗어나 실천적 지혜를 품은 각자의 역량과 사랑하는 자의 이해에 의존한다. 투키디데스의 저술에서 페리클레스는 시민들에게, '매일매일 폴리스의 힘을 보고 그녀[폴리스]를 사랑하는 자erastas autēs(Ⅱ.43)가 되라'고 명한다. 에로스는 법이나 공포가 아님에도 행위를 지도한다. 그러나 에로스에 의존하면, 알키비아데스가 그렇듯 민주정은 운과 비이성적인 정념에 크게 좌지우지된다. 제비꽃 화관은 재능이 넘치는 술꾼에 의해 헤지고 그는 머지않아 상상을 뛰어넘는 범죄를 저지르게 될 것이다.

담쟁이덩굴은 디오뉘소스의 상징이다. 그는 포도주의 신이고 비이성적인 영감靈感의 신이다(본서 3장 참조). (담쟁이덩굴은 고무된 사랑하는 자의 육체적 다산성多産性을 표상하는데 이 사람은 변화 가능하면서도 파릇파릇한 자연 세계 속에서 성장하는 존재 중 하나로 자신을 바라본다.) 아가톤은 디오뉘소스에게 그와 소크라테스 사이의 논쟁에 시시비비를 가려줄 것을 호소한다(175E). 알키비아데스의 출현은 그 요청에 대한 응답이다. 디오뉘소스는 남성이지만 부드러운 여성적 태도를 취한다는 점에서 알키비아데스가 품

은 열망이 지닌 성적 모순을 상징한다. 또 알고 보면 그가 상징하는 다른 모순 관계도 있다—그는 비극과 희극 모두를 보호하는 신이다. 알키비아데스의 연설이 비극적이면서 희극적이기 때문에 —좌절을 그리고 파멸의 전조를 보여준다는 점에서 비극이고, 이야기하는 사람이 아리스토파네스식으로 유쾌하게 자신의 허영과 착각을 여과 없이 드러내면서 스스로를 풍자할 줄 안다는 점에서 희극이다— 이는 적절한 말이다. 그리고 이제 왜 소크라테스가 이 대화편의 말미에서 희극과 비극이 한 사람의 작품이 될 수도 있다고 주장하는지가 명료하게 드러나기 시작한다. 아리스토파네스의 사랑에 대한 견해는, 에로스의 비극적 해석뿐 아니라 인간의 에로스적 열망이 품은 육체적이면서도 우연적 본성 즉 세계에 맞서는 실천적 지혜의 연약성을 강조하는 알키비아데스의 시각까지도 담고 있는 것이다.(소크라테스는 아리스토파네스가 '오로지 디오뉘소스와 아프로디테에게만 심취해 있다'(177E)고 비판한다) 비극과 희극은 동일한 가치를 품고 있고 동일한 위험 요소에 가치를 두고 있다. 게다가 둘 다 디오뉘소스를 통해 백척간두에 서 있는 아테네 민주정의 명운과 연결된다. 그리고 둘 다 극으로서의 효력이 다해, 알키비아데스와 마찬가지로 머지않아 죽음을 맞이하게 된다.

어쨌거나 이제 우리는 다른 차원에서 '화해rapprochement'를 도모하는 것을 본다. 알키비아데스는 호소력이 있으면서도 마음을 사로잡는, 궁극적으로 비극적 요소가 있는 인물이라고 할 수 있는데 '왜냐하면' 그가 자신의 재앙을 희화하는 희극 시인이기도 하기 때문이다. 만약 그가 멜로드라마적인 이야기, 즉 비통과 상실의 이야기, 기지나 자기-의식self-awareness, 그리고 그의 실제 연설의 특징인 웃음을 제거해 버린 이야기를 펼쳐놓았다면 오히려 덜 비극적이었을 것이다. 우리가 그의 마음을 덜 헤아려도 되기 때문에 그렇다. 자연스럽게 희극시의 주제가 되는 것, 즉 누군가의 틈과 구멍을 자기 비판적으로 인식하는 것은, 우리가 알키비아데스에게 가치를 부여하고 우리 자신을 구원하고자 할 때 중요한 부분이 된다. 그래서 비극적 상실의 신인 디오뉘소스가 양쪽을 모두 보살핀다는 사실이 우연으로 보이지 않는 것이다.

디오뉘소스의 특징이 하나 더 있다. 특히 담쟁이덩굴 화관은 우리를 그리로 이끄는데, 그것은 다름이 아니라 그가 죽는 신이라는 것이다. 매년 그는 의례에 따라 죽음과 재탄생을 반복적으로 수행하는데, 그것은 마치 식물과 욕구가 잘림과 재생을 반복하는 것과 똑같다. 신들 중 오직 그만이 자기 충족적이지 않고 오직 그만이 세계에 의해 영향을 받는다. 젊은 시민에게 '신의 눈'으로 보는 관점을 가르쳐도 소용없는, 디오뉘소스는 그런 신이다. 그리고 기적처럼 그의 연약성에도 불구하고 그는 스스로를 재건하고 빠르게 성장시킨다. 이런 점을 통해 우리는, 불안정한 폴리스와 불안정한 정념이 한 신에게는 진정으로 적절한 방식—이상적 폴리스를 상정하는 신학에서는 찾아볼 수 없는 사유—으로 자라고 번영할 수 있음을 알 수 있다.

V

이제 우리는 알키비아데스의 긍정적인 사례를 본다. 그러나 그 연설은 동시에 플라톤의 고발이기도 하다. 플라톤은 역병에서 사람들을 구제하는 일을 한 여사제를 창조했다. 그가 보여준 것은 뉘우침이 없는 개인적인 에로스는 이런 역병과 같다는 것이다. 우리는 이제 그가 왜 이런 비난을 하는지 상세하게 알아볼 것이다. 무엇이 에로스를 참을 수 없는 것으로 만드는가? 에로스를 극복하고 멀리해야 할 필요가 있다는 이 압도적인 느낌은 어디서 오는 것인가?

일단 알키비아데스와 관련된 질문을 제기하지 않을 수 없다. 첫째 그에게 무슨 일이 있어났는지 그리고 그가 호기심을 가지고 찾아낸 것은 무엇인지라는 질문이다. 다른 것에 대해 알아보겠다는 그의 시도는 소크라테스의 덕이라는 걸림돌과 마주친다. 알키비아데스가 소크라테스의 덕과 신상神像들을 비교한 것은 근거가 있다. 우리가 보았듯 소크라테스는 형상을 향해 상승하면서 스스로 형상처럼 된다—딱딱하고, 나눌 수 없으며, 불변이다. 그의 덕은 과학 그리고 좋음 그 자체와 동화하기를 탐색하면서 알키비아데스가 알고 있는 개별적인 땅 위의 좋은 것들과의 반응적인 성교를 멀리한다.

이것은 단지 소크라테스 자신의 육체로부터의 분리에 그치는 것이 아니다. 그렇다고 벌거벗은 알키비아데스 옆에서 흥분도 하지 않고 내내 잠이나 잤다는 데 그치는 것도 아니다. 이런 거리두기에 따라 영혼의 더 깊은 관통 불가능성이 존재한다. '번개처럼'으로 시작하는 단어들은 효과가 없다. 소크라테스가 개별성을 의식하고 사랑하는 자에게 주의를 기울이면서도 성관계를 자제한 것이 아니었을까 하는 상상을 해볼 수도 있다. 아니면 속으로는 거리를 두면서 알키비아데스와 성관계를 할 수도 있었다. 그러나 소크라테스는 자신에게 영향을 끼칠 수 있는 모든 길을 차단했다. 그는 돌처럼 차갑다. 그리고 다른 사람들도 돌이 되게 한다. 그의 눈에 알키비아데스는 유난히 아름다운 것 중의 하나이고, 한 조각의 형상이고 보석처럼 순수한 것으로 비칠 뿐이다.

그러면 알키비아데스에 관한 첫 번째 문제는 그의 열어젖힘이 거부당했다는 사실이다. 그는 꿰뚫리고, 조롱받고, 경멸받는 방자함hubris*의 희생물이다(219C, 222B, D). 이것을 계기로 알키비아데스가 철학에 발을 딛을 수도 있었다. 그가 유사성에 대한 디오티마의 사려 깊은 판단을 따를 수 있었다면 말이다. 그러나 그는 소크라테스라는 특정 개별자를 쫓기로 결정했기 때문에 그는 소크라테스의 거부에 상처만 입은 채 남겨졌다. 물론 이것은 그저 이야기, 그것도 독특한 문제를 다룬 이야기일 뿐이다. 또 이것은 특히나 자만심이 강한 사나이에 관한 이야기이고, 사람들뿐 아니라 심지어 그 자신조차도 존경과 명성에 대한 그의 사랑이 삶의 좋음에 방해가 된다는 것을 알고 있었던 남자의 이야기다. 나아가 소크라테스 같은 돌들은 별로 없고 그의 에로메노스들은 많이 있다. 한편으로는 돌에도 여러 종류가 있다. 만약 운 좋게 지금 양방향에서 반응을 한다면 여전히 변화가 있을 것이고 고통스

---

* 역설적이게도 hubris는 법적으로나 일반적으로나 성적 학대를 가리키는 용어로 쓰인다. LSJ sv., Henderson, *Maculate Muse* 154, 그리고 Gagarin, 'Socrates and Alcibiades' 등 참조.

러운 앎의 상실을 야기하는 불화가 있을 것이다. 심지어 디오티마도 이 문제를 치유하는 상승 방법을 제시하기 전에는 동의하고 있는 것처럼, 사유와 느낌, 그리고 욕구를 동반한 영혼은 육체보다 안정적이라고 할 수 없다. '우리의 이해는 생겨나기도 하고 없어지기도 하며 그래서 우리는 이해의 순간 속에 있어도 같은 존재가 될 수 없을 뿐 아니라 하나하나의 이해가 모두 이런 일을 겪습니다.'(207E-208A) 이해와 반응의 안정성이 드물게 갖춰진 경우도 있는데, 그것은 죽음을 향해 갈 때일 것이다. 그때도 여전히 앎은 종말을 맞는다.

이렇게 우연히 발생하는 일들은 역병처럼 사랑하는 자를 괴롭힌다. 그러면 우리는 어떻게 이런 일들이 우연히 발생하는지 궁금해질 수 있다. 그러나 잠시 알키비아데스가 상호적이면서도 열정적인 사랑, 양쪽이 서로를 사랑하고 각각 상대편의 열어젖힘을 가능하게 만드는 세계를 탐색하려고 하는 그런 사랑에 빠져 있다고 가정해 보자. 우리가 알고자 하는 것은, 디오티마가 개인적인 에로스를 본질적으로 역병과 같은 것이라 생각할 만한 근거가 있었는지의 여부 혹은 그녀의 비판이 단지 불행한 경우만을 대상으로 취하고 단지 그런 경험을 두려워하거나 그런 경험에 말려든 사람들을 향해서만 이야기를 한 것인지의 여부다. 또 알키비아데스가 행복하게 사랑하고 있다고 상상해 보자. 그러면 그는 진정으로 행복하게 혹은 좋게 사랑하고 있는 것인가? 이 대화편은 우리의 궁금증을 일으킨다. 현재의 운으로는 스스로 안정성을 보장하지 못한다(200B-E 참조). 따라서 이 대화편이 가리키는 대로, 심지어 사랑함을 최상으로 경험하는 순간에도 공포, 질투 그리고 상실에의 위협 등은 사랑과 아주 가까운 곳에 위치하고 있을 것이다. 소크라테스와 알키비아데스 사이에 오가는 조롱조의, 하지만 위협적인 농담, 즉 다가올 진짜 폭력을 암시하는 모방적인 폭력을 읽을 때, 그들 사이의 불화의 배경을 꼭 무시할 필요는 없다. 최상의 시간에도 그런 위험한 감정은 다른 이와의 분리를 겪으면서 발생할 수 있다. 가치를 불안정한 외부 대상에 부여하면 내적인 활동은 불안정해진다. 소크라테스가 조각상이 되는 것을 알키비아데스가 '원했을' 가능성은 농후하다―조각상은 잡을 수 있고 운반할 수 있으며 필요하다면 산산조각 낼 수도 있는 것이다. 또 이런 종류의 강렬한 사랑은 제멋대로인 행보를 참지 못하고 끝내기를 바라는 것일 가능성도 있다. 희랍의 에로틱한 회화 작품을 사랑하는 감상적인 사람들은 다정하게 소년의 얼굴과 생식기를 만지며 그를 맞을 것이고, 이런 부드러운 몸짓 속에서 완전한 사람으로서의 그에 대한 존중과 경외심을 찾을 것이다. 알키비아데스의 몸짓―성스러운 얼굴과 생식기를 폭력적으로 뭉개버린 몸짓―은 갱생할 수 없는 에로스를 더 진실되게 표현한 것일 수도 있다고 이 대화편은 주장하는 것이다.

또한 마찬가지로 문제가 많은 가능성 중 하나는 누군가의 돌과 같은 성질이 매력적일 수도 있다는 것이다. 떨어져 있는 둥근 것, 형상처럼 빛나는 나누어지지 않은 것은 비밀스러운 풍족함을 약속하면서 유혹한다. 틈이 있는 무언가를 열어젖히는 것은 아무것도 아니다. 그러나 완전한 것―그것을 열어젖히면 당신은 행복에 겨울 것이고 무제한의 권력을 갖게 될 것이다. 알키비아데스는 그가 찾아낸 돌 같은 아름다움을 사랑했다. 유일무이한 그 절제력은 그로 하여금 자존심을 버리게 했다. 오직 그만이 유일무이하게 그를 영악하게 피해 다녔기 때문이다. 다른 시각에서 보면 이는 권력에 도달한 에로스가 그 자신의 부동성에 도달하게 된 것이다. 소크라테스의 광채가 알키비아데스에게 '갑자기 나타나는 것'일 때 빛나게 쏟아지는 둥근 상승하는 육체는 마치 얼음으로 덮인 것처럼 그 속에서 밀봉되거나 얼어붙을 것이다. 그리고 그것이 그 빛이 지닌 아름다움이다.

게다가 이 행복한 사랑하는 자, 개별자와 사랑에 빠져 있는 이는 갈등의 지반에 서는 것을 사랑한다. 모든 가치를 균일한 '바다'로 보는 소크라테스의 인식은 가치의 가장 심각한 갈등을 진정시키고 또한 자제력 없는 행위를 일으키는 동기를 제거한다. 그가 선택하는 것 중 어떤 것도 n 분량만큼의 가치와 n+5 분량만큼의 가치 사이의 선택보다 더 골치 아픈 것은 없다. (하이몬처럼) 알키비아데스도 대체 불가능하고 통약 불가능한 대상을 사랑하면서 ―그리고 동시에 존경이나 군사적 탁월성 같은 다른 두드러진 것들도 사랑하면서― 어려운 선택과 함께 세계와 대면하게 될 것이다(본서 3장,

4장, 그리고 5장 Ⅴ절과 7장 Ⅱ절).

이 모든 것을 통해 우리는, 개인적인 에로스가 결국에는 실천적 이성에 의해 모양이 잡히고 통제되는 삶에서 자리를 잡을 수 있는 것인지를 아주 진지하게 물어보게 된다. 우리는 에로스가 다른 좋음을 구성하는 요소들—지성적, 정치적 사회적—에 발맞춰 자신의 역할을 수행할 수 있는 삶을 생각해 보려 한다. 그러나 개인적이면서 에로틱한 정념의 본성은, 내적으로나 사랑하는 자의 전체 계획과의 관련 속에서나, 항상 불안정한 어떤 것일 것이다. 그것은 불안정하면서도 연약하게 활동하면서 삶의 한 부분을 채운다. 『국가』에 따르면 이것으로 충분히 좋음의 자격을 박탈할 수 있다. 그리고 그것은 또한 부분적으로 주어졌을 때 전체를 압도하면서 위협할 수도 있다. 아리스토파네스는 그의 신화적 존재들이 성적 결핍으로 인해 먹고 마시는 것을 포함한 '그 밖의 모든 추구 활동들'에 무관심하게 되었다고 말했다. 우리는 알키비아데스의 질투하는 정념 때문에 그가 진실과 좋음에 무관심하게 되는 것을 본다. 실천적 이성은 가치의 세계를 빚어낸다. 그러나 사랑하는 자로서, 그 사랑하는 자는 그 자신의 밖에 있는, 그리고 그것으로부터 자율적인 다른 세계를 엄청나게 중요한 것으로 취급한다. 그 자신의 세계가 일관성을 유지하면서 이를 견뎌낼 수 있는지, 그리고 자신이 세상을 모두 만들어내는 존재라고 느끼는 그런 환경에 그가 계속 머무를 수 있는지 등은 분명치 않다. 당신의 실천적 이성 바깥에 존재하는 것에 그렇게 대단한 확신과 권력을 느끼는 것과, 노예 상태 혹은 광기 같은 것을 느끼는 것은 동일한 것일 수도 있다. 알키비아데스는 자신을 무언가에 그리고 자신의 감각에 사로잡힌 사람에 비견했다(215C5, 215D5, 218B2-3). 그의 영혼은 동요하고 있다(215E6). 그는 자신이 이처럼 노예 상태에 있는 것에 분노한다(215E6). 그는 결론짓는다. '나는 아무런 수단도 없어 막막해하고 있었고 이제까지 한 번도 존재한 적이 없었던 것 같은 노예로 그 인간의 노예로 전락하여 돌아다녔네.'(219E, 그리고 217A1-2은 참조) 과거의 일은 아직도 진행 중이다(215D8, 217E6-7). 노예가 되는 것은 자율성을 잃는 것으로 자신의 이성에 입각한 계획대로 살지 못하는 것인데, 심지어 그 계획을 짜는 것조차도 못할 수도 있다. 그러나 이를 하지 않으면 온전한 사람이 되지 못한다. 우리가 종 국에는 엉망진창의 운명에 크게 휩쓸리는 삶, 그의 탁월한 본성을 유지하지 못하고 낭비하는 삶을 살게 될 사람을 바라보면서 우리는 당연히 소크라테 스처럼 말하고 싶어진다. '나는 사랑을 향한 그의 광기와 정념이 몹시 무섭 다네.'(213D6)

이제 우리는 이 극적 대립을 구성하면서 취하는 플라톤의 전략을 이해할 수 있다. 아리스토파네스를 통해 그는, 우리 마음속에 우리가 가장 크게 끌 리는 성적 프로젝트에 대한 의문을 제기한다. 그리고 아리스토파네스의 연 설은 여전히 에로스를 가장 필수적인 것, 특히 실천적 이성 그 자체의 성공 에 필수적인 것으로 추켜세운다. 그는 소크라테스와 디오티마를 통해서 우 리의 결여와 필멸적인 본성에도 불구하고 어떻게 우리가 에로스에 잠겨 있 는 한낱 인간임을 초월하고 욕구 자체를 뛰어넘는 상승을 이루면서 좋음에 도달할 수 있는지를 보여준다. 그러나 이 자기 충족성의 장면과 이 실천적 이해의 범형을 우리가 받아들일 수 있다는 주장에는 아직 설득되지 않는다. 왜냐하면 블라스토스가 그렇듯 우리도, 그것들에는 무언가가 빠졌다는 느낌 을 받기 때문이다. 그 빠진 것은 이제, 그 사람과 알키비아데스의 이야기 속 에서 우리에게 감동적으로 드러난다. 그리고 그를 통해 우리는 일반적인 인 간에게 유일무이한 정념이 얼마나 중요한지를 깨닫는다. 우리는 그 정념이 이해에 기여할 때 그 역할은 대체 불가능하다는 것을 알게 된다. 그러나 이 야기는 여기서 그치지 않는다. 우리가 알키비아데스의 사랑을 디오티마의 상승에 단순하게 갖다 붙일 수 없다는 것은 분명하다. 사실 우리가 이 사랑 과 그가 우리에게 보여주는 안정적인 종류의 합리성을 함께 가질 수 없다는 점도 분명하다. 두 개의 상호 배제적인 장면의 변형태를 말할 때 소크라테스 는 진지했다.

그리고 이제 갑자기exaiphnēs, 우리에게 플라톤의 기획이 아주 밝게 떠오 른다. 선택과 실천적 지혜를 다룬 그의 희비극이 그것이다. 우리는 두 종류 의 가치, 두 종류의 앎을 본다. 그리고 우리는 반드시 선택을 해야 한다는 것 을 깨닫는다. 한 가지 종류의 이해는 다른 이해를 막는다. 영원한 형상의 순수한 빛은, 열어젖혀지고 불안정하게 활동하는 육체의 깜빡거리는 빛을 가리거나 그 빛에 의해 가려진다. 플라톤은 다음과 같이 말한다. 당신은 이런 사랑과 함께 좋음도 소유할 수 있다고, 이런 삶에 대한 앎과 삶에 의한 앎과 함께 좋음에 대한 앎도 소유할 수 있다고 생각할 수 있다. 그런데 글쎄, 당신은 그러지 못할 것이라고 플라톤은 말한다. 당신은 무언가로부터 자신의 눈을 돌려야 하고 어떤 아름다움은 포기해야 한다. '이성의 시야는 눈의 시야가 어두워지기 시작할 때 또렷해지기 시작한다'—나이 때문이거나 혹은 당신이 좋음을 배우는 중이기 때문이거나 간에 아무튼 그렇다.

그러나 우리가 이 참된 비극의 설명에 직면해서 모든 것을 보지 않으면 안 되는 상황에 내몰릴 때 청중으로서의 우리는 어떤 존재가 되는가? 알키비아데스는 우리가 재판관이 된다고 말한다(219C). 그런데 한편 우리는 피고인이기도 하다. 이성의 경멸스러운 우쭐거림huperēphanias(219C5)이라는 죄목으로 소크라테스를 법정에 세우는 동시에 육체의 경멸스러운 우쭐거림이라는 죄목으로 알키비아데스를 법정에 세우면서, 우리는 그들 중 어느 쪽도 온전하게 보지 못하고 있다는 것을 알게 된다—둘 다 우쭐거리고 있다는 것이 그것이다. 그리고 한쪽 혹은 다른 쪽을 따라야 한다면 그것은 반드시 가야만 하는 길이라는 것을 우리는 안다. 그러나 너무 많은 빛이 돌에 비춰질 수도 있다. 분명 당신이 행위를 해야 한다면 당신은 무언가를 본다는 것을 거부해야만 한다. 나는 소크라테스를 따르는 것을 선택할 수 있고 그렇게 아름다운 것을 보는 시야를 향상시킬 수 있다. 그러나 나는 내가 알키비아데스를 '보는' 한, 소크라테스의 사다리에 첫발을 내디딜 수 없다. 내가 소크라테스를 따를 수 있는 길은 오직 소크라테스처럼 디오티마의 주장의 진리성에 '설득되는 것'뿐이다. 그런데 알키비아데스가 나에게 이 확신을 앗아가 버린다. 그는 나로 하여금 상승에 올라타면 아름다움이 희생되는 것 같은 느낌을 받게 만든다. 그래서 나는 더 이상 아름다움을 온전하게 껴안는 상승을 바라볼 수 없게 된다. 내가 '희생'과 '부정'을 생각하는 순간 상승은 더 이상 이전의 모습과 같지 않고, 그 속에 있는 나도 더 이상 자기 충족성을 갖추지 못한다. 한편으로 나의 영혼을 육체로 만들면서 나는 알키비아데스를 따를 수도 있다. 나는 그 폭력과 그 갑작스러운 빛에 헌신하면서 에로스 안에서 살 수도 있다. 그러나 내가 디오티마의 말을 한번 들으면 나는 이 과정에도 역시 수반되는 빛의 상실을 보게 된다―이성적 계획의 상실, 혹은 세계를 만들 기회의 상실이라고도 말할 수 있는 상실. 그리고 내가 이성적 존재로서 질서와 이해에 대한 깊은 필요를 느끼는 이성적 존재라면, 나는 세계를 위해서 에로스를 '반드시' 등져야만 한다.

이제 『향연』은 우리에게 껄끄러운 그리고 경각심을 주는 책으로 비쳐지기 시작한다. 『향연』이 『국가』, 『파이돈』과 어떤 관계 속에 있는지는 우리가 원래 생각했던 것보다 더 모호하다. 왜냐하면 이 책은 가치를 이해한 사례를 제시하지만 또한 너무나 분명하게 그 이해를 위해 우리가 얼마나 많은 것을 포기해야 하는지도 함께 알려주기 때문이다. 이 책은 완고할 정도로 우리로 하여금 선택에 직면하도록 하고 동시에 우리가 어느 쪽도 선택할 수 없음을 너무나 뚜렷하게 보도록 한다. 이제 우리는 철학이 온전히 인간적인 것이 될 수는 없음을 본다. 그리고 한편으로 우리는 인간성에 그리고 인간성이 불러일으키는 것에 공포를 느낀다. 이것이 '우리의' 비극이다. 이것은 우리를 빛에 잠기게 하고 행동을 못하게 한다. 소크라테스와 알키비아데스가 우리의 영혼을 놓고 경쟁하면서 우리는 그들이 대상으로 삼은 아가톤처럼, 특성도 선택의 여지도 없는 존재가 되어 버린다. 아가톤은 그들의 감언이설을 참을 수 있었는데 왜냐하면 그는 그들 중 하나와 함께 할 수 있는 영혼이 없었기 때문이었다. 우리는 영혼을 가지고 있다. 그리고 그 영혼이 조각상들을 향하고 있다고 느낀다.

그래서 그들은 자신들의 길을 간다―소크라테스는 밤을 샌 채 그대로, 변증을 펼치는 일상생활을 위해 시내로 향할 것이고, 알키비아데스는 무질서로, 폭력으로 향할 것이다. 육체의 혼동은 우리의 시야에서 알키비아데스의 영혼을 봉인한다. 그는 이제부터 술에 취해 흥청거리는 사람들 무리에 낀 익명의 일원이 될 것이다. 우리는 그가 언제 떠났는지조차 알지 못한다. 영혼에의 야망으로 소크라테스는 자신의 육체를 지각하지 못한다. 술이 그를 취하게 하지 못하고 추위가 그를 얼어붙게 하지 못하고 알키비아데스의 벌거벗은 몸이 그를 흥분시키지 못한 것과 마찬가지로, 이제 부족한 잠이 그가 철학하는 것을 멈추게 하지 못한다. 그는 이성적인 돌의 침착함으로 완전무장하고 자기 일을 하러 떠날 것이다. 그사이 희극 그리고 비극시인들은 다함께 철학의 차가운 손으로 옷깃을 쑤셔 넣고 잠이 든다(223D). '이들' 두 가지 —철학과 시—는 함께 살 수도 서로의 진실을 알 수도 없다. 그 점은 분명하다. 문학이 개별자들과 연약한 것들에 대한 애착을 버리고 문학 자체가 디오티마가 펼치는 설득의 도구가 되지 않는 한에서는 그렇다. 그러나 그것은 그 배후에 도사리고 있는 자신만의 진실을 도외시하는 것이다.

한 이야기와 다른 이야기 사이에 혹은 아마도 두 번째 이야기가 펼쳐지는 사이에 —그리고 우리를 위해(우리 안에서?) 우리가 이 책을 읽고 경험한 그사이에— 알키비아데스는 죽었다. 그리고 그와 함께 에로스와 철학이 폴리스에서 함께 살면서 재앙으로부터 폴리스를 구할 수 있다는 희망도 함께 죽었다. 아마도 이것은 아폴로도로스의 희망이었을 것이고, 그의 동료들의 희망이었을 것이다. 또 이는 우리의 희망이기도 하다. 플루타르코스에 따르면, 알키비아데스는 죽기 전날 밤 자신이 여자의 옷을 입고 있는 꿈을 꾸었다. 한 창녀가 그의 머리를 들고 있었고 그의 얼굴을 화장하고 있었다. 이 자부심에 가득 찬 괄괄한 사나이의 영혼 속에서 그것은 섞이지 않은 수동성에 대한 소망이 표현된 꿈이었다. 실천적 이성의 필요를 없애고자 하는 소망, 전적으로 에로스의 흐름 속에서 살 수 있는, 그래서 비극을 피하는 존재가 되고 싶은 소망이 그것이다. 그러나 동시에 그것은 더 이상 성적인 존재가 되고 싶지 않은 소망이기도 하다. 세계가 사랑하지 않는 질서와 수동적인 대상으로서의 자기 충족성에 손을 뻗치지 않는 것은, 신의 자기 충족성만큼이나 성적 요소가 없는 것이다. 우리는 이것이 세상에 살지 않으려는 소망이라고 말할 수 있다. 화살이 그를 죽인 후, '남자를 존중하는'이라는 뜻을 가진 이름의 창녀 티만드라가 그의 썩은 시신과 살의 영혼을 그녀의 옷에 싸서 땅에 호화롭게 묻어주었다.

알키비아데스가 말을 끝내자 그의 솔직함에 웃음이 터져 나왔다고 한다.

마치 그가 여전히 소크라테스 선생님과 사랑에 빠져 있는 것처럼 보였기 때문에(222C). 그는 그곳에서 어쩌면 머리에는 담쟁이덩굴을, 그리고 제비꽃 화관 같은 것을 쓰고 서 있었을지도 모른다.*

* 나는 여기서 여러 단계에서 관대한 언급을 하면서 내게 도움을 준 모든 사람에게 감사를 표하고 싶다. 특히 Myles Burnyeat, John Carriero, Stanley Cavell, Arnold Davidson, John Hollander, Julius Moravcsik, Nick Pappas, Gregory Vlastos, Susan Wolf에게 감사의 말을 전한다.

7장 '이 이야기는 진실이 아니네': 『파이드로스』에서의 광기, 이성, 변설變說

우리는 정말로 훌륭한 사람은 ……훌륭한 삶을 위해 특히 자족할 수 있으며 누구보다도 최소한의 것을 필요로 할 것이라고 말하네. ……그러므로 그는 그러한 일이 그의 삶에 닥쳐왔을 때 누구보다도 덜 한탄하고, 아주 침착하게 견딜 것이네. ……그래서 우리가 비탄의 노래를 저명한 남자들이 읊지 못하게 하고, 그다지 훌륭하지 않은 여자들에게 읊게 하는 것은 당연할 것이네.

플라톤,『국가』388A (기원전 380-370년경)

눈물은 헤카베와 트로이의 여인들이 태어났을 때
운명이 자아낸 물약.
하지만 그대, 디온은
신들이 그대의 잔잔하게 흐르는 희망을 쏟아 버렸을 때
고귀한 행동으로 불후의 공적을 쌓았네.
그대는 시민들의 칭송을 받으며,
그대의 조국의 광활한 땅에 이제 누워 있네. 디온,
내 마음을 사랑으로 미치게 한 그대.*

플라톤(기원전 353년)

---

* 이 경구는 Diogenes Laertius III.30 = Anth. Pal. VII.99에 기술되어 있다. 이것의 신빙성은 C. M. Bowra, 'Plato's epigram on Dion's death', *AJP* 59(1938) 394-404에 의해 자세히 옹호된다. 또한 시의 탁월한 독일어 번역을 제공한 W. Wilamowitz, *Platon* 1(Berlin 1940) 644 참조. 신빙성에 대해 심각하게 제기된 유일한 주장은, 그러한 깊은 감정이 일흔 살의 남자에게는 부적절하다는 것이다(A. E. Taylor, *Plato*(London 1926), 544). 이것은 나에게는 상당히 근거가 약한 주장으로 보인다.

'나의 소중한 벗 파이드로스여', 소크라테스가 부른다. '그대는 어디로 가는 중인가? 그리고 그대는 어디에서 왔는가?' 이렇게 자기 비판적인 질문으로 대화는 시작된다. 소크라테스는 '빛남'을 의미하는 이름을 지닌 인상적인 젊은이를 보았는데, 이 젊은이는 정말로 건강, 준수한 외모, 능력으로 빛나고 있었다. (그리고 아마도, 이 젊은이를 보면서, 소크라테스는 마치 '아름다움의 흐름이 그의 눈을 통해 들어오는 듯함'에 충격을 받았을 것이다. 아마 그는 따뜻함과 충만함을 느끼는 동시에, 열망과 경외심으로 가득 찬 느낌을 받았을 것이다.) 그는 파이드로스가 대화에 참여하기를 원했고, 파이드로스는 이에 따랐다. (그때까지 별 감흥이 없는 듯했던) 파이드로스는 그가 케팔로스의 아들 뤼시아스와 이야기 나눈 것으로 대답한다. (우리는 열정이 '미치게 하는' 영향에 대한 엄중한 경고와 함께, 『국가』 1권을 떠올리게 된다. 뤼시아스가 파이드로스에게 한 연설은 그의 아버지의 분별 있는 조언과 연관되어 있다.) 그는 자신의 건강을 위해, 뤼시아스와 대화를 나누던 폴리스의 집을 떠나, 감각적 아름다움이 싹 트는 곳으로 여겨지는 성벽 밖을 산책한다. 이곳은 또한 위험한 장소이니, 순수한 어린 소녀가 정열적인 바람의 신에게 끌려간 곳, 광신狂神판(운의 신 헤르메스의 아들)이 자신의 신전을 지닌 곳, 낮의 가장 더운 시간에 여행자가 에로스의 힘에 사로잡힐 수도 있는 위험을 각오하는 곳이다. 이와 같은 방식으로, 플라톤의 사유와 글에서 보이는 어떤 중요한 특징은, 『국가』에서의 폴리스의 집을 떠나, 더욱 큰 야성, 관능, 연약성의 방향으로 움직이는 것 같다. 우리는 소크라테스의 질문을 플라톤에게 던져야 한다. 그는 어디서 여기로 왔는가? 그리고 그는 어디로 가고 있는가?

그들이 거닌 공간에 관한 특정 사실에서 시작해보자.

『국가』와 『파이돈』에서는, 욕망과 감정, 특히 성적 느낌과 감정을 인간 행동의 지침으로 삼기에 부적합한 것으로 여겼다. 오직 지성만이 인간 존재를 선하고 가치 있는 쪽으로 확실하게 인도할 수 있다. 또한 최고의 인간 삶의 개념은 이러한 요소들과 연관된 활동에 어떠한 내재적 가치도 부여하지 않는다. 특히 개인 간에 에로스적 관계가 지속되는 것을 이러한 삶의 구성 요소로 삼을 수는 없다. 이러한 그림을 더욱 발전시킨 『향연』에서, 플라톤은 우리에게 극명한 선택지를 제안한다. 하나는 개인적 사랑의 '광기'에 '사로 잡힌' 사람인 알키비아데스의 삶이고, 다른 하나는 지성적 영혼으로 개인적 열정의 '미치게 하는' 영향을 부정하면서 진실한 통찰과 안정적인 관조로 상승하는 삶이다. 이 주장에 따르면 알키비아데스의 광기는 합리적 질서, 안정과 양립할 수 없다. 광기 어린 시야는 올바른 시야를 견지하는 데 장벽이 된다. 육체적 시각과 개인적 사랑의 가치를 부정한 대가로 질서, 안정, 통찰력을 얻는 것이 철학자의 삶이다. 그러나 『파이드로스』에서는 지성이 개인적 사랑 그 자체와, 복합적인 열정이 생성한 전체 성격의 숙성에 의한 통찰력으로 전화되면서, 철학 자체가 순수하게 지성적인 활동이 아닌, 광기 혹은 열광mania의 형태가 되어 버린다. 어떤 종류의 광기는 통찰력 및 안정성과 양립 불가능하지 않을 뿐만 아니라 실제로 최고 수준의 통찰력과 최상의 안정성을 위해 필요하다. 특정 개인 간의 오랜 에로스적 관계는 심리적 발달의 기본이자 가장 좋은 인간 삶의 중요한 구성 요소라고 주장할 수도 있다.

『국가』에서 소크라테스는 시와 철학을 뚜렷하게 구분한다. 그는 도덕적으로 모호한 내용과 자극적인 문체로 영혼의 비이성적인 부분에 '자양분을 제공'한다는 이유로 시를 공격한다. 진실을 밝히려는 시인의 주장을 부인하면서, 그는 시인의 인지적 부족함과 철학자의 지혜를 대조한다. 『향연』에서 우리는 이야기를 통하고 이미지를 활용하면서 진리를 전달하고 있음을 표명하는 문체를 본다. (비극시, 희극시와 연결된) 이러한 방식은 에로스적 광인의 방식이며, 이러한 진리 표명은, 알키비아데스의 주장처럼 철학자가 거부하는 것이다. 『파이드로스』에서 묘사된 인간의 최고 삶은 철학적이거나 뮤즈의 존중을 받는 활동이다. '광기'로부터 영감을 얻은 시를 신의 선물이자 교육의 귀중한 자원이라며 옹호하고 광기가 어려 있지 않은 문체는 통찰력이 결여된 그저 아는 척이나 하는 것이라며 비난한다. 소크라테스는 이제 시와 논증을 융합하는 철학적 방식을 취한다. 소크라테스는 '유비'의 형식을 통하고, 시적 언어를 사용하여 자신의 가장 깊은 철학적 통찰을 제시한다.

『파이드로스』에서 소크라테스는 수치심으로 머리를 가리고 (그의 구애자이자 성공적인 연설가 뤼시아스가 파이드로스를 위해 쓴 연설을 본보기로 삼은) 단호한 산문의 담론을 전하면서 성적 열정을 타락한 광기의 한 형태라고 공격하고 우리가 선을 이해할 때 아무 도움도 되지 않는 그저 육체적인 충족만을 갈구하는 것으로 성격 규정한다. 그런 다음, 머리를 드러내고서, 그는 (느낌의 힘에 새로이 흔들린 파이드로스에게) 광기의 이점에 대한 옹호를 제안하며 물러난다. 이러한 철회는 시 인용으로 시작된다. 소크라테스는 트로이의 헬레네를 비방한 죄로 눈이 멀게 된, 그리고 시력을 되찾기 위해 이 구절을 지은 스테시코로스의 『팔리노데Palinode』를 인용한다.

> 이 이야기는 진실이 아니네.
> 그대는 제대로 구부러진 배에 타지 않았네.
> 그대는 트로이의 성채로 오지 않았네.

여기에 제시된 진실 사이에는 어떤 연관성이 있는 것일까? 나는 『파이드로스』가 훌륭한 삶에서의 느낌, 감정, 특별한 사랑의 역할에 대한 새로운 관점을 보여주고 있으며, 이러한 관점 변화는 이 대화편 자체 안에서 탐구되는 것이라고 주장할 것이다. 플라톤은 처음 두 번의 연설에서 자신의 초기 견해의 주요 특징을 보여주고는, 그 두 연설을 '철회'하고 비판한다. 이 모든 것은 파이드로스의 개인적인 성적 선택의 맥락에서 설정됨으로써 특별한 직접성을 부여받는다. 그리고 열정에 대한 이 결론은 마찬가지로 시의 역할과 시와 철학 간의 연결에 관한 플라톤의 이해에도 영향을 미칠 것이다.

그렇다면, (뤼시아스의 연설과 함께) 소크라테스의 첫 연설의 교리와, 중기 대화편에서 소크라테스가 진지하게 옹호한 특정 견해 사이에는 현저한 유사점이 있게 된다. 이는 플라톤이 진지하게 지지했던 어떤 것을 역시 진지하게 철회한 것이다. 두 초기 연설에서 타락함과 혐오스러움을 발견하는 우세한 의견은, 그것들의 힘을 제대로 인식하는 데 실패했다. 그것들은 재능과 아름다움을 지닌, 파이드로스라는 야심 찬 젊은이의 관심을 끌 것이다. 그러나 그것들이 가볍게 여겨지는 한 가지 이유는, 소크라테스 자신이 자신의 수치심과 혐오감을 명시적으로 표현했기 때문이다. 그는 그들이 말한 것은 건강하지도 진실하지도 않았다고 주장하면서, 일종의 강박 아래서 그것들을 언급하고 나서, 재빨리 철회한다(242C). 그렇다면 그 문맥 자체에서, 우리가 그들을 소크라테스 자신의 충실함에 대한 심각한 경쟁자로 생각하도록 설득할 수 있는 것은 무엇일까?

첫째는 저자에 대한 존경심이다. 나는 플라톤이 하찮은 사람을 비판하거나 자명하게 무가치하다고 생각하는 지점에(또는 그러한 문제에 대해, 자명하게 무가치한 견해에 깊이 끌리는 대화 상대에게) 너무 많은 시간을 할애할 것이라고 생각하지 않는다. 그런데 더 구체적인 증거도 있다. 그 연설은 무엇보다 어리석음naïveté(euētheia, 242D7, E5)으로 인해 비판 받는다. 냉소적이고 비천하며 전혀 관심 없는 견해에 대해 말한다는 것은 이상한 일이다. 둘째, 그 이상의 것을 말하자면 소크라테스는 그 철회를 촉발한 것이 그의 '다이모니온daimonion', 즉 그의 신성한 표징이라고 주장한다. '다이모니온'은 소크라테스가 오류를 범하려고 할 때 '저지'하기 위해 이따금 중재하는 엄격한 개별자다(『파이드로스』242C, 『소크라테스의 변명』31D 참조). 심지어 소크라테스의 아이러니를 용인할지라도, 잘못된 견해에 정말로 유인당한 것은 아니다. 소크라테스가 자신의 첫 연설을 특정 무사 여신에게서 영감을 받은 것으로 묘사한 것은, 한층 더 진지함을 나타낸다. 물론 그의 후기 담론을 이끄는 것은 확실히, 판, 님프, 기타 야생의 자연 신들(279B-C, 262D, 263D-E 참조)이 아니라, '고대 리구리아의Ligurian' 또는 '깨끗한 목소리의' 다양함을 지닌 무사들이다. 우리는 이들이 파이드로스가 이끌린, 깨끗하고 건강한 합리성을 지닌 무사라고 이해할 수 있다. 그들은 또한 중기 대화편들의 무사들일 수도 있다. 핵포스가 지적했듯이, 여기에서의 무사의 존재는 첫 번째 연설을 무시하려는 경향이 있는 사람들에게 '진정한 어려움을 만든다.'

마지막으로, 첫 번째 연설 그 자체의 이상한 특징은, 그것이 단순히 가치 없는 것으로 의도되었다는 가정으로 쉽게 해명될 수 없으며, 다음 연설과의 관계에 대한 힌트를 제공한다. '에로스erōs'를 비난하는 이 연설은, 나중에 철회하는 연설과 마찬가지로, 사랑받는 자인 소년을 사랑하는 자의 연설이라고 일컬어진다. 그러나 이 사랑하는 자는, 여기에서 그가 사랑에 빠지지 않은 척하면서 에로스를 비방하며 말하고, 그의 사랑받는 자에게 사랑하는 자의 끈덕진 요구에 굴복하지 말라고 촉구한다(237B). 이 이상한 보조 연기는, 핵포스에 의해, 연설자가 소년의 안녕에 대한 진정한 관심에서 동기 부여받은 것으로 설명된다. '사실, 우리는 탁월함에 거의 가까운 "에라스테스 erastēs"인 소크라테스 그 자신을 일별할 수 있다.'* 우리가 핵포스보다 연설의 내용을 진정한 플라톤적 관점의 표현으로 진지하게 받아들인다면, 이 유망한 제안을 훨씬 더 강조할 수 있다. 여기에, 에로스는 광기와 질병이며, 관심을 받는 사람은 그것의 지배를 피해, 이성적인 사람들과 이성적으로 살도록 노력해야 한다고, 우리에게 분명히 진지하게 말하는 사랑하는 자가 있다. 중기 대화편에서의 금욕적 주장을, 사랑하는 자의 연설로 보는 것은 어렵지 않을 것이다. 그 사랑하는 자는, 그 자신과 독자를 선으로 이끌기 위해, 열정을 공격할 뿐만 아니라, 그 자신이 인간적으로 에로스적 성격이 아닌 척 가장해야 한다고 확신했다. 그는 심지어 술과 추위에 알키비아데스의 알몸에 휘둘리지 않는 소크라테스의 페르소나를 채택하기로 결정할 수도 있다. 사실, 플라톤은 『국가』 제10권에서, 이 동일한 소크라테스를 통해, 사랑에 빠진 사람은 에로스가 그에게 좋지 않다고 믿는다면, 에로스의 주문에 대한 '반대 주문'으로서, 에로스에 반대하는 주장을, 계속 자기에게 암송할 것이라고 말했다. 비록 그러할지라도 플라톤은 시를 옹호하는 자가 '운율이 없는 산문으로, 그것(광기)이 질서 정연한 정부와 모든 인간의 삶에 즐거울 뿐만 아니라 이롭다는 것을 보여준다'(『국가』, 607D-608B)고 설득하지 못한다면, 설득할 수 있을 때까지, 시를 사랑하는 자는 이러한 형태의 광기에 반대하는 주장을 스스로 반복한다고 말을 이어 나간다.

내가 앞으로 주장하겠지만, 『파이드로스』는 철학자와 사랑하는 자가 이제까지 지어온 가장 강력한 반대 주문 때문에 나오게 된, 에로스와 (자격 있는) 시적 글쓰기를 위한 변명apologia이다. 우리는 플라톤이 에로스의 동기와 그

---

* R. Hackforth, *Plato's Phaedrus*(Indianapolis, 1952) 37.

힘에 대해 깊은 이해를 지니고 있음을 줄곧 감지했다. 그렇다면 『파이드로스』는 그가 이러한 동기들의 더욱 복합적인 면모를 연구하고, 그 가운데 일부를 선으로 받아들인 저작물, 무언가에 눈이 멀어 너무 냉혹하게 반대만 밀어붙였음을 인정하는 저작물, 철회와 자기 비판적 논쟁을 통해 그의 시력을 되찾기를 추구한 곳일 것이다.

I

이 대화편은 광기, 또는 '열광mania'에 대한 것이다. 처음 두 개의 연설(뤼시아스가 지은 연설과 소크라테스의 첫 번째 연설)은 이성적인 침착함 즉 소프로쉬네sōphrosunē를 찬양하며 광기를 비난한다. 소크라테스는 두 번째 연설에서, 첫 번째 연설에서 말한 것과 다르게, 광기가 '순전한 악'이 아니라고 주장한다. 실제로 그것은 최고선의 원천이 될 수 있다. 더욱이 이 대화는 인물들이 광기로 향해 가는 대화이다. 소크라테스는 그의 생애에서의 유일한 시간을 위해 익숙한 폴리스의 거주지를 떠난다. 아름다운 파이드로스를 따라, 그는 성벽 밖의 푸르른 장소로 걸어가 실개천 둑 옆 풀밭에 눕는다. 그는 자신을 파이드로스와 장소의 영향에 의해 '사로잡힌' 것으로 묘사한다. 파이드로스도 아름다움의 영향에 굴복하고, 경이로움에 감동한다(257C). 소크라테스의 첫 번째 연설에서 비판적이고 이성적인 '연설자'였던(244A) 파이드로스는, 열광적인 두 번째 연설에서는 사랑스럽게 양보하는 소년으로 언급된다(243E 이하 참조). 여기서 무슨 일이 벌어지고 있는지, 그리고 그것이 플라톤의 초기 견해와 어떻게 관련되는지 이해하기 위하여, 우리는 광기의 문제로 들어가서, 그것이 너무 단순하게 비난받은 곳과 그 근거가 무엇인지, 그리고 어떻게 좋은 삶으로 돌아갈 방법을 찾을 것인지를 물어야 한다.

광기 또는 사로잡힘이란 무엇인가? 『파이드로스』 이전의 대화에서, 플라톤은 비지성적 요소인 기호嗜好와 감정이 장악하면서 지성적인 부분을 이끌거나 안내하는 영혼의 상태를 지시하기 위하여 '광기'와, 그에 연관된 단어를 줄곧 사용했다. 여기에서처럼, 광기는 지성이 다른 요소를 안전하게 지배하는 영혼의 상태인 소프로쉬네와 줄곧 대조된다. 이것은 특히 성적性的 기호의 지배와 관련이 있다. 그렇다면 광기의 인간은, 적어도 한동안은, 순수 지성의 계산과 평가를 가리거나 변형시키는 내적 힘에 흔들리는 사람이다. 광인의 통찰력은 '로지스티콘logistikon'*이 행하는 측정, 계산, 추정이 아닌, 비추론적 과정으로 인해 행위자의 인식에는 덜 명료하면서, 제어하기는 더 어려운 것일 수 있다. 그 또는 그녀는 순수한 지성 활동보다는, 복합적인 수용력에 의한 느낌과 반응에 기초하여 행동하게 된다. 이러한 일이 있었던 이후에도, 그는 체계적인 일반 원칙과 정의에 따라 행동을 포괄하는 명시적인 설명을 제시하지 못할 수 있다. 에로스적 광인의 한 예는, 알키비아데스(215C-E, 213D6, 218B2-3 참조)다. 그의 행동은 느낌과 감정의 표현과, 그것에의 호소로 가득 찬 이야기로 설명된다. 사실상 『파이드로스』에서 말하려는 것은, 모든 광인들의 대표 격으로 알키비아데스를 끌어다 쓰는 것이 지나치게 단순하고 불공평하며, 사랑하는 자는 삶과 선택에서, 악이나 무질서에 빠지지 않고서도 미친 방식으로 숙고할 수 있다는 것이다.

분명히 『파이드로스』 이전의 대화편들은, 광기를 '순전한 악', 즉 진정한 통찰력으로 이끌어질 수 없고 나쁜 행동을 자주 하는 사람의 상태라고 공격한다.** 광기는 『국가』 400B2에서 일종의 사악함이라고 불린다(『메논』 91C3, 『국가』 382C8 참조). 많은 구절에서 광기는 과도한 욕구의 만족 또는 무모함과 관련된다(휘브리스hubris, 『국가』 400B2, 403; 『크라튈로스』 404A4). 『국가』 539C6, 573A-B에서 그것은 망상, 어리석음, 진실한 의견의 '죽음'과 관련이 있고(382E2, 『티마이오스』 86B4, 플라톤 위서 『정의Definitiones』***

---

* '계산적', '측정하는', '지성적'을 의미하는 이 단어는 종종 '이성'과 '합리적'이라고 번역된다. 나는 플라톤의 글에 없는 (실제적인 합리성이 무엇인지에 대한) 규범적 함의에서 벗어나기 위해, 이러한 관행을 피하려고 한다.

** 『향연Symposium』에서의 상황은 다양한 화자들로 인해 더욱 복잡하다(6장 참조).

*** [역주] 플라톤의 위서로 취급하는 책으로, 184개의 철학 개념을 소개한 사전. 스페우시푸스의 작품으로 추정.

416A22 참조), 『국가』 329C와 『향연』 215C-E에서는 노예 상태와 관련이 있다. 그리고 이것은 단지 언어적인 지점뿐만이 아니다. 비지성적 요소가 지배하거나 주도하는 모든 국가는, 우리가 부르는 것과 상관없이, 광기의 결점, 즉 진정한 통찰력의 상실과 과도함에 대한 경향에 의해 특징지어질 것이라는, 『국가』의 견해는 분명하다. 예를 들어, 『국가』 9권의 꿈에 관한 구절에서는, 로지스티콘logistikon이 잠들면, '짐승 같은' 요소들이 장악하여 '자신의 본능'을 만족시키고, '모든 수치와 선의 감각에서 풀려나려고' 시도한다고 했다(571C). 꿈은 꿈꾸는 사람이 그것을 이성적 능력의 작업으로 꾸려나갈 수 있을 때 진실을 가져올 수 있다. 잠들기 전에, 그 또는 그녀는 다른 부분들이 '쾌락과 고통으로 더 좋은 부분을 방해하지 않고, 과거, 현재, 또는 미래에 알려지지 않은 것들을 조사하고 접근하고 이해하기 위하여, 고립된 순수함 속에서 견딜 수 있도록 그것들을 잠재워야 한다.'(571D-572B; 『파이드로스』 65A-D) 진정한 통찰은 지성을 순수하게 활동적으로 만들고 외부로부터의 영향을 받지 않도록 만듦으로써 획득된다는 점이 여기서는 강조되어야 한다. 쾌락과 고통의 느낌처럼 수동성 또는 수용성의 형식은 『파이돈』에서와 같이 변함없이 왜곡되어 있다.

이렇게 비지성적 요소에 대한 모든 인지적 가치를 부정하는 것은, 우리가 5장에서 설명한 대로, 중기 작품에서의, 욕망과 감정에 대한 플라톤의 일반적인 견해를 고려할 때 놀라운 일이 아니다. 우리는 『국가』에서 욕망은 특정 대상에 대해 그저 만족할 줄 모르는 이성 없는 힘일 뿐이라고 주장한 대목을 기억한다. 이러한 가르칠 수 없는 힘은 좋은 지침이 될 수 없다. 감정은 교육이 미칠 수 있는 영향이 조금 더 크기는 하지만, 지성에 의한 지속적인 통제가 필요하며 늘 잠재적으로 위험하다. 그러므로 진정한 통찰력은 나머지 성격으로부터 철저히 지성을 분리할 때 가장 잘 얻을 수 있는 것이다. 그것은 스스로 지성을 떠나 순수하고 맑은 상태가 된다.*

---

* 이러한 부분들에 대해서는, 5장과 주석들 참조.

『파이드로스』에서의 처음 두 연설은 『국가』와 『향연』에서 보이는 이분법과 함께 진행된다. 소년은 단순하게, 좋은 감각과 광기, 지성에 의한 좋은 통제와 통제가 결여된 무질서 사이에서 선택해야 한다. 뤼시아스의 연설은 가상의 소년(그리고 화자는 실제의 파이드로스에게 권고한다)에게 자신을 사랑하는 사람이 아니라 사랑하지 않는 사람과 성적인 관계를 맺도록 권고한다.*이것은 사랑에 빠진 사람의 비이성적인 상태와 사랑에 빠지지 않은 사람의 '절제sōphrosunē'를 대조하는 주장으로 이 조언을 뒷받침한다. 사랑에 빠져 침착성을 잃어버린 '아픈' 사람들은 부정확하게 추론하고 스스로를 통제할 수 없다(231D). 사랑에 빠지지 않은 사람인 뤼시아스는 반대로, '사랑에 의해 전복되지 않고, 자신을 통제한다.'(233C) 그는 정념이 산출하는 강박이 아니라 자발성 하heckōn(231A)에서 행동하는데 이는 마치 자신의 일부 중 로지스티콘만이 진정으로 자발적인 행동을 만들어 내는 것이고 다른 요소는 선별되지 않은 인과력인 양 하는 행동이다. 소크라테스의 첫 번째 연설, 즉 좋은 숙고의 원칙에 대한 설명으로 그 자신을 소개하는 연설(237B7)에서의 수행을 이룬 사람에 대한 보다 상세한 분석은, 문제가 되는 견해가 중기 대화편의 견해와 매우 유사함을 분명하게 보여준다. 소크라테스는 인간에게는 '쾌락에 대한 타고난 욕망'과 '선에 대한 습득된 믿음'이라는 두 가지 지배 원칙이 있다고 주장한다. 선에 대한 믿음이 흔들리지 않는 사람의 상태를 '소프로쉬네sōphrosunē'라고 한다.** 우리를 쾌락으로 이끄는 욕망이 지배하는 상태는 간단히 '휘브리스hubris' 즉 방종이라고 한다(237D-238A). '휘브리스'는 '갈래와 부분들이 많으므로 다양한 이름으로 불린다.'(238A) (우리는 『국가』 제9권에서의 '머리 여럿 달린 괴물'을 상기하게 된다.) 음식에

---

* 희랍인은 이 두 사람을 '호 에론ho erōn'과 '호 메 에론ho mē erōn', '에로스 상태에 있는 사람'과 '에로스 상태에 있지 않은 사람'이라고 부른다. 핵포스는 '사랑하는 자the lover'와 '사랑하지 않는 자the non-lover'로 번역한다. 이것은 확실히 덜 번거롭지만, (어쨌든 오늘날에는) 오해의 소지가 있다. '호 메 에론ho mē erōn'이 원하는 것은 소년과 '사랑에 빠지지 않으면서' 성적 의미에서 소년의 '애인'이 되는 것임이 분명하다. 따라서 나는 요점이 절대적으로 분명할 때만 더 간단한 표현을 사용할 것이다.

대한 욕망이라면 폭식이고, 술에 대한 욕망이라면 만취이다. '에로스'는 육체적 아름다움의 감각적 향유에 대한 불합리한 욕망이 진실한 의견을 결국 지배하게 된 상태로 정의된다. 음식과 술에서와 같이, 이것은 완전히 나쁜 상태라고 가정한다. 따라서 연설의 나머지 부분에서, 사랑에 빠져 있는 사람은 '무분별한anoētou 지배 원리'(241A8)와 '필요로 인한 무분별함'(241B7)의 손아귀에 놓인, 아픈 사람으로 취급한다. 반대로, 과거에 사랑을 했던 자는 '에로스'와 '광기' 대신, '통찰력nous'과 '침착함sōphrosunē'(241A)을 얻었다고 한다. 명확성과 진실한 통찰력은 열정의 죽음을 요구한다. 분별 있는 사람은 이전에 에로스에 영감을 받았던 행동에 대해 수치심만을 느낀다.

우리는 이 연설이 광기와 비지성적 요소에 관한『국가』의 네 가지 핵심 주장을 간결하게 재현하고 있음을 알 수 있다.

(1) 성욕을 포함한 욕망은 선에 대한 판단을 통합하거나 그에 호응하지 않고, 음식, 술, 육체적 관계 등의 특정 대상에 접근하는 맹목적인 동물의 힘이다.

(2) 비지성적 요소는 통제할 때 자연스럽게 과도해지는 경향이 있다. (이러한 요소에 의해 지배되는 모든 상태는 '휘브리스'라고 이름 붙일 수 있다.)

(3) 비지성적 요소는, 비록 잘 훈련된 사람이라 할지라도, 선에 대한 통찰력과 이해로 이끌어주는 인지적 기능을 결코 수행할 수 없다.

(4) '로지스티콘logistikon'은 진리를 이해하고 올바른 선택을 하는 데 필요

** 소크라테스의 첫 번째 연설의 언어는 여러 지점에서 중기 대화편들과 밀접한 관련이 있다. 이성이 다른 요소들을 안전하게 지배하는 상태로서의 '소프로쉬네'에 대한 정의는『국가』제9권에서의 정의다(431B, 442C-D). 무질서한 상태는 두 경우 모두 영혼의 정체 또는 내전이라고 하며 화합에 반대된다(442D, 237E). '에로스가 어떤 종류의 것인지 그리고 어떠한 힘dunamin을 지녔는지'에 관한 질문의 서두에서, 심화된 질문에서 '그것을 살펴볼 수 있기 위해' 우리가 각 사물의 존재를 알아야 할 필요가 있다는 것은,『국가』및 기타 관련 대화에서 익숙한 언어로 나타나 있는 전형적인 플라톤적 요구다(예를 들면,『국가』, 354B-C, 358B 참조). '지배하고', '압제하는' 욕망의 이미지는『국가』제1권과 제9권에서 일반적이다.

충분한 가장 중요한 요소이다. 이것은 다른 요소의 영향으로부터 자유로울수록 더욱 잘 작용한다. 즉, 지적 순수성과 명확성은 진정한 통찰력의 기본 전제 조건이다. 충분히 길러진다면, 이러한 통찰에 충분하다.

뤼시아스와 소크라테스의 첫 연설의 연사 둘 다 소년에게 도덕적 조언을 제공한다. 간단히 말해서, 침착한 상태인 소프로쉬네를 네 자신 안에서 함양하라는 디오티마와 『국가』의 조언이다. 짐승 같은 비지성적 요소에 엄격한 통제를 행사하여 너의 지성의 명확성을 계발하라. 오직 침착한, 즉 광기 없는 사람들과 오직 광기 없는 우정을 형성하라. 뤼시아스의 연설은 절제력 있는 사람과 성적 관계를 맺으라는 명시적인 조언을 더한다. 이 조언은 소크라테스의 연설에는 명시되어 있지 않다. 우리는 이것이 초기의 플라톤적 견해를 나타낸다는 우리의 주장에 반하는 것처럼 보일 수 있는 점에 대해 더 많은 이야기를 할 것이다. 그러나 이제 우리는 이 두 가지 이유에서, 두 연설의 세계로 더 깊이 들어가야 한다. 첫째, 중기 대화편의 주장에 공감을 가지고 보는 사람들조차 그것들을 통상적으로 너무나 단호하게 비난했다. 예를 들어 핵포스는 뤼시아*의 화자의 '냉정하고 신중한 계산', 즉, '낭만적 정서'의 망각에 대해 가혹하게 말한다.** 이것은 우리에게, 직관적으로, 그리고 (『국가』와 비교해서만이 아니라) 그것들 자신의 용어에 의거하여, 이 연설이 그럴 듯하고 호소력 있는 조언을 제공한다는 것을 보여줄 책임을 부여한다. 둘째, 이 대화는 결국 파이드로스의 이야기다. 우리는 그의 도덕적 발전, 즉 그가 합리적이고자 노력하는 가운데, 선택들이 맞닥뜨리는 것을 이해하고자 한다. 처음의 두 연설은 이 유능한 젊은이가 깊이 끌리는 도덕적 견해를 구현한다. 사실, 소크라테스는 그의 첫 번째 연설을, 파이드로스의 혹은 파이드로스에 의한 연설로 보아야 한다고 명시적으로 말한다(244A). 이것은 파이드로스의 현재 견해, 즉 자신에게 조언을 요청하면 지금 무엇이라고 말할 것

---

* [역주] 아나톨리아 안의 지역 이름.
** Hackforth, *Plato's Phaedrus*, 31.

인지를 의미한다고 우리는 가정한다. 파이드로스가 소크라테스의 철회를 받아들이면서, 이 견해를 어떻게 그리고 어떤 근거로 남겼는지 이해하기 전에, 우리는 이 야심 찬 젊은이를 위한 첫 번째 견해의 힘을 보여주기 위해 더욱 많은 일을 해야 한다. 다시 말해, 우리는 파이드로스가 누구인지 스스로 질문해야 한다.

우리는 가장 유능한 성인 시민 모두가 폴리스의 정치 및 문화생활에 자신의 경력을 바치는 작은 폴리스를 상상해야 한다. 이 선도적인 시민들은 모두 서로를 알고 있으며 성인의 삶 내내 계속해서 서로 만나고 일해야 한다. 이제 우리는 이러한 환경에서 경력을 시작하는 재능 있고 야심 찬 청년을 상상한다. (소크라테스는 그를 퓌토클레스의 아들이라고 부른다. 그래서 그의 전체 이름은, '뛰어난, 명망 있는 델피Pythian 사람의 아들'이 된다. 문맥에서의 다른 이름들과 마찬가지로, 그다지 알려지지 않은 아버지의 이름을 딴 이 이름은 유명한 시민과의 연관성을 보여주는 의미를 지닌 허구인 듯하다.) 그는 매력적일 뿐만 아니라 재능이 있다. 그는 한 세대 위의 남성들에게 성적으로 끌렸고, 그 남성들 대부분은 파이드로스 연령대의 남성들에게 성적으로 끌렸다. 매력적인 가능성에 둘러싸인 흥미진진한 경력을 막 시작하려고 할 때(소년은 그의 구애에 응답하며, '매우 많은' 구애자가 있다고 말한다. 237B3 참조) 그는 이제 구축하고자 하는 개인적 관계의 종류를 결정해야 한다. 그리고 이 선택이 폴리스에서의 그의 미래에 미치는 영향을 고려해야 한다.

플라톤이 선택한 환경과 인물을 사용하여 상황을 계속 설명하겠지만, 젊은 여성이 그녀가 남은 생을 보내리라는 것을 알고 있는, 남성이 우세한 직장에 들어가면서 직면하는 유사한 선택을 상상한다면, 뤼시아스의 조언의 힘을 이해하는 데 도움이 되리라고 생각한다. 우리 문화에서 파이드로스의 성적 위치에 있을 가능성이 가장 많은 여성은 분명히 그녀보다 더 강력하고 확고한 잠재적 '구애자'들에 (숫자상) 많든 적든 둘러싸여 있다. 그러한 여성은 완전한 개인적 삶을 원할 것이다. 그러나 동시에 그녀는 자신의 명확성과 자율성을 보호하기 위하여, 함께 일하는 사람들과 합리적이고 위협적이지 않은 조건으로 생활하고 일할 수 있는 기회를 심각하게 고려할 것이다. 이제 직장이 폴리스 전체라고 상상해 보자. 그녀가 아는 모든 사람은 필연적으로 동료다. 다른 선택지는 없다. 이를 걱정하는 페미니스트가 그러한 젊은 여성에게 무엇을 말할지 (또는 그녀가 자신에게 할 말을) 상상한다면, 우리는 뤼시아스의 조언에서 무엇이 심각한지를 이해하는 길 위에 있을 것이다. 연애에 대해 말하는 핵포스와 다른 비평가들은, 덜 확실하게 자리 잡은 여성보다 더 확실하게 자리 잡은 남성의 직업상 목표에 헌신하고서 연애가 자연스럽게 끝나는 세상에 살고 있다. 이것이 파이드로스가 처한 딜레마의 깊이를 놓치게 한다.

처음 두 번의 연설은 이 청년에게 정치적, 사회적, 지성적 지위를 탐색하기 위해, 무엇보다도 정서적 혼란과 정서적 지배로부터 자신을 지켜야 한다고 말한다. 그는 독립적이고 명확하며 침착함을 유지해야 한다. 외부적으로는 '미친' 애인의 영향으로부터, 내부적으로는 심리적 갈등으로부터 자유로워야 한다. 만약 그가 어떤 성적 관계를 맺으려 한다면(그리고 우리가 알다시피 소크라테스의 첫 번째 연설은 이 긍정적인 조언을 생략했다), 그는 확실히 자신을 사랑하는 사람을 피해야 한다. 사랑의 광기는 예측할 수 없고 위험하다. 사랑에 빠진 사람은 명확하게 판단하지 않는다. 그는 파이드로스의 경력에 좋지 않을 것이다. 왜냐하면 그는 이기심과 질투심에 의한 갈망으로 인해 왜곡된 방식으로 그에게 조언할 것이기 때문이다. 그는 분별이 없어지고 소유욕이 강해져서 다른 유익한 우정의 성장을 막을 것이다. 그는 심지어 젊은 사람이 계속해서 더 의존하도록, 젊은 그가 뛰어나지 않다고 미묘하게 낙담시킬 수도 있다. 격정으로 넋을 잃어, 이 애인은 젊은 사람의 독립을 너무나 두려워한 나머지, 젊은 그의 성격과 가장 깊은 포부를 정확하게 볼 수 없고 친절하게 키워줄 수도 없다. 그리고 정사情事가 끝나면, 수치심, 후회, 심지어 적대감까지 있을 것이다. 두 사람이 친구가 되거나 일상에서 차분하게 서로 만나기는 어려울 것이다. 요컨대, 사랑에 사로잡힌 사람, 즉 미친 열정과 깊은 욕구에 빠져 사랑하는 사람은 진정한 친절함과 우정을 가질 수 없음이 증명될 것이다. 그는 그와 관계 맺은 사람에게 위험과 피해만을 가져올 수 있다.*

반대편에는 사랑에 빠지지 않은 사람이 있다. (그리고 우리는 방금 우리에게 사랑에 빠진 사람에 대한 묘사를 제공한 사람이 바로 그임을 기억해야 한다.) 그를 케팔로스의 아들 뤼시아스라고 부르자. (케팔로스가 아들에게 비슷한 조언을 제공하는 것은 상상하기 어렵지 않다.) 뤼시아스는 성공했고 확고한 사람이다. 그는 과두정치의 집권층에 용감하게 반대하여 곧 유명해진, 민주적 자유의 저명한 수호자이자 명쾌함과 단순명료함으로 이름난 연설가다. 그는 폴리스적이고 비판적이며 매력적이다. 그는 시골 산책보다 폴리스의 집을 선호한다. 그는 삶을 아주 명료하게 본다. 그는 거창한 연설을 싫어한다. 자신과 다른 사람들의 강력한 감정을 의심하는 그는 건전하고 친절하며 품위 있다. 그는 파이드로스에게 잘 조절된 감각적인 우정을 제공한다. 파이드로스가 이성적으로 그와 함께하기를 선택한다면, 그들 중 누구도 그것 때문에 세상을 다르게 보게 되지 않을 것이다. 그들 중 어느 누구도 뤼시아스가 두려워하고 경멸하는 결과인, '딴 사람이 되지' 않을 것이다. 사랑하는 일은 즐겁고, 상호 간의 선의와 이익으로 가득할 것이다. 가장 중요한 것은 두 사람 모두 자율성과 정직함을 지킬 수 있다는 점이다. 그리고 뤼시아스는 자신의 정직함에 깊은 자부심을 가지고 있다. (그는 시기, 질투, 열정 또는 이기적인 관심 없이, 파이드로스를 보고 판단한다고 주장한다.) 우리는 은유와 리듬을 통한 감정에의 모든 호소, 모든 정서적 탐닉이 제거된, 검소하고 꾸밈없는 산문 양식에서, 그의 객관성 개념을 본다. 이러한 양식의 메시지는 합리성이 또렷하고 지적인 것, 즉 '로지스티콘'만의 어떤 것이다.** 이런 사람과 함께라면, 파이드로스는 깊은 변화나 혼란이 일어나지 않으리라고 믿을 수 있다. 그는 부끄러움, 질투 또는 분노 없이, 시장이나 회의에서 남은 생애 동안 그를 볼 수 있을 것이다. 그는 결코 도망치고 싶다고 느끼지 않을 것이다.

따라서 파이드로스는 명확하게 정의된, 뤼시아스의 유익한 거리 두기와 광기에 빠진 애인의 위험한 열정이라는 두 가지 대안에 직면한 듯하다. 어떤

---

* 이 모두는 처음의 두 연설에서의 주장을 의역한 것이다. 나는 그것이 명백하기 때문에, 구절마다 참조를 나열할 필요가 없다고 본다.

선택을 할 것인가? 그 자신은 건강과 통제라는 이상에 무게를 두는 명석한 사람이다. 그는 자신의 개인적인 몸의 섭생에 대해 유다른 열성과 걱정을 가지고 운동을 한다(227A). 그러한 젊은이가 사랑에 빠진 사람을 두려워하고 그러한 광기의 초상을 파괴할 것을 생각하고 말하면서 자기 자신을 그리기 마련이라는 사실은 놀랄 일이 아니다. 명성과 자율성에 관심이 있는 젊고 연약한 사람이 뤼시아스의 제안을 매력적으로 느끼기 마련이라는 사실도 놀랄 일이 아니다. 우리는 대부분의 페미니스트들이 여성 파이드로스에게 어떻게 조언할 것인지 물을 필요는 없다. 그리고 우리는 사랑에 빠진 사람의 특정한 그림이 주어졌을 때, 그 시간의 상당 부분 동안, 진실한 그림이 옳다

** 이 연설이 실제로 역사적인 뤼시아스에 의해 쓰였는지에 대한 계속되는 논란은 플라톤의 문체상 기술記述의 빈틈없음을 증명한다(핵포스 참조). 단순성, 명료성, 느낌 회피로 유명한 그의 스타일에 대한 적절한 인상을 번역으로부터 얻기는 어렵다. *Oxford Classical Dictionary*의 '뤼시아스Lysias' 항목에서, F. 돕슨은 '뤼시아스는 관용구에 대해 탁월하게 숙달하여, 일상생활에서 사용되는 언어를 단순성과 정확성으로써 탁월한 문학 매체로 전환했다…… 그는 희소하고 시적인 단어, 눈에 띄는 은유, 과장된 구절을 피하며, 결과적으로는 때때로 부드러움에서 얻는 힘을 잃는 것처럼 보일 수 있다. 그의 흠 잡을 데 없는 스타일과 침착한 어조는, 일부 독자들에게는 단조로워 보일 수 있다. ……심지어 자신의 개인적인 감정이 깊이 관여될 때에도 그는 항상 절제되어 있다'라고 한다. 이러한 일반적인 사실을 염두에 두고, *Platonic Lysias*(핵포스에 대한 나의 개정본)에서 발췌한 부분에 귀를 기울여 보자. 당신은 내가 어떤 상황에 있는지 알고 있으며, 이것이 우리에게 유리하다고 생각한다고 말했다. 이제 나는 단순히 내가 당신을 사랑하지 않는다고 해서 내가 묻는 것이 거절되어서는 안 된다고 주장한다. ……다시 말하지만, 사랑에 빠진 남자는, 그의 소년을 따라다니며 그에게 집착하는 행동을 하는 많은 사람들을 보고 듣기 마련이다. 그래서 그들이 함께 이야기하는 것을 볼 때마다 모든 이들은 그들이 방금 침대에 있었거나 잠자리에 들었다고 생각한다. 사랑에 빠지지 않은 두 사람이 함께 있는 것을 보면 아무도 이렇게 생각하지 않는다. 그들은 남자가 우정과 여흥을 위해 대화할 누군가가 있기 마련이라고 여긴다…… 그리고 이것을 관찰하라. 사랑에 빠진 남자는 일반적으로 당신의 성격이나 당신에 관한 무엇이든 그것을 알기 전에 당신의 몸을 즐기고 싶어 한다. 이것은 그의 욕망이 사라졌을 때 그가 여전히 당신의 친구가 되고 싶어 할지의 여부를 불분명하게 만든다…… 이제 나는 충분히 말한 것 같다. 여러분이 더 많은 무언가를 원하거나 내가 빠뜨렸다고 생각되는 것이 있다면 알려주시기를 바란다. 이 부분은 문체의 풍미를 전달한다. 전체 연설은 일반적으로 핵포스에 의해 매우 잘 전달되었지만, 이곳은 예상대로, 그가 선택한 것들이 나머지 대화들에서보다 구식인 듯하다. 어휘 선택에서 명확하고 필연적이고 일반적인, 선명함와 동시대성을 자주 강조하고, '다시eti dē'와 '이것을 관찰하라kai dē kas'와 같은 표현을 반복적으로 사용하는 것은 뤼시아스 문체에서의 잘 알려진 특징이다.

는 것을 안다. 소크라테스가 말했듯이, 연인들은 늑대가 어린 양을 좋아하는 것처럼 소년을 사랑한다(241A). 그것은 양들이 가능한 한 자신을 보호해야 하는 좋은 이유이다.

이는 우리를 『파이돈』에서의 금욕적 이상으로부터 다소 멀어지게 한 것처럼 보인다. 에로스에 대한 공격이 있기는 하지만, 적어도 뤼시아스의 연설에는, 사랑에 빠지지 않은 사람과 성관계를 가지라는 조언이 있다. 이 조언이 『파이돈』에서 제공되지 않는다는 것은 사실이다. 그러나 『국가』는 출산을 위해 열정적이지 않은 성관계를 요구한다. 그리고 8권은 '건강과 웰빙의 지점까지' 성관계를 허용한다. 출산을 위한 성관계에 가치를 두는 극도의 제한을 감안한다면, 편안하고 열정적이지 않은 동성애 관계를 거의 확실히 허용한다. 어쨌든 금욕과 뤼시아스식의 성관계 사이의 거리는 생각만큼 크지 않다. 중요한 점은 어떤 경우에도 그 사람이 미치지 않는다는 것이다. 광기의 옹호 속에서 묘사되는 것에서 보이는 것과 같은, 성격의 모든 부분들의 심한 자극과 숙성은 없다. 대신에, 면밀하게 절제된 방식으로 육체적 쾌락을 즐기려는 우호적인 합의가 있다. 뤼시아스는 이러한 즐거움이 사람의 자제력과 시야의 냉정함을 위협하지 않는다고 주장한다. 이러한 정신으로 성관계를 가지는 것은, 어떤 사람들에게는 그것의 힘과 거리를 두고 지성적인 통제를 얻는 아주 좋은 방법일 수 있다. 이것이 『국가』 8권에서 '건강과 웰빙의 지점까지'로써 의미하는 점일 것이다. 우리는 건강과 자기 충족성에 대한 관심같은 것으로부터 선택된 뤼시아스 같은 구애자와 함께하는 파이드로스의 성생활이, 열정이 지속되는 한에서 적절하게 제한적이고 비에로스적일 것이라고 확신하려면 자기 충족적인 '에로메노스'라는, 희랍에서 널리 퍼져 있었던 문화적 이상을 회상하기만 하면 된다(6장). 이러한 관점과 『파이돈』에서의 금욕적인 관점의 차이는, 에로틱하지 않은 방식으로 성관계를 가지는 것과 삼가는 것 중에서 어느 것이 지성적인 침착함을 유지하기가 더 쉬운지에 대한 방법의 차이일 뿐이다. 그러한 질문에 대한 답은 개인, 문화, 삶의 시간에 따라 다양할 수 있는데, 열정에 대한 비난은 여전히 남아 있다.

우리는 파이드로스가 더 이상 반反에로스주의의 신봉자로 남아 있지 않으리라는 것을 알고 있다. 그는 곧 연인의 광기에 대한 뤼시아스의 비난을 공격하는 연설에 깊은 감동을 받을 것이다. 그리고 결국 그는 뤼시아스의 제안을 받아들이지 않을 것이 분명하다. 따라서 파이드로스에 대한 우리의 그림은 완전하지 않다. 우리는 에로스적이지 않은 순수함이 한편으로는 매력적이지만, 이미 그를 만족시키지 못하고 있다는 관찰을 덧붙여야 한다. 이제 우리는 그가 성벽 바깥의 더 거친 나라에 끌렸음을 상기하게 된다. 어린 소녀들의 놀이에 적합하기에, 그가 맑은 시냇물의 깨끗함에 경탄한 것은 사실이다(229B). 그러나 그는 또한 맨발을 적시는 것을 좋아한다. 그리고 그는 소크라테스에게, 좋다면 잔디에 앉는 대신 누울 수 있다고 유혹적으로 말한다(229B1-2). 이 모든 것은, 그의 철저하게 폴리스적인 구애자의 연설에는 없는 반응과 경향을 암시한다. 그는 의사의 지시를 언급함으로써 이러한 시골의 사랑을 변명한다(227A). 그러나 우리는 심지어 그가 광기를 '순전한 악'으로 묘사하는 '역逆주문'을 낭송하고 감탄하면서 그것을 막으면서도, 어쨌든, 그것을 갈망한다는 것을, 충분히 의심할 만하다는 것을 안다. 그리고 그가 뤼시아스의 연설에 대해 소크라테스가 신중하게 선택한 칭찬의 말인 '명쾌한', '경제적인', '정확하고 잘 만들어진'을 받아들였을 때, 그는 이 우아하고 이성적인 남자가 그의 일과 인간관계에서 젊은 남자가 모호하게 갈망하는 창조적 에너지의 원천에 접근할 수 없다는 것을 이미 인정한 것 같다. 파이드로스가 뤼시아스의 연설에 감동하고 압도되리라고 소크라테스가 장난스럽게 암시했을 때, 파이드로스는 이것이 농담일 뿐이라는 사실을 바로 알아차린다(234D). 그러한 감정(그가 곧 인정할, 영혼의 성장에 근본적인 것)은, 조심스럽고 대범하지 못하게 보이기 시작하는 이 미치지 않은 사람에 의해 불러일으켜지지 않으며 불러일으켜질 수도 없다.

하루 중 가장 밝고 더운 시간에, 소크라테스는 에로스에 대한 연설을 마친다. 파이드로스는 그를 설득하여 머물게 하고 더 논의하고자 하지만, 그는 떠난다. 그러나 그가 강을 건너는 그때, 그의 다이모니온이 그를 멈추게 하고, 어리석고 불경스러웠던 그의 연설에 대해 속죄할 때까지 그가 떠나는 것을 금지한다(242B-C). '만약 에로스가 신이거나 신적인 존재라면, 실제로 그러하지만, 그는 결코 나쁜 것일 수 없네. 그러나 이 두 연설은 그가 나쁜 사람인 것처럼 말했지. 이러한 점에서, 그것들은 에로스에 관해서 상당히 빗나갔네.'(242E) 이 주장은, 우리가 주지하다시피, 에로스의 신성을 부정하는 훌륭한 논점을 만들었던 디오티마의 견해와 직접적으로 모순된다.* 무슨 일이 일어나고 있다. 소크라테스는 그토록 순수성을 강조했던 견해를 철회함으로써** 자신을 '정화淨化'해야 한다(243A). 이 시점에서 그는 스테시코로스의 『팔리노데』를 암송하여, '이 이야기는 사실이 아니네'를 자신의 첫 연설에 사용하여, 그 시인과 같이, 자신의 시야를 다시 확보해야 할 필요가 있음을 암시한다. 그가 곧 우리에게 말하겠지만, 이어지는 연설에서 그가 새로운 인격으로 말하는 것을 발견하게 된다. 첫 번째 연설은 '뮈리누스 사람 파이드로스'의 연설이었지만, 두 번째 연설은 '히메라에서 온, 에우페모스***의 아들 스테시코로스'의 연설이 될 것이다(244A). 이 이름들은 의미심장하다. '연설에서 정중한' 에우페모스는, 이전 연설에서 매도罵倒했던 것과 반대되는, 두 번째 연설에서의 에로스에 대한 공손한 예우禮遇와 분명히 관련이 있다(242E-243B). 이전 연설은 이제 비방kakēgoria(243A6)이라고 불리고, 이번 연설은 대조적으로, 소크라테스가 '에로스의 신성 앞에서 두려움과 부끄러움'의 상태로 있음을 발견한다. 그리고 경건한 연설은 시인 '스테시코로스'의 작업인 동시에, 욕망의 폴리스Desire Town 혹은 격정마을Passionville이라 불려도 좋을 히메라(일반적으로 현존하는 대상에 대한 열정과 욕망을 가리키는 단어는 '히메로스himeros'다) 출신인 한 남자의 작업이다.**** 그런 다음 소크라테스는, 경건한 연설이 시인이자 애정에 굶주린 사랑하는 자의 연설이 될 것이며, 더욱이 그가 이제 그러한 사랑하는 자라고, (시적 표현을 사

---

* 『향연』 198B-204C.

** 카타이로kathairō와 그 연관 단어를 플라톤이 사용한 것과, 비극에 대해 아리스토텔레스가 논의 한 것의 연관성에 대해서는, 본서의 막간 2장 참조.

*** [역주] Euphemus. 포세이돈과 에우로파의 아들. 아버지에게서 물 위를 걷는 힘을 받았다고 전해질 정도로 동작이 민첩했고, 황금양모피를 찾는 아르고호의 원정에 참가했음.

용하여) 우리에게 말한다. 그는 자신이 사랑하는 대상이 멀리 있지 않다고 암시한다.

이 사랑하는 자는 사랑에 빠지지 않은 사람처럼 소년에게 말하고 있는데, 여기에서 소년은 그가 사랑하는 소년이다. 연인의 페르소나를 가장한 소크라테스는 이제 적절하게 반응하는 수신인을 찾아야 한다. 그는 묻는다. '내가 말 상대로 삼았던 소년은 어디에 있는가? 나는 그도 이 연설을 들어주었으면 한다. 그래야 그가 듣지 못한 탓에 가버려서, 사랑하지 않는 사람에게 자신을 맡기는 일이 없을 것이다.'(243E) 그는 이 연설을 받아들이는 소년

**** '파토스Pathos'는 결핍된 대상에 대한 갈망에 사용되며, '히메로스himeros'는 암암리에 그것과 대조될 수 있다. '히메로스'는 순전하게 지적인 열망에 사용되지는 않지만, 강한 정서적인 혹은 욕망의 느낌이 있음을 의미한다.

나머지 두 이름은 적어도 몇 가지 언급할 가치가 있다. '스테시코로스Stesichoros' 자체에는 '합창chorus 공연을 무대에 연출하는 사람'이라는 어원이 있다. 그러므로 소크라테스가 시인의 이름을 선택한 것은 음악과 시에 대해 새로이 존중하면서 에로스에 대한 경외심을 명시적으로 연결하는 추가 기능이 있다. '뮈리누시오스Murrhinousios'는 기록에서 알 수 있듯이 파이드로스의 출신지 (관련) 이름이다. 따라서 이 경우 실제 역사상의 이름을 다루는 다른 경우들에서와 마찬가지로 주의해야 한다. 그러나 플라톤은 이 대화와 다른 곳에서(특히 『크라튈로스Cratylus』에서) 실제 이름의 의미에 대해 반복해서 말장난을 한다. 파이드로스와 가뉘메데스(Ganymede: 이 장 Ⅳ절 참조)를 연결하는 어원적 말장난과 함께 이 부분에서 그가 하는 게임은 적어도 다음 사실을 기록하도록 촉구한다. 뮈라Myrrha는 아버지에 대한 근친상간 유혹으로 악명 높은 여성이었다(오비디우스, 『변신 이야기』 X 참조). (이에 대한) 벌로 그녀는 몰약 나무(희랍어로 murrhis)에 들어갔고, 이것은 (이 이야기 때문에 혹은 이전부터) 아테네 문화에서 최음제로서 관련 의식의 표지였다(예를 들면, 아리스토파네스의 『새』, 160-1 참조). 뮈라는 또한 아도니스의 어머니였는데, 그의 성생활은 그를 비탄으로 몰고 갔다. 도금양myrtle 나무(아테네어로 murrhine)는 또한 성적 연관성을 표시했다. 'membrum virile(음경)'의 끝에 대한 속칭은 '도금양myrtle의 가지'인 'to murrhinon'이다(아리스토파네스, 『기사』, 964). 적어도 나중에, 'murrhis'는 여성 생식기의 이름이 되었다. 플라톤의 어원학적 장난기는 이 대화에서 매우 분명하고, 가뉘메데스의 예에서 너무나도 성적으로 표현되었으므로, 우리는 출신지 (관련) 이름(대화의 다른 곳에서는 언급되지 않음)에 대한 이러한 주장을 볼 수 있으며, 다소 드문 문구인 '뮈리누스 사람a Murrhinousian man'은 파이드로스가 그것을 부정하려고 했지만 실제로는 현저하게 에로스적인 사람임을 상기시킨다. 이 시기에 이중의 남성/여성의 연합이 존재한다면, 그것은 두 번째 연설과 가뉘메데스를 언급한 곳에서의 모든 남녀 양성의 능동/수동 이미지들의 예시일 수도 있다. 데티엔의 주장은 증거가 나오는 다른 시기들에 대해 충분히 주의를 기울이지 않은 경우가 많지만, 뮈라와 아도니스 이야기와의 문화적/종교적 연관성은 Detienne, *Les Jardins*, 특히 117-38에서 탐구된다.

이 변화될 것이라고 암시한다. 그는 그것을 기꺼이 받아들일 소년이 있는지 묻는다. 내 생각에 그 대답은, 철학에서 가장 잊을 수 없는 멋진 순간 중 하나이다. 영리하고 자기 보호적인 소년이자, 사랑에 빠지지 않은 이 사람을 흠모하는 파이드로스는 그저 이렇게 대답한다. '당신이 원할 때마다, 그는 당신 옆에 아주 가까이 있습니다'라고 대답한다.

　나는 이 굽힘의 순간이 철학의 순간이라고 말한다. 나는 분명하게 그것이 철학을 둘러싼 문학적 손질의 순간이라고 말하지 않는다. 분명히, 플라톤도 마찬가지이다. 생각과 행동, 사랑의 경험과 사랑에 대한 철학적 연설, 열정에 대한 철학적 옹호와 개방성과 수용성에 대한 개인적 인정認定이 얽혀 있음을 보여주는 것이 플라톤의 철학 저술의 천재성이기 때문이다. 이 인물들이 그들이 하는 것처럼 열정의 경험을 견뎌낼 수 있다면, 그것은 부분적으로는 그들이 하는 것처럼 과감하게 생각하고 논쟁하기 때문이다. 왜냐하면 철학적 연설은 그들에게 세상을 바라보는 방식을 보여주기 때문이다. 한편으로 그들이, 그들이 하는 것처럼 철학적으로 말한다면, 그것은 또한 그들이 여기 강변의 이 풀밭에, 그들이 그런 것처럼, 서로 옆에 누워 있으면서 기꺼이 미쳐가고 있기 때문이기도 하다. 그리고 이 광기는 철학적 진리에 대한 새로운 시각으로 그들을 이끈다. 경험과 생각 중에서 무엇이 먼저 이르렀는지 정확하게 말하려고 하는 것은 무익하고 아마도 중요하지 않을 것이다. 그래서 그들은 여기에서 철저하게 상호 침투하여 서로 조명한다. 그들의 삶 전체가 지혜를 찾는 길이 된다. 그리고 광기에 대한 새로운 시각에 대한 그들의 주장 중 일부는 그들의 삶에서 나온다. 그러므로 대화 속에서도 등장인물의 관점에서도, 이 순간과 철학적 사고는 분리될 수 없다. 더욱이 저자의 차원에서, 플라톤은 이러한 삶과 논증의 융합을 우리에게 보여줌으로써 그에게는 분명히 진리의 깊은 부분이며 따라서 그 자체가 그의 철학의 일부인 진지한 무엇인가를 우리에게 보여준다. 그리고 나중에 제안하겠지만, 이 융합이 플라톤의 삶의 일부라고 가정해 보자. 즉, 그가 여기서, 자신의 특별한 경험으로부터, 열정에 대해 썼다고 가정해 보자. 이것이 『파이드로스』를 덜 철학적으로 만들까? 분명히 아니다. 만약 더 철학적이라는 것이 사상가가 진리와 가치에 대해 헌신적으로 탐구하는 더 깊은 부분이고, 자신의 선택과 단어가 논쟁을 구성하는 것이라면, 아마 더 철학적일 것이다.

우리는 대화의 더욱 큰 도안을 계속 고찰해 나가다가, 이제 『향연』의 세계를 수정하는 또 다른 길을 알아차린다. 스테시코로스는 모든 사람이 믿고 있는, 헬레네가 파리스에게 유혹되어 불륜으로 트로이로 감에 따라 모두에게 문제를 일으켰다는 이야기를 들려주었다. 『팔리노데』에서 그는 그녀에 대한 신화, 즉 전쟁 동안 그녀가 대신 이집트에서 평화롭고 경건하게 살았다는 이야기를 만들어 헬레네에게 사과한다. 이제 우리는 『파이드로스』가 전체적으로 이 『팔리노데』의 형태를 가지고 있음을 알 수 있다. 내재해 있는 여러 암시들이, 대화의 희곡상 날짜를 기원전 411년과 404년 사이에 둘 것을 요구한다는 점이 오랫동안 관찰되어 왔다.* 그러나 금세기에 발견된 기록은 이제 이렇게 하는 데 문제가 있음을 보여준다. 뮈리누시오스 사람 파이드로스, 즉 바로 이 파이드로스는 알키비아데스와 함께, 헤르메스 신상 훼손 사건과 신성 모독에 연루되었다. 그는 기원전 415년에서 404년 사이에 폴리스에서 추방당했다. 따라서 파이드로스가 실제로 이 기간 동안 아테네에 있었다는 것은 역사적으로 불가능하다.

우리는 플라톤이 일관성을 신경 쓰지 않는다는 주장 즉 설정이 현실성 없는 동화와 같은 혼합물mélange이라는 주장으로 피해갈 수도 있다. 그러나 사건의 악명과 플라톤이 대화의 정확한 날짜를 정했다는 것을 고려할 때, 적어도 추측으로 밀고 나아갈 만한 또 다른 가능성이 있다. 역사에 비추어 볼 때 우리는 『파이드로스』를 플라톤 자신의 이집트-전설로 볼 수 있다. 저 이야기는 사실이 아니었다. 당신은 당신의 육욕적인 열정, 광기에의 몰두로 무질서와 불경함에 빠지지 않았다. 당신은 망명할 필요가 없었다. 언제나, 현상과는 상관없이, 여기 아테네에 있었고, 선하고 질서 정연한 삶을 살았으

---

* Hackforth, *Plato's Phaedrus* 8(Guthrie, History IV, 297) 참조. 뤼시아스는 기원전 412-411년에 투리아Thurii에서 아테네로 돌아왔다. 기원전 404년에 사형당한 그의 형 폴레마르코스는 그때 아직 살아 있었다고 한다.

며, 에로스의 영향을 차단하지 않으면서 좋은 삶을 살았다. 당신은 헤르메스의 신성한 조각상을 훼손하는 대신, 그의 아들인 판의 신전에서 경건한 기도를 하고 있었다(『크라튈로스*Cratylus*』, 407-408 참조). 에로스와 그것의 광기는, 우리가 일반적으로 광기를 나타내기 위해 알키비아데스의 이야기를 사용하면서 제시했던 혼란과 불경함을 일으키는 단순한 원인이 아니다. 이제 우리는 이 사건을 다시 재판에 부친다. (『향연』의 끝부분에 나오는 재판 관련 은유를 상기하라.)

물론 문자 그대로의 역사적 의미에서, '이 이야기는 진실이 아니다.' 알키비아데스와 파이드로스는 모두 강제 추방되었다. 아마도 스테시코로스 또한 그의 동시대 사람들처럼, 트로이 전쟁에 대해 일반적으로 받아들여진 이야기의 문자 그대로의 역사적 사실을 계속 믿었을 것이다. 그러나 플라톤의 파이드로스-전설과 스테시코로스의 이집트-전설은 헬레네와 알키비아데스의 이야기에서 끌어낸 깊은 도덕성을 공격한다. 그들은, 비록 문자 그대로는 거짓일 수도 있지만, 그들의 이야기가 은유적으로 에로스에 대한 더 깊은 진실을 표현할 것이라고 주장한다. 즉 그것이 선善을 이해하는 데 전념하는 질서 있고 경건한 삶의 구성 요소가 될 수 있다는 것이다.

II

이제 소크라테스는 그의 머리를 가리지 않은 채로, 두 번째 연설을 시작한다. 그는 광기가 우리가 말한 것처럼, 순전한 악은 아니라고 선언한다. 두 개의 연설*은 광기와 침착함 간의 단순한 이분법으로 운영되어, 전자를 완전히 나쁜 것으로, 후자를 완전히 좋은 것으로 취급했다(244A). 그러나 실제로는, 이러한 주장 중 어느 것도 옳지 않다. 어떤 종류의 광기는 우리에

---

* 소크라테스는 뤼시아스의 연설과 그 자신의 첫 번째 연설을 서로 매우 밀접하게 연결한다. 242E-243A에서의 이중 형식에 유의하라.

게 '좋은 것들 가운데 가장 큰 것'의 원인이 될 수 있다. 그리고 어떤 상황에서는 분별 있음이 시야의 협소함을 초래할 수 있다. 비이성적인 영감을 받은 선지자는 '거의 또는 전혀' 분별이 없는 상태로, 나라를 위해 훌륭한 일을 많이 이루어 낼 수 있었다(244B). 영감을 받은 예언은 '담론의 추론을 통해 ek dianoias' 작동하는 '합리적인 사람tōn emphronōn'의 예언보다 '더 완벽하고 더 영예롭다.' 마찬가지로, 진정으로 마음을 빼앗긴 미친 시인은 젊은 사람의 부드러운 영혼을 바쿠스적인 환락에 빠지도록 이끌 수 있다. 이 광기가 없으면, '그는 불완전하고, 그와 그의 시는, 분별 있는(소프로쉬네) 사람의 것이기 때문에, 미친 사람들의 작품에 가려지게 된다.'(245A) 마지막으로 소크라테스는 이러한 관찰을 에로스의 경우에 적용한다. '넋을 잃은keki-nēmenos' 친구나 연인philos[*]이 분별 있는sōphrōn 친구나 연인보다 선호되어야 한다.'(245B) 이어지는 내용은, 말하자면, 이러한 주장이 옳음을 '증명'하는 것이다.

여기에 새로운 무엇이 있음은 의심의 여지가 없다. 어떤 광기나 사로잡힘의 상태는 도움이 되기도 하고 고결하기도 하며, 심지어 '가장 큰 좋음'의 필수 원천이라고 한다. 감정과 느낌을 테크네technē로 억누르는 철저하게 분별 있는 사람은, 예언을 통해 자신의 폴리스를 돕지 못하고, 시를 가르치는 교사로서의 명예와 명성을 얻지도 못하며, 최고의 애인이 될 수도 없다. 윤리적 사상가는, 처음 두 연설과 『국가』와 『향연』에서처럼, 나쁜 광기와 좋은 분별 있음을 날카롭고 단순하게 구분하지 않는다. 그는 경우들을 더 면밀하게 조사하고 기교적으로 구분하고, 구분에 있어서 '미숙한 푸주한의 방식으로 마구 찍어 잘라서 조각내지'(265E) 않는다. 그렇지만 우리는 광기의 가치가 무엇인지, 그리고 이전 견해의 어떤 요소가 철회되고 있는지 정확히 알려면 다음의 '증명'을 살펴보아야 한다. 여기에는 무엇보다도 세 가지 요점

---

[*] 중기 대화편에서는 눈에 띄는 사랑의 단어가 아닌 '필로스philos'와 '필리아philia'가, 아리스토텔레스의 상호성과 인물에의 애착에 대한 강조로 인해 여기에서 새로운 중요성을 얻는다는 점에 주목해야 한다(본서 13장 참조).

이 등장한다.

'비지성적 요소는 동기를 부여하는 힘의 필수 원천이다.' 소크라테스의 신화 이야기에 나오는, 세 부분으로 된 영혼의 이미지는, 사람을 말 두 마리를 모는 마부에 비유한다. 여기서는 마부가 계획하고 계산하는 로지스티콘임이 분명하므로, 위 이미지로 우리는 지성만으로는 상대적으로 무력한 동력을 지닐 수밖에 없다고 생각하게끔 이끌리게 된다. 플라톤의 로지스티콘은, 흄의 이성과 같은 목적과 목표를 선택하는 데 아무 역할도 하지 않는 순수한 수단-목적 계산기가 아니다. 오히려 그것의 주요 기능 중 하나는 서열화 및 평가 기능인 것으로 보인다.* 그러나 우리는 우리의 지성이 우리가 원하는 곳에 도달하기 위해 비지성적 요소의 협력적인 참여가 필요하다는 것을 알도록 요청받는다. 전체의 힘은 'sumphutos dunamis', 즉 '자연적으로 함께 성장하는 힘'(246A)이다. 우리가 굶주리고 감정과 식욕을 억누르면, 그것은 전체 성격을 약화시켜서 과단성 있게 행동하지 못할 수도 있다. 아마도 그것은 행동을 모두 멈출 것이다. 비지성적인 사람들에게 '영양을 준다'는 생각은 플라톤의 신화에서 중요한 역할을 한다. 심지어 신적 존재도 말馬을 가지고 있고, 심지어 이 말도 음식이 필요하다(247E). 그리고 '의견이라는 음식 trophē doxastē'(248B)은 비록 신들의 음식보다는 덜 훌륭하지만, 우리가 말들을 위해 얻을 수 있는 최고의 것이자, 우리가 이해와 좋은 삶을 탐색하는 데 필수품이다. 여기에서 플라톤은 친밀하고 지속적인 애착, 가족, 극시劇詩의 자양분이 되는 감정과 감각을 박탈하는 『국가』의 금욕적 계획이, 성격을 정화시키면서도 그것을 손상시키는 결과를 초래할 수도 있다는 것을 인정하는 듯하다. 굶주린 철학자는 방해받지 않는 지성이 되기 위한 노력의 일환으로, 선을 향한 자기 자신의 탐색을 차단할 수도 있다.**

'비非지성적 요소는 이해를 갈망할 때 중요한 안내 역할을 한다.' 지성이 지속적으로 건강하려면 비지성적 부분의 영양을 필요로 한다는 사실이, 이

---

* 본서 5장 참조.

것들이 지성을 조종하거나 인도할 수 있다거나 그래야 한다는 것을 보여주지는 않을 것이다. 그러나 플라톤이 보여준, 광기와 분별 간의 대조는, 열정이 지배하는 국가와 지성이 지배하는 국가 간의 대조이다. 그는 열정의 '안내'를 통해서만, 어떤 종류의 본질적이고 높은 통찰력이 우리에게 다가온다고 분명히 주장하고 있다. 영혼의 날개의 성장에 대한 소크라테스의 이야기는, 이 주장 이면에 무엇이 놓여 있는지 우리에게 보여준다. 비非지성적 요소는 특히 시각을 통해 아름다움이 나타날 때 아름다움에 대한 예리하고 자연스러운 반응을 보인다. 아름다움은 세상에서 가치 있는 것들 가운데, '가장 분명하고', '가장 사랑스러운'(250D-E) 것이다. 우리는 '그것이 가장 선명하게 빛나기 때문에, 가장 명확한 감각으로 그것을 이해한다.'(D1-3) 아름다움은 우리의 감정과 욕구를 자극하여 그것을 추구하도록 동기를 부여한다. 세속에서 정의와 실천적 지혜가 드러난 사례는 '명확하고 가시적인 이미지를 제공'(D5)하지도 안내하는 기호와 감정에 관여하지도 않기 때문에 그 식별이 더욱 어렵다. 그것은 아름다움에 대한 최초의 교육으로 지성이 활성화된 다음에야 파악될 수 있는 것이다(250B, D).*** 때때로 아름다움을 보는 것은, 깊은 감정과는 관련이 없는, 짐승 같은 성교 욕구만을 불러일으킨다(250E). 그러나 좋은 성품을 지니고 훈련을 받은 사람들에게서 감각적이고 욕구적인 반응은, 두려움, 경외감, 존경과 같은 복잡한 감정과 연결되어 야기되며, 그것은 성격 전체를 발전시키고 교육하여 더욱 분별력 있고 수용적인 것으로 만든다. 안내자로서의 감정과 욕구의 역할은 동기를 부여하는

** 아리스토텔레스는 『정치학』 제2권에서 플라톤의 이상 국가에 관해, 연관된 비판을 한다. 그것은 가족을 제거함으로써 모든 인간적 유대를 약화시키고 '(물로 희석시킨 듯) 밋밋하게' 만든다. 본서 12장 참조. 두 번째 연설에 뒤이은 매미 이야기에서, 소크라테스는 철학의 '예술'을 포함한 예술의 발견이 예술가로 하여금, 죽을 지경에 이르기까지, 필수적인 음식과 음료를 잊어버리게 할 수 있다고 그 위험을 강조한다(259B-C).

*** I. Murdoch, *The Sovereignty of Good*(London, 1970) 59-60, 84-86에서, 이 대화와 관련된 명쾌한 논의를 얻을 수 있다. 안타깝게도, 그녀가 플라톤의 예술과 아름다움에 대한 견해를 다룬 최근작인 *The Fire and the Sun*(Oxford, 1977)에서는 이러한 발언에 많은 것을 추가하지 않은 듯하다.

것이다. 그것들은 전인적全人的 인간을 좋음 쪽으로 향하게 한다. 그러나 그 것은 또한 인지적이다. 왜냐하면 그것들은 좋음과 아름다움이 어디에 있는 지에 대한 '정보'를 전체 사람에게 제공하고, 스스로 아름다운 대상을 탐색 하고 선택하기 때문이다. 그것들은 그 자체로 잘 훈련된 가치 감각을 지니 고 있다. 우리는 아름다운 것에 대한 복잡한 욕구적/감정적 반응을 추구하 고 그에 유의함으로써 이해를 향해 나아간다. 그것은 지성만으로 접근하기 는 어려운 것이다. 선하고 아름다운 사람과 사랑에 빠진 연인의 상태는 품성 상태의 모든 요소가 엄청난 흥분 상태에 있는 열정적인 영감의 상태이다. 감 각과 감정은 그 존재의 선善과 지표指標를 향한 안내자이다.

그러나 신비 속에서 새롭고 환상적인 많은 부분을 본 사람이 아름다운 신 과 같은 얼굴이나 육체적 형태를 보았을 때, 먼저 그 시각이 고무시킨 만큼 의 떨림과 두려움이 그에게 다가오고, 신을 보는 듯한 경외심이 든다네. 그 러나 매우 미친 사람으로 여겨지기 때문에, 그는 신성한 신의 형상에 대하듯 이, 사랑하는 사람에게 그의 희생을 바칠 것이네. 다음으로, 전율이 지나가면 서, 이상한 땀과 열이 그에게 엄습한다네. 그리고 그의 눈을 통해 들어오는 아름다움의 흐름 때문에, 그의 영혼의 깃털이 품은 따뜻함이 다가오고 그 따 뜻함으로 날개의 뿌리가 녹고, 오랫동안 너무 굳어지고 닫혀서 아무것도 자 랄 수 없게 된다네…… 한편 [영혼]은 모든 부분에서 자극과 함께 욱신거리 는데, 이가 나는 아이가 이가 날 때 잇몸에 아픔을 느끼는 것처럼, 날개가 자 라기 시작한 그의 영혼도 끓어오름과 고통스러운 초조를 느낀다네. 그래서 그녀는 소년의 아름다움을 바라보며 그로부터 흘러나오는 입자의 홍수를 인 정하게 되지. 그것이 우리가, 그녀가 따뜻해지고 함양된 '열정의 홍수'를 말 하는 이유라네. 그리고 나서 그녀는 고통에서 벗어나 기쁨으로 가득 차게 되 지. 그러나 그녀가 그와 헤어지고 바짝 마르게 되었을 때, 날개가 싹트는 곳 의 구멍도 마찬가지로 말라 버리고 닫혀서 날개의 싹이 차단된다네. 그리고 차단된 빗장 뒤에서 앞서 말한 홍수와 함께, 열날 때의 맥박처럼 두근거리 며, 적절한 출구를 찌른다네. 그리고 그 때문에 주위의 온 영혼이 고통에 쏘이고 자극받게 되지. 그러나 그녀는 사랑하는 사람의 아름다움을 기억하고 다시 기뻐하고 그래서 기쁨과 고통 사이에서 그녀는 당황하고 열광하면서 그런 이상한 상황에 처한 것에 곤혹스러워한다네. 광기가 그녀를 덮쳐, 그녀는 밤에 잠도 잘 수 없고, 낮에도 가만히 있지 못하고, 그녀가 그를 볼 수만 있다면, 아름다움이 머무는 그를 갈망하며 이리저리 뛰어다닐 것이네. 마침내 그녀는 그를 바라보고, 홍수가 그녀에게 쏟아져, 갇혀 있던 물을 방출한다네. 그러면 그녀는 상쾌함을 느끼고, 그녀를 찌르는 것과 고통에서 벗어나고, 그 순간 비교할 수 없는 달콤한 즐거움을 맛본다네. (251A-E)

열정적인 사랑에 대한 이 감동적이고 비범한 묘사는 분명히 히메라 출신 시인의 작품이다. 이전의 두 연설에서 분리된 객관적인 용어로 설명한 것과 동일한 경험을 사용하여 이미지와 정서적 언어를 통해 광기 상태에 있는 느낌을 포착한다. 동시에 그것은 다른 두 연설에 의해 비판받는 광기가, 도덕적, 철학적 발전에 중요하고 심지어 필수적인 부분이 될 수 있음을 보여준다. 이 특별한 소년의 아름다움의 자극(대체할 수 있는 아름다운 부분이 아니라 그의 특별한 존재와 독특하게 연결된 것처럼 보이는)은 영혼의 날개가 성장하는 데 필수적임을 증명한다. 소년이 없으면 성격이 건조해지고, 모든 부분이 비슷하게 발달하는 것을 멈춘다. 영혼의 숙성은 인지적이며, 아름다움의 존재와 진정한 이해를 향해 나아가는 믿을 만한 지표다. (이 그림은 플라톤의 도덕 심리학에서 지속적으로 견지하는 부분이 된다. 『법률』 2권에는 술에 취해 지성을 잠들게 함으로써 젊은이들의 성격이 시험받을 것이라는 구절이 나온다. 이러한 '광기의' 상태에서 그들이 내리는 선택을 관찰함으로써 우리는 그들의 영혼이 가치들과 관련하여 어떻게 훈련되었는지 볼 수 있다. 이러한 시험은 감각과 감정의 독립적인 식별력에 대한 믿음이 있을 때만 효과가 있음이 분명하다. 『국가』의 심리학에서, 지성이 술에 취해 잠듦은 단지 야만적인 충동만 풀어놓는 것으로 어떠한 도덕적 가치도 보이지 않는다.)

중기 대화편에 보이는 도덕 및 인지 발달의 그림은 성격의 다른 부분에서 지성이 점진적으로 분리되는 것 중 하나이다. 사람이 '죽음을 준비'하면 할 수록, 즉 지성이 혼합되지 않고 영향받지 않고 저절로 사라지도록 내버려둘 수록, 진정한 철학적 이해는 더욱 가까워질 것이다. 지성은 이상적으로 순수하고, 순수하게 활동적인 것이다. 그것은 가장 좋은 상태에서, 수동성이나 수용성이 없다. 그것은 형상form과 '매우 유사'하다(『파이드로스』, 80B). 그것의 순수한 선명도는 태양의 건조하고 깨끗한 광선과 비슷하다. 『파이드로스』에서의 발전하는 영혼은 매우 다른 상태에 있다. 복잡하고 순수하지 않고, '모든 부분에서 숙성'하여 욱신거리고, 열이 나고 끊임없이 움직이며, 그것은 그 상태의 이러한 순수하지 않은 측면에 따라 성장한다. 아름다움을 향해 움직이기 위해, 이 영혼은 무엇보다도 개방적이고 수용적이어야 한다. 눈에 들어오는 아름다움의 흐름은 온 영혼이 받아들여야 하는 것이다(251B, C). 그리고 그 발전에서 결정적인 순간은, 수용의 순간일 뿐만 아니라 수동성의 순간이다. 영혼의 날개의 뿌리는 들어오는 흐름의 따뜻함에 녹아 있다. 디오티마의 상승을 좋아하는 사람은, 장치와 전략의 대가인 사냥꾼 크레온처럼, 그 대상의 아름다움을 고정시키기 위해 나섰다(203D; 『프로타고라스』 309A). 이제 식물 이미지는 전체 영혼의 수용력과 성장을 특징짓는 데 사용된다. 영혼의 모든 부분은 수용하고 영향을 받는다. 그리고 그것들은 명확하게 분리하는 것이 불가능한 방식으로 상호 작용한다. 성장하는 날개는 전체로서의 영혼에 속한다(232C; 253C, 254C 참조). 특정한 사람의 찬란함에의 깊은 감각적 반응, 사랑과 경외의 감정, 이 사랑이 깨우는 정신적 열망, 이 모든 것이 함께 흐르기 때문에, 사람은 생각과 열정 사이의 간격을 느끼지 않고, 대신에, 성격 전체가 녹아드는 연합을 느끼게 된다. 이것은 아름다운 몸에 대한 평범한 성적 반응이 아니다. 실제로 신화는, 그것이 일생에 한 번만 일어날 수 있음을 시사한다. 아리스토파네스의 신화에 나오는 피조물들처럼, 이 연인들은 적절한 영혼을 찾는데(262E), 이러한 탐색이 보상받으리라는 보장은 없다. 그러나 드물게 성공하는 경우에, 우리는 자아의 모든 부분을 완전히 포함해서, 다른 개인에 대해 너무나 깊고 완전하게 반응하며, 분리된 부분의 이야기에 의심을 던진다. 사랑하는 사람이 말할 수 있는 모든 것은, 그 또는 그녀가 따뜻하고 촉촉하며 어디서나 즉시 조명을 받는다는 것이다. 건조한 빛을 바라보는 건조한 한 줄기 빛처럼 되는 대신, 그는 빛에서 시작하여 유체로 변하는 신비한 물질을 수용한다.(그 원천은 『국가』의 맑은 하늘이 아니라, 아마도 핀다로스의 '유동流動하는 하늘'일 것이다.)* 다른 사람의 영혼을 받아들이고 그 사람의 딱딱하거나 무감각한 부분을 녹이도록 허용하면서, 그는 그 안에 갇혀 있는 액체가 갑작스럽게 방출됨을 느끼는데, 그것은 그에게 또 다른 흐르는 유동적인 빛을 만들어준다. 욕망의 '흐름' 속에서 그는 '흐르는' 눈을 지닌 사람을 닮는다(255D). 이렇게 변형되어, 그는 사랑을 하지 않는 자의 건조한 삶에서는 얻을 수 없는 통찰에 접근하기 시작한다(239C8 참조). 그가 형상과 '매우 유사'한 채로 남아 있었다면, 그것들을 지니지 못했을 것이다.

이러한 설명이 성취하는 것은 한편, 인간의 성욕을 중기 대화편에서 제안한 것보다 훨씬 더 복잡하고 깊고 더 열망하는 것으로 보게 하는 것이다. 그리고 다른 한편으로는, 지성을 그들이 허용했던 것보다 더 성적이고, 수용력 및 움직임과 더 밀접한 것으로 보게 하는 것이다. (이러한 변화는 이미 『향연』에서의 상승에 반영되어, 에로스적인 욕망과 아름다움을 연결하고, 사랑하는 자가 관조를 향해 상승할 때 에로스적인 동기의 연관성을 강조했다. 그러나 자기 충족성과 지성의 우월한 가치에 대한 디오티마의 강조는(212A1 참조) 그럼에도 불구하고 그녀의 견해를 『파이돈』과 『국가』의 견해에 상당히 가깝게 만들었다. 오직 알키비아데스만이 철학을 광기의 한 형태로 말할 수 있었다(218B2-3). 왜냐하면 그는 소크라테스가 원하는 것을 보지 못했기 때문이다.) 성적 욕구는 이제 성교를 '충전replenishcment'하기 위한 맹목적인 충동이 아니다. 우리가 보았듯이, 그것은 아름다움에 반응하며 진정한 아름다움이 발견될 곳을 안내하는 역할을 한다. 가장 비천한 사람들조차도 아름다운 대상을 찾는다. 그리고 더 복잡한 열망을 가진 사람들의 경우, 에로스는 지성을 포함한 전체 영혼에 신비한 변화를 가져올 관능적인 경험을 추구하면서 시야를

---

* 여기에서 플라톤은 가장 현명한 최고의 영혼이 건조한 빛의 줄기라는 헤라클레이토스의 유명한 말을 거부하고, 이와 함께 열정의 '젖음'에 대한 비난을 거부한다.

매우 높게 설정한다. 더욱이 그들이 사랑에 빠지면, 그들은 부드러움과 경외의 감정에 감동한다. 이러한 감정은 그들에게 그들 자신과 행동의 좋음에 대한 새로운 정보를 제공한다. 그들은 이러한 감정의 승인을 받았을 때, 상대방을 대하는 특정 방식이 좋다는 것을 깨닫는다. 그들은 경외감과 일치하지 않는다고 느낄 때, 특정한 행동 방식을 거부한다. 예를 들어, 플라톤의 연인들은 이것에 미치지 못하는 육체적 애무로 자신의 사랑을 정기적으로 표현할지라도 서로 성관계를 갖지 않기로 결정한다(255B 참조). 왜냐하면 그들은 성교에 포함된 극단적인 관능적 자극이, 다른 사람을 독립적인 사람으로 여기는 존경심과 경외심의 보존과 양립할 수 없다고 느끼기 때문이다. 욕망은 관조적 지성이 아니라 깨어난 열정의 요구에 의해 억제된다.『국가』에서는 신뢰할 수 있는 유일한 도덕적 증인은 지성이라고 촉구했다.『파이드로스』는 이보다 복잡한 견해로 구성되어 있다.

　반면에 지성적 활동은『국가』에서의 순수하고 안정된 관조와는 다른 구조로 여기에 등장한다. 철학자가 여기에서 기억과 진실을 향해 다가갈 때, 그의 정신적 열망은 사랑하는 자의 성적 열망 및 성취감과 매우 유사한 내부 구조를 지닌다. 날개의 성장에 관한 설명은 틀림없이 성적 은유를 사용하여 전체 영혼의 수용력과 성장을 특징짓는다. 더 이상 다른 부분과 분리되지 않은 지성은 순수성과 안정성에 대한 중기 대화편의 요구를 충족하지 않는 방식으로 진리를 찾는다. '순수성purity'은 통증과 보충, 건조함과 상쾌함의 대조에 의해 타협을 이룬다. 안정성은 활동의 내부 리듬에 의해 타협을 이룬다. 이는 일련의 변화를 수반하는 것으로 보이며 같은 방식으로 끊임없이 계속되는 것은 상상할 수 없다. 그리고 대상의 우연적이고 가변적인 특성으로 인해, 그것은 떠날 때 건조함을 남긴다. 지성의 관심 대상이 사람이라는 사실만이 문제가 아니다. 더 심각한 것은『향연』의 관점에서 볼 때, 이 사람이 독특한, 또는 적어도 드물고 매우 개인적인 방식으로 사랑받고 평가된다는 사실이다. 그러한 사랑은 쉽게 이동할 수 없다. 사랑하는 자의 내면의 필요에 답할 수 있는 적절한 성격 유형의 영혼이 처음에는 한 명 이상 있었을지라도(252E 참조), 시간이 지남에 따라 깊어지는 관계의 역사는 지식의 원천,

자기 지식, 기억을 향한 진전으로서 지성적 가치의 원천 중 하나임이 분명하다. 인물에 초점을 맞추면, 사랑의 대체 가능성이 대폭 줄어든다. 역사에 초점을 두게 되면 그 나머지마저도 제거된다. 분명히, 이 사랑의 가치는 이 독특한 사람이 철학적 테크네에 의해 붙잡히거나 갇히거나 묶여 있는 것이 아니라 자기 스스로 움직이는 영혼과 함께 독립된 존재로 평가된다는 사실과 밀접한 관련이 있다.

진리에 관해서는, 지성이 여전히 그것에 도달한다. 그러나 모든 가장 가치 있는 진리가 중기 대화편에서 요구하는 일반적인 설명이나 정의가 되는 것은 아니다. 적어도, 사랑하는 자가 배우는 것은 상대방에 대해 배우는 것이다. 각각, 복잡한 반응과 상호 작용을 통해 다른 사람의 '신성'을 이해하고 존중하라는 지시를 받는다(252D). 그의 노력은 상대방의 성격을 속속들이 알기 위한 것이다. 이는 더 나아가 그들이 '그들 자신 안에서 그들의 신의 성질이 남긴 흔적을 추적'하면서 자기 이해를 증진하도록 이끈다. 사로잡힌 상태(252E)에서, 사랑하는 자는 상대방의 '습관과 방법'을 배우고, 이를 통해 자신의 것을 배운다(252E-253A). 이것이 어떤 이해인지, 그리고 사랑하는 사람들이 어떤 진실을 말할 수 있는지 묻는다면, 복잡한 대답을 얻게 될 것이다. 의심할 여지없이 그들은 특정 유형의 인물에 대한 몇 가지 일반적인 진실을 알게 될 것이다. 그러나 그들의 진실 중 일부는 더 구체적이고 더 이야기 같을 수 있다. 그리고 습관과 방법에 대한 지식 중 일부는 다른 사람을 대하는 방법, 가르치는 방법, 반응하는 방법, 자신을 제한하는 방법에 대한 직관적인 이해와 마찬가지로, 연설에서 많이 드러나지 않을 수 있다. 그러나 소크라테스(『향연』의 알키비아데스와 같은)는 그러함에도 불구하고, 그것이야말로 하나의 통찰이며, 도덕적, 지성적 발달에 중요한 것이라고 주장한다.* 사랑하는 자는 사랑받는 자에게 이러한 통찰에 대한 은혜를 입고 있으며, 덕분에 그를 더욱 사랑하게 된다. 한때 '사랑하는 자를 바라보는 것'은 철학을 바라보는 것의 반대였다(239A-B). 이제 사랑하는 자의 영혼은 일반적이고 구체적인 통찰과 이해의 중심 원천이다.

'열정과 그로부터 영감을 받은 행동은 최고의 인간 삶에 본질적으로 가치 있는 구성 요소다.' 지금까지, 우리는 플라톤이 최고의 삶에 대한 그의 관점이 아닌 동기와 교육에 대한 그의 관점만을 수정했다고 생각해왔다. 아름다움과 정의의 규범에 대한 광기의 열정에 의해 지성이 이끌어지면, 우리는 광기가 일으키는 숙성에 의존하는 것을 멈추고 진리를 분명하게 관조할 수 있다. 광기를 통해 우리에게 최고선이 이르렀다고 말하는 것이 광기 또는 광기의 행동 자체가 본질적으로 좋다고 말하는 것은 아니다. 그러나 『파이드로스』에서는 단순한 도구적 역할 이상의 열정과 광기의 상태를 제공한다.

이는 철회의 시작에서부터 제안된다. 에로스를 비판하는 연설은 '비슷한 성격의 다른 사람과 사랑에 빠졌거나 빠진 적이 있는, 고상하고 온화한 성격을 지닌'(243C) 청자에게는 설득력이 없을 것이라고 소크라테스는 말한다. 이러한 사람은 그 연설을 '자유롭고 관대한 사랑을 본 적이 없는 선원들 틈에서 자란 사람들'의 작품으로 생각할 것이다(243E). 무산無産 계급에 대한 플라톤의 귀족적 경멸이 그가 해군에 대해 불공평하게 말하게 만들었다고 우리가 생각할지라도, 우리는 그가 염두에 두고 있는 것이 무엇인지 안다. 그가 보기에 '선원들 틈에서 자란' 사람은 그저 사랑에 대한 도구적 관점을 취하기 쉽다. 그는 사랑을, 필요를 진정시키고 긍정적인 쾌락을 주는 것으로 생각할 것이다. 이러한 환경 속에서 그는 자유롭고 관대한 성격의 사람에게 합당한 삶, 즉 좋은 삶을 위해서는 사랑이 안정적이고 본질적으로 가치 있는 부분이 될 수 있다는 것을 경험하지도 못하고 배우지도 못한다.

플라톤이 상상한 남을 이용해먹는 선원들과는 달리, 『파이드로스』에서의 사랑하는 자들은 에로스적 열정과 다른 사람의 성격에 대한 존중, 가르침과 배움에 대한 공통된 관심으로 서로 묶여 각자의 삶을 살아간다(특히,

---

* 『정치가』는 이러한 원래의 아리스토텔레스적 관점을 발전시키게 된다. 기성의 법보다 실용적 지혜를 가진 사람의 판단 우선권을 주장하면서, (『니코마코스 윤리학』의 언어와 아주 유사한 언어로) 이방인The Stranger은 정치적 테크네는 정해진 규칙에 우선권을 내줄 수 없다고 주장한다. 왜냐하면 인간 존재의 다양함과 때에 따라 변하는 성격과, 그들의 행동은 보다 구체적이고 맥락적인 지식을 필요로 하기 때문이다(294A 이하). 이것이 『국가』의 정치적 인식론의 주요 요소를 뒤집는다는 점은 오랫동안 주목되어 왔다.

252C-253E, 255A-F). 각각의 사랑하는 자는 성격과 열망이 유사한 동반자를 찾는다(252C 이하). 서로를 찾은 후, 그들은 동반자의 선택을 존중하여 서로를 대하며(252D-E), 동반자에 대해 '시기하거나, 관대하지 않은 적대감을 사용하지 않고'(253B), 서로의 가장 깊은 열망의 번영을 향한 지속적인 발전을 촉진한다. 이것은 진정으로 그에게 그 자신을 위한 이익이 되는 것이다. 그들은 상호 활동적이고 상호 수용적이다. 하나에서 다른 하나는, 바쿠스 신의 사제司祭와 같이, 변형된 액체를 끌어낸다. 그리고 그는 다시 사랑하는 영혼에 액체를 부어 넣는다(253A). 플라톤은 아름다움으로 우리(와 파이드로스)를 자극하는 방식으로 서로에 대한 열정적인 갈망과 감정을 묘사하고, 그가 그들의 광기를 아름답고 선하다고 생각한다는 것을 강하게 나타낸다. 사랑하는 자라면 '열정을 가장하는 사람이 아니라 실제로 체험하는 사람'이 되는 것이 중요하다(255A). 소크라테스는 이제 다른 모든 친구와 동료들은, 자애심이 사랑받는 자를 경외심으로 움직이게 하는 이러한 영감을 받은 사랑하는 자와 비교할 때, 제공하는 것이 없다고 말한다. 이 연설에서 에로스는 단순히 다이몬이 아니라, 신이다. 즉, 단지 선으로 향해 가는 중간 역이 아닌, 본질적 가치와 아름다움을 지닌 것이다. 최고의 인간 삶은 다른 개인에 대한 지속적인 헌신을 포함한다. 이러한 삶에는 공유된 지성적 활동이 포함된다. 그러나 그것은 또한 지속적인 광기와 공유된 욕망 및 정서적 느낌을 포함한다. 최고의 연인은 성관계를 거부한다고 한다. 그러나 이것은 우리가 말했듯이, 그들이 성관계에서 그들 관계의 다른 귀중한 비의도적 요소인, 부드러움, 존경, 경외감 등을 상실할 위험이 있다고 느끼기 때문이다. 플라톤은 시간이 지남에 따라 계속해서 '체육관과 그들이 만나는 다른 장소에서 서로 가까이 다가가 서로 만질 것'(255B)이라고 주장한다. 이 구절은 이렇게 습관적으로 신체적 접촉을 하는 동안, 어떻게 서로에게서 영혼에 영양을 공급하는 '열정의 홍수'를 받는지에 대한 설명으로 이어진다. 여기서 제우스와 가뉘메데스(아래 참조)의 사랑에 대한 언급은 영적 성장에 관한 이러한 은유의 성적 본질을 강조한다. 성적인 각성은 성장 경험의 일부이므로, 그것들은 은유 이상이다. 그런 다음, 사랑하는 자들은 잠재적으로 이기적이

고(또는 이기적이거나) 폭력적이라고 간주하는 행동에 이르지 않는, 다른 사람에 관한 감각적 탐색을 장려한다. 우리는 여기서 플라톤이 말하는 연인들이 해를 끼칠 위험이 있는 존재를 허용하여 더 심원하고 깊은 가치를 박탈당했다고 느낄 수 있다. 우리는 여기서 몸에 대한 플라톤의 오랜 의심이 플라톤의 나머지 주장과 일치하지 않는 방식으로 스스로를 재확인한다고 느낄 수 있다. 그러나 플라톤의 성관계 거부는 정당화되든 그렇지 않든, 그들이 계속 탐구하는 감각적이거나 광범위하게 해석되는 성욕에 대한 거부가 아니며 그들의 광기 전체에 스며든다. 그리고 그것은 순수한 지성이 아니라 존경과 사랑의 요구에 의해 촉발된다.

또한 『향연』에서의 사랑하는 자는 한 사람 혹은 그 사람의 아름다움을 사랑하는 것으로 시작한다. 그러나 그 또는 그녀는 그 사람에 대한 강렬한 사랑을 누그러뜨리면서 곧 아름다움에 대한 보다 일반적인 감상으로 옮겨 갔다. 『파이드로스』에서의 한 쌍의 연인들은 결코 이렇게 하지 않는다. 이해와 선에 대한 그들의 탐색은 그 안에서 독특한 성격이 길러지는 개인과의 특정한 관계의 맥락 속에서 일생에 걸쳐 성취된다. 이 연인들은 서로를 아름다움과 선함의 모범으로 사랑하는 대신, 그들 자신이 되기를 멈추지 않고 상실할 수 있는 속성을 사랑하는 대신, 아리스토텔레스도 말하듯 각각의 사람들이 '그 자체로인' 서로의 성격, 기억, 열망을 사랑한다. 연인들이 선하고 아름다운 것에 대해 배우는 어떠한 것도 그들이 이러한 독특한 유대감을 폄하하거나 피하거나 그것에 대한 편견을 던지도록 하지 않는다. 그들은 신체에서 영혼으로, 관습에서 학문으로 이동하지 않는다. 그들은 비슷한 약속을 지닌 특정 인간에 대한 깊은 사랑의 맥락에서 학문이나 정치를 추구한다. (그것이 큰 차이를 만들기 전에는, 여기서 우리가 가장 높은 인간 유형을 '간사하지 않고 철학을 추구하는 사람'으로 지칭하든 '철학과 함께 소년의 사랑을 추구하는 사람'(249A)으로 지칭하든 차이는 없다.) 그들은 에로스적인 광기를 초월하는 것이 아니라, 열정적인 삶 속에서 선과 진실을 파악한다.

철학적인 사랑하는 자들이 다른 삶, 즉 가능한 인간의 삶보다 나은 삶에 대한 모호한 시각을 공유하는 것은 사실이다(250B5 참조). 이 희미한 시각에는 가벼움과 순수함의 이미지가 포함되어 있고, 그 캐릭터인 신들은 인간의 열망을 특징짓는 에로스적인 감정의 소용돌이가 결여하고 있음은 사실이다. 그러나 인간의 상기想起와 상승은, 이러한 인간인 사랑하는 자들의 경우, 그들의 영혼이 이전의 주기에서 보거나 알고 있는 것만 회복할 수 있다. 플라톤의 신화를 주의 깊게 살펴보면, 완전하고 신성한 지혜는 인간에게는 영구적으로 불가능함을 알 수 있다. 사랑하는 자의 광기의 삶은 여기서 신이나 생명체를 위한 최고의 삶으로 옹호되지 않는다. 그것은 인간의 인지적 한계와 전망을 지닌 인간 존재에 있어 최고의 삶으로 옹호된다. 그러나 가장 눈에 띄는 점은, 플라톤이 (후기 대화편의 다른 부분에서처럼) 문제가 되는 존재의 이해관계, 필요 및 한계의 관점에서, 최고의 삶에 대한 질문을 판단할 준비가 되어 있음을 보여준다는 것이다. 인간에게 가장 좋은 삶은 우리의 복잡한 본성의 특성에서 추출하는 것이 아니라 그 본성과 그것이 구성하는 삶의 방식을 탐구함으로써 발견된다.

　『향연』에서의 상승하는 사람의 삶과는 달리, 이러한 최고의 인간 삶은 불안정하며 늘 갈등에 시달린다. 사랑하는 자들은 부적절한 성향에 맞서 싸우고 적절한 것을 맞추기 위해 심리적 노력을 기울여야 한다. 상승하는 사람과는 달리, 또다시 그들은 변할 수 있는 대상에 대한 애착의 고립성, 떠남, 변심, 또는 필연적으로 죽음에 대한 깊은 슬픔 속에서 위험을 무릅쓴다. 디오티마와는 달리, 이러한 삶은 연인들의 서로에 대한 헌신이 너무나 특별해서 어떤 상황에서는 그들의 사회적 책임이나 지식 추구와 어긋날 수 있으므로 완전한 가치 충돌을 인정하는 듯하다(5장 5절, 6장 3, 5절과 대조). 그러나 플라톤은 그들의 열정적 헌신이 부족한 삶은 ―예전에 이런 일이 있었든 아니든― 아름다움과 가치가 부족하다고 생각하는 것 같다. 소크라테스는 파이드로스에게 다음과 같은 분명한 말로 조언을 맺는다. '여보게, 이처럼 많은 것들이, 사랑에 빠진 사람의 사랑이 그대에게 가져다줄 신성한 선물이네. 하지만 사랑하지 않는 사람과의 친밀함이 필멸의 분별 있음과 섞여서, 사라져버리는 하찮은 것들에 마음을 쓰고, 대중이 미덕으로 칭찬하는 예속 상태를 사랑하는 사람의 영혼 속에 생겨나게 해서, 이 영혼으로 하여금 통찰력이 없

어지게anous 하고, 9000년 동안 땅의 거의 밑바닥에서 배회하게 할 것이네.'
(256E-257A) 이 비난은 사랑에 빠지지 않은 나쁜 사람에게만 국한된 것이
아니다. 왜냐하면 우리가 알고 있듯이, 뤼시아스는 명예로운 사람이기 때문
이다. 또한 한 번도 열정적으로 사랑에 빠져본 적이 없는, 사랑을 경험하지
못한 자non-lover도 아니다. 자신과 상대방의 광기의 지속적인 영향을 잃어
버린 모든 삶은 그와 마찬가지로 칙칙하고 옹졸하며 통찰의 깊이를 결여한
것이다. 한때, 『파이돈』에서, 열정은 영혼을 육체의 감옥에 가두는 못이었다.
이제 관대한 열정이 부족하여 지구의 거의 밑바닥에 갇혀 수감된 것처럼 보
이는 사람은 뤼시아스다.

이제 우리가 플라톤의 열정에 대한 폐단의 흔적의 네 가지 요점으로 돌아
간다면, 그가 모든 것을 철회했는지, 아니면 진지하게 자격을 부여했는지를
발견하게 될 것이다.

(1) 욕망은 구별이나 선택 없이 자신의 대상에 접근하는 맹목적인 짐승 같
은 힘이다. 이는 최소한 에로스적 욕망에 대해서는 부인되어 왔다. 가장 퇴
화한 형태에서도 에로스는 아름다움에 반응한다. 그리고 열망하는 영혼 속
에서, 그것은 전체 영혼의 복잡하고 선택적인 반응을 포함한다. 파이드로스
와 소크라테스는 특정한 신체적 쾌락에 대해 여전히 비판적이다(258E 참
조). 그들은 인간의 '어떤' 욕망이 그 옛날의 그림과 일치한다는 것을 부정하
지 않는다. 그들이 주장하는 것은, 이 그림이 너무 단순하고, 이것이 특히 에
로스에 대한 비방이라는 것이다.

(2) 욕망은 억제되지 않으면 자연스럽게 과잉되는 경향이 있다. 플라톤은
여전히 무질서한 말에 끊임없는 통제가 필요하다고 생각하는 듯하다. 이것
은 '휘브리스를 동무 삼는 것'이라고 불린다(253E). 그러나 그는 또한 이 말
을 잘 먹이고 적절하게 통제하면 그 사람에게 동기를 부여하고, 심지어 아름
다움에 대해 가르치는 데에도 좋고 필요한 역할을 할 수 있다고 믿는 것 같
다. 다른 말은 전혀 과잉 경향이 없고, 실제로 과잉을 방지하는 데 도움이 된
다.

(3) 열정은 인지적으로 기능할 수 없다. 여기서, 우리가 주장했듯이, 그것

들은 할 수 있고 한다. 그것들은 예외 없이 왜곡의 원인이 아니다. 실제로, 그들의 정보는 최고의 통찰력을 위해 필수적임을 증명한다. 주요하게 발전한 것은, 특정 감정의 동기 부여 및 인지적 역할에 관한 플라톤의 상세한 설명과, 『국가』에서 단순히 육체적 욕구로 취급했던 에로스에서의 감각, 감정 및 판단의 상호 작용에 관한 그의 그림이다.

(4) 지성적 요소는 진리를 이해하고 올바른 선택을 하는 데 필요충분하다. 여기에서는 아니다. 혼자, '그 자체로', 그것은 필멸의 절제된 인색한 삶으로 운명 지어질 것이다. 자신의 열망조차도 전체 성격의 풍부한 숙성에 의해 가장 잘 진행되며, 한 부분의 기여를 다른 부분의 기여와 분리하기 어렵다.

우리는 이러한 발견을 사용하여, 『파이드로스』 해석에서 오랫동안 논란이 된 문제에 접근할 수 있다. 생각해야 할 것은 이 대화가 『파이돈』과 『국가』의 개념과는 구별되는 사람의 개념을 사용한다는 사실이다. 『국가』는 내가 진정으로 육체와 욕망과 연관된 불멸의 지성적 영혼이라고 말한다. 영혼의 '부분'에 대한 이야기를 불러일으키는 갈등은 영혼과 육체의 결합에서 발생한다. 불멸의 유일한, 갈등 없는 지성적 요소는 신체 외부의 개인적 정체성을 보존하기에 충분하다. 『파이돈』에서는, 비슷한 그림을 사용하여 나의 신체적 성질에 수반하는 열정으로부터 나 자신을 떼어놓고, 분리를 위한 실천으로 나의 삶을 사용하도록 촉구한다. 소크라테스는 그를 소크라테스로 만드는 모든 것이 죽을 때 몸에서 떠날 것이라고 확신한다. 야심 찬 철학자로서의 그의 정체성에 대한 그의 개념은 욕망이나 감정에 영향을 미치지 않는다.

잘 알려진 바와 같이, 『파이드로스』에서는, 모든 영혼, 심지어 불멸의 신들의 영혼까지도 세 부분으로 이루어진 것이다. 불멸의 증거는 『파이돈』에서와 같이 비구성의 전제에 의존하지 않고, 오직 영혼의 스스로 움직이는 성질에만 의존한다. 다시 한 번, 그 변화는 영구적인 것처럼 보인다. 왜냐하면 『법률』 제10권에서 자기 운동은 육체와 반대되는 영혼의 하나의 본질적인 특성이고, 욕망, 희망, 두려움, 쾌락과 같은 것들은 모두 영혼의 운동으로 분

류되기 때문이다.* 세 부분으로 이루어진 신이 신화의 일부일 뿐이라고 해서
이 문제를 얼버무리고 넘어갈 수는 없다고 나는 생각한다. 인간은 성육신成
肉身 이전이나 이후에도 세 부분으로 이루어져 있는 것인데, 중기 대화편의
영혼은 그렇지 않다. 그리고 이후의 대화에서 영혼의 움직임에 관한 목록은
변화의 분명한 증거를 제공한다. 더욱이 그 신화는 '단순한 신화'가 아니다.
그것은 플라톤의 중심적인 가르침이다.

　이러한 변화는 지금까지는 우리를 놀라게 하지 않는다. 영혼의 이미지는
내가 나 자신을 소중히 여기는 것, 내 정체성의 일부로 인정하고자 하는 것
의 이미지이다. 『파이돈』에서의 이원론은 그 대화의 도덕 이론보다 앞선 것
이 아니다. 그것은 그것을 표현한다. 플라톤도 아리스토텔레스도 개인의 정
체성 이론을 가치 중립적 사실의 문제로 생각하지 않는다. 그것은 우리의 가
장 깊은 가치를 또렷하게 보여준다. 열정에 대한 나의 부인否認을 표현하는
한 가지 방법은 그것이 진짜 내가 아니라고 말하는 것이다. (나는 죽음 후에
도 살아남을 수 있으며, 본질적으로 그것 없이도 나 자신이 될 수 있다.) 내 영
혼을 순수하고 복합적이지 않은 지성적 실체로 만드는 『국가』의 에르Er 신
화는 비록 따개비와 나의 지상에서의 존재의 다른 잔재들에 의해 긁혀 있
지만, 우리가 5장에서 보았듯이 가치에 대한 견해의 이미지이며, 그 대화에
서 신중하게 옹호된다. 『파이드로스』는 이러한 주장에 반대하기 때문에, 우
리는 그 안에서 그 사람의 새로운 이미지를 발견하기를 기대해야 한다. 이러
한 점에서 파이드로스라는 행위 주체는 관대하다. 우리를 구하기 위한 신화
인(『국가』, 621B-C) 에르 신화의 눈부신 시각은 소크라테스의 공개된 질문
에 찬성하며 놓여 있다. 나는 튀포보다 더 복잡하고 교만한 존재인가, 아니
면 다소 길들여진 단순한 피조물인가?(230A) 그리고 나중에 이 질문 자체
는 여전히 『국가』와 『향연』의 뚜렷한 이분법을 너무 많이 쥐고 있기 때문에
암묵적으로 거부된다. 여러분은 튀포가 아니더라도 단순하지 않고서도 질서

---

* 특히, 『법률』 제10권, 896C-D 참조.

정연하게 복합적일 수 있고, 알키비아데스가 아니더라도 개인을 사랑할 수 있다.

이 대화편의 행동은 학습에 대한 관점을 보여준다. 우리가 보았듯이, 그것은 나이 든 남자가 어린 남자에 끌려 멈출 때 시작된다. 그는 청년의 성격과 자신의 성격 사이에 친밀감을 느낀다(228A). 배고픈 동물의 코앞에 있는, 속담에 나오는 당근처럼(230D), 그들의 공유된 열망은 그를 파이드로스의 무리 안으로부터 성벽 밖의 모험으로 이끌었다. 그들은 함께 이 자연 그대로의 심미적 장소의 영향을 받으면서 깊은 관심사를 추구한다. 어떤 의미에서는 소크라테스가 리더이자 교사이지만, 우리가 보는 교육 과정은 광기와 수용력을 둘 다 포함하고, 파이드로스의 영향(234A, 238D, 231E)을 통해 전달되며, 파이드로스는 사랑하는 자의 연약한 입장을 수용하기 위해 소프로쉬네의 보호 구조를 제쳐두고 떠난다. 양쪽에서 우리는 다른 사람의 개별적인 필요와 열망에 대한 세심한 관심인, 경이와 경외감의 감정을 발견한다. 각자는 자신의 목표가 다른 영혼에 반영되는 것을 보면서, 자신의 목표에 대해 더욱 많이 발견한다. (소크라테스가 보다 복잡한 합리성의 이상을 표현하는 데 오랜 시간이 걸리게 만든 뤼시아스의 제안을 받아들인 것은 파이드로스의 생각이 아니었을까? 파이드로스가 자신의 수용적인 궁금을 표현하도록 이끈 것은 소크라테스가 영감을 받은 시적 낭송이 아니었을까?) 둘 다 이미 고정된 시각을 다른 사람에게 부과하지 않는다. 서로의 영혼에 대한 경외심에 반응하는 각각은 자신의 더욱 깊은 아름다움을 이끌어낸다.

III

이것은 아름다운 연설을 만드는 것에 대한 대화이다. 뤼시아스의 연설에 대한 소크라테스의 비판은 그 문체와 내용에 대해 다루고 있으며, 이것이 얼마나 철저하게 짜여 있는지 우리에게 보여준다. 두 번째 연설을 통하여 파이드로스에게 행해진 교육은 그의 도덕적 상상력뿐만 아니라 문체 취향을 발전시킨다. 그리고 예상할 수 있듯이, 광기에 대한 플라톤의 새로운 생각은 그 자신의 문체를 선택하는 데 영향을 미친다. 이제 이러한 광기에 대한 작업의 의미가 철학의 문체와, 플라톤과 문학인 혹은 시인인 도덕 교사들의 지속적인 논쟁의 위상에 대한 문제라는 것을 인식할 때이다.

그의 '초기' 및 '중기'의 여러 대화편에서(막간 1장 참조), 플라톤은 시인과 철학자를 날카롭게 대조하여 전자의 주장이 진정한 이해라는 것에 반대한다. 그는 시와 철학 사이에 '오래된 차이' 또는 '반대'가 있다고 말한다(『국가』 607B). 시인은 『소크라테스의 변명』, 『이온』, 『메논』, 『국가』 10권에서 비이성적인 영감이나 황홀의 상태에서 일하는 사람으로서, 그리고 그의 창조물들이 이러한 상태를 표현하는 것으로 줄곧 특징 지워진다. 시인은 '열광적인 상태에 있다.'(enthusiontes, 『소크라테스의 변명』, 『메논』) 그들은 '바쿠스 신의 주연酒宴을 베푼다.'(bakcheuousi, 『이온』) 그들은 '그들의 감각에 머물지 않고'(ouch emphrones, 『이온』), '영감받고'(epipnoi, 『이온』), '신의 영감을 받으며'(entheoi, 『이온』), '사로잡힌다.'(katechomenoi, 『메논』, 『이온』) 그들의 비이성적인 상태는 철학자의 분별 있는 양식과 대조된다.

그렇다면 시인들이 다른 미친 사람들과 거의 같은 근거로 비판을 받는다는 사실은 놀라운 일이 아니다. 사로잡히고 심리적으로 끓어오르는 상태에서는 진정한 통찰에 접근할 수 없다. 다른 경우와 마찬가지로, 광기는 이해와 양립할 수 없는 것으로 간주된다. 우연히 진리를 맞혔을지 모르지만, 시인들은 '그들이 말하는 것을 전혀 모른다.'(『소크라테스의 변명』, 『메논』)

또한 시인의 광기를 표현한 작품은 관객의 광기를 부추긴다. 순수한 로지스티콘에만 말을 걸고 분리하기 위해 애쓰는 철학자와 달리, 시인은 영혼의 열정적 요소에 말을 걸고 자양분을 준다. 그는 감정이 그에게 흥미로운 시를 위한 최고의 기회를 제공한다는 것을 발견한다. 강렬한 감정, 특히 분노와 사랑의 표현은 특히 청중에게 감동을 준다(『국가』 604E-605A). 그러나 그는 그것들을 보여주고 청중을 감동하게 해서 그들의 열정을 키우고 강화하여, 이성적 통제에 대한 노력을 위태롭게 한다(『국가』 386A-388E, 605B,

696A, D, 607A).

이러한 두 가지 별개의 이유 때문에, 중기 대화편은 전통적으로 젊은 영혼의 도덕 교사였던 시인을 거부한다. 우리는 5장에서 객관적인 합리성의 잠재력을 개발할 새로운 유형의 '문학'에 대한 플라톤의 주장을 몇 가지 보았다. 그리고 막간 1장에서 우리는 플라톤의 지성주의가 그 자신의 담론에 미치는 영향을 보기 시작했다. 그는 정화된 극장을 만들었는데, 이 극장은 관객을 대화자로서 적극적으로 참여시키는 비극의 능력을 보존하면서 지성에 대한 주장만을 다루고 있다. (『향연』의 복합적인 매력(6장 참조)은 그 규칙을 증명하는 예외라고 할 수 있다. 왜냐하면 여기에서 플라톤은 자신이 비지성적인 부분, 그러나 질서 정연한 이성적 삶을 인도하거나 만들기 위한 요소들이 비참하게 실패하는 것을 보여주는 과정 일부에 대한 공감을 끌어내는 것을 허용하기 때문이다.) 우리는 여유 있고, 단조롭고, 감정을 드러내지 않고, 무뚝뚝한 스타일의 초기 대화편들이 실제로 『파이드로스』에서의 처음 두 연설에 영감을 주는 맑은 목소리를 지닌, 혹은 '고대 리구리아의' 무사 여신들에서 영감을 받았음을 알 수 있다.

그러므로 우리는 도덕 심리학이 플라톤만큼 진지하고 정직한 저자에게 받아들여져 플라톤의 저술된 가르침에 대한 자신의 견해에 영향을 미칠 새로운 사상을 기대할 수 있다. 『파이드로스』는 모든 글이 단지 '상기시켜 주는 메모'일 뿐임을 우리에게 상기시킨다(막간 1장 참조). 가르치고 배우는 실제 활동은, 지면紙面이 아닌, 사람들의 영혼에 있다. 그러나 영혼이 어떻게 그리고 어떤 부분들로 배우는지에 대한 우리의 견해는, 쓰여진 텍스트가 어떻게 그 자체의 제한된 기능을 수행해야 하는지에 대한 우리의 견해에 확실히 영향을 미칠 것이다.

『파이드로스』의 시작에서부터, 우리는 그러한 재평가가 일어나고 있다고 짐작한다. 파이드로스는 소크라테스에게 지금 소크라테스와 파이드로스가 이야기하는 바로 그 광장에서 동료들과 놀고 있던 숫처녀가 그녀에게 반한 신神, 즉 열정적인 바람에 실려 갔다는 보레아스 신화(229C)가 사실이라고 믿는지 묻는다. 이에 대해 소크라테스는 신화의 진위를 의심하는 일부 '영리한 사람들'에 대해 가혹하게 말하고, '다소 조잡한 과학을 사용하여' 그 유래를 합리화하는 설명을 정교하게 고안한다. (이 사례에서, 합리주의자는 보레아스가 의인화한 바람의 신의 유혹이 아니라, 단지 우리가 보레아스라고 부르는 바람의 돌풍이 소녀를 날려 버린 것이라고 주장하리라고 그는 추측한다.) 플라톤이 자신의 철학적 논증을 뒷받침하기 위해 자신이 고안한 신화를 사용했지만, 물론 그는 신들의 의심스러운 위업을 다루는 전통적인 이야기에 대해 공격하는 최전선에 있었다.

『국가』는 신의 에로스에 관한 이 이야기가 진실이라는 주장을 즉시 거부했을 것이다. 그리고 영혼의 저열한 부분에 호소한다는 이유로 그것을 더욱 비난했을 것이다. 그러나 여기에서 소크라테스는 그가 발전시키려고 하는 통찰력에 대한 새로운 관점을 유지하면서 통찰력의 원천으로서 열정적인 신화를 옹호한다. 그리고 이성적으로 생각하는 공격자는 '지나치게 영리하고 근면하며, 전체적으로 상서로운 사람은 아니'(229D4)라는 이유로 버려진다. 이 구절을 『국가』의 시각에 맞추기 위해 주석가들이 고안한 전략을 관찰하는 것은 정말로 재미있다. 예를 들어, 톰슨은 단순히 이 이야기가 완전히 무해하다고 마침내 발표한다. 그러나 물론 신성한 연인의 압도적인 열정에 굴복하는 깨끗한 처녀에 관한 이 이야기는, 『국가』에서의 무해함의 기준으로 본다면, 무해함과는 거리가 멀다. 그리고 『파이드로스』가 지금 우리에게 탐구하라고 촉구하는 것은 바로 이 어렵고 위험한 심리학적 자료이다.

다음으로 문학적으로 깜짝 놀랄 만한 것은 소크라테스의 뤼시아스 산문 비평에서 발견된다. 여기에서 웅변가는 그의 명료함과 간결함으로 칭찬받지만, 그 무엇보다도 주제에 대한 '관심'이 부족하다는 이유로는 호되게 비판받는다(235A). 다시 말하자면, 우리는 시인들이 열정적인 각성 상태에서 글을 썼다는 이유로 까다롭게 비판받았던 것을 기억한다. 이제 플라톤은 견해와 그 저자 간의 적절한 관계에 대한 질문을 재개하는 듯하다.

물론 가장 중요한 것은 소크라테스의 두 번째 연설에서 시가 수행한 역할이다. 그것은 시인, 즉 히메라Himera('격정, 갈망의 마을'이란 의미)출신 에우페모스의 아들인 스테시코로스'의' 연설이라고 일컬어진다. 그리고 그렇게 말하면서 소크라테스는 가장하여, 이상적인 폴리스의 영웅 문학에서는 일어날 수 없는 일이라고 거짓말을 한다.(우리가 상기해야 할 전체 대화는 파이드로스의 행동, 성격, '광기'에 대해 허구의 형태를 띠고 있다) 광기 어린, 영감을 받은 시인은 침착한, 숙련된 기술을 지닌 시인보다 높이 평가되며, 후손에게 교훈과 유익을 주는 작품을 남긴 사람으로 존경받는다. 소크라테스는 알키비아데스처럼 감각적인 이미지를 통해 진리를 가르치는 것과 '유사함'(246A)의 형태로 영혼에 관한 그 자신만의 가장 깊은 가르침을 제시한다. 그리고 그는 자신을 철학자이자 교사라고 부를 수 있는 권리를 부여받기 충분하다고 생각한다. 오직 신만이 더 잘할 수 있음을 그는 암시한다(246A). 소크라테스가 나중에 그들의 탁월함에 따라 삶의 순위를 매겼을 때, 이상한 혼종인 '지혜를 사랑하는 자, 혹은 아름다움을 사랑하는 자, 혹은 무사 여신의 추종자, 그리고 사랑하는 자'가 첫 번째 자리를 차지했음을 발견하는 것은 놀랄 일이 아니다(248D).『국가』의 세계에서 삶의 순위가 매겨진다면, 철학자가 일등이다. 확실히 그는 시인이나 (소년) 애인과 같은 불미스러운 바쿠스 신의 유형과 그의 지위를 공유하지 않는다(249A 참조). 그 자신의 에로스는 그들의 에로스와 확연히 구별된다. 그것은 단지 '광기나 성적 욕망'과 무관하기에 '정확하다.'(403A) 이제 철학자, 이미지를 만드는 사람, 무사 여신의 추종자, 연인 모두가 사로잡힌 유형으로 간주되고, 광기가 맨 위로 등장한다.

이러한 변화들이 플라톤이 작품을 알았던 시인들의 명예 회복으로 이어질 것 같지는 않다. 철학적 활동이 가장 고차원적인 이해를 위해 여전히 필수적인 듯하다. 그것은 또한 우리가 살펴보았듯 가장 고차원적인 사랑을 위해서도 필수적이다. '지혜를 사랑하는 사람 혹은 아름다움을 사랑하는 사람 혹은 무사 여신의 추종자'라는 구분은 아마도 이들 중 어느 하나가 다른 것 없이 충분함을 의미하지는 않을 것이다. 요점은 오히려 그것들이 이전에는 불가능했던 것처럼, 양립할 수 있는 것으로 간주된다는 것이다. 아마도 가장 고차원적인 실현에서는 서로를 함축할 수도 있을 것이다. (당신이 그를 이들 가운데 어떤 이름으로 부르는지는 중요하지 않다. 왜냐하면 그가 이 중 하나라면 그는 또한 이 가운데 다른 하나이기도 하기 때문이다.) 광기에 대한 연설은 이미 영감을 받지 못한 시인을 해고했다. 그리고 삶의 목록에서 평범한 숙련된 시인poiëtës인 '제조자maker'(무사 여신으로부터 영감을 받았다고 말해지지 않는)는 6위에 오른다(248E). 나중에 우리는 호메로스가 자신의 글에 대한 질문에 답함으로써 자신의 이해를 보여줄 수 있는 경우에만 철학자의 칭호를 받을 수 있다고 하는 것을 들을 것이다(278C). 그러나 이것은 『소크라테스의 변명』이 보여주듯이, 실제 시인들이 할 수 없는 일이다. (이는 『파이드로스』에 있는 것으로 보이는, 이해에 대한 보다 포괄적인 개념에서도 마찬가지일 것이다.)

따라서 변화는 비철학적인 시인에 대한 누그러짐을 의미하지 않는다. 그러나 정말로 중요한 점은 철학에 이제 영감을 받고, 광적이며, 무사 여신을 사랑하는 활동이 허용된다는 것이다. 그리고 이 개념에서 그것은 플라톤이 지금까지 우리에게 생각하도록 이끈 것보다 시와 더 밀접하게 관련되어 있다. 예를 들어, 그것의 가르침의 중심에서 신화적 서사와 은유와 같은 '문학적' 장치를 사용할 수 있다. 그리고 그것은 시처럼 열정적인 흥분을 표현하고 불러일으키는 재료를 포함할 수 있다. 나머지 대화는 이 긴밀한 관계를 확인시켜 준다. 소크라테스의 두 번째 연설(파이드로스가 앞의 것보다 '더 아름답다'고 극찬한 연설)의 끝에서 파이드로스는 '무사 여신의 연인philomouson andra'이라고 불린다. 이어지는 매미의 신화는 철학이 춤, 에로스적인 사랑과 더불어, 무사의 출현과 함께 세상에 등장한 예술 가운데 하나임을 알려준다. 철학적 삶은 '칼리오페Calliope와 우라니아Urania', 즉 전통적으로 시와 관련된 무사 여신이자 우주론의 어머니에게 바쳐진 삶이라고 일컬어진다(259B-C). (우리는 평범한 시는 무사 여신에게서 진정으로 영감을 받은 예술로 언급되지 않음을 알아차린다. 이는 이전의 단순한 시인poietes의 낮은 위치, 그리고 이러한 사람과 더 높은 차원의 무시코스mousikos 간의 구별과 일관된다. 시인이 영감을 받고 자신의 예술과 철학을 결합할 수 없다면, 진정으로 무사 여신을 섬기지 않는 것이다.) 대화의 마지막 부분은, 경험을 통해, 개별자들의 영혼에 관한 지식에 중심적인 지위를 부여하는 '진정한' 수사적 기법을 묘사하는 『고르기아스』의 수사학에 대한 매우 일반적인 비난으로 단절된다(268A-B). 그리고 대화의 끝에서, 철학자가 호메로스에게 보내는 메시지는 소크라테스와 파이드로스가 '개울과, 님프들의 음악적 거처mouseion'에서 그들이 전하는 말을 들었다고 그에게 알려준다. 님프가 그들에게 말한 것은, 분명, 시가 해답 및 설명과 올바른 방식으로 결합된다면 철학이라는 것이다.

그렇게 해서 우리에게 드러나는 것은, 오래된 시의 재건이라기보다는 철학과 시의 구분을 재해석하는 철학에 대한 새로운 이해이다. 소크라테스와 마찬가지로, 철학이 상상했던 것보다 더 복잡한 영혼을 품을 수 있다는 선언만큼 호메로스의 로고이logoi의 순수성을 수용하는 것이 아니다.

그러나 이것을 알기 위해 명시적인 형이상학적 발언에만 의존할 필요는 없다. 영감받은 시인에 대한 플라톤의 찬사는 그의 담론의 형태에 심오한 영향을 미치기 때문이다. 히메라Himera 출신 시인의 연설은 여전히 산문 연설이다. 그리고 이것은 등장인물인 연인들의 묘사에서 내부적인 극적 표현을 사용하지 않는다. 여기에는 심지어 형식적인 논증 형식의 부분도 포함되어 있다(245C). 그러나 우리가 지금까지 접한 그 어떤 플라톤의 연설보다 이 연설이 영감받은 철학자-시인의 연설이라는 점에는 의심의 여지가 없다. 이것은 은유, 의인화, 다채롭고 리드미컬하고 정교한 언어를 사용한다. 이것은 지성만큼이나 상상력과 느낌에 호소한다. 그리고 이 모든 것을 광기의 가치에 대한 '입증'이라고 부르면서, 이것은 우리로 하여금 이 부분들과 이러한 저술 방식을 아주 철저하게 분리해야 할 타당성에 의문을 제기하도록 한다. 마지막으로, 우리는 여기에서 읽은 전체가 연극, 즉 극적 표현임을 인정해야 한다. 이것은 이상적으로 좋은 사람이나 완벽한 사람을 나타내는 것이 아니다. 왜냐하면 두 인물 모두 자기 비판적이며, 둘 다 성장과 변화의 과정에 있기 때문이다. 그러나 이제 발전하는 영혼이 필요로 하는 것으로 간주되는 것은 이런 종류의 재현이다.

이 대화는 플라톤이 염두에 둔 철학적 시의 첫 번째 예일 수 있다. 그 외에 어떤 누구도, 사변적 논쟁의 엄격함과 인간 경험의 특정 상황에의 감각적인 반응을 결합하여, 두 무사 여신을 적절하게 함께 섬긴 적이 없다. 그것은 우리 자신의 반응 속에서, 생각을 정하는 데 대담함과 자유를 요구한다. 플라톤은 우리가 이미지와 연극을 유쾌한 장식으로만 여겨 버릴 수 없으며, 고립적으로 정밀히 분석하기 위해 '문학'적 맥락으로부터 그의 주장을 들어 올릴 수는 없다고 말한다. 더욱이 우리는 논쟁을 포기하거나 우리의 비판적 능력의 요구를 완화할 수 없다. 그 전체는 우리 영혼의 모든 부분의 완전한 참여를 요구하는 음악적 담론이다.

IV

우리는 여기에서 변화와 변설變說에 대해 반복해서 말해왔다. 너무 많은 변화가 있다면, 설명이 필요하다. 우리는 플라톤에게 무슨 일이 일어났는지 묻고 싶다. 이 가장 완고한 사람이 기원전 365년경 어느 시점에 광기에 대한 그의 비난이 너무 단순했다고 결정하게 된 이유는 무엇일까?

이는 플라톤의 생각에 있어서 대략 동시대의 몇 가지 변화들 가운데 하나일 뿐이다. 우리는 영혼과 실천적 지식에 대한 그의 견해의 변화에 대해 이미 이야기했다. 그의 정치 사상에서, 연관된 변화는 종종 논의되었다. 이 시기 동안, 이해, 형식, 변증법에 관한 그의 사상이 발전했다는 것도 일반적으로 인정된다. 『파이드로스』는 분할법Method of Division으로 알려진 변증법의 새로운 그림을 사용하는 그룹의 첫 번째 대화인 것으로 보인다. 이 대화 중반부 이하의 작업 중 하나는 이 방법을 발표하고 옹호하는 것이다. 『파이드로스』에 관한 나의 이전 글에서, 나는 이 대화와 다른 후기 대화에 존재하는 변증법에 대한 새로운 인간 중심적 개념과 소크라테스의 두 번째 연설에서 옹호된 좋은 삶에 대한 인간 중심적 개념 간의 연결을 강조했다. 나는 인간이 완전히 '제한되지 않은' 이해를 할 수 없다는 『파르메니데스』에서의 주장까지 거슬러 올라가 이 개념을 추적했다. 나는 『파이드로스』 신화에도 같은 입장이 있다고 주장했다.

나는 여전히 이러한 모든 연결이 흥미롭고 중요하다고 믿는다. 나는 아리스토텔레스의 인간 중심주의를 논할 때 그것들에 대해 더 할 말이 있을 것이다. 그러나 나는 두 가지 이유로 여기에서 그것들을 강조하지 않는 것을 선호한다. 첫째, 복잡한 해석 문제는 우리를 『파이드로스』 너머로 멀리 데려간다. 『소피스트』, 『정치가』, 『필레보스 *Philebus*』에서 사용되는 방법과 그러한 모든 대화들에서의 인식론과 도덕 간의 상호 작용에 대한 주의 깊은 검토가 요구될 것이다. 나는 다른 기회에 이를 시도하고 싶다. 그러나 둘째, 나는 이 프로젝트의 완성이 우리가 여기서 던진 질문에 완전히 만족스러운 대답을 제공할 것이라고 믿지 않는다. 플라톤이, 중기 대화편에서 잘 표현된 이해 개념이 인간에게는 실행 불가능한 것으로 규정했다고 가정해 보자. 이로부터 그가 단지 인간적 이해의 한계에 더 잘 적응하게 될 것이라는 결론은 거의 나오지 않는다. 새로운 발전은 탐구의 한계가 무엇인지, 그리고 왜 플라톤이 탐구의 한계가 거기에 있다고 믿는지를 설명할 것이다. 그것은 인지적/도덕적 절망에 굴복하기보다는, 어떤 것이 왜 선하고 가치 있는 것으로서 옹호되는지 보여주지는 않을 것이다. 인식론 그 자체로는 수용을 설명할 수 없다. 그리고 6장에서 보았듯이, 연결은 다른 방향으로 진행된다. 가치 있는 것, 살 가치가 있는 삶은 어떠한 것인지, 그 삶은 우연적인 상황에 얼마나 면역이 되어야 하는지에 대한 견해에는 이해를 위한 대상이 요구된다.

그렇다면 우리는 플라톤 자신의 실제적인 직관과 경험에서 나온 재평가에 대해 말할 무언가를 발견할 때 더 행복하다고 느낄 것이다. 그리고 사실 그러한 이야기는 플라톤 자신이 우리에게 강력하게 신호를 보낸 것이다. 철학적 동반자(소크라테스의 두 번째 연설에서 묘사된 동반자)의 사랑에 대해 논의할 때 플라톤이 사랑하는 어린 사람을 두 가지 방법으로, 가장 열정적으로 사랑받고 있는 사람의 이름과 연관시키는 것이 자주 관찰되었다. 동반자는 '제우스의' 추종자라고 불린다. 그것의 완곡한 경우에서 분명히 볼 수 있듯이, 제우스의 이름에는 'Di-'라는 어근이 있다. 제우스의 제2격은 '디오스 Dios'다. 더욱이 젊은 남자의 영혼은 252E에서 같은 어근에서 파생된 단어인 'dion'('빛나는' 또는 '반짝이는')으로 설명된다. 플라톤은 이 구절에서 두 단어를 놀랍게 병치하여, 우리가 이 단어를 어원학적으로 연결된 것으로 생각하기를 원한다는 신호를 보낸다. 'hoi men dē oun Dios dion tina einai zētousi tēn psuchēn ton huph' hautōn erōmenon', 즉 '제우스를 추종하는 사람들은 사랑하는 사람의 영혼이 (제우스처럼) 빛나기를 추구한다.' 해석가들은 이 모든 것에서 시라쿠사의 디온을 언급하는 것을 주저하지 않고, 더 나아가 여기에서 묘사된 사랑을 디온에 대한 플라톤 자신의 열정적인 헌신에 대한 설명으로 보기를 주저하지 않았다.* 그러나 우리는 이제 더 나아갈 수 있다. 왜냐하면 우리는 '파이드로스'라는 이름이 '디온'이라는 이름과 같은 의미임을 알기 때문이다. 둘 다 '빛나는' 또는 '반짝이는'을 의미한다. 플라톤은 고유명사의 의미를 가지고 노는 것을 좋아한다. 이것은 『크라튈로스Cratylus』의 대부분을 차지하는 어원학, 소년 아스터Aster('별')에 대한 그의 경구警句, 그리고 특히 『파이드로스』에서 소크라테스의 두 번째 연설의 시작에서 알 수 있다. 이 대화에서 디온의 실제 이름이 차지하는 비중을 고려할 때, '파이드로스'에 관한 이 사실이 플라톤의 관심을 피할 수 없었을 것 같다. 플라톤이 이런 식으로 우리에게 파이드로스가 어떤 의미에서 디온을 표현한다고 말하고 있는 것이 사실상 확실한 듯하다. 이 복합적인 문학적 의도는 대화의 연극적 구조에 대한 두 가지의 두드러진 문제를 해결하는 데 도움이 될 것이다. 한 가지 큰 문제는 대화가 이루어졌을 날짜에 파이드로스가 대체로 젊다고 묘사되기는 할지라도 단순히 소년이 아니라는 점이다. 그는 사실상 거의 40세가 되었을 것이다. 그리고 소크라테스는 분명히 약 60세다. (혼돈스러운 표기는 약 35세의 뤼시아스가 236B에서 파이드로스의 파이디카paidika('사랑받는 소년')라고 불린다는 것이다.) 이것은 에라스테스와 에로메노스의 나이에 대한 기존의 예상과 정확하게 들어맞지는 않는다. 그러나 그것은 디온이 35세에서 40세 사이, 플라톤이 55세에서 60세 사이가 되는, 가장 그럴듯한 저술 시기의 플라톤과 디온의 실제 나이와 정확히

---

* Hackforth, *Plato's Phaedrus* 99 n.2 참조.

일치한다. 그렇다면 이것은 플라톤이 이 글에서 말하고 있는 '소년'이 정치적이자 철학적인 인물인 그의 사랑하는 제자라고 장난스럽게 우리에게 말하는 방식처럼 보인다. (길버트 라일과 논쟁의 여지가 적은 많은 비평가들은, 이미 『파이드로스』를 플라톤이 시라쿠사를 두 번째로 방문했을 때와 밀접하게 연관시켰다.*) 이것은 또한 소크라테스의 연설에서 묘사된 철학적 에로스의 본보기로 나타난 소크라테스와 파이드로스가 역사적으로 과거로 돌아가서 함께 일생을 보내지 않았다는 점에서 마지막에 우리를 당황하게 하는 대화의 '줄거리'를 이해하는 데 도움이 될 것이다. 그러나 그들이 플라톤과 디온의 편에 서 있다고 본다면, 우리는 이 사실을 제쳐두고 함께 인생을 보내고 철학적 폴리스를 통치하려고 하지 않은 두 사람을 생각하여 대응할 수 있다. 그때 플라톤이 말하고자 하는 것은 그의 에로스적 연설, 에로스에 대한 이전의 '비방'에 대한 철회가 파이드로스를 통해, 즉 디온과 그의 영향력을 통해, 진정으로 '디아 파이드론dia Phaidron'이라고 불리는 것이다. 이 대화는 연애편지의 성격을 띠고 있으며, 열정, 경이, 감사의 표현이다. (라일은, 플라톤이 시라쿠사를 떠난 직후에 아테네로 돌아가는 여정 중에 그것을 썼다는 것을, 별도의 증거에 근거하여 주장한다.) 이는 물론, 사랑이 플라톤의 마음을 변화시켰다는 것처럼, 그렇게 단순하게 말하는 것이 아니다. 그의 사랑의 경험은 분명히 그의 발전하는 사고에 따라 모습을 갖추었다. 대화는 지나치게 단순한 이야기를 허용하기에는 너무 복잡한 상호 관계를 탐구했다. 그러나 그것은 우리에게 경험의 중요성을 인식하도록 요구한다.

우리는 플라톤과 디온의 관계가 여러 면에서 소크라테스의 두 번째 연설에서 묘사된 관계와 같다는 것을 알고 있다. 그것은 복잡한 열정, 상호 존중 및 이익, 정치적 및 철학적 목표에 대한 공통된 헌신 위에 세워졌다. 그러나 『파이드로스』에는, 광기의 회복이 위험하고 변덕스러운 자의 선함을 새롭게 받아들이는 것과 훨씬 더 놀랍게 연결되는 증거가 있다. 디온이 (『파이드

---

* Gilbert Ryle, *Plato's Progress*; Robin, *Phèdre*; Hacforth, *Plato's Phaedrus* 참조.

로스』가 저술된 지 약 10년 후) 적의 손에 갑자기 죽자, 플라톤은 이 대화편에 등장했던 제사題詞로 애가哀歌를 썼다. 트로이 여인들의 구제받지 못한 비참함과, 행복한 와중에 디온의 뜻밖의 너무 이른 죽음을 대조하는 이 구절은 에로스, 광기, 영혼의 '두 번째' 또는 정서적인 부분인 '분노thumos'를 언급한다. (마지막 줄은 문자 그대로 '오! 디온, 에로스로 나의 튀모스를 광기로 이끈ekminas 당신'이다.) 이 구절에 표현된 강렬한 열정은 종종 주목받았다. 주목받지 않은 것은, 이러한 열정과 관습적인 애가 형태의 시적 표현이, 사랑하는 개인의 죽음에의 애도에 대한『국가』에서의 금지를 직접적으로 위반한다는 것이다. 실제로 그것들은『국가』와『향연』에서의 전체적인 도덕적 틀에 위배된다. 왜냐하면 이 두 대화에서 권장하는 방식으로 사람과 그들의 가치를 본다면, 한 개인의 죽음에 대해 슬퍼할 근거가 없을 것이기 때문이다. 좋은 것과 아름다운 것의 한 '방울'은, 우리가 정확한 믿음을 가지고 있다면, 우리에게 영향을 미치지 않아야 한다. 더욱이, 이 깊은 슬픔의 충격을 가져올 강렬한 특정 애착의 형성으로 인해, 좋은 사람의 안정적인 활동이 위기에 처해서는 안 된다. 따라서『국가』에서는 슬픔과 시적 애도를 모두 내쫓고, 기껏해야 '그다지 훌륭하지 않은 여성'에게만 남겨둔다(5장 4절, 막간 2장 참조).

플라톤은 그의 경구警句 속에서, 그리고 이러한 종류의 경구를 저술함으로써, 자신이 자족自足하는 철학자가 아니라 '그다지 훌륭하지 않은 여성'이라고 인정한다. 그는 분명히『향연』의 상승으로부터가 아닌, 소크라테스와 파이드로스처럼(279B), 무사 여신의 동굴 속으로 '아래로 내려가면서' 이 시를 얻었다. 그는 자신이 슬픔을 느낀다는 것, 그 전에 그의 튀모스에서 깊은 열정을 느꼈다는 것, 그리고 이 열정이 그를 광기의 상태에 빠뜨렸다는 것을 인정한다. 그러나 그는 이 열정을 부끄러워하지 않는 것처럼 보인다.『국가』에서의 플라톤은 그러한 시를 쓰고 싶은 마음이 들었다 하더라도 그러한 시를 발표했을 것 같지는 않다. 내 생각에『파이드로스』는 이러한 광기가 왜 이제 칭찬과 인정을 받을 수 있는지, 그리고 어떻게 광기의 경험이 철학자로 하여금, 자기 충족성의 좋음에 대한 수정된 견해를 버리게 했는지를 알려준다.

우리가 그가 준 힌트에서 추측할 수 있는, 플라톤에게 일어난 일은 그가 단지 인간의 삶이 상상했던 것보다 복잡할 뿐만 아니라, 더 풍부하거나 더 좋음을 발견했다는 것이다. 분명히 그는 이보다 전에 열정의 힘을 알고 있었다. 그가 그토록 분명하게 보지 못한 것은 선을 위한 힘이었다. 그는 다른 사람의 찬란함에 영혼의 모든 부분이 충격을 받았다고 말한다. 충격을 받은 그는 이 대화에서, 경이로움, 존경심, 열정, 세심한 관심 모두가 철학적 통찰력의 성장을 촉진하는, 긴밀하고 독보적인 관계를 형성했다. 나이 많은 저명한 사람과, 포부를 지닌 젊은 사람 간의 이러한 사랑에서, 그는 사상가이자 작가로서 자신의 성격 요소, 즉 그가 이전에는 아마도 수동성과 너무 많이 관련되기에 단지 여성적이라고 조롱했을 성격 요소에 접근할 수 있음을 발견했다. 강렬한 쾌감을 주는 연인에게 흘러 들어가는 액체의 범람과 자신의 '감금된 물'의 방출이라는, 소크라테스의 두 번째 연설의 복잡한 이미지는 은유적으로 성적 경험에 대한 특정 유형의 남성 동성애적 관점을 표현한다. (플라톤이 강조하기 위해 선택한 이러한 경험의 측면이 수동성과 감성으로 자주 조소 받는 여성의 경험과 많은 공통점을 지닌다는 것은 의미심장하다.) 플라톤이 『국가』에서의 비난과 이 찬사에서, 자신의 성적 정체성의 수동적이고 수용적인 측면과 쉽게 받아들일 수 없었던 측면에 대한 복잡한 태도를 표현한 것으로 보는 것은 단순한 공상이 아닐 것이다. 우리는 중기 대화편의 가치관에 대한 전체 논쟁의 중심이 되는 예가 수동적 동성애자의 성적 쾌락이었고, 이것이 쾌락주의자인 대담자 칼리클레스*가 진정 혐오스러운 것을 찾아내는 데 있어서 소크라테스에게 동의한 유일한 쾌락이었다는 것을 기억한다. 이제 그것은 좋은 삶에 대한 은유로 등장한다. 여기에서 『고르기아스』의 예가 재고되고 있는지 의심스럽다면, 제우스에게 사랑받는 소년이자 신에게 술 따르는 일을 수행한 가뉘메데스가 『파이드로스』에서 행한 역할을

---

* [역주] Callicles(기원전 484년경-5세기 후반). 고대 희랍의 정치철학자로 플라톤의 『고르기아스Gorgias』에 등장하는 인물. 강자의 정의를 주장하며 소크라테스와 대립함.

고려하면 된다. 영어 단어 'catamite(미동美童)'는 그의 이름에서 유래했다. 소크라테스는 '히메로스himeros'라는 단어가, 제우스가 가뉘메데스를 사랑하는 자였을 때 사랑받는 자에게 받은, 입자mere로부터 흘러나온ienai 열정의 범람rheuma 이후에, 제우스 자신이 열정적 욕망에 붙인 이름이라고 말한다(251C, 255B-C 참조). 우리는 또한 술을 따르는 자였던 가뉘메데스가 결국 그 자신이 액체를 붓는 사람이 되었다는 것을 깨달아야 한다. 소크라테스의 연설에서 중심이 되는 한 쌍의 연인은 둘 다 제우스 같은 영혼이 아니다(252E). 그들은 또한 그들의 수용성에 있어서 둘 다 가뉘메데스이며, 서로 붓고 받는다. 그리고 가뉘메데스는 또 다른 복잡한 어원 게임을 통해 파이드로스와 명백하게 연결되어 있다. 왜냐하면 'ganos'라는 단어 또한 '밝은 빛'을 의미하고, 파이드로스는 글을 읽는 도중 희열에 사로잡혀 '밝게 빛난다ganusthai'고 일컬어지는(234D 2-3) 반면에, 히메라의 소크라테스는 수동적이기epathon(234B) 때문이다.

플라톤이 이 모든 복잡한 작품에서 말하고 있는 것은, 진정으로 복된 삶이란 조화와 상호성 속에서 작용하는 활동성과 수동성을 적절히 계발함을 포함한다는 것이다. 수동성의 공포는 가뉘메데스의 삶에 대한 그의 문화와 (그 자신의) 비난 너머에 있는 것이다. 그는 이러한 개방성에 대한 증오가 가치와 지식에 있어서 빈곤한 삶으로 이어진다고 말한다. (그리고 이러한 통찰을 연극의 형태로 제시함으로써 그는 연인들의 놀이의 풍부함을 옹호하기도 하고, 이러한 수용성이 그 자신을 농담, 말장난, 웃음으로 표현할 뿐만 아니라 지혜를 추구한다는 것을 상기시킨다.)

그러나 우리가 지금까지 이 극에서 사랑하는 자erastēs인 소크라테스로 등장한 플라톤이 동시에, 소크라테스의 뛰어난 제자인 파이드로스라는 점을 인정하지 않는다면, 우리는 이 작품과 희곡의 복잡성을 과소평가하는 셈이다. 파이드로스는, 이미 말했듯이, 여기서 실제 연령이 40세인데, 훨씬 더 젊은 사람으로 묘사된다. 이러한 모순은 대화의 희곡상 시기로, 소크라테스가 실제로 60세이고 플라톤 자신이 대략 17세였을 때, 반짝이는 소년이 이 철학적 영향에 의해 감동받고 도취되었다는 것을 우리로 하여금 상기하도록 청한다. (아마도『국가』에서 그의 형제의 친구인 뤼시아스는, 실제로는 그의 야심 찬 연인이었다.) 소크라테스가 플라톤뿐만 아니라 소크라테스 자신을 상징하는 것처럼, 파이드로스는 두 사람*을 상징하기 때문에, 마흔이면서 열일곱이다. 이 대화 외에서 소크라테스에 대해 우리가 알고 있는 모든 것은, 그가 실제로는 에로스로 인해 미치지 않았음을 증명한다. 제자들의 열정과 경이는, 차분하게 반어법의 거리 두기로 응답받았다. 그는 플라톤의 열정적인 알키비아데스에게는 소크라테스였으니, 초연하고, 굳건하고, 자족적이었다. 그리고 만일『향연』에서의 알키비아데스의 초상이 어떤 의미에서 플라톤 자신의 자화상이라면, 즉 과도한 반어법에 대하여 그의 스승을, 동시에 사랑으로 격앙된 혼란에 대하여 자신을 책망하는 것이라면, 우리는 『파이드로스』를, 사실상 불가능한 바람, 즉 스승과 제자 서로 간의 깊은 사랑을 위해 소크라테스가 좀 더 광기의 상태가 되어서 에로스의 통찰을 수용하고 가르쳤다면 하는 바람으로 볼 수 있을 것이다. 두 겹의 언급은 또한, 플라톤이 이제, 그렇게 되었어야 했지만 그렇게 되는 것이 거부되었던 소크라테스가 될 것을 요청하고 있음을, 그리고 그가 그의 스승은 이루지 못했던 명료성과 열정의 융합을 발견했음을 우리에게 말해준다.

'광기mania'의 삶은 안정된 관조의 삶이 아니다. 플라톤은『파이돈』에서의 폐쇄적이고 금욕적인 삶, 또는 그다지 다르지 않은, 독점적이지 않고 고통 없는 성생활을 하는 뤼시아인의 삶을 선택하는 것이 더 안전하리라는 것을 보여준다. 일반적으로 인색함은 관대함보다 안정적이고, 닫힌 것은 열린 것보다 안전하며, 단순한 것은 복합적인 것보다 조화롭다. 그러나 그는 이 위험한 삶(그 위험 자체가 오히려 다소 멋지게 보여진다)에는, 다른 유형의 철학적 삶에서는 발견할 수 없는 복잡한 인간의 영혼을 위한 자양분이 있음을 인정한다. 그는 흐르는 빛과 찬란한 물, 식물의 성장, 운동과 불안정함, 수용과 해방의 이미지로 표현하는, 창조성과 객관성의 견해에 찬성하면서, 이전

---

* [역주] 플라톤과 파이드로스.

에 제시했던 이상理想과 그에 연관된 통찰력 개념의 단순함을 거부한다.

열정의 윤리적 가치에 대한 이러한 견해는, 대부분의 인간 삶에서 그 자체로 불안정한 성취이며, 플라톤은 그만큼을 나타낸다. 왜냐하면 그는 '이 이야기는 진실이 아니네'라는 시적 인용문을 두어, 그것이 어느 시점에서든, 소크라테스의 두 번째 연설이나 대화의 행위 전체에 대해 동등하게 역전될 수 있도록 하기 때문이다. (왜냐하면 파이드로스가 아테네에서 질서정연하게 좋은 삶을 이끌었다는 것은 사실이 아니기 때문이다. 그리고 소크라테스는 성벽 밖의 풀밭에서 철학을 논한 적이 없다. 그리고 헬레네는 이집트가 아닌, 트로이로 갔다. 그리고 오로지 이야기 속에서 의인화된 보레아스는 인간 소녀와 사랑을 나누지 않았다. 그리고 침착한 뤼시아스는 폴리스에서 지속적인 명성을 얻었고, 철학에 광기를 결합한, 퓌토클레스의 아들 파이드로스는 추방되어 빛을 잃었다. 그리고 시라쿠사의 플라톤과 디온은 철학적 사랑으로 결속되어, 성인成人의 삶을 함께 살아가는 데 성공하지 못했다.) 그리고 대화의 끝부분이 『크라튈로스』(467E-408B)에서의 판Pan의 이름에 대한 논의를 상기시킨다면, 우리는 이러한 어원학적 교훈을 발견할 것이다. 소크라테스는 연설이 '(판에게는) 모든 것을 의미하며, 계속해서 구르고 방황하며, 참과 거짓의 이중성을 지닌다'고 말한다. (왜냐하면 사랑이 질서와 양립할 수 있고, 열정은 열정이 될 수 있지만 여전히 이성적이라는 것은, 사실이기도 하고 거짓이기도 하기 때문이다.) 그러나 여기에서, 무엇보다도, 이 극적인 행동과, 이 혼합된 글에서, 통찰은 견지된 채로, 부정되지 않고 발표된다. 이것은 아마도 견해나 열정에 대한 인간의 약속에 요구할 수 있는 전부일 것이다.

대화의 마지막에서, 소크라테스는 행운의 신 헤르메스의 아들인, 광기의 에로스 신神인 판과 이러한 야생의 장소의 다른 신들에게 기도하여 그 내면에 의해 사랑받게 될, 아름다운 내면과 외면을 요청한다(279B-C). 기도는 대화에서의 발견과 무릅쓰게 될 위험을 모두 표현한다. 한편으로는 '순수한' 지성이 아니라 열정과 관련된 신들을 인도하는 긍정적인 역할을 표현하고, 다른 한편으로는 갈등의 가능성을 표현한다. 영혼과 육체 간의 사랑을 위한 기도는 그들의 하나됨을 축하하는 것이 아니기 때문이다. 그러나 성격과 열망에 기초한 개인의 상호적 사랑에 관한 대화의 발견 속에서, 소크라테스는 바로 이러한 질문을 계속 추구할 수 있는 강력한 자원을 찾아냈다. 그는 이제 파이드로스에게 '우리'에게 더 필요한 것이 있는지 묻는다. '내 생각에 이 기도는 적절했네.'(279C) 그리고 파이드로스는 자기 차례에, 필요와 선의善意를 가지고 응답한다. '저를 위해서도 기도해 주십시오. 서로 사랑하는 사람들은 모든 것을 공유합니다.'

'함께 가세.' 소크라테스는 말한다.

제3부
아리스토텔레스: 좋은 삶의 연약성

끝없이 탐색을 하리라
그러다 우리의 모든 탐험 끝에
출발 지점에 당도하면
그때 비로소 거기가 어디인지 알게 되리라.

T. S. 엘리엇, '리틀 기딩Little Gidding'

사람들은 늘 만물을 질서 지우는 담론에 연관시키는데, 사람마다 담론이 제 각각이다. 그래서 매일 마주하는 것들이 낯설어 보인다.

담론은 공유하는 것이건만, 대다수 사람들은 사적인 지식을 갖고 사는 것처럼 보인다.

지식인은 모두가 공유하는 담론을 근거로 말해야 한다. 폴리스마다 그 폴리스의 법을 따르는 것과 같은 이치다.

헤라클레이토스, DK 72, 2, 114

서론

아리스토텔레스는 운tuche과 인간의 적절한 관계에 관한 개념을 만들고 비극으로 돌아와서 비극이 주는 많은 통찰을 정리했다. 이어지는 논증에서 보겠지만 좋은 삶이란 무엇인가에 대한 그의 철학적 설명은 비극의 통찰과 적절하게 연속적인 한편 명료하게 그 통찰을 기술하고 있다. 우리는 이제 좋은 삶에 관한 플라톤의 새로운 구상과 철학을 급진적인 구원으로 보는 플라톤의 관점, 이 두 가지를 아리스토텔레스가 어떻게 비판하는지 검토할 것이다.

3부는 플라톤을 다룬 2부와 구조가 다르다. 아리스토텔레스의 철학적 저작이 플라톤의 저작과 다른 것과 마찬가지다. 여기서는 하나의 문제가 다른 문제로 이어지는 방식으로 진행될 것이다. 그의 연구는 다양한 목소리가 복잡하게 얽혀서 극적으로 이어지는 구조가 아니다. 겉보기에는 구별되어 보이는 다양한 탐구들 사이의 연관이 우리의 물음에 어떤 함의가 있는지 검토할 것이다. 이 방법은 계속해서 문헌을 교차검토하고 목적과 상황에 따라 배열을 달리해 가면서 강의를 재구성하는 철학자를 다룰 때에 적합하다.

8장과 9장의 내용은 첫눈에도 윤리학적 탐구의 목적에서 벗어난 것처럼 보인다. 8장은 아리스토텔레스의 철학적 방법에 관한 일반적인 논의인데, 윤리학은 물론이고 과학과 형이상학의 자료도 활용하고 있다. 9장은 윤리학 텍스트를 동원해서 인간 행동이나 행동 일반에 대한 설명뿐 아니라, 동물 행동에 대한 설명도 전반적으로 논하고 있다. 그런데 인간의 좋은 삶에 관해 아리스토텔레스가 어떤 관점을 취하는가를 보고자 한다면서 이런 문제로 시작해야 하는 이유는 무엇인가?

8장부터 살펴보자. 지금까지 이 책의 핵심 주제는 우리 이성의 야망, 즉 테크네나 과학을 통해 운을 극복하고 정복하려는 기획이었다. 플라톤에게 철학의 과업이란 삶을 구하는 테크네가 되는 것이었다. 이 테크네를 통해서 우리 인간이 일상적 조건을 넘어서는 결정적인 진보를 이룰 수 있다는 희망을 성취할 수 있다고 보았다. 플라톤의 윤리학적 업적을 비판하면서 아리스토텔레스는 철학하기에 관한 플라톤의 전반적인 생각까지 비판한다. 아리스토텔레스는 윤리학뿐 아니라 모든 영역의 철학자는 인간의 기존 신념과 담론에 대해 균형 잡힌 관계를 구축해야만 한다고 생각한다. 아리스토텔레스의 이러한 철학관과 플라톤의 관점에 대한 반박을 검토하는 것이 아리스토텔레스의 보수적인 윤리적 결론을 이해하는 첫 관문으로서 중요한 일이다. 우리가 검토한 플라톤의 대화편을 보면 이성 및 이성의 발전에 대한 플라톤의 관심이 가치 있는 삶을 기술하고 실현하고자 하는 관심으로부터 그다지 동떨어져 있지는 않다. (학문의 추구가 삶의 방식에 매우 중요한 부분이라는 점을 제외하면) 철학적 이성에 대한 아리스토텔레스의 이야기가 실천적인 물음과 늘 직접적으로 연관되는 것도 아니다. 따라서 철학적 이성에 대한 아리스토텔레스의 관점을 연구할 때에는 예외적인 경우가 아니라면 윤리학적인 자료 이외의 자료까지 검토해야 한다. 그래야만 구체적인 윤리적인 물음에 대한 탐구의 토대를 세울 수가 있다.

더욱이 플라톤 중기의 윤리학적 견해로 보건대 최고의 가치는 수학적이고 과학적인 추론의 추구 과정에 존재한다. 이 활동이 고통 없이 최대한 안정적인 진리를 지향한다는 사실 때문이다. 그 추론이 가장 안정적인 이유는 대상의 본성상 인간의 행동이나 말의 영향을 전혀 받지 않은 채 그대로 영속한다는 사실에 있다. 따라서 플라톤의 이러한 윤리 논증에 대한 아리스토텔레스의 대응을 검토할 때 우리는 그러한 활동의 추구를 아리스토텔레스는 어떻게 바라보는지 주목해야 한다. 왜냐하면 플라톤의 관점을 아리스토텔레스가 어떻게 반박하는가에 따라 위 활동이 여타의 더 평범한 인간적인 활동과 어떠한 관련성이 있는가에 대한 아리스토텔레스의 이해도 달라질 것이기 때문이다.

마지막으로, 윤리학적 진리에 대해서 인간 중심적인 관점을 수용할수록, 격변의 상황에서 윤리적인 신뢰와 확신은 더 약해진다. 아리스토텔레스의 숙고에 대한 생각을 다룬 10장과 비극에 대한 생각을 다룬 13장에는 실천의 세계에서 근본적인 구별은 인간적인 구별이고 이 구별을 지지하는 것도 인간이지 다른 영속적이거나 안정적인 무언가가 아니라는 믿음이 행위자의 윤리적 위험 인식에 기여한다는 부분이 있다. 아리스토텔레스에게 이 같은 윤리학적 인간 중심주의는 하나의 일반적 주장에서 가지를 쳐서 나온 관점이다. 그 일반적 주장은 우리의 믿음에 대한 소신이 인간의 사상, 언어와는 완전히 독립적이면서 인간의 사상과 언어보다 안정적인 어떤 대상에 집착하고 있고 집착할 수 있다는 생각을 부정하고 있다. 이 일반적 주장을 검토하면 윤리적인 것에 대한 연구에 필수적인 배경 지식을 갖추게 된다.

9장 역시 좁은 의미에서는 윤리학을 벗어나 있다. 플라톤의 운에 대한 공격의 주요 입장에 아리스토텔레스가 어떻게 대응하는지 이해하기 위한 내용으로 구성되어 있는 것이다. 여기서도 관련 논증을 추적해야만 그의 윤리적인 대응의 힘을 알아볼 수 있다. 인간과 운 그리고 자연세계 사이의 관계에 대한 탐구는 암묵적으로나 명시적으로, 동물로서의 인간, 즉 자연을 통제하려는 시도를 하면서도 자연의 영향을 받는 이 존재의 의미를 설명해 내야 한다. 이 책은 처음부터 이 물음으로 되돌아가곤 했다. 인간은 식물(또는 비이성적인 동물)과 얼마나 떨어져 있는 존재인가, 신이나 불변하는 형태와는 얼마나 멀리 떨어져 있는 존재인가? 우리는 세계를 향해 얼마나 수동적인가, 인간의 삶에서 수동성과 수용성 및 능동성은 서로 어떤 관계가 있는 것인가? 연약성이나 수동성은 가치나 선과 얼마나 양립 가능한가? 아리스토텔레스는 자신이 속한 전통의 철학에서 이 물음들을 잘 연구하지 못했다고 보고 있고 그 이유가 스스로 움직이는 이 동물 존재가 무엇인가에 대한 충분한 설명을 끌어내지 못했기 때문이라고 믿고 있다. 행동에 대해서 풍부한 일상적 믿음들이 있는데, 이것들이 시야에서 사라진 것이 행동에 대한 나쁜 철학적 이론들 때문이라는 것이다. 그 복잡성으로 되돌아가려면 분명히 이를 바로잡는 철학적 설명이 있어야 한다. 왜 우리의 수동성이 윤리적 평가에서 우리를 제거해 낼 정도는 아닌지, 왜 우리의 동물성이 선에 대한 열망과 양립 못할 정도는 아닌지를 설명해 내야 하는 것이다. 그래서 아리스토텔레스는 『영혼에 관하여』와 『동물의 움직임에 관하여』를 통해 행동의 개념과 스스로 움직이는 동물이 세계와 맺는 인과관계 개념을 제시함으로써 윤리학을 위한 더 나은 기반을 제공하려 했다. 이 프로젝트는 9장에서 설명한다. 그 과정에서 비전공자가 보기에는 다소 기술적인 내용이지만, 과학적 설명에 관한 아리스토텔레스의 사유의 쟁점도 다룰 것이다. 비전공자는 9장의 결론에 해당하는 V절로 곧장 넘어가서, 이 설명 프로젝트가 윤리학에 어떤 함의를 갖는지 살펴보아도 좋다.

다음으로 더 좁은 의미의 윤리학적 논구로 들어간다. 10장에서는 아리스토텔레스의 실천적 추론과 평가에 대한, 비과학적인 그림을 설명한다. 11장과 12장에서는 최선의 삶이 재난에 취약하다는 견해를 아리스토텔레스가 어떻게 옹호하는지 살펴보고, 특히 취약한 추구 대상을 그 최선의 삶에 포함시키고자 하는 주장도 살펴본다. 막간 2장은 이러한 견해가 시와 비극적 감정이 인간의 도덕적 학습에서 수행하는 역할에 대해 어떤 함의가 있는지를 검토한다. 운(튀케)에 대한 우리의 세 가지 물음은 상호연관성을 갖는 방식으로 해결된다. '비합리적인' 정념과 욕망의 역할은 9장, 10장, 12장과 막간 2장에서, 그리고 개별적인 좋음의 연약성에 대해서는 11장, 특히 12장에서 논한다. 또, 가치의 복수성과 가치 갈등의 문제는 10장 일부와 11장, 12장, 그리고 (비극과 연관시켜) 막간 2장에서 논한다.

8장 아리스토텔레스의 현상 개념 구하기

『니코마코스 윤리학』 7권 시작 부분에서 아리스토텔레스는 자제력 없음을 논하기 직전에 잠시 멈추고 자신의 철학적 방법에 관해서 몇 가지 말하는 대목이 있다.

> 여기서도 다른 경우와 마찬가지로 현상들phainomena을 [앞에] 놓고 우선 그 속에 있는 난점들diaporēsantas을 조사해야만 한다. 이러한 방식으로 이 경험들에 관해 우리가 지닌 모든 통념들ta endoxa을 적시해야만 하고, 만약 모든 통념들을 적시할 수 없다면 대부분의 통념들을, 그리고 가장 권위 있는 것들을 적시해야 한다. 만일 그 난점들이 풀리면서도 통념들endoxa이 살아남게 된다면 우리는 충분히 밝힌 셈이 될 것이기 때문이다.(1145b1 이하)

아리스토텔레스는 자신의 철학적 방법에 대해 '여기서도 다른 경우와 마찬가지로' 파이노메나 즉, 이른바 현상이라고 하는 것을 정리하는 것이라고 말한다. 현상에 전념하는 것이 적절한 철학적 방법이고, 또, 현상에 의해서 적절한 철학적 방법은 제한된다. 파이노메나로 인해 직면한 어려움을 헤쳐 나가서 최대한 많은 기본적인 현상을 정리한다면, 철학이 갈 수 있고 가야만 하는 데에 이르렀다고 할 수 있다.

이러한 이론적 설명에 이어 방법의 적용이 바로 잇따른다. 아리스토텔레스는 처음에 자제력 없음akrasia에 관한 우리의 통상적인 믿음과 언설 중 가장 중요한 몇 가지를 보고한 다음, '우리가 지금까지 말한 것은 이것이다'(1145b20)라는 말로 요약하여 마무리한다. 그다음으로 그 누구도 의지를 가지고 잘못을 저지르지는 않으며, 오직 무지로 인해서 최선이 아닌 것을 선택한다는 소크라테스의 견해를 제시한다. 이에 대해 아리스토텔레스는 단호하게, '이 주장은 분명히 현상과 다르다'라고 말한 다음, '현상'에 부합하지만 소크라테스의 주장에 부합하지 않는, 자제력 없는 행동akratic behavior에 관한 설명을 제시한다.*

자, 상황은 이렇다. 야심찬 흥미로운 철학적 관점이 요청하기를, 위에서 본 대로, 우리가 일상적으로 말하고 믿는 것을 대대적으로 수정하라고 하고 있다. 문맥상 아리스토텔레스가 말하는 파이노메나는 우리가 일상적으로 믿고 말하는 것을 가리키는 것으로 보이는데, 이와 다르다는 이유로 그 관점을 거부하면서 아리스토텔레스는 어떤 답을 내놓고 있는 것인가? 일상적인 것에 철저히 몰두하고 제한받는, 아리스토텔레스의 철학적 방법은 도대체 어떤 것인가?

8장의 제목을 이렇게 붙인 이유는 아리스토텔레스의 파이노메나를 구제할 필요가 있다고 믿기 때문이다. 즉 이는 파이노메나가 곤란에 빠져 있거나 공격을 받고 있다는 뜻을 내포한다. 두 가지 조금 다른 수준에서 이 말은 사실이다. 텍스트 자체의 수준에서 보면 파이노메나는 완전히 사라질 위험에 처해 있다. 아리스토텔레스의 '파이노메나'라는 말은 각기 다른 여러 가지 번역어로 옮겨지고 있는데 내가 토론하는 인용문의 표준 영어를 보는 독자라도 그 번역어들 사이의 공통점이 무엇인지 단서를 찾지 못할 정도이다. 로스는 『니코마코스 윤리학』 7권의 인용문에서는 '관찰된 사실'이라고 했다.** 다른 데에서는 '지각 자료', '인정된 사실', '사실', '관찰'이라고 하고 있는데, 글자 그대로 '현상'이라는 말만 빼고 거의 다 볼 수 있다. '우리가 믿는 것' 또는 '우리가 말하는 것'과 바꾸어 써도 무방한 경우가 많다. 언어와 통념이 파이노메나와 맺고 있는 긴밀한 관련성을 구하려고 노력해 온 오언마저 매우 모호한 용법을 이유로 아리스토텔레스를 탓할 정도이다.*** 따라서, 아리스토텔레스의 방법을 이해하려면, 『에우데모스 윤리학』에서 말한 대로,

---

* 4장 참조. 여기에서는 아리스토텔레스의 설명이 4장에서 우리가 상상한 보수적인 반응은 아니라는 점을 주장할 것이다.

** W. D. Ross, *Ethica Nicomachea, The Works of Aristotle* (Oxford 1915) IX.

철학적 탐구에서 우리가 사용하게 될 '증인'과 '패러다임'(1216b26)으로서의 파이노메나를 구해내고 이 말을 더욱 정확하게 사용해야 한다.

두 번째 문제는 앞서 언급한 것보다 심오하다. 현상을 살리는 것을 목표라고 선언하는 철학적 방법은 도입 당시에도 그렇지만 여전히, 당장이라도 철학적으로 내쳐질 위험에 놓여 있다. 그도 그럴 것이 그런 방법은 절망적이리만치 밋밋하고 지루하면서도 야심 없어 보일 수가 있다. 철학이 할 바는 사태를 있는 그대로 두는 것이라고들 한다. 그렇게 했을 때, '충분히 보여준' 거라고, 아리스토텔레스가 말한다. 그런데 여기서 충분하다는 것은 무엇에 충분하다는 것인가? 누구에게 충분한 것인가? 혹시 현실적 문제의 긴급한 힘을 느끼지 못한 프로타고라스에게? 소포클레스에게? 플라톤에게?

그런 문제를 아리스토텔레스도 잘 알고 있었다. 그래서 일부러 현상이라는 말을 골라서 문제에 직면하려고 했던 것 같다. 자신의 철학적인 패러다임에 이 용어를 사용함으로써 자신의 철학적 전통에서 볼 때에 아주 드문 철학적 방법과 그 한계에 대한 입장을 취한 것이다. 아리스토텔레스 이전의 희랍 인식론에서는 보통 현상을 양극단의 한쪽에 두고 반대쪽에 실재 혹은 진리를 둔다. 현상이라는 말의 통상적 의미는, 플라톤과 그 이전의 철학자들에게, 인간에 의해 그리고 인간의 통념에 의해서 지각되고 구획되고 해석되는 것으로서의 세계이다. 따라서 진리에 대한 증인이 되기에는 부족한 것으로 여겨졌다. 철학은 철학 이전의 시대에 세계를 바라보는 방식에 근본적으로 오류가 있을 수 있다는 가능성을 인정하면서 시작되었다. 인간이 말하는 방식, 믿는 방식으로는 닿을 수 없도록 '숨기 좋아하는'(Heraclitus B123) 진리가 저 너머에 있다. 드러내고 걷어내고 건너가고 넘어가는 것, 이런 것들이 철학적 진리 추구에 대한 희랍 초기 철학의 주된 이미지이다. 진리를 가리키는 희랍어의 어원은, '드러난 것', '은폐 상태로부터 들추어낸 것'을 의

*** G. E. L. Owen, 'Tithenai de phainomena', S. Mansion, ed., *Aristotle et les prob-lèmes de méthode*. Louvain, 1961, pp. 83-103. ; Barnes, *Articles*, Vol. I, pp. 113-126. ; J. M. E. Moravcsik, ed., *Artistotle*, (Garden City, NY I967).

미한다. 아리스토텔레스로부터 기본적인 현상을 위반한다는 비난을 받을 만한 철학자들 중에서도 가장 대담한 파르메니데스는 시종일관 이렇게 말한다. 진리를 발견할 수 있는 곳은, '모든 폴리스'를 떠나서, '사람들이 많이 다닌 길에서 멀리 떨어진' 곳이라고. 그는 진리와 현상 사이의 대조를 이런 식으로 표현한다.

> 당신은 완전한 진리의 확고부동한 요체를 배울 수 있다.
> 한편, 당신은 또 진정한 확신이라고는 찾을 수 없는,
> 필멸의 존재들의 의견도 배울 수 있다.

유한하고 제한적인 존재들의 의견은 진리에 관해 전혀 좋은 증거를 제공하지 못한다. 하물며 진리의 증인이나 패러다임을 제공하지 못하는 것은 더 말할 것도 없다.

이러한 전통을 이어받아 발전시킨 철학자가 플라톤이다. 파이노메나와 그와 연관된 인지적 상태는 진리나 진정한 이해와 완전히 상반되는 것이라고, 대놓고 주장한 사람이 플라톤이다. 아주 중요한 주제를 이해하는 데 필요한 범형paradeigmata은 인간의 믿음과 지각의 세계에서 결코 발견할 수 없다는 주장을 펴는 이가 플라톤이다. 즉, 아리스토텔레스가 파이노메나야말로 최선의 유일한 파라데이그마타라고 말할 때 중심 표적은 플라톤이다. 우리는 『국가』 4권에서 인간의 관점에 머무는 방법의 철학적 충분성에 반대한 소크라테스의 비판을 기억한다. '불완전한 것으로는 그 어떤 것도 잴 수 없다. 가끔 사람들이 이제 충분하고 더는 찾아볼 필요가 없다고 말하더라도 그러하다.' 글라우콘은 '사람들이 그런 말을 하는 것은 게으름 때문'이라고 했다. 이에 대해 소크라테스는, '게으름은 폴리스와 법의 수호자에게 없어도 되는 자질'이라고 답한다. 불완전한 제한적 존재는 무엇이든지, 인간이나 인간의 합의조차도, 그 어떤 것에 대한 좋은 척도가 될 수 없다. 프로타고라스의 인간 중심적인 주장은 불충분함을 양산할 뿐이다. 인간이 공유하는 관점이나 믿음의 바깥으로 나아갈 수 있는 능력이야말로 파르메니데스의 시에

도 나오듯이 삶에 관한 참된 진리로 다가가는 필요조건이다. 신의 눈과 같은 완벽한 관점이 유일하게 믿을 만한 것으로서 참된 판단을 위해 충분히 믿을 만한 기준인 것이다. (그리고 그 이유는 이것이다. 우리를 신으로부터 갈라놓아서. 즉 우리의 일상적인 믿음과 관점 대부분에 스며들어 있는 것들은 그저 왜곡과 장애만 일으켜서 신에게 거부당했다.) 플라톤이 글라우콘 같은 평범한 상대에게 자기 주장의 호소력을 입증하려 애쓰면서 철학 이전의 믿음이 얼마나 뿌리 깊은가를 알려준다는 사실로도 이러한 상황은 바뀌지 않는다. 왜냐하면 글라우콘의 동의 여부는 플라톤 주장의 진리성을 가늠하는 기준이 될 리가 만무하기 때문이다. 글라우콘이든 누구든 평범한 사람이 사유에 아무런 관심을 보이지 않더라도, 사유는 여전히 세상에서 가장 가치 있는 활동일 것이다.

플라톤의 주장이 비단 윤리학에만 국한되는 것은 아니다. 인접한 구절에서는 수학자를 비판하고 있고 비판의 근거는 수학이라는 학문이 사람이 '설정한' 가설에서 출발한다는 사실이다. 그리고 그런 가설로는 인간의 신념을 완전히 벗어난 순수하고 비가설적인 지점, 영원하고 안정적이며 절대로 삶과 언어의 맥락에 좌우되지 않는 출발점에 이르지 못한다는 것이다. 절대의 속성을 가진 출발점이어야만 학문과 인식의 적절한 기초가 될 수 있다는 것이 플라톤의 뜻이다.

윤리학은 물론이고 과학과 형이상학 분야에서도 현상을 구하고 현상의 진리성을 구하는 것을 목표로 한다는 아리스토텔레스의 선언은 편하게만 받아들일 말이 아니다. 엘레아학파와 플라톤 철학의 전통에서 이는 상당히 도전적인 발언이다. 아리스토텔레스는 신망을 얻지 못했던 비극적이면서도 프로타고라스적인 인간 중심주의의 재건을 꾀했던 것이다.* 플라톤과 파르메니데스가 출구를 만드느라 평생을 보낸 바로 거기에서 아리스토텔레스는 자신의 철학적 작업을 해내리라 약속하고 있다. 그는 '인간에게 익숙한 길

---

* 여기에서 중요한 점은 인간 중심주의가 상대주의를 의미할 필요는 없다는 것이다. 우리가 주장한 바와 같이 플라톤의 프로타고라스는 상대주의자가 아니다 (4장).

(플라톤의 말) 너머 먼 곳'보다는 우리가 말하고, 보고, 믿는 것 '안에서' 진리를 찾겠다고 고집한다. 이 현상들에 질서를 부여하고 그것의 진리성을 입증하는 사람은 '충분히 보여주는' 거라고 적고 있는데, 주어진 한계 안에서 작업하는 것은 게으름이 아니고 그게 바로 좋은 철학이라고 주장한다. 이것이 『국가』 4권의 내용에 대한 아리스토텔레스의 답이다. 아리스토텔레스의 철학하는 방법과 그가 인간 중심주의를 반대하는 쪽에 대응하여 제시한 답변에 관해서 보다 깊고 정확한 설명을 제시하고자 한다. 이를 위해 중요한 세 가지 물음이 있다.

(1) 아리스토텔레스가 말하는 파이노메나는 무엇인가? '파이노메나'라는 용어는 어떻게 옮기는 것이 가장 좋은가? 파이노메나는 관찰과 어떤 관계가 있는가? 그리고 언어와는 어떤 관계가 있는가?

(2) 그의 철학적 방법은 좀 더 정확히 말해서 어떤 것인가? 철학자는 어떻게 현상을 모으고 정리하는가? 그다음에는 그것들로 무엇을 하는가? 일부를 버리는 이유는 무엇인가? 그리고 버려서 얻어내는 것은 무엇인가?

(3) 우리 혹은 우리의 철학자들이 현상에 전념해야 하는 이유는 무엇인가? 진리에 대한 그들의 권리 주장은 어디에서 유래한 것인가? 우리가 아주 널리 공유하는 가장 깊은 믿음의 일부는 그르다고 주장하는 반대자들에게 아리스토텔레스가 할 수 있는 말은 무엇인가?

I

'파이노메나'는 '나타나다'라는 뜻의 '파이네스타이phainesthai'의 현재분사의 중성복수형이다. (얼핏 보면 엉뚱하게도) 파이노메나를 '관찰된 사실'로 번역하는 것은 아리스토텔레스적인 과학에 대한 해석의 오랜 전통에 기인한다. 이 전통에서는 과학적/철학적 방법에 대한 베이컨의 개념을 아리스토텔레스부터 비롯된 것으로 인식한다. 또한 베이컨은 과학자의 절차를 가장 잘 받아들일 수 있도록 정식화했다는 신망을 받는 인물이다. 과학자나 철학자는 자기 분야에서 정확한 경험적 관찰을 통해 자료를 수집하는 일부터 시작하는데 이때 해석이나 이론화는 철저히 피한다. 다음으로는 그 자료를 설명할 이론을 탐구한다. 아리스토텔레스의 파이노메나는 바로 그런 과학자와 철학자의 베이컨적 개념의 관찰-자료이다. 이것을 '구해내려는' 시도는 이 방법을 통해 하나의 포괄적 이론을 찾고자 하는 시도이다.

이것이 파이노메나의 의미가 될 수 없음은 여러 맥락에서 매우 명백하다. 예를 들면, 『니코마코스 윤리학』 중 우리가 인용한 부분은 로스의 번역인데 이것은 위에 언급한 의미에 전혀 맞지 않다. 인용문은 파이노메나라는 용어를 '엔독사endoxa'라는 용어로 곧바로 대체하고 있다. 엔독사는 특정 주제에 대한 통상적인 관점이나 믿음이다. 실제로 아리스토텔레스가 수집하고 정리한 것은 우리가 하는 말에서 보통 드러나는 그대로의, 자제력 없음에 대해 우리가 갖는 통상적 믿음이다. 어떤 행위자의 자제력 없는 행동을 해석을 수반하지 않고 언어로 기술하려는 시도는 하지 않았다. 아리스토텔레스는 우리가 그런 행동을 표준적으로 어떻게 해석하는지 살펴본다. 파이노메나에 대해 요약한 것은 이렇게 이어지는 부분이다. '따라서 우리가 말하는 것은 이런 것입니다ta legomena.'(1145b8-20) 여기서도 소크라테스의 이론은 베이컨이 말하는 엄연한 사실이나 이론 중립적인 기술과 상충하지 않는다. 상충할 수가 없다. 소크라테스의 이론과 상충하는 것은 사람들이 통상적으로 하는 말과 공유하는 해석이다.

유명할 만해서 유명한 그의 논문에서 오언이 확신을 가지고 주장하는 내용을 보면, 아리스토텔레스의 저작 중에서 윤리학뿐만 아니라 『자연학』이나 『천체에 관하여』 등 과학 저작에서도, 아리스토텔레스의 파이노메나는 언어 사용에서 잘 드러나는 우리들의 믿음과 해석으로 봐야 한다고 했다. 파이노메나를 정리한다는 것은 믿음이 전혀 개입되지 않은 사실을 찾는 게 아니라 우리의 언어 사용 및 그것으로 드러나는 사고와 믿음의 구조를 기록하는 것이다. 예를 들어, 장소와 시간에 대한 『자연학』의 설명은 '엄연한' 자료를 수집하는 것부터 시작하지 않는다. 해당 주제에 관해서 우리가 말하는 것을 관찰하는 것부터 시작하는데, 그걸 가지고 우리가 현재 그 주제에 대해 갖고 있는 관점들에 대한 명확한 시각을 제공한다. 아리스토텔레스의 과학적 저작에서 개념적이고 언어적인 고려가 두드러진 점을 확인함으로써 오언은 기존에 만연해 있는 견해를 바꾸기 위한 긴 여정을 시작한 것이다. 기존의 견해는 아리스토텔레스가 '과학'과 '형이상학' 또는 '세계관'을 뚜렷이 구분한다는 것인데, 여기서 『자연학』은 늘 문제적이거나 심지어 혼란스러운 저작물로 비쳐지곤 했다.

그런데 오언도 베이컨의 개념을 충분히 비판하지는 못했다고 생각한다. 오언은 특정 과학적 맥락에서는 베이컨식 번역이 적절하다는 의견을 고수하면서, 파이노메나에 관심을 두는 방법을 아리스토텔레스가 옹호하는 것이, '베이컨적인 개념'이라고 오언이 명시적으로 칭하는 것을 옹호하는 것이라고 했다. 전통적인 견해에 대한 그의 비판을 보면 전통적 견해가 '모든' 증거에 부합하지는 않는다는 점, 특히, 모든 과학적 연구의 모든 증거에 다 부합하지는 않는다는 점으로 제한되어 있다. 그런데 여기서 오언은 아리스토텔레스가 파이노메나라는 용어를 모호하게 사용하고 있다는 결론을 내린다. 파이노메나에 두 가지 의미가 있고, 그렇기 때문에 우리가 방법을 두 가지로 구별해야 한다고 주장하는 것이다. 다시 말해서, 한편으로 파이노메나는 '관찰 자료'를 가리키는데, 이것은 자연과학에 대한 베이컨의 개념과 관계가 있다는 주장이 그것이다. 다른 한편으로는 '우리가 말하는 것' 또는 '우리의 공통된 믿음'을 뜻하고 이 경우에는 세계에 대한 우리의 기술과 해석을 분류하고 정리하는 것에 목표를 두는 방법과 관계가 있다고 했다.

오언은 이 논문으로 아리스토텔레스 연구에 크게 기여했다. 그러나 그답지 않게 보수적으로 탐구를 멈춘 것은 아리스토텔레스에게는 부당한 처사이다. 첫째, 오언은 아리스토텔레스가 자신의 방법과 방법의 핵심과 관련해서 애매하게 얼버무렸다는 비판을 밀어붙인다. 주의사항을 덧붙이지 않으면 이것은 심각한 오류가 된다. 아리스토텔레스가 정확성과 세심함을 특별히 기울인 영역에 대해서는 더욱 그렇다. 그런데 다행히 이 문제로 오언을 비판할 필요는 없다. 사실상 이 문제는 오언의 설명에서 더 심각한 두 번째 난점 때문에 야기되었기 때문이다. 그것을 배제하면 다른 문제도 없어진다. 오언이 아리스토텔레스에게 모호성이 있다고 한 이유는 생물학에서 아리스토텔레스가 '베이컨적인' 경험주의에 몰두했다고 믿었기 때문이다. 그렇지만 사실은, 이론-중립적 관찰에 기초한, 베이컨적인 과학 개념과 같은 것을 아리스토텔레스에게 대입할 이유가 없다. 아리스토텔레스는 경험에 대해 이야기하거나 세계가 어떻게 '나타나는지'에 대해 이야기할 때, 일련의 관찰을 별도로 떼어내서 '해석이 결부되지 않은 것이다'라거나 '엄연한' 자료라고 부르지 않았다. 그런 식으로 경험 자료의 일부를 '확고한 것' 혹은 '이론-중립적인 것'이라고 별도로 구분하는 일이 희랍의 과학자에게는 일반적인 것이 아니었다. 우리가 아리스토텔레스와 그 이전 철학자들에게서 공통적으로 볼 수 있는 것은, 지각 자료와 통상적인 믿음을 베이컨의 방식으로 뚜렷이 구분하지 않고 '경험'이라는 느슨하고 포괄적인 개념 혹은 또는 관찰하는 사람이 자신의 인지 능력을 활용해서 세계를 보거나 '인식하는' 방식이다(아리스토텔레스는 이런 것을 통칭해서 '크리티카', '구별하기와 관련된 것'이라고 했다).

나는 이것을 아리스토텔레스식 파이노메나의 의미로 제시한다. 그것은 느슨하기 때문에 그 이상의 세분화가 필요한 (동시에 세분화를 용인하는) 개념이다. 그렇지만 모호하거나 공허하지는 않다. 우리가 시대착오적인 과학 개념의 도입을 고집하지만 않으면 위에서 언급했던 두 가지 감각과 두 가지 방법은 하나가 될 수 있다. 아리스토텔레스가 레스보스 기슭의 조개류에 대해 기록할 때, 그의 관점에서 말한다면, 우리가 일상적으로 자제력 없음에 대해 말하는 것을 기록하는 활동과 그리 다르지 않은 작업을 하고 있는 것이다. 우리와 같은 종의 구성원인 관찰자들에게 '보이는 대로', 경험되는 대로 세계를 기록하고 있는 것이다. 이 두 가지 활동에 중요한 차이가 있는 것은 확실하다. 그러나 거기에는 중요한 연결고리도 있고 그는 그것을 정당하게 강조하고 있다. 우리는 '과학'과 '인문학'을 예리하게 구분하곤 한다. 아리스토텔레스라면 좋은 과학이 지닌 인간성을 우리에게 상기시킬 것이다. 아리스토텔레스가 파르메니데스의 그림자 속에서 이런 방법을 구상했다고 오언이 강조해서 말했는데 이 말은 옳다. 파르메니데스는 감각-지 각sense-perception의 증거와 공유하는 언어와 믿음의 자료를 구분 없이 거 부하면서 그 모든 것을 단순히 '관습' 또는 '습관'이라고 조롱한다. 플라톤 역시 지각과 믿음 두 가지 모두를 거부하면서 인간의 관점이 '야만적인 진 흙더미' 속에 '빠져 있는' 것이라고 했다. 아리스토텔레스는 파르메니데스와 플라톤에게 대응하면서, 인간 경험의 자료에 철저히 몰두하는 방법 안에서 연구하고 또 그 방법을 옹호할 것을 자신의 입장으로 정하는 한편, 이런 인 간 경험을 그 방법의 한계로 받아들인다.

II

아리스토텔레스의 방법이 지각과 믿음을 단순히 모호한 언어로 보존하려 고 한 것이라면, 철학에 실질적인 기여를 하지 못했을 것이다. 우리는 그의 이론적 설명과 그의 실천으로부터 철학적 절차와 철학적 한계에 대한 풍부 한 설명을 끌어낼 수 있다.

첫째, 철학자는 유의미한 현상들을 '정리'해야 한다. 영역마다 현상들이 다르고 모으는 방식도 다를 것이다. 그렇다 하더라도, 모든 영역에서 일상 적인 믿음과 말에 대한 연구는 물론, 그 문제에 관한 기존의 과학적 혹은 철 학적 연구, 즉 '많은 현명한 사람들의' 견해를 포함시켜야 한다. 아리스토텔 레스가 생각하는 관점에서 보건대, 관련 있는 현상들을 묶는 '우리'란, 한 종 으로서의 구성원이면서 삶의 방식에서도 일반적인 특성을 공유하는 그룹이 다. 아리스토텔레스를 둘러싼 과학 전통은 민속지학뿐 아니라, 동물과 인간 의 관습 사이의 유사성에도 매료되었다. 아리스토텔레스는 인간의 관점과 가치에 대한 연구에서, 동떨어진 자료의 의미는 은연중에 거부한다. 『니코마 코스 윤리학』, 『정치학』 또는 『자연학』의 관련 부분을 봐도, 동물이 새끼를 훈련시키는 방식이나 동물이 시간과 장소를 인식하는 방식에 대한 언급은 찾을 수 없다. 또 헤로도토스와 그의 추종자들이 함부로 묘사하곤 했던 기이한 원시적 공동체의 견해나 관점에 대한 기록도 찾을 수 없다. 파이노메나는 아리스토텔레스 자신의 언어 공동체, 그리고 제도는 좀 다르더라도 삶의 일반적 조건이 유사한 다른 문명 공동체에서 도출한 것이다. (다른 과학적 사례에서 자료는 그러한 공동체 소속 사람들이 관찰하거나 경험한 자연세계의 측면으로부터 수집한 것이다.) '이런 선별 때문에 아리스토텔레스에게 문화적 우월주의라는 비난이 자주 가해지기도 했다. 그러나 더 깊고 흥미로운 이유가 있다. 『정치학』에서 그는 자신의 정치 연구에서 두 가지, 즉 동물적 존재와 영웅적이거나 신적인 존재를 무슨 이유로 제외했는지 이야기한다. 그는 말하기를 유일하게도 인간은 (나중에 11장에서 다시 검토할 부분인데) 이 연구가 다루는 선과 악, 정의와 불의 및 기타 윤리적 개념을 경험하는 유일한 생명체이다. 결과적으로 이런 개념을 말로 표현할 수 있는 능력을 소지한 존재는 인간뿐이다. 이 독특한 경험은 피조물 가운데 인간이 합리적이고(즉, 개념과 제도 사이의 연관성을 인식하고), 동시에 개별적으로는 자기 충족성이 결여되어 있다는 사실과 연관이 있는 것 같다. 인간은 짐승도 아니고 신도 아니다(1253a27-9). 아리스토텔레스는 헤라클레이토스의 저술에서 시작한 철학 전통을 따르고 있는 것 같다. 이 전통에서 정의 개념을 사용하는 능력은 신적 존재는 공유하지 않을 경험, 즉 필요나 희소성의 경험에 기초한다. 우리가 이 원칙을 일반화한다면, 우리가 쓰는 F 개념의 연구를 위한 자료는, F라는 용어를 사용하게 만드는 조건 측면에서 우리와 비슷한 삶의 방식을 가진 사람들에게서만 얻을 수가 있다는 결론이 도출된다. 그러한 관련이 없는 집단과 종은 그들이 쓰는 언어에 F 개념을(또는 우리가 쓰는 F 개념과 충분히 밀접한 관계가 있는 것을) 가질 수 없다. 그리고 그렇기 때문에 그 개념을 어떻게 생각하는지 그들에게 물어볼 필요도 없다. (이런 설명은 담론에 관한 아리스토텔레스의 일반론에서 뒷받침된다는 점을 뒤에서 볼 수 있다.)

이제 철학자가 중요한 모든 파이노메나를 다 모았다고 하자. 아리스토텔레스에 의하면 그다음 작업은 이 모든 파이노메나가 우리에게 던지는 의문이나 딜레마를 정리하는 것이다. 파이노메나는 우리에게 혼란스럽게 보일 것이고 직접적인 모순을 드러내는 경우도 흔하다. 그것들은 우리의 의견 불일치와 양가감정을 반영한다. 그러므로 첫 단계 작업은 상충하는 의견을 수면 위로 꺼내놓고, 찬반 양쪽의 고려 사항을 분명하게 정리하면서, 우리가 하나의 문제에 관해 한쪽 입장을 택했을 때 다른 문제들에 대한 우리 입장에는 어떤 영향을 주는지 확실히 제시해야 한다. 의문점을 기술하는 데에 이런 진지한 시도를 하지 않는다면, 문제를 덮거나 단순히 회피해 버리는 해결책을 쉽사리 수용하게 될 것이다. '당신이 어떻게 묶여 있는지 알지 못하면 어떤 것도 풀어낼 수 없다. 지성의 의문점은 쟁점에 관해서 바로 이 점을 당신에게 보여준다. 지성이 의문을 가지는 한, 그 경험은 마치 결박당하는 경험과 유사해서 어느 쪽으로도 진행할 수 없기 때문이다.'(『형이상학』, 995a29-33) 이같이 언급한 다음 아리스토텔레스는 『형이상학』 3권 전체를 이후의 저작들에서 더 적극적인 작업을 위한 예비 작업으로, 정체성과 이해에 대한 가장 진지한 의문을 설정하는 데에 할애하고 있다. 과학적인 연구도 비슷한 방식으로 진행한다.

철학이 단지 현상 유지만 했다면 여기서 끝났을 것이다. 누군가는 이렇게 생각하는데 또 다른 누군가는 저렇게 생각할 수 있는 법이다. p를 위한 좋은 이유가 있는가 하면, not-p를 위한 좋은 이유도 있다. 희랍의 회의론은 여기서 멈추었다. 의견의 상충, 그리고 의문점들에 관한, 설득력이 똑같아 보이는 대립적인 믿음의 중간 입장을 취하고 모든 지적인 신조로부터 벗어났다. 이처럼 믿음으로부터 해리되는 경험이 너무나 즐거운 나머지, 그것을 인간선으로 제시했고, 그 후로는 양쪽 입장에 '같은 비중'을 두는 방식으로 논증을 구성했다. 아리스토텔레스는 여기서 멈추지 않는다. 그가 떠올린 구속과 자유의 이미지를 보면 그가 그러한 딜레마 경험을 전혀 즐겁게 여기지 않았음을 알 수 있다. (여기서 형이상학적 입장을 서로 구분 짓는, 깊은 인간적 차이가 우리에게 보이기 시작한다.) '모든 인간은 본성상 이해를 추구한다'라고 아리스토텔레스는 『형이상학』의 서문에 적었다. 모순이 존재하는 한, 삶의 문제에 확연한 질서를 지우려는 심오한 본성상의 욕구가 충족될 수 없다고 그는 믿는다. (앞으로 보게 될) 우리가 지닌 깊은 지적인 신조는 무모순 원리이고 이는 우리가 공유하는 모든 믿음 중 가장 기본적인 것이다. 그리하여 현상을 구하는 방법은 우리에게 일관성을 추구할 것을 요구한다.

그러나 우리가 어려움을 해결할 때 논리적 증명이 이끄는 대로 어디든 따라갈 자유는 우리에게 없다고 아리스토텔레스는 주장한다. 문제점에 대한 연구가 끝나면 우리가 제시한 설명을 다시 파이노메나로 가져가서 우리가 제시한 설명이 파이노메나를 통해 참으로 보존되는지를 입증해야 하는 것이다. 그게 아니라면 적어도 가능한 한 많은 수의, 가장 기본적인 것들은 보존하고 있음을 보여야 한다. 이렇게 되돌아가 검토하기를 무시하고 내적인 명료함과 일관성에만 골몰하는 철학자와 과학자를 아리스토텔레스는 곳곳에서 비판하고 있다. 『천체에 관하여』(293a27)에서 그는 '파이노메나가 아니라 논증으로부터 확신을 찾으려는' 사람을 비판한다. 이러한 상황이 보여주는 것은, 자제력 없음에 대한 소크라테스의 관점이 그렇듯 논증만으로는 널리 받아들여지는 믿음과 상당히 어긋난 이론적인 주장을 그저 밀어붙이게 된다는 것이다. 3권에서 그는 삼각형의 표면들로부터 물체들이 발생한다는 플라톤의 이론을 비판한다. '이 사람들에게 일어나는 일은, 파이노메나에 대한 논의를 하면서 파이노메나에 부합하지 않는 말을 한다는 것이다. 이런 일이 생기는 까닭은 제1원칙에 대한 잘못된 개념을 갖고 모든 것을 확고한 어떤 이론에 끼워 맞추기를 원하기 때문이다.'(『천체에 관하여』, 306a5 이하) 이와 마찬가지로 『생성과 소멸에 관하여』(325a13 이하)에서도 그는 엘레아학파를 비판하고 있다. 이유는 그들이 연구 과정 전체를 통틀어서 경험에 기초한 판단, 즉 파이노메나를 전혀 추적하지 않았기 때문이다. 아리스토텔레스는 그들이 '논증을 따라야 한다'는 의견을 고수하면서 '경험을 그냥 지나쳐버리는' 것으로 보았다. 분명히 그들 역시 파이노메나, 즉 여기서는 인간이 지각하는 세계의 경험으로 시작은 했다. 그런데 그들은 이어지는 논증의 내적인 진행에 매혹당한 나머지, 인간의 믿음과는 맞지 않고 그로부터 너무 많이 떨어진 곳에서 논증이 끝났는데도 그 논증을 믿어버리게 된 것이다. 아리스토텔레스의 생각은, 결론이 이상하면 반드시 논증이 어딘가 잘못되었다는 사실을 알리는 신호로 받아들여야 한다는 것이다. 우리 세계의 진정한 속성이 구별distinctions과 복수성plurality임에도 엘레아학파는 이를 부정하는 결론을 내리고 있는데, 이에 대해서 아리스토텔레스는, '논증을 보면 의견들이 그걸 따르는 것으로 보이지만, 실제를 고려하고서도 그걸 믿는다면 미친 짓으로 보인다. 왜냐하면 사실 미친 사람도 불과 얼음이 하나라는 생각을 할 정도로 멀리 나가지는 않기 때문이다.'(『생성과 소멸에 관하여』, 325a18-22) 이론은 인간이 살고 행동하고 보는 방식, 즉 넓은 의미의 프라그마타pragmata에 전념하여야 한다. 엘레아학파를 따른다면 우리 공동체에서 이상한 사람조차 믿지 않는 것들을 믿는 것이다. 미친 사람도 난로에 버터를 넣어 둔다거나 얼음덩이 앞에서 온기를 찾지는 않는다.

그런데 일관성을 유지하면서, 현상들을 취사선택할 때 어떤 원칙과 절차를 활용할 수 있는가? 예상할 수 있듯이, 아리스토텔레스식의 절차는 주제와 문제에 따라 다르다. 그래서 일반적으로 어떻게 해야 한다고 말하기는 어렵다. 그러나 몇 가지 말할 수 있는 것도 있다. 첫째, 보편적으로 믿는 것은 완전히 버리면 안 된다. '우리는 모두에게 그렇게 보이는 것이 실제로도 그러하다고 말하기 때문이다.'(『니코마코스 윤리학』 1172b36)* 이 책의 앞 부분에 아리스토텔레스가 긍정을 표하며 인용하는 시구가 있다. '많은 백성들의 입에서 나온 이야기는 결코 소멸되지 않으니……'(『니코마코스 윤리학』 1153b27-8)** ((쾌락에 관한) 이 맥락에서는 다른 믿음들에 견주어서 주어진 믿음을 평가하지 못하게 막지는 않는다는 것을 보여주고 있다.) 둘째, 논증이나 탐구에 사용해야 할 것은 아무것도 버릴 수 없다. 이 점에 대해서는 다음 절에서 살펴보게 될 것이다.

그 외에 우리가 해야 한다고 아리스토텔레스가 믿는 일은 주어진 주제를 탐구하고자 할 때 좋은 판단자의 관점, 즉 우리의 논란을 중재하도록 믿고 맡길 수 있는 사람의 관점을 공유할 수 있는가를 자문하는 것이다. 다수

---

* [역주] 원서에는 1172a로 표기되어 있으나, 1172b의 오기가 분명하므로 역자의 재량으로 바로 잡았다.

** [역주] 원서에는 1155b로 되어 있으나 1153b의 오기가 분명하므로 역자의 재량으로 바로 잡았다.

가 선택한 것이 진실인 경우는 매우 드물다(『형이상학』, 1009b2). 판단자에게 평결을 맡길 주제에 관해서는 우리 사이에 견해차가 크더라도 누가 유능한 판단자인가에 관해서는 의견차가 적은 편이고 의견 공유는 쉬운 편이다. 윤리학을 예로 들면 지성과 기질과 상상력과 경험 등 유능한 판단자가 갖추어야 할 특성에 관해서는 특정 사안에 대한 판단자의 결정에 관해서보다 비교적 의견이 잘 모아지는 편이라는 뜻이다. 다른 영역도 그렇다. 『형이상학』 4권에서 아리스토텔레스는 우리의 관행 속에서 의견을 중재할 일련의 표준이 드러나게 되어 있다는 점을 지적함으로써 지각에 대한 의문을 제기하는 사상가들에게 다음과 같이 답하고 있다.

규모나 색상에 관해 멀리 있는 사람에게 그렇게 보이는지 아니면 가까이 있는 사람에게 그렇게 보이는지, 그리고 건강한 사람에게 그렇게 보이는지 병약한 사람에게 그렇게 보이는지가 의문이라면, 물체가 꽤 무거운 경우 약한 사람에게 그렇게 보이는지 아니면 강한 사람에게 그렇게 보이는지 의문이라면, 진실에 관해서 잠자는 사람에게 그렇게 보이는지 아니면 깨어 있는 사람에게 그렇게 보이는지에 관해 그들이 의문을 제기한다면 놀랄 일이다. 실제로는 이것들이 의문을 가질 일이 아니라고 생각하는 게 분명하다. 리비아에서 지내던 어느 날 밤에 아테네에 있다는 상상을 하고 (깨어나서) 오데이온으로 길을 떠날 사람은 결코 없을 것이다. 플라톤이 말했듯이 미래에 관해서도, 예를 들어 누군가의 건강이 앞으로 좋아질지 그렇지 않을지에 관해서 의사의 말과 무지한 자의 말이 동일한 권위를 갖지 않을 것이다.(1010b3-14)

아리스토텔레스는 여러 영역에서 우리의 관행을 보고 실제로 우리가 어떤 판단자를 믿고 있는지 살펴보라고 한다. 현상이 그러하듯이 누구를 언제 믿을까에 관한 판단도 우리로부터 온다. 우리가 의사에게 가는 것도 실은 우리가 의사들을 의지하기 때문이다. 이렇게 믿고 의지하는 것은 굳이 그 이상의 판단을 통해서 정당화할 필요가 없다고 아리스토텔레스는 주장한다

(1011a3 이하). 우리가 그렇게 한다는 사실만으로 충분히 '정당화'되기 때문이다. 그 전문가는 물론이고 우리가 그를 선택한 이유는 우리의 관행 이면이 아니라 관행 내부에 있다. 그리고 그 전문가들은 우리가 의문을 해결하도록 도와준다.

전문가의 중요성은 아리스토텔레스가 담론과 정의하기를 소개하면서 우리의 기본적인 언어 관행을 설명하는 부분에 분명히 드러난다. 『분석론 후서Posterior Analytics』 2권 8에서 아리스토텔레스는 자연종 용어를 사용하던 초기에서 과학적 정의로 전환되는 과정을 설명한다. 모종의 공통적인 경험 혹은 경험들을 기반으로 해서 우리의 언어에 종개념이 들어왔다('우리'라는 대명사가 줄곧 나온다). 예를 들어, '우리는 천둥은 구름 속 꽝음이고 일식은 빛이 없어지는 것이고 인간 역시 특정 동물종이라고 알고 있다.'(93a22-24) 이 점에서 인간과 일식을 '가리키는' 일이 가능해지고 담론에 이것을 끌어들여 언급하는 일이 가능해진다. 그렇지만 아직은 이 종의 본성을 기술하는 과학적 정의를 갖지 못한 상황이다. 경험을 정리하여 대략적으로 종개념을 부여했을 텐데, '그게 가능하려면 가끔은 우연히 또 때에 따라서는 문제의 항목에 관해서 뭔가를 파악했을 것이다.'(93a21-2) 대략적인 분류와 설명의 단계로부터 전체적인 설명의 단계로 가려면 특정 현상의 성격을 기술하는 설명이나 이론이 있어야 한다. 예를 들어, 전문가가 우리에게 알려주거나 이론이 알려주면, 천둥이 구름 속의 열기가 급랭하는 것이고 어떻게 그것이 그런 소리를 내는지를 알 수 있게 된다. 일반인이 아니라 전문가가 이러한 이론을 발견하는 것이다. 아리스토텔레스가 믿기에 대다수 동물종에 관해서는 아직 우리의 요구를 충족할 이론이 없다. 그러나 널리 공유된 믿음이 있는데, 자연적 존재란 '그 내부에 변화의 원칙을 가지고 있는 사물이라는 믿음이다.'(『자연학』 11.1) 이 믿음의 함의는 그 자연적 존재들의 내적 구조를 탐구하는 과학적 연구의 결과에 따르겠다는 약속이다. 과학자가 특정 자연종의 성장과 운동에 관한 만족스러운 설명을 제안하면, 우리는 그 이론을 (적어도 임시로는) 그 자연종의 본성을 정의하고 한계를 설정하는 것으로 간주해야 한다. 설령 그 전에는 우리가 용어의 외연을 확장시켜서 포함했던 것을 제외시켜야 하는 한이 있어도 그렇게 하는 것이다. 과학적 탐구를 믿겠다는 우리의 합의가 개념의 외연에 대해서 생물학자와의 사이에 생긴 의견 차이보다 더 근본적이라는 것을 알 수 있다.

아리스토텔레스가 정의에 관해 설명한 내용을 활용하면, 앞서 제기한 두 가지 문제에 관한 생각을 발전시킬 수 있다. 첫째, 왜 아리스토텔레스가 파이노메나를 수집할 때 우리와 상당히 비슷한 공동체에서만 하는지 이유를 분명히 알 수 있다. 『정치학』의 인용문에서 제안한 내용도 그가 담론에 관한 일반적 설명으로 제시한 내용을 통해 확인할 수 있다. F들에 관한 증거는 경험의 여건이 우리 공동체에서 유사한 공동체에서 나온 것으로 제한한다. 이유는 F의 의미 자체가 우리의 실제 공동체의 법률과 여건에 맞는 설명에 의해 주어지기 때문이다. F들을 담론에 끌어들이는 능력은 실제 경험에서 나오고, F들의 성격은 우리의 경험세계 안에서 우리의 경험세계를 탐구하여 얻어진 과학적 설명에 의해서 주어지는 것이다. 예를 들어서 종에 대한 용어의 경우에는 관련 공동체가 지구 전체가 될 것이고, 윤리나 정치의 언어의 경우에는 훨씬 좁아지는 게 당연한 이치다.

이제 우리가 착수할 과제는 아리스토텔레스의 방법이 철학과 과학의 진정한 발전을 이루는 데 필요한 노력을 회피하는 것이라는 비난에 맞서서 아리스토텔레스 자신이 제시할 수 있는 답을 찾는 일이다. 우선 현상-방법과 과학자의 목표 사이에 그 어떤 긴장도 없다고 또는 적어도 순전한 긴장은 없다는 식으로 아리스토텔레스는 대응할 수 있다. 이런 답이 가능한 이유는, 우리의 관행과 언어 속에 진리를 구성하는 판단을 내리는 전문가들에 대한 신뢰와 의존이 들어 있기 때문이다. 이 방법은 인간의 언어, 믿음의 일상적 방식들을 진지하게 존중하는 동시에 이 관행들이 지속적으로 과학적 이해의 필요성을 드러낸다는 사실을 잘 감안하고 있다. 그 방법 때문에 우리가 실제로 하는 것을 하지 못하게 방해를 받는다는 생각은 옳지 않다. 그런데 여기서 또 하나 알아야 할 것은 전문가는 실제로 자신이 하는 역할을 넘어서는 보다 심오한 역할 같은 것을 하지는 않는다는 사실이다. 우리가 실제로 그의 권위를 수용하는 데에 동의하는 한에서만 그를 규범으로 삼을 수 있다. 담론에 관한 기술적 설명을 담론의 규범적인 이론으로 바꾸는 경향성을 아리스토텔레스에게서는 볼 수 없다. 아리스토텔레스를 읽을 때에 우리는 텍스트에 제시된 것 이상의 어떤 구조를 만들어 넣지 말아야 한다. 텍스트의 주목적은 우리 관행의 실제적 특성을 거부함으로써 그럴싸한 문제를 만들어 내는 사람들을 상대로 반박을 하는 것이기 때문이다.

지금까지 별로 다루지 않은 주제는 『형이상학』과 그 외의 과학 저술에서 아리스토텔레스의 철학적/과학적 방법에 대한 설명과 『분석론 후서』에서 개진된 과학적 이해에 대한 설명이 어떻게 연결될 수 있는가라는 문제이다. 이 지점에서 두 가지 중요한 질문이 제기된다. 첫째는 『분석론 후서』에서 하나의 위계적 연역 체계로 완결된 과학의 이상에 관한 질문이다. 이 규범은 아리스토텔레스가 현상을 구하고 있다고 설명한 그의 목표와 절차가 얼마나 정합적인가? 이것은 실로 큰 질문이어서 지금으로서는 해결이 거의 불가능하다. 그러나 잠정적으로는 현상을 구하는 방법이 『분석론 후서』의 요구와 완전히 양립할 수 있다고 할 수 있다. 여기서 『분석론 후서』의 요구는 (윤리학과 달리) 자연과학 전문가는 자신의 이해를 주장할 때, 기술한 것에 대해 체계적인 입증을 해서 주장의 타당성을 최종적으로 밝혀야 한다는 것이다. 이상의 두 가지 목표가 양립하려면, 연역적 이상 자체가 현상으로부터 나온 것이어야 하고, 우리가 과학을 할 때 그 이상을 구현하고 있다는 믿음이 있어야 한다. 아리스토텔레스는 실제로 에피스테메를 이렇게 설명하고 있다. 이는 '우리가' 과학적인 이해라고 믿는 것이 무엇이어야 하고 또 그것이 무엇을 해야 하는가에 관한 설명이다. 뭔가에 관해 '우리'가 생각하고 이해하는 전제가 되는 조건에 대한 설명으로 시작하여(『분석론 후서』, 71b9), 이렇게 공유된 개념에 따르면 과학자가 무엇을 해야 하는가를 보여주고 있다. 마찬가지로, 설명에 관한 『자연학』의 논의를 보면, '우리'가 '왜?'라고 질문하고 답하는 방식에서 시작해서 이전 과학자들이 우리의 용법의 다양성에 충분히 주목하지 못했다고 비판한다. 각 단계마다 아리스토텔레스는 어떻게 해서 자신의 규범이 현상으로부터 나오는지 그리고 자신의 규범이 요구 조건들을 어떻게 담고 있는지 보이는 데에 집중한다. 다른 한편, 윤리학에서는 관행에 관한 우리의 믿음이 하나의 연역 체계를 요구하지 않는다고 논증하려고 했다.* 그는 현상 자체가 이론적 이상을 신조로 함을 드러내지 않는 영역에서는 현상을 이론적 이상으로 동화시키는 데에 관심을 두지 않고 있음이 분명하다.

그러나 두 번째 질문이 더 곤란하다. 중세 전통하의 주석가 시대를 거치면서 『분석론 후서』의 과학의 제1원칙이 선험적 진리로 사유되었음을 생각할 때에 제기되는 문제이다. 여기서 선험적 진리란 어떠한 경험과도 무관하게 지적인 직관이라는 특수한 행위를 통해 파악되는 것이다. 물론 아리스토텔레스 과학의 완결된 구조는 이것에 기초하지 궁극적으로 현상에 기초하는 것은 아니라고 반박할 수 있다. 만일 그게 아니라 과학적인 연구가 현상에 기초를 둔다면 과학적 연구는 스스로를 그렇게 규정하는 과정에서 『분석론 후서』가 제시한 이상과 동떨어지게 된다.

반대자와 나는 『분석론 후서』가 제시하는 원칙에 관해 여러 지점에서 의견이 일치하는데, 우선 원칙들은 진리이고 입증 불가하며 필연적이고 일차적이며 결론에 우선할 뿐만 아니라 결론보다 더 가지적可知的이라는 점, 진리성을 결론에 전이시킨다는 점, 선험성에 대한 몇 가지 이해 방식에 따르면 선험적이라는 점 등이 그것이다. 그러나 불일치의 여지도 사실은 큰데 그 까닭은 하나의 깊고 기본적인 인간적 현상이, 나중에 보겠지만, 그것들 모두에 해당할 수 있기 때문이고 또한 원칙에 관해 이렇게 말한다고 해서 합리적 직관의 특수한 행위들에 동의하는 것도 아니고 또는 원칙들이 모든 개념적 틀이나 모든 언어를 떠나서 참이라는 생각에 동의하는 것도 아니기 때문이다. 여기서 드러나는 사실은 반대자가 불충분한 근거로부터, 특히 『분석론 후서』 2권 19 중 몇 가지를 근거로 삼아서 그로부터 이 유명한 해석의 이러한 추가적인 요소들을 도출한다는 점이다. 다행히 (여기서 그걸 자세히 논의할 여유는 없지만) 『분석론 후서』의 지성과 에피스테메 개념에 관한 최

---

* 과학과 윤리학의 차이에 대해서는 이 장 후반부와 본서 10장 참조.

근 연구는 반대자의 조망이 텍스트 오독임을 여실히 보여주고 있다. 코스먼과 레셔의 연구와 최근 마일스 버니엇의 탁월한 논문을 보면, 관련 텍스트로부터 도출된 이해의 개념이 직관이나 경험 외적인 진리를 도입하지 않는다는 사실이 확실해진다.* 제1원칙들에 관해서 지성 또는 통찰을 가진다면 우리가 계속 활용하는 원칙들이 과학의 구조 안에서 수행하는 근본적인 역할을 알 수 있다. 필요한 것은 제1원칙을 파악하는 것이 아니다. 왜냐하면 『분석론 후서』 2권 19에서 지적하는 것처럼, 우리는 경험 안에서 그걸 이미 파악해서 활용하고 있기 때문이다. 버니엇이 말했듯이, '이해와 그 이해에 수반되는 종류의 이해는 아직 [그 학생의 믿음이] 아니다. 제1원칙의 수준에서 이것을 습득하기 위해 필요한 것은 더 친숙해지는 것이고, 논리적인 연습이 더 필요한, 줄여 말하면 지적인 습관과 같은 것이다.' 우리는 혼란스러운 현상들의 꾸러미에서 시작해서 명료한 질서 지우기로 나아가고, 사용하면서 수반되는 이해로부터 시작해서 설명을 제시하는 능력으로 나아간다. 여기서 우리가 철학적 방법을 두 가지로, 즉 현상을 다루는 방법과 선험적인 것에 기초하는 것으로 나눌 이유는 없다. 왜냐하면 변증술과 제1철학의 주제는 아리스토텔레스가 『형이상학』 4권 2에서 주장하듯이 똑같기 때문이다. 그런 식으로 해서 모든 단계에서 현상을 다루는 것이다.

III

그러나 『분석론 후서』가 반대자에게 도움이 되지 않는다면 아리스토텔레스의 제1원리의 지위에 관한 남은 물음에 답할 수도 없다. 그렇다면 제1원

---

* A. Kosman, 'Explanation and understanding in Aristotle's *Posterior Analytics*', in Lee, *Exegesis* 374-92; J. Lesher, 'The role of nous in Aristotle's *Posterior Analytics*', *Phronesis* 18(1973) 44-68; M. F. Burnyeat, 'Aristotle on understanding knowledge', in E. Berti, ed., *Aristotle on Science: the 'Posterior Analytics'* (Padua 1981).

리들이 '참'이고 '입증되지 않는' 것이라는 주장의 의미는 무엇인가? 실제로 입증되지 않는 것이라면, 그것의 진리성에 대한 확신은 어디에서 얻을 수 있는 것인가? 경험 속에서 경험을 통해서 발견되는 것이라면, 원리는 그 진리성과 우선성을 어디에서 획득했는가라는 물음은 더 시급한 것이다. 『분석론 후서』는 제1원리들의 특성을 몇 가지 알려주고 있다. 또한 우리가 경험을 통해 어떻게 원리의 근본적 지위에 대한 통찰을 얻을 수 있는지도 알려준다. 그러나 그러한 원리의 근본적 지위에 대한 물음에는 답하지 않는데 그 이유는 아직 그 어떤 회의적인 도전도 마주하지 않았기 때문이다.* 따라서 우리는 이제 『형이상학』으로 돌아가야 한다. 거기서 아리스토텔레스가 회의론자에게 어떻게 반박하면서 자신의 주장을 옹호하는지 볼 수 있을 것이다.

『형이상학』 4권 4에서 아리스토텔레스는 무모순 원리(하나의 주어가 모순적인 술어들을 동시에 충족할 수는 없다)에 도전하는 반대자에게 어떻게 대응해야 하는지 검토한다. 그는 무모순 원리를 가장 안전한 출발점(아르케)으로 삼는다. 그렇다면 이제 이 원칙의 진리성을 입증함으로써 우리의 탐구를 정당화하라는 반대자에게 어떻게 응할 것인가? 이에 대한 아리스토텔레스의 답변으로 흥미로운 통찰을 얻을 수 있는데, 그는 '그들이 입증을 요구하는 이유는 무교육apaideusia 상태이기 때문이다. 무교육으로 인해서 입증을 추구해야 할 것이 무엇이고 그러지 말아야 할 것이 무엇인지를 분별하지 못하고 있는 것'이라고 답한다. 여기서 무교육이란 어리석음, 부조리, 논리적 오류, 왜곡된 생각 같은 것이 아니다. 그것은 교육paideia의 결여다. 즉 희랍 젊은이들에게 공동체의 방식을 알려주는 연습과 훈련을 통한 교육의 결여이다. 일반적으로 파이데이아는 '문화적 적응' 또는 '도덕 교육'으로 번역된다. 예를 들어, 무교육은 인간 공동체로부터 고립된 인간과 유사한 모양을 한 퀴클롭스의 상태를 이른다(에우리피데스, 『퀴클롭스』, 493). '그들에게는 의결 기능을 하는 의회도 없고 구속력 있는 관습도 없으며 고지대 산악에 거주하

---

* 버니엇이 이 점을 강조하고 있는데 이 주장은 에피스테메가 지식이 아니라 이해라고 보는 그 자신의 입장의 일부다.

고 있는데…… 서로에게 전혀 관심이 없다.'(호메로스, 『오딧세이』, 9권 112-15) 반대자의 결함도 아니고 무지나 어리석음이 아니고 이런 종류라는 사실이 중요하다. 그들은 어리석은 게 아니라 우리가 하고 있는 일을 어떻게 하는 것인지 모르는 (또는 우리가 하는 대로 하지 않으려고 하는) 것일 뿐이다. 버니엇이 말하는 '지적 습관화'가 결여된 것이다. 지적 습관화란 모든 관행과 모든 담론에서 원칙이 수행하는 근본적인 역할을 인지하는 민감성이 교육과 경험을 통해 길러진 상태를 이른다.(『생성과 소멸에 관하여』, 316a5: '모두가 동의하는 것을 조사할 능력이 결여된 이유는 무경험apeiria 때문이다.' 참조) 그리고 반대자는 어떤 이유로 저자거리의 사람을 규정하는 불완전한 교육으로부터도 자신을 분리하기로 작정한다. 왜냐하면 자신이 인식하든 못하든 반대자가 지금 공격하는 것이 저자거리의 사람이 근본적인 것으로 활용하고 있는 원리이기 때문이다.

이제 이런 반대자에게 대응하는 방법을 아리스토텔레스는 이와 같이 제안한다. 첫째, 이 상대가 당신에게 무슨 말이라도 할 것인지 아무 말도 하지 않을 것인지 알아야 한다. 만일 아무 말도 하지 않을 것이라면 걱정도 그만두면 된다. '아무 말도 하지 않으려는 사람에게 할 말을 찾는 건 우스운 짓이다. 그 상태로 머무는 한 그 사람은 식물과 아주 비슷하다.'(1006a13-15) 그러나 뭔가 확정적인 말을 한다면 지금 그 사람이 자신이 공격하는 바로 그 원칙을 사실상 믿고 사용하고 있다는 점을 분명하게 납득시켜야 한다. 무엇인가를 단정 지어 말하기 위해서는 우선 그 행동과 양립하지 않는 것들은 배제해야 하기 때문이다. 적어도 주장하는 것과 모순되는 것은 배제해야 한다.

따라서 그 사람이 말을 하지 않으면 우리 중 한 사람이 되지 않는 것이니 우리도 그를 고려할 필요가 없다. 그가 말을 한다면, 우리는 그에게 자신의 언어 습관을 면밀히 살펴서 그 언어 습관이 무엇을 기반으로 하는지 검토하도록 독려할 수 있다. 그 과정에서 우리가 하는 일은 그에게 결여된 교육을 제공하는 것이다. 즉 우리가 사는 방식 쪽으로 한 걸음을 떼어보도록 이끄는 것이다. 가끔 반대자가 도무지 말을 듣지 않으려 할 수도 있다. 아리스토텔레스는 '어떤 사람에겐 설득이 필요하고 어떤 사람에겐 폭력이 필요하다'라고 이어지는 장에서(1009a17-18) 험한 말까지 하고 있다. 기본적인 원리들의 수준에서 보면 철학은 고립되어 있는 사람을 이쪽으로 끌어들이는 것이다. 즉, 의사소통을 절연시키는 환상을 쫓아내는 일이다. 이 일은 부드럽게 할 수 있을 때도 있지만 때로는 과격하게 해야 할 수도 있으며 경우에 따라서는 전혀 도리가 없을 수도 있다.

회의적인 반대자를 향한 아리스토텔레스의 대응을 보면 몇 가지 생각이 떠오른다. 첫째, 그것은 반대자가 요구하는 종류의 답이 아니다. 아리스토텔레스 이후의 세기에 스토아 철학자들은 기본적인 믿음에 대한 회의론의 공격에 답하면서 기본적인 믿음은 절대적으로 확실한 지각적 기초 위에 있음을 논증했다. '강직한 인상'은 하나의 지각으로 그 자체가 확실성을 보증한다. 이로써 회의론자들에 대해 확실하게 대응할 수 있다고 스토아 철학자들은 생각했던 것이다. 그러나 아리스토텔레스는 세계에 관한 지식의 이러한 기초 같은 것을 말하지 않는다. 원리는 참이고 일차적이라고 말한다. 우리가 그것을 주장할 만한 자격이 있다고, 우리가 그것에 관해 잘못 아는 일은 사실상 있을 수 없다고, 지각이 있다면 누구든지 틀림없이 믿을 것이라고 말한다. 이 기본적 원리가 '현상'과 별도로 그리고 인간의 개념적 틀과 별도로 참이라고 말하지 않는다. 세계가 우리의 생각이나 담론의 범주들 '뒤에' 혹은 '위에' 존재하는 방식과 연관해서 참이 되는 것이라고 말하지 않는다. 이어지는 장에서 그는 당시 유행하던 질문, 살아 움직이는 종들 가운데 어떤 것이 진리의 기준인가, 라는 질문에도 답하기를 거부한다. 그가 말하는 것은 우리가 그 원리를 거스를 수가 없다는 것뿐이다. 반대자들이 요구하는 방식으로는 입증할 수 없다고 아리스토텔레스는 주장한다. 그것은 모든 담론의 출발이기에 그 밖으로 나간다는 것은 생각하기와 말하기를 그만두는 일이다. 그러니까 아리스토텔레스는 매우 중요한 방식으로 반대자의 도전에 응답하지 '않는다'. 그는 그 바깥, 즉 반대자가 원하는 플라톤적인 확실성을 제공하지 않는다. 그리고 만일 상대가 담론에서 스스로를 고립시키는 쪽을 택하면, '논박 논증elenctic demonstration'조차 성공하지 못할 것이다. 이 인용문에 대한 통찰력 있는 설명에서 기원후 3세기 희랍 철학자 아프로디시아스의 알렉산드로스는 그런 조용한 반대자와 대화를 시도하는 것은, '말이 없는 누군가와 말을 통해서, 친구 관계란 없이 남겨진 누군가와 친구가 되고자 말로 소통하려는 일과 같다'(272.36-273.1)고 했다. 우리는 회의론자의 외적 순수함의 요구를 만족시킬 수는 없지만 우리와 동지가 되자고 요구해 볼 수는 있다. 그렇지만 만일 그가 공동체와 인간관계에 따르는 위험으로부터 평정을 유지하려는 성향에 기우는 회의론자라면, 그 요구마저 거부할 것이다. 그가 잘못 생각하고 있음을 그에게 입증할 방법이란 그 어떤 의미에서도 없다. (이 때문에 『형이상학』 4권 5장에서 아리스토텔레스는 중요한 다음 단계로 나아가 반대자의 동기를 어떻게 진단해야 하는지 탐구한다. 대체 어떤 믿음이나 목표 때문에 지적인 인간이 이런 입장을 취하게 되는지, 어떻게 하면 이런 사람에게서 이런 동기의 오류를 치료할지 묻고 있다.)

앞서 검토한 인용문에서도 이와 유사한 입장이 함축되어 있다. 거기서 아리스토텔레스는 엘레아학파의 일자론—著論을 거부했는데 우리가 그의 행동으로 판단했을 때, 미친 사람이라도 믿을 리 없다는 것을 근거로 삼아 거부했다. 여기서도 역시 아리스토텔레스는 파르메니데스의 결론이 모든 개념화로부터 떨어져 있다는 이유로 세계에 대한 잘못된 결론이라는 말은 하지 않는다. 인간세계에 사는 사람은 그 누구라도 그러한 관점을 진지하게 견지할 수 없다고만 말한다. 여기서 아리스토텔레스가 말하는 인간세계에 사는 사람이란 우리 사이에서 살려고 하지 않을 정도로까지는 '바깥으로 멀리 나아가지' 않는 인간이다. 제아무리 이상하고 비정상적인 행동이라 하더라도, 행동은 행동인 한 움직임과 복수성의 존재를 지지한다. 이 점을 아리스토텔레스도 『형이상학』 4권 4장에서 제시하는데 거기서 그는 무모순 원리에 대한 찬성 논증을 확장해서 논하기를, 무모순 원리가 언어에 요구하는 조건에 대해 침묵하는 반대자라도 자기가 하는 말을 통해서는 원리를 인정하고 있음을 드러내는 사례에 적용한다.

실제로는 아무도 이런 상태(즉, 무모순 원리의 반론을 믿는 상태)에 빠지지는 않음이 매우 분명하다. 논증을 하는 사람이든 아니든 그걸 믿지 않는다. 메가라로 간다고 생각하는 사람이 왜 가만히 있지 않고 메가라로 가는 것인가? 아침 일찍 곧장 길을 나섰다가 우물이나 절벽으로 추락할 수 있다면, 길을 나서지 않음으로써 그런 사고를 피하려는 연유는 무엇이란 말인가? 떨어지는 것이 좋기도 하고 나쁘기도 하다라고 사실은 믿지 않는 듯 행동하는 이유가 무엇인가? 안 떨어지는 것이 좋고 떨어지는 것은 나쁜 거라고 그는 분명히 믿고 있다.(1008b14-19)

그렇다면 반대자가 우리를 반박할 수 있는 유일한 길은 말하기도 멈추는 것은 물론이고 이 세계에서 인간으로 행동하는 것 자체를 멈추는 것뿐이다. 어떻게든 행동을 한 그 순간부터 그는 한 인간으로서 세계의 어떠한 확정적 특징이 그에게 다가오는 것에 반응하고 있는 것이다. 일정한 현상, 그것이 지각이든 아니면 인간의 공통적인 믿음이든 수용을 하고 있는 것이다. 위의 사례로 예를 들면 수명을 다하지 못하고 일찍 죽는 것은 나쁘다는 믿음, 절벽으로 걸어갔을 때 떨어져서 죽을 위험이 있다는 믿음, 자신은 뼈가 부러지고 피를 쏟으면 죽는 육신적 존재라는 사실에 대한 믿음 등이다. 그는 이 각각의 믿음과 모순되는 믿음에 동일한 힘이 있다고 받아들이지는 않는다. 이처럼 그는 자신의 선택을 지배하는 인간성, 우리와 공유하는 그 인간성을 허용하고 있는 것이다.* 그러나 아리스토텔레스의 이러한 대응 역시 인간의 관행으로부터 유래한 것이다. 원리를 거부한 대가가 부동성과 침묵과 공동체의 완전한 상실임을 분명히 하고 있다. 아리스토텔레스의 답은 무모순 원리를 보다 더 견고한 어떤 것에 근거 지우려고 하는 것이 아니다. 이미 충분히 확고하기 때문이다. 이것은 진리이고 필연적이며 그 어떤 것보다 확고하기 때문이다.

그러나 아리스토텔레스는 교육이나 우리의 관행 이외에 무모순 원리에

---

* M. Burnyeat, 'Can the skeptic live his skepticism?', in Schofield *et al*, *Doubt and Dogmatism* 20-53.

대해 남은 대책이 더는 전혀 없다는 식의 적극적인 주장은 하고 있지 않다. 내 생각에는 우리가 이걸 판단할 입장이 아니라는 정도로 말을 할 것 같다. 그런 적극적 주장은 마치 무모순 원리에 대한 회의론자의 거부처럼, 우리에게 언어와 삶의 바깥으로 물러서라는 요구이고 따라서 실패할 수밖에 없다고 말을 할 것 같다. 혹시 신이라면 더 말할 수 있을 뭔가 다른 말을 할 수 있을 가능성을 배제할 수 있는 논증은 없다. 그러나 우리는 행동하고 말하고 생각하는 모든 것이 이 원리에 기초한다는 말밖에는 더 할 말이 없다.

그렇다면 아리스토텔레스에게 무모순 원리는 선험적인 원칙인가? 이 질문도 자주 제기되지만, 여기서 원칙이 선험적이라는 것이 무슨 뜻인지를 신중하게 규정하지 않은 채 질문하는 경우가 많다. 만일 선험적이라는 말이 기본적이고 수정할 수 없으며, 일체의 지식에 대해 상대적이라는(가끔은 '맥락상 선험적'이라고 하는) 뜻을 내포한다면 분명히 선험적이다. 좀 더 강한 의미에서도 선험적이다. 그 원리는 아주 기본적인 것이기 때문에 현상 안으로부터는, 즉 우리와 같은 한 인간의 삶들과 관행들 안으로부터는, 의미 있게 옹호할 수도 설명할 수도 문제 제기를 할 수도 없다는 뜻으로도 선험적이다. 그러나 모든 경험과 모든 방식의 삶, 모든 개념적인 틀에 대해 독립적으로 주장할 수 있는 원리라는 의미에서는 선험적 원리가 아니다. 이것은 우리 입장에서는 물을 수도 답할 수도 없는 질문이다. 회의론자가 우리에게 입증을 원하는 질문이 바로 이것인데, 우리는 그에게 답을 해줄 수가 없다.

이 점을 가장 명료하게 설명하는 방법은 과학의 '비가설적' 기초에 대한 아리스토텔레스와 플라톤의 개념을 대조하는 것이다. 앞에서 말했듯이, 플라톤에게 각 과학은 모든 개념화 및 사유와 완전히 독립적으로, '그것 자체에 의해 그것의' 유효함이 알려진다는 의미에서 '비가설적인' 원리 또는 원리들로부터 출발해야 한다. 아리스토텔레스도 자신이 말하는 '가장 확실한 원리'를 '비가설적 원리'라고 부르고는 있지만, 입장의 차이를 분명히 한다. '무언가를 이해하는 사람이 필요로 하는 것은 가설이 아니다.'(1005b15-16) 아리스토텔레스에 의하면 가설은 문자 그대로 '아래에서 받치고 있는' 그 무엇이다. 생각하기 위해 우리가 사용해야 하는 것이면 그게 무엇이든지 우리 마음대로 설정하거나 전제할 수가 없다. 따라서 그런 원리를 우리는 정당하게 '비가설적'이라고 부를 수 있는 것이다. 그러나 이렇게 칸트적인 비가설적 지위야말로 아리스토텔레스가 시종 옹호하려고 한 전부다. 아리스토텔레스의 견해에서는 어떤 것에 대해 '더' 말하려고 하는 것은 덜 말하는 것이거나 아마 전혀 말하지 않는 것일 수 있다. 과학적 진리는 확실히 자연 세계'의' 혹은 자연 세계'에 관하여' 참인 것이지, (칸트에게서 그러한 것 이상으로) 인간 또는 인간의 정신 상태에 관한 전부는 아니다. 그러나 과학의 토대가 되는 기본적 진리의 지위는 담론과 사유'를 위한' 필요조건의 지위이다. 물려줄 수 있는 것은 바로 이 필요조건이다.

다른 예를 통해 아리스토텔레스 철학에서 회의적 반대론자들에 대한 대응과 언어관의 관련성을 볼 수 있다. 『자연학』 2권에서 아리스토텔레스는 변화와 운동이 단지 관습적일 뿐이라는 파르메니데스의 주장을 검토한다. 『형이상학』에서와 마찬가지로 그는 이 기본적인 현상을 입증하라는 엘레아학파의 요구를 거부한다.

> 자연이 존재한다는 것을 입증해 보이려 한다는 것은 우습다. 왜냐하면 자연의 [변화하는] 많은 것들이 존재한다는 것은 자명하기 때문이다. 그리고 불분명한 것을 통해서 분명한 것을 입증하는 것은 자명한 것과 자명하지 않은 것을 구별 못하는 사람이나 하는 일이다. 그런 구별이 안 되는 상황에 처하는 일이 가능하긴 하다. 태어날 때부터 맹인인 사람들은 색깔에 관한 전제를 가지고 증명을 하려고 할 것이다. 그러나 필연적으로 그 사람들의 말은 그저 말일 뿐이고 그들은 어떤 것에 대해서도 통찰을 갖지 못할 것이다.(193a1 이하)

도전자의 질문에 답을 하지 않았다는 말의 의미를 여기서 다시 한 번 알 수 있다. 아리스토텔레스는 사유의 범주들로부터 실제로 동떨어진 사태의 존재 방식에 대해서 반대자가 '틀렸다'라고 하지 않고, 근본적인 증거에 호소함으로써 결정적으로 틀린 것으로 판명될 것을 반대자가 말하고 있다고도 하지 않는다. 아리스토텔레스는 반대자가 말하는 내용이 우습다고 말할 뿐이다. '반대자 자신이' 말할 입장이 아니라는 점을 말하려고 할 뿐이다. 태어날 때부터 눈이 먼 사람이 색깔에 대한 전제를 사용해서 논증할 입장이 아니듯이, 엘레아학파 사람들도 우주의 불변의 단일한 존재와 연관되는 전제를 사용할 입장이 아니라는 말이다. 변화와 복수성은 우리가 경험하는 모든 것에 있고 파르메니데스도 이 사실은 인정한다. 그에게 변화와 복수성은 우리의 일상적인 경험 세계의 경계를 형성하는 가장 심오한 사실에 속하는 것들이다. 그의 철학자-영웅도 시를 통해서 변화하는 자연적 존재로서의 자신을 인식하고 있다. 그것에 대해 아리스토텔레스는, 그가 어떻게 자신의 논증을 만들 수가 있는가 라고 묻는다.

이 말을 잘 이해하려면 언어학적인 지시에 대한 아리스토텔레스의 생각을 떠올려보면 된다. 엘레아학파가 '우스운' 이유는 그들이 불변의 나뉘지 않는 일자를 분리해 내지도 지적하지도 못하기 때문이다. 엘레아학파 철학자의 설명에서 일자의 통일성은 '우리 인간에게 전혀 익숙하지 않은' 것이다. 그를 포함해서 공동체의 그 누구도 지금까지 그 일자를 경험하지 못했다. 따라서 아리스토텔레스는 그것을 담론에 도입할 수 없다고 말할 것이다. 담론은 애매하고 부정확할 때조차 집단의 경험에 의해 경계가 지워진다. 엘레아학파 철학자는 자신이 대담하고 이상한 중요한 것을 말하고 있다고 믿는데, 사실 그는 아무것도 말하지 않고 있는 것이다. 그렇기 때문에 우리는 그의 말이 이해 없이 나오는 '단어들일 뿐'이라고 말할 수 있다.

그리고 플라톤주의자들은 현상으로부터 벗어난 선善의 형식을 파악하기 위해 '더 먼 길'을 가기를 거절하는 철학자에게 '게으르다'고 비난하는데, 이에 대해 아리스토텔레스는 반대자들은 자신이 소중히 여기는 존재들을 '지시하지도' 언급하지도 못한다고 말한다. 『분석론 후서』의 주목해볼 부분에서 아리스토텔레스는 플라톤주의자가 색깔처럼 우리의 경험 속에서 이런저런 실체의 속성으로 나타나는 속성들에 모나드 같은 자기 충족적인 형상들을 도입하고 있는 데 대해 아주 이상하다고 말한다. 신중한 냉철함 때문에 보통 때에는 가려져 있던 아리스토텔레스의 기질의 단면을 보여주는, 격한 악의를 터뜨리면서 아리스토텔레스는 말한다. '플라톤주의의 형상이여, 이제 안녕! 그것들은 테레티스마타teretismata일 뿐이고, 우리의 말과는 아무 상관도 없는 것이다.'(『분석론 후서』, 83a32-4) 테레티스마타는 혼자 흥얼거릴 때에 내는 무의미한 소리로, '덤-더-덤-덤' 정도로 적을 수 있을 내용이다. 조너선 반즈의 새 번역에서는 그것을 노니노즈noninoes라고 부른다. 그러나 이걸 이처럼 품위 있는 음악적 취향에 비유해 표현하는 것은, 비판을 어울리지 않게 공손한 것으로 만들고 희랍인들이 고독과 고립을 강조하고 있음을 놓쳐 버린다. 우리는 지금 마드리갈 모임 같은 걸 생각하자는 게 아니다. 다른 누구도 이해할 수 없고 궁극적으로는 스스로도 이해할 수 없는 것을 혼자 중얼거리면서 자기 생각에 완전히 빠져 있는 한 사람을 생각하자는 것이다. 플라톤주의자들이 선이나 백색에 관해서 말할 때는 우리와 뭔가를 소통하기는커녕 어떠한 것도 가리키지 않는 것이다. 혼자 조용히 구석으로 물러나 있는 것에 불과하다. 그들이 말하는 형상은 자기 충족적인 모나드 같은 것인데 그 안에서 우리의 경험은 속성들이 실체에 의존하게 만든다. 그리고 또, 형상들은 무관계적인 것인데, 심지어 속성이 (예를 들어 평등이나 이중성 같은 것은) 우리 경험 안에서 언제나 관계적 맥락에서만 나타나는 것이라도 무관계적이다. (『형이상학』 1권에서 아리스토텔레스는 플라톤의 논증은 관계적 용어의 비관계적인 부류를 만들어 내려 한다고 말한다. 아리스토텔레스가 말하기를 '우리가 말하는 것 중에는 언제나-자체로서만 존재하는 부류란 존재하지 않는다.' (990b16-17))

그러나 플라톤주의가 말하는 형상에 대해 '안녕'이라고 이별을 고한다고 해서 우리의 경험과 사유의 세계 바깥에 그것들이 전혀 존재하지 않는다는 주장을 하는 것은 아니다. 또 그렇게 말할 수도 없을 것이다. 우리에게 보이는 세계와 우리의 생각의 이면에 있는 세계 또는 생각과 동떨어진 세계 사이의 대조마저도 언어를 사용해서 표현할 수 있는 대조가 아닐 수 있다. 여기서 아리스토텔레스는 칸트보다 더 일관되게 자신의 내면을 유지한다고 말할 수 있다. 아리스토텔레스는 대체로 말할 수 없는 것이면 그것을 정리해서 말하려는 시도조차 거부하기 때문이다. 아리스토텔레스가 말하는 이성은 우리가 표현하고 지시할 수 있는 무엇인가'로부터' 차단된 채 구속되어 있는 상태가 아니라, 언어와 사유 그리고 이 둘의 한계'에' 전념하고 있다. 현상과 진리는 플라톤이 믿는 것처럼 상반된 것들이 아니다. 우리는 현상의 테두리 '안에서'만 진리를 가질 수 있다. 거기에서만 소통하고 말할 수 있기 때문이다.

그렇다면 이것은 일종의 실재론이지 관념론이 아니며 회의론도 아니다. 아리스토텔레스에게는 알려지지 않았던 언어를 사용해서 우리에게 특정해 본다면 그러하다. 우리를 내적 표상에 한정시키는 경향이 없으며, 근거 깊은 판단을 유보하거나 심사하도록 하지도 않는다. 그것은 진리와 진리의 필연성(제대로 이해한 필연성) 그리고 순수한 개념으로서의 객관성을 흔쾌히 받아들인다. 그것은 상대주의도 아니다. 왜냐하면 진리는 사유하고 언어를 사용하는 모든 존재들에게 하나라고 주장하고 있기 때문이다. 이는 모든 실재론이 살아야 할 경계를 아주 조심스럽게 정리해주는 실재론이다. 그런 실재론에는 영원불멸하는 것들에 대한 이야기가 자리할 곳이 있지만, 아리스토텔레스가 분명히 했듯이 그 이유는 단 하나다. 그런 이야기가 우리 세계의 중요한 부분이기 때문이다. '우리의 원래 전통에 깊이 뿌리박힌 고대로부터의 믿음 즉 불멸의 신적인 존재가 있다는 믿음을 참이라고 스스로에게 설득하여 전통에 참여하는 것이 좋다.'(『천체에 관하여』, 285a1-4; 그리고 '모든 인간 존재'의 신적인 '현상'의 유지, 『천체에 관하여』, 270b5 이하 참조) 천체들의 신성함과 영원성에 대한 믿음이 철학에서 비중이 있는 까닭은 우리에게 그게 심오하기 때문이다. 표면적인 성격을 갖는 사회정치적 믿음의 숱한 변화 속에서도 그것은 살아남아 있기 때문이다(『형이상학』, 1074a39 이하). 그러나 같은 이유로 '내면의' 진리는 우리가 그러한 믿음을 가질 권한이 있는 모든 것이다. 부동의 동자unmoved mover의 존재조차도 물리학의 결론 중 하나로 정립된 것이며, 그런 학문의 원리 중에서 그 어떤 원리도 무모순 원리보다 더 심오한 지위를 점하는 것은 없고 다른 원리들의 근거는 이보다 약하다.

기본적인 '현상'을 생각하지 않는 것이 늘 침묵이나 무작위를 함의하지는 않는다. 현상은 여러 가지 층차에서 나타난다. 현상을 완전히 도외시한 대가는 경우에 따라 다르니 개별적 검토가 필요하다는 뜻이다. 예를 들어 윤리학과 정치학에 중심이 되는 믿음 중에서는 기본적인 논리 법칙만큼 뿌리 깊은 근거를 갖는 것이 없다는 것을 우리는 알고 있다. 신들에 관해 널리 퍼진 믿음의 부정은 공동체의 상실로 이어질 수 있다. 유신론자와 무신론자는 사는 세계가 다르다거나 같은 별을 바라보지 않는다는 말이 맞는 말이다. 그러나 그 간극을 메울 길이 전혀 없는 것도 아니다. 마찬가지로, 공동체의 아주 기본적인 윤리적 판단이 없이 살겠다고 하면, 더 정상적인 인간의 판단으로는 야수 같거나 비인간적으로 보이는 방식의 삶이 될 수 있다. 극도의 무절제한 삶은 의사소통의 문제를 수반하게 되는데 '자신의 충동에 따라 사는 사람은 자신의 반대 방향으로 설득하는 말을 들으려 하지 않기 때문이다.'(『니코마코스 윤리학』, 1179b26-7) 그리고 이 스펙트럼의 반대편에 있는 극도로 금욕적인 사람 역시 우리에게 소속하기를 그치게 되는데, 그 이유는 '이런 종류의 무감각도 인간적이지 않고…… 그 어떤 것도 즐겁지 않은 사람은 인간의 인간다움과 멀리 떨어진 것이기 때문이다.'(『니코마코스 윤리학』, 1119a6-10) 그러나 금욕주의의 대가는 무모순 원리를 부정하는 대가와 같지는 않다. 금욕주의자의 삶은 그래도 우리들 사이에서 살 수는 있는 삶이기 때문이다. 물론 여러 중요한 점에서 그 사람이 우리와 같을 수는 없겠지만 말이다.

더욱이 무모순 원리의 반대자는 우리와 어디서부터 논쟁을 해야 할지 모를 것인 데 반해서, 널리 퍼져 있지만 덜 기본적인 현상의 반대자는 언제든지 (무모순 원리에 기대어) 더 기본적인 다른 현상들이 이것과 상충하기 때문에 이것은 폐기해야 한다고 우리에게 입증하려고 노력할 수 있다. 예를 들어, 여성의 사회적 역할에 대해 보수적인 아리스토텔레스의 입장에 반대하는 페미니스트는 아리스토텔레스의 정치 이론보다는 더 진보적인 입장이 평등한 인간성에 대한 인간의 깊은 믿음을 더 잘 보존한다는 점을 아리스토텔레스에게 입증해 보이려고 할 것이다. 만일 아리스토텔레스가 이 점에 동의하고 다른 믿음이 오히려 더 깊다는 (즉, 다른 믿음들을 포기하는 비용이 더 클 수 있다거나 우리에게 그 비용을 치를 의향이 적다는) 데에도 동의한다면, 우리는 아리스토텔레스가 입장을 바꾸리라 기대해 볼 수 있을 것이다. 그 방법으로는 과학이나 윤리학에서 새로운 발견이나 급진적 전환, 또는 현격한 입장 변화가 생기지는 않는다. 그러나 그 방법은 급진적이거나 새로운 입장이 있으면 장점을 가지고 주목을 끌어내야 한다는 점을 우리에게 설명해준다. 그리고 그 방식은 그 입장이 우리 삶의 경험과 관련이 있고 경험의 특성을 조직하는 능력이 있다는 점을 증명하는 것이다. 대담한 가설이 ―플라톤의 많은 가설들은 물론이고 아리스토텔레스의 일부 가설도 ―가끔 이런 전환을 가져오는 데에 성공했는지 실패했는지, 그러니까 그게 인간의 진리인지 아니면 그저 헛된 말에 지나지 않는지 밝혀지지 않은 채 있을 수도 있다. (여러 이유가 있겠지만 우리가 어느 현상을 심오하고 규제적인 것으로 보아야 하는지 그리고 어떤 현상을 포기할 의향이 있는지 자체가 불분명해서일 수도 있다.) 또한 전환 자체가 어떤 '형상'을 취해야 하는지 불분명할 수 있는데, 예를 들어 우리가 특정 주제에서 '에피스테메'와 양립하는 위계적으로 체계적인 파악을 요구할 것인지 아니면 우리가 다른 어려운 유형의 지각을 선호하는지 등의 문제는 불분명한 상태로 지속될 수 있다. 10장에서 우리는 실천적 지혜가 '에피스테메'가 아니라는 아리스토텔레스의 주장을 살펴보고 이런 결론을 그가 현상들의 범위 안에서 어떻게 논증하는지 검토할 것이다. 일반적으로 플라톤의 '테크네'의 표지인 일반성, 정확도, 통약 가능성 등이 최종 결과에서 하는 역할은 해당 주제에도 적절해야 한다. 그러나 그 기준은 현상 자체에서 도출해야 한다. 관점의 내용과 마찬가지로 메타적인 관점도 우리의 요구와 우리의 관행에서 유래된 것이고, 우리의 삶이 지닌 조직의 유형으로서 허용되어야 하는 것이다.

IV

플라톤주의자는 아리스토텔레스주의 철학자들이 철학적으로 게으르다고 비난했다. 이제 아리스토텔레스를 대신해서 우리가 이 비난에 대응하는 방법은, 플라톤주의자의 노력, 즉 현상의 바깥에서 관찰의 절대적인 관점을 찾기 위해 들이는 노력이 헛된 것이면서도 파괴적이라는 점을 입증하는 것이다. 그 노력은 그런 관점이 인간이 연구해서 찾을 수 있는 게 아니기 때문에 헛된 것이고, 약속된 목적의 영광으로 도래하는 결과라는 것은 인간에게 가능한 작업을 지루하고 값싼 것으로 치부하도록 만들기 때문에 파괴적이다. 우리는 윤리학과 정치학, 생물학과 물리학에서 우리 자신은 물론 우리의 세계에 관해서 연구를 추진할 수 있다. 또한 장소와 시간에 관한 우리의 개념, 변화를 설명하는 우리의 관행, 그리고 측정하고 개별화하는 관행도 연구할 수 있다. 플라톤주의자는 우리에게 이런 연구 따위는 무시하고 철학이라는 작업이 가치 있는 유일한 이유가 '동굴'로부터 우리를 구출해서 태양 아래로 데려오는 것이라고 생각하도록 촉구한다.

플라톤주의자는 아리스토텔레스가 주장하는 철학은 밋밋하고 별로 흥미를 끌지 못하는 활동이며 일상적인 삶에 특별히 추가할 만한 것도 내놓지 못하는 활동이라고 맞설 수가 있다. 그리고 우리를 위해서 결정적인 진보를 만들어 낼 권한을 철학으로부터 박탈함으로써 철학을 파괴하고 있다고 주장할 것이다. '우리 인간에게서 익숙한 길 밖으로' 나갈 전망이 없다면 우리가 왜 철학을 하고 있는지도 더 이상 분명하지 않다고도 주장할 것이다. 그러나 자신의 철학 개념이 철학을 전혀 중요치 않은 일로 만든다는 비난을 아리스토텔레스는 받아들이지 않을 것이다. 첫째, 아리스토텔레스는 현상으로의 복귀가 가지는 그런 부정적이고 평가절하하는 측면, 즉 자신의 저술에서 큰 부분을 차지하는 이 측면이 사실은 좋은 역할을 했다고 주장할 것이다. 아리스토텔레스가 되풀이해서 설명했듯이 이론화를 시작하는 순간 우리는 지나친 단순화의 위험과 마주한다. 역사적인 저술이나 비판적인 저술을 통해서 아리스토텔레스가 보여주는 다양한 위험으로는 심리철학에서의 유물론적 환원이 있고, 과학적 설명에서의 기계론이 있으며, 윤리학에서 쾌락을 궁극 목적으로 제시하는 쾌락주의, 그리고 언어와 정의하기에 관한 담론에서의 소크라테스주의 등이 있다. 이들 각각에서 '현상'으로 돌아가게 함으로써 아리스토텔레스가 우리에게 상기시키는 점은 언어와 삶의 방식이 상당수의 철학에서 인정하는 것 이상으로 한층 더 풍요롭고 복잡하다는 사실이다. 지나치게 단순화하는 이론들이 인간의 삶에서 강력한 영향력을 가지게 되거나 혹은 가지고 있다면 그 이론들에 저항하는 현상으로의 복귀 역시 상응하는 힘을 가질 수 있다.

그러나 이 정도 대답은 아리스토텔레스의 입장이 가진 힘을 다 포착할 만큼 깊이 있는 것은 아니다. 지금까지의 논의로 보면 현상을 구하는 일은 자칭 철학자라는 이상한 전문가 집단이 제멋대로 진지함과 단순함을 끝까지 밀어붙이기로 작정하는 바람에 인간적인 일상의 방식을 넘어서서 일상에 폭력을 가했기 때문에 그 의의를 지니는 것처럼 보인다. 광장agora의 평범한 사람은 다른 종류의 철학에 골몰한 적이 없어서 아리스토텔레스 철학이 필요 없어 보인다. 철학이 경계가 깔끔한 전문적인 활동이라면 현상을 구하는 일이라는 것도 그 전문가 집단 안에서만 힘을 가질 것이기에 나머지 사람들은 우리가 아는 것을 알고 각자 자기 일을 하면 그만이기 때문이다.

그러나 이것이 아리스토텔레스의 생각이 아님은 분명하다. 우리가 보았듯이, 『형이상학』은 '인간은 누구나 본성상 이해를 추구한다'는 주장으로 시작한다. 이 유명한 구절에 뒤이은 논의를 통해서 철학의 발달을 추적하여 모든 인간의 자연적 성향으로 돌아간다. 세계를 정리하고 해석하고 구분하고 명료화하는 성향, 그리고 이상해 보이고 경이롭게 보이는 것에 관한 설명을 찾는 성향이다. 다른 피조물은 순간의 인상과 충동에 기대어 살지만 우리 인간은 다양성 속에서 질서를 드러내는 일반 원칙을 가지고 세계를 이해하고 파악하려는 성향을 갖고 있다. 우리의 이해를 자의적으로 빠져나가 버리는 것이 있는 한 우리의 자연적 욕망은 충족되지 못한다. 사실상 철학은 세계 속에서 이처럼 어쩔 줄 모르는 상태에 대한 증오의 표현으로서 자라난 것이다.

지금은 물론이고 최초 시점에서도 우리 인간이 철학을 하는 것은 경이로움 때문이었다…… 어찌할 바를 모르는 상태와 경이로움을 느끼는 상태에 있으면 인간은 자신이 지금 뭔가를 파악하지 못하고 있다고 생각하게 된다. 그러니까 이야기를 좋아하는 사람은 어떤 의미에서는 철학자인 셈이다. 왜냐하면 이야기는 경이로움에서 만들어지기 때문이다.(『형이상학』, 982b12-19)

계속해서 아리스토텔레스는 말하기를 우리가 세계와 마주하는 것은 어찌 보면 겉으로 봐서는 사람이 움직이고 있는 모습이 안 보이는 상태에서 기계적으로 움직이는 꼭두각시들이 공연하는 인형극을 볼 때와 비슷하다고 한다. 우리는 경이로움을 느끼고 경이로운 것의 움직임에 관한 설명을 찾는다. 경이와 이야기 하기 그리고 이야기 하기와 이론화 사이에는 자연스러운 연속선이 있다. 끊임없이 우리는 우리 자신의 이해의 포괄 범위를 확장하려고 한다.

그러나 세계를 파악하고자 하고 이성으로 설명하고자 하는 것이 인간의 보편적인 욕망이라면, 지나친 단순화와 환원은 깊숙한 곳에 늘 존재하는 위험임이 분명하다. 편안해지려고 하면 우리는 집에서도 쉽게 타인이 되어버릴 수 있다. 통제 안 되는 것들을 테크네로 통제하려고 하고 이해하려고 할 때 생기는 불안 속에서 우리가 애초에 통제하고 싶어 했던 삶으로부터 너무나 쉽게 멀어지고 만다. 아리스토텔레스로부터 지나치게 단순하다고 공격을 받는 이론들 모두가 편협한 전문가 집단의 작업은 아니다. 그중 많은 것은 대중적인 전통에서 나왔고 대중의 상상을 크게 지배하고 있다. 그것들은 복잡한 세계에 대한 신념을 자신의 일상적인 말과 삶으로 동시에 드러내는 사람들의 상상까지도 지배한다. 철학이 응답하는 인간 요구의 속성은 우리가 그걸 추구하는 과정에서 일상적 삶을 근거지우는 믿음에서조차 쉽게 낯설어지게 만드는 것이다. 아리스토텔레스가 (우리가 이번 장의 맨 앞에 소개한 헤라클레이토스와 같이) 생각하기에는 우리 대다수가 쾌락주의와 유물론, 기계론, 그리고 기타 단순한 그림을 손에 쥐고 있으면서 우리가 사는 생애의 일부에서 그리고 우리가 사용하는 언어의 일정한 측면에서 이방인이 되어 있는 상태이다. 우리에게는 경멸이나 회피가 아니라 일상으로 가는 길을 보여주고 일상이 우리의 관심과 즐거움의 대상이 되게 만들어 주는 철학이 필요하다.

이러한 일상 혹은 현상으로의 전환 혹은 복귀는 때로는 저항에 부딪히기도 했다. 아리스토텔레스의 청중은 때때로 아리스토텔레스의 일상성과 세속성에 대한 관심에 반대하면서 익숙해져 있던 기존의 철학적 전통의 고상하고 절제된 관심을 요구했던 것으로 보인다. 『동물의 부분에 관하여』 1권 5장에서 그는 동물 그리고 동물의 형상과 질료에 관한 공부에 반항하는 학생들 몇몇이 더 숭고한 주제를 요구하더라고 말한다. 그는 그런 태도는 사실상 일종의 자기경멸이라고 가르쳤다. 왜냐하면 결국 그들 자신이 살과 피로 된 피조물이기 때문이다(『동물의 부분에 관하여』, 654a27-31). 이 사실을 상기할 필요가 있다는 것은 플라톤주의의 심오함을 드러내는 징표이거나 아니면 플라톤주의가 이미 우리 안에 깊이 자리 잡은 하나의 경향성, 즉 우리 자신의 재료인 뭔가 지저분하고 잘 모르는 물질에 대해 수치스러워하는 경향성에 호소한다는 징표라고 설명한다. 현상으로의 복귀에 반대하는 사람은 자신의 인간성과 평화를 이루지 못하는 사람일 가능성이 있다는 말로, 그리고 이것은 그 사람 내면의 문제이지 연구 방법의 결함이 아니라는 말로 아리스토텔레스의 말을 일반화할 수도 있다. 철학함 중 어떤 것은 아리스토텔레스가 여기서 말하는 '유치한 혐오'(645a16)에 기원을 두고 있다. 혐오에 의해 축조된 그 건물을 허물고 원상으로 복구하려면 다른 종류의 철학이 필요하다. 그것은 타인이나 적이 되어 버린 친구들에게 화해를 끌어내기 위해서 중재자가 필요한 것과 같은 이치다.

이에 더하여 아리스토텔레스는 학생들에게 이런 치료적 목표가 어떻게 적극적인 이익을 산출하기도 하는가를 설명한다. 겉보기에는 우리의 연구 영역이 아무리 소박해 보여도 우리 세계의 질서나 구조를 발견할 때에는 기쁨과 흥분을 늘 경험한다고 가르친다(『동물의 부분에 관하여』, 645a7-11). (우리가 기억하듯이 이 사람이 바로 수년의 생을 바쳐서 전에는 간과했던 바다 생물종을 정확히 기록함으로써 수세기 동안 필적할 이가 없는 생물학적 기여를 했던 철학자였다. 또 이 사람은 적절한 순간에는 훌륭한 농담을 할 줄 아는 능력을 높이 사면서 농담은 '인격의 운동'(『니코마코스 윤리학』, 1128a11)이라고 불렀던 도덕철학자이기도 하다. 수많은 종류의 작은 동물의 구조가 그에게서 기쁨을 자아냈다.) 경이로움에서 영감을 받는 철학은 우리를 세계로 그리고 세계에 관한 전에 없이 정확한 기록으로 데려다준다. 그 과정에서 그것은 현상들 '안에서', 즉 자연 환경에 대한 우리의 관점에서, 우주에 대한 우리의 믿음에서, 우리의 정치적, 도덕적 삶에서 각기 질서를 드러내고 명확히 한다. 이런 철학은 모든 것을 그 자리에 단순히 위치시키는 데에 그치지 않는다. 질서와 이해를 향한 자연스러운 인간의 요구를 진지하고 철저하게 추구한다. 아리스토텔레스는 『형이상학』 4권 2장에서 변증술가와 철학자가 '같은 주제를 다룬다'는 주장을 한 다음 둘을 구분한다. '변증가는 철학자가 이해를 추구하는 주제에 대해 추측한다'(『형이상학』, 1004b22-6). 철학자는 변증가와도 보통 사람과도 다른데, 다루는 주제만 다른 게 아니라 욕망도 다르다. 주로 철저함과 신념의 측면에서 차이가 나는데, 각 분야에서 질서를 찾고 구별을 하고자 하는 인간의 요구를 밀어붙인다. 엠페도클레스는 신이 되고자 했다. 파르메니데스와 플라톤의 소크라테스는 자신들을 비교秘教에 입문하는 자들에 견준다. 이와 대조적으로 아리스토텔레스의 철학자는 우리가 전문적인 인간이라고 부를 수 있는 사람들이다. 윤리학에서 그는 우리가 살면서 늘 목표로 삼을 것에 대해 명료한 관점을 제시한다(『니코마코스 윤리학』, 1094a23-4). 논리학에서 그는 우리가 서로의 추론을 평가할 때 활용할 원칙을 명확히 기술한다. 그는 우리보다 덜 산만하고 더 진지하며 덜 주저한다. 그렇기 때문에 자연스러운 욕망을 적절하게 충족하도록 우리를 도와줄 수 있다.

파이노메나 방법의 치료적 목표와 적극적 목표 사이에 지속적 긴장이 있는 것으로 보일 수 있다. 우리의 철학 전통에서 치료라는 과제를 만족스럽게 해결하기 위해서는 모든 질서와 구조를 넘어뜨려야만 한다는 생각을 할 때도 가끔 있었다. 그 연장선에서 혹자는 많은 구조를 분명히 제시하는 저술을 한 아리스토텔레스가, 자신이 말하는 인간적인 복귀에 진지하게 헌신할 수 없다고 말할 수 있다. 예를 들어 아래의 잘 알려진 인용문에서 비트겐슈타인이 사용한 더 순박하게 소극적인 이미지를 생각해보라.

　　모든 흥미로운 것, 즉 훌륭하고 중요한 모든 것을 파괴하기만 하는 것 같
　　은데, 대체 탐구의 중요성은 어디에서 찾을 수 있단 말인가? (마치 약간의
　　석재와 돌무더기만 남긴 채 모든 건물을 파괴하는 것 같다.) 우리가 파괴하
　　고 있는 것은 카드로 된 집일 뿐이고 카드로 된 집이 세워진 언어의 토대를
　　치워버리고 있는 것이다.(『철학적 탐구』, I 118)

　　위 인용문은 우리가 계속 아리스토텔레스에게 했던 질문과 동일한 질문
을 던지며 시작한다. 그리고 아리스토텔레스와 비트겐슈타인 두 사람 모두
부분적으로는 이런 답에 동의하리라 추정할 수 있다. 그들이 철학하는 방식
의 중요성 중 많은 부분은 철학적 환상의 파괴에 있다. 즉 언어를 신중하게
탐구해서 플라톤주의의 구조가 사상누각이라는 것을 보여주는 것이다. 그
러나 이 인용문은 아리스토텔레스라면 결코 쓰지 않았을 문장이다. 비트겐
슈타인이 그린 결과의 이미지가 (물론 이것이 그의 견해를 전체적으로 제대로
말하고 있는 것인지는 논외로 하고) 순전히 소극적인 이미지이기 때문이다.
여기에는 '흥미로운' 어떤 것도 남아 있지 않고 그저 석재와 돌무더기 조금
하고 모든 게 치워진 토대만 남아 있다. 아리스토텔레스라면 다르게 말했을
것이다. 우리가 사상누각을 무너뜨렸더라도 여전히 우리에게는 많은 질서와
구조 즉, 우리의 언어 속에 있는 질서와 우리가 보고 경험하는 우리를 둘러
싼 세계 속의 질서가 남아 있다고 말했을 것이다. 가재의 소화 기관에 있는
질서, 좋은 농담의 구조, 가까운 친구의 행동과 인격의 아름다움 등이 남아
있다. 거기에 또 집이나 실험실도 있을 것이고 이것들을 사용해서 우리 인
간은 스스로가 거처할 장소를 알고자 할 것이다. 그 안에서 살고 그것을 사
용하는 것만으로는 그 장소를 알지 못한다. 우리가 숱하게 하는 단순화 행위
라든지 허위 이론에 대한 우리의 애호를 봐도 분명해지는 사실이다. 장소를
제대로 잘 알기 위해서는 진지한 연구자들이 명료하게 그려놓은 지도가 있
어야 한다. 그래야만 우리가 그 안팎에서 길을 잃지 않을 것이다. 그리고 이

일이 흥미로운 이유는 인간의 삶이 흥미롭기 때문이다. 왜냐하면, 농담이나 법, 별과 바위, 추론, 곤충, 그리고 비극적 시와 서사시 등등 이 모든 것들이 흥미롭고 중요하기 때문이다.

아리스토텔레스의 적극적 과제는 소극적 과제와 철저하게 연관되어 있다. 거기에 있는 질서를 분명히 본다면 '유치한 혐오'를 극복하는 데 도움이 되고, '떫은 표정을 짓지 않고' 우리가 사는 곳에서 만족하게 될 것이다(『동물의 부분에 관하여』, 645a24). 또 한편 영예로운 플라톤적 질서에 대한 허망한 약속을 확실하게 폐기한다면, 이 질서에 더 효과적으로 참여할 수 있을 것이다. 좋은 철학을 가로막는 가장 심각한 장벽은 명료성에 기분 좋다고 매료되는 나쁜 철학이지 무지가 아닌 것이다.

주제와 동떨어진 공허한 논증을 제시해놓고 빠져나가는 사람들이 있다. 철학자의 표지는 아무 말이나 하는 게 아니라 추론의 형식을 쓰는 것일 터이다. (그런 논증을 하는 것은 무지 때문일 경우도 있고 왜곡된 야망 때문일 경우도 있다.) 무교육으로 인해서 조직적인 사유나 실천적 사유를 할 역량이 결여된 사람들 때문에 이런 일에 경험과 실천적 역량을 갖춘 사람들조차 연루되는 경우가 있다.(『에우데모스 윤리학』, 1217a1-7)

아리스토텔레스의 소극적 저술은 사칭으로 속이는 경우를 제거함으로써 실천적인 사람이 자신이 원하는 교육을 적극적으로 습득하고 감식하게 해준다.

아리스토텔레스는 이야기를 하나 들려주면서 생물학 공부를 하는 학생들에게 하던 호소를 마저 끝맺는다. 그가 들려준 이야기 속에 등장하는 방문객들 중에는 헤라클레이토스를 소개 받기를 원하는 이들이 있었다. 방문객들이 그의 집에 도착해서 그 위대한 인물이 부엌 난롯불 앞에서 몸을 녹이는 모습을 보았다. 그들은 주저했다. (아마 그들은 그가 천국에 대해 묵상하거나 사유 속에 몰입한 모습을 예상했을 것이다. 적어도 이런 평범한 모습은 아니었을 것이다.) 그가 그들에게 말했다. '들어오시오, 두려워말고. 여기에도 신들이 있습니다.'(『동물의 부분에 관하여』, 645a19-23)

그렇다면 아리스토텔레스의 철학은 우리의 본성과 마찬가지로 (그리고 본성의 일부로서) 너무나 많은 질서와 무질서, 야망과 포기, 과다와 결핍, 초인간적 존재와 동물에 지나지 않는 존재, 이런 것들 사이에서 끝없이 흔들린다. 좋은 철학자란 인간적으로 관리하는 사람이고 이러한 위험으로부터 지키는 사람, 중용을 즉흥적으로 만들어 낼 줄 아는 사람일 것이다. (그리고 이런 것들이 모든 영역에서 해야 할 일인 것이다.) 유실되었지만 그의 저술로 알려진 『선에 관하여』에서 아리스토텔레스는 '당신이 삶을 잘 영위할 때뿐 아니라 철학을 할 때에도 스스로가 인간임을 기억해야만 한다'고 말했다고 전해지고 있다. 이 문구를 적어서 알려준 고대 작가의 말을 빌리면, '아리스토텔레스는 아주 균형 잡힌 인격의 소유자였음이 틀림없다.'

9장 이성적 동물 그리고 행동에 관한 설명

> 진정 지금 우리가 제시하고 있는 것은 사람의 자연사에 관한 이야기다. 그
> 런데 이것은 호기심에서 하는 말이 아니다. 아무도 의심치 못할 사실을 관
> 찰해서 하는 말이다. 우리 눈앞에 늘 그렇게 있었기 때문에 아무도 이야기
> 하지 않고 있었던 사실 말이다.
>
> 비트겐슈타인, 『수학의 기초에 관한 강의』 I 141

　우리가 핵심적으로 묻는 것은 가치 있는 방식으로 삶을 영위하고자 하는
우리에게 세계가 미치는 영향의 깊이와 방식이다. 우리 인간은 어느 정도로,
식물처럼 자연세계에서 바깥에 있는 것에 수동적으로 의존하는 존재인가?
우리 인간은 어느 정도로, 플라톤의 중기 대화편에 나오는 영혼처럼 순수하
게 활동적인 지적 존재인가? 그리고 인간의 존재 방식 중에서 최선의(가장
칭찬받을 만한) 방식은 어떤 것인가? 이런 질문이 요구하는 것 중 하나는 분
명히 인간 행동에 관한 설명이다. 세계 속에서 우리의 다양한 행위가 어떤
식으로 발생하는지 살펴봐야만, 세계와 행위자 사이의 인과관계 중에서 어
떤 것이 삶의 칭찬받을 만함을 감소시키거나 제거하는가를 말할 수 있기 때
문이다. 윤리적 자기 충족성에 대한 플라톤의 생각을 보면, 그는 은연중에
행위에 관한 어떤 개념에 기대고 있다. 중기 대화편은 우리에게 이중적인 이
야기를 한다. 한편으로는 스스로 움직이고, 순수하게 활동적이며, 자기 충족
적인 지성, 가치 있는 행위를 발생시키는 동력이 있다. 그리고 다른 한편으
로는 그 자체로 수동적이고 선택은 전혀 하지 않으며, 그저 세계에 의해서
밀쳐져서 생겨나서는 수동적 행위자를 밀어붙이는, 육제적인 욕망이 있다.
『파이드로스』는 가치에 대한 새로운 개념을 제안하면서 아울러 행위에 관해
서도 새로운 개념을 제시한다. 지성의 인과성은 순수한 활동은 물론 반응성

과 수용성을 포함하고, 욕망의 인과성은 보다 활동적(선택적)이면서 동시에 덜 엄격하게 제한적이라고 말하고 있다.

앞으로 논증하겠지만, 아리스토텔레스는 가치와 행동, 양쪽에 관한 『파이드로스』의 제안을 발전시키고 확장한다. 그가 찬성 논변을 제시하는 행위의 원인에 관한 개념은 우리가 세계를 마주하여 생기는 우리의 필요가 윤리적 가치에 불리한 것이 아니라 오히려 그 윤리적 가치에 중심적이라고 보는 것을 허용한다. 그런데 여기서 아리스토텔레스는 이 윤리적 프로젝트를 자신의 특징적인 방식으로 추구한다. 그러기 위해서 그는 좁게 정의한 윤리적 물음 너머를 조망하고 동물계 전체의 운동과 행동에 대한 설명을 만들고자 한다. 동료 철학자들에 대해 그가 갖는 불만 중 하나는 인간을 연구에서 지나치게 고립시켜서 살아 있는 존재 일반의 기능에 관한 포괄적 연구를 인간 연구와 연결시키지 않는다는 점이다. 이 문제는 앞으로도 보겠지만 우리 인간이 다른 형태의 생명체와 깊이 공유하는 현상을 보존하는 일도 실패하게 만든다. 따라서 이제 우리는 행위라는 주제에 관해 아리스토텔레스의 견해를 쫓으면서 비단 윤리학적 논고 관련 부분만이 아니라 동물의 운동과 행동에 관해서 보편적 방식으로 설명하는 다음 두 개의 문헌도 당연히 함께 검토해야 하는데, 그것은 다름이 아니라 『영혼에 관하여』 3권 그리고 전적으로 이 문제에 천착한 『동물의 움직임에 관하여』이다.

행동에 관한 설명과 인간 및 인간 삶에 관한 윤리적 평가 사이에는 분명히 밀접한 연관성이 있다. 아리스토텔레스도 행동에 관한 설명을 할 때 그 설명이 윤리적으로 어떤 함의를 가질지, 그리고 우리가 평소에 하는 평가적인 언행을 뒷받침할 수 있는지를 따져보았으리라 예상할 수 있다. 만일 그의 설명에서 인간이라는 동물의 움직임의 원인이 칭찬과 비난의 기준을 충족하지 않는다는 결과가 산출된다면 실로 놀라게 될 것이다. 제대로 된 결과를 바라면서 아리스토텔레스는 적절하게 선택을 제한할 것이다.* 그러나 다른

---

* 이 점에 대해서는 11장 참고.

한편으로 그는 행동에 관한 설명이 다른 현상과도 관련성을 가진다고 믿는다. 즉, 행동에 관한 설명을 통해서 다른 영역에서 우리가 믿는 바가 인간 윤리의 출발점과 연관된다는 것을 보여줘야 한다는 것이다. 구체적으로 말해, 인간 행동에 관해서 우리가 믿는 것이 전 우주의 살아 있는 존재들의 움직임에 관해서 우리가 믿는 것과 접하는 지점을 찾아야 한다는 것이다. 이 주제에 관한 다양한 믿음들과 맞지 않는 것을 제시함으로써 결과적으로 인간을 제외시켜선 안 된다.

만일 우리가 관련 주제에 대한 플라톤식의 접근에 익숙해져 있다면 『영혼에 관하여』와 『동물의 움직임에 관하여』를 읽을 때 아주 이상하다는 생각을 하게 될 것이다. 인간의 윤리적 딜레마에 관한 감동적인 설명 대신에 주인공으로 인간과 물고기, 새, 곤충이 함께 등장하는 내러티브가 들어 있기 때문이다. 우리한테 자명하게 보이지만 아리스토텔레스의 제자들에게는 사소해 보이거나 심지어 혐오스러운 것도 있다. 인간 행동에 관한 탐구는 동물의 움직임에 대한 더 넓은 탐구의 일부로 수행된다. 여기서는 인간 행동을 따로 취급하지 않고도 전체 동물계를 아우르는 폭넓은 일반성에 관한 논의를 볼 수 있다. 이러한 설명이 어떻게 윤리학에 차별화된 기여를 할 수 있는지를 알려면 바로 이 일반성을 이해하려고 노력해야 한다.

『동물의 움직임에 관하여』는 어떤 동작에 대해서든지 움직임에 관한 공통적인 설명을 일반적으로 고려할 필요가 있다는 말로 시작한다(698a4-7). 이 책은 명시적으로는 동물의 움직임을 주제로 하지만 암묵적으로는 동물의 움직임 중에서도 장소의 이동으로 주제를 제한시키고 있다. 그런데 나머지 주제는 여전히 이상하리만치 일반적이면서도 이질적이다. 플라톤식 윤리적 지향의 관점에서 보거나 심지어 일상적 믿음의 관점에서 볼 때 이상하다는 인상을 주는 다양한 관심사를 '공통'이라는 이름으로 제시하고 있다. 이 점을 간결하게 말하면 '공통' 원인은 너무 공통적이면서도 동시에 충분히 공통적이지가 않다. 충분히 공통적이지 않은 까닭은 동물의 움직임에 관한 단일한 설명 대신 두 가지 사뭇 다른 설명이 병렬적으로 제시되기 때문인데 그 하나는 지각, 사고, 욕망과 같은 심리학적 언어를 사용한 설명이고,

다른 하나는 인대, 건腱, 뼈 같은 생리학적인 언어를 사용한 설명이다. 이 두 가지 설명은 명백히 공통점이 없으며 서로 관련되는 것처럼 보이지도 않는다. 너무 공통적인 까닭은 동물의 모든 움직임에 대한 일반적 설명을 제시하려는 기획이다 보니 우리가 보기에는 과학적으로 구분을 해야 한다고 생각되는 피설명항들을 아리스토텔레스가 한 번에 묶었기 때문이다. 시간을 충분히 들여서 중요한 구분을 해야 하는데 하나로 묶어서 설명하게 되면 결국 너무 '공통'적이어서 내용이 없는 설명이 되어 버리는 것이다. 아리스토텔레스 자신도 이런 경고를 하고 있다. '공통 설명ton koinon logon을 찾는 노력이 우스운 일이 될 수 있는 것이…… 만일 특이해서 더는 분류가 불가능한 종으로 설명해 보려 하지 않고 더욱이 그런 설명을 찾는 일마저 포기한다면 세계 속의 그 어떤 것에 대해서도 적절한 설명이 될 수가 없기 때문이다.' 이 경우에 (그리고 『영혼에 관하여』 3권 9-11장에서 다루는 유사한 예에서) 아리스토텔레스는 자신이 정한 제약을 빠져나가서 뭔가 진지한 내용을 가지고 이야기하고 있는 게 맞는가? 아니면 『동물의 움직임에 관하여』라는 책은 아리스토텔레스의 유머가 담긴 지극히 희귀한 작품이 되는 것인가?

그렇다면 이제 다음 질문들을 검토하여야 한다.

(1) 동물의 움직임에 관하여 공통 설명을 제시해야 한다고 한 아리스토텔레스의 주장이 가진 힘은 무엇인가? 그리고 더 구체적으로 말해서, 『동물의 움직임에 관하여』 6장에서 제시한 주장으로 공통 설명은 동물의 욕구와 인지 능력에 대한 설명도 포함해야 한다는 주장의 힘은 무엇인가? 동물의 움직임을 설명하는 데 있어 아리스토텔레스가 여기서 배제한 다른 후보 설명은 무엇인가? 그리고 배제한 근거는 무엇인가?

(2) 이 공통 설명이란 더 정확히 말해서 무엇인가? 어떤 유형의 설명이고 그것은 왜 좋은 설명이라고 여겨지는가?

(3) 욕망/인지에 관한 이 같은 설명과 『동물의 움직임에 관하여』 7-9장의 생리학적 설명 사이의 연관성은 무엇인가? 여기 같은 질문에 대해서 대안이 되는 답변 혹은 다른 질문에 대한 답변이 우리에게 있는가?

(4) 이 설명은 우리의 윤리적 평가 관행에 어떠한 기초를 제공하는가?

이상의 질문에 답하려면 다소 역사적인 작업부터 해야 한다. 왜냐하면 아리스토텔레스가 행동을 지나치게 단순화시킨 두 가지 철학적 설명에 대응하면서, 그리고 그 설명들에 반박해서 이 주제에 대한 일상적 믿음들이 갖는 복잡성을 보존하려고 시도하면서 설득력을 얻는 입장을 취한다고 보는 것이 최선일 수 있기 때문이다. 따라서 이제 우리는 '많은' 사람들의 견해와 '지혜로운' 사람들의 견해를 고려하는 아리스토텔레스의 방식으로 아리스토텔레스의 설명을 따라가 볼 것이다.

|

동물의 움직임에 관한 다른 설명들을 고려해 보자.

A   마치 산속에서 자란 사자와도 같이 앞으로 나아갔다.
    사자는 오랫동안 고기를 먹지 못한 터라 그의 씩씩한 마음은
    튼튼한 울 속으로 들어가 양떼를 습격하라고 그를 부추긴다.
    그래서 사자는 설사 목자들이 그 곁에서 창을 들고
    개떼와 함께 양들을 지키고 있는 것을 발견하더라도
    공격도 안 해보고 그냥 우리에서 쫓겨 달아나려고 하지 않고
    결국은 달려들어 양을 빼앗거나 아니면 선두 대열에서
    강한 팔이 내던지는 창에 그 자신이 쓰러지고 만다.

B   **코로스** 그러면 그 불행한 거주자는 어디로 갔지요? 가난한 사람은 어디
    로 갔습니까?
    네오프톨레모스 그는 틀림없이 양식을 구하기 위하여 아픈 다리를 질질
    끌며 이 부근을 거닐고 있을 것이오. 들리는 소문에, 완전히 영락한 그

는 날개 달린 화살들로 먹이를 구하며 이런 식으로 연명하고 있으나 그를 치유해 줄 사람은 아무도 그에게 접근하지 않는다고 했으니 말이오.

C   그들은 부보다도 적게 복수하길 희구하고, 이것이야말로 생명을 내던질 만한 비길 데 없는 영광이라고 믿었습니다…… 이리하여 퇴각해 생명을 보존하기보다는 대항해 싸우다 죽기를 선택한 것입니다. 불명예스러운 이해타산을 피하고 자신의 온몸을 바쳐 전열을 고수한 그들은, 천재일우의 호기를 이용해 공포보다 영광스럽기 짝이 없는 상태에서 죽어 갔던 것입니다.[*]

각 인용문에서(같은 요지를 설명하는 데에 활용할 수 있는 수백여 개 중에서 다소 무작위로 선정된), 우리는 일정한 동물의 움직임에 대한 묘사뿐 아니라 그 움직임의 원인을 알 수 있다. 화자는 '그가(그것이, 그들이) 무엇을 했나?'라는 질문뿐 아니라 '왜 그가(그것이, 그들이) 그것을 했나?'라는 질문에도 답한다. 인용문 A의 사자는 (인간 영웅 사르페돈과의 비교 대상으로서) 양떼를 공격한다. 그가 그렇게 하는 자명한 이유는 먹을 것이 급하게 필요했기 때문이고, 양떼 속에 그 굶주림을 해결할 게 있는 것을 보았기 때문이다. (비슷한 설명을 사르페돈에게도 적용할 수 있다. 그의 심장이 그에게 공격을 하도록 촉구했는데, 그 까닭은 그가 무언가를 필요로 하거나 원했기 때문이고, 공격이 원하는 그것을 얻는 방법임을 알았기 때문이다.) 인용문 B에서 필록테테스가 한 것은 자기 동굴을 빠져나온 것이다. 네오프톨레무스는 주저하지 않고 가능성에 대한 사람의 욕구와 믿음의 관점에서 원인을 구성한다. 즉, 그는 음식을 필요로 했음이 틀림없고 아무도 그를 도울 수 없었기 때문에 고

---

[*] [역주] 『일리아스』 12장 299-306(천병희 옮김, 종로서적); 『필록테테스』 161-8(천병희 옮김, 단국대학교출판부); 『펠로폰네소스 전쟁사』 2장 42. 3-4.(박광순 옮김, 범우사)의 번역을 인용했음.

통스러웠지만 나가서 스스로 그것을 공격했다. C는 거창하고 복잡해 보이는 면이 없지 않지만 구조는 유사하다. 병사들이 한 것은 굴복하지 않은 것이고 용감하게 싸우다 죽은 것이다. 그들이 왜 그렇게 했는가? 페리클레스는 그들의 특정한 욕망, 즉 개인적 영광과 시민으로서의 복수 그리고 불명예의 회피 및 특정 믿음(이것이 가장 영예로운 위험이고 도망가는 것은 불명예를 자초한다는) 즉, 그가 보기에는 그들의 행동을 설명하는 데에 충분한 믿음을 병사들의 행동의 원인으로 생각했다.

예시들은 동물의 움직임에서부터 인간의 행동 중에서 동물과 유사한 행동, 그리고 합리적이고 유덕한 사람의 행동에 이르는 하나의 스펙트럼을 보여주고 있다. 그러나 모든 예시에서 설명의 공통 구조가 지닌 골격 자체가 보인다. 사례들 사이에는 다른 점도 많이 있겠지만 네 가지 면에서는 유사하다.

(1) 각각의 경우 동물(들)의 움직임을 설명하는 방식은 동물(들)의 욕망들과 믿음들 혹은 지각들의 일정한 조합으로 그 움직임을 귀속시키는 것이다. 즉, 그는(그것은, 그들은) 이것을 원했고 이것이 욕망하는 대상으로 가는 방법임을 믿었다(알았다)고 하는 것이다. 사람들과 여타의 동물들은 한 장소에서 다른 장소로 이동하는데, 그 이유는 그들이 원하거나 필요로 하는 것들이 있고, 그것들을 어떻게 얻을 것인가에 대한 것을 알거나 생각해서이다. (공통 구조를 찾는 데 있어서 이런 광범위한 일치는 사실상 호메로스의 작품에 나오는 동물 비유에서도 활용하는 것이다. 인용문에서 사자나 사르페돈은 마찬가지다. 사르페돈에 대해서도 그의 행동에 대한 '이유'만큼은 사자의 이유와 '유사하다'라고 말할 수 있다.)

(2) 설명에 제시한 요인들은 의도에 속하는 것들이다. 즉 (a) 욕망과 믿음(지각)이 목표물을 지향하고 있고, (b) 설명은 동물의 관점에서 보이는 식으로 목표물을 특정하고 있다.

(3) 욕구와 믿음(지각)은 목표물과 논리적이고 인과적인 연관을 가지는 것으로 보인다. 논리적인 연관을 가지는 이유는 초점을 맞추는 목표물을 언급하지 않고서는 욕구(믿음)가 무엇인지를 설명할 수가 없기 때문이다. 인과

적인 이유는 행동이 일어나게 만든 것이 바로 그 목표물인 것으로 여겨지고 있기 때문이다. (먹을 것이 필요'하다는 사실에 의해서' 또는 필요'하기 때문에' 사자의 심장이 행동을 '촉구'한 것이고, 필록테테스 역시 그렇게 행동한 것이다.

(4) 동물의 생리학적 체계가 문맥에 언급되어 있다면 그것은 '그것이 왜 (무엇 때문에) 움직였는가?'라는 질문이 아니라, '그것이 어떻게 움직였는 가?'라든지 또는 '어떻게(그것이 우리가 언급했던 욕망과 믿음을 가지고 있다고 전제할 때) 그게 움직이는 것이 가능했는가?'라는 질문에 대한 답으로 제시될 것이다. 우리는 이 점을 『필록테테스』의 사례에서 분명히 볼 수 있는데 거기서 이어지는 문장을 보면 거동과 관련된 생리학적 문제를 거론하면서 '그런 장애에도 불구하고 어떻게 자신이 원하는 것이 있는 곳으로 갈 수가 있나?'라는 질문에 초점을 맞춘다. 그러나 이에 대해서 '야생에서 자라난 사자처럼 강한 근육과 잘 발달된 건腱이 있어서…… 힘을 내어 뛸 수 있었다'라고 말하거나, 예의 그 코로스의 질문에, '척추를 저렇게 구부릴 수 있을 정도로 잘 발달되어 있었기에 나아갈 수 있었던 게 분명해 보인다'라고 답하거나, 또는 장례 연설에서 '그리고 그럴 수 있었던 이유는, 신체 단련을 통해서 튼튼한 근육이 만들어졌고, 그 근육들이 뼈에 단단히 잘 부착해 있었기 때문에, 맹공격을 받아도 약해지지 않은 덕분이다'라고 말하는 동물 비유를 상상해보라. 이 모든 경우에서(이것들은 전-철학적인 일상적 담론에서는 보기 어려운 것이 확실하다) 우리는 일단 이런 이야기를 우습게 생각하다가 뭔가 잘못되었다는 것을 알아차리게 된다. 이런 이야기 자체에도 뭔가 장점이 없지는 않겠으나 우리가 보통 생각할 때에는 움직임에 대한 설명이 아닌 것을 '설명'이라고 하고 있기 때문이다. 아직은 '왜?'라는 질문에 대해서는 답을 얻지 못했다는 기분이 들 것이다. 또 내 생각에는 그 움직임에 대한 진짜 '원인', 즉 그런 움직임이 일어나게 만든 요인이 무엇인지도 아직 모른다는 기분이 들 수 있다. 다른 한편, 화자들이 만들어 낸 설명들이 만족스럽다는 생각도 우리 뇌리에 떠오른다. 각각의 경우에 평범한 보통 사람들이 청자라면 일어난 일에 대한 설명으로 이 청자들이 요구하는 것을 화자들이 알고 이야기하는 것으로 보일 것이기 때문이다. 이때 설명이 만족스럽게 들리는 이유

는 진실성 때문이 아니라(B와 C의 경우는 적어도, 분명히 가상의 이야기다) 설명들이 적절한 구조를 갖고 있어서이다. 다시 말해서, 사실이기만 하다면 움직임에 대한 설명으로 충분해질 수 있는 종류의 설명이기 때문이다.

지금까지 이 모든 것은 우리의 예상대로 느슨하고 일반적이다. 그러나 또 우리는 동물의 움직임에 대한 설명을 탐구하는 희랍 철학자라면 이런 패러다임의 설명에 뭔가 결실이 있을 거라고 단정하고 그것에 기대어 공통적인 설명 구조를 만들어 내려 하지 않을까, 하는 예상도 해볼 수 있다. 기원전 5세기와 4세기 초의 철학에서는 이와 전혀 다른 일이 일어났다. 아리스토텔레스는 동물의 움직임과 이것에 관한 설명에 따르는 복잡한 철학의 유산을 깊이 인식하고 있었다. 이 유산은 그에게 두 가지 두드러진 설명 모델을 제시했는데, 두 가지 모두, 그도 말했고 우리도 보게 되겠지만, 우리가 세 가지 인용문에서 살펴본, 움직임에 대한 전통적 담론과 극적으로 달랐다. 이유는 두 가지 설명 모두에 동물의 움직임에서 나타나는 적극적 선택성과 수동성 사이의 관계를 잘못 해석한 지점이 있어서였다. 유물론적 자연과학의 전통적 모델에서는 보통의 심리학적 설명을 생리학적 설명으로 대체하고 동물은 일종의 꼭두각시에 불과하기 때문에 자연의 인과력에 좌우되고 자체적으로는 능동적 선택에 의한 움직임을 전혀 하지 못한다는 식으로 묘사한다. 또한 이런 과학적 환원주의에 비판적이었던 플라톤의 다른 모델에서는 일반적인 심리학적 범주 중 일부를 복원하면서 피조물이 이유에 의해 움직인다는 생각을 복구했다. 그러나 이것은 어디까지나 인간의 이성적인 행동과의 연관 속에서 이루어진 것이어서 행동에 대한 설명을 지나치게 지성화한 결과를 초래했다. 이 두 겹의 배경을 좀 체계적으로 연구하면 아리스토텔레스가 소포클레스와 투키디데스의 관점에서는 무엇이 자명한 진실로 보일지를 강조한 것이 철학적으로 왜 혁명적이고 의미 있는 일인지 이해하는 입장에 놓일 것이다.

아리스토텔레스 이전의 자연과학 전통에서 주로 다룬 것은 동물의 움직임과 그것에 관한 설명이었다. 아리스토텔레스의 보고에 의하면, 하나의 장소에서 다른 장소로의 자기-움직임self-motion이 동물이 가진 본질적 특성이라는 주장이 하나의 표준으로 자리 잡고 있었기에 자기-움직임의 원인론은 모든 영혼론에서 중심적 위치를 차지한다. 그러나 자신들의 설명 프로그램의 나머지 부분과 조화를 위해서 자연과학 전통의 과학자들이 동물의 움직임에 대한 원인aitia으로 제시한 설명은 동물 생리학의 기본적 구성 요소 사이의 상호 작용과 그 요소들과 환경의 상호 작용에 근거를 두었다. 가령 아폴로니아의 디오게네스의 말에 따르면, 모든 동물의 영혼은 공기이고, 사실상 생각도 실제로는 공기이고, 동물을 포함한 모든 것을 '조종하고 지배하는' 것이 바로 공기이다. 아리스토텔레스는 영혼이 공기라는 주장을 정당화하기 위해서 특히 가벼움이라는 공기의 속성이 움직임을 만들어 내는 데 적합하다고 지적했다.* 데모크리토스는 움직임을 설명하기 위해 영혼(움직임을 만드는 것으로 가정한)은 구형의 원자로, 형태상 모든 곳을 관통할 수 있고 다른 사물에 움직임을 부여할 수 있다는 가설을 수립했다.** 이런 입장들과 기타 입장들을 보면 움직임에 관한 설명의 요구에 대해서 욕구나 지각 그리고 믿음을 언급하면서 설명하지 않고 생리학적 실체가(혹은 실체들이) 움직임을 부여할(유발할) 가능성을 지닌 속성에 대해 언급하고 있다. 이 생리학적 실체가 움직이는 것이 바로 동물이고 이 실체 자체는 환경의 영향에 반응한다고 본 것이다.

이들은 각기 중요하다고 봤던 움직임에 관해서 인과적 설명을 제시하고 있다. 여기서 불분명한 것은 이렇게 공통적인 설명틀을 모두 설명해버리겠다는 것인지 아니면 심리학적 설명을 생리학적 설명으로 환원하겠다는 것

---

* 『영혼에 관하여』, 405b21-5; 헤라클레이토스의 견해는 405a5-7, 405b25-9 참조.
** 『영혼에 관하여』, 405a8-13, 406b15-22, 403b31-404a16.

인지이다. 내가 인용한 부분에서는 '이 동물이 왜 A에서 B로 이동했는가?'라는 물음에 대해서 과학자는 물질적인 요인'만 가지고' 답을 해야 한다든지 생리학적인 설명이 '진정한' 답이 된다든지 하는 명시적인 주장을 하지 않고 있다. 그러나 내가 생각하기에 이것이 디오게네스와 원자론자들의 태도가 아닌가 적어도 추정해볼 수는 있다. 디오게네스의 논증을 보면, 동물의 생명과 생각을 위해서는 공기가 필요하다는 전제로부터, 공기가 생명이고 생각이라는 결론을 바로 도출하고 있다.* 이런 패턴의 논증으로 '그것은 무엇인가?'라는 질문과 '그것이 존재하기 위해서 어떤 조건이 필요한가?'라는 질문이 혼동되고 있음이 드러난다. 즉 공기의 움직임이 생각에 필요하다는 것이 입증되면 생각이 곧 공기의 움직임이라는 식이 그것이다. 이러한 논증 방식은 시대를 막론하고 환원주의적 과학주의에서는 전형적인 것으로 현대의 신경생물학도 마찬가지 방식을 취하고 있다. 신경생물학에서 흔한 추론에 따르면 특정 인지 활동에 특정 뇌 기능이 필요하다는 전제로부터 인지 활동은 뇌의 기능일 뿐이라는 결론이 도출된다. 우리의 일상적 범주들은 데모크리토스의 말대로 그저 '관습상' 범주일 뿐이라는 생각과 우리가 물질을 이루는 기본적인 요소들에 도달해야만 어떤 현상에 관한 진정한 과학적 설명에 이를 수 있다는 생각이 끝없이 이어지는 유혹인 것이다.** 실제로 이 유혹에 굴복한 15세기의 과학은 동물을 물질 조각들의 집합체로 취급했다. 그리하여 동물은 의도적으로 뭔가를 함으로써 능동적이고 선택적으로 자신의 움직임에 영향을 끼치는 피조물이라기보다는 해당 동물체의 일부 조각이 다른 힘에 반응하면 동물체 전체가 움직이는 구조를 지닌 존재라고 생각했다.

그러나 이 사상가들의 실제 입장이 어떠하든지 아리스토텔레스는 분명히 이들이 단지 일상적 담론의 범주들을 보충하는 것이 아니라 대체하고 있다고 보았다. 아리스토텔레스는 이들이 다른 종류의 설명을 무시하고 물질주

---

* 『소크라테스 이전 철학자들의 단편 선집』, 64 B4.
** 『소크라테스 이전 철학자들의 단편 선집』, 68 B9.

의적인 설명을 전부라고 믿고 있다는 이야기를 자주 한다.* 그는 동물의 움직임에 관한 데모크리토스의 견해를 기술하는 부분에서 중요한 생각을 드러내 보이고 있다. '일반적으로 보기에는 영혼이 신체를 이런 식으로 움직이는 것이 아니라 어떤 선택이나 생각과 같은 과정을 통해서 움직인다.'(『영혼에 관하여』 406b24-5) 이것이 데모크리토스에 대한 반박이 되려면 의도적인 행동의 설명에 관해서 그가 환원주의자여야 할 것이다. 그렇지만 우리가 생각하는 아리스토텔레스의 철학적 동기로 봐서는 그 자신은 이것이 적절한 반박이라고 믿은 게 확실하다.

　이를 언뜻 보면, 생리학자에 대한 반박으로는 이상하다고 생각할 수도 있다. 왜냐하면 이 사람이 선택과 생각을 단순히 무시하는 것 같지는 않기 때문이다. 사실 이 전통에서 생리학적으로 생각하기를 설명하는 것은 중요한 관심사 중 하나다. 그렇다면 '이런 식으로 움직이는 것이 아니라 선택과 생각과 같은 과정을 통해서'라고 말한 아리스토텔레스의 의중은 무엇인가? 이 인용 부분에서는 자신의 입장을 설명하고 있지 않다. 그러나 그의 말 때문에 우리는 그 생리학자의 프로젝트에 이상한 결과가 따른다는 것을 간파할 수 있다. 첫째, 지향성이 과학적 설명에서 완전히 제거되었다. 움직임에 대한 일상적 설명들은 동물이 외부의 특정 대상에 초점을 맞추는 방식을 언급하고, 이 동물이 그 대상을 생각하고 욕구한다고 기술한다. 그 생리학자의 설명은 중립적 관찰자의 관점으로 동물의 생리학적인 상태를 특정하고 있다. 생리적 상태의 설명에서 외부 목표물을 언급할 때에는 지향을 생리적 상태의 원인이 된 자극으로서만 보는 정도이다. 지각과 욕구가 대상-지향적이라는 점, 즉 세계의 사물을 선별하고 주목하는 방식이라는 점을 빠뜨리고 있다. 이로 인해서 추가적인 결과가 뒤따른다. 그중 하나는 동물의 서로 다른 내적 활동의 구분이 없어진다. 지각, 상상, 사유와 같은 인지의 다양한 형태들을 일종의 원자 운동으로서 매우 비슷한 생리학적인 용어로 설명하기 때

---

* 『분석론 후서』, 640b5 이하; 『형이상학』, 983b6 이하; 『자연학』, 193a9 이하, 198a21 이하; 『영혼에 관하여』, 403a29 이하; 『형이상학』, 1035a7-9.

문이다. 마찬가지로 우리가 일상적으로 욕구의 대상이나 그 대상과 관계하는 방식으로 구분하는 다양한 욕구들의 구분 역시 없어진다. 더욱이 지각과 욕구 자체도 아주 긴밀하게 동화되어 버린다. 마지막으로, (이전에는) 동물의 의도적인 특성이었던 것들을 마치 혈액 순환이나 소화처럼 비의도적인 것으로 동일하게 취급하게 된다. 이러한 설명이 어떻게 우리의 일상적 담론에서 풍요로움의 여지를 남길 수 있을지 알기는 어려운 반면, 그러한 풍요로움의 유지 따위에 원자론자의 관심이 미치지 않음을 알기는 쉽다.

이로부터 우리는 아리스토텔레스가 행하는 비판의 핵심에 도달하게 된다. 비판의 핵심은 움직임에 대한 비의도적인 설명이 이상에서 언급한 내적 구분을 지워 버림으로써 우리의 삶에서 매우 중요한 움직임들의 구분까지 지워 버리고 있다는 것이다. 외부 대상은 특정 변화의 원인이 될 뿐이고 의도적 상태의 대상이나 활동의 대상은 되지 않기 때문에, 이제 우리에게는 신체의 자극에 대한 유기체의 기계적인 생리적 반응을(예를 들어, 반사 운동 또는 지속적인 소화 과정), 우리가 의도적 활동으로 특정하고 또 그에 따라 평가하는 활동으로부터 구분할 수 있는 방법이 남아 있지 않게 된다. (잠을 자기 위해 가는 행동을 장소를 이동하는 움직임과 똑같은 예로 보는 디오게네스는 이 점을 말하는 것이다.)* 여기서 우리가 잃어버리는 것은 피조물의 믿음과 욕구로 설명되는 '왜'가 있는 움직임과 '왜'가 없고 이유로 기능하지 않는 인과적인 설명 요인들만 있는 움직임 사이의 구별이다. 그런데 이로써 결과적으로는 우리가 이해하는 선택된 행동이라는 개념 전체가 지워져 버린다. 또한, 선택하지 않은 의도적인 행동이라는 개념 역시 지워져 버린다. '선택'과 '생각'이라는 말을 데모크리토스가 얼마나 많이 사용하는가와 무관하게 그는 우리의 이 모든 개념에 중요한 구분들을 다 지워 버린 것이다. 그의 프로그램의 후속 결과는 단순한 인과적 설명과 이유를 제시하는 것 사이의 구분을 파괴한 다음, 이 일상적 구분에 토대를 두는 법적, 도덕적 제도와 관습까

---

*『소크라테스 이전 철학자들의 단편 선집』, 64 A29.

지 파괴하게 될 것이다. 예를 들어서 도덕 교육은 단순히 환자 돌보기와 조건화하기(강화하기)와 비슷한 것으로 되고 말 것이다. 동물도 세계의 인과적인 힘들 앞에서 수동적인, 식물의 일종인 것이다. 겉보기에는 과학자의 무해한 논의로 보이지만 이것의 급진적인 결과들을 아리스토텔레스가 제대로 지적한 것으로 보인다.

사실 생리학적 모델은 더 복잡한 패턴의 구분을 담론 속에서 이어가는 사람들에게까지도 영향력이 있었다. 플라톤도 말하기를 '암중모색 중인 많은 사람들이' 이런 과학 이론이 움직임에 관한 실제적인 설명이라고 굳게 믿었다. 생리학적 프로그램의 결과 중 일부 가장 두드러지는 것이 인간의 합리적 행동의 영역에 있기 때문에 이 프로그램에 대한 첫 반론이 지향성 일반이라는 광범위한 물음이 아닌 이 주제를 향한 것도 놀랄 일은 아니다. 우리가 방금 논의한 아리스토텔레스의 짧은 말은 플라톤의『파이돈』에 나오는 유명한 구절로 시작된 비판의 전통을 잇는다. 소크라테스는 여기서 자신이 왜 감옥에 앉아 있는가에 대한 이유 또는 설명으로 자신의 건과 뼈의 성향과 상호작용에 대한 설명을 제시하는 과제로 자연과학자들을 이끌고 간다. 소크라테스 자신은 스스로도 진리라고 여기고 중요하다고 여기는 이런 사실의 언급 자체에는 반대하지 않고, 이 사실들이 자신의 행동을 설명한다는 주장이나 '왜'라는 질문에 답이 된다는 주장에는 반대하는 것이 분명하다. '이런 것들을 설명적 요인이라고 부르는 것은 부적절하다.' 그의 주장에 의하면 진정한 설명이란 숙고와 합리적 선택, 즉 지성을 준거로 삼는 설명이다. 이것이 진정한 설명적 요인이기 때문이다. 뼈와 건이 설명에 들어간다면 이 설명적 요인이 작동하기 위한 필요조건이 되는 것이 적절하다. '뼈와 건이 없이는 그 설명 요인이 설명 요인으로 성립하지 못했을 것'이기 때문이다. 그리고 그런 신체 부위들이 없었다면 소크라테스가 최선이라고 여기는 일을 할 능력이 없었다고 말하는 것은 진실일 것이기 때문이다.

플라톤의 비판은 사소하지 않다. 우리는 이미 활동의 신체적인 조건을 분리하는 것이 필연적으로 활동 자체의 분리가 되지는 않음을 기억하기란 어렵다는 것을 보았다. 그러나 이제 우리가 주목할 것은 플라톤 비판의 흥미로운 방식이다. 여기서 플라톤은 두 가지 패턴의 설명을 선택지로 우리에게 제시하는데 생리학에 의한 설명과 합리성과 지성에 의한 설명이 그것이다. 전자를 거부하면 후자를 택하게 되는 것 같다. 후자에 맞는 것은 그가 지적인 활동의 산물로 보는 합리적 행위로 전자에 의해서는 충분히 설명되지 않는다. 다른 종류의 의도적 행동에 대해서는 이렇다 저렇다, 하는 설명을 전혀 하지 않는다. 말하자면, 지각과 욕구의 지향성(의도성)을 생리학적 모델이 제대로 설명하지 못한 점에 대해서도 말이 없다.* 여기서 플라톤은 동물의 비합리적인 의도적 행동에 관해서 인과적인 생리학적 설명이 충분하리라는 말을 명시적으로 하지는 않는다. (『티마이오스』를 보면 그가 이를 믿는다는 게 입증된다는 것이 내 생각이긴 하지만, 설명이라는 주제에 관해서 『티마이오스』의 해설의 복잡성을 여기서 붙들고 씨름할 생각은 없다.) 그러나 플라톤은 생리학적 모델에 대해 우리가 찬반 입장을 정하려고 할 때 지성만큼이나 유의미한 다른 구별 혹은 동물의 다른 능력이 있을 수 있다는 언급을 하지 않음으로써 자신의 반대를 주지주의로 독해하도록 부추기게 된다.

그러한 주지주의적 견해는 중요한 여러 가지 결과를 가져올 수 있다. 첫째, 인간과 동물을 아주 예리하게 구분하게 된다. 다른 동물의 움직임을 정서와 욕구가 부재한 실체의 움직임과 같은 것으로 바라보고 환경으로부터 오는 영향에 대한 반응으로 취급한다. 둘째, 인간의 행동 중에서도 지성이나 합리적 선택에 동기 부여가 되는 행동과 다른 행동을 예리하게 구분할 수밖에 없다. 여기서 후자는 필연에 의해 설명 가능한 것으로 간주된다. 셋째, 동물의 욕구와 믿음에 의해 유발되고 설명되는 움직임과 그 외에 소화기 계통의 움직임이나 반사적 반응 같은 다른 움직임을 구분하는 통상적인 방식 역

---

* 물론 이 그림을 복잡하게 만드는 것은 『국가』인데, 이성과의 관계가 한층 복잡한, 영혼의 중간 부분을 끌어들이기 때문이다(5장 참조). 아마 아리스토텔레스의 비판은 이러한 전개를 충분히 감안하지 않은 것 같다. 그러나 이 중간 부분에 관해서는 플라톤의 설명 역시 난해할 뿐 정합적으로 고려하지 못하고 있다.

시 실효성을 잃는다. 그 이유는 외부의 의도적인 대상과 대상은 아니지만 원인으로 작용하는 외부 항목을 구분하지 않아서이다. 통상적인 구분을 위와 같이 다시 정렬하면 생리학자의 구분과 마찬가지로 심각한 결과가 뒤따른다. 그것은 우리가 동물을 취급하는 방식과 우리 자신의 동물성을 취급하는 방식에 변화를 가져올 것이다. 또 도덕 훈련에도 영향을 미칠 것이다. 왜냐하면 도덕 훈련에서 지적인 판단과 엄연한 반응을 구분하게 되면 이로 인해서 지성을 위한 가르침과 지성 아닌 모든 것에 대한 조작 혹은 강화를 나누는 방향으로 가게 될 것이기 때문이다.

이제껏 검토한 바에 의해 우리는 플라톤이 『파이돈』과 『국가』에서 기꺼이 그리고 열과 성을 다해서 대가를 치르려 한다는 것을 알게 되었다. 윤리를 다루는 맥락에서 플라톤은 실제로 욕구가 피조물을 움직이는 비선택적인 말초 반응이라고 하면서 욕구의 수동성을 지성의 순수한 능동성과 뚜렷이 대비시킨다. 플라톤은 이러한 밑그림으로부터 교육을 위한 급진적인 함의를 끌어낸다. 이 모든 것은 아리스토텔레스의 판단, 즉 행위에 관한 설명이 윤리학에 중요한 함의를 가지며 특별히 우리의 연약성과 수동성의 문제가 관련해서 중요하다고 한 판단을 확인시켜 주는 것이다. 그리고 우리로 하여금 동물의 모든 행위가 욕구에 의해 야기된다는 아리스토텔레스의 주장을 진지한 내용이 담겨 있는 것으로 받아들이도록 준비시켜 준다.

III

아리스토텔레스가 철학의 무대에 와서 마주한 두 설명 모델 중 하나는, 원인이 너무 '공통적'인 것이어서 모든 의도된 행동을 서로 동화시키고 외부의 물리적 자극에 대한 여타 반응과도 동화시켜버리는 설명 모델이었다. 다른 모델은 원인을 너무 좁게 정의해서 '다른 동물들'과의 공통점이나 우리의 행동 안에 있는 서로 다른 요소들끼리의 연관성에 관한 우리의 믿음을 제대로 감안하지 못하고 있었다. 우리가 살펴본 문학 작품의 예에 구체화된 현상들에 주목하면서 상황을 요약하면, 어떤 대상을 욕구하거나 그쪽으로 손을 뻗는 행동에 관한 일반적인 개념이 없다고 말할 수 있다. 그것은 동물의 그 세 가지 행동 모두를 환경 자극에 대한 단순히 기계적인 반응과 구별하는 특징이다. 그 '현상들'은 암묵적으로는 동물의 비유만 연구해 봐도 알 수 있는 일반적인 개념을 내포하고 있다. 그러나 이론적인 언어로 통일시키는 단일 용어가 없기 때문에 일반적인 개념을 무시하게 되는 경우가 가끔 있다. 그래서 때로는 현상들에 암묵적으로 들어 있는 것들을 회복하고 보호하는 차원에서, 철학자가 끼어들어 용어를 만들 필요가 있다. 그런 용어가 있으면 우리가 앞서 제시한 관점의 두드러지는 특징을 인식할 수 있고 겉보기에만 그럴싸한 다른 철학적 관점들로부터 이 관점을 옹호할 수도 있다.

이런 필요를 충족하기 위해 아리스토텔레스는 동물의 모든 목표 지향적 움직임의 공통적인 특성을 나타내는 데 적합한 용어를 선택(혹은 발명)하는데, 그것은 '오렉시스orexis(욕구)'다. 철학 언어에 아리스토텔레스가 추가한 용어들의 의미와 기원에 관해서는 많은 연구가 이루어졌다. 그러나 이 용어만큼은 그가 직접 만든 것인데 널리 알려지지는 못했다. 아리스토텔레스 이전의 희랍에서 '오렉시스'라는 말은 단 한 번, 데모크리토스의 저작이 맞는지 미심쩍은 윤리학 저작에 나온다. (이것이 내 생각에는 아리스토텔레스 이후에 교정된 것이라는 설을 뒷받침하는 증거다.) (위서로 알려진 *Definitiones*를 예외로 하면) 플라톤의 저작 전체를 통틀어서 이 용어는 볼 수가 없고, 모든 산문과 운문의 저자들에서도 전반적으로 찾아 볼 수가 없다. 'orekton'이나 'orektikon'의 형태로도 찾아 볼 수 없다. 동사 'oregesthai'는 물론 나온다. 그러나 이것은 플라톤에서도 (『법』에서 다섯 차례, 다른 작품에서 일곱 차례 나오는 정도다) '잡으려고 손을 뻗다', '잡다'라는 원래의 의미대로 쓰인 것이다. 동시에 아리스토텔레스에서는 'oregesthai'라는 동사를 써서 나타내려 한 기능, 즉, 원하기와 욕구하기에 해당하는 일반적 개념을 다른 단어로 나타낸 경우가 없다. 'epithumia'와 'epithumein', 이 두 단어는 (둘 다 기원전 4, 5세기 저자들에게 자주 나오는데 후자는 전자보다 드물다.) 신체적 욕구와 밀접한 관계가 있다. 그리고 'boulesthai'와 'boulēsis'는 (이런 단어들도 5세기 말에 자주 나오지만 더 빈번하게 나오는 것은 전자이다.) 판단하기 및 추론하기와 더 밀접한 관련이 있어 보인다. 상황이 이러하므로 여기서 아리스토텔레스의 일반적인 용어 선택에 관하여 더 면밀하게 살펴보는 것이 좋겠다. 그의 용어 선정에서 두드러진 특징은 혁신적이라는 데에 있다. 이 작업을 통해서 그가 추진한 '공통' 설명 프로젝트에 관한 것도 부각이 될 것이다.

호메로스에까지 거슬러 올라가면 능동 동사 'orego'는 '뻗치다', '뻗다'를 의미하는 것으로 보인다. 타동사로 쓰이는데 문맥은 보통 누군가에게 손을 뻗거나 물건을 누군가에게 건네주는 상황이다. 중간 정도의 수동 형태는 '무엇인가를 잡으려고 손을 뻗다', '무언가를 향해 자신의 몸을 뻗치다', '무엇을 잡다', 또는 '무엇인가로 조준하다' 또는 '무엇인가를 맞히다'라는 뜻과 밀접한 관련이 있다. 고대 아테네식의 용법에서 특정 시점에는(내가 찾아본 바에 의하면 에우리피데스와 투키디데스 등 특정 저자에서만 확실하다) 내면의 심리적 영역으로 쓰임새가 옮겨가서 '갈망하다', '원하다'라고 옮길 만한 뜻으로 사용된다. 그렇다고 해도 원래 의미로 번역하지 못할 이유도 없고 외적인 데서 내적인 영역으로 용법이 은유적으로 전이했다고 생각해도 될 법하다. 이를테면, 투키디데스에서 'oregomenoi tou protos hekastos gignes-thai'와 'tou pleonos oregonto'라는 구절은 '다들 먼저 잡으려고 뻗는'이라든지 '그들이 더 많이 잡았다'라고 옮길 수 있다. 플라톤에서도 (내적인 또는 심리적인) 뻗기나 치기 또는 잡기와 같은 뜻과 밀접하게 연관되어 쓰이는 예를 볼 수 있다. 이 단어에 관해서 일반적으로는 두 가지를 이야기할 수 있다. (1) 대상을 향한 방향성을 강하게 함축한다. (이 동사를 특정 종류의 대상에만 사용한다.) 따라서, 내면의 심리적인 작동에 대해서도 바라거나 영향을 받는 모호한 상태가 아니라 그 무언가를 주목하거나 지목하는 것을 내포한다. (2) 수동적이기보다는 능동적이다. (신체적이건 정신적이건) 무언가를 쫓거나 잡으려고 하는 것이지, 뭔가에 의해 압도되거나 그저 공허하게 필요로 하는 상황 자체를 뜻하지는 않는다. 또는 단순히 수동적인 형태로 받아들여지는 원한다는 것의 의미가 동시에 능동적인 형태이기도 함을 나타낸다. 이 경우는 수동적으로 영향을 받기만 하는 상태가 아니라, 세계로부터 복잡한 반응성을 받아서 다시 세계를 향해 주의를 돌리는 상태인 것이다. 이런 뉘앙스를 갖는 번역어를 영어에서는 찾기 어렵다. 'die Strebung'과 'das Streben'의 현대 독일어 용법이 꽤 적합하다. 영어의 '경향성inclination'은 바른 방향성을 갖지만 (칸트의 'Neigung'의 용법과 비교하면) 수동성과 영향을 받고 있다는 뜻을 지나치게 많이 내포하고 있다. '필요로 하다need'와 '원하다want'는 비어 있는 간격이나 결여를 지나치게 암시한다. 두 가지 모두 희랍어에서의 대상 지향성과 활동성이라는 의미가 빠져 있다. 영어 'desire'는 좀 더 적절하다. 적어도 이 용어는 대상과 분명히 연결되어 있기 때문이다. 그러나 지나치게 다양하게 쓰이는 용어이다 보니 막연하고 뚜렷하지 않아서 어떤 명확한 내용이나 내포가 있다고 생각하기가 매우 어렵다는 문제점이 있다. 확실하게도 아리스토텔레스의 새로운 선택은 이러한 문제가 없다. 하여간에 우리가 이 단어의 철학적인 새로움이나 특이함의 의미를 복구해 낸다면 boulésis(소망), thumos(분노), epithumia(욕망)가 모두 오렉시스의 유형들이며, 동물의 모든 움직임에 오렉시스가 관여한다는 아리스토텔레스의 말뜻도 간파할 수 있다. 아리스토텔레스는 모든 것이 대상 지향적인, 내면의 능동적인 뻗음이라는 의미를 갖고 있으며 이런 종류의 뻗음은 인간과 동물의 움직임에 공통적이라고 말한다.

이런 주장은 『영혼에 관하여』 3권 9장에 처음 등장하는데, 여기서 아리스토텔레스는 설명하려는 주제를 동물의 움직임으로 전환한다. 그의 설명에 의하면 우리는 이 주제에 접근하는 순간 '영혼의 부분들'을 어떻게 분별해야 하는가라는 어려움에 직면하게 된다. 그는 다른 철학자들의 설명을 해설하면서 그들이 동물의 움직임에 대한 기초적인 설명에서 이성적 부분과 비이성적 부분 두 개로 나누거나, 계산적인 부분과 영적인 부분, 그리고 욕구적인 부분으로 나누고 있다고 해설한다. (1권에서는 생리학적인 설명에 주목하다가 여기에서는 여러 유형의 플라톤주의에 골몰하는 모습이 나타난다.) 아리스토텔레스는 동물의 움직임을 설명하려는 목적으로 영혼을 구분하는 것을 기초로 하는 데 대해 몇 가지 반론을 제기한다. 즉각적으로 우리의 관심을 끄는 대목에서 그는, 그런 식의 구분으로는 욕구 능력orektikon이라는, 다른 어떤 부분과도 같지 않은 동물의 통일적인 요소를 도출하지 못한다고 반박하고 있다. '그리고, 사실상 이것을 나누는 것이 부적절하다. 왜냐하면 소망boulēsis은 이성적인 부분에 들어오고, 욕망epithumia과 분노thumos는 비이성적인 부분에 들어오고 있기 때문이다. 그리고 만약 영혼이 세 부분으로 나뉘어 있다면, 오렉시스orexis는 모든 부분에 있을 것이다.' 그는 다음 장에서도 플라톤주의자들의 구분에 대한 비판을 되풀이하면서 욕망, 분노 및 소망, 세 가지에서 공통적인 것을 나타내지 못하고 있다고 하는데, 그가 주장하는 바로는 그 공통적인 것이 바로 오렉시스인 것이다. 더욱이 플라톤주의에서 이성적인 부분이 움직임의 충분한 기원이 될 수 있다고 설명하면서 지성에 의한 움직임을 포함한 모든 움직임 안에는 모종의 오렉시스가 포함되는데 이를 인식하지 못했다고 비판한다. '지성은 오렉시스 없이는 움직이지 못한다, 왜냐하면, 소망boulēsis은 오렉시스의 한 유형이기 때문이다. 그리고 피조물이 추론에 의해서 움직일 때에도 역시 소망boulēsis에 따라서 움직이는 것이다.'*

모든 행동에 오렉시스가 관여한다는 이 주장은 어떤 내용을 담고 있는가? 플라톤주의의 이성 개념이 흄의 이성과 같이 비활성의 관조적 능력이 아님을 감안할 때, 이 주장은 언어 게임에 그치는 것이 아니다. 아리스토텔레스의 혁신이 기여하는 부분은 동물의 모든 움직임에서 공통적인 것을 보고 집중할 수 있게 한 것인데, 이것은 플라톤주의의 구조가 하지 못한 일이다. 아리스토텔레스는 오렉시스라는 용어를 선택함으로써, 플라톤이 인식하지 못한 하나의 공통적인 요소가 바로, 세계 속에서 특정한 대상을 잡으려고 그쪽으로 뻗어서 그 대상을 자신에게로 가져오기 위해 잡는 것이라고 말했다. 인간과 동물 모두의 이성적인 행위와 비이성적인 행위 양쪽 모두에서 세계 속의 어떤 대상으로 향해 앞으로 뻗어 나아가 그것을 취하고 전유하는 성질을

---

*『영혼에 관하여』, 433a21-3, b1-4.

공유한다. 한편으로는 바위를 그리고 다른 한편에는 부동의 동자(움직임을 유발하는 것)를 상정해 보자. 어느 쪽도 움직이거나 행동하지 않는다. 이것들과 동물 전체와의 차이를 설명하는 것은 무엇인가? 이것들은 뭔가를 향해서 뻗지 않는다. 즉 있는 그대로 완전하다. 다른 한편 동물은 어떤가? 자기 충족적이지 않기 때문에 보고 상상한 것을 향해 가야 하는 존재가 동물이다. 필요로 하는 것이 있는 존재로서 무턱대고 나아가는 것이 아니라 내적으로 부족한 것을 향해서 나아가는 존재이다. 움직임이라는 것의 본질은 자기 충족성 또는 완전성의 결여와 연관되어 있는 것으로 보인다. 또한, 필요한 것을 다행히 얻을 수 있는 세계를 부여받은 존재로서 그 세계를 향한 내적인 운동과 연관되어 있는 것으로 보인다. 인간과 동물에 관한 이러한 점을 플라톤주의자들은 충분히 숙고하는 것이 온당하다.

오렉시스 개념의 발명으로 몇 가지 목적을 곧바로 성취하게 된다. 첫째, 동물의 움직임의 지향성에 주목할 수 있게 된다. 즉, (a) 동물의 움직임은 대상-지향성과 함께, (b) 세계 자체가 아닌 동물 자신이 바라보는 세계관에 대한 반응성, 이 두 가지에 주목하게 해준다. 둘째, 이성적 행동을 탈신비화함으로써 동물의 다른 움직임과 유사한 것으로 보도록 한다. 동물의 다른 움직임과 마찬가지로 이성적 행동은 선택적으로 지향하는 움직임이고 또한, 동물의 필요와 일정한 관계가 있는 것으로 보이는 대상을 향해서 나아가는 것이다. 이렇게 해서 동물은 전보다 덜 야수처럼 보이고, 사람은 더 동물처럼 보이게 되었다.

이렇게 해서 아리스토텔레스가 이룩한 것에 대해 전반적인 것은 알게 되었다. 이제 우리의 과제는 아리스토텔레스가 옹호하고자 했던 설명의 틀을 상세히 검토하는 것이다.

Ⅳ

『영혼에 관하여』의 관련 장들과 같은 질문으로 『동물의 움직임에 관하여』

는 시작되는데(즉 6장에서 이 부분의 논증이 시작된다), 동물 움직임의 아르케, 즉 기원 또는 출발 지점이 무엇인가를 묻는다. 그리고 곧바로 주장하기를, 모든 동물은 무언가를 움직이고, 또 무언가'를 위해서' 움직인다고 단언한다. 문제가 되는 것이 지향하는 대상 쪽을 목적으로 한 움직임에 관한 설명이라는 점은 맥락상 분명하다. 이것은 성장과 영양 같은 유기체의 과정에 관한 보다 일반적인 목적론적 설명이 아니다. 이 점에서 보다 체계적인 『동물의 움직임에 관하여』는 우월한 명료성을 갖추기 시작한다. 아리스토텔레스가 동물을 움직이는 것으로 열거한 5가지 항목은 추론, 경험 지식phantasia, 선택, 소망boulēsis 및 욕망epithumia이다. 그는 이것들이 두 가지의 상위 항목에 속한다고 설명한다. 두 가지 상위 항목은 인지noesis와 오렉시스orexis다. 그는 이것을 정당화하고 (동시에 목록을 보다 완전하게 하려고), 판타시아와 감각지각aisthesis이 지성과 '위상이 같고' 설명 체계에서 같은 지점을 채우고 있다고 주장한다. 이 세 가지 모두 구별하기kritika와 관련되는 한편, 소망boulēsis, 분노thumos 및 욕망epithumia은 모두 오렉시스의 형태라는 점에서 그렇다는 것이다. 이제 『영혼에 관하여』가 분명히 하지 않았던 사실을 알게 되는데, (일반적으로) 동물의 움직이는 두 '동자movers'가 모두 우리의 설명에서 결정적인 역할을 하리라는 점이다.

　『동물의 움직임에 관하여』 6장과 7장의 이야기는 전체적으로 다음과 같이 읽힌다. 세계 속의 많은 대상은 동물의 인지 능력을 통해 동물 앞에 제시된다. 이 중 일부는 오렉시스의 대상이 되고 일부는 그렇지 않다. 그리고 오렉시스의 대상 중에서도 일부는 얻을 수 있는 것으로 또는 '가능한' 것으로 판명되는데 이는 동물이 그것을 보거나 그것을 얻을 방법을 추론한다는 뜻이다. 7장의 물음, '인지가 행위를 수반할 때와 수반하지 않을 때가 있는 것은 왜 그런 것인가'에 대한 완전한 답을 위해서는 '오렉시스'만이 아니라 '가능성'의 전제가 되는 모종의 인지 활동에 대해서도 거론하지 않을 수 없다. 이렇게 보면 인지 기능의 역할은 이중적이다. 처음에는 동물에게 목표를 제시하여 인식할 수 있게 한 다음, 해당 동물에게 목표를 향한 오렉시스로부터 세계 내의 구체적 대상을 향한 행동을 하게 하는 것이다. 두 과정이 뚜렷하게 구별되지 않는 경우도 많다. 동물의 오렉시스가 대상물을 보는 행동 자체에 의해서 유발된 다음 그것을 향해 가는 행동을 하는 경우도 많기 때문이다. 그렇지만 대부분의 경우에는, (동물들의 '마시는' 사례들에서처럼) 구별이 된다. 최종결과는 오렉시스가 '움직임을 유발하는 것'으로서 절대적으로 중심이 된다는 사실이지만, 지각이나 사유의 작용 없이 오렉시스가 단독으로 작용하는 것은 아니다. 동물은 욕구에 따라 움직이지만 자연세계가 부과한 한계 안에서 동물이 보는 것에 따라서 행동한다. 움직임이 일어나려면 '좋음'과 '가능함'이 함께 나타나야만 하는 것이다.

이 도식은 동물의 운동에 관해 어떤 설명을 제공하는가? 아리스토텔레스는 인지적인 요인과 욕구적인 요인이 '움직임을 유발한다'고 했다. 그는 타동사 '움직임을 부여하다'를 사용해서 욕망의 대상의 활동을 말하고 영혼이 동물을 움직이는 방식에 관해서도 말한다(kinei, 700b33, 700b10). 동물이 '욕망과 선택'에 의해' 혹은 그것들에 '힘입어' 움직인다고 말한다(여격, 701a4-6). 또한 '필요로부터 나온' 생각을 따르는 것에 대해서 말하고 있다(701a34-5). 장애 요인이 없는 경우, 그 생각(더하기 오렉시스)과 움직임은 '거의 동시에' 발생한다(702a16). 이 상황을 그가 요약한 바에 의하면, 인지는 오렉시스를 '예비하고', 오렉시스는 '감정pathe'를 예비한다(702a17-19). 이 모두는 동시에 빠르게 일어나는데 이는 행동과 열정이 서로에 대해서 자연적으로 상대적이기 때문이다. 이상의 설명을 통해 우리가 생각하게 되는 점은, 『영혼에 관하여』 3권 10장에서와 마찬가지로(거기서 오렉시스는 움직임을 유발하는 것이다) 심리적 요소들이 작용인으로 간주되고 있고 이것이 무엇으로부터 운동이 시작되는가에 대한 설명이라는 사실이다. 더 자세히 설명하는 것은 어렵다. 배경이 되는 개념은 무엇을 일어나게 만드는 작용을 하는 무언가에 대한 일반적 개념으로 보인다. 이 점은 여격과 전치사 '~을 통해dia'의 사용은 물론이고 '움직이다kinei'와 '예비하다paraskeuazei'와 같은 타동사의 사용에 암시된 것이다. 그렇다면 이제 모든 경우에 욕구와 인지의 요소가 개별적으로 필요하고 (장애 없는 상황에서는) 공동으로 운동을 일으키는 충분 원인이 되는 것으로 보인다.

그런데 나는 이미 오렉시스와 인지, 그리고 운동 사이의 연결이 논리적 또는 개념적이라고 말한 바 있다. 이 개념적인 연결에는 두 가지 종류가 있는 것으로 보인다. 첫째, 특수한 욕구와 지각의 수준에서 욕구와 지각의 확인이나 개별화는 목표물이나 대상을 근거로 한다. 오렉시스가 향하고 있는 대상을 언급하지 않고는 행동에 이르게 한 오렉시스에 관한 설명을 할 수가 없는 것이다. 둘째로 일반적 수준에서 아리스토텔레스는 오렉시스와 판타시아의 소유를 피조물에게로 귀속시키고 있다. 바로 그 피조물이 움직이기 때문인데 이 설명은 움직이는 피조물이란 무엇을 의미하는가에 대한 논의의 일부이다. (여기서 판타시아는 피조물에게 세계 내 사물이 특정 종류의 사물로 나타나는phaninetai 방식에 의해 생기는, 지각의 해석적이고 선택적인 요소다.)* 지금까지 우리의 논의가 맞는다면 오렉시스의 일반 개념은 내부적으로 진행되는 그 무엇에 관한 것으로, 어떤 것을 향해서 혹은 그것에 닿기 위해 그쪽으로 기울임이기에 어떤 경우에는(만일 지각과 사고가 제대로 조합이 되는 상황에서는) 자연스럽고도 신속하게 행동의 결과가 산출되는 것이다. 여기서, 그리고 『형이상학』 4권의 유사한 문장에서 아리스토텔레스는 동물이 진실로 뭔가를 결정적으로 원하면, 그리고 그때 막는 것이 없으면, 움직임이 발생한다고 주장한다. 이것은 적어도 부분적으로는 어떤 것에 대한 오렉시스라는 것이 무엇을 의미하는가에 관한 설명이자, 어떤 것에 대한 오렉시스를 가지고 있다고 어떤 동물에 관해 말하기 위한 논리적인 조건에 관한 설명이다. 만일 움직임이 일어나지 않았을 경우 그걸 설명할 만한 어떤 장애도 모른다면 오렉시스를 귀속시키기를 철회하는 쪽이 행동의 원인에 대한 경험적 이론의 반증 사례로 여기는 쪽보다 가능성이 클 것이다.

　　『동물의 움직임에 관하여』에 관한 책을 쓸 때 나는 이런 개념적 연관성에

---

* '판타시아'는 '상상력'으로 옮기는 게 일반적이다. 『아리스토텔레스의 동물의 움직임에 관하여』라는 책의 다섯 번째 에세이에서 나는 (특별히 이 용어의 행동과 관련한 모든 용례를 연구한 내용을 근거로 해서) 이렇게 옮기는 것은 부적절하고 최선의 설명을 위해서는 동사 'phainesthai' 즉, 'appear'와 긴밀하게 연관시켜야 한다고 주장했는데 여기서도 마찬가지다.

집중했다. 그런데 이제 보니 논리적 연관성과 인과적 연관성에 관한 아리스토텔레스의 주장을 그의 설명의 심각한 문제로 보았던 것이 오류였다.[*] 당시 나는 욕구와 인지가 행동과 개념적으로 밀접한 연관이 있기 때문에 행동에 대한 인과적 설명에서 진정한 독립적 항목들이 될 수 없다는 제안을 했다. 아리스토텔레스가 이런 인식을 했는지는 차치하고 욕구와 믿음이 진정한 원인이 되었을 다른 설명, 그중에서도 생리학적인 설명을 찾아봤어야 했다. 나는 7장 후반부에서 아리스토텔레스가 실제로 독립적인 생리학적인 설명을 탐구했으리라고 추측했다.

그러나 『동물의 움직임에 관하여』가 오렉시스와 인지적 활동이 꼭 그러한 방식으로 특정해서 운동의 원인이 된다는 주장을 했다는 사실은 피할 수 없다. 이 점은 위에 언급한 내용으로도 충분히 분명하다. 이하에서는 7장의 두 번째 부분에 관한 다른 설명을 제시할 것이다. 그리고 아리스토텔레스의 설명을 전반적으로 봐도 그렇고 실제로도, 생리학적인 이야기는 행동에 대한 인과적 설명을 할 수 없다고 논증할 것이다. 나는 여기서 아리스토텔레스에게 이 점은 전혀 철학적 문제가 아니었다는 점이 꽤 명확하다는 이야기를 하고 싶다. 아리스토텔레스는 이전이나 당대에 환원주의를 표방하는 그 어느 반대자들보다도 철학적 쟁점을 더 분명하게 알고 있었다. 원하기, 지각하기, 향하여 움직이기, 이러한 것들에 관한 일반적인 개념이 서로 논리적 연관성을 갖는다는 입장을 아리스토텔레스가 견지한다고 가정해 보자. 이 세 가지 가운데 하나의 개념에 관한 좋은 설명은 다른 두 가지를 어떻게든 언급할 수밖에 없다고 가정을 해보자는 말이다. 그리고 특정한 오렉시스와 특정한 판타시아phantasia 또는 감각지각aristheesis 또는 노에시스noesis에 관해 설명하고자 하면, 그 활동이 지향하고 있는 세계 속 대상에 관해 반드시 언급하게 되고, 동시에, 지향성을 언급하면서 그 대상을 특정하게 된다는 주장도 한다는 가정을 해보자. 그러나 이 중 어떤 것도 움직임을 유발하는 원

[*] Nussbaum, 『*Aristotle's De Motu Animalium*』, 87-88, 188.

인으로서의 역할을 하는 데에 필요한 목표물과 특수한 논리적 독립성을 갖지 못하게 하면 안 된다. 왜냐하면, 욕구의 발생은 분명히 (아리스토텔레스도 말한 바 있고, 실제로 그렇게 보이듯이) 행동 목표의 성취 또는 실현과 전적으로 독립적이기 때문이다. 이 독립성을 아리스토텔레스는 몇 가지로 강조한다. (1) 움직임이 뒤따르려면 욕구가 지각과 적절하게 결합되어야 한다고 말한다. (2) 또, 인지 능력으로 목표에 도달하는 가능하고도 가용한 경로를 발견해야 움직임이 일어나고 그러지 못하면 움직임이 일어나지 않는다고 주장한다. 3) 욕구는 몇 가지 요소 중 단지 한 요소가 아니라는 점을 그는 분명히 한다. 그것은 움직임이 일어난 순간 행위자가 디디고 있는 어떤 '권위적인' 것인데 우리가 이것을 어떤 식으로 이해하든지 그러하다. (4) 그는 이 모든 것이 사실일 때조차 모종의 장애가 있을 수 있어서 그렇게 되면 움직임은 일어나지 않는다는 점을 지적한다. 논리적 연관성과 개념적 연관성은 양립 불가능하기는커녕 설명적 역할에서 사실상 관계가 긴밀하다.

욕구가 행동과 인과적 관계가 있는 까닭은 바로 욕구가 움직임 및 행동과 긴밀한 개념적 관계가 있기 때문이다. 대상 O를 향한 동물의 움직임이 오렉시스와 바라봄으로 인해서 야기될 수 있는 까닭은 바로 이 오렉시스가 그 대상 O를 향한 오렉시스이기 때문이고, 그 동물이 바라보는 대상이 바로 그 O이기 때문이다. 개가 고기를 입에 물려고 달려간다고 가정해 보라. 개의 오렉시스는 고기(또는 이 고기)를 향한 것이라는 사실과 고기가 개 앞에 놓여 있다는 사실, 그리고 그 개가 그 고기를 바라보았다는 사실이 고기를 향해 달려가는 움직임에 대한 인과적 설명인 것이다. 개가 그저 둥그런 대상을 보았을 뿐이고 오렉시스는 그저 연습일 뿐이라면 설명적인 인과 관계는 근거를 잃는다. '아테네의 적들을 향한 복수'라는 목적이 오렉시스의 내용의 일부로 나타났고, 아테네 군인들의 믿음이었기 때문에 목적을 향한 행동이 유발될 수 있었던 것이다. 같은 욕구와 믿음이 있어도 여러 이유로 행동을 하지 않을 수도 있다. 이런 점에서 욕구와 믿음은 목표 지향적인 움직임과 독립적이다. 그러나 그것들의 개념적 연관성은 그것들의 인과적인 설명에서의 역할에 아주 중요한 것으로 보인다. 이것이 바로 아리스토텔레스가 주장한 바, 욕구의 대상이 움직임을 야기하는 것은 욕구의 대상이 욕망하는 것으로 보여지기 때문이고 행동을 결론으로 만드는 전제에 그 목표물을 욕구한다는 사실과 동시에 그것에 닿을 수 있다는 사실이 들어 있기 때문이라는 말의 의미라고 나는 생각한다.

이 모든 것은 다시 우리가 생리학적 설명의 역할에 관해서 말하고자 하는 것과 분명한 관계가 있다. 생리학적인 인과 요인 각각의 발생에 대해 생리학적인 실현이 대응되고 이것이 과학자의 기술記述로 포착될 수 있다는 것이 아리스토텔레스의 입장이라는 것이 나의 초기 견해였다. 여기에 일말의 진실이 있다고 여전히 나는 생각한다. 지각에 대해 명시적으로 그리고 욕구와 판타시아에 대해 암묵적으로 아리스토텔레스가 믿고 있다고 생각되는 점은 그런 활동이 어떤 물질에 의해서 항상 실현되거나 구성된다는 것이다. 그는 가끔 지각 활동이 신체 내부의 질적인 변화'이다'라고 말하기도 했다. 물론 라이프니츠의 법칙과 유사한 원칙을 고수하는 것으로 봐서 여기서 '이다'는 동일성이 아니라 구성 또는 실현처럼 약한 관계를 의미할 것이다. 하여간에 그러한 상관성이 과학자에게 흥미를 끄는 유용한 일반적 이론이 될 정도로 규칙성과 정확성을 충분히 갖고 있다는 확실한 근거는 없다. 나도 이걸 인정했지만 그때는 진정한 인과적 설명을 얻기 위한 조건은 그 생리학적인 요인들이 적어도 개별 사례에서만큼은 특정될 수 있어야 하는 것이라고 말했다.

지금에 와서 보면 몇 가지 측면에서 이것이 불만이다. 첫째, 바로 앞에서 보았듯이 그 ' 조건'을 보장할 수 없다. 우리는 이미 심리학적 수준에서 완벽하게 좋은 인과적 설명을 가지고 있다. 둘째, '두 가지 설명'이 지속적이거나 예측 가능한 방식으로 연관이 되지 않으면, 내가 말했듯이, 진정한 인과적 '설명'을 얻지 못하는 결과가 생긴다. 아리스토텔레스에게 설명이란 이해가 가능하도록 일반성이 있어야 하는 것이기 때문이다. 셋째, 내게 불분명해 보이는 것은 우리가 무슨 근거로 특정 생리학적 상태를 두고 이 오렉시스 또는 이 판타시아의 신체적 실현이라고 자신 있게 주장할 수 있느냐는 점이다. 그것이 오렉시스의 발생에 필요한 조건이라는 정도는 말할 수 있다. 그리고 이 정도라도 말하기 위해서는, 특정 사례를 넘어서 일반화를 할 입장에 있어야 한다. 그런데 이것만으로는 신체적 상태가 어떤 식으로든지 설명항이 된다고 보기에 부족하다. 예를 들어서 심장의 활동이 모든 오렉시스의 발생에 필요하고 따라서 모든 오렉시스를 구성하는 것으로 보일 수는 있다. 그러나 마지막으로, 가장 중요한 것은, 생리적인 특성은 오렉시스가 갖고 있는 연관들 즉, 결과적인 행동과의 일반적인 연관과 특수한 개념적 연관성이 결여되어 있기 때문에, '그게 발생한 것은 바로 이것 때문이다'라고 말하기 위한 원인에 필요한 관련성이나 연결고리 같은 것이 결여된 것으로 보인다. 아리스토텔레스의 말을 빌리면 그것은 행동의 진짜 원인이 될 수 없다. 아리스토텔레스의 『자연학』 2권 3장에서 조각가 폴뤼클레이토스의 예를 살펴보자. 폴뤼클레이토스의 어떤 속성이 조각상을 인과적으로 일으키고, 발생시키고, 만드는 건 아니라는 데에 우리 모두는 동의할 것이다. 그것은 조각 기술이다 (거기에 『형이상학』 9권에서 분명히 했듯이 조각 관련 욕구가 함께해서 조각상이 생긴 것이다). 조각이라는 일과 적절한 개념적 연관을 가지는 것으로 폴뤼클레이토스에 관한 것이 그것들이기 때문이다. 의심의 여지없이 매 순간 그는 다른 많은 속성을 갖고 있었을 것이고, 또 물론 매 순간 그의 신체는 특정한 생리학적 상태에 놓여 있었을 것이다. 폴뤼클레이토스에 관한 여타의 요인들은 '긴밀한 연관성'을 가지고 있지 않아서 행동과 맺는 관련성도 그저 우연적인 것에 지나지 않는 것으로 보인다(『자연학』, 195b3-4; 『범주론』, 2b6 이하). 따라서 이 요인은 우리의 '왜'라는 질문에 답이 되는 것으로 보이고 다른 요소들은 아닌 것으로 보인다.

　이것을 더 풀이하기는 꽤 까다롭다. 아리스토텔레스가 『자연학』에서 도움이 될 만한 이야기를 한 적이 있기는 하다. 그는 '그 사람은 건축가니까 집을 짓는다' 그리고 '그 건축가는 건축의 원리에 따라 집을 짓는다'라고 말했다. 연관성과 작용적 인과는 긴밀하게 연결되어 있다. 그러나 요인 A가 목적과 연관이 있기 때문에 요인 A를 원인이라고 말해야 하는 것인지 또는 다른 어떤 것이 아닌 요인 A가 원인으로 작동한다는 사실로부터 원인으로서의 의미가 있다고 해야 하는 것인지, 아니면 둘 다인지는 알기 어렵다. 더욱이, 이 작용인이라는 개념 자체도 어떻게 분석해야 하는지 분명치가 않다. 반사실적 분석을 시도해 볼 수는 있다. 욕구 D와 믿음 B는 행동 A의 원인이고 생리학적인 상태 P는 행동 A의 원인이 아니다. 왜냐하면 A가 없이도 P는 항상 가능하지만, D와 B는 다른 장애가 없을 때에는 A가 없이 일어날 수 없기 때문이다. 『동물의 움직임에 관하여』에서 장애에 관해 아리스토텔레스가 했던 이야기가 이 점을 시사한다. 그리고 이런 식으로 원인을 필연성과 연관시키는 것에 대해서는 『형이상학』 9권에서 그 증거를 확인할 수 있다. 그러나 여기서 더 나아가려면 아리스토텔레스가 원인과 필연성을 취급한 방식을 둘러싼 풀리지 않는 난제를 다 풀어야하는데 이 맥락에서는 충분히 기술하기도 해결하기도 불가능하다. 그러므로 이런 인과 개념에 관해 우리가 더 무엇을 해야 하는지 정하지 못한 채 둘 수밖에 없다. 요지는 이렇다. 어떻게 구성되든지 간에 생리학적 특성은 동물의 움직임에서 원인이 아니라는 것이다. 이것은 마치 폴뤼클레이토스의 몸에 신장이 있는 것이 그가 조각상을 만드는 작업의 원인이 아닌 것과 마찬가지다.

생리학적 기술을 위한 적절한 장소는 사실 『파이돈』인 것 같다. 그것은 인과적 요인이 작동하기 위한 필요조건을 설명하고 있다. 힘줄과 뼈에 관한 이야기는 '개가 왜 고기를 향해 달려갔는가?'라는 질문이 아니라 다른 질문 즉, '개가 고기를 향해 달려가는 것이 어떻게 가능했는가?'라는 질문의 답으로 제시되어야 한다. 다시 말해서, 이 복잡한 신체를 가진 동물을 움직이는 힘을 욕구와 인지적 활동이 가지게 되는 것은 어떠한 장비나 조직에 힘을 입었기 때문인지에 대한 답을 해야 하는 것이다. 이와 같이 질문을 구분한다고 해서 꼭 이원론의 형식을 전제 또는 함의하지는 않아도 된다. 오렉시스가 이상한 비-물질적인 실체라고 함의할 필요도 없고, 동물의 활동이 구체적으로 모든 경우 어떤 적절한 물질 또는 다른 어떤 것으로 실현되는 것이라고 함의할 필요도 없는 것이다. 질문을 이렇게 구분한 것은 생리적 상태가 아니라 욕망과 인지가 행동의 적절한 원인이고 행동의 인과에 관한 설명에서 두드러지는 것들이고 그렇기 때문에 움직임이나 사태를 이것들이 유발한다고 우리가 말할 수 있음을 인정한다는 뜻일 뿐이다.

그리고 사실 질문을 이렇게 구분하는 것은 『동물의 움직임에 관하여』와

『영혼에 관하여』에서 하는 방식이기도 하다. 『영혼에 관하여』는 이렇게 말하고 있다. '무엇이 움직임을 유발하는가?'라는 질문에 대한 답은 '욕구'다. 욕구는 인과적 요인이고 우리가 인과적 설명을 요구하는 데 대한 답이다. '그러나 욕구가 움직임을 유발할 때 어떤 장비의 도움을 받아서 가능한 것인가에 관한 질문이라면 답은 신체적인 요인이다'라고 하면서, 『동물의 움직임에 관하여』에서 이야기한 뼈와 관절에 대한 설명을 언급하는 내용이 이어진다. (지성에 대한 『파이돈』의 지나친 강조 없이) 『파이돈』의 그림에 더 분명한 분석을 요구하기는 어렵다. 그러나 『영혼에 관하여』의 이 문장을 전제로 뭔가를 하려면 『동물의 움직임에 관하여』의 내용이 필요하다. 『동물의 움직임에 관하여』역시 명확하게 두 가지 다른 질문이 있다고 밝힌다. 10장은 '운동의 원인에 관한 설명'을 오렉시스가 기능하기 위해 필요한 신체적인 장비의 구체적 기술과는 확실하게 구분한다. 그리고 7장의 생리학적 논의로 옮겨 가는데, 서술이 덜 명료한 감은 있지만, 움직임에 관한 '어떻게'라는 질문의 답이라는 시사를 담고 있다(701b7). 우리의 '왜' 라는 질문에 답하는 운동의 '기원'에 대한 설명의 결론에 이어서 움직임이 그렇게 빠를 수 있는 것은 어떻게 가능한가를 묻고(cf. 701a33 이하) 동물의 생리학적인 특성들이 움직임을 위해 얼마나 잘 정비되어 있는가를 설명한다. 불명료함도 없지는 않다. 그리고 가끔 아리스토텔레스의 언어가 압축적이고 애매해서 불만족스럽기도 하다. 그래도 그가 부각시키는 전체적인 그림은 합당한 설명으로 보인다. 『동물의 움직임에 관하여』가 기본적으로 동물의 움직임에 관련된 인과적 문제와 개념적 문제에 관해서 적절하면서도 풍부한 설명을 하고 있다고 결론을 내릴 수 있다.

V

『동물의 움직임에 관하여』는 윤리 관련 저작들처럼 '자발적hekousios' 움직임이라는 것에 대한 설명을 제공하고 있다. 여기서 아리스토텔레스는 인간 중심적인 윤리에 관한 저술보다 자명한 중심 문제에 더 명료하게 주목하고 있다. 동물의 다른 움직임들과는 다른, 이를테면 소화기 계통의 자동적인 움직임이라든지 확실히 신체적인 부분들의 반사적인 움직임과 다른 움직임을 설명하는 것은 동물 자신이라고 할 수 있는데 이 움직임들은 피조물을 도구로 사용하는 외부의 힘을 통해서 일어나는 것이 아니라, '피조물 자체를 통해서' 이루어지는 것이다. 이 모호한 자발성 개념은 윤리 저작에서 우리의 태도와 행동에 아주 중요한 개념으로 일컬어진다. 우리가 칭찬을 하고 비난을 하는 것은 해당 피조물 자신이 행동의 기원이 되는 경우이고 오직 그 경우뿐이다. 동물의 자발적인hekousioi 움직임은 오직 자신의 오렉시스와 인지적인 활동, 대상을 자기 시야에 두고 그것을 향하여 그들이 다가감으로써 일어난 움직임이다. '자발성hekousion'에 관한 이러한 설명은 아리스토텔레스가 성인뿐만 아니라 아이와 다른 동물에도 반복해서 일관적으로 자발성을 귀속시킨 내용을 뒷받침하고 설명한다고 생각한다. 물론 아직 발달이 덜 된 상태의 동물과 인간의 경우 숙고와 선택과 일반 원칙(아래 설명 참고) 같은 것들이 없긴 하지만 물리적 필연성이 아니라 자신의 세계관과 오렉시스가 행동의 원인이 되는 면에서는 성인과 마찬가지다.

자발성을 이렇게 적극적인 방식으로 설명하는 것은 언뜻 봐서는 윤리적인 저작에 나오는 설명과 같은 것으로 보이지 않는다. 왜냐하면, 윤리학적 저작에서 그는 어떤 행동이 비자발적인 행동이 되는지 그래서 윤리적 평가에는 부적절한 행동이 되게 하는 상황 또는 조건이 무엇인지를 나열하는 소극적인 방식으로 설명하기 때문이다. 그런데 깊이 살펴보면 두 가지 설명의 외연은 같다는 것을 알 수 있고 두 설명에서 강조하는 점이 다를 뿐이지 기준은 결국 같다는 것을 알 수 있다.『동물의 움직임에 관하여』의 설명은 행위자가 행동의 기원(아르케)과 설명(원인)이 된다는 윤리학적 저작의 개념에 관한 해설이다.『동물의 움직임에 관하여』에 따르면 행동 A가 자발적인 행동이 되는 필요충분조건은 행동 A가 동물 자신의 오렉시스와 인지적 상태에 의해서 그리고 그것들에 의해서만 발생하여야 한다는 것이다. 이러한 설명은 윤리적인 저작에서 강조하는 비자발적인 행동 즉, 외부의 물리적 제약 때문에 수행된 행동을 배제하는 데에는 확실히 충분하다. 과연 이 설명이 다른 부류의 비자발적 행동 즉, 무지에 의한 행동을 배제하는 데에도 충분한가? 처음엔 그렇지 않다고 생각한다. 오이디푸스는 갈림길에서 노인을 죽인다. 묘사된 대로『동물의 움직임에 관하여』의 기준에 따라 이 살인은 자발적이다. 이 성가신 장애물을 제거하고자 하는 분노에 찬 욕구와 막대기로 치면 노인이 죽음에 이를 것이라는 믿음에 의한 행동이기 때문이다. 욕구와 믿음, 그리고 그것들로 인한 행동의 내용 사이의 개념적 연관성이 살인 행동을 설명하는 데에 적합하다. 그러나 오이디푸스의 행동은 부친 살해였고 정당화될 수 있는 무지로 인한 행동의 전형적 사례로 보인다. 그리고 그렇기 때문에 비자발적인 행동이다. 그러므로『동물의 움직임에 관하여』와『니코마코스 윤리학』의 기준 사이에는 외연의 격차가 있다.

그러나 이 문제를 더 들여다보면 부친 살해라는 이 행동은『동물의 움직임에 관하여』의 기준에서도 비자발적임을 알 수 있다. 부친 살해에 관한 한 욕구도, 그 행동을 설명할 수 있는 부친 살해에 관한 믿음도 없다. 우리가 아는 한 부친 살해는 오이디푸스의 오렉시스나 인지적 활동의 의도적인 대상이 된 적이 없다.『니코마코스 윤리학』은 이 점을 다소 간접적으로 표현하고 있는데 그 사람의 행동이 무지에서 나온 것이라고 하면서 무지가 행동의 원인인 것처럼 이야기하고 있다. 이 기준이 가리키는 쟁점은『동물의 움직임에 관하여』가 사태를 기술하는 방식에 비추어 보면 더 분명해지는데, 행위자의 욕구와 믿음이 행동을 설명할 수 있는 방식에 맞게 그 행동을 향하지 않고 있다는 것이다. 그러므로 지금 이 행동은 단일한 행동이 아니다.『동물의 움직임에 관하여』에 의하면 자발적이고『니코마코스 윤리학』에 의하면 비자발적이기 때문이다. 그래서 이것은 두 개의 행동, 즉 살인과 부친 살해이다. 살인 행동은 양쪽 설명에서 자발적인 반면, 후자는 양쪽 설명에서 비자발적이다. 앞서 우리가 격차로 보았던 것이 이제 없어졌다.

지금까지 이야기한 것은 윤리적 평가와 법적 평가였다. 이제 우리가 처음에 던졌던 질문으로 이어진다. 동물의 움직임에 관해 우리가 가진 모든 '현상'들의 관점에서 구성한 행동에 관한 이러한 설명이 우리가 관심을 가지는 윤리적 물음에 대해 암시하는 것은 무엇인가? 아리스토텔레스의 오렉시스 개념에 담긴 연약성과 활동의 조합은 칭찬을 받을 만한 사람을 칭찬하고, 그른 일을 한 자를 비난하는 우리의 관행을 뒷받침하는 기초로서 좋은가, 나쁜가?『동물의 움직임에 관하여』/『영혼에 관하여』의 설명을 향한 최근의 반론을 살펴보면 이 문제에 초점을 맞출 수 있다. 그 반론은 마치 플라톤이 아리스토텔레스의 설명에 반론을 제기할 기회가 있었으면 했을 법한 말과 분명히 연관이 있다. 반론의 내용은 이렇다. 자발성에 관해서 이러한 '공통적' 설명을 제시하고 이 범주에 동물과 아이의 행동을 포함시킴으로써 아리스토텔레스는 윤리적 책임에 관한 설명의 기초를 충분히 제공하는 데 실패했다는 것이다. 이 반론은 테렌스 어윈이 제기했다.[*] 그는 논변을 유창하고 장황하게 제시하고 있다. 매우 흥미로운 이 연구로 그가 내린 결론은 (1) 아리스토텔레스는 책임에 관해 '단순한 이론'을 제시했는데(어윈이『니코마코스 윤리학』에서 발견한 것이 그것이고, 그것은 우리가『동물의 움직임에 관하여』에서 발견한 것과 유사하다), 이 이론에서 행동에 책임이 있다고 할 필요충분조건은 동물의 행동이 자신의 믿음과 욕구에 의한 것이어야 한다는 점으로 이때 이 믿음과 욕구는 행동의 이유로 기능한 것이다. 이 견해는 아이와 동물의 행동도 책임을 져야 할 행동이 될 수 있게 했다. (2) 그러나 또 아리스토텔레스는 행동에 대한 '복잡한 이론'도 제시하고 있고(그의 윤리적 저작들의 다른 부분에서 발견된다), 여기서는 더 엄격한 조건을 설정했다. 행동에 책임이 있다고 할 필요충분조건은 효과적인 숙고 또는 선택이 가능한 동물이 자발적으로 한 행동이어야 한다는 것이다. (어윈은 논문의 대부분을 이 개념에 관한 실효성 있는 탐구에 할애하고 있는데 여기서는 그 연구 결과를 요약하지 않을 것이다.) 그러나, 그 '복잡한 이론'이 함의하는 것은 아이와 동물의 행동은 책임이 없다는 것이다. 어윈은 복잡한 이론이 단순한 이론보다 우월하다고

---

* T. H. Irwin, 'Reason and responsibility in Aristotle', in Rorty, *Essays* 117-56.

믿고 있고 그 이유는 우리의 윤리적 태도와 행동에 관한 기초를 더 충분히 제공한다는 것이다.

어윈과 나는 아리스토텔레스가 실제로 무슨 이야기를 하는가에 대해 대체로 의견이 같다. 아리스토텔레스의 텍스트에서 자발적 운동과 그 외의 다른 운동의 구분이 숙고가 가능한 행위자의 행동과 숙고가 불가능한 행위자의 행동 사이의 구분과 같지 않다는 점에서 우리는 동의할 수 있다. 두 가지 구분이 이런저런 방식으로 아리스토텔레스의 저작에서 칭찬 및 비난의 적절성과 연관되고 있다는 점에 대해서도 동의할 수 있다. 뿐만 아니라 두 가지 구분이 많은 행동의 분류에서 상이한 결과를 가져온다는 점에서도 동의할 수 있다. 특히, 아리스토텔레스의 텍스트가 동물과 아이에게 숙고와 선택을 부정하고 있는 것이 확실하지만 자발적 행동은 그들에게도 일관되게 귀속하고 있다는 점에서 의견을 같이한다.

그러나 우리의 이야기는 여기에서 엇갈리는 듯하다. 어윈은 두 가지 구분이 도덕적 책임이라는 단일 개념을 포착하기 위한 대안들이라고 믿는다. 그리고 그는 윤리적으로 흥미로운 구별은 여기에 하나밖에 없으므로 아리스토텔레스도 둘 중 하나를 택해야 한다고 주장한다. 틀림없이 어윈은 아리스토텔레스가 '복잡한 이론' 쪽을 택해야 하고 그렇게 해서 동물과 아이의 행동은 책임이 없는 것으로 봐야 한다고 생각한다. 어윈의 말에 의하면, '단순한 이론'은 동물과 아이에게까지 자발성 개념의 외연을 넓히기에는(그래서 책임이 있다고 보는 이론이기 때문에) '위험'하다. 어윈의 생각에는 그런 외연 확대가 적절하지 않지만 그렇게 '보일' 뿐인데 그 이유는 『니코마코스 윤리학』에서 자발성을 정의하면서 이를 배제하지 못했기 때문이라고 한다. 어윈의 주장은 이러한 구분의 목적이 우리의 윤리적 관행과 태도를 정당화하기 위한 것인데, 동물과 아이까지 책임을 물을 수 있는 행위자로 보는 것은 정당화할 방법이 없다고 한다.

어윈은 아리스토텔레스가 칭찬과 비난을 여러 가지로 제시한다는 것을 분명히 인지하고 있다. 어윈이 증거를 찾아서 강조하는 사실인데 아리스토텔레스는 숙고와 선택 능력이 결여된 존재를, 즉 아이나 동물에 대해 칭찬할 때에 복된 삶이나 인격의 탁월함을 말하는 것은 부적절하다고 믿고 있다. 어원과 내 의견이 일치하는 것은 아리스토텔레스가 주저 없이 말한 내용으로, 윤리적 평가 중에서 가장 진지한 것은 인격이나 인생의 전반적인 좋음에 관한 판단이라는 것, 그리고 그 적절한 대상은 궁극적 목적이나 가치에 관해 숙고가 가능해서 인격을 택하고 삶의 방식을 형성한 어른들이라고 하는 대목이다. 그런데 아리스토텔레스는 특정 종류의 칭찬과 비난은, 그리고 좀 약한 윤리적 태도의 경우에는 덜 엄밀한 조건을 만족하기만 하면 적절할 수 있다고 분명히 말했다. 이것이 핵심적인 쟁점이다. 왜냐하면 어원에게는 선택 능력만 갖춘 성인이면 이러한 태도와 행동의 어떤 것도 정당화할 수 있기 때문이다. 그의 생각에 우리가 아이나 동물에게 칭찬을 한다면 이것은 행동의 조종이라는 인과력을 작용시키는 것일 뿐이고 진정한 칭찬과는 아무런 관계가 없는 것이다.

어원의 견해는 훌륭하고 진지한 윤리적 입장이다. 그리고 그 기원은 칸트 윤리학이지만 앞서 살펴봤던 플라톤의 설명과도 많이 일치한다. 플라톤은 선택지가 단 두 가지뿐이라고 생각했음이 분명하기에 그렇다. 그 둘 중 하나는 엄연한 필연성이고 다른 하나는 외부의 영향이 전혀 없이 순전히 자발적인 이성의 인과력이다. 진지한 윤리적 평가는 지성적 인과의 능력을 요구한다. 한 인간에 대해 윤리적 평가의 한계를 넘어선다고 말하는 가장 확실한 방법은 그 사람이 동물의 방식으로 행동한다고 말하는 것이다. 그리고 그런 사람에게 유일하게 남은 훈련 방법은 외적인 조종이다. 자연적 인과에 대하여 수동적이라는 것은 비선택적인 대상으로서 선을 선택하는 능동성은 전혀 없음을 의미한다.

이제 내가 하려는 작업은 아리스토텔레스의 '공통common' 설명이 이런 진지한 견해에 대한 하나의 진지한 윤리적 대안임을 주장하는 것이다. 우리가 만일 아리스토텔레스에게 이 진지한 견해를 선택하라고 요구한다면 우리는 아리스토텔레스의 공통 설명을 제대로 알아보지 못하게 될 것이다. 우리가 아리스토텔레스에 관해서 어원에게 답한다면 플라톤에 대한 아리스토텔레스 자신의 대응을 이해하는 데에 도움이 될 것이다. 사람에 대한 우리의 윤리적 판단 중에서 가장 진지한 것을 정당화하려면 아주 높은 기준을 충족해야 한다는 데에는 아리스토텔레스도 어윈에게 동의할 수 있다(나는 그가 실제로 동의한다고 믿는다). 그리고 여전히, 이와 양립 가능하게 아리스토텔레스는 (실제로도 하고 있지만) 우리가 탐색하는 다른 구분 방법의 윤리적인 의미를 계속해서 주장할 수 있다. 두 가지 구분은 (어윈이 가정하는 대로) 하나의 개념에 관한 경쟁적 설명이 아니라 그의 윤리 이론에서 상보적 역할을 하는 두 가지 관련 개념에 관한 설명으로 보아야 한다. 만일 도덕적 계발이나 훈련에 관한 설명이 어떻게 될지 검토한다면 두 가지 구분을 유지하는 몇 가지 이유가 드러나기 시작할 것이다.

어윈의 견해에 따르면 아동 발달의 특정 시점에 갑작스럽고 신비로운 변화가 일어난다. 아동은 자신이 적극적으로 기여하는 것이라고는 거의 없는 행동의 조건화 과정의 대상이기를 멈추고 가치에 대한 숙고가 가능해지며 자신의 욕망을 바꾸거나 비판하는 일도 가능해지는 어른이 된다는 것이다. 이러한 발달이 아동에게서 어떻게 가능한가에 관해서는 물론이고 교육자가 이런 발달을 아동에게 도모하는 방법에 관해서도 우리에겐 주어지는 설명은 없다. 교육을 중심에 두는 아리스토텔레스가 믿는 바에 의하면 정치의 주요 과제는 자신의 선택에 따라서 좋은 삶을 영위하는 능력을 갖추도록 아동을 교육하는 것이기에 이런 상황은 매우 안타까운 일일 것이다. 그러나 아리스토텔레스는 '복잡한 이론'과 '단순한 이론' 두 가지를 보유하고 있기 때문에 이러한 물음에 개연성 있으면서도 흥미로운 답을 제시할 수가 있다. 아리스토텔레스의 '공통 설명'이(어윈이 몇 가지 이유를 들어 '간단한 이론'이라고 부르기를 선호하는 설명이다) 말하는 바에 의하면 우리는 인과적으로 영향을 받고 조종을 당하는 존재로만 있는 피조물을 데리고 교육 과정을 시작하는 것이 아니다. 인지와 오렉시스를 통해서 자신의 세계에 선택적으로 반응하는 피조물, 그리고 사태에 대한 자신의 관점과 자신의 관점에서 보는 대로 사태에 다가가는 행동을 하는 피조물을 데리고 시작하는 것이다. 자발성에 관한 '공통 설명'은 숙고적 선택에 관한 설명의 경쟁 상대로 의도한 것이 아니다. 공통 설명은 동물적 존재가 숙고적 선택을 향해서 발달하는 과정에서 중심이 되는 윤리적 태도와 행동을 위한 동물적 기초에 관한 설명인 것이다. 우리가 다루는 존재는 해석하고 지향하고 행동하는 선택적 존재이기 때문에, 동물의 움직임에 관해서 단순히 외력에 의한 것과 피조물 자체의 관점에 의한 것을 나누는 구분을 처음부터 하고 있기 때문에, 우리는 단순히 행동 조종 유형과는 다른 습관화와 훈련 프로그램을 시작할 수 있는 것이다. 원래 칭찬과 비난은 단순히 행동 강화를 위한 힘이 아니라 자신이 생각하는 선에 관한 입장에 따라 행동하는 지적인 존재에 적절한 소통 방식이다. 칭찬과 비난은 그 존재로 하여금 선에 대한 자신의 관점을 적극적으로 수정하여 더 적절한 목표를 지향하여 다가가라고 설득하기 위한 시도이다. 우리가 동물과 아이에 관한 어원의 비관주의적인 관점을 취하지 않는다면 우리는 '단순한' 자발성을 폄하할 필요도 없다. 왜냐하면 이것이 앞으로 더 복잡한 발달 과정을 위해서 필요한 기초이기 때문이다. 그리고 만일 한 명의 아이를 교육할 때에 실제로 일어날 일을 생각해 본다면 아리스토텔레스가 지향성과 선택적 주의를 중심에 두기를 고집하는 것이 어원이 행동주의자로서 생각하는 것보다 경험적으로도 훨씬 올바른 것으로 보인다. 아리스토텔레스의 입장은 도덕적 인격의 발달을 위한 자연적 동물의 기초가 무엇인가에 관해 하나의 매력적인 설명을 우리에게 제공하고 있다.

윤리학적 저작을 통해서 아리스토텔레스는 한 발 더 들어간다. 우리가 견지하는 믿음을 연구한 결과 오렉시스가 지향성과 선택성을 드러낸다고 말할 수 있을 뿐 아니라, 만일 오렉시스가 플라톤이(그리고 어원이) 말하듯이 정신과 무관한 것이라면 교육과 권고의 활동은 순전히 무의미한 일이 되고 만다고 말할 수가 있다.

소화기관은 어떤 식으로도 이성에 참여하지 않지만, 욕망이나 일반적으로 오렉시스는 적어도 이성에 주목하고 이성에 순종하는 한에서는 특정한 방식으로 이성에 관여하는 것이다…… 불합리한 사람들이 이성으로 설득이 된다는 사실을 충고 관행을 통해서 알 수 있고 모든 비난과 권고를 봐도 알 수 있다. 그리고 우리가 만일 이 요소도 이성을 가진다고 말할 수 있다면 이성을 가지는 방식이 두 가지라고 보아야 한다. 하나는 엄밀하게 그리고 내적으로 이성 자체를 갖는 것이요, 다른 하나는 부모의 말을 경청하는 것과 유사한 어떤 것을 갖는 것이다.(『니코마코스 윤리학』 1102b29-1103a3; 『에우데모스 윤리학』 1219b27 이하 참조)

　윤리적인 특정 관행의 존재와 그 효능을 감안하면 욕구가 플라톤이 말한 식으로 그렇게 단순하고 말초적인 것일 리가 없다. 소화기관의 운동처럼 다른 추동들에 반응하는 단순한 추동이 아닌 것이다. 우리가 다른 사람에게 충고를 하고 제제를 가하고 훈련을 시키는 것은 욕망의 추구라든지 순수한 지성을 동반한 추구와 관련해서다. 아동을 훈육하는 일은 적절한 종류의 만족을 추구하기를 원하도록 적절한 욕구를 계발하기 위함이다. 그저 일정한 활동을 향한 아동의 추동을 엄격하게 억압하려는 것이 아니라, 그들의 선택을 교정하기 위해서 대화와 동기 부여를 위한 상호 작용을 통해 호소하는 것이다. 그렇기 때문에 욕망의 힘 자체에 대해 일정한 합당성이 있어야 한다. 즉, 부모의 제제를 주의 깊게 듣고 답하는 경청 같은 것이 있어야 한다. 욕망의 지향성 있는 선택을 보면 그것이 어떻게 선의 추구를 적극적으로 지지할 수 있는지를 알 수 있다. 우리가 실제로 행하는 윤리적인 관행을 설명하고 정당화하지 못하는 쪽은 오히려 플라톤과 어윈의 견해이고 잘 설명하는 것으로 보이는 쪽은 오히려 아리스토텔레스의 관점이라고 말할 수 있다.

　이제 우리가 더 긴 호흡으로 입증해 보여야 할 것이 있다. 비-행동주의자의 습관에 관한 설명은 대상-관계와 선택적 주의를 강조하고 있는 것인데 이것이 어떻게 해서 단순한 자발성에서부터 복잡한 선택에 이르는 아동의 점진적 발달을 아우를 수 있는가? 『정치학』에서 그 설명에 관한 자료를 많이 찾아볼 수 있다. 이제 잠시 아리스토텔레스적인 숙고의 본질은 무엇이고 그 구조는 어떠한가를 검토하는 작업으로 돌아가 보자. 발달에 대한 상세한 그림을 그리자는 것은 아니다. 그런데 전반적인 요지는 분명하다. 아리스토텔레스의 복잡한 윤리적 견해를 볼 때 『동물의 움직임에 관하여』에서 그가 제시한 동물의 '자발적' 운동에 관한 설명과 상충하는 것으로 생각할 필요가 없다는 것이다. 왜냐하면 그 설명은 우리가 공유하는 동물적 본성이 우리의 윤리적 발달의 기초가 된다는 그의 견해의 일부이기 때문이다. 우리의 본성은 동물적인데 합리적인 종류의 동물이라는 것이다. 만약 우리가 동물적인 면을 낮추어보는 설명이나 합리적인 면을 부풀리는 설명을 하지 않는다면 동물적인 면이 합리적인 면의 행복에 얼마나 잘 기여할 수 있는지를 알아볼 수 있는 입장이 될 것이다.

현상에 관한 아리스토텔레스의 많은 논증과 마찬가지로 이 역시 불충분해 보일 수 있다. 확실히 플라톤이 보기에는 지향적(의도적) 인과와 기계적 인과의 구분을 토대로 해서 이렇게 윤리적 관행을 기술하는 것으로는 과연 이 관행이 실제로 그러한 구분에 의해서 정당화되는가라는 중요한 질문에 답할 수가 없다. (그리고 물론 이 질문은 어원의 칸트 윤리학적 관점에서 아리스토텔레스에게 반박하려고 제시하는 질문이다.) 그 구별이 그 관행을 정당화한다고 우리가 믿고 있다고 해서 그게 실제로 정당화된다는 것을 입증하지는 못한다. 플라톤도 그건 정당화가 아니라고 주장할 준비가 되어 있다. 좋은 판단자로서의 인간적 욕구에 의해 현혹되지 않은 사람은 '아무것도 섞이지 않은' 그리고 '다른 것에 좌우되지 않는' 순전히 능동적인 인과적 요소가 삶을 그저 험난하기만 한 게 아니라 살 만한 가치가 있는 것으로 만드는 데 필요하다는 것을 알 수 있다.

아리스토텔레스는 이러한 도전에 몇 가지 답변을 할 것이다. 첫째, 우리 모두가 믿는 것과 실제로 그러한 것 사이의 구분은 그가 이미 문제를 삼았다. 가장 심오하고도 가장 널리 퍼진 현상들 이면의 어떤 진실에도 우리는 접근할 수가 없다. 따라서 그의 설명이 현상에 대해 올바른 논리로 전개한 것이라면, 그것이야말로 진실이 될 가능성이 가장 크다고 할 것이다. 아리스토텔레스의 방법 안에서 가능한, 가장 강한 의미의 정당화에서 볼 때, 예의 윤리적 관행은 아리스토텔레스의 운동에 대한 설명으로 정당화된 것이다. 즉, 내적으로 정합적이며 우리가 믿고 우리가 행하고 우리가 말하는 다른 것들과도 부합한다.

더욱이 플라톤주의자가 자신의 도전을 어떤 관점에서 정리할 수 있을지는 전혀 분명하지 않다. 그가 우리에게 하라고 하는 대로, 우리의 일상적인 삶에 근본적인 구분과 믿음을 유보한다고 하더라도, 그 역시 어떤 식으로든지 도전에 동기를 부여해야 할 것이고 일상을 인간 경험 안에서 가지可知적인 것으로 만들어야만 할 것이다. 문제 제기를 할 때에도 그가 문제시하는 윤리적 행동과 믿음에는 암묵적으로라도 기대어서는 안 될 것이다. 그래서 그는 활동성, 인과성, 그리고 운동에 관한 모든 의미 있는 헌신과 판단의 영역 밖에 자신을 위치시켜야만 할 것이다. 그렇지만 다른 한편으로는 '너무 멀리 떨어진' 자리에서 말해도 안 된다. 왜냐하면 그럴 경우에는 우리가 그를 우리 중 한 사람으로 인식하지 못하거나 그가 하는 말에 관심이 없을 것이기 때문이다.

설령 그가 우리에게 문제를 제기할 적절한 위치를 찾았다고 하고 우리가 그를 우리 중 한 사람으로 인식할 수 있다고 가정하더라도, 여전히 남는 난제가 있다. 우리가 암시적으로 언급하게 되는, 다른 것과 전혀 '섞이지 않은' 그리고 '다른 것에 좌우되지 않는' 인과적 요소에 대한 것이다. 그런 요소가 경험상 우리에게 친숙한 것이 아니라면, 즉 인과와 운동에 대한 우리의 모든 경험이 능동성과 수동성이 섞인 불순한 것이라면 지성nous에 관한 플라톤의 설명은 형상에 관한 플라톤의 설명에 아리스토텔레스가 제시했던 비판과 똑같은 비판을 받을 수 있다(8장 앞부분 참고). 경험에 충분히 근거하지 않고 있어서 정합적인 이야기조차 되지 못한다는 비판이 그것이다.

그러나 우리 자신의 행위주체성을 우리가 경험하는 것이 매우 다양하고 가변적이기 때문에, 그리고 아리스토텔레스의 청중 중에서도 경험에 대한 올바른 기술에서 지성과 엄연한 필요 사이를 구분한 플라톤의 생각을 인정하는 경우가 있을 것이기 때문에 아리스토텔레스는 이런 논증에 그저 의존하고만 있을 수 없다. 오렉시스에 관한 그의 설명에는 그 이상의 변론이 암묵적으로 포함되어 있다. 우리가 그의 설명을 『파이드로스』와 연관 지어 생각한다면, 『파이돈』의 단단한 불통의 지성이 참된 통찰과 올바른 선택에 필요조건도 충분조건도 아님을 짐작할 수 있다. 필요조건이 아닌 이유는, 『파이드로스』가 보여주고 아리스토텔레스 역시 보여줄 터이지만(10장) 통찰이라는 것이 외적인 것과 반응적인 상호 작용을 통해서 도달하는 것이기 때문이다. 그 지성이라는 요소가 충분조건이 아닌 까닭은, 최선이면서 최고인 통찰이 요구할 개방성과 수용성을 결여하고 있기 때문이다. 아리스토텔레스가 우리에게 확실하게 상기시켜 주는 바와 같이 외부의 어떤 영향도 받지 않는 영리함이 있을 수 있고 또 관조적인 지혜도 있을 수는 있지만, 온유함이나 용기 또는 사랑과 같이 인격적 존재에게서 보이는 칭찬받을 만한 요소들이 없다면 인간의 삶은 좋은 것이 될 수가 없기 때문이다(『에우데모스 윤리학』 1220a11-13). 플라톤의 전략은 우리의 가치들과 우리의 칭찬받을 만함이라는 요소를 확보하기에는 거리가 멀고, 우리가 움직이고 행동하고 존재하는 방식 중에서 칭찬받을 가치가 있는 것들을 실제로 다 제거해 버림으로써 우리가 선해질 수 있는 방법을 제한하고 있다. (이런 답변에 대해서는 10장에서 더 자세히 검토할 것이다.)

요약하자면, 아리스토텔레스는 행동에 연관된 현상들을 바르게 그리고 제대로 상세히 기술하려면 플라톤의 전략을 쓰려는 동기를 제거하는 것이 옳다는 주장을 할 준비가 되어 있다. 즉 아리스토텔레스는 우리가 확보하기를 원하는 것이 행동과 행동의 원인에 관한 자신의 설명에서 확보될 수 있을 뿐만 아니라, 더 잘 그리고 더 충분히 확보될 수 있음을 보여주려고 한다.

결론적으로 이제 우리가 처음에 논의했던 현상의 문제로 돌아가서 아리스토텔레스의 설명이 어떻게 현상을 보존하는지를 물어볼 수 있다. 그러니 이제 우리가 페리클레스에게 추모 연설에서 다음과 같이 끝을 맺을 수 있도록 해주면 어떨까.

여러분 스스로 아테네의 힘을 인식해야 합니다. 그리고 날마다 그녀의 힘을 눈 속에 각인시켜서 마침내 그녀의 사랑이 여러분 가슴을 꽉 채우도록 해야 합니다. 그리하여 그녀의 위대함이 여러분에게 갑자기 떠오르면, 전사자들이 이 모든 것을 이겨낼 수 있었던 데에는 용기와 실천적인 필요와 행동에서의 수치심이 있었기 때문임을 성찰해야 합니다…… 그리고 좋은 삶은 자유로운 삶이고, 자유로운 삶은 또 용기 있는 삶임을 판단해서, 전쟁의 위험도 불사해야만 합니다. 왜냐하면 이것이 모든 동물이 나아가 움직이고 행동하는 방식이기 때문입니다. 운동의 직접적 원인은 욕구이며, 욕구는 인식을 통해서나 상상 혹은 사유를 통해서 나타납니다. 그리고 행동을 하려고 나아가는 피조물은 때로는 욕망이나 감정을 통해 또 때로는 합리적인 소원을 통해서 창조하거나 행동하는 것입니다.*

이러한 결론의 저자에 관해 우리는 어떤 생각을 하게 될 것인가? 그리고 그런 결론을 내릴 때 그 또는 그녀의 동기는 뭐라고 생각할 수 있는가? 내가 상상하기에는 무엇보다도 우리는 그 혹은 그녀를 지성의 허세 따위는 물리치려고 결단한 존재로 볼 수 있다. 그게 아니면 넓은 자연세계의 구성원인 인간을 그로부터 떼어내는 것으로 인간 행동과 인간의 합리성을 보는 관점을 견지한 존재로 볼 수 있다. 페리클레스의 결론에서 첫 문장에는 행동을 동기화하는 데 있어서 지각과 사랑의 역할에 대한 강조와 함께 뭔가가 함축되어 있는 것을 볼 수 있다. 그러나 마지막 문장에서 그것들의 역할을 확연히 보여줌으로써 오독 가능성을 차단할 수 있게 한다. 다른 한편 우리는 이 사람이 자연세계에서 동물의 행동의 풍부함과 복잡함을 강조하고 싶다는 바람 때문에 동물을 정신이 부재한 기계적인 것으로 보려는 어떠한 과학적 압박에도 굴하지 않으려고 한다는 것을 볼 수 있다. 인간의 행동과 인간의 존재는 자연에 오롯이 놓여 있으며 인간 존재는 사랑과 욕구를 가진 피조물이며 이 점은 인간이 합리적인 행동을 할 때조차 그러하다. 그러나 여기서 욕구가 그저 엄연하기만 한 것은 아니다. 욕구는 세계 내 대상들에게 선택적으로 집중하고 집중 이후의 반응에서도 동일하게 선택적이다. 마지막으로 이 화자는 또, (투키디데스나 아리스토텔레스가 보통 그러하듯이) 우리 인

---

* 물론 이것은 원래의 추모 연설에 『동물의 움직임에 관하여』를 오려 붙인 것이다.

간을 포함해서 모든 동물의 삶을 규정하는 속성으로 자기-충족성의 결여를 강조하려고 애쓰는 사람일 것이다. 불활성의 대상도 아니고 완벽한 신도 아니고 단순히 압박을 받아 움직이는 존재도 아니고 또 그렇다고 단순히 자발적으로 자기를 움직이는 존재도 아닌 우리 모두는 불완전한 존재이기 때문에, 세계 속의 대상을 향하여 손을 뻗어 다가가려고 한다. 우리를 움직이는 원인은 바로 이런 것이다.

10장　비과학적 숙고

나는 어렴풋이나마 어떤 법칙을 따라가고 있다는 것을 의식하고 있었다. 뚜렷하면서도 섬세한 현상을 지배하고 있다는 생각이 드는 그 법칙이 잘 맞아떨어지고 있어서 나의 상상과 함께 어울려 노는 것 같은 느낌마저 들었다. 감히 말하건대 사실 그 현상들로부터 오는 즐거움 중 일부는 내가 과장하기 때문에 생겨난 것이었다. 말하자면 내가 현상들을 한데 묶어서 관찰한 대로의 사실, 즉 관찰로 뒷받침되는 사실보다 더 큰 미스터리로 (그래서 또 더 큰 '법칙'으로) 만들기 때문이었다. 그런데 삶의 비전을 하나의 강박으로 가지고 있는 정신들에게 공통인 흠결이 바로 이것이다.

다시는 거기에서 만나지 않으리라는 것은 물론이다. 그녀의 방식을 내가 세 배쯤이나 갖지 않았다는 것이 사실이 아니라도, 너무나 치명적이리만치 내게 없는 것은 바로 그녀의 톤이다.

헨리 제임스, 『성천 *The Sacred Fount*』, Chapter 2,* 14

아리스토텔레스는 실천적 숙고에 관해서 반-플라톤주의적인 주장을 두 가지 하고 있다. 첫째, 실천적 숙고는 과학적이지 않으며 과학적일 수도 없다.** '실천적 지혜는 과학적 이해(에피스테메)가 아님이 분명하다. 실용적인 지혜가 과학적 이해가 아니라는 것은 명백한 사실이다.'(『니코마코스 윤리학』1142a23-4) 둘째, 올바른 선택의 기준은 철저히 한 인간이어야 한다. 실

---

* [역주] 제명 중에서 첫 번째의 출처가 해당 작품의 1장으로 오기되었음을 확인하고 2장으로 표기함.

천적 지혜를 가진 인간이 적절한 기준이다. 그런 사람은 인간의 삶의 조건을 벗어난 입장을 취하려고 하지 않으며, 삶의 여건에 관한 폭넓은 오랜 경험에 판단의 근거를 둔다. 아리스토텔레스의 관점의 두 가지 특징은 분명하게 연관되어 있다. 좋은 숙고가 과학적이지 않은 이유는 좋은 판단자가 과학적 방식으로 숙고하지 않아서이고, 이 좋은 판단자가 올바른 선택의 규범이 되는 이유는 더 '과학적인' 판단자의 절차와 방법이라서가 아니라 그의 절차와 방법이 주제에 더 적절해서이다. 실천적 지혜는 기예(테크네)나 이해(에피스테메)가 아니고 최고의 판단자는 테크네를 사용하지 않는 사람이라는 견해는, 최선의 삶은 통제가 불가능한 운(튀케)에 대해 플라톤의 생각보다 더 취약하고 개방적이며 통제의 야심은 더 적은 삶이라는 견해와 상호 지지하는 관계에 있다. (아리스토텔레스의 설명에 보이는 순환성에 관해서는 끝에서 논하기로 한다.) 튀케와 좋은 삶에 관한 아리스토텔레스의 견해를 구체적으로 검토하기 전에, 가치에 대한 좋은 판단에 이르는 절차에 관한 비과학적인 관점부터 면밀히 검토할 필요가 있다. 삶을 튀케의 침입으로부터 '구하는' 일을 그가 어떤 근거로 거부하는지 이해하려면 윤리학을 하나의 테크네로 만들려고 하는 플라톤적 열망에 대한 그의 반대를 이해해야 한다.

그래서 이 장은 4장과 5장의 내용에 대한 아리스토텔레스 철학으로서 가치의 인식론과 가치 있는 것들이 지닌 연약성에 관한 설명이 어떻게 양립하

** 이 장에서 내가 '과학'에 관해서 말할 때 일부 기예(테크네)에 대해서는 측정이 없어도 과학이라는 지위를 부여했다는 사실을 간과하지 않는다. 4장의 『프로타고라스』에 관한 내 해설과 비교하라. 아리스토텔레스 자신은 '확률적인' 기예가 존재한다는 것을 인정했는데 의학이나 항해가 이것에 해당한다. 아리스토텔레스의 설명에서 의학과 항해가 윤리학과 유사하다고 본 것은 그 분야에서 특수성이 중요하기 때문이다. 그러나 윤리학이 하나의 에피스테메가 되는 것은 불가능하다고 했을 때, 그가 염두에 둔 것은 의학이나 항해와 같은 예가 아니라 플라톤의 윤리적 에피스테메였고, 또, 아리스토텔레스 자신이 생각한, 기법적인 에피스테메 개념이었다는 게 나의 생각이다. 즉, 보편적인 것을 아우르는 연역 체계로서의 에피스테메 개념이었다. 현상들을 체계적으로 질서지우는 것이라는 그의 윤리학 개념은 프로타고라스의 제안만큼이나 테크네로서의 지위를 갖는다. 그가 말하고자 하는 점은 윤리학이 『국가』 또는 『분석론 후서』가 요구하는 의미의 테크네나 에피스테메가 아니라는 것이다.

는가를 입증할 것이다. 우리가 제기하는 질문은 이런 것이다. 실천적 지혜를 가진 사람은 어떤 사람인가? 그는 어떻게 숙고하는가? 보편과 정확성과 안정적 통제를 향한 플라톤적 열망에 대해 아리스토텔레스의 더 '굽히고' 더 '유연한' 반응적 지각 개념은 어떻게 대응하고 비판하는가? 이에 답하기 위해서 실천적 숙고는 인간 중심적이어야 하고 또 그것은 선 자체가 아니라 인간적인 선에 관심을 가져야 한다는 아리스토텔레스의 주장부터 검토한다. 다음으로는 중요한 가치를 하나의 표준으로 통약할 수 있다는 생각을 아리스토텔레스가 어떻게 비판하는지 살펴본다. 이어서 아리스토텔레스가 말하는 숙고에서 보편적 규칙과 특수한 인식이 어떻게 상호 작용하는가에 대한 설명을 제시할 것이다. 마지막으로는 열정적인 대응이 좋은 숙고에서 하는 역할을 검토하고, 실천적 지혜를 가진 사람은 인간 조건의 이처럼 믿을 수 없는 특성들의 가치를 인정하고 그것들이 자신을 인도하도록 허용한다는 사실을 보여줄 것이다. 이런 검토 과정으로 모인 자료는 최종적으로 인간의 삶에서 가장 적절하고 의미 있는 숙고가 어떤 것인가에 관한 아리스토텔레스의 그림이 될 것이다.

I

외부의 '신의 눈' 관점을 향하는 플라톤적 열망에 대해서는 우리가 현상의 방법에 관한 설명을 하면서 이미 비판했다(8장). 아리스토텔레스는 현상 '내부의' 진리, 내적 진리가 우리가 다룰 수 있는 전부라는 견해를 옹호하고 있다. 그 이상을 주장하는 경우는 실제로 거의 혹은 전혀 없을 것이다. 완벽함의 관점은 모든 삶을 각 삶의 바깥에서 중립적으로 그리고 냉정하게 바라본다고 하지만 그 관점은 이미 준거점을 잡는 데 실패했다는 비판을 받는다. 왜냐하면, 세상의 모든 경험으로부터 관점 자체를 떼어내려고 할 때 사실은 그와 동시에 세상에 관한 담론의 기초로부터도 스스로 떨어져나가는 것으로 보이기 때문이다. 좋은 삶에 관한 우리의 물음은 다른 어떤 물음과 마찬가지로 현상의 내부에서 묻고 답해야만 한다.

그러나 윤리는 더 강한 의미에서도 인간 중심적이다. 우리가 운동 또는 시간 또는 장소에 관하여 물을 때 우리는 이러한 것들의 경험 안에서 시작하고 끝맺는다. 즉, 우리가 경험을 통해서 우리가 소속한 집단의 담론 안으로 들어온 것만을 말하는 것이다. 그러나 여전히 우리는 우리가 살고 경험하는 전체 세계에 대하여 운동 또는 시간 또는 장소에 관한 통일된 설명에 도달하기를 합당하게 희망할 수 있다. 『자연학』에서는 인간의 시간, 조개의 시간, 그리고 천체의 시간에 관해서 각각 다른 설명을 제시하지 않는다. 동물은 서로 다르게 움직인다. 그러나 우주 내의 움직임을 전반적으로 다루는 총괄적인 설명도 있다. 좋음에 관해서는 그렇지 않다. 원칙적으로는 아리스토텔레스가 우주의 모든 존재를 종–관계적이지 않은non-species-relative 방식으로 순위와 순서를 매기고 좋은 삶에 관한 통일된 설명을 시도하는 일이 가능하다. 그는 이런 유형의 프로젝트에 충분히 친숙하다. 특히 맥락–관계적이지 않은non-context-relative 좋음 개념을 발견하여 정리함으로써 단일한 과학 또는 에피스테메의 주제로 만들려고 한 플라톤의 시도에 친숙하다. 그러나 아리스토텔레스는 상당한 지면을 할애해서 이 프로젝트를 비판한다. 그리고 그 어떤 비판보다 이것이 개인적으로 힘들었다고 아리스토텔레스 자신도 인정하고 있다.

> 이 연구가 힘든 까닭은 형상形象 개념을 도입한 사람들이 우리에게 소중하기 때문이다. 그러나 진리를 보존하기 위해서라면 자신의 것이라도 뽑아내는 것이 좋고 사실상 그럴 필요가 있다고 생각한다. 하나의 일반적인 원칙으로서도 그러할뿐더러 우리가 다름 아니라 철학자이기에 그러하다. 사람과 진리 양쪽 모두가 우리에게 귀하다면 진리를 더 우선하는 것이 적절한 일이다. (『니코마코스 윤리학』1096a12-17)

아리스토텔레스는 우선 좋음에 관한 우리의 개념에는 단일한 과학을 정립하는 데 필요한 통일성이 없다고 논증한다. 왜냐하면, 좋음이라는 말이 서로 다른 논리적 범주의 항목에 적용되기 때문이다. 이 개념은 각각의 용례에서 주어진 항목을 칭찬하는 데에 쓰인다. 그러나 좋음이라는 말이 모든 개별 항목에서 하나의 동일한 공통 속성을 도출해내는 것이라고 생각할 이유는 없다. 이 논증은 흥미롭고 심오하지만 여기서 더 검토하지는 않을 것이다. 왜냐하면 우리가 큰 관심을 갖는 항목은 인간과 다른 동물의 삶인데 이것들이 논리적으로 동질적이라고 가정할 수 있기 때문이다. 따라서 이 논증이 받아들여지는 경우에도 그것들은 플라톤주의적인 과학을 발생시킬 수가 있다. 그러므로 우리가 가장 관심을 가지는 주제는 아리스토텔레스가 삶들의 좋음은 사실상 종-상대적이고 또 종-상대적이어야 한다고 강조하고 있는 부분이다. '좋은 것은 모든 동물들에게 단일한 어떤 것이 아니고 각각의 동물에서 다르다'고 『니코마코스 윤리학』 6권에서 밝히면서 이런 견지에서 실천적 가치와 본성에 관한 이론적 연구를 대조한다(1141a31-2). 그리하여 세 개의 윤리적 저작 모두는 인간의 좋음, 즉 인간을 위한 좋은 삶을 주제로 한다. '좋음에 관해서 논해야 하는데, 단순히 좋음 자체가 아니라 우리를 위해 좋은 것이 무엇인가를 논해야 한다. 그러므로 신적인 좋음도 아니다. 이런 주제라면 다른 담론과 다른 연구가 있어야 한다.'(『대윤리학』, 1182b3-5) 좋은 삶에 대한 『니코마코스 윤리학』의 논의는 인간의 구체적이고 특징적인 기능에 관한 설명으로 시작하고 있고, 또 결과적으로 우리를 위한 좋은 기능에 관한 연구는 이런 특징적 기능의 탁월한 수행을 위한 탐구로 내용을 제한하고 있다. 그런데 왜 그래야만 하는 것인가?

우선 무엇보다 아리스토텔레스는 자신의 윤리적 담론의 목적이 이론에 있지 않고 실천에 있음을 반복해서 강조한다. 이로부터의 결론은 윤리적 탐구에서 좋은 삶에 대해 논할 때 우리가 가진 역량으로 실천적으로 달성 가능하지 않다면 논의의 의미가 없다는 것이다. 신적 존재의 삶을 한껏 찬양할 수는 있을지언정 그것에 관한 연구는 우리의 역량을 벗어난 것인 한에서 윤리학의 실천적 목적과 관련이 없다.

그렇다면 또 우리가 선택한 삶은 더 강한 다른 의미에서 우리에게 가능한 삶이어야 한다. 그 삶은 마땅히 우리가 숙고하는 대로 실제로 우리 자신을 위한 삶이어야 하고 우리 자신을 위해서 우리 스스로가 선택할 수 있는 삶이어야 한다. 우리가 우리 자신이게 하는 것이 충분히 있는 삶, 그래서 그런 삶을 살고 있다고 말할 수 있는 삶이어야 한다. 그러므로 그 삶은 최소한 인간이 살 수 있는 삶이어야 한다. 특징적으로 인간적인 삶이기 위해서 우리가 생각할 때 있어야 할 것이 있는 삶이어야 한다. 윤리학적 논의는 우선 인간의 특징적인 기능으로서 공유하는 요소와 구별되는 요소를 살펴보는 것으로 시작하는데, 이렇게 하는 이유는 우리가 원하는 삶이 우리를 우리로 만들어주는 것들이라면 무엇이든 존재하는 삶이기 때문이다. 예를 들어, 우리는 '풀이나 뜯는 우둔한 동물의 삶을 택해서' 생각 없는 쾌락주의를 지지하려면 할 수도 있다(『니코마코스 윤리학』, 1095b19-20). 이 삶은 첫 번째 의미에서 우리에게 가능한 삶이다. 그러나 우리가 인간의 특징적인 기능이라는 관점에서 실천이성의 핵심적인 중요성을 인식하게 된다면, 이 요소가 없는 삶은 받아들일 만한 선택이 아니라는 인식을 하게 되리라는 것이 아리스토텔레스의 생각이다. (이러한 생각이 정치와 우정에 관한 논증에서는 어떤 역할을 할지는 12장에서 살펴본다.) '인간 기능 논증'의 시작은 공예에서 유용한 유비를 찾을 수 있는데, 이렇게 생각해 볼 수 있다. 신발 제작이나 뤼라 연주를 잘하는 것이 어떤 것인지 이해하려면 그러한 기능이 무엇인가를 이해하는 데에서 시작해야 한다. 훌륭한 신발 제작자의 기능이 뤼라를 연구하는 것이라는 결론은 논리적으로 나올 수가 없다. 어떤 공예를 하는 사람이든지 기능을 잘 한다는 것은 본질상 그 활동의 경계 안에 있어야 하는 것이다. 마찬가지로 인간을 위한 최선의 삶이 개미들에게 특징적인 삶을 훌륭하게 살아내는 것이라는 결론은 논리적으로 나올 수가 없다. 개미의 삶에는 인간의 삶이 포함하지 않는 일정한 특성이 있을 것이고 인간의 삶에 본질적인 것이라고 생각하는 특성은 결여되어 있을 것이다. 이런 식으로 생각하면 도출되는 결론은 어떤 존재 O에게 좋은 삶을 탐색하는 것은 O다운 삶과 O다운 활동에서 필수적인 요소, 즉, 그것이 없다면 그 삶을 O다운 삶이라고 전혀 생각할 수 없는 그런 특성들에 대한 설명으로 시작해야 한다는 점이다. 그리고 아리스토텔레스에게 자명해 보이는 대로, 삶의 필수적인 특성이 서로 다른 종에 두루 같은 것이 아니라면 좋은 삶에 대한 탐색은 일반적인 연구가 아니라 종-관계적인 연구여야 한다. 나는 나 자신을 위해서 개미나 사자 또는 신에 게 좋은 삶을 선택할 수가 없는 것이다.

이 논증과 긴밀하게 관련이 되는 고려 사항이 하나 있다. 좋고 가치 있는 것들이 상상 가능한 모든 방식과 모든 삶의 여건에 대해 상대적이지는 않을 것이다. 특정한 진정한 가치들의 좋음은 맥락-관계적일 수 있을 것이고 그 맥락에서는 더없이 좋을 수가 있을 것이다. 5장에서 보았듯이 플라톤은 진정으로 그리고 본질적으로 가치 있는 것은 언제나 그러하며 특정 맥락으로부터 완전히 분리된 관점에서 그러하다는 소신을 갖고 있다. 만일 어떤 가치가 종-관계적이거나 맥락-관계적이라면 바로 이 점 때문에 진정한 본질적 가치의 자격을 상실한다. 그러나 아리스토텔레스는 11장에서 자세히 보겠지만 이 생각에 의문을 제기했다. 플라톤적인 좋음의 단일성에 대해 비판하면서 아리스토텔레스는 말한다. '영원하기 때문에 그만큼 더 좋은 것은 아니다. 좀 더 오래 가는 물건이 그렇지 않은 것보다 더 하얗기 때문에 좋은 정도이다.'(1096b3-4) 마찬가지로, 삶의 특정한 양식이 가진 우연한 여건에 대해서만 상대적으로 좋은 것이라면 그런 '한계'를 놓고 봤을 때 진정으로 덜 좋은 것은 아닐 수도 있다. 이런 의미에서 맥락-관계적이지 않은 윤리적 가치는 존재하지 않는다는 것이 사실일 수 있다(11장 VI). 아리스토텔레스는 이 문제가 선결될 수 있는 게 아니지만 답을 찾아야만 하는 것인데 그러려면 인간의 삶에서 공유되는 특징과 공유되지 않는 특징에 대한 깊은 이해가 있어야 한다고 설득했다.

II

인간 중심주의적인 윤리학도 과학적일 수 있다. 보편성과 통약 가능성을 요구하는 플라톤의 테크네 개념에 비추어도, 논란의 여지는 다소 있지만, 인간 존재를 위한 가치론에서도 이런 요구를 충족할 수 있을 것이다.『프로타고라스』에서 소크라테스는 모든 가치가 하나의 측량 척도로 통약 가능한 테크네가 여전히 인간의 삶을 구할 수 있는 방도라고 주장한다. 디오티마는 아름다움의 일반적 이해로의 고양은 양적 측정을 위해 질적 구별을 부인하고 일반적인 것의 파악을 위해서, 개별적인 것의 독특함을 부인하는 것인데, 이것이 삶을 '인간에게 살 만한' 것으로 만드는 유일한 길이라고 주장한다. 두 가지 모두에서 동일성의 물음이 제안하는 발전 관념에 의해 제기됨을 알 수 있다. 그러나 이 물음에 대한 답이 과연 우리를 위한 삶의 방식으로서 플라톤적인 삶을 배제하는지도 자명하지는 않다. 아리스토텔레스는 플라톤이 말하는 윤리학의 과학적 체계가 지닌 두 가지 특징을 다 거부한다. 아리스토텔레스는 좋은 삶을 구성하는 가치는 복수이고 통약 불가능하다는 것을 논증한다. 그리고 윤리적 판단에서 특정 사례에 대한 인식이 일반적 규칙이나 설명보다 우선한다는 것을 논증한다. 이제 이 논증의 본질을 살펴보아야 한다. 발전을 위한 플라톤의 제안에 답하려면 지금 우리가 이렇게 하고 있다는 정도의 말 이상으로 아리스토텔레스가 (심지어 자신의 방법으로도) 대응해야만 한다는 것을 알 수 있기 때문이다. 또한 아리스토텔레스는 플라톤의 제안을 수용할 경우 우리가 포기해야 하는 현재의 관행의 중요성과 깊이를 입증하는 작업도 해내야만 한다.

아리스토텔레스 시대의 많은 이들에게 통약 가능성은 진정으로 과학적인 것의 증표 같은 것이 되어 있었다. 아리스토텔레스는 다음과 같은 이유에서 윤리학에서의 측량 기술 같은 것을 인정하지 않았다. 첫째, 윤리학의 중심적인 관심사는 하나의 표준으로 가장 그럴싸하고 설득력도 있는 후보인 쾌락을 공격하는 것이다. 쾌락에 관한 아리스토텔레스의 두 가지 설명을 해석하는 일에는 어려운 점이 많다. 우리가 확실히 말할 수 있는 것은, 두 가지 설명에서 공통적으로, 많은 다양한 활동에서 즐거움이라는 것이 그렇게 질적으로 균질하게 산출되지 않는다고 하고 있다는 점이다.『니코마코스 윤리학』7권에서 나의 쾌락들은 내가 특정한 방식으로 하는 활동들이다. 즉, 나의 자연적인 상태가 방해받지 않고 활성화되는 것이다. 그러므로 쾌락들은 서로 다른 탁월한 활동들이 서로 구별되는 만큼 구별되는 것이고 또 그만큼 통약 불가능한 것이다. 『니코마코스 윤리학』 10권에서 쾌락은 활동에 수반되는 것이다. 마치 젊은이의 볼이 발갛게 혈색이 돌아서 그 볼을 완전하게 하는 것과 마찬가지다. 혈색 좋은 볼은 그것이 속한 건강과 신체적인 건실함과 분리해서는 진정으로 배양될 수 없는 것이다. 이와 마찬가지로 쾌락도 그것을 수반하는 활동과 분리해서 추구할 수 있는 것이 아니다.

더욱이 쾌락은 그것을 수반하는 활동이 달라지면 그 종류도 달라진다 (1173b28 이하). 선택할 가치가 있는 쾌락과 그렇지 않은 쾌락이 있고, 더 좋은 쾌락이 있고 더 나쁜 쾌락이 있다. 또한 어떤 쾌락은 부패한 사람들에게만 쾌락이고, 또 다른 쾌락은 좋은 사람들에게 쾌락이 되는 것이다 (1173b20 이하). 그렇다면, (중기의) 플라톤처럼 아리스토텔레스는 윤리과학이 단일한 목적으로서의 쾌락에 기초를 두지 말아야 할 합당한 이유를, 쾌락의 질적 다양성과 관찰자-관계성에서 찾은 것이다.

쾌락은 단일성의 결여 때문에 과학의 요건에 못 미친다. 포괄성도 결여한다. 아리스토텔레스도 주장하듯이, '보고 기억하고 알고 탁월하게 뭔가를 하는 것처럼 쾌락이 따르지 않아도 열심히 추구할 것들이 많이 있다. 이처럼 필연성이 있는 것들에 쾌락이 따른다고 해도 달라질 것은 없다. 왜냐하면 쾌락이 없어도 선택해야 할 것들이기 때문이다'(『니코마코스 윤리학』1174a4-8). 탁월한 활동에 필연적으로 따르는 결과로서 쾌락이 강한 연관성이 있더라도 그것이 우리가 활동하는 목적은 아니다. 우리는 그 자체로서의 그 활동을 선택한다. 숙고적 상상을 해보면, 그 활동이 쾌락과의 연관성이 없어진다고 해도 우리가 그걸 택하리라는 것을 알 수 있다. 이것은 단순한 반사실적 사고실험이 아니다. 아리스토텔레스는 다른 대목에서도 좋은 사람은 간혹 탁월하게 활동하기 위해서 또는 친구를 돕기 위해서, 삶 자체를 희생하는 쪽을 선택해서 현재와 미래의 모든 쾌락의 가능성을 버리기도 한다고 주장하고 있기 때문이다(1117b10 이하, 11장). 그리고 일반적으로 좋은 사람은 세상이 이 활동의 완성과 그에 따라오는 쾌락을 막는다고 해도 탁월하게 활동하기를 선택한다(11장). 그렇다면, 프로타고라스의 과학은 우리가 탁월성에 대해 갖고 있는 신념의 본질을 잘못 보고 있는 것이다. 그리고 아리스토텔레스는 이런 신념을 우리가 고수해야 한다는 입장에 강하게 찬성한다. 그런 신념과 소신이 있기에 여러 가지 일이 가능해진다. 개인적인 희생이나 사심 없이 타인을 이롭게 하는 일, 개별적인 가치에 대한 신념과 도구적이지 않은 태도로 그 가치를 추구하는 일이 가능해지는 것이다. 우리가 함께 사는 삶의 일부로서 이러한 신념을 소중히 여기는 한, 삶을 구하는 테크네를 택함으로써 우리들 사이의 의견 차이나 당혹스러운 갈등을 제거하기를 주저할 것이다.

쾌락주의에 대한 반론은 측정 과학 자체에 대한 강한 반론이다. 왜냐하면 측정을 위해 그 어떤 것도 이보다 더 진지하게 제시되는 것이 없기 때문이다. 그러나 이런 종류의 테크네에 대해 아리스토텔레스의 반대가 상당히 일반적이라는 사실도 꽤나 분명하다. 플라톤의 좋음 개념에 대한 비판 논증에서 아리스토텔레스는, '명예와 실천적 지혜와 쾌락의 정의는 별개이고 좋음으로서도 서로 다르다'(1096b23-4)라고 언급한다. 이러한 사실로부터 생각해 볼 수 있는 결론은 이들을 아우르는 하나의 공통적인 좋음 개념이 있을 수 없다는 것이다. 그리고 『정치학』에서는 모든 좋음을 통약 가능하게 만들려고 하는 어떠한 견해에도 명시적으로 반대한다. 이 중요한 문장에서 그는 사람들 사이의 차이는 어떤 것이든지 모두 정치적 분배에 유의미하다는 정치적 주장의 기초 이론을 기술하고 있다. 만일 A가 B보다 키가 큰 것을 제외하고 모든 면에서 B와 같다면, A는 B보다 정치적 몫을 더 많이 가질 권한이 있다. 만일 A가 B보다 키가 크고 B는 플루트 연주에서 A를 앞선다면, 우리는 누가 얼마나 앞서는지 결정해야만 할 것이다. 다른 것들도 마찬가지다. 이런 책략에 대한 아리스토텔레스의 첫 번째 반론은 구체적이다. 그것은 훌륭한 정치적 활동과 별로 관련이 없는 많은 특징들을 정치적인 권리 주장과 관련이 있는 것으로 간주한다. 그런데 두 번째 반론은 상당히 일반적이다. 그는 모든 좋음을 서로 통약이 가능한 것으로 취급하고 있는 점이 이 책략의 결함이라고 보고 있다. 이를테면 신장과 연주 실력을 부와 자유와 비교하여 측정하는 식이라는 것이다. '그러나 이것은 불가능한 일이기 때문에 정치학에서 자신의 정치적 권리 주장을 어떠한 것이든 불평등에 근거하지 않는

것이 분명히 합당하다.'(1283a9-11)

　이 점에서 정치적 테크네를 옹호하는 쪽에서는 아리스토텔레스의 생각이 그저 현상 유지를 말하고 있는 것이라며 반대할 수 있다. 그러나 제안된 테크네가 현재의 관행을 늘 따르고 있지는 않는다는 사실을 지적하는 것만으로는 그것에 대한 반론이 되지 못한다. 왜냐하면 키를 재듯 자유를 측정하고 부를 가늠하듯 연주 실력을 측정하는 것이 지금은 불가능하더라도 미래의 과학은 가능하게 할 수도 있기 때문이다. 그렇다면 그 어떤 테크네도 수용 가능한 방법으로 우리를 지금 서 있는 곳 너머로 나아가게 할 수 없다는 아리스토텔레스의 판단을 믿을 이유는 무엇인가?

　여기서 우리는 아리스토텔레스가 설명하는 정의定義의 차이에 관한 대목으로 되돌아가서, 인간 삶의 서로 다른 본질적 목적에 관한 그의 실제적인 설명을 고려하면서 그것을 재해석해 보아야만 한다. 그는 윤리적 저작을 통해서 인간으로서 최선의 삶은 수많은 구성 요소를 포함하고 있는데, 그 요소들이 각각 다른 요소와 별도로 정의될 수 있고 그 자체로 가치가 있다는 관점을 제시하고 있다. 품성의 탁월함에 대한 바로 그 부분의 설명은 사실 좋은 행동은 각 사례에서 그 행동 자체를 위해서 선택해야 하는 것이지, 단지 이후의 보상이나 결과를 위해 선택해선 안 된다는 조건을 덧붙이고 있다(1105a32). 각각의 탁월함은 그 자체로 가치가 있는 것으로 개별적으로 정의해야 한다. 더욱이 아리스토텔레스는 명시적으로 주장하기를, 우리가 그 자체로 좋기 때문에 선택할 만한 것이 삶에 많이 있다고 했다. '아무런 결과가 없더라도 좋은 것들 하나하나를 그 자체로 선택할 수 있다.'(1097b3-4, 1096b16-19 참조) 그러나 이 별개의 항목들 각각에 가치를 두고 각각에 관해서 별도의 설명을 하고 있는 것은 하나하나가 독특하고 다른 것들과 구별된다는 점을 인정하고 있음을 함의한다고 볼 수 있다. 『니코마코스 윤리학』의 독자는 용기와 정의와 우정과 관대함과 그 외의 가치들이 무엇인가에 관해 지식이 있거나 습득했을 것이다. 또한, 우리의 믿음과 관행을 보더라도, 그 가치들이 서로 다르고 대체가 불가능함을 알고 있을 것이다. 그렇다면 가치들의 통약 가능성을 주장하는 일은 그 가치들을 현재 있는 자리에서 제거하고 그 자리에 어느 가치와도 다른 새로운 가치를 만들어 넣은 것임을 알아볼 수 있을 것이다. 과연 그렇게 해서 만들어진 단일 가치의 세계는 현재세계의 풍부함과 포괄성을 가질 수 있을 것인가? 부와 용기와 크기와 출생과 정의正義 같은 것들을 하나의 척도를 가지고 한꺼번에 측정하고 단일한하나의 것으로 기능하는 세계는 지금 우리가 이해하는 것들은 하나도 없는세계일 것이다. 그리고 이런 세계는 빈곤한 세계로 보일 것이다. 왜냐하면지금 우리는 그 항목들 각각을 별개의 것으로 충분히 가치를 부여하고 있고그것들을 통째로 바꾸기를 원치 않기 때문이다.

그런데 이러한 해석에 한 가지 눈에 띄는 문제가 남아 있다. 아리스토텔레스가 명시적으로 숙고와 선택은 목적이 아니라 목적에 이르는 수단에 관한 숙고와 선택이라고 말한다는 점이다.* 이렇게 되면 좋은 삶을 구성하는주요 가치들을 포함해서 선택 자체에 관건이 되는 것은 결국 행복이나 만족을 넘어서는 무언가를 위한 수단이라는 주장이 가능하다. 목적은 수단들이많든 적든 산출해 내는 개별적인 단일 항목이 될 것이다. 이렇게 되면 다시통약 가능성이라는 개념이 등장한다. 합리적인 행위자는 목적 E를 더 많이산출하는 수단을 선택하려 할 것이고 각각의 수단이 목적 E를 얼마나 산출하는지 보려면 측정이 필요하기 때문이다.

다행히 우리는 대책 없는 문제에 얽매일 필요가 없다. 아리스토텔레스의텍스트에서(지금에 와서는 많은 비평가들도 이야기하듯이) 목적의 수단에 관해서만 숙고한다고 하지는 않기 때문이다. 실제로 아리스토텔레스는 '우리는 목적에 관해 숙고하는 것이 아니라, 목적으로 향하는 것이 무엇인가, 즉목적에 연관되는 것에 관하여 숙고한다'고 한다. 느슨한 이 문장을 보면 도구적 수단만이 문제가 된다는 뜻은 아니다. 여기서의 숙고는 무엇을 목적으로 간주할 수 있는가 혹은 그 목적을 구성하는 부분들은 무엇인가와 같은숙고도 포함할 정도로 광범위한 것이다. 이런 숙고는 아리스토텔레스가 다

---

* 『니코마코스 윤리학』, 1111b26, 1112b11-12, 1113a14-15, 1113b3-4; 『에우데모스 윤리학』 1226a7, 1226b10, 1227a12.

른 데에서 인정하는 숙고의 형태이다.* 아리스토텔레스의 요지는 어떤 형태의 숙고이건 그것은 반드시 무엇에 관한 것이어야 하는데 그 대상 자체는 해당 숙고에서 문제가 되지 않는다는 것이다. 그러나 그 숙고 안에서 목적의 수단과 목적의 구체화를 물을 수 있다. 목적과 목적의 구체화에 대한 이러한 요청이 통약 가능성 개념을 끌고 들어오지는 않음은 분명하다. 예를 들어 사랑과 우정과 같은 가치 있는 목적으로 시작해보자. 나는 구체적으로 사랑과 우정이 정확히 무엇인지를 요구하거나 다양한 형태의 사랑을 나열해 보라고 요구할 수 있는데, 이때 다양한 관계를 하나의 양적 척도 위에서 그것들 사이에 또는 다른 중요한 가치와 견줄 수 있다는 통약 가능성을 전제로 할 필요는 없다. 그리고 정의와 사랑 모두가 최선의 삶인 에우다이모니아를 구성하는 요소인지를 묻는다 해도, 나는 이때 정의와 사랑을 그 이상의 어떤 가치를 산출하는 것으로 간주하고 하나의 척도 위에 세우는 것은 가정하지 않을 수 있다. 아리스토텔레스가 상기시키듯이 어떤 것은 그 자체로 목적이면서 동시에 더 포괄적인 목적의 가치 있는 요소가 될 수 있다. 어떤 것을 에우다이모니아의 일부로 생각할 수 있는지 여부에 관한 물음은, 최선의 삶의 가치 있는 부분인지의 여부를 묻는 물음인 것이다. 최선의 삶이란 그 자체로 진정 가치 있는 모든 것을 (삶이 불완전하거나 가치가 줄어들지 않으려면 있어야 하는 모든 것을) 포함하는 삶이어야 한다는 데에 의견을 같이하기 때문에, 이 질문은 그 어떤 것이 본질적 가치를 지닌 것인가, 그 자체로 선택할 만한 것인가를 묻는 물음인 것이다. 그러나 아리스토텔레스는 그 자체를 위해서 (그것이 그것이기 때문에) 선택한다는 의미는 그것을 다른 가치 있는 것들과 질적으로 통약 가능한 것으로 보기를 요구하지 않을 뿐 아니라 실제로도 양립이 불가능함을 말하는 것이라고 논증했다. 만일 통약 가능한 것으로 본다면, 그것이 가진 본질의 독특함을 제대로 바라보지 않는다는 것을 의미한다. 목적에 관한 그의 견해는 우리가 『안티고네』에서 보는 복수성과 풍부함, 더

---

* 『형이상학』, 1032b27, 『정치학』, 1325b16, 『니코마코스 윤리학』, 1144a3 이하.

일반적으로는 희랍의 다신론을 정리해서 이론으로 만든 것이다. 다시 한 번, 그는 자기가 속한 문화의 현상들을 '구해낸' 것이다.

Ⅲ

통약 가능성의 과학적 목표를 아리스토텔레스가 비판하면서 기대고 있는 것은 문제가 되는 가치 각각의 정의 또는 설명이다. 아리스토텔레스가 제시한 다른 모든 정의와 마찬가지로 가치에 대한 정의 역시 형식에서는 보편적일 것이고 보편적인 개념이나 규칙을 예시할 때가 아니라면 특정 사례들을 언급할 필요가 없으리란 기대를 해볼 수 있다. 그래서 이런 의문이 생긴다. 아리스토텔레스가 과학적 프로젝트의 일부를 부인하는 이유가 단지 똑같이 중요한 다른 일부인 보편성의 요구를 강조하고 확인하려는 의도인가? 여기서 다시 우리는 무엇이 보편성의 요구에 대한 동기를 불러일으키는지, 그리고 이 요구를 충족하는 것이 우리가 운(튀케)과 맺는 관계에 어떤 영향을 끼치는지를 떠올릴 필요가 있다.

일상적인 숙고 속에서 우리가 혼란스럽고 당혹스러워하는 것은 우리 앞에 나타나는 사례들이 늘 복잡한 개별성을 가지고 우리 앞에 새롭게 보이기 때문이라는 것이 과학자의 입장이다. 매번 상황은 다른 상황과 특정 측면에서 새롭고, 가치 있는 각각의 요소도 다른 요소와 질적으로 별개의 것으로 보일 수 있다. 사태를 이런 식으로 바라봄으로써 적어도 두 가지의 불행한 결과가 생긴다. 첫째, 실천의 영역을 종합적으로 이해할 수 없다. 실천의 영역을 스스로 조직할 수 없고 실천의 영역의 두드러진 특징을 가지고 명료하게 설명을 할 수도 없으며 새로운 상황에 마주했을 때 이미 알고 있는 특징을 찾아볼 준비를 할 수도 없다. 우리는 인지적으로 새로운 사건 때문에 휘둘리게 되고 각각은 미스터리로 나타난다. 때문에 좋은 삶을 계획해서 이행하려는 시도가 상당한 제한을 받게 된다. 실천의 세계가 의미 있게 다가와야 이해가 가능하고 그래야만 그 세계가 반복 가능한 그래서 일반적인 어떤 특성들을 예시로 보여주고 있음을 알 수 있다. '여기 이 상황에서 용기가 필요하다', '이것이 부정의다'라고 우리가 말할 수 있다는 것은 이전에 보았고 이미 알고 있는 어떤 특성들을 골라냄으로써 새로운 사례의 불확정적인 실체를 드러내 보일 수 있다는 뜻이다. 이 특성들을 이해하기 위해서 인지적으로 우리 스스로를 이끌어, 이런 반복 가능한 특성들에 따르는 규칙을 자신에게 부여하고 그것에 맞게 우리의 욕구를 형성함으로써 도덕적으로도 우리를 이끄는 것이다. 플라톤식의 과학자가 우리에게 제안하고자 하는 것은, 가능한 만큼 이러한 보편성의 요구를 밀어붙여서 새로운 상황이 요구하기 전에 우리를 준비시키는 실천적 규칙의 체계를 확립하자는 것이고, 이 체계를 토대로 새로운 상황을 볼 수 있게 하자는 것이다. 여기서 새로운 상황은 체계의 권위 아래 떨어진 하나의 사례에 불과하게 된다. 그렇게 되면 우리가 당혹할 일은 결코 없을 것이다.

윤리적 개별성의 두 번째 불행한 결과는 상실에 취약해진다는 점이다. 가치 있는 하나의 항목이 다른 많은 것들과 질적으로 비슷하고 대체 가능하다는 생각은 우리로 하여금 이 취약성을 피하는 데 도움을 줄 것이다. 좋은 사람(제도, 추구)을 볼 때 그 자체로 독특한 가치를 가진다고 생각하지 않고 어떤 일반적 가치의 한 사례로 생각하는 방식으로 바꾼다면, 디오티마가 말했듯이, 삶을 계획하는 일의 긴장으로부터 우리를 이완시키고 안도하게 할 것이다. 세계가 만일 우리가 귀히 여기는 항목 중 한 가지에 뭔가를 한다면 가치가 유사한 다른 항목들의 공급이 있다. 플라톤의 과학 프로젝트가 가치의 일반성의 요구를 추진하고 확장해야 한다고 주장하는 것은 이런 이유 때문이기도 하다.

아리스토텔레스는 탁월성에 관해서 일반적인 정의를 제시한다. 또한 그는 로고스, 규칙 또는 설명 개념을 토대로 해서 탁월성 일반을 정의하고 있다. 탁월성은 선택, 우리에게 중용이 되는 선택과 연관되는 품성상태hexis로서 중용은 로고스에 의해 즉, 실천적 지혜의 사람이 로고스에 따라 결정한 것이다(『니코마코스 윤리학』, 1106b36-7a2). 따라서 선택에 있어서 우리에게 표본이 되는 선택을 하는 사람은 규칙이나 설명을 활용한다고 그려진다.

그리고 다른 문맥에서도 아리스토텔레스는 '올바른 규칙' 또는 '적합한 설명'이 실천적 지혜에서 어떤 역할을 하는지 말한 바 있다. 한편 그는 실천적 지혜가 에피스테메, 즉 보편적인 것에 관한 연역적 과학 지식이 아니라고 주장한다. 이런 입장을 옹호하면서 아리스토텔레스는 실천적 지혜가 궁극적으로 특수한 것에 관련되는 것이고 특수한 것은 에피스테메의 범위에 있지 않고 경험에 의한 통찰로 파악된다고 지적한다(1142a11 이하). 이상과 같이 과학적 프로젝트의 이런 부분에 관해서 아리스토텔레스가 어느 정도는 동의한다는 생각도 가능하지만 그 동의에는 분명히 한계가 있다. 이제 이런 물음이 남아 있다. 아리스토텔레스의 일반적 규칙과 설명의 여부를 판가름하는 것은 무엇인가? 그리고 실천적 지혜를 가진 사람은 그것을 어떻게 활용하는가?

우선 윤리적 숙고와 정당화에서 규칙이 수행할 법한 독특한 두 가지 기능부터 살펴본다. 한 가지 가능성은 규칙이나 보편적 원칙이 지침 또는 경험법칙일 수 있다는 것이다. 이것은 특수한 결정 하나하나를 요약한 것으로 개별 사례에서 두드러진 특징을 확인하는 데에 도움이 되고 경제성을 목적으로 할 때 유용하다. 그런 원칙을 우리가 활용한다면 우리는 이런 종류의 선택이 과거의 구체적 사례에서 우리가 존경하는 실천적 지혜의 사람이 적절하다고 판단했으리라고 인정하고 있는 셈이다. 여기서 적절하다는 것은 단지 그들이 그 규칙을 고수하고 있어서만이 아니라 그들의 품성 때문이거나 다른 이로움을 주기 때문일 수 있다. 원칙은 좋은 판단의 기술적 요약이고 판단을 올바로 기술하는 한 타당하다. 원칙이 규범적인 이유는 현명한 사람들의 구체적인 좋은 결정들이 가진 규범력을 경제적인 형태로 전달해 주고 있을 뿐만 아니라, 여러 이유로 우리도 그들의 선택을 지침으로 삼기를 원하기 때문이다. 우리는 여기서 단순성 혹은 경제성이 양날의 속성이라는 사실에 주목한다. 왜냐하면 원칙이 일정한 교육적인 기능과 지침으로서의 기능을 수행할 수는 있지만 무수히 복잡한 선택들의 요약으로서는 정확성이 떨어질 것이기 때문이다.

다른 가능성은 보편적 규칙 자체가 궁극적 권위가 되고 이것에 기대어 개별적 결정의 올바름을 평가할 수 있다는 데에 있다. 야심찬 플라톤주의 철학자가 개별성을 검토하여 그것이 예시하는 보편적인 특징을 찾는 것처럼, 실천적 지혜를 갖추고 있는 야심가는 새로운 사례를 규칙에 비추어 보려고 할 것이다. 그리하여 그 사례가 보편의 예화인 한에서만 그것의 구체적 특성을 윤리적으로 의미 있는 특성이라고 간주할 것이다. 더욱이 보편적인 원칙은 그것 때문에 (또는 상위의 원칙과의 관계 때문에) 규범적인 것이다. 특수한 판단과의 관계에서 규범적인 것이 아니다.

규칙의 기능 중에서 두 번째 가능성을 보면 실천적 추론의 과학 또는 테크네를 내다볼 수가 있지만 첫 번째 가능성으로는 그에 미치지 못한다. 첫 번째 가능성에서는 주어진 사례에서 우연한 특징들이 궁극적으로는 원칙을 넘어서는 정도의 권위를 갖게 할 수 있다. 그래서 우리는 운에 계속 휘둘릴 수 있다. 예상치 못한 새로운 특징, 심지어 기이한 특징 때문에 규칙을 개정해야만 할 수도 있다. 왜냐하면 규칙이 올바른 것이 되려면 사례를 올바로 기술해야 하기 때문이다. 여기에 인지적인 불안정성과 인간의 연약성 모두 존재할 여지가 있는데 이것이 바로 플라톤의 과학 개념에서 피하고자 한 것이다. 사랑하는 사람에게서 드러나는 특수한 속성이 윤리적 가치를 가질 수 있는 것은 원칙으로 예상할 수 없었을 경우이다. 심지어 그 속성의 본질상 그 어떤 일반적 정식에서 포착이 불가능할 때이다. 그러기에 우리는 우리가 마주하는 세계에 무엇이 있는지 늘 경계하고 있어야만 한다. 이 경우에는 우리가 알아보고 반응해야 하는 것이 이미 전에 본 적이 있는 것이리라는 생각에 안주할 수 없기 때문이다. 또 우리는 늘 상실에 대비하고 있어야 한다. 어디선가 계속해서 구체화되는 보편적 원칙이 예시되고 있다는 바로 그 이유 때문에 가치 있는 것이 필연적으로 우리에게 머물러 있지는 않을 것이기 때문이다.

따라서 규칙에 관한 아리스토텔레스의 설명과 탁월성의 일반적 정의를 제시하려는 그의 소신과, 윤리적 추론은 에피스테메 또는 테크네가 아니며 그렇게 될 수도 없다는 그의 주장은 필연적으로 양립 불가능하지 않다. 규칙의 의미, 규칙의 본질, 그리고 규칙의 권위에 관한 아리스토텔레스의 개념은 첫 번째이며, 기술적이지 않은 개념이기 때문이다. 이제 우리는 이것이 사실상 그의 견해임을 보여주는 근거를 텍스트에서 짚어볼 수 있다.

첫째, 윤리적 선택의 올바름에 대한 궁극적 기준으로 비과학적인 그림 쪽을 강력하게 선호하는 데 대해 아리스토텔레스는 두 가지를 이야기한다. 그의 말에 따르면 탁월성의 기준은 실천적 지혜를 가진 사람의 결정에 의해 정해지는 것이다. 각 사례에서 적절한 것이란 그러한 판단자가 선택한 것이다. 윤리적 문제에서 '판단'이나 '판별'은 그러한 판단자가 말하는 '지각'에 있다. 여기서 지각은 보편적인 것이 아니라 구체적인 특수한 것을 파악하는 일과 연관된 분별력이다. 이 주장의 문맥을 보면 윤리적 올바름의 잣대로 보편적 원칙을 받아들이는데 매우 주저하고 있음을 아리스토텔레스가 표현하고 싶어 한다는 것이 분명하게 드러난다.

> 올바른 것으로부터 약간만 떨어진 사람은 비난받지 않는다. 여기서 약간은 조금 더 또는 조금 덜 그렇다는 뜻인데 어느 쪽이든 상관없다. 그러나 올바른 것으로부터 많이 떨어진 사람은 비난을 받는다. 왜냐하면 많이 떨어진 것이 눈에 띄기 때문이다. 그러나 어떤 점에서 얼마나 비난받아야 하는지를 하나의 원칙으로 정하기란 쉽지 않다. 지각 가능한 다른 것에 대해서도 그것이 쉽지 않다. 왜냐하면 이런 종류의 것들은 구체적인 특수한 것에 있고 그것들 사이의 판별은 지각에 달려 있기 때문이다.(1109b18-23)

그러므로 원칙들은 구체적인 특수한 것의 세부를 파악할 수가 없고 윤리적 선택의 주제는 바로 그 구체적인 특수한 것이다. 그것을 포착하려면 그 상황 자체를 마주해야만 한다. 이때 하나의 상황을 복잡한 전체로서 마주하는 데 적합한 능력이 필요하다. 여기서 일반적 규칙을 비판하는 근거는 구체성의 결여와 융통성의 결여 때문이다. '지각'으로는 뉘앙스와 세세한 차이에 반응해서 사태에 관한 판단을 할 수가 있는 반면 미리 설정된 원칙으로는 어렵다.

아리스토텔레스는 이상의 두 가지 비판을 반복해서 강조함으로써 윤리적 가치에 있어서 보편적 진술은 구체적 기술보다 뒤에 있고 보편적 규칙은 개별적인 판단보다 뒤에 있다는 것을 입증하고자 한다. 비슷한 문맥에서 그는 '행위에 관한 진술 중에서 보편적인 것은 더 일반적이고, 개별적인 것은 더 참이다. 왜냐하면, 행위란 구체적인 것들에 관한 것이기 때문이다. 그리고 진술은 이 구체적인 것들과 조화를 이루어야하기 때문이다.'(1107a29-32) 규칙이 권위를 갖는 것은 그것이 바른 것일 경우에 한한다. 그러나 규칙이 올바른 것은 그것이 개별적인 것들과 연관해서 잘못된 것이 없는 경우에 한한다. 그리고 단순한 보편적 정식화가 많은 다양한 특수한 것들을 포괄하면서 고도의 올바름을 끌어내기란 불가능하다. 그러므로 정의에 관한 논의에서 아리스토텔레스는 행위자의 현명한 판단은 올바름과 동시에 법의 보편적 정식화를 보충할 수 있어야 한다고 주장했다.

> 모든 법은 보편적이다. 그러나 몇 가지에 관해서는 보편적 진술이 올바르기란 불가능하다. 보편적으로 말할 필요가 있는 문제들에서 올바르게 말하는 것이 불가능한 경우에 법은 통상적인 사례를 취한다. 그런데 이때 의도한 바를 이루지 못할 가능성을 무시해서는 안 된다…… 그렇기에, 법이 보편적으로 말할 때, 그리고 보편적인 것으로 포괄할 수 없는 일이 생길 때에는, 입법자가 단순하게 말하면서 문제가 생긴 거라면 누락된 것을 바로잡아야 하는데, 그러기 위해서는 입법자가 지금 여기에 있다면 말했을 법한 것, 그리고 그가 알았으면 입법했을 법한 것을 말해야만 한다.(『니코마코스 윤리학』, 1137b13 이하)

여기서 법은 지혜로운 결정들의 요약본으로 간주된다. 그러므로 현장에서 새로운 현명한 결정이 이루어지는 경우 그것을 더해서 법을 보충함이 마땅하다. 그리고 또 좋은 판단자가 판단했을 것들을 법이 제대로 요약하지 못하고 있는 경우에는 그것도 바로잡는 것이 바람직하다. 다시 말해서, 좋은 판단은 우수한 구체성과 아울러 우수한 대응성 또는 유연성을 갖추어야만 한다.

이 유연성 요건은 아리스토텔레스의 비과학적 선택 개념을 우리가 이해할 때 중요한 개념인데 아리스토텔레스는 이를 생생한 은유를 동원해서 설명하고 있다. 미리 정해진 일반적 원칙에 호소하여 내려진 모든 결정을 매번 확고하게 그리고 완고하게 만드는 사람은 비유하자면 마치 휘어진 기둥의 섬세한 곡선에 직선자를 쓰려고 덤비는 건축가와 같다고 말했다. 레스보스의 건축가들처럼 훌륭한 건축가는 '돌의 형태에 맞게 둥글게 휘어지기도 하는'(1137b30-2) 탄성이 있는 금속으로 된 자를 사용해서 길이를 잰다. 좋은 숙고도 바로 이 탄성 있는 자처럼 마주한 상황을 감안하며 대응하면서도 복잡성까지 감안해야 하는 것이다. 좋은 숙고는 자의 형태를 가지고 현상들을 지배한다는 식의 가정을 하지 않는다. 오히려 현상이 현상 자체를 지배하게 둔 채 현상 자체가 자의 올바름을 가늠할 규범이 되게 한다.

누군가는 여기서 아리스토텔레스가 실제적 규칙 체계의 결함만 언급하는 게 아니냐고 반박할지 모른다. 그리고 만일 규칙이 충분히 정확하고 충분히 복잡하다면 윤리적인 테크네가 존재할 수 있고 다양한 경험적 상황의 복잡성을 잘 조율해서 포착할 수 있다는 생각에 이렇다 할 반론을 그가 제시하지 못한다고 반박할지도 모른다. 그러나 사실은 이 정도로는 보편적인 것에 대한 아리스토텔레스의 비판을 제대로 파악했다고 할 수가 없다. 다른 문맥에서 아리스토텔레스는 '실천적인 것'의 세 가지 특징을 거론함으로써 원칙상으로도 보편적인 규칙 체계로는 실천적 선택을 충분히 그리고 완전히 포착할 수 없음을 일러주고 있다. 그 세 가지 특징은 변형 가능성, 불확정성, 그리고 개별성이다. 아리스토텔레스 자신은 이 특징들을 아주 분명하게 구별하지는 않았기에 우리가 이것들이 언급된 문장을 소개하면서 구별을 시도해 볼 것이다.

『니코마코스 윤리학』 5권의 같은 단락에서 아리스토텔레스는 실천적 문제가 본질적으로 불명확하고 불확정적이라고 언급하면서 단지 문제를 충분하지 않게 정의해서 그런 게 아니라고 말한다(1137b29). 윤리적 문제에 관한 일반적 설명이 부정확한 것은 문제에 관한 일반적 설명을 최대한 잘 하지 못한 데에 기인한 게 아니라 윤리적 문제의 존재 방식 자체가 부정확한 데서 기인한다. '그러한 오류는 법이나 입법자 탓이 아니라 그 문제의 본질 탓이다. 실천적 문제 자체가 처음부터 그러하기 때문이다.'(1137b17-19) 2권에서는 윤리학이라는 영역에서 보편적 정의나 설명이 어떠한 역할을 하는지 논의하고 탁월성에 관한 정의를 제시하려고 하면서, 그는 이렇게 적고 있다.

실천에 관한 진술은 개략적으로만 말해야지 정확하게 말해선 안 된다는 점을 시작부터 인정하기로 하자. 진술은 어디까지나 주어진 문제에 적절한 방식으로 요구해야 함을 처음에도 언급했다. 또한, 실천의 문제와 무엇이 이로운가에 관한 물음은 결코 고정되는 법이 없다. 건강 문제와 마찬가지다. 보편적 정의가 이와 같다면 개별적인 것에 관한 정의는 정확도가 훨씬 더 떨어질 것이다. 왜냐하면 특수한 것들은 어떠한 과학(테크네)이나 규칙의 지배를 받지 않기 때문이다. 그렇기 때문에 마주한 상황에 무엇이 적합한가를 행위자 자신이 직접 찾아나가야 한다. 이 점은 의술이나 항해에서와 마찬가지이다.(1103b34-1104a10)

여기서 아리스토텔레스는 보편적인 설명은 정확하고 최종적인 판단이 아니라 개략적인 것으로 간주되어야'만 한다ought'고 주장한다. (희랍어를 영어로 번역하면서 이 당위성이 다소 약하게 have to 또는 must로 옮겨진 경우도 종종 있지만, 원문에서 아리스토텔레스는 책임 정도의 강한 뜻을 의도했음이 틀림없다.) 윤리학이 아직 자연과학과 같은 수준의 정확도를 달성하지 못했다는 뜻이 아니다. 윤리학에서는 자연과학에서와 같은 그런 정확도를 추구하는 시도도 해선 안 된다는 뜻이다. 행위와 같은 부류에서 특수한 사례에 적용할 때, 일반적인 과학적 설명이나 정의는 좋은 실천이 요구하는 경우에 부합하는 적합성이 매우 결여되어 있으며 또한 이것이 필연적이다.

이 짧은 인용문에는 이러한 결여가 필연적인 이유 세 가지가 제시되어 있다. 첫째, 실천적인 것의 변형성 즉, 실제적인 고정성의 결여이다. 사전에 설정된 규칙의 체계는 이전에 보였던 것만을 포괄할 수 있을 뿐이다. 특정 질병에서 이미 인식된 패턴에 관해서만 의학 논문이 다룰 수 있는 것과 같은 이치다. 그러나 변화의 세계가 행위자에게 매번 새로운 형태로 다가와서, 행위자가 이전에 보았던 것을 넘어서기 때문에 행위자는 늘 놀라게 된다. 인간의 본성적 정의natural justice조차 '모두 변할 수 있다'. 불변의 상태에 머무르지 않고 나아가는 인간의 사회적 관습의 세계, 역사에 그 뿌리를 두고 있기 때문이다(『니코마코스 윤리학』1134b18-33). 그리고 아리스토텔레스가 올바로 밝혔듯이, 이것이 정의의 일반적 개념에 관해서 참이라면, 맥락에 따른 정의의 구체적 요건에 관해서는 더 말할 것도 없다. 그러한 요건은 경제사회적 변화에 따라 변할 것이기 때문이다. 처음 보는 증상이 있는 환자를 마주한 의사는 아무리 히포크라테스의 텍스트를 찾아봐도 어떤 치료가 적합한지를 알 수 없을 것이다. 전혀 예기치 않은 방향과 강도로 불어대는 폭풍 속에서 항해사는 제대로 배를 운항할 수 없을 것이다. 그래도 실천적 지혜를 갖춘 사람은 반응성과 상상력으로 새로운 것을 마주할 준비를 하기 위해 허용되는 한도 안에서 융통성과 인식력을 마땅히 배양함으로써, (아테네인들이 공유하는 이상을 투키디데스가 제대로 정리해서 보여주었듯이) '필요한 것을 즉흥적으로 해낼' 것이다(6장, IV절 참조). 아리스토텔레스는 몇몇 중요한 맥락에서 실천적 지혜란 올바른 것을 '추정해내는 일stochazesthai'과 연관된다고 말한다. 이 용어의 어원은 '목표를 향해 조준하다'는 뜻인데 즉흥적으로 이성을 활용해서 추측하는 것을 뜻하게 되었다. 아리스토텔레스가 보기에 '여지없이 훌륭하게 숙고하는 사람이란 숙고해야 할 상황에서 이성에 따라 사람에게 최선이 되는 것에 목표를 두는 사람이다.'(1141b₁3-14) 그는 이 규범을 실천적 지혜가 보편적인 것에 관한 것이 아니라 특수한 것에 관한 것이라는 조언과 관련시킨다.(1141b14-16)*

아리스토텔레스는 실천적인 것의 불명확성 또는 불확정성도 말한다. (『니코마코스 윤리학』 5권에서만 이것을 명시적으로 말하는데, 실천적 테크네는 '실천적인 것'의 본질에 비추면 불가능한 것이라고 주장한다. 『니코마코스 윤리학』 5권의 불확정성to aoriston은 바로 이 실천적인 것의 특성이다.) 이 주장의 의미는 파악하기가 다소 어렵다. 그러나 다양한 실천적인 맥락이라든지 적절한 선택의 상황-관계성과 관련된 듯하다. 다른 데에 예시한 사례 하나가 이를 알려준다. 그는 농담을 잘 한다는 것을 정의내릴 수는 없다고 하면서 이 것이 불명확하고 불확정적이라고 말한다. 왜냐하면 특정 청자를 즐겁게 하는 일인데 '같은 말도 사람에 따라 듣기 거북하기도 하고 재미있기도 하기 때문이다.'(1128a25 이하) 이 사례로부터 다른 예를 생각해 보면, 탁월한 선택은 보편적인 규칙으로 포착할 수가 없다. 왜냐하면, 탁월하게 선택한다는 것은 구체적인 상황의 복잡한 요구에 맞게 해야 하는 일이고 상황적 맥락의 모든 특성을 고려해야 하는 일이기 때문이다. 마치 농담 지침서처럼 이 규칙 역시 너무 적게 혹은 너무 많이 이야기해 주는 게 될 것이다. 실제로 중요한 것은 대체로 구체적인 사항에 대한 대응이기 때문에 규칙이 이런 것을 빠뜨리기 쉽기 때문에 말해 주는 게 너무 적다고 할 수 있다. 반면에 규칙 그 자체는 상황에 대한 반응을 어떻게 할 것인가에 관한 규범이기에(농담 지침서가 당신에게 당신의 재치를 지침서의 내용에 맞추라고 요구할 것이기에) 결국 좋은 행위의 융통성을 너무 많이 제한하게 될 것이다. 건축가가 소지한 탄성 높은 금속 조각을 불확정적인 잣대라고 부를 수 있다면, 아마 그 까닭은, 앞서 이야기한 규칙과 달리 앞에 놓인 것이 어떤 형태인가에 따라 변형시킬 수 있기 때문일 것이다. 그러므로 실천적인 것의 변화 가능성을 이야기할 때 아리스토텔레스는 시간에 따른 변화와 경각심의 중요성을 강조한다. 한편으로 추정적인 것에 관해 이야기할 때에는 복잡성과 맥락의 다양성을 강조한다. 두 가지 특성 모두, 반응 가능성과 융통성 발휘, 기조의 적절함, 개입의 확실성 등, 일반적인 진술로는 충분히 담아낼 수 없는 것들을 요구하는 것으로 보인다.

마지막으로, 아리스토텔레스는 구체적인 윤리 사례가 궁극적으로 특수하

---

* 여기서 아리스토텔레스는 윤리학은 플라톤적 의미라든지 『분석론 후서』의 의미로 에피스테메가 아니라고 하고 있다. 넓은 의미에서 테크네라고 부를 수 있는, 그래서 어느 정도는 일반적이고 가르칠 수도 있는 추정적인 테크네와의 유사성을 지적함으로써 에피스테메는 아니라고 부인하고 있다. 테크네의 헬레니즘적 분류에서는 추정적인 테크네를 다른 테크네와 구분하여 별도의 것으로 규정한다.

고 반복 자체가 불가능한 몇 가지 요소를 포함할 수도 있다고 암시한다. 그런 경우 어떠한 테크네 또는 규칙에도 맞지 않을 것이고 반복은 본질적으로 불가능하다. 부분적으로 이것은 이미 언급한 복잡성이나 다양성의 함수이다. 속성들 각각은 따로 보면 반복하지만 이것들이 다른 속성과 끝없이 다양한 조합을 이루기 때문에 그로 인해서 복잡해지는 전체 상황은 반복 불가능한 특수성을 갖게 되는 것이다. 그러나 아리스토텔레스는 상황 속에서의 특정 비반복적非反復的인 요소의 윤리적 연관성에 관한 올바른 선택에 대해서도 검토한다. 레슬러인 밀로에게 적절한 영양섭취와 아리스토텔레스에게 적절한 영양섭취는 같지 않다. 왜냐하면, 밀로의 실제 (그리고 아마 특별한) 체격과 체중, 그리고 필요와 직업이 적절한 영양섭취의 결정에 중요하기 때문이다. 마찬가지로, 좋은 친구도 상대 친구의 특수한 필요와 관심을 살필 것이고, 그 친구에게 그리고 그 친구를 위해서 좋은 무엇인지를 생각하지, 일반적인 좋음을 위해서 무엇이 좋은지를 생각하지 않는다. '그 친구에게 그리고 그 친구를 위해서'라는 말의 많은 부분은 나중에도 보겠지만(12장) 반복 가능한 성격적 특질들이다. 그러나 사랑과 우정 안에는 공유하는 역사와 가족 관계성 같은 특징이 있는데 이런 특징은 원칙적으로는 반복이 불가능하지만 윤리적으로는 큰 의미를 갖는다. '실천적 지혜는 보편성에만 관계하는 것이 아니기 때문에 개별성도 인식해야만 한다. 왜냐하면 그것은 실천에 속하기 때문이고 실천은 특수성에 관한 것이기 때문이다.'(1141b4-16)

이상과 같은 방식으로 볼 때, 규칙은 두 번째 개념에 의하면 규범적이지만 실천적 선택의 도전에 대한 준비가 되지는 못한다. 그러나 첫 번째 개념에 의하면 제한적이나마 독특한 유용성을 지닌다. 규칙은 도덕적 발달의 지침이다. 아직 실천적 지혜와 통찰을 갖추지 못한 사람들은 다른 사람들의 현명한 판단을 집약한 규칙을 따를 필요가 있기 때문이다. 그리고 심지어 지혜로운 어른들에게도 규칙이 기능을 한다. 특수한 상황에 접근하는 임시적인 지침이 되어 주고 상황의 중요한 특징을 추려내는 데에 도움을 주기 때문이다. 어떤 상황에 직면했을 때 모든 요소를 검토해서 딱 맞는 결정을 내리기에는 시간이 부족할 경우 성급히 부적절한 선택을 하기보다는 좋은 지침이 요약된 규칙을 따르는 편이 낫다. 또한 규칙은 편견과 정념으로 인해 판단이 왜곡될 소지가 있는 경우 지속성과 안전성을 주기도 한다. (바로 이것이 명령의 규칙보다는 법의 규칙 쪽을 선호하는 아리스토텔레스의 주요 논증이다.) 규칙은 우리가 늘 좋은 판단을 하지는 못한다는 점에서 필요하다. 우리가 진정 우리가 해야 하는 만큼 윤리적으로 활동한다면 규칙이 그렇게 필요하지는 않을 것이다.

마지막으로, 아리스토텔레스의 『정치학』 2권에서 강조한 바와 같이 어떤 의미에서는 인간 중심적인 윤리학이 플라톤적인 개념보다 항상적 규칙에 더 의존할 필요가 있을 것이다. 왜냐하면 만약 신정법神政法이라든지 영원한 형상에 기초한 에피스테메가 윤리적 판단의 근거로 존재하지 않는다면, 즉, 인간의 정의가 인간 세상에만 존재하는, 역사적인 것이어서 결과적으로 '그 법이 준수를 끌어내는 힘은 없고 관행의 힘만 있을 때'(1268b28 이하), 법이 자주 바뀌면 도덕적인 기반이 없는 풍토를 조장할 것이기 때문이다. 이는 상대주의적 주장이 아니다. 아리스토텔레스는 이러한 점과 함께, 명시적으로 말한 대로, 단 하나의 최선의 삶의 방식이 존재한다는 주장이 양립할 수 있다고 믿기 때문이다. 그는 그저 우리에게 경고를 하고 있다. 좋은 법으로 나아갈 때 인간적인 것을 더 강하고 더 권위적인 무엇, 즉 '준수를 이끌어내는' 인간 외적인 힘을 지닌 무엇으로 대체하지 말라는 것이다. 만일 그렇다면, 인간은 안정성과 느린 변화의 조건에서 최선의 인간적 권위에만 마음을 쓰고 주목한다는 사실을 알고, 우리는 우리의 규칙을 급히 바꾸어선 안 된다. 심지어 규칙을 성급히 개선하려 해서도 안 된다.

이렇게 실천적 지혜는 규칙을 요약과 지침으로만 활용할 뿐이다. 왜냐하면 실천적 지혜는 그 자체로 융통성이 있어야 하고 놀랄 일에 대비하여야 하고 상황을 바라볼 준비가 되어 있어야 하며 즉흥적으로 대처할 자원도 충분히 마련되어 있어야 하기 때문이다. 그렇기 때문에 아리스토텔레스는 실천적 지혜의 중요한 요건으로 삶의 오랜 경험을 강조했다. 인생 경험을 통해 구체적인 개별 상황에서 중요한 요인이 무엇인지 그리고 그 요인들의 실천적 의미가 무엇인지 이해하고 파악하는 능력이 생기기 때문이다. 이런 종류의 통찰은 연역적인 과학적 지식과는 완전히 다르고, 감각-지각과 더 유사하다는 점을 우리에게 다시 상기시킨다.

실천적 지혜가 연역적인 과학적 지식(에피스테메)이 아님은 분명하다. 왜냐하면 이미 말했듯이 궁극적이고 특수하기 때문이고, 행위의 문제가 이와 비슷하기 때문이다. 그것은 이론적 통찰nous과 유비적이다. 왜냐하면 누스는 궁극적으로 단순한 원칙들이기 때문이다. 그 원칙에 대해서는 외부적인 정당화가 없다. 실천적 지혜는 궁극적이고 특수한 것에 관한 것이고 과학적인 이해가 없는 것에 관한 것이다. 그것은 일종의 지각이다. 지각이란 말은, 개별 감각의 대상에 대한 일상적 감각-지각이 아니라, 어떤 모양을 보고 그것이 일종의 삼각형이라는 것을 파악하는 방식과 같은 종류의 지각이다.(1142a23)

실천적 통찰은 비-추론적이고 비-연역적이라는 점에서 지각과 유사하다. 그것의 핵심은 복잡한 상황에서 중요한 특징을 알아보고 인정하고 반응하고 골라내는 능력이다. 그리고 이론적인 통찰 즉 누스의 원천은 제1원리와 감각뿐이다. 경험 속에서 경험을 통해 오랫동안 익힌 감각에서부터 그리고 제1원리가 담론과 설명에서 근본적인 역할을 수행하는 것을 보면서 이론적인 누스가 개발되는 것처럼, 실천적 지각 즉 아리스토텔레스가 말하는 실천적 누스 역시 삶과 선택의 긴 여정을 통해서 행위자의 실천 자원과 반응성을 개발했기 때문에 얻어진 것이다.

……젊은이들은 수학자와 기하학자가 될 수 있는 동시에 그런 종류의 일들에서 현명해질 수 있다. 그러나 실천적 지혜를 갖춘 자가 되는 것으로 보이지는 않는다. 이유는 실천적 지혜가 특수한 것들에 대한 지혜이고 이것은 경험을 통해 습득하는 것이기 때문에 경험이 적은 젊은이들에게 없기 때문이다. 이 경험에는 절대량의 시간이 필요하기 때문이다.(1142a12-16)

그리고 다시 이렇게 말한다.

　　우리는 판단력이 있고 직관적 통찰의 나이에 이른 사람을 이해력과 실천적 지혜를 갖춘 사람으로도 인정한다. 왜냐하면 이 모든 능력들이 궁극적이고 특수한 것에 관한 것이기 때문이고…… 그리고 모든 실천적인 것들은 특수하고 궁극적인 것에 관련되기 때문이다. 그리고 실천적 지혜를 갖춘 사람은 이것들을 분별할 줄 알아야만 하고, 이해력과 판단력은 실천적인 것, 즉 궁극적인 것에 관련되기 때문이다. 그리고 직관적인 통찰nous은 양쪽 방향으로 궁극적인 것과 연관이 된다…… [제1원리들의 파악과 궁극적인 특수한 것들의 파악 사이에는 평행선이 나타난다.]…… 그런 까닭에 나이 든 경험 많은 사람들, 실천적 지혜를 갖춘 사람들의 입증되지 않는 이야기에도 우리는 입증된 것들에 못지않게 주목해야만 한다. 그들에게는 경험으로 인해서 올바로 바라보는 눈이 생겼기 때문이다.(1143a25-b14)

　실천적 지혜가 반드시 특수한 것과 새로운 것을 봐야만 한다면 경험은 어떤 기여를 하는 것인가? 여기서 우리는 아리스토텔레스가 말하는 실천적 지혜란 지속적 활동과 가치들로부터 얻어내는 모든 지침을 거부하는 근거 없는 상황 지각이 아니라는 주장을 해야만 한다. 실천적 지혜를 갖춘 사람은 품성이 좋은 사람이다. 인생 초기에 일정한 윤리적 가치를 훈련으로 내면화한 사람이고, 이 가치들의 조화로운 추구가 좋은 삶이라는 관점을 내면화한 사람이다. 우정과 정의, 용기와 절제와 관용에 관심을 갖는 사람이다. 욕구도 이런 관심에 따라서 형성될 것이다. 그리고 내면화된 가치관으로부터 지속적인 행동 지침과 상황을 파악하는 지침을 다양하게 도출할 것이다. 만일 그런 지침이 없으면, 그리고 품성에 구속되는 존재 의식이 없다면, 그리고 '영혼의 눈'이 모든 개개의 상황을 그저 늘 새롭기만 하고 반복되지 않는 상황으로만 본다면, 실천적 지혜의 지각이란 그저 자의적이고 공허한 것으로 보이기 시작할 것이다. 아리스토텔레스는 어떤 사람의 품성이나 가치관이 그 사람의 존재 자체라고 주장한다. 자아의 연속성은 적어도 이 가치관의 일반적 특성에서의 지속성을 요한다. 이 지속적인 기반이 행위자의 욕구 체계에 내면화되고 체화되어 있다가 새로운 상황을 마주해서 그 상황을 무엇이 필요한 상황으로 볼 것인지, 즉 용기 또는 관대함 또는 정의가 필요한 때라고 볼 것인지를 설명한다. 그렇다고 해서 이 일반적 배경이 진정한 실천적 지혜를 구속하는 것은 아니라고 우리는 주장한다. 이 관점의 수정 가능성은 최고 수준에서도 있다. 수정은 새로운 경험으로 체화된 지각으로 인해 가능하다. 또 일반적 관점은 연관되는 모든 것을 포괄하지는 않는다는 것이 우리의 주장이다. 왜냐하면 연관된 특징 중에는 반복이 불가능한 것도 있기 때문이다. 그렇다고 해도 특수한 하나의 사례는 보편적인 것을 끌어내거나 분별하는 역할이 없으면 불합리하거나 불가지적인 것이 될 수 있음을 여기서 짚어두어야겠다. (우리가 누군가를 아리스토텔레스적인 방식으로 사랑할 때에는 사실 핵심적으로 그 사람의 삶이 예시하는 반복 가능한 소신이나 가치를 사랑할 수밖에 없다.) 또한, 일반적 관점이 경직되지 않고 지속적으로 달라질 수 있고 만일의 상황에 대비하는 것이라도 해도, 그 관점의 핵심에 소신이 들어 있지 않다면, 특정한 판단 역시 좋은 품성에 요구되는 근거가 없어질 것이다. 결과적으로 개별적인 것과 보편적인 것 사이에는 양 방향 상호 작용이 있게 된다. 우리의 설명에서는 개별적인 것이 우선한다고 했지만 그 둘은 소신에서 서로 파트너이면서 좋은 판단자의 융통성과 반응성을 향한 존경을 공유한다.

IV

실천적 선택의 테크네를 구축하는 기획의 중심에는 곤란을 야기하는 정념의 힘을 제거하거나 감소시키려는 희망도 들어 있다. 우리의 삶을 튀케로부터 안전하게 지키려면 내면에서 유래하는 통제되지 않은 힘도 막아야 하기 때문이다. 이런 희망을 추구하는 데에 통약 가능성과 보편성 두 가지 다 기여한다. 욕구의 대상들을 통약 가능하게 만드는 것 자체가 이미 그것들을 둘러싼 정념의 힘의 원천 하나를 제거하는 셈이기 때문이다. 그것들을 대체 불가능한 특수한 것으로 바라보지 않고 보편적인 것의 예시로 바라보는 것은 사랑과 증오와 슬픔 같은 정서가 상처를 일으킬 수 있는 힘을 줄일 수 있게 변화시키는 것이기 때문이기도 하다. 그러므로 통약 가능성과 보편성에 대한 아리스토텔레스의 비판은 정서가 작용하고 힘을 발휘하는 공간을 다시 여는 간접적인 결과를 가져온다. 그러나 이런 정념에 대한 아리스토텔레스의 관심은 약한 허용가능성보다는 좀 더 깊다. 이런 정념을 좋은 추론의 장애물로만 결코 바라보지 않고, 아리스토텔레스는 좋은 숙고의 중요하고도 필수적인 요소로 적절한 수동성과 적절한 반응성을 꼽고 있다. 전반적인 구도로 볼 때 그의 논증은 『파이드로스』의 소크라테스의 두 번째 연설에 제시된 논증과 비슷하기 때문에 7장에서 그 논증을 논의한 순서대로 여기서도 살펴보는 것이 좋겠다.

첫째, 12장에서 더 자세히 살펴보겠지만, 욕망과 정념은 인간의 탁월성에 필수적인 동기 부여 역할을 한다. 아이가 처음으로 탁월성에 이르도록 만드는 것도 어른이 탁월성에 따라 지속적으로 행동하게 만드는 동력도 이것들이다. 『파이드로스』에 대해 아리스토텔레스가 동의하는 부분은 이러한 요소를 억제하거나 무시하는 합리성 이론은 영혼을 잘 사는 데에 꼭 필요한 영양분으로부터 굶기는 것이라는 점이다. 더욱이 9장에서도 봤지만 아리스토텔레스는 욕망과 감정에 관한 설명을 개발하는 데에 상당한 주의를 기울였다. 욕망과 감정은 선택적이고 훈련으로 변화가 가능하며, 또 그렇기 때문에 도덕적 동기 부여에서 건설적인 역할을 할 수 있다고 그는 설명한다. 이는 그가 적절함을 바라보는 관점이 계속적으로 나아지도록 적절한 대상 쪽으로 개인을 추동시킬 수 있다고 보기 때문에 그렇다. 욕망과 감정이 없으면 안 된다는 말만 하는 게 아니다. 우리가 어떻게 하는가에 따라 그것들이 잘 작용하게 되어 있다는 말을 하고 있는 것이다. 아리스토텔레스가 말하는 정서는 신념의 발달에도 반응하는 특성을 분명히 갖고 있다. 막간 2장에서는 개인이 발달시키는 신념에 따라서 감정이 어떻게 개별화되는지 살펴볼 것이다. 『국가』에서도 볼 수 있지만 욕망이란 소화기 계통의 장기가 자동으로 작동하는 것처럼 세계를 향해 밀어붙이는 힘이 아니다. 생각한 방향으로 움직이려면 대단한 억제력을 써야 하는 힘이 아니라는 뜻이다. 욕망은 반응성을 가진 의도의 요소이기 때문에 융통성 있는 윤리적 발달이 가능하다.

그러나 한편으로는 『파이드로스』와 같이 아리스토텔레스도 '비합리적인 것'에 단순한 동기 부여 역할 이상의 의미를 부여한다. 비록 '광기'에 대해 말하지는 않지만, 그는 감정이나 욕망을 잘 훈련하면, 선택의 상황에서 이성을 지도할 수 있음을 인정하고 이런 상태를 만들어 내려고 한다. 직관적 지각은 아리스토텔레스가 실천적 지혜의 본질이라고 칭찬하는 것인데 이것은 그저 초연한 지성만의 능력이 아니다. 선택은 지성적인 면과 정념적인 면의 경계에 있는 능력으로 양쪽의 성격을 다 갖기 때문에 욕구적 숙고 또는 숙고적 욕구라고도 불릴 수 있다. 마찬가지로, 실천적 지혜 역시, 올바로 자리 잡힌 정념과의 긴밀한 관계 속에서 기능한다. 그것은 품성의 탁월성과 필연적으로 상호 의존적이고, 또 적절한 정념에 관한 성향이나 적절한 행동과도 필연적으로 상호 의존적이다. 경험이 많은 사람이 새로운 상황을 마주할 때에는 지성만 가지고 직면하려고 하지 않는다. 대신에 숙고를 통한 욕구와 욕구를 통한 숙고를 가지고 직면하고 정념이나 행동 면에서 적절하게 대응한다. 직면한 상황의 중요한 특징에 대한 지각은 정념의 차별적 힘에 크게 의존한다. 『영혼에 관하여』에서 아리스토텔레스는 상황에 대한 우리의 견해나 상황에 대한 상상에는 욕구에 상응하는 요소들이 들어 있다고 말한다. 그 요소들이 경우에 따라 '뚜렷하게 보이는' 것일 수도 있고 '단호하게 결심한' 것일 수 있다. 즐거운 것과 아픈 것, 즉, 추구할 것과 피할 것은 욕구에 제시되는 방식 여하에 따라 그렇게 나타나는 것이다. 그리고 그렇게 나타나도록 하는 것은 우리에게 그런 종류의 상황을 보여주는 욕구이다. 열정에 기초한 반응이 없으면 윤리적으로 중요한 요소를 지각하는 것이 불가능할 것이다.

이른바 '실천적 삼단논법'에 관해 설명할 때에도 아리스토텔레스는 고르고 선별하는 힘이 욕구에 있다고 언급한다. 사고와 지각을 통해 행위자에게 제시된 많은 것들 중에서 욕구는 특별히 몇 가지를 행위의 기초로 추려낸다. 합리적 욕구 즉 바람wish이 이런 선별 작업을 수행하기도 한다. 그러나 욕망 형태의 욕구도 그 나름대로의 '말을 한다'. 즉, 피조물에게 필요에 관한 정보를 주고, 그 필요를 충족하는 것이 제시되면 직접 반응한다. 정서적 욕구 역시 똑같이 중요한 정보를 제시하는 역할 또는 인지적 역할을 하는데 이에 대해서는 막간 2장에서 살펴볼 것이다. 아리스토텔레스는 『파이드로스』와는 달리 미적 감각에서 특별한 인지적 기능에 머무르지 않는다. 플라톤은 그 어떤 욕망도, 심지어는 음식에 대한 욕망조차도 평생 경멸의 눈으로 봤지만, 아리스토텔레스에게서는 이것들도 제대로 훈련하면 인지적 기능을 할 수 있다고 보았다. 좋은 품성 즉, 잘 형성된 품성은 일종의 사고와 욕구의 통일이다. 선택을 할 때 욕구는 사고에 주목하고 사고는 욕구에 반응하는 방식으로 상호 작용을 하기에 두 가지 모두 선택을 지도할 수 있고 그렇기 때문에 두 가지의 지도는 하나이며 같은 것이 된다.

그러나 아리스토텔레스는 『파이드로스』와 같이 숙고할 때 비지성적인 요소의 역할을, 잘 행동할 수 있는 방법을 보여주는 도구적 역할로 축소하지 않는다. 좋은 선택에서 본질적 가치를 갖는 것이 비과학적인 숙고라고 하면서 자신의 그림을 마무리한다. 우리는 이 점을 몇 가지 방식으로 볼 수 있다. 적절하고 덕스러운 선택이 덕스러운 것이 되기 위해서는 올바른 선별이 적절한 정념의 반응과 맞물려야 한다. 올바른 '정념'이 없다면 그 선택과 행동은 덕스럽지 못한 것이 된다. 정념은 선택의 덕스러움과 좋음을 구성하는 요소이다. 그것은 선택을 자기 통제적인 것 이상으로 만들어준다. 내가 만일 덕스러운 행동을 지속적으로 노력하고 긴장하고 주저하면서 하고 있다면, 실제로 나는 덕스러운 행동을 하고 있는 것이 아니다. 자신의 관대함을 즐기면서 온 마음으로 그렇게 행동하는 사람만큼 칭찬 받을 자격이 내게는 없는 것이다. 내가 만일 그들에게 이익을 주지만 그들을 사랑하지 않는다면 나는 좋은 일을 하면서 사랑을 느끼는 사람보다 실천적 탁월성이 크게 못 미치는 것이다. 이런 식의 평가가 가능한 것은 정념이 지성적이고 교육 가능하기 때문이다. 이성과 정념 사이에 심각한 내적 갈등이 있다면 윤리적으로 미성숙 상태라는 의미이고 훈련이 더 필요한 상태라는 의미이다.

나아가 욕망 활동 자체는 최선의 삶에서 본질적 가치를 갖는다. 실천적 지혜를 갖춘 사람의 숙고에는 '절제'가 핵심적인 탁월성 중의 하나인데 절제의 활동은 그 자체로 선택할 만한 것이다. 절제는 육체적 쾌락과 고통의 측면에서 적절한 선택이다. 그리고 아리스토텔레스는 욕망을 최소화하려는 노력이나 자신을 욕구로부터 부당하게 격리시키려는 노력이 실천적 지혜와 양립하지 않는다는 점을 분명히 한다. '왜냐하면 이런 종류의 감정-없는-존재 상태는 인간적이지 않기 때문이다…… 만일 그 무엇도 즐겁지 않고 모든 것이 그저 그렇다고 한다면 그 사람은 사람다운 존재 상태와 거리가 멀어진 것이다.'(1119a6-10) 여기에서 아리스토텔레스는 『파이드로스』보다도 한 발 더 나아가, 이 독립적 사례만이 아니라 일반적으로도 우리 본성의 이 욕망적 요소는 우리를 불안정한 대상의 세계로 데려갈 뿐 아니라 그 자체로는 통제가 불가능한 것임에도, 최선의 삶을 기획할 때 본질적 가치를 이 요소에 부여함이 마땅하다고 주장한다. 적절한 식사와 음료와 성적 활동이 본질적 가치를 갖는 것은 우연적 필요를 충족시키기 때문이 아니라 우연적 필요를 충족시키기 때문이다. 그것들이 필요하다는 것은 나쁜 것이 아니라 적절한 것이다. 배고픔과 갈증과 성적 욕구가 없는 존재라면 우리가 속한 사회에 받아들여지지지 않을 것이며, 우리 중 한 사람으로 여겨지지도 않을 것이다.

이미 언급했지만, 마지막으로 강조할 것은 '지각'은 실천적 합리성의 표상 중에서 가장 가치 있는 것이자 목적 그 자체이기도 한 것으로, 욕구에 의해서 동기 부여를 받고 정보를 제공받기만 하는 것이 아니라는 점이다. 지각은 인격 전체가 수행하는 복잡한 반응으로서 행동의 기반이 될 상황적 특성을 제대로 인정하는 것, 즉 그것의 특수성을 분별하는 것이다. 그러므로, 지각은 비지성적인 요소를 내포하고 있다. 사랑하는 이의 죽음을 올바로 지각한다는 것은(VI절 참조), 단순히 그 사실을 지성 또는 판단으로 알아차리는 것이 아니다. 만일 누군가가 사실은 알아차리지만 정서적인 반응이 없다면, 우리 입장에서는 무슨 일이 일어났는지를 그가 실제로는 모르거나 수용 못하고 있거나 인정하지 못하고 있다고 말할 수 있다. 또 그 상황을 있는 그대로 인정하지 못한다고 말할 수도 있다 (아래 VI과 막간 2장 참조).

V

아리스토텔레스는 실천적 이성을 테크네로 보는 관점(다시 말해 플라톤적 관점)을 여러 측면에서 공격했다. 그는 인간 중심성에 관한 주장을 이어갔고, 가치의 통약 가능성을 부인했으며, 일반적인 것의 한계(와 긍정적인 기여)를 입증했다. 그리고 통제가 불가능하다고 여겨지는 '불합리한 부분'을 합리적 숙고의 핵심에 위치시켰다. 그는 『안티고네』에서 대략 살펴본 실천적 추론 개념을 발전시켜서, 우연적인 특수한 일을 받아들이고 그것에 유연하게 굴복하는 능력을 가치의 다수성에 대한 존중, 안정적 품성에 대한 존중, 그리고 도덕 교육을 통해 내면화하는 관습의 공유에 대한 존중 등과 결합시켰다. 프로타고라스가 실천적 이성의 테크네를 가졌다면 아리스토텔레스도 프로타고라스만큼은 실천적 이성의 테크네를 가지고 있다고 할 수 있다. 왜냐하면 아리스토텔레스의 실천적 지혜는 일정 수준까지는 일반적이기도 하고 교육도 가능한 것이기 때문이다 (초기 도덕 교육으로 교육이 가능하고 『니코마코스 윤리학』과 같은 성찰을 위한 자료를 통해서도 교육이 가능하다). 그리고 어떤 의미에서는 이런 기술은 튀케에 대한 우리의 통제력을 확대할 것이다. 아리스토텔레스가 상기시켜 주듯이 궁사처럼 우리가 성찰을 통해서 과녁을 더 분명하게 보려고 노력하면 과녁을 더 잘 맞힐 수가 있다. 그러나 아리스토텔레스는 그러한 목적을 너무 밀고 나가지는 말라고 경계하면서, 실천적 지혜를 이 이상으로 과학적으로 만들려 하고 통제 상태에 두려는 전략들 때문에 실천의 세계가 빈약해진다는 것을 논증한다. 통약 가능성은 우리가 소중히 여기는 가치들의 성격을 앗아간다. 일반성을 우선시하다 보면 경탄과 맥락과 특수성이 가지는 윤리적 가치를 잃게 된다. 실천적 지성을 정념으로부터 추상화하면 정념이 가지는 동기 부여력 및 정보 제공력만이 아니라 정념이 가지는 본질적인 인간적 가치도 상실하고 만다. 사실, 예리한 과학적 지성 면에서 우월한 능력을 가지고 숙고하면서도 주변 세계에 대해서는 열정적으로 반응하기를 자신에게 허용하지 않는 존재는, 실천에 관련해서 많은 것을 잃게 될 뿐만 아니라 삶의 풍부한 가치로부터 비인간적으로 차단되고 마는 결과를 초래할 것이다. 제사題辭에 나오는 헨리 제임스의 화자처럼 방법 면에서는 아무리 강할지라도 실천적 지혜의 진정한 표지가 되는 섬세한 반응성 즉, '톤tone'이 부족한 존재가 될 것이다.

비극시인들에서 철학자들로 넘어가면서 다루었던 데티엔과 베르낭*의 실천적 지성에 관한 설명은 아리스토텔레스의 실천적 지혜에 대한 우리의 생각을 더 명료하게 해준다. 그들도 아리스토텔레스의 실천적 지혜에 대한 관점이 플라톤의 개념으로부터 철학 이전 시대의 개념으로 회귀하는 것이라는 우리의 설명에 동의한다. 그 회귀가 일어나는 주요 영역 중 하나는 플라톤의 일반성을 비판하고 우연한 개별성의 파악을 중시하는 것이라는 데에도 동의한다. 또한 플라톤 이전 시대와 아리스토텔레스의 실천적 지혜론 양쪽에서 융통성과 변화에 주목하기를 강조한다고 보는 점에서도 우리와 생각이 같다. 아리스토텔레스의 개념이 플라톤 이전 시대와 마찬가지로 즉흥성을 중요시한다고 강조한 점도 옳은 지적이다. 그러나 그들은 플라톤의 전통과의 단절에 관한 설명에서 연속성을 놓치고 있다. 이 연속성이란 동여매기나 덫 놓기를 강조하는 전통과 합리적인 자기-충족성에 대한 플라톤적인 열망 사이의 연속성이다. 마찬가지로 그들은 아리스토텔레스에 관한 설명에서 아리스토텔레스와 플라톤의 사이 단절의 핵심은 바로 그 열망을 거부했다는 사실에 있음도 간과한 것으로 보인다. 우리의 주장은 아리스토텔레스 이전의 전통이 통제와 부동의 이상에 전적으로 헌신하고 있지는 않았다는 것이다. 오히려 그 이상을 진지하게 비판적으로 보았다. 예를 들어 『안티고네』는 세계의 우연적인 개별성들과 맺어야 할 올바른 관계는 야망이 경이와 개방성과 연결되는 관계라는 생각을 제시하고 있다. 바로 이러한 전통으로 아리스토텔레스가 돌아왔다고 보는 것이 우리의 주장이다. 이 전통은 그 모든 복잡성 가운데에서 통제와 흠결 없는 활동에 대한 플라톤적인 열망을 포기하고 대신 우연적 개별성을 중시하는 태도를 옹호한다.

---

* Detienne and Vernant, *Mètis* 295쪽 이하.

플라톤이 숙고를 '신의 눈' 관점으로 본 것과 마찬가지로, 이보다 현실적이고 연약한 이 인간적 관점 역시 순환성의 문제가 있어 보인다. 올바른 선택에는 실천적 지혜를 갖춘 사람의 관점이 꼭 필요하다. 플라톤과 달리 아리스토텔레스의 개념에서, 이 관점은 이 사람이나 그의 선택이 있어야만 하는 것으로 단순한 체험적 해결 방법이 아니다. 그 사람의 관점이 가치에 있어서 확정적이기 때문이다. 이 사람과의 관계가 없으면 더 이상 가치가 될 수 없다. 이 때문에 순환성의 문제는 훨씬 더 심각해진다. 왜냐하면 이 사람이 우리의 표준이고 그 사람의 판단과 절차가 우리들에게 규범적인 것이라면, 그 사람의 선택에서 좋은 내용을 기준으로 하지 않는다면 어떻게 그 사람과 그 사람의 절차를 특정할 수 있는가라는 문제가 있기 때문이다. 그 사람이 우리에게 하나의 표준으로 받아들여질 수 있게 된 데에는 우리 생각에 적절하다고 보는 가치들을 그가 선택한다는 사실이 일부 이유가 되었을 것은 틀림이 없다. 그를 선택한 것은 아르키메데스 점으로부터 선택한 것이 아니라 현상 안에서 선택한 것이다. 그런데 이 현상에는 선택에서 확실하게 작동하는, 올바른 선택에 대한 관점까지 들어 있다. 그렇다면 적절성의 표준이 이 사람이라는 말의 의미는 대체 무엇인가? 플라톤에서와 마찬가지로 신을 판단의 기준으로 삼을 사람은 사전에 욕구가 판단에 부정적 역할을 할 것을 확신하고 또 그렇기 때문에 사전에 욕구에 대해 비판적인 규범적 관점에 동조하는 사람뿐이다. 마찬가지로, 이 특수한 판단자의 안내를 허용할 사람은 우연적인 개별성과 정념의 가치와 가치의 통약 불가능성의 도덕적 연관성에 헌신하는 사람뿐이다. 과연 우리는 이 문제를 아리스토텔레스의 비과학적인 표준에서 치명적인 문제로 봐야만 할 것인가?

이 순환 고리를 빠져나갈 길은 하나도 남아 있지 않다. 존 롤즈는 바로 이 문제를 다룬 초기 논문에서 능력 있는 윤리적 판단자의 능력과 절차를 특정하는 방식을 제안했는데, 이 방식은 비순환적이고 그 판단자의 윤리적 소신 중 어떤 것도 기준으로 하지 않으면서 상상과 공감과 사실적 지식과 같이 가치중립적인 능력을 갖추는 것을 기준으로 삼았다.* 아리스토텔레스가 실천적 지혜에 대한 견해를 개진하면서 이 전략을 사용하지 않는 이유는 두 가지다. 첫째, 플라톤주의와 논쟁하는 맥락에서, 그가 소중히 여기는 지적인 가치들이 가치중립적이지 않음이 아주 분명해졌기 때문이다. 상상력과 공감, 지각과 반응성을 강조한다는 것부터 이미 반플라톤적인 방향으로 기우는 결과를 가져오는 것이다. 디오티마가 말했듯이, 신체의 시각은 신체와 분리된 지성이 보는 것을 단연코 볼 수가 없다. 마찬가지로 순수한 대상, 순수하게 가치 있는 대상은 알키비아데스의 눈으로는 볼 수 없다. 둘째, 아리스토텔레스는 지적 능력들을 열거하는 것만으로는 실천적 지혜를 갖춘 사람의 절차와 성격을 충분히 특정하지 못한다고 믿는다. 그 사람을 충분히 선별해내기 위해서는(심지어 그의 인지적 능력을 충분히 특정하기 위해서는) 그의 성격, 잘 훈련된 욕구와 그의 욕구가 반응하는 성질까지를 다 검토해야만 한다. 이렇게 하면 우리는 순환 고리에서 빠져나가기는커녕 더 깊이 빠지게 된다.

그러나 우리가 지적할 수 있는 것은 플라톤의 논증과 마찬가지로 아리스토텔레스의 논증도 무엇이 올바른 선택을 가로막는가에 관한 직관적 인지력에서 출발한다는 점이다. 그런데 아리스토텔레스의 논증은 현상에 근거를 두는 주장을 담고 있는 설명이다. 즉, 장애가 되는 것들을 널리 공유하는 경험에 근거한 설명을 함으로써 순환을 더 복잡하게 만들고 있다. 만일 우리가 아리스토텔레스가 희망하는 대로 나쁜 건축가상이나 나쁜 의사상에 반응하고, 나쁜 윤리적 판단자상과 유사한 면이 있다고 동의한다면, 우리는 실천적 지혜를 갖춘 사람에 관한 긍정적인 특정화와는 어느 정도 독립적으로, 그가 선택한 사람을 우리의 판단자로 승인할 이유가 있다. 즉, 중기 플라톤주의 전략 자체가 인간사에 관한 정확한 안목인가라는 의심을 할 이유가 있다는 말이다. 더욱이 아리스토텔레스의 판단자 선택으로 우리가 8장에서 기술한 일반적 방법과 절차에서 나온 정도만큼은 순환이 다시 확대된다. 왜냐하면 플라톤주의자가 보기에는 여전히 순환성circularity의 요소가 있다고 하겠

---

* J. Rawls, 'Outline of a decision procedure for ethics', *PR* 60 (1951) 177-97.

지만, 예를 들어 지식에 관한 관점이나 근거에 대한 관점을 보면, 아리스토텔레스는 자신의 방법을 옹호할 때에 다른 영역의 현상들을 동원해서 각 영역에서 철학자에게 던지는 구체적인 문제에 대응하기 때문이다. 이 방법은 이 판단자를 선택한다. 그러나 그 방법으로 선택된 것은 부분적으로 언어에 관한 별개의 논증에 의한 결과이다.

순환성 자체에 실망할 필요는 없다. 복잡한 도덕 이론에는 불가피하게 순환성의 요소가 개입되기 마련이다(5장 IV절 참고). 그러나 결국 순환에 관한 우리의 생각은, 즉 순환이 작은데 최악의 경우인지 아니면 순환이 크지만 흥미로운 것인지에 대한 생각은 아리스토텔레스가 자신의 방법으로 하려던 것을 진정 잘 했는가에 관한 우리의 판단 여하에 달려 있다. 말하자면, 선택에 관해서 우리가 가진 믿음의 복잡성을 다 돌파하고 그 믿음이 제시하는 갈등과 모순을 제대로 기술하는지, 그리고 구할 만하다고 우리가 깊이 생각하는 것을 구할 수 있는 형식을 만들어내는지 여부에 달린 것이다. 만일 『향연』의 요지가 순수한 지성이 비우연적인 대상과 맺는 관계가 실천적 선택의 패러다임이라는 것이고 천상을 지향하는 그 철학자가 세계의 모든 아름다운 것과 가치 있는 것들을 보고 반응할 수 있다는 것이라면, 아리스토텔레스는 그 판단자가 진정 가치 있는 어떤 것에 대해 전혀 아는 것이 없다는 것과 그 이유가 그가 판단을 내리는 방법에 있다는 것을 입증해서 답변해야만 한다. 바로 이러한 도전이 실제로 그가 주력한 방향이다. 만일 그가 그 일에 성공했다면 우리는 순환성의 문제를 평정심과 관심을 가지고 바라볼 수 있게 된다.

VI

아리스토텔레스의 비과학적 관점은 기여하는 바가 없다는 비판이 있을 수도 있다. 통약 가능성과 보편성과 주지주의가 이루어낸 발전을 그토록 강하게 거부하면서도 정작 숙고에 관한 정교한 이론, 즉 좋은 숙고 과정에 관한 체계적인 설명을 남기지 않았다는 비판이 그것이다. 그러나 아리스토텔레스는 이런 비난을 흔쾌히 받아들일 것이다. '실천적인 문제에 관해서는 모든 것에 대해 개략적으로만 말해야 한다. 정확성을 보증하면서 말하면 안 된다.' 그의 저작들이 우리에게 제공하는 것은 스케치이고 이것의 빈틈은 품성과 경험으로 메워야 한다. 그래도 아리스토텔레스가 말하는 지각에 대해서만은 앞서 살펴본 것보다는 반드시 더 상세히 짚어볼 필요가 있어 보인다. 선택은 주어진 상황에 유연하게 반응하는 지각에 들어 있다는 주장이 어떤 내용을 담고 있는지 검토해야 한다는 뜻이다. 아리스토텔레스가 무너뜨리려는 것이 다름 아닌 일반적인 이론 설명이라면, 삶에서든 문학적 텍스트에서든 복잡한 사례를 더 조명하는 것이 그의 논증의 정신에 부합할 것이다. 알키비아데스처럼 그 역시 구체적 내러티브가 진리를 보여준다는 주장을 지지할 것으로 보인다. 서로 다른 많은 종류의 텍스트를 활용하면 아리스토텔레스적인 지각을 예시할 수 있다고 생각하지만 나는 무엇보다도 헨리 제임스의 소설이 이 역할에 적합하다고 생각한다.* 그렇지만 시대가 서로 너무 멀리 떨어져 있으므로 제임스의 소설 대신 에우리피데스의 비극으로부터 예를 가져다가 주석을 달아 결론으로 삼고자 한다.

> **헤카베** 지혜보다 무기를 더 중시하는 아카이오이족이여! 이 아이가 무엇이 두려워 그대들은 전례 없는 살인을 저질렀단 말이오? 이 애가 쓰러진 트로이아를 언젠가 다시 일으켜 세울까 두려웠나요? 그렇다면 그대들은 아무것도 아닌 자들이오. 헥토르와 수많은 전사들이 전투에서 잘 싸울 때도 우리는 죽어가고 있었거늘, 폴리스가 함락되고 프뤼기아인들이 멸망한 지금 그대들이 이런 어린애를 두려워하다니! 근거 없는 두려움을 나는 칭찬할 수가 없소.

---

* 나는 'Crystals'를 통해서 헨리 제임스의 작품과 아리스토텔레스가 말하는 지각의 연관성을 보였다. Martha Nussbaum, 'Flawed crystals: James's The Golden Bowl and literature as moral philosophy,' 15 *New Literary History* 25 (1983).

더없이 귀여운 것, 이 얼마나 참혹한 죽음인가! 네가 어른이 되어 결혼하고 신과 같은 왕권을 손에 넣은 뒤 폴리스를 위해 죽었더라면 행복했을 텐데! 그런 것들에 행복이 있다면 말이다. 하지만 얘야, 너는 지금 그 모든 것을 보고 마음속으로만 느꼈을 뿐, 확실히 알지 못했고, 집 안에 있는 것을 즐기지도 못했구나! 불쌍한 것, 조상의 성벽이, 록시아스께서 세우신 탑들이 무참하게 네 머리털을 뜯어놓았구나! 네 엄마가 그토록 자주 빗겨주며 입을 맞추어주었건만, 그곳에서는 이제 박살난 두개골 사이로 살육이 비웃고 있구나. 끔찍하여 더 말하고 싶지도 않구나.

손들이여, 귀엽게도 아비의 손을 꼭 닮았건만 너희들도 마디마디 삐어진 채 내 앞에 놓여 있구나. 가끔 호언장담하던 귀여운 입이여, 너도 가고 없고, 내게 거짓말을 했구나. 너는 잠자리로 파고들며 말하곤 했지. '할머니, 나는 할머니를 위해 머리털을 많이 잘라 바치고 할머니의 무덤으로 친구들을 한 패 데려가 애절한 작별 인사를 드릴게요.' 그런데 불쌍한 것아, 네가 나를 묻는 게 아니라 내가 너를 묻는구나. 너는 아직 젊고, 나는 고향 폴리스도 자식도 없는 노파인데도! 아아, 그 많은 포옹도, 내 보살핌도, 네 잠도 사라져버렸으니 시인은 네 무덤에 뭐라고 묘비명을 쓸 수 있을까? '그 옛날 아르고스인들이 두려운 나머지 이 아이를 죽였도다!' 헬라스에게 얼마나 수치스러운 묘비명인가! 너는 아버지의 유산을 받지 못했지만, 그 안에 묻히도록 청동으로 된 이 방패를 받게 되리라.

헥토르의 잘생긴 팔을 지켜주던 방패여, 너는 가장 용감한 보호자를 잃고 말았구나. 얼마나 달콤한가, 네 멜빵에 남아 있는 그 애의 땀자국은! 그것은 헥토르가 너를 턱에다 밀착시키고 싸우며 그토록 자주 이마에서 흘리던 땀이 아니더냐!

자, 그대들은 이 불쌍한 시신을 위해 장식물을 가져와요. 지금 수중에 있는 것들 중에서. 운명이 성대한 장례는 허락지 않으니까. 너는 내가 가진 것들을 받게 될 것이다.

잘 나간다고 해서 안전하다고 믿고 기뻐하는 자는 어리석도다. 우리의 행
운은 변덕쟁이처럼 어떤 때는 이리 뛰고, 어떤 때는 저리 뛰는 버릇이 있
어 언제까지나 행복한 사람은 아무도 없으니 말이다.(에우리피데스,『트로
이아의 여인들』1158-1207)*

숙고와 선택의 예시로 이 연설을 고른 것을 이상하게 생각할 수도 있다.
헤카베한테는 여기서 어떤 선택의 여지도 없어 보이기 때문이다. 그녀가 뭘
할 수 있단 말인가? 그녀는 노예이고 자기의 폴리스와 가족의 재건에 대한
마지막 희망마저 잃어버렸다. 우리가 이처럼 비교적 비활동적인 예를 선정
한 것은 이 연설에서 적절한 반응, 열정 그리고 제한적인 행동이 웅대한 서
사적 행동만큼 덕스러울 수 있음을 보여주기 위해서다. 행동반경이 좁아졌
다고 해서 탁월한 지각의 기회가 늘 사라지는 것은 아니다. 헤카베는 손자의
죽음을 겪었다. 그녀는 손자를 위해 애도하고, 희랍인들을 비난하고, 헥토르
를 위해서도 애도하고 장례를 지시하기를 택했다. 신들이 인간 세상의 일을
아예 무시하는 처사를 보임에도 그렇게 하기를 선택한 것이다. 제한을 받고
있지만 이 모두가 품성을 표현하고 실천적 지각을 예시하는 선택이다. (『니
코마코스 윤리학』1권은 역경 중에도 좋은 품성을 보여준 지표가 되는 선택이라
고 강조한다. 11장 참고.)
　실천적 지혜를 갖춘 사람은 인간 세상에 기거할 뿐, 그 위로 올라가려고
하지 않는다. 인간과 신의 대조가 헤카베의 연설에 속속 등장하고 있다. 그
녀의 말은 인간 삶의 중심으로부터 나오고 있으며, 순전한 인간적 가치와 애
착으로부터 자신을 분리시켜서 거리를 두려는 시도는 전혀 하지 않고 있다.
사실 인간의 중대사에 충분한 관심이 없는 것이 신의 관점임을 지적하는 것

---

* [역주]『에우리피데스 비극전집 I』536-7 (천병희 역, 숲), 2009에서 인용.

이 그녀의 주된 의도 중 하나다. 신의 관점은 극중 어디에서나 그렇듯이 이러한 비극적 사건의 관점에서 보면 지나치게 초연하고도 냉정해 보인다. 배경이 되는 관심과 필요가 결여되어 있어서 충분한 반응성을 보이지 못하는 것이다.

헤카베는 실천적 지혜를 갖춘 사람으로서 다수의 애착 관계와 헌신 관계를 선택의 상황 안으로 가져온다. 그러한 관계 중 많은 것은 성찰이 가능한 성인기에 이르기 오래전, 인생 초기의 도덕적 훈련으로 길러진 것들이다. 그녀는 또한 인간으로서의 삶이 그녀에게 좋은 삶이 되려면 무엇이 중요한가에 관한 기본적인 생각들도 가져온다. 아들에 대한 사랑과 손자에 대한 사랑, 그리고 트로이에 대한 사랑, 종교와 가족에 대한 의무에서 비롯된 애착, 그리고 전투와 정치에서 적절한 용기가 무엇인가에 관한 생각, 합당성에 대한 관점 등을 끌어들인다. 사람에게 좋은 삶이란 가족 안에서 그리고 폴리스 안에서 성장하여 폴리스의 이익과 사랑하는 사람의 이익에 봉사하는 것이라는 생각, 그리고 생의 마지막까지 이 모든 탁월한 활동을 수행하고 생을 다한 다음에는 경건한 장례를 받는 것이라는 생각, 비겁하게 타협하는 것보다는 이 모든 가치를 위해서 일찍 죽는 것이 낫다는 생각을 끌어온다. 이러한 가치를 훈련하면서 그녀는 자신의 '목표'와 친숙해졌고 새로운 상황에서도 무엇을 찾아야 하는지 알고 있었다. 그녀의 욕구가 지향한 것은 초점이 있었던 것이다. 그 결과, 앞에 놓인 상황을 잘 정리하고 상황 안에서 어떤 특성이 윤리적으로 중요한가를 가려내는 일에 능숙해진 것이다.

헤카베는 상황이 보여주는 각 특성은 각각 별개의 성질을 가지고 있어서 개별적으로 주목해야 할 것들이 있다고 봤다. 그녀는 자기가 중시하는 가치가 무엇이라고 정의하지 않는다. 그렇다고 해서 이 사실이 그녀가 그 각각을 두드러진 본성을 가진 것으로 보지 않았음을 함축하지는 않는다. 그녀는 경건이 무엇이고 용기가 무엇이며 비겁함은 무엇인지에 대해 나름의 생각을 갖고 있다. 말을 들어 보면 그녀는 각각의 가치가 통약 불가능한 개별적 의미를 갖고 있다고 본 것이 분명하다. 여러 가치를 측정하는 하나의 척도라든지 모종의 환원 장치 같은 것은 여기서 전혀 눈에 띄지 않는다.

헤카베의 숙고는 선행하는 관점으로부터 시작한다. 그러나 새로운 사례에 이미 정해진 일반적인 체계를 융통성 없이 적용하는 것은 아니다. 헤카베에게서 일반적인 규칙과 개념을 장착하고 있다가 새로운 상황의 불확정성을 통제한다거나 상황에 질서를 만들어내는 데에 활용하고 있다는 인상은 찾을 수 없다. 첫째로, 이러한 상황에 놓이기 전에는 헤카베가 수동적이고 수용적이었다는 사실이 인상 깊다. 그녀는 눈으로 직접 목격한 장면, 짓이겨진 육신과 땀에 절어 있는 방패에 압도당한다. 말하자면 그녀에게 이런 반응에 선행해서 분별하는 활동이 있지는 않았다. 분별하는 활동 자체가 그녀의 반응이고 또 반응에 의해 구성된 것이다. 아끼는 손자의 죽음이니까 애도로 반응한다는 식의 지적인 지각이 아니다. 부서진 뼈와 손과 피범벅이 된 얼굴을 감싸면서 빛나는 곱슬머리를 보고 그녀가 감당하기 힘든 슬픔과 공포를 느끼는 것 자체가 사랑하는 자의 죽음에 대한 그녀의 지각인 것이다. 그녀의 반응을 보면 그녀의 숙고에서 가장 높은 가치를 지니는 것이 무엇인지 알 수 있다. 지성의 활동만으로 이 상황에 접근하는 플라톤주의 사상가를 상상해 본다면, 그리고 정념이 전무한 그런 판단자에게 어떤 종류의 지각과 분별이 가능할지, 또 그가 어떤 말을 할지 상상해 본다면, 우리는 점차 그녀의 사랑과 욕구의 가치들이야말로 그녀가 상실한 것, 희랍인들이 해왔던 것에 관한 적절한 실천적 지각을 구성하는 길을 보여주고 그것을 구성하는 데 도움을 주는 특징이라는 사실을 알아차릴 수 있게 된다.

그에 더해 우리가 알아볼 수 있는 것은 헤카베의 반응이 동기 부여 및 정보 제공의 가치를 갖는다 하더라도 그와 별도로 인간적인 가치를 가진 것으로 그녀의 훌륭함을 구성한다는 사실이다. 그녀가 감정의 인도 없이 그 상황에서 같은 것을 목격했더라도, 극도의 분노와 깊은 슬픔이 없었다면 아르고스인의 명령에 대한 냉혹한 비난이 흠결 있는 반응, 심지어 비인간적이기까지 한 반응이라고 느꼈을 것이다. 만일 그녀가 손자의 죽음을 지적인 냉정한 눈으로 보았다면 우리는 그녀를 매우 이상하다고 생각했을 것이다. 그래서 그녀를 우리와 같은 사람이라고 취급하기도 힘들었을 것이다. 탁월한 실천적 지각을 들어 그녀를 칭송하지도 않았을 것이다.

그러나 헤카베가 규칙을 넘어선 것이 수동성만으로 된 것은 아니다. 그녀가 숙고적인 '활동'을 해왔기 때문에 특정 상황에 마주쳤을 때 그 순간을 단지 규칙을 적용할 기회를 넘어선 것으로 만든 것이다. 앞선 보편적 이해가 지닌 속성들은 개별자에 반응하면서 그리고 그 반응 속에서 발견되고 또 그녀에게는 그 두드러진 속성이 밝게 드러났다는 점에서 가장 큰 중요성을 지닌다. 손자에 관한 일반적 규칙이 그녀의 애도를 제한하고 그녀의 애도에 권위를 행사한 것이 아니다. 이 특수한 관계(물론 형성의 어떤 단계에서는 규칙이 정보를 제공했을 터이지만 그 이후로는 이 소년에 대한 특별한 사랑으로 흘러갔을)에 오래 헌신했기에 그녀로 하여금 이러한 비극에 바로 대응할 채비를 하게 했던 것이다. 아카이오이족에게 비겁하다는 비난을 하려고 권위 있는 강령을 참조한 것이 아니다. 대신에, 비겁한 행동이 눈에 띄는 구체적인 상황에 직면하기 전에 행동의 강령이 그녀를 미리 준비시킨 것이다. 관점이 배경이 되어서 준비와 가치 있는 인식에 도움을 준 것은 맞다. 그러나 본다는 것은 특수한 것에 대한 것이지, 그렇게 하라는 법칙이 사전에 있었던 것이 아니다. 그것은 일반적인 관점을 풍부하게 하고 변화시키는 힘을 가지고 있다. 우리는 여기서 아리스토텔레스의 관점에서 최선의 숙고 사례에서 보기를 기대했을 법한 것을 본다. 그것은 바로, 특수한 것과 일반적인 것 사이에서 전후로 움직이는 유연함이다. 헤카베는 아카이오이족을 비난한 다음, 사전에 틀림없이 받았을 훈련의 일부였던 비겁함에 관한 일반적 관점으로 나아갔을 터이나, 지금 새로운 경험으로부터 정보를 받은 상태이다. 이로부터 그녀는 아이를 위한 애도로 나아갔다. 애도 자체는 바로 좋은 삶의 일반적 형식에 대한 성찰로부터 신체의 각 부위에 관한 너무나도 생생한 구체적인 애도로 나아간 것이다. 그녀의 반응에 나타나는 윤리적 적절성은 그것의 구체성과 불가분의 관계임을 알 수 있다. 어쩌면 일반적인 것에 대한 성찰을 그녀가 빠뜨렸는데 우리가 아무런 결함을 발견하지 못했을 수도 있다. 그러나 순전히 추상적으로만 애도했다면 그녀에 대한 우리의 평가는 달라졌을 것이다. 우리는 그녀가 사랑에 서투르다고 판단했을 것이다. 만일 그녀가 일반적인 규칙들을 들추어 가면서 아카이오이족을 비난했다면, 우리는 그녀가 보이는 기이하리만치 비인간적인 소원함 때문에 그녀를 비판했을 수도 있다.

그러나 일반적인 것과 개별적인 것이 서로에게 정보를 준다는 이런 설명으로는 이 장면에서 실제로 일어나는 일의 중요성을 제대로 짚어내지 못한다. 여기서 정말 중요한 것은 첫째 특수한 것을 경험함으로써 헤카베는 인생을 살면서 좋은 삶에 대한 자신의 관점은 무엇이었는지, 그리고 좋은 삶을 이루는 요소는 무엇인지 더 많이 알게 되고, 둘째, 그렇게 하다가 일반적인 관점을 변화시키거나 수정하기도 한다는 것이다. 이 첫 번째 일은 분명히 일어난다. 왜냐하면, 손자의 중요성을 전에 없이 생생하게 겪었기 때문이다. 그리고 이런 유대 관계와 폴리스의 미래와의 관계, 진정한 용기와 사랑하던 사람을 잔인하게 죽이는 일 사이의 통약 불가능성 등등에 대해서도 마찬가지로 처절하게 겪었기 때문이다. 하나하나의 가치를 별개로도 많이 배웠지만, 그것들 사이의 관계에 대해 더 많이 배웠다. 그러나 이게 전부가 아니다. 두 번째 일도 일어난다. 적어도 한 가지 가치에 대해서는 그녀가 자신의 개념을 바꾸기에 이른다. 구체적인 상황이 그녀에게 드러낸 것 중에 경건에 관한 그녀의 예전 관점으로는 전혀 볼 수 없었던 신들의 무관심과 무자비함이 있었기 때문이다. 극 전체를 통해 그녀는 신적인 것에 관해 의문을 가지고 탐색하기를 계속했다. 이제 그녀는 신들의 사악한 행동을 공개적으로 탓하고 있다. 신들이 인간의 도덕적 이상의 추구를 의도적으로 차단했다고 비난한다. 이렇게 해서 좋음에 관한 애초의 관점 중 하나를 거부하게 되었다. 다른 요소들과 대치하고 있는 상황을 지각함으로써 단순히 가치들 사이의 상충을 느낀 게 아니다. 그것을 진지하게 존중할 만하지 않다고 생각하게 되었기 때문에 느낀 것이다. 그런 상황은 이처럼 미명을 깨운다. 그리고 인간적인 좋음에 대한 일반적 설명을 새롭게 하는 원천이 된다. 이런 의미에서 그리고 이 정도만큼은 개별적인 것이 선행한다. 그녀는 이제 상황이 무엇을 요구하는지를 즉흥적으로 구성하고 있다.

이러한 숙고는 그 자체로 연약하고 외부 사건에 영향을 쉽게 받아 그것에 좌우된다. 정념과 놀라움에 열려 있기에 극단적 상황에 압도당할 위험에 놓여 있기도 하다. 왜냐하면 적절한 정념이라도 그런 상황에서는 정신을 마비시키고 숙고를 못하게 하는, 그저 맹목적인 정서가 되기 쉽기 때문이다. 그러한 정서에 귀기울이다보면 결국 왜곡과 이탈의 위험을 끌어들이는 형국이 만들어진다. (경이와 놀라움을 거부하는 플라톤주의자의 접근은 이러한 깊은 위험도 차단한다.) 더욱이 아리스토텔레스적인 숙고는 인간의 삶을 구성하는 연약한 요소를 높이 평가하는 데에 아주 적절하다. 규칙에 순응하는 것이 아니라 지각을 사용하도록 허용하는 것을 자신의 표준으로 삼은 헤카베는 어느 한 특정한 폴리스와 특정한 아이의 가치와 특정한 경이에 자신을 열어두었고 그렇게 해서 그녀는 깊은 슬픔을 표현하게 되었다. 작은 손과 사랑하는 아이의 얼굴과 방패에 묻은 헥토르의 땀자국 같은 것들에 관한 생생하고 특수한 시각이 없었으면 남은 슬픔도 얼마 되지 않았을 것이다. 헤카베는 이러한 것들을 목도하고 그것에 신경을 쓰도록 스스로에게 여지를 주었고 정서를 행동의 지침으로 삼으면서 상실의 가능성에 자신을 구속했다.

그렇다면 이 아리스토텔레스적인 숙고 모형에 따라 숙고하는 여주인공이 운이란 미친 듯이 불안정하고, 인간의 행복은 희귀하여 붙잡기 힘든 것이라고 결론을 내린다 해도 전혀 놀랍지 않을 것이다. 그러나 『프로타고라스』의 측정하는 과학자의 계산적인 시선으로 그녀의 숙고적 세계를 바라보거나 『국가』의 신의 초월적이고 초인간적인 시선으로 그녀의 숙고적 세계를 바라보는 것은 그녀의 문제에 해결책이 될 수 없으리라는 것이 우리의 생각이다. 헤카베가 겪은 것과 같은 비극적 상황에서 요구되는 것이 이런 시선들은 아니기 때문이다.

11장   좋은 삶의 연약성: 활동과 재난

'그래도 에우다이모니아*를 성취하려면 외부로부터의 좋은 것들이 확실히 필요하다. 자원이 없으면 좋은 활동이 불가능하거나 가능하더라도 어렵기 때문이다.'(『니코마코스 윤리학』 1099a31-3) 지금까지의 논의를 배경 지식으로 해서 아리스토텔레스의 이 주장을 검토할 차례가 왔다. 아리스토텔레스의 모든 철학적 탐구가 인간의 경험과 믿음의 세계 안에서 어떻게 수행되는지 그리고 세계의 한계로 인해 그것이 어떻게 제한되는지 앞에서 살펴보았다. 우리가 검토한 대로, 외부세계의 영향에 취약해서 결핍을 겪고 있는 동물에게 적합한 행동에 관한 이해를 아리스토텔레스는 주장한다. 아리스토텔레스는 인간의 행동을 능동성과 수동성이 조합된 형태로 보는 것은 가장 진지한 유형의 윤리적 평가와 충분히 양립 가능한 개념이라고 논증한다. 마지막으로, 그는 실천적 숙고를 '비과학적인' 것으로 보는데, 우리는 이 개념에서 적절한 '수동성'과 반응력이 매우 중요하고, 여기서 올바름을 판단하는 기준은 특정 상황에 주어진 우연성에 대한 훌륭한 사람의 정교한 인식이라고 생각한다. 이런 내용을 전제로 우리는 이런 물음을 제기해야 한다. 아리스토텔레스는 우리의 중심적인 질문에 대해 궁극적으로 어떤 결론을 내릴까? 인간의 좋은 삶eudaimonia은 얼마나 연약한가? 에우다이모니아를 혼란스럽게 하고 파괴하는 외부 사건은 어떤 것들인가? 그리고 에우다이모니아는 어떻게 (그리고 얼마나) 삶 자체를 안전하게 하려 하는가? 분명히 아리스토텔레스도 이 물음이 중요하고 미묘한 질문이라고 생각했다. 현상은 상당한 윤리적인 중요성을 운에 귀속하기 때문이다. '많은 이들은 에우다이모니아의 삶이 운이 좋은 즉, 좋은 운이 없지 않은 삶이라고 생각한다. 그리고 그

---

* 에우다이모니아는 따로 번역하지 않기로 한다. 본서 1장 참조.

게 맞는 생각이다. 왜냐하면 운이 외적인 자원을 통제하고 있고, 외적인 자원이 없으면 에우다이모니아가 가능하지 않다는 점은 의심의 여지가 없기 때문이다.'(『대윤리학』 1206b30-5) 그런데 널리 통용되고 있는 실천적 합리성 개념에서는 계획과 통제에 쏟는 인간적 노력에 맞서는 자연적인 적敵으로 운을 바라본다. '지성과 이성이 가장 많은 곳에 운이 가장 적다; 운이 가장 많은 곳에 지성이 가장 적다'(『에우데모스 윤리학』 1207a4-6). 실천적 이성에 따라 좋은 삶을 산다는 것이 무엇인가에 대해 이해를 추구할 때 우리는 이 같은 긴장을 어떻게 다루어야 할 것인가?

우리의 전략은 첫째, 좋은 삶이 환경과 자원에 의존하는 것에 대한, 그리고 궁핍 또는 재난 상황과 같은 조건에서 좋은 삶의 취약함이 어느 정도이고 어떤 본성을 지니고 있는지에 대한 아리스토텔레스의 일반 견해를 검토하는 것이다. 동시에, 인간 존재가 좋은 삶을 영위하려면 좋은 품성상태뿐 아니라 실제적 활동도 요한다는 견해에 관한 그의 찬성 논변을 검토하는 것이다. 다음 절에서는 품성의 좋은 상태 자체는 그의 견해상, 통제 불가능한 사건으로 인한 침식에 취약한가를 살펴본다. 마지막으로 특정 미덕의 존재와 가치가 위험과 결여와 장애의 조건과 불가분의 관계를 맺을 뿐 아니라 부분적으로는 그것에 의해서 구성되는 것인지를 검토한다. 그런 연후에 우리는 다음 장에서 좋은 삶에서 행위 주체의 통제에 달려 있지 않고 외부 요인에 특별히 의존하는 두 영역을 들여다볼 것이다. 거기서 외부 요인은 좋은 활동과 도구적으로 연관될 뿐만 아니라 좋은 활동의 정식화 즉 좋은 활동의 구성 요소로 포함되기도 한다. 이 모든 논의를 통해 우리는 비극이 도덕 학습의 중요한 자원이라는 아리스토텔레스의 입장을 이해하게 될 것이고, 아리스토텔레스적인 철학하기와 비극 사이의 관계에 관해 몇 가지 결론을 도출하게 될 것이다.

이제 삶의 좋음과 칭찬받을 만함에 영향을 주는 운과 행운*의 힘이 어떤 것인가라는 물음을 검토한다. 이 물음에 대해 아리스토텔레스는 다른 물음에서 했던 방식대로 극단적인 두 가지 입장을 기술한다. 그는 이렇게 말한다. 사람들은 잘 사는 것을 운 좋은 생을 얻는 것과 같다고 믿는다(『니코마코스 윤리학』 1099b7-8), 좋은 삶은 신들이 선물한 것으로 인간의 노력과 학습과 안정적인 품성상태의 좋음과는 신뢰할 만한 관련성이 없다(『니코마코스 윤리학』 1099b9 이하), 다시 말해, 인간사에 운이 강력한 영향력을 행사하는 것을 보면서 살다보니 사람들은 운이야말로 삶을 이루어내는 데에 결정적 단일 원인이라고 말하게 된다는 것, 즉 그 외의 어떤 것도 그다지 중요하지 않다고 본다는 것이다. 에우다이모니아는, 말 자체가 나타내듯이 좋은 다이몬 즉 (외부의) 수호신을 갖는 것이다. 이렇게 해서 사람들은 '가장 훌륭하고 가장 좋은 것을 운이 만들었다고 생각한다.'(1099b24)

다른 극단에는 운은 삶의 좋음에 아무런 영향을 미치지 못한다고 주장하는 이들이 있다. 잘 사는 것, 에우다이모니아와 연관된 모든 인과적 요인은 행위 주체가 완벽하게 좌우할 수 있는 범위 안에 있다고 보는 것이다. 통제 안 되는 외부 사건은 좋은 삶을 의미 있게 고양시키거나 격하시키지 못한다. 주의할 점은 아리스토텔레스의 말처럼 이들이 하나의 테제를 정립하려고 결단한 철학자들이다보니 널리 퍼진 분명한 현상들을 부인하는 대가를 치러서라도 자기들의 주장을 밀어붙이려 한다는 사실이다. 아리스토텔레스는 이 반대자들이 운을 부인하게 되는 입장에 도달한 두 개의 경로를 알려주고 있다. 그중 하나의 경로는(플라톤주의와 관련되어 있는데) 좋은 삶을 좁게 정

---

* 앞에서와 같이 여기서도 원인이 없는 임의의 사건을 다루고 있다는 암시는 전혀 없다. 아리스토텔레스에게 어떤 사건이 튀케에 의해 일어난다고 말하는 것은 동시적 인과적 설명과 양립 불가능하지 않을 뿐만 아니라 심지어는 그것을 요구하는 것이기 때문이다. (『자연학』 2권 4-6장) 다른 데에서처럼 여기서 우리가 묻는 물음은 누군가가 전혀 통제할 수 없는 방식으로 행위자의 삶에 영향을 미치는 사건에 관한 것이다.

식화하면서 최대한 안정적이고 전혀 운의 영향이 미치지 못하는 활동만 본질적인 가치를 가진다고 보는 것이다(1098b24-5 참조). 이러한 전략을 다루는 아리스토텔레스의 방법은 더 연약한 가치들에 관한 주장을 하나씩 옹호하는 간접적인 방식이다. 12장에서 우리는 이런 주장 중 몇 가지를 검토한다. 두 번째 경로는 탁월성에 따른 실제적 활동이 좋은 삶의 일부가 아니라고 주장하는 것이다. 즉 누군가 덕스러운 품성상태이기만 하면 에우다이모니아에 충분하다는 것이다. 예를 들어 노예가 되고 투옥이 되고 고문을 받는 사람이 덕스러운 사람이라면 그런 상황에 놓이지 않은 경우만큼 좋은 삶, 칭찬받을 만한 삶을 살고 있는 것이다.

아리스토텔레스가 양극단의 견해를 소개하면서 논의를 시작하기에 그중 하나의 입장을 택하는 동기가 과연 무엇인지 우리 스스로 자문하게 된다. 이렇게 해야 과장이나 부인을 피하면서 양쪽 입장에서 동기가 되는 관념에 대해 제대로 고려할 수 있다. 이러한 사유의 절차는 어찌 보면 단순한 보수주의, 즉 위험한 두 극단 사이로 안전하게 가도록 기계적으로 몰아가는 것으로 읽힐 수 있다. 그러나 주의 깊게 검토해 보면 이것은 단순한 중도도 아니고 기계적으로 쫓아가는 것도 아니다. 이 전략에서는 극단적 견해들이 현상의 진정한 일부라고 본다. 즉, 이 입장들이 생긴 것은 무언가 보존하고 참작해야만 하는 실제로 중요한 것 때문이라고 본다. 아리스토텔레스는 극단적 견해나 그 외의 단편적인 견해에 대해 말하기를, '오랜 세월을 거치는 동안 많은 사람들이 말해온 것일 수도 있고 소수의 뛰어난 사람이 말했던 것일 수도 있다; 그러므로 표적을 완전히 벗어난 견해는 아니며 일부 또는 많은 부분에 대해서는 제대로 바라보는 견해라는 생각이 합당하다.'(『니코마코스 윤리학』 1098b28-30) 전통이 계승한 주요한 설명을 그가 검토하는 이유는 그 설명들이 실재하는 윤리적 관심사에 관해 진지한 입장이라는 인상을 남기는 대응 없이는 그렇게 인정받고 계승되지도 못했을 것이라고 생각하기 때문이다. 그래서 그가 입증해야 하는 점은 극단적인 견해가 한편으로 진지한 근거를 가지고 있음에도 또 한편으로는 다른 쪽의 심오한 믿음을 거부하게 하는 점 때문에 결함이 있다는 사실이다.

운에 관한 첫 번째 극단적 견해는 두 번째에 비하면 널리 받아들여지는 것은 아니다. 그런데 우리의 관심을 끄는 것은 아리스토텔레스가 이 견해를 물리치는 방식이다. 아리스토텔레스는 좋은 삶을 가능하게 하는 것이 노력인지 단지 운인지 의문이라고 말한다. 그는 전자와 통하는 만연한 믿음을 언급한다. '좋음은 많은 이들에게 공통일 것이다. 왜냐하면 학습과 주의를 통해 탁월성 면에 문제가 없는 사람이라면 누구에게나 있을 수 있기 때문이다.'(1099b18-19) 이어 그는 이러한 믿음이 중요한 점을 말해준다고 지적한다. 만일 에우다이모니아에 관한 이 견해가 운-견해보다 참이 되는 편이 낫다면 '그렇게 되는 것이 합당하다.' 왜냐하면 '가장 훌륭하고 가장 좋은 것을 운에 넘기는 것은 매우 거짓된 것으로 보이기 때문이다.'(1099b20-5) 다른 말로 하면 운-우위 견해를 거부하는 것은 어떤 중립적인 경험적 연구의 결과가 아니다. 실천적인 지혜를 가지고 대안을 고려할 때 우리가 발견하고 싶고 견지하고 싶은 것에 큰 비중을 부여한 숙고의 결과인 것이다. 두 견해 중에서 선택하려면 무엇보다도 우선 어떤 견해가 우리의 삶을 살 가치가 있는 것으로 만들 수 있는지 우리는 자문한다. 운-견해를 거부하는 이유는 가치중립적 과정에 의해 발견한 우주 안에서 어떻게 사태가 운영되는가에 관한 과학적 사실에 어긋나서가 아니다. 우리의 다른 믿음, 특히 어떤 종류의 삶이 삶으로서 가치 있는가에 관한 가치 평가의 신조에 어긋나기 때문이다. 노력으로 좋은 삶을 얻을 수 있어야 하고 필요한 노력은 대다수 사람들의 능력 범위 안에 있어야만 그런 삶이 가치 있다고 우리가 믿기 때문이다. (좋은 삶을 살기에 노력만으로 늘 충분하다고 주장하는 건 아님이 드러난다. 그러나 대체로는 노력이 가장 중요한 역할을 하는 것이 틀림없다.)

그는 이 생각을 『에우데모스 윤리학』의 자살을 논하는 대목에서 더 발전시키고 있다. 우연한 재난 때문에 자신을 죽이고 마는 사람들에 관해 이야기한 후에 삶을 살 가치가 있게 만드는 것이 도대체 무엇이냐고 아리스토텔레스는 묻는다. 전체적으로 그가 내리는 결론은 이것이다. 자발적인 게 아니라운 때문에 어떤 사람이 한 일, 그리고 그가 받은 고통을 모두 생각해 보면, 이것들의 그 어떤 조합이 설령 무한정 지속되더라도 살지 않는 쪽보다 사는 쪽을 택하기에 충분하지 않다 (1215b27-31). 삶을 살 가치가 있게 만드는 것은 자발적인 행동뿐이다. 아이의 저조한 수준의 자발적 행동이 아니라 (1215b22-4), 성인의 탁월함과 노력에 의해서 행해진 행동에 의해서다. 그렇다면 만일 운 이론가가 잘 사는 데에 노력은 전혀 중요한 역할을 하지 않는다고 하는 말이 옳다면, 그런 말을 하는 운 이론가를 포함해서 우리 모두는 어쩌면 살 만한 가치가 없다고 판단할 수 있는 삶을 살고 있을 것이다. 그런 견해는 알고 보면 '거짓된 것으로' 보이는데, 이는 널리 받아들여지는 믿음과 배치되어서가 아니다. 너무나 심오하고 기본적이어서 우리가 우리의 존재를 지속하고자 하는 의지의 조건으로 붙잡고 있는 믿음과 충돌하기 때문이다.

이것은 아리스토텔레스의 연구 방법을 적용한 예를 보여주고 있는데, 깊은 현상들을 근거로 하나의 윤리적 논제를 어떻게 비판할 수 있는지 보여주고 있고, 또, 기본적인 수준에서 우리가 원하는 것 그리고 우리가 좋다고 생각하는 것이 어떻게 윤리적 탐구에 진입할 수 있는지 보여주고 있기 때문에 그렇다. 그것은 아리스토텔레스가 이 책의 중심 문제를 어떻게 바라보는지를 드러낸다. 관찰 가능한 중립적인 사실의 문제로 바라보는 것이 아니라 문제의 답과 우리가 관련된 문제로 바라보고 있고 우리의 관심과 욕구를 고려하면서 결과가 산출되는 방식으로 바라보고 있다. 물론 에우다이모니아에 관한 견해를 구성할 때 우리의 기분을 좋게 하는 모든 것을 자유로이 말할 수 있다면 그것은 아리스토텔레스의 진의가 아니다. 오히려 사실상 그는 우리의 일상 삶의 실질적 '문제'로부터의 이탈에 플라톤보다 훨씬 더 조심스럽다. 그가 말하는 것은, 무엇이 가치가 있는가에 관한 가장 기본적인 믿음과 경험이, 우리가 세계에서 발견할 수 있는 것과 우리 자신에 관해 발견할 수 있는 것을 제한시킨다는 점이다. 우리가 가진 선택 경험이라든지 선택의 가치에 대한 우리의 믿음 같은 것들은, 우리가 선택하지 않는다는 생각이나 우리가 하는 선택이 실은 이 세계에서 별로 중요하지 않다는 생각을 하지 못하게 한다. 9장에서 자발적 행동에 관해 우리가 깊이 믿고 있기 때문에 자발적 행동 같은 것이 존재하지 않는다는 생각을 할 가능성은 적다는 사실을 짚어봤다. 이처럼 어떤 생각은 너무 깊숙한 곳에 자리 잡고 있어서 그 생각에 의문을 제기하거나 그 생각을 옹호하려면 너무 많은 것을 유보해야만 하기에 도리어 우리가 서 있을 자리가 없어진다. 만약 윤리적 믿음 가운데에 이런 식으로 무모순 원리의 지위에 접근하는 것이 있다면, 그것은 에우다이모니아와 자발적 행동과 선택에 관한 믿음 같은 것이 될 것이다. 왜냐하면 우리가 행동을 할 때마다, 우리가 어떤 윤리적 탐구를 할 때마다(모든 게 운에 달린 것이라면 윤리적 탐구가 맹목적이 되기 때문에), 그리고 우리가 실천적 결정에 관해 논쟁을 할 때마다, 우리가 숙고하거나 선택을 할 때마다(숙고나 선택을 한다는 것은 어디까지나 그로 인해서 우리의 에우다이모니아에 모종의 차이를 가져온다는 가정을 전제로 하기 때문에) 그러한 믿음을 활용하고 있기 때문이다. 만일 그러한 믿음을 부인한다면, 특히 윤리적 탐구 내에서 부인한다면, 아리스토텔레스가 반대자들에게 무모순율을 확신시키는, 자기 모순적인 입장에 접근하는 격이다. 그러나 사실 알고 보면 그런 입장은 완전히 거짓된 입장이다.

Ⅲ

그러나 우리가 말했듯이, 아리스토텔레스는 운 이론가의 제안이 가진 설득력이나 진지하게 기여하는 부분을 이해하겠다는 결단을 하고 있다. 즉, 좋은 삶에 운이 지대한 영향을 끼친다는 생각과 좋은 삶이 연약하여 재난 때문에 파괴될 수도 있다는 생각을 검토하고자 하며, 일부 측면에서는 이런 생각이 진실이라고 인정하려 하고 있다. 운 이론가의 주장을 비판한 후 그는 '인생의 여정에서 많은 반전과 다양한 형태의 운이 생겨나기 때문'(1100a5-6)이라고 짧게 말하고 있다. 아마 이것이 반대자 쪽에서 과장하고 강조해왔던 깊이 공유하는 믿음일 것이다. 이제 그가 이 믿음을 어떻게 정리하고 옹호하는지 그러면서 그것의 반대자들을 어떻게 비판하는지를 검토해야 한다.

운의 반대자들이 하는 주장은 좋은 삶은 튀케에 전혀 취약하지 않다는 것이다. 우리 자신이 통제하는 삶은 모든 면에서 그것을 안전하게 하기에 충분하다. 그들의 전반적인 동기에 대해 아리스토텔레스는 분명히 공감하면서, 그러한 믿음 중 많은 것은 보존하기를 원한다. 그가 반대자들과 공통 기반에 서 있는 경우는 첫째, 윤리적으로 '망가지지' 않은 사람들에게 노력을 하면 좋은 삶이 가능하다는 주장을 할 때(1099b18-19, 1096b34는 참조), '온전히 자신의 삶이기에 쉽게 빼앗기지 않을 수 있는 삶'을 요구할 때(1095b25-6), '안정적이어서 어떤 식으로든 쉽게 변하지 않는' 삶이기를 요구할 때(1100b2-3) 등이다. 그러나 아리스토텔레스는 완전한 불가침성invulnerability에 따르는 대가가 크다는 논증을 한다. 사실 그 역시 (플라톤주의자들이 하듯이) 몇 가지 중요한 가치가 부재한 삶을 상상해 보고, (좋은-품성 이론가가 하듯이) 활동과 활동의 가치에 관한 우리의 믿음을 묵살하는 방법도 시도할 것이다. 플라톤주의 진영의 반대자들에 대해서는 12장에서 검토할 것이다. 여기서는 좋은-품성 이론가 진영의 반론을 검토하고 이 반론에 반박하면서 아리스토텔레스가 어떻게 가치에 대한 견해와 탁월한 활동의 연약성에 대한 견해를 정교하게 정리하는지 검토할 것이다.

좋은-품성 이론가의 주장은 에우다이모니아 자체가 좋은 윤리적 품성상태를 갖는 것이고 또한 좋은 품성상태는 직접적인 악조건에도 건재하다는 것을 의미하기 때문에 에우다이모니아는 연약한 것이 될 수 없다는 것이다. 이런 반대에 아리스토텔레스는 하나 이상의 전략을 채택해서 반박할 수 있다. 우선 그는 품성상태가 외부적 영향에 취약하다는 사실을 논증할 수 있다. 또는 좋은 품성상태는 그 자체로 좋은 삶에 충분하지 않다고 논증할 수 있다. 더욱이 이 중에서 후자의 전략을 택한다면, 좋은 품성에 추가되는 요소 자체가 연약한 것일 수 있음을 논증해야만 한다. 앞으로 보겠지만, 아리스토텔레스의 논증은 두 개의 반박 노선이 복잡하게 얽혀 있는 형태이다. 우리는 두 번째 노선으로 아리스토텔레스를 따라가면서, 첫째, 에우다이모니아는 그 자체가 완전해지기 위해서 실제적 활동을 요구한다는 점과, 둘째, 좋은 활동은 다양한 형태의 운 때문에 파괴될 수도 있고 결정적인 지장을 받을 수도 있음을 논할 것이다. 그러면 좋은 품성상태와 좋은 삶 사이에 간격이 있게 된다. 이 간격을 검토하는 과정에서 아리스토텔레스는 결국 첫 번째 반박 노선으로 가게 된다. 왜냐하면 지장을 초래하는 형태의 운 때문에 덕스러운 품성 자체도 영향을 받는 것으로 판명될 것이기 때문이다.

아리스토텔레스는, 우리의 목적이 에우다이모니아라는 점에는 의견이 같지만, 그 이름 외에는 모든 점에서 의견이 다르다고 말했다(1095a17 이하). 그러나 『니코마코스 윤리학』 시작 부분에 우리가 동의하는 부분이 또 나타난다. 그것은 바로 에우다이모니아와 활동의 연관성에 관한 것이다. '많은 사람들이 그리고 교양 있는 사람들이…… 잘 사는 것과 활동을 잘 하는 것이 에우다이모니아와 같은 것이라고 믿고 있다.'(1095a19-20) 나중에 그는 다시 반복해서 언급한다. '에우다이모니아란 잘 사는 것과 잘 활동하는 것이라고 일컬어지고 있다.' 『에우데모스 윤리학』에서도 '우리 모두의 믿음'이라고 하면서, '활동을 잘 하는 것과 잘 사는 것이 에우다이모니아와 같은 것인데 양쪽 다 사용과 활동의 형식이다'라고 언급했다(1219a40-b2). 따라서 우리가 애초부터 알 수 있는 것은, 좋은 삶을 비활동적인 상태나 조건이라고 단정해 버리고 그 상태나 조건을 활동 중에 실현하는 것은 제외해 버리는 반대자들은, 아리스토텔레스가 윤리학 저작들에서 제시한, 우리가 널리 공유되는 믿음 중 그 어떤 것도 반대한다는 점이다. 이 점은 시작부터 그의 주장을 곤란한 지경에 빠뜨리는 것으로 보인다.

그러나 아리스토텔레스는 이러한 믿음들이 가진 깊이와 중요성에 대해서도 입증해야만 한다. 그것들이 '널리' 받아들여지고 있다는 것을 보여주는 것만이 현상을 위시한 방법은 아니기 때문이다. 그래서 일반적인 사항으로 만족하지 않고 그는 좋은 품성 논제가 구체적인 유형의 사례에서 가져오는 결과를 검토한다. 그렇게 해서 이 논제가 직관적으로 수용 불가능한 결과를 가져온다는 것을 입증한다. 우선 가장 극단적이고 분명한 사례부터 검토하고 나서 논란의 여지가 큰 사례를 살펴볼 수가 있다.

좋은 품성 견해를 검증할 가장 명백한 사례는 품성은 덕스러운 상태이지만 그로부터 아무런 활동도 나오지 않는 경우가 될 것이다. 그런 사례라고 생각해 볼 수 있는 경우는, 인격이 잘 형성된 사람이 성인이 되어(아리스토텔레스적인 관점에서 보면, 이 사람을 덕스러운 사람으로 보기 위해서는 인격 형성 과정 동안에는 활동적이었다고 봐야 한다) 아무런 활동도 하지 않고 내내 잠만 자는 상황을 상상해 보자. 이 시대에 개연성 있는 상황으로는 비가역적인 혼수상태를 생각할 수 있겠다. 물론 아리스토텔레스의 사례에 대입하려면 내적인 품성의 좋은 상태가 영구적으로 사라지거나 손상을 입지 않은 사람이어야 할 것이다. 그러니까 인격의 탁월성은 똑같이 유지되고 있어야 한다는 뜻이다. 자, 이제 우리의 물음은 이것이다. 그런 사람이 좋은 삶을 살고 있다고 말할 수 있는가? 그를 칭찬하고 축하하는 것이 적절한 일이 될 수 있는가? 좋은 품성상태 이론가에 따르면 그렇다고 할 수 있다. 탁월한 품성상태야말로 칭찬과 축하와 같은 윤리적 태도에 걸맞은 유일한 대상이기 때문이다. 아리스토텔레스는 (『니코마코스 윤리학』과 『에우데모스 윤리학』, 모두에서) 이에 반대하는데 이 경우는 우리의 관습이나 믿음과 조화를 이루지 못하기 때문이다. 결코 아무 일도 하지 않는 상태나 조건이 잘 사는 데에 충분하다고 우리는 생각하지 않는데 그러한 삶은 불완전해 보이고 절망스럽고 좋은 삶의 성취와 차단된 것으로 보인다. 그런 조건에서 아무런 활동도 하지 않는다면 그 상태가 실제적인 차이를 전혀 만들지 못한다고 생각하는 경향이 우리에게 있다. 삶 전체에 걸쳐 잠만 자는 상태라면 식물과 유사한 상태이지 인간의 상태가 아니라고 생각하는 것이다(『에우데모스 윤리학』 1216a3-5, 『니코마코스 윤리학』 1176a34-5). 아무런 자각 없이 완전히 식물 상태로 살고 있는 태아를 생각할 때에 충만한 삶을 살고 있다는 생각을 하지 않는 것과 마찬가지로(『에우데모스 윤리학』 1216a6-8), 이렇게 희망 없이 비활동적인 성인의 삶을 칭찬하거나 축하하려는 생각이 들지 않는 것이다. 『니코마코스 윤리학』은 이런 결론을 내린다. '그런 상태로 사는 사람이 잘 살고 있다고 말할 사람은 아무도 없을 것이다. 단, 어떤 이론적인 입장을 고수하려고 어떤 대가라도 치르려고 작정한 경우가 아니라면 말이다.'

(1096a1-2) 그 사례가 우리에게 보여주는 것은, 『니코마코스 윤리학』 10권에서 비슷한 문장으로 결론을 내리고 있듯, 에우다이모니아는 단순히 품성 상태가 아니라는 점이다(1176a33-5).

『니코마코스 윤리학』 1권에서 이 점에 관해 아리스토텔레스는 다시 주장한다. '존재하지만 좋은 것을 아무것도 성취하지 못하는 상태가 가능한 것은 마치 잠자는 사람이나 일부 깨어 있는 사람이 그러한 것처럼 가능하다.' 그럼에도 좋은 삶을 살고 있다는 판단과 연관시키는 칭찬이나 축하와 같은 윤리적 태도의 대상은 되지 못할 것이다(1098b33-99a2). 그는 운동에 관한 비유를 사용한다. 경주를 보는 우리의 박수를 받는 선수는 실제로 경쟁을 한 달리기 선수이지, 우리가 생각하기에 가장 강하고 몸이 좋은 선수가 아니다. 상태가 좋지만 달리지 않는 선수에게는 잘 달린다고 말할 일이 없는 것처럼, 덕스럽지만 잠자는 사람에게는 덕스러운 삶을 산다는 칭찬을 하지 않을 것이다(1099a3-7). 여기서 아리스토텔레스의 요지가 좋은 삶은 일종의 경쟁이고 성공해야만 칭찬을 받는다는 주장이 아니라는 게 중요하다. 그의 말 뜻은 재능과 품성상태는 칭찬의 조건으로 충분치 않다는 것이다. 그런 사람은 뭔가를 해서 얼마나 활동적일 수 있는지를 보여주어야 한다. 달리기 선수에 대한 우리의 평가가 실제로 그가 달린다는 것을 전제로 하는 것처럼(또한 그 선수가 잘 달리는 것이 외부의 힘에 의해서가 아니라 선수 자신의 좋은 상태에 의한 것임을 우리가 믿기도 해야 한다), 우리가 하는 윤리적 평가도 활동의 원인으로서의 안정적 품성의 존재는 물론이고 실제 노력과 활동에 기초하고 있는 것이다. 품성만으로는 충분치 않다. 더욱이 그 사례에 대한 반대자의 설명은 정합적이지 않을 수가 있다. 왜냐하면 비가역적인 혼수상태인 누군가가 덕스러운 품성상태를 유지하고 있다는 말이 무슨 뜻인지 우리가 모르기 때문이다. 적어도 그 말에는 해결 불가능한 인식론적인 난점이 있다. 그보다 더한 문제는 품성상태가 일정한 활동 패턴과 개념적으로 강한 연관성이 있다는 걸 전제로 할 때 발생하는 논리적 어려움이다. 이 문제를 지적한 대목에서 아리스토텔레스는 이렇게 말했다. '좋음과 나쁨이 잠 속에서는 전혀 구분되지 않는다…… 영혼에 대해 좋다 또는 나쁘다고 이야기할 대상

이 되는 그 영혼의 요소가 게으른 상태에 있는 것이 바로 잠이기 때문이다.'
(1102b5-8) 그렇기 때문에 과연 이렇게 완전히 비활동적인 사람이 덕스러운 품성을 지니고 있다는 말이 적절한가는 분명치 않다.

좋은-품성 이론가에 대한 반론의 전반적인 요지는 이렇다. 덕스러운 품성의 좋은 상태는 운동선수의 좋은 상태처럼 좋은 활동을 위한 일종의 준비 상태다. 그 상태는 활동 중에 자연스럽게 충만해지고 꽃을 피운다. 상태가 자연스럽게 표현될 기회가 없어지는 것은 그 사람의 삶에 질적인 차이를 만든다. 좋은 상태인 달리기 선수가 달리지 못하게 되는 것은 칭찬할 일이 아니라 동정할 일이 되는 것처럼 활동에 지장을 초래하는 상황에 있는 덕스러운 사람도 동정의 대상이 되는 것이다. 활동energeia은 좋은 상태의 은폐 상태 또는 순전한 잠재성 상태로부터 좋은 상태가 발현되는 것이다. 즉 좋은 상태가 꽃피는 것이다. 활동이 없으면 좋은 품성상태는 심히 불완전하다. 날개 속에서 기다리기만 하고 무대에 나올 기회를 전혀 얻지 못하는 배우처럼, 자신의 본업을 행하지 못하는 것이고 결과적으로는 그림자 같은 존재가 될 뿐이다.

반대자는 지각과 활동의 완전한 중지를 좋은 삶의 감소나 중지라고 인정하면서도 외부의 세속적 활동을 완전한 내적 건강 또는 사유와 지각을 포함하는 건강 상태와 구별함으로써 자기 입장을 일부 구하려 할지 모른다. 그리고 인지적 기능과 윤리적 자각만 멀쩡하다면 도덕적 상상력이 형성하는 프로젝트를 신체가 전혀 수행하지 못하는 것은 상관없다고 말할지도 모른다. 덕스러운 의도를 형성할 수 있거나 좋은 생각이 가능한 상태이기만 하면 잘 살고 있는 것이다. 설령 투옥되어 있거나 예속되어 있거나 고문을 당하고 있더라도 말이다. 이에 대해 아리스토텔레스는 그런 여건에서 어떤 기능이 가능하다는 사실만으로는 잘 활동하기와 잘 살기에 충분치 않다는 논증으로 대응할 필요가 있다. 이것을 그는 『니코마코스 윤리학』 7권에서 다음과 같이 한다.

방해받는 활동은 그 어떤 것도 완전하지 않다. 에우다이모니아는 완전한 것이다. 그러므로 에우다이모니아의 사람은 신체의 좋음과 외적인 좋음과 운의 좋음을 필요로 한다. 자신의 활동에 지장을 받지 않아야 하기 때문이다. 바퀴로 고문을 당하든지 운의 크나큰 역경을 마주하든지 좋은 품성상태에만 있으면 에우다이모니아의 사람이라고 주장하는 자가 있다면 그는 헛소리를 하는 것이다. 의도가 어떠하든 그러하다.(1153b16-21)

반대자가 에우다이모니아를 규정할 때에는 외적 여건의 변화에 영향을 받지 않는 방식으로 한다. 외부적인 역경으로 덕스러운 상태가 지장을 받는 게 아니라 활동이 방해를 받는 것이면, 좋은 품성상태만으로(아마도 일종의 내적인 삶의 각성을 포함해서) 좋은 삶에 충분하다고 말하는 것이다. 또 다시 말하지만, 아리스토텔레스는 활동이 중요하다고 주장한다. 탁월성에 따른 활동은 일정한 외적 조건들, 즉 신체와 사회적 맥락과 자원을 필요로 한다. 바퀴로 고문당하는 사람은 정의롭게, 관대하게 그리고 절제 있게 활동할 수 없다. 친구를 도울 수도 없고 정치에 참여할 수도 없다. 그런 그가 어떻게 잘 산다고 말할 수 있는가? 반대자가 거론한 사례는 잠자는 사람의 예보다 직관적으로 설득력이 더 큰데, 그 이유는 이 사람의 경우에는 깨어 있기 때문에 좋음에 필수적으로 요구되는 내적 좋음의 자각을 회복할 수는 있을 것이기 때문이다. 그러나 우리가 품성이 좋은 상태를 더 풍부하게 그려낸다 하더라도, 아리스토텔레스는 좋음이 완전히 지장을 받아 차단된 상태라면 진지하게 칭찬하고 축하하기를 정당화하기에 충분치 않다고 주장한다.

아리스토텔레스는 한 가지를 더 이야기한다. 반대자가 언급한 사례가 얼핏 개연성 있어 보이는 이유는 우리가 고문당하는 사람을 상상하면서 그가 복잡한 내면의 삶을 영위한다고 생각하게 되어서다. 이를테면 우리의 상상 속에서 고문당하는 자가 상상할 수도 있고 의도를 가질 수도 있고 적절한 감정과 반응을 나타낼 수 있고, 심지어 수학의 진리를 철학적으로 성찰하여 증명할 수도 있는 인물로 그려지기 때문이다. 만일 우리가 이 모든 것을 묶어서 '활동하기'가 아닌 '잘 존재하기'에 포함시킬 수 있다면, '잘 존재하기'가 잠자는 사람의 사례보다는 우리가 만족할 만한 상태에 더 가까운 것으로 보일 것이다. 잠자는 사람의 상태는 완전히 불활성이고 비활동적이기 때문이다. 그런데 여기서 눈여겨봐야 하는 것은 '잘 존재하기'가 일종의 활동적인 상태이고 여느 활동적인 존재와 마찬가지로 장애에 취약해 보인다는 점이다. 아리스토텔레스가 활동이 장애받는 경우에 대해 하는 이야기를 들으면, 고문 받는 사람의 내적 활동 자체는 통증이나 박탈에 의해 전혀 장애를 받지 않을 수 있는 것인지 묻게 된다. 사고나 감정, 반응, 그리고 사변적인 학문적 사유라고 해서 여건에 전혀 영향을 안 받지는 않기 때문이다. 그것들은 외부 세계의 프로젝트처럼 완료와 완벽에 이를 수가 없다. 고문으로 그것들은 해를 입을 수 있다. 간단히 말해서 '내부/외부'의 구별이 '상태/활동'의 구분과 같은 것이 아니라는 말이다. 반대자가 후자의 구별을 핵심적인 것으로 만들어 모든 가치를 상태에 귀속시킨다면, 이것이 그에게 운에 실제로 면역성을 가진 뭔가를 줄 수 있다. 그러나 이렇게 되면 인간이란 존재는 채소와 비교해도 별다를 것 없는 존재가 되어 버린다. 그런데 만일 그가 전자를 핵심적인 구별로 삼는다면, 그래서 모든 가치를 내적 활동에 귀속시킨다면 더 풍요롭고 흥미로운 어떤 것을 가지게 될 텐데, 그것은 활동적이기 때문에 운과 역경에 열려 있다.

아리스토텔레스는 이 논의에서 품성상태를 넘어서는, 활동성에 대한 구체적인 기준을 세우지는 않는다. 여기서는 어떤 성취나 활동이 연약성을 띤다는 사실을 보여주려는 의도가 중요하다. 잠자코 가만히 기다리듯 머무는 품성상태만이 소란을 피할 수 있다. 이 점은 광의의 활동 즉 에네르게이아 중에서도 일부는 훨씬 더 약하고 지장 받을 가능성도 더 크다는 견해와 양립 가능하다. 구체적으로, 광범위한 단계의 활동(에네르게이아)을 키네시스 즉 운동의 단계와 (좁은) 단계의 에네르게이아로 세분하는 『형이상학』 9권의 내용과의 관련에 대해서도 생각해 볼 수 있다. 후자는 그 순간에는 완전한 활동이다. 그것은 자체 안에 형식을 갖추고 있다. '나는 E하고 있다'라는 말의 의미는 (희랍어의 완료형으로) '나는 E했다' 또는 '나는 E를 하고 있는 상태에 있다'는 뜻이기도 하다. 예를 들어 '나는 보고 있다'라는 말은 '나는 지금까지 보고 있었다'라는 말과 뜻이 같다. 이와는 대조적으로, 키네시스는 시간 경과를 거쳐서 외부적인 완료를 향해서 진행하는 움직임이다. 도중에 방해를 받을 수 있고 자체 안에 완성이나 형식을 갖고 있지도 않다. 그러므로, 나는 '건물을 짓고 있다'는 말은 '나는 집을 지었다'는 말과 뜻이 같을 수 없다. 과정과 완성은 서로를 함축하지 않으며 상호 배타적이다. 짓는 과정이 끝나야만 집이 완전히 지어지는 것이다.

이 구분은 장애 문제와 분명한 연관이 있다. 왜냐하면 키네시스는 그 과정 중에 간섭이나 장벽을 허용하지만 좁은 의미의 에네르게이아는 그렇지 않기 때문이다. 그런데 여태까지 나는 번영 혹은 활동하려는 모든 것은 장애에 취약하다는 견해가 아리스토텔레스의 견해라고 주장했다. 이것은 좁은 의미의 에네르게이아의 형식적 완성에 관한 아리스토텔레스의 설명과 양립하는가? 양립한다고 믿는다. 왜냐하면, 한 종류의 장애, 즉 목적telos 또는 형식적 완성에 도달하기 전에 차단하는 유형의 장애는 에네르게이아를 위협하지 않는데, 그럼에도 활동의 질적 측면에서는 장애에 취약해 보인다. '본다'는 활동은 한순간에 완성된다는 사실과 더 잘 보는 사람이 있고 그렇지 않은 사람이 있다는 명백한 사실은 양립 가능하다. 외부의 장애 때문에 잘못 보는 사례가 분명히 생길 수 있다. 이 점은 바퀴로 고문당하는 사람이 지적 관조를 행할 때도 분명히 적용될 수 있다. 『니코마코스 윤리학』 7권에서 아리스토텔레스는 즐거움을 정의하기를 방해받지 않은 자연적 품성상태의 활동, 즉 에네르게이아라고 했다. 이는 질병이나 역경 때문에 여러 유형의 자연적 활동이 방해나 지장을 받을 수 있음을 함축한다. 활동을 강과 비슷한 것으로 생각해 볼 수도 있다. 첫째, 댐을 만들면 원래 물길이 도달하던 지점으로 가는 길이 가로막힐 수 있다. 또 둘째로, 진흙더미 때문에 수로가 막혀서 진행 방향의 속도가 느려지고 물의 순도까지 떨어질 수도 있다. 단지 숨겨진 불활성의 품성상태만이 아니라, 광의의 에네르게이아에 해당하는 것이라면 어떤 것이든지, 적어도 이 두 번째 방식으로 장애에 취약할 수 있다고 보는 것이 아리스토텔레스의 견해라고 나는 믿고 있다. 더욱이 외부의 특정한 필요조건이 완비되지 않은 경우에는 어떠한 에네르게이아도 시작 자체가 불가능하다는 사실이 명백하고도 중요하다. 빛이 없으면 (또는 이미 실명

상태라면) 보는 것이 불가능하다. 수원지가 말라 버린 경우 강이 흐를 수 없다.* 이상의 모든 사실로부터 아리스토텔레스는 에네르게이아가 삶에서 어떤 가치를 가지고 있든지 운은 그것을 가로막을 힘이 있다는 주장을 충분히 할 수 있다.

IV

그렇지만 이제 아리스토텔레스는 좋은 활동이 어떤 식으로 주위 환경에 취약하게 되는지 자세하게 기술해야만 한다. 특히 그는 일시적이거나 부분적인 재난들이 얼마나 에우다이모니아를 감소시킨다고 생각해야 하는지 물어야 한다. 왜냐하면, 좋은 품성상태 반대론자 중 극단적인 유형에 대해서는 극단적인 사례를 검토하는 것만으로도 반박에 부족함이 없지만, 우리 대다수가 삶 속에서 직면할 가능성이 높은 문제들과 분투하는 것을 설명하기에는 부족하기 때문이다. 또한, 실천적인 문제들이 통상적일수록, 더 미묘하고 논란도 많아지는 경우가 흔히 있다.

'비극적인' 역경과 프리아모스 사례에 대한 아리스토텔레스의 접근을 보기 전에 먼저 짚어둘 점은 통제 안 되는 여건들이 탁월한 활동을 간섭하는 경우에는 네 가지 유형이 있다는 사실이다. (1) 통제 안 되는 여건 때문에 도구적 수단이나 자원을 뺏길 수 있다. 그리고 이때 박탈당한 자원이 (a) 탁월한 활동에 절대적으로 필요해서 없으면 활동 자체를 전혀 할 수 없다. 또는 (b) 자원이 없으면 활동의 수행이 단순히 제한되거나 장애를 받을 수가 있다. 그리고 (2) 통제 안 되는 여건이 외부적인 수단뿐 아니라 활동의 대상 자체나 수혜자까지 앗아감으로써 활동을 막을 수 있다. (친구의 죽음은 더 친밀한 방식의 우정을 가로막는다.) 이 경우는 다시 둘로 나뉜다. (a) 손실이 영구

---

*『형이상학』, 1091b15 이하, 1022b22 이하와 비교해보라.

적이고 전면적이어서 활동이 완전히 저해되는 경우, (b) 해당 손실이 일시적이고/이거나 부분적인 경우가 있다. 여기서 우리가 집중적으로 검토할 것은 (1a)와 (1b)이고 대상의 상실에 관해서는 다음 장에서 다룬다. 그러나 아리스토텔레스는 이러한 구분을 명확히 하고 있지 않고, 그가 거론하는 사례들은 이 범주들에 속한다.

'자원이 없으면 좋은 일을 하는 것이 불가능하거나 어려워진다'라는 말로 아리스토텔레스는 이 장을 시작했는데, 거기서 그는 운이 가진 힘을 논하기 시작한다. 그리고 다양한 유형의 필요한 '자원들'을 열거한다.

> 왜냐하면 많은 것을 이루는 데에는 도구도 있어야 하고, 필로이philoi* 그리고 부와 정치적 역량도 있어야 한다. 그리고 이것을 박탈하면, 예를 들어 좋은 출생과 좋은 아이와 좋은 외모와 같은 복makarion이 훼손된다. 그리고 만일 외모가 완전히 보기 싫거나 완전히 천박하게 태어났거나 또는 아이도 없이 홀로인 경우라면 아무도 좋은 삶을 살기가 불가능할 것이다. 또 만일 아이들이 아주 못된 아이들이거나 필로이나 좋은 사람이 있다가 사망했다면 복이 더 훼손될 것이다.(1099a33-b6)

이러한 것들의 일부는 활동의 도구적 수단이 결여된 상태이다. 또 일부는 (친구와 아이들의 경우) 활동의 도구적 수단의 상실이자(친구들도 '도구'이기 때문에), 탁월한 활동의 대상이 될 만한 것의 상실이기도 하다. 또 어떤 경우는 도구적 수단이나 대상의 상실로 인해 탁월한 활동 자체가 완전히 차단될

---

* 필로스philos와 필리아philia는(각각 '친구'와 '우정'으로 번역되곤 하는데) 이 장과 다음 장에서는 번역을 하지 않은 채 두기로 하고 12장에 가서 이 문제를 논하기로 한다. 간단히 말하자면, 필리아는 우리가 우정이라고 부르는 것을 포함하면서도 우정보다 외연이 더 넓다. 또 많은 경우 필리아는 정서적으로 강력하다. 서로가 애호하는 감정에 의한 연대가 있어야만 필리아라고 부를 수 있다. 그리고 나중에 보게 되겠지만, 필리아는 우리의 정서적 연대 중에서도 아주 강력하고 아주 친밀한 관계까지를 포함한다. 두 사람이 '그냥 친구'이기만 해서는 '필리아'라고 부를 만한 것이 없다.

것이다. 평생의 예속 상태, 심각한 만성 질환, 극도의 빈곤, 사랑하는 사람 모두가 사망한 경우와 같은 예에서는 탁월성 자체가 불가능할 수 있다. (신체가 극도로 흉한 경우도 깊은 우정이 불가능할 수 있다고 아리스토텔레스는 명시적으로 말했다.) 또 우리가 상상할 수 있는 바와 같이 좋은 활동이 완전히 불가능하지는 않더라도 심각한 지장을 받을 수는 있다. 사회적인 지위 면에서 불리한 사람의 경우 지위가 좋은 사람에 비해 좋은 정치 활동의 기회가 적을 것이다. 아이의 사망은 여러 활동의 질적인 면이나 기운 면에서 저하를 가져올 것이다. 이런 재난은 드물지 않고 아리스토텔레스도 그렇게 생각하지 않았던 것으로 보인다. 많은 사람의 인생에 자주 일어나는 일이다. 아리스토텔레스의 목록을 보면, 보통의 삶이 재난의 위험 때문에 얼마나 제한될 수 있는지 알 수 있다. 오히려 제한받지 않는 활동이 드물고 운 좋은 경우로 보이기 시작한다.

좋은 활동을 방해하는 여건의 힘에 관해서 이와 같은 일반적인 기술을 전제로 두고 아리스토텔레스는 특수한 사례를 가지고 직관을 검증하고자 한다.

> 왜냐하면 많은 역경과 온갖 운이 인생에 일어나기 때문이다. 아주 특별히 잘 지내던 사람도 노년에 큰 재난을 마주하는 일을 당할 수 있다. 그런 예를 트로이 전쟁 당시의 프리아모스 이야기에서 볼 수 있다. 그런 불운을 당하고 비참한 결말을 맞이하는 사람을 보고 그가 잘 살고 있다고 말할 사람은 없다.(1100a5-10)

프리아모스 이야기는 여기서 논하는 아리스토텔레스의 윤리 이론을 검증할 수 있는 좋은 예다. 왜냐하면 인생 전반에 걸쳐 안정적으로 덕스러운 품성을 개발하고 유지했고 탁월성에 따라 잘 활동했을 사람으로 시작된 이야기가, 전쟁으로 가족과 아이와 친구와 권력과 자원과 자유를 박탈당하는 사람에 관한 이야기로 끝을 맺기 때문이다. 말년에 불쌍한 지경이 된 프리아모스에게는 활동을 잘 할 수 있는 역량이 많이 줄어들었다. 그에게 지워진 제약들 때문에 예전에 이름을 날리며 해냈던 탁월한 활동들을 할 수 없었기 때문이다. 우리는 프리아모스를 깊이 동정하면서, 활동의 장을 상실할 때 중요한 무엇, 단순한 만족감보다 심오한 무엇을 상실했음을 느끼게 된다. 한편 좋은-품성상태 이론의 극단적인 입장을 거부하는 윤리 이론가들이라도 이 이야기에서는 재난 때문에 프리아모스의 삶의 질이 저해되지는 않았다고 주장하기를 바라게 된다. 왜냐하면 생애 내내 행동에서 좋은 품성을 그가 보여주었기 때문이다. 지금 아리스토텔레스는 상충하는 이들 직관을 잘 참작해 대응해야 하는 도전에 직면해 있다.

다른 데서 한 것처럼 여기서도 그는 두 가지 전략을 쓴다. 운의 반대자를 향해서 운의 실제적 중요성을 강조하면서 운 때문에 좋은 삶에서 밀쳐지는 일이 가능하다는 우리의 믿음을 검토한다. 동시에 그는 좋은 삶에 관한 관점 중에서 품성과 활동의 안정적인 탁월성에 가치를 두는 관점을 전제로, 이에 따르면 그러한 극단적인 전복이 드물다는 점을 보여주고 싶어 한다. 명예나 성공 같은 것이 아니라 탁월성과 탁월한 활동을 가치의 일차적인 담지자로 보는 관점은 (또는, 우리가 그것들이야말로 가치의 일차적인 담지자라고 믿고 있음을 인정하는 것은, 다른 이야기를 하는 사람이라도 자기가 가진 전체 믿음을 더 열심히 성찰한다면 생각이 바뀔 것이라고 아리스토텔레스가 주장하듯이) 우리로 하여금 우리 스스로가 그저 한낱 운의 희생자에 불과하다는 생각을 하지 않도록 해준다.

프리아모스의 사례 및 연관 사례들에 대한 아리스토텔레스의 해석은 고대와 현대의 도덕철학에 굳건히 정립된 하나의 전통에 반하는 것이다. 이 전통에 의하면, 도덕적 좋음은 윤리적 칭찬이나 비난의 적절한 대상이 되는 것인데, 그것은 외적인 여건이 해칠 수도 영향을 끼칠 수도 없는 것이다. 플라톤에게 좋은 사람이란 세상이 해칠 수 없는 사람이다. 좋은 사람의 삶은 여건의 역경 때문에 덜 좋은 것이 되거나 덜 칭찬받을 만한 것이 되지 않는다. 좋은-품성 이론가에게도 마찬가지다. 약간 다른 이유로라도 말이다. 현대 아리스토텔레스 주석가들에게 지대한 영향을 미친 칸트에게 행복은 운에 의해서 증가하거나 감소할 수 있는 것이다. 그러나 윤리적 칭찬이나 비난을 진정으로 받을 만한 것, 즉 진정한 도덕적 가치는 운에 의해 증가 또는 감소할 수 없다. 이러한 칸트의 견해는 후대 윤리 이론에 지대한 영향을 미쳤기 때문에 바로 이것이 바로 진정한 도덕적 사유의 특징이라는 인식이 많은 이들에게 퍼져 있는 것이다. 그러니 이런 전통의 영향을 받는 동시에 아리스토텔레스를 더 존경할 만한 철학자로 만들기에 혈안이 되어 있는 해석자의 경우, 프리아모스의 사례가 나오는 대목을 이상하게 해석해서, 아주 충격적일 수 있는 말 즉 단지 행복한 기분은 아닌, 삶의 윤리적으로 칭찬받을 만함이 운의 역전으로 늘거나 줄 수 있다는 사실을 더 이상 이야기하지 않는 것이 놀랍지는 않다. 이러한 부도덕한 교리의 죄를 아리스토텔레스에게서 벗겨주는 해석가의 견해는 다음과 같다. 예의 그 대목에서 아리스토텔레스는 자신의 핵심적인 윤리 개념 두 가지를 구분하고 있다. 잘 사는 것은 행복(에우다이모니아)이고 복 받은 것, 행복한 것은 지복이다. 전자는 탁월성에 따른 활동에 있고, 후자는 이에 운의 축복이 더해진 것이다. 데이비드 로스와 요아힘*처럼 칸트의 영향을 받은 주석가들에 의하면, 프리아모스를 칭찬하고 비난하는 기준이 되는 에우다이모니아를 운의 선물과 역전이 절대 감소시킬 수 없다. 다만, 좋은 활동에 대한 자신의 향유가 줄어들기 때문에 그로 인한 만족이나 좋은 기분은 줄어든다. 이런 독해는 프리아모스에 대한 아리스토텔레스의 설명에 나오는 문장에 기초하고 있다. '그렇다면, 에우다이모니아의 사람은 절대 비참해지지 않을 것이고 프리아모스와 같은 불운을 당한 사람이 복되다고 말할 수도 없을 것이다.'(1101a6-7) 나중에 우리는 이 문장을 그 맥락 안에서 살펴보면서 아리스토텔레스가 실제로 해석가들의 생각대로 구분하는지 검토할 것이다.

이 구분은 유명하다. 칸트가 도덕적 가치와 행복을 구분한 것과 유사해서 혹시 그가 아리스토텔레스를 읽고 그렇게 한 것인가라는 의심이 당장 들 정도다. 특히 바퀴에 매달린 사람에 대한 아리스토텔레스의 설명에 반反-칸트

---

* H. H. Joachim, *The Nicomachean Ethics* (Oxford 1951); W. D. Ross, *The Works of Aristotle* (London 1923) 192.

주의적인 힘이 있는 것을 보면 더욱 그러하다. 프리아모스의 사례에 대한 아리스토텔레스의 첫 번째 설명은 '그와 같은 운을 가지고 비참하게 죽는 사람을 두고 잘 살고 있다고(에우다이모니아를 가지고 있다고) 이야기할 사람은 아무도 없다'(1100a9-10)는 것이다. 프리아모스는 처음부터 만족은 물론이고 에우다이모니아도 없었던 것이다. 그러나 어쩌면 이것은 많은 사람의 무반성적인 믿음일 수 있다고 비판하고자 한 것이 아리스토텔레스의 의도다. 그러므로 이제 텍스트 전체를 살펴보면서 과연 해석자들의 구분이 뒷받침되고 있는지 더 검토할 필요가 있다.

사실은 그게 아니다. 아리스토텔레스는 그 대목에서 에우다이모니아와 복 받음makariotes 사이에서 유의미한 구분을 하지 않는다. 그의 주장은 두 가지 모두 어떤 운에 의해 손상되고 망가질 수 있다고 했을 뿐, 일부의 생각대로 모든 종류의 운이 이것들을 망가뜨린다는 것은 아님이 분명하다.

텍스트상의 증거를 간단명료하게 제시할 수 있다. 첫째, 에우다이모니아가 재난에 취약하다고 주장하는 대목이 있고, 둘째, 아리스토텔레스 자신이 에우다이모니아와 복 받음makarion을 바꾸어 쓸 수도 있는 것으로 처리하는 대목도 있다. 따라서 우리는 앞으로 에우다이모니아가 무엇인지 그려 나갈 때에 아리스토텔레스가 복 받음에 관해 말한 것도 활용할 수가 있다.

(1) 이미 살펴본 대로, 『니코마코스 윤리학』 7권, 즉 『에우데모스 윤리학』 6권에 나오는 바퀴에 매달린 사람에 대한 이야기를 보면 에우다이모니아에 외부적인 여건이 필요하다는 주장을 분명히 하고 있다. 『대윤리학』 2권 8장을 이 장의 서두에 인용했는데 거기에서도 이 점을 확실히 볼 수 있다. 『에우데모스 윤리학』 8권 2장에서 장황하게 논증한 점도, '실천적 지혜만이 탁월성에 따라 활동을 잘 하게 하는 유일한 것이 아니다. 우리는 운도 잘 활동한다고 말할 수 있는데, 이 말은 지식과 마찬가지로 행운이 있어야 좋은 활동이 가능하다는 뜻이다.'(1246b37-42a2) 우정을 다루는 권들을 보면, 필로이가 '외부적인 좋음'으로서 완전한 에우다이모니아에 필요하다고 논증한다.(12장 참조, 특히, 1169b2 이하) 그러나 그렇게까지 멀리 갈 필요는 없다. 『니코마코스 윤리학』 1권의 논쟁적인 부분에서 같은 이야기를 하고 있

다. 아무도 프리아모스가 에우다이모니아를 누리는 사람이라고 말할 수 없다(1100a7-8). 자원이 없이 좋은 일을 하기는 어렵거나 불가능하기 때문에, 에우다이모니아에는 외부적인 좋음이 필요하다는 점이 분명하다(1099a29-31). 프리아모스가 나오는 대목의 결론 부분에서 아리스토텔레스는 이렇게 요약 정리한다. '그렇다면, 그저 얼마 동안이 아니라 전 생애에 걸쳐서 외부적인 좋음이 충분히 갖추어져 있으면서, 또 완전한 탁월성에 따라 활동한 사람이어야만 그 사람을 에우다이모니아의 사람이라고 말하는 것을 누가 막을 수 있겠는가?'(1101a14-15) 여기서 '충분한' 외부적인 좋음이라는 조건이, 이렇게 『니코마코스 윤리학』의 공식적인 정의를 내리는 대목에서, 에우다이모니아의 별도로 필요한 조건으로 제시되고 있다.

(2) '복 받음'과 '에우다이모니아'가 함께 나오는 대목을 주의 깊게 보면, 전반적인 그림을 승인한다는 것이지 반박하는 것이 아님을 알 수 있다. 사실상 이 두 단어는 서로 치환해서 사용할 수 있는 것으로 취급된다. 이것은 윤리 저작 전반에서 그렇게 되어 있다. 지금 이 대목이 아닌 두드러진 예는 『니코마코스 윤리학』 9권 9장에서 볼 수 있다. 아리스토텔레스는 필리아의 가치에 대한 논란이 어떠한가를 기술하고 있다.

에우다이모니아에 필로이가 필요한가에 대한 논란이 있다. 복 받고 자족하는 사람들은 필로이가 필요 없다고 하면서 그들은 이미 좋은 것을 다 갖고 있기 때문이라고 한다…… 그러나 좋은 모든 것을 에우다이모니아를 누리는 사람에게 주면서, 필로이를 빼는 것은 이상하다…… 그리고 또 복 받은 사람을 혼자 두는 것도 확실히 이상해 보인다. 왜냐하면 세상의 좋은 모든 것을 혼자 다 가지는 쪽을 택할 사람은 아무도 없을 것이기 때문이다. 왜냐하면 인간 존재는 정치적인 동물이고 그 본성상 함께 사는 경향이 있기 때문이다. 그리고 이는 에우다이모니아를 누리는 사람에게도 사실이다…… 따라서 에우다이모니아에 필로이가 필요하다.(1169b3-10, 16-19, 22; 이것의 논증에 관한 자세한 논의는 12장 참조)

이 두 용어를 특별히 구별하지 않고 문체상의 변형 정도로 사용한다는 점에 합리적 의심을 가질 사람은 없다. 반대자의 입장이나 아리스토텔레스 자신의 설명 양쪽에서 그러하다. 필리아라는 외적인 좋음이 복 받음에만 필요한 조건이 아니라 에우다이모니아에도 필요하다는 점에 대해서도 의심할 사람이 없다.

이 점은 또 현재 맥락에서도 사실 마찬가지인데 시작 부분에서 다룬 문장을 재검토하면 알 수 있는 것으로 일부는 이미 인용했다.

> 그래도 에우다이모니아에는 우리가 말했듯이 분명히 여러 가지 외적인 좋음이 필요하다. 왜냐하면, 많은 일이 도구만큼 필로이와 부와 정치적 능력을 통해서 가능하기 때문이다. 그리고 그 일부를 박탈당한 경우 복 받음의 상태도 감소한다. 좋은 출생, 좋은 자녀들, 좋은 외모 같은 것이 그런 좋음의 예들이다. 보기에 완전히 흉하고 천한 신분으로 태어나고 고독하고 자녀가 없으면 에우다이모니아가 완전할 수 없다. 더욱이 자녀들과 필로이가 더할 나위 없이 나쁘거나, 좋긴 했는데 사망했다면 더 말할 것도 없다. 따라서, 우리가 말한 것처럼 이런 종류의 좋은 환경이 에우다이모니아에 추가로 필요하다고 생각한다. 그렇기 때문에 혹자는 에우다이모니아를 행운과 동일시하고 다른 이들은 탁월성과 동일시하는 것이다. (1099a33-b8)

위 인용문에서 분명한 것은 아리스토텔레스가 복 받음과 에우다이모니아 사이를 유의미하게 구별하지 않는다는 사실이다. 그리고 에우다이모니아 자체가 특정한 외적인 좋음이 결핍되면 무너지는 것이라고 주장할 채비를 완전히 갖추고 있다는 사실이다. 전체 문장은 에우다이모니아에 외적인 좋음이 필요하다는 사실에 주목하고 있다. (처음 인용한 문장의 주제는 희랍어에서 확연히 드러나지 않았지만, 그 이전 문장의 마지막 단어가 에우다이모니아였고 여기에서 문장의 주제가 드러난 것이다. 거기에 여타 다른 후보 주제는 없다.) 일반적인 요지가 복 받음의 손상에 관해 말하는 대목으로 더 깊이 설명된다. 그런 연후에 에우다이모니아 측면에서 이 이야기를 하는 대목을 가지고 다시 더 깊이 들어간다. 최종 결론에서 '그것'은 분명히 에우다이모니아를 가리킨다. 그것을 위해 운 좋은 주변 환경이 필요한 것이다. 이 점은 인용한 문장의 마지막에서 분명히 드러난다. 좋은 삶을 위해 필요한 조건의 결여는 좋은 삶 자체를 훼손하며 이는 아마도 좋은 삶을 이루는 좋은 활동들의 수행을 저해하기 때문일 것이다. 여기까지 보면, '복 받음'과 '에우다이몬'은 분리되지 않는다.

이제 우리는 반대 해석의 근거가 되는 문장의 맥락을 면밀히 살펴봐야 한다. 그 문장에서 아리스토텔레스는 프리아모스 사례에 대한 자신의 평결을 제시하고 있다. 좋은 삶이 운의 역전에 취약하다는 전제하에 인생의 경과를 거치면서 에우다이모니아에 대한 우리의 판단이 얼마나 확고한가를 묻는다. 그리고 좋은 삶에는 외적인 좋음의 운이 '추가적으로 필요'(1100b8)하다는 자신의 입장을 다시 역설한다. 그러나 그가 이런 생각을 한다고 해서 에우다이모니아가 완전히 운의 제물이 되어버리는 것도 아니고, 에우다이모니아를 누리는 사람이 '썩은 기초를 디디고 사는 카멜레온'이 되어 버리는 것도 아니다(1100b6-7). 왜냐하면 이것들이 잘 사는 데에 가장 중요한 요인은 아니기 때문이다. '잘 사는 사람들과 못 사는 사람들이 이런 데 머무는 것은 아니다.'(1100b8) 그것들은 좋은 삶의 실제적인 구성 요소가 아니다. '탁월성에 따른 활동들과 그 반대의 것이야말로, 에우다이모니아와 그 반대를 좌우하는 것이다.'(1100b8-10) 그러한 활동은 어느 정도 연약한 구석이 있지만 그래도 삶에서 가장 안정적이고 꾸준한 것이며, 놓치기도 잊어버리기도 그리고 박탈당하기도 가장 어려운 것들이다(1100b12 이하). 잘 살고 잘 활동하는 사람은(처음에 아리스토텔레스는 이런 사람을 복 받은 사람이라고 불렀다가, 이어지는 문장에서 에우다이모니아의 사람이라고 부른, 16-18) 자신의 인생 전체를 그렇게 살 것이다. '왜냐하면, 그는 언제나 또는 그 무엇보다도 탁월성에 따르는 활동을 하고 그 활동을 생각하면서 살 것이기 때문이다. 그리고 그가 만약 진정으로 좋은 사람이고 '모든 면에서 비난 받을 게 없는' 사람이라면, 운을 견디되 아주 고상하면서도 '모든 면에서 조화를 이루도록 할 것이기 때문이다.' (1100b19-22)

여기까지는 상당히 명료하다. 그런데 꾸준한 품성, 그리고 그 품성과 지성의 탁월성에 따른 활동으로 된 안정적이고 좋은 삶이 어떻게 연약할 수 있는지를 물으면서 복잡해지기 시작한다. 약간의 좋은 운과 나쁜 운으로는 '삶에서의 결정적인 변화'(22-5)를 산출하지 못한다고 말한다. 크고 많은 우연들이 좋은 쪽으로 발생하면 삶은 복된 것이 된다. 그것이 가져다주는 기회를 귀하게 잘 쓰면 그렇게 되는 것이다. 반면, 그에 상응하는 만큼 크고 나쁜 불운들이 '복 받은 환경을 무너뜨리고 훼손할 수도 있다. 왜냐하면 고통을 가져와 많은 활동에 지장을 초래할 것이기 때문이다.'(1100b23-30) 여기까지는 '복 받음'이라는 말을 직접적인 맥락에서 사용하면서 크고 좋은 운에 의해서 늘어나고 큰 불운 때문에 줄어드는 것으로 보았다. 그러나 우리의 다른 증거에 더해서 여기에서 말하는 이유들, 즉 운이 탁월한 활동을 향상 또는 저해하는 것과 관련된 모든 이유들이 보여주는 것은 복 받음이라는 것이 그저 어떤 것에 수반되는 즐거움이나 만족감은 될 수 없다는 사실이다. 다른 데서도 언급하지만 아리스토텔레스는 좋은 삶을 구성하는 활동 중 일부는 외부 사건의 발생 때문에 증감될 수 있음을 주장하고 있다. 그렇다면 우리는 운이 만들어내는 도구적인 결과와 함께 더 직접적인 결과, 두 가지를 다 생각해 봐야 한다. 유산은 좋은 활동과 관대한 활동의 범위를 도구적으로 넓혀주는 것이다. 갑작스러운 발병은 에너지를 앗아감으로써 모든 영역에서 잘 활동하지 못하게 한다. 정치적 역전이나 사랑하는 사람의 죽음은 좋은 활동의 대상을 앗아감으로써 활동 자체를 바로 제거한다. 역으로, 자녀의 출생이나 성인으로서의 정치적 권리의 획득은 좋은 활동의 대상을 제공하기 때문에 탁월한 활동에 직접적으로 기여한다.

이 모든 사실은 수반되는 좋음이 아니라 에우다이모니아 자체와 그것의 구성 요소에 대한 것으로 보인다. 아리스토텔레스는 이 점을 간단히 밝힌다.

에우다이몬의 사람은 쉽게 변하지 않는다. 큰 불운이 많이 닥친다면 몰라도 인생도상에서 당하는 불운 때문에 에우다이모니아로부터 쉽게 떨어져 나가지 않기 때문이다. 큰 불운을 많이 당하면 단시간에 다시 에우다이몬의 사람으로 회복되지는 못하더라도 길고 완전한 시간이 주어지면 크고 좋은 것들을 얻어낼 것이다.(1101a8-14)

(우리가 앞에서 이미 논의한 정의定義를 담은 문장이 이어진다.) 아리스토텔레스는 여기서 중대한 불운이 오랜 기간 이어지면 좋은 삶을 해친다고 분명하게 주장한다. 앞에서는 '복 받음'이라고 한 대목에서 '에우다이몬'을 사용하면서 별도로 구별하지도 않는다. (다시 몇 줄 뒤의 1101a19-20에서는 결론적으로 내린 정의를 다시 말하면서 '에우다이몬' 대신 '복 받음'을 사용한다.) 그는, 인간의 탁월성은 일단 계발이 된 후에는 안정적이기 때문에 혼란이 발생하는 일은 드물다고 말한다. 그래도 불운이 크고 깊고 빈번하다면 재난으로 좋은 활동이 심각하게 망가지고 좋은 삶도 망치게 된다. 이런 상황에서는 에우다이모니아를 되돌리는 데에 시간과 좋은 운이 많이 필요하다.

아리스토텔레스는 중간에 들어가는 단원에서 중요한 설명을 하고 있다. 우리가 칸트의 해석을 비판할 때 시작한 문장이 이 대목에 나오는 만큼 이제 그 문맥을 전체적으로 검토해 봐야 한다.

우리가 말했듯이 활동이 삶에서 주된 것이라면 복 받은 자는 비천하리 만치 비참해지지는 않을 것이다. 그 사람은 증오에 찬 비열한 짓 따위는 절대 하지 않을 것이기 때문이다. 진정으로 훌륭하고 합리적인 사람은 위엄을 유지하면서 자신의 운을 견디고 주어진 여건에서 가능하면 항상 최선의 활동을 하리라는 것이 우리 생각이다. 마치 훌륭한 장군이 자기 군대를 전쟁에서 잘 활용하고 제화공이 자기에게 주어진 가죽으로 최고의 구두를 만드는 것과 같은데 모든 장인이 이러할 것이다. 그렇다면 에우다이몬의 사람은 결코 비천하게 비참해지지 않을 것이다. 그래도 프리아모스가 당한 불운을 마주한다면 복 받은 상태를 유지하지 못할 것이다. 그럼에도 자신의 에우다이모니아에서 쉽게 벗어나지는 않을 것이고, 쉽게 변하지도 않을 것이다…… 등등.(1100b33-1101a10)

앞서 별도로 살펴본 것을 이제 전체적으로 검토할 수 있게 되었기 때문에 프리아모스에 관한 아리스토텔레스의 최종 판단을 이해할 수 있다. 그는 극단적인 불운이 좋은 사람으로부터 완벽한 에우다이모니아를 빼앗을 수 있다는 사실을 인정한다. 그러나 좋은 품성과 실천적 지혜를 갖춘 사람이라면 그러한 파괴력에 저항할 수 있는 경우도 많기 때문에 역경이 에워싸는 상황에서도 고귀하게 행동할 길을 찾아내기도 한다. 자신의 부대를 데리고 최선을 다하는 장군이나 가지고 있는 재료로 최고의 구두를 만드는 제화공처럼, 현명하고 덕스러운 사람도 자신의 삶에 주어진 '재료'를 가능하면 가장 잘 활용함으로써 활동에서 최선을 추구할 것이다. 사실, 아리스토텔레스의 실천적 지혜의 '기예' 중 일부는 고지식하고 융통성 없이 규범만 고집하려 하지 않고 자신이 가진 '재료'의 한계에 면밀하게 대응하여 가능성 중에서 최선의 것을 파악하는 능력이다. 아리스토텔레스의 실천적 탁월성은 세상의 우연적인 일에 대비하는 것이어서 우연으로 쉽게 줄어들지는 않는다. 그렇지만 이 중 어떤 것도 프리아모스와 같은 아주 극단적인 사례에서 에우다이모니아의 상실을 막아내기에는 충분치 않다.

마지막으로, 아리스토텔레스가 생각하기에 중요한 사실이라서 강조해야 할 점이 있다. 안정적이고 좋은 품성을 지닌 사람은 불운이 지속적으로 닥친다 해도 자기 품성에 정반대되는 행동은 하지 않으려고 한다는 사실이 그것이다. 품성의 안정성이 그 자신과 진정으로 나쁜 행동 사이에서 버텨내는 것이다. 그러나 삶에서 중요한 일이 활동이라면, 사람을 진정 비참하게 만드는 것은 나쁜 활동이다. 에우다이모니아가 부와 권력으로 이루어진다면 운 때문에 최상층에서 최하층으로 떨어질 수도 있고 가장 칭찬받을 만한 상태에서 가장 경멸받을 만한 상태로 떨어질 수도 있다. 탁월성에 따른 활동도 위축되거나 지장 받을 수 있다. 그렇지만 그것 때문에 그런 일을 당한 사람을 윤리적 평가에서 최하위로 평가하지는 않는다. 좋은 사람이 바퀴 고문을 받고 있다면 그 사람이 완전히 행복하고 칭찬받을 만한 삶을 산다고는 못해도 그의 삶이 사악하거나 경멸이나 비난을 받을 삶이 아니라는 사실은 인정할 수가 있다.

간략히 말하자면, 아리스토텔레스가 보는 에우다이모니아에서는 탁월한 활동이 좋은 품성상태의 안정성에 기초하고 있고 따라서 세상에 직면해서도 좋은 삶은 대체로 안정적이다. 그러나 이 안정성에도 한계가 없지 않다. 선한 것과 잘 사는 것 사이에는 실제로 격차가 있다. 통제 불능의 사건이 이 사이에 끼어들어서 품성의 좋은 상태를 저해하고 적절한 활동 수행을 가로막을 수 있다. 이렇게 장애를 유발하는 상황을 앞서 네 가지로 분류한 바 있다. 도구적 자원의 박탈 때문에 활동이 완전히 지장을 받거나 제한받는 상황이 있고, 활동의 대상의 부재로 인한 장애 또는 제한이 발생하는 상황이 있다. 그러나 우리의 관심은 이러한 윤리적 쟁점을 아리스토텔레스가 보는 비극과 연관시키는 것이기에 이제 우리가 할 일은 여기에 두 가지 상황을 추가하는 것이다. 그것은 이러한 일반적 설명이 암묵적으로 인정한 상황과 『니코마코스 윤리학』 3권과 다른 데에서 아리스토텔레스가 명시적으로 인정한 상황이다. 2장과 9장에서 우리가 논의한 내용을 되돌아보면 이 두 상황을 오이디푸스 상황과 아가멤논 상황이라고 부를 수 있다.

오이디푸스는 품성이 좋은 사람이었다. 그러나 엄청난 일을 저지르는 바람에 그의 에우다이모니아가 가로막혔다. 그에게서 좋은 품성과 활동 사이의 그 '격차'는 전혀 단순한 것이 아니었다. 그는 활동을 했고 문자적인 의미로 지장을 받은 것은 없기 때문이다. 그러나 변명의 여지가 있는 무지로 인해 그가 의도한 또는 자발적으로 한 행동, 즉 갈림길에서 늙은이를 죽인 일과 그가 비자발적으로 한 나쁜 행동, 즉 그를 에우다이모니아로부터 멀어지게 했을 친족살해 사이에는 격차가 있다. 내가 제안하려는 것은 이 격차를 품성의 좋음과 삶의 좋음 사이에 있는 격차의 유형으로 볼 수 있다는 점이다. 왜냐하면 의도한 행동은 오이디푸스의 품성에 있는 것의 자연스러운 표현이기 때문이다. 여건의 운 때문에 의도의 사실 관계가 일어난 사건에서 도덕적으로 중요한 사실 관계가 되지 못한 것이다. 사실 따지고 보면 행동의 개별화에 관한 아리스토텔레스의 견해를 다룬 일설에 의하면 그 행위는 실제로 수행된 것이 아니고 나머지의 다른 행위만 실제로 수행된 것이다. 따라서 이런 의미에서 보면, 주어진 여건 때문에 오이디푸스가 자신의 품성이 비난 받을 일 없이 적절하게 활성화되는 데에 지장이 생겼고 왜곡되었던 것이다. 의도와 행동 사이에 개입한 그 여건 때문에 의도한 행동이 기껏 그림자 수준으로만 존재하게 되었던 것이다.

아가멤논의 경우는 더 복잡하다. 여기서는 우리가 봤듯이 상충하는 대안들 각각이 좋은 품성상태를 자연스럽게 표현하는 것이면서도 동시에 좋지 않은 다른 면을 가지고 있기 때문이다. 제우스에게 충성을 다하는 일은 자신의 아이 살해와 분리할 수 없다. 아이의 보호는 불경不敬과 분리할 수 없고 자기 휘하 병사들의 고통에 대한 잔인함과도 분리할 수 없다. 오이디푸스와 달리, 아가멤논은 사실 관계상 좋음과 나쁨이 다 있는 행동을 선택했고 의도했다. 무지 때문이라는 변명의 여지가 여기에는 없다. 그러나 여기에서도 비극적인 갈등을 야기한 세상 때문에 그에게도 좋은 품성상태와 행동에서 드러난 그 품성상태의 자연스럽고 제한 없는 표현 사이에 격차가 발생했을 여지는 있다. 경건함과 살인을 서로 떼어놓을 수 없다는 사실 때문에 경건한 활동이 가로막히기 때문이다. 그가 한 행동의 성질, 즉 품성의 자연스러운 표현이 그 행동과 불가분의 관계에 있는 잔인한 범죄에 묻혔다. 따라서 좋은-품성상태 이론가에 대한 아리스토텔레스의 비판과 가로막히는 활동에 대한 아리스토텔레스의 설명에 이 두 가지 유형이 포함될 수 있고 이것들은 비극의 이해에 중심적이다.

아리스토텔레스의 텍스트를 봐도 아가멤논 사례에 해당하는 갈등의 존재를 그 역시 인정하는 것처럼 보인다. 그런데 한편으로는 이것을 의심하게 되는데 좋은 사람이 운 때문에 실제로 나쁜 행동을 하는 일은 없다는 설명 때문에 그렇다. 그리고 그는 『대윤리학』에서 악과 달리 탁월성은 서로 강화되는 것이 일반적이기 때문에 갈등을 일으키지 않는다고 주장하고 있다. (예를 들어 정치적 정의는 절제 및 용기와 잘 조화되고, 이론적 추구는 절제와 잘 조화된다. 악덕을 지닌 사람은 이런 조화를 추구하지 않는다. 무절제한 욕망이 교활한 부정의와 서로 끌어당기고, 비겁함이 과도한 권력 추구와 서로 끌어당기기 때문이다.) 그러나 필리아에 관한 책에서는 필로스에 대한 의무가 다른 사람에 대한 합당한 책임과 상충하기 때문에 양쪽에 충실하기가 불가능한 상황을 허용하고 있다. 그리고 『니코마코스 윤리학』 3권 1장에서는 여건상 제약이 있는 경우에는 갈등 상황이 아니면 좋은 사람이 절대로 하지 않았을 행동, 즉 평소에 못 미치거나 '부끄러운' 행동을 할 수 있다고 인정하고 있다. 좋은 사람은 할 수만 있으면 좋은 행동을 한다. 그러나 그가 선택하지 않았을 나쁜 일도 할 수가 있다. 소위 '혼합 행동mixed action'들이 그런 예다. 아리스토텔레스가 거론하는 예는 첫째, 폭풍이 몰아칠 때 갑판 위의 물건을 바다로 던지는 사람이다. 우리는 2장에서 이런 사례를 다루었다. 둘째는 우리와 더 가까운 예로서, 폭군이 부하에게 수치스러운 짓을 시키면서 불복종하면 부하는 물론이고 그의 가족까지 몰살하겠다고 협박하는 상황이다. 여기서 우리는 불운 때문에 상식적인 사람이 부끄럽고 저속한 행동을 강요당하는 상황을 본다. 그러나 아리스토텔레스는 그 저속한 행동이 오롯이 자신의 행동이 아니라고 주장한다. 그 행동을 하는 시점에서는 그가 그 행동을 선택한 사실과 동작이 그에게서 기원했다는 점에서 그의 행동이 맞다. 그러나 우리가 그 행동을 평가할 때에는 제약 조건을 감안하게 된다. 그 행동은 그가 자발적으로 할 법한 행동이 아니라는 사실을 감안한다는 뜻이다(1110a18 이하). 그 행동은 수치스럽거나 저속한 품성 때문에 일어나는 일이 아니다. 아리스토텔레스는 덧붙여 말하기를, 그런 곤란에 잘 대처해 어려운 결정을 함으로써 가치 있는 목적을 추구하는 사람을 우리는 때로 칭송하거나 칭찬한다고 말한다(1110a20-2). 정치나 사생활에서 자신이 받아들여지지 못하고 비난을 당할 일이라는 생각에 너무 골몰한 나머지 최선을 위해서 필요한 결단을 내리지 못하는 사람을 아리스토텔레스가 동정하는 것은 아니다. 그러나 경우에 따라서 우리는 그저 칭찬과 비난을 유보한 채, '본성을 제약하는, 아무도 버틸 수 없는'(1110a24-6) 갈등을 견뎌내야만 하는 상황 때문에 그 사람에게 연민의 감정을 가지게 된다. 아가멤논의 사례에서, 아가멤논이 그 상황 속에서 제정신으로는 도저히 선택하지 않을 방향으로 자신을 옥죄는 긴장과 제약을 더 잘 인식한다면 그래서 그가 더 좋은 품성을 가진 자답게 행동했다면, 아리스토텔레스도 이렇게 생각을 하지 않았을까 하는 의심을 해보게 되는 것이다.

갈등에 관한 지금까지의 설명에 더해서 아리스토텔레스는 다음 사실을 언급한다. 그것은, 특히 용기, 정치적 소신, 친구에 대한 사랑 등의 특별히 가치 있는 탁월성이 좋은 행위자를 그렇지 않은 행위자보다 훨씬 높은 빈도로, 품성의 요건이 삶 자체와 충돌하게 되는 상황, 말하자면 탁월한 모든 활동의 가능성 유지와 충돌하게 되는 상황으로 끌고 간다는 사실이다. 이것은 특별한 유형의 가치 갈등이다. 아리스토텔레스적인 좋은 행위자는 이 상황을 실질적으로 가치가 있는 것을 포기해야만 하는 선택 상황으로 바라본다. 물론 사악한 행동을 강요당하는 상황으로 보는 것은 아니다. 아리스토텔레스가 강조하는 점은 탁월한 사람은 고귀한 것을 할 기회와 비교하면 안락함이나 안전 또는 돈 같은 것은 높이 평가하지 않는다는 사실이다. 대신 그는 친구나 국가에 대한 사랑 때문에 좋은 삶과 더 긴밀하게 연결되어 있는 희생이 요구될 때가 있다고 말한다. 이 경우에 희생되는 것이 잘 활동할 기회 또는 삶 자체이다(1169a18-b2).

좋은-품성 이론가처럼 그러한 가치 갈등도 좋은 삶을 해칠 수는 없다는 견해를 옹호하는 이론가들은 여기에 실제적인 상실이란 없다고 주장할 수 있다. 좋은 사람의 좋은 품성상태가 그대로 있고, 선택의 고귀함이 에우다이모니아의 감소가 없도록 보증할 거라고 말할지도 모른다. 아리스토텔레스는 이에 동의하지 않을 것이라고 나는 생각한다. 활동의 상실과 삶의 상실은, 저속한 사람에게보다 탁월한 사람에게 훨씬 더 큰 상실이라고 그가 다른 곳에서 논한 바 있기 때문이다. 탁월한 사람의 탁월성이 크면 클수록 그의 삶은 가치로 더 풍요로울 것이다. 하지만 그렇기 때문에 그것을 상실할 위험을 무릅쓰는 선택의 결과도 그만큼 더 고통스러울 것이다.

그 용기 있는 사람이 모든 탁월성을 가지고, 에우다이몬을 더 누리는 만큼, 죽음을 전망할 때 느끼는 고통도 더 클 것이다. 그런 사람은 다른 사람들보다 삶을 살 가치를 지닌 존재이고 최고로 좋은 것들을 죽음이 앗아가리라고 자각할 것이기 때문이다. 그것은 고통스러운 일이다. 그럼에도 그는 용기를 낼 것이고 아마 더 용기를 내려고 할 터인데 이 다른 것들을 두고 벌어지는 싸움에서 좋은 것을 선택하기 때문이다. 사실 알고 보면 우리는 탁월성이 드러나는 모든 경우에서 늘 유쾌한 활동을 하는 것은 아니다. 적어도 그것의 목적에 도달한 경우를 제외하면 그러하다.(1117b10-16)

이 사례나 유사한 다른 사례를 보면 탁월성은 자기-충족성을 감소시키고 연약성을 증가시킨다. 탁월성은 높은 가치가 있는 것을 주고는 특정 상황에서는 그것을 포기하기를 명한다. 그러나 아리스토텔레스는 탁월성이 위험과 고통을 수반한다는 사실이 놀랍지 않다고 말한다. 탁월성이 필연적으로 즐거운 시간을 누리는 것과 연결되어 있다는 잘못된 생각에 골몰하는 경우라면 몰라도 말이다. 고귀한 활동으로 그 목적에 도달하면 즐거움이 따른다. 그러나 세상이 그것을 성취하지 못하게 막더라도 좋은 사람은 여전히 고귀하게 활동하는 쪽을 선택할 것이다(10장 참조).

V

지금까지 좋은-품성 이론가에 대한 아리스토텔레스의 답변은 활동이 지장을 받는 경우에 국한되었다. 그것은 좋은 품성이나 좋은 성격의 상태 자체에 우연히 발생하는 손상에 대해서는 말하지 않았다. 그러나 아리스토텔레스가 분명히 믿는 것은 우리를 둘러싼 세속적인 여건 때문에 성인의 좋은 품성의 표현만이 아니라 좋은 품성 자체가 좋게 또는 나쁘게 영향을 받는다는 사실이다. 또 그는 세계가 아이의 품성의 형성에 결정적으로 영향을 끼치는 것이 분명하고 성인의 연약성도 그 정도까지는 아니라도 영향을 받는 것이 확실하다고 본다. 이 주장의 논증을 위해서 제시할 근거는 네 가지다. (1) 프리아모스 사례가 제시된 부분, (2) 필리아와 정치적 맥락에 관한 증거, (3) 품성과 시간 그리고/또는 삶의 경험 사이의 관계에 관한 『수사학』의 논의, (4)『수사학』과 『니코마코스 윤리학』에 제시된 '운 좋음'에 관한 설명이다.

아리스토텔레스는 말하기를, 좋은 사람은 에우다이모니아에서 쉽게 이탈되지 않고 '중대한 그리고 숱한 불운'을 당했을 때에만 이탈될 수 있다. 그러나 이탈되고 나서 단기간에 에우다이몬을 회복하기가 쉽지는 않지만, 장기간 완벽한 시간이 주어지고 크고 좋은 것들을 붙잡으면 에우다이몬을 회복할 수 있다. 이제 우리가 더 면밀히 검토할 것은 좋은 사람을 이렇게 이탈시키는 악영향의 본성에 관해서다. 왜냐하면 불운 때문에 좋은 활동이 '오염되는' 방식이 두 가지 있기 때문인데 그것은, 불운 때문에 활동에서 좋은 성향을 표현하는 것이 어그러지는 경우와 활동 자체가 내적으로 개시되는 데에 영향을 받는 경우다. 전자의 가능성이 맥락상 두드러지긴 하지만, 후자도 중요하기 때문에 별도의 설명이 필요하다. 좋은 활동을 가로막는 것 중에서 순전히 외적인 것은 좋은 운으로 회복되면 즉시 바로잡을 수 있다. 예를 들면, 전시에 노예로 지낸 사람이 한순간에 풀려나기도 하고 병든 사람이 빨리 회복되는 경우도 있다. 아이가 없던 사람이 임신이 되어 아이를 낳기도 한다. 반면에 치유하는 데에 시간이 소요되고 좋은 운이 반복되어야만 하는 경우가 있는데, 예를 들면 장기간의 파괴적인 불운으로 욕구와 기대와 사고가 부패한 경우가 그러하다. 아리스토텔레스는 파괴나 오염을 나타내는 말을 반복해서 사용하는데, 운의 파괴를 되돌리려면 긴 시간이 필요하다는 주장은 이 같은 깊고 내적인 유형의 상처를 염두에 두고 있음을 말해준다. 노예에게 자유인의 존엄과 자긍을 회복시키거나 만성병 환자가 건강한 사람의 욕구와 기대를 재학습하거나 이별의 상실을 경험한 사람이 새로이 유익한 애착 관계를 형성하려면 시간이 오래 걸린다.

이러한 가능성은 필리아에 관한 책들에서 더 구체화된다. 거기서 아리스토텔레스가 보여주는 것은 사랑이 연약한 선이라는 사실과 성인의 좋은 품성 개발과 유지에 사랑이 중요한 역할을 한다는 사실이다. 이것은 또한 이를 지지하는 정치적 맥락의 기능에 관한 논의에서도 마찬가지이다. 다음 장에서 이 논증들을 자세히 논의할 터이므로 여기서는 『수사학』에 실려 있는 잘 알려지지 않았지만 아주 흥미로운 자료를 살펴보기로 하자.

『수사학』 2권 12-14장에서 아리스토텔레스는 품성과 삶의 시간의 관계에 관한 일련의 견해를 제시한다. 이를 통해서 역경과 불운의 경험이 품성 자체에 얼마나 손상을 가할 수 있는지 분명하게 보여준다. 그에 따르면 노인들에게는 불가능하기 쉬운 특정한 품성의 미덕들이 젊은이에게는 있다. 젊은이들은 고귀한 단순함이 있다. 젊은이들은 교활함과 악의보다는 개방성을 가지고 있으며 교활함이 없는 편이다. '왜냐하면 아직 사악함을 많이 목격하지 못했기 때문이다.'(1389a17-18) 그들에게는 신뢰라는 것이 가능하다. 아직까지는 속임수를 자주 당하지 않았기 때문이다(1389a18-19). 또한 큰 희망을 품을 수 있기에 용기를 가질 수 있고, 그래서 더 확신에 찰 수가 있다 (1389a26-7). 그들에게는 아리스토텔레스에게 중심적인 미덕인 영혼의 위대함이 가능하다. '왜냐하면, 그들은 인생에 의해서 아직 꺾이지 않았고 뭔가가 결핍되는 경험도 적기 때문이다.'(1389a31-2)(『니코마코스 윤리학』에서도 '미덕의 왕관'에 좋은 운의 중요함을 강조하고 있다. 1124a20 이하) 돈 걱정도 과도하지 않은데 그 이유는 돈이 필요한데 부족했던 경험이 거의 없기 때문이다(1389a14-15). 그들이 쉽게 우정을 형성하는 것은 다른 이들과 함께하는 시간에 기쁨을 누리기 때문이고 이익에 골몰해서 모든 걸 계산하려 들지 않기 때문이다(a35-b2). 그들은 웃음을 좋아하기에 매력이나 순발력 있는 재치와 같은 사회적 탁월함을 가지고 있다(b10-11). 아리스토텔레스는 그들에게서 보이는 지나침은 경험이 적고 열정이 강하기 때문이라고 말한다. 그러나 아리스토텔레스의 견해 중에서 우리의 관심을 가장 많이 끄는 대목은 젊은이들이 좋은 일, 고귀한 일을 할 수 있는 이유로 그들에게는 단지 나쁜 경험이 적기 때문이라고 한 부분이다.

노인들의 품성을 설명하는 부분을 보면 이 주장이 무엇을 의미하는지 더 명확하게 파악할 수가 있다. 잘 믿고 희망에 부푼 젊은이들이 아직 갖지 못한 삶의 경험에서 노인들의 결함이 나온다. 별로 알려지지 않았지만 이 대목은 길게 인용해서 살펴볼 만한 아주 중요한 문장이다.

왜냐하면 노인들은 긴 세월을 사는 동안 속임도 많이 당하고 실수도 많이 저질렀기 때문에, 그리고 경험상 세상일이 잘 안 돌아간다는 것을 알고 있기 때문에, 무엇에 대해서건 확신을 가지고 주장하기보다는 충분하지 않은 강도로 주장하곤 한다. 그들은 생각은 하는데 결코 알지는 못한다. 문제를 양면에서 바라보고 '아마도', '그럴 가능성이 있다'는 식의 말을 항상 덧붙인다. 말을 늘 이런 식으로 하고 거의 예외가 없다. 그리고 그들은 악의에 차 있다. 최악의 관점에서 모든 것을 해석하는 일이 악의에 찬 행동이기 때문이다. 게다가 과도하게 의심하는 경향이 있는데 이는 신뢰가 결여되어 있기 때문이다. 또 신뢰가 결여된 것은 경험 때문이다. 그리고 이 이유로 과하게 사랑하지도 과하게 미워하지도 않는다. 그런데 비아스의 말에도 있듯이 마치 내일이면 미워할 것처럼 사랑하고 또 내일이면 사랑할 것처럼 미워한다. 그들의 영혼은 협소하다. 인생에 꺾였기 때문이다. 그래서 위대하고 탁월한 것을 욕망하는 대신 삶에 적당한 것만을 욕구한다. 인심이 후하지도 않다. 왜냐하면 재산은 필요하고 경험 안에서 그리고 경험을 통해서 재산을 얻기가 얼마나 어렵고 잃기가 얼마나 쉬운지 잘 알기 때문이다. 그리고 겁이 많고 모든 것을 앞두고 두려움을 느낀다. 왜냐하면 이 점에서 노인들은 젊은이들과 품성이 정반대이기 때문이다. 왜냐하면 노인들은 차갑고 젊은이들은 따뜻하기 때문이다. 노인들은 겁쟁이의 길을 준비하는데 두려움도 일종의 차갑게 식히는 것이기 때문이다. 그리고 노인들은 이익을 위해 살지 고귀함을 위해 살지 않는다. 고귀함은 절대로 선한 것이다…… 그리고 노인들이 연민을 느끼는 이유는 젊은이들과 다르다. 젊은이들이 인간애를 통해 연민을 느끼는 반면, 노인들은 약함을 통해서 연민을 느낀다. 노인들은 모든 고통이 그들을 기다리고 있다고 생각하는데 이 때문에 연민이 유발된다. 또한 이런 연유로 슬픔에 빠지는 것이다. 매력적이지도 않고 웃음을 좋아하지도 않는다.(1389b13-1390a24)

이상의 뛰어난 관찰이 분명히 보여주는 사실은 인생의 여건이 품성 자체를 방해할 수 있고 습득한 미덕조차 유지하기가 대단히 어렵다는 사실을 아리스토텔레스가 기꺼이 인정한다는 점이다. 자기 방어보다 개방성과 거리낌 없음을 요구하는 미덕이 특히 더 다칠 위험이 크다. 그리고 자기 보호를 위한 의심보다 타인과 세상에 대한 신뢰를 요구하는 미덕이 더 쉽게 위험에 처한다. 그리고 꽤나 많은 미덕이 이런 요소를 가지고 있다는 것이 아리스토텔레스의 견해인 듯하다. 사랑과 우정은 상대에 대한 신뢰를 요구한다. 세상이 자기에게 필요한 좋은 것들을 앗아갈지 모른다는 의심이 지속되면 관대한 마음은 있을 수 없다. 좋은 활동으로 중요한 좋은 것이 나오리란 확신이 있어야 용기도 가능한 것이다. (13장에서 살펴볼 에우리피데스의 비극과 아리스토텔레스의 연관성 측면에서 이 아이디어가 중요하다.) 그런 미덕들은 세계와 세계의 가능성을 향해 열린 자세를 견지할 것을 요구한다. 『안티고네』에서도 알 수 있듯이 유연하면서도 수용적인 품성은 지나친 자기 보호를 요하는 일과 양립할 수 없다. 개방성은 그 자체로 연약한 것이고 동시에 인간의 에우다이모니아가 지닌 연약성의 원천이다. 남을 신뢰하는 사람은 자기 폐쇄적인 사람보다 배신을 당하기 쉽다. 미덕의 기초를 서서히 침식하는 것은 바로 배신의 경험이다. 이런 식으로 미덕은 (대다수 사람의 경험이 '세상사 잘 안 되기가 쉽다'는 인식을 만들어내는 세상에서는) 그 안에 이미 재난의 씨앗을 품고 있게 되는 것이다.

이 글은 다양한 보통 사람들을 향해 연설을 할 웅변가를 위한 것이다. 평균적인 보통 사람들이 어떻다는 이야기를 하는 것일 뿐이고 우월한 품성을 가진 사람의 능력을 강조하지는 않는다.* 우리는 『니코마코스 윤리학』 1권을 통해 월등한 품성의 소유자는 나쁜 경험을 몇 차례 겪었다고 해서 부패하지는 않을 것이고, 마주한 다양한 여건에서 주어진 '재료'를 가지고 품성은 그대로 유지한 채 잘 활동할 것이라고 생각할 수 있다. 그렇지만 위의 인용문이 분명히 하는 사실은, 품성 자체가 영향을 받을 수 있고 이런 쇠퇴의 메커니즘은 보통의 삶이나 좋은 삶 양쪽에 분명히 내재되어 있다는 것이다. (언급한 대개의 여건은 공통적이다. 그중 몇 가지는 자연스럽고 불가피한 것으

로 보이기도 한다.) 사실 어떤 면에서는 좋은 사람들이 나쁜 사람들보다 더 위험에 처해 있다고 할 수 있다. 좋은 사람은 불확실한 것을 믿음으로써 후에 환멸의 아픔을 느낄 위험이 있기 때문이다. 에우리피데스가 헤카베를 그리는 것을 보면, 실제로 좋은 사람의 품성을 흔드는 것이 얼마나 어려운가를 볼 수 있는 동시에, 더 이상 믿을 것이 없는 상황에서 나타나는 쇠퇴의 광경은 또 얼마나 참혹한가를 알 수가 있다.

다음으로『수사학』에는 '좋은 운과 그것이 품성에 미치는 영향'에 관한 세 개의 짧은 장이 이어진다. 미덕의 연약성에 관한 일반적인 사항을 추려내고, 불운만큼이나 성공도 부패 작용을 할 수 있다는 다소 혼란스러운 생각을 덧붙이고 있다. 그런 연후에 아리스토텔레스는 운이 행위자에게 끼치는 세 가지 이익을 말하는데 그것은 좋은 출생 신분과 부, 그리고 권력이다. 그는 각각이 품성에 어떤 결과를 가져오는지를 묻는다. 요약하자면, 좋은 출생 신분은 야심과 경멸로 이끌고, 부는 거만함과 오만뿐 아니라 가치에 대한 상업적인 태도로 이끌고, 권력은 다소 좋은 특성들로, 이를테면 진지함과 냉정한 책임 의식으로 이끌기도 하지만 또 부와 같은 악덕으로 이끌 수도 있다. 모든 유형의 좋은 운은 하나의 미덕, 즉 신성한 것에 대한 사랑으로 이어진다고 말한다. 왜냐하면 운 좋은 사람들이 자기들의 운의 기원을 신에게로 돌리기 때문이다(1931b4). 그 반대의 불운의 상황은 반대의 품성상태로 이끌 것임을 쉽게 상상할 수 있다(1931b5-7).

여기서 아리스토텔레스의 입장은 명명된 품성상태에 운이 충분조건이라는 말이 아니다. 그리고 그 운의 수혜자 모두 이런 자질을 키울 수 있다는 말도 아니다. (실제로『니코마코스 윤리학』에서는 좋은 사람은 나쁜 사람이나 보통 사람보다 좋은 운을 더 적절하게 활용한다고 강조한다. 1124a30 이하.) 그는 운이 기여하는 원인이라고 말한다. 즉, 다른 원인과 함께 이러한 품성상태 쪽으로 이끄는 작용을 한다는 뜻이다(1391a31). 좋은 운이 기술된 유형의 품성을 '가진다'는 주장을 이 이상으로 강하게 해석하면 안 된다(1391a30-1). 운은 하나의 인과적인 요인으로 실제적인 결과를 가져온다. 부유한 사람은 그 소유로 인해 중요한 방식으로 '영향을 받는다'(1390b33-

4). 그런 식으로 영향을 받으리라는 개연성도 있다(1391a7). 그러므로 확고한 품성이 두드러지는 사람이라면 비교적 균형 잡힌 여건에서 이런 인과적 힘들에 저항할 수는 있겠지만, 그래도 그 힘들은 실재하기 때문에 윤리학적 설명에서는 이 점을 인정해야만 한다.

운의 반대자를 상대로 아리스토텔레스기 반박한 내용을 이제 요약해 볼 수 있게 되었다. 첫째, 덕스러운 사람의 좋은 상태만으로는 완전히 좋은 삶을 살기에 충분치 않다. 가치에 관해 우리가 가지고 있는 깊은 믿음을 생각해 보면, 그 이상의 것이 필요함을 알 수 있다. 우리는 좋은 품성상태가 활동 안에서 완전해지고 완전히 표현될 것을 요구한다. 이 활동은 행위자를 세계로 나아가게 하고 따라서 운의 역전에도 취약해진다. 우리가 생각할 때 좋은 삶에 대한 관점 중에서 추구할 만한 모든 관점에 이 위험도 들어 있다. 좋은 사람의 연약성은 한계가 없지는 않다. 좋지 않은 여건이라도 실천적 지혜에서 나오는 융통성 있는 대응력을 가지고 활동을 잘 할 수 있는 방법을 찾을 것이기 때문이다. 그렇지만 연약성은 여전히 실재하는 것이다. 그리고 박탈과 쇠퇴가 지나치게 심하고 장기간 이어지는 경우 좋은 사람도 에우다이모니아에서 떨어져 나가게 된다. 좋은 상태 반대론자에 대한 아리스토텔레스의 마지막 반박의 요지는, 덕스러운 상태 자체가 확고한 난공불락의 것이 아니라는 점이다. 세계를 향한 유연하고도 개방적인 자세가 식물에게 아름다움뿐 아니라 연약성을 주는 것과 같은 이치다.

VI

지금까지 우리는 특히 인간의 삶에서 벌어지는 생생한 우연에 마주칠 때 에우다이모니아는 필연적으로 이에 취약할 수밖에 없음을 이야기했다. 우리는 가치의 위험성과 그것의 풍요로움이 얼마나 긴밀하게 연관되는지 알 수 있다. 삶의 질과 삶의 완전성을 증가시키는 바로 그 가치 평가적인 선택, 즉 지적 예리함이 아니라 활동에 가치를 두는 선택이 행위자에게 재난의 위험 가능성을 열어둔다. 다음 장에서는 사회적 가치에 대한 우리의 탐구를 통해 이 연관성을 더 분명히 볼 수 있을 것이다. 그러나 이와 동일한 미덕, 또 이와 동일한 에우다이모니아가 위험이 없는 삶에서 갑자기 나타나는 일은 상상할 수 없는가라는 점은 지금까지는 분명치 않다. 위험 상태는 필연적이라기보다는 우연적으로 나타난다. 이 우연한 여건이 아무리 영구적이고 불가피해도 미덕 자체의 구조와 연관이 된다. 10장에서 우리는 좋은 삶의 추구는 인간적인 좋은 삶의 추구여야 하며, 특정 존재의 본질과 상태로부터 추상된 좋음 개념은 공허하다고 논했다. 그러나 우리의 '인간적 조건' 중에서 구체적으로 필요하고 위험한 요소들이 어떻게 에우다이모니아를 구성하는 미덕들을 형성하는가에 관해서는 아직 알지 못한다.

그러나 아리스토텔레스의 생각은 핵심적인 가치는 위험의 맥락에서만 그리고 물질적 한계 안에서만 가능하고 가치가 있다는 것이다. 신성하거나 한계 없는 삶 안에서는 그 같은 가치, 그처럼 좋은 것들을 갖지 못할 것이다. 『정치학』 1권(1253a8 이하)에서 그는 유익한 것과 불리한 것, 정의로운 것과 정의롭지 않은 것, 그리고 좋은 것과 나쁜 것과 같은 핵심적인 윤리 개념들이 동물 가운데 인간에게만 있고, 이런 개념을 가진 살아 있는 존재들 사이의 연합을 폴리스라고 설명하고 있다. 야수와 신은 서로 다른 방식으로 비정치적 존재여서 윤리적인 개념에 따라 형성되는 연합체를 가지고 있지 않다. 야수성을 가진 동물은 합리적 능력이 결여되어 있기 때문에, 또한 신은 홀로 자기 충족적인 존재이기 때문에 그러하다(1253a27 이하). 이는 사람과 달리 홀로 자기 충족적인 존재는 기본적인 윤리적 가치의 이해와 소통에 참여하지 않는다는 강한 주장이다. 우리는 왜 그런지 알 수 있다. 유익하다는 개념은 필요와 개념적으로 긴밀하게 연결되어 있다. 정의라는 개념은 아리스토텔레스에 의하면 희소한 자원의 공평한 분배이다. 이 가치들과 그것들의 가치 또는 좋음의 의미는 인간이 처한 희소성 맥락에 따라 상대적인 것으로 보인다. 이 점은 『니코마코스 윤리학』 7권에서도 재확인되는데, 거기서 탁월한 활동은 야수나 신에게는 부인되고, 인간에게는 목적 그 자체라고 보고 있다(1145a25 이하).

아리스토텔레스는『니코마코스 윤리학』10권에서 이 지점으로 돌아와서 신성한 존재 또는 한계가 없는 존재에 대한 주장을 더 분명히 한다. 그 대목에서 그는 필요가 따로 없고 신적인 존재의 삶을 상상해 보면 우리 인간의 핵심적인 윤리적 가치가 전혀 가치 없는 것이 되거나 아예 생각 자체가 불가능함을 알 수 있다고 말한다.

그들이 정의로운 행동을 했다는 식의 귀속이 가능한가? 그들이 계약을 하고 예치금을 돌려주는 등의 일을 하는 걸 상상하는 일 자체가 우스운 일임이 자명하지 않은가? 용기 있는 행동은 어떠한가? 그들이 고귀하기 때문에 두려운 일을 견뎌내고 위험을 감수한다는 말은 또 어떠한가? 아니면 관대한 행동은? 그들이 누구에게 그런 행동을 하겠는가? 그들이 돈이나 그런 류의 무언가를 소유하는 것이 부적절하지 않은가? 겸손한 행동은 어떠한가? 그들에게 겸손한 행동이란 대체 어떤 것이란 말인가? 그런 저속한 욕망 자체가 없을 것이기에 그런 칭찬 자체도 세속적인 것이 아니던가?(1178b10-16)

여러 윤리 관련 저작에서 아리스토텔레스가 목적 그 자체로서의 에우다이모니아를 구성하는 중심적인 가치로 취급하는 것을 부족함, 위험, 필요와 희소성이 완전히 부재한 삶에서는 발견할 수 없음이 분명하다. 그것은 그 가치들의 성격이나 그 가치들의 좋음, 양쪽 다 삶의 연약한 본질에 의해서 구성되는 것이다. (우정이나 정치적 활동의 가치에 대해서도 마찬가지인데 곧 이 점에 대해서 짧게 살펴볼 것이다.) 우리의 생각에 가치 있는 것은 우리가 필요로 하는 것이 무엇이고, 또 그것이 얼마나 희소한가에 본질적으로 좌우된다. 가치의 좋음과 아름다움은 이러한 맥락을 떠나서는 이해할 수도 인식할 수도 없다. 이 점은 단지 인식론적인 것만은 아니다. 우리가 지금 정의롭고 관대하다고 생각하는 사람과 그의 행동은 동물 또는 신성한 존재의 세계에서는 가치가 없을 것이다.

플라톤은 많은 인간의 가치들에 이것이 똑같이 적용된다고 인정했다. 그것들은 그 자체로 중요한 어떤 것이 아니라 상대적인, 즉 순전히 인간적인 삶의 조건에 대해 상대적이다. 플라톤은 진정한 가치 또는 우월한 가치는 맥락에 의존하지도 않고 필요에 상대적이지도 않은 소수의 가치라고 생각했다. 그는 진정 가치 있는 것을 완전하고도 무한한, 아무것도 필요로 하지 않는 존재라도 추구할 이유가 있는 것과 동일시했다. 그러나 아리스토텔레스의 지적에 따르면, 무한한 존재의 관점이 필연적으로 무한한 관점은 아니다. 왜냐하면 이 관점에서는 많은 가치들을 볼 수 없기 때문이다. 플라톤은 우주 안에 완전히 투명한 입장이 존재한다고 생각했다. 그 우주 안에서는 가치의 온전한 진실이 자명해지는 그런 입장 말이다. 아리스토텔레스는 (덕에 관한 '대부분의' 설명에서-부록 참조) 이것이 그렇게 자명하게 보이지 않는다고 답한다. 모든 진정한 가치가 스스로를 드러내는 하나의 본성이란 있을 수 없다. 헤라클레이토스가 기록한 대로 '불멸의 존재는 필멸하고 필멸의 존재는 불멸하는데, 이는 서로의 죽음에 대하여 살고 서로의 삶에 대하여 죽은 것이기 때문이다.'* 불멸성은 신들을 필멸의 강한 용기의 힘으로부터 봉쇄하고 정의롭거나 관대한 행동의 아름다움으로부터 봉쇄한다. 돌이켜보면, 전통의 신들은 제한 작용을 하는 한계가 자신들에게 결여되어 있음을 자각하고 있다. 그들은 더 위험한 사랑 그리고 필멸의 희망을 갈망한다. 그들은 필멸의 관점을 취할 수도 없고 그 관점 내부의 삶을 이해할 수 없지만 제한된 존재의 미덕, 즉 어려운 목적에 반하는 힘에 맞선 인간적 탁월함의 긴박한 광채에 이끌린다. 아리스토텔레스는 피조물이라는 존재의 한계 안에서만 좋음이 나타난다고 그리고 필요가 아름다움을 구성할 수 있다고 주장하면서, 자신이 속한 문화의 아주 심오한 '현상들'로 복귀하고 있는 것이다.

---

* Heraclitus fr. DK B62; Nussbaum, 'Psuchē in Heraclitus, II', *Phronesis* 17 (1972).

12장   좋은 삶의 연약성: 관계적 좋음

　인간이 성취하는 탁월성이라면 모두, 일정 정도의 외부 자원 및 필수 조건을 필요로 한다. 탁월성 각각은 또한 탁월한 활동을 받을 외부 대상을 보다 직접적으로 요구한다.[*] 관대함은 무언가를 반드시 받아야 하는 다른 사람들에게 주는 것을 포함한다. 절제는 전적으로 혹은 적절한 방식으로 드러내는 데 실패할 수 있는 대상(음식, 음료, 성 파트너)과 행동을 통해 적절한 관계를 맺는 것을 포함한다. 지성적 관조조차도 생각하기에 적합한 대상이 있어야 한다. 그러나 플라톤이 생각했듯이, 이러한 조건이 상황의 우연성 때문에 충족되지 않는 경우는 거의 없다. 어떤 것이 물리적으로 존재하든 존재하지 않든, 생각의 대상이 될 수 있기 때문이다. 우주가 있는 한, 모든 곳에서 숙고해야 할 것들이 많이 있을 것이다. 그리고 마지막으로, 아리스토텔레스가 덧붙인 것처럼 생각은 그 자체의 대상이 될 수 있다.[**]

　그러므로 우리는 모든 인간 활동, 그리고 그에 따른 좋은 인간 삶을 위한 계획에 포함될 모든 후보가 어떤 면에서 관계적이기는 하지만, 일부는 다른 것보다 훨씬 더 자기 충족적이라는 것을 알 수 있다. 플라톤과 마찬가지로 아리스토텔레스는 관조적 활동이 우리에게 유용한 활동 중에서 가장 안정적이고 개인적으로 자기 충족적일 수 있다고 판단한다(『니코마코스 윤리학』 1177a25-1177b1, 1178a23-25). 비록 그가 좋음의 조건을 극단적으로 보는 것은 거부할지라도, 그는 플라톤처럼, 가장 안전한 활동을 주된 혹은 유일한 구성 요소로 삼음으로써 좋은 삶의 자기 충족성을 뒷받침하려고 할 것이다.

　그러나 자기 충족성의 스펙트럼 반대쪽 끝에는 다른 중요한 인간 가치가 있다. 그것은 다름 아닌 시민권과 정치적 결합과 관련된 좋은 활동, 그리고

---

[*] 『니코마코스 윤리학』 1177a27 이하 참조.

[**] 『형이상학』 제7권 7장.

개인적인 사랑과 우정에 관련된 활동이다. 이것들은 매우 연약하고 쉬이 사라져 버리기도 하는 특정한 인간사人間事적 맥락을 필요로 하고, 본질적으로 그것과 관계를 맺고 있는 것이기 때문이다. 사랑에는 또 사랑하는 사람이 필요하다. 그리고 '정의로운 사람은 그가 그 사람에 대해 정의로운 행동을 하게 될 상대방, 혹은 그들과 더불어 정의로운 행동을 하게 될 동반자를 필요로 한다.'(1177a30-31) ('그들'은 행위자와 적절한 정치적 관계를 지녀야 한다. 그들은 동료 노예가 아니라 동료 시민이어야 한다.) 더욱이, 사랑과 우정, 그리고 우정이나 사랑의 한 유형인 정치적 탁월함의 부분(그렇지 않다면 실제로 정치적 탁월함의 전체)은 덕스러운 상태hexeis에 행동이 덧붙여진 것이라기보다는 본질상 '관계'에 있다. 성품의 중심적 탁월함은 말하자면, 사람 안에 있다. 그것들은 그 사람'의' 상태다. 세상에서의 활동은 그것들을 완전하게 하거나 완성하는 것이다. 그러나 활동이 그쳐도 여전히 안정적인 무언가가 있으니, 이는 탁월한 행동에 자연스럽게 표현되는 선한 성품의 근원적인 핵심이다. 이러한 핵심은 손상될 수 없는 것이 아니다. 그러나 활동이 없는 경우에도, 이것은 비교적 안정적이다. 이와 대조적으로, 사랑과 우정은 본질상, 세계에서 서로 분리된 요소 간의 우연적 관계이다. 각각은 관용, 정의, 친절과 같은 개인의 다른 특성에 의존하고 복잡한 방식으로 연결되어 있다. 그러나 용감한 행동을 야기하는 용감한 기질이 있는 것처럼, 사랑하는 기질이나 우정을 나누는 기질이 따로 있는 것은 아니다. 용감함은 장애물이 없다면 그 행동의 원동력이 되고 그 자체로 충분조건이 된다. 하지만 이렇게 말하는 것은, 아리스토텔레스의 관점에서, 인간의 사랑에서의 상호성과 상호 인식의 중요성을 잘못 표현하는 것이다. 사랑은 사랑스러운 품성의 상태에 그것이 활성화되는 적절한 맥락이 단순하게 더해진 것이 아니다. 사물의 고유한 성질과 활동은 사물 자체를 만드는 데까지 깊이 들어간다. 상호 활동, 감정 및 인식은 사랑과 우정의 깊은 부분이지만, 아리스토텔레스는 공유하는 활동과 그것을 표현하는 소통의 형식이 사라졌을 때는 사랑이나 우정이라는 이름에 합당한 것이 남아 있다고 말하고 싶어 하지 않는다. 타인은 선한 행위를 받는 대상이 아니라 사랑 자체의 본질적인 부분으로 들어온다. 그러나 이것이 사실이라면(그리고 우리는 아래에서 그러한 주장을 더 밀고 나갈 것이다), 좋은 삶의 이러한 구성 요소는 자기 충족적이기 어려울 것이고 특히 깊고 위험한 방식으로 연약해질 것이다. 그것들을 적절하게 표현하는 것뿐만 아니라 그것들의 존재 자체에도 세상으로부터의 운이 필요할 것이다. 그리고 운의 역전은 그저 그것들의 표현을 방해하는 데 그치지 않고 그것들의 뿌리를 직접 공격할 것이다. 이러한 특별한 성격은 윤리에 관한 저작과 『수사학』에서 아리스토텔레스가 반전되거나 가련하고 두려운 사건을 열거할 때 '친애philia'와 관련된 재난을 특별히 강조하는 이유를 설명한다.

이러한 '관계적 좋음들'은 또 다른 특징을 가지고 있다. 바로 그것들이 꼭 필요하다는 것이다. 그 외에 인간의 다양한 탁월함은 인간이 필수적으로 그리고 다소 불가피하게 선택하는 활동 영역에 초점을 맞춤으로써 식별된다. 탁월한 활동은 이 필수적 영역 내에서 적절한 활동으로 정의된다. 예를 들어, 절제는 육체적 쾌락과 고통, 특히 음식, 음료, 성에 관한 적절한 활동이다. 용기는 위험 상황에 대한 적절한 활동이다. '인간의 좋은 삶에 절제가 포함되어야 하는가?'라는 질문은 중용으로 헤아리는 선택의 영역이 포함되어야 하는지를 묻는 것은 아니며, 그럴 수도 없다. 그 질문은 단지 '이 영역에서, 부적절하지 않은, 적절한 행동이 길러져야 하는가?'라는 의미일 수 있다. (물론 우리는 이 질문에서, 계속해서 절제가 그 자체로 목적으로 평가되어야 하는지, 아니면 다른 목적을 위한 수단으로 평가되어야 하는지를 물을 수 있다.) 우정, 사랑, 정치와 더불어, 우리의 선택과 질문은 더욱 많아진다. 인간은* 분명히 이러한 관계가 없이 살 수 있고, 또 그렇게 살고 있기 때문이다. 아리스토텔레스는 자기 충족성을 추구하기 위해 우리가 고독한 삶, 즉 위와 같은 연약한 것들에 의존하거나 가치를 부여하지 않는 고독한 삶을 길러야 한다는 견해를, 철학적 전통의 두드러진 부분으로 인식한다.

아리스토텔레스는 사회적/정치적 관계와 친애가 모두 인간의 좋은 삶에

---

* 우리가 나중에 보게 되겠지만, 아리스토텔레스는 그러한 존재가 실제로 인간인지에 대한 프로타고라스적인 질문을 제기할 것이다.

서의 필수적이고 가치 있는 부분이라고 주장하면서 그러한 견해를 거부한다. 실제로, 그는 『니코마코스 윤리학』의 서두에서, 최고의 인간 삶을 특징 짓는 자기 충족성은 고독한 것이 아니라 공동체적인 것이라고 분명히 선언한다. '완전한teleion 좋음은 자기 충족적인 것autarkes처럼 보인다. 그러나 자기 충족이란 자기 혼자만을 위한 삶, 고립된 삶에서의 자기 충족을 의미하는 것이 아니라, 부모, 자식, 아내와 일반적으로 친구들과 동료 시민들을 위한 삶에서의 자기 충족을 의미한다. 왜냐하면 인간은 본성적으로 정치적 political*이기 때문이다.'(1097b7-11) 고립적 삶은 에우다이모니아에 충분하지 않다고 논증 없이 규정하는 것처럼 보이는 이 애매한 발언은 사실 그러한 입장을 옹호하는 일련의 복잡한 논증의 부분이다. 우리는 이러한 주장을 검토함으로써 '외부적 좋음'에 대한 아리스토텔레스의 견해에 대한 연구를 적절하게 마무리할 수 있다. 그러한 주장에서의 전략은 예상대로 복잡하다. 고독한 자기 충족을 옹호하는 자들에 반대하여, 아리스토텔레스는 이러한 취약한 관계와 이와 관련된 활동이 최고의 인간 삶을 위한 필수적 수단으로서의 도구적 가치와 구성 요소로서의 내재적 가치를 모두 가지고 있다고 주장한다. 그러나 그는 이것이 운의 자비에 최고의 삶을 견디지 못할 정도로 내버려두는 것은 아니라고 주장한다. 견딜 수 없을 정도로 불안정하지 않은 삶, 인간다운 자기 충족성을 지닌 삶 속에서 적절하게 이해된다면, 이러한 가치들 각각을 실현하는 것은 가능하기 때문이다.

---

* 나는 '폴리스적politikon'을 '정치적political'으로 번역할 것이다. 그러나 'politikon'이 영어 단어 'political'보다 더 구체적이고 더 포괄적이라는 점에 주목하는 것이 중요하다. 더 구체적으로 말하자면, 'politikon'이라는 단어는 다른 형태나 수준의 정치 조직이 아닌, 폴리스나 폴리스에서의 삶에 대한 우리의 적합함 또는 어울림을 가장 잘 표현한다. 또 비공식적인 사회적 관계를 포함해서 폴리스의 삶 전체를 담고, 법과 제도의 영역에 국한되지 않기 때문에 더 포괄적이다. 이러한 점에서는 '사회적social'이라는 표현이 더 적절할 수도 있다. 그러나 그것은 'political'보다도 희랍어 단어 'politikon'의 구체성을 결여한다.

인간의 소중한 좋음 중에서, 정치 공동체의 구성원으로서의 신분과 좋은 활동은 운의 반전에 매우 취약하다. 이것은 언급할 필요가 거의 없다. 아리스토텔레스와 그의 청중이 되살려, 젊은 시민을 키우기를 원했던 비극은 전쟁에서의 패배, 노예화, 정치적 활동과 정치적 자유의 상실이라는 주제에 초점을 맞춘다. 아리스토텔레스의 시대는 놀라울 만큼 정치적으로 불안정한 시대였다. 그의 삶은 이러한 불안정함을 잘 보여준다. 그는 정치적 압력으로 두 번이나 아테네를 떠나야 했고, 민주적 자유를 위협하는 마케도니아 궁정과의 해결하기 어려운 평탄치 않은 관계로 인해, 재산을 소유하거나 시민, 정치 및 종교 문제에서 적극적인 역할을 하지 못하는 거주 외국인 신분이었다. 그는 아마도 한탄했을 것이다. 그는 폴리스와 그 안에서의 사람들의 역할에 가치를 부여하는 것이 매우 불안정한 무언가를 염려하는 것이라는 점을 너무나 잘 알고 있었다. 이 믿을 수 없는 시기에, 다른 철학자들은 정치에 대한 적극적인 참여를 중단할 것을 촉구하기 시작했다. 퓌론*의 삶(기원전 365-275), 또는 그 삶에 관한 이야기는 후대의 회의론자들에게 혼란의 원천에 개입하기를 거부함으로써 얻은, 혼란으로부터의 자유 상태를 예시例示했다.** 퓌론은 폭풍우가 몰아치는 배의 갑판에 있는 돼지를 가리키며, 격변의 한가운데서의 인간의 적절한 상태를 유비적으로 설명했다. 돼지는 배와 배에 탄 사람들의 안녕에는 전혀 신경 쓰지 않고 여물통에서 만족스럽게 계속 먹는다.*** 곧이어 에피쿠로스(기원전 341-270)는 관조적인 침착한 삶을 가르치기 시작했는데, 이 철학자는 시민적 혼란으로부터 정신적, 육체적 거리를 유지한다. 공공장소에 세워진 그의 동상은 예비 학생에게 정치 밖 사회인 정

---

* [역주] 헬레니즘 시대의 희랍 철학자. BC 360?~BC 270? 회의론懷疑論의 시조로 불림. 데모크리토스류流 사상에 감명을 받고, 인도의 현인賢人들과도 교류했음.

** Diogenes Laertius Ⅸ. 참조.

*** Diogenes Laertius Ⅸ. 68.

원으로 물러날 것과 함께, 신과 같은 위엄과 평온이 그 혹은 그녀*의 것이 될 수 있다는 메시지를 줄 것이다. 아리스토텔레스는 정치적인 것이 지닌 연약성을 알고 있으면서도, 고독한 좋은 삶에 대한 철학적 방어를 알아차렸기 때문에, 이 길을 택하기를 거부한다.

우선, 그가 반복해서 강조하는 바와 같이, 정치 공동체의 구성원 신분과 좋은 활동은 일반적으로 좋은 성품의 발전에 필수적인 도구적 역할을 한다. 가족 내에서 그리고 공교육 프로그램의 맥락에서 이루어지는 습관의 형성은 좋은 사람이 되는 가장 결정적인 요소이다. '어린 시절부터 죽 이렇게 습관을 들였는지 혹은 저렇게 습관을 들였는지는 결코 사소한 차이를 만드는 것이 아니다. 그것은 대단히 큰 차이, 아니 모든 차이를 만드는 것이다.'(『니코마코스 윤리학』, 1103b23-24) 그는 『니코마코스 윤리학』10권 9장에서, 말과 가르침은 마치 씨앗이 자라는 데 적당하도록 땅을 준비하듯이, 듣는 사람들의 영혼이 습관을 통해 고귀하게 기뻐하고 미워하는 것으로 미리 준비되어 있어야만 할 것이라고 주장한다(1179b23-26). 그러나 이러한 준비는 질서 있는 교육 제도를 통해서만 이루어질 수 있다. 그리고 같은 장에서 아리스토텔레스는 아이가 직계 가족 내에서 받는 훈련만으로는 충분하지 않다고 주장한다. '어린 시절부터 탁월함을 향한 올바른 지도를 받는다는 것은 그러한 (올바른) 법률에 의해 길러지지 않고서는 어려운 일이다.'(1179b31-32) 왜냐하면 법률만이 젊은이들에게는 당연한 쾌락적 생활과 규율 부족을 견제하기 위해 필요한 강제적 요소를 제공할 수 있기 때문이다.(1179b34 이하) '아버지의 명령은 이러한 힘이나 강제력을 가지고 있지 않으며, 일반적으로 한 사람의 명령은, 그가 왕이나 그러한 종류의 사람이 아닌 한, 힘을 갖고 있지 않다. 그러나 법은 일종의 실천적 지혜와 통찰력에서 나오는 법칙 logos으로서 강제적인 힘을 가지고 있다.'(1180a19-22)

아리스토텔레스는 국가 계획으로 개인에 대한 교육을 완료하는 것의 중

---

* 에피쿠로스는 여성을 가르친 최초의 철학자로 알려져 있다. 그의 학교는 여성과 노예의 입학으로 악명이 높았다. 그리고 일부 여성들은 높은 존경을 받는 위치에 있었다.

요성에 대해 세 가지 주장을 추가적으로 제시한다. 첫째, 국가의 계획만이 일상적인 삶을 회복하는 데 중요한 일관성과 획일성을 약속한다. 각각의 부모들은 선에 대한 서로 다른 개념을 심어줄 수 있는 반면에, 공공公共의 계획은 삶 전체에서 서로를 대해야 하는 사람들이 가치와 목적을 공유할 수 있도록 한다. '국가 전체의 목표가 하나인 만큼, 교육의 목표도 만인을 위해 하나로 같아야 한다. 그리고 교육의 방향은 공공의 것이어야지, 오늘날처럼 각자가 제 아이들을 따로 보살피며 자기가 좋다고 생각하는 것을 사적으로 가르치는 사사로운 것이어서는 안 된다.'(『정치학』, 1337a21-25) 둘째, 공공의 계획은 실천적 지혜를 반영하고 모든 대안을 진지하게 고려한 입법자에 의해 해결될 것이기 때문에, 인간 가치에 대한 문제를 바로잡을 가능성이 더 높다(『니코마코스 윤리학』 1180a18-22, 29).* 이것은 평범한 부모(그러나 다른 보완적 능력, 특히 개별 자녀의 성격에 대한 상세한 지식을 가지고 있어서, 개인적인 참여를 교육 과정에서 동등하게 필요한 부분으로 만드는 사람, 1180b7 이하, 아래 참조)에게 너무 많은 것을 기대하는 것일 수 있다. 마지막으로, 사회적 탁월함이 인간 삶의 가치 있는 부분이라고 한다면, 이 점은 사적인 계획이 아닌 공공의 계획을 조성함으로써 가장 잘 가르쳐질 것이다. '우리는 어떤 시민이 자기 자신에 속한다고 생각해서는 안 되며, 오히려 모든 시민이 국가에 속한다고 생각해야 한다. 각 시민은 국가의 한 부분이기 때문이다.'(『정치학』, 1337a27-29) 이러한 주장 중에서, 세 번째와, 그리고 아마도 첫 번째는 정치적인 것의 인간적 가치에 대한 아리스토텔레스의 다른 주장을 선행적으로 수용함에 달려 있다. 왜냐하면 그것이 달리 가치가 없다면, 우리는 사회적으로 서로를 대할 필요가 없고, 따라서 선에 대한 통일된 개념이 필요하지 않은 삶을 선택할 수 있기 때문이다. 그리고 다시 말하지만, 그것이 가치가 없다면, 아이들에게 그것이 가치 있음을 가르치는 교육을 계획하는 데 좋기보다는 나쁜 것이 될 것이다. 그러나 아리스토텔레스는

---

* 1180a18 및 29에서는, 그러한 체계의 탁월한 정확성을 언급한다. 1180a21-22에서는, 그것이 실천적 지혜phronēsis와 통찰nous에 근원함을 언급한다.

우리가 이 가치를 받아들이는 것이 그것을 가치 있게 여기는 더 많은 이유를 생성한다는 것을 보여준다. 그것만이 그 자신의 연속성을 가장 잘 증진할 수 있다.

공공교육 계획에 가치를 둔다는 것은 연약하고 실현하기 어려운 것 모두에 가치를 두는 것이다. 『정치학』 8권에서 지배적인 관습에 반대하는 아리스토텔레스의 주장은, 적절한 일반적 실천에 접근하는 것이 드문 일임을 분명히 한다. 그리고 덜 이상적인 환경에서 좋은 사람이 되는 것이 가능하다 하더라도, 그 시대에 익숙한 일종의 문화적 불안정성은 종종 실천을 수용 가능하지 못하게 만들어 버릴 것이다. 더욱이, 훌륭하고 안정된 문화 속에서도 경제적 필요성 때문에 육체노동자의 삶을 살아가면서 완전한 인간의 탁월성을 획득하는 데 필요한 교육을 받지 못하는 사람들은 늘 있을 것이다. '직공이나 품팔이꾼의 삶을 사는 사람은 탁월성을 발휘할 수 없다.'(『정치학』 1278a20-21; 1329a39-41 참조) 농부의 삶도 온전한 탁월함과 양립할 수 없다. '왜냐하면 탁월성의 계발을 위해서도 정치적 활동을 위해서도 여가가 필요하기 때문이다.'(『정치학』 1329a1-2) 그러나 장인匠人, 고용된 하인, 농부는 생존과 번영을 위해 항상 필요하다. 이러한 사실들로부터 이끌어내지는 결론은, 좋은 폴리스에서도 최고의 인간 삶은 누구에게나 분배될 수 없는 조건을 필요로 하기 때문에, 모든 사람에게 열려 있을 수는 없다는 것이다. 아리스토텔레스는 이렇듯 어려운 사실들을 보고, 이러한 사회적 조건이 결국 탁월성을 위한 진정한 필요조건이 될 수 없다고 결론짓지는 않는다. 대신 그는 그가 말했듯이, 탁월성은 자연적으로 얻을 수 없는 모든 사람에게 제공되어야 하지만, 모든 사람에게 세상이 그러한 것은 아니라는 결론을 내린다. 기존의 부당한 경제 조건 하에서, 사회적 삶 자체의 긴급함 때문에 어느 정도의 부당함은 요구된다. 그의 관점대로 사물을 이러한 식으로 표현하는 것이, 가능성의 용어로 선을 정의하는 것보다 낫다. 첫째, 이것은 입법자가 이러한 제한 사항에 대해 가능한 한 많이 노력하도록 동기를 부여하기 때문이다. 둘째, 모든 사람의 '삶에 들어맞는' 것을 목표로 삼는 것은 더 낮고 질이 떨어지는 지점을 목표로 하는 것이기 때문이다.

이제 좋은 법 아래서 잘 자란 사람이 있다고 가정해 보자. 그의 성격은 잘 발달되어 있고, 일반적으로 올바른 애착을 지니고 있다. 탁월함을 지속하기 위하여, 정치 공동체에 참여하는 것은 얼마나 중요할까? 여기서 다시 한 번 아리스토텔레스는 폴리스와 그 안에서의, 그리고 그것을 위한 우리의 활동에 중요한 역할을 부여한다. 첫째, 도덕적 성장은 어느 정도 나이가 든다거나 어느 정도 높은 발달 단계에 도달한다고 해서 갑자기 멈추지 않는다. 아리스토텔레스는 정치와 친애에 대해 논의하면서, 외부로부터의 끊임없는 지원이 요구되는 지속적인 과정으로 성장을 묘사한다. 이것은 도덕적으로 미성숙한 성인들에게 가장 중요한 사실이다. 그러나 이것은 최고로 성숙한 경우에서도, 어느 정도 사실인 것 같다. '어린 시절에 올바른 양육과 보살핌을 받는 것만으로는 아마 충분하지 않을 것이다. 성인이 된 후에도 같은 일을 계속해서 해야 하고 습관을 들여야 한다. 그리고 이를 위해 법률이 필요하고, 일반적으로 삶 전체에 관한 법률이 필요하다.'(『니코마코스 윤리학』 1180a1-4) 좋은 성품은 일단 잘 시작되면, 비교적 안정적이다. 그러나 우리는 운의 반전이 그것을 손상시킬 수 있음을 보았다. 친애에 관한 글에서, 동료들의 영향으로 인해 생기는 좋고 나쁜 성격 변화에 관한 이야기에서, 이는 증명될 것이다.

이것은 시민 활동과 좋은 정치적 환경의 존재가 좋은 성품의 발전과 유지에 도구적으로 필요하다는 것을 증명하는 방법이다. 우리가 주체에 안정적이고 훌륭한 성인成人의 성품을 가정하더라도, 그가 탁월함에 따라 잘 행동하기 위해서는 유리한 정치적 조건이 도구적으로 필요하다고 덧붙일 수 있다. 노예는 아무리 좋은 성품을 가지고 있더라도 선택권을 빼앗기고, 따라서 잘 살기 위해 필수적인 무엇인가를 박탈당한다. 노예는 자신의 선택에 따라 살지 못하는 사람이다(『정치학』 1317b3, b13, 1280a32-34). '그는 인간이지만, 자신이 아닌 다른 사람에게 속해 있다.'(『정치학』 1254a14-15) 이러한 이유로 아리스토텔레스는 노예가 에우다이모니아에 참여할 수 있다는 점을 부정하는데, 에우다이모니아는 주체 자신의 실천적 이성에 의해 탁월한 활동이 선택되어야 하고, 그들 자신을 위해 선택되어야 하기 때문이다(『정치학』 1280a33). 또한 그들은 선택과 인격에 대한 상호 존중을 기반으로 하는 것 중 최고인 필리아에 참여할 수 없다. 이러한 이유로, 아리스토텔레스는 실천적 이성에서 타고난 능력을 지닌 사람을 노예로 있게 해서는 안 된다고 주장한다(1252a32, 1255a25). 그는 '자연적 노예'라고 불릴 수 있는 상당수의 인간이 있으며, '숙고하는 능력이 전혀 없기 때문에'(1260a12, 1154b20) 노예 상태에 있는 것이 적절할 수 있다고 인식하지만, 그럼에도 불구하고 그는 사실상 부당하다고 비난한다. 그가 속한 문화에서 노예 제도의 실제 관행에서는, 전쟁에서 단순히 포로가 되었을 뿐 완전히 합리적이고 이성적인 사람들을 속박하여 노예로 만들었기 때문이다.*

덜 심각한 사회적 장애도 에우다이모니아를 감소시킬 수 있다. 육체노동과 여가에 대한 아리스토텔레스의 말은, 아마도 교육을 잘 받은 성인이 갑자기 이렇게 지루하게 반복되는 굴욕적인 삶에 내몰린다면, 좋은 활동의 손상을 겪을(이것은 분명하다) 뿐만 아니라 시간이 지남에 따라 성격 자체에 결정적 손상을 입게 되리라는 것을 암시한다. 그러한 사람은 『니코마코스 윤리학』 1권에서의 제안 방식대로, 이러한 조건에서 잠시 '최선을 다할' 수 있다(본서 2장 참조). 이러한 경우에, 활동 장애는 '결정적인 삶의 변화'를 가져올 에우다이모니아로부터 그러한 사람을 제거할 필요가 없다. 그러나 제한이 심각하고 오래 지속된다면, 활동 자체가 손상되거나 탁월함 자체가 오염되어, 에우다이모니아가 방해를 받을 것이다.

잘 기능하는 폴리스에 완전히 참여하는 이 모든 것은 개인의 다른 탁월성을 계발하고 행사하는 데 필요한 조건이다. 그러나 이제 우리는 아리스토텔레스가 시민의 정치적 참여가 그 자체로 본질적인 좋음 또는 목적이며, 그것 없이는 인간의 삶이 다른 탁월성과 관련하여 번성할지라도 불완

---

* 아리스토텔레스가 대부분의 실제 노예가 실천적 이성을 가질 수 있고, 따라서 부당하게 노예가 된다고 믿었을 가능성은 그다지 없다. 그는 노예 소유에 대해 매우 엄격한 기준을 설정했는데, 이는 실제로 대부분의 고대 희랍의 관습이 부당하다는 것을 암시한다. 그러나 그 자신의 기준을 적용한 점은 편견과 외국인 혐오로 인하여 결점이 될 수 있다.

전하리라고 믿는다는 점을 추가해야 한다. 우리는 그가 인격의 탁월성을 설명하면서 정의와 공평을 강조하는 데서 이러한 점을 어느 정도 알 수 있다. 이러한 탁월성은 분명히 핵심적인 중요성을 지닌다. 그리고 모든 탁월성들과 마찬가지로, 그 활동은 단순히 도구적으로서가 아니라 '그 자체를 위해' 선택되어야 한다. 이러한 활동에 대하여 아리스토텔레스가 든 대부분의 예시는 본질적으로 정치적이다. 사적인 삶은 이러한 미덕을 행사할 수 있는 최소한의 범위를 제공한다. 그리고 우리는 비시민권자, 예를 들어 아리스토텔레스와 같은 거주 외국인도 그의 사적 선택이 부당하게 제한되지 않는 한, 완벽하게 충만하고 좋은 인간 삶을 살 수 있다고 쉽게 상상할 수 있다. 아리스토텔레스 자신의 사적 자율성과 삶의 탁월성은 그가 아테네에서의 공적인 삶에 시민으로서 참여하지 않았기 때문에 거의 손상되지 않은 것 같다.

아리스토텔레스는 이러한 제안에 동의하지 않는다. 그는 완전한 성인의 건전한 생활을 위해 정치적 공직을 실제로 맡는 것이 필요하다고 생각하지 않은 듯하다. 왜냐하면 그는 『대윤리학』에서, 좋은 사람은 공직을 맡을 기회를, 그것을 더 잘 활용할 수 있는 다른 사람에게 자주 양보할 것이라고 말하기 때문이다(1212a34 이하). 그러나 그는 이러한 사람이 공직에 대한 '권리'를 갖고 있다고 분명히 생각한다. 그는 이러한 권리를 다른 사람에게 적극적으로 '양보한다.' (그의 이름이 뽑혔을 때 경품을 양보할 수 있지만, 그의 이름은 복권에 있다.) 아리스토텔레스는 공직에 대한 '기회'를 박탈당하는 것은 좋은 삶을 저해한다고 분명히 생각한다. 그는 '정치적 공직timē에 참여하지 않는다'라는 이유로, 거주 외국인에 대하여 (호머의 말을 인용하여) '명예timē 없는 재류외인在留外人', 즉 자기 나라를 떠도는 방랑자라고 말한다(『정치학』, 1278a34-38). 우리는 이 시점에서 고대 희랍의 '폴리스'가 현대 민주주의 체제보다 더 시민 하나하나에게 영향력이 있었고 더 직접적이었다는 점을 상기해야 한다. 가치는 도덕 교육을 포함한 시민의 삶 전체에 조직되고 침투한다. 그리고 평범한 개인 시민은 이러한 것들을 형성하고 통제하는 데 실질적인 몫을 했다고 말할 수 있다. 그러므로 이러한 기회를 박탈당한다는 것은 좋은 삶에 부수적인 것을 박탈당하는 것이 아니라, 좋은 삶 그 자체의 토대와 기초로부터 소외되는 것이다. 그리고 이것은 아리스토텔레스가 합리적으로 결론짓듯이, 본질적 가치가 부족하다. 따라서 그는 잘살기 위해 필수적인 자연적 능력을 박탈당하지 않은 모든 사람들이 시민권을 취득할 수 있고, 모든 시민이 단일 개체로서 그들을 통치하는 제도를 형성하는 데 적극적인 역할을 할 수 있는 폴리스를 계획하기로 결정했다.*

정치적인 것의 본질적 가치에 대한 아리스토텔레스의 옹호는 다른 맥락에서도 등장한다. 이는 정치적인 것이 인간 본성의 일부라는 그의 주장에서의 명료한 표현들에 있다. 이러한 유명한 구절을 검토하여, 그것들이 설정하고 있는 것이 무엇인지 그리고 어떤 종류의 논쟁이 있는지 정확히 물어볼 가치가 있다. 왜냐하면 여기서 아리스토텔레스는 윤리적 가치에 대한 인간의 공통된 믿음에 대한 탐구를 외면하고, 인간으로서의 우리의 본성에 대한 가치 중립적인 과학적 사실의 기반 위에서의 윤리적 가치에 대한 규범적 설명을 근거로 삼고 있기 때문이다. 만일 그렇다면 아리스토텔레스의 윤리적 절차에 대한 우리의 설명에는 약간의 수정이 필요할 것이다. 따라서 윤리적 논쟁의 맥락에서 우리의 본성에 대한 호소가 실제로 어떻게 작동하는지에 대해 명확히 하는 것은 가치 있는 일이다.

인간의 정치적 본성에 호소하는 『정치학』과 『니코마코스 윤리학』에서의 주장의 힘과 요점은 정치적 가치를 수단적 가치로서만 인정하는 반대자들에 대항하여 정치적인 것의 본질적 가치를 옹호하는 것이다. 반대자는 정치가 제공하는 좋은 것들을 '필요'로 하지 않는다면 고독한 삶이든 정치적인 삶이든 인간의 에우다이모니아에 충분하다고 말한다. 아리스토텔레스는 정치적인 것 자체가 좋은 것 중 하나이며, 그것 없이는 인간의 삶이 불완전할

---

* 『대윤리학』 1194b5-23, 『정치학』 1255b20, 1261a39, 1277b7, 1279a20, 1288a12, 1274a22 이하, 1275b18, 1276b38 이하, 1277b7 이하, 1317b2-3, 1332b32 이하, 『니코마코스 윤리학』 1134b15 참조. 그러나 『정치학』 1328a18에서는, 타국인인 이주자가 폴리스에 경제적으로 필요하다고 말한다.

것이라고 대답한다. 정치적인 것이 우리 본성의 일부라는 주장은, 그것이 없는 삶은 중요한 좋음이 부족하고 심각하게 좌절되거나 불완전하다는 주장과 같은 것으로 보인다. 그들이 공유된 믿음에 대해 어떤 구절보다도 명시적으로 강조하여 호소한 것은 이 구절에서 드러난 문체의 두드러진 특징이다. '~인 것 같다', '그들이 말하기를'이 반복적으로 사용된 것은, 중립적이거나 공평한 전문가에게 호소하고 있는 안案에 즉시 의구심을 제기하는 것이다. 둘째, 호소하는 보통의 믿음의 특징은 대체로 그 내용에 있어서 윤리적이고 평가적이다. 그것들은 가치 있는 것, 칭찬할 만한 것, 빈곤한 것에 대한 믿음이다.

『니코마코스 윤리학』에서의 두 구절은, 자기 충족적인 독립이 완전한 에우다이몬이라는 주장에 반대하여, 인간관계의 자연스러움을 옹호한다. 이중 첫 번째는 친애의 자연스러움에 대해서만 이야기한다(1155a16-23). 두 번째는 '폴리스적politikon'이라는 것의 자연스러움에 대해 이야기하는데, 사람의 친애의 중요성을 옹호하는 맥락에서 이야기한다. 따라서 이에 대해서는 뒤에서 더 자세히 살펴보기로 한다. 그러나 이제 우리는 정치적 요구가 제기된 문장을 검토할 수 있다.

> 또 아마 지극히 복된 사람을 고독한 사람으로 만드는 것도 이상한 일일 것이다. 홀로 지내면서 모든 좋은 것을 다 소유하라고 하면, 이것을 선택할 사람은 아무도 없을 테니까. 인간은 정치적이며 함께 살게끔 되어 있기 때문이다. (1169b16-19)

아리스토텔레스는 여기서 분명히, 자연적 사실의 분리된 영역이 아니라 우리의 가장 깊은 가치 판단에 호소한다. 고립된 삶은 에우다이모니아에 충분하지 않다. 왜냐하면 그러한 삶은 우리에게 선택할 만하거나 충분하지 않기 때문이다. 에우다이모니아에 대한 고립적인 시각은 우리가 내리는 선택, 우리가 공유하는 믿음과 상충된다. 에우다이모니아가 삶이 불완전하다고 판단되는 모든 가치를 포함하려면, 그 자체로 목적으로서의 정치적인 것을 포함해야 한다. 더욱이 우리의 정치적 '본성'에 관한 문장에는, 정치적 선택과 관심은 너무 깊숙이 자리 잡고 있어 그것이 우리 '존재'의 일부임이 나타난다. 고독한 삶은 완벽하지 않을 뿐 아니라, 우리가 인간의 삶이라고 거의 부를 수 없을 정도로, 근본적인 무엇인가가 부족할 것이다. 따라서 본성에 대한 호소는 폴리스적인 요소의 깊이와 중요성을 강조한다. 그것 없이는, 우리는 심지어 우리 자신이 아니다. 그것이 없는 삶을 선택하는 것은 우리 자신에게서 너무 많이 떠나 있어서, '우리'가 그러한 삶을 계속 살고 있다고는 거의 말할 수 없다.*

『정치학』 1권에서 인간의 정치적 본성에 호소하는 것 또한, 같은 이야기를 하는 것처럼 보인다. 다시 말하지만, 폴리스가 본성적으로 존재한다는 주장은 이러한 인간 삶의 구성 요소의 본질적 가치를 옹호하기 위해 작동한다. 아리스토텔레스는 X가 생물 C의 본성의 일부라면 X에 대한 언급 없이는 C의 삶의 목적에 대한 설명이 완전하지 않을 것이며, C에 적합한 자기 충족성에 관한 어떠한 설명도 X를 생략할 수 없다는 일반 원칙을 말한다 (1252b31-1253a1). (『니코마코스 윤리학』에서와 같이) 정치적임이 우리 본성의 일부라는 주장은 고독한 생활이 에우다이모니아에 충분할 수 있다는 견해를 배제할 것이다. 다음으로 아리스토텔레스는 폴리스적임이 우리 본성의 일부라고 생각하는 몇 가지 이유를 설명한다.

······인간은 본성적으로 정치적 동물임이 분명하다. 생각이 아닌 본성 apolis dia phusin에 의해 국가가 없는 자는 인간 이하이거나 인간 이상이다. 그런 자를 호메로스는 '친족도 없고 법률도 없고 가정도 없는 자'라고 비난한다. 본성이 그러한 자hama phusei는 전쟁광이며, 장기판에서의 '고삐 풀린' 말과 같기 때문이다.(1253a1-a7)

---

* 본질에 대한 믿음과 가치에 대한 믿음 간의 연결에 대해서는, 본서 4, 6, 7장 참조.

그 직전에 아리스토텔레스는 호메로스의 퀴클롭스*에 대해 언급했는데,**
호메로스의 퀴클롭스는 사회적, 정치적 관심이 없다는 점에서 우리와 특별
한 차이가 있다(1252b20-24, 『니코마코스 윤리학』 1180a28-29 참조). 따라
서 그는 사회적 관심이 결여된 의인화된 존재가 인간으로 분류되지 않는, 인
간에 관한 생각에서의 전통의 깊이를 청중에게 상기시켰다.*** 이제 그는 한
걸음 더 나아가, 현대 과학자라면 누구나 기술적으로, 퀴클롭스와 같은 신화
적 생명체가 아닌, 호모 사피엔스 종의 구성원으로 분류할 존재를 언급하는
호메로스의 시구를 숙고하면서, 청중들에게 그들의 가장 위대한 현자 네스
토르****(그리고 그들의 가장 권위 있는 시인 호메로스)가 이 존재를 비난하고 그
를 열등한 먼 곳으로 강등시키는 방식을 상기시킨다. 고독하고 전쟁을 수단
이 아닌 그 자체로 사랑하는 것이 그의 본성이라면, 아리스토텔레스는 그가
우리 동족보다 낮거나 위에 있지만, 동족은 아니라고 말한다. 우리가 우연이
나 좌절을 통해서가 아니라 그의 타고난 본성에 따른 비사회적 존재를 만난
다면, 우리는 그를 우리 중 하나로 간주하지 않으면서, 우리가 동료 인간에
게 부여하는 대우를 그에게 부여할 것이다. 그리고 이 모든 것이 사실이라
면, 정치적으로 행동하는 것 자체가 인간의 목적이자 인간의 에우다이모니
아의 구성 요소인 듯하다. 이것을 빼앗긴다면, 우리는 우리에게 적합하지 않
은 삶을 사는 것이다. 우리는 좌절하고 우리 존재의 부분과 단절된다. 이 모
든 것은 우리가 가장 소중히 여기는 신화와 이야기에 반영되고 더욱 탐구되
는, 깊고 널리 퍼진 보통의 믿음으로부터 분명히 도출된다.

『니코마코스 윤리학』5권(1129b26 이하)에서 아리스토텔레스는 한 걸음 더 나아간다. 정의dikaiosunē의 본질을 탐구하면서, 그는 어떤 의미에서는 그 것이 탁월성에서 '가장 권위 있는 것'이며, 모든 탁월성이 다른 관계 또는 사회적 측면을 갖는다는 점에서 '완전한 탁월성' 자체와 동일하다고 말한다. 다른 사람과 관련된 모든 탁월성은 정의라는 이름을 얻을 자격이 있다. 아리스토텔레스는 자기에게만 관심을 가지고, 다른 사람의 좋음에 대한 적절한 배려로 이루어진 탁월성이 없다면, 인간은 하나의 중요한 인간 목적을 결여할 뿐만 아니라 모든 탁월성을 결여할 것이라고 주장하는 듯하다. 왜냐하면 각각은, 그가 말했듯이, '타인과 관계되는pros heteron' 동시에 '자신과 관계되는pros hauton' 것이기 때문이다. 여기서 아리스토텔레스는 플라톤의 용어를, 의도적으로 반플라톤적 방식으로 사용한다. 플라톤은 어떠한 진정한 가치도 관계적pros heteros 항목이 아니라고 주장한 반면, 아리스토텔레스는 이제 성격의 모든 진정한 탁월성은 관계적 성질을 지닌다고 주장한다. 정치적 및 그 밖에 연관된 관심이 자기 자신 안에서 끝난다면, 정의뿐 아니라 진정한 용기, 진정한 절제, 진정한 관용, 영혼의 위대함, 유쾌함 등을 결여할 것이다. (『수사학』에서의 논의에서 신뢰와 탁월함에 대해 이미 지적된 바와 같이) 궁극적인 좋음의 개념으로 자신의 좋음만을 언급하는 생명체는 진정한 의미에서 이러한 항목 중 어느 것도 소유할 수 없을 것이다. 그 생각은 이러한 것 같다. (단순한 뻔뻔함이 아닌) 진정한 용기는 적절한, 즉 단순히 도구적인 것 이상으로 자신의 국가와 동료 시민의 복지에 대한 관심을 필요로 한다. (교활한 쾌락 추구와 반대되는) 진정한 절제는 기분 좋고 성적인 상호 작용의 표준 규범에 대한 적절한 (그리고 비도구적인) 존중을 필요로 한다. 진정한 관용은 그것을 받는 사람의 좋음을 위한 교활하지 않은 배려를 필요로 한다. 기타 등등. 각각의 경우에, 다른 사람의 좋음을 목적으로 선택하지 않고서는, (탁월함의 정의가 요구하는 대로) 이러한 탁월한 활동 그 자체를 목적으로 선택할 수 없다.

그러고서 아리스토텔레스는 '현상'에 대한 탐구가 사회적 활동과 기타 관련 활동이 인간에게서의 도구적 가치와 본질적 가치를 모두 지니고 있음을 드러낸다고 주장했다. 그는 세상에 존재하는 이러한 가치의 명백한 위험성과 불안정성을 명목으로 최고의 삶에서 배제하거나, 직관적인 믿음과 시적 이야기의 증거에 반하여, 그 가치를 잃는 사람은 심각한 가치를 잃은 것이 없다고 결론짓는 이유로 간주하지 않는다. 대신 그는 정치와 사회에 관한 이러한 사실들이, 유능하고 진지한 사람들이 입법과 정치 계획에 관심을 돌리는 이유를 제공한다고 본다. 세상에 대한 우리의 요구를 더욱 지속적인 충족을 위해 줄이는 대신, 세상 속에서의 그리고 세상을 향한 우리의 활동이 우리의 높은 요구를 보다 균형 있게 충족시킬 수 있도록 그것을 늘려야 한다고 그는 생각한다. 우리는 중요한 것들은 이미 인간의 통제하에 있다고 미리 선언하지 말고, 중요한 것들에 대한 인간의 통제 범위를 넓히려 노력해야 한다. 이것이야말로 인간이 자기 충족성을 추구하는 올바른 길일 것이다.

그러나 우리는 정치적 삶의 안정에 대한 아리스토텔레스의 관심이 개인적 선택의 자율성 및 시민의 활력과 같은 다른 사회적 가치에 대한 관심에 의해 경감되었다는 점에 주목해야 한다. 그는 가능한 폴리스 개념 중 한 사람이나 소규모 그룹에 모든 선택을 맡김으로써 안정성과 통일성을 극대화하려는 폴리스 개념을 선택하지는 않는다. 개별 의지의 입법적 개입을 최소화함으로써 갈등과 불안정을 제거하려는 플라톤의 노력에 반대하며 아리스토텔레스는 '다원성', 즉 번갈아 통치하고 통치받는 '자유롭고 평등한' 시민의 연합체로서의 폴리스 개념을 옹호한다. 그는 정의에 근거하여 이 개념을 옹호하며, 좋은 인간 삶에서 분리와 개인적 선택이 수행하는 근본적인 역할을 지적한다. 그리고 그는 또한, 인간은 보살핌의 대상이 어떤 면에서 그들에게 중요한 것이라고 생각함으로써 그 대상에 관심을 기울이도록 더 깊은 동기를 부여받기 때문에, 그러한 연합은 탁월한 활력과 풍부함을 가질 것이라고 주장한다(『정치학』 1262b22 이하, 1261b16 이하). 마지막으로, 그는 폴리스가 고귀한 노력이나 대규모 프로젝트가 수반하는 위험 때문에 그것을 회피하면서, 탁월성에 대한 책무로 희생하고 안정을 키울 것을 촉구하지 않는다. 페리클레스의 아테네 정책에 대한 아리스토텔레스의 명백한 찬탄은 보수적인 안전보다 야심 찬 노력을 선호한다는 것을 보여준다. 훌륭한 목적을 위한 자기희생의 고귀함을 옹호하는 사적 영역에서와 마찬가지로, 공적 영역에서도 그는 기꺼이 안전보다 성취를 우선시한다.

또 다른 방면으로, 아리스토텔레스의 폴리스는 위험을 제거하기를 거부한다. 우리는 지금까지 좋은 삶의 개별 구성 요소의 연약성에 대한 그의 옹호에 관하여 이야기했다. 우리는 이제 그의 좋은 폴리스에는 가치의 우연적 충돌 가능성이 시민 생활 자체의 풍요로움과 활력의 조건으로 보존된다는 점을 추가해야 한다. 플라톤은 오직 가족을 폴리스로 만듦으로써 가족과 폴리스 간의 갈등 위험을 제거하려고 했다. 아리스토텔레스는, 우리가 곧 보게 되겠지만, 가족 사랑의 친밀한 유대의 중요성을 옹호하면서 이러한 갈등의 가능성이 없는 폴리스의 대인 관계는 그저 '(물로 희석된 듯) 밋밋해질' 것이라고 주장한다(1262b15 이하). 플라톤은 사유 재산과 성적 관계의 배타성을 갈등의 근거로 여겨, 그것을 제거하려고 시도했다(본서 5장 V절 참조). 여기서 다시 아리스토텔레스는, 이렇게 하는 것은 시민의 삶에서 다른 방법으로는 찾을 수 없는 동기와 관심의 원천을 박탈하는 것이라고 주장한다. 아리스토텔레스가 적절하게 말했듯이, 플라톤은 하나의 유기체가 전체가 되는 방식으로, 즉 단일한 좋음, '그 자신의'라는 단일 개념, 단일한 기쁨과 고통을 가지고, 국가를 통일체로 만들려고 했다(1261a16 이하). 아리스토텔레스는 이러한 종류의 갈등 없는 통일이 폴리스에 적합한 종류의 통일이 아니라고 주장한다. 왜냐하면 그것은 인간의 사회적 좋음의 본질적 요소인 개인의 분리를 파괴하기 때문이다. 국가는 본성적으로, 분리된 부분들의 복합체다(1261a18-22). 플라톤적인 방식으로 그것을 하나로 만드는 것은, 그것의 두 개의 커다란 중심적인 좋음, 정치적 정의正義와 친애親愛의 기반을 제거하는 것이다. 단일한 유기적 전체의 요소 간에는 정의가 없다. 분배로서의 정의라는 개념은 공동체 구성원들과 그들의 이해관계의 분리성을 전제로 한다(『대윤리학』 1194b5-23, 『니코마코스 윤리학』 1134b1 이하). 따라서 갈등의 근간을 제거하여 모든 시민이 '내 것'과 '내 것이 아닌 것'을 단일한 것으로 말하게 하는 것이 가능하다 할지라도, 우리는 그렇게 해서는 안 된다. 그것은 국가에 적절한 가치가 파괴됨을 의미할 것이다(1261b25-26, 31-32,

1332a36-37).

우리는 문명화된 폴리스에 대한 아리스토텔레스의 생각에서, 우리가 『안티고네』에서 처음 마주했던 사유를 발견한다. 그것은 좋은 인간 삶의 특정 구성 요소의 가치는, 대립과 그에 따른 갈등의 위험과 분리될 수 없다는 생각이다. 그것들을 적절하게 갖는 것은, 그것들을 복수형으로 다원적으로 갖는 것이다(본서 10장 II절 참조). 이런 식으로 그것들을 갖는 것은 분쟁의 위험을 감수하는 것이다. 그러나 통일하고 화합하며 갈등의 기반을 제거하는 것은 가치를 제거하는 것이기도 하다. 크레온의 단일화 또는 심지어 헤겔의 종합synthesis의 단일성은 비록 성공할지라도 세상을 피폐하게 만든다.

II

아리스토텔레스는 '필로이philoi'를 '외적인 좋음 중에서 가장 큰 것'이라고 말한다(『니코마코스 윤리학』 1169b10). '필리아'라는 주제에 대해, 그는 두 가지 주요 윤리 저작에서 각각 5분의 1을 할애했으니, 다른 단일 주제보다 더 많은 공간을 할당한 것이다. 우리는 이 외적 좋음에 관한 연구를 두 개의 언어적 지점에서 시작해야 한다. 우리는 필리아를 '우정'으로, 필로스를 '친구'로 번역하는 일반적 관행을 따르지 않을 것이라고 밝혔다(11장 IV절 참조). 이제 이에 대한 이유를 더 충분히 설명해야 한다. 첫 번째 이유는 외연外延의 문제이다. 필리아에는 우정으로 분류되지 않는 많은 관계가 포함된다. 엄마와 아이의 사랑은 필리아의 대표적인 사례이다. 남편과 아내의 관계를 포함한, 모든 가까운 가족 관계는 그렇게 특징지어진다. 또한, 우리가 쓰는 '우정'이라는 말은 '그냥 친구'라는 표현과 같이, 다른 관계에 비해 감정이 약한 관계를 나타낼 수 있다. 아리스토텔레스는 다양한 정도의 친밀감과 깊이의 관계를 다룬다. 그것들 가운데 일부는 정서적 강도가 약한 것도 있다. 그러나 필리아에는 인간이 형성하는 가장 강력한 정서적 관계가 포함된다. 여기에는 열정적인 성적 요소가 있는 관계도 포함된다. 이 두 가지 이유로, 영어의 '사랑love'은 더욱 적절하고 광범위해 보인다. 따라서 우리는 번역할 때 사랑이라고 할 것이다. 그러나 우리는 아리스토텔레스의 중심어 선택이 인간관계에서 그가 가치 있게 여기는 것에 대한 무엇인가를 드러낸다는 것을 처음부터 주목해야 한다. 필리아의 강조는 사심 없는 이익, 공유 및 상호성에 대한 것보다는, 강렬하고 열정적인 갈망에 있고, 드문 종류의 균형과 조화보다는, 광기에 있기 때문이다.

두 번째 번역 문제는 더욱 다루기 어렵다. 영어로, 사랑 관계의 파트너는 언어적으로 능동태와 수동태로 나뉜다. 우리에게는 '사랑하는 자lover' 혹은 '사랑하는 사람person who loves'이라는 말과, '사랑받는 자loved one'라는 말이 있다. 희랍어 필로스philos는 능동/수동의 구분이 없다. 그리고 상호성은 실제로, 아리스토텔레스의 필리아와 필로스 개념의 중요한 부분이 될 것이다. (이런 점에서는, 영어 'friend'가 더 낫다.) 따라서 능동적 요소와 수동적 요소의 통합성을 유지하기 위해, 나는 음역音譯을 자주 사용할 것이다.

사랑은 본성적으로 분리적인, 외부적인 대상과의 관계이다. 아리스토텔레스가 사랑의 이로움과 가치에 필수적인 것으로 간주하는 이러한 외재성은 또한 분명 연약성의 커다란 원천이기도 하다. 그럼에도 불구하고 아리스토텔레스가 인간의 다른 어떤 탁월성보다 지속적으로 관심을 기울인 것은 인간 삶의 외부 의존적이고 위험한 부분에 있다. 더욱이, 그는 사랑에 많은 공간을 할애했을 뿐만 아니라 이를 대단히 강조했다. 그는 필리아가 '삶에 가장 필수적인 것'이라고 주장한다(『니코마코스 윤리학』 1155a4). 그리고 이는 필수적일 뿐만 아니라 본질적으로 좋고 훌륭한 것이다. 왜냐하면 '우리는 필로이를 사랑하는 사람들을 칭찬하고, 필로이가 많은 것은 본질적으로 훌륭한 것 중 하나로 보이기 때문이다. 더 나아가 사람들은 좋은 사람과 좋은 필로이를 동일하게 생각한다.'(1155a28-32) 우리는 이러한 큰 주장의 주제인 관계의 특성을 기술한 다음, 각각의 주장을 더 자세히 검토할 필요가 있다.

아리스토텔레스는 한 사람이 무언가 또는 누군가를 좋아하거나 심지어 강렬하게 사랑하는 모든 경우가 진정한 필리아인 것은 아니라고 주장한다. 예를 들어, 와인 애호가는 와인을 정말로 사랑할 수 있다. 그러나 그 또는 그녀는 두 가지 이유로, 와인의 필로스가 아니다. '(상대에) 응應하는 사랑이나 상대방이 잘되기를 바라는 마음이 없기 때문이다. 와인이 잘되기를 바라는 것은 우스운 일일 것이기 때문이다. 만일 그렇게 바란다면, 와인이 잘 보존되어 나중에 자신이 갖게 되기를 바라는 것일 뿐이다. 그런데 사람들은 필로스가 잘되기를 바랄 때는 필로스를 위해서 그러는 것이라고 한다.'(1155b27-31) 우리는 이 구절에서 필리아에 대한 두 가지 필요조건을 발견한다. 첫 번째는 상호성이다. 필리아는 일방통행이 아닌 관계다. 그것의 이로움은 공유, 이로움의 반환, 애정과 불가분의 관계이다. 두 번째는 독립성이다. 필리아의 대상은 필로스의 단순한 소유나 확장이 아니라, 분리된, 좋음을 지닌 존재로 여겨져야 한다. 그리고 진정한 필로스는 그 분리된 좋음을 위하여 다른 사람의 행복을 바랄 것이다. 감식가는 와인을 자신의 소유로, 자신의 좋음의 일부로 사랑한다. 반면 필로이는 분리되고 독립적이어야 한다. 그들은 선택과 행동에서 분리된 중심이어야 하고, 서로를 분리된 중심으로 보아야 한다. 다른 곳에서 아리스토텔레스는 이러한 이유로 주인과 노예 사이에는 진정한 필리아가 없다고 말한다. 즉, 노예는 주인'의 어떤 것'과 같고, 주인 자신의 좋음의 확장이다. 그 또는 그녀는 선택에 있어 분리된 자리로 간주되지 않으며, 그들의 행복은 촉진과 연관되는 사업이다.

필리아는 애정의 상호성을 필요로 한다. 분리와 분리에 대한 상호 존중이 필요하다. 그것은 상대방을 위해 잘되기를 바라는 마음을 서로 필요로 하고, 수사학적 정의가 우리에게 말하듯이, 가능한 한, 행동으로 서로 이익이 되는 것을 필요로 한다(『수사학』1380b35-1381a1).* 아리스토텔레스는 이러한 좋은 감정과 좋은 바람에 대해 서로 알고 있어야 한다고 덧붙임으로써 필리아에 대한 전반적인 밑그림을 완성한다. 필리아는 서로에 대해 전혀 모르는 사람들 사이에서 얻을 수 있는 일종의 상호 존중과 구별되어야 한다.** 이 사람들은 서로를 알고, 서로에 대한 감정을 느끼고, 서로를 잘 원하고 행

---

* 『수사학』의 정의: '"필레인philein"은 우리가 좋다고 믿는 것들을 우리 자신을 위해서가 아니라 그를 위해 바라면서, 힘닿는 데까지 그런 것들을 해주려고 하는 것이다.'

동하며, 이러한 생각, 감정, 행동의 관계가 그들 사이에 성립함을 알고 있다 (1155b28-1156a5).

다양한 유형의 사랑은 나름의 방식으로 이러한 조건을 충족한다. 가까운 관계의 사람들은 서로의 다양한 다른 요건이나 개념을 기반으로 서로의 안녕을 바랄 것이기 때문이다. 예를 들어, 그들은 각각 상대방을 단순히 또는 주로 함께 있으면 즐겁고 재미있는 사람으로 생각할 수 있다. 이 경우 그들은 서로의 성격과 열망에 더 이상 혹은 더 깊은 관심을 가지지 않을 것이다. 또는 그들은 서로를 다른 프로젝트에 유용하다고 생각하지만(사업 파트너 간의 경우처럼) 여전히 서로에 대한 더 깊은 지식이나 애착이 없다. 그러한 관계는 단지 착취적이지 않을 따름일 것이다. 왜냐하면 우리는 진정 다른 사람을 위해 행복을 바라는 마음의 상호성 없이는, 그 관계가 필리아라는 이름을 받을 자격이 전혀 없다는 것을 상기하기 때문이다.*** 애착의 기초가 얕고 부분적인 경우에는 진정으로 무관심한 상호 이익이 있을 수 있다. 사업 파트너는 서로에게 선물을 주고 접대할 수 있다. 서로의 즐거움만 아는 젊은 연인들은 여전히 비이기적으로 서로의 좋음에 진정으로 기여할 수 있다. 그러나 아리스토텔레스는 관계가 각 구성원의 중심 목표와 열망과 연결되는 것은 부수적인 선에서 그렇다고 말한다. 그것은 깊이가 부족할 것이다. 왜냐하

** 우리는 개인적으로 친하지 않은 혈족의 경우에는 어딘지 궁금해진다. 그러나 이것은 고대 희랍의 폴리스에서의 이 같은 설명에서 언급되지 않을 만큼 충분히 드물 것이다.

*** 여기서 세 가지를 구별하는 것이 중요하다. 세 가지는 관계의 기초 또는 근거(그들이 '그것을 통해'사랑하는 것), 그 대상, 그리고 그 목표 또는 목적이다. 즐거움, 이로움, 좋은 성품은 필리아의 세 가지의 다른 기초이자 고유한 기반이다. 그것들은 관계의 목표나 최종(의도적인) 목적이 아니다. 다시 말해서, 두 사람은 그것들을 '통하고', 그것들을 '기반으로 한' 친구이지만, 행동으로 달성하려는 목표는 여전히 일종의 상호 이익이 될 것이다. 쾌락과 이익의 우호 관계는 완벽하지는 않지만, 착취적 관계와 중요하게 구별된다. 착취적 관계는 당사자가 상대방의 좋음이 전혀 아닌 자신의 쾌락을 목표로 삼는다. 모든 경우에, 관계의 대상은 상대방이다. 그러나 그 사람은 기초에 의해 경계가 정해진 방식, 즉 함께하기 좋은 사람, 유용한 거래에 적합한 사람, 좋은 성격의 사람으로 생각되고 알려질 것이다. 따라서 두 열등한 유형은 다른 사람에 대한, 얄팍하고 피상적인 수준에서만 다른 사람의 이익을 목표로 한다.

면 그것은 다른 사람이 진정 '자신 안에' 있는 것, 즉 주로 자신과 동일시하는 목표, 가치 및 성격에 대한 것이 아니기 때문이다. 그것은 또한 불안정할 것이다. 왜냐하면 그 기초는 더 깊은 방식으로 변하지 않은 채로 있는 동안, 사람이 쉽게 그만둘 수 있는 것이기 때문이다(『니코마코스 윤리학』 1157a8 이하). 사업 파트너는 종종 이득을 위한 수단으로서가 아니라, 서로를 돌보기도 한다. 그러나 이득의 맥락을 없앤다면, 우정이 다른 종류로 깊어지지 않는 한, 흔들리게 될 것이다. 서로의 즐거움의 피상적인 면만 아는 연인들도, 마찬가지로, 외모의 변화나 즐거움에 부담을 주는 상황으로 인해 쉽게 탈색될 것이다.

사람들 간의 사랑에서 가장 중요하고 좋은 경우는, 좋음의 특성과 개념에 기초한 것이다. 여기에서 각 파트너는 자신의 가장 깊은 곳에 있는kath' hau-to 상대방을 사랑한다. 그러한 성향과, 생각과 감정의 유형은 그 자신의 존재 자체에 매우 본질적이어서, 그러한 성향이 변화하면, 정체성과 지속성에 대한 질문이 제기되기 때문이다.* 그리고 물론 그러한 관계는, 그 기반이 되는 특성 자체가 좋으면, 더욱 풍부하게 좋아질 것이다. 그러한 관계는 강한 감정을 수반할 것이라고 아리스토텔레스는 분명히 밝혔다. 많은 경우에 그것은 또한 상호간의 즐거움과 이로움을 수반할 것이다. 그러나 그 기초는 이러한 일시적이고 부수적인 것보다 더 깊기 때문에, 우리는 그것이 안정적이고 영속적이며, 잘 살기 위한 각각의 사람들의 계획과 밀접한 관련이 있을 것으로 기대할 수 있다.

아리스토텔레스는 이제까지 플라톤의 『향연』에서의, 그 존재 자체에 의문이 제기되는 관계를 상당히 침착하게 기술하고 칭찬했다. 왜냐하면 거기(소크라테스의 연설에서 가장 명백하게, 그러나 다른 것들에서도 어느 정도는)

---

* 아리스토텔레스가 정말로 본질적 속성의 지위를 성격에 부여하고 싶어 하는지의 여부가 분명하지 않다. 성격 변화에 대한 그의 논의는 확실히 정체성의 변화 없이 약간의 변화를 허용하며, 그는 결코 갑작스러운 전면적 변화에 대해 논의하지 않는다. 다른 곳에서, 그는 유일하게 본질적인 특성은, 존재가 그 종류의 다른 모든 구성원과 공유하는 특성이라고 분명하게 주장한다.

에서는, 소유하고 통제하려는 욕망이 개인적이고 철학적인 모든 사랑의 본질적인 부분으로 여겨졌기 때문이다. 질투와 상실에 대한 두려움은 결과적으로, 최고의 사랑에까지 퍼져 있었다. 그것들은 사람보다 더 안정적이고 덜 의지적인 대상으로 사랑을 돌림으로써만 통제될 수 있다. 아리스토텔레스는 다른 사람의 분리된 좋음을 진정으로 돌보고 촉진하는 인간의 사랑이 있으며, 그것은 그 대상의 부동성이 아닌 독립적이고 지속적인 움직임을 바란다는 것을 상기시킨다. (활동과 수동성을 연결하고 열망과 수용을 다른 사람의 활동과 연결하는 이러한 종류의 사랑은 『파이드로스』에 묘사된 사랑에 가깝다. 우리가 나중에 관찰하겠지만, 그 대화에서의 미친 열정에 대한 강조는 빠져 있을지라도 말이다.) 그것은 다른 존재가 스스로 움직이는 세상에서 사는 것으로 만족하는 사람의 사랑이다. 계속해서 그러한 복잡한 세계의 일부가 되기를 바라는 사람은 전체를 통제하는 것이 아니라 개별적으로 움직이는 조각을 향해 행동하고 그에 따라 행동한다. 그러한 움직이는 외부 조각들의 존재 속에서, 그것은 삶의 가치와 풍요로움을 많이 발견한다. 그것은 거기에 있는 단 하나의 움직임만을 바라지는 않는다.

아리스토텔레스적 연인은 돌의 상태, 즉 정서가 없는 상태를 바라지 않는다. 그 또는 그녀는 『향연』에서 제공된 단어의 의미에서 에로스적이지 않은 것이다. 왜냐하면 그는 욕구하지 않기를 바라지 않으며, 우연적 사건의 세상에 있지 않기를 원하지 않기 때문이다. 그의 바람은, 세상에서 계속 움직이고 욕망하는 것이며, 타인의 욕구하는 활동을 계속 받아들이는 것이다. 그것은 욕구의 구조 속에서 변화와 움직임의 세계에 대한 사랑, 오렉시스orexis 자체에 대한 사랑, 따라서 우리 조건의 궁핍하고 자기 충족적이지 않은 요소에 대한 사랑을 표현하는 관계이다.* 아리스토텔레스가 우리를 움직여 상기시킨 대로, 필로스는 그 자신이나 그의 필로스가 다음과 같은 이유에서 불필요한 신神으로 변모되기를 바라지 않는다(1159a 이하, 1166a19 이하). 첫

---

* 본서 9장의 오렉시스 및 자기 충족성의 결여 참조.

째, 한쪽만 변형되면, 둘 사이에 너무 많은 거리가 생긴다. 둘째, 더 중요한 것은 그 변형이 필로스를 다른 종류의 존재로 만들 것이라는 점이다. '필로스가 필로스를 위해 좋은 일을 바란다면, 그는 있는 그대로의 상태를 유지해야 할 것이다. 그래서 그는 인간으로서 그에게 가장 좋은 것을 바랄 것이다.' (1159a8-12) 신과 같지 않고, 궁핍하고, 열광적인 것은 자신과 필로스가 되는 것의 필수 부분으로 간주된다. 다른 사람을 위하여 그의 전체를 사랑하는 필리아는, 탁월성뿐만 아니라 인간성과 가변성을 사랑하는 것이다. 플라톤적인 에로스는 전체를 추구한다. 필리아는 반쪽을 껴안는다.

최고의 필로스는 자신의 대상에게서 성격의 반복 가능한 특성을 찾아낸다. 그러나 이 탐색은 디오티마가 금지한 탐색과 여러 면에서 다르다. 첫째, 그 또는 그녀는 신성한 삶이나 완전한 삶에서 제 몫을 하지 못해 왔던 많은 특성을 찾아낸다. 무엇보다도, 정의와 관용처럼, 특별히 인간적이며 우리의 궁핍한 상태와 밀접한 관계가 있는 미덕일 것이다. 그는 인간의 필요가 없어지기를 바라는 것이, 그러한 미덕이 없어지기를 바라는 것이기도 함을 알고 있다. 둘째, 그는 반복 가능한 특성들을 다르게 보고, 주의를 기울인다. 우주의 여러 곳에서 나타나는 균질한 어떤 것의 조각으로서가 아니라, 그 구체적인 사람의 본질적인 핵심을 형성하는 것으로서이다. 그는 미덕과 열망에 주의를 기울인다. 미덕과 열망은 다른 개인을 바로 그 개인으로 만드는 가장 깊은 것이기 때문이다. 그는 한 사람의 성격 전체를 만드는, 고립시킬 수 있는 형상의 조각을 찾는 것이 아니라, 특성과 열망들의 조합을 탐색한다. 그리고 그가 이러한 작업을 하는 이유는, 피상적인 수준에서 그치지 않고 스스로, 사람을 온전히 알기를 바라기 때문이다. 마지막으로, 곧 보게 되겠지만, 그는 반복될 수 없는 것처럼 보이는 사람의 특징, 즉 그 사람의 친구를 공유하는 즐거움, 그리고 무엇보다도 상호간의 즐거움과 상호간 활동에서 공유된 역사의 특수성에도 관심을 가진다. 그러므로 아리스토텔레스는 깊은 사랑은, 깊어지기 위해서 성격과 가치를 포용해야 한다고 상기시킨다. 다른 사람의 진정한 개인적 특성은, 형언할 수 없고 기술할 수 없는 것이 아니다. 그 가운데 가장 중요한 구성 요소는 다른 것들과 공유될 수 있는 탁월함이다.

아리스토텔레스는 사랑에서의 개별성을 건너뛰기 위해서가 아니라, 그 개별성이 도달하는 것에 대해 더욱 풍부하게 설명하기 위하여, 이 공유되는 요소를 강조한다.

사랑의 최고 유형에 대한 이러한 필요조건에, 아리스토텔레스는 한 가지를 더 추가한다. 인간의 삶 전반에 걸쳐 가장 적절한 방식으로 또 가장 좋은 방식으로 서로를 사랑하기 위해서는 이 필로이들이 '함께 살아야' 하며, 지적이고 사회적인 활동을 공유하고, 즐거움을 공유하고, 그들이 훌륭하고 유쾌하다고 생각하는 사람과 시간을 보낼 때 오는 즐거움을 서로 인정해야 한다. 이것이 필로이들 사이에서 '가장 선택받은 것'이라고 그는 말한다.

> 사랑은 나눔이기 때문에…… 그리고 그들 각각에 있어 존재가 무엇을 의미하든, 혹은 그들이 삶을 선택하는 목적이 무엇이든, 바로 그 의미와 목적에 있어서, 그들은 필로스와 함께 지내기를 바란다. 그래서 누군가는 함께 술을 마시고, 누군가는 주사위 놀이를 하고, 누군가는 함께 운동하고 사냥하고, 함께 철학을 하며 각자가 삶에서 특히 사랑하는 시간을 보낸다. 그들은 그들의 필로이와 함께 살기를 원하기 때문에, 이러한 일들을 하고, 함께 살고 싶은 사람들과 그것들을 공유하는 것이다.(『니코마코스 윤리학』 1171b32-1172a8)

아리스토텔레스가 말한 '함께 산다는 것'은 어떤 의미인가? 이 요건에 대해 쓰여진 것은 거의 없지만, 이러한 사랑의 연약성을 이해하는 데는 매우 중요하다. 그것은 때때로 아리스토텔레스가 정기적인 방문, 사교, 토론보다 자주 요구되는 것은 거의 없는 급변하는 사회 속에서 우리가 알고 있는 '우정'에 대해 말하고 있다고 가정된다. 이렇게 해석하는 이유 가운데 일부는, 아리스토텔레스가 꼽는 최고의 필로이들은 (아리스토텔레스 자신에 의해) 각각 두 명의 남성으로 상상되고 있는데, 각 남성에게는 아내와 자녀(동등하지 않기 때문에 최고의 의미에서 그와 필로이가 될 수 없는 사람)가 있고, 각각은 문자 그대로의 의미에서 이러한 하위 필로이들과 분명히 함께 살고 있다는

것이다. 그러나 우리는 아리스토텔레스가 '함께 날들을 지내고'(sunēmere-
uein, 1158a9, 1171a5), '함께 시간을 보내는'(sundiagein, 1157b22) 최고
의 필로이를 강조하며 말하고 있음을 주목해야 한다. 그는 정기적이고 친숙
한 연합homilia에 의해 발전된, 다른 사람의 성격과 습관sunētheia에 대한 온
전한 경험의 중요성을 말한다. 그는 또한 상대방에게서 즐거움과 매력을 찾
지 못한다면, 그것은 유지하기 힘든 일종의 그저 그런 교제라고 주장한다
(1157b22-23). 한 중요한 구절에서, 그는 필로이를 좀 더 가벼운 동료들과
대조한다. '서로를 받아들이지만 함께 살지는 않는 사람들은 필로이라기보
다는 서로 잘 지내기를 바라는 사람에 가깝다. 함께 사는 것만큼 사랑에서
특징적인 것은 없기 때문이다.'(1157b17-19)

이러한 대조는, 아리스토텔레스가 '함께 산다는 것'에 정기적인 사교 방문
이상의 의미를 두었다고 이해함으로써 명료해진다. 같은 가정에 거주하지
않는 경우에는, 일과 대화에서 최소한 정기적인, 더 나아가 매일매일의 연합
을 해야 한다. 여기에는 일반적으로 폴리스에서의 열성적인 정치 활동의 연
합이 포함된다. 그가 여성의 열등함에 대한 견해를 가지고 있지 않았다면,
이러한 공유를 가정의 영역으로 확장하는 것을 선호했을 가능성이 매우 크
다. 그렇다면 인간의 삶을 구성하는 모든 열망과 관심이 수용될 수 있는 훨
씬 더 완벽한 필리아는 좋은 결혼 생활이 될 것이다. 아리스토텔레스가 묘사
한 관계는 성적 개입을 포함할 수도 있고 그렇지 않을 수도 있다. 아리스토
텔레스는 이 점에 대해 거의 말하지 않는다. 그리고 플라톤과 달리 그는 강
렬한 성적 욕망이나 흥분이 사랑의 가치와 이로움에 필수적인 역할을 한다
고 믿지 않는 것 같다. 그러나 그는 이 사랑이 사람들이 어떤 방식으로 즐기
거나 그렇게 하는 것에 가치를 두는 방식으로 다른 사람의 육체적인 존재에
서 기쁨을 느끼는 것을 포함해야 하며 반드시 포함되어야 한다고 주장한다.*
이상적인 것은, 사람들이 인간의 좋은 삶과 관련이 있다고 판단되는 모든 활

---

* 『수사학』 1381a29 이하 참조.

동에 온전하고 제한 없이 참여하는 것이다. 그러므로 여기에는 성격에서 인정된 탁월함에 따르는 모든 활동이 포함되어야 한다. 여기에는 적절한 식사, 음주, 성적 쾌락의 선택, 적절한 자금 분배, 적절한 파티 제공megaloprepeia, 적절한 반성, 입법화, 위험 대처뿐만 아니라 적절한 농담eutrapelia도 포함된다. 이것은 일상 속에서 관찰하는 아리스토텔레스 사상의 특징 중 하나이며, 인간의 탁월함을 표현하기 위한, 보기에는 사소한 장면이다. 그렇다면 자신의 탁월함으로 다른 사람을 사랑하는 인간은 소박하고 평범함 속에서도 나누고 싶어 할 것이다. 그렇다면 필로스와 함께 사는 가장 좋은 방법은 이러한 모든 활동에 대해 나눔을 허용하는 것일 듯하다.

이 모든 것은, 사람들 사이에서 가장 좋은 종류의 사랑이 세상에서 일어나는 일에 매우 취약하다는 것을 충분히 명백하게 한다. 참으로, 우리는 세상이 얼마나 자주 그 완전한 친밀감이 번성하도록 허용했는지 궁금하다. 이런 취약함의 원천을 열거하기 위해 잠시 멈출 필요가 있다. 우선, 사랑받을 가치가 있는 사람을 발견하는 운이 있다. 가장 충만한 사랑은, 육체적, 사회적, 도덕적으로 서로에게 매력을 느끼고, 같은 장소에서 오랜 시간 동안 살 수 있는 비슷한 성격과 열망을 가진 두 사람 사이에 발생하기 때문에, 이것은 작은 문제가 아니다. 아리스토텔레스는 용모가 추한 사람들은 이것이 어렵다고 냉정하게 지적한다.* 또한 그는 좋은 사람을 쉽게 찾을 수 있다고 생각하지 않는다. 그는 '아마도 그러한 관계[즉, 좋은 성격을 지닌 두 사람 간의 관계]는 드물 것이다. 그러한 종류의 사람들은 소수이기 때문이다'라고 했다(1156b24-25).

다음으로, 두 사람은 서로를 신뢰할 수 있어야 한다. 즉, 서로의 사랑 표현을 의심이나 질투, 두려움에 휩싸인 자기방어 없이 받아들일 수 있어야 한다. 위선과 거짓에 대한 의심은 사랑을 약화시킨다(『수사학』 1381b28-29). 그리고 '아무도 자기가 두려워하는 사람을 사랑하지 않는다.'(1381b33) 아

---

*『니코마코스 윤리학』 1099b3-4, 『수사학』 1381b1.

마도 필리아는 두려움과 양립할 수 없는 일종의 개방성과 수용성을 요구하기 때문일 것이다. 아리스토텔레스는 이러한 신뢰라는 요건이 진정한 필리아에 필수적임을 거듭 강조한다. 그는 시간과, 상대방에 대한 경험이 필요하다고 강조한다(『니코마코스 윤리학』 1156b29, 『에우데모스 윤리학』 1237b12). 또한 양쪽 모두 정말 좋은 성격이 요구된다. 나쁜 성격은 일반적으로 자신감을 불러일으키지 않기 때문이다(『대윤리학』 1208b29). 우리는 젊은이와 노인에 대한 『수사학』의 논의에서의 정신 속에서, 그것이, 더욱이 보편적으로 이용 가능하지 않은, 일반적으로 운이 좋은 삶의 환경을 필요로 하는 것처럼 보인다고 덧붙일 수 있다. 반복적으로 배신당하거나 실망한 사람은 모든 것을 두려워하고 의심할 것이다. 그 사람을 탓할 수 없는 상황은, 이러한 가치 있는 관계의 기본이 되는 개방적인 반응을 억제하거나 왜곡할 수 있다.* 우리는 다음 장에서 필리아의 연약성의 근원으로서 이 사실이 얼마나 중요한지 다시 보게 될 것이다.

그렇다면 사랑의 기초와, 이러한 기초 안에서의 신뢰는 변함없이 유지되어야 한다. 그렇지 않으면 사랑은 훼손될 것이다. 이것은 더 피상적인 종류의 사랑이 아니므로, 성품을 아는 것에 기초한 사랑에 대한 타당한 희망이다. 그러나 아리스토텔레스가 좋은 쪽과 나쁜 쪽으로 분열, 다툼, 비난의 변화를 말할 때 인정하듯이, 성인成人의 성격도 완전히 고정되고 불변하는 것은 아니다. 그는 기대에 어긋남, 즉 두 사람이 서로의 동기와 의도를 심각하게 잘못 해석한, 고통스러운 발견에 대해 이야기한다(1162b5 이하, 1165a36 이하). 그는 포부의 유사함이 경쟁으로 이어져, 사랑의 기반을 훼손할 위험이 있다고 말한다(『수사학』 1381b15). 내부적으로는 모든 일이 순조롭게 진행되더라도, 사랑하는 두 사람이 서로 말다툼을 하여 고통스러운 선택을 하게 될 수 있다고 그는 말한다(1171a4-6). 마지막으로, 당신이 적절하게 사랑할 수 있는 사람의 수와 각 사람에게 아낌없이 베풀 수 있는 호의와 보살

---

* 『니코마코스 윤리학』 1157a20 이하 참조. 여기서 아리스토텔레스는 신뢰와, 중상中傷으로 인한 피해에 대한, 필리아의 저항 간의 관계에 대해 논의한다.

펌의 양에 대해 우연적으로 설정한 한계가 있다. 인간의 유한성과 시간의 부족을 감안한다면, 사랑은 서로 경쟁한다. 아리스토텔레스는 '많은 사람들과 함께 사는 것, 또 그 속에서 자기 자신을 나누어주는 것이 불가능하다는 것은 자명하다'라며 그의 특징적인 단순함으로 결론짓는다(1171a2-3).

안정적이고 지속적인 애착도 어떤 식으로든 운의 영향을 받는 것이 거의 확실하다. 그는 처음에는 '사랑을 단적으로 해체하는 것이 아니라 그것의 활동을 막을 뿐인'(1157b10-11) 불가피한 부재不在가 있다고 말한다. 가치 있는 활동에 대한 이러한 장애는 이미 에우다이모니아를 감소시킬 수 있다. 더욱이 '부재가 오래 지속되면, 사랑 자체를 망각하게 되는 것 같다.'* 아리스토텔레스가 말한 사랑은 낭만적 열병과는 다르다. 왜냐하면 그것은 그 사람의 지속적인 요소에 기초하기 때문이다. 그러나 그것은 지속성의 중심을 이루는 강한 정서적 요소를 가지고 있다. 그리고 그것은 공유된 역사를 통해, 함께 살고 행동한다는 목표에 초점을 맞추고 있다. 이러한 두 가지 이유로, 의무감에 기초한 칸트의 '실천적 사랑'과는 다르게, 그것은 떠나면 단절될 수 있다.

사랑하는 두 사람이 평생을 함께 살게 되더라도, 피할 수도 예측할 수도 없는 늙음의 해로움이 두 사람에게 동시에 닥치든 다른 시기에 닥치든, 감수성과 즐거움의 상실을 초래하여, 사랑의 해체 또는 적어도 감소로 이어질 수 있다. 우리는 세상 경험의 축적이, 나이 많은 사람에게서, 필리아의 필수 기반인 신뢰를 어느 정도 손상시킬 수 있는지, 그리고 필리아의 대상 개념의 핵심에 있는 미덕도 손상시킬 수 있는지 보았다. 이제, 이런 일이 발생하지 않는 경우에서도, 나이가 관계에 손상을 준다고 덧붙일 수 있다. 아리스토텔레스는 필리아를, 서로 행복을 빌면서 서로 도와주기도 하는 덜 친밀한 관계와 구별해야 한다고 주장해 왔다. 함께 사는 것을 필요로 하는 전자는 또한 즐거움의 상호성을 필요로 한다. 그는 이제 이러한 차이를, 노인들이 여전히

---

* [역주] 『니코마코스 윤리학』 1157b11-12.

서로가 행복하기를 바랄지도 모르지만, 더욱 가까운 사랑의 관계를 형성하거나 유지하지는 않을 것이라고 믿는 이유로 설명한다. '왜냐하면 그들은 즐거움을 그렇게 많이 주지 않고, 어떠한 사람도 자기를 짜증나게 하거나 함께 있는 것이 즐겁지 않은 사람과 시간을 보낼 수는 없기 때문이다.'(1157b14-16) 나중에 그는 요점을 반복한다. '나이 든 사람이나 엄한 성품을 가진 사람은, 성미가 까다롭고 함께 있음을 별로 내켜 하지 않을수록 사랑이 자주 일어나지 않는다. ……사람들은 그들이 즐거움을 느끼지 않는 사람을 사랑하지 않기 때문이다. ……이런 사람들은 서로에게 호의를 베풀 수는 있다. 왜냐하면 그들은 서로 좋은 것을 바라며 어려울 때 서로 돕기 때문이다. 그러나 그들은 시간을 함께 보내거나 서로 즐거워하지 않기 때문에, 서로 사랑하는 것 같지는 않다.'(1158a1 이하)* 친밀한 사랑에서의 비이성적이고 '병리적인' 요소의 중요성에 대한 아리스토텔레스의 주장(그것을 계속 유지하고 그 가치의 일부를 구성하는 것 모두에서)은 윤리적으로 가장 중요하고 가치 있는 이러한 관계가 우리가 통제할 수 없는 신체 변화에 의해 시들 수 있다는 결론에 이르게 한다. 우리가 충분히 오래 산다면, 우리는 모두 높은 가치의 상실을 예상할 수 있다.

그리고 사랑이 삶의 변화를 견뎌낸다고 할지라도, 죽음은 늘 있는 법이다. 일반적으로, 다른 사람들보다 먼저 찾아오는 죽음은, 살아남은 자의 삶의 좋음을 감쇄한다. 아리스토텔레스는 『니코마코스 윤리학』 1권에서 '어떠한 사람도 완전히 잘 살eudaimonikos 수는 없다'라고 말했다. '만약 그가 고독하고 자식이 없다면, 더욱이, 그에게 끔찍하게 나쁜 자식이나 필로이가 있거나, 좋은 자식이나 필로이가 죽는다면, 더욱 그러하다.'(1099b2-4,『수사학』 1386a9-11) 그는 이제, 그러한 상실감이 너무나 깊어서, 혼자서 다른 모든 좋은 것들을 다 가졌다 하더라도 삶 자체가 살 가치가 없는 것처럼 보일 수 있다고 암시한다(1155a5-6). 이를 칸트주의자나 (중기) 플라톤주의자는 많

---

* 『수사학』 1381a30 이하 참조.

은 사람들이 불행해하는 심리적 사실로 받아들일 것이다. 아리스토텔레스는 그것을 이성적이고 적절한 반응, 즉 인간의 좋은 삶에서의 개인 정서의 가치에 정확하게 응하는 것으로 제시한다. 그는 사람들이 필로이가 현재 있든 부재하든, 살아 있든 세상을 떠났든, 그를 똑같이 사랑한다면, 그것을 미덕으로 여긴다고 관찰한다(『수사학』 1381b24-26). 그러므로 슬픔은 최고의 인간 삶의 자연스러운 일부가 된다.*

좋은 삶의 개념에서 필리아에 가치를 부여함으로써 우리는 상실에 더욱 취약해진다. 그리고 우리는 한 가지를 더 추가할 수 있다. 우리는 또한 집착을 통해 우리 자신을 우리 자신의 것이 아닌 상실에 취약하게 만든다. 강한 애착이 없는 사람은 자신의 건강과 덕행, 성공만 걱정할 뿐이다. 다른 사람을 사랑하는 사람은 두 배로 근심하거나 불안해하고, 행운도 두 배라고 느끼기 쉽다. '좋은 일에 함께 기뻐하고 괴로운 일에 함께 슬퍼하는 것은, 다른 이유에서가 아니라, 바로 필로스이기 때문이다.'(『수사학』 1381a4-6) '후손이나 필로이의 운이 영향을 미치지 않는다고 하는 것은 지나치게 야박하고aphilon, 우리가 생각하는 것에 상반되는 것 같다.'(『니코마코스 윤리학』 1101a22)

중세의 플라톤주의자(그리고 근대의 칸트주의자)는 아리스토텔레스가 기술하고 찬탄한 관계가 도덕적으로 좋은 삶의 중심이 될 수 없으며, 따라서 삶에서 높은 가치를 매기고 찬탄할 만한 원천이 될 수 없다고 대답할 수 있다. 감정적, 신체적 반응이 두드러지게 나타나는 관계, 단일한 개인의 고유한 특성과 역사에 완전하게 주의를 기울이는 모든 관계, 무엇보다도 우리가 '계모 같은 본성'에 그토록 완전하게 의존하는 관계는, 우리가 좋은 인간 삶을 구축하고자 하는 종류의 사랑이 될 수 없다. 칸트가 병적 사랑과 실천적 사랑을 구분한 것은, 도덕적 좋음이 최고 지위에서 군림하는 개인 관계의 개념을 발전시키기 위한 것이다. 즉, 여전히 인식할 수 있는 사랑이지만, 아리

---

* '슬픔'에 대해서는, 본서 7장 참조. 그리고 연관된 감정들에 대해서는, 본서의 막간 2장 참조.

스토텔레스적 사랑을 그토록 연약하게 만드는 요소가 없는, 사람들 간의 사랑을 보여주기 위한 것이다. 아리스토텔레스는 플라톤과 다른 사람들이 깊은 개인적인 사랑을 의지가 지배하거나 이성이 지배하는 관계로, 혹은 선의 고독한 추구로 대체하려는 시도를 분명히 인지하고 있다. 칸트의 모든 질문에 대한 답을 아리스토텔레스의 글에서 찾을 수는 없겠지만, 적어도 우리는 그와 같은 시대의 사람들이 이미 제기했던 질문에 대한 답은 그에게서 기대할 수 있다. 특정 인간 간의 가깝고 친밀한 관계의 가치는 무엇인가? 왜 우리는 그러한 관계를 발전시키고, 우리의 에우다이모니아 개념에 자리를 주어야 할까? 이러한 연약한 종류의 사랑만이 제공할 수 있는 인간적 가치는 무엇일까? 여기에서 다시, 아리스토텔레스의 주장을 두 가지의 범주로 나눌 수 있다. 즉, 필리아의 도구적 이익을 옹호하는 주장과, 필리아의 본질적 가치를 옹호하는 주장이다. 도구적이라는 논증을 먼저 살펴보자. 우선, 친밀한 개인적 사랑은 좋은 성품과 적절한 열망의 발달에 중심적인 도구적 역할을 한다. 우리는 이미 정치적 맥락을 육성하는 것의 중요성에 대해 논했다. 그러나 이제, 아리스토텔레스가 가족 구성원을 서로 연결하는 더욱 긴밀한 사랑의 유대 없이는, 이러한 맥락이 동기 부여적으로 효과가 없다고 생각한다고, 우리는 덧붙일 수 있다. 아리스토텔레스는 『정치학』 2권에서 플라톤을 비판하며, 인간의 동기 부여의 가장 강력한 두 가지 원천은, 무언가가 당신의 것이라는 생각과, 그것이 당신이 가진 유일한 것이라는 생각이라고 말한다(1262b22 이하, 『니코마코스 윤리학』 1180a3 이하 참조). 도덕 교육의 계획은 공공 제도 안에서 작용해야 하지만, 부모와 자녀를 묶는 관심의 강도는, 우리가 말했듯이, 공공 제도로 단순히 대체될 수 없다. 부모가 (훗날 부모를 위해 일하고 보살필) 자녀의 교육을 위해 일하고 보살피는 데 가장 열렬히 박차를 가하는 것은, 자녀가 다른 누구도 아닌, 바로 당신의 아이이며, 아울러 당신의 아이는 당신에게 유일하고 무엇과도 바꿀 수 없고, 또한 당신은 당신의 아이에게 유일하고 무엇과도 바꿀 수 없는 존재라는 생각 때문이다. 더욱이 사랑은 교육자의 어려운 과업을 덜어준다. 고마움과 애정은 부모의 통솔을 강력하게 고양하기 때문이다. '폴리스에서 관습과 법이 힘을 가지는 것처럼, 가정에서는 부모의 말과 습관이 힘을 가지는데, 혈연관계와 (부모의) 선행으로 말미암아 더욱 큰 힘을 가진다. 감사하는 사랑의 맥락과, 설득에 대한 자연스러운 개방성이 선재先在하기 때문이다.'(『니코마코스 윤리학』 1180b3-7) 아리스토텔레스는 친밀함은 가지되 느껴지는 사랑이 없다면, 영혼을 형성하거나 변화시킬 힘이 없는 '물로 희석된 듯 밍밍한' 관심만 가지게 된다고 결론짓는다. 필리아의 친밀성은 핵가족을 없애려는 정치적 계획에 너무 분산되어 그 본래의 맛이 거의 느껴지지 않을 것이며, 결과적인 혼합물은 그 맛에 속한 특성을 가지지 않을 것이다(『정치학』 1262b15 이하).

『니코마코스 윤리학』 10권 9장에서는 이러한 고려 사항에 심화된 주장이 더해진다. 부모의 훈련은 아이의 개성에 응하는 뛰어난 능력을 가지고 있으며, 이러한 방법으로 뛰어난 '정확성'을 달성한다(1180b7 이하). '이러한 방식으로, 각자는 유익한 것을 더 많이 받을 것이다.' 이러한 정확성은 친밀함뿐만 아니라 애정이 빚은 개입과도 분리할 수 없는 것처럼 보인다. 부모가 각별한 자녀에게 알맞은 것을 맞출 수 있는 것은, 분리된 과학적 조사를 통해서가 아니라, 사랑을 느껴서임이 확실하기 때문이다.

성인의 사랑에서도, 유일하고 대체할 수 없는 가까운 인물은 특별히 중요하다. 아리스토텔레스는 서로의 성격을 사랑하는 사람들은 여러 면에서 서로의 도덕적인 발달에 강한 영향을 미친다고 주장한다.

> 야비野卑한 사람들의 사랑은 해롭다. 왜냐하면 그것은 굳건하지 못하여, 야비한 활동을 공유하고, 서로 동화되어 나빠지기 때문이다. 그러나 훌륭한 사람들의 사랑은 훌륭하고, 교제하면서 더욱 증대된다. 그리고 그들은 그들의 행동과 서로를 바로잡음으로써 더 좋아지는 것 같다. 그들은 서로의 취향과 가치를 모델로 삼기 때문에, '탁월함은 탁월함으로부터'라는 속담이 나온 것이다.(『니코마코스 윤리학』 1172a8-14)

이 압축된 구절은 상호 영향의 적어도 세 가지 메커니즘을 제안한다. 그리고 그것들 모두가 관계의 정서적 특성에 달려 있음을 주목하는 것이 중요하다. 첫 번째이자 가장 직접적인 메커니즘은 조언과 수정의 메커니즘이다. 여기서 아리스토텔레스의 요점은, 우리가 가장 사랑하는 사람들의 조언에는, 좋든 나쁘든 특별한 힘이 있다는 것이다. 이러한 힘은 분명히 연합의 즐거움, 관심과 애정에서 공유된 감정과 관련이 있다.

두 번째 메커니즘은 공유하는 활동의 영향에 평준화되거나 동화되는 것이다. 당신이 사랑하는 사람이 특정한 추구를 아끼고 가치 있게 여긴다면, 당신은 그 일을 공유하는 데 시간을 보내려고 할 것이다. 이는 만약 추구하는 것이 좋은 것이라면 좋고, 나쁜 것이라면 나쁘다. 다시 말해, 이 메커니즘은 칸트의 의무 기반 관계가 아닌, 애정 어린 개인적 사랑에서만 설명된 대로 작동한다. 왜냐하면 이 메커니즘은 '함께 지냄'에서의 유일한 친밀감과, 그와 관련된 동기 부여의 감정을 필요로 하기 때문이다. 아리스토텔레스의 요점은, 세상의 많은 가치 있는, 혹은 그다지 가치 없는 추구들 가운데, 사랑하는 사람이 그 일을 좋아하고 그것에 관심 있다는 이유만으로, 우리는 종종 특정한 일에 빠지고, 그 일에 시간과 관심을 쏟는다는 것이다. 우리는 그 사람을 사랑하고, 그 또는 그녀의 시간과 활동을 공유하기를 원하기 때문에, 그러한 방향으로 우리의 취향과 능력을 양성하려는 강한 동기를 가진다. 그러므로 우리가 사랑할 사람을 잘 선택한다면, 우리의 삶은 풍요로워질 것이다. 우리가 궁핍한 사람들을 사랑한다면, 우리의 삶은 궁핍해질 것이다.

세 번째이자 마지막 메커니즘은 경쟁과 모방의 것이다. 아리스토텔레스적 필리아의 일부인, 존경과 존중의 강한 감정은 상대방처럼 되고자 하는 욕구를 더 불러일으킨다. 이러한 원리는 탁월성에 대해 공유되는 공적 모델이 중요한 동기 부여 역할을 하는 사회에서 강력하게 작동한다. 그러나 아리스토텔레스는 강한 감정과 공유된 삶의 이력을 지닌 개인적인 필리아의 친밀감이, 그보다 더 보편적이고 사회적인 본보기를 만든다고 대체될 수는 없는 경쟁심을 일으키고 이를 통해 동기 부여의 힘을 얻는다고 분명히 믿는다. 그의 요점은 파이드로스가 『향연』에서의 첫 번째 연설에서, 한 쌍의 연인으로 구성된 군대는, 유일하게 사랑하는 사람의 존재에 의해 생성될 수 있는 경쟁과 열망의 힘으로 인해, 탁월함에서 다른 모든 군대를 능가할 것이라고 주장했을 때의 요점과 유사하다.

　다른 맥락들은 필리아의 도구적 가치에 대한 몇몇 더 많은 주장들에 기여한다. 아리스토텔레스가 관찰하기에, 개인의 필리아의 연합은 당신이 하고자 하는 모든 일에 대한 강력한 자원을 제공한다. 이방인과는 다르게, 사랑하는 친구는 역경에서의 도움, 노년기의 돌봄, 모든 계획에서 도움을 요청할 수 있는 사람이다(1155a9 이하). 또한 공유는 가치 있는 활동을 더욱 즐겁고 지속적인 것으로 만든다. 인간은 고독 속에서는 관심과 참여를 쉽게 유지할 수 없다. '다른 사람들과 함께라면, 다른 사람들을 향해서라면, 즐거운 활동은 더 쉽게 지속적이 될 것이다.'(1170a5-7) 아리스토텔레스는 여기에서 '타인과 함께' 일할 때 생기는 즐거움과 지속되는 기쁨을 생각하고 있는 것 같다. 그는 또한 일종의 대화, 즉 일의 일부를 공유하는 방식이 '타인을 향한' 일이 되는 방식, 즉 인간관계의 상호성과 즐거움이 일 자체에 깊숙이 들어가는 방식에 대해서도 생각하고 있다. 첫 번째는, 개인적인 친구이기도 한 동료 철학자와 같은 학과에서 철학을 저술하는 것만으로도 얻어지는 고무鼓舞와 같은 종류일 것이다. 두 번째는, 그런 친구와의 철학적 담론과 협력 속에서 더욱 깊어지는 고무와 같은 종류일 것이다.

　아리스토텔레스는 우애의 또 다른 이득, 즉 '함께 지냄'의 가까움 없이는 얻을 수 없는 이득을 언급한다. 이것은 당신이 아끼는 사람을 보고 직관적으로 반응하는 데서 오는 자기 인식과 자기 지각의 증가이다. 아리스토텔레스 주장에서의 이러한 부분에 대한 가장 명확한 판본을 제공하는 『대윤리학』에서는 이렇게 말한다.

　　이제 누군가가 그의 필로스를 보고 그가 어떤 사람이며 어떤 성격인지 알아내야 한다면, 우리가 가장 강렬한 유형의 필리아를 상상할 경우, '이것은 나의 두 번째 헤라클레스다'라는 속담에서와 같이, 필로스는, 그의 두 번째 자신처럼 보일 것이다. 그러므로 어떤 성인聖人들이 말했듯이, 자신을 아는 것은 가장 어려운 일이자 가장 즐거운 일(자신을 아는 것이 즐겁기 때문이다)이다. 더욱이 우리는 스스로를 연구할 수 없다. 우리가 스스로 같은 일을 하고 있다는 사실을 인식하지 못한 채 다른 사람들에게 가하는 비난에서 분명히 알 수 있듯이, 이것은 우리 가운데 많은 이들의 판단의 정확성을 흐리는 편견이나 열정 때문에 발생한다. 그러므로 우리 자신이 우리 자신의 얼굴을 보고자 할 때 거울을 통해 그것을 보는 것과 마찬가지로, 우리 자신을 알고자 할 때 필로스를 보면 우리 자신을 알 수 있다. 필로스는 우리가 말했듯이, 또 다른 자신이기 때문이다. 그렇다면 자신을 아는 것은 즐거운 일이고, 다른 사람을 필로스로 가지지 않고는 이것을 알 수 없다면, 자기 충족적인 사람은 자신을 알기 위해 필리아가 필요하다.(1213a10-26)

아리스토텔레스의 논증은 인간 심리학의 사실에서 출발한다. 우리 각자가 자신의 행동과 헌신의 유형을 평가하면서, 편견 없이 자신의 삶을 명확하게 보기는 어렵다. 우리는 편파성과 우리 자신의 감정과 관심에 연루됨으로써 눈이 멀기 때문에, 종종 우리 자신의 잘못에 대한 인식이 부족해진다. 그러므로 또 다른 좋은 삶에서 구현된 좋은 성품의 유형을 연구하는 것은 가치가 있다. '우리 자신을 보는 것보다 다른 사람을 보는 것이 더 쉽다.'(『니코마코스 윤리학』 1169b33-34) 좋음의 모델에 대한 이러한 성찰은 우리 자신의 성격과 열망에 대한 이해를 향상시키고, 자기 비판을 개선하고 판단을 날카롭게 한다. 그러려면 문제의 모델은 성격과 열망이 우리 자신과 유사한 사람이어야 하며, 이러한 조사의 목적을 위해 '또 다른 자신'으로서 우리 자신과 동일시될 수 있는 사람이어야 한다.*

하지만 이러한 모델에 걸맞은 자아가 필로스임에 틀림없다는 아리스토텔레스의 주장의 의미는 무엇인가? 즉, 지식을 추구하는 사람이란, 공유된 삶과 인지적 유대뿐 아니라 정서적 유대로 연결되어 있는 사람인가? 이 질문에 답하기 위해 우리는 아리스토텔레스의 윤리적 지식이 무엇인지, 그리고

---

* 『형이상학』과 생물학 저작에 따르면, 두 개의 정상적인 종의 구성원이 모든 본질적 특성을 공유한다고 가정할 수 있을지라도, 자신의 종의 어떠한 구성원도 이러한 목적을 위해 '또 다른 자신'으로 간주되지 않는다는 것을 알게 된다.

그것이 요구하는 경험이 어떠한 것인지를 다시 상기해야 한다. 우리가 말했듯이, 이러한 지식은 무엇보다도, 복잡한 세부 사항에 대한 직관적인 인식으로 구성된다. 보편성은 이러한 구체적인 인식에 대한 안내이자 요약에 불과하다. 그리고 '결정은 인식에 달려 있다.' 더욱이 지각은 인지적이면서 동시에 정서적이기도 하다. 즉, 당면한 특정 문제에서 윤리적으로 현저한 특징을 골라내는 능력으로 구성되는 것이다. 그리고 자주 이러한 인식은 지성적 판단만큼, 적절한 감정적 반응에 의해 성취된다. 아리스토텔레스는 올바른 인식은 지침으로써가 아니라, 오직 자신의 경험을 통해서만 얻어질 수 있다고 반복해서 강조한다. 이제 우리가 이러한 아리스토텔레스적 방식으로 다른 사람을 이해하는 것이 무엇일지 생각한다면, 이러한 이해가 일반적인 설명이나 찬사나 인물 묘사를 읽어서는, 혹은 멀고 상관없는 관계를 통해서는 얻어질 수 없음이 보이기 시작할 것이다. 그것은 공유된 활동의 경험과, 시간이 지남에 따라 그리고 시간이 지남으로써만 오는 신뢰를 통한 감정, 생각, 행동에서 그 사람에 대한 친밀한 반응을 기르는 것을 필요로 한다. 이러한 반응은 순전히 지성적인 것이 아니며 그렇게 될 수도 없다. 우리가 다른 사람에 대한, 지성적이기만 한 지식을 상상한다면, 그것이 필리아의 친밀함에 유효한 모든 것을 포함할 수 없음을 알 수 있다. 필리아의 지식은, 그 사람의 친구에게서 발견한 즐거움, 연합 및 공유된 역사를 통해 쌓아올려진 관심과 부드러움의 느낌에 의해 이끌어진다. 빈번하게 느낌은, 그렇지 않았더라면 가려진 채로 남았을 것으로 주의를 끌고, 그것을 시야에 노출시킨다. 다른 사람의 성격과 방식의 뉘앙스를 인식하고 그것에 반응하는 이러한 능력이 있어야만, 이러한 지식의 핵심에 있는 특성을 볼 수 있다. 이것은 알키비아데스의 연설에서 예시되고, 『파이드로스』에서 칭송된, 사람들의 지식이다. 이제 아리스토텔레스가, 그것이 최상의 상태에서 오래 지속되는 상호간 사랑의 친밀함 속에서만 존재할 수 있다고 주장한 것이 상당히 합리적으로 보인다. 그것의 이로움은, 더 멀리 떨어져 있거나 '물에 희석된 듯 밍밍한' 교제에 의해서는 전해질 수 없다.

아리스토텔레스는 사랑의 본질적 가치보다 도구적 가치에 대해 훨씬 더 많이 말한다. 왜냐하면 도구적 논증은 필리아를 좋은 삶에서 추방하려는 경향이 있는 사람까지도 설득할 수 있기 때문이다. 반면, 이미 그 주장에 응하지 않는 사람에게 내재적 가치를 권하기는 어렵다. 그는 간단하게, 우리는 단지 우리 자신의 더 많은 이득을 위해서가 아니라, 우리가 그들 자신을 위해 사랑하는 사람들을 실제로 사랑한다고 말한다. (그것이 완전히 도구적이라면, 필리아가 아닌 다른 무언가일 것이다.) 그는 우리가 필리아를 단순히 '인생에 가장 필요한 것'(1155a4)이 아니라, 그 자체로 아름답고 고귀한 것으로도 여긴다고 말한다. '필로이는 필요한 것일 뿐 아니라 고귀한 것이기도 하다. 우리들은 필로이를 사랑하는 사람들을 칭찬하고, 필로이가 많은 것은 고귀한 것들 가운데 하나로 보이기 때문이다. 더 나아가 사람들은 좋은 사람과 필로이를 동일하게 생각한다.'(1155a29-31) 실제로, '다른 모든 좋은 것들을 다 가졌다 하더라도 필로이가 없는 삶은 그 누구도 선택하지 않을 것이다.'(1155a5) 유사하게, 『에우데모스 윤리학』에서는, '우리는 필로스를 가장 큰 좋음 가운데 하나로 생각하고, 필리아의 결핍과 고독을 매우 끔찍한deinotaton 것이라고 생각한다. 왜냐하면 우리의 전체 삶의 과정과 우리의 자발적인 교제는 필로이와 함께하기 때문'(1234b32 이하)이라고 말한다. 니코마코스 논의의 뒷부분에서, 아리스토텔레스는 필리아의 가치가 단지 도구적일 뿐이라고, 즉 다른 방면으로 잘 사는 사람은 필로이가 필요 없다고 주장하는 반대자에게 명백하게 시선을 돌린다. 다시 한 번, 아리스토텔레스의 대답은, 필리아의 이로움도 내재적이라고 주장한다.

행복한eudaimōn 사람이 필로이philoi를 필요로 하는지 그렇지 않은지에 관해서도 쟁론이 있다. 어떤 사람들은 지극히 복되고makarioi 자기 충족적인 사람들에게는 이미 좋음이 있으니 필로이가 필요하지 않다고 주장한다. 자기 충족적인 만큼 어떤 것도 추가적으로 필요로 하지 않는다는 것이다. 그러나 필로이는 또 다른 자아이기 때문에 본인 스스로는 제공할 수 없는 것을 제공한다. 그래서 이런 시구가 있는 것이다. '다이몬daimōn이 행복을 부여한다면, 필로이가 필요한 이유가 무엇인가?' 그런데 모든 좋은 것을 행복한 사람에게 다 나누어 주면서 외적인 좋음 중 가장 큰 것으로 보이는 필로이를 주지 않는다는 것은 이상한 일로 보인다…… 그리고 아마 지극히 복된 makarios 사람을 고독한 사람으로 만드는 것도 이상한 일일 것이다. 홀로 지내면서 모든 좋은 것을 다 소유하라고 한다면, 이것을 선택할 사람은 아무도 없을 테니까. 인간은 폴리스적이며 함께 살게끔 되어 있기 때문이다. 이것은 행복한eudaimōn 사람에게도 맞는 말이다…… 따라서 행복한 사람에게도 필로이가 필요하다.(1169b3 이하)*

아리스토텔레스는 우리가 필로이를 다른 고독한 좋음들을 위한 수단에 불과한 것으로, 그리고 이러한 좋음들을 가진 고독한 삶을 완전한 삶으로 생각할 경우에만, 반대자에게 일리가 있다고 말한다. 그러나 사실 우리는 이렇게 생각하지 않는다. 우리는 다른 모든 좋음이 있을지라도 필로이가 없는 삶은 너무 심각하게 불완전하여 살 만한 가치가 없다고 생각한다. 그래서 1권에서 확립된 원래의 합의에 따라, 에우다이모니아의 자기 충족성은 그 자체만으로 삶이 '선택할 만하고 부족함이 없는'(1097b14-15) 것이 되는 것이며, 필로이와 필리아는 인간의 에우다이모니아의 일부가 되고, 자기 충족을 위한 도구가 아닌, 그 구성 요소가 될 것이다.

이제 마지막으로, 우리는 『니코마코스 윤리학』10권에서 약속된 주장을 보게 되는데, 아리스토텔레스는 아리송하게, 우리가 추구하는 자기 충족성이 공동체적이며 고립적이지 않다고 주장하면서, 분명히 그 주장에 관한 탐구를 다음으로 유보한다. 그것은 어떤 종류의 주장인가? 실제로, 필리아의 내재적 가치에 대해, 이 구절에서는 어떤 종류의 주장이 제시되었는가? 정치적인 경우와 마찬가지로(사실 두 가지 주장은 마지막 인용에서 알 수 있듯이 매우 밀접하게 연결되어 있다), 아리스토텔레스가 주장 전체에 걸쳐, 널리 퍼져 있는 보통의 믿음을 언급한 것은 분명하다. '우리는 생각한다', '우리

---

* 에우다이모니아eudaimonia와 마카리오테스makariotēs의 동의성同義性에 관해서는, 이 구절을 논의한 본서 11장 참조.

는 칭찬한다', '아무도 선택하지 않을 것이다'와 같은 구절은, 우리가 '더 단단하거나' 더 외부적인 종류의 논증이 아니라, 깊고 광범위하게 공유된 현상 phainomena의 기록을 다루고 있음을 상기시킨다. 그리고 알려진 현상은 인간의 삶에 대한 어떠한 종류의 가치 중립적 사실도 아니다. 그것들은 반대자들을 때려눕히는 논쟁이 아니다. 아마도 그는 자기 충족성의 단독 개념이 훨씬 더 깊고 더 널리 퍼진 믿음에 기초하고 이에 대한 답을 제시한다는 것을 보여주며 대답할 수 있을 것이다. 아마도 그는 플라톤이 시도한 것처럼, 이러한 다른 믿음의 관점에서 볼 때 필리아에 대해 알려진 믿음이 원시적이거나 잘못되었음을 보여줄 수 있다. (실제로, 아리스토텔레스는 이 구절에서 계속해서 반대자의 입장의 근원에 대해, 그리고 애초에 그것에 동기 부여한 깊은 믿음에 대해 묻는다(1169b22 이하).) 그러나 이 주장은 반대자로 하여금, 에우다이모니아에 대한 그의 개념이 회피한 믿음의 깊이와 힘을 상기하게 한다. 따라서, 왜 그리고 무엇을 위해 이러한 믿음을 포기해야 하는지를 설명해야 하는 부담이 그에게 지워진다.

그것은 이보다 더욱 구체적인 어떤 일을 한다. 우리의 본성에 관한 개념에 호소함으로써, 그것은 이러한 믿음의 깊이를 더욱 정확하게 찾아내기 때문이다. 그것은 그들에게, 우리 자신에 대한 우리 개념의 아주 확고한 부분이어서 정체성과 지속성에 대한 우리의 평가에 영향을 미치게 될 믿음을 보여준다. 반대자는 우리에게 고독한 삶을 선택하라고 요청해 왔다. 우리는 이것이 우리의 본성에 어긋난다는 점을 지적하며, 우리와 동일한 존재는 본성에 어긋나는 방식으로 고독한 삶에서 살아남지 못할 것임을 주장한다. 아리스토텔레스는 자신이나 다른 사람을 위한 좋음을 소망하기 위해서는, 아무리 경탄할 만하거나 신과 같다고 할지라도 나와 동일한 사람과 함께 살 수 없는 삶이 아니라, 그러한 사람이 계속 존재하는 삶을 소망해야 한다고 주장했다(『니코마코스 윤리학』 1159a,1166a, 위의 I 절 참조). 이 고독한 삶이 우리의 가장 큰 소망의 대상이 될 수 있느냐는 질문에 가장 먼저 묻고 싶은 것은, 그것이 과연 나의 소망의 대상이 될 수 있느냐는 것이다. 사회적 존재가 되는 것이 나의 본성이라면, 행복한 외톨이는 나와 동일하지 않을 것이다.

그러므로 필리아의 가치가 결핍된 삶을 바라는 것은 자기 삶의 프로타고라스적 '구원'이 아니라, 다른 삶으로의 (소크라테스적) 변형을 바라는 것이다.

본성이나 정체성에 대한 이러한 지점은 내재적 가치 또는 가치에 대한 지점과 별개의 것이 아니다. (『프로타고라스』와 『파이드로스』를 독해하면서 이미 우리는 알 준비가 되어 있다.) 그것은 우리가 가치의 문제에 대해 생각하고 깊이 믿는 것에 대한 발언으로써 소개되고 옹호된다. 그것은 필리아가 결핍된 삶이 내재적인 인간 가치를 철저하게 침해하고 있다는 점을 지적하는 또 다른 방식일 따름이다. 물론 생존하지 못한다고 해서 모두 가치 있는 것이 되지는 않는다. 그러나 여기서 우리는 적어도 일단 나와 동일하다고 주장하는 존재가 계속 살아간다는 것을 규정하고 있으며, 이 존재의 삶에 내가 나 자신에게 가장 중요하다고 생각하는 것이 충분히 포함되어 있는지 묻고 있다. 정치적인 경우와 마찬가지로, 이 질문은 독립적인 과학적 발견으로 해결되지 않고 해결될 수 없다. 그것은 평가적 논증 그 자체의 깊은 부분이다. 이렇게 주장되는 자기 동일성의 유지가 나인지 아닌지에 관한 문제에는, 어떠한 중립적 요소도 없다. 우리는 우리의 약속과 가치를 살펴봄으로써만 이에 답할 수 있다. 반대자는 고독한 에우다이몬이 완전히 인간적인 삶(그러한 삶을 유지하면서 나 자신을 나 자신으로 상상할 수 있는)을 살고 있다고 주장함으로써 대답할 수 있다. 그러나 『정치학』에서와 마찬가지로, 아리스토텔레스의 도전이 요구하는 것은, 그가 일관되고 회피하지 않는 방식으로 이러한 삶을 설명하면서 그것이 어떻게 우리의 요구를 만족시키는지를 보여주는 것이다. 아리스토텔레스는 『정치학』에서, 의인화된 이성적인 고독한 사람들을 적절한 인간이 아닌 것으로 간주하는 우리의 약속을 표현하는 신화와 이야기를 우리에게 상기시켰다. 필리아에 대해 이야기하면서 그는 우리에게 '여행에서조차 모든 인간이 서로에게 얼마나 밀접하게 묶여 있으며oikeion 얼마나 소중한지'(1155a21-22)를 상기시켜 주었다. 이는 멀리 떨어져 사는 외국인도 이 가치에 대한 우리의 약속을 공유한다는 것을 암시한다. 반대자는 이제 (『프로타고라스』에서와 같이) 우리가 실제로 고독한 삶에서 어떻게 우리 자신을 볼 수 있는지를 보여주는 자기 이야기로 대답해야 한다.

내재적 가치에 대한 이러한 주장은, 현상의 영역 안에서의 모든 주장과 마찬가지로, 반대자의 요구에 미치지 못하는 것처럼 보일 수 있다. 왜냐하면 종種 중심적 가치가 진정한 내재적 가치에 충분하지 않다는 플라톤의 말은 결정적인 것이기 때문이다. 추구가 진정한 가치를 지니기 위해서는, 그것을 전혀 필요로 하지 않는 존재의 관점에서 보아야 한다. 끈기 있는 작업으로 그러한 존재의 관점을 취하여 그것을 우리의 것으로 만들 수 있다는 것은 우리에게 참으로 행운이다. 그러나 우리가 그것을 우리의 것으로 만들 수 있다는 사실이 그 가치를 가치 있는 것으로 만드는 어떠한 부분은 아니다. 한층 유력한 이유로, 실천적 지혜를 가진 사람(이러한 끈기 있는 플라톤적 작업을 하지 않고, 인간적 가치 속에서 복잡한 삶을 살기로 결심한 존재)이 고독한 삶에서 자신을 볼 수 없다는 사실을, 그러한 삶이 최고라는 주장에 반대되는 것으로 간주해서는 안 된다. 아리스토텔레스의 주장은 그 반대자들에게는, 너무 인간적인 척도를 사용하여 종 중심의 가치만을 확립한 진정한 참된 좋음에 미치지 못하는 것처럼 보일 것이다. 그러나 현상을 통한 방법은, 진정한 또는 참된 좋음에 대한 그러한 이야기의 상당 부분이 단지 이야기일 뿐임을 상기시킨다. 그것이 인간의 좋음에 대한 우리의 이야기를 넘어서는 분위기를 가지고 있다는 사실이, 꼭 그렇게 한다는 것을 보장하지는 않는다. 그것은 담론의 경계를 설정하는 경험에 있어 너무 약하게 뿌리내리고 있어서, '아무것도 이해하지 못한, 단순한 말'이 될 수 있다. 인간 중심적인 판단 기준과 인간적으로 경험이 풍부한 심판관을 쓰는 것은 윤리적 탐구의 결과를 우리 자신과 우리 삶에 올바르게 연결하는 데 필요한 것으로 옹호되어 왔다. 그리고 반대자가 이 전반적인 과제에 대답할지라도, 우리가 10장과 11장에서 했던 좋음에 관한 논의에서는 단 하나의 것, 즉 모든 종의 모든 좋음과 가치가 순위 매겨지고 정렬될 수 있는 '진정한 좋음(또는 가치 있는 것)'은 없다고 주장해 왔다. 신의 좋음은 우리의 좋음과 동질적이지 않고, 그 이상이며 규범적이다. 그것은 다른 맥락에 있는 다른 존재를 위한, 그저 다른 종류의 좋음이다. 우리의 것은 같은 척도에서 더 낮거나 못 미치는 것이 아니다. 우리의 것은, 다른 어떤 곳에서도 나타나지 않는 특별한 톤과 질감을 지닌 우리만의 것이다. 우리가 힘주어 그러한 방식으로 사람들을 사랑하는 것은, 그러한 톤과 질감의 본질적인 부분인 것 같다.

그런 다음, 아리스토텔레스는 반전反轉에 매우 약한, 관계에서의 좋은 삶에 대한 우리의 개념을 포함하는 것을 옹호했다. 그러나 때때로 사랑이 무엇인지에 대한 그의 개념이 그것을 '충분히' 연약하게 만들지 않는다는 비난을 받기도 한다.* 첫째, 기술된 관계가 아늑하고 고립적이다. 즉, 성격이 비슷한 사람들의 사랑에 집중함으로써 다른 영혼과의 만남에서 높은 가치가 될 수 있는 위험과 놀람의 요소를 제거한다. 둘째, 아리스토텔레스가 다른 관계보다 성격적 사랑의 우월한 안정성에 대해 강조한 것은, 사랑에 대한 그의 설명을 '자기 충족성의 목적과 우정의 필요성을 조화시키고자 하는 결심 안에서 기이한'** 것으로 만든다. 첫 번째 비판에 대해, 우리는 문제를 제기하는 사람에게 인간의 가치에 대해 깊이 공유된 개념에 기반한 개인적 사랑의 예를 고려하고 그러한 사랑이 발견되지 않을 가능성이 있는지 자문해 보도록 요청함으로써 대답할 수 있다. 우리는 그에게 별개의 분리된 몸과 영혼에서 자신의 열망을 발견하는 기쁨과 놀라움을 상상해 보도록 요청할 수 있다. 그것은 대부분의 사람들이 서로의 가장 높은 희망을 대하며, 더욱 큰 낯선 세상에서 당신과 이 다른 사람이 같은 가치의 세계에 살고 있음을 깨닫는 기쁨이다. 아리스토텔레스는 자신과 다른 사람에 대한 가장 훌륭하고 가장 깊은 발견이, 바로 그러한 사랑 안에서 이루어진다고 그럴듯하게 주장한다. 플라톤의 『파이드로스』에 묘사된 연인들은 그러한 사랑이 놀라움, 열정, 탐험 혹은 위험이 없는 것은 아님을 보여준다. 이 다양성이 유사성에 뿌리를 둔 경우에만, 다양성에서 무척 과시되는 이점이 사랑의 진정한 이점이 될 수 있

---

* 이어지는 두 비판은 모두 다음에 있다. Bernard Williams, Philosophy(*The Legacy of Greece*, ed. M.I. Finley, Oxford, 1981), pp.202-255. 그리고 본서 1장 참조.

** Bernard Williams, 'Philosophy'(*The Legacy of Greece*, ed. M. I. Finley, Oxford, 1981), p.254.

다. 즉 적어도 일부 공유된 인간의 인식, 가치, 열망 및 이러한 상호 작용에 기반해야, 외국인, 다른 인종이나 성별 또는 종교의 구성원, 나이나 기질이 당신과 차이가 많이 나는 사람으로부터 배우고, 사랑하는 것 또한 배울 수 있을 것이다. 배움이 당신에게 의미 있고 당신을 위한 무언가가 될 수 있는 것은 그러한 기반 아래에서다. 그렇지 않다면, 당신의 호기심은 사랑의 지각이 아닌, 문화기술학ethnography이나 자연사自然史를 향하게 될 것이다.

두 번째 비판에 대해, 우리는 아리스토텔레스가 성격에 기초한 사랑의 탁월한 안정성을 강조한다는 점을 인정해야 한다. 그리고 다른 방식으로도 그는 사랑을 추구하는 사람에게 참사를 일으키지 말라고 충고한다. 예를 들어 너무 많은 친밀한 관계를 형성하여 강제로 '자신을 나누어주거나', 극도로 나이 차가 많은 사람을 사랑하기로 선택한다면, 나이의 변화에 따른 필연적 결과 이상으로 관계가 짜증날 것이다. 그러나 우리가 서로의 삶에서 안정과 불변성을 추구하고 있으며, 사랑 자체의 풍부한 혜택에는, 이러한 믿음 없이는 발견할 수 없는 일종의 신뢰와 공유된 역사의 축적이 필요하다는 인식에는 그다지 '이상한' 것이 없다. 아리스토텔레스적인 '함께 삶'의 모든 요건과 그것이 부과하는 요건, 그것이 야기하는 연약성을 고려할 때, 우리는 아리스토텔레스가 가치의 풍부함을 등한시하면서 자기 충족성을 구했다고는 생각할 수 없다. 사실 우리는 그러한 사람이 그토록 어렵고 있을 법하지 않은 목표를 가치 있게 여기는 모험을 한 것에 대해 더욱 경외감을 느끼고 놀랄 것 같다. 얼마나 많은 사람들이 깊은 사랑과 탁월한 활동을 나누며 살아가고 있을까? '담화와 이성을 공유하며' 진정한 의미에서 함께 사는 동거인이 얼마나 될까? (왜냐하면 '그것은 그저 소처럼 같은 장소에서 방목되는 것이 아니라, 인간이 함께 산다는 것을 의미하는 것'이기 때문이다(『니코마코스 윤리학』 1170b11-14).) 사실, 그것은 세상을 만들어 가려는 비범한 요청이다. 그것을 만들어 가는 사람들은 불행할 가능성이 높다. 그러나 아리스토텔레스의 목표는 만족이라는 의미에서의 행복이 아니라 삶의 충만함과 가치의 풍요로움이기 때문에, 행복을 위해 가치를 빼버리고 행복을 위해 세상에 대한 당신의 요청을 감소시키고, 세상에서 더 기꺼운 응답을 얻기 위해 세상에 대한 요청을 줄이는 것이 해결책이 될 수 없다. 아리스토텔레스주의자는 그냥 세상을 받아들여서 그에 어떻게 대처할 수 있을지를 살필 것이다.

(가치와 개인의 동일성 간의 연결을 포함하여) 사랑의 가치에 대한 이러한 설명은, 우리가 『파이드로스』에서 발견했던 많은 주장들을 발전시킨다. 그러나 몇 가지 중요한 차이점이 있다. 첫 번째 차이점은 추가이다. '함께 사는 것'의 이로움과, 무언가가 자신만의 고유한 것이라는 생각에서 비롯되는 좋음에 대한 특별한 동기 부여에 관한 아리스토텔레스의 설명에 따르면, 그는 『파이드로스』보다 더 나아가, 왜 가까운 평생의 유대가 그렇게 중요한지, 왜 사랑은 가치를 잃지 않은 채로 다른 유사한 인물에게 양도될 수 없는지 설명했다. 『파이드로스』와 『니코마코스 윤리학』에서는, 사랑의 대상이 비슷한 성격과 열망을 가진 좋은 사람일 때 사랑의 가치가 가장 높다고 말한다. 이 두 저작 모두 두 사람이 교제하면서, 될 수 있는 한, 기쁨과 즐거움을 포함하는 평생의 활동을 공유해야 한다고 요구한다. 아리스토텔레스는 이제, 이 친밀함의 중요성에 대하여 더욱 자세한 설명을 추가한다.

그런데 두 번째 주요한 차이점은 생략이다. 아리스토텔레스의 사랑에 대한 설명에서, 성생활과 성적 끌림은 중요한 역할을 하지 않는다. 또한 그는 『파이드로스』의 연인들의 삶에서 중심 역할을 하는, 사유와 시야의 강력한 에로스적 변형인, 광기의 이로움에 대해서도 말하지 않는다. 아리스토텔레스적 연인이 지닌 영혼의 모든 요소는, 실천적 지혜를 지닌 아리스토텔레스적 사람에게 늘 있으므로, 활동적이면서도 즉각 반응할 것이다. 그리고 아리스토텔레스는, 사랑은 다른 사람의 물리적 현존에서 즐거움을 얻는 것을 필요로 한다고 주장한다. 그러나 플라톤적 연인들의 특별하게 에로스적인 즐거움과 통찰력은, 특별하게 강렬하고 한정적인 필리아의 경우로만 언급된다(1171a11). 그 언급조차도 필리아를 허용하는 것인지가 명확하지 않다.* 필리아의 리듬은 최상의 경우 혹은 최고의 경우에, 플라톤의 에로스보다 더 안정적이고 덜 폭력적인 것 같다. 필리아의 리듬에서, 우리는 『파이드로스』의 연인들의 중심에 있는 갑작스러운 조명과 위험한 열림의 요소를 발견할 수 없다. 나는 적절하다고 생각되는 한, 칸트의 '실천적 사랑'보다 더 연약하고 시간과 변화에 더 뿌리를 둔, 진정한 개인의 사랑으로 만들어가는 아리스토텔레스적 필리아의 요소를 강조하려고 노력했다. 그러나 이제 진정한 통찰에 대한『파이드로스』적 관점에서 매우 중요한 긴장과 해방, 갈망과 충만의 구조, 또는 최소한 이것에 대한 강조를 여기에서 발견할 수 없음을 인정해야 할 때이다. 아리스토텔레스는 이러한 종류의 에로스에 대해 아무 말도 하지 않는다. 그러나 그는 침묵으로써 그것에서 핵심적인 중요성을 발견할 수 없었음을 나타낸다. 아리스토텔레스를 자기만족에 빠지는 도덕적 성격을 지녔고, 위험이 수반되는 좋음에 대해 무감각하다는 쪽으로 몰아세우는 것은 전적으로 잘못된 것 같다. 그렇다면 그가 에로스를 회피한 것에 대해 우리는 뭐라고 말할 수 있을까?

우선, 우리는 특정한 역사적, 문화적 사실을 떠올려야 한다. 아리스토텔레스는, 여성이 대부분의 주요 인간 가치와 관련된 공동 활동에서 가치 있는 파트너가 되는 데 필수적인 발달의 권리를 박탈당하고 거의 교육을 받지 못한 문화 속에서의 이성애자인 남성이다. 더욱이 그는 인간의 탁월함을 발전시키는 데 필요한 한에서, 가족과 가정에 커다란 강조점을 둔 정치적 사상가이다. 그렇다면 여성에게 동등한 수준의 교육과 탁월한 활동 기회를 제공하면서 가족의 혜택을 유지하는 삶의 구조를 그가 상상하기는 어려웠을 것이다. 플라톤은 가정의 윤리적 가치를 부정했다. 따라서 그는 여성에게 보다 평등한 지성적 지위를 부여할 수 있었다. 아리스토텔레스는 친밀함의 상실에 반대하는 진지한 주장을 하고 있다. 따라서 그의 가능성은 더 제한적이다. 이것은 여전히 우리 삶의 방식에서 해결되지 않은 주요 문제 중 하나이기 때문에, 기원전 4세기의 고대 희랍인으로서 이 문제를 해결하는 방법을

---

* 'huperbolē'라는 단어가 사용되었다. 이것은 미덕에 관한 문헌에서, 윤리적인 면에서 정도를 지나쳤다는 의미로 일반적으로 사용된 단어이다. 또한『니코마코스 윤리학』 1157a6-10 참조. 여기서 에라스테스erastēs와 에로메노스erōmenos 간의 관계는 단순히 쾌락적 사랑의 예로 취급된다.

상상하기가 얼마나 어려웠을지 이해할 수 있다. 그러나 여성이 가정에 갇힌 채로 남게 된다면, 그들은 최고의 의미에서의 필로이가 될 수 없다. 그리고 야심 찬 남성은 자신과 동성인 필로이를 찾아야 할 것이다. 이 지점에서, 그 자신이 이성애 성향을 지녔다면, 성생활과 열망은 분리되어야 하고, 열망은 다른 영역과 다른 관계의 맥락에서 추구되어야 한다고 그가 판단하는 것은 당연할 것이다. 그러므로 우리는 강한 감정과 공유된 열망을 결합한 친밀한 개인 간의 사랑의 중요성에 관해서, 아리스토텔레스가 『파이드로스』에 부분적으로는 깊이 동의했다고 말할 수 있다. 이는 어디에서 그러한 관계를 추구해야 하고 이러한 관계가 본질상 성적인 것이 될 수 있는 것인지에 대한 다양한 생각과 결합되어 있다. 이러한 생각은 사회적 환경에서의 성에 대한 두 철학자의 개인적 경험의 차이와, 가족의 중요성에 대한 규범적인 정치적 신조의 차이를 반영한다.

이것이 바로 아리스토텔레스의 현상에 입각한 해법에서 그토록 자주 비난받아온, 일종의 현상 유지에 대한 따뜻한 옹호가 아닐까? 우리는 현실에 대한 아리스토텔레스의 끈기 있는 주목이 여성의 탁월함의 잠재력이 충분히 실현될 수 있는 사회 구조를 상상하는 데 필요한 대담한 상상의 도약을 막았다고 말하고 싶은 유혹을 받는다. 플라톤주의는 현실적인 생각을 덜 존중하기 때문에, 그러한 도약을 더 자유롭게 할 수 있다.

그러나 우리는 그것이 과감하거나 급진적인 결론을 불가능하게 만든다고 주장하는 발표 방식이 부당하다고 주장해 왔다. 8장에서는, 이 방법이 여성에 관한 현실 사회 제도를 비판하기 위해 선택의 중요성에 대한 깊은 생각을 실제로 사용할 수 있다고 제안했다. 아리스토텔레스가 이것을 하지 않았다는 것은, 그의 접근의 가능성에 대한 것이라기보다는 현상 수집가로서의 그의 결점을 말하는 것이다. 그리고 만일 우리가 우리 앞의 경우를 조사한다면, 아리스토텔레스의 적용과 마찬가지로, 방법에 문제가 있는 것이 아님을 알게 되리라고 나는 생각한다. 왜냐하면 아리스토텔레스가 생각에 대해 정밀하게 검토하면서 한심하게 빠트리고 있는, 이 문제와 관련된 적어도 두 가지의 측면이 있기 때문이다. 여성의 탁월함에의 잠재력에 대한 그의 조사는 조잡하고 성급하기로 악명이 높다. 그는 그들의 능력을 개발하는 문제를 회피할 수 있었고, 감수성이나 세심한 관심의 표시를 보이지 않는 완전한 성인成人의 도덕적 선택에서 그들이 무능력하다고 노골적으로 단정함으로써 최고의 필리아에 대한 그들의 몫을 부정할 수 있었다. 그가 조개류의 삶과 그 몸체에 바쳤던 지속적인 관심의 작은 조각이라도, (그가 만든 우스꽝스럽고 쉽게 수정될 수 있는 많은 오류를) 여성의 심리학이나 생리학에 기울였다면 그 방법은 더욱 잘 활용되었을 것이다.

또한 그의 글에서, 플라톤이 옹호한 에로스적 관계에 대한 관심이 거의 완전히 결여되어 있음을 발견할 수 있다. 남성 (및 여성) 동성애의 에로스주의는 그의 관심 대상이 거의 아니었기 때문에, 그는 필리아에 관한 의견을 검토하는 데 이러한 관행과 생각을 포함하는 것이 적절하지 않다고 생각한다. 그가 살았던 문화 속에서, 그리고 인간의 좋음에 관한 글을 쓰는 철학적 전통에서 동성애의 중요성을 고려할 때, 이러한 회피는 매우 이상하다. 그리고 이것은 단지 그 자신의 방법에서의 부당함만이 아니다. 이것은 필리아에서의 실패이기도 하다. 아리스토텔레스는 플라톤을 분명히 사랑했고 그와 몇 년 동안 함께 활동을 공유했기 때문에, 그는 벗의 삶을 좋은 삶에 관한 정보의 원천으로 보았어야 했다. 그러나 그가 이것을 보았다면, 그는 존경, 경외, 탁월한 철학과 함께 관능과 '미친' 열정이 결합된 삶의 윤리적 중요성을 알아차렸을 것이다. 그리고 그 자신이 성적 성향의 차이를 자각하여 이러한 삶을 택하지 않았다면, 적어도 그것을 현상들 속에 놓고, 좋음을 목표로 하는 하나의 인간적 방식으로서 정당함을 부여했어야 했다.

전반적으로 자기 교정과 자기 성찰에 대하여 그토록 경탄할 만한 견해를 지녔고, 특정한 지각의 반응을 그렇게도 강조했던 이 현명하고 공정한 사람에게서도 이러한 일이 전혀 일어나지 않았다는 것은, 세계관을 형성하는 데에서의 성적 관습과 성적 편견의 어마어마한 힘을 보여준다. 이것은 그가 실천적 지혜를 지닌 사람이 되는 길에서, 편향과 편파성을 만회할 수 없을 정도로 깊이 가라앉아 버려, 그 자신의 방법조차 따를 수 없었던, 삶의 한 측면이었다. 아리스토텔레스적 방법은 현 상황을 악착같이 옹호하지는 않는다.

그것은 모든 인간의 대안에 대한 상상력과 반응성의 배양을 요청한다. 아리스토텔레스가 이러한 경우들에 자신의 방법을 적용하는 데 실패했다는 점은, 아리스토텔레스의 방법을 옹호하는 우리로 하여금 아리스토텔레스 자신보다도 이러한 실천적 지혜의 요소를 더욱 강조하고 이러한 인식을 도와주는 독서와 필리아 자체의 역할을 열렬히 옹호하기를 원하게 만든다.

아리스토텔레스는 우리의 다양한 생각을 우리 앞에 제시함으로써, 풍부한 가치를 추구하는 과정에서 여러 종류의 사고에 여전히 취약하지만, 다양한 생각들이 상대적으로 안정적으로 만들어주는, 인간의 좋은 삶의 개념을 포함함을 보여주고자 했다. 우리는 안정성과 우리를 위험에 노출시킬 수 있는 풍요로움을 둘 다 추구하고 가치 있게 여긴다. 어떤 의미에서 우리는 위험 자체를, 어떤 종류의 가치를 부분적으로 구성하는 것으로 평가한다. 우리는 숙고하면서 이 상충하는 주장의 균형을 맞춰야 한다. 이러한 균형은 결코 긴장 없는 조화가 될 수 없다. 그것은 기껏해야 긴장이 가득한 초점 보류의 상태, 즉 헤라클레이토스의 '활이나 뤼라처럼 역방향으로 뻗어나가는 조화'로 남아 있다. 그리고 그것의 특정한 판단은 종종 어색한 타협의 모습을 하고 있다. 우리는 좋은 삶의 내재적 조건 개념을 채택하는 데 따르는 가치의 엄청난 손실을 인정한다. 그래서 우리는 좋은 삶에는 활동이 필요하며, 그러한 삶에서의 좋은 조건조차도 해로움을 완전히 면할 수 없다는 더 위험한 견해를 유지하기로 결정한다. 그러나 우리는 한편으로, 모든 활동을 제거하는 것이 좋음의 상실이라고 말하고 싶어 하지도 않는다. 왜냐하면 이것은 우리를 너무나 많이, 참을 수 없을 정도로, 상실에 노출되게 할 것이기 때문이다. 따라서 우리는 불안정한 균형을 찾는다. 그래서 위험이 너무 많이 위협하지 않는다거나, 어떤 진정한 가치가 우리를 벗어나지 않는다는 것은 결코 완전히 분명하지 않다. 그리고 다시, 우리는 좋은 삶이 가치의 충만함을 위해, 특히 운에 취약한 어떤 관계적 구성 요소를 포함하기를 원한다. 그러나 참을 수 없이 운에 휘둘리기를 원하지는 않고, 상대적으로 높은 정도의 안정성을 보장하는 각각의 개념을 선택한다. 다시 말해서(우리는 이러한 개념의 좋음에 대한 독자적인 주장을 가지고 있지만), 우리는 우리가 인간의 삶을 너무 연약하게 만들지 않았는지, 혹은 안정을 위해 무언가를 생략하지 않았는지 결코 확실하게는 알 수 없다. 아리스토텔레스는 훌륭한 인간의 숙고가 포함된 섬세한 조율 행위를, 이러한 복잡한 묘책으로 보여준다. 연극에서 행위 주체가, 살아 있는 한, 모든 인정된 인간의 가치를 유지하기로 결정된 경우에는, 까다로워 결코 결론이 나지 않는다. 어떤 사람들에게는 이러한 숙고의 모습이 세속적이고, 지저분하고, 우아함이 부족해 보일 것이다. 아리스토텔레스는 우리가 인간의 삶보다 더 우아하거나 단순한 개념을 목표로 삼지 않는 것이 좋다고 대답할 것이다(말하자면, 그는 실천적 지혜를 지닌 사람의 철저한 인간 중심적 관점에서 기꺼이 인정할 것이다). 단순함을 최고의 가치로 드높이는 사람은, 홈이 패여 주름진 기둥에 곧은 자를 사용하는 건축가와 같다.* 그의 계산은 견실한 건축물을 짓지 못할 것이며, 그는 자기 앞에 놓여 있는 것의 아름다움과 가치를 많이 빠트릴 것이다.

---

* 『니코마코스 윤리학』 1137b29 이하 참조. 자세한 논의는, 본서의 10장 참조.

3부의 부록 인간과 신

어떤 철학자들(또는 당신이 그들을 어떻게 평가하고 싶든 간에)은 '문제의
상실'이라고 칭할 수 있는 것으로 고통받는다. 그러면 그들에게는 모든 것
이 아주 단순해 보이고, 더 이상 어떠한 깊은 문제도 존재하지 않는 것 같으
며, 세상은 넓고 평평해지고 모든 깊이를 잃게 되고, 그들이 저술하는 것은
헤아릴 수 없을 정도로 얕고 사소해진다……

……말씀을 깨닫기보다는 따져 물으며 말만 앞세우기 때문에……(……
quia plus loquitur inquisitio quam inventio……) (아우구스티누스)

비트겐슈타인, 『쪽지Zettel』,* 456-457

이 지점에 이르기까지, 우리는 아리스토텔레스를 중기 대화편에서의 플
라톤과 강하게 대조하는 그림을 제시했다. 이는 거의 전집 전체에서 발견할
수 있는 아리스토텔레스이며, 그는 일관되고 쉽게 알아볼 수 있는 목소리로
말하고 있다. 그러나 우리는 이 책 전반에 걸쳐 이러한 윤리적 문제의 깊이
및 복잡성, 그리고 그 깊이를 생각하는 사람이라면 누구나 그 깊이뿐만 아니
라 플라톤과 아리스토텔레스의 입장 둘 다의 힘도 느낄 가능성을 강조했다.
우리는 또한 아리스토텔레스가 철학적 전통에 공명하며 평가하고 그것의
깊이에 반응하면서, 그것이 제시한 문제에 관한 주요 해석을 탐구한, 근본적
인 책무를 강조했다. 그러므로 여기서는 잠시 멈추어, 아리스토텔레스 자신
이 윤리학에서 플라톤의 지성주의에 끌렸던 자취에 대해 평가하는 것이 적
절할 듯하다. 우리는 어떤 식으로든, 문제의 모든 구절에 대한 완전한 설명

---

* [역주] 1967년에 출간된 다양한 논평 모음집. 철학, 심리학, 현상에 대한 개괄적 관점을 시
도하려는 철학 경향에 대한 여러 단상이 포함되어 있다.

을 제공한다든지, 이러한 문제의 모든 측면에서 전개되어 온 논의를 전부 다룰 수는 없다. 그렇게 하는 것 자체가 책 한 권이 될 것이다. 그러나 문제의 주요 라인을 도식적으로 설정하고 이에 대한 입장을 스케치한다면, 우리는 우리의 질문과 아리스토텔레스에게 더 공정해질 것이다. 먼저 윤리적 저작 바깥에 놓여 있는 몇몇 흔적들을 다룬 다음, 『니코마코스 윤리학』 6권에서 8권까지의 악명 높은 문제를 살펴볼 것이다.

우선, 『니코마코스 윤리학』 7권처럼, 인간의 최고 삶을 플라톤의 신神에 준하는 지성 중심의 삶으로 기술하지 않는 많은 구절들이 전집에 흩어져 있다. 그러나 그것들이 가치나 선의 관점에서 우주에서의 유효한 삶의 순위를 매기고 신적인 삶을 최상위에 두는 한, 그것들은 아리스토텔레스의 윤리학적 방식인 일반적 인간 중심주의와 모순된다(10장 참조). (1) 『천체론De Caelo』 2권 12장에서, 아리스토텔레스는 우주의 생명체에 순위를 매기면서, 이 우주의 위계에 존재를 배치하는 방법이 그들이 수행하는 운동의 유형을 설명한다는 것을 보여준다. 최고의 존재(부동의 동자)는 '활동 없이 좋음을 지닌다', 차선의 것(천체)은 단순하고 단일한 동작(원운동)을 통해 그것을 얻는다는 것 등등 해서, 살아 있는 존재가 진정한 좋음에서 멀어질수록 동작은 더욱 복잡하고 다양해진다. (2) 『동물 부분론Parts of Animals』 1권 5장에서, 아리스토텔레스는 다시, 동물 연구를 옹호하면서도, 천체가 생명의 더 높거나 우월한 형상이며, 따라서 자연을 연구하려는 사람들에게 더 매력적이라는 점을 인정한다. (3) 『니코마코스 윤리학』 6권에서 아리스토텔레스는 소피아의 덕목인 관조적 지혜를 실천적 지혜보다 더 높게 평가하고, 생명이나 존재에 순위를 매겨서, 이러한 순위를 옹호한다. '만약 인간이 우주에서 최고의 존재가 아니라면, 정치적 탁월함과 실천적 지혜가 가장 좋은 것이라고 생각하는 것은 이상한 일이다.'(1141a20-22) (문장의 모호함을 강조하기 위해, 나는 직설적으로 번역했다. 로스는 이 '만약'을 '때문에'로 번역한다. 이것은 가능하지만, 전혀 필요하지 않다.) 아리스토텔레스는 실천적 지혜의 맥락-관계성을, 지혜sophia의 결핍된 맥락-관계성과 불리하게 대조한다. (4) 『형이상학Metaphysics』 7권과 『영혼에 관하여』 3권 5장에 나오는 지성과 그것의 신성에 대한 찬사는 분명히 동일한 그림의 일부이다. 부동의 동자를 사랑과 숭배의 대상으로 취급하는 것은 분명히 생명의 가치에 대한 비교 판단을 의미한다. (대조적으로, 『자연학』에서 부동의 동자를 물리학적 설명에서 필수적인 첫 번째 원칙으로 사용하는 것은 그러한 순위를 함축하지 않는 것 같다.) (5) 『정치학』에서 육체에 대한 영혼의 '전제적 통치'와 오렉시스orexis에 대한 영혼의 (기묘한) '정치적이고 왕적인 지배'에 대한 설명은 플라톤의 그림과 동일한 부분을 형성하는 것처럼 보인다. 확실히 그것은 『영혼에 관하여』에서의 영혼과 육체에 대한 동형적인 설명, 『영혼에 관하여』, 『운동론』, 『니코마코스 윤리학』에서의 오렉시스에 대한 설명, 그리고 지성과 육체적 욕망 간의 관계에 대한 『니코마코스 윤리학』의 설명과 조화시키기 어렵다.

이 구절(과 이와 유사한 다른 구절들)은 지성적 활동이 많은 내재적 좋음 가운데 하나라고 우리가 스케치한 것과 양립할 수 없는 인간의 좋음에 대한 관점을 반드시 의미하지는 않는다. 왜냐하면 어떤 사람은 그것이 없으면 삶이 덜 완전하고, 따라서 『니코마코스 윤리학』 1권의 기준에 따라 에우다이모니아의 단지 수단이 아닌 부분이 될 많은 내재적 좋음이 있다고 일관되게 주장할 수 있지만, 동시에 이러한 좋음 중 일부는 다른 것보다 고차원적이라고 주장할 수 있기 때문이다. 이는 분명 『니코마코스 윤리학』 6권의 입장이다. 아리스토텔레스는 같은 장에서 소피아가 에우다이모니아의 한 부분이며 (아래 참조), 또한 어떤 면에서 가장 좋은 부분이라고 주장한다. 이를테면, 귀한 보석으로 가득 찬 왕관에서 가장 크고 빛나는 보석으로서, 각각의 보석은 그 자체로 고유한 가치를 지니며, (실천적 지혜가 빚어낸) 그 전체 구성 또한 각각의 가치를 더하는 것이다. 그러나 그 구절은 윤리학과 정치학이 '인간에게 좋은 것은 무엇인가'라는 질문에 스스로를 한정해야 한다는 의미에서, 모든 윤리적 저작의 수많은 주장과 명백히 상충하고, 선에 대한 일반적이고 포괄적인 설명을 시도하거나 선의 관점에서 생명의 보편적인 순위를 매기는 것을 거부한다(본서 10장 참조). 따라서 이러한 구절의 입장은, 『파이드로스』의 입장과 양립할 수 있는 것처럼 보인다. 인간을 위한 최상의 삶에 관한 설명은 내재적 가치가 있는 다른 영역을 위한 공간을 만든다. 그러나 이 생명은 여전히 우주 어딘가에 있는 다른 생명과 부적절하게 비교될 수 있다. 이것이 일관된 입장이라는 것이 내게는 완전히 명확하지는 않다. 생명 전체에 걸쳐 순위를 매기는 일반적인 종種 독립적 기준이 있다는 것이 인정된다면, 이러한 가장 고차원적 요소나 활동을 최대화하는 삶 또한 이러한 능력이 있는 모든 존재에게 가장 적합하다는 결론을 내리는 것이 매우 자연스러워진다. 일단 외부적 관점을 허용한다면, 그것이 그러한 관점에서 평가될 수 있는 각각의 종種의 구성원들에게 열려 있는 다양한 삶의 평가에 영향을 미쳐서는 안 되는 이유를 이해하기 어려울 듯하다.

따라서 플라톤주의를 향해 이렇듯 한 걸음 더 들어간 견해를, 실제로 아리스토텔레스가 어딘가에서 취했다는 것은 놀라운 일이 아니다. 나는 그것이 단 한 번, 문맥에 맞지 않으면서 『니코마코스 윤리학』이 전체적으로 취한 몇몇 중요한 입장 및 주장과도 완전히 모순되는 구절에서 채택되었다고 믿는다. 하지만 그렇다고 해서 그것을 무시할 수도 없다. 우리가 할 수 있는 최선은, 그 주장을 제시하고, 그것이 『니코마코스 윤리학』의 전체 계획과 어떻게 어디에서 모순되는지 명확하게 보여주는 것이다. 이 문제에 대해서는 크게 유용한 문헌이 있다.* 따라서 나에게 가장 중요하다고 여겨지는 문제를 짧게 설명하도록 하겠다. 『니코마코스 윤리학』 10권 6~8장에서, 아리스토텔레스는 에우다이모니아가 인간의 가장 중요한 부분, 즉 이론적 지성의 활동과 동일하다는 견해를 옹호한다. 이 활동은 연속성(1177a21-22), 순수성(26), 안정성(26) 및 자기 충족성 면에서도 다른 모든 활동보다 뛰어나며, 외부 필요조건의 우연적 만족에 의존하지 않고 관조할 수 있다(1177a27-1177b1). 관조는 그 자체로 사랑받거나 선택될 가치가 있는 유일한 활동으로 명백하게 주장된다(1177b1-4). 신성한 지성은 우리 안에 있는 가장 좋은 부분이기 때문에, 우리는 이 요소와 우리 자신을 동일시하고 이 하나의 요소의 삶을 스스로 선택하도록 권고 받는다. '우리는 인간이기 때문에 인간적으

---

* 특히, J. M. Cooper, *Reason and Human Good in Aristotle*(Cambridge, MA 1975); J. L. Ackrill, 'Aristotle on eudaimonia', *PBA* 60(1974) 339-359 참조.

로, 그리고 죽을 수밖에 없는 존재이기 때문에 죽을 수밖에 없는 방식으로, 추론하고 선택하도록 권고하는 사람들을 따라서는 안 된다. 그러나 할 수 있는 데까지, 우리가 불멸의 존재가 되도록, 또 우리 자신의 가장 좋은 부분에 따라 살도록, 모든 노력을 기울여야 한다.'(1177b31-34) '나머지의 탁월함'에 따른 삶은 두 번째로 좋은 것으로 간주된다. (이 두 삶 중 어느 것도 아마 『니코마코스 윤리학』에서의 이 지점까지 옹호된 삶은 아닐 것이다. 그러한 삶은 관조적 요소와 비관조적 요소를 모두 포함할 것이기 때문이다.)

이 책의 독자는 이 구절이 중기 대화편의 플라톤주의와 강한 연관성을 갖고 있으며, 우리가 윤리적 저작에서 발견한 가치관과 이상하게도 일치하지 않는다는 것을 분명히 알 수 있을 것이다. 우리는 이제, 여기서 단순히 강조의 차이가 아닌, 양립 불가능성이 있다고 판단하는 가장 중요한 이유를 요약할 수 있다. (1) 『에우데모스 윤리학』과 『대윤리학』에서, 아리스토텔레스는 에우다이모니아가 여러 부분의 합성물이며, 성품의 탁월함에 따른 활동이 필리아 및 관조 활동과 함께 에우다이모니아의 '부분' 또는 구성 요소라고 명시적으로 주장한다. (2) 이 주장은 『니코마코스 윤리학』 제6권(=『에우데모스 윤리학』 제4권)에서 강조된다. 소피아는 '전체로서의 탁월함의 일부'이며, 그러한 부분으로서, 그것은 활동을 통해 에우다이모니아에 기여한다 (1144a3 이하). 여기서 강조되는 지점은, 소피아가 에우다이모니아를 향한 생산적인 수단일 뿐만 아니라, 그것의 실제적인 부분이라는 것이다. 그러나 아리스토텔레스는 또한 그것이 전체가 아니라 부분임을 분명히 한다. (3) 『니코마코스 윤리학』의 다른 권들에서는 성격의 탁월함에 따른 행동이 그 자체로 가치가 있거나 선택할 만한 가치가 있다고 명시적으로 언급되어 있다. 그것은 탁월한 행동에 대한 정의의 일부이며, 실제로 그 자체를 위해 선택된다(1105a31-32). 필리아 또한 내재적 좋음으로 간주된다(본서 12장 참조). 가장 놀라운 것은, 『니코마코스 윤리학』 10권 6장에서도 그 자체로 선하고 선택의 여지가 있는 것의 예로, 성품의 탁월성에 따른 행동을 인용한다는 점이다(1176b7-9). 제9권은 중요한 내재적 가치가 결여된 고독한 에우다이모니아를 명시적으로 배제한다. 결론은 필리아를 결여하면 완전하지 않기 때문에, 진정한 에우다이모니아가 아니라는 것이다. 1권은 이미 에우다이모니아가 내재적 가치를 지닌 모든 것을 포함해야 함을 분명히 했다 (1097b14 이하). 따라서 어떤 다른 항목이 내재적 가치를 갖는다는 증거는, 오직 관조만이 그러하다는 10권 7장의 주장과 직접적으로 충돌할 뿐 아니라, 에우다이모니아를 오직 관조와 동일시하는 주장과 간접적으로 충돌한다. (4) 1권의 어떠한 내용도 에우다이모니아가 단일 활동임을 의미하지 않는다. 우리가 말했듯이, 충분의 기준은 내재적 가치가 있는 것이 한 가지만 있지 않은 한, 그것이 복합적일 것임을 의미한다. '인간에게서의 좋음이란, 탁월함에 따른 영혼의 활동이며, 만일 탁월함이 하나 이상이라면 가장 훌륭하고 완전한 것에 따르는 것이다'라는 1권 5장의 주장은 이를 약화시키지 않는다. 왜냐하면 '완전함'에 대해 이미 언급한 바를 감안할 때, 이것은 내재적 가치를 지닌 모든 것을 포함해야 할 것이기 때문이다. 그리고 그것은 그러한 것들이 많다는 발견과 명백히 양립할 수 있다. 이와 대조적으로, 10권은 우리가 원하는 것이 단일한 최고 활동, 단일한 최고 부분의 활동이라는 생각을 강조한다. (5) 1권에서의 자기 충족autarkeia의 기준에 관한 첫 번째 진술은, 이상하게도, 관조가 자기 충족적autarkestaton이라는 10권의 주장과 어긋난다. 왜냐하면 거기에서 아리스토텔레스는 우리가 고독한 자기 충족성을 추구하는 것이 아니라, 친구, 가족, 공동체와 함께 자족하는 삶을 추구한다고 직접적으로 말했기 때문이다(본서 12장 참조). 10권 7장에서의 삶은, 9권 12장에서 공격받는 고독한 삶과 마찬가지로, 이러한 기준을 충족하지 못한다. (6) 1권 5장에서의 '인간의 기능' 논증을 적절하게 독해하는 것은 비지성적 결론과 양립할 수 있다. 그것이 제대로 이해된 바에 따르면, 공유된 요소들이 배제되지 않고, 실천적 이성에 의해 주입되고 조직되는 방식으로 포함되는, 이성의 작용에 따라 형성되는 선한 활동이라는 것이다. 나머지 작업, 특히 6권에서, 아리스토텔레스는 실천적 이성이 관조적 요소와 윤리적 요소를 모두 포함하는 삶을 형성하고 배열하는 방법을 보여준다. (7) 10권에서는, 우리 각자가 우리의 이론적 지성과 자신을 동일시해야 한다고 말함으로써 관조를 선택하는 것을 옹호했다. 9권의 유사한 내용의 글에서는 대신, 실천적 이성을 말했다(1166a16-17). (8) 9권은 신의 선한 삶을 열망함이 실제로 앞뒤가 맞지 않는다는 것을 두 차례 보여준다. 이것은 우리와 같은 부류의 존재가 살 수 없는 삶, 따라서 우리와 똑같은 누군가가 살 수 없는 삶을 바라는 것과 관련되기 때문이다. 우리 자신과 다른 사람 모두를 위한 선을 바라는 것은 우리 종의 정체성 범위 안에 있어야 한다(1159a10-11, 1166a18-23). 우리의 주제가 '단순히' 선한 삶이 아니라 선한 인간의 삶이라는(본서 10장 참조)『니코마코스 윤리학』전체의 주장은 같은 요점을 강조하고 있다.

우리는 이러한 고려 사항들에, 내가 아는 바로는, 충분히 강조되지 않은 한 가지를 더 추가할 수 있다. 이는『니코마코스 윤리학』10권의 글이 이상하게 구성되어 있어, 6~8장이 원래 동일한 전체의 일부가 아니라는 의혹을 불러일으킨다는 것이다. 도덕 교육에 대한 논의를 통해 아리스토텔레스의 윤리학에서 정치학으로 이행하기 시작하는 9장은 앞서 살펴본 내용을 요약하는 것에서 출발한다. 이 요약은 관조에 관한 장을 언급하지 않고,『니코마코스 윤리학』을 10권 5장까지 질서 있게 요약하고, 탁월함, 친애, 즐거움을 언급한다. 이 모든 것을 논의하면서, 요약에서는, 우리가 할 일을 다 했다고 생각할 수도 있다고 말한다. 그러나 실제로 우리는 우리가 한 일의 실천적 적용을 계속해서 고려해야 한다. (10권 6~8장에 대한 유일한 참조는, 1179a33의 '이러한 것들toutōn'에 있다. 그러나 그것은 실제로 전체 작업의 절정에 대한 얇은 암시일 것이다.) 10권 6장의 시작 또한 독특하다. '탁월성, 친애, 즐거움에 대해 논의했으니, 이제 행복에 관한 스케치를 제공해야 한다.' 그러나 행복에 관한 '스케치'는 1권 7장에서 이미 주장된 바이다. 그리고 1~6권에서의 견해에 따르면, 우리는 행복에 관해 계속 이야기해 왔으며, 그 구성 요소에 대해 자세히 이야기함으로써 스케치를 채웠다.

이 모든 것을 가지고 어떻게 해야 할까? 이 장들이 아리스토텔레스에 의해 구성되지 않았다고 믿을 강력한 이유는 없다. 진위 여부에 대한 질문은 해결하기가 매우 어렵고, 위작을 배제할 이유도 없다. 우리가 자신 있게 말할 수 있는 것은 이 장들이『니코마코스 윤리학』의 주장에 맞지 않는다는 것이다. 정말로, 그것들은 아리스토텔레스가 다른 곳에서 격렬하게 공격한 윤리적 사상의 한 노선을 나타낸다. 확신은 약간 떨어지지만, 우리는 그것들이 맥락에 잘 맞지 않고, 아마 다른 프로젝트의 맥락에서 별도로 작성되었으리라고 주장할 수 있다. 우리는 아리스토텔레스 자신이 일련의 강의를 준비하면서 그것들을 여기에 끼워 넣었을 가능성을 배제할 수 없다. 그러나 유사한 다른 경우보다 모순이 더 많고 명백하며, 다른 사람에 의해 현재 위치에 삽입되었다는(전집에서 이례적인 현상은 아니다) 설명이 더 유력한 것으로 보인다.

그러나 이전에 논의된 구절은, 원전의 드넓은 다양함으로부터, 일종의 윤리적 플라톤주의가 아리스토텔레스의 생애에서 한 번 이상의 시기 동안 그의 상상력을 지배했다는 증거를 제공한다. 그러므로 우리는 10권 6~8장의 단편을, 아리스토텔레스가 그의 성숙한 윤리적, 정치적 저술의 대부분에서 거부하면서도 어떤 면에서는 깊이 끌린 입장으로부터 나온 진지한 작업으로 보아야 할 것이다. 확실히 이는 실망스럽지 않다. 종종 아리스토텔레스는 플라톤주의적 입장에 대해 다소 신속하게 무시한다. 그가 이러한 입장의 힘을 진지하게 느끼고 그것에 대한 논거를 분명히 하려고 노력하는 것이 그와 그의 방법에 있어서 훨씬 더 가치가 있어 보인다. 아마도 우리는 학문적이거나 관조적인 삶에 진지하게 헌신한 사람들과 마찬가지로, 아리스토텔레스가 철저하고 적절하게 따라서, 그 요구가 다른 모든 추구를 능가하지 않았을까 생각했으리라고 말할 수 있을 것이다. 그는 대부분 정치, 사랑, 성찰에 복합적으로 바쳐진 삶의 개념을 분명히 표현하지만, 또한 진정으로 훌륭한 성찰은 다른 어떤 것과도 나란히 설 수 없으리라고 (다른 시기에, 혹은 같은 시기에 다른 기분으로) 생각한다. 우리는 인간과 신의 조화로운 융합을 가질 수 없다. 그래서 그는 플라톤주의적 견해를 다른 견해와 조화시키려 하지 않고, 『향연』이 『파이드로스』와 나란히 있듯이, 플라톤주의적 견해를 다른 견해와 나란히 설정한다. 어떤 의미에서는, 혼합된 견해를 위한 결정이 있는 것이다. 그러나 다른 견해는 완전히 버려지지 않은 채 남아서, 그 주장을 가능성으로서 행사하고 있다.

이것은 위대한 철학자가 이러한 어려운 질문에 대해 생각할 만한 길인 듯하다. 따라서 아리스토텔레스가 생각할 만한 것이다.

막간 2장　　운과 비극적 감정

　아리스토텔레스는 비극을 높이 평가했다. 『시학』 자체와, 젊은 시민의 교육에 관한 『정치학』 속 논의에서, 그는 비극에 동기 부여 및 인지적 가치를 귀속시켜 명예로운 지위를 부여한다. 그의 윤리적 견해에 관한 논의를 통해, 우리는 이를 설명하는 데 도움이 되는 그의 사상의 여러 특징을 접하게 되었다. 그의 윤리학에서의 일반적 인간 중심주의와, 플라톤의 외부적인 '신의 눈' 관점에 대한 그의 거부는(8장), 도덕적 개선을 위하여 신성한 무한한 존재의 표상이 아닌 선한 '인간' 활동의 이야기로 향하도록 이끈다(5장 참조). 고결한 성품의 일부이자 올바른 행동에 대한 정보의 원천으로서 그가 감정과 느낌에 부여하는 가치는(9장, 10장), 자연스럽게 플라톤이 감정에 대한 표현과 호소력 때문에 추방했던 텍스트에 대하여 또 다르게 귀를 기울이게 한다. 그렇다면 또한 윤리적 진리를 파악하려는 열망 속에서 구체적인 개별자들을 지각하는 것은, 아리스토텔레스에게 있어서 그러한 개별자들을 요약하는 일반 규칙과 정의보다 우선권을 가진다. 왜냐하면 복잡한 개별 사항을 자세하게 설명하는 것은 일반 공식보다 그 안에 더 많은 윤리적 진리를 지닐 것이기 때문이다(10장). 비극적인 연극의 소재가 되는 구체적이고 복잡한 이야기들이 인간 삶의 복잡한 '소재'에 대한 우리의 인식을 다듬는 데 중요한 역할을 할 수 있다고 그가 가정하는 것은 당연할 것이다.

　이러한 모든 면에서, 아리스토텔레스의 윤리적 저술은 플라톤의 (부분적인) 시의 부활을 이끌었던 생각의 노선을 더욱 발전시킨다(7장). 이러한 각 사항은 자세하게 설명할 가치가 있다. 그러나 여기서 비극으로의 회귀로 이 책을 마무리하기 전에, 나는 비극에 대한 아리스토텔레스의 설명 중 두 가지 특정 부분에 초점을 맞추고 싶다. 이러한 부분은 우리가 본서의 11장과 12장에서 설명한 운의 윤리적 중요성에 대한 견해와 연결함으로써 명확해질 수 있다. 비극적 행위와 비극적 성격의 관계, 비극적 감정의 본질과 가치가 그것이다.

우리는 『시학』에서, 우리가 논의한 윤리적 문제를 가리키고 그것에 의해 조명되는 유명하고 논쟁의 여지가 있는 구절에서 시작할 수 있다. 성가신 텍스트 문제를 해결하는 몇 가지 기대되는 방식이 있다. 나는 내가 가장 옹호할 수 있다고 생각하고 아리스토텔레스 사상의 순서를 가장 적절하게 드러내는 것으로 보이는 판본을 번역하겠다.

> 가장 중요한 요소는 사건의 짜임새다. 비극은 인간의 재현이 아닌, 행동과 삶의 과정의 재현이기 때문이다. 그리고 행복과 그 반대는 행동에 있고, 삶의 목적은 어떤 행동이지 성질poiotēs이 아니다. 그들의 성격ta ēthē에 따라, 사람들은 이런저런 성질poioi tines을 지닌다. 그러나 그들의 행복과 불행은 행동에 따라 결정된다(1450a15-20).

여기서 아리스토텔레스는 어떤 종류의 등장인물을 행동으로 보여주지 않고 단지 전시만 하는 작품은 비극의 고유한 가치가 결여될 것이라고 주장하면서, 비극적 행동의 중추적인 중요성을 옹호한다. 그는 단지 어떤 종류의 사람 그 자체가 아닌, 행동이 인간의 행복과 밀접하게 관련되어 있다는 것을 지적함으로써 자신의 주장을 변호한다. 따라서 어떤 의미 있는 활동에 참여하는 모습을 보여주지 않고 단순히 관련된 인물들의 성격만을 보여주는 작품은, 위대한 비극의 플롯에서 보이는 행복에 관한 어떤 것을 우리에게 보여주는 데 실패할 것이다. 이 어떤 것은 무엇인가?

비극적 행동에 관한 논의에서 행복에 대한 이러한 언급에서의 요점은 번역자들이 이해하기 어려웠다. 예를 들어, D. W. 루카스는 그것들을 당면한 문제와 관련이 없는 것으로 분류한다.

> 행동의 목적에 대한 아리스토텔레스의 특정한 견해는, 연극에서의 행동의 중요성과 그다지 관련이 없지만, 해석가가 설명하고 싶은 종류의 것이다. 행복에 대한 열망이 연극의 주제인 행동을 시작하게 이끈 원인일 수도 있다.

그러나 이 행동은 그것의 목적인 행복이 행동으로 여겨지든 상태로 여겨지든, 마찬가지의 행동이다.*

존 존스**는 아리스토텔레스의 말에 더 공감한다. 그러나 그는 그것들을 이상하고, 결국, 빛을 발하지 않는 방식으로 받아들인다. 그는 논평에서, 아리스토텔레스가 현대 사상가들과는 다르게, 단지 '숙고'할 때가 아니라 '행동'할 때에만 온전히 자기 자신이 되는 활기차고 외향적인 인물을 선호한다고 말한다. 비록 이것이 아리스토텔레스의 윤리적 선호에 대한 설명으로 옳다고 할지라도—실은 그렇지 않지만—이것이 문제가 되는 논평의 요지가 될 수 있을지는 의심스러워 보인다. 왜냐하면 여기서 아리스토텔레스의 대조는, 한 유형의 성품과 다른 유형의 성품 간이 아니라, 어떤 종류의 품성상태와 어떤 종류의 행동(아마도 관조적 행동을 포함하는) 간에 있기 때문이다. 그의 요점은 어떠한 품성상태도 그 자체로는 행복에 충분하지 않다는 것이다.

우리가 이러한 비판을 평가하고 그 구절에 대한 우리 자신의 설명을 발전시키기 전에, 우리는 아리스토텔레스가 무엇을 말하고 있고 무엇을 말하고 있지 않은지를 더욱 명확하게 알아야 한다. 그는 연극 속 성격의 요소에 무관심을 표하고 있지 않다. 실제로, 그는 행동의 묘사가 동시에 성격을 드러낸다고 말한다(1450a21-22). 윤리적 저작에서, 그는 우리의 성격에 대한 가장 좋은 증거는 사람이 하는 실제 선택이라고 반복해서 주장한다.*** 그렇다고 해서 그가 잘 다듬어진 성격이 표현된 작품보다 행동이 많이 표현된 작품을 선호하는 것 같지도 않다. 그는 충분한 성격 발전이 없는 비극이 있을 수 있다고는 말하지만, 이는 분명 그 자신이 선호하는 것은 아니다. 아리스토텔레스가 말하고자 하는 바는 플롯과 행동이 중추적으로 중요하며, 그것들 없이

---

* D. W. Lucas, Aristotle's Poetics (Oxford, 1968), p.102.

** J. Jones, Aristotle and Greek Tragedy (London, 1962), p.30.

*** 『니코마코스 윤리학』 1111b4-6, 『에우데모스 윤리학』 1228a3.

는 비극이 있을 수 없다는 것이다. 비극은 단순히 성격 유형만 나타낼 수는 없으며, 행동하는 가운데 성격을 보여주어야 한다. 그러므로 암묵적인 대비는 행동적인 연극과, 보다 숙고적인 연극 간의 대비가 아니다. 그것은 비극적인 연극과, 아리스토텔레스에게 알려진 또 다른 문학 장르인 인물 초상 간의 대비이다. 예를 들어, 아리스토텔레스의 제자 테오프라스투스의『성격의 유형들*On Characters*』은 행동에 관여하는 모습을 보여주지 않고서 특정 부류의 사람들을 나타낸다. 플라톤의『국가』는 좋은 사람들의 선함을 묘사하고 칭송하는 연설을 추천한다. 비극은 대조적으로, 행동의 표현과 '함께 성격을 포함한다.' 우리는 인물이 선택하고 행동하는 것을 봄으로써 성격을 안다.

나는 이제 아리스토텔레스의 말들이 부적절하지도 모호하지도 않다고 주장할 것이다. 마지막 두 장에 대한 작업의 결과로, 우리는 그 장에서 우리의 윤리적 가치(에우다이모니아에 관한 우리의 개념)와 시적 가치의 연결, 그리고 비극이 중요한지 아닌지, 비극에서 중요한 것이 무엇인지를 평가하는 데 있어서 진지한 지점을 알 수 있는 위치에 있다. 그의 요점은, 우리가 보게 되겠지만, 비극적 행위의 가치는 실천적 가치라는 것이다. 그것은 우리에게 인간의 삶에 대한 어떤 것을 보여준다. 그리고 이것들은 오직 에우다이모니아의 특정한 개념, 즉 좋은 성품을 지니거나 좋은 상태에 있는 것이 좋은 삶의 충만함을 위해 충분하지 않다는 것만으로도 배울 가치가 있다.

우리는 아리스토텔레스와 같은 시대의 철학자들 가운데 많은 이들이 부정했던, 인간의 좋음에 대해 주장하는 수수께끼 같은 문장을 지적함으로써 문제의 초점을 맞출 수 있다. 2장에서 우리는 아리스토텔레스가 어떤 종류의 사람이 되는 것(어떤 좋은 상태에 있는 것)이 잘 사는 데 충분하다고 주장하는 반대자에 대항하여 논증한 것을 보았다. 플라톤은 이와 관련하여, 에우다이모니아를 이성적 영혼의 가장 손상되지 않는 활동으로 인정했다. 아리스토텔레스는 좋은 사람이 그 사람의 통제하에 있지 않은 사건으로 인하여 완전한 행복에 이르지 못할 수 있는 몇 가지 길을 지적함으로써 이 두 반대자 모두에게 대답했다. 첫째, 그 사람은 삶 전체에 걸쳐, 혹은 일정 시기 동안 잘 행동하지 못할 수 있다. 아리스토텔레스는 이전에 순조로이 진행되던 삶의 일부에서 행동을 방해하는 역전逆轉에 특별한 관심을 보였다. 그의 중심적인 예는 프리아모스의 경우였다. 이 경우 선한 행동이 좌절되면서 좋은 성품을 지닌 인물의 에우다이모니아가 감소한다. 그리고 아리스토텔레스는 극단적인 경우, 좌절감이 성품 자체의 장점을 무너뜨리거나 더럽힐 수도 있다고 제시한다. 우리는 다음으로, 장애에 대한 그의 견해가 비극이 뚜렷하게 다루는 두 가지의 다른 경우를 수용하도록 확장될 수 있음을 보았다. 우리는 그것들을 오이디푸스의 경우와 아가멤논의 경우라고 불렀다. 오이디푸스의 경우, 세상은 그가 의도적으로 행한 흠 없고 정당한 활동에 장애를 만들어 냄으로써, 그에게 알려지지도 않았고 자신에게는 아무 잘못도 없는데, 그의 행동에 대해 실제적이거나 가장 윤리적으로 들어맞는 기술을 한다면, 그것은 흠잡을 데 없다기보다는 끔찍한 것이다.* 프리아모스의 경우처럼, 선함과 잘 사는 것 사이에는 간극이 있다. 오직 여기에, 좋은 성품의 의도를 자연스럽게 표현하는 행동이 장면에 있다는 추가적인 문제가 있다. 그리고 우리가 그 간극을 목격했을 때, 그것은 그렇게 표현된 성격과 실제로 (가장 진실하거나 가장 적절한 설명하에) 수행되는 행동 사이의 간극이다. 아가멤논의 경우에도, 그 전에 선한 성품으로 보였던 것과 선한 행동의 완전함 사이에 간극이 있다. 여기서 걸림돌은 갈등 상황에 의해 생성되는데, 이는 떳떳한 대응을 방해하고, 경건이나 효에의 책무를 자연스럽게 표현한 선택이 살인이나 불경의 (의도적) 행위와 동시에 일어나는 것을 불가피하게 만든다. 세상은 선한 사람, 즉 '똑바로 항해하는' 사람이 에우다이모니아에 이르지 못하는 경우를 만든다. 정말로, 이러한 경우에는, 심지어 우리가 가엾게 여기는 동안에도, 끔찍하다고 생각하는 나쁜 행동을 저지르는 데 빠지게 된다. 마지막으로, 12장에서 우리는 아리스토텔레스가 정치적 활동과 개인적 사랑의 중요한 관계적 가치를 통해 잘 살고자 하는 열망이 통제할 수 없는 사

---

* 이러한 경우와 행동에 대한 아리스토텔레스의 견해에 대해 제기하는 문제에 관해서는, 9장 참조.

건에 특히 취약해진다고 주장한 것을 보았다. 왜냐하면 이러한 경우에, 세계는 외부와 분리되어 식별 및 명시될 수 있는 활동에 대한 도구적 수단을 행위 주체에게 단순하게 제공하지 않기 때문이다. 그것은 좋은 활동 자체의 구성 부분을 제공한다. 받고 돌려주는 누군가가 없이는, 어떠한 사랑하는 행위도 없다. 구성원의 자격에 대한 당신의 요구를 수락하는 폴리스 없이는, 어떠한 사람도 훌륭한 시민이 될 수 없다. 이러한 경우에 품성상태hexis와 행동praxis은 매우 밀접하게 연결되어 있어서, 행동과 소통, 그리고 그에 따른 연약성을 표현하지 않고서는, 적절한 품성상태를 표현하는 것조차 불가능하다. 이는 세상의 간섭이, 사람이 자기 충족할 수 있는 중심핵을 안전하게 손상되지 않은 채로 놔두지 않는다는 것을 의미한다. 그것은 좋음 자체의 뿌리를 직접적으로 공격한다.

그렇다면 『시학』에서의 발언은 품성이나 영혼의 선함이 완전한 행복을 이루기에는 불충분하다는 것을 증명할 수 있는 방법에 대한, 아리스토텔레스의 중요한 윤리적 견해들의 요약이다. 이제 우리가 관찰할 수 있는 바는, 이러한 견해가 비극과 비극적 행동에 관한 평가와 실제로 상당히 연관되어 있다는 것이다. 아리스토텔레스가 말한, 좋은 상태의 반대자를 생각해 보자. 이러한 사람은 행동이 세상에서 일어나는 일을 완성하는 데 의존하므로, 그것은 행위자의 행복과, 그러므로 아마도 칭찬과 비난, 그리고 그가 누리고 있는 삶의 가치에 관한 모든 진지한 질문과 엄격히 무관하다고 말한다. 이렇게 생각하는 사람은, 우리가 인간의 삶에서 최고로 가치 있는 것을 보여줄 글을 원한다면, 그 글이 실제 행동에 참여하는 좋은 품성을 보여줄 필요가 없다고 말해야 할 것이다. 그 글은 그것들을 어떤 종류로 보여주기만 하면 된다. 이것을 보여주는 것이, 실질적으로 매우 중요한 모든 것을 보여주는 것이다. 그리고 다른 것이 중요하다고 지적하는 글은 오도하는 것이다.

아니면, 『시학』에서 아리스토텔레스의 주요 상대인 플라톤을 생각해 보자. 플라톤은 중기 대화편에서 특정 유형의 이성적 자기 충족성을 옹호하는데, 이는 실천적 통찰력의 원천으로서 시적 행동을 거부하고, 시의 작품을 선한 사람들의 선함을 칭송하는 구성으로 제한한 것과 밀접하게 관련되어 있다. 왜냐하면 좋은 사람이 『국가』 3권(388)이 주장하는 바와 같이 완전히 자기 충족적일 수 있다면,* 즉, 자신의 삶의 가치와 좋음을 완성하기 위해 외부로부터의 어떤 것도 필요로 하지 않을 것이기 때문이다(7장 Ⅳ절, 5장 Ⅳ절 참조). 그렇다면 무엇보다도 비극적 행동은 인간이 좋은 삶을 추구하는 것과 무관해진다. 성품이나 영혼의 내적 좋음, 또는 완전히 자기 충족적인 관조 행위를 수행하는 것이 삶의 완전한 좋음을 위해 충분하다면, 좋음과 좋은 활동에 대한 칭송은 청중에게 선한 사람에 있어서 윤리적으로 중요한 모든 것을 보여줄 것이다.** 그리고 나는 단순히 수학적 추론을 중심 행위로 표현하는 어떠한 희곡도 알지 못한다. 둘째, 비극적 행동의 가장 일반적인 유형 중 다수는 윤리적으로 부적절하고 타락한 것이다. 이러한 플롯은, 예를 들면 사랑하는 사람의 죽음이나 운명의 역전과 같은 우연한 사건에 말려들게 된 영웅적 인물, 즉 그들이 실제로는 소유하지 않은 인간의 행복과 상대되는 중요한 것을 보여주기 때문이다. 플라톤은 시인들이 불리한 상황에 의해 심각하게 영향을 받는 선하고 정의로운 사람들의 삶을 보여줄 때, 가장 중대한 인간사에 관해 잘못 말하고 있다는 것을 우리에게 분명히 알려준다(『국가』 392A-B). 시인들은 이런 이야기를 하는 것이 금지되고, 그 반대를 이야기하도록 명령받는다.

위대한 비극의 플롯은 우리의 선함과 좋은 삶, 우리 자신(우리의 성격, 의도, 열망, 가치)과 인간적으로 얼마나 잘 살아갈 수 있는지의 간극을 탐구한다. 그것들은 우리에게 좋은 성품을 지니고 있지만 신적神的이거나 무적無敵이 아닌 사람들에게 일어나는 반전을 보여주며, 어떤 좋은 인간 성격의 존재

---

* 이 구절에 관해서는, 본서의 7장 참조.

** (좋은 상태를 반대하는 이들과는 다르게), 플라톤과의 대조를 이끌어내기 위해, 우리는 연극에서의 행동에 대한 아리스토텔레스의 요구가, 수학의 진리에 대한 관조와 같은 가장 자기 충족적인 이론적 행위의 수행으로 충족되지 않을 것이라고 가정할 필요가 있다. 아마도 이러한 것들이 (아리스토텔레스의 경우에 그러하듯) 우연적인 세상 조건과 상호 작용하는 정도까지는 제외하고 말이다. 따라서 이제까지 존스의 말에는 일리가 있다. 그러나 내향적이고 관조적인 행위자도 배제되지는 않는다.

가 에우다이모니아에 충분하지 않은 여러 가지 길들을 탐색한다. (극단적인 경우, 이러한 길들 중 일부는 원래 좋은 성격 자체에의 손상이나 변질을 포함할 수 있다. 그러나 그러한 경우, 변화는 고의적인 사악함에서가 아니라, 그들이 제어할 수 없는 외부 환경의 압박에서 비롯되어야 한다. 따라서 그 손상은 고의적으로 형성된 의도나 가치가 좋은 것과 완전히 좋은 삶을 사는 것 간의 격차를 여전히 드러낼 것이다.) 그러한 격차가 없다거나 사소하다고 생각한다면, 비극이 거짓이거나 하찮다고 자연히 판단하게 될 것이다. 그리고 당신은 공공 교육을 계획함에서, 그것에 명예의 자리를 주고 싶지 않을 것이다. 그 격차가 현실적이면서 중요하다는 아리스토텔레스의 믿음은, 비극적 행동이 중요하고 진정한 배움의 원천이라는 그의 반플라톤주의적 주장을 조명한다.

이러한 통찰을 통해 시적 해석을 더욱 발전시킬 수 있는 영역은 많이 있다. 그것들은 아리스토텔레스의 지속성peripeteia과 무능함anagnōrisis, 반전反轉 및 인식에 대한, 보다 윤리학적으로 민감한 설명의 기초를 제공할 수 있으며, 이러한 개념이 왜 아리스토텔레스가 비극을 평가하는 데 그토록 중추적으로 중요한지를 보여주고, 윤리학적으로 명료한 방법으로 반전의 다양한 종류를 분류하는 데 도움이 된다. 그것들은 또한 비극적 결함(판단의 잘못) 혹은 빗나감에 대한 이해를 높이는 데 사용될 수 있다. 이 개념에 대하여 엄청나게 많은 저술이 있음에도 불구하고, 우리는 여전히 삶의 가치에 중요한, 성격의 사악함이 아닌 다른 원인을 통해 실제의 잘못이 발생할 수 있는 방식에 완전히 대응하는 설명을 아리스토텔레스에서 여전히 필요로 한다. 비극은 '인격의 결함과 사악함이 아니라 어떤 판단의 과오로'(1453a9-10) 슬픔에 빠지는 선한 사람들에 관한 것이다. 하마르티아Hamartia와 하마르테마hamartēma*는 여기에서든 다른 곳에서든 성격의 결점이나 결함과 첨예하

---

* 이 두 단어 사이에서 의미 있는 체계적인 구별을 찾으려는 시도는 성공적이지 못했다. 성공적인 시도가 하나 있다면, phantasia(경험적 인식)/phantasma(경험적으로 인식된 내용)과 유사하게 하마르티아는 잘못을 저지르는 행동, 하마르테마는 만들어진 잘못을 가리킨다. 그러나 유사한 짝인 atuchia/atuchēma는 체계적으로 구별되지 않는 것 같다.

게 구별된다(『니코마코스 윤리학』 5권 8장, 1137b11 이하, 『수사학』 1374b6 이하). 그것들은 또한 아투케마atuchēma, 즉 순전히 임의적이고 외부적인 요인으로 일어나는 불운과 구별된다. (후자의 예로는, 아리스토텔레스가 든 사례로, 동상이 넘어져 누군가가 사망한 경우를 들 수 있을 것이다.) 따라서 하마르티아를 통해 사고를 당하는 것은 단순한 우연이 아니라, 인과적으로 알 수 있는, 어떤 의미에서 스스로 저지른 행동에서의 어떤 잘못을 통해 넘어지는 것이다. 그러나 이것은 정해진 성격에서의 결핍된 기질의 결과가 아니다. 추가적인 탐구는 하마르티아가 비난할 가치가 있는 것과 비난할 가치가 없는 것 모두를 포함할 수 있음을 나타낸다. 오이디푸스의 죄 없는 무지, 의도적이지만 고도로 강제적인 아가멤논의 행동, 에로스나 분노로 고정된 성격에 반하는 행동을 하도록 고무되는 자제력 없는 사람들의 열정적인 일탈이 바로 그것이다. 그것은 아마도, 순간적이거나 일시적인 성격 이탈에서 발생하는 보다 고의적인 실수도 포함할 수 있다. 예를 들면, 크레온의 단순화(나중에 자신의 잘못을 후회하면서, 그 잘못들이 그의 근본적인 안정된 성격을 실제로 나타내지 않았음을 보여준다), (자신의 진행 중인 퓌시스phusis 즉 성격에서 벗어났다고 명시적으로 말하는) 네오프톨레무스의 거짓말이 있다. 요컨대, 하마르티아 개념은 고정된 악에서 비롯되지 않는 다양한 중요한 잘못들을 취한다. 따라서 이것은 선한 것과 잘 사는 것 사이의 격차에 관한 담론에 잘 맞는 개념이다. 좋은 성품이 행동에 효과적이지 않은 이러한 각각의 경우에서 우리가 알아차리는 것은 제약이나 운의 요소이기 때문이다. 즉 그것은 타자에 대한 행위자의 믿음 체계를 통해 작동한다. 그리고 그 타자는 여전히 정념에서 내부적으로 통제되지 않는 운을 통해 있다. 모든 관련 글들을 참조하여 이러한 단서들을 더욱 자세하게 추적하는 것은 중요한 설명 작업이 될 것이다.

그러나 이제는 그 격차에 대한 아리스토텔레스의 윤리학적 견해와 두 가지의 비극적 감정인 연민과 두려움의 역할에 대한 그의 견해 사이의 연관성을 자세히 살펴보고자 한다. 플라톤과 마찬가지로 아리스토텔레스는 감정이 단순히 느끼는 방식이 아니라, 더 중요하게는 각각의 내면에 있는 판단이나 믿음의 종류에 따라 개별화된다고 믿는다.* 전형적인 아리스토텔레스적 감정은 쾌락이나 고통의 느낌과 세상에 대한 특정한 유형의 믿음의 합성물로 정의된다. 예를 들어, 분노는 고통스러운 느낌과 자신이 부당한 대우를 받았다는 믿음이 결합된 것이다.** 느낌과 믿음은 단지 우연히 연결되는 것이 아니다. 믿음은 느낌의 근거이다. 만약 그것이 행위자에 의해 거짓으로 인지된다면, 그 감정은 지속되지 않을 것이다. 또는 만약 그렇다면, 그것은 더 이상 그 감정의 구성 요소로 지속되지 않을 것이다. 내가 상상했던 모욕이 실제로 일어나지 않았다는 것을 발견하면, 나의 고통스러운 화난 감정이 사라지리라고 예측할 수 있다. 만약 약간의 짜증이 남아 있다면, 나는 그것을 분노가 아니라 남아 있는 비이성적 자극이나 흥분으로 생각할 것이다. 이것은 감정이 근거하는 믿음의 성질에 따라 이성적 또는 비이성적, '참' 또는 '거짓'으로 평가될 수 있다는 같은 견해의 일부이다. 나의 분노가 나에게 잘못이 행해졌다고 성급하게 받아들인 잘못된 믿음에 근거한 것이라면, 그것은 비이성적이고 '거짓'이라는 비판을 받을 수 있다.*** 내가 지금 하고자 하는 것은 연민과 두려움 모두에 내재된 믿음 구조가 아리스토텔레스와 대부분의 평범한 사람들은 수용하고 플라톤을 비롯한 반대자들은 거부하는, 인간 삶의 운의 중요성에 대한 견해와 일치하는지의 여부를 확립하는 것이다.

아리스토텔레스는 『수사학』에서, 연민은 다른 사람의 아픔이나 고통에 대한 괴로운 감정이라고 말한다(1385b13 이하). 따라서 상대방이 실제로 고통받고 있다는 믿음, 더 나아가 이 고통이 사소한 것이 아니라 정말 중요한 것이라는 믿음이 필요하다. 그는 '크기megethos'(1386a6-7)가 있어야 한다

---

* 플라톤의 감정관에 대해서는 참고되거나 인용된 문헌을 포함하여 본서의 1장 및 7장 참조.

** 『수사학』 1378a31. 아리스토텔레스는 실제로 복수를 향한 오렉시스에 대한 언급을 추가함으로써 문제를 더 복잡하게 만든다.

*** 근거하는 믿음으로부터 감정이나 느낌으로 '거짓'을 옮기는 것에 대해서는, 플라톤의 『필레보스』 37A 이하에서의, 거짓 즐거움에 관한 설명과 비교할 것. 이에 대해서는 B. A. O. Williams, 'Pleasure and belief', *PASS* 33(1959) 참조.

고 강조한다. 그런 다음, 그는 이러한 고통을 두 그룹, 즉 고통스럽고 해로운 일로 인한 상당한 피해와, 운으로 인한 상당한 피해로 나눈다. 전자의 대표적인 예는, 죽음, 신체적 폭행, 신체적 학대, 늙음, 질병, 기근이다. 후자의 예는, 사랑하는 사람이 없거나 적은 것, 사랑하는 사람들과 떨어지는 것, 못생김, 허약함, 불구, 좋은 일이 생기리라 기대했는데 좌절됨, 좋은 일이 너무 늦게 오는 것, 좋은 일이 하나도 생기지 않거나 생겨도 누릴 수 없는 것이다(1386a7-13). 두 그룹으로 나누는 근거가 완전히 명확하지는 않다. 첫 번째 그룹도 두 번째 그룹만큼 운에 의해 유발되고, 두 번째 그룹에도 첫 번째 그룹에 속하는 것처럼 보이는 신체적 손상의 예가 포함되어 있기 때문이다. 이는 아마도 이론상의 중요한 구분으로 의도되지는 않았을 것이다. 두 번째 그룹에는 우리에게 가장 큰 관심을 불러일으킨 예가 포함되어 있지만, 어쨌든 두 그룹 모두 우리가 이 책에서 지금까지 작업해 왔던, 운으로 인한 상해의 포괄적 개념에 속한다. 『니코마코스 윤리학』에서는 두 그룹의 사례를 운 및 외부적 좋음에 관한 논의에서 함께 가져왔다. 우리는 열거된 애석한 경우들과, 윤리학적 작업에서 외부에 대한 우리의 연약성에 관한 아리스토텔레스의 성찰 사이에 밀접한 관련이 있음을 알 수 있다. 이러한 일은 좋은 사람이 완전한 행복에 미치지 못하는 길들 속에서 현저히 보이는 것이다.

아리스토텔레스는 연민에 대한 심화된 조건을 추가했는데, 그는 이것을 『시학』에서 반복하고 강조한다. 반응으로서의 연민은 도덕적 책망이나 비난과 구별된다. 그것은 그 사람이 고통받을 이유가 없다는 믿음을 필요로 한다(『시학』 1453a3-5, 『수사학』 1385a13 이하). 그는 우리가 행위자 자신의 잘못된 선택으로 인해 고통이 초래되었다고 판단할 때, (논리적으로) 연민을 느끼지 않는다고 주장한다. 그러한 감정의 구조는 반대되는 믿음을 필요로 한다. 『수사학』에서 그는 인간 본성에 대해 너무 비관적인 사람은 전혀 연민을 느끼지 않을 것이라는 흥미로운 관찰을 한다. 왜냐하면 그러한 사람은 모든 이에게 나쁜 일이 일어날 만하다고 생각할 것이기 때문이다(기독교 비극의 문제에 대한 함의를 담은 발언). 그러한 마땅한 반전을 담은 연극의 이야기는, 아리스토텔레스가 『시학』에서 말하기로는, 자비롭고 고양감을 주지만

philanthrōpon 비극적이지는 않을 것이다(1453a11 이하).

마지막으로, 아리스토텔레스는 연민이, 당신 자신도 비슷한 방식으로 연약하다는 믿음과 밀접하게 관련되어 있다고 지적한다. 자신의 상황이 너무도 나빠서 더 이상 악화될 수가 없다고 생각한다면, 다른 사람들의 곤경을 맨 밑바닥에서(완전히 고통스러운 사람의 관점에서) 바라볼 것이기 때문에, 다른 사람에게 연민을 느낄 수 없을 것이다. 다른 한편, 만일 당신이 좋은 삶을 안전하게 소유할 수 있는, 행복을 마주하여 자기 충족적이라고 믿는다면, 당신은 다른 사람들에게 일어나는 일이 당신에게는 일어날 수 없다고 생각할 것이다. 이것은 당신을 다른 사람들의 고통이 연민을 불러일으키지 않는 오만한 성향hubristikē diathesis의 상태에 놓이게 할 것이다(1385b19-24, 31-32). 연민에는 분명히 동료 의식, 즉 당신의 가능성이 고통받는 대상의 가능성과 유사하다는 판단이 필요하다.

이러한 중심적인 비극적 감정이, 세상에서 인간의 선함이라는 상황에 대해 논란의 여지가 있는 믿음에 의존한다는 것은 분명하다. 그리고 운은 매우 강력하여, 선한 사람이 심각하고 부당한 피해를 입을 수 있으며, 이러한 가능성이 일반 사람에게까지 확장된다는 것 또한 분명하다. 그러나 아리스토텔레스의 철학에 반대하는 자들은 사람의 성품이 선하면 그 사람이 심각한 피해를 입을 수 없다고 주장한다. 따라서 그들의 관점에는, 개념적으로, 연민을 위한 공간이 없다. 연민은 거부되어야 할 잘못된 믿음에 근거한, 철저히 비이성적이고 쓸모없는 감정으로 간주된다. 우리는 일어난 일이 행위자의 잘못이라고 판단한다면 비난으로 반응하고, 세상의 잘못이라고 판단한다면 침착함 혹은 무시로 반응하는 것 중에서 이성적으로 선택해야 한다. 따라서 플라톤은 실상 가장 강력한 용어로 연민을 거부한 것이다. 플라톤의 반反비극의 분명한 사례인 『파이돈』에서는, 소크라테스의 곤경이 연민의 대상이 아니라는 사실이 거듭 강조된다(막간 1장 참조). 나쁜 일은 그의 몸에만 일어나기 때문에 사소한 것이다. 그의 영혼은 안전하고 자기 충족적이 된다. 따라서 대화의 끝에서, 비극적 연민은 이러한 좋은 사람의 선함에 대한 찬사로 대체된다. 『국가』 10권에서는, 비극에 대한 공격과 관련하여, 특수한 학대에 대한 연민이 다시 선택된다. 소크라테스는 비극시가 '연민이라는 감정에 먹이를 주어 뚱뚱해진 뒤에는, 우리 자신의 경험에서 그것을 억제하기가 쉽지 않다'는 점에서 실천적 합리성에 해를 끼친다고 말한다(606B).*

그러나 우리가 아리스토텔레스와 같이, 선하게 되는 것이 행복과 좋고 칭찬받을 만한 삶을 위해 충분하지 않다고 생각한다면, 연민은 중요하고 가치 있는 인간의 반응이 될 것이다. 연민을 통해 우리는, 자기 잘못이 아님에도 우리와 비슷한 다른 인간에게 가해진 것의 중요성을 인식하고 인정한다. 우리는 무인도에서 친구도 없이 고통 속에 버려진 필록테테스를 불쌍하다고 여긴다. 우리는 오이디푸스의 성품이 이끈 적절한 행동이 그가 무지에서 저지른 끔찍한 범죄는 아니므로 그를 동정한다. 우리는 아가멤논이, 그 자신과 우리의 윤리적 책임에 있어서는 매우 혐오스러운 일이지만, 정황상 자신의 아이를 죽일 수밖에 없었기 때문에 그에게 연민을 느낀다. 우리는 상황이 헤카베의 삶에 의미와 가치를 부여했던 모든 인간관계를 박탈했기 때문에, 그녀를 불쌍히 여긴다. 연민에 대한 우리의 반응에 주의를 기울임으로써 우리는 인간의 삶에서 중요한 것이 무엇인지에 대한 우리 자신의 암묵적인 견해와, 우리 자신의 가장 깊은 책무의 연약성에 대해 더 많이 배우기를 희망할 수 있다.

두려움에 대해서도 비슷한 말을 할 수 있다. 두려움의 믿음 구조는 연민의 믿음 구조와 밀접하게 연결되어 있다. 아리스토텔레스는 우리가 연민을 느끼는 것은 우리가 우리 자신에게 일어날까 두려운 일이 다른 사람에게 일어났을 때라고 반복해서 강조한다(『시학』 1453a4-5, 『수사학』 1386a22-28). 그리고 그의 견해에 따르면, 연민은 이미 자신의 연약성, 즉 고통받는 사람과의 유사성에 대한 인식을 요구하기 때문에, 연민과 두려움은 거의 늘

---

* 이와 유사한 것은 칸트에게도 적용되는 것 같다. *Groundwork of the Metaphysics of Morals*, Akad. p.394와 *Doctrine of Virtue* § 34를 비교할 것. 그러나 그의 텍스트에서 사용된 연민과 관련 태도에 관한 다양한 용어들은, 짧은 논의에서의 자세한 비교를 불가능하게 한다.

함께 발생할 것이다. 두려움은 미래의 피해나 고통에 대한 예상과 관련된 괴로운 감정으로 정의된다(1382a21 이하). 아리스토텔레스는 두려움이 이러한 나쁜 일들이 크거나 심각함을 암시한다고 덧붙인다(1382a28-30). 그리고 그것은 그것들을 막으려는 우리의 힘 바깥의 것이다. 따라서 우리는 일반적으로 우리가 부당해지거나 느리게 움직이는 것에 대해 두려워하지 않는데, 아마도 그러한 종류의 변화는 일반적으로 우리가 조절할 수 있다고 믿기 때문일 것이다. 두려움은 무엇보다도 '어떤 파괴적인 영향을 수동적으로 겪는다는peisesthai 예상phthartikon pathos'(1382b30-32)과 함께, 세상의 사건들 앞에서의 우리의 수동성의 감각과 연결되어 있다. 따라서 수동적으로 고통을 당할 수 없다고 믿는 사람들은 두려워하지 않을 것이다(1382b32-33).

아리스토텔레스의 철학적 반대자들에게는 두려워할 점이 거의 없을 것이다. 좋은 상태의 이론가는 자연의 힘 앞에서 떨 필요가 없다. 왜냐하면 진지하게 중요한 유일한 것은 그의 안에 있고, 가능한 한 안전하게 있기 때문이다. 『국가』에서는 비슷한 이유로, 두려움을 불러일으키는 문학 작품을 비판하고 거부하는 데 긴 시간을 들인다. 플라톤의 주장은 인간의 삶에서 무엇이 중요하고 중요하지 않은지에 대한 정확한 생각이 두려움을 가지는 이유를 제거한다는 것이다. 선한 사람은 외적 손실, 즉 이성적 영혼의 통제를 벗어난 삶의 영역에서의 손실을 중요하게 생각하지 않는다. 그러나 이것은 그 또는 그녀가 자연 앞에서 결코 수동적이지 않고 전혀 두려워할 것이 없다는 것을 의미한다. (칸트도 마찬가지임을 알 수 있다.) 우리가 이러한 철학자들의 정신으로 비극적 영웅의 몰락을 관찰할 때, 우리는 스스로 어떠한 두려움도 느끼지 않을 것이다. 우리의 성품과 영웅의 성품이 둘 다 선한 경우, 그의 고난은 우리에게 실제로 두려움을 주지 않는다. 또는 두 성품 모두에 더 많은 작업이 필요한 경우, 우리는 우리를 완전하게 만드는 작업에 참여하는 것이 낫다. 또는 영웅의 성격이 결국 우리와 유사하지 않은 경우, 우리는 그의 몰락에 대해 어떤 식으로든 깊은 곳에서부터 마음이 움직이지 않을 것이다. 진정한 두려움을 불러일으키는 연약성과 수동성은 어디에도 없다. 그러나 아리스토텔레스의 윤리학적 세계에는 두려워해야 할 심각한 일, 즉 행복 자체에 중요한 일들이 있다. 아리스토텔레스가 주장하는 것처럼, 비극적 인물은 일반적으로 선함과 인간적 가능성 면에서 우리와 비슷하고, 비극이 일반적으로 인간의 삶에서 야심 찬 사람에게 '일어날 법한 일'을 보여준다는 것을 인정한다면, 우리는 두려움과 함께, 그리고 두려움 속에서 그들의 비극을 우리 자신의 가능성으로 인정할 것이다. 그리고 그러한 반응은 그 자체로 우리 인간의 상황과 가치에 관한 배움의 한 조각이 될 것이다.

그러므로 아리스토텔레스는 비극에 대한 우리 반응의 핵심이 묘사된 고통받는 인물과의 일종의 동일시라고 강조한다. 그들은 명백하게, 선한 사람들이어야 한다. 그렇지 않다면, 우리는 그들을 동정하지 않을 것이다. 그러나 동일시의 중요성은 그들이 선할 수 있는 방식에 조건을 부과한다. 첫째, 독특한 방식이 아니라, 전형적으로 선해야 한다. 우리는 우리 자신과 영웅 간의 유사성에 대한 그의 요구를, 지혜의 원천으로서 역사보다 시를 우선순위에 두는 것과 연결할 수 있다. 그는 역사는 우리에게 실제로 일어난 일을 말해주고, 시는 '일어날 법한 일'을 말해준다고 지적한다(1451b4-5). 역사는 우리에게 '알키비아데스가 행했거나 겪었던 특정한 일'을 이야기하고, 시는 일반적인, 즉 어떠한 부류의 사람들에게나 일어날 수 있는 일을 이야기한다(1451b8-11). 내 생각에 아리스토텔레스가 여기서 의미하는 바는, 종종 역사에 의해 서술된 사건이 너무 특수해서 그들의 동일시를 방해한다는 것이다. 알키비아데스는 특수하고 색다른 인물이기 때문에, 우리는 그에게 일어난 일을 우리 자신에게 일어날 수 있다는 가능성을 보여주는 것으로 간주하지 않는다. (알키비아데스에 관한 역사적 서술과 플라톤이 알키비아데스를 (전형적) 인물로 인용한 것의 차이는 아리스토텔레스가 역사와 시를 구별한 것과 일치할 것이다.)* 비극적 영웅은 유사하게 특수하지 않다. 우리는 그 또는 그녀를 우리 자신과 거의 비슷한 모종의 좋은 사람으로 본다. 이러한 이유로 우리는 그 또는 그녀의 몰락에 대해 연민과 두려움을 동시에 경험한다.

또 한편으로는, 우리가 영웅을 우리와 유사하다고 간주한다면, 그는 지나치게 완벽할 수 없다. 아리스토텔레스는 비극에서의 인물은 진정 선할 뿐 아니라 성격의 나쁨으로 인해 불행으로 추락하는 것이 아니지만, '탁월함과 정의 면에서 비할 바 없는[완벽한]diapherōn 사람'(1453a8 이하)일 수는 없다고 강조한다. 그는 '나쁘기보다는 좋고', 심지어 '우리보다 나을' 것이다 (1453b16-17, 1454b8-9). 그러나 그는 완벽할 수는 없다. 아리스토텔레스가 여기서 지적하는 몇 가지 요점들이 있다. 첫째, 그는 『수사학』의 연민에 관한 장에서 언급된, 손상시킬 수 없이 안전한 사람의 묘사를 배제할 수 있다. 왜냐하면 그러한 영웅에게는 어떠한 비극적 플롯도 의미가 통하지 않기 때문이다. 그리고 우리가 그러한 사람의 가능성과 우리 자신의 가능성을 동일시한다면, 어떠한 동정이나 두려움도 가능하지 않을 것이다. 그러나 아리스토텔레스는 실제로 손상될 수 없는 사람이 있다고 믿지는 않은 것 같다. 그리고 자신이 손상될 수 없다고 믿는 사람은, 『수사학』에서의 오만에 대해 언급할 때 강력하게 제안했듯이, 특별히 선한 사람은 아닐 것이다. 따라서 그의 '선하되 완벽하지는 않음'이 이러한 사람을 배제하기 위한 것은 아닐 것이다. 둘째, '탁월함에서 비할 바 없음'으로써 그는 오이디푸스의 무지한 실수와 같은 실수를 불가능하게 할 실천적 지혜와 지성적 탁월함과 관련하여 어느 정도의 완전함을 배제할 수 있다. 이것은 더 유망하며 의심할 여지 없이 부분적으로 옳다. 그러나 그것은 '정의'의 존재를 설명하지 않는다. 그러므로 나는 그가 세 번째이자 보다 일반적인 요점을 말하고 있다고 믿는다. 즉, 영웅의 불완전함이 우리의 동일시를 고양시킨다는 것이다. 우리의 간파를 넘어서는 탁월성이 있어서 그것을 소유한 사람은 우리 가운데 있는 것이 아니라 우리의 종류를 초월한 존재로 간주된다. 이러한 종류의 탁월성은 '영웅적' 혹은 '신적' 탁월성, 또는 '우리를 초월한 탁월성'이라는 이름으로 『니코마코스 윤리학』 7권의 서두에서 논의된다(1145a19-20). 호메로스의, 특

---

* 가장 위대한 희랍 역사가들, 특히 투키디데스가 아리스토텔레스의 감각에서 명백히 철학적이라는 점을 감안할 때, 이러한 역사에 대한 폄하는 우리에게 낯설게 느껴진다. 그러나 아리스토텔레스가 투키디데스의 작품에 정통했다는 것은 분명하지 않다. 그가 염두에 두고 있는 역사가가 크세노폰임을 떠올린다면, 이러한 진술을 더 이해하기 쉽다.

정한 영웅은 '필멸인 사람의 자식이 아니라 신의 자식과 같다'는 인용구를 예시로 들 수 있다. 아리스토텔레스는 그러한 신적 인물에 대해 '인간의 탁월함보다 더 존귀하다'고 말하려고 한다. 즉, 그는 평범한 미덕을 전혀 귀속시킬 수 없는 종류의 존재가 아니라, 그의 선함이 우리의 선함과는 완전히 다른 범주에 있는 것이다. 『시학』에서의 아리스토텔레스의 요점은, 비극이 인간의 가장 좋은 덕목으로 기술되는 용기, 인내, 전망, 숙고의 한계가 없는, 신과 같은 영웅을 우리에게 보여준다면, 비극에 반응하는 데 결정적인 유사성 감각이 발달하지 않을 것이라고 나는 생각한다. 비극에서의 영웅은 사악함으로 타락해서는 안 된다. 그러나 그가 완벽하게 선하지 않다는 사실은 우리의 연민과 두려움에 중요하다. 따라서 오이디푸스의 급한 성격은 그가 쇠퇴한 '원인'이 아니라, 그를 우리가 동일시할 수 있는 인물로 만드는, 오이디푸스에 관한 하나의 사항이다. 그것은 '비극적 결함'이 아니다. 그러나 그것은 비극적 반응에 도움이 된다. 필록테테스의 자기 연민, 크레온의 자기 무지와 그릇된 야망, 시민에 대한 안티고네의 가차 없는 부정, 아가멤논의 지나친 대담함이 실제로 그렇다. 따라서 무엇보다도 비극에서의 많은 선한 인물들이 우연한 사건에 대한 자신의 연약성, 즉 우리가 대부분의 경우 그들과 공유하는 그 자신의 상태에 대한 회피를 부정하려는 시도일 수 있다. 아리스토텔레스의 주장은 이러한 결점들 가운데 어떠한 것도 그 사람을 근본적인 성격이 사악한 사람으로 만들기에 충분하지 않다는 것이다. 크레온조차도 그의 (비난받을 만한) 야망 아래, 풍부하고 기본적으로 균형 잡힌 일련의 가치와 애착을 보존하고 있으며, 그러한 사실은 그에 대한 우리의 반응을 결정하는 데 매우 중요하다. 그는 자신이 악행ouch hekōn의 고의적 가해자가 아니라(1340 참조), 자기 무지의 희생자라고 정당하게 주장할 수 있다. 그러므로 그러한 사람들은 사악함으로부터가 아니라, 비난받을 만한 것이든 아니든, 실수나 오류와 같은 것으로부터 추락한다. 그러나 불완전성의 존재(일부는 아마도 쇠퇴와 관련이 있고, 일부는 그렇지 않다)는 우리가 그것들을 우리와 같은 종류로 보고 인정할 것임을 의미한다.

그러므로 우리는 아리스토텔레스에서, 가엾고 두려운 것을 바라보는 것과 연민과 두려움 자체에 대한 우리의 반응이, 인간의 선에 대해 중요한 것을 보여주는 데 도움이 될 수 있다는 것을 발견했다. 플라톤주의자나 선한 조건의 이론가에게는 그럴 수 없다. 아리스토텔레스에게 연민과 두려움은 주체가 자신의 반응에 대응하고 주의를 기울이면서, 반응을 뒷받침하는 애착과 가치에 관하여 더욱 풍부한 자기 이해를 개발할 때, 조명 또는 해명의 원천이 될 것이다. 아리스토텔레스의 반대자들에게, 연민과 두려움은 망상과 혼란의 근원보다 나을 수 없다.

『시학』에서의 비극에 대한 정의의 모든 요소가 작업 초기에 논의된 결과를 다시 언급하고 요약한다는 것을 레온 골든은 『시학』에 관한 그의 뛰어난 글에서 관찰한 바 있다.* 아리스토텔레스는 이것이 자신의 계획임을 명시적으로 선언하고 정의를 내리기에 앞서 '말해 왔던 것에서 비극의 본질에 대한 정의를 취하여, 비극에 관해 이야기해 보자'(1449b22-24)는 말로 정의를 시작한다. 제공된 정의의 모든 요소가 어떻게 이 목표를 달성하는지 알 수 있는데, 단 한 가지 예외가 있다. 비극의 기능은 '그런 종류의 경험의 카타르시스를 달성하기 위해 연민과 두려움을 통한다'는 유명한 주장은 이전의 어떠한 것도 취하지 않는 것처럼 보인다. 우리가 카타르시스를 도덕적 정화나 의학적 정화와 같은 가장 일반적인 두 가지 방식으로 해석하는 경우에는 그렇지 않다. 우리가 다른 것들과 달리 카타르시스가 원하는 회고적 연결을 제공한다는 것을 보여줄 수 있다면, 그것은 카타르시스의 해석에 대한 강력한 일차적 이점이다. 아리스토텔레스는 4장에서, 모방에 대한 우리의 관심은 인지적 관심, 즉 배움에 대한 관심이라고 주장했다(1448b13). 인간은 재현을 보는 것을 즐거워한다. '왜냐하면 그것들을 감상하면서 배우고, 예를 들어 "이건 그 사람을 그린 것이구나" 하는 식으로, 각각의 사물이 무엇인지에 대한 결론을 도출하기 때문이다.'(1448b15-17, 『수사학』 1371b5 이하 참조) (우리의 배움에 대한 이러한 설명이, 비극에서의 즐거움에 대한 정교한 설

---

* L. Golden, 'Catharsis', *TAPA* 93 (1962) 51-60; and 'Mimesis and catharsis', *CP* 64(1969) 45-53.

명을 뒷받침하기에는 너무 밋밋하게 들린다면, 아리스토텔레스가 여기에서 다양한 유형의 예술 작품에서 모든 연령대의 인간의 기쁨에 대해 매우 일반적으로 말하고 있다는 점을 기억해야 할 것이다. 일부 결론은 '저것은 말이다'와 같이 매우 간단할 수도 있다. 다른 것들은 '저것은 비겁한 행동이다' 혹은 '저것은 사랑하는 사람의 상실이 누군가를 행복으로부터 몰아낸 경우이다'와 같이 훨씬 더 복잡할 것이다.) 레온 골든은 플라톤의 인식론적 어휘(이러한 의식적으로 반反플라톤적인 텍스트를 해석하면서 볼 수 있는 이성적인 곳)를 살펴보면, 실제로, 특히 중기 대화편에서 카타르시스와 연관된 단어가 배움과 강한 관련이 있음을 발견할 수 있다고 지적한다. 즉, 영혼의 방해받지 않거나 '명확한' 이성적 상태가 감각과 감정의 성가신 영향에서 벗어날 때, 그것과 연결되어 카타르시스가 발생한다는 것이다. 지성은 '자체적으로' 꺼질 때만 '정화淨化' (혹은 더 나은 표현은 '맑게 함'이다. 이 단어는 명백하게 인지적 힘을 가지고 있기 때문이다)를 이룬다.

그러나 우리가 카타르시스와 그 연관 단어(kathairō, katharos 등)의 전체적인 내력을 간략하게 살펴보면, 골든보다 훨씬 더 이러한 점을 강조할 수 있다. 이러한 사실은 간단하고 쉽게 접근할 수 있지만, 이 주제에 대한 토론에서 너무 자주 잊혀졌기 때문에 언급될 필요가 있다. 우리가 이 단어족單語族의 용례와 전개의 전체 범위를 조사할 때, 일차적이고 지속적인 중심 의미는 대략 '정리' 또는 '맑게 함'의 하나, 즉 문제의 항목을 그것이 적절한 상태일 때보다 덜 명확하게 만드는 어떤 장애물(더러움, 오점, 모호함, 혼합물)의 제거라는 것이 매우 분명해진다. 플라톤 이전의 텍스트에서, 이 단어는, 진흙이나 잡초가 없는 깨끗하고 개방된 물, 물건이 없는 공간, 쭉정이가 없는 곡물, 기능적으로 장애가 없고 방해받지 않는 군대의 일부, 그리고 의미심장하고 어떤 애매함이나 모호함으로 자주 손상되지 않은 연설에 자주 사용되었다(예를 들어, 아리스토파네스의 『말벌Wasps』 631, 1046, 에우리피데스의 『레소스Rhesos』 35). 정화purgation를 나타내기 위한 의학적 용례는 이 일반적 의미를 특별히 적용한 것이다. 정화는 몸의 내부 장애와 장애물을 제거하여 깨끗하게 하는 것이다. 그리고 영적 정화purification와 의식적 순결purity

과의 연결은, 그러한 순결과 흠이나 더러움으로부터의 육체적 해방 사이의 강한 연결을 고려한다면, 또 다른 특수화된 전개로 보인다.

이제 플라톤의 사용법으로 돌아가면, 그가 이러한 일반적인 그림을 보존하고 있음을 알 수 있다. 중심 의미는 혼합, 명확성, 장애의 부재로부터의 자유이다. 영혼과 그것의 인식의 사례에서, 단어 그룹의 적용은 진흙과 깨끗한 빛의 지배적인 은유에 의해 매개된다. 즉, 영혼의 눈은 진흙 속에 잠길 수도 있지만(『국가』 533D1, 『파이돈』 69C), 깨끗하고 명확하게 볼 수도 있다. '카타로스Katharos' 인식은 영혼이 육체적 장애물에 의해 방해받지 않을 때, 우리가 지니게 되는 것이다(특히, 『국가』 508C, 『파이돈』 69C). '카타르시스Katharsis'는 이러한 장애물을 제거함으로써 영혼의 시야를 맑게 하는 것이다. 따라서 '카타론katharon'은 참 혹은 참으로 알 수 있는 것, 즉 참으로 혹은 정확하게 아는 것으로써 카타르시스를 이룬 존재와 연관된다(특히, 『파이돈』 65 이하, 110 이하). 따라서 우리는 '명확하게 입증하다'를 의미하는 '카타로스 아포데이크사이katharōs apodeixai'(『크라틸로스』 426B)와 같은 표현을 발견한다.

이제 우리는 아리스토텔레스의 시대와 그 직후에, 플라톤의 영향을 통해서든, 연설에 대한 응용의 독립적인 발전을 통해서든, 카타르시스katharsis와 카타로스katharos의 인식론적 사용이 쉽고 자연스러워지며 은유의 맥락을 필요로 하지 않는다고 덧붙일 수 있다. 크세노폰은 '카타로스 누스katharos nous'에 대해 말하는데, 이는 명확하고 진실하게 인식하는 것을 의미한다(『키로파에디아Cyropaedia』 8.7.30). 에피쿠로스는 퓌토클레스에게 쓴 자신의 개요를, '자연 철학의 난제難題에 대한 명료화katharsis phusikōn problematōn'라고 한다(D.L. X. 86; Phld. Lib. p.220 O; 카타이로kathairō는 『자연에 관한 탐구Peri Physeōs』속 단편에서 '설명하다'를 의미한다). 아리스토텔레스의 『분석론 전서Prior Analytics』에서는, '이들 각각에 대해, 명확성katharōs을 가지고 조사하고 표시할' 필요가 있음에 대해 말한다(50a40). 물론 이러한 사용은 정화淨化와 아무 연관이 없다. 그리고 무엇보다도 수사학 이론에서, 명확성에서 원하는 질과 용어 선택에서의 모호함으로부터의 해방을 나타내면서, 단어족은 견고해진다(예를 들면, 『이소크라테스』 5.4, 아리스토텔레스『수사학』 1356b26, 1414a13). 고대 희랍의 수사학에서, 이것은 전문 용어다(단 하나의 예에 대해서는, 메난드로스, 『수사학』 340.24 참조). 이러한 전개 속의 어느 곳에서도, 변천하는 단어인 '카타르시스katharsis'는 의미적으로 그 어족語族과도 분리되지 않는다. 그것은 단순히 명료한katharos 결과를 산출하는 과정, 즉 부재가 그 결과를 제공하는 장애물을 제거하는 과정을 나타낸다.

그러므로 우리는 '정리'와 '정화clarification'라는 의미가 의학 및 의식儀式적 맥락에서조차 카타르시스에의 적절하고 중심적인 의미가 될 것이라고 주저 없이 말할 수 있다. 수사학과 시의 맥락에서, 특히 수사학과 시의 인지적 가치에 관한 플라톤의 비판에 대한 반응으로 쓰여진 작품에서, 우리가 문제의 '정리'를 문자 그대로 물리적이라기보다는, 심리적, 인식론적, 인지적이라고 생각할 강력한 이유가 있을 것이다.(아리스토텔레스의 생리적 환원주의에 대한 일반적인 강력한 반대는 여기서 우리에게 많은 지지를 제공한다.) 이제 우리는 중기 플라톤주의자에게, 연민과 두려움의 영향에 의해 생성된 인지적 명료화를 읽어내는 것은 심히 충격적일 것이라고 다음과 같이 덧붙일 수 있다. 첫째, 플라톤적 영혼은 어떠한 감정도 그것을 방해하지 않을 때에만 명료해진다. 둘째, 이러한 감정은 특히 비이성적이다. 아리스토텔레스는 그러한 충격을 전달하는 것을 좋아한다. 나는 그의 관점에서, 비극이 가련하고 두려운 자들에 대한 탐구를 통해 정확하게 인간의 자기 이해에 기여한다고 주장해 왔다. 이 탐구 작업을 수행하는 방법은 바로 이러한 감정으로 반응하도록 우리를 움직이는 것이다. 이러한 감정적 반응이 그 자체로 선을 향한 우리 열망의 세속적 조건에 관한 인식 또는 인정의 조각이기 때문이다. 정화에 관한 골든의 견해는, 그것이 순전히 지성적인 문제라는 것이다.* 이러한 해석(아리스토텔레스의 '연민과 두려움을 통해'를 '가련하고 두려운 사건의 표현을 통해'로 우회적으로 번역해야 한다는 해석)은 불필요하게 플라톤적이다. 카타르시스는 '지성적 정화'를 의미하지 않는다. 그것은 '정화'를 의미한다. 그리고 모든 정화가 지성적인 문제라는 것은 플라톤의 견해이다. 우리는 우리가 우리 자신을 알게 되는 방식에 대한 더욱 관대한 시각을 아리스토텔레스에게 귀속시킬 수 있다. 무엇보다도, 그에게 있어서 정화란, 정의에서 알 수 있듯이, 감정적 반응을 통해 확실히 일어날 수 있다. 『안티고네』에서 크레온의 배움이 아들의 죽음에 대한 슬픔을 통해서 나온 것처럼, 우리가 비극에서의 인물을 관찰할 때, 종종 생각이 아닌 감정적 반응 자체가 우리의 가치를 이해하게 한다. 감정은 때때로 판단을 오도하고 왜곡할 수 있다. 아리스토텔레스는 이것을 알고 있다. 그러나 그것들은 또한 크레온의 경우와 마찬가지로, 방어적 야망이나 합리화 아래 숨겨진 가치와 약속에 대해 더 진실되고 더 깊은 수준의 우리 자신에 대한 접근을 제공할 수 있다.

그러나 이마저도, 지금까지는, 받아들이기에는 너무나 플라톤적인 노선이다. 왜냐하면 그것은 감정이 순전히 지성적인 상태에 대한 도구적 수단으로서만 가치가 있음을 시사하기 때문이다. 그러나 우리는 아리스토텔레스에 있어서, 적절한 반응은 좋은 성품의 내재적으로 가치 있는 부분이며, 좋은 지성적 반응과 마찬가지로, 최상의 인간 판단인, 정교한 '지각'을 구성하는 데 도움이 될 수 있다는 것을 알고 있다. 그러므로 우리는 연민과 두려움이 지성에만 있는 정화의 도구가 아니라고 말할 수 있다. 이러한 방식으로 대응하는 것은 그 자체로 가치 있으며, 우리가 누구인지에 대한 하나의 정화이다. 지성에 대한 인식과 지각 못지않게 중요한 것은 실용적인 가치, 따라서 우리 자신에 관한 인식이다. 연민과 두려움은 그 자체로 우리의 상황에 관

---

* 골든은 자신의 견해에서 이 부분을 수정했다고 나에게 구두로 알려주었다. 골든은 『정치학』 1341b32 이하에 대해서는 논의하지 않았으며, 이는 때때로 정화purgation라는 관점을 지지하는 데 사용되었다. 그러나 나는 아주 자세하게는, 그렇게 하지 않을 것이다. 『정치학』 제8권의 음악 교육에 대한 논의는, 나중의 성숙한 『시학』에서의 논의와 몇 가지 중요한 점에서 일치하지 않는다. 그리고 이 구절은 완전하고 더 명확한 논의를 위해, 독자에게 (아직 쓰여지지 않은 저작에 관해서) 나중의 저작을 명시적으로 언급하고 있다. 짧은 언급은 실상 명확하지 않다. 카타르시스는 어떤 면에서는 의학적 치료와 연결되어 있지만, 교육과도 연결되어 있다. 그리고 철학적 가르침을 의학적 치료와 비교하는 것은 이미 일반적이었고, 그 자체로 정확한 것을 의미하기에는 너무나 빈번했다. '정화clarification'로 번역하는 데에는 아무런 장애가 없으며, 이때 아리스토텔레스가 이 경우에서 '정화'가 무엇인지에 대해 매우 정확한 견해를 갖고 있었다고 가정할 이유는 없다.

한, 적절한 실제적 지각의 요소이다. 아리스토텔레스는 정화의 메커니즘뿐만 아니라 선한 사람에 있어서의 정화가 무엇인지에 대해서도 플라톤과 다르다.

이러한 관찰을 통해, 우리는 아리스토텔레스를 대신하여 비극의 기능이 연민과 두려움을 통해 불쌍하고 두려운 종류의 경험에 대한 정화(또는 조명)를 달성하는 것이라고 말함으로써 결과를 요약하고자 할 수 있다. 그러나 그것은, 좋은 운이라는 놀라운 조각으로, 정확히 아리스토텔레스가 이미 말한 바이다.

우리는 비극의 결말을 우리의 이미지로 사용함으로써 지난 일을 재현할 수 있다. 소포클레스의 필록테테스는 고향인 그의 섬에 작별을 고하면서 그의 행복에서의 생산적인 좋은 결과가 세 가지, 즉 '위대한 운명', '친구들의 판단', '이러한 일들을 이루어낸 만유의 다이몬daimōn'에 의해 결정되었다고 말한다. 이러한 항목의 중요한 순서는 이 등장인물의 실제적인 판단이 렘노스 섬처럼, 그 자체로 확고한 어떤 것이지만, 때로는 가능하게 하기도 하고 때로는 방해하기도 하는, 운과 자연적 현상의 힘에 둘러싸여 있음을 시사한다. 아리스토텔레스의 반대자들인, 플라톤주의자와 선한 상태의 이론가들은 인간의 도덕적 삶에 대한 이러한 이미지를 받아들일 수 없었다. 그들은 섬을 광활한 대륙으로, 주변 바다는 얕고 무해한 것으로 표현해야 했다. 그리고 심지어 섬 자체도 다른 성격을 가져야 했다. 왜냐하면 '친구들의 판단' 자체가 너무나 신뢰할 수 없는 윤리적 항목이기 때문이다. 그것은 고독한 좋은 사람의 좋음으로 대체되었어야 할 것이다. 좋음과 운에 대한 아리스토텔레스의 견해에 관한 우리의 탐구는, 그가 그의 반대자들과 달리, 이러한 이미지를 참으로 받아들일 수 있었다는 점을 지적함으로써 요약될 수 있다. 이것이 그가 비극을 받아들일 수 있었던 까닭이다.

철학과 그 문체에 관한 이 책의 성찰을 여기까지 따라온 독자라면 누구나 이 지점에서 골치 아픈 질문을 하게 될 것이다. 아리스토텔레스 자신의 문체는 무엇이며, 그것이 표현하는 세계관은 무엇인가? 나는 아리스토텔레스의 윤리적 견해가 그를 조명의 원천으로서의 비극과 그 문체에 호의적으로 만든다고 주장해 왔다. 나는 앞서 『파이드로스』에서, 플라톤이 유관한 윤리적 입장을 채택함으로써 시와 관련된 감정 및 수사학적 요소를 포함하도록 자신의 철학적 문체를 수정했다고 주장했다. 아리스토텔레스는 분명히 이렇게 하지 않았다. 그는 자신의 문체를 조금도 바꾸지 않고 시적 작품을 포용하는데, 이는 대부분의 독자들에게 극도로 인색하고 무감無感한 것처럼 보인다. 이것이 그의 윤리적 주장을 읽는 데 의심을 던지고, 결국 그를 연약한 선의 가치에 둔감한 사상가로 낙인찍는가? 아니면, 아마도 더 혼란스러운 것은, 그것이 우리가 이 책 전체에서 비판하고 싶어 했던 문체에 대한 일종의 피상성으로써, 그리고 윤리적 진리에 관해 주장하는 모든 사람들이 평등하고 공평하게 평가될 수 있는 중립적인 철학적 문체가 있다는 견해로써 아리스토텔레스에게 유죄를 선고하는 것이 아닐까?

우리가 이러한 저작들의 서면 텍스트로서의 위상에 대해 아는 것이 너무나 적기 때문에, 이러한 질문을 할 권리는 거의 없다. 수많은 대화를 포함하여 아리스토텔레스의 외부 출판 작품은 풍부하고 유쾌하며 유창한 스타일로 고대에 유명했다. 키케로는 '황금의 강', 즉 '통제된 에로티시즘이 넘쳐흐르는' 담론의 후대 작가에 관해 이야기한다. 아리스토텔레스가 '철학'과 '문학'을 어떻게 연관시켰는지 보여주었을 이 작품들은 영원히 우리의 손이 닿지 않는 곳에 있고, 미미한 파편만이 살아남아 있다. 우리가 읽는 작품은 아마도 진지하고 전문적인 학생들이었던 청중에게 전달하기 위해 쓰인 강의 텍스트일 것이다. 정렬과 편집은 나중에 이루어졌다. 그리고 내용의 많은 부분은, 강의 노트와 마찬가지로, 예제, 농담, 극적 자료와 같은, 우리가 놓친 '문학적' 요소들의 구두口頭로써 구체화된 강의의 스케치일 가능성이 높다. 서면 텍스트로 강의 과정을 제공하는 사람은 누구나 의도적으로 구성되고 완성된 작업에서 배양하기로 선택한 종류의 글쓰기와 그러한 텍스트가 심지어 강의의 구술 문체에서조차 얼마나 멀리 떨어져 있는지 알고 있다.

그리고 이 강의 노트의 문체에 대해서도 의견이 분분하다. 대부분의 학생들과 경험 많은 독자들은 이 책이 딱딱하리만치 소박하고, 친근함이라고는 찾아 볼 수도 없으며, 심지어 우중충하다고까지 생각한다. 저명한 철학자들은 그렇게 단조롭고 둔탁한 문체의 작가라면, 플라톤이 우리의 가장 깊은 윤리적 문제가 지닌 힘을 느낀 만큼 섬세하게 그 힘을 느낄 수 없었을 것이라고 결론지었다.* 나 자신은 이제 이 문체에서 '실용적인 문제'에 대해 용기 있는 직설성과 직접성을 발견한다. 즉 그것은 이러한 어려움을 인정하고, 거기에 두면서도, 그로 인해 인간의 삶에 대해 절망하지 않겠다는 결의를 표현하는 차분한 절제다. 여기 나의 해석의 글에서, 나는 이러한 반응을 전달하고자 노력했다.

그러나 우리가 이 작품들을 의도적으로 문체가 정해진 글의 조각으로 진지하게 고려하기로 일단 결정한다면, 그것들의 문체에 나와 같이 반응할지라도, 직면해야 할 몇 가지 어려운 질문이 있다. 플라톤의 『파이드로스』와 아리스토텔레스의 윤리적 사상에서, 우리는 시적 요소를 포함하고 영혼의 감정적 '부분'을 다루는 작품에 의해 실천적 지혜의 추구가 촉진된다는 데 동의한다. 둘 다 암묵적으로, 지혜를 추구하려면 우리의 윤리적 약속과 그 상호 관계에 대한 설명을 차분하게 요청함으로써 이해를 구하는 또 다른 더욱 성찰적이고 설명적인 문체가 필요하다는 데 동의한다. 그러나 여기에서 유사성은 끝난다. 플라톤의 선택은 이 두 가지 문체를 미묘하게 짜인 전체로 혼합하는 것이다. 그의 산문은 여유 있고 형식적인 설명에서 서정적이고 감동적인 것으로 매끄럽게 이동했다가, 다시 돌아와, 전통적인 장르 구분을 무너뜨린다. 아리스토텔레스의 선택은 실제 시인들의 작품을 기리고 경모敬慕하는 것이며, 자신의 글을 반성적이고 설명적인 기능에 한정하는 것이다. 두 문체는 서로를 요청하고 존중하지만, 별개로 유지된다. 이러한 차이가 의미하는 바는 무엇일까?

우리는 먼저 그것이 성격과 재능의 차이라기보다는 철학적 차이라고 말할 수 있을 것이다. 진리를 탐구하려는 위대한 문학의 요구를 진정으로 존중

---

* 예를 들어 버나드 윌리엄스는 대화를 통해 이러한 견해를 나에게 자주 표현했다.

한다면, 가볍게 문학을 산출하려고 하지 않을 것이기 때문이다. 그러한 작품의 윤리적으로 가치 있는 요소는 작품의 시적 천재성과 불가분의 관계에 있으며, 평범한 문학 작품은 비극에서의 교훈을 전달할 수 없음을 알게 될 것이다. 플라톤은 천재적인 문학가였으며, 그의 재능으로 인해 시 작업을 자신의 스타일로 수행할 수 있었다. 아리스토텔레스는 그러한 예술가는 아니었다. 혹은 그가 그러한 예술가였다고 할지라도, 우리가 알 도리가 없다. 아리스토텔레스는 자신의 산문을 보다 전통적인 스타일로 제한했고, 시의 학습을 위해 소포클레스와 에우리피데스의 연극으로 전환했을 때에는, 문학을 무시하기보다는 존경심을 표시한 것이다.

그러나 여기에도 더욱 깊은 요점이 있을 수 있다. 플라톤은 시 예술을 부분적으로 부흥시켰음에도 불구하고, 실제로는 시인에 대한 존경심이 부족했다. 그는 그들의 일의 일부를 그 자신이 수행하는데, 『파이드로스』에서조차 그가 하지 않았던 것은 그들의 실제 작업을 통찰력의 원천으로서 기리는 일이다. 『파이드로스』는 실제로 시적 요소를 통합한다. 그러나 그것은 시적 요소들에 주의를 기울이면서도, 그것들이 철학적 설명으로부터 아주 멀리 벗어나도록 허용하지는 않는다. 『파이드로스』는 시가 변증법에 참여하지 않고 스스로에 대한 질문에 답하지 않는다면 통찰력의 원천이 될 수 없다고 주장한다. 플라톤의 훌륭한 제자는, 플라톤의 철학적 산문의 보다 분석적인 다른 요소들과 밀접하게 결합된 경우를 제외하고는, 운문을 읽지 않을 것이다. 아리스토텔레스는 이러한 작품들이 그 자체로 통찰의 원천으로서 따로 존재하도록 허용함으로써, 인간의 영혼에 진실을 말하려는 그들의 주장에 플라톤보다 덜한 것이 아니라 더 제대로 반응한다는 것을 보여준다.

이는 어떤 식으로든 아리스토텔레스가 해석과 설명의 중요성을 부정한다는 것을 의미하지 않는다. 설명에 온 힘을 집중하는 것은 그의 모든 철학적 작업에서의 기본이다. 그가 비극시의 자율적, 인지적 가치를 존중한다면, 그는 비극시의 윤리적 내용에 대한 가장 높고 가장 포괄적인 이해, 즉 그가 '왜 그런지 이해하기'*라고 부르는 이해가 비극시의 두드러진 특징을 나타내는 철학적 반성을 필요로 한다고 생각할 것이다. 우리의 윤리적 경험은 우리의

'왜'라는 질문에 답하기 위해 애쓰는 우리의 경이감과 당혹감에서 더욱 분명하게 드러난다. 그의 참을성 있고 명쾌한 산문은 이러한 수행의 훌륭한 표현이다. 우리는 윤리적 작업을 해석의 작업, 평범한 삶과 비극시에서 발견되는 '현장'의 질서로 생각할 수 있다. 그것들은 비극을 대체하지 않는다. 비극만이 우리에게 연민과 두려움을 통한 조명을 제공할 수 있기 때문이다. 그러나 그것들은 비극을 통한 배움에서의 필수적인 부분, 즉 아리스토텔레스가 비판과 광기, 설명과 열정을 함께 실행한다면 잃어버릴까 두려워한 부분을 제공한다.

우리는 이 시점에서 8장의 결론을 상기할 수 있다. 철학이 존재하여, 혼란 속에서 질서에 대한 자연적인 인간의 요구에 응답하고 더욱 자양분을 공급한다면, 나쁜 철학으로 단순화하여 전쟁 이전의 상태quo ante로의 단순한 회귀로 대답할 수 없다. 철학적 체계와 논증의 강력한 호소력은 단순히 시나 이야기를 내세운다고 해서 되돌릴 수 없다. 또는 적어도 철학이 깊은 흔적을 남긴 사람들에게는 그럴 수 없다. 전통과 일반은 그것의 옹호를 위해 현상을 아끼는 철학의 끈기 있는 복귀를 요구한다. 플라톤에 이어, 비극은 아리스토텔레스를 필요로 한다.

우리는 이제 이러한 사실이 우리 자신의 문체에서도 분명하다고 덧붙일 수 있다. 아리스토텔레스가 기록한 복잡한 '현상' 못지않게 비극시에는 주의 깊은 해석이 필요하다. 이 시들에서 통찰력을 찾고 칸트주의와 플라톤주의적 반대에 맞서 그것을 옹호하려는 우리 자신의 시도는, 이전에 숨겨졌거나 주목을 피할 가능성이 있는 많은 것을 분명히 하는 설명을 제공하도록 요구했다. 비극 장의 문체는 텍스트의 시적 특징에 반응하고자 했다. 따라서 최근의 영미 철학 저술에서는, 일반적으로 존재하지 않는 은유적이고 감성적인 언어에 대한 반응성을 보여주었다. 그러나 이 장들은 여전히 그 자체로 시가 되는 것과는 거리가 멀었다. 특정한 문학적 요소를 포함하는, '혼합

---

* 이러한 행동에 대해서는, M. F. Burnyeat, 'Aristotle on learning to be good'(Rorty, *Essays*, 69-92) 참조.

된'『파이드로스』같은 종류의 글에 의해 해석의 목적이 때때로 가장 잘 수행되리라고 지적하는 한, 우리는 아리스토텔레스에서 벗어나는 것이다. 비극적 감정의 기능을 드러내기 위해, 우리는 분명히 관객으로서나 독자로서 우리 앞에 놓인 연극에서 불쌍하고 두려운 것에 대해 우리 자신이 반응하도록 허용해야 하며, 우리의 글쓰기와 읽기에서 감정을 불러일으키는 것이 비극의 기능임을 인정해야 한다. (만약 아리스토텔레스의 출판된 작품이 있다면, 그 또한 유사한 선택을 했으리라는 것을 우리는 알 수 있었을 것이다.) 그러나 우리의 문체는 또한, 설명에 대한 아리스토텔레스 철학의 책무, 즉 그것이 무엇을 하고 있는지, 왜 하고 있는지 묻기 위해 시 작품을 읽는 것을 표현한다.* 우리가 철학적 비평이라고 부를 수 있는 이 혼합된 활동의 한 가지 예를 더 들면서, 이 책을 마치는 것이 적절할 듯하다.

---

* 그러나 이 점에서 시와 철학의 대조를 과소평가해서는 안 된다. 분명히 철학적 텍스트 또한 해석과 설명이 필요하다. 그리고 그러한 해석은 또한 원문에서 명확하지 않거나 캄캄했던 많은 것을 전면으로 가져올 수 있다.

에필로그   비극

필멸의 삶에서 내가 지금 확신할 수 있는 것이라곤 죽음밖에 없어요. 글쎄,
더는 할 말이 없군요 – 나는 복수할 것이라고 믿어요.

시릴 투르뇌르의 『복수자의 비극 *The Revenger's Tragedy*』 중
암비티오소의 대사

우리가 논증의 기초로 삼은 동물인 개는 좋은 것을 선택하고 해로운 것을
회피하는 선택을 한다. 먹이를 쫓아 사냥하고 회초리는 슬쩍 피하는 것을
보면 알 수 있다. 더욱이 좋은 것, 즉 사냥의 기술도 갖고 있다. 덕이 없지도
않다. 왜냐하면 정의가 각자에게 제 몫을 주는 것이라면 개는 친구와 은인
을 반기고 지켜주지만 낯선 자와 악인을 쫓아낸다는 점에서 정의라는 덕에
서도 부족함이 있을 수 없는 존재이기 때문이다.

섹스투스 엠피리쿠스,
『피론주의 철학의 개요 *Outlines of Pyrrhonism*』 I.66-7

나는 신체의 완벽한 건강과 마음의 고요함을 즐겼다. 친구의 배신이나 변심
을 느끼지 않아도 되었고, 숨은 적이든 드러난 적들로부터 해를 입지도 않
았다…… 사기나 억압을 막는 울타리도 필요 없었다.

조너선 스위프트, 『걸리버 여행기』, 4부 10장

13장   관습의 배신: 에우리피데스의 『헤카베』 읽기

한 아이가 바람을 타고 날기라도 하듯이 땅 위로 뜬 채로 우리에게 다가오는 것이 보인다. 왕실의 자손답게 옷을 차려입은 그 아이의 얼굴은 순수한 위엄으로 빛나고 있다. 마치 어린 신 같아 보인다. 아니면 아름다움과 재빠름 덕분에 신처럼 추앙받는 아이로 보인다. '저 여기 있어요'라면서 아이는 신뢰와 열린 마음을 표현하듯이 말을 시작한다. 비극 무대가 시작되는 대목에서는 아이가 등장하는 일이 익숙지 않아서 우리의 반응은 직접적이다. 잠시 잠재성과 희망을 생각한다. 귀한 품성의 시작을 떠올린다. 귀한 품성과 아이다운 신뢰의 연관성을 생각한다. 아마 순간적으로 자기 아이에 대한 사랑을 느낄지도 모른다. 그때 이런 목소리가 들려온다. '저 여기 있어요. 죽은 자들의 은신처로부터, 어둠의 문으로부터 돌아왔어요. 헤카베와 프리아모스의 아이, 폴뤼도로스.' 그렇다면 우리가 보고 있는 것은 아이가 아니라 죽은 아이. 아이의 혼령. 희망 없는 그림자일 뿐이다. 이제 모든 가능성이 얼어 버렸다. 그런데 그게 전부가 아니다. 아이가 말한다. 부모의 가장 친한 친구로부터 잔인하게 죽임을 당했다고. 부모가 전쟁의 위험을 피해서 자신을 그에게 맡겼었다고. 돈 때문에 살해당하고 땅에 묻히지도 못한 채 트라키아 해변에 부서지는 파도에 내맡겨져 떠다녔다고.

에우리피데스는 보통 때와는 전혀 다른 방법으로 이 극을 시작했다. 희랍 비극의 다른 작품에서는 혼령이나 아이의 말로 시작하는 법이 없다. 어떤 극에서도 그런 조합은 볼 수 없다. 그러다보니 놀랍게도 에우리피데스는 우리에게 아이의 삶이나 성장과 연관시키는 희망이나 깊은 감정을 짧은 순간이나마 묘하게 불러일으킨다. 그리고 이 아이에게는 미래가 없다는 소식으로 우리를 충격에 빠뜨린다. 시작부터 이것은 인간의 안전과 선행에 관하여 우리가 가장 좋아하는 심상을 향한 공격인 것이다.

연설을 마친 아이는 잠시 뒤에 살인자 폴뤼메스토르의 집에서 자신의 삶에 관해 이야기하는 장면을 통해 이 극의 중심 쟁점으로 우리를 안내한다.

> 이 나라의 경계 표시가 제대로 있고 트로이아 땅의 탑들이 건재할 때만
> 해도, 내 형제 헥토르가 창으로 운이 좋을 때만 해도, 나는 내 부모의 친구
> 인 트라케인과 지내고 있었어요. 어린 싹처럼 그의 양육을 받으며 자랐어
> 요.(16-20)

그는 (우리에게 잘 알려진 이미지로) 어린 아이는 초록색 식물과 같다고 이
야기한다. 그것이 성장하여 성숙하고 좋은 품성을 가지려면 밖으로부터 공
급되는 영양이 필요하다. 살해당한 아이의 입으로 표현된 이 이미지로 인해
우리는 좋음을 위한 우리의 가능성이 다른 사람의 선의에 의존하는데 그것
이 늘 충실하지는 못함을 상기하게 된다. 그리고 식물이 성숙하여 퍼져나갈
때에도 결국 여전히 그것은 식물보다 더 강하지도 더 억세지도 않은 그냥
식물일 뿐이다. 건강한 식물이라도 폭풍우나 질병, 배신에 의해서 파괴될 수
있다.

그래서 에우리피데스는 불안감을 자아내는 이 비극의 핵심 문제, 즉 좋은
품성의 본질, 좋은 품성과 아이가 남을 믿는 순진함의 관계, 그리고 신뢰가
깨졌을 때 질병에 약하게 되는 문제 등에 관해 생각하기 시작한다. 이 비극
에는 양육과 공유하는 관습에 기초한 고귀한 품성의 고결함에 관한 유명한
연설이 들어 있다. 그것은 자랑스러워하는 어머니의 연설이다. 극은 그녀의
딸 폴뤽세네의 품성 가운데 헤카베의 주장의 근거를 보여주는데 그것이 깊
은 감동을 자아낸다. 이제 성인기로 들어선 잘 자란 아이는 침착하고 흔들림
없는 선함, 극악무도한 자들에게서도 경외감을 일으킬 정도의 선함, 관대함
을 보여준다. 그러나 비극이 끝나기 전에 우리가 두 명의 중심인물의 변화를
보게 된다. 두 사람 모두 존경받는 성인인데 야수로 변해 있다. 둘 중 한 사
람이 바로 헤카베로 그녀는 자신의 본래 주장을 스스로 반박한다.

짧게 줄여 이야기할 수도 있다. 트로이는 함락 당했다. 여왕이었던 헤카베
가 지금 희랍 노예 중 한 사람으로 전락하여 납치범들과 동료 노예 여성들

과 함께 트라키아 해안에 당도해 있다. 폴리스는 파괴되고 권력은 상실했으며 남편과 대부분의 자녀들을 잃었지만 살아남은 가장 어린 두 자녀로 위안도 받는 처지다. 노예가 되어 함께 온 폴뤽세네가 있고 막내 폴뤼도로스가 있다. 폴뤼도로스는 트라키아 왕을 살피는 일을 맡았다. 헤카베에게 그 왕은 '손님-우정의 서열로 따지면 가장 사랑하는 사람 중 첫째'였다. 극의 첫 에피소드에서 그녀는 폴뤽세네를 빼앗긴다. 오뒷세우스가 나타나 지하세계의 신부를 요구하는 아킬레우스의 분노한 혼령을 달래기 위해 그녀를 인간 제물로 희랍 군대에 넘겨줄 것을 요구한다. 헤카베의 간청에도 달라질 게 없었다. 정작 폴뤽세네 자신은 위엄과 용기로 맞선다. 노예의 삶보다는 차라리 죽음이 자유롭고 고귀한 사람에게 더 맞는 것이라고 말하며 기꺼이 죽음을 맞이하러 나아간다. 한 전령의 표현대로라면, 사형이 이루어지는 동안 그녀가 보여준 눈부신 광경 때문에 희랍 군대가 감동한 나머지 명예로운 매장을 해주기로 결정했다. 딸의 고귀한 품성이 이렇게 확고함을 알고 헤카베는 슬픔이 누그러졌다고 선언한다. 역경 중에도 좋은 품성상태가 안정적이라고 하는 보다 일반적인 말이 이어진다.

이어서 폴뤼도로스의 절단된 시체를 들고 하인이 해변에서 들어온다. 헤카베는 첫눈에 폴뤽세네의 시신임을 알아본다. 아들을 알아보자마자 곧바로 그녀는 폴뤼메스토르의 배신을 알아차리고는 심신이 무너진다. 그 순간 복수에 몸 바치리라 결심한다. 희랍 군대의 총사령관인 아가멤논의 도움을 받지 못하고, 그녀는 개인적으로 계획을 세운다. 폴뤼메스토르와 그의 두 아이를 수용소의 여성들의 거처로 불러들여서 겉으로는 숨겨진 보물에 대해 알려준다고 하고는 아이들을 죽이고 폴뤼메스토르의 눈을 뽑아 버린다. 그러자 그는 네 발로 기어가면서 적을 찾는다. 아이들의 시체가 옮겨지고 있는데 그는 그걸 무시하고 복수하려고 나아간다. 마침내 헤카베를 마주한 그는 예언하기를, 그녀가 불같은 눈을 가진 개의 모습으로 세상을 하직하게 될 거라고 말한다. 그렇게 생을 마치고 퀴노스세마 곳에 선원들의 길잡이가 될 표지로 그녀의 이름을 딴 '개의 묘석'이 세워질 것이다. 아가멤논은 적들의 분노를 혐오스러워하면서, 자신의 죽음에 대한 폴뤼메스토르의 예언이 두려워 폴뤼메스토르에게 재갈을 물리고 무인도로 보내 버린다. 헤카베는 두 아이를 매장하러 갔다가 예언대로 생을 마치게 된다.

이 놀라운 변신 이야기는 인간성, 특히 인간성에서도 가장 확고해 보일 수 있는 품성의 연약성에 관해 심오한 공포를 일으키는 동시에 이 공포를 탐구하고 있다. 사람들이 이 비극을 어떻게 받아들였는지는 의견이 엇갈린다. 이 비극은 수세기 동안 전체 희랍 비극 중에서 아주 높은 순위를 차지했다. 오비디우스는 『변신 이야기Metamorphoses』에서 이것을 재조명한다. 비잔틴 시대에 이 극은 중심적인 텍스트였다. 단테는 『신곡』의 지옥편에서 우연한 사건으로 품성이 쇠락하는 것을 보여주는 예로서 이 극에 큰 의미를 부여한다. 그러나 19세기 이후 이번 세기에 이르기까지는 일반적으로 현존하는 비극 중 가장 빈약한 작품으로 간주되었다. 이 비극의 폭력성과 쇠락의 장면은 조악할 뿐 아니라 충격적이고 끔찍하다. 양육에 관한 헤카베의 연설은 희랍 윤리 사상사의 일부로 자주 발췌도 되고 연구의 주제도 되는 내용인데 연설을 약화시키는 부분은 피한다. 당연한 일이지만, 비판적 견해에서는 이 변신이 선의지의 불변성을 주장하는 도덕철학의 우세와 시기상 일치한다. 이 도덕철학에서는 우연한 사건의 영역과 도덕적 인격의 영역을 예리하게 구분하고 있는데, 여기서 도덕적 인격은 '계모처럼 변덕스러운 사건들'에도 끄떡없이 안전하다. 왜냐하면 그런 관점에서 보면 (또는 가치와 손상에 관한 플라톤주의, 좋은 품성 이론가들의 관점이라고 우리가 부르는 관점에서는) 이 비극은 위험한 거짓말을 하고 있기 때문이다. 따라서 이 논의에 맞서는 작업을 통해서 우리는 고대와 현대의 이런 견해에 관해 더 많은 것을 배울 수 있다. 우선, 이런 견해들이 이 비극을 아주 끔찍하게 보고 처음부터 배제했을 가능성은 없는가를 알 수 있다. 그리고 또 아리스토텔레스에 관한 우리의 독해를 검증할 수 있다. 왜냐하면 아리스토텔레스의 윤리적 세계에서 선이 손상을 입을 최악의 가능성이 남겨지는 것을 보여줌으로써 아리스토텔레스가 자신의 문화적 전통의 현상으로 복귀하는 작업이 가진 폭과 깊이를 우리가 볼 수 있을 것이기 때문이다. 그리하여 우리가 진실로 이 아리스토텔레스의 세계*에 살고 있다고 생각하고 있는지, 그리고 진실로 그 세계에 살기를 원하는지 자문하게 될 것이다.

I

처음에 헤카베는 그저 불행했다. 폴리스를 잃고 과부가 되고 노예가 된 그녀는 폴뤽세네를 빼앗기는 훨씬 더 잔인한 상실까지 경험했다. 그러나 이런 일들 앞에서도 그녀는 충실하고 자애로운 모습을 유지한다. 더욱이 폴뤽세네의 고귀함의 본보기가 그녀로 하여금, 인간의 좋은 품성은 일반적으로 단단하고 안정된 것이어서 재난에도 더럽혀지지 않는다고 확신하게 만든다. 그녀의 딸이 처형 이전이나 도중에 절제 있고 용기 있고 관대한 행동을 보였다는 소식을 전령이 전해온다. 이에 그녀는 슬픔과 자부심을 함께 느끼는 반응을 보인다.

……그러나 내 슬픔이 과하지 않은 것은 네가 고귀했다는 말을 들어서다. 나쁜 토양이 신으로부터 기회를 얻어 좋은 수확을 내는 것이나, 좋은 토양도 필요한 것이 없으면 수확을 못 내는 법인데, 인간 세상에서 사악한 사람들은 사악할 뿐이며 고귀한 사람들은 고귀할 뿐, 우연에 의해서 변질되지 아니하는 본성을 가지고 끝까지 좋은 상태를 유지한다는 것이 놀랍지 않은가? ……양육을 잘 받으면 고귀함에 관한 교육을 제공받는다. 일단 그것을 잘 배우면 부끄러운 일도 알게 된다. 좋은 것을 재는 잣대를 가지고 그걸 배우는 것이다.

---

* 헤카베에 대한 이 독해가 아리스토텔레스에 의존하지 않음은 물론이다. 우리는 이 비극을 그 자체의 역사적 맥락에서 해석할 것이다. 그러나 이 해석과 아리스토텔레스에 대한 논의를 견주어 보면 비극적 사건에 대한 아리스토텔레스의 태도를 검토하는 데에 도움이 될 것이다. 또한 왜 아리스토텔레스가 에우리피데스를 '모든 것 중에서도 가장 비극적인' 것이라고 판단하는지, 그리고 왜 그가 비극에 귀속한 교육적 기능에도 에우리피데스를 가장 적합한 것으로 선정하는지 이해할 수 있을 것이다.

폴뤼도로스는 인간 발달을 식물의 성장에 비유했다. 헤카베는 비교를 받아들이면서 동시에 공격한다. 인간도 식물처럼 외부로부터의 양육을 필요로 한다. 고귀하게 자라려면 이런 양육이 필수적이다. 그러나 좋은 품성이 가르침을 통해 형성된 이후에는 더 이상 식물과 닮지 않게 되는 게 인간이다. 인간 성인은 대단히 단단한 존재다. 어떤 여건에도 본성과 품성을 간직하고 그것에 진실한 존재인 것이다. 선한 사람은 고귀한 행동을 선택하고 부끄러운 행동을 피하는 경향성을 꾸준히 간직한다. 세상에 어떤 일이 일어나든지 그 품성은 오염이나 부패를 피해 나간다.

이 연설은 헤카베의 몰락 연구에 중요해질 것이다. 왜냐하면 역경 중에 좋은 품성의 안정성을 찬성하는 논변을 제시하고 있음에도 나중에 그녀가 보이게 될 불안정성을 설명하는 데에 도움이 되는 특성들이 그녀의 탁월성 개념에 있기 때문이다. 첫째, 그녀의 가치관의 핵심에 사회적이고 관계적인 성격, 둘째, 그녀의 인간 중심성이다. 이것은 윤리적 소신이 인간적인 것이라는 그녀의 믿음에 이를 토대 지우는 견고하고 안정적인 것이 없다는 뜻이다. 이 두 번째 특성은 자연에서 일어나는 일과 사람 사이에 일어나는 일에 관해 그녀가 대조하는 내용에 이미 함축되어 있다. 윤리적 기준은 분명히 전적으로 인간 세계 안에 존재한다. 나중에 이 점이 더욱 명료해지는 지점은 도덕적 결속이 우리의 합의보다 더 안정적인 어떤 것에 의해서 확고해진다는 생각을 명시적으로 부인하는 대목이다.

신들은 강하고 규약nomos*도 강하다. 우리가 신을 분별하고 살면서 부정

---

* 애로스미스는 여기서 노모스를 어떤 절대적인 도덕적 질서로 번역했다. 그런데 그는 이제 내 번역에 동의한다고 내게 말했다. 그러나 그것을 인간적인 노모스, 영원하지 않은 노모스로 받아들이는 데에는 강력한 이유들이 있다. for로 시작하는 다음 문장은 노모스가 신들 위에 있다고 믿는 이유를 제시한다. 그러나 이 문장이 가리키는 것은 인간의 관행이다. 그것에 따라서 우리가 신들의 존재를 믿고 기본적인 윤리적 구분을 하고 있는 것이다. Arrowsmith, W. Introduction to and translation of Euripides' *Hecuba*, in D. Greene and R. Lattimore, *Greek Tragedies*. Vol. III, Chicago, 1959, 488-554.

의와 정의를 구분하는 것은 노모스에 의해 가능한 것이기 때문이다. 만일 노모스가 파괴된다면 (또는 타락한다면)······ 인간의 삶에서 그처럼 엄청난 일은 더는 없을 것이다.(799-805)

가치와 관련되어 뿌리 깊게 맺어진 인간 사이의 합의(혹은 관행)는 도덕적 규범이 기대는 궁극적인 권위이다. '관습'이 사라지면 우리가 호소할 상급 재판소가 없어지는 격이다. 심지어 신들도 이 인간 세계 안에서만 존재한다.

이 두 연설에 위에 언급한 첫 번째 요지 즉 관계적 가치에 관한 이 인간 중심적 개념의 중요성에 관한 근거가 분명히 있다. 앞의 연설에서 가치는 공동체에서 양육을 통해 가치가 전수된다고 했고, 뒤의 연설에서는 이 양육에서 전해지는 핵심적 가치의 하나가 정의라는 사회적 가치라고 밝히고 있다. 곧이어 우리는 우정이나 사랑 같은 사회적 가치가 좋음에 관한 헤카베의 개념에 똑같은 깊이로 뿌리박혀 있음을 알게 될 것이다.

이제 헤카베의 개념과 아리스토텔레스의 개념 사이에 유사한 점을 몇 가지 알 수 있게 되었다. 두 가지 모두 관계적인 좋음을 강조한다. 그리고 가치의 교육에서 공동체의 역할을 강조한다. 또한 두 가지 모두 인간의 관습 이면에 우리가 의지할 수 있는 상급 판단자가 존재하는가에 관해서는 부정적이다. 헤카베의 견해가 문화적으로 기원전 5세기에 만연한 것이라면 아리스토텔레스의 윤리 이론이 몰두하는 '현상'에서 두드러진 부분이 그것일 테니까 놀랍지는 않다. 구체적으로 말해서 그녀의 연설은 플라톤 대화편 속의 프로타고라스가 표명한 입장과 많은 부분 공통적이다. 프로타고라스는 널리 알려진 견해를 표현한다는 주장을 명시적으로 했고 우리가 이미 아리스토텔레스의 입장과 비교하기도 했다. 그러나 여기서 더 나아가 우리가 해석한 헤카베의 주장을 그녀가 속한 시대 속에서 구별의 힘에 관한 더 단단한 이해에 기초를 두어야 하는데 이를 위해서 그녀의 연설이 노모스와 윤리적 가치의 지위에 관한 당시의 유명한 논란과는 어떤 관계를 갖는지 물어야 한다.

플라톤보다 훨씬 오래전 희랍 윤리 사상에 뿌리를 깊이 내린 전통적 주장은 윤리적 합의와 관습은 사태의 본질에 영원히 고정된 기준들에 기초하고 있다는 것이었다. 이것의 의미는 (늘 그렇지는 않더라도) 주로 이 본질에 의해서 윤리적 가치가 존재한다는 뜻이었다. 즉, 윤리적 가치는 외적인 것이고 우리의 삶의 방식과 별개라는 말이다. 가치의 지위가 인간 외적이라는 이런 이야기는 (흔히 인간 외적 기원의 이야기와 연관이 되어서) 사람들이 심오한 윤리적 요구와 연관시키길 원하는 엄밀함과 불가침성의 정당화를 제공했다. 이 견해가 다른 것보다 더 함의하는 바는 이 요구들을 인간의 행동으로 부차적인 것으로 만들지도 못하고, 무효인 것으로 만들지도 못한다는 점이다. 또한 우리의 가장 근본적인 윤리적 관계는 인격과 폴리스와 같은 불안정한 실체와의 관계가 아니라 우리 중 그 누구보다도 더 굳건한 어떤 것과의 관계라는 것을 의미한다. 사람이 환대의 법칙을 어기면 환대의 신 제우스Zeus Xenios의 지속적인 관심에 의지할 수 있다. 또 인간이 맹세 같은 것에 신경을 쓰지 않으면 맹세의 신 제우스Zeus Horkios는 결코 주의를 흩뜨리거나 변화하지 않는다. 이 모든 것이 윤리적 세계의 깊이 있는 구조감과 안전감을 주며 그 안에 사는 인간의 삶에도 안전성을 부여한다.* 플라톤이 이 전통에 어떻게 호소하고 어떻게 발전시켰는지는 물론이고, 아리스토텔레스가 이 전통을 전체적으로 어떻게 비판하는지도 우리는 이미 보았다. 그러나 이 전통에 대해서 헤카베의 생각에 맞선다고 생각하기를 원한다면 소포클레스의 『오이디푸스 왕』에서 노인들의 도덕적 안전감에 대해서도 생각하는 것이 좋을 것이다.

---

* 그러나 우리는 여기서 2장과 3장을 통해 익숙해진 한 가지 사실을 상기해볼 필요가 있다. 변화와 이중적 혹은 모순적 행동, 불일치, 도덕 기준에서는 다소 부정의로 보이는 정의 같은 것들이 희랍 신의 능력 안에 있다는 사실이다. 제우스는 맹세의 신성함은 물론이고 맹세의 위반을 관장하고 또한 조장하기도 한다.(*Iliad* IV 68 이하) 마치 아르테미스가 동물의 새끼를 보호하기도 하면서 파괴하기도 하는 것과 마찬가지다 (2장). 따라서 필멸의 존재가 신에게 의지할 때에는 기본적인 안전과 함께 불확실성과 연약성의 요소도 있기 때문에 몇몇 텍스트를 따로 살펴보면 '식물' 전통의 입장에 더 근접해 있음을 시사한다.

하늘에서 나온, 기준이 높은 법률들…… 그 유일한 아버지는 올림푸스이
며 필멸의 존재인 인간은 그런 것을 만들 수 없다. 기억상실로 잠들게 만들
수도 없다. 그 안에는 위대한 신이 있다. 그 신은 늙지 않는다.(865-72)

다른 한편에는 윤리에 관한 전통 사상의 흐름이 있는데(이는 첫 번째와 처
음부터 공존하면서 긴장 관계를 만들어 내기도 한다) 그것은 윤리적 가치를 성
장하고 흘러가고 변화 가능하고, 인간 공동체 안에 그리고 그것의 오랜 칭
찬과 비난의 전통 안에 존재하는 것으로 바라본다. 이런 사유 방식은 노모
스에 관한 기원전 5세기 후반의 담론에서 강력한 주장으로 나타난다. 그러
나 사실은 훨씬 오래된 것이고 우리가 1장에서 핀다로스의 이미지와 그것
의 서사적 배경에 관해 논할 때 언급한 것이다. 이 전통의 식물적인 이미지
는 폴뤼도로스와 헤카베에 의해 다시 부각된다. 또한 헤카베는 탁월함을 가
리키는 중심 용어로 '겐나이오스gennaios'라는 말을 사용하는데, 이것은 참
된 또는 적절한 성숙이라는 개념을 통해 이 이미지와 긴밀하게 연관된다. 이
이미지는 인간 중심성(변화와 역사의 세계에 뿌리를 둠)과 사회적인 것의 중
요성을 동시에 함축한다. 또한 그녀가 사회적인 것에 의존하는 것을 보면 좋
은 사람의 가난이 여실히 드러나기도 한다. 식물 이야기의 이러한 특징들은
원칙상 분리가 가능하다. 누군가는 개인을 가난하고 연약한 존재로 규정하
면서 불변의 규범이 존재한다고 믿을 수 있다. 실제로 이런 상황이 고대에는
만연했다. 또 혹자는 개인을 굳건하게 보려고 하면서도 가치는 인간적 가치
를 가진 것으로 볼 수도 있다. 그러나 전자의 경우 불변하는 기준의 존재가
개인의 연약성을 제한한다. 만약 인간적인 규범을 위반하면 신의 법칙이 작
동해서 장기적인 균형이 바로잡힌다. 그리고 후자의 분리는 지속이 어려운
데 헤카베에서 이를 발견할 수 있다. 왜냐하면 외부에 호소할 곳, 불변의 항
구적인 구조가 없으면 이러한 사실이 활동이나 내적인 선함 양쪽에서 개인
의 안정성에 영향을 미칠 것이기 때문이다. 아리스토텔레스가 표현했듯이,
'법은 준수를 향한 힘이 없으나 습관의 힘은 있기 때문에' 이런 습관에서 강
화된 변화가 불안정과 전복의 분위기를 이끌 수 있다(『정치학』 1268b22 이

하, 그리고 본서 10장 참조).

이 비극의 집필 직전 몇 년간, 윤리적 가치의 기원과 지위에 대한 이러한 질문들은 격론의 주제였다. 여행이나 비교 민속지 연구가 윤리적 차이를 인식하게 만드는 바람에 헤카베의 동시대인들 중 많은 사람들이 윤리적 관습이 사실상 인간에서 기원한 것일 뿐인 건 아닌지, 그리고 만일 그렇다면 그 사실의 함축은 그것들이 피상적이고 자의적이며 맘대로 변경 가능하다는 것은 아닌지 의문을 제기했다. 이전처럼 여기서도 인간 중심적 견해가 강조하는 것이 사회적이고 관계적인 탁월함인데 이는 분명히 폴리스와 함께 생겨난 것들이다. 거의 언제나 노모스에 대한 찬사는 이런 가치들에 대한 찬사이다. '관습convention'의 어원이 관계적인 함의를 지니고 있고, 희랍어의 노모스도 어원상 분배와 할당과 경계의 개념, 그리하여 개인들 사이의 합의의 개념과 연관이 된다. (사상가들 중에는 이를 논리적 연관으로 보기도 했는데, 다른 무엇보다도 관계적인 탁월함이 인간의 삶의 맥락에서만, 인간의 삶의 필요와 한계와 함께 의미가 있음을 의미한다.)

노모스와 그것의 가치에 관한 논란에서 헤카베의 연설은 흥미로우면서도 건설적인 입장을 취한다. 분명히 그녀의 주장은 윤리적 가치들이(그 가운데 사회적 가치들이 두드러진다) 노모스에 의해 존재한다는 것인데 이 말은 그 가치들이 인간적인 것일 뿐이라는 뜻에서 하는 것이다. 그런데 그게 사실이라 해도 우리가 그 가치들을 가벼이 여겨도 된다는 말은 아니다. 또 우리 맘대로 대체 혹은 변경할 수 있다는 말도 아니다. 우리는 그 구분들 안에서 자라나고, 우리가 하는 모든 일을 구조화하는 것도 그 구분들이다. 그것들이 구성하는 세계로부터 우리는 쉽게 떠날 수가 없다. 그리고 마지막으로, 우리가 그 안에서 양육되었기에 그것들이 우리 본성의 내적 구조를 형성하고 있고 세계가 만들어 낼 만한 어떤 사건에 대해서도 우리가 심리적인 안정을 취할 수 있게 해준다. 인간의 덕은 부패하지 않으며 식물보다 훨씬 더 안정적이다.

그러나 우리의 중심 가치들이 인간적이고 인간 세계 내에서는 사회적이라고 헤카베가 인정했지만 그래도 그녀는 여전히 연약하다. 식물의 내적인 연약성을 식물 이미지의 다른 특징으로부터 실제로 분리할 수 있는지는 의문이다. 가치가 행사되기 위해서 변화 가능한 맥락에 의존하는 가치를 그녀는 더 귀하게 여겼다. 그녀가 묘사하는 행위자가 식물보다 더 견고할 수 있으려면 사회적 환경이 자연세계보다 의지할 여지가 더 많아야 한다. 그런데 그렇게 되지 않을 수도 있다. 특히 도덕 발달의 과정은 그녀도 말하듯이 부모와 아이 양쪽에서 노모스의 권위와 효능에 대해 의심 없이 신뢰하는 것을 전제로 하는 것이다. 만일 부모나 아이 어느 쪽이든지 이것이 사실상 우리가 말하는 윤리적 언어인지 늘 의문시하거나 이런 합의가 사실상 효능이 있는 것인지 회의적으로 의문시한다면 아이는 사회의 노모스들인 그 구분들을 배우지 못할 것이기 때문이다. 또한 부모 스스로가 노모스의 효과를 믿지 않으면 노모스가 명령하는 대로 아이가 행동하기를 원하도록 격려할 수 없을 것이기 때문이다. 이 모든 것이 말하는 바는 우리의 윤리적 관습과 성인의 윤리적 선함 자체가 일반적인 전복의 시기에는 헤카베가 인정하는 이상으로 더 취약하다는 것이다.

이러한 의문은 윤리적 인간 중심성과 외부적 관점의 결합으로 인해서 더 긴박해진다. 왜냐하면 만일 도덕적인 구별이 삶과 담론의 방식에서의 합의라면 즉, 도덕이 인간적 관습의 체계라면, 여건이나 인간의 행동이 노모스 자체를 변화시키거나 오염시킬 가능성이 있을 것이기 때문이다. 제우스의 요구는 위반할 수 있는데 제우스 자신은 늘 경계심을 가지고 고결한 상태를 유지하기 때문에 인간이 신뢰하는 대상이다. 그러나 헤카베의 인간적인 노모스는 그녀도 인정하듯이 그 자체로 '파괴' 또는 '오염'을 당할 수 있다. 한쪽 당사자가 공통 이해에 반한 행동을 하면 그 관습을 견고하게 한 합의 자체가 약해진다. 그 어떤 반석 같은 성질의 것이 받쳐주지 않기 때문이다. 당신과 내가 어떤 행위를 부정의하다고 부르는 데에 합의한다면 그리고 당신이 갑자기 그 도덕 용어의 쓰임을 바꾸어 버린다면, 그 어떤 영구적인 법이라도 당신에게 나를 벌하게 할 수도, 당신에 대항해서 나를 정당화해줄 수도 없다.

일반적으로 그런 불안정한 사실은 눈에 띄지 않을 것이다. 왜냐하면 해를 입은 당사자가 문화적인 합의나 법에 요청하여 해를 입힌 자를 재판에 회부할 수 있기 때문이다. 그런 경우에 하나의 합의만 더럽혀진 것이지, 깊은 의미의 노모스는 구출이 될 것이다. 그런데 깊이 공유하는 그 합의 자체가 바뀌거나 퇴보할 수가 있다. 노모스의 사회적 활용이 건전하지 않은 시기에 개별적 실패가 발생하면 노모스가 이 세계에 있지 세계 너머에 있지 않다는 말뜻을 아주 분명히 알 수가 있다. 간단히 말해 돌아갈 데가 없다. 기반이 부패해 버렸기 때문이다. 그리고 그렇게 되면, 헤카베가 덧붙이듯이, 대체할 것도 없다. '인간 세계에 그런 것은 없다.'

그러한 불안들은 이 시대 어떤 청중에게라도 부담이었을 것이다. 에우리피데스는 바로 이 문제를 성찰을 통해서 다룰 수 있기를 기대했을 것이다. 이 극은 기원전 425년 또는 424년에 만들어졌다. 424년, 케르퀴라에서의 3년간의 내전은 추하고 폭력적인 결말에 이르렀다. 투키디데스는 이 갈등이 주목을 받은 이유가 어려운 시대의 도덕적 타락을 무섭게 보여주기 때문이라고 말한다. 그것은 노모스가 지닌 연약성의 징표, 배신과 경솔과 복수심 같은 우리 본성의 가능성들을 보여주는 징표가 되어 준다.

……이 내전 과정에 희랍의 폴리스에는 수많은 재난이 일어났다…… 윤리적인 평가가 이루어질 때 그동안 관습적으로 쓰였던 구두 평가가 다른 것으로 바뀌었다. 생각 없는 대담함은 용기와 충성으로 불렸고 신중한 느낌은 허울 좋은 비겁함이 되었으며 절제와 자기 통제는 겁쟁이 외투로 불렸으며, 전체에 대한 이해를 갖는다면서 어디에서도 행동을 꺼리는 것으로 여겨졌다…… 만일 어떤 이가 음모를 꾸몄는데 성공하면 지성적인 사람이 되었고 음모를 의심하면 훨씬 더 영리한 사람이 되었다. 음모도 의심도 필요 없으면 소속 집단을 전복하는 자가 되었다…… 도당 구성원들 사이의 신의성실信義誠實은 신성한 노모스의 제재에 의해서가 아니라 범죄에 가담함으로써 확보할 수 있는 것이 되었다. 반대자들로부터의 정당한 제안에 관해서는 고귀한 정직성으로 받아들여지기보다 강자가 사전에 미리 경계하는 처신으로 받아들였다. 사람들은 복수할 피해를 입지 않으려 한다기보다는 피해를 복수할

생각을 더 많이 했다.

따라서 나쁜 관행의 모든 유형은 희랍에 뿌리를 두고 있고 이 내전들 때문이었다. 고귀한 품성의 가장 큰 부분인 개방성은 웃음거리로 비하당하고 사라졌다. 영혼의 불신 어린 반대가 승리를 쟁취했고 모든 신뢰는 파괴되었다. 그 어떤 연설로도 돌이키기에 충분치 않았다. 그 어떤 맹세도 충분히 두려운 것이 되지 못했다. 우세하게 되면 모두가 안전을 희망할 수 없다고 생각하면서 신뢰를 보이기보다 오히려 자기 보호에 더 신경을 쓰게 되었다.

여기에서 우리가 마주하게 되는 것은 도덕 공동체의 완전한 붕괴와 도덕 언어의 쇠락과 부패이다. 윤리적 공동체의 성격이 바뀌었다. 윤리적 공동체의 기능은 그 안의 행위자에 달려 있다. 변화의 유기적 과정은 외부의 법으로 개입해서는 중단시키거나 바로잡을 수가 없다. (신성한 노모스도 무시되는 것으로 또는 더 이상 믿지 못하는 것으로만 언급될 뿐이다.) 최악은 배신과 위반이 뿌리를 내리면 예전의 좋은 행위자마저 피폐해진다는 점이다. 그 무엇도 그들을 보호하지 않는다.

좋은 품성이 그런 시대를 마주하면 어떤 운명에 놓이는지에 관해서는 언급할 것이 많다. 첫째, 그들은 그런 시대에 다른 대우를 받는다. 즉, 조롱과 학대를 받는다. 그들은 또 외부로부터의 힘 때문에 관계적인 덕을 행사하는 능력을 잃게 된다. 그러나 케르퀴라의 그 교훈이 헤카베를 가장 확실하게 위협하는 것은 자신감과 신뢰 부분이다. 투키디데스는 덕스러운 품성이 자아의 외부 조건에 따라 자신감의 기초를 두고 있다고 강조한다. 고귀한 품성의 가장 훌륭한 부분은 '순진함', '개방성', '단순성'으로 해석될 수 있는 에우에테스euēthes에 있으며, 이것은 여기서 의심과 신뢰 못함과 대조되는 것이다. 고귀한 사람은 끝없이 의심하고 회의하지는 않는다. 그는 남들의 행동을 '사전에 주의하는 조치'로 대응하지 않고 관대함으로 대응한다. 관습이 제 역할을 한다고 믿고 세계의 구조가 제자리에 있다고 믿는다. 그러나 신뢰는 외부로부터, 즉 다른 사람들의 행동으로 파괴될 수가 있는 것이다. 외적으로 야기된 일정한 조건에서는 정상적이고 상식적이던 사람도 회의적이고 의심

많은 사람이 된다. 이때는 개방성이 웃음거리가 된다. 그러나 개방성에서 벗어나면 선함도 잃어버린다. 연설도 맹세도 더 이상 믿을 수 없는 것이 되면, 그래서 내가 모든 것을 의문시하고 사랑의 모든 표현 이면에 배신의 징조를 찾게 되면, 간단히 말해 나는 더 이상 고귀한 사람이 아니다. 더 이상 인격도 아니다. 우리가 곧 보겠지만 이것이 에우리피데스가 헤카베의 운명에 관해 바라보는 중심적인 관심이다.

이제 부패하지 않은 귀족의 예를 보여주는 등장인물 폴릭세네로 돌아가야 한다. 우리를 움직여 경외하게 만드는 그녀 안의 무언가가 바로 투키디데스가 말하는 개방성 또는 관대한 신뢰라는 것을 알 수 있다. 여기 한 여성은 자신과 다른 이의 인격적 가치에 대해 지고한 감각을 갖도록 가르침을 받은 여성이다. 자신의 가치에 따라 자신이 대우 받으리라는 확고한 기대를 하고 있고 자기 역시 다른 이를 그렇게 대우하리라고 의심 없이 생각하고 있다. 그녀에게 양육 받아온 그 깊은 관습이 사라지리라는 두려움은 전혀 없다. 탄원하는 자의 자세로 그녀는, 자신을 받아들이기를 주저하는 오뒷세우스를 이해한다고 말한다. 그녀는 요구의 거부를 통해 그 주저함을 존중할 것이다. 그 긴 연설에서 그녀가 의지하는 사실은 이 음흉한 희랍인도 탄원자 관습의 종교적 요건을 존중하리라는 점이다. 만약 그가 한번 그런 관계에 들어가는 경우에는 말이다. '나는 자라면서 고귀한 희망들을 배웠다'(351)고 그녀는 말한다. 우리는 의심 없는 그녀의 반응을 보면서 줄곧 그녀가 가진 희망의 고귀함을 본다. 모든 것 중에서 가장 감동스러운 것은 아마 그녀가 마지막으로 보여주는 여성스러운 예절일 것이다. 죽음에 직면해서 절체절명의 순간에 처했으면서도 그녀는, 믿지 못할 전령에게 말하기를 자신의 치맛자락을 매만져서 불경스럽게 신체가 드러나지 않도록 해야 한다는 생각을 전한다. 물론 이것은 놀라운 정신의 존재가 드러나는 지점이다. 그러나 더 놀라운 것은 이것이 신뢰의 표현이라는 점이다. 죽어가면서도 그녀는 의심할 생각을 전혀 하지 않는다. 그리스 군인들이 그녀의 사후에 그녀의 치마의 순결을 존중해주리라는 점에 대해서 말이다. 그녀는 스스로 잘 처신하면 그녀의 행동이 제구실을 하고 받아들여질 것이라고 생각한 것이다. 그녀가 우리들에게 말하고 있듯이, 사실상 그녀는 '나쁜 일이 일어날 기미에 익숙하지 않은'(375) 것이다. 그녀에게 주어진 '환대를 많이' '주는 사람' 또는 '받는 사람'이라는 뜻의 이름은 적절한 것이었다.

이 소녀의 단순한 훌륭함을 이루는 것은 삶을 구조화하는 관습에 관한 신뢰 어린 개방성이고 이 점은 고귀함에 대한 투키디데스의 설명과 상통한다. 에우리피데스는 이 점을 유치한 순진성으로 보여주는 게 아니라 사회적 가치에 대한 성숙한 소신, 즉 사회적 가치가 요구하는 신뢰에 기반하고 있는 소신으로 보여주고 있다. 그러나 그 가치들이 무엇을 요구하는지 알아본다면 폴뤽세네가 어렴풋하게나마 예측하는 것, 그녀의 고귀함이 이 세계에서 위험에 빠지리라는 것도 알 수 있다. 자신의 명예로운 적에게 그녀는 솔직하게 결론 내리기를, '나는 자유롭고 관대한 눈으로 이 빛을 내보내면서 나의 육신을 하데스에게로 맡긴다.'(367-8) 그녀에게 눈은 노모스에 대한 확신을 표현하는 것이고 노모스의 세계에서 그녀가 신뢰하는 것은 다른 이들의 눈을 통해서 나오는 우정과 정직과 연민의 표현이다. 눈빛의 교환을 통해서 이 품성들이 공유하는 도덕적 우주 안에서 서로 연결되고 그 도덕적 우주를 인정한다. 폴뤽세네가 어렴풋이 느끼고, 헤카베가 곧 보여주지만, 눈은 존재하지 않는 신뢰를 가장할 수 있고 거짓 눈물을 보일 수 있고 거짓으로 정직한 외양을 꾸밀 수 있다. 폴뤽세네가 '볼 수 없는 장소'를 뜻하는 하데스로 가는 길을 스스로 확인하고 가는 것은 더 흉악한 무분별로부터 영혼의 자유롭고 관대한 모습을 지켜내는 데 필요하다는 사실이 밝혀질 것이다. 위험을 감지하게 되자 그녀는 호소한다. '내 몫이 아닌 부끄러운 일을 당하기 전에 죽을 수 있는 방법을 알 수 있게 도와주세요.' 그녀는 자기 어머니와는 달리 적당한 시간을 찾아낸다.

II

이 극에 통일성이 없다는 평가를 하는 많은 주석가들은 폴뤽세네 이야기와 폴뤼메스토르 이야기가 기껏해야 주인공의 고통스러운 삶이라는 막으로 연결될 뿐, 각기 별개의 에피소드라고 비판한다. 이제는 더 깊은 연결이 있다는 사실이 드러났기를 나는 희망한다. 우리가 만일 좋은 품성과 그것의 안정성에 주목한다면 첫 번째 에피소드가 이 문제에 관한 견해를 제시한다는 것과 두 번째 에피소드는 그것에 의문을 제기할 만한 이유를 제시한다는 것을 알게 될 것이다. 동시에 헤카베가 생각하는 만큼 안정적일 수는 없는 고귀함의 특성들이 폴뤽세나의 인격에서 드러난다. 그 특성들이 잔인하게 제거되는 것이 극의 후반부에서 보이는 헤카베 몰락의 원천이다.

헤카베는 역경 속에서도 강인한 태도를 유지하는 능력이 있다. 시민 의식과 충성, 어려운 사람과 탄원하는 사람에 대한 관대함, 절제와 공정성, 그리고 자녀를 향한 굽히지 않는 사랑이 그녀의 미덕이다. 그리고 자기 딸의 죽음은 물론이고, 그것에 수반된 마구잡이식의 잔인성도 그녀의 미덕을 앗아갈 수 없다. 그러나 폴뤼도로스의 살해에 대해 알고 난 다음에는 돌연 놀라운 반전이 일어난다. 이미 그녀에게 일어난 상실도 그렇고, 전시의 분위기가 그 충격에 그녀가 왜 그토록 약한지를 확실히 설명해주고 있다. 그렇지만 우리는 이 관계와 이 범죄가 가지는 특별한 의미를 더 긴밀히 들여다볼 필요가 있다. 그래야만 왜 그것들이 이런 독특한 힘을 가지는지를 이해할 수 있을 것이다.

폴뤼메스토르는 헤카베와 프리아모스의 손님xenos이다. 이 관계는 극 중에서 열다섯 번이나 언급될 정도로 강조되고 있다. 그는 또 사랑받는 존재, 즉 필로스이기도 하다. 정확히 하자면 그녀는, 그가 '손님이자 친구인 사람들 가운데 가장 친애하는 사람'이라고 말한다. 크세니아xenia의 관계는 이 세계의 한 주민이 다른 주민과 견지하는 관습적 관계 중에서 가장 심오하고 가장 신성한 관계다. 환대를 줌과 받음은 돌봄과 보호의 책임을 부과하는 것으로서, 그 책임의 불가침성은 모든 대인 관계, 모든 도덕에서 근본적이다. 이방인을 전쟁터에서 만났더라도 서로가 그것을 인정한다면 적대 행위를 중단한다. 따라서 폴뤼메스토르와 헤카베는 노모스에 의해 존재하는 가장 구속력이 있는 유대 관계로 묶여 있다. 이 유대 관계는 한 인간의 다른 사람에 대한 개방성 즉, 공통의 도덕 세계에서 다른 사람과 함께하려는 의지를 나타내는 근본적인 관계다. 우정을 보여주는 뒷부분의 장면을 보면, 애정에 대한 상호적인 패러디를 통해서 우리는 한때 그들을 연결해주었던 동정의 깊이를 알 수 있다. 그는 크세노스이자 친구였다. 그는 헤카베와 프리아모스가 비밀리에 자기들의 아이를 믿고 맡기기에 적합한 인물이었다. '많은 것을 주는 사람'이라는 뜻의 이름을 가진 자로서, 그들의 미래와 폴리스의 미래에 희망을 주는 사람이었다. 그는 어떤 다른 이보다도 이들이 보기에 자유롭고 관대한 모습을 보여주었다. 이 유대는 에로틱한 관계보다도, 극중 용어를 빌리면 사랑 또는 우정으로서 더 좋은 또는 더 강한 것이었다. 왜냐하면 그들의 유대는 관습적으로는 신뢰할 수 없고 불안정하며 약속 중에서도 가장 약하거나 최악이기 때문이다. 아리스토텔레스가 말하는 필리아를 규정하는 요소 중에서 목적의 공동 추구 또는 함께하는 지속적인 삶에 대한 강조가 결여되어 있음에도, 그 관계는 이 세계에서 그와 유사한 심오한 역할을 한다. 즉 신뢰에 비슷하게 기반을 두고 있고, 모든 대인 관계의 도덕에서 비슷하게 근본적인 것이다.

폴뤼메스토르의 아동 살해 범죄는 특별히 무시무시하고 그 자체로 '최악'의 범죄임을 몇 가지 면에서 확인할 수 있다. 첫째, 이 아이가 폴뤼메스트로가 맡은 양육을 잘 받지 못했다는 사실을 생각해보면 그러하다. 결과적으로 아이는 활동적으로 좋은 삶을 영위할 기회를 갖지 못했다. 더욱이 이 마지막 남은 아들에게 얼마나 헤카베가 자신과 폴리스의 희망을 걸고 있었는가를 우리는 알고 있다. 폴뤼메스토르도 알고 있던 이 희망은 보호하고 지켜내야 할 책임을 특별히 강하게 부과했음이 마땅하다. 그리고 이 책임은 크세니아xenia에 의해서 부과되는 그 어떤 일반적인 책임보다도 더 우선적이고 특별히 그가 명시적으로 직접 떠맡은 책임이기도 했다. 그러나 그 아이에게서 보호받지 못한 채 있던 순진함이야말로 그 범죄가 최악이라고 생각할 수 있는 이유다. 폴뤼도로스의 '초록 식물과 같은' 성장에 관한 이야기는 행복하고 순진한 어린 시절이 갑자기 단절되는 광경을 우리에게 보여준다. '나는 그의 양육으로 잘 자랐다. 불쌍한 나.' 개방성은 그 자체로 책임을 부과한다.

폴뤽세네의 미덕은 특별히 통제 불능의 군인들에게서도 존경과 돌봄을 끌어냈다. 그들의 눈과 손은 자신의 비천해지는 추락 때문에 그녀 자신이 요구한 신뢰를 지켜주었다. 그들은 그녀를 덮어주려고 서로 다투었고 그녀의 육신을 나뭇잎으로 덮어준 다음 예복으로 장식해주었다. 순진한 아이를 더럽히는 일은 음모자에 반해서 반대 음모를 꾸미는 일과는 전혀 다르다. 그 공포는 '연민이라곤 전혀 없이'(90-91) 덮치는 늑대 때문에 살이 찢기는 어린 사슴이 나타난 헤카베의 꿈으로 집약된다. 최악인 것은 폴뤼메스토르가 전혀 생각 없이, 특별한 필요 없이, 그리고 전혀 죄의식이나 배려라고는 없이, 희생시킨 아이의 시체를 묻어줄 생각조차 하지 않고 이 최악의 범죄를 저질렀다는 사실이다.

이렇게 해서 우리는 헤카베의 몰락에 관한 모든 자료를 제자리에 두는 일을 마무리했다. 한편으로는 그녀 자신이 확고한 좋은 품성을 가진 어른의 강력한 사례를 보여주고 있다. 만일 그녀가 부패할 수 있다면 그 사실은 일반적인 성인의 탁월함에 그러한 가능성이 있다는 설득력 있는 논증을 도출한다. 다른 한편, 우리가 보고 있는 것은 일상적이지 않은 극단적 상황이다. 사회가 전반적으로 격변하는 시기에 그녀의 가장 깊고도 가장 신뢰하던 우정이 무너지고 부주의하게 최악의 범죄를 당한 것이다. 이러한 여건 자체가 극단적이기는 하나 그렇다고 해서 전혀 개연성이 없거나 유별난 것도 아니며 특히 전시에는 드문 것도 아니다.

그렇다면 드디어 헤카베가 자기 앞에 얼굴도 없는 채 심히 훼손된 시체가 자기 아들 폴뤼도로스라는 사실을 인지한 순간의 경험은 대체 어떤 것일까? 그건 차마 우리가 이해하려 들기도 힘든 끔찍한 폭력의 광경이다. 시체를 되찾아온 하녀는 자신이 뭔가 모독적인 앎을 가져왔다는 것을 안다. 왜냐하면 그녀는 그러한 불행 앞에 있게 될 때에 신성모독을 말하지 않기가 쉽지 않다고 말하고 있기 때문이다. 이 순진한 여성의 마음에 이 소식은 모든 것에 반하는 신성모독이다. 그녀는 그 사실을 섬뜩하고 만질 수 있는 대상인 양 보여주고 있다. 헤카베가 만지거나 붙잡아서 자신에게 가져와야만 하는 대상으로 보여주는 것이다. 그리고 그녀가 그렇게 할 때 그녀는 '더 이상 빛을 보지 않게 될 것이다.'(668) 그것이 그녀를 에워싸고 그녀의 눈에서 빛을 앗아갈 것이다. 그러나 마침내 하녀가 말로 표현한다. 내키지 않는 듯이 청한다. '보세요, 벌거벗겨진 채 죽은 이 몸을 보세요. 그 어떤 예상도 넘어서는 놀라운 광경인지를 보고 확인하세요.'(679-81)

'실로 보이는구나. 내 죽은 아이 폴뤼도로스가 보여. 트라케인Thracian이 날 위해 시신을 보호하고 있던 게로구나.'(681-2) 그 순간 헤카베는 모든 것을 파악했다. 하녀가 그녀에게 묻는다. '당신 아이의 유해를 알아보셨나요, 불행한 분이시여?'(688) 그녀가 답한다. '보고도 믿을 수 없는, 믿을 수가 없는 새로운, 아 새로운 광경이로다.'(689) 그녀가 본 것은 가장 깊이 신뢰했던 것이 신뢰할 만하지 않다는 사실이다. 가장 견고했던 것이 머리 없이 옆에 놓여 있을 수 있는 것이다. 그리고 그 머리 없음 속에서 그녀는 또 하나의 앎을 읽어낸다. 그녀의 세계를 구조화했던 노모스는 그가 사랑한 상대편에게는 구속력 있는 노모스가 아니었다는 사실이 그 앎이다. 상대편은 그것들을 실제로 본 적도 그것들에 반응을 한 적도 없다. '도대체 손님이었던 우정 관계의 구속력 있는 규범이란 것은 대체 어디에 있단 말인가?' 그녀는 절규한다. '오 저주받을 인간이여. 어떻게 당신은 이 아이의 몸을 난도질하고 아무 연민도 없이 이 아이의 사지를 칼로 잘라냈더란 말인가.'(718-20) 이 사실이 그녀에게 입증한 것은 더럽혀지지 못할 것이란 전혀 없다는 것이다. 만약 이 최선이며 가장 심오한 인간의 사회적 가치가 신뢰할 만하지 않은 것으로 판명 난다면, 그 어떤 것도 결코 나의 신뢰를 받을 수가 없는 것이다.

그것은 세계의 전위轉位, 파열이다. 심지어는 언어, 그리고 그것의 탁월함으로도 그것을 파악할 수 없다. '말할 수 없는, 이름 붙일 수 없는, 놀라움 너머에 있는'(714) 것이라고 그녀는 울부짖는다. '불경하고, 참을 수 없는 일이다.' 헤카베는 말했다. 우리는 노모스를 가지고 구별을 하고 세계를 나눈다. 언어의 기반이 노모스이고 언어는 노모스들을 체화한다. 자식이 칼로 잘린 광경은 이제 헤카베에게 세계의 그 나눔이 근거 없고 피상적임을 입증하는 장면이 된다. 그것이 근저에서 잘려나간 것이다. 나중에 아가멤논이 '대체 어떤 여자가 이토록 불행할 수 있는가?'라고 묻자 그녀는 '아무도 없습니다. 당신이 튀케(운의 여신)를 말하는 게 아니라면'(786)이라고 말한다. 그러나 그건 그렇게 읽어선 안 된다. 내가 믿기로는, 그녀가 표현한 것은 온전한 무질서나 구조의 결여라고 생각한다. 튀케(운), 혹은 인간의 합리적인 통제의 부재가 여기서 암묵적으로 합리적이고 가지可知적인 질서와 대조되고 있다. 그녀가 말하고자 한 것은 당신이 통제의 부재나 무질서 자체를 생각하는 게 아니라면 그녀 자신이 누구보다 무질서 상태에 있고 누구보다도 세계로부터 이탈되어 있다는 사실이다.

그러나 이제 우리는 '모든 예상을 넘어선' 것이라는 말의 뜻을 훨씬 더 제대로 파악할 수 있게 되었다. 배신의 가능성에 대한 질서를 무너뜨리는 지식, 이것이 외부로부터 이 여성에게 왔는데 이것 자체가 그녀에겐 더럽힘이고 그녀의 품성에 독이 되는 것이다. 폴뤽세네의 고귀함은, 의심의 여지 없는 관대한 신뢰에 기초하고 있었다. 친구에 대한 헤카베의 사랑 역시 그런 적이 있었다. 이제 노모스의 파괴에 직면한 그녀에게, 남은 선택지는 두 가지뿐인 것 같다. 자신의 눈을 멀게 해서 이 사건들을 안 보고 어떤 식으로든지 그 지식과 거리를 두거나 그것을 제한하는 방법이다. (이 자기 기만을 선택한 아가멤논은 후에 선언하기를, 깊은 노모스의 위반은 야만인들에게나 쉬운 일이고 희랍인들은 그렇게 처신하지 않는다고 했다.) 이 방법이 아니면 앎을 수용하고 그것을 마주하고 사회적 유대 일반의 노모스에 대해 진실된 것으로 그것을 받아들이는 것이다. 그러나 그러한 세계가 이탈되는 경험을 하는 여건에서는 좋은 품성이 기대고 있는 개방성의 부패를 피하기란 불가능해 보인다. 그녀는 '신뢰하기보다 자기 보호에 힘쓰기를 피할 수 없는' 의문과 의심에 사로잡히는 것을 피할 수 없다. 그것에 그녀가 스스로 눈 감는다면, 그 경우 그녀는 바보에 부패한 인간이 되고, 반대로 자기에게 보는 것을 허용한다면, 그 경우 그녀는 더럽혀진다. 이 섬뜩한 놀라운 광경을 일단 본 이후에는 어느 쪽으로든 그녀는 한쪽 길을 택해야만 할 것 같다.

그리고 이제부터 신뢰의 노모스, 그리고 노모스에 대한 헤카베의 신뢰는, 이 새로운 사건들로부터 새로운 것으로 대체될 것이다.

오, 아이야, 아이야

난 이제 애도를 시작한다,

복수의 혼에게서 배운

야만적인 새로운 멜로디(노모스)를.(684-7)

헤카베가 부르는 복수의 노래는 새로 배운 '멜로디(노모스)'다. 그것은 또한 새로운 관습(노모스)이자 세계를 질서 짓는 새로운 방식이다. 이 두 의미를 연결하는 근원적인 의미는 질서 짓기, 분배하기 그리고 구속하기의 의미이다. 멜로디는 소리의 지속을 질서 짓는 것이고, 법과 관습은 사회적 삶을 질서 짓는 것이다. 에우리페데스는 달리 번역할 수 없는 후렴구로 극의 나머지가 찾는 것을 지시하고 있다. 관습의 파괴는 단지 비구조화로만 결과하는 것이 아니라 재구조화라는 결과도 낸다. 헤카베의 발견이 남긴 공허함은 새로운 신뢰와 새로운 법으로 채워질 것이다.

Ⅲ

헤카베에게 복수는 오래된 것의 붕괴를 거쳐 남은 공간을 채우는 노모스다. 그것이 유일하게 가능한 대체품인지 우리는 알지 못한다. 그러나 그녀의 대체품인 것만은 분명하다. '나는 모든 것이 제자리를 찾게 할 것'이라고 그녀는 계획을 시작하면서 아가멤논에게 말한다. 관습에 관해서 그녀가 '노모스가 파괴되면 인간들 사이에서 그런 것은 없어진다'고 말한 적이 있다. 그리고 실제로 노모스를 대체하는 이 새로운 노래는, 노모스와 같지 않다는 것을 보여주고 있다. 노모스처럼 그것은 세계를 제자리에 놓고 거주할 수 있는 곳으로 만들어준다. 그러나 노모스와 달리 그것은 복수자의 생각과 계획의 바깥에 있는 어떤 것에도 신뢰를 요구하지 않는다. 오래된 노모스는 사람들을 연결시키는 유대의 네트워크였다. 새로운 노모스는 그저 하나의 외로운 노래일 뿐, 그것을 위해 신뢰할 수 없는 인간사에 대한 어떤 확신도 요구하지 않는다.

신뢰의 파산에서 고독한 권력 추구형 복수로의 재빠른 전환은 아가멤논의 비겁한 지원 거부 때문에 의도된 것은 분명히 아니지만, 완전한 이탈의 갑갑한 상황을 묵과할 수 없었기 때문에 일어난 것이고, 또한 오랜 방식으로의 회귀도 똑같이 묵과할 수 없었기 때문에 일어난 것이다. 그녀는 통제 불능 상태를 느끼면서 살거나 계획할 수 없고, 그녀의 입장에 서 있는 의식 있는 자는 과거의 기만적 신뢰를 다시 포용할 수도 없다고 느낀다. 복수가 매력적인 이유는 연약성이 없는 구조와 계획을 제공하기 때문이다. (투키디데스의 케르퀴라인들에게서도 비슷한 변화를 보았다. 그들은 선의의 희망이 없어 절망하고 미처 방어하지 못한 적들에게 권력을 행사하게 해준 영리한 복수를 감행하고 기뻐했다.)

이제 우리가 면밀히 검토해야 하는 것은 헤카베의 복수에서 자기 충족성과 결말짓기의 목표와 그녀의 특수한 형태의 복수 계획 사이의 연관성이다. 헤카베의 복수 계획은 질서를 가져오는 기획으로서 두 가지 측면, 응보와 모방을 그 특징으로 한다. 우선 첫째로, 더럽힘을 그것의 원천으로 되가져감으로써 그녀 자신의 세계의 불균형을 바로잡고자 한다. 애초에 그녀에게 고통과 잔혹함을 준 자에게 동일한 것을 돌려주는 것이다. 아이 살해자는 아이 살해의 고통을 똑같이 겪어야 한다. 우정을 남용한 자는 똑같이 우정의 남용을 섬뜩하게 겪어야 한다. 그녀를 불구로 만든 자는 불구가 되어야 한다. 이러한 응보적인 측면은 계획의 환대 관습에서 했던 역할에 아주 분명히 나타난다. 폴뤼메스토르는 모든 일상적인 즐거움에 빠져 있는 동안에 공격을 받게 된다. 이 사람과 그의 아들에 대한 통제를 확보하기 위한 계획의 모든 요소는 오래된 노모스의 특성을 거짓되게 사용하는 것을 포함하고 있다.

그러나 이 복수 계획의 논리에 똑같이 중요한 다른 부분도 있다. 그것은 노모스의 매력적인 덫 아래에 늘 있는 대로의 세계를 모방하여 드러내겠다는 암묵적인 주장이다. 우정은 처음부터 거짓이었기 때문에 우정이 악용된다. 가장 믿을 만한 사람이 여기서 믿을 만하지 않은 사람이 되는데, 왜냐하면 가장 믿을 만한 사람이었던 사람이 믿을 만하지 않았기 때문이다. 아이들도 여기서 한 치의 연민도 없이 살해당한다. 왜냐하면 늘 그래왔기 때문이다. 아이들을 보호하는 방식으로 효과적인 작용을 한 노모스는 없었다는 말이다. 진실 말하기라는 관습은 전혀 견고하지 않았기 때문에 언어는 악용된다. 그리고 진실은 전혀 안중에도 없는 단순한 설득은 언제나 '인간들의 참주'였다.

헤카베의 복수 계획에서 눈의 역할과 바라봄의 역할을 검토해 보면 이러한 이중 구조가 가장 명료하게 드러난다. 이 사람들에게 눈은 한 인간이 다른 인간과 맺는 가장 친숙한 연결 장소다. 그 장소는 바로, 다른 인간에 대한 신뢰와 그 인간과 관계를 맺는 관습의 세계에 대한 신뢰를 가장 분명하게 표현한다. '자유롭고 관대한 눈빛'은 폴뤽세네가 소중히 여기던 것이고, 그녀의 이른 죽음 때문에 지켜진 것이다. 헤카베의 복수 계획에는 그 중심에 폴뤼메스토르를 눈멀게 하는 계획이 포함되어 있다. 모든 걸 알게 되었던 순간 그녀의 깊은 소망은 그를 죽이는 것이 아니었다. 그의 사지나 그의 귀나 그의 가슴이나 그의 생식기를 훼손하는 것이 아니었다. 그것은 특별히 그의 시선을 훼손하는 것이었다.

이것이 그녀에게 무엇을 의미하는지는 폴뤼메스토르가 그녀의 발견을 모른 채 들어올 때 아주 분명히 알 수 있다. 우리가 그에 대해 즉시 알게 되는 점은 이 사람은 눈과 그것의 능력을 중요시하는 사람이라는 사실이다. 그는 눈을 사용해서 솔직한 모습으로 구속력 있는 신의를 표현하고 눈물로 연민의 반응을 보인다. 여기서 청중에게 가장 중요한 경험은 그가 들어올 때에, 사악한 신뢰받지 못하는 사람으로 보여서는 안 된다는 것이다. 그는 이름대로 솔직한 사람, 숙고하는 사람, '상담도 잘 해주는 사람'이어야 한다. 그는 모든 면에서 '사기꾼confidence man'으로서 부패는 숨기면서도 동시에 모든 능력과 매력을 지닌 사람이어야만 한다. 훌륭한 사기꾼은 신뢰할 만해 보인다. 그가 이렇게 말하고 있다. '오 내가 무척 사랑하는 헤카베여, 당신의 폴리스와 방금 저세상으로 간 당신의 죽은 아이를 보고 난 울고 있소. 아, 신뢰할 만한 게 없구려. 명예도 부도 신뢰할 수 없구려.'(953-5) 유일하게 그를 흔드는 것은 그녀가 그를 직접 눈으로 바라보고 있지 않다는 사실이었다.

눈을 보며 말하는 것은 오래된 관계의 직접성을 말해주는 것이다. 그는 이런 모습들로 삶의 보람을 느끼는데 그게 없으면 편안하지 않다. 그래서 대답도 듣지 못한 채 신뢰의 모습을 그녀에게 보낸다. 자기가 살해를 저질러 놓고 부주의해서 그 사실도 인지하지 못한 채 아이의 시체를 향해 거짓 울음을 흐느낀다. (왜냐하면 그는 지금 그에게 살해된 시체를 폴뤽세네로 잘못 알고 있고, 심지어 남녀의 차이도 방금 죽은 시체와 물고기가 망쳐놓은 시체의 차이도 못 알아차리고 있다.)

한편으로는 눈을 멀게 만드는 것이 분명히 응보적이다. 그는 그녀의 눈이 보이는 모습을 악용했다. 그래서 더럽혀지는 대가를 치를 것이다. 그는 자신의 행동으로 그녀의 눈빛을 꺼버렸다. 그녀를 더 이상 빛을 바라보지 않는 사람으로 만들어 버렸다. 그는 그 때문에 울부짖게 되어야만 한다(나중에 그렇게 되는 것처럼). '나는 눈이 멀었다. 내 눈의 빛이 사라져 버렸다.'(1035) 그러나 다른 한편 우리가 알 수 있는 것은 헤카베가 단지 그들 사이에 늘 있었던 것을 드러내고 있다는 사실이다. 그녀가 그를 눈멀게 한 이유는 그가 늘 눈이 먼 상태였기 때문이다. 그는 결코 진실한 눈으로 약속을 한 적도, 진실로 눈물 흘린 적도, 진실로 그녀의 아들을 '바라본' 적도 없었다. 그의 훌륭한 평판도, 그의 성공도, 신뢰할 만한 게 전혀 못 되었다. 복수의 논리는 세계를 정상 상태로 되돌려놓는 것이다. 그리고 그 방법은 이전에 벌어진 범죄의 숨겨진 모습들을 드러내는 것이다.

이 엄청난 장면, 섬뜩한 장면에서 그녀는 그를 자신의 눈으로 보기를 거부하고 있다고 말할 수 있다. 폴뤼메스트로가 거짓 울음을 보일 때 그녀가 어떻게 하는지 살펴보자. 그녀는 그로부터 고개를 돌려 청중인 우리를 향한다. 이 남자가 그렇게 철저히 자신을 비난하는 것을 그녀가 듣고 있어야 하는 장면에서 우리는 혐오와 함께 깊숙한 데에서 올라오는 환희를 느낀다. 이모든 과정에서, 심지어 그가 무엇이 잘못되었는지 의아해하는 눈치를 보이기 시작할 때조차 그녀는 그를 '똑바로 바라보기를'(965) 거부한다. 그녀는 말한다. '나는 눈으로 똑바로 당신을 바라볼 수가 없어요. 당신에게 나쁜 감정이 있다고 생각하지 말아 주세요, 폴뤼메스트로. 감정이 아니고 노모스입니다.' 뭔가 생각이 났다는 듯이 그녀는 덧붙여 말한다. '여자가 남자를 직접 똑바로 바라보아선 안 된다는 노모스 말이지요.' 이건 별로 그에게 확신을 주지 못한다. 그는 알고 있다. 그들은 다른 노모스에 확실히 익숙해 있다는 사실을. 그렇다면 도대체 그녀가 이러는 진짜 이유는 무엇일까?

여기서 우리는 우선 헤카베의 거부를 응보적인 것으로 받아들인다. 당신이 내가 주는 사랑을 악용한다면 나도 당신에게 똑같이 돌려주겠다는 것이다. 그러나 이것은 응보적인 거부를 설명하지 못한다. 왜냐하면 받은 것에 상응하는 것은 바라보지 않는 게 아니라 거짓되게 바라보는 것이기 때문이다. 그렇게 생각하면 우리는, 이 외에도 그녀가 평소에 그래왔던 것처럼 그들의 사랑을 표현하고 있다는 것을 알 수 있다. 거기에 어떤 진정한 상호성이나 연결이 존재한 적은 없다. 그를 '동공으로 직접' 본다는 것은 그녀에게 그의 눈 안의 그녀의 이미지가 빛나고 비치는 것을 의미한다. 동공에 해당하는 단어 korē는 희랍어로는 소녀나 여성이라는 은유적인 뜻으로 전이되었다. 이런 전이의 이면에 있는 생각은 분명히, 보는 이의 이미지가 보이는 자의 눈에 반영되는 장소가 동공이라는 사실이다. 그 이미지는 나와 당신 사이의 연결, 지식과 그것의 상호성의 실재를 나타낸다. 내가 당신 안으로 들어가게 된다. 당신의 눈 안에 나의 현존이 만들어진다. (이 이중성을 극에서 나타내는 에우리피데스의 의도는 나중에 폴뤼메스토르가 눈이 먼 이야기를 하면서 바로 이 두 가지의 의미를 아주 가깝게 사용할 때에 분명히 드러난다.) 헤카베는 자신의 이미지가 그의 눈에서 빛나도록 하지 않는다. 단지 벌을 주려는 것만이 아니다. 그녀의 이미지가 그의 눈에서 제대로 빛난 적이 없었기 때문이다. 그녀는 그의 동공에 아무런 이미지가 없도록 한다. 그를 눈멀게 하기 전인데도 그러는 이유는 그가 늘 그렇게 그녀를 봤기 때문이다.

그러나 이걸로도 충분치는 않다. 왜냐하면 그녀가 지금 그에게 '보여지기를' 거부하는 행동을 하고 있다기보다 그를 바라보기를 거부하는 행동을 하고 있다는 사실이 간과되었기 때문이다. 그는 여전히 그녀를 보고 있다. 보는 행동을 거부하는 사람은 그녀다. 우리가 이 점을 생각할 때 알 수 있는 것은 여태까지 우리가 이 사람에 대한 헤카베의 우정의 깊이를 무시했다는 사실이다. 그녀가 가장 사랑하고 신뢰한 사람이 그였다는 사실을 우리는 반드시 알고 있어야 한다. 그가 그녀를 보았고 그녀도 그런 그를 바라봤고 습관적으로 그게 친밀한 관계로서는 드물었기에 그를 친애하는 자 중에서도 첫번째라고 불렀던 것이고 자신의 미래를 그에게 기꺼이 주려고 했던 것이다. 그의 눈에서 그녀는 자신의 이미지를 보았고 그 이미지는 그의 눈에서 자신의 이미지를 찾아 그를 바라보는 자신의 이미지였던 것이다. 그녀는 헤카베일 뿐인 존재가 아니었다. 폴뤼메스토르 안에 있는 헤카베였다. 그의 안에 있는 헤카베와 함께하는 폴뤼메스토르를 응시하는 헤카베였던 것이다. 그녀는 그에 관해 너무 많은 것이 진실이라고 생각했다. 그녀는 자신의 정체성마저 그렇게 관계적인 어떤 것으로 생각했다. 그녀는 하나의 사회적 존재로서 그의 비전과 그의 보살핌의 창조물이었던 것이다.

그가 지금 들어와서 말을 할 때, 그녀는 격한 분노를 느낀다. 그의 눈을 찢어버리기를 원한다. 그러나 동시에 신뢰와 확신의 오래된 일상적 충동, 사랑스럽게 그를 바라보고 그 안에 있는 자신을 바라보고 싶은 욕망을 느끼지 않았다고도 생각되지 않는다. 우리가 인식해야만 하는 사실은 폴뤼메스토르가 외양을 바꾸지 않았다는 점이다. 그는 늑대로 보이지 않는다. 배신에서 가장 끔찍한 점은 그 배신자의 모습이 전과 똑같다는 사실이다. 그는 그녀가 사랑했던 그 사람과 같은 사람이다. 마음이 움직이는 것은 어쩔 수 없다. 그러나 그녀는 마음이 움직여서는 안 된다는 것을 알고 있다. 일단 그녀가 그녀를 담고 있는 그의 눈을 보면, 그녀의 안전에 대한 희망은 사라진다. 그녀는 그의 관계relatum이고, 그의 눈의 창조물이다. 무엇보다도 그녀는 그가 그녀를 볼 때 그가 바라보는 대상이다. 이러한 시각의 본질을 생각할 때 시각은 그녀를 아무것도 아닌 존재로 만들어 버릴 수 있는 것이다.

그녀가 그를 바라보기를 거부한다면, 사실상 이는 노모스 때문이다. 오래된 그들 사랑의 노모스. 그 노모스는, 그녀가 '그녀의' 권력과 그녀의 안전하고 새로운 노모스를 지키려면 저항해야 하는 힘이다. 그녀는 '당신에게 나쁜 감정을 느껴서라고 생각하지 마세요, 폴뤼메스토르'라고 그에게 말한다. 그녀는 지금 자신이 그에게 거짓을 말하고 있으면서 동시에 진실을 말하고 있다는 것을 알고 있다.

여성이 남성의 눈을 봐서는 안 되는 것이 자신의 행동의 이유라고 그녀는 말하고 있는데, 이것을 우리는 어떻게 이해해야 할까. 더 일반적으로, 이 복수극에서 여성이 중심에 놓여 있고, 한 인간이 암컷 동물, 못된 년으로 변화하는 과정을 목격하고 있다는 사실을 강조한다는 것을 우리는 어떻게 이해해야 할까. 이 극에서 그리고 에우리피데스의 다른 극에서 여성들은 자신의 사회적인 위치 때문에 운에 가장 취약한 존재다. 잘 알려진 에우리피데스의 여성에 대한 관심은 이런 취약한 조건에 대한 관심, 전쟁과 죽음과 배신을 직면해서 당하는 이 무력함에 대한 관심이다. 에우리피데스가 반복해서 그려내듯이 여성의 신체는 전쟁 유품의 일부로 간주되었고 소나 삼발이를 소유로 삼을 수 있듯이 소유의 대상으로 여겨졌다. 극단적인 여건에서 품성이 망가지는 상황을 찾는다면 한편으로는 에우리피데스가 그렇게 생각하고 강조하듯이, 그 누구에게도 필적할 만큼 잘 성장할 인간을 들여다보거나, 다른 한편으로 다른 사람보다 극단적인 운에 더 확실하게 노출될 사람을 들여다보면 된다. 여성이 살면서 드물지 않게 마주치는 사회적 실재를 통해서(왜냐하면 여성들이 여왕이 아니라면 역경이 그토록 극단적일 리는 없으니) 우리는 모든 삶에 있을 수 있는 하나의 가능성을 알아차리게 된다.

자신의 요청 사항도, 인간 탁월성의 최고 사례가 여성일 수 있다는 주장도 포기하지 않고, 헤카베는 여성들이 권력의 일상적 불평등에 노출될 위험이 높다는 사실을 강조하고 있다. 그리고 여성이 남성의 눈을 바라봐서는 안 된다는 헤카베의 말을 우리는 여성이 그 어떤 눈도 신뢰하지 말고 복수자가 되어야 한다는 주장이라고 해석할 수도 있다. 이 두 해석은 분명히 연결되어 있다. 왜냐하면 여성들이 이례적인 착취와 남용의 영향을 받고 있는 위치에 있다면, 복수의 필요성을 강렬하게 가지거나 복수와 심술궂음의 경향을 가질 것이다. 일찍이 아가멤논은 여성들이 자기 스스로 계획을 세우고 실행할 능력이 있는지에 관한 의문을 제기한 적이 있다. 이에 대해 헤카베는 여성의 음모가 성공적이었던 사례로 응수했다. 다 복수의 범죄였다. '아이귑토스의 아들들을 죽인 것도 여자들이고, 렘노스 섬의 남자들을 없앤 것도 여자들 아

니었나요? 여기서도 그렇게 될 거예요.'

그래서 헤카베는 관계 부재不在의 가능성, 즉 그녀가 신뢰한 앎을 파괴한 가능성의 이미지로 세계를 개조한다. 그것은 멋진 안전과 멋진 고립의 세계이다. 그것은 철저히 자급적이고, 누구도 직접 바라보지 않으며, 눈빛의 부재라는 사태를 무릅쓰는 세계다. 그것은 묻혀 있고 숨겨진 어두운 세계다. 헤카베는 폴뤼메스토르에게 '내가 보내는 사적인 메시지'(978)를 들어보라고 설득하는데 그 메시지는 '땅 위로 솟은 검은 바위 아래 묻힌 금'(1010)에 관한 메시지다. 어둠과 은폐의 여러 이미지들이 그녀의 상상 속으로 들어간다. 그녀는 그 오랜 친구를 노예 여성들의 '사적인 장소'(1016)로 데려간다. 그곳은 '신뢰의 공간으로 남자가 없는'(1017) 곳이다. 이 막혀 있는 장소에서 여인들은 그를 유혹하여 그의 겉옷을 벗게 만든다. 일단 그가 무방비 상태가 되자마자, 그들은 그를 붙잡고, 그의 아이들을 공격하여 살해한다. 그러고는 이 젊은 여인들은 자신들의 브로치핀으로, 그 자신의 눈에 비친 '끔찍한 젊은 여인들'을 찔러 눈을 피의 우물로 만들어 버린다. 그의 눈을 찌른 여인들은, 그들의 행동으로 그의 눈 속에 있던 이미지에서 사라진다. 이렇게 해서, 어떤 의미에서는, 세계는 늘 그래왔던 원래 모습대로 되었는데, 왜냐하면 폴뤼메스토르는 한 번도 보거나 사랑한 적이 없기 때문이다. 그러나 동시에 그것은 헤카베를 다른 사람으로 만든다. 왜냐하면 그녀는 사랑을 했기 때문이다. 그녀가 다른 사람 안에 있는 자신의 이미지를 찔렀을 때, 그녀 안에 있던 의미심장한 무언가가 파괴되었다. 즉 그녀는 다른 이들과 가졌던 관계를 파괴한 것이다. 그녀는 자신을 비밀스러우며, 폴뤼메스토르가 항상 그랬듯이 관련이 없는 사람으로 만든다. 헤카베는 그의 세계를 '네 발 달린 산짐승'의 세계, 다른 이들의 명확한 이미지가 없는 세계로 만들어 버림으로써, 자신의 이미지를 피의 우물로 변화시킨다. 그러나 그때, 그녀가 자신의 손으로 만든 작품을 응시할 때 그녀 자신의 눈은 흐릿한 핏빛 광채를 띠게 된다. 그리고 실제로 그녀의 눈은 그 이후로, 이 또한 네 발 가진 짐승인, 개의 '이글거리는 눈빛pursa dergmata'으로 빛났다고 알려진다.

희랍인들에게 개는 결코 고등하거나 인간과 유사한 동물이 아니다. 사자와 독수리와 달리, 개는 동물의 고귀함의 수준에서 아주 낮은 위치를 차지한다. 개의 두드러진 특성은 먹이를 쫓아가는 예리함, 적으로부터 지킬 때의 끈질김, 그리고 자기 영역을 지킬 때의 으르렁거림 같은 것들이다. 무엇보다도, 그것은 사람 시체의 살을 뜯어먹는, 인간 사회의 가장 신성한 법에는 무관심한 동물로서 멸시와 두려움의 대상이다. 그 어떤 신뢰와 동료애의 결속 같은 것도 개를 억제할 수 없다. 프리아모스는 알고 있었다. 그의 시체가 떨어지면, '문 앞에 있는 사냥개들이 살을 뜯을 것이다. 내 식탁에서 떨어진 음식을 먹도록 훈련시킨 그 개들이 게걸스럽게 내 피를 핥을 것이다……'(『일리아드』XXII 66-70) 이런 식으로 개는 희랍인들에게는 노모스에 철저히 무관심한 동물, 사회적 가치, 관계적 가치와 완전히 절연된 동물로 취급된다. 따라서 누군가를 '개' 혹은 '개-눈'이라고 부르는 것은, 『일리아드』 이후로 아주 심각한 모욕으로, 그 사람이 이기심이 그득하고 공동체에는 무관심한 존재라는 것을 강조하는 말이다. 아킬레우스가 아가멤논이 이기적인 행동을 했다고 모욕할 때, 아킬레우스는 아가멤논을 '개-눈'이라고 부르고 '자기 백성의 살을 먹는 왕dēmoboros basileus'(I 231)이라고 비난한다. 다른 이들에게 부주의하게 말없이 고통을 당하게 만들었다고 자신을 모욕하고자 할 때 헬레네도 자신을 '암캐'(VI 344)라고 부른다. 수세기가 지난 후에도 그 연관성은 여전히 남는다. 섹스투스 엠피리쿠스는 개조차도 정의와 사회적 탁월함의 요건을 충족할 수 있다고 입증함으로써 하나의 윤리적 견해의 귀류법을 제시한다(『피론주의 철학의 개요』 I. 66-7, 제사題詞에 인용됨). 그러니 여성이 개로 변했다는 이야기를 들을 때 우리는 모호하고 불확실한 뜻의 야수성을 생각해선 안 된다. 공동체나 관계에 관한 관심의 부재, 혹은 특정한 형식의 동물성을 생각해야 한다.

복수의 노모스에서 전통적인 품성이 지닌 미덕은 아직도 있지만 각각 형태는 변했다. 첫째, 모든 것은 권력과 안전 같은 개인적인 목표의 수단이 된다. 사려 분별도 정의에 대한 생각도 어떤 연민도 그녀의 사적인 공간에는 없다. 심지어 살아남은 자신의 아이에 대한 사랑마저도 광기 어린 예언녀 캇산드라는 자기 계획의 도구로 삼는다. 캇산드라는 이제 그리스군 총사령관 아가멤논의 정부이다. 소녀의 의도치 않은 고통을 사랑으로 줄여주려고 하는 대신(그것은, 폴뤼메스토르의 예언대로, 나중에 그녀의 죽음을 초래한다) 헤카베는 자신의 목적을 위해 관계를 사용한다. 그리하여 아가멤논에 대한 영향력을 얻어서 그가 자신의 복수를 돕게 만든다. 헤카베를 동정하는 자들조차도 그녀의 도덕적인 추론을 별로라고 생각했는데, 그녀는 도와달라고 아가멤논에게 호소하면서 자신의 딸의 몸을 논증으로 사용한다.

> 프뤼기아인들이 캇산드라고 부르는 무녀인 내 딸은 그대의 갈비뼈 옆에서 자고 있어요. 주군께서는 어떻게 사랑의 기쁨을 입증하실 거죠? 내 딸은 침상에서 가장 뜨거운 포옹의 대가로 무엇을 얻을까요? 그리고 나는 그녀를 낳은 대가로 어떤 보답을 받게 되나요?(825-30)

이 여성의 사고와 품성에서 중심적인 소품이었던 모성애가 복수로의 변화 과정에서 바뀌었다. 이제 다른 것들처럼 모성애도 그녀의 좋음과 순전히 도구적인 관계를 맺는다. 그래서 그녀의 좋음은 다른 사람의 좋음을 구성 요소로 포함할 수 없다. 복수는 가치의 모든 세계를 장악하고 그 세계의 끝을 목적으로 삼는다.

우리는 또 각 미덕이 더 이상 신뢰와 연합에 기초하지 않을 때 그 성질이 어떻게 미묘한 변화를 겪는지를 본다. 폴뤽세네는 고국의 고귀함과 그것이 공유하는 삶의 방식에 가지는 자신감에 기초한 용기, 다른 사람의 예절 신뢰에 기초한 겸손, 그리고 다른 사람들의 좋은 숙고에 의지하는 공정성을 우리에게 보여준다. 헤카베의 새로운 체계에서는 용기가 공통의 소신에 더는 기초하지 않고 오로지 하나의 목적에만 봉사하는 것이 되었고, '부숴라! 하나도 남기지 말라!'(1044)고 외치는 대담한 놋쇠 같은 것이 되었다. 사려 분별이나 절제도 그저 하나의 동떨어진 영악함이 되어서 어떤 겸손도 존중하지 않고 모든 이의 존중도 신뢰하지 않는다. 정의는 개인적 처벌과 개인적 안전의 도구가 된다. 이런 의미에서 섹스투스가 쉽게 증명했듯이 개도 정의로울 수 있다. 지혜는 단순히 영리한 구성, '모든 것을 좋은 질서 안에 두는' 것이 된다. 아리스토텔레스는 넓게 보면 정의는 탁월함의 전체와 비슷하다고 하면서, 모든 미덕이 다른 사람에 관한 것이고 공동체와 관련되는 면을 가진다고 말했다. 따라서 공동체와 떨어지게 되면 정의는 미덕으로서의 특성이 파괴된다. 이 말의 진정한 깊이를 우리는 헤카베의 변화를 통해 볼 수 있다. 그 변화가 공동체로부터 미덕이 완전히 떨어지는 것을 보여주기 때문이다. 품성의 껍질로 인식할 만한 것은 아직 있지만 변화 불가능하다고 여겨졌던 고귀함은 사라졌다.

변화하기는 언어도 마찬가지다. 신뢰가 없는 존재로서 복수자는 언어의 '익숙한 용법'에 기댈 수 없다. 투키디데스도 보았듯이 사람은 자신의 이해관계에 속한다는 판단을 하는 경우, 자기가 행동 또는 대상과 맺는 관계 속에서 언어도 변화를 겪을 수 있다는 점을 인식해야 한다. 이것은 언어가 신뢰의 결속이 아니라 목적의 도구가 될 수 있다는 것을 의미한다. 의사소통은 설득적 수사로 바뀌고 언어는 다른 당사자의 연약성을 이용하는 일이 되어 버린다. 이제 헤카베는 분노에 찬 소리로, 관습적 담론에 대한 그녀의 배움이 노력의 낭비가 되어 버렸다고 말한다.

> 대체 우리 인간은 왜 다른 종류의 지식은 무엇이든 다, 당연히 그래야 하는 듯 애써 열심히 공부하면서, 설득술은 왜 돈 주고 철저히 배우려 들지 않을까요? 설득술이야말로 인간의 유일한 지배자로서 자기가 원하는 것을 남에게 설득하여 결국에는 성취할 수 있게 하는데도 말이에요.(814-19)

언어가 인간적이고 관습적이라면 그것은 신뢰할 만한 것이 아니다. 그러나 언어를 사용하는 영리한 방법은 복수의 게임 안에서 설득력으로 사용하는 것이다. 오싹한 순간에 그녀는 자신의 온몸이 설득의 수사의 형태로 변화하기를 원한다. '내 이 두 팔에, 이 손에, 머리털에, 발자국에 목소리가 깃들어 있어, 모두 한꺼번에 울며…… "오 주인이시여, 희랍인들의 가장 찬란한 빛이시여, 제 말에 설득되어 이 보잘것없는 늙은 여인을 위해 복수의 팔을 내밀어 주세요.'"(836-43)* 캇산드라의 몸과 같이 그녀의 몸도 이제는 새로운 계획을 위한 도구로 전락한 상황이다. 그녀의 개 같은 성질이 점점 분명해진다. 인간적이지 않은 동물보다 그녀가 논증을 가장 잘 사용한다는 점만 예외이다.

『오레스테이아』에서 아이스퀼로스는 폴리스의 출현과 함께, 공적인 신뢰와 우정의 구조가 복수의 구조를 대체하는 것을 중심으로 한 과정으로서의 정치적 미덕의 출현을 보여주고 있다. 복수의 여신들Erinyes**은 3부작의 마지막 극을 야수적인 장면, 구체적으로는 개 같은 동물이 피 냄새에 흥분해서 먹이를 쫓아 킁킁거리는 장면으로 시작한다. 끝에 가서는 아테네 시민들이 선물한 사람의 복장을 하고 우리 앞에 인간 여성들로 변신하여 등장한다. 그들이 아테네 남성들을 보고 그 땅과 백성들을 축복할 때에는 더 이상 으르렁거리지도, 피 냄새를 맡으려고 쭈그려 앉지도 않는다. 그들은 똑바로 서서 '노모스에 따라 떠나가며'(『에우메니데스』1033) '좋은 연설의 길을 어떻게 찾아야 하는가를 생각'했음을 보여준다. 전환의 결정적인 순간은 수용과 신뢰의 순간이다. 의심을 내려놓고 설득당하기를 받아들여서 결국 아테나의 약속과 폴리스에 한 자리를 제공하겠다는 제안을 수용한다. '나는 팔라스로부터 거주 공간을 받는다. 그들은 설득의 성스러운 영예에 굴복한다. 그리고 그들이 보호할 시민들과 함께 정치적인 존재가 된다. (이 지점에서 적절하게도, 아테나는 스스로를 돌봄과 양육의 기능 면에서 자기 소유의 식물을 사랑으로 가꾸는 정원사에 비유한다.) 개 같은 에리뉘에스의 눈은 먹이만 쫓고 복수심에 그득한 혐오에 차 있었는데, 에우메니데스는(그들의 친절한 의도로 인해 그렇게 이름이 바뀌었다) 아테나의 설득의 눈의 사랑에 동참하여(970) 눈에서 분노를 몰아내고 그들을 공동체에 편입시킨다.

에우리피데스는 여기서 그 비극의 가장 유명한 이미지들을 넌지시 비추

---

* [역주]『에우리피데스 비극 전집 1』(천병희 옮김, 도서출판 숲, 2009)을 인용함.
** [역주] 단수형은 Erinys로, 티시포네, 알렉토, 메가이라, 이 세 자매 여신을 뜻하고 각각 복수, 분노, 질투의 여신이다. 나중에 에우메니데스(자비의 여신들)로 변신한다.

면서 그 과정을 역전시킨다. 거기서는 개 같은 복수에서 여신들은 친절한 생각을 가진 여성이 된다. 그런데 여기서는 친절한 생각을 가진 여성이 불같은 눈을 가지고 피에 굶주린 개가 되어 간다. 거기서 설득은 수용과 공적인 신뢰의 기초를 제공한다. 그런데 여기서 설득은 복수의 게임 안에서 '폭군'이 된다. 거기서 연설은 동료애의 결속을 만들어 내는데 여기서는 사회적 제한으로부터 풀려나서 복수자 개개인의 목적에 봉사한다. 거기서 반응 없는 개는 식물 같은 것들의 수용적인 친구가 되었는데, 여기서 식물 같은 탁월성은 연약성 없는 야수성으로 변한다. 거기서 옷 선물은 신뢰와 환대의 결속을 만들어 낸다. 여기서 여성들은 자기들이 망가뜨리려고 한 손님의 옷을 제거하고 모든 신뢰로부터 자신들을 끊어낸다. 에우리피데스가 우리에게 보여주는 것은 정치적 존재로서의 우리의 자기 창조가 비가역적이지 않다는 사실이다. 노모스에 의해, 그리고 노모스 안에 존재하는 정치적 존재성은 우리를 더 이상 붙잡지 못할 수 있다. 사회적 존재로서의 인간은 야수와 신 사이에서 유예된 상태의 삶을 산다. 개방적이고 연약한 본성에 의해서 그리고 가장 기본적인 관심의 관계적인 성격에 의해서 인간은 야수와 신 같은 자기 충족적인 존재와 구별된다. 그러나 인간이 된다는 것이 자연적 사실의 불가변성에 의해 규정되는 것이 아니라 자신의 신뢰와 소신의 본질에 의해서 규정되는 것이라면(전승이 암시하듯이, 퀴클롭스가 인간이 아닌 이유가 단지 노모스와 환대에 대한 무시, 무교육apaideusia 때문이라면, 에우리피데스와 아리스토텔레스 둘 다 말했듯이), 인간은 자기 자신이기를 가장 쉽게 그칠 수 있는 존재이기도 하다. 즉, 신적인 자기 충족성을 향해 플라토닉하게 상향 이동을 할 수도 있고 야수적인 자기 충족성을 향해 하향 이동을 할 수도 있다. 그리고 이 두 가지 움직임 사이의 차이는 확연하지 않다. 왜냐하면 둘 다 인간성의 중요한 점들을 유사하게 봉쇄하기 때문이다. 우리는 개가 되거나 신이 될 수도 있다. 즉, 신뢰 없이 존재할 수가 있다. 때로는 고독한 명상과 관조의 인생을 통해서 그럴 수 있고, 또 때로는 일련의 사고를 겪고 전혀 변환을 욕구하지 않음으로써 그럴 수가 있다.

헤카베는 노모스가 인간적이면서 우연적이지만 안정적이며, 그 노모스를 통해서 인간은 자신을 안정적으로 만들 수 있다고 주장했다. 이 비극의 사건들이 우리에게 보여주는 것은 다른 사람의 행동이 관습을 무효화하면 그 행동을 당한 사람에게서 안정된 품성을 파괴할 수 있다는 사실이다. 간단히 말해서 그것은 인간의 관계성과 언어를 완전히 상실시켜서 야수성을 산출할 수 있다. 마지막 장면에서 야수성이 폴뤼메스토르에게서 아주 분명히 나타난다. 눈이 먼 그가 그에게 상처 입힌 자의 피를 향해 반벌거숭이 차림으로 엎드려서 사납게 달려드는 모습은 '한 마리 산짐승'이다. 이 장면은 소포클레스의 『오이디푸스 왕』엔딩(주인공이 장식용 핀으로 찔러 눈이 멀어져서 빛의 상실을 애도하는 장면)의 위엄성을 패러디한 것으로 충격과 반감을 주기 위해 만든 장면이다. 자신의 적을 향해 이전에는 인간이었던 자의 절규 장면은 '내 손으로 그녀를 잡아채서 찢고 피 흐르도록 살점을 떼어내는 짓을 할 수 있을'(1125-6) 정도라서, 식인의 욕구마저 암시하고 있다. 이 모든 것이 그 자체로 참을 수 없을 정도로 추악한 장면으로 의도되었다. 그러나 이 범죄자의 타락보다도 더 추악한 것은 그를 추구하는 자의 동일한 격노이다. 그의 마지막은 더 끔찍해서 그녀가 저지를 죄의 심각성을 강조하고 있다. 그가 짐승이 된 것은 그녀의 행동 때문이고 그녀가 그렇게 된 것도 그의 행동 때문이다. 그녀는 그가 예언한 대로 될 텐데, 왜냐하면 여태까지도, 그리고 지금 현재도 그녀의 본성은 그대로이기 때문이다. 좋은 품성의 가장 중요한 부분인 개방성은 조롱당하고 사라진다. 노모스의 소멸은, 인간의 삶에 그에 비견될 수 있는 것을 아무것도 남기지 않는다. 어느 누구도 인간성의 조건이 요구하는 위험에 대한 개방성을 가진 인간이기를 견뎌낼 수 없을 것이다. 개 같은 심술궂음이 환영 선물로, 석방되어 도착한다. 그들은 그것을 받아들인다. 만일 우리가 그걸 추악하다고 생각한다면, 어떤 인간 삶이 더 행복한 수 있는가를 묻지 않을 수 없다.

내가 알기로는 철학의 전통에서 복수에 관해 가장 지속적이고 괄목할 만한 논의를 제시한 사람은 니체이다. 그는 희랍 문화를 평생 성찰함으로써, 이 극이 탐구한 복수의 많은 특징을 알아차렸다. 복수는 모든 가치를 재평가

함으로써 세계를 만들거나 구조화하는 능력이 있고, 상처 입은 자들의 안전의 욕망 및 권력의 욕망과 연결된다. 복수는 그 자체를 사랑이나 정의로 위장하는 능력이 있다. 그러나 니체는 복수를 비천하거나 풍족하지 못한 자들의 과업으로 이야기할 뿐이지, 고귀한 품성이 그리로 치닫는 사례를 보여주지는 않는다. 사실 그는 복수가 언제나 비천한 사람이나 약한 사람들만의 반사적인 행동이라는 식으로 말한다. 이 비극은 고귀한 품성의 사람이 비천한 사람보다 이러한 부패의 여지가 더 크다는 것을 보여준다. 왜냐하면 이들이야말로 의심의 여지 없이 다른 사람들의 믿음과 돌봄에 이해관계를 갖고 있기 때문이다. 전통적 미덕의 면에서 헤카베의 강점 자체가 그녀를 무너뜨리는 데에 가장 크게 기여했다. 그것은 바로 친구에 대한 그녀의 사랑, 약속에 대한 그녀의 믿음, 확고한 공정성이다. 이제 그 친구의 행동의 여파로 인해서 그녀가 복수해야만 했던 것은 개인의 약점 또는 당파의 약점 때문이 아니라(니체의 기독교인들의 경우와 마찬가지로), 삶 자체 때문이고 바로 세상 속에서의 덕성의 여건들 때문이다.

IV

이제는 잠시 시간을 들여 아리스토텔레스가 이 모든 것을 어떻게 이해하고 있는지 물을 필요가 있다. 첫째, 이것이 그의 윤리적 견해에서 사실상 존재가 허용되는 타락 가능성들인가? 둘째, 이런 가능성이 있다는 것을 통해 그는 명시적으로 무엇을 말하는가? 첫 번째 질문에 대한 답은 분명해 보인다. 아리스토텔레스가 인간의 탁월성을 인간의 사회적 본성에 기초하는 한, 모든 탁월성이 다른 사람과의 관계성의 측면을 가진다고 강조하는 한, 개인적 사랑과 정치적 연대가 좋은 삶의 중요한 요소일 뿐만 아니라 좋은 품성의 지속적인 융성에 일반적으로 필요한 것이라고 주장하는 한, 그리고 신뢰가 이러한 연대의 이익을 누리기 위해서 필요하다고 그가 명시적으로 언급하는 한, 그는 이런 사건들이 드물게 일어나는 일이라고 주장할 수는 있겠지만 그 가능성을 원천적으로 차단할 수는 없다. 게다가 그의 텍스트에는 이런 위험을 명시적으로 인정하는 대목이 있다. 가장 분명하게는 『수사학』에 있고 윤리를 다룬 저작에도 있다. 특히 놀라운 점은 덕에 대한 신뢰의 중심적인 역할에 관한 에우리피데스의 설명과 젊음과 나이의 미덕에 관한 『수사학』의 논의 사이의 유사성이다. 에우리피데스, 아리스토텔레스, 투키디데스의 의견은, 좋은 품성에서 개방성은 필수적인 조건이라는 점에서 일치한다. 또한, 도덕적 실패 없이 인생에서 나쁜 일을 경험한 경우에 행위자에게 불신에 찬 의심 많은 품성이 생길 수 있는데 이것은 탁월성의 모든 것을 부식시키고 보복적인 방어의 형태로 바꾸어 버리는 독소라는 점에서도 일치한다. 이 의견은 아리스토텔레스가 자신이 속한 문화를 속속들이 검토하여 심오한 것을 유지하는 데에 충실했음을 나타내는 징표이기도 하다. 마지막으로, 현상 및 노모스의 구속력의 기원(『정치학』 2권 8장)에 대한 아리스토텔레스의 언급을 보면 헤카베의 몰락에 관한 에우리피데스의 설명의 기초가 된 관습이 지닌 연약성에 관한 견해가 명시적으로 나타나 있다.

　『니코마코스 윤리학』 1권의 프리아모스의 사례에 관한 아리스토텔레스의 논의는 다른 이야기, 즉 헤카베가 좋은 사람의 타락 아래에 놓은 것보다는 한 단계 높은 계단을 놓으려 하는 이야기를 말하려는 것으로 보인다. 왜냐하면 이런 사건들로 품성 자체도 어느 정도는 부패할 수 있음을 아리스토텔레스가 수용하기는 하지만, 좋은 사람은 진정으로 '증오에 찬 그리고 천한' 짓까지는 하지 않는다는 입장을 견지하기 때문이다. 내려가더라도 완전히 내려가지는 않을 거라는 이야기다. 헤카베의 행동이 과연 아리스토텔레스가 프리아모스에게서 부인했던 사악함에 해당하는 것인지 알아차리기는 어렵다. 사실 심하게 말하면 아리스토텔레스의 구분에서 '주어진 자원을 가지고 한 최선의 행동'으로까지 볼 수가 있다. 비난보다는 연민과 명예가 실제로 더 적절한 반응으로 보이는, 정상참작이 가능한 극단적인 상황들이 있기 때문이다. 각각의 미덕은 그 미덕이 놓이는 사회의 짜임새, 정의로움에서 그 미덕의 측면이 더 이상 가능하지 않을 때에 어떤 상태가 되는지를 보여주고 있다는 점에서 그러하다. 확실히 중요한 점은 우리가 헤카베의 행동에서, 어떤 의미에서는 그런 최악의 상황에서는 그저 살인자로서의 품성을 보여주는 행동이 아니라 정당화되는 행동으로 볼 수 있는 면도 없지 않다는 것이다.(아가멤논은 그녀가 옳은 쪽에 있다고 판단한다) 그러나 프리아모스 대목에서 아리스토텔레스가 명시적으로 했던 진술과 이 극에서 몰락을 보는 비전에 대한 우리의 판단이 일치하는가는 아직도 불분명하다.

어찌됐든 우리가 결론으로 말할 수 있는 부분은, 이 문제에 관한 아리스토텔레스의 다른 명시적 설명 대부분이 우리의 독해와 놀라우리만치 일치한다는 점과 『니코마코스 윤리학』에서 개진한 탁월함에 대한 일반적인 견해가 위험과 연약성 영역에서는 설명의 여지를 남겨두었다는 점이다. 따라서 이제 아리스토텔레스의 실천적 지식의 원천으로서의 이 비극을 탐색해볼 강력한 영장이 우리 손에 쥐어진 셈이다.

V

나는 지금까지 이 비극이 확고한 품성의 일례와 특정 상황에서는 이조차 퇴락을 피할 수 없음을 우리에게 보여준다고 말했다. 이 비극은 또한 실제적인 손상이나 배신을 한 번도 겪지 않은 좋은 품성에조차 이런 사건을 겪을 위험이 늘 따른다는 것을 보여준다. 왜냐하면 정치적 구조와 개인적 우정이 그 본질상 변하는 성질이 있기 때문에, 사기꾼confidence man과 진짜 신뢰할 만한 사람의 구별은 본인 스스로도 불가능한 것이기 때문이다. 이런 의미에서 인간적인 것은 어떤 것이든 나의 신뢰를 받을 만한 것이 없다. 복수나 죽음 말고는 어떠한 것도 확실한 보증이 없다. 이런 위험은 야만인들에게만 해당된다는 아가멤논의 주장은 이런 비극이 보여주는 모든 인간의 가능성들에 대한 지식을 회피하는 방식으로 봐야 한다. 야수성의 위험은 아가멤논에게서도 그다지 멀리 있지 않다. 왜냐하면 자신이 자식을 사냥한 것처럼 머지않아 아내에 의해서 사냥 당하고 그물에 잡힐 것이기 때문이다. 이런 종말의 예언을 견디지 못하고 그는 폴뤼메스토르에게 재갈을 물게 하여 '이 사람을 강제로 끌고 나가지 않고 뭘들 하는가? ……그 입을 막지 않겠는가? ……이 따위로 분별없이 말하고 있으니 얼른 끌고 나가서 무인도 같은 데에다 던져버리지 못하겠는가?'(1282-1286)라고 말한다. 그러나 폴뤼메스토르가 대응한다. '내 입을 막아라, 할 말은 다 했다.'(1284) 이 복수자들에게서 보이는 위협은 탁월성 개념의 구조 자체에 드러난다. 왜냐하면 가치에 대한 깊은 소신이 불안정하고 통제 안 되는 대상들의 세계로 그들을 데려가기 때문이다.

그러고서, 우리는 아이들에게로 돌아온다. 폴뤼도로스는 너무 어린 나이에 죽는다. 좋은 사람이 될 기회도, 좋은 활동을 해볼 기회도 갖기 전에 죽는다. 헤카베는 너무 늙은 나이에, 복수에 사로잡혀서 죽는다. 폴뤽세네만 운좋게 성장과 환멸 사이의 어느 시점에 고귀한 품성을 간직한 채 죽는다. 에우리피데스의 비극을 보면 좋은 사람이 어려서 죽는 경우가 빈번하다. 그러나 이것은 특별히 신이 악의를 가져서 생긴 결과가 아니다. 그들이 어려서 죽지 않으면 좋은 채로 남을 가능성이 전혀 없기 때문이다. 삶을 이어간다는 것은 어떤 시점에든지 배신의 가능성과 어떤 식으로든 접하고 있다는 뜻이다. 에우리피데스가 반복해서 이끌리는 것과 같은 극단의 시대에 삶을 이어간다는 것은 배신과 직접 접할 가능성이 매우 높다는 뜻이다. 그런데 배신과 마주하면 오염의 위험이 따른다. 어린 아이의 자유롭고 관대한 시선으로 세계를 바라보는 것을 그칠 위험이 따른다. 에우리피데스식으로 말하면 좋은 사람이기를 그칠 위험이 따른다.

다시 한 번 그러한 성찰이 우리에게 보여주는 것은 훌륭한 매력은 이런 위험들을 봉쇄한다는 것이다. 아리스토텔레스의 관점이나 비극의 관점 내에서 보면, 그것들은 차단될 수가 없다. 그러나 최선의 것, 그리고 가치가 가장 큰 것들이라면 연약할 수 없다는 플라톤적 관점에서 생애를 살 수 있다면, 우리가 발을 딛고 서 있는 이곳에서 벌어지는 상황에 스스로 효과적인 복수의 날을 세울 수 있을 것이다. 그리고 우리는 일정한 위험을 차단하고 우리 자신을 방어함으로써 세계에 좋은 질서를 부여하게 될 것이다. 그리고 이 세계는 상대적으로 가치가 풍부한 상태로 유지될 것이다. 왜냐하면 플라톤적인 관조의 삶의 아름다움을 여전히 담고 있을 것이기 때문이다. 이것이 만일 복수라면, 이것이 아마 복수 중에서 매력적이고 결실 있는 복수라고 생각할 수 있다. 우리는 효과적으로 우리의 인간성에서 더 나은 것을 얻고, 우리 자신을 위해서 신적인 활동의 즐거움을 지킬 수 있을 것이다.

　그러나 이 극은 아리스토텔레스적 이상과 유사한 이상의 가능성들을 —아리스토텔레스 자신이 보여준 것, 그리고 『안티고네』, 그리고 프로타고라스의 연설, 그리고 플라톤의 『향연』과 『파이드로스』— 탐색하고 있는데, 특정한 인간의 미덕과 연관되는 위험들이 차단되면 실제로는 가치의 상실이 따른다는 것을 보여주고 있다. 불안정과 세속성은 완전히 신뢰할 만한 사랑에는 없는 것이지만, 사랑의 불안정과 세속성에 직면해서도 누군가를 사랑하려는 의지에는 아름다움이 있다. 통제 안 되는 사건들의 영역에서 사회적인 미덕을 제거하면 사회적 미덕의 가치 있는 속성은 상실된다. 일반적으로 아리스토텔레스적인 덕은 각각 해악의 위험과 분리할 수 없다. 죽음의 위험이나 심각한 손상의 위험이 없으면 용기도 없다. '폴리스에 대한 사랑은 내가 해를 당할 때가 언제인지 내가 못 느끼는 것'이라는 말에는 폴리스에 대한 진정한 사랑이 없다. 정의 자체의 특권을 조사로부터 면제해주는 데에는 정의에 관한 진정한 소신이란 없다. 세상의 위험의 영향 아래에 있는, 세상의 어떤 존재를 끌어안으려는 의지가 사실은 에우리피데스가 말하는 아이의 덕이다. 아이의 사랑은 세상이 담고 있는 위험을 포함해서 세상 자체를 향한 사랑이다. 그러한 아이의 관대한 시선은 사랑과 개방성을 가지고 세상을 향해 곧장 뻗어 있다. 아이는 안전하고 영원한 것을 주목하지 않는다. 그런 것을 사랑의 조건으로 요구하지 않는다. 서로 다른 방식으로 에우리피데스와 아리스토텔레스(프로타고라스의 입을 통해 말하는 플라톤의 일부와 파이드로스와 대화하는 자와 함께)가 성인으로서 탁월함의 방식을 보여주고 있다. 그들이 고집하는 점은 지적인 삶의 보다 안정적인 가치를 더 키우고 증진하려면 더 위험한 헌신을 삶에 담아야 한다는 것이다. 모든 경우에 엄밀하게 그러한 자양분이 필요한 것은 아니라고 해도, 안전한 활동에만 완전히 헌신하는 삶이란 인간에게는 가난한 것이 될 것이다. 헤카베는 위험 자체를 낭만적으로 보는 매혹적인 위험을 우리에게 감추지 않고 있는데, 왜냐하면 부정의한 위험으로서의 여성의 사회적 삶, 그것의 특별하고 불평등한 위험을 보여주고 있기 때문이다. 이 위험은 그 어떤 중요한 미덕도 구성하지 않는다. 그러나 그것이 우리에게 검토하도록 요구하는 점은 불확실한 것에 대한 헌신 모두가 다 어리석은 낭만주의는 아니라는 것이다. 일시적인 가치의 대담하고도 위험한 추구가 사실은 인간에게 최선의 삶에 필수적인 요소일 수 있다. 우리가 아는 최선의 방법으로 우리가 당도한 최선의 설명이 이야기하는 사실이 바로 그것이다. 위험을 무릅쓰지 못하게 될 위험까지를 포함해서 여기에 특별한 위험들이 있다. 인간의 가치의 상실 없이는 차단할 수 없고 우리를 야수와 신 사이에 유예시키면서 어디에도 없는 아름다움을 가진 위험들이 있다.

끝에 가서, 이 극은 우리에게 '선원들을 위한 표지tekmar'로서 퀴노스세마 곶에 세워져 있는 '암캐의 묘석' 이미지를 남긴다. 여기서 테크마라는 말은 퀴노스세마가 일상적인 랜드마크의 하나일 뿐만 아니라 엄숙한 표지, 언약이나 엄숙한 보증이라고까지 할 만한 것이라고 알려준다. 이 비극의 가능성은 실제로도 그렇게 서 있다. 사회적 담론의 경계의 표지, 그리고 재난에 대한 경고로서만이 아니라 인간의 탁월성의 징표나 보증으로 존재한다. 만일 그런 묘석이 서 있지 않다면 우리도 인간적으로 서 있을 수가 없을 것이다. 우리가 개로 변할 수 없다면 우리는 더 이상 인간이기를 그칠 것이다. 그리고 이 문화에서 비극과 철학을 연결 짓는 하나의 물음은 이것이다. 이런 작품들이 각기 다른 식으로 보여주고 있듯이 개의 묘석이 우리의 세계에 서 있게 둘 것인가이다. 우리가 이런 문제들에 종지부를 찍어 버리는 윤리적 관점을 원하는지 또는 우리가 비극의 등장인물로서 시작한 곳에 남겨지기를 원하는지이다. 우리가 고정성과 안정성을 산출하는 또는 체화하는 사유의 기술, 저술의 기술을 원하는지, 우리의 영혼이 식물처럼 연약한 상태로 빛이 비치고 물이 흐르는 곳에 남겨지도록 부추기는 예술을 원하는지이다.

윤리적 판단이나 연설 혹은 저술에서, 이러한 대안들이 다 소진되는 것은 아니다. 아리스토텔레스주의자는 식물 같은 융통성이 안정성과 거리가 멀기는커녕 최선의 안정성을 삶에 제공한다고 주장할 것이다. 언어에 관한 헤카베의 관점이 우리에게 보여주는 것은 다른 한편으로는 가짜 융통성도 있고 뿌리 없는 윤리적 판단도 있다는 사실이다. 이런 것은 정확히 복수자가 생을 계획할 때 위험을 고정시켜서 차단하려는 시도에서 유래한다. 마찬가지로 말이든 글이든 특정한 수사에 보이는 느슨함은 진정한 반응성의 거부를 나타내는 것이다. 그렇게 본다면 아리스토텔레스적인 관점이 모든 종류의 고정성과 안정성을 부인하는 것은 아니다. 그렇다고 모든 종류의 개방성과 융통성을 용인하지도 않는다. 그것은 진정으로 융통성 있는 지각의 기반으로서 개인적으로나 사회적으로나 항구적인 소신에 대한 충실성을 주장한다. 이와 비슷하게 아리스토텔레스적인 글쓰기는 구조와 섬세한 뉘앙스 어느 한쪽도 가벼이 여기지 않으면서, 둘 사이의 균형을 추구해야 한다.

우리는 아리스토텔레스가 묘사한 세상에 우리가 살고 있음을 확인하게 되었다. 또한 우리는 더 단순하고 더 순수한 세계에 대한 깊은 갈망을 공유한다는 것도 확인한다. 그러나 아리스토텔레스의 논증은 비극의 통찰을 지속하고 정교화하면서 우리에게 삶의 풍요로움와 충만함을 상실하지 않고는, 즉 본질적 가치의 상실을 수반하지 않고는 그러한 순수성 또는 단순성을 성취하지 못한다는 점을 상기시킨다. 우리가 해온 아리스토텔레스적인 연구가 원래 출발선상에서 던진 물음들에 대해 아리스토텔레스의 윤리적인 관점을 옹호하면서 단번에 답변을 해냈다는 주장을 할 수는 없다. 왜냐하면 처음에도 언급했듯이 이런 종류의 완전한 탐구가 결과적으로 요구하는 작업의 예비적인 부분만을 했을 뿐이기 때문이다. 그리고 심지어 플라톤에 반박하는 점에서도 아리스토텔레스적인 논증이 곧바로 결론적이지 않아 보일 수 있다. 왜냐하면 플라톤주의자들의 관점에서는 신뢰할 수 없는 절차를 통해 결과를 끌어냈기 때문이다. 그러나 이런 연구를 통해서 그것에 대한 대안들과 찬반 논증들이 생생하게, 그리고 힘 있게 모습을 드러냄으로써, 우리가 앞으로 이 문제를 연구할 때 확실히 도움이 될 것이다. 『헤카베』가 앞으로의 연구를 위한 적절한 이미지를 남겨주고 있다. 새로운 예술을 통한 구원의 이야기를 대신해서, 신 같은 철학자의 탐구와 외로운 기쁨의 전략을 대신해서 우리에게는 숙고에 관한 새로운 그림, 그리고 글쓰기에 관한 새로운 그림이 남겨져 있다. 우리는 안전하지 않게 항해하는 선원들을 보고 있다. 그들은 서로 상의하며 바다에(물속의 하늘 아래에) 그림자를 드리운 그 묘석의 도움을 받아서, 자신들의 정확한 위치를 잡는다.

참고 문헌

각주에서 자주 인용되는 책 제목은 저자의 성과 약어로만 표시했다. 약제는 해당 책의 뒤에 표시했다.

Abrahamson, E. L. 'Euripides' tragedy of Hecuba', *TAPA* 83 (1952), 120-9.

Ackrill, J. L. 'Aristotle's distinction between *energeia* and *kinesis*,' in R. Bambrough, ed., *New Essays on Plato and Aristole*. London, 1965, pp. 111-41.

'In defense of Platonic division ',in O. P. Wood and G. Pitcher, eds., *Ryle*. Garden City, 1970, pp. 373-92.

'Aristotle on "Good" and the Categories', in S. M. Stern, *et al*, eds., *Islamic Philosophy and the Classical Tradition: Essqys presented lo Richard Walzer*. Oxford, 1972, pp. I7-25. Repr. in J. Barnes, ed., *Articles,* Vol. Ⅱ, pp. 17-24.

'Aristotle on *Eudaimonia*,' *PBA* 6o (1974), 339-59. Repr. in A. O. Rorty, ed., *Essays*, pp. 15-34

'Aristotle on action', *Mind* 87 (1978), 595-601. Repr. in Rorty, *Essays,* pp. 93-103.

Adam, J., ed. *The Republic of Plato,* 2 vols. Cambridge, 1902, repr. 1969.

Adkins, A. W. H. *Merit and Responsibility.* Oxford, 1960. [*Merit*]

'Basic Greek values in Euripides' *Hecuba and Hercules Furens*,' *CQ* NS 16 (1966), 193-219. *From the Many to the One*. London, 1970.

'*Arete, Techne,* democracy and sophists: *Protagoras* 316B-328D ', *JHS* 93 (1973), 3-12.

Allan, D. J. '*Magna Moralia and Nicomachean Ethics*,' *JHS* 77 (1957), 7-11.

Allen, R. E., ed. *Studies in Plato's Metaphysics*. London, 1965.

Annas, J. *Aristotle's Metaphysics M and N.* Clarendon Aristotle Series. Oxford, 1976.

'Plato and Aristotle on friendship and altruism', *Mind* 86 (1977), 532-54.

'Truth and knowledge', in M. Schofield, *et al*, eds., *Doubt and Dogmatism,* pp. 84-I04.

An Introduc̄tion to Plato's Republic. Oxford, 1981.

Anton, J. 'Some Dionysian references in the Platonic dialogues', *CJ* 58 (1962-3), 49-55.

Anton, J. and Kustas, G., eds. *Essays in Ancient Greek Philosophy.* Albany, NY, 1972.

Arrowsmith, W. Introduction to and translation of Euripides' *Hecuba,* in D. Grene and R. Lattimore, *Greek Tragedies.* Vol. III, Chicago, 1959, pp. 488–554.

Austin, J. L. *'Agathon* and *Eudaimonia* in the ethics of Aristotle', in Austin, *Philosophical Papers.* Oxford, 1961, pp. 1–31. Repr. in J. M. E. Moravcsik, ed., *Aristotle,* pp. 261–96. *Philosophical Papers.* Oxford, 1961.

Bacon, H. 'Socrates crowned', *Virginia Quarterly Review* 35 (1959), 415–30.

Bahmueller, C. *The National Charity Company: Jeremy Bentham's Silent Revolution.* Berkeley, 1981.

Bambrough, R., ed. *New Essqys on Plato and Aristotle.* London, 1965.

Barnes, J., Schofield, M. and Sorabji, R., eds. *Articles on Aristotle.* Vol. 1, London, 1975; Vol. II, 1977; Vol. III, 1979; Vol. IV, 1979. [*Articles*]

Barrett, W., ed. *Euripides: Hippolytus.* Oxford, 1964.

Beauvoir, S. de. *The Second Sex* (1949), trans. H. M. Parshley. New York, 1952.

Beazley, J. 'Some Attic vases in the Cyprus Museum', *PBA* 33 (1947), 195–244.

Becker, O. *Zwei Untersuchungen Zur antiken Logik, Klassisch-philologische Studien* 17 (1957), 20ff.

Benardete, S. G. 'Two notes on Aeschylus' *Septem', Wiener Studien* 1 (1967), 22–30; 2 (1968), 5–17.

'A reading of Sophocles' *Antigone', Interpretation* 4(1975), 148–96; 5 (1975), 1–55, 148–84.

Benveniste, E. *Noms d'agent et noms d'action en indo-européen.* Paris, 1948.

Le *Vocabulaire des institutions indo-européennes,* 2 vols. Paris, 1969.

Berlin, I. *Concepts and Categories.* New York, 1978.

Bernays, J. *Grundzüge der verlorenen Abhandlung des Aristoteles über Wirkung der Tragödie.* Breslau, 1857; repr. Hildesheim, 1970.

Berti, E., ed. *Aristotle on Science: the 'Posterior Analytics',* Proceedings of the 8th Symposium Aristotelicum. Padua, 1981.

Boeder, H. 'Der frühgriechische Wortgebrauch von *Logos* und *Aletheia', Archiv für Begriffsgeschichte* 4 (1959), 81–112.

Bolkestein, H. *Wohltätigkeit und Armenpflege im vorchristlichen Altertum.* Utrecht, 1939.

Bolton, R. 'Essentialism and semantic theory in Aristotle', *PR* 85 (1976), 514–55.

Bowersock, G. W., Burkert, W. and Putnam, M. C. J., eds. *Arktouros: Hellenic Studies*

*Presented to Bernard M. W.Knox.*Berlin/New York, 1979.

Bowra, C. M. 'Plato's epigram on Dion's death', *AJP* 59 (1938), 394-404.

Bradley, A. C. 'Hegel's theory of tragedy', *Oxford Lectures on Poetry.*London, 1950, pp. 69-95. Repr. in A. and H. Paolucci, eds., *Hegel on Tragedy,* pp. 367-88.

Brandt, R. B. 'The morality and rationality of suicide', in J. Rachels, ed., *Moral Problems* New York, 1975. pp. 363-87.

Brandwood, L. *A Concordance to Plato.*Leeds, 1976.

Bremer, J. M. *Hamartia.*Amsterdam, 1969.

Bultmann, R. 'Polis und Hades in der *Antigone* des Sophokles', in H. Diller, ed., *Sophokles.*Wege der Forschung. Darmstadt, 1967, pp. 311-24.

Bundy, E. *Studia Pindarica,* Berkeley, 1962.

Burger, R. *Plato's Phaedrus.*Birmingham, 1980.

Buriks, A. A. *Peri Tuches: De ontwikkeling van het begrip tuche tot aan de Romeinse tijd, hoofdzakelijk in de philorophie.*Leiden, 1955.

Burkert, W. 'Greek tragedy and sacrificial ritual', *GRBS* 7 (1966), 87-121.

   *Homo Necans: Interpretationen atlgriechischer Opferriten und Mythen.*Berlin, 1972.

Burnett, A. P. *Catastrophe Survived: Euripides' Plays of Mixed Reversal.*Oxford, 1971.

Burnyeat, M. F. 'Protagoras and self-refutation in Plato's *Theaetetus',* *PR* 85 (1976), 172-95.

   'Protagoras and self-refutation in later Greek philosophy', *PR* 85 (1976), 44-69.

   'The virtues of Plato', *NYRB* 26 (1979), 56-60.

   'Can the skeptic live his skepticism?', in M. Schofield, *el al.,* eds., *Doubt and Dogmatism,* pp. 20-53.

   'Aristotle on learning to be good', in Rorty, *Essays,* pp. 69-92.

   'Aristotle on understanding knowledge ', in E. Berti, ed., *Aristotle on Science.*Padua, 1981, pp. 97-139.

   Review of M. C. Nussbaum, *Aristotle's De Motu Animalium, AGP* 63(1981), 184-9.

Bury, R. G., ed. *The Symposium of Plato.*Cambridge, 1932; repr. 1966.

Camerer, L. *Praktische Klugheit bei Herodot: Untersuchungen zu den Beriffen Mechane, Techne, Sophie.*Tübingen, 1965.

Cavell, S. *The Claim of Reason: Wittgenstein, Skepticism, Morality, and Tragedy.* New York, 1979.

Chantraine, P. *Dictionnaire étymologique de la langue grecque,* Vol. Ⅲ. Paris, 1974.

Clay, D. 'The tragic and comic poet of the *Symposium*', *Arion* NS 2 (1975), 238-61.

'Socrates' prayer to Pan', in G. W. Bowersock, W. Burkert and M. C. J. Putnam, eds., *Arktouros*. Berlin/New York, 1979, pp. 345-53.

Cole, A. T. *Democritus and the Sources of Greek: Anthropology*. New Haven, 1967.

'The relativism of Protagoras', *YCS* 22 (1972), 19-46.

Conacher, D. J. *Euripidean Drama*. Toronto, 1967.

Connor, W. R. *The New Politicians of Fifth-Century Athens*. Princeton, 1971.

Cooper, J. M. 'The *Magna Moralia* and Aristotle's moral philosophy', *AJP* 94 (1973), 327-49.

Reason and Human Good in Aristotle. Cambridge, MA, 1975.

'Aristotle on friendship', in Rorty, *Essays*, pp. 301-40.

Review of A. Kenny, *The Aristotelian Ethics*, in *Nous* 15: 1 (1981), 381-92.

'Hypothetical necessity', forthcoming in A. Gotthelf, ed., Festschrift for David Balme. Pittsburgh, 1986.

Cornford, F. M. *Principium Sapientiae*. Cambridge, 1952.

Crombie, I. M. *An Examination of Plato's Doctrines*. Vol. 1, London, 1962; Vol. II, 1963.

Cross, R. C. and Woozley, A. D. *Plato's Republic: a Philosophical Commentary*. London, 1964.

Crotty, K. *Song and Action: the Victory Odes of Pindar*. Baltimore, 1982.

Daitz, S. G. 'Concepts of freedom and slavery in Euripides' *Hecuba*', *Hermes* 99 (1971), 217-26.

ed. *Euripidis Hecuba*. Teubner edition. Leipzig, 1973.

Davidson, A. *Religion and the Fanaticism of Reason*. Ph.D. thesis, Harvard University, 1982.

Davidson, D. 'How is weakness of will possible?', in J. Feinberg, ed., *Moral Concepts*. Oxford, 1969, pp. 93-113.

Dawe, R. D. 'The end of the *Seven Against Thebes*', *CQ* NS 17 (1967), 16-28.

'Some reflections on *ate* and *hamartia*', *HSCP* 72 (1967), 89-123.

Denniston, J. D. and Page, D., eds. *Aeschylus: Agamemnon*. Oxford, 1957.

Deonna, W. *Le Symbolisme de l'oeil*. Paris, 1965.

Derrida, J. 'La pharmacie de Platon', *TelQuel* 32, 33 (1968), 3-48. Repr. in Derrida, *La Dissémination*, Paris, 1972, pp. 69-197.

Detienne, M. *Les Maîtres de vérité en grèce ancienne*. Paris, 1967.

*Les Jardins d'Adonis.*Paris, 1972.

Detienne, M. and Vernant, J.-P. *Les Ruses de l'intelligence: la Mètis des grecs.*Paris, 1974. [*Mètis*]

eds. *La Cuisine du sacrifice en pays grec.*Paris, 1979.

Diamond, C. 'Having a rough story about what moral philosophy is', *NLH* 15 (1983), 155-70.

Dirlmeier, F., trans. *Aristotle: Magna Moralia.*Berlin, 1958.

Dodds, E. R. *The Greeks and the Irrational.*Berkeley, 1951. [*GI*]

trans., and comm. *Plato: Gorgias.*Oxford, 1959.

'Morals and politics in the *Oresteia*,' *PCPS* 186 NS 6 (1960), 19-31. Repr. in Dodds, *The Ancient Concept of Progress,* pp. 45-63.

'On misunderstanding the *Oedipus Rex*,' *GR* 13 (1966), 37-49.

*The Ancient Concept of Progress and Other Essays On Greek Literature and Belief.*Oxford, 1973. [*ACP*]

Donagan, A. 'Consistency in rationalist moral systems', *JP* 81 (1984), 291-309.

Dorter, K. 'The significance of the speeches in Plato's *Symposium* ', *Philosophy and Rhetoric* 2 (1969). 215-34.

Dover, K. J. 'The date of Plato's *Symposium*,' *Phronesis* 10 (1965), 2-20.

'Aristophanes' speech in Plato's *Symposium*,' *JHS* 86 (1966), 41-50.

*Lysias and the Corpus Lysiacum.*Berkeley, 1968.

*Aristophanic Comedy.*London, 1972.

'Some neglected aspects of Agamemnon's dilemma', *JHS* 93 (1973), 58-69.

*Greek Popular Morality.*Oxford, 1974. [*GPM*]

*Greek Homosexuality.*Cambridge, MA, 1978. [*GH*]

'The portrayal of moral evaluation in Greek poetry', *JHS* 103 (1983), 35-48.

Düring, I. *Aristotle in the Ancient Biographical Tradition.*Göteborg, 1957.

*Aristoteles.*Heidelberg, 1966.

Düring, I. and Owen, G. E. L., eds. *Aristotle and Plato in the Mid-Fourth Century.* Proceedings of the 1st Symposium Aristotelicum. Göteborg, 1960.

Edelstein, L. *The Idea of Progress in Classical Antiquity.*Baltimore, 1967.

Edmunds, A. L. *Chance and Intelligence in Thucydides.*Cambridge, MA, 1975.

Edwards, M. 'Agamemnon's decision: freedom and folly in Aeschylus' *Agamemnon*,'

California Studies in Classical Antiquity 10 (1977), 17-38.

Ellendt, F. T. *Lexicon Sophocleum.*Berlin, 1872.

Else, G. *Aristotle's Poetics: the Argument.*Cambridge, MA, 1967.

Engberg-Pederson, T. 'More on Aristotelian epagoge', *Phronesis* 24 (1979), 301-19.

Erbse, H. 'Zur Exodos der Sieben', in J. L. Heller, ed., *Serta Turyniana.*Urbana, 1974, pp. 169-98.

Farnell, L. R., trans. and comm. *The Works of Pindar.*London, 1932.

Finley, Jr., J. H. 'Euripides and Thucydides', in J. H. Finley, *Three Studies on Thucydides* Cambridge, MA, 1967.

Finley, M. l. *The World Odysseus.*London, 1956.

Flashar, H. 'The critique of Plato's ideas in Aristotle's *Ethics*', trans. in Barnes, *Articles* II, 1-16.

Foot, P. 'Moral realism and moral dilemma', JP 80 (1983), 379-98.

Fraassen, B. van. 'Values and the heart's command ', *JP* 70 (1973), 15-19.

Fraenkel, E., ed. *Aeschylus, Agamemnon, 3* vols. Oxford, 1950.

'Schluss des *Sieben gegen Theben*', *Mus Helv* 21 (1964), 58-64.

Frede, M. 'Des Skeptikers Meinungen', *Neue Hefte für Philosophie* 15/16 (1979), 102-29.

'The original notion of cause', in M. Schofield, *et al*, eds., *Doubt and Dogmatism,* pp. 217-49.

Freud, S. *Totem and Taboo: Some Points of Agreement Between the Mental Lives of Savages and Neurotics* (1912-13), trans. J. Strachey. New York, 1950.

Frischer, B. *The Sculpted Word: Epicureanism and Philosophical Recruitment in Ancient Greece.*Berkeley, 1982.

Fritz, K. von. 'The discovery of incommensurability by Hippasus of Metapontum', in D. Furley and R. E. Allen, eds., *Studies in Presocratic Philosophy.* Vol. I, London, 1970, pp. 382-442.

Furley, D. and Allen, R. E., eds. *Studies in Presocratic Philosophy.* 2 vols. London, 1970.

Furley, D. 'Self movers', in G. E. R. Lloyd and G. E. L. Owen, eds., *Aristotle on Mind and the Senses.*Proceedings of the 7th Symposium Aristotelicum. Cambridge, 1978, pp. 165-80.

Gadamer, H. G. *Platons dialektische Ethik.*Hamburg, 1968.

Gagarin, M. *Aeschylean Drama.*Berkeley, 1976.

'Socrates' *hubris* and Alcibiades' failure', *Phoenix* 31 (1977), 22-37.

Geach, P. 'Plato's *Euthyphro*; *The Monist* 50 (1966), 369-82.

Gibson, M. 'Rationality', *PPA* 6 (1977), 193-225.

Goheen, R. F. *The Imagery of Sophocles' Antigone*. Princeton, 1951.

Golden, L. 'Catharsis', *TAPA* 93 (1962), 51-60.

    trans. *Aristotle's Poetics*. Englewood Cliffs, NJ, 1968.

    'Mimesis and catharsis', *CP* 64 (1969), 45-53.

Goldschmidt, V. *Les Dialogues du Platon*. Paris, 1947, 2nd ed., 1963.

Gomme, A. W. *A Historical Commentary on Thucydides*. Vol. I, Oxford, 1945; Vol. II and Vol. III, 1956.

Gomme, A. W., Dover, K. J. and Andrewes, A. *A Historical Commentary on Thucydides.*. Vol. IV, Oxford, 1970.

Gosling, J. C. B. *Pleasure and Desire*. Oxford, 1969.

    'More Aristotelian pleasures', *PAS* 74 (1973-4), 15-34.

Gosling, J. C. B. and Taylor, C. C. W. *The Greeks on pleasure*. Oxford, 1982.

Gould, T. *Platonic Love*. London, 1963.

Grice, H. P. 'Method in philosophical psychology', *PAPA* 48 (1974-5), 23-53.

Griswold, C. 'The ideas and criticism of poetry in Plato's *Republic*, Book 10', *JHP* 19 (1981), 135-50.

    'Style and philosophy: the case of Plato's dialogues', *The Monist* 63 (1980), 530-46.

    'Self-knowledge and the "idea" of the soul in Plato's *Phaedrus*; *Revue de Métaphysique et de Morale* 26 (1981), 472-94.

Groag, E. 'Zue Lehre vom Wesen der Seele in Platons *Phaedros* und im x. Buche der *Republik*; *Wiener Studlien* 37 (1915), 189-22.

Grote, G. *A History of Greece*. Vol. VII, London, 1888.

Grube, G. M. A. *The Drama of Euripides*. London, 1941.

Gundert, H. *Der platonische Dialog*. Heidelberg, 1968.

Guthrie, W. K. C., trans. *Plato, Protagoras and Meno*. London, 1956.

    'Plato's views on the nature of the soul', in G. Vlastos, *Plato, II*, pp. 230-43.

    A History of Greek Philosophy. Vol. III, Cambridge, 1969; Vol. IV, 1975. [*History*]

Hackforth, R. 'Hedonism in Plato's *Protagoras*; *CQ* NS 22 (1982), 39-42.

    trans., and comm. *Plato's Phaedrus*. Indianapolis, 1952.

Hammond, N. G. L. 'Personal freedom and its limitations in the *Oresteia*; *JHS* 85 (1965),

42-55.

Hanslick, E. *The Beautiful in Music* (7th ed. Leipzig, 1885), trans. G. Cohen. Indianapolis, 1957.

Hardie, W. F. R. *Aristotle's Ethical Theory.* 2nd ed., Oxford, 1981.

Hare, R. M. *The Language of Morals.* Oxford, 1952.

Moral Thinking. Oxford, 1981.

Harsh, P. W. 'Hamartia again', *TAPA* 76 (1945), 47-58.

Hartland-Swann, J. 'Plato as poet: a critical interpretation', *Philosophy* 26 (1951), 3-18, 131-41.

Hatzfeld, J. 'Du nouveau sur Phèdre', *REA* 41 (1939), 311-18.

Havelock, E. *The Liberal Temper in Greek Politics.* London, 1957.

Heath, T. *A History of Greek Mathematics.* Oxford, 1921.

Hegel, G. W. F. *The Philosophy of Fine Art* (1835), trans. F. P. B. Osmaston. London, 1920.

Heinimann, F. *Nomos und Phusis,* Basel, 1945.

Henderson, J. J. *The Maculate Muse: Obscene Language in Attic Comedy.* New Haven, 1975.

Henrichs, A. 'Human sacrifice in Greek religion: three case studies', in *Le Sacrifice dans l'antiquité,* Fondation Hardt, *Entretien sur l'Antiquité Classique* 27 (1981), 195-235.

Hermann, G. *Euripidis Opera.* 1st ed., Leipzig 1800; 2nd ed., 1831.

Hester, D. A. 'Sophocles the unphilosophical: a study in the *Antigone', Mnemosyne* 4th ser. 24 (1971), 11-59.

Hintikka, K. J. J. 'Deontic logic and its philosophical morals', in Hintikka, *Models for Modalities.* Dordrecht, 1969, pp. 184-214.

Hirzel, R. *Themis, Dike und Verwandtes.* Leipzig, 1907.

Holwerda, D. *Commentario de vocis quae est ??? vi atque usu.* Groningen, 1955.

Hook, J. *Friendship and Politics in Aristotle's Ethical and Political Thought.* B.A. thesis *Summa cum laude,* Harvard University, 1977.

Hornsby. R. 'Significant action in the *Symposium' CJ* 52. (1956-7). 37-40.

Hume, D. *A Treatise of Human Nature* (1739), ed. L. A. Selby-Bigge. Oxford, 1888.

Hyland, D. 'Why Plato wrote dialogues', *Philosophy and Rhetoric* I (1968), 38-50.

Irwin, T. H. 'Aristotle's discovery of metaphysics', *RM* 31 (1977), 210-29.

Plato's Moral Theory. Oxford, 1977. [*PMT*]

trans. and comm. *Plato: Gorgias.* Clarendon Plato Series. Oxford, 1979.

'Reason and responsibility in Aristotle', in Rorty, *Essays,* pp. 117-56.

'Aristotle's concept of signification', in M. Schofield and M. C. Nussbaum, eds., *Language and Logos.* Cambridge, 1982.

Isnardi Parente, M. *Techne.* Florence, 1966.

Jebb, R. C., ed., and comm. *Sophocles: The Antigone.* Cambridge, 1900.

Joachim, H. H. *The Nicomachean Ethics.* Oxford, 1951.

Jones, J. *On Aristotle and Greek. Tragedy.* London, 1962.

Kahn, C. H. *Anaximander and the Origin of Greek. Cosmology.* New York, 1960.

The Art and Thought of Heraclitus. Cambridge, 1979.

'Drama and dialectic in Plato's *Gorgias*', *OSAP* 1 (1983), 75-121.

Kamerbeek, J. C. *Sophocles' Antigone.* Leiden, 1945.

Kant, I. *Groundwork. of the Metaphysics of Morals* (Berlin, 1781), trans. H. J. Paton. New York, 1960.

Critque of Practical Reason (Berlin, 1788), trans. Lewis White Beck. Indianapolis, 1956.

Religion Within the Limits of Reason Alone (Berlin, 1791), trans. T. M. Greene and H. H. Hudson. New York, 1960.

The Metaphysical Elements of Ju1tice. Part I of *The Metaphysics of Morals* (Berlin, 1797), trans. J. Ladd. Indianapolis, 1965.

The Doctrine of Virtue. Part II of *The Metaphysics of Morals* (Berlin, 1797), trans. M. J. Gregor. Philadelphia, 1969.

Kassel, R., ed. *Aristotelis Ars Rhetorica.* Berlin, 1976.

Kenny, A. *The Aristotelian Ethics.* Oxford, 1978.

Aristotle's Theory of The Will. London, 1979.

'A stylometric comparison between five disputed works and the remainder of the Aristotelian corpus', in P. Moraux and J. Wiesner, eds., *Zweifelhaftes im Corpus Aristotelium.* Berlin, 1983, pp. 345-66.

Kerferd, G. B. 'Plato's Account of the Relativism of Protagoras', *Durham University Journal* 42. NS II (1949-50), 20-6.

'Protagoras' doctrine of justice and virtue in the *Protagoras* of Plato', *JHS* 73 (1953), 42-5.

*The Sophistic Movement.*Cambridge, 1981.

Keyt, D. 'Intellectualism in Aristotle', in G. C. Simmons, ed., *Paideia: Special Aristotle Issue* (1978), 138-57.

Kirk, G. S. *Myth: its Meaning and Functions in Ancient and Other Cultures.*Cambridge, 1970.

Kirkwood, G. M. 'Hecuba and *nomos', TAPA* 78 (1947), 61-8.

Kitto, H. D. F. *Greek Tragedy.*London, 1939.

Knox, B. *The Heroic Temper: Studies in Sophoclean Tragedy.*Berkeley, 1964.

'The Socratic method', review of K. J. Dover, *Greek Homosexuality, NYRB* 25 (1979), 5-8.

Kosman, L. A. 'Predicating the good', *Phronesis* 13 (1968), 171-4.

'Explanation and understanding in Aristotle's *Posterior Analytics* 'in Lee, *Exegesris,* pp. 374-92.

'Platonic love', in w. H. Werkmeister, ed., *Facets of Plato's Philosophy, Phronesis sup-pl.*II. Assen, 1976, pp. 53-69.

'Being properly affected', in Rorty, *Essays,* pp. 103-16.

'Substance, being, and *energeia', OSAP* 2. (1984), 121-49.

Kranz, W. 'Diotima', *Die Antike* 2 (1926), 313-27.

Kraut, R. 'Reason and justice in Plato's *Republic',* in Lee, *Exegesis,* pp. 207-24.

Krentz, A. A. 'Dramatic form and philosophical content in Plato's Dialogues', *Phil Lit* 7 (1983). 32-47.

Krischer, T. *'Etymos* und *alethes'*, *Philologus* 109 (1965), 161-74.

Kuhn, H. 'The true tragedy: on the relationship between Greek tragedy and Plato', *HSCP* 52. (1941), 1-40; 53 (1942), 37-88.

Kuhns, R. *The Home, the City, and the Judge: the Growth of Moral Awareness in the Orest-eia.*Indianapolis, 1962.

Kurz, D. *Akribeia: das Ideal der Exaktheit bei den Griechen bis Aristoteles.* Göppingen, 1970.

Laroche, E. *Histoire de la racine* *nem-en grec ancien.*Paris, 1949.

Lebeck, A. *The Oresrteia: a Study in Language and Structure.*Washington, Center for Hellenic Studies; distributed by Harvard University Press. Cambridge, MA, 1971.

'The central myth of Plato's *Phaedrus', GRBS* 13 (1972), 267-90.

Lee, E. N. '"Hoist with his own petard": ironic and comic elements in Plato's critique of Protagoras *(Tht.* 161-71)', in Lee, *Exegesis,* pp. 225-61.

Lee, E. N., Mourelatos, A. P. D. and Rorty, R. M., eds. *Exegesis and Argument: Studies in Greek Philosophy Presented to Gregory Vlastos, Phronesis Suppl.* Ⅰ. Assen, 1973. [*Exegesis*]

Lefkowitz, M. R. *The Victory Ode.*Park Ridge, NJ, 1976.

Leighton, S. 'Aristotle and the emotions', *Phronesis* 27 (1982), 144-74.

Lemmon, E. J. 'Moral dilemmas', *PR*71 (1962), 139-58.

Lesher, J. 'The role of *nous* in Aristotle's *Posterior Atralytics*', *Phronesis* 18 (1973), 44-68.

Lesky, A. 'Psychologie bei Euripides ', in Fondation Hardt, *Entretiens sur l'Antiquité Classique*6 (1958), 123-50. Also in E. Schwinge, ed., *Euripides,* pp. 97-101.

'Decision and responsibility in the tragedy of Aeschylus', *JHS*86 (1966), 78-85.

Levi, A. 'The ethical and social thought of Protagoras', *Mind*49 (1940), 284-302.

Lewis, D. M. 'Who was Lysistrata?', *Annual of the British School of Athens* (1955), 1-12.

Linforth, l. M. 'Antigone and Creon', *University of California Publications in Classical Philology*15 (1961), 183-260.

Livingstone, R. W., ed. *Portrait of Socrates.*Oxford, 1938.

Lloyd, G. E. R. 'Who is attacked in *On Antient Medicine?*, *Phronesis*8 (196,), 108-26.

*Magic, Reason, and Experience: Studies in the Origins and Development of Greek Science.*Cambridge, 198 1.

Science, Folklore, and Ideology: Studies in the Life Science in Ancient Greek, Cambridge, 1983.

*The Revolutions of Wisdom.*Berkeley, 1987.

Lloyd, G. E. R. and Owen, G E. L., eds. *Aristotle on Mind and the Senses:*Proceedings of the 7th Symposium Aristotelicum. Cambridge, 1978.

Lloyd-Jones, H. 'Notes an Sophocles' *Antigone*', *CQ*NS 7 (1957), 12-27.

'The end of the *Seven Against Thebes*', *CQ*NS 9 (1959), 80-115.

'The guilt of Agamemnon', *CQ*NS 12. (1962), 187-99. ['Guilt']

*The Justice of Zeus.*Berkeley, 1971. [*JZ*]

'Modern interpretation of Pindar', *JHS*93 (1973), 109-37.

'Women and love', review of K. J. Dover, *Greek Homosexuality. New Statesman* 6 (1978), 442. Repr. in Lloyd-Jones, *Classical Survivals: the Classics in the Modern World.*London, 1982, pp. 97-100.

'Pindar', Lecture on a Master Mind, *PBA* 68 (1982), 139-63.

'Artemis and lphigeneia ', *JHS* 103 (1983), 87–102.

Locke, J. *An Essay Concerning Human Understanding* (1690), ed. P. H. Nidditch. Oxford, 1975.

Loenen, D. *Protagoras and the Greek Community.* Amsterdam, 1940.

Long, A. A. 'Morals and values in Homer', *JHS* 90 (1970), 121–39.

'Aristotle and the history of Greek skepticism' in D. J. O'Meara, ed., *Studies in Aristotle.* Washington, D.C., 1981, 79–106.

'Pro and contra fratricide: Aeschylus *Septem* 653–719', in J. H. Betts, ed., volume in honour of T. B. L. Webster. Bristol, forthcoming.

Loraux, N. *Les Enfants d'Athéna: idées athéniennes sur la citoyenneté et la division des sexes.* Paris, 1981.

L'Invention d'Athènes: histoire de l'oraison funèbre dans la 'cité classique'. Paris, 1981.

Lucas, D. W., ed., and comm. *Aristotle's Poetics.* Oxford, 1968.

Lyons, J. *Structural Semantics: an Analysis of Part of the Vocabulary of Plato.* Oxford, 1963.

Mackie, J. L. *The Cement of the Universe.* Oxford, 1974.

MacLeod, C. W. 'Politics and the *Oresteia*', *JHS* 102 (1982), 124–44.

Mansion, S., ed. *Aristote et les problèmes de méthode.* Proceedings of the 2nd Symposium Aristotelicum. Louvain, 1961.

Marcus, R. B. 'Moral dilemmas and consistency', *JP* 77 (1980), 121–36.

Matthaei, L. *Studies in Greek Tragedy.* Cambridge, 1918.

Méautis, G. *Mythes inconnus de la Grèce antique.* Paris, 1944.

Melden, A. *Free Action.* London, 1961.

Meritt, B. D. 'Greek inscriptions (14–27)', *Hesperia* 8 (1939), 48–90.

Meuli, K. 'Griechische Opferbräuche', in O. Gigon, ed., *Phyllobolia, Festschrift P. von der Mühll.* Basel, 1960.

Meuss, H. *Tyche bei den attischen Tragikern.* Hirschberg, 1899.

Moraux, P. and Wiesner, J., eds. *Zweifelhaftes im Corpus Aristotelicum: Studien zu einingen Dubia.* Proceedings of the 9th Symposium Aristotelicum. Berlin, 1983.

Moravcsik, J. M. E., ed. *Aristotle: a Collection of Critical Essays.* Garden City, 1967.

'Reason and Eros in the ascent passage of the *Symposium*', in J. Anton and G. Kustas, eds., *Essays in Ancient Greek Philosophy.* Albany, 1972, pp. 285–302.

'Understanding and knowledge in Plato's dialogues', *Neue Hefte Philosophie* 15/16

(1979), 53-69.

Moravcsik, J. M. E. and Temko, P., eds. *Plato on Beauty, Wisdom, and the Arts,* APQ Library of Philosophy. Totowa, 1982.

Morrison, J. S. 'The place of Protagoras in Athenian public life', *CQ* 35 (1941), 1-16.

'The shape of the earth in Plato's *Phaedo', Phronesis* 4 (1959), 101-19.

Maser, S. and Kustas, G. 'A comment on the "relativism" of Protagoras', *Phoenix* 20 (1966), 111-15.

Mourelatos, A. P. D., ed. *The Presocratics.* Garden City, NY, 1974.

Müller, G., ed. *Sophokles: Antigone.* Heidelberg, 1967.

Murdoch, I. *The Sovereignty of Good.* London, 1970.

The Fire and the Sun: Why Plato Banished the Artists. Oxford, 1977.

Murdoch, I. and Magee, B. 'Philosophy and literature: dialogue with Iris Murdoch', in Magee, ed., *Men of Ideas.* New York, 1978, pp. 264-84.

Murphy, N. R. *The Interpretation of Plato's Republic.* Oxford, 1951.

Murray, G., ed. *Euripidis Fabulae,* Vol. I. Oxford Classical Text. Oxford, 1902.

Nagel, T. 'War and massacre', *PPA* 1 (1972), 123-44. Repr. in Nagel, *Mortal Questions,* pp. 53-74.

'Moral luck', *PASS* 50 (1976), 137-51. Repr. in Nagel, *Mortal Questions,* pp. 24-38.

Mortal Questions. Cambridge, 1979.

Nagel, T., lrwin, T. H. and Burnyeat, M. F. 'An exchange an Plato', *NYRB* 27 (1980), 51-3.

Nagy, G. *Comparative Studies in Greek. and Indic Meter.* Cambridge, MA, 1974.

The Best of the Achaeans. Baltimore, 1979.

Nietzsche, F. W. *The Birth of Tragedy* (1872), trans. W. Kaufmann. New York, 1976.

Thus Spoke Zarathustra (1883-5), trans. W. Kaufmann. New York, 1954.

The Will to Power (1883-8), trans. W. Kaufmann and R. J. Hollingdale. New York, 1967.

Nilsson, M. *Geschichte der griechische Religion.* Vol. I, Munich, 1955.

Norwood, G. *Greek Tragedy* London, 1929.

Nozick, R. *Philosophical Explanations.* Cambridge, MA, 1981.

Nussbaum, M. C. 'Psuche in Heraclitus, II ', *Phronesis* 17 (1972), 153-70.

'The text of Aristotle's *De Motu Animalium', HSCP* 80 (1976), 143-4.

'Consequences and character in Sophocles' *Philoctetes*; *Phil Lit* 1 (1976-7), 25-53. ['Consequences']

Aristotle's De Motu Animalium. Princeton, 1978. [*De Motu*]

Review of I. Murdoch, *The Fire and the Sun: Why Plato Banished the Artists, Phil Lit* 2 (1978), 125-6.

'The speech of Alcibiades: a reading of Plato's *Symposium, Phil Lit* 3 (1979), 131-72.

'Eleatic conventionalism and Philolaus on the conditions of thought', *HSCP* 83 (1979), 63-108.

'Aristophanes and Socrates on learning practical wisdom', *YCS* 26 (1980), 43-97. ['Aristophanes']

'Shame, separateness, and political unity: Aristotle's criticism of Plato ', in Rorty, *Essys,* pp. 395-435.

Review of E. Hartman, *Substance, Body, and Soul, JP* 77 (1980), 355-65.

Review of R. Kassel, *Der Text der aristotelischen Rhetorik, AGP* 63 (1981), 346-50.

'Aristotle', in T. J. Luce, ed., *Ancient Writers: Greece and Rome.* New York, 1982, pp. 377-416.

'"This story isn't true": poetry, goodness, and understanding in Plato's *Phaedrus*; in J. M. E. Moravcsik and P. Temko, eds., *Plato on Beauty.* Totowa, 1982, pp. 79-124.

'Saving Aristotle's appearances', in M. Schofield and M. C. Nussbaum, eds., *Language and Logos.* Cambridge, 1981, pp. 267-93.

'The "common explanation" of animal motion', in P. Moraux and J. Wiesner, eds., *Zweifelhaftes im Corpus Aristotelicum.* Berlin, 1983, pp. 116-57.

'Fictions of the soul', *Phil Lit* 7 (1983), 145-61, and in *Love's Knowledge,* 245-60. ['Fictions']

'Flawed crystals: James's *The Golden Bowl* and literature as moral philosophy', *NLH* 15 (1983), 25-50, and in *Love's Knowledge,* 125-47. ['Crystals']

'Reply to Gardiner, Wollheim, and Putnam', *NLH* 15 (1983), 201-8.

'Plato on commensurability and desire', *PASS* 58 (1984), 55-80, and in *Love's Knowledge,* 106-24.

'Aristotelian dualism: a reply to Howard Robinson', *OSAP* 2 (1984), 198-207.

'Therapeutic arguments: Epicurus and Aristotle', in M. Scholield and G. Striker, eds., *The Norms of Nature.* Cambridge, 1985, pp. 31-74.

'Aristotle on human nature and the foundations of ethics', in J. E. J. Altham and Ross Harrison, eds., *World, Mind, and Ethics: Essays on the Ethical Philosophy of Ber-*

*nard Williams.*Cambridge, 1995, pp. 86-91.

'The discernment of perception: an Aristotelian conception of private and public rationality', in *Proceedings of the Boston Area Colloquium for Ancient Philosophy,* ed. J. Cleary. Vol. I, New York, 1985, pp. 151-201, and in *Love's Knowledge,* 54-105.

*Love's Knowledge: Essays in Philosophy and Literature.*New York, 1990.

O'Brien, M. *The Socratic Paradoxes and the Greek Mind.*Chapel Hill, NC, 1967.

Orwin, C. 'Feminine justice: the end of the *Seven Against Thebes', CP* 75 (1980), 187-96.

Owen, G. E. L. 'Logic and metaphysics in some earlier works of Aristotle', in I. Düring and G. E. L. Owen, *Aristotle and Plato in the Mid-Fourth Century.*Göteborg, 1960, pp. 163-90. Repr. in Barnes, *Articles,* Vol. Ⅲ, pp. 13-32; in Owen, *Logic, Science, and Dialectic.*

Tithenai ta phainomma', in S. Mansion, ed., *Aristole et les problèmes de méthode.*Louvain, 1961, pp. 83-103. Repr. in Barnes, *Articles,* Vol. I, pp. 113-26; in J. M. E. Moravcsik, ed., *Aristotle,* pp. 167-90; in Owen, *Logic.* [*Tithenai'*]

'The piace of the *Timaeus* in Plato's dialogues', in R. E. Allen, ed., *Studies in Plato's Metaphysics.*London, 1965, pp. 329-36; in Owen, *Logic.*

'Plato and Parmenides on the timeless present', *The Monist* 50 (1966), 317-40. Repr. in A. P. D. Mourelatos, ed., *The Presocratics,* pp. 271-92; in Owen, *Logic.*

'Dialectic and eristic in the treatment of the forms', in Owen, ed., *Arislotle on Dialectic: the Topics.*Oxford, 1968, pp. 103-15; Repr. in Owen, *Logic.*

'Aristotelian pleasures', *PAS* 72 (1971-2), 135-52. Repr. in Owen, *Logic.*

'Philosophical invective', *OSAP* 1 (1983), 1-25. Repr. in Owen, *Logic.*

Logic, Science and Dialectic: Collected Papers on Ancient Greek Philosophy, ed. M. C. Nussbaum. London, 1986.

Page, D. L. *Actors' Interpolations in Greek Tragedy.*Oxford, 1934.

Paolucci, A. and H., eds. *Hegel on Tragedy* New York, 1975.

Parker, R. *Miasma.*Oxford, 1983.

Patterson, R. 'The Platonic art of comedy and tragedy', *Phil Lit* 6 (1982), 76-93.

Pearson, A. C., ed. *Sophoclis Fabulae.*Oxford Classical Texts. Oxford, 1924.

Pearson, L. *Popular Ethics in Ancient Greece.*Stanford, 1962.

Penner, T. 'Verbs and the identity of actions', in O. Wood and G. Pitcher, eds., *Ryle.* New York, 1970, pp. 393-453.

'Thought and desire in Plato', in Vlastos, *Plato* Ⅱ, pp. 96-118.

Peradotto, J, J. 'The omen of the eagles and the *ethos* of Agamemnon', *Phoenix* 23 (1968), 237-63.

Perrotta, G. *Sofocle*.Messina-Florence, 1935.

Pfohl, G., ed. *Greek.Poems on Stone*.Vol. I (Epitaphs), Leiden, 1967.

Plochmann, G. K. 'Supporting themes in the *Symposium*', in J. Anton and G. Kustas, eds., *Essays in Ancient Greek Philosophy*.Albany, 1972, pp. 328-44.

Podlecki, A. J. 'The character of Eteocles in Aeschylus' *Septem*', *TAPA* 95 (1964), 283-99.

Pohlenz, M. '*Nomos* und *phusis*', He*rmes* 81 (1953), 418-83.

   Die Griechische Tragödie.Göttingen, 1954.

Poschenrieder, F. *Die naturwissenschaftlichen Schriften des Aristoteles in ihrem Verhältnis zu der hippocratischen Sammlung*.Bamberg, 1887.

Prichard, H. A. 'The meaning of *agathon* in the ethics of Aristotle', *Philosophy* 10(1935), 27-39. Repr. in J. M. E. Moravcsik, ed., *Aristotle*, pp. 241-60.

Putnam, H. 'There is at least one *a priori* truth', *Erkenntnis* 13 (1978), 153-70. Repr. in Putnam, *Realism and Reason: Philosophical Papers*, Vol. III, Cambridge, 1983, pp. 98-114.

   'Literature, science, and reflection', in Putnam, *Meaning and the Moral Science*.London, 1979. pp. 83-96.

   Reason, Truth, and History.Cambridge, 1981.

   'Taking rules seriously: a response to Martha Nussbaum', *NLH* 15 (1983), 193-200.

Raphael, D. D. 'Can literature be moral philosophy?', *NLH* 15 (1983), 1-12.

Rawls, J. 'Outline of a decision procedure for ethics', *PR* 60 (1951), 177-97.

   A Theory of Justice.Cambridge, MA, 1971.

Reckford, K. 'Concepts of demoralization in Euripides' *Hecuba*', forthcoming.

Redfield, J. *Nature and Culture in the Iliad*.Chicago, 1915.

   Foreword to G. Nagy, *The Best of the Achaeans*.Baltimore, 1981, pp. vii-xiii.

Rhees, R. 'Wittgenstein's lecture on ethics', *PR* 74 (1965), 3-26.

Riginos, A. *Platonica*.Leiden, 1976

Robin, L. *La Théorie platonicienne de l'amour*.Paris, 1933.

   ed., and trans. *Platon: Phèdre*.Paris, 1939.

Robinson, R. *Plato's Earlier Dialectic*.Oxford, 1913.

Ronnet, G. S*ophocle: poète tragique*.Paris, 1969.

Rorty, A., ed. *Essays on Aristotle's Ethics*.Berkeley, 1980. [*Essays*]

Rose, P. 'Sophocles' *Philoctetes* and the teachings of the Sophists', *HSCP* 80 (1976), 49-105.

Rosen, S. *Plato's Symposium*.New Haven, 1968.

Rosenmeyer, T. G. 'plato's prayer to Pan', *Hermes* 90 (1962), 34-44.

Ross, W. D., ed. *The Works oj Aristotle Translated into English*.Oxford Translation. 12 vols., Oxford, 1910-52.

The Right and the Good.Oxford, 1930.

ed. *Aristotle's Physics*.Oxford, 1936.

ed. *Aristotelis Fragmenta Selecta*.Oxford Classical Text. Oxford, 1955.

Aristotle.London, 1923; 5th ed., 1960.

Rowe, C. J. *The Eudemian and Nicomachean Ethics*.Cambridge, 1971.

'A reply to John Cooper on the *Magna Moralia*', *AJP* 96 (1975), 160-72.

Russell, D. A. and Wilson, N., eds. *Menander Rhetor*.Oxford, 1981.

Ryle, G. *Plato's Progress*.Cambridge, 1966.

Santas, G. 'Plato's *Protagoras* and explanations of weakness', *PR* 75 (1966), 3-33. Repr. in Vlastos, *Socrates*, pp. 264-98.

'The form of the Good in Plato's *Republic*', *Philosophical Inquiry* 2 (1980), 374-403.

Santirocco, M. 'Justice in Sophocles' *Antigone*', *Phil Lit* 4 (1980), 180-98.

Sartre, J.-P. *L'Existentialisme est un humanisme*.Paris, 1946.

Schaerer, R. *Episteme el Techne: études sur les notions de connaissance et d'art d'Hombre à Platon*.Lausanne, 1930.

La Question Platonicienne.Neuchatel, 1938; 2nd ed., 1969.

Schmid, W. 'Probleme aus der sophokleischen *Antigone*', *Philologus* 62 (1903), 1-34.

Schneewind, J. B. *Sidgwick and Victorian Morality*.Oxford, 1977.

Schofield, M., Burnyeat, M. and Barnes, J., eds. *Doubt and Dogmatism: Studies in Hellenistic Epistemology*. Oxford, 1980.

Schofield, M. and Nussbaum, M., eds. *Language and Logos: Studies in Ancient Greek Philosophy Presented to G.E.L. Owen*.Cambridge, 1982.

Schofield, M. and Striker, G., eds. *The Norms of Nature: Studies in Hellenistic Ethics*. Cambridge, 1985.

Scholz, H. *Der Hund in der griechisch-römischen Magie und Religion*.Berlin, 1937.

Schopenhauer, A. *The World as Will and Represenlation* (3rd ed., 1859), trans. E. J. Payne. 2 vols., New York, 1969.

Schwinge, E., ed. *Euripides.*Wege der Forschung. Darmstadt, 1968.

Searle, J. 'Prima Facie obligations', in Z. van Straaten, ed., *Philosophical Subject: Essays Presented to P.F.Strawson.*Oxford, 1980, pp. 238-59.

Seeskin, K. 'Is the *Apology* of Socrates a parody?', *Phil Lit* 6 (1982), 94-105.

Segal, C. 'The character of Dionysus and the unity of the *Frogs*; *HSCP* 65 (1961), 207-30.

'Sophocles' praise of man and the conflicts of the *Antigone*; *Arion* 3 (1964), 46-66. Repr. in T. Woodard, ed., *Sophocles: a Collection of Critical Essays.*Englewood Cliffs, NJ, 1966, pp. 62-85.

'"The myth was saved": reflections on Homer and the mythology of Plato's *Republic*; *Hermes* 106 (1978), 315-36.

*Tragedy and Civilization: an Interpretation of Sophocles.*Cambridge, MA, 1981.

'Boundary Violation and the Landscape of the Self in Senecan Tragedy', *Antike und Abendland* 29 (1983), 172-87.

Sherman, N. *The Fabric of Character: Aristotle's Theory oj Virtue.*Oxford, 1989.

Shorey, P. 'Note on Plato's *Republic* 488D', *CR* 20 (1906), 247-8.

Sidgwick, H. *The Methods of Ethics,* 7th ed. London 1907.

Sinaiko, H. *Love, Knowledge, and Discourse.*Chicago, 1965.

Smith, P. M. *On the Hymn to Zeus in Aeschylus' 'Agamemnon',* American Classical Studies, No.4. Ann Arbor, 1980.

Solmsen, F. 'The Erinys in Acschylus' *Septem*; *TAPA* 68 (1937), 197-211.

*Intellectual Experiments of the Greek Enlightenment.*Princcton, 1971.

Sorabji, R. *Necessity, Cause, and Blame: Perspectives on Aristotle's Theory.*London, 1980.

Sorbom, G. *Mimesis and Art.*Uppsala, 1966.

Sparshott, F. E. 'Plato and Thrasymachus', *University of Toronto Quarterly* (1957), 54-61.

Stenzel, J. *Zahl und Gestalt.*Leipzig, 1913.

Stewart, Z. 'Democritus and the Cynics', *HSCP* 113 (1958), 179-91.

Stinton, T. C. W. 'Hamartia in Aristotle and Greek tragedy', *CQ* NS 25 (1975), 221-54.

Striker, G. 'Antipater and the art of living', in M. Schofield and G. Striker, eds., *The Norms of Nature.*Cambridge, 1985.

Strohm, H. *Tyche: zur Schicksalsauffassung bei Pindar und den frühgriechischen Dichtern.* Stuttgart, 1944.

Sullivan, J. P. 'The hedonism in Plato's *Protagoras*', *Phronesis* 6 (1967), 10–28.

Taplin, O. Review of W. Arrowsrnith, *The Greek Tragedy in New Translations, CR* NS 26 (1976), 168–70.

 Greek Tragedy in Action. Berkeley, 1978.

Tarrant, D. 'Plato as dramatist', *JHS* 75 (1955), 82–9.

Taylor, A. E. *Plato.* London, 1926.

 Plato, the Man and His Work, 4th ed. London, 1937.

Taylor, C. C. W., trans., and comm. *Plato: Protagoras.* Clarendon Plato Series. Oxford, 1976.

Trilling, L. 'The Princess Casamassima', in Trilling, *The Liberal Imagination: Essays on Literature and Sotiety.* New York, 1910, pp. 58–92.

Tucker, T. G., trans., and comm. *The Seven Against Thebes of Aeschylus.* Cambridge, 1908.

Vernant, J.-P. 'Le travail et la pensée technique', in Vernant, *Mythe et pensée chez les Grecs,* vol. Ⅱ, Paris, 1965, pp. 5–15.

 'Remarques sur les formes et les limites de la pensée technique chez les Grecs', in Vernant, *Mythe et pensée chez les Grecs,* vol. Ⅱ, Paris, 1965, pp. 44–64.

 Mythe et pensée chez les Grecs: études de psychologie historique, 2 vols. Paris, 1965.

 'Greek tragedy: problems of interpretation', in E. Donato and R. Macksey, eds., *The Language of Crititism and the Sciences of Man.* Baltimore, 1970, pp. 273–89.

 'Le moment historique de la tragédie en Grèce', in Vernant and Vidal-Naquet, *MT,* pp. 13–17.

 'À la table des hommes ', in M. Detienne and J.-P. Vernant, eds., *La Cuisine du sacrifice en Pays grec.* Paris, 1979, pp. 37–132.

 Les Origines de la pensée grecque. Paris, 1981.

 'Tensions et ambiguités dans la tragédie grecque', in Vernant and Vidal-Naquet, *MT,* pp. 21–40.

Vernant, J.-P. and Vidal-Naquet, P. *Mythe et Tragédie en grèce ancienne.* Paris, 1972. [*MT*]

Vidal-Naquet, P. 'Valeurs religieuses et mythiques de la terre et du sacrifice dans l' Odyssée', in Vidal-Naquet, *Le Chasseur noir: formes de pensée et formes de societé dans le monde grec.* Paris, 1981, pp. 39–68.

Vlastos, G., ed. *Plato's Protagoras.* Indianapolis, 1916.

ed. *The Philosophy of Socrates: a Collection of Critical Essays.* Garden City, NY, 1971. [*Socrates*]

ed. *Plato: a Collection of Critical Essays,* 2 vols. Garden City, NY, 1971. [*plato*]

Platonic Studies. Princeton, 1973; 2nd ed., 1981. [*PS*]

'The individual as object of love in Plato's dialogues', in Vlastos, *PS,* pp. 1-34.

'Sex in Platonic love', Appendix II to 'The individual as object of love in Plato's dialogues', in Vlastos, *PS,* pp. 38-42.

'The virtuous and the happy', review of T. Irwin, *Plato's Moral Theory: The Early and Middle Dialogues, TLS* 24 Feb. 1978, pp. 230-1.

'Happiness and virtue in Socrates' moral theory', *PCPS* 210, NS 30 (1984), 181-213.

Walzer, M. 'Political action: the problem of dirty hands', *PPA* 2 (1973), 160-80.

Waterfield, R. A. H. 'The place of the *Philebus* in Plato's dialogues', *Phronesis* 25 (1980), 270-305.

Watson, G. 'Free agency', *JP* 72 (1975), 205-20.

'Skepticism about weakness of will', *PR* 86 (1977), 316-39.

Werkmeister, H., ed. *Facets of Plato's Philosophy. Phronesis Suppl.* II. Assen, 1976.

Whallon, W. 'Why is Artemis angry?', *AJP* 82 (1961), 78-88.

White, N. P. *A Companion to Plato's Republic.* Indianapolis, 1979.

Whitehead, D. 'Aristotle the Metic', *PCPS* 21 (1975), 94-9.

The Ideology of the Athenian Metic, PCPS Suppl. Vol. 4 (1977).

Whitman, C. H. *Sophocles: a Study of Heroic Humanism.* Cambridge, MA, 1951.

Euripides and the Full Circle of Myth. Cambridge, MA, 1974.

Wieland, W. *Platon und die Formen des Wissens.* Göttingen, 1982.

Wiggins, D. 'Deliberation and practical reason', *PAS* 76 (1975-6), 29-51. Repr. in Rorty, *Essays,* pp. 221-40. ['Deliberation']

'Weakness of will, commensurability, and the objects of deliberation and desire', *PAS* 79 (1978-9) 251-77. Repr. in Rorty, *Essays,* pp. 241-65.

Sameness and Substance. Oxford, 1980.

Wilamowitz-Moellendorf, U. *Platon,* I. Berlin, 1920.

Williams, B. A. O. 'Pleasure and belief', *PASS* 33 (1919), 57-72.

'Ethical consistency', *PASS* 39 (1965), 103-24. Repr. in Williams, *Problems of the Self,* pp. 166-86.

Problems of the Self. Cambridge, 1973.

'Moral luck', *PASS* 50 (1976), 115-51. Repr. in Williams, *ML*, pp. 20-39.

'Conflicts of values', in *The Idea of Freedom: Essays in Honour of Isaiah Berlin,* ed. A. Ryan, Oxford, 1979. Repr. in Williams, *ML*, pp. 71-82.

Moral Luck:: Philosophical Papers 1973-1980. Cambridge, 1981. [*ML*]

'Philosophy', in M. l. Finley, ed., *The Legacy of Greece: a New Appraisal.* Oxford, 1981, pp. 202-55.

Ethics and the Limits of Philosophy. Cambridge, MA, 1985.

Wilson, J. '"The customary meanings of words were changed" - or were they? A note on Thucydides 3.82.4', *CQ* NS 32. (1982), 18-20.

Winnington-Ingram, R. P. *Septem Contra Thebas,' YCS* 25 (1977), 1-45.

Sophocles: an Interpretation. Cambridge, 1980.

Wittgenstein, L. *The Blue and Brown Book.* Oxford, 1958.

Philosophical Investigation, trans. G. E. M. Anscombe.

Wollheim, R. 'Flawed crystals: James's *The Golden Bowl* and the plausibility of literature as moral philosophy', *NLH* 15 (1983), 185-92.

Wycherley, R. E. 'The scene of Plato's *Phaedrus,' Phoenix* 17 (1963), 88-98.

Zeitlin, F. *Under the Sign of the Shield: Semiotics and Aeschylus' Seven Against Thebes.* Rome, 1982.

Zeyl, D. J. 'Socrates and hedonism in Plato's *Protagoras* 351B-358D', *Phronesis* 25 (1980), 250-69.

Zürcher, W. *Die Darstellung des Menschen in Drama des Euripides.* Basel, 1947.

색인

1.

본서는 마사 C. 누스바움Martha C. Nussbaum의 *The Fragility of Goodness*를 완역한 것이다.

2.

이 책의 기본 논지는 간단히 말해서 윤리학이 행위 중심이 아니라 행위자 중심이 되어야 한다는 것이다. 이는 새로운 주장이 아니다. 이른바 덕 윤리적 접근의 핵심 테제로, 20세기 현대 규범 윤리학의 판도를 양분하던 결과주의와 의무론을 근본적 층위에서 흔든 주장이다.

결과주의와 의무론은 모두 행위 중심의 이론이다. 결과주의는 행위의 옳고 그름을 행위 결과의 좋음 여부로 가름하는 한편 의무론은 행위의 옳고 그름을 보편적 도덕 원칙이 부과한 의무를 따랐느냐의 여부로 가름한다는 점이 다를 뿐이다. 옳음의 규정에 있어서는 완전히 상반된 입장을 보이는 두 이론이지만, 행위를 대상으로 삼아 옳음과 그름을 판별한다는 점에서는 차이가 없다.

덕 윤리적 접근은 이처럼 양분화되어 있는 규범 윤리학의 판도에 소박하지만 근원적인 질문을 던진다. 윤리학이라면 윤리적 행위를 위한 학문이 아니라 윤리적 인간 즉 윤리 주체를 위한 학문이 되어야 하는 게 아닌가라는 질문이 그것이다. 윤리 주체가 어떠한 마음가짐과 의도로 행위하는가를 도외시하고 오로지 행위 그 자체에만 초점을 맞추는 것이 과연 윤리적인가라는 질문, 나쁜 마음을 먹고서 한 좋은 행위가 과연 윤리적인가라는 질문, 이 질문은 윤리의 근본 과제가 결국은 착한(좋은) 사람 되기 말고 다른 것일 수 있을까라는 소박하지만 근원적인 질문이다. 그리고 이 책의 저자 누스바움 역시 동일한 문제의식을 가지고 자신의 윤리학적 견해를 개진한다.

반복하지만 누스바움이 던지는 문제는 새로운 것이 아니다. 일찍이 1958년 비트겐슈타인의 수제자였던 엘리자베스 앤스컴은 그녀의 기념비적 논문 「현대도덕철학Modern Moral Philosophy」을 통해 행위자의 내면을 배제한 도덕철학의 불가능성을 논증했고, 이어 1970년대 버나드 윌리엄스는 다수의 논문에서 도덕적 행위 동기는 행위자 내부에 있을 수밖에 없음을 논증했다. 덧붙여 알래스테어 매킨타이어는 대표작 『덕 이후After Virtue』(1981)에서 윤리학의 초점이 개인의 덕으로 이동해야 함을 역설하기도 했다.

이러한 초기 덕 윤리학자들의 문제의식은 시간이 흐르면서 점점 더 정교해지고, 2000년대에 이르러서는 위에서 언급한 결과주의, 의무론과 어깨를 나란히 할 만큼 성장한다. 아주 최근에는 오히려 윤리학계를 지배하고 있다는 인상을 줄 만큼 압도적으로 풍부한 논의를 쏟아 놓고 있기도 하다. 이러한 덕 윤리학 발전의 흐름 중간에 이 책은 위치한다. 그런 점에서 이 책은 기본적으로 새롭지 않다.

3.

그럼에도 불구하고 이 책은 매우 새롭다. 그 새로움의 원천은 저자가 덕 윤리의 테제를 타협 없이 끝까지 밀어붙인다는 데서 찾을 수 있는 것이다. 윤리학의 초점을 행위가 아니라 행위자에 놓을 경우 문제시되는 것은 규범이 응당 지녀야 할 보편성 확보이다. 보편성을 확보하지 못하면 규범은 그것이 행위자의 의도가 되었든 행위 자체가 되었든 일정한 방향으로 이들을 이끌지 못한다. 기실은 결과주의와 의무론이 규범 윤리학을 장악할 수 있었던 배경도 여기에 있다. 행위는 가시적인 것이고 그 가시적 자료는 그대로 보편화의 자료가 된다. 그러나 행위자의 내부는 행위 없이는 관찰될 수가 없고 관찰되지 않으니 보편화되기도 어렵다. 한마디로 이 행위가 좋은 행위인지 아닌지를 판별할 수 있는 보편적 잣대는—그것이 결과에 의한 것이든 의무에 의한 것이든— 상대적으로 정립이 어렵지 않은 반면, 이 사람이 좋은 사람인지 아닌지를 판별하는 보편적 잣대는 정립되기 쉽지 않다. 열 길 물속은 알아도 한 길 사람 속을 알기는 쉽지 않다.

그러면 우리는 행위자 중심의 윤리학을 꾸리면서 대체로 3가지 입장을 취할 수 있다. 첫 번째는 행위자 안에서 나름의 보편성을 찾는 것이다. 행위자의 이상적 모델을 설정하고 그 모델을 하나의 보편적 잣대로 삼아 규범성을 도출하는 것은 하나의 예가 될 수 있다. 여기서 이상적 모델은 목적 즉 텔로스telos라는 희랍 개념으로 대체할 수 있는 것으로, 이 모델에 준거하면 한 사람을 규범적으로 평가하면서 그가 도덕적인지 아닌지 혹은 좋은(탁월한) 사람인지 아닌지를 판가름할 수 있다. 혹은 최종 목적과 그 반대편 끝에 극점을 설정하고 한 주체가 그 스펙트럼 중 한 점에 위치하는 윤리적 역량을 지니고 있다고 지시하는 방법도 가능하다. 실제로 현대 덕 윤리 이론 대부분이 이러한 방식의 연구에 몰두해 있는데, 그 이상적 모델을 어떤 것으로 삼는지에 따라, 그리고 그 모델에 도달하는 방법으로 어떤 것을 제시하는지에 따라 각양각색의 이론을 내어놓고 있다.

두 번째는 윤리학은 행위자를 중심으로 논의되어야 하지만 그렇다고 반드시 그 논의가 보편성을 견지하거나 이론화될 필요는 없다고 보는 입장이다. 아이리스 머독과 버나드 윌리엄스 등이 이런 입장을 대표하는 인물이다. 물론 머독과 윌리엄스의 입장은 상당히 다르다. 머독은 윤리학이 이론화는 될 수 없지만 도덕의 근원인 좋음은 하나의 절대 타자로 인간의 도덕성을 이끈다고 주장하고, 윌리엄스는 도덕은 분석적 비판에 온당하게 답을 줄 수 없다고 주장한다는 점에서 이 둘 사이에는 내용적으로 커다란 간극이 존재한다. 그럼에도 불구하고 윤리의 이론화를 거부한다는 점에서 그들은 하나로 묶일 수 있다.

세 번째 입장이라 할 수 있는 것은 보편성 개념 자체를 행위 주체에 맞추어 바꿔버리는 것이다. 이 입장은 사실 세계에서의 보편성과 가치 세계에서의 보편성을 구분하는 것이다. 이 입장에 입각해서 위 두 번째 입장을 보면, 이는 사실 세계에서의 보편성 개념을 가치 세계에도 적용하면서, 그리고 그 가치 세계에서 그러한 보편성을 찾지 못해서 지레 이론화 불가능성을 논한 형국이 된다. 세 번째 입장에서 가치의 보편성은 사실 세계의 보편성처럼 일원적인 것이 아니라 전혀 다른 형식으로 그리고 다양한 형태로 존재한다. 이는 사실 매우 급진적이라 할 수 있는 견해로 이렇게 되면 행위 주체의 행위가 정당성을 얻기가 쉽지 않게 된다. 동일한 행위라 할지라도 누가 그 행위를 했는지에 따라 그 행위에 대한 판단도 함께 달라지기 때문이다.

이 책의 저자 누스바움의 입장은 세 번째 입장으로 분류될 수 있다. 그것도 매우 극단적인 형태의 입장이다. 그 극단성은 저자가 좋음(선)의 불가침성invulnerability 자체를 부정하는 데서 현저하게 드러난다. 저자의 선은 연약하고vulnerable 부서지기 쉬운fragile 것이다. 그리고 이 규정은 이 책의 제목이기도 하다. 규범 윤리학은 대체로 좋음 혹은 옳음을 흔들릴 수 없는 것으로 놓고, 인간 주체가 이를 지향 혹은 성취하는 방식을 기본적인 구조로 삼는다. 결과주의는 결과의 좋음을 지향한다. 그 좋음은 개별적 주체 외부에 정량화되어 굳건히 서 있다. 의무론에서의 좋음의 불가침성은 이에 대한 논의 자체를 불허한다. 의무론은 보편적 도덕 법칙을 전제한다. 기실 보편적 도덕 법칙이라는 개념 자체에는 이미 불가침성 개념이 내포되어 있다. 덕 윤리학으로 넘어 와도 사정은 그리 다르지 않다. 위에서 언급한 세 가지 입장 중 첫 번째 입장에서는 그 좋음의 방향이 주체 내면으로 향할 뿐이지 그렇다고 그 보편적 불가침성을 흔들지는 않는다. 심지어 두 번째 입장에서도 선이나 옳음의 불가침성을 의심하지는 않는다. 선과 옳음은 흔들리지 않은 채로 있지만 보편적 인식을 통해 주체가 그에 도달하거나 성취하는지를 판가름할 수는 없다고 볼 뿐이다. 이 입장이 극단적이 되면 선과 옳음의 존재 자체를 부정하는 비도덕적amoral 견해로 빠질 수는 있지만, 여전히 선의 연약성을 긍정하지는 않을 것이다.

이 책의 새로움과 도발성이 폭발하는 지점은 바로 이곳이다. 선(좋음)을 연약한 것으로 인식하는 순간, 가치와 관련된 모든 구도는 전회轉回한다. 이성이 아니라 감정이, 안정성이 아니라 불안정성이, 획득이 아니라 순응receptiveness이, 단호함이 아니라 반응력responsiveness이, 남성성이 아니라 여성성이 윤리학의 중심에 자리 잡게 된다. 누스바움은 희랍 최고의 서정시인 중 한 명인 핀다로스의 입을 빌려 인간의 도덕적 탁월성을 식물에 비유한다.

'그러나 인간의 탁월성은 마치 덩굴나무처럼 자라네. 녹색 이슬을 받아먹으면서 현자들과 올바름의 틈바구니에서 자라나 티끌 한 점 없이 맑은 하늘로 뻗누나.'(1장)

외부에 순응하고 동시에 자양분을 얻으며 자라는 덩굴나무 심상을 저자는 인간의 탁월성에 대한 최고의 묘사로 받아들인다. 식물은 외부를 수용하고 외부에 적응한다. 그 속에서 순간순간 최선의 마음가짐으로 최선의 결정을 내리면서 성장하는 것, 그것을 저자는 선의 실현으로 본다. 이 주장이야말로 이 책이 표출하는 새로움의 핵심이다.

4.

선의 연약성을 긍정하면서 이루어지는 가치의 전회는 크게 다음 네 가지로 나누어 살펴볼 수 있다.

4.1. 자기 충족성에 기반한 윤리 비판

기존의 윤리학은 기본적으로 인간이 스스로 선에 도달할 수 있다고 주장한다. 그리고 자기 충족성self-sufficiency은 인간 주체가 다른 조건에 기대지 않고 스스로 선에 도달할 수 있는 조건이다. 결과주의에서 자기 충족성은 도구적 합리성에 의해 확보되고 의무론에서 자기 충족성은 도덕 법칙을 인식할 수 있는 인간 주체의 이성적 인식 능력에 의해 확보된다. 목적 중심의 덕 윤리학에서는 인간이 잠재적으로 그러한 자기 충족성을 지니고 있다고 본다. 이러한 방식의 덕 윤리학에서 도덕은 자신의 본질로의 회귀를 의미한다. 그러나 선의 연약성을 긍정하게 되면 인간 주체의 자기 충족성 역시 부정된다. 인간은 외부 세계와의 수동적 상호작용 속에서 살아가는 존재로, 자신의 역량만으로는 결코 도덕적으로 완성될 수 없는 미약한 존재이다.

누스바움은 인간 주체가 운에 취약하다는 점에 눈을 돌리면 자기 충족성은 부정될 수밖에 없다고 주장한다. 아마도 결과주의라면 제한된 상황에서 가장 큰 좋음을 끌어내는 것이 윤리적이라고, 그런 점에서 인간의 합리성은 자기 충족적으로 발휘된다고 말할 것이다. 의무론이라면 운과 관련된 우연적 상황은 필연성과 보편성을 매개한 도덕 법칙의 영역에서 배제될 것이다. 그리고 운과 윤리의 상관관계 자체가 부정될 것이다. 반면 누스바움은 운을 인간의 이성을 통해 통제하려는 의도 자체가 실효가 없거나 윤리적이지 않다고 본다. 운을 이성적 장치를 이용해 통제하기에는 운의 힘은 너무나 강하다. 그 강력한 운에 맞서려는 인간의 인위적 노력은 결국 허무함으로 귀결된다. 동시에 자기 충족성을 억지로 획득하려다 보면 구체적인 행위주체의 처지가 탈각된다. 주체를 둘러싼 구체적이면서도 개별적인 윤리적 상황이 더 실재에 가까운 것임에도 자기 충족성이라는 미명 아래 그러한 상황을 배제하고 보편적 인간상에만 몰두하다 보면 그러한 개별적이고 생생한 자아는 소외되기 마련이다.

누스바움은 본서 6장에서 자기 충족성을 추구하는 인물로 소크라테스를, 개별성을 추구하는 인물로 알키비아데스를 들어 대조한다.

감각과 거리를 두고 작동하는 순수 지성을 통해 획득한 좋음을 소크라테스식으로 인식하면 보편적 진리가 산출된다―그리고 실천적 선택에서는 보편적 규칙이 산출된다…… 사랑하는 자의 이해는 감각과 감정 그리고 지성(이 중의 하나만이라도 잘 훈련되면 나머지 작용과 관련된 것을 탐색하고 알려주는 데 인지적 기능을 수행하게 된다―본서 7장 참조)이 유연하게 상호 작용하면서 얻어지는 것으로, 개별적인 진리들과 개별적인 판단들을 산출한다. 사랑하는 자의 이해에 따르면, 그런 개별적이고 직관적인 판단들은, 우리를 안내하는 것으로 활용할 수 있는 보편적인 법칙보다 우선한다…… 사실 알키비아데스라면, 규칙에 친화적인 그리고 이처럼 개별적인 것을 보고 느끼는 것을 거부하는 소크라테스의 방식이 비이성적이라고 주장할 것이다.(6장)

누스바움이 보기에 소크라테스의 방식은 감각을 거부하는 것을 이성적인 것으로 규정하는 것이고 알키비아데스의 방식은 개별적인 진리와 판단을 바탕으로 이성을 구성해야 한다고 믿는 것이다. 저자는 이처럼 일방적인 자기 충족성 추구에 경종을 울리며 구체성으로 회귀해야 한다고 목소리를 높인다. 뒤에서 다시 언급하겠지만 여기 구체성 회귀는 보편성과 일상적 삶을 연결시키려는 그녀의 의지가 현저하게 드러나는 대목이다.

4.2. 가치의 통약 가능성 비판

가치의 통약 가능성commensurability이란 다양한 가치를 정량화해서 하나의 선형적 잣대에 올려놓을 수 있는 가능성을 말한다. 어떤 윤리적 상황이 발생하든 그 상황 속의 가치를 보편화해서 가늠할 수 있다는 뜻이다. 가치와 보편성은 어찌 보면 동어반복이다. 가치가 보편화되지 않으면 그것은 가치의 역할을 하지 못한다. 어떤 물건이 5만 원만큼의 가치가 있다고 할 때 그것이 그 물건을 사는 사람에 따라 4만 원이 되기도 하고 6만 원이 되기도 한다면 그 물건은 제대로 가치매김 되었다고 보기 어렵다. 즉 이미 그 물건은 5만 원짜리가 아닌 것이다. 결론적으로 물건의 가치는 보편화되지 않으면 의미를 가지기 어렵다. 그저 물건의 가치도 그러한데 윤리적 가치는 두말할 나위도 없이 보편적이어야만 할 것 같다. 만약 윤리적 가치의 보편성이 부정된다면 선(좋음)과 악(나쁨), 옳고 그름의 기준이 자의적이 될 수밖에 없고 이는 윤리의 부정으로까지 이어질 수 있는 주장이 된다.

그럼에도 불구하고 저자가 가치의 보편성을 비판하는 이유는 다음과 같다. 적어도 윤리의 층위에서 가치가 보편성을 지닌다면, 즉 가치가 그 가치를 평가하는 주체를 배제하고 가늠된다면 이런 가치는 화석화되기 마련이다. 위 예에서도 그 물건은 5만 원으로 값이 매겨져 있지만, 어느 누구에게는 2만 원만큼의 가치만 실현하고 다른 누구에게는 50만 원만큼의 가치를 실현할 수 있다. 만약 누군가가 5만 원짜리 만년필을 샀다고 가정해보자. 그 가치는 하나의 교환 가치로써 5만 원이라는 가치를 지니고 있지만, 그 만년필은 그가 가장 사랑하는 사람과의 여행에서 산 것으로 그 사람과의 추억이 어리어 있다. 더 나아가 그는 그 사랑하는 사람과의 추억을 상기하며 이 만년필을 20년 동안 매일 같이 사용하며 간직해왔다. 20년 동안 쓴 낡은 만년필의 교환가치는 이제 보잘 것 없는 것이겠지만 그에게 이 만년필은 어떤 필기구와도 바꿀 수 없는 소중한 가치를 지닌 것임을 충분히 예상할 수 있다. 저자는 가치라는 것이 과연 보편화될 수 있는가라는 물음을 던진다.

저자가 특히 주목하는 가치는 사랑 즉 에로스erōs다. 소크라테스는 『향연』에서 여사제 디오티마의 입을 빌어, 진정한 사랑을 논한다. 진정한 사랑은 형상으로의 상승을 통해 이룰 수 있는 것이다. 개별자가 담지한 아름다움에 대한 집착을 버리고 아름다움 자체를 사랑할 때에만 진정한 사랑을 이룰 수 있다고 소크라테스는 말한다. 이에 대한 누스바움의 입장은 아래와 같다.

> 그는 소크라테스와 디오티마를 통해서, 우리의 결여와 필멸적인 본성에도 불구하고 어떻게 우리가 에로스에 잠겨 있는 한낱 인간임을 초월하고 욕구 자체를 뛰어 넘는 상승을 이루면서 좋음에 도달할 수 있는지 보여준다. 그러나 이 자기 충족성의 장면과 이 실천적 이해의 범형을 우리가 받아들일 수 있다는 주장에 아직은 우리는 설득되지 않는다…… 그것들에는 무언가가 빠졌다는 느낌을 받기 때문이다. 그 빠진 것은 이제 그 사람과 알키비아데스의 이야기 속에서 우리에게 감동적으로 드러난다. 그리고 그를 통해 우리는 일반적인 인간에게 유일무이한 정념이 얼마나 중요한지를 깨닫는다.(6장)

여기서 저자가 주목하는 것은 형상의 안정성에 바탕을 둔 상승의 사랑이 아니라 불안정하지만 대체 불가능한 사랑의 대상을 둔 사랑, 유일무이하게 자신만이 소유한 종류의 정념이다. 저자는 철학과 문학이 여기서 충돌한다고 본다. 그리고 윤리학이 철학으로 오로지 될 수 없음을 갈파한다. 저자에 따르면 소크라테스는 가치를 통약이 가능한, 즉 양화量化되어 측정될 수 있는 것으로 보았다. 그러나 이처럼 가치가 통약 가능해지면 각 주체가 정념을 통해 느끼는 살아 있는 가치는 가치로 취급되지 못한다.

4.3. 선택과 해결의 대상으로서가 아니라 감응의 대상으로서의 도덕적 갈등

기본적으로 윤리적 규범이란 다양한 형태의 도덕적 갈등을 해결하는 일종의 결단을 의미한다. 결과주의라면 더 좋은 결과를 낳는 선택을 함으로써 도덕적 갈등을 해결할 것이고, 의무론이라면 더 상위의 도덕법칙을 따르는 방식으로 그 갈등을 무화시킬 것이다. 누스바움의 방식은 도덕적 갈등을 대하는 인간 주체의 태도와 정념에 초점을 맞추는 것이다. 아이스퀼로스의 비극『아가멤논』에서 주인공 아가멤논은 트로이 정벌을 나서지만 여신 아르테미스의 노여움을 사고, 그로 인한 역풍으로 출정을 하지 못한다. 그리고 신탁은 그의 딸 이피게네이아를 희생물로 바치라 명한다. 한 국가의 우두머리로서의 책임과 아버지로서의 책임 사이에서 갈등하던 그는 결국 자신의 딸을 희생시키는 결정을 내린다. 그런데 누스바움은 그 결정의 순간이 아닌 결정 후에 도덕적 상황이 발생한다고 말한다.

> 아가멤논이 자신이 쥔 선택지를 말하고 그의 결정을 반포하는 순간, 우리는 자연스럽게 이런 말을 기대한다. '이 끔찍한 길은 신적인 필연성이 명령한 것이니 나는 따를 수밖에 없다. 고통스럽고 섬뜩하다 할지라도.' 그러나 실제로 그는 매우 다른 어조로 이렇게 말한다. '처녀의 피를 제물로 바치기를 그토록 열렬히 바라는 것orgai periorgōs epithumein도 바람을 잠재우기 위함이니 옳고 신성한themis 일일 것이오. 나는 그저 만사가 잘되기를 바라는 마음뿐이오.'(『아가멤논』, 214-217)(2장)

누스바움은 아가멤논의 이처럼 급박한 태도 변화를 기괴한 것으로 본다. 결정을 내린 후 아가멤논은 딸의 죽음을 슬퍼해야 했다. 설령 그 슬픔으로 인해 바뀌는 것이 아무 것도 없다 해도 그것이 진정한 도덕의 자연스러운 발현이다. 그러나 그는 결정을 내린 순간 갑자기 이상한 형태의 낙관주의, '그저 만사가 잘되기를 바라는 마음'으로 표변한다. 다시 말해서 저자가 보기에 아가멤논은 이 도덕적 갈등의 해결만을 바랐을 뿐이어서 그 결정을 통해 그 갈등이 소멸되는 순간 이 갈등의 본질 혹은 원천, 즉 병사들과 딸을 동시에 사랑하는 그 마음을 잃어버린다. 그러나 실제로 도덕이 발생하는 자리는 바로 이 곳이다.

이런 철학적 해법들을 보면서 자연스럽게 드는 생각은 그 어떤 것도 해당 상황에서 행위자에게 어떤 '마음'이 드는지는 논하지 않는다는 것이다. 오로지 옳은 해답을 찾는 것만이 필요한 상황에서는 문제를 풀고 싶다는 마음이 들지 않는다. 만약 문제를 푼다거나 끝내고 싶은 생각이 든다면 해답을 발견할 수 있다는 희망 때문이 아니라 일부 급작스러운 단절에 대한 생각 때문에 그런 것이다. 거부, 고의적인 냉담함, 심지어 광기나 죽음과 같은 것을 떠올리는 생각이 그것이다. (2장)

이처럼 저자는 도덕적 갈등의 '해결'이 아니라 그 갈등에 반응하는 '마음'에 윤리적 초점이 모아진다고 주장한다.

4.4. 도덕의 자리로서의 일상성

행위의 윤리적 판단이 좋은 결정만으로 이루어지면 일상과 유리되기 쉽다. 다음의 구절은 누스바움이 감정의 중요성을 강조하면서 하는 말이지만, 결정이라는 특별한 순간과 일상성과의 분리를 지적하는 것이기도 하다.

결국 훌륭한 행위자라면…… 결정했다는 사실을, 인가받은 자축의 감정으로 대하지 않을 것이고, 하물며 선택된 행위에 대해 무제한적인 열정을 드러내는 감정을 용납하는 일 따위는 결코 없을 것이다…… 그리고 선택 행위 이후에는 기억하고, 후회하고, 그리고 스스로의 선택에 따라 그 대가를 기꺼이 치르려 할 것이다……(내게 익숙한 법적 사례를 통해 보면, 피고인 측 변호사는 그의 의뢰인이 자신의 과실로 지체부자유자가 되어버린 행인에게 보내는 편지에서 오직 '유감' 정도의 표현만을 해야지, 어떤 형태로든 사과를 하거나 그릇된 행위를 인정하는 듯한 감정 표현을 해서는 안 된다고 지시한다. 코로스가 짚는 요점은 이런 경우에 처한 행위자는 반드시 솜씨 좋은 변호사가 허락하는 정도 훨씬 이상으로 가야 한다는 것이다.)(2장)

결정은 했지만 그 결정에 대해 가슴 아파하는 마음이 윤리의 핵심이라는 점에서 오히려 중요한 부분은 위 구절의 괄호 안 내용이다. 실제로 우리는 난처한 상황에 처했을 때 스스로를 방어하게 되고 그 방어는 나름의 메커니즘 혹은 매뉴얼에 따라 이루어진다. 아이들이 공놀이를 하다가 이웃집 유리창을 깨도 그들은 내 잘못이니 네 잘못이니 책임 소재를 따진다. 이때 서로 즐겁게 공놀이를 하던 일상성과 결정의 순간은 완전히 분리된다. 그리고 서로 책임을 떠맡을까 두려워 말을 조심하고 혹은 한 아이를 몰아붙여 책임을 떠넘기기도 한다. 어른이 되면 이러한 일들은 더 자주 더 심각하게 일어난다. 기실 사회는 이처럼 일상성과 결정이 분리되는 순간을 잘 관리하고 최대한 손실을 줄이거나 이익을 늘리는 것을 어른이 되어가는 과정으로 여기기도 한다. 위 유리창 사건에서 유리창을 깨는 데 직접적으로 관여하지 않은 같이 놀던 한 아이가 "우리가 다 같이 놀다가 그런 거니까 함께 갹출을 해서 배상하자"고 말했다고 가정해보자. 아마도 마찬가지로 직접 관여하지 않은 다른 아이들은 퉁명스럽게 "그럼 네가 혼자 배상해"라고 말할지도 모른다. 그러면 그 말을 꺼낸 아이는 궁지에 몰리게 될 것이다. 이 방어 메커니즘 측면에서 보면 그 아이는 성숙하지 못한 것이고 상황을 잘 관리하지 못한 것이다. 이런 상황이 가장 심각한 수준에서 벌어질 때 우리는 법에 호소하기 위해 변호사를 선임한다. 변호사는 이러한 방어 메커니즘 혹은 매뉴얼의 전문가다. 그리고 그 난처한 상황을 벗어나기 위해 그는 위와 같은 미묘한 매뉴얼들, '유감' 정도의 표현만을 할 것, 자신의 행위를 인정하려 하지 않을 것 등의 매뉴얼들을 따르라고 지시할 것이다. 이 매뉴얼의 힘은 매우 강력해서 아무리 착한 심성을 갖고 있다 해도 웬만하면 그의 지시에 따르게 되어 있다. 문제는 이 매뉴얼을 따르는 순간, 이 행위자의 인생(매우 착하게 살아왔다고 가정해보자)과 매뉴얼을 따라 행동하고 있는 지금은 서로 별개인 것처럼 보이게 된다. 나중에 이 행위자는 이러한 분리에 대해 스스로를 방어 혹은 위로할 수도 있다. 예를 들어 그때는 비상상황이었으니 어쩔 수 없었다고 자신을 합리화하거나 살다 보면 이런 일도 있고 저런 일도 있다며 허무주의적으로 상황을 정리할 수도 있다. 아니면 내가 자칫 처신을 잘 못해서 전적으로 이 교통사고의 책임을 지고 징역이라도 살게 되면 자신의 가족

이 위기에 처할 수도 있다며 명분을 만들 수도 있다. 이 모든 행위자의 시도
는 결정과 일상성의 유리를 화해시키려는 나름의 시도이다. 결정을 하고 그
결정에 따른 매뉴얼을 시행했을 때 착한 심성을 지니고 살아가는(혹은 살아
간다고 스스로 믿는) 자신의 인생 즉 일상과 유리되는 경험, 그리고 그 뒤에
밀려오는 자신이 더 이상 착한 사람이 아닐 수도 있다는 두려움으로 비롯된
이런저런 시도인 것이다.

이처럼 누스바움은 도덕과 일상성은 연결되어야 한다고 주장한다. 그리
고 도덕은 일상을 다루는 것이어야 한다고 말한다. 그리고 다음 절에서 보
겠지만 이러한 그녀의 입장은 문학 작품 특히 희랍 비극을 통해 보는 윤리
적 각성을 강조하는 데에서 극명하게 드러난다. 문학 작품은 일상적 삶을 드
러내고 이렇게 드러내는 삶은 올곧이 윤리의 대상이다. 이런 입장은 1988년
미국공영방송(PBS)에서 방송된 빌 모이어스와의 대담에서도 찾아 볼 수 있
다. 그녀는 말한다.

> 문학에 대한 태도를 회복할 필요가 있습니다. 왜냐하면 재앙에 취약한 인
> 간 삶 속에서 겪는 감정적 경험에 대해 시는 풍부하게 탐색하기 때문입니다.
> 그리고 이것이 우리가 살펴 볼 필요가 있는 윤리적 요소들입니다…… 제 생
> 각에 철학적 언어는 추상적 층위로부터 일상적 담론everyday discourse과 일
> 상적 인간성everyday humanity의 풍부함에로 돌아와야 합니다. 그리고 사람
> 들이 자신에 대해 어떻게 말하는지 또 인간 삶에서 그들에게 중요한 것에 대
> 해 그리고 그들이 어떻게 말하는지에 대해 귀 기울여야 합니다. 이것이 바로
> 우리가 문학, 즉 이야기에 귀를 기울여야 하는 이유입니다.

5.

위에서 이 책의 새로운 면에 대해 세부적으로 살펴보았지만, 그 세목들은
하나의 새로움, 그야말로 누스바움만의 독창적인 하나의 점으로 모아지는
데, 그 하나의 점은 윤리학 나아가 철학 텍스트로서의 희랍 비극이다.

그럼에도 불구하고 위 질문들과 관련된 희랍 비극과 희랍 철학의 연속성은 윌리엄스의 생각보다 훨씬 더 뚜렷하다. 한편으로 우리는 이성적 자기 충족성을 향한 인간의 열망을 그린 멋진 묘사를 비극 그 자체 안에서 발견한다. 그리고 외부의 시달림에 노출될 수밖에 없는 인간의 문제가 이런 열망을 불러일으킬 수밖에 없음을 이해하게 된다.(1장)

보편성에서 개별성으로, 자기 충족성에서 연약함으로, 그리고 이성에서 정념으로 초점을 옮기면 플라톤의 비극 비판은 무실無實해진다. 그리고 동시에 문학은 철학적 영감의 원천이 된다. 이러한 견해가 완전히 새로운 것은 아니다. 사르트르를 비롯해서 아이리스 머독에 이르기까지 문학이 철학에 강력한 소스를 제공할 수 있다는 믿음은 여러 철학자에 의해 개진되었다. 그러나 누스바움처럼 이러한 믿음을 극단까지 밀고 가는 이는 흔치 않다. 자신 스스로가 영국을 대표하는 현대 소설가이기도 했던 아이리스 머독조차 문학이 철학의 소스가 될 수는 있지만 철학과 문학은 완전히 다른 것으로, 서로 혼동되어서는 안 된다고 보았다. 머독은 특히 이 둘의 완전히 다른 문체적 특징에 주목하는데, 문학적 문체에는 묘사와 함축, 비유 등이 자유롭게 활용될 수 있는 반면, 철학적 문체는 간결하고 명석해야 한다고 힘주어 말한다.

반면 누스바움의 입장은 문학, 특히 희랍 비극을 윤리적 나아가 철학적 텍스트로 폭넓게 받아들여야 한다는 것이다. 이러한 저자의 주장은 비단 내용적 측면(보편/개별, 자기 충족성/연약성, 이성/정념)만이 아니라 형식적 측면에까지 걸쳐 있다. 저자는 막간 1장과 막간 2장이라는 따로 떼어낸 두 개의 꼭지에서 플라톤과 아리스토텔레스와 비극 간의 관계를 논하는데 특히 막간 1장에서는 플라톤의 대화편과 희랍 비극의 문체를 비교하고 그 연속성을 주장한다. 다시 말해서 희랍 비극을 비판하고 자신의 작업과 비극 작업의 단절을 명시적으로 주장하는 플라톤의 입장에 반해, 오히려 누스바움은 그 두 작업의 공통점에 주목한다. 이처럼 저자의 윤리학적 구도는 철학 텍스트로서 비극을 부각시키는 것으로 그 정점을 찍는다.

6.

　이 책의 새로움은 내용적인 면에 국한되지 않는다. 형식적인 면에서도 매우 독특하다. 본서는 총 13장으로 구성되어 있고, 그 외에 막간1장, 막간2장, 부록이 부가되어 있다(사실 개정판 서문도 하나의 독립된 장이라고 할 만큼 많은 지면을 할애하고 있고 그에 걸맞은 풍부한 내용을 담고 있다). 13장 중 총론 격인 1장을 제외한 12개의 장은 모두 희랍의 고전을 주제로 이루어져 있다. 2장은 아이스퀼로스의 비극(『아가멤논』과 『테바이를 공격한 일곱 장수』), 3장은 소포클레스의 비극 『안티고네』, 4장은 플라톤의 『프로타고라스』, 5장은 『국가』, 6장은 『향연』, 7장은 『파이드로스』, 8-12장은 『니코마코스 윤리학』을 비롯해서, 『영혼에 대하여』, 『동물의 움직임에 관하여』 등 다양한 아리스토텔레스 저작을, 13장은 에우리피데스의 비극 『헤카베』를 다루고 있다. 그리고 각 장마다 윤리학적 고찰뿐 아니라 문헌학적 고찰도 함께 진행한다. 얼핏 보면 마치 고전을 문헌학적으로 분석한 논저가 아닌가 하는 생각마저 들게 하는 구성이다. 이처럼 자신의 철학적 입장을 고전의 입을 통해, 그리고 그 고전에 대한 다양한 연구 성과를 일별하며 개진하는 작업은 대단한 공력이 없이는 불가능하다. 고전 해석과 관련된 풍부한 연구 자료를 제시하는 와중에 자신의 철학적 입장을 꿋꿋이 견지하며 논증을 빚어내는 저자의 솜씨는 실로 감탄을 자아내게 한다. 저자의 윤리학적 주장을 차치하고서라도 실제로 본서는 희랍 고전에 대한 해설서로도 탁월한 역할을 할 수 있는 책이다. 저자는 비단 본문에서만 아니라 무려 100쪽에 달하는 미주를 통해서도 문헌학계의 연구 성과를 폭넓게 다루고 있고 또 이를 자신의 눈으로 재해석하고 있다. 그런 점에서 이 책은 희랍 고전을 다루는 대학이나 대학원 수업을 위한 최적의 교재가 되기에 충분하다.

7.

　본서는 누스바움의 데뷔작이다. 물론 이 책이 출간되기 전 논문을 몇 편 발표하기는 했지만 전혀 학계의 관심을 받지 못하다가 『연약한 선』이 출간되면서 그녀는 일약 지성계의 스타로 떠올랐다. 2022년 현재 정치철학의 지형도에서, 누스바움은 이견의 여지없이 시쳇말로 가장 핫한 학자 중 한 명이다. 기실은 정치철학뿐 아니라 윤리학과 법학 심지어 교육학과 경제학 분야에까지 심대한 영향을 끼치고 있다. 그녀의 연구 성과는 한국에도 이미 다수의 번역서를 통해 소개되었고, 실제로 상당한 팬덤이 형성되어 있기도 하다.

『연약한 선』이 출간된 이후 누스바움은 훨씬 더 정치적이고 현실적인 곳에 눈을 돌리게 된다. 그리고 지속적으로 감정과 역량을 핵심 코드로 삼아 다양한 사회 문제들에 영향력 있는 목소리를 내고 있다. 사실 이 책 이후에 저자는 이 정도의 밀도를 지닌 이론적 작업을 하지 않았다. 뒤집어 보면, 그만큼 이 책이 누스바움에게는 이후 모든 작업의 이론적 토대가 되는 저작이라는 얘기가 된다. 감정과 역량이라는 코드는 결국, 보편적 이성보다는 개별적 감정이, 물화된 가치보다는 인간 본연의 내재적 가치가, 보편적 규칙보다는 개개인의 특질이, 단순한 의무보다는 결과를 포함한 인간의 복지와 번영이, 형식보다는 내용, 그리고 안정적인 본질보다는 생동하는 현상(페노메나)이, 추상적 원리보다는 일상의 담론이 주가 되어야 한다는 본서의 통찰의 결과물이다. 본서는 그녀의 사상 체계의 토대이다. 아이스퀼로스와 소포클레스의 비극에서, 알키비아데스의 생애와 열정적 사랑에서, 그리고 아리스토텔레스의 페노메나와 에우다이모니아 개념에서, 위에서 언급한 여러 개념들 즉 개별적 감정, 인간 본연의 내재적 가치, 개개인의 특질, 복지와 번영, 내용, 그리고 현상 등의 우월성에 대한 서사가 흘러나온다. 자신의 감정을 억누르며 억지로 강인함을 표출하는 남성성보다 어쩔 수 없음에 가슴 아파하며 눈물을 흘리며 운명에 순응하는 연약한 여성성이 더 선하다. 윤리적 문제를 통약 가능한 것으로 삼아, 모두 설명 가능한 순수한 형식적 구조로 윤리 체계를 짜서 따르는 것보다 통약 불가능한 하나하나의 개별자에게 향하는 정념 즉 사랑이 더 선하다. 인위적인 욕망의 체계를 통해 외적 당위를 설정하고 그에 따르는 것보다 인간의 자연스러운 본성을 따르는 것이 더 선하다. 그리고 본질이라는 이름으로 불변의 규범을 강요하는 것보다 인간 주체 앞에 현상하는 생생한 현실과 그 역동성을 적극적으로 받아들이며 그 속에서 최선의 길을 도모하는 것이 더 선하다. 이러한 구조 속에서 누스바움의 선론은 형식의 무미건조함을 벗어나 내용의 충실함으로 방향을 잡는다.

이 책 이후, 구체적 현실로 본격적으로 눈을 돌리고 현실 문제를 해결하기 위해 팔을 걷어붙인 그녀의 행보는 이러한 세계관을 바탕으로 한 것이다. 저자가 개정판 서문에서 직접 밝히고 있다시피 이 책에서의 주장이 아무런 수정 없이 지금까지 이어지고 있는 것은 아니다. 이를테면 이 책에서 드러나는 스토아 철학 전통—이를 테면 칸트 철학—에 대한 비판적 시각은 이후 크게 수정된다. 그럼에도 불구하고 그녀의 기본적인 입장에 큰 변화가 보이지는 않는다. 우리가 필연적이라고 생각하는 요소들이 적어도 도덕의 층위에서는 우연적인 것에 불과하다는 것, 그래서 그 우연성을 억지로 필연적인 것으로 가공하기보다는 그 우연성을 인정하고 받아들여야 한다는 것, 선은 필연성을 따르는 곳이 아니라 우연성을 중심으로 받아들이는 그 순간에 찬란하게 모습을 드러낸다는 것, 그것이 누스바움 선론善論의 핵심이고 지금까지도 변함없이 그녀 사상의 근간이 되는 관념이다.

8.

역자가 〈서커스출판상회〉로부터 본서의 번역을 의뢰받은 시점은 2019년 2월이었다. 이 책의 학문적 수준과 영향력을 익히 알고 있던 역자에게는 매우 매력적인 제안이었으나, 본인의 역량으로는 감당할 수 없는 작업이라는 생각에 처음에는 번역 의뢰를 정중히 고사했다. 당시에 박사학위 논문을 마무리하지 못해 골머리를 앓고 있었던 이유도 컸다. 박사 논문을 마무리해야 해서 번역이 어렵겠다는 역자의 거절에 송구하게도 출판사 측에서 논문을 마칠 때까지 기다려주시겠다는 관대한 제안을 해주셨다. 그토록 관대한 제안에 더는 거절할 명분을 찾지 못했다. 이 번역 프로젝트는 그렇게 시작되었다.

논문의 마무리가 계속 늦어지면서 학위를 마친 직후인 2020년 9월에야 번역에 착수할 수 있었다. 작업의 출발 자체가 너무 늦어져 여럿이 함께 하게 되면 좀 더 빨리 작업이 진행되지 않을까하는 기대에, 역자의 학문적 동지, 강명신 교수와 이주은 박사에게 공역을 제안했고 이 두 동지의 참여로

이 프로젝트는 공역의 형식으로 진행되었다. 개정판 서문을 비롯해서 초판 서문과 감사의 글, 그리고 1장부터 6장, 막간1장은 이병익이, 8장부터 11장, 그리고 13장은 강명신이, 7장과 12장, 그리고 부록과 막간2장은 이주은이 번역을 맡게 되었다.

분량이 정해진 후 역자들은 2-3주에 한 번꼴로 화상 미팅을 하면서 작업을 진행했다. 그럼에도 번역은 예상처럼, 아니 예상을 뛰어 넘는 지난한 과정을 겪었다. 저자의 높은 문헌학 수준을 따라가느라 역자들은 숨이 가빴고 저자의 분방한 의식의 흐름을 쫓느라 길을 잃기 일쑤였다. 철학 개념과 기타 용어의 통일성을 기하기 위해 줄기차게 미팅을 진행했지만 해석의 단계에서 계속 벽에 부딪히면서 결국 기대한 만큼의 일관된 성과물을 얻지 못했다. 어렵사리 2022년 7월에 번역 초고를 모았다. 하지만 번역의 통일성이 미진했던 까닭에 후반 작업 역시 쉽지 않았다. 수개월에 걸쳐 이병익과 출판사 편집자가 원고를 주고받으며 수정에 매달렸다. 그럼에도 목표한 만큼의 통일성을 갖추었는지는 여전히 의문이다. 일단은 이 난해하면서도 탁월한 책을 세상에 선보인다는 데 의의를 두려 한다. 그리고 후일 재판을 출간할 기회가 주어진다면 통일성의 미진함을 최대한 메울 것을 독자께 약속드린다. 또한 윤리학 연구자들인 역자들이 희랍 고전을 다루면서 많은 어려움이 있었다. 오역도 숱할 것이다. 오역을 비롯한 번역상의 미진한 점들은 오롯이 각 부분을 담당한 역자들 각자의 몫일 수밖에 없다. 희랍 고전 연구자들의 많은 질정을 바란다.

본서는 각주와 미주가 모두 실려 있다. 그리고 각주는 십자가 표시(†)와 별 표시(*)로 구분되어 있다. 주석의 대다수를 차지하는 것은 미주인데, 본 번역서에서는 미주도 각주로 옮겼다. 여기에 역주까지 얹으면 결국 네 종류의 주석이 모두 각주로 실린 것이다.(십자가 표시 각주, 별 표시 각주, 미주, 그리고 역주) 미주는 모두 번역해 싣지 못했다. 본서의 미주는 앞서 말한 바와 같이 무려 100쪽 달하는 방대한 양으로 그중 상당수는 희랍 고전을 둘러싼 문헌학적 논쟁을 다루고 있다. 물론 번역의 완결성을 위해서는 이 역시 모두 번역해야 옳겠지만, 주석의 양이 너무 많아져 책이 번잡해지는 데다 들이는 공력에 비해 득이 적겠다는 생각에 출판사 측과 상의해서 문헌학 관련 미주를 대폭 줄였다. 그러나 두 종류의 각주는 빠짐없이 번역해 실었다. 사실 번역에 남김이 있다는 점은 찜찜한 면이 있지만 이 찜찜함을 해소하는 일도 역시 후일을 기약하려 한다.

『연약한 선』과 함께 한 지난 2년여의 시간은 고통스럽지만 값진 것이었다. 특히 희랍 비극을 다루면서 느낀 감탄과 희열은 역자가 걸어갈 학문의 길에 큰 추동력이 되지 않을까 싶다. 마지막으로 정성 어린 편집으로 원고의 질을 한층 높여주신 서커스출판상회 측에 심심한 감사의 념을 표하고 싶다.

2022년 12월 瑞雪에
역자들을 대표하여 이병익

| 옮긴이

이병익

연세대 철학과에서 학부를, 서울대 철학과 대학원에서 동양철학으로 석사를, 다시 연세대 철학과에서 서양철학으로 박사를 졸업했다. 「장재 철학 체계에서 법칙의 문제」, 'Two concepts of subjectivity', 'Can Kant's Social Theory Be a Third Alternative?' 등의 논문을 썼고, 아이리스 머독의 『선의 군림 The Sovereignty of Good』을 번역했다. 동서양의 고전을 모두 레퍼런스로 삼아 도덕의 본질과 영역을 규명하는 것을 일생의 업으로 삼고 있다.

강명신

현재 국립강릉원주대학교 교수. 연세대학교 치과대학을 졸업한 후, 연세대학교 대학원에서 보건학을, 연세대학교 대학원 철학과에서 서양철학(윤리학)을 공부했다. 이후 연세대학교 철학과 강사를, 연세대학교 치과대학과 보건대학원 그리고 서울대학교 치의학대학원에서 연구교수를 거쳤다. 옮긴 책으로 『우리가 서로에게 지는 의무』, 『의사의 감정』 등이 있다.

이주은

연세대학교 문과대 인문학부를 졸업하고 연세대학교 대학원에서 중국 고대철학 및 음악철학으로 박사 학위를 땄다. 현재 연세대, 성균관대, 순천대 등에서 강의하고 있다. 「荀子의 '化性起僞' 說에 대한 고찰」, 「嵇康의 음악철학」, 「음악과 감정의 관계 – 嵇康의 「聲無哀樂論」을 중심으로 –」 등의 논문이 있다.

연약한 선

초판 1쇄 발행 2023년 1월 10일
초판 2쇄 발행 2023년 5월 20일

지은이 마사 누스바움
옮긴이 이병익, 강명신, 이주은

펴낸곳 서커스출판상회
주소 경기도 파주시 광인사길 68 202-1호(문발동)
전화번호 031-946-1666
전자우편 rigolo@hanmail.net
출판등록 2015년 1월 2일(제2015-000002호)

ⓒ 서커스, 2023

ISBN 979-11-87295-67-9 93160